KB202346

1세기의 역사적 상황을 밝혀 기독교의 형성과정을 파헤치는 과정은 매우 복잡하다. 예수의 승천 이후부터 기원후 70년 이전까지 기독교의 기원에 대하여 제임스 던이 던지는 묵직한 질문과 정통한 답변은 본서의 진가를 가감 없이 보여준다. 특히 저자의 치밀한 분석력이 초기 교회의 시작에 관심을 표명하는 연구자들에게 끼칠 파급력은 자못 크다. 초기 교회의 형성으로부터 그리스도인들의 신앙고백 그리고 사도 바울의 역량 있는 선교사역과 그를 위시한 첫 세대 지도자들의 유산을 총망라하는 신약성서의 사상적 광맥을 탐색하는 거장의 뒤를 따라가다 보면, 어느새 교회의 시작과 그리스도인들 사이에서 활발했던 소통과 교류의 진면목을 자세히 보게 된다. 이처럼 본서는 신약성서에 담긴 많은 궁금증에 관한 명쾌한 설명이며, 신약성서의 역사적 탐구를 위한 알파와 오메가임에 틀림없다. 한국교회의 현재와 미래를 두고 고민하는 설교자와 신학도는 물론 모든 그리스도인과 함께 독서의 기쁨을 만끽하고 싶다.

윤철원 | 서울신학대학교 신학대학원 신약학 교수

『생성기의 기독교』 연구 시리즈의 두 번째 책인 제임스 던의 『초기 교회의 기원』이 우리말로 번역되었다. "새 관점"을 수용하여 바울을 탁월하게 해석해 낸 제임스 던의 명성은 우리에게도 익히 알려져 있다. 그는 역사적 예수 분야에서도 뛰어난 학문적 성과를 거둔 학자다. 시리즈의 첫 번째 책인 『예수와 기독교의 기원』(새물결플러스에서 간행)이 예수에 대해 집중했다면 본 책은 예루살렘 공동체에서 그리스 그리고 이방 공동체로 주도권이 넘어가는 추이와 그 결과를 다루고 있다. 바울뿐 아니라 폭넓은 시야로 베드로와 야고보의 공동체까지 다룬다. 초기 교회가 어떻게 시작되고 발전되었는지 알기 위해 꼭 읽어야 하는 책으로 적극 추천한다.

조광호 | 서울장신대학교 신약학 교수

세계 신약학계의 거장인 제임스 던의 『초기 교회의 기원』은 저자가 3부작으로 저술한 『생성기의 기독교』 시리즈의 두 번째 책이다. 그의 첫 번째 책인 『예수와 기독교의 기원』은 "역사적 예수"를 탐구한 결과물로 새물결플러스에서 출간되었다. 저자의 두 번째 작품인 이 책은 "역사적 교회"에 대하여 기원후 30년에서 예루살렘 성전이 파괴된 70년까지 기간의 초기 기독교 역사를 추적한다. "역사적 교회" 탐구를 위하여 저자는 사도행전 및 바울 서신들과 예수 전승들을 사용하여 그 근거를 제시한다. 저자는 유대교와 기독교의 상관성을 자세히 파헤치며 초기 교회의 기원에 대한 치밀한 연구 결과를 제시한다. 한국교회의 혼란스러운 교회 정체성 속에서 사도행전과 바울 서신들을 통하여 초기 교회의 기원에 관심을 갖고 역사적 교회를 탐구하려는 사람들에게 일독을 권한다.

조석민 교수 | 에스라성경대학원대학교 신약학 교수

3부작 시리즈로 구성된 제임스 던의 기념비적 연구 프로젝트 『생성기의 기독교』의 첫 번째 작품인 『예수와 기독교의 기원』이 국내에서 소개된 이후, 두 번째 작품인 『초기 교회의 기원』이 마침내 한국 독자의 손에 들어왔다. 첫 작품이 "역사적 예수와 예수의 선교"에 초점을 맞추었다면, 둘째 작품은 "역사적 바울과 바울의 선교"에 초점을 맞춘다. 또한 바울 이전부터 시작된 예루살렘 교회 공동체를 중심으로 베드로 및 야고보에 대해서도 면밀히 살피고 있다. 기원후 30-70년 어간의 기독교의 상황을 이처럼 꼼꼼하게 추적하면서 자기 고유의 신학적 터치를 남길 수 있음은 학자로서 오랜 경륜이 가져다준 깊이의 힘과 넓이의 여유이리라. 이슈들에 따라 독자들의 찬반은 갈릴 수 있지만 학문적 가치에 대한 논란이 있을 수는 없다. 이와 같은 "단단한 음식"을 먹고 소화해낼 수 있는 신학생과 목회자가 해마다 늘어나는 "좋은 소식"이 우리 가운데 더 자주 일어나면 참 좋겠다.

허주 | 아세아연합신학대학교 신약학 교수

1차 및 2차 자료에 대한 통달, 건전한 판단과 창의성으로 균형 잡힘, 세부 사항에 철저하게 주의를 기울이면서도 폭 넓게 다룸, 이것이 우리가 제임스 던에게서 기대했던 것이다. 그리고 이 책은 이런 요소를 모두 담고 있다. 기독교의 초기 40년에 관한 모든 주요 비판적 이슈에 대한 훌륭한 비평과 평가다.

데일 앨리슨(Dale C. Allison Jr.) | 프린스턴 신학교 신약학 교수

초기 기독교에 대한 이 대작은 개괄적인 넓은 범위와 특정 이슈 및 관련된 증거에 대한 주의 깊은 관심, 현재의 학계에 정통함 그리고 높은 가독성을 결합한다. 논쟁의 여지가 있는 문제를 철저하지만 다정하게 다루었다. 비록 독자를 항상 설득하지는 않겠지만 예외 없이 흥미를 북돋운다. 대담하게 다룬 넓은 범위에 감탄할 수밖에 없다. 이 책은 던의 전형적인 저작이며 그가 학자로서 지낸 경력의 결과물이다.

래리 허타도(Larry W. Hurtado) | 에딘버러 대학교 신약학 교수

제임스 던의 『초기 교회의 기원』은 교사가 꿈꾸던 책이다. 『예수와 기독교의 기원』의 후속작인 이 저작에서 던은 독자들을 기독교의 형성에 가장 중요했던 기원후 30-70년이라는 회오리바람 속으로 이끌고 들어간다. 또한 신약과 그리스-로마의 장소들을 방문하여 본문들이 생생하게 다가오게 만든다. 하지만 기독교의 기원에 대해 개괄적으로 접근하는 통상적인 방식과는 달리 던은 이 본문들의 심장 소리에 귀를 기울임으로써, 유대교에서 몸부림치며 나와 이방인의 세계로 들어간 태동기 "신앙"의 역사적 놀라움과 존재적 신비를 그의 독자들이 경험하게 한다.…던의 엄청난 학식과 새로운 통찰을 결합하고 가독성이 높은 이 책은 대학교와 신학교 수업에서 선호하는 교과서가 곧 될 것이다.

데이비드 모스너(David P. Moessner) | 애드란 인문과학 대학교 종교학 교수

CHRISTIANITY IN THE MAKING

volume 2

BEGINNING FROM JERUSALEM

James D. G. Dunn

Beginning From Jerusalem

| 하권 |

초기 교회의 기원

제임스 D. G. 던 지음 | 문현인 옮김

새물결플러스

나 그리고 우리의 최선인 카트리나와 데이비드, 피오나에게 헌정한다

지도 교수인 C. F. D. 모울(1909-2008)을 기리며

제9부 시작의 끝

상권 목차

제6부 기독교의 시작에 관한 역사 쓰기

제7부 첫 번째 국면

지도 목록

제8부 (계속)

이방인의 사도

제31장

에게해 지역 선교: 첫 번째 국면

31.1 에게해 지역 선교

누가가 기록한 기독교 시작의 그다음 국면(행 16-20)은 대개 "바울의 두 번째와 세 번째 여행"으로 언급된다. 이는 그릇된 인식에 기반을 둔 그릇된 명칭이다.[1] 실제 내용은 에게해 주변 지역에서 지속된 선교다.[2] 누가는 그것을 일관성 있고 통합된 한 단위로 제시한다. 그 선교는 하나님의 인도라는 몇 가지 표지(16:6-9)로 시작되었다는 명확한 출발점이 있다. 그리고 그 선교는 분명한 끝이 있다. 통제받지 않은 바울의 전체 선교 기간처럼 그 선교 기간은 바울의 마지막 유언과 증언이 등장하는 연설로 절정에 이르고 마무리된다(20:18-35). 그사이에 에게해 지역 남서쪽으로의 첫 순례 후 18개월 내지 그 이상 사실상 바울의 본부였던(18장) 고린도에서의 긴 체류가 뒤따

---

1) 비교. Knox, *Chapters*, 25-26.
2) Weiss, *Earliest Christianity*, 277에서 이미 언급했다. White 역시 "에게해 선교"로 언급하기를 선호한다(*Jesus to Christianity*, 8장).

른다(16-17장). 이어 에게해 건너편에 있던 에베소도 추가적으로 2, 3년 동안 바울의 본부가 된다(19장). 이 두 기간 사이에 안디옥으로 귀환한 일은 가장 간략하게 전달되는데(18:22-23), 누가는 분명히 이 귀환을 그다지 중요하게 받아들이지 않았다.

이 서술은 우리가 바울 서신으로부터 그의 선교 사역에 대해 알고 있고 유추할 수 있는 핵심 내용과 일치한다. 우리는 안디옥 사건이 바울로 하여금 바나바뿐만 아니라 안디옥 교회와도 결별하게 했고, 더 나아가서는 예루살렘 교회의 지도층과 틀어지게 했을 개연성에 대해 이미 언급했다(§27.6). 그 경우 바울이 안디옥과의 관계를 거의 끊었을 개연성이 있다. 바울은 자신이 설립한 혼합된(유대인/이방인) 교회들 안에서 유대인과 이방인이 어울릴 수 있어야 한다는 조건과 관련하여 발생한 사건에서 자신을 지지하지 않는 교회의 선교사(사도)로 더 이상 섬길 수 없었다(갈 2:11-21). 따라서 에게해 지역으로의 이동은 안디옥으로부터의 두 번째 선교 여행이라는 선교적 확장이기보다는, 개별적이거나 심지어는 독립적인 선교를 확립하는 것과 같았다. 이후 자신의 선교를 침해한 일에 대한 바울의 맹렬한 분개는 이어지는 서신에서 분명하게 표현되었고,[3] 자기 사역의 독립 조건은 고린도후서 10:13-16에 분명하게 나타난다.[4]

더욱이 에게해 지역의 선교가 바울 자신에게는 선교 사역의 심장이었다는 점은 반복할 필요가 있다. 갈라디아서와 로마서(디도서)를 제외하고는, 바울이나 그의 이름으로 쓴 모든 서신은 이 기간에 설립된 교회들을 향한 것이었다(아니면 이 교회들과 연결된 개인들). 즉 빌립보, 데살로니가, 고린도, 에베소와 또한 골로새(에게해 연안에서 기껏해야 160km 정도 떨어져 있다)를 들 수 있다. 장기적으로 보았을 때 더 중요한 점은 바울이 보낸 서신의 대부분(필자가 믿기로는 갈라디아서를 포함해서)이 그의 에게해 근거지에서 이 기간에 기

---

3) 특별히 갈 1:6-9, 고후 12:11-13 그리고 빌 3:2.
4) 위 §29.4b를 보라.

록되었다는 점이다.[5] 바울이 마게도냐로 이동하는 일을 새로운 시작으로 상기하는 것처럼 보인다는 사실 역시 주목할 만하다. 바울은 빌립보 사람들이 그와 함께 "복음의 시작"에 참여했다고 칭찬한다(빌 4:15).[6] 그리고 분명 그는 이 기간의 종료를 자기의 사도적 사역의 주 국면이 되는 시기의 마지막으로 보았다(롬 15:18-21). 이런 이유로 로마서의 중요성이 높아지는데, 로마서는 바울이 평생 사도로서 자기 사역의 중요한 막을 내릴 때 지녔던 복음의 이해를 요약하는 자기 신학의 성숙한 표현이다.[7] 그래서 에게해 지역 선교는 정말로 바울 선교 사역의 주요 기간이었고 기독교의 발전과 사상에 가장 지속적인 영향을 끼쳤다.

그렇다면 우리는 누가가 그의 이야기의 주요 줄거리를 제대로 된 정보에서 가져왔다고 상당히 확신할 수 있다. 특히나 주목할 만한 내용은 사도행전의 첫 번째와 두 번째 "우리" 부분의 등장인데, 이는 사실상 에게해 지역 선교 자체를 에워싸고 있다(행 16:10-17; 20:5-15).[8] 이는 사도행전 저자가 에게해 지역 선교의 시작과 마지막에 직접 관여했거나, 적어도 직접 목격한 증언에 의존할 수 있었음을 암시한다.[9] 첫 세 교회(빌립보, 데살로니가, 고린도)를 설립하는 데 각각 환대를 제공했고, 그렇게 세워진 가정교회의 모임 장소로 자기 집을 제공했을 수 있는 핵심 인물 세 명의 이름을 누가가 언급할 수 있다는 사실은[10] 이 교회의 설립과 관련된 정보가 일차 자료일 수 있음을 시사한다.

---

5) 아래 §§31.5-7, 32.5, 7 그리고 33.3을 보라. 필자는 빌립보서와 빌레몬서 및 골로새서가 로마에서 기록되었다는 견해를 어느 정도 망설이면서 택한다(§§34.4-6을 보라). 비록 학자들의 견해가 그 주제에 대해 완전히 나뉘었지만 말이다. 많은 이들은 적어도 빌레몬서(그리고 골로새서)가 에베소에서 기록되었다고 생각한다(§34.3의 마지막 부분을 보라).

6) 이는 가장 분명하게 그의 빌립보 도착을 가리킨다. 예. O'Brien, *Philippians*, 531-32; Bockmuehl, *Philippians*, 263을 보라.

7) 이런 이유로 필자는 바울 신학을 묘사하려고 할 때 로마서를 본보기로 사용했다(*The Theology of Paul*, 그리고 아래 §33.3a를 보라).

8) 40년대에 바울이 이미 마게도냐 선교에 관여했다는 제안에 대해서는 위 §28.1c를 보라.

9) 추가로 위 §21.2을 보라.

10) 루디아(행 16:15), 야손(행 17:5-7), 디도 유스도(행 18:7).

동시에 특정한 사건[11]에 집중된 누가의 서술이 그 특징에 있어서 단편적이며, 이런 단편들을 이어주는 짧은 보도가 종종 끼어든다는 점을 놓쳐서는 안 된다. 특별히 빌립보와 에베소 이야기는 누가가 얼마나 유능한 이야기꾼인지를 잘 보여주는 예다. 불가피하게도, 그러한 선택적인 역사 기록이 다 그렇듯이(모든 역사 기록은 선택적이다), 많은 독자는 이야기의 여백과 침묵에 대해 궁금해했다. 누가의 아주 간략한 서술이 보여주는 것보다 바울이 고린도와 에베소에 오래 체류하는 동안 얼마나 더 많은 일이 일어났을까?[12] 그리고 왜, 정말로 왜 누가는 바울에게 영향력을 지속시켜 준 그의 서신들에 대해 전혀 암시하지 않았는가?

물론 통상적으로 누가는 자신의 관심사를 다룰 기회를 포착한다.

- 누가는 선교가 언제나 하나님의 주도와 승인으로 이루어졌음을 독자들에게 상기시킨다.[13]
- 유대인[14]과 하나님을 경외하는 이방인들을 신앙으로 이끄는 일은 꽤나 주기적인 성공을 거두었다.[15] 또한 이에 따라 지역의 유대인 공동체의 적대감도 비례해서 증대되었다.[16]
- 여타의 영적 세력보다 우월한 복음이라는 주제가 효과적으로 발전했다.[17]
- 아덴에서 그리스 철학과 조우하는 장면 중에 누가는 복음과 이교도

---

11) 축귀의 결과로 투옥(16:16-40), 아덴의 지식인과의 조우(17:16-34), 갈리오의 통치(18:12-17), 에베소에서 마술사를 패배시킴과 폭동(19:11-20, 23-41), 밀레도에서의 작별 담화(20:17-35).
12) 그는 고린도 교회와의 관계에서 바울이 직면한 다른 문제에 대해 아무런 암시도 하지 않았다(아래 §§32.3-7을 보라). 기록되지 않은 에베소에서의 사건에 대한 질문이 사도행전과 바울을 연구하는 사람들을 오랫동안 매료시켰다(아래 §32.2e를 보라).
13) 행 16:6-10, 14; 18:9-10; 19:11-12.
14) 행 16:1; 17:4, 11-12; 18:4, 8, 19-20, 24-28.
15) 행 16:14; 17:4, 12, 34; 18:4, 7.
16) 행 17:5, 13; 18:6, 12-17; 19:9; 20:3, 19.
17) 행 16:16-18; 19:11-20.

간의 만남에 하나님을 선포하는 일이 포함된다는 주제를 발전시킬
수 있었다(17:22-31).

■ 새 운동과 그 운동의 선교사는 도시의 당국자들에게 위협적 존재가
아니므로 그들이 정중하게 대우받아야 한다는 변증론적 주제는 꾸
준히 유지되었다.[18]

그러나 우리가 말할 수 있는 한 그 의제는 누가가 이용할 수 있는 자료 안에
제대로 뿌리를 내렸고, 자기 선교의 특징과 성공에 대한 바울의 평가와 온
전히 일치한다.

31.2 에게해 지역 선교의 시작

a. 선교지를 찾아서

사도행전 15:40-16:8은 바울이 새로운 선교 동역자 실라와 함께 안디옥과
길리기아에서 서쪽을 향하여 길리기아 문을 지나, 안디옥으로부터 진행한
초기 선교 중 갈라디아에 설립한 교회들을 재방문하는 여정을 간단하게
전한다. 늘 그렇듯이 누가는 주요 인물인 바울에 주목하는데, 그의 서술은
선교 소명에 대한 인식이 더 없이 강하나 사역을 어디에서 해야 하는지 전
혀 확신할 수 없었던 한 사람이라는 인상을 준다.

■ 바울이 예루살렘과 안디옥에서 그렇게 격렬하게 주장하고 방어했
던 "복음의 진리"(갈 2:5, 14)는 할례나 다른 "율법의 행위"(2:16)를 언급
하지 않으면서 비유대인 가운데 그 복음을 전파하려는, 동일하게

---

18) 행 16:35-39; 18:12-17; 19:23-41.

타오르는 열정에 계속해서 불을 붙였을 것이다.

- 짐작하건대 예루살렘으로부터 가능한 한 많은 호의와 지원을 유지하려는 목적으로(적어도 부분적으로는),[19] 바울은 분명히 지도적 위치에 있던 예루살렘 사람 실라를 선발했다(행 15:22, 40).[20] 바울 서신이 확인해주듯이, 실라는 에게해 지역 선교의 첫 번째 국면 내내 바울의 주요 동료가 되었다(§29.6).

- 루스드라에서 바울은 디모데를 자기 일행에 추가했다(16:1). 디모데는 바울의 초기 방문(들) 중에 회심했을 텐데,[21] 사도행전 14:1은 이를 전혀 언급하지 않는다.[22] 누가에 따르면 바울은 디모데가 할례받도록 애쓰는데(16:3), 이는 그가 유대인 어머니와 그리스인 아버지 사이에서 혼혈로 태어났다고 알려졌기 때문이다.[23] 그렇다면 이는

---

19) 실라는 안디옥 사건에서 바울 편에 굳건하게 섰던 소수의 사람 중 한 명이었을 것이다(§27.6을 보라).

20) 위 §27 n. 234, 235을 보라.

21) 고전 4:17("내 사랑하는 신실한 아들"), 딤전 1:2("믿음 안에 참 아들 된"), 1:18("아들"), 딤후 1:2 ("사랑하는 아들"). 또한 §29.6을 보라.

22) 디모데의 어머니(딤후 1:5에 따르면 "유니게"라는 이름)는 그리스인과 결혼했다(행 16:2). 그런 다른 종족 간 결혼은 대부분의 유대인 공동체에서 강한 반대에 직면했으나(특히 느 9-10장을 상기함), 여전히 자주 이루어졌다. 디모데가 할례를 받지 않았다는 사실은 그의 어머니가 유대인으로서 살아가는 일을 중단했다는 암시일 수도 있다. 한편 딤후 3:15은 디모데가 어린 시절부터 자기 백성의 성경을 배웠다고 언급하는데, 그렇다면 디모데의 그리스인 아버지가 디모데의 할례를 거부했을 수도 있다. 할례받지 않은 유대인으로 여겨진 디모데는 회당에 출석하지 않았을 것이나, 그의 어머니가 몇몇 토라 두루마리를 소유할 정도로 디모데의 부모는 부유했을 것이다. 어쨌든 디모데의 어머니는 자신이 신자가 될 정도로 이 유대 복음에 충분히 열려 있었다(그녀의 남편은 이제 사망했는가?). 추가로 제3권을 보라.

23) 모계 혈통의 원칙이 1세기에는 아직 (공식으로) 시행되지 않았으나(S. J. D. Cohen, 'The Matrilineal Principle', *Beginnings of Jewishness*, 9장), Lüdemann은 그것이 "이미 할라카의 일부였을 것이다"라고 반응한다(*Early Christianity*, 175. 이것은 Schiffman, 'Tannaitic Perspectives', 121을 언급했다). 많은 이의 의혹에도 불구하고, 디모데의 어머니가 유대인이고 그 사실이 바울에게 중요했다는 누가의 서술은, 바울이 디모데의 도움으로 자신의 선교를 수행하려고 의도한 곳에 있는 유대인들의 수를 고려하면(16:3), 상당히 개연성이 있다. Cohen은 동의하지 않는다. 디모데가 유대인이 아니었다는 것이다(*Beginnings*, 363-77, 이 논제가 지닌 모든 측면의 견해에 대한 비평도 있다). 그러나 바울 선교의 정체성(유대인? 다른 어떤 것?) 자체가 위태롭거나 의문스러울 때, 그 논제가 바울에게(아니면 누가에게) 상당히 명확했는가? 그 논제가 얼마나 혼란스러워졌는지를 보여주는 Barrett의 논의(*Acts*, 2.761-62)

바울이 보여준 또 하나의 중재적 행위이며, 할례가 (받든 안 받든) 본질상 중요하지 않다는 그의 견해와[24] 그것이 유대인의 독특한 표지라는 그의 인식을 보여준다.[25] 타당하게 언급할 수 있는 점은, 그 행동이 바울 자신의 선교 정책과 일치하고(고전 9:20), 또한 "먼저는 유대인이요 그리고 헬라인이라"라는 말이 바울 선교 전략의 실천적 원칙임을 확인해준다는 사실이다(§29.4c).[26]

■ 바울(과 실라)은 안디옥 교회 선교사로서 그가 복음 전도 중에 설립한 교회들을 다시 방문하기로 분명히 결심했다(행 13-14). 그 결정은 잘 입증된 자기 교회들을 향한 바울의 목회적 관심과 일치한다(§29.8). 그러나 이것은 또한 이 교회들이 베드로와 안디옥 교회가 택한 경로를 따르지 않도록 하려는 바울의 우려를 나타낼 수도 있다(갈 2:11-14). 그러나 만일 그렇다면, 이것은 누가가 자신의 이야기를 예루살렘의 관점에서 말하는 듯한 또 하나의 지점이다. 누가에 따

는, 이방인에게 유대인 메시아를 선포하는 일(종종 유대인들이 있는 곳에서)이 수반하는 범주의 혼란을 충분히 고려하지 않았다.

24) 갈 5:6; 6:15; 고전 7:19.

25) 바울이 디모데로 할례받게 했다는 내용은 다른 곳에서 바울이 할례를 반대한 것과 상당히 일치하지 않는다고 받아들여진다(행 15:2; 갈 2:3-5; 5:2-4; 이미 갈 5:11이 전하는 견해에 있었을 것이다!). 예로 Haenchen, *Acts*, 480-82, 그리고 (더 공감하는) Fitzmyer, *Acts*, 575-76에 있는 비평과 Jervell, *Apg.*, 414 n. 36에 있는 참고문헌을 보라. Becker는 그 내용을 "신빙성이 하나도 없는" 노골적인 모순으로 여긴다(*Paul*, 127). 그러나 Lüdemann은 그의 마음을 바꾸어 그 내용의 역사성을 강하게 지지한다(*Early Christianity*, 174-77). Chilton은 비록 16:3이 "우리" 문단이 아니지만, 디모데가 "우리" 여행일지의 저자이기에 그 사건을 기억했을 것으로 생각한다(*Rabbi Paul*, 146-49). 누가는 그 문제를 충분히 분명하게 설명한다. 다수 혹은 대부분의 유대인이 유대인을 어머니로 둔 아들을 유대인으로 여겼다면, 디모데는 유대인이었다(이것이 바로 누가가 이해했던 바다). 그가 유대인이었으므로, 디모데가 할례받지 않았다는 사실은 유대인 대부분에게 모욕적이었을 것이다. 유대인의 할례는 바울에게 전혀 문제가 아니었다(고전 7:18a). 그가 반대한 것은 **이방인** 신자들이 할례를 받아야 **한다**는 주장이었다(§27.3). 또한 Hvalvik, 'Paul as a Jewish Believer', 135-39을 보라.

26) 비교. Wilson, *Luke and the Law*, 64-65. Jervell은 "…사도행전의 모든 선교사는 유대인이다. 이것은 누가에게 전략이나 수용의 문제가 아니라, 이스라엘을 향한 약속인 복음의 특징이다"(*Apg.*, 414)라며 그 주장을 밀어붙인다. 또한 그는 바울이 "엄청난 내적 긴장을 가진 복잡하고 다층적인 인간"이라는 사실을 간과하지 말도록 정당하게 경고한다. "그의 신학은 명백하거나/명확하지(eindeutig) 않고, 이것은 그의 율법에 대한 견해에서도 그렇다"(414-15).

┃ 바울의 에게해 선교

르면 바울과 실라가 이 교회들에 "사도 법령"을 전달했기 때문이다
(행 16:4).[27] 앞으로 살피겠지만, 이와는 반대로 바울의 갈라디아서는
그런 압력에 저항하고 이 교회들을 자신의 영향력 안에 두려는 바
울의 격렬한 시도로 더 잘 이해된다.[28]

서쪽으로 확장된 선교의 가장 자연스러운 경로는 아파메아(Apamea)와
골로새를 통과하여 에게해 연안에 있는 에베소에 이르는 길이었다(16:6).

---

27) 이것은 적어도 에게해 선교 중에서 "사도 법령"에 대한 마지막 언급이고, 그 법령이 안디옥
   의 영향력 아래 있는 교회에 정착된 관습으로 등장했거나 관습이 되었을 공산을 강화한다.
   §27.3e를 보라.
28) 위 §29.4b 그리고 아래 §31.7을 보라.

에베소는 로마의 속주인 아시아의 주요 도시였다.[29] 바울의 도시 중심 선교 전략(§29.5a)은 바울이 수리아 안디옥에 있을 때와 안디옥으로부터 역외 선교를 시작할 때 이미 확립되었을 것이다(13-14장). 그러나 누가는 성령이 아시아로 가는 것을 금하셨기에(행 16:6), 그 선교 일행은 북쪽의 비두니아로 가려고 시도했다. 그 지역에는 제대로 자리 잡고 중요했던 다수의 해안 도시와 유대인의 거주지가 있었다(비교. 벧전 1:1).[30] 그러나 누가는 다시한번 성령이 그들을 금하셨다고 말한다(16:7). 브루기아와 갈라디아를 통과하는 더 북쪽 경로(16:6)는 실제로 비두니아에 이르게 했을 것이다. 그래서 이 경로는 때때로 갈라디아서의 수신자가 되는 (북)갈라디아 교회를 세운 여정 가운데 이용한 경로로 여겨졌다(참고. 또한 18:23).[31] 그러나 사도행전 13-14장의 도시들을 "갈라디아"와 일치시키는 것을 거부하는 이유가 장기간에 걸쳐 크게 증가하고 있다.[32] 그뿐만 아니라 누가의 사도행전 16:6("그

---

29) 아래 §32.2a를 보라.

30) Schürer, *History*, 3.35-36.

31) 예. Fitzmyer, *Acts*, 578; Murphy-O'Connor, *Paul*, 159-62, 185-93; White, *Jesus to Christianity*, 198-99. Breytenbach는 독일 학계가 북갈라디아 해석을 일반적인 의견이라고 추정하는 경향이 있다고 관찰하는데(*Paulus und Barnabas*, 103), Gnilka, *Paulus*, 62과 Lohse, *Paulus*, 98-99이 그 예를 분명히 보여주었다. 그러나 Weiss, *Earliest Christianity*, 279, Stuhlmacher, *Biblische Theologie*, 1.225-27 그리고 Hengel and Schwemer, *Paul*, 475 n. 1359과 대조된다. 독특하게 Crossan과 Reed는 바울이 첫 여행에서 그 지역을 통과하여 북쪽 페시누스(Pessinus)등 여타 지역까지 나아갔다는 가설을 세우며, 임의로 행 14:21-28을 없앤다(*Paul*, 231).

32) "북갈라디아 이론에 대해 말할 내용은 사실상 아무것도 없다. 바울이 개인적으로나 서신 혹은 어떤 다른 수단으로 앙키라와 페시누스 지역을 복음화했다는 증거는 사도행전이나 어떤 다른 비(非) 정경 자료에도 없다"(Mitchell, *Anatolia*, 2.3). Breytenbach 역시 앙카라와 페시누스에 유대인에 관한 증거가 없고 콘스탄티누스 이전 아나톨리아에도 기독교 관련 증거가 없다(*Paulus und Barnabas*, 140-48)고 지적한다. Martyn은 갈 1:21(예루살렘 회의 이전 바울의 선교 활동은 "수리아와 길리기아 영역"이었다)이 S. Mitchell(*Galatians*, 184-85 n. 240. 이는 대개 "북갈라디아" 논증을 따른다. 예. Kümmel, *Introduction*, 298)을 충분히 반박한다고 생각한다. 그러나 바울은 자신이 여전히 안디옥의 선교사였을 때 갈라디아 교회를 설립했다는 사실을 갈라디아 청중에게 상기하지 않으려고 했을 수도 있었다(또한 위 §25 n. 223을 보라). 특별한 가설을 유지하려고, 사도행전의 증언보다 바울의 증언을 적절하게 선호하는 것이 사도행전의 증언을 노골적인 거부하는 것으로 바뀐다는 점은 실망스럽다. T. Witulski, *Die Adressaten des Galaterbriefes* (FRLANT 193; Göttingen: Vandenhoeck und Ruprecht,

들이 브루기아와 갈라디아 땅으로 가니")의 가장 자연스러운 이해는 실제로 북쪽으로 더 나아가는 경로를 배제한다.[33] 이와 더불어 누가에 따르면, 비두니아로 향하려는 선택은 아시아로 바로 향하는 자연스러운 선택이 좌절된 이후에야 비로소 선택 사항이 되었다.[34]

2000)는, 사도행전의 부차적인 특징을 볼 때 갈라디아서 수신자에 관한 의문이 사도행전을 참조하지 않고 연구되어야 한다고 결론짓는다(222). 그런 학자들은 누가가 행 13-14장의 서술과 연대기를 어디에서 가져왔다고 생각하는가? 온전히 그의 상상이었는가?

33) "여기서[행 16:6] 언급된 Galatikē chōra가 갈라디아 북쪽 지역이라고 상상하기는 어려운데, 그 지역은 루스드라와 무시아 지역 사이에 있는 길에서 까마귀가 북동쪽 어떤 자연스러운 경로로 날아가든 약 200km 떨어져 있기 때문이다. 반대로, 그 표현은 브루기아 파로레이우스(Phrygia Paroreius) 지역을 가리키는 것으로 자연스럽게 이해되는데, 그 지역은 술탄산맥(Sultan Dag) 양쪽에 위치하며 인종상 브루기아였던 지역이지만, 일부는 갈라디아 주에 있고 다른 일부는 아시아에 위치했다"(Mitchell, Anatolia, 2.3 n. 8; 비교. Strabo, Geog. 12.8.14, 577). Riesner는 "이고니움 바로 북쪽부터 반사막이 시작한다"; "브루기아 동쪽의 초원 지역에서 선교가 진행되었다고 상상하기는 어렵다"(Paul's Early Period, 282; 추가로 281-91)라고 말한다. 비슷하게 Taylor도 북갈라디아 가설에서는 로마가 만든 길의 부재와 지형의 험난함이 예상된다고 언급한다('Roman Empire', 2438-40). 행 18:22-23과 19:1과 관련해서, Mitchell은 다음과 같이 덧붙인다. "또한 이 여행의 자연스러운 지리적 해석을 넘어갈 이유가 없다. 즉 수리아에서 길리기아 문을 통과하여 고원까지, 라오디게아를 가로질러 더베, 루스드라, 이고니움, 비시디안 안디옥 공동체까지, 그리고 거기에서 브루기아 파로레이우스 나머지 지역을 통과하여 아파메아까지, 그리고 메안데르 계곡으로 내려가서 해변까지다. 더베, 루스드라, 이고니움, 안디옥 주변 지역은 모두 기원후 1세기 중반에 갈라디아 주에 속했고, 여기와 이전 문단에서[16:6] 등장한 Galatikē chōra라는 표현은, 자연히 그 지역을 언급한 것이다." Mitchell은 Appendix I, 'Provincial Boundaries in Asia Minor, 25 BC – AD 235'에서 다음과 같이 요약한다. "1세기 중반에는 갈라디아 교회들을 안디옥, 이고니움, 루스드라, 더베의 교회들로도 자연스럽게 언급했다. 아가야의 교회를 고린도 교회로 부른 것처럼 말이다"(Anatolia, 2.4). 갈라디아주의 규모와 경계에 관해서는 또한 R. K. Sherk, 'Roman Galatia: The Governors from 25 BC to AD 114', ANRW, 2.7.2 (1980), 954-1052(여기서는 958-59 그리고 960의 지도)를 보라. Scott은 창 10장의 국가 도표가 바울의 선교 전략을 결정했다고 논증하며(§29.4a를 보라), Gomer는 그 도표에 북쪽의 갈라디아 민족과 남쪽의 비갈라디아 민족을 포함했다(Paul and the Nations, 4장).

34) 여기서 지시대상은 브루기아일 텐데, 이는 그들이 갈라디아를 가로질러 아시아의 국경까지(국경을 향해) 갈 때 그 지역의 그 부분(누가가 "브루기아와 갈라디아 지역"으로 느슨하게 묘사했다)이 그들에게 여전히 개방돼 있었기 때문이다. 18:23에서 누가는 그에 해당하는 여행을 "갈라디아와 브루기아 땅을 차례로(kathexēs) 다니며"라고 묘사하는데, 이는 아마도 후자의 경우에 그가 더 곧장 서쪽으로 향했기 때문일 것이다. 다시 n. 33 그리고 Hemer, Book of Acts, 120을 보라. 또한 Breytenbach, Paulus und Barnabas, 113-19; French, BAFCS, 2.53-54, 56-57을 보라. 어떤 논지에서든, "무시아 반대편"에서 드로아까지의 여행 경로(16:7-8)는 결코 분명하지 않다. 예. Barrett, Acts, 2.770-71; Talbert, Barrington Atlas, 지

누가는 이것이 말씀을 전하는 선교였다는 암시를 전혀 주지 않는다(그는 요약하는 진술로 얼마든지 그렇게 할 수 있었다). 누가가 주는 인상은 오히려 안디옥과 결별한 후 새로운 활동 중심지를 찾는 선교단의 모습이다. 그들이 통과한 곳은 에베소는 물론이고 아파메아와 사데, 서머나와 버가모와 같은 유대인 거주지의 주요 중심부를 포함한다.

누가가 선교단의 명확한 목표가 없었던 이유를 성령에게 돌린 것을 단지 그가 지어낸 것이라고 받아들이지 않아야 한다. 만일 누가가 지어낸 것이라면, 16:6-7의 금지하는 지시와는 달리,[35] 사도행전의 다른 곳에서처럼,[36] 무엇을 하고 어디로 가라는 성령의 안내가 분명하게 주어졌을 것이다. 그리고 누가는 아마도 그것을 모호한 "그들"보다는 바울에게 주어진 안내로 제시했을 것이다. 더구나 바울은 자신이 성령의 인도하심에 의존한다고 확실하게 증언한다.[37] 그렇다면 확실히 가능성이 있는 점은 그것이 어떤 특정한 예언적 언어(13:3에서 암시된 것처럼)나 환상(16:9처럼)이 아닌 단순히 그 일행이 공유한 내면의 확신이었을 것이라는 점이다. 그 역시 성령의 목소리로 들렸을 수도 있다(비교. 8:29; 10:19). 한가지 놀라운 함의가 자주 무시되곤 했는데, 곧 수백 킬로미터나 되는 이전의 여행이 어떤 명확한 방향 없이 진행됐다는 점이다.

그러나 16:9-10에 따르면 그 불확실성은 드로아 항구에서 주어진 환

도 62, 56 그리고 52; C. Breytenbach, 'Probable Reasons for Paul's Unfruitful Missionary Attempts in Asia Minor (A Note on Acts 16:6-7)', in C. Breytenbach and J. Schröter, eds., *Die Apostelgeschichte und die hellenistische Geschichtsschreibung*, E. Plümacher FS (AGAJU 57; Leiden: Brill, 2004), 157-69을 보라.

35) Chilton은 그 금지 명령이, 전 지역을 베드로의 선교를 위해 보존하기 원한 실라가 한 말이었다고 비현실적으로 제안한다(*Rabbi Paul*, 149). 비록 Becker가 언급했듯이, 벧전 5:12이 실라가 후기에 "베드로의 선교로 넘어갔다"라고 시사하지만 말이다(*Paul*, 183).

36) 비교. 행 8:29; 10:19; 11:12; 13:2, 4; 15:28; 19:21; 21:4.

37) 예. "성령을 따라 행함"(롬 8:4, 14; 갈 5:16, 18, 25); 추가로 *Jesus and the Spirit*, 222-25; R. Banks, 'The Role of Charismatic and Noncharismatic Factors in Determining Paul's Movements in Acts', in Stanton et al., eds., *The Holy Spirit and Christian Origins*, 117-30을 보라.

상으로 종결된다.[38] 이전 사건(9장과 10장)처럼 새롭고 기대치 못한 행동을 결정하는 과정에서 상당한 비중이 환상에 주어졌다.[39] 동시에 환상을 평가하는 어떤 과정을 16:10이 암시하는데, 이는 그 일행이 함께 관여한 (*symbibazontes*) 과정이다.[40] 16:10의 첫 "우리"에서 표시됐듯이, 누가가 "마게도냐 출신"이라는 것은 매력적인 추측이다(오래되었지만 추측일 뿐이다).[41] 여하튼 환상의 "우리"는 유럽을 가로질러 선교에서 진일보하라는 부름을 받았다고 결론짓는 사람들의 "우리"와 상응된다.[42]

b. 빌립보 교회의 설립

바울이 선교 중심지를 찾아서 서쪽으로 조금씩 나아갔기에 빌립보는 바울의 분명한 목적지였다.

---

38) 드로아에 관해서는, 예로 Taylor, 'Roman Empire', 2441-42을 보라.

39) 여기서도 환상에 관한 현대의 회의주의(비교. 환상을 "설명"하려고 제시된 심리학적 이유에 대한 Haenchen의 비평, *Acts*, 489)가 과거에 그런 환상이 있었고 환상을 중요하게 보았다는 사실에 우리 눈을 멀게 해서는 안 된다. 꿈 해석은 그리스 세계에서 기원전 5세기부터 예술로 행해졌다(*OCD*³, 497). 요셉과 다니엘이 가장 친숙한 유대인 꿈 해석자이다. 주목할 만한 사실은 그 환상이 그리스도나 천사의 환상이 아니었다는 점이다(비교. 18:9-10; 23:11; 27:23-24). 우리는 오늘날 그 환상을 꿈("밤에")으로 묘사했을까? 어느 쪽이든 심리학과 연관이 있을 수 있다. 무의식의 마음이 차단할 수도 있었던 메시지를 전하시는 하나님을 잠재의식을 통해서 인식했다.

40) *Symbibazō*, "증거에 직면하여 결론을 내리다, 결론짓다, 추론하다"(BDAG, 956-57). 다시 복수형에 주목하라: 바울에게 환상이 있었고, 그 단체가 결론을 내렸다. 우리는 타인이 예언적 계시를 "시험하고/평가해야" 한다고 바울이 강하게 주장했음을 그의 서신을 통해 알고 있다(고전 14:29; 살전 5:19-22). 사 66:19로 형성된 선교 전략이 한 요인이었는가?(위 §29.4a를 보라) Riesner는 비두니아(두발) 다음에, 사 66:19에서 언급된 다음 목표는 그리스나 마게도냐라고 언급한다(*Paul's Early Period*, 293).

41) Ramsay, *St. Paul*, 201-203.

42) 위의 지도를 보라. 이 지점에서 이 발걸음의 중요성을 과대평가하지 않아야 한다. 유럽은 대륙과 상당히 다른 곳으로 생각되지 않았다(Barrett, *Acts*, 2.766, 772). 때때로 소아시아로부터 횡단한 사건에 부여한 중요성은 유럽의 자만이 낳은 시대착오적 표현이다. A. N. Wilson, *Paul: The Mind of the Apostle* (London: Sinclair-Stevenson, 1997)은 "유럽 문명화"의 장기적 효과를 서정적으로 표현한다(137).

- 누가는 빌립보를 "이는 마게도냐 (그) 지방(meridos)의 첫 성이요"라고 묘사했다(16:12).[43]

- 또한 그곳은 로마의 식민지였다.[44] 빌립보는 로마 식민지로서 자치권을 누렸고, 조공과 세금을 면제받았으며, 사실상 이탈리아의 한 지역으로 간주되어 로마법에 따라 운영되었다.[45]

- 빌립보는 디라키움(Dyrrachium)의 아드리아해 항구에서 비잔티움까지 주요 동서 내륙로인 에그나티아 길(Via Egnatia)에 위치했다. 바울은 자신이 로마로 이르는 길에 첫걸음을 내디뎠다고 생각했는가?

그당시 빌립보에 있던 유대인 공동체에 대한 유일한 증거는 누가가 사도행전 16장에서 말하는 내용이다.[46] 누가의 이야기에서 주는 인상은 바울

---

43) 그 본문은 다소 혼란스러우나, Metzger, *Textual Commentary*, 444-46; Barrett, *Acts*, 2.778-80; Fitzmyer, *Acts*, 584; P. Pilhofer, *Philippi*, Vol. 1: *Die erste christliche Gemeinde Europas* (WUNT 87; Tübingen: Mohr Siebeck, 1995), 159-65을 보라. Sherwin-White는 누가에게 "그 도시에 대본 [이] 묘사에 대해 만점을 준다.…[그것은] 목격자를 시사한다.…마게도냐의 계수된 지구는 독특했기에, 혼돈된 형식으로 되어 있어도 그것이 공식적 명칭이라는 느낌을 주는 그 정확한 용어는 외부 지역에서는 이해할 수 없었다"(*Roman Society*, 93-94); 비슷하게 Pilhofer, 164. *Meris*("부분")는 명문과 파피루스에서 "구역"이라는 의미로 자주 등장한다(BDAG, 632; Hemer, *Book of Acts*, 113-14 n. 31). Pilhofer는 빌립보와 그 주변 지도를 제공한다(17, 50, 62, 75).

44) 마르쿠스 안토니우스는 기원전 42년에 전투를 치른 은퇴한 로마 군인들을 위해 그곳에 식민지를 세웠다. 그 전투는 카이사르를 암살하려는 자들에 대해 안토니우스와 옥타비아누스에게 승리를 가져다주었다. 옥타비아누스가 악티움에서 안토니우스에게 중차대한 승리를 거둔 후(기원전 31년), 옥타비아누스는 이탈리아에서 쫓겨난 안토니우스의 당원들뿐만 아니라 더 많은 은퇴 군인들을 그곳에 정착시켰다(Fitzmyer, *Acts*, 584). 추가로 L. Bormann, *Philippi. Stadt und Christengemeinde zur Zeit des Paulus* (NovTSupp 78; Leiden: Brill, 1995), part 1; Pilhofer, *Philippi*, 1장과 1-34에서 비평한 명문과 고고학적 자료(그러나 Bormann과 Philhofer에 대한 Bockmuehl, *Philippians*, 7-8의 짧은 비판을 주목하라); Oakes, *Philippians*, 1장(사진 6-9); 더 간단하게는 H. L. Hendrix, 'Philippi', *ABD*, 5.313-17; Taylor, 'Roman Empire', 2444-46; Murphy-O'Connor, *Paul*, 211-13을 보라.

45) 예. Barrett, *Acts*, 2.780; 로마 식민지에 관한 더 자세한 내용은 Lake and Cadbury, *Beginnings*, 4.190, 그리고 *OCD*³, 364. Hellermann은 빌립보의 로마적 특징을 과도하게 강조한다(*Reconstructing Honor*, 3-4장).

46) 추가로 Pilhofer, *Philippi*, 231-34을 보라. 또한 바울의 빌립보서는 대부분 혹은 전부가 이방인인 회중을 시사한다(§34.4을 보라). Bockmuehl은 "'구약성경 인용의 완전한 부재"도 언급

과 그의 동료들이 그 도시에서 가정 회당을 찾는 데 며칠을 보냈으나 찾지 못했다는 것이다. 환대해주는 유대인이 없는 가운데, 그들은 어디서 머물렀는가? 누가는 그들이 순회 철학자들이 했을 법하게 시장에 가서 설교하기 시작했다는 암시를 전혀 주지 않는다. 대신에 그들은 안식일을 기다렸고 *proseuchē*(꼭 건물은 아니더라도 안식일 기도와 토라를 가르치는 유대인 총회)로 추정되는(먼저 얻은 정보를 바탕으로) 곳에 갔다("문밖").[47]

바울의 전술은 이전과 똑같았다. 기도 모임의 규모와 상관없이 그곳에 모인 여인들과 이야기할 기회가 분명 바울에게 있었다.[48] 바울은 그의 신앙 간증을 통해 루디아라는 중요한 상인을 얻었고, 그녀는 "하나님을 섬기는 자" 곧 하나님을 두려워하는 자로 묘사됐다. 루디아는 고향인 아시아의 두아디라에서 이미 유대교에 매력을 느꼈을 것이다. 두아디라는 나중에 "삼바테이온"(sambatheion)이라는 "안식일의 집"이었을 장소가 있었음이 입증된 곳이다.[49] 다시 말해 갈라디아에서 이미 시험을 잘 거친(행 13:26, 43-44; 14:1에 따르면) 바울의 전략들이(§29.5) 빌립보에서 다시 한번 그 효과를 입증했다. 그러나 또한 언급해야 하는 것은, 루디아의 집에 정착한 후에도(16:15) 바울과 그의 선교단이 기도하는 장소(*proseuchē*)에 계속 참석했다는 16:16의 함의다. 그들은 루디아의 집에서 즉시 자신들만의 작은 기도 모임을 하지 않았다. 그들은 자신들을 유대인 총회의 일부로 보았고, 기도하는 장소를 그들의 메시지를 위해 가장 잘 준비되고 개방된 장소로 여겼다.

한다(*Philippians*, 9).

47) "기도 (장소)"의 위치에 관해서는 Taylor, 'Roman Empire', 2446-48; Pilhofer, *Philippi*, 165-73을 보라. Bockmuehl, *Philippians* 14-15은 Philhofer를 따랐다. 에게해 지역 전반에 유대인이 있었음에 관해서는 위 §30.2a를 보라.

48) 함의된 바는 참석자 전부 혹은 대부분이 여성이었을 것이라는 점이며, 따라서 공식적인 회당/"기도의 집"은 염두에 있지 않았을 것이다(예. Bruce, *Acts*, 358; Tellbe, *Paul between Synagogue and State*, 220-23; Jervell, *Apg.*, 421 n. 79에 언급된 다른 이들이 그렇게 본다). Jervell은 확신하지 못한다(421-22). Schnabel은 그것이 회당이라는 것을 전혀 의심하지 않는다(*Mission*, 1153).

49) Schürer, *History*, 3.19.

루디아는 대규모의 사치 품목 사업을 하는 여인이었다(부자들만이 자주로 염색한 값비싼 옷을 입을 여유가 있었다).[50] 루디아는 네 명의 무리에게 호의를 베풀기에 충분히 큰 집과 하인을 소유했다. 추정하건대 이는 그녀가 결혼하지 않은 딸이었거나 미망인이었다는 의미일 것이다.[51] 누가는 루디아의 주의 깊은 개방성(prosechein)이 주(Lord)로 말미암았다고 애써 지적한다(16:4). 이 주목할 만한 성공은 덜 유망한 지역이었던 빌립보에 그들이 오게 된 것을 정당화하는 중요한 일이었을 것이다. 루디아의 세례(16:15)는 바울의 말에 주목하려는 그녀의 열린 마음과 관련이 있다. 그녀의 주의 깊은 태도는 세례를 통해 헌신으로 전환되었다.[52] 루디아의 환대는(16:15) 그녀가 태동하는 기독교 단체의 주인이 되었음을 의미하기도 한다.[53] 이어서 바울이 쓴 빌립보서에서 그녀가 등장하지 않는 이유가 많이 있을 수 있으나, 유일한 이유는 사업 때문에 그 현장에 부재했다는 것이다.[54]

이어지는 이야기(16:16-40)는 누가의 두 번째 책에서 가장 생생한 이야기 가운데 하나다. 그 이야기는 "귀신 들려(pythōn)" 점으로 그 주인에게 큰 이익을 가져다주는(16:16) 여종으로부터 시작한다. 누가는 그 여종이 바울과 그의 동료를 따라다녔으며, "이 사람들은 지극히 높은 하나님의 종으로

---

50) 그래서 예를 들어, 눅 16:19; Josephus, *War* 6.390; Taylor('Roman Empire', 2448-49) 그리고 Meggitt(*Poverty*, 69)는 더 조심스럽다. 제국의 자주색에 대한 독점은 네로까지 거슬러 올라가며, 이는 루디아가 자유로운 신분, "카이사르 집"의 일원이었음을 시사한다(*NDIEC*, 2.25-32[여기서는 28]; 그러나 또한 *NDIEC*, 3.54을 보라). Pilhofer는 데살로니가와 어쩌면 빌립보에 두아디라 출신 자주색 염색업자가 있었음을 입증하는 명문들을 인용한다(*Philippi*, 175-82). 그러나 Ascough, *Paul's Macedonian Associations*, 22 n. 33을 보라. 그리고 Bockmuehl은 루디아가 porphyrobaphos("자주 염색업자")가 아니라 porphyropōlis("자주 중개인")로 묘사되었다고 지적한다(*Philippians*, 5).

51) 그 이름이 노예 출신임을 나타낼 수 있으나("루디아인", 예. Weiss, *Earliest Christianity*, 281), Hemer는 그 이름이 사회적 지위가 있는 여인 중에서도 발견된다고 언급한다(*Book of Acts*, 231). 주택을 소유한 여인에 대해서는 *NDIEC*, 4.93을 보라.

52) "집안"은 여기서 아이들을 포함할 필요가 없는데, 그 용어가 흔히 집안의 노예와 가신들을 포함했기 때문이다(예. P. Weigandt, *EDNT*, 2:502을 보라).

53) 추가로 Pilhofer, *Philippi*, 234-40을 보라.

54) Zahn은 루디아의 실제 이름이 유오디아나 순두게(빌 4:2)지만, 다른 자주 상인들과 구별하려고 "그 루디아 사람"으로 불렸다고 제안했다(Lake and Cadbury, *Beginnings*, 199).

서 구원의 길을 너희에게 전하는 자"라고 소리 질렀다고 말한다(16:17). 이 것은 바울이 "심히 괴로워" 그 자리에서 영을 쫓아낼 때까지 여러 날 계속 되었다(16:18).

누가가 사용한 언어(16:16-17)의 함의는 그 소녀가 무아지경에 있는 것 처럼 말했다는 것이다. 그녀는 뱀(the python)으로 상징된 아폴론이 영감을 준 델포이(Delphi)의 무당처럼 영감을 받았으며, 그 무당처럼("피티아"로 불렸다) "신탁을 전했다(manteuomenē)"(무아지경에서나 황홀경에서).[55] 그녀의 발언은 그 상황에서 충분히 상상할 수 있는 것인데, 그것은 단지 유대교의 변증론이나 초기 기독교 설교에 대한 피상적 지식만 있으면 됐기 때문이다. "지극히 높으신 하나님"은 유대인들이 하나님을 언급할 때 사용하던 명백한 칭호였다.[56] 비록 그리스-로마의 다신교에서 다수의 높은 신이 있었음을 고려하면 이것이 혼란을 초래했을 수도 있었지만 말이다.[57] 그리고 "그(혹은 한) 구원의 길"은 초기 선교에서 분명하게 상당히 일반적이었던 표현을 반향한다.[58] 예를 들면 우리는 우둔한 한 노예 소녀를 상상해볼 수 있는데, 이 소녀는 선교사들에 대한 표현과 그들이 사용한 표현을 익히고 그들 주

---

55) 비록 W. Foerster는 "로마 제국 초기부터 pythōn이라는 표현이 복화술사에게 쓰였다"(TDNT, 6.918)라고 언급했지만, 귀신은 그 소녀를 통해 말하고 있다. 추가로 Barrett, Acts, 2.785; T. Klutz, The Exorcism Stories in Luke-Acts (SNTSMS 129; Cambridge: Cambridge University, 2004), 214-17, 243-44을 보라.

56) 이것은 70인역에서 야웨에 대해 백 번 이상 등장한다. 추가로 Bruce, Acts, 360; Trebilco, Jewish Communities, 6장. Barrett는 그 용어가 그리스식 유대교에서 "산발적으로" 사용되었다고 결론 내린다(Acts, 2.786).

57) "의도적인 이중 의미를 소아시아와 다른 지역의 유대 문헌에서 흔하게 볼 수 있다. 유대인과 그리스도인은 참된 theos hypsistos가 이스라엘의 하나님임을 알고 있었다"(Bockmuehl, Philippians, 8. Bockmuehl은 Hemer, Book of Acts, 231과 P. Trebilco, 'Paul and Silas — "Servants of the Most High God" [Acts 16.16-18]', JSNT 36 [1989], 51-73을 인용했다. 또한 Pilhofer, Philippi, 182-88; Klauck, Magic and Paganism, 68-69; Schnabel, Mission, 606-15을 보라).

58) 새 유대교 종파를 특징지으려고 hodos("도")를 사용하는 것에 대해서는 위 §20.1(14)을 보라. "구원"은 특별히 누가의 주제인데(비교. I. H. Marshall, Luke: Historian and Theologian [Exeter: Paternoster, 1970]의 논지는 "구원이라는 착상이 누가 신학의 핵심을 제공한다"는 것이다[92]), 이는 최초의 기독교의 모든 구성원에게 친숙한 내용이었다(동사로나 명사로).

위를 맴돌다가, 누가가 기록한 방식대로 그들에게 외쳤을 것이다. 일반적으로 그 시대에서 그런 경우는 귀신들림으로 보았을 것이다.[59]

이로부터 여러 날 후에 바울이 짜증(4:2에서 사용된 같은 단어)으로 대응했다는 말은 진정성이 있다(16:18). 누가는 바울이 동정심에서 혹은 악에 정면으로 대응하려는 마음에서 우러나서 행동했다고 꾸미지 않았다. 바울의 축귀는 정상적인 형태를 따랐다.[60] 바울은 축귀 사역자로 이미 유명하고 어쩌면 이미 전설이 된 사람의 이름("예수 그리스도의 이름")이 가진 능력과 권위에 호소한다.[61] 여기서 성공은 소녀가 침묵에 빠지고 신탁 기능을 멈추었다는 사실로 표시되었다. 덜 만족스러운 점은 소녀가 그 이야기에서 곧 사라지고,[62] 바울과 다른 사람들이 어떻게든 이 소녀를 도우려고 했다는 말이 전혀 없다는 사실이다. 주목할 만하게도 그녀는 회심자가 되지 않았다.[63]

이 이야기는 빠르게 전개되며(16:19-24), 화자는 비록 이야기에 더 이상 개인적으로 참여하지는 않지만 성큼성큼 나아갔다(16:17 이후 "우리"가 사라진다). 노예 소녀의 주인들(어쩌면 작은 연합체)은 자기들의 수익이라는 희망이 귀신과 함께 "사라짐"을 목격했다.[64] 그들은 자신들의 노예보다 이익을 염려해서 자신들이 직접 바울과 실라를 체포하여 법정으로 끌고 갔다. 로

---

59) "귀신들림은 '젊고 다소 단순한' 남녀에게 일어나는 것으로 믿어졌다.…개인 실천자들은 착취할 기회를 잘 포착했고, 예언을 얻으려고 사용한 주문은 신을 향한 어린이의 투명함을 최대한 이용했다"(Lane Fox, *Pagans and Christians*, 208).

60) 비교. 마 12:27; 눅 9:49; 그리고 추가로 *Jesus Remembered*, 675-77을 보라.

61) 추가로 *Jesus Remembered*, 673-77을 보라.

62) 비교. F. S. Spencer, 'Out of Mind, Out of Voice: Slave-Girls and Prophetic Daughters in Luke-Acts', *BibInt* 7 (1999), 133-55(여기서는 146-50); Klauck, *Magic and Paganism*, 72-73. Klutz는 누가가 침묵한 이유 몇 가지를 제시하는데, 그중 하나도 만족스럽지 않다(*Exorcism Stories*, 260-62).

63) 루디아와 대조된다. L. M. White, 'Visualizing the "Real" World of Acts 16: Towards Construction of a Social Index', in White and Yarbrough, eds., *The Social World of the First Christians*, 234-61(여기서는 256-59)은 이 점을 과하게 해석한다.

64) 그 동사는 18절에서와 같다. 자기 수익의 소망이 영과 함께 "나갔다." 이는 누가의 훌륭한 말재간이다.

마 식민지에 사는 로마 시민인 그들은 법으로 관리할 책임을 가진 양두 정치가들에게 영향력이 있었다. 고대 사회에서 노예제는 매우 중요한 경제적 요소였기에, 노예의 가치를 상실하게 한 책임은 심각한 문제였다. 그러나 그들이 고소한 내용은 강도죄가 아니었다. 누가가 말하길, 그들은 그 대신 역사적으로 전 세계 공동체에서 끊임없이 반복된 작전을 택했는데, 곧 특이한 관습을 가진 소수 인종에 대한 편견에 호소하는 것이다. "이 사람들이 유대인인데 우리 성을 심히 요란하게 하여, 로마 사람인 우리가 받지도 못하고 행하지도 못할 불법의 풍속을 전한다"(16:20-21).[65] 유대교의 할례와 식사 규정이라는 관습 때문에 생겨난 유대인에 관한 로마 지식인들의 그런 편견은 잘 증명되었다. 누가의 이야기에서 바울과 다른 지역의 "유대인" 사이에 긴장이 있었음을 고려하면, 빌립보에서 바울이 유대인이었기 때문에 고난받았음을 인식하는 것은 중요하다.[66]

지역의 성난 무리의 대중적인 분개가 동쪽에서 온 "이상한 미신들"에 대한 것임은 이 모든 내용과 일치할 것이다.[67] 또한 치안 판사가 그 고소당한 사람들이 어떤 심각한 범죄 때문에 고소당했고 형벌을 받을 만하다고 추정하여 그런 압력에 기꺼이 수긍한 것도 그렇다. 형벌은 단지 경고가 아니라 가혹했다. 그들은 옷이 벗겨진 채 공개적으로 매를 맞았고(16:35의 "부하들"에 의해) 발에 차꼬가 채워진 채로 가장 깊은 감옥에 갇혔다.[68] 왜 바울

---

65) "빌립보에서 바울을 고소할 때 사용된 문구는…분명 고어체다. 그러나 그것이 흔치는 않지만, 율리우스-클라우디우스의 용법과 완전히 다른 것은 아니다. "로마 제국의 절반인 그리스 공동체 내의 고립된 로마 공동체에서만 로마의 '타자성'이라는 기본 원칙이 확인되었고, 반면에 이탈리아에서는 이방인 사교의 장점을 부각했다는 점은 특징적이다"(Sherwin-White, *Roman Society*, 82; 추가로 80-83을 보라). Fitzmyer, *Acts*, 587은 로마의 형벌 규정에 대해 키케로를 인용한다. "공식적으로 인정되지 않았다면, 누구도 자신을 위한 신을 섬겨서는 안 된다. 새로운 신이든 외국의 신이든 간에 말이다"(*De legibus* 2.8.19)를 인용한다.

66) 또한 Klutz, *Exorcism Stories*, 247-51을 보라.

67) 칼리굴라 치하에서 38년에 일어난 알렉산드리아 유대인 공동체에 대한 심각한 박해는 지중해 동쪽 지역에 잘 알려졌을 것이다(Schürer, *History*, 1.389-91을 보라).

68) "그런 약식 처벌은 작은 치안방해를 다루는 흔한 절차였다"(Taylor, 'Roman Empire', 2454). *Coercitio*는 "모든 치안판사가 절대권을 가지고, 따르기를 꺼리는 시민들로 하여금 벌을 가해서 그의 명령이나 법령을 따르도록 강제하는 권리"였다(*OCD*³, 355).

은 자신의 로마 시민권을 주장하지 않았는가?(22:25에서처럼) 어쩌면 노예 소유자에게서 그의 재산 가치를 빼앗았거나 (로마 식민지에서) 외국의 미신을 가르쳤다는 고소는 재판이 길게 이어지고 결과도 불확실했기 때문일 것이며,[69] 매(fustes)로 때리는 것이 22:25에서 예상되는 채찍(flagellum)으로 심하게 때리는 것보다는 비교적 가볍기 때문이었을 것이다.[70]

절정의 장면은 생생하다(16:25-34). 바울과 실라는 전혀 기죽지 않았다. 하나님을 향한 그들의 기도와 찬송은(자정에!) 다른 죄수들의 주목을 받았다(학대를 유발하기보다는). 지진으로 모든 문이 열리고 모든 차꼬가 풀렸다. 간수의 운명이 드라마같이 뒤바뀌었고, 간수는 떨며 바울과 실라에게 와서 "내가 어떻게 하여야 구원을 받으리까?"라고 물었으며(16:30), 신자가 되었다(16:31-33). 물론 이 모든 내용은 믿기 힘들 정도로 너무 좋아 보인다. 그러나 추측하건대 이 이야기는 빌립보 교회에서(더 널리 퍼지지 않았다면) 빠르게 회자되었을 것이다. 그리고 분명 바울은 "구원"이 "주 예수를 믿음"으로 보증된다고 생각했을 것이다. 그런 믿음이 어떤 특정한 경우에 얼마나 자세하게 설명돼야 하든지 말이다.[71] 간수와 그의 온 가족(16:33)의 세례는 한밤중에 이루어졌는데, 짐작하건대 그들은 그 지역의 강에서 침례를 받지는 않았을 것이다! 뜰에 있는 우물가였을 가능성이 더 크다.

빌립보 교회에서 이 이야기를 반복해서 말하는 사람에게 동일하게 혹은 훨씬 더 재미있는 이야기는 이어지는 부분일 것이다(16:35-39). 두 명의 치안 판사는 자신들의 지나치게 독단적인 판단을 꺼림칙하게 여겨 이 문제를 숨기려고 했거나, 충분한 경고와 본보기를 보여주었다고 만족했을 것이다. 장본인들이 도시에서 떠나면 사실상 일이 마무리되기 때문이다.

---

69) Weiss, *Earliest Christianity*, 283; Haenchen, *Acts*, 504; 추가로 Rapske, *Paul in Roman Custody*, 129-34을 보라.

70) Taylor, 'Roman Empire', 2457-58.

71) *Theology of Paul*, 371-85을 보라. 또한 누가는 간수 집안의 믿음을 "하나님을 믿음"으로 묘사하며(16:34), 이는 하나님을 경외하지 않는 이방인이 먼저 하나님께(하나님을 믿는 믿음으로) 개종했음을 확인한다(위 §27.1e 그리고 아래 §31.3b를 보라).

그들은 적당한 부하들을[72] 보내어 더 이상 법석을 떨지 않고 그들을 내보내려고 했다. 그러나 바울은 로마 시민(이전에 밝혀지지 않은 사실)으로서 그런 임의적인 형벌로부터 면제받았기에, 당국자들을 꺾을 수 있었다. 그들은 그들이 가진 권한을 넘어섰으며(로마 시민에 대한 기소는 정당하게 조사되어야 했다), 자신들이 응징을 받아야 하는 심각한 상황에 부닥쳤다(비교. 22:29).[73] 바울에게는 그렇게 얻은 공개 사과가 단순히 자신을 박해한 사람들의 얼굴을 흙으로 문지르거나 자신의 명예를 회복하는 문제가 아니라(비교. 살전 2:2), 연약한 새 공동체의 지위를 확립하여 그들을 불쾌하게 했을 법한 다른 주요 시민들의 악의로부터 그들을 지키는 문제였다.[74] 그럼에도 바울과 실라가 거의 지체하지 않고 그 도시를 떠났다는 사실(16:39-40)은 양쪽이 서로 체면을 세워주었음을 암시한다.

이 교회는 교회의 설립이 명확하게 기록된 바울 서신에서 바울 선교의 첫 교회로 명확하게 확인될 수 있는 교회다. 예상하듯이, 생생하게 전해진 이야기는 누가의 다양한 목적에 적절히 기여한다. 마술에 대한 또 다른 승리, 하나님의 섭리의 기적적인 예(하나님의 개입에 원인을 돌리지는 않았지만), 그에 따른 직접적인 결과로 개종자를 추가로 얻음, 비자발적인 것이기는 하지만 공식적으로 얻어낸 로마 당국자의 존중 등이다.[75] 그러나 누가가 그 이야기에 할애한 공간은 그것이 그 자체로 위대한 이야기라는 사실로 설

---

72) *Rabdouchoi*는 문자 그대로 신체적 처벌이나 사형을 집행하는 자신들 주인의 권위를 상징하는 채찍과 도끼를 지닌 사람들인 릭토르(lictor)로서 경찰에 해당한다(추가로 Lake and Cadbury, *Beginnings*, 4.200을 보라).

73) Lake and Cadbury는 Cicero의 *In Verrem* 5.66을 언급하며 관련된 로마법을 보여주었다(*Beginnings*, 4.201). Sherwin-White, *Roman Society*, 58-59; Fitzmyer, *Acts*, 589; *OCD*³, 355, 1267-68(*provocatio*); 또한 Taylor, 'Roman Empire', 2455-57; Barrett, *Acts*, 2.801; "2인 치안 판사(Duoviri)는 심한 처벌에 직면했었는데, 그들이 로마 식민지에서 로마 시민의 권리를 침해하여 관직을 박탈당하거나 이후 그 어떤 관직도 맡지 못할 수도 있었기 때문이다"(Tajra, *Trial*, 29, 이는 Dio Cassius 60.24.4을 언급한 것이다. Barrett, 2.805도 이를 인용했다). 바울의 로마 시민권 논제에 관해서는 위 §25.1c를 보라.

74) 그 전략의 성공 여부는 빌 1:27-30의 해석에 달려 있을 것이다(추가로 아래 §34.4을 보라).

75) 또한 Klutz, *Exorcism*, 239-40을 보라.

명된다. 비록 감옥에서 그런 기적적인 탈출이 당시 문학에 흔하게 등장할 수 있었지만,[76] 모든 상세 사항과 더불어 이 이야기가 빌립보 교회의 설립에 대한 이야기라는 것을 의문시하기는 어렵다.[77] 그러나 바울이 빌립보에 도착한 후 얼마나 빨리 교회가 설립되었는지는 모른다. 누가는 시간을 표시하지 않았다.[78] 축귀는 명시되지 않았지만, 바울은 자기의 선교가 거둔 성공의 일부분으로 많은 기적(누가가 선호하는 "이적과 기사"를 포함해서)을 회상한다.[79] 한 가지 중요한 상세 사항은 누가가 로마 식민지에 있는 두 명의 상관들의 일반적 명칭(stratēgoi)을 올바르게 기록했다는 사실이다(16:20, 22, 35-36, 38).[80] 또한 우리는 바울이 자신이 태장을 맞고(고후 11:25) "빌립보에서 수치를 당했다(hybristhentes)"(살후 2:2)고 회상했다는 점도 주시해야 한다.[81] 여기서 특별히 1인칭("우리") 이야기가 끝났음에도(16:18) 빌립보에서 일어

---

76) L. T. Johnson, *The Acts of the Apostles* (Collegeville: Liturgical, 1992)는 Ovid, *Metamorphoses*, 9.782-83; 15.669-78; Lucian of Samosata, *Lover of Lies*, 22(300)을 인용한다. *Bacchae* 443-50, 586-602에서 바쿠스 신도들의 구원과 디오니소스의 구원에 대한 에우리피데스의 서술이 병행된다는 점은 켈수스가 처음 언급했다(Origen, *c. Cels.* 2.34). 추가로 Lake and Cadbury, *Beginnings*, 4.196-97; Haenchen, *Acts*, 501; Weaver, *Plots of Epiphany*, 264-71을 보라. 또한 위 §23 n. 177을 보라.

77) 비교. Jervell, *Apg.*, 430-31; Omerzu, *Prozess*, 124-66(요약 164)은 덜 낙관적이다. Barrett는 다음과 같이 정당하게 말한다. "[동지중해에 있던] 지진에 대해 믿지 못할 내용은 없으나, 독자는 지진이 작은 도시 감옥에 있는 모든 죄수를 풀어줄 만큼 강하지만, 그들에게 하나도 해를 끼치지 않을 만큼 약하고, 도시 관리들이 알아채지 못할 정도로 조용하고 제한적이었을 것으로 기대하지 않는다"(*Acts*, 2:776, 794; 그러나 794-95도 보라). 그러나 누가는 자신이 들은 이야기에 의문을 품지 않는다. 누가가 그런 이야기를 단순히 전해줄 정도로 너무 잘 믿었다면, 그 이야기가 19세기 학자들을 "불편하게 했다"(!)는 한심한 사실 역시 존재한다(Haenchen, *Acts*, 500-501에서 비평했다). 또한 Ashton, *Religion*, 171-78을 보라.

78) Murphy-O'Connor는 바울이 분명 빌립보에서 겨울을 보냈다고 생각한다(48-49년)(*Paul*, 214-15).

79) 롬 15:18-19; 고후 12:12; 갈 3:5.

80) 공식 직함은 "치안관"(*praetors*)이나 "2인 치안판사"(*duoviri*)이지만, 명문에서는 *stratēgoi*가 그들의 널리 알려진 직함이었다(BDAG, 947-48). 또한 Lake and Cadbury, *Beginnings*, 4.194-95; Bruce, *Acts*, 362; Pilhofer, *Philippi*, 193-99; D. B. Saddington, 'Military and Administrative Personnel in the New Testament', *ANRW*, 2.26.3 (1996), 2408-35(여기서는 2429-30); Taylor, 'Roman Empire', 2452-53을 보라.

81) "동사 *hybrizō*는 재판과 같은 것이 없이도 로마 시민이 처형받음을 표현하는 데 아주 적절하다"(Murphy-O'Connor, *Paul*, 214).

난 사건이 더 자세하게 서술되었다는 사실은 누가가 이전의 그 어떤 사건보다도 여기에 대해 훨씬 더 풍부한 자료를 소유했음을 시사한다.[82]

c. 데살로니가 교회 설립

빌립보를 떠나는 바울의 상황이 어떠했든지 간에, 다음의 분명한 목적지는 그 도의 수도이며 에그나티아 길을 따라 더 서쪽으로 160km 정도에 위치한 데살로니가였다.[83] 데살로니가의 중요성, 즉 동서와 남북 양쪽의 소통을 고려하면,[84] 그곳에 다수의 유대인이 있었다고 볼 수 있다. 그들은 주로 무역상과 상인이었을 것이다.[85] 비록 이를 뒷받침하는 비문 자료가 빈약하고, 현대 도시는 그 지역의 과도한 발굴을 막고 있지만 말이다. 그러나 그 이동은 바울의 선교 전술 및 전략과 일치하는데, 그의 전술과 전략은 주요 도시에 집중하고 자기 복음을 설명하기 위해 안식일과 회당을 이용하

---

82) 다른 사람들이 이동했을 때 누가는 빌립보에 남았는가?(16:40) "우리" 이야기가 바울이 예루살렘에 돌아가는 마지막 여행의 똑같은 지점(빌립보)에서(20:5-6) 재개된다는 사실은 그런 가정을 강하게 시사한다. Pilhofer는 자신의 행 16장 연구에서 누가가 마게도냐와 특별히 빌립보에 대해 잘 알았다고 결론짓는데, 이는 누가가 빌립보 출신일 가능성을 강화해주는 한 가지 사실이다(*Philippi*, 204-205, 248-49).

83) 경로 지도는 Pilhofer, *Philippi*, 202을 보라. 바울 일행은 설교를 멈추지 않고 암비볼리와 아볼로니아를 통과한다(17:1). Haenchen에게는 데살로니가 회당에 대한 언급이 "암비볼리와 아볼로니아에 그런 회당이 없었음을 암시하는 것처럼 보인다"(*Acts*, 506). Hemer는 이곳들이 빌립보에서 데살로니가로 여행할 때 잠시 체류한 곳이며, 그 여정을 약 48km, 43km, 56km의 세 단계로 나누었다(*Book of Acts*, 115). 그러나 도보로 3일 만에 그런 거리를 감당하는 일은 그 유명한 카이사르의 강제된 행진을 어느 정도 요구했을 것이다. Lake와 Cadbury는 비록 필연적 추론이 아닌 자연스러운 추론이지만 바울이 틀림없이 말을 이용했다고 결론짓는다(*Beginnings*, 4.202).

84) 역사와 고고학에 관해서는 Riesner, *Paul's Early Period*, 337-41(418의 개요 지도)을 보라. 사회적·종교적 상황은 아래 n. 245을 보라.

85) Schürer, *History*, 3.65-67; 회당을 입증하는 비문이 발견되지 않았으나, 우리는 나중에(66-67년) 그곳에 있던 사마리아인 공동체를 알고 있다. 또한 Riesner, *Paul's Early Period*, 344-48; Levinskaya, *BAFCS*, 5.154-57; Tellbe, *Paul between Synagogue and State*, 86-90; Ascough, *Paul's Macedonian Associations*, 192-202을 보라. 추가로 C. von Brocke, *Thessaloniki — Stadt des Kassander und Gemeinde des Paulus* (WUNT 125; Tübingen: Mohr Siebeck, 2001), 1장을 보라.

는 것이었다(17:2-3).[86] 누가에 따르면, 안디옥에서부터 진행한 선교(13:44-14:20)에서 드러난 이 형태는 반복된다. 먼저 유대인과 이방인 동조자 가운데 관심을 가지고 긍정적으로 반응하는 사람들이 있었고[87] 유대인들의 반대가 뒤따랐으며, 이로 인해 도시의 불안이 야기되고 또 다른 도시로 떠나야 하는 결과가 초래되었다(17:1-16). 이 형태는 분명 누가가 구체화했거나 확장한 것이지만, 누가가 고안한 것은 아니다. 그 이유는 바울 자신이 데살로니가에 있는 이방인들에게 한 설교의 특징과 효과(살전 1:5-2:13)와 또한 어쩌면 유대의 소식통으로 인한 선동을 포함해서,[88] 새 개종자들이 자신의 동족에게서 경험한 "고난"(1:6)을 생생하게 회상하기 때문이다.

바울의 복음 전도 전략의 특징 중 하나가 이 이야기에서 대두된다. 즉 예수에 관한 주장에 대한 증거를 제공하는 성경에 호소하며 설명하는 것이다(17:2-3, 11).[89] 비록 그 방법이 비시디아 안디옥의 연설에서 사실상 실연

---

86) 상당히 많은 수의 상류층 여인을 포함해서, 하나님을 경외하는 수많은 그리스인이 회당 예배에 참여했다는 점은 자연스럽게 받아들여진다. 다시 언급하지만, 주요 도시에 있는 유대인 공동체는 작고 경멸받은 집단이 아니라, 상당수의 이방인 지지자가 매력을 가질 정도로 사회적 지위가 있는 단체였다.

87) "경건한 헬라인의 큰 무리와 적지 않은 귀부인들"(17:4); "헬라의 귀부인과 남자가 적지 아니하나"(17:12). 바울의 메시지가 데살로니가 사람에게 그렇게 매력이 있었던 이유에 관한 유용한 논의는 C. A. Wanamaker, *1 and 2 Thessalonians* (NIGTC; Grand Rapids: Eerdmans, 1990), 10-16을 보라. 이방인에게 전해진 서신의 언어는 "[유대식] 그리스어를 아는…사람들만 대체로 온전히 이해했을 것이다"(Holtz, *Erste Thessalonicher*, 10).

88) Wanamaker, *1 and 2 Thessalonians*, 8. 바울은 데살로니가의 개종자들이 고난과 박해를 당연히 예상해야 한다는 경고를 떠올리지만(살전 3:3-4), 그런 경고가 그들이 겪은 실제 고난에 선행하는지(1:6) 아니면 바울과 다른 사람들이 서둘러 떠나기 전에(행 17:1) 한 경고인지는 분명하지 않다. 또한 고후 6:4-5; 11:23-27을 보라. Riesner는 누가가 데살로니가 교회 설립에 관해 서술한 25개의 정보 조각 중에서, 데살로니가전서가 18개에서 19개를 직간접적으로 확인한다고 말한다. "대체로…고대 역사가에게는 상당히 감탄할 만한 발견이다"(*Paul's Early Period*, 367). Von Brocke는 17:1-10의 역사적 가치를 상당히 높게 추정한다(*Thessaloniki*, 188-271). 살전 2:14-16에 관해서는 아래 n. 269을 보라.

89) 그 중심 주장은 다음과 같이 번역되는 것이 최선일 것이다. "이 사람이 내가 너희에게 선포하는 메시아 예수다"(NRSV)(비슷하게 18:5, 28). 반대로 데살로니가 서신에는 구약 인용이 전혀 없다. 물론 데살로니가전서에 몇몇 암시가 있지만 말이다(2:4, 16; 4:5, 6, 8; 5:8, 22). 그러나 그렇다 할지라도 그 서신들은 바울이 회당에서 선교를 시작했을 공산을 결코 배제하지 않는다(Malherbe, *Thessalonians*, 58).

되었지만(특별히 13:32-37), 누가는 안디옥으로부터 진행된 선교의 나머지 기간 동안 그것에 대해서 전혀 언급하지 않았다. 그러나 여기서 그것은 바울이 데살로니가와 베뢰아의 회당에서 전한 메시지 전체를 구성한다. 또한 주목할 만한 점은 누가가 바울의 방법을 묘사하면서 처음으로(그러나 나중에는 정기적으로) 다른 동사(dialegomai)를 사용한다는 사실이다. 이 동사는 의견 교환과 연관이 있는 대화 및 토론 혹은 논쟁이라는 개념을 표현한다.[90] 이렇게 누가는 설교에서 대화로 전략이 바뀌었음을 암시하려고 했는가? 일련의 설교에 대한 내용을 전달하며 지나친 반복을 방지하기 위해 강조점을 다양하게 바꾼 것은 적어도 누가가 편집상 결정한 부분을 반영한다고 추론할 수 있다. 그러나 예수에 관해 제기된 주장이 지닌 성경의 강조를 누가와 바울이 공유하며,[91] 핵심 성경에 대한 토론/논쟁은 창세기 15:6과 레위기 18:5과 같은 구절을 바울이 다룰 때 분명히 암시된다.[92] 그래서 이곳에서는 하나의 강조를 다른 강조와 대립시킬 필요가 없다.

누가에 따르면, 데살로니가에서의 회당 중심 선교가 세 번의 안식일에 걸쳐 지속되었으나, 야손의 집에 집중했던 더 긴 기간이 내포되어 있다 (17:5-6). 데살로니가전서 2:9과 빌립보서 4:16은 확실히 더 긴 기간을 암시한다.[93] 이는 어쩌면 누가의 역사 압축하기의 또 하나의 예일까? 한편 이미 언급했듯이, 바울의 선교가 이방인에게 매력이 있었고, 이것이 이방인을 향한 설교에 유대인의 분개와 반대를 야기했다는 내용을 데살로니가전

---

90) BDAG, 232. 이전의 바울 선교에 관해 사용된 동사들과 대조하라: "하나님 말씀을 전했다(katangellein)"(13:5); "주의 말씀을 전했다"(13:44-46); "주를 위해 담대히 말하다 (parrēsiazesthai)"(14:3); "복음을 전했다(euangelizesthai)"(14:21; 16:10); "그 말씀을 전했다 (lalēsai)"(14:25; 16:6).

91) 눅 24:27, 44-47; 예. 고전 15:1-4.

92) 롬 4:3-22; 갈 3:6-14; 롬 10:5; 갈 3:12.

93) Kümmel, Introduction, 256; 수개월(Haenchen, Acts, 510-11); "단지 2개월"(Brown, Introduction, 464); 적어도 2, 3개월(Malherbe, Thessalonians, 59-61); "약 3개월"(Schnelle, Paul, 146).

서 1:6과 2:14-16이 확인해준다.[94] 누가가 훌륭한 전승에 의존할 수 있었다는 암시는 야손에 대한 언급이다(17:5-9). 그의 이름이 충분히 잘 알려졌기 때문에 그는 소개나 더 이상의 신원 확인이 없이 언급되었다. 그가 유대인인지 이방인인지 언급되지는 않았으나(그리스어 이름 자체는 이 점에 있어서 중요하지 않다),[95] 그는 분명히 상당한 정도로 중요한 사람이었고, 호의를 제공했으며[96] "형제들이" 모일 수 있을 정도로[97] 큰 집을 소유했다. 그는 바울이 데살로니가전서 2:9에서 언급한 것을 제공한 사람일 수도 있다.[98] 비록 특징상 누가는 그날그날의 상세 사항을 지나가는 말로 언급할 뿐이지만 말이다. 여기서 또한 데살로니가 당국자의 제대로 된 호칭("읍장")을 누가가 알고 있음도 주목할 만한 가치가 있다.[99]

바울과 실라(부재중이었다) 및 야손에 대한 고소는 당시 국가의 종교와 정치가 얼마나 밀접하게 연관되었는지를 반영한다. 그 고소는 대중이 대치하는 그런 경우 모든 시대에서 너무나도 손쉽게 의존했던 과장된 대중적 수사를 표현한다.[100] "세계(혹은 제국)를 뒤집는 것"은 확립된 질서와 관습

---

94) 그들의 "시기"(zēlōsantes)에 대한 묘사는 주요 그리스 도시의 동화와 혼합주의라는 압력에 직면해서 유대 민족과 종교의 독특성을 유지하려는 유대인의 "열심"(zēlos)에 대한 암시를 다시 포함했을 수도 있다. 이 "열심"에 관해서는 §25.2c를 보라.

95) 이 야손이 롬 16:21의 야손과 동일하다 해도, 후자는 바울의 "친척"으로 묘사된다. 누가는 그를 이방인으로 생각했을 것이다(Malherbe, Thessalonians, 63).

96) 이야기의 함의는 소요가 일어났을 때 바울과 실라가 야손의 집에 있지 않았다는 것이다. 화자인 누가는 분명히 모든 세세한 부분에 신경 쓸 필요를 느끼지 않았다(14:20, 22, 그리고 디모데와 "우리"에 내포된 다른 한 사람에 관한 16:19의 침묵을 비교하라).

97) 그러나 Jervell은 "회중 설립에 관한 언급이 없는데, 개종자들이 틀림없이 계속해서 회당에 소속되었기 때문이다"라고 생각한다(Apg., 435). 행 20:4은 바울의 마지막 예루살렘 여정에 동반한 교회 대표단 중 두 명이 데살로니가 출신의 아리스다고(골 4:10)와 세군도였다고 전한다.

98) 행 18:3; 20:34; 비교. Haenchen, Acts, 511-12: "그가 싸워야 했고 누가가 부분적으로 언급한 다른 모든 어려움에 재정적 필요를 더할 때만, 우리는 이 선교사가 이룬 엄청난 성취의 참된 규모를 알 수 있다"(512). 추가로 §29.5d를 보라.

99) 위 §21 n. 100을 보라. Barrett는 그 논의를 잘 요약한다(Acts, 2.814).

100) 또한 그런 고발과 반소의 전형적인 점은 누가가 유대인들이 일으킨 반대를 "폭도, 방랑자들"(agoraioi, "시장의 군중들"; Plutarch, Aemilius Paulus 38.3과의 병행이 때때로 인용된다, Malherbe, Thessalonians, 64)로 특징지은 것이다. "그들은 무리들을 불러왔다

의 기초를 위협한다. 새로운 사고는 언제나 대중에 영합하는 보수적인 반동에 구실을 제공할 수 있다. 물론 데살로니가에서 바울의 가르침이 강한 종말론적 강조를 포함했다면,[101] 그 고발이 어떻게 제기되었는지를 볼 수 있지만 말이다. 그래서 하나님 나라에 대한 언급과 관련한 종교적 헌신에 새롭게 초점을 맞추라는 어떠한 선포도[102] 충분히 카이사르의 통치를 선동적으로 위협하며 대중에 영합하는 수사법으로 보일 수 있다(비교. 눅 23:2). 더 객관적인 제삼자에게 그 고소가 얼마나 설득력이 없는지 상관없이 말이다.[103]

당국자들은 물론이고 사람들은 대개 그런 고발로 불안해하기 마련이다(17:8-9). 당국자들은 야손과 다른 사람에게서 담보(보석금)[104]를 취한(짐작하건대 바울과 실라가 떠난다는 보장을 받기 위해서였을 것이다) 후 그들을 놓아주었다.[105] 그 반응은 그들이 현실을 인식했고, 통제되지 않는 폭력 집단이 관

(ochlopoiēsantes)." 그리고 "도시에서 폭동(ethoryboun)을 시작했다"(17:5). Omerzu는 "crimen maiestatis가 눅 23:2-5과 편집상 연결되나 ochlopoieō라는 언급은 야손을 겨눈 역사적 비난을 반영할 수 있다"라고 생각한다(Prozess, 219-20).

101) 비교. 살전 5:1-11; 살후 2:1. "종말론적 설교 내용(비교. 살후 2:5-7, 제국 권력의 제거라는 암시와 더불어)은 하나 이상의 카이사르의 법령을 위반하는 것으로 이해될 수 있었다"(Bruce, Acts, 371-72). 데살로니가전서에 따르면, 바울은 다가올 고난/박해(3:3-4)와 "주의 날"을 예측할 수 없음(5:2: "너희가 안다")을 경고했다.

102) 비교. 행 14:22; 19:8; 20:25; 살전 2:12; 살후 1:5.

103) Hemer, Book of Acts, 167은 E. A. Judge, 'The Decrees of Caesar at Thessalonica', RTR 30 (1971), 1-7을 인용하며, 고려되었을 법한 "카이사르의 법령"을 가리킨다. 또한 K. P. Donfried, 'The Cults of Thessalonica and the Thessalonian Correspondence', NTS 31 (1985), 336-56(이는 Paul, Thessalonica and Early Christianity [London: Clark, 2002], 21-48[여기서는 32-35]로 재발간되었다); Tajra, Trial, 36-42을 보라. Omerzu는 Judge(Prozess, 200-202)에 설득되지 않았다. J. K. Hardin, 'Decrees and Drachmas at Thessalonica: An Illegal Assembly in Jason's House(Acts, 17:1-10a)', NTS 52 (2006), 29-49은 고소와 벌금 징수가 제국이 자발성 협회에 부과한 제한과 관련이 있음을 시사한다. 고소는 정치적이며, 읍장(politarch)은 허가받지 않은 집단을 형성했다는 이유로 벌금을 요구했다(그러나 §30 n. 81-83을 보라).

104) Lambanein to hikanon = 로마 법률 용어 satis accipere, "보석을 허가하다"(BDAG, 472).

105) Sherwin-White, Roman Society, 95-97. 반역죄 혐의를 모면한 것은 야손이 도시에서 상당한 지위에 있었거나 고위직에 친구가 있었음을 암시할 수도 있다(Malherbe,Thessalonians, 63).

여한 잠재적 위험을 어떻게 완화하는지 알고 있었음을 보여준다. 폭력 집단의 이용은 그리스 민주주의 역사에서 잘 알려진 선동 전략이므로, 수많은 선례가 있었을 것이다. 그러나 흥미롭고도 다소 궁금한 점은, 바울이 제기한 위협이 없었다는 점과 새로운 연합이 가진 권리를 옹호 받았다는 점을 강조할 기회(16:35-39과 18:12-17에서 했던 것처럼)를 누가가 이용하지 않았다는 사실이다. 어쩌면 그는 학자들이 보통 생각하는 것보다 실제로 보고받은 내용으로 인해 더 많은 제약을 받은 듯하다.

d. 베뢰아로의 피난

비록 베뢰아까지는 하루 이상의 여정이었지만(남서쪽으로 약 72km나 80km 정도),[106] 누가는 바울과 실라가 밤에 빠져나갔다고 이야기한다.[107] 왜 그곳인가? 베뢰아는 그리스 중앙과 서쪽으로 이르는 길에 위치하지만, 주요 도로인 에그나티아 길에서 남쪽으로 수 킬로미터 떨어져 있었다. 따라서 바울이 이 시기에 일루리곤까지 갔다는 제안(롬 15:19), 즉 에그나티아 길을 따라 서쪽으로 계속 나아갔다는 제안은 개연성이 적다.[108] 키케로는 베뢰아를 "오피둠 데비움"(oppidum devium, "대로에서 떨어진 도시")(In Pisonem 36.89)으로 묘사했는데, 이런 이유로 베뢰아는 도피하기 좋은 장소였다.[109] 그러나 그곳은 중요하지 않은 도시 지역이 아니었고,[110] 그곳에 (상당수의) 유대인들

---

106) J. D. Wineland, *ABD*, 1.678(80km); Barrett, *Acts*, 2.817(72km).
107) "대부분의 저자는…[살전] 2:17("우리가 고아가 되었으니")의 수동태는 그에게 부과된 바울의 부재의 중요성을 나타낸다고 생각한다"(Malherbe, *Thessalonians*, 61); 또한 von Brocke, *Thessaloniki*, 268-71을 보라.
108) 상상컨대, 로마에서 유대인을 추방하라는 클라우디우스 칙령(49년)의 소식이 이 시기에 바울에게 도달했을 것이고, 로마로 바로 가려고 했던 생각을 빠르게 불식시켰을 것이다 (Riesner, *Paul's Early Period*, 359-60).
109) Barrett, *Acts*, 2.817.
110) 루키아노스는 그곳을 "크고 사람이 많은(*megalē kai polyanthrōpos*)"이라고 묘사했다 (*Lucius* 34).

이 존재했다는 몇몇 (후기) 증거가 있다.[111] 그래서 그곳까지 바울의 전략과 전술의 목표가 확장되었다. 그러나 주요 이유는 단순히 베뢰아가 데살로니가의 사법권 밖에 위치했다는 점일 것이다. 바울과 실라가 데살로니가에서 그만큼 떠난 것은 야손과 다른 이들에게 내려진 보석 조건을 충족하는 일이었을 수도 있다(행 17:9).[112]

이 부분에서 누가의 이야기 형태는 흥미로운 변화와 더불어 반복한다 (17:10-13). 바울과 실라는 도착하자마자 곧장 회당으로 향했다. 그러나 이 지역의 유대인들의 반응은 훨씬 더 긍정적이었다. 그들은 더 "상류층"이었고 "공정했으며"(REB) 말씀을 진지하게 받아들였고, 바울과 실라가 그들에게 제시한 해석을 본문이 뒷받침하는지 알아보려고 성경을 "세심히 살피거나 비평적으로 조사했다(anakrinontes)." 여기서 함의된 내용은 베뢰아 회당이 연구를 위한 장소로 기능하여 두루마리가 보관되어 있었고, 그곳이 유대인 공동체 구성원이 날마다(단지 안식일에만이 아닌) 성경을 연구하러 가는 장소였다는 점이다. 누가에 따르면, 비슷한 수의 상류층 이방 여인들(두 장소에서 모두 "적지") 및 남자들과 더불어, 그 지역의 유대인(데살로니가의 "몇몇"과는 대조적으로 "많은") 가운데서 더욱 큰 성공을 거두었다.[113] 그 결과로 세워진 교회는 짐작하건대 유대인과 이방인으로 구성되었을 것이다. 20:4에서 베뢰아의 소바더(Sopater)에 대한 언급은,[114] 비록 다른 곳에서는 언급하지 않았지만, 교회가 설립되었음을 암시한다.

안디옥에서 온 사절단(14:19)의 모습을 반복하는 장면에서, 선교의 주요 도시(데살로니가)에 있던 유대인들은 문제를 일으켰으며, 바울에 대한 적

---

111) Schürer, *History*, 3.67, 68.
112) 데살로니가는 "로마의 사법권 밖에 있는 자유 도시였다.…바울은 로마 총독의 권한 외에 도시 간에 사법권이나 권위가 없다는 사실을 이용한다.…다른 도시들의 경찰들이 협력했다는 증거가 없다"(Sherwin-White, *Roman Society*, 96-98).
113) 여성들이 마게도냐 사회에서 중요한 위치를 차지했다. 비문은 여성이 개종자의 50%와 하나님을 경외하는 자의 80%를 구성했다고 시사한다(Riesner, *Paul's Early Period*, 351).
114) 20:4의 소바더가 롬 16:21 소시바더와 같은 인물인가?

대감을 유발했고, 바울은 그곳에서 신속히 떠나야 했다(17:10). 바울이 혼자 퇴장했다는 내용(17:14)은[115] 가정하건대 그가 새 메시지의 주요 주창자였고 반대자들의 표적이었음을 암시한다. 바울의 동료들이 베뢰아로 돌아오기 전에 바울과 아덴으로 동행했다는 사실은(17:15)은 그들이 그의 안전을 염려했거나, 아덴에 있는 친구나 친척에게 바울을 개인적으로 소개하려고 했음을 시사한다. 여기서도 핵심 고려사항은 아덴이 다른 사법 지역이었다는 사실이다. 가정하건대 그들이 바랐던 것은 그 지역에서 혼란의 주요 원인을 온전히 제거하면 남은 자들이 추가적인 핍박을 피할 수 있으리라는 것이었다. 이는 데살로니가전서 1:5-6과 2:14에 비추어 보면 헛된 소망이었다.[116] 바울의 동료가 데살로니가로 전달해야 했던 바울의 부탁(실라와 디모데는 가능한 한 빨리 바울과 합류하라는 부탁, 17:15)은 바울이 곧 자신의 교회를 확고히 할 대규모의 편지 쓰기와 연락망이 형성되는 조짐을 보여준다.

31.3 아덴에서의 대결

누가는 아덴으로의 이동을 바울 선교 전략의 일부분으로 제시하지 않았다. 함의된 내용은 그 사건들 때문에 데살로니가에서 바울의 시간이 짧아지지 않았으면, 바울이 데살로니가에 잘 정착하여 그 도시를 선교 중심지로 삼았으리라는 것이다. 바울은 베뢰아와 아덴으로 어쩔 수 없이 이동했고, 누가의 서술에 함의된 것은, 바울이 아덴을 자기의 사역을 위한 유망한 근거지로 여기지 않았다는 점이다. 아덴에 유대인들이 있었다는 점은 잘 입증되었고,[117] 누가는 보통 때처럼 회당에 출석하는 비유대인 동조

---

115) "형제들이" 바울을 보냈다. 가정하건대 이는 신생 기독교가 이미 형성되기 시작했다는 시사일 테다.

116) Riesner는 LXX 사 66:19에서 유래한 전략이 마게도냐뿐만 아니라 그리스 전 지역을 마음에 두고 있었을 것이라고 다시 언급한다(*Paul's Early Period*, 295).

117) Schürer, *History*, 3.65; Levinskaya, *BAFCS*, 5.158-62.

자들(하나님을 경외하는 자)이 있었음을 시사했다(17:17). 그러나 또한 데살로니가에서처럼, 회당에서 바울의 연설은 선포(euangelizesthai)라기보다는 오히려 대화(dielegeto)로 제시되었고, 아덴에서 한 연설은 추가적인 언급 없이 지나갔다(17:17). 사도행전에서 보통 그랬던 것과는 달리, 바울이 아덴에 있던 그 외의 시간에는 유대 공동체와 하나님을 경외하는 자들이 등장하지 않는다. 대신에 누가는 복음을 위한 또 하나의 대결을 제시할 기회를 분명하게 포착했다. 이번에는 마술(구브로)이나 지나칠 정도로 단순한 이교도 (루스드라에서처럼) 혹은 점치는 사업(빌립보에서처럼)이 아니라, 복잡한 그리스 철학과의 대결이었다. 아덴에서는 이해할 수 있지만 바울의 선교에서는 특이하게도, 상호 간의 소통이 시장에서 이루어졌다. 여기서도 대화로 진행되었다. "변론"(dielegeto, 17.17),[118] "쟁론"(syneballon, 17.18).[119]

a. 아덴 사람들은 예루살렘과 무슨 관련이 있었는가?

아덴 사람들과 아덴에 거주하고 있는 외국인이 "가장 새로운 것을 말하고 듣는 것"(REB)에만 관심을 가졌다는 누가의 묘사는 다소 경멸적이다(행 17:21).[120] 그러나 이 묘사는 다른 어떤 도시보다 그리스 문화의 위대함을 보존하고 환기시켜주는 도시인 아덴에 지속적으로 끌린 친헬라주의 로마 사람들의 호감,[121] 그리고 수십 년 동안 아덴을 특징화한 영광이 희미해지고

---

118) Haenchen은 Plutarch, Cic. 24.5이 소요 철학자들의 학습 방식에 대해 dialegomai를 사용했다고 언급한다(Acts, 517 n. 6).

119) Symballō, "문제를 놓고 함께 고찰하다, 대화하다, 상의하다"(BDAG, 956). Schnabel은 행 17:22-31을 복음을 설명하는 대화 방식의 본보기로 여긴다(Mission, 1392-1404).

120) 그것은 잘 알려진 아덴에 대한 묘사에 의존하며(그리고 이용한다), 그 묘사는 지인에게서가 아니라 문헌(아니면 익숙한 소문)에서 유래했음을 어느 정도 시사한다(Barrett, Acts, 2.833을 보라).

121) "기원전 50년부터 친헬라주의는 로마 귀족층과 그다음에는 황제가 시의 후원자가 된 원인이었다"(OCD³, 205; 추가로 'Philhellenism', 1159-60을 보라).

어느 정도 쇠퇴했다는 느낌 둘 다를 잘 담아낸다.[122] 그러나 아덴이 그리스 문화의 역사상 유명한 중심지이며 대학 도시(Ovid가 묘사한 대로 "학식 있는 아덴"[Ep. 2.38])로서 학식이 있다는 평판을 보유하고 있었다는 사실은 여전했다.

철학의 혁신이라는 아덴의 명성은 소크라테스와 더불어 시작했으며, 그는 기원전 399년에 사형을 당했다. 약 기원전 385년에 플라톤이 설립한 학교는 약 9세기에 걸쳐 철학자와 철학자가 되려는 사람들의 지속적인 관심을 끌었다. 그 지역의 언급할 만한 다른 철학자는 에피쿠로스로, 그는 약 306/307년에 자기 학교를 설립했고 270년에 죽을 때까지 그곳에서 가르쳤다. 바울이 아덴에서 대면한 에피쿠로스주의(행 17:18)는 그 목적이 행복한 삶을 확보하고 환희의 경험을 극대화하는 실용 철학이었다.[123] 그중에서도 에피쿠로스주의는 영혼이 육체의 죽음으로부터 살아날 수 없으며(죽음의 두려움으로부터 자유를 부여함) 신들은 자연 세계에 관여할 수 없다(초자연이라는 두려움으로부터 자유를 부여함)고 가르쳤다.[124] 바울과 지역의 에피쿠로스주의자들 간의 대화 주제, 그리고 바울의 논점이 그들에게서 공명을 거의 얻지 못했을 공산은 이내 명백하다.

바울이 대면한 더 영향력이 있는 스토아주의(17:18)는 제논(Zeno)이 아덴에서 설립했으며, 그는 기원전 3세기 초에 아덴 시장(agora)[125]의 북서

---

122) 추가로 Taylor, 'Roman Empire', 2463-64, 2467; Barrett, Acts, 2.833-34을 보라. Haenchen, Acts, 517 n. 2은 호라티우스의 "텅 빈 아덴"(Ep. 2.2.81)이라는 언급을 인용한다. "본래 평범했던 대학촌은 그 지적 유산의 보존에 전념했다"(Murphy-O'Connor, Paul, 108).

123) "즐거움이 축복받은 인생의 시작이자 마지막이라고 우리는 말한다"(Epicurus, Ep.Men. 128). 추가로 A. A. Long and D. N. Sedley, The Hellenistic Philosophers (2 vols.; Cambridge: Cambridge University, 1987), 1.112-25 그리고 2.114-29을 보라.

124) "신들은 존재하며, 다른 모든 것과 같이 원자적 합성이다. 그러나 우주나 다른 것들을 고려하지 말고, 영원하고 평온한 이상적인 삶(에피쿠로스의 이상)을 살라.…영혼은 원자들로 구성되고, 그것은 모두 극히 작으나 네 종류의 틀로 구별된다.…죽음에서 구성 원자들은 흩어진다"(OCD³, 533). 추가로 Long and Sedley, Hellenistic Philosophers, 1.65-72, 139-49 그리고 2.64-75, 143-54를 보라. 광범위한 참고문헌은 OCD³, 534에 있다.

125) 그 장소는 1981년에 발굴되었고 지금은 분명하게 보인다.

쪽 구역에 있는 스토아 포에킬레(Stoa Poecile, "색칠한 줄기둥")에서 정기적으로 가르쳤고, 그의 철학은 그 지역의 이름을 따라 지어졌다(스토아주의).[126] 3세기 후반에 크리시포스(Chrysippus)가 새로 만든[127] 스토아주의는 자연과 조화롭게 살아가면서, 스토아 학파가 신으로 규정하고 섭리와 인간 이성에서 드러나는 우주적 이성으로 안내받는 것이 철학자의 목적이 되어야 한다고 가르쳤다.[128] 이 이성에 따른 조화로운 삶이 유일한 선이며, 다른 모든 것은 중요하지 않다는 것이다.[129] 스토아주의와 같은 고도의 철학은 그 옹호자들 사이에서의 논란은 말할 것도 없고 다른 측면도 분명히 많이 지니고 있지만, 적어도 방금 제시한 일반적인 개요 안에서는 에피쿠로스주의보다 스토아 학파가 유대교의 유일신 사상과 더 많은 접촉점을 분명히 제공했을 것인데, 바울은 누구와 대화하든 이것들을 시작점으로 삼길 원했을 수 있다.

누가보다 더 엄격한 역사가만이 아덴 사람들이라고 타당하게 규정할 수 있는 그런 철학자들과 바울의 대면을 다룰 기회를 지나칠 수 있었을 것이다. 그 주제를 발전시켜 나가면서, 누가는 테르툴리아누스가 나중에 한 질문을 사실상 제기한다. "아덴 사람들이 예루살렘과 무슨 관계가 있는가? 아카데미아 학파는 교회와 어떤 관계인가?"[130] 유대인 메시아 예수에 대한 선포는 아덴에 아주 깊이 뿌리를 내린 그리스의 지적 전통과 어떤 관계가

---

126) 누가가 바울이 단지 이 두 철학 학파(에피쿠로스와 스토아)의 대표자들과 만났다고 전한 사실은, 적어도 그가 아덴과 두 학파가 얼마나 밀접하게 연관이 있는지 알았음을 암시한다.

127) OCD³, 329, 1446.

128) 키케로는 크리시포스의 견해를 묘사한다. "그는 신적 능력이 이성 그리고 보편적인 본질의 마음과 지성에 거한다고 말한다. 그는 신은 세계 자체이고, 세계의 마음의 충만함이라고 말한다"(De natura deorum 1.39; Long and Sedley, Hellenistic Philosophers, 1.323 그리고 2.321-22).

129) "제논은 마지막을 '합의의 삶'으로 표현했다. 이것은 조화된 이성에 따른 삶이다. 갈등의 삶을 사는 사람들은 불행하기 때문이다. 그의 계승자들은 이것을 더 확장하여, '자연과 합의된 삶'으로 표현했다.…크리시포스는 이것을 더 분명히 하길 원했고, 그것을 '자연스럽게 일어나는 일의 경험에 따른 삶'으로 표현했다"(Stobaeus 2.75.11-2.76.8; Long and Sedley, Hellenistic Philosophers, 1.394 그리고 2.389-90).

130) Tertullian, De Praescriptione Haereticorum 7.

있는가? 누가의 서술이 제공한 답은 매우 흥미롭다. 누가는 바울이 이 철학자들과 가진 구체적인 접촉점이나 쟁점을 표시하지 않는다. 앞으로 보겠지만, 바울이 한 것으로 여겨지는 연설은 특별히 스토아 학파와 몇몇 결정적으로 공통적이거나 중복되는 기반을 바탕으로 한다. 그러나 동시에 기독교의 도전과 대립이 두 지점에서 시작된다. 이방인의 우상숭배에 대한 유대인들의 전통적인 혐오와 예수, 특히나 예수의 부활에 관한 특정한 기독교적 주장이 그것이다.

아덴의 많은 우상과 표현물(다른 고대 역사가들도 언급한 특성이다)에[131] 대한 바울의 대응은(17:16) 특성상 유대인답다. 사용된 동사는 강하다. *parōxyneto*, "격분하다"(REB), "심하게 고통스러워하다"(NRSV). 지중해와 메소포타미아 세계의 여타 종교에 있어 우상숭배처럼 유대인의 분노를 자아낸 것은 없다. 다신론자들은 그런 유대인의 혐오가 당혹스럽고 무신론적이라고 여겼다. 비록 보이지 않는 지존하신 하나님을 향한 근엄한 경배가 일부 사람을 끌어당겼지만 말이다. 그러나 대체로 이것은 유대인과 이방인이 서로 이해할 수 없는 부분 중 하나로서, 유대교의 독특성을 보호하는 데 도움이 되었다.

그러나 이 옛(그들이 보았을 때는) 철학을 지지하는 자들이 얻은 첫인상은 경멸과 폄하였다. 특히 에피쿠로스 학파가 그렇게 보았다. 바울에 대해 사용된 용어인 *spermologos*("말쟁이, 재잘거리는 자", 17:18)는 찌꺼기를 주워 연명하며, 간접적인 의견을 찾아다니고 퍼트리는 사람이라는 이미지를 떠올리게 한다.[132] "이방 신들(*daimonia*)"을 전한다는 비난은 소크라테스가 받은 비난을 되울린다.[133] 아덴의 역사에서 450년 전 소크라테스의 재판과 죽음

---

131) Fitzmyer, *Acts*, 604; Taylor, 'Roman Empire', 2465-66에 있는 참조 목록들. H. M. Martin, 'Athens', *ABD*, 1.516-17은 아덴에서 여전히 볼 수 있는 유물에 대해 도움이 되는 개요를 제공하는데, 그 가운데 많은 것을 바울이 보았을 것이다(또한 Lake and Cadbury, *Beginnings*, 4.209-10; D. W. J. Gill, 'Achaia', *BAFCS*, 2.444-46을 보라).

132) BDAG, 937; Taylor, 'Roman Empire', 2467-68.

133) 특별히 Xenophon, *Memorabilia* 1.1.1, 그리고 Plato, *Apology* 24b를 보라. 추가로 Lake and

이 가장 유명한 사건 중 하나였기 때문에, 이는 틀림없이 누가가 의도한 바였다. 누가의 묘사가 지닌 함의는 바로 소크라테스처럼 바울이 오해를 받았으나 진실한 선생이라는 것이다.

그렇다면 누가의 관점에서 볼 때, 그리고 유대교 회당이 있음에도 불구하고, 아덴 사람들에게는 유대교처럼 일관성 있는 고대의 유일신 체계와 같은 개념이 거의 없었던 것 같다. 특히나 그들은 바울이 예수에 관해 선포한 내용을 거의 이해할 수 없었다. 누가에 따르면, 그들은 바울이 두 가지 새로운 "이방 신들"(17:18), 즉 추측하건대 예수와 부활(Anastasis)을 전한다고 생각했다.[134] 이를 통해 우리는 바울이 기독교 메시지의 중심 특징을 자기 가르침의 초점으로 삼았고(§29.7c), 특정한 맥락(유대 역사와 종교에 관한 지식) 없이는 바울의 말을 듣는 사람들에게 그 논증이 의미가 없었다고 추정할 수 있다.

이야기의 절정은 바울이 아레오바고(Areopagus) 곧 아크로폴리스 북서쪽의 "아레스 언덕"인 아레이오스 파고스(Areios pagos)[135] 또는 거기에 있는[136] 건물에서 모였던 전통에서 그 이름을 따온 고대 법정으로 붙들려 간 사건이다. 당시 그 법정의 권한은 모호하나, 여전히 아레오바고는 어떤 종류든 범죄를 재판할 권한과 공공 도덕 및 외래 종교를 감독할 책임을 진 아덴의 주요 법정이었을 것이다.[137] 누가는 바울이 공식적으로 체포되었는지 명확

Cadbury, *Beginnings*, 4.212을 보라.

134) 이것이 크리소스토모스가 그것을 이해한 방법이었다(Haenchen, *Acts*, 518 n. 1). 이후 많은 사람도 그렇게 이해했다. 그러나 Barrett는 바울이 그 명사를 많이 사용하지 않았을 것이고(바울이 그의 서신에서 되울린 신조 형식들은 동사를 사용한다. "하나님이 그를 살리셨다"), 아덴 사람들의 (다신에 대한) 언급이 주로 소크라테스의 이야기를 회상하려고 했을 것이라고 주장한다(*Acts*, 2.831). Jervell은 17:32을 고려하면 그 제안이 전혀 타당하지 않다고 생각한다(*Apg.*, 444).

135) "아레스" = 그리스의 전쟁 신 = 로마의 "전쟁 신"(Mars), 그러므로 "전쟁 언덕"(Mars Hill).

136) 비록 그곳에 계단식 건물을 세울 수 있었고, 그것이 지도층 시민이 모일 충분한 지면을 제공했겠지만, 현재 상태에서는 그 언덕에서 위원회 모임이 있었음을 상상하기는 어렵다. Taylor는 그 위원회가 아고라 북서쪽 모퉁이에 있던 로열 스토아(Royal Stoa)에서 만났다고 논증한다('Roman Empire', 2470-71).

137) Taylor, 'Roman Empire', 2469-70; Barrett, *Acts*, 2.831-32은 특별히 T. D. Barnes, 'An

히 하지 않았다.[138] 그러나 결국 바울은 어떤 범죄나 경범죄로도 기소되지 않았고, 그 장면은 어떤 공식적 종결 없이 단순하게 흐지부지되었다(17:32-34). 함의된 점은 그 법정이 어떤 새로운 가르침에 대해서든 심리를 요구할 수 있는 권한을 가졌다는 것이다. 이는 소크라테스의 재판을 강하게 상기시킨다.

이 중에 어느 것도 여기서 누가가 좋은 전승에 의존할 수 있었음을 논박하지는 않는다. 데살로니가전서 3:1은 바울이 아덴에서 어느 정도 시간을 보냈다고 알려준다.[139] 아덴에 대한 묘사는 우리가 문헌 및 고고학 자료로 이 시기의 아덴에 관해 알고 있는 내용과 비슷하다.[140] 또한 바울 서신에서 우리는 우상에 대한 바울의 반감이 여느 다른 유대인처럼 강렬했고,[141] 예수의 부활이 바울 복음의 중심이었음을 안다(§29.7c). 게다가 그 이야기를 누가가 전적으로 고안했다면, 누가의 서술이 17:34(비교. 19:11-20)의 내용보다 더 큰 성공으로 끝맺었을 것이다. 반대로 신자가 되었다고 이름이 언급된 두 명(아레오바고 관리 디오누시오와 다마리라 하는 여자)은 누가에게 정보를 준 일원이었거나, 누가가 전해 받은 이야기에 분명히 등장한 사람일 수 있다.[142]

Apostle on Trial', *JTS* 20 (1969), 407-19을 참고한다. 요세푸스는 아덴 사람들이 불경건을 심하게 체벌하는 것으로 유명했다고 전한다. "외래 신을 들여오는 사람은 누구든 사형에 처했다"(*Ap.* 2.262-68). "로마 원수정 치하에서 그것은 원로 회의(*boulē*) 그리고 총회(*ekklēsia*)와 더불어 아덴의 주요 기구 중 하나였다"(*OCD*[3], 152).

138) 동사 *epilabomenoi*는 모호하고 단순히 바울이 다소 비자발적으로 붙잡혀갔다는 의미일 수 있다(비교. BDAG, 374).

139) 그러나 자신이 디모데를 아덴에서 데살로니가로 돌려보냈다는 바울의 기억(살전 3:1-2)을 어떻게 행 17:14-15과 18:1에 조화시킬 수 있는지는 분명하지 않다(추가로 n. 196, 226을 보라).

140) 또한 Hemer, *Book of Acts*, 116-17을 보라.

141) 위 §29.7a를 보라.

142) 비교. Hemer, *Book of Acts*, 208-209.

b. 아레오바고에서의 바울의 연설(행 17:22-31)

이어지는 연설은 사도행전의 더 중요한 연설 가운데서 가장 짧은 연설 중 하나이고, 전하는 데는 2분이 채 걸리지 않았을 것이다. 전형적으로 다듬어진 수사학적 도입구, "아덴 사람들아, 너희를 보니 범사에 종교심이 많도다(*deisidaimonesterous*)"(17:22)[143]는 즉시 접촉점을 제공한다. "알지 못하는 신"에게 제단을 제공함으로써 아덴 사람들은 그 어떤 신성의 현현도 간과하지 않겠다는 그들의 각오를 입증했다.[144] 이는 새로운 신이 아닌 아덴 사람들이 이미 불충분하게나마 인정한 신을 바울이 선포한다는 주장의 도입부를 제공한다(17:23). 그러나 동시에 진짜 목적은 이 알려지지 않은 신을 유일한 하나님으로 선포하는 데 있다.

그 연설은 이내(17:24) 만물("세계와 그 안의 모든 것")을 지으신 한 분 하나님("그 하나님")이 계신다는 유대의 격언과 연결된다. 하나님은 유일한 주재자("하늘과 땅의 주")시다. 또한 유대 성경에서 소중하게 간직되었듯이,[145] 이 주장은 유대인들의 근본적인 자기이해 및 변증과 온전히 일관되고 연속성이 있다.

따라서 똑같은 전통적 논리에 따라, 이 하나님은 "사람의 손으로 지은"(17:24) 전에 계시지 않는다.[146] 또한 하나님은 사람이 만들거나 제공한

---

143) *Deisidaimonesterous*는 여기서 물론 현대적 의미의 "미신"(KJV)이 아닌 "헌신된, 신실한"이라는 의미다. "내가 보건대 너희들은 종교심이 많은 사람이다"; Barrett, *Acts*, 2.835-36에 있는 자세한 논의를 보라.

144) 많은 주석가가 언급했듯이, 아덴에 "알지 못하는 신 제단"이 있었음을 몇몇이 입증한다 (Pausanias 1.1.4; Philostratus, *Apollonius* 6.3; Diogenes Laertius 1.110). 특별히 Lake in *Beginnings*, 5.240-46; P. W. van der Horst, 'The Altar of the "Unknown God" in Athens (Acts 17:23) and the Cults of "Unknown Gods" in the Graeco-Roman World', *Hellenism-Judaism-Christianity: Essays on Their Interaction* (Kampen: Kok Pharos, 1994), 165-202; Taylor, 'Roman Empire', 2472-75을 보라.

145) 창 1:1; 출 20:11; 시 145:6; 사 42:5; Wis. 9.1, 9; 2 Macc. 7.23; 비슷하게 마 11:25 그리고 행 4:24. 하나님이 만물의 창조자라는 것은 그리스 사람들에게 친숙한 신앙이었다(비교. Plato, *Timaeus*; Epictetus 4.7.6).

146) 7:48에서처럼 *cheiropoiētos*를 다시 사용함. 위 §24 n. 125을 보라.

그 어떤 것에도 의존하지 않으신다(17:25). 그 관계가 완전히 역전된다. 인간은 모든 것, 곧 삶과 호흡 및 그 밖의 모든 것을 온전히 하나님께 의존한다.[147] 함의된 점은 인류가 자신이 원래 하나님께 의존함을 이해할 때에만 자신을 이해한다는 것이며, 그런 이해가 합당한 예배를 요구한다는 당연한 귀결이 뒤따른다. 이런 논법은 에피쿠로스 학파(하나님은 사람의 손으로부터 아무것도 필요로 하시지 않는다) 그리고 스토아 학파(모든 삶의 근원인 하나님) 모두에게 의미가 있었을 것이다.[148]

그러나 논쟁의 주요 요지는 유대교 유일신론의 근본 교리에 계속해서 의존한다(17:26-27). 인류는 같은 뿌리줄기에서 만들어졌다,[149] 이는 그리스 개념에선 덜 친숙하다.[150] 하나님이 계절과 나라들의 경계를 정하셨다.[151] 하나님의 목적은, 그들이 이 친절하고 두루 살피시는 하나님 덕분에 그들이 개개인과 백성으로서 그들의 지위와 역할을 인식할 수 있음을 깨닫고[152] 그를 찾는 것이다.[153] 여기서 사용된 동사("사람으로 혹 하나님을 더듬어 찾아 [psēlaphēseian] 발견하게 하려 하심이라")는 자연신학(하나님이 세상에서 모호한 방법으

---

147) 사 42:5; 57:15-16; Wis. 9.1-3; 2 Macc. 14.35.

148) Barrett, *Acts,* 2.841; Fitzmyer, *Acts,* 608; Jervell, *Apg.,* 447 n. 235에 있는 본문. 추가로 D. L. Balch, 'The Areopagus Speech: An Appeal to the Stoic Historian Posidonius against Later Stoics and the Epicureans', in D. L. Balch et al., eds., *Greeks, Romans and Christians*, A. J. Malherbe FS (Minneapolis: Fortress, 1990), 52-79; Klauck, *Magic and Paganism*, 81-95; G. W. Hansen, 'The Preaching and Defence of Paul', in I. H. Marshall and D. Peterson, eds., *Witness to the Gospel: The Theology of Acts* (Grand Rapids: Eerdmans, 1998), 295-324(여기서는 309-12)을 보라.

149) Dibelius, *Studies,* 35-37: "이것은 구약과 기독교의 설교이다"; Fitzmyer, *Acts,* 609.

150) 창 1:27-28; 10:32.

151) 창 1:14; 신 32:8; 시 74:17; Wis. 7.18; 1QM 10.12-16; 추가로 Dibelius, *Studies,* 29-34; Haenchen, *Acts,* 523-24 nn. 5-6; Wilson, *Gentiles,* 201-205을 보라.

152) 14:17에서 같은 주장을 했다. 비교. Philo, *Spec. Leg.* 1.36. 바울은 롬 1:19-25에서 그것을 강하게 역설한다.

153) 신 4:29; 시 14:2; 53:2; 사 55:6; 65:1; 비교. Wis. 13.6. Haenchen은 창조의 계시와 토라의 계시를 지나치게 대조한다(*Acts,* 524 n. 1). 그러나 시 19편을 제시하는 것으로 충분하다(그는 하이든의 '천지창조'를 통해 깨달음을 얻었어야 했다)! 비록 하나님이 우리에게 멀리 계시지 않지만, 하나님을 발견할 수 없다는 생각이 대중 철학에도 있었다(Jervell, *Apg.,* 449, 이는 Seneca, *Ep.* 41.1과 Dio Chrysostom, *Or.* 12.28을 인용한 것이다).

로 일하시고 현현하신다)에 대한 그런 고찰로 감동과 자극을 받은 사람들이 어두움에서 불확실하게 손을 내뻗는다는 의미를 제대로 포착한다.[154]

결정적 고찰은 창조주 하나님이 인류 안에 하나님을 향한 열망이 성취되지 않은 채 남아 있도록 창조하지 않으셨다는 것이다(17:27-28). 이 주님 되시는 하나님은 자신이 창조하신 인간 개개인에서 멀리 계시지 않는다. 그 사고는 곧 성경에서 유래했다.[155] 그러나 이 지점에서, 우리는 그리스 시인의 격언 한두 개가 그런 생각에 상응함을 언급할 수 있다. 이것이 인용이라면, 첫 번째는 이름이 알려지지 않는 자료에서다("그 안에서 우리는 살고 이동하고 존재한다").[156] 그러나 두 번째는 스토아주의 시인 아라토스(Aratus, *Phaenomena* 5)에게서 가져왔다("우리도 그의 가족이다").[157] 이 지점에서 하나님과 인류의 관계에 대한 유대 그리스도인의 이해는 몇몇 전통적인 그리스 종교의 정서에 가까우며, 변증가가 자신의 청중을 자기편으로 끌어들일 수 있다는 희망을 품고 모험을 시도할 수 있는 교량을 제공한다.

그러나 변증적 노력은 단순히 접촉점과 가능한 교차점을 구하려는 데서 멈추지 않는다(17:29). 어떤 유대인이라도 하나님에 대한 열등하고 부적절한 신념으로 여겼을 내용은 반드시 도전받아야 한다. 따라서 공동 신념("우리는 하나님의 자녀다")의 요점은 하나님을 금이나 은 혹은 돌로 된 형상 또는 인간이 상상할 수 있는 어떤 작품으로 표현해서도 안 된다는 철저히 유대교적인 귀결에 기반을 제공한다.[158] 비유대 종교에 대한 그런 대중적 비

---

154) 추가로 Fitzmyer, *Acts*, 609-10을 보라.

155) 시 145:18; 렘 23:23.

156) Lake는 그것을 에피메니데스에게서 인용했다고 여겼다(*Beginnings*, 5.246-51; 또한 Bruce, *Acts*, 384-85을 보라). 인용이 아니라면, 그 표현은 스토아주의(그리고 이전 스토아주의)의 신념을 되울린다(추가로 Dibelius, *Studies*, 47-54; Barrett, *Acts*, 846-49을 보라). 그러나 Fitzmyer, *Acts*, 610은 "스토아주의에서 받은 서술"이라는 Haenchen의 주장을 논박한다(*Acts*, 524 n. 3).

157) Aristobulus, *frag.* 4(Eusebius, *Praep. evang.* 13.12.6; Charlesworth, *OTP*, 2.841)이 이미 인용했다

158) 예. 신 4:28; 사 40:18-19; 44:9-20; Wis. 13.10-19; Ep. Jer.; *Sib. Or.* 3.8-45.

판은 수준 높은 철학자에게 새롭지 않았을 것이다.[159]

17:30에서 하나님에 대한 유대인의 이해를 위한 변증이었던 것이 복음 전도의 요지가 되었다. 그런 오해는 무지의 형태로 여겨지지 않아야 하고(비교. 14:16), 무지했음을 이제 회개해야 한다. 방금 개괄한 하나님 그리고 인류와 하나님의 관계에 대한 더 명확한 이해에 직면하여 우상숭배자는 자신의 우상숭배를 회개해야 한다.

결론이 성급하게 뒤를 이었다(17:31). 모든 만물을 시작하신 하나님이 심판의 날에 모든 만물을 심판하실 것이기 때문에 회개가 필요하다. 심판의 날은 전적으로 유대교적인 개념이고[160] 기독교 신학의 기본 자료로 이어졌다.[161] 추가 묘사("그가 공의로 세상을 심판하실 것이다")는 시편에서 직접 가져온 것이다.[162] 그래서 다시 한번 그 표현은 그 개념에 있어 철저히 유대교적이다. "공의"는 하나님이 인간 사회를 창조하실 때 받아들이셨던 의무의 실현으로 이해된다.[163] 그것은 그런 청중에게 의미가 있었을 것이다. "공의"는 특별히 신들을 위해 지켜야 할 규정된 의무를 가리킨다. 그러나 마지막 심판이라는 주제에 대한 그런 간결한 암시가 묘사된 상황에서 어떤 영향을 끼쳤는지가 궁금하다. 이 지점에서 더 긴 설명이 필요한 전체 주제를 한 구절로 암시한 누가의 설명 방식이 지닌 단편적 특성은 여기에 묘사된 장면의 신뢰성을 약화시킨다.

더 대담하고 신뢰성에 무리를 주는 것은 마지막 심판에서 "정하신 사람"(즉 심판자)에 대한 돌연한 암시였을 것이다. 이 개념은 유대인 청중에게 새롭지 않았을 것이다.[164] 그러나 그리스 청중이 어떻게 이해했을지는 훨

---

159) Barrett, *Acts*, 2.850, 이는 Seneca, *Ep.* 31.11; Lucretius 1.63-80; Plutarch, *De Superstitione* 6 (167DEF)을 인용한 것이다.

160) 예. 사 2:12; 34:8; 단 7:9-11; 욜 2:1-2; 암 5:18; 습 1:14-2:3; 3:8; 말 4:1; 추가로 F. Büchsel, *TDNT*, 3.933-35을 보라.

161) 예. 롬 2:5, 16; 살전 5:2; 살후 1:10.

162) 시 9:8; 96:13; 98:9.

163) 비교. 시 31:1; 35:24; 45:8; 사 26:2; 45:21. 아래 §33 n. 90을 보라.

164) 이미 언급했듯이, 전설의 영웅인 아벨과 에녹이 그런 역할을 했다고 짐작된다(§21 n. 173).

썬 더 모호하다. 마지막 부분은 죽은 자의 부활에 관한 언급이었다. 하늘에 올라간 자라는 생각은 유대와 그리스 사상에서 친숙한 개념이었다.[165] 그러나 죽은 자의 부활은 특이한 유대교적 이해였고, 짐작하건대 이는 몸의 부활을 암시한다. 누가가 그런 갑작스럽고 대담한 선언이 지닌 모욕적인 성격을 몰랐을 리가 없다.[166] 이는 마치 누가가 기독교의 근본 주장과 이어지는 아덴 지식인의 조롱 섞인 거부(17:32)를 가능한 한 가장 뚜렷하게 대조하기로 한 듯하다.

이 정도가 기독교의 이야기가 차용한 정도다. 그러나 차용할 때 사용된 용어들은 주목할 만한 가치가 있다.

- 예수는 정체성이 확립되지 않았기에, 이스라엘의 역사 및 예언과 예수 사이의 연속성에 대한 이야기는 결정적 요인이 아니다. 이는 유대인을 향한 연설과 현저히 대조된다(특별히 행 2장과 13장).
- 동시에 예수와 그의 부활에 대한 메시지가 한 하나님과 만물의 창조자를 믿는 유대교 신앙이라는 맥락에서만 바르게 이해될 수 있다는 점이 명확히 암시되었다.
- 예수는 "그[하나님]가 정하신 사람"으로만 명명되었다. 따라서 전체 연설의 유일신이라는 요지가 타협되지 않았으며, 17:18의 철학자들이 받은 인상에 내포된 오해(바울이 "외래 신들"의 선포자라는 것)는 정정되었다.
- 기독교적 도전을 마지막 심판과 부활 사상에 집중하면서 십자가는 언급되지 않았다.

요약하면, 기독론이 신론에 종속되었다. 기독교 신앙의 발전하는 기독론

---

165) 예. A. F. Segal, 'Heavenly Ascent in Hellenistic Judaism, Early Christianity and Their Environment', *ANRW* 2.23.2 (1980), 1333-94; Dunn, *Christology in the Making*, 17-19.
166) 특별히 N. T. Wright, *The Resurrection of the Son of God* (London: SPCK, 2003), 32-84을 보라.

이 지닌 독특성은 하나님에 대한 적절한 신앙을 가져야 하는 선결 과제에 종속되었다. 동시에 17:18과 31에서 부활에 초점을 둔 것은 유대와 그리스 상황에서 하나님이 예수를 죽음에서 일으키셨다는 주장이 기독교 복음의 중심에 위치했음을 확인한다. 누가가 이것을 교양 있는 이방인 청중을 대하는 기독교 변증가를 위해 본보기로 제시했는지는 그다지 분명치 않으나, 그 시도를 통해 거둔 비교적 적당한 성공에 대한 누가의 서술(17:32-34)은 어쩌면 현실적이었다.

그런 간단한 설명과 알려지지 않은 사람의 부활에 대한 갑작스러운 언급은 분명 그 상황을 충분히 고려하지 않은 것이다. 그러나 그 중심 취지를 바울의 연설로 신뢰할 수 있는가? 신약 학자들, 특별히 자연신학이라는 사상을 좋아하지 않고 복음이 예수의 선포(그리스도가 우리 죄를 위해서 십자가에서 죽으시고 죽은 자 가운데 살아나셨다) 그 이상도 그 이하도 아니라고 주장하기 원하는 학자는 이 점에서 달리한다.[167] 그러나 바울의 주요한 신학적 진술로서 로마에 있는 그리스도인에게 쓴 서신은 그 도입부에 자연신학을 명확하게 포함한다(롬 1:19-32).[168] 또한 바울은 교양 있는 그리스인이 복음을 멸시한 기억("이방인에게는 미련한 것", 고전 1:23)과 또한 복음으로 그런 사람을 얻는 데 있어 제한된 성공("육체를 따라 지혜로운 자가 많지 아니하며", 고전 1:26)에 관한 기억을 간직했다. 그리고 예수가 마지막 심판자라는 개념은 확실히 바

---

167) Dibelius가 전형적이다. "아레오바고 연설의 신학은 바울 신학에서는 온전히 낯선 내용이며, 사실 신약성경 전체에서도 낯선 것이다"(Studies, 71, 이는 58-64을 다시 언급함). 사실상 신약성경에서 사도행전을 제외하려는 시도는 특이하다! "내용에 있어서 그 연설은 그기본 특성조차도 바울 신학과 강하게 모순되기 때문에 그 연설을 이방인의 사도가 했다고 볼 수 없다"(Becker, Paul, 128). "만일 그 연설이 사도행전에 있지 않았다면, 바울이 그 저자라고 결론지을 수 없었을 것이다"(Jervell, Apg., 456). Schnelle는 바울이 로마서에서 신학화한 것처럼 설교했을 것으로 추정한다(Paul, 146). Fitzmyer, Acts, 602의 더 신중한 판단과 대조하라. 아레오바고 연설에 관한 Fitzmyer의 참고문헌은 4쪽 이상이다(613-17).

168) 바울이 아덴에서 보낸 시간이 오래 지나지 않아 기록된 그의 최초 서신(살전 1:9-10) (§29.7a를 보라)을 비교하라. 물론 롬 1:19-32을 바울이 전반적인 종교적 예민함을 다루는 유일한 방법으로 여겨서는 안 된다(비교. Lüdemann, Early Christianity, 193-94). 또한 Porter, Paul of Acts, 6장과 7장을 보라(150과 170에 결론이 있다).

울 신학의 일부에 해당한다.[169] 따라서 여기서도 누가는 바울이 하나님에 관한 유대교의 근본 메시지를 가지고 그리스의 지혜를 다루었고, 이를 예수의 부활을 믿는 독특한 기독교 신앙으로 설명했다는 분명한 인식이나 기억에 의존했다. 여기서도 누가는 자신이 투키디데스 금언의 훌륭한 실행자임을 보여준다(§21.3).[170]

결론은 간단하게 언급된다(17:32-34). 하나님을 우상숭배적으로 이해한 것을 회개하라는 요청은 몇 사람에게는 와 닿았을 수 있다. 분명 유대인 변증가들은 이미 어떤 "하나님을 더듬어 찾는" 사람들(17:27)에 익숙했을 것이다. 그러나 사람들은 심판과 부활에 관한 기독교의 독특한 주장에 대한 그런 터무니없이 간단한 암시를 이해하지 못하고 일축했을 것이며, 더 긴 설명은 대부분의 사람에게 기본 가정과 개념에 있어 너무나 큰 도약을 요구했을 것이다. 그들 자신의 철학이 더 마음에 들거나 바울이 말했을 내용에 주목하지 않는 사람들은 실제로 그것을 무시했을 것이다(특히 에피쿠로스주의). 바울이 더 일관성 있게 설명했다고 가정하면, 다른 사람들은 더 들어보길 바랐을 수도 있다.

믿음의 발걸음을 내디딘 실제 새 구성원은 적었다("몇 사람"). 누가의 자료는 그들 중에서 아레오바고 관리이자 사회의 지도층 남자인 디오누시오와 다마리라는 이름의 여성을 언급한다. 이 두 사람에 대해 신약성경은 더 이상 말하지 않는다.[171] 그리고 교회가 설립되었는지도 명확하지 않다. 바울이 거의 바로 떠났다고 회상되는데(18:1), 이는 양육해야 할 새로운 교회가 있는 지역에서 바울이 취한 특이한 조치다. 아덴은 사도행전 18:1 이후에는 등장하지 않으며, 신약성경에서 아덴을 언급한 유일한 다른 곳(살

---

169) 롬 1:16; 고후 5:10; 비교. 고전 6:2.

170) 예. F. F. Bruce, 'The Speeches in Acts — Thirty Years After', in R. J. Banks, ed., *Reconciliation and Hope*, L. L. Morris FS (Exeter: Paternoster, 1974), 53-68(여기서는 64-65); 그리고 추가로 B. Gärtner, *The Areopagus Speech and Natural Revelation* (Uppsala: Almqvist and Wiksell, 1955).

171) 에우세비오스에 따르면, 디오니시오스가 첫 고린도 주교가 되었다(*HE* 3.4.10; 4.23.3).

전 3:1)은 아무것도 말해주지 않는다. 그리고 다른 곳에서 고린도의 스데바나에게는 "아가야의 첫 열매"(고전 16:15)로 불리는 명예가 주어진다.[172] 이를 모두 감안하면, 아덴에서 그리스 철학과 맞서는 실험적 만남은 크게 성공적이지 않았던 것으로 보이며, 어쩌면 로마서 1장과 고린도전서 1장(행 17장뿐만 아니라)에서 바울이 표현한 내용에 가장 지속적인 영향을 끼쳤을 것이다.[173]

31.4 고린도 교회 설립

명백한 다음 목적지인 고린도로의 이동(50년 아니면 51년)에 대해[174] 누가는 바울 선교의 중요한 세부사항을 묘사해준다. (1) 처음으로 누가는 바울이 재정적으로 어떻게 생계를 유지했는지 상세하게 말한다(18:2-3). (2) 유대인에게 먼저 설교하고 반대가 뒤따르는 일정한 형태는, 유대인의 비타협적인 태도에 대한 두 번째 맹렬한 비난과 또한 그때부터 복음을 이방인에게 가져가겠다는 선언으로 이어진다(18:4-6). (3) 회당 중심의 사역에서 가정교회로의 전환에 대한 장면이 이전보다 더 명확하게 드러난다(18:7-8). (4) 고린도는 긴 기간에 걸쳐 확립된 바울의 선교 중심지라고 명확하게 표시

---

172) "우리는 바울이 아덴에서 크게 성공하지 못했다고 역사적으로 타당하게 가정할 수 있는데, 이는 아덴의 공동체가 그의 선교와 여행 및 연보에 괄목할 만한 역할을 하지 못했기 때문이다. 더구나 우리는 겨우 기원후 170년경에야 아덴의 기독교 공동체에 대해 듣게 될 뿐이다"(Lüdemann, *Early Christianity*, 194. 이는 Eusebius, *HE* 4.23.2-3을 인용한 것이다).

173) 그러나 C. Gempf, 'Before Paul Arrived in Corinth: The Mission Strategies in 1 Corinthians 2:2 and Acts 17', in P. J. Williams et al., eds., *The New Testament in Its First-Century Setting*, B. W. Winter FS (Grand Rapids: Eerdmans, 2004), 126-42을 보라. 그는 바울이 환멸을 느끼며 아덴을 떠났고 고린도에서 자신의 전략을 바꿨다는 Ramsay의 제안(*St. Paul*, 252)을 비판한다. Jervell은 누가에게 있어 이방인 선교는 아레오바고의 연설의 문제나 유대인을 제외한 이방인에 대한 문제가 아니라, 회당에 있던 하나님을 경외하는 자들과 관련이 있는 문제라고 결론을 내린다(*Apg.*, 455).

174) Murphy-O'Connor, *St. Paul's Corinth*, 139-50; 최소 이틀이 걸리는 아덴에서 고린도까지의 여행에 대해서는 Murphy-O'Connor *Paul*, 256-59을 보라.

된다(18:9-11). (5) 로마 당국자들은 교회가 유대인의 국가 종교라는 보호된 영역에 여전히 속한다는 판결을 통해 교회의 법적 지위에 호의적인 태도를 보여주었다(18:12-17).

a.고린도

아덴에서 이틀 거리인 고린도는[175] 바울 선교의 전략적 중심지로서 그가 기대하는 모든 기준을 충족했다. 고린도는 기원전 146년에 로마 군대가 거의 철저하게 파괴했지만, 기원전 44년에 율리우스 카이사르가 로마 식민지로 재건설했다. 아가야와 펠로폰네소스를 연결하는 지협이라는 위치 덕분에 고린도는 남북 그리고 동서 교역과 상업의 자연스러운 중심지가 되었다. 교역의 이동을 용이하게 하기 위해 에게해와 고린도만 사이에 운하건설을 기획한 이는 카이사르였으며(Suetonius, *Julius* 44), 칼리굴라와 특별히 네로가 그 기획을 실행하려고 했다(Suetonius, *Gaius* 21; *Nero* 19).[176] 첫 식민지 주민 대부분은 해방 노예들(Strabo 8.6.23), 즉 로마인이 아니라 그 당시 근자에 로마의 동부 지역 정복으로 노예가 된 사람들(수리아인, 유대인, 이집트인)이었다. 그러나 자유민은 대대로 상당히 성공한 사업가가 되었고,[177] 고린도가 가진 그런 자연스러운 이점은 고린도의 상업적 성공을 보장했다.

그 식민지가 확실하게 자리를 잡은 후, 그리스와 동부 지중해의 주요 교역 국가의 기업가들이 매력을 느꼈다. 주요 상업 환경으로 유입된 새 자본은 불가피하게 더 많은 부를 만들어냈고, 설립된 지 50년 후에 고린도의 많은 시민은

---

175) 로마 제국의 고린도와 관련된 증거에 관한 가장 최근의 요약은 Furnish, *2 Corinthians*, 4-22이 제공한다. 또한 Thiselton, *1 Corinthians*, 6-12를 보라.

176) Murphy-O'Connor, *St. Paul's Corinth*, 110에서 그 본문을 용이하게 인용한다.

177) 바울이 고린도에 도착하기 수십 년 전에, 시의 공직 구조에서 가장 성공하고 중요했던 사람 중 한 사람이 자유민인 그나이우스 바비우스 필레누스(Gnaeus Babbius Philenus)였다(Furnish, *2 Corinthians*, 10, 12; Thiselton, *1 Corinthians*, 8-9).

상당한 재력을 가진 사람들이 되었다. 이에 관한 가장 명확한 증거는 카스트리키우스 레굴루스(L. Castricius Regulus)를 기념하는 비문인데, 그는 기원전 7년과 기원후 3년 사이에 재개된 이스트모스 대회(Isthmian Games)의 첫 대회장이 되었다. 그는 한 세기 동안 사용되지 않았던 시설들을 재단장했고, 그 식민지의 모든 거주자에게 연회를 베풀었다.…상업의 발전은 은행 시설을 요구했고, 기원후 1세기 중반에 이르러 고린도는 중요한 금융 중심지가 되었다(Plutarch, *Mor.* 831A).[178]

바울이 고린도에 체류할 때쯤 고린도는 인구가 8만 명이었고,[179] 재차 원로원 지방이 되었다(44년 이래로). 이는 로마의 주요 대표가 지방 총독이었음을 의미한다. 이미 언급한 대로, 51-52년(아니면 52-53년)에 지방 총독이었던 루키우스 유니우스 갈리오(Lucius Iunius Gallio)의 임기는[180] 바울이 고린도에 있었던 시기를 놀라울 정도로 정확하게 추정하게끔 한다(행 18:12-17). 고린도 지방 자치 정부는 로마 공화정 정부의 조직을 반영했는데, 상업과 재정 소송을 책임진 두 조영관(*aediles*)의 도움을 받는 상급 관리(*duoviri*)가 있었다.[181] 명예와 수치가 중시되던 문화에서, 고린도가 개인에게 부여할 수 있는 가장 큰 명예는 2년마다 열리는 이스트모스 대회의 대회장직이었다. 바울은 51년에 그 대회에 참석했을 수 있다.[182]

고린도에 대한 고고학적 발굴은 잘 진행되었고, 바울이 그곳에 있는

---

178) Murphy-O'Connor, 'Corinth', *ABD* 1.1136; 또한 그의 *Paul,* 258을 보라. 고린도에서 나는 동은 특별히 귀했다(Murphy-O'Connor, *St. Paul's Corinth,* index 'Bronze'를 보라). 또한 R. M. Grant, *Paul in the Roman World: The Conflict at Corinth* (Louisville: Westminster John Knox, 2001), 2장을 보라.

179) Winter, *Corinth,* 294.

180) 위 §28.1b를 보라.

181) 에라스도(롬 16:23; 위 §30.4b)가 이 중 한 명이었거나, 이 중 한 명이 되었을 수도 있다. 고린도시의 지도층과 관련된 지위와 권력은 Clarke, *Secular and Christian Leadership,* 2-3장 그리고 고린도의 철저히 로마 제국적 특징은 Winter, *Corinth,* 7-22을 보라.

182) 그 대회는 어쩌면 고전 9:24-27에서 암시되었을 것이다.

동안 보았을 법한 광경을 잘 보여준다.[183] 남북으로 돌기둥이 있는 중심 지역의 서쪽 구역에는 황제 제의에 봉헌된 대형 신전이 두드러졌으나, 다른 신전들과 제단들 역시 눈에 띄었다.[184] 사도행전 18:12에 언급된, "법정"(bēma)에서는 공적인 포고문들이 선포되었는데, 그 법정의 양쪽으로 상점들이 배치되어, 확연히 중심적인 위치를 차지했다. 고린도만으로 이어지는 고린도 북서쪽 출구인 레카이움(Lechaeum)으로 가는 길은 분명 주요 도로였고, 또한 상점과 눈에 띄는 건축물들도 있었다. 필자는 주요 도로변에 개설되었을 가게 중 하나가 바울이 천막 제조자로 일할 때 사용한 공간이었을 것이라고 앞에서 제안했다.[185]

비록 비문 증거의 연대가 불확실하고 자주 언급되는 회당 비문([syna]gōgē Hebr[aiōn])이 늦게는 기원후 4세기에서 5세기의 것일지라도, 상당히 많은 유대인이 고린도에 정착했다고 확신할 수 있다.[186] 그러나 고린도와 같은 활기찬 국제적 중심지에서, 신생 교회의 주 경쟁자는 이미 잘 확립된 종교적 제의 및 도시의 제전이었을 텐데, 가장 큰 사회적 압력은 개종자가 여전히 속해 있던 중첩되는 연결망(협회, 직업 동료, 상업 제휴)에서 유래했을 개연성이 가장 크다.

---

183) Schowalter and Friesen, eds., *Urban Religion in Roman Corinth*에는 관련 있는 고고학 자료를 요약하고 의존하는 몇몇 소논문이 있다.

184) Furnish는 특별히 아폴론과 아테나, 티케와 아프로디테를 위한 신전, 인상적인 아스클레피움(광장에서 북쪽으로 800m 정도), 데메테르와 코레 제의, 그리고 또한 이시스와 사라피스 제의(*2 Corinthians*, 15-20)를 열거했다. 아스클레피움에 관해서 Murphy-O'Connor는 "그것은 고린도에서 식사와 수영 시설을 갖춘 컨트리클럽에 가장 유사한 곳이었을 것이다"(*St. Paul's Corinth*, 165; 추가로 162-67)라고 말했다. 1세기의 고린도 신비 종파에 대해서는 Chester, *Conversion*, 303-16을 보라. 추가로 N. Bookidis, 'Religion in Corinth: 146 BCE to 100 CE', in Schowalter and Friesen, eds., *Urban Religion in Roman Corinth*, 141-64(특별히 151-63); 그리고 많이 과장되고 오해된 고린도의 신전 매춘의 논제는, 같은 책에 있는 J. R. Lanci, 'The Stones Don't Speak and the Texts Tell Lies: Sacred Sex at Corinth', 205-20을 보라.

185) 위 §29.5d와 n. 203을 보라.

186) Schürer, *History*, 3.65-66; Murphy-O'Connor, 'Corinth', 1138; Levinskaya, *BAFCS*, 5.162-64.

b. 바울이 자신의 선교 중심지를 확보하다.

고린도전후서와 함께, 사도행전 18:1-17은 고린도 교회의 설립과 초기 역사에 관해 우리가 가진 자료 가운데 가장 풍부하고 상세한 기록을 제공한다. 누가에게는 이 성공적인 설립이 섭리적인 사건들과 하나님이 직접 제공하신 확신을 적절하게 결합한 결과라는 것이 중요했다. 특별히 설립 기간은 로마 당국자와 관련된 두 가지 사건에 둘러싸여 있다. 첫 번째는 바울의 모든 선교사 경력에서 가장 생산적인 동반자 관계가 시작됐다는 사실인데, 이는 로마에서 유대인들이 추방되었을 때 이 지역으로 이주한 아굴라와 브리스길라를 바울이 만남으로써 시작됐다(18:2-3).[187] 두 번째는 고린도에서 지방 총독 갈리오가 호의를 가지고 내린 결정인데, 이것은 선교사에 반감을 갖도록 대중의 정서를 조작하는 사건(데살로니가에서처럼)이 고린도에서는 일어나지 않도록 했다(18:12-16). 어쩌면 바울에게 더 중요한 내용은, 오랜 사역을 위해 자신이 고린도에 정착하는 데 필요한 초기의 확신을 바울에게 가져다준 주(예수)의 환상이었다(18:9-11). 따라서 하나님이 바울 사역의 배후에 계시며 인도하신다는 점이 바울과 누가 모두에게 가장 중요했다.

역사가에게 상세 내용 중 많은 부분이 당시의 광범위한 역사 사료를 통해 확증되고 그 안에 자리매김할 수 있다는 사실은 역시 중요하다. 유대인들이 로마에서 추방당한 시기는 49년으로 볼 수 있고, 마찬가지로 갈리오의 재직 기간은 어느 정도 정확하게 51-52년(아니면 52-53년)으로 잡을 수 있다.[188] 브리스길라와 아굴라, 디도 유스도와 그리스보, 또한 소스데네의

---

187) 브리스가(브리스길라)와 아굴라에 관해서는 위 §29.6을 보라. 남편과 아내 모두 천막을 거래하거나 제조하는 데 종사했을 가능성이 있다. *NDIEC* 2.17, 27; 4.235을 보라. Becker는 바울의 고린도 초기를 가난한 시기라고 상상하며, 따라서 "바울이 고린도에 도착한 후 그렇게 빨리 브리스길라와 아굴라를 만났다"는 것을 의심한다(*Paul*, 149).

188) 위 §28.1b를 보라. Sherwin-White는 누가가 "갈리오"라는 이름과 그의 직위에 관한 내용을 공공 기록에서 얻을 수 있었다는 개연성이 적음을 언급한다(*Roman Society*, 104-107). 관련

이름을 지위 및 장소에 대한 상세 내용과 더불어 언급한 것은 늘 그렇듯이 누가가 타당한 자료에 의존했음을 어느 정도 보증한다.[189] 그리고 비록 회당에서 설교한 후 배척당함이라는 틀이 누가의 특징이지만, 여기서도 고린도 교회가 설립될 때 그 지역의 유대인이 저항했고(고전 1:22-23), 고린도 교회 내의 갈등에 유대인이 관련된 측면이 있다는 암시가 있다.[190]

아굴라 및 브리스길라와의 만남은 분명히 고린도가 바울에게 정착 근거지가 될 수 있다는 첫 확신을 주었을 것이다(18:1-3). 정말로 이 부부가 로마의 유대인 공동체에서 예수가 그리스도라는 주장으로 야기된 소요 때문에 로마에서 추방되었다면(§21.1d), 아굴라와 브리스길라는 바울을 만나기 전에 이미 그리스도인이었고[191] 또한 그들이 로마에서 유대인끼리 논쟁할 때 자신들의 지도력을 이미 보여주었다고 추정할 수 있다. 누가가 바울이 그들을 회심시켰다는 어떤 기록도 포함하지 않았다는 사실은 그러한 추정을 지지한다. 그들은 "최근에" 고린도에 도착했다(18:2). 그들이 갑작스럽게 추방되어 자신들의 모든 주의를 사업에 쏟았을 것이기에, 그리스도를 위해 계속해서 "떠들어 댈" 수 없었을 것이다. 혹은 그들은 로마에서의 사건 때문에 경각심을 가지게 되었고, 고린도에 도착한 이후 신중히 처신했을 수도 있다. 그렇다 할지라도, 그들의 상호 헌신(그들의 상호 거래는 물론)은 그들과 바울이 "완벽한 협력관계"가 되도록 했을 것이다.[192] 앞에서 언급한 것처럼, 아굴라와 브리스길라는 상당한 규모의 사업(천막 제조업 아니면, 더 일반적으로는 가죽세공)을 통해 어느 정도 부를 모았을 것이므로, 그들의 공동주

된 사람들이나 그 주위에 있던 사람들 가운데 한 명이나 그 이상의 사람들의 기억이 훨씬 더 분명한 자료다.

189) 추가로 Jervell, *Apg.*, 463-64을 보라. R. G. Fellows, 'Renaming in Paul's Churches: The Case of Crispus-Sosthenes Revisited', *TynB* 56 (2005), 111-30은 그리스보와 소스데네가 동일한 인물일 가능성을 논증한다.

190) 비교. 고전 1:12; 8-10장; 고후 11장; 추가로 아래 §32.5를 보라.

191) 예. Murphy-O'Connor, *Paul*, 263; 그렇지 않으면 Jossa, *Jews or Christians?*, 129을 보라.

192) 이 부부에 대한 바울의 이후 언급은 그들의 특별히 따뜻한 유대를 나타낸다(§29.6).

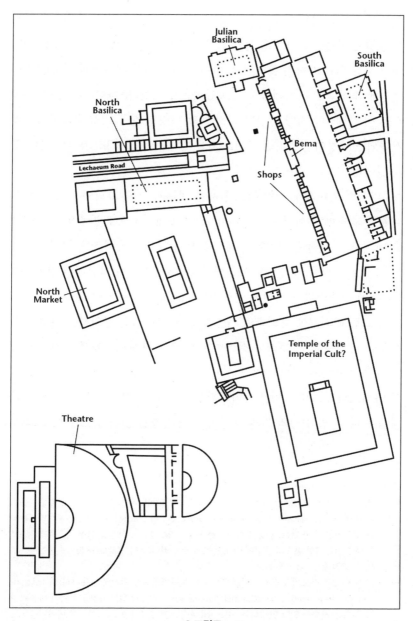

Julian
Basilica

South
Basilica

North
Basilica

Bema

Shops

Lechaeum Road

North
Market

Temple of the
Imperial Cult?

Theatre

▌ 고린도

택은 고린도 교회와 이후 로마 지역의 교회를 초대할 정도로 컸다.[193] 따라서 그들은 바울을 고용하고 생활 임금을 제공할 수 있었다. 누가가 이 지점에서 다른 언급은 하지 않았지만, 이미 우리는 바울이 자신의 자비량의 중요성에 대해 확고한 견해를 가지고 있었음을 보았다(§29.5d). 고린도가 성공적인 사업의 중심지였고 천막 내지 이와 비슷한 상품이 상당히 활발하게 거래되는 시장이 있었다는 사실도 바울이 그곳에 정착하기로 한 요인이었을 것이다.[194]

바울이 일하면서 어떤 전도 활동을 했든지 간에, 그의 주된 전도는 안식일에 회당에서 이루어졌다(18:4). 고된 육체노동으로 틀림없이 피곤했을 텐데도,[195] 바울은 안식일에 휴식을 하지 않고 그의 주장을 제시할 분명한 장소로 회당을 계속해서 이용했다(§29.5b): "바울이 회당에서 강론하고 (dielegeto) 유대인과 헬라인을 권면하니라(epeithen)." 여기서도 누가는 안식일에 고린도 회당에 그리스인 개종자 혹은 하나님을 경외하는 자가 참석했음을 당연시한다. 그러나 실라와 디모데가 마게도냐에서 도착했을 때 (18:5),[196] 바울은 설교에 (더 충실하게) 전념할 수 있었을 것이다. 어쩌면 그들이 마게도냐교회에서 기금을 가져왔을 것이다.[197] 또한 단체의 규모가 확대됨에 따라, 일과 사역 간의 균형이 더 좋아졌을 것이다. 고린도 교회 초

---

193) 고전 16:19; 롬 16:5.
194) 또한 Thiselton, *1 Corinthians*, 17-19, 23을 보라. Thiselton은 그런 생산품의 예상 수요에 관해 D. Engels, *Roman Corinth* (Chicago: University of Chicago, 1990)를 인용한다: "봄 대회 방문자를 위한 텐트, 광장 소매업자를 위한 차양, 그리고 상선을 위한 돛." 우리가 고린도와 관련해서만 바울의 사업에 대해 듣는 것은 우연이 아니다(Acts, 18.3).
195) 비교. 고전 4:11-12; 고후 11:27.
196) 살전 3:1-2은 디모데와 실라가 아덴에서 바울과 함께했음을 암시하는 듯하다(예. Lake and Cadbury, *Beginnings*, 4.224; Kümmel, *Introduction*, 257을 보라)? 이것은 누가가 바울의 회상과 다른 전승을 알고 있었다든지(Jervell, *Apg.*, 439), 아니면 그가 자신의 이야기를 과도하게 압축했다는 의미인가?(비교. Bruce, *Acts*, 374-75; Barrett, *Acts*, 865) Malherbe는 가능성이 있는 다양한 해결책을 언급한다(*Thessalonians*, 70-71). 그리고 아래 n. 226을 보라.
197) 비교. 고후 11:8-9; 빌 4:15; 그래서 예. Haenchen, *Acts*, 539; Lüdemann, *Early Christianity*, 203.

기에 실라와 디모데가 참여했음을 바울도 입증한다.[198]

몇 가지 상세 사항이 한두 가지 점에서만 일치하지만, 자신의 설교와 전도 활동이 가져온 영향에 대해 바울이 회상한 내용은 누가의 짧은 서술을 보완한다고 할 수 있다.

- 그의 설교는 "십자가에서 못 박힌 그리스도"(고전 1:23, 2:1)에 초점을 맞추었고,[199] 누가가 주장한 것처럼, 그 메시지는 분명하게 "유대인과 헬라인"을 향한 것이었다. "메시아가 예수임을 증언했다"라는 표현은 누가가 바울의 "십자가에 못 박히신 그리스도를 전하다"를 자신의 말로 표현한 것이다.
- 예수와 임박한 최후 심판의 도래라는 주제는 데살로니가에서처럼(살전 1:10; 5:2) 고린도에서도 분명히 바울의 메시지의 일부분을 차지했다(고전 1:7-8). 이에 관해서 누가는 아무 언급도 하지 않는다.
- 어느 정도 데살로니가에서처럼(살전 1:5), 바울의 설교는 수사적 영향보다는 영적 영향으로 특징지어진다(고전 1:7-8). 또한 어느 정도 갈라디아서에서처럼(갈 3:5), 고린도에서의 개종도 풍성한 영적 은사를 수반했다(고전 1:5, 7). 이에 대해 누가는(좀 더 이상하게) 침묵한다.
- 비록 몇몇 지혜로운 자와 능한 자 및 그리스보(행 18:8; 고전 1:14)와 같이 사회적·정치적 영향력을 가진 개인이 있었지만(고전 1:26),[200] 결과적으로 설립된 교회는 대부분 하층 사람들(노예와 자유민 및 여성)로 구성되었다.

누가에 따르면, 여기서도 "메시아는 예수다"라는 선언에 대한 유대 공

---

198) 고전 4:17; 16:10-11; 고후 1:19; 살전 1:1(이는 고린도에서 기록되었다).
199) 이 설교(고전 1:1-2)가 데살로니가전서에 선행한다는 것은, "고린도 문제를 고려하면 사도가 자신의 [데살로니가전서의] 선택 신학을 자신만의 독특한 십자가 신학으로 전환했다"는 Becker의 주장을 약화한다(*Paul*, 206).
200) 예. Clarke, *Secular and Christian Leadership*, 41-45을 보라.

동체 대부분의 반대는[201] 좌절케 하는 맹렬한 비난으로 이어졌다. 그들은 이방인들이 긍정적으로 그리고 기쁨으로 반응한 메시지를 거부했다. 이에 따른 분명한 결론은 기독교의 메시지가 보다 직접적으로 이방인을 향해야 한다는 것이다(18:6).[202] 이것이 단순히 좌절된 일에 대한 바울의 감정적 폭발인지 혹은 누가의 주제인지와 상관없이, 그것이 분명 최종 의도는 아니었다.[203] 그리고 이전처럼, 대다수 유대인 공동체의 반대에도 불구하고, 청중 가운데 일부는 죄를 깨닫고 믿었다. 골로새서 4:11에서 다시 등장하는 것으로 보이는 듯한 디도 유스도의 이름이 첫 번째로 언급되었다(18:7). 비록 그는 하나님을 경외하는 자였지만(그의 이름은 그가 로마 시민임을 암시한다), 그의 집이 언급된 것은 짐작하건대 그곳이 새로운 회중들이 모일 근거지가 되었기 때문일 것이다.[204] 회당 공동체에서 분리된 사람들은 역동성이 있었으며, 모체가 되는 회당의 바로 옆에서 교회가 모였다는 함의는 그 이야기에 특이한 전율을 부여한다.

더 중요한 내용은 *archisynagōgos* 혹은 회당장인 그리스보가 메시아 예수를 주로 확신했다는 사실이다.[205] 그렇게 중요한 유대인을 얻게 되었다는 사실은, 바울은 물론 다른 유대인이 그 새 가르침을 그들 조상의 종교와 온전히 일치할 뿐 아니라, 그것을 더 자세하게/추가적으로 표현하는 것으로 여겼다는 사실을 확인한다. 이것은 스스로 새 종교에 헌신한 네 번

---

201) 데살로니가(17:2-3) 및 베뢰아(17:11)에서와 같은 방법을 암시한다.

202) 그 서술은 13:45과 비슷한 표현을 사용하나, 비난은 13:46에서보다 더 강렬하고, 심지어 28:25-28의 마지막 비난보다 더 맹렬하다. 다른 두 비난은 성경적 합리화를 제공한다(13:47; 28:26-27). 그러나 여기서 겔 33:3-5의 암시가 충분하다고 판단된다(비교. 행 20:26-27).

203) 바울은 먼저 회당에 가고(18:19; 19:8) 가능한 곳에서 우선 동족 유대인과 접촉하는 자신의 전략을 유지한다(28:17, 23). "그 거절은 지역적이다. 그것은 단지 고린도 회당만을 언급한다"(Jervell, *Apg.*, 459-60). 추가로 §29.5b를 보라. 누가의 모티프에 대한 더 부정적인 견해는 Haenchen, *Acts*, 539-40; Sanders, *The Jews in Luke-Acts*, 3장과 275-77(18:1-17에 관해)을 보고, 또한 Jervell의 대응(459 n. 306)을 보라.

204) 위 §29 nn. 217 그리고 221을 보라.

205) "주를 신뢰했다"라는 표현은 삶을 결정하는 결정을 했음을 충분히 암시한다.

째 가정(household)에 관한 기록이다.[206] 또한 여기에 가정을 염두에 두고 있
는지 아니면 단순히 집안의 종과 하인을 말하는지는 명확하지 않다. 바울
은 직접 그리스보에게 세례를 베풀었기에 그 상황을 제대로 기억한다(고전
1:14).

다른 많은 고린도인이(바울에게서나 그리스보에 관해 듣고서) "믿고 세례를
받았다"는 언급(18:8)은 갈라져 나온 집단에 합류한 회당 공동체의 나머지
사람들(유대인들과 하나님을 경외하는 자들)을 주로 가리킬 것이다. 하지만 여기
엔 디도 유스도의 집에 모인 모임에 매력을 느낀 사람들도 포함될 수 있다.
분명 누가는 스데바나 집안이 아가야에서 바울의 첫 번째 개종자였다는
바울의 이해와 의견을 공유하지 않았다(고전 16:15). 또한 누가는 그 지역에
서 유명한 또 다른 인물인 가이오의 개종을 알릴 기회도 놓쳤다.[207]

특히 바울에게 중요했던 것은 밤중에(꿈?) 그에게 주어진 주(그리스도)의
환상임에 틀림없다(18:9-10).[208] 이 경우에 바울이 고린도에 오랫동안 정착
하게 한(18:11) 결정적인 원인은, 주께서 바울을 보호하려고 그와 함께하시
고, 그가 새로 설립한 교회에 많은 사람이 더해질 것이라는("이 도시에 내 백
성이 많다")확신이다.[209] 그리고 실제로 이제는 분명하게 안디옥으로부터 그
리고 지역의 회당으로부터 독립한 선교의 첫 본부를 바울이 고린도로 정
하게 된 것은 하늘이 그것을 승인했다는 표지 때문이다. 바울은 고린도에
서 처음에 설교할 때 느꼈던 적잖은 두려움(고전 2:3)과 수년에 걸쳐 많이 경

---

206) 비교. 행 10:48; 16:15, 33.
207) 고전 1:14; 롬 16:23.
208) 종종 누가는 정책과 행동 경로를 결정하는 중차대한 역할을 환상의 공으로 돌리는데(비
    교. 9:10; 10:3; 11:5; 16:9-10), 새 운동의 열정을 고려하면, 그것은 전혀 개연성이 없지 않다.
    바울이 경험한 "여러 계시의 놀라운 특징"(고후 12:7)은 바울로 하여금 그런 환상을 가볍게
    생각하지 않게 했을 것이다.
209) 사용된 표현("많은 사람")은 행 15:14을 되울리고, 그 내용에 대한 성경적 본보기를 나타낼
    수도 있다(수 1:9; 사 41:10; 43:5; 렘 1:8, 19; 또한 마 28:20). 적어도 초기에는 유대인과 하나
    님을 경외하는 이방인을 주로 염두에 두었을 것이다(비교. Jervell, Apg., 460-61 그리고 n.
    312).

험한 환상(고후 12:7)을 회상한다. 또한 그는 믿는 이방인이 하나님의 백성과 하나라고 생각했다.[210] 그러므로 누가의 묘사는 바울이 회상하고 이후에 성찰한 내용과 온전히 일치한다.

고린도 교회의 시작에 대해 훨씬 더 많은 이야기가 있다는 사실은 첫 몇 세기의 여느 문헌과는 달리 교회의 "덮개를 걷어내는" 서신인 고린도전서에서 분명하다. 누가는 적어도 훨씬 더 자세한 이야기 몇 편을 틀림없이 알고 있었으나, 그의 의도는 분명 더 큰 이야기 가운데서 핵심 사건으로 알려진 특정 사건들에 집중하는 것이었다. 비록 이에 따라 누가가 서술한 역사가 성격상 그다지 규칙적이지 않다 할지라도 말이다. 필자는 이미 §30(특별히 §30.4-7)에서 고린도전서가 제공하는 더 풍성한 자료에 많이 의존했다. 그러나 고린도전서에 반영됐듯이, 교회의 사회적 구성이 교회가 존재한 매우 이른 시기부터 하나의 요인이 되었음은 언급할 필요가 있다. 바울이 그 서신에서 매우 강하게 이의를 제기한 분파적 정신은 고린도 신자들이 각기 다른 사람에게 세례를 받았다는 사실에 어느 정도 뿌리를 둔다(고전 1:11-16). 따라서 처음부터 갈등이 있었다. 비록 바울이 떠난 후 아볼로가 그곳에 도착했겠지만(비교. 행 18:27-28), 그 서신의 후반부에 반영됐듯이, "많지 않은" 문벌가이자 정치적으로 활동적인 지도층의 구성원과 나머지 다수의 사람들(1:26) 사이에 있던 갈등이 대두되는 데는 그다지 오랜 시간이 걸리지 않았을 것이다. 이 모든 내용에 대해 누가는 아무 말도 하지 않는다. 다른 곳에서처럼 누가는 그런 불미스러운 일을 언급하지 않기로 한다. 물론 이미 씨앗이 싹트고 있었고, 그것이 불길하게 확대되어, 이후 바울 서신에서 그것에 대해 다루게 되었지만 말이다(§§32.4-7).

---

210) 롬 9:25-26; 15:10; 고후 6:16.

c. 갈리오의 판결

바울이 고린도에서 18개월 동안(혹은 막바지에?) 체류할 당시에(51년 가을?)[211] 있었던 일 가운데 누가가 말하기로(아니면 알고 있던) 선택한 유일한 다른 이야기는 특히나 누가의 역사에서만 아니라 바울의 선교에서도 틀림없이 중요하다(18:12-17). 그것은 사실상 바울이 새로 설립한 교회/모임의 지위에 대해 지방 총독인 갈리오가 판결한 사건이다. 비록 지금 묘사하는 사건이 바울이 고린도에 있던 어느 시점 내지 갈리오가 지방 총독으로 있던 어느 시기에 일어난 일인지가 분명하지는 않지만 말이다. 유대인의 반대 양상이 여기서 중대하게 바뀐다. 여기서도 앞장선 이들은 "유대인", 즉 유대인 공동체의 대다수를 이루는 자들이며, 그들은 지도층에 속한 구성원이나 그리스보의 뒤를 이은 지도자들 가운데 일부가 변절하자(?) 표면에 부상했다. 그러나 이 경우에 그들은 안디옥과 이고니움에서처럼(13:50; 14:5) 도시의 엘리트들을 조종하거나, 루스드라와 데살로니가 및 베뢰아에서처럼(14:19; 17:5, 13) 군중을 조종하는 대신, 이 문제를 지역의 최고 법정으로 바로 가져갔다. 고발 내용도 상당히 다르다. 데살로니가에서처럼 도시와 정치의 불안을 조장했다는 것(17:6-7; 비교. 16-20-21)이 아니라, "율법을 어기면서 하나님을 경외하라고 사람을 권했다"(18:13)는 것이다. 마지막 구가 모호한데, 어쩌면 의도적으로 그렇게 했을 것 같다. 한편 그것은 로마가 새 종파를 의심하게 하고, 그런 종파들이 전통적 제의 및 도시의 제전에 간섭하는 것(따라서 시의 기능과 질서를 어지럽게 함)을 막으려고 예전부터 내려온 다양한 판결을 촉발하려는 의도였다.[212] 다른 한편으로 그것은 회당의 실제 항의를 묘사할 것이다. 즉 회당에 연계된 유대인과 하나님을 경외하는 자들을 향해 (유대) 율법(즉 유대교적 특징)과 상관없는 경배를 하라고 독려한다는

---

211) Barrett, *Acts*, 2.871. 위 §28.1b를 보라.

212) 비교. Lake and Cadbury, *Beginnings*, 4.227; Sherwin-White, *Roman Society*, 101-102; Winter, *BAFCS*, 2.98-103.

항의다.[213)

이어진 독단적 판결(바울은 대응할 필요가 없었다)은 참여한 모든 이를 "유대인"으로 불렀고(18:14-15), 이는 신생 기독교회에 매우 중요했다. "너희 유대인들아, (내 앞에 가져온 이것이) 만일 무슨 부정한 일이나 불량한 행동이었으면, 내가 너희 말을 들어 주는 것이 옳거니와, 만일 문제가 언어와 명칭과 너희 법에 관한 것이면 너희가 스스로 처리하라. 나는 이러한 일에 재판장 되기를 원하지 아니하노라."[214)

첫째로 그 판결은 메시아 예수를 따르는 신자들이 그들의 예배나 복음 전도를 통해 로마법을 어겼다는 제안을 부인했다. 둘째로 그 판결은 그 논란이 신생 교회와 회당의 유대인 공동체 내부의 문제며,[215) 그들의 사법권에 따라 처리되어야 함을 확인했다.[216) 한 저명한 로마 당국자의 그런 판결과 전례에 따른 결과는 엄청났을 것이다.[217) (1) 법적·정치적 측면에서 신생 교회는 자신들을 향한 범죄 행위의 위협으로부터 단번에 자유롭게

---

213) Weiss는 유대인의 권리를 보장한 제국 칙령이 그들로 자신들의 법을 따라 살도록 허락했기에, 그 법에서 일탈하는 것은 칙령을 범하는 일로 간주될 수 있었다고 언급한다(*Earliest Christianity*, 304).

214) Sherwin-White가 언급했듯이, "그 이야기는 사실 제국 치안판사의 심리 절차(*cognitio extra ordinem*)와 상당히 일치한다. 새로운 고소의 수용 여부는 판관이 결정한다. 2세기 중반에는 그리스도인에 대해 대체로 인정된 고발을 거부하고 전혀 고려하지도 않으려는 아시아 지방 총독들이 있었다"(*Roman Society*, 99-100, 102; 추가로 99-104을 보라). 비슷하게 Taylor, 'Roman Empire', 2486-87. 비교. Omerzu, *Prozess*, 263-64, 269.

215) "언어와 명칭(*peri logou kai onomatōn*)"(18:15)이라는 언급은, 예수가 정말로 메시아냐는 논증뿐 아니라, 또한 새 *ekklēsia*를 정말로 유대 공동체 일부(단지 또 하나의 회당)로 여겨야 하느냐는 논증을 가리킨다.

216) 그런 유대 사법권이 고후 11:24에서 바울이 회당의 규율/처벌에 복종했다는 언급에 내포되어 있다.

217) 고린도 자체가 로마를 본으로 삼았기 때문에(Winter, *Corinth*, 19), 그곳에서 확립된 판결의 영향은 더욱더 무게를 지녔을 것이다. "철학자 세네카의 이 형제[갈리오]는 유력한 법률가였기에, 그의 판결은 중요했다"(279). 또한 그의 'Rehabilitating Gallio and His Judgement in Acts 18:14-15', *TynB* 57 (2006), 291-308을 보라. L. V. Rutgers, 'Roman Policy toward the Jews: Expulsions from the City of Rome during the First Century C.E.', in Donfried and Richardson, eds., *First-Century Rome*, 93-116은 로마에는 그런 문제에 관해 결정한 정책이 없었고, 법정의 선례가 중요했다(94-96).

되었다. 교회는 회당에 부여된 법의 보호 아래로 피신할 수 있었다. 이는 국가를 향해 불안을 조성하기도 하는 조합과 연합을 계속해서 두려워하는 제국에서 지극히 중요한 면책이었다.[218] (2) 사회적·신학적 측면에서는 제자들의 새로운 집단이 디아스포라 유대교의 일부로 인식되었다는 점도 중요하다. 초기 기독교는 아직 그 모체가 되는 종교로부터 구별된 종파로 여겨지지 않았다. 신생 교회는 대부분 지중해 연안에 산재한 유대 회당이라는 연결망과 관련되고 그 일부로 인식되었다.

이 판결로 그 사건은 퉁명스럽게 일축되었다(18:16, "그가 그들을 법정에서 쫓아냈다"). 그렇다면 "모든 사람이" 소스데네를 잡아서 때린 이유(18:17)는 자명하지 않다. "모든 사람"이 유대인 고소인을 의미한다면, 짐작하건대 그들이 소스데네에 대해 불만을 품고 있었다고 봐야 한다. 회당의 두 번째(연임한?) 회당장인 그도 메시아 예수의 제자가 되었는가?(비교. 고전 1:1) 아니면 그가 새 종파를 더 수용하려고 했는가?("유대인들"은 결국 그렇게 연합되지 않았다) 혹은 "모든 사람"이 시장에서 어슬렁거리는 이들을 가리킨다면, 이는 유대인 공동체가 그 도시에서 그렇게 존중받지 못하여,[219] 부정적인 판결이 소수 인종 집단을 향한 적대감을 표현할 기회가 된 경우인가?[220] 어느 쪽이든, 갈리오는 유대 공동체 자신이 그 문제를 다루고 알아서 감당하도록 그들에게 일임하였다. "갈리오가 이 일을 상관하지 아니하니라"(18:17). 신생 교회에 이토록 이로운 그 판결은 변경되지 않은 채로 남겨졌다. 고린도에 있는 동안 보호하겠다고 특별히 바울에게 하신 약속(18:10)은 지켜졌다.

갈리오의 판결 후에 바울이 고린도에 얼마나 더 체류했는지는 알 수 없다. 어쩌면 바울은 그 후에 상당히 빨리 휴식을 취하기로 했을 수도 있다

---

218) 사데 지방 법정이 한 세기 전에 확립한 전례는 유대인 거주자가 그들 "상호 간의 문제와 논란"을 결정할 권리가 있다고 확인한다(Josephus, *Ant.* 14.235). 추가로 위 §30 n. 90을 보라.

219) 비교. 19:34; 그러나 13:50; 14:2, 19; 17:5, 13과 대조하라. 비교. Barrett의 토론(*Acts*, 2.875).

220) 특별히 M. V. Hubbard, 'Urban Uprisings in the Roman World: The Social Setting of the Mobbing of Sosthenes', *NTS* 51 (2005), 416-28을 보라.

(18:18).[221] 그는 그 판결로 신생 교회의 안전을 확신했을 것이고, 그 교회를 그대로 두는 것이 안전할 수 있다고 결론지을 수 있었기 때문이다. 상세한 연대가 어떻게 되든지 간에, 바울의 고린도 체류에서 볼 수 있는 다른 중요한 특징은 그가 그곳에 있을 때 자신이 이전에 설립한 교회에 서신을 쓰기 시작하고 발전시킬 기회가 있었다는 점이다. 앞에서 언급했듯이, 누가는 이에 관해 한 마디도 언급하지 않으나, 바울이 고린도에 있을 당시에 시작된 서신 쓰기는 이후의 그리스도인들에게 바울이 남긴 가장 위대한 유산일 것이다. 고린도가 바울의 선교 중심지로 기여한 18개월 정도의 기간에 바울은 확실하게 서신 하나(데살로니가전서)를 썼고, 어쩌면(그러나 이 점은 논쟁의 여지가 있다) 다른 두 서신인 데살로니가후서와 갈라디아서를 썼을 것이다.

31.5 바울의 데살로니가전서

데살로니가전서는 2년이라는 기간 안에 기록되었다고 어느 정도 정확하게 연대를 추측할 수 있는 바울의 서신 세 편 중 하나다.[222] 그 서신은 바울이 고린도를 근거지로 삼은 대략 2년 내에 기록되었을 것이 분명하다. 어쩌면 50년에서 52년 사이, 또는 바울이 고린도에 도착한 직후에 기록되었을 개연성이 가장 크다.[223]

---

221) 누가는 *hēmeras hikanas*라는 표현을 긴 기간("여러 날")(그러나 수 주보다는 며칠, 27:7!)을 나타내려고 다른 곳에서도 사용한다(행 9:23, 43; 27:7).
222) 다른 서신들은 고린도전서와 로마서다(아래 §32.5과 §33.3을 보라).
223) 행 18:4("안식일마다 바울이 회당에서 강론하다")은 바울이 생계를 위해 일주일의 나머지 날에는 일을 해야 했기에(§29.5d를 보라) 오로지 복음 전도를 위해서는 안식일만 쓸 수 있었다는 뜻이고, 그것이 실라와 디모데가 올 때까지 몇 주 동안의 상황이었을 것이다. Holtz는 그 서신에 문안이 없음을 언급하는데(*Erste Thessalonicher*, 11), 이는 두 교회가 관계가 확립되기 전 초기 단계에 있었음을 시사한다.

a. 바울은 왜 데살로니가전서를 썼는가?

분명 바울은 자신이 데살로니가에 남겨둔 작은 신자 집단을 걱정했다. 바울이 그곳에서 성급하게 떠나게 된 정황을 고려하면 놀라운 일도 아니다. 바울의 염려는 데살로니가전서 3:1, 5에서 분명하게 시사된다.[224] 그가[225] 더 이상 그것(그들이 어떤 상태인지 모르는 것)을 견딜(stegontes) 수 없었으므로 자신이 그들에게 미리 경계했던 것처럼(3:3-4) "이 환난들(thlipsesin) 때문에 동요하고 불안해하지(sainesthai)" 않도록(3:2-3),[226] 디모데를 보내 그들을 "세우고 격려하도록" 했다.[227] 바울은 그들이 겪은 압박으로 인해 그들이 세례 때에 서약한 신앙과 주를 포기하지는 않았는지 참으로 염려했다(3:5). 그러나 디모데는 그때 매우 고무적인 소식을 가지고 돌아왔다. 좋은 소식, 즉 정말로 복음(euangelizamenou)이었다. 그들의 신앙은 확고했고, 그들이 "주 안에서 굳게 서" 있다는 것이다(3:6-8). 디모데가 언제 데살로니가로 돌아갔고, 얼마나 그곳에 있었으며, 언제 고린도에 되돌아왔는지가 불확실함을 고려하고, 바울이 디

---

224) Malherbe는 바울의 "완전한 비애"를 말한다(Thessalonians, 189).

225) 복수 "우리"는 단순히 "저작 상의 복수"일 수 있다(Malherbe, 70, 86-89).

226) Thlipsis("고통을 가져오는 문제", BDAG, 457)는 데살로니가전서에서 3번(1:6; 3:3, 7), 그리고 데살로니가후서에서 다시(1:4, 6) 등장한다. 그 동사(thlibō)는 살전 3:4과 살후 1:6, 7에서 사용되었다. 대부분은 그 언급이 데살로니가 사람들이 다른 이들에게 받은 고난을 가리킨다고 추정한다. NRSV는 "박해"라고 옮겼다. J. M. G. Barclay, 'Conflict in Thessalonica', CBQ 55 (1993), 512-30은 "사회적 괴롭힘"을 선호한다(514). Malherbe는 3:7이 외부의 압력보다는 "내부의 고통"을 나타낸다고 생각하나(Thessalonians, 77, 193), 바울 자신의 "박해" 경험이 3:7에 언급됐을 수 있고, 한 언급(3:7)이 모든 내용을 담고 있다고 볼 필요는 없다. 행 17:5-9에서 회상한 사건들 및 그 후속 사건과 결부하는 것이 여전히 가장 설득력이 있다. 적절하게 고후 4:8-12과 11:23-33을 언급하는 Holtz, Erste Korintherbrief, 49을 보라. Wanamaker, 1 and 2 Thessalonians, 81은 Malherbe에게 직접 대응한다. 그리고 특별히 T. D. Still, Conflict at Thessalonica: A Pauline Church and Its Neighbours (JSNTS 183; Sheffield: Sheffield Academic,1999): "…악담, 사회적 배척, 정치적 제재, 그리고 극히 드문 경우에 순교에 이르게 했을 일종의 신체적인 학대 형태를 취한 외부(즉 식별할 수 있고 입증할 수 있는) 비그리스도인들의 반대"(217).

227) Donfried는 "아덴에서"라는 표현이 결정이 이루어진 장소보다는 오히려 바울이 홀로 남기로 한 도시를 가리킨다고 논증한다. 'Was Timothy in Athens? Some Exegetical Reflections on 1 Thess. 3.1-3', Paul, Thessalonica, 209-19.

모데가 도착한 직후에 편지를 썼다고 가정하면, 바울은 그의 고린도 체류 중 틀림없이 상당히 이른 시기에 이 서신을 기록했을 것이다(어쩌면 50년).[228]

그 결과 기록된 서신에는[229] 확실히 디모데가 돌아옴으로써[230] 재개된 의사소통의 맥을 유지하고 이어지는 고난과 곤경에 직면한 데살로니가 신자를 격려하려는 의도가 있었다.[231] 외부 요인에서 왔든 내부의 체험에서 기인했든, 곤경과 고난을 의미하거나 언급하는 단어가 결합해서 빈번히 출현함을 볼 때 다른 결론을 내리기 어렵다.[232] 이는 분명히 주요한 목회 주제인데, 이에 딱 들어맞는 특정 사례로서 바울의 개종자 가운데 일부의 죽음이 야기한 문제였다.[233] 일부가 죽었다("잠들었다")는 사실(4:3)은 데살로

---

228) Kümmel, *Introduction*, 257, 그리고 추가로 258-60: "바울이 데살로니가 사람과 이별한 때와 그들에게 서신을 기록한 때 사이의…수개월"(260); "바울이 데살로니가를 떠난 후 4개월"(Malherbe, *Thessalonians*, 72). 기록 연대로 50년(이나 51년)을 선호하는 강한 합의가 있다. R. Jewett, *The Thessalonian Correspondence: Pauline Rhetoric and Millenarian Piety* (Philadelphia: Fortress, 1986), 53 nn. 18, 19의 참고문헌; Schnelle, *History*, 44 n. 82. 비록 그것이 예루살렘 회의 **이전**이라고 보지만(갈 2:1-10), Jewett는 동의한다(50년 봄); 그러나 위 §28.1을 보라.

229) 데살로니가전서가 두 서신(이나 그 이상)의 결합일 가능성에 이전의 학자들이 매력을 느꼈는데, 이에 대해 Kümmel, *Introduction*, 260-62, 그리고 Schnelle, *History*, 47-48이 잘 대답했다. 추가로 Jewett, *Thessalonian Correspondence*, 33-46을 보라. Murphy-O'Connor가 단일 서신으로 보이는 내용의 특징을 "심리적으로 불가능하고", "바울의 특징과 완전히 맞지 않고", "고려할 가치도 없다"라고 묘사했다는 사실은 놀랍다(*Paul*, 105-108). 그런 판단을 유지하기에는 거의 알려진 내용이 없는 역사적 개개인에 관련해서 그렇게 일반화하는 일이 정당하다고 볼 수 없음을 주석가들이 오래전부터 학습했기를 사람들은 희망했을 것이다. Wanamaker는 놀랍게도 데살로니가후서가 데살로니가전서를 앞선다는 소수 견해를 택하는데(*1 and 2 Thessalonians*, 37-45), 제시된 생각은 자료에 대한 타당한(몇몇은 더 설득력이 있는) 해석 가운데 하나일 뿐이다. 이미 Kümmel, 263-64을 보라.

230) 바울이 디모데가 데살로니가에서 가져온 서신에 대해 반응했을 가능성에 대해서는 Malherbe, *Thessalonians*, 75-77을 보라. 4:9, (13)과 5:1의 *peri de*("이제 관하여는")는 서신으로나 디모데의 말을 통해서나 데살로니가 사람들이 제기한 질문을 가리킬 수도 있다.

231) 또한 Tellbe, *Paul between Synagogue and State*, 94-104을 보라.

232) *Hypomonē*("인내, 참음"), 1:3; *thlipsis/thlibō*(위 n. 227을 보라), 1:6; 3:3, 4, 7; *paschō*("고난"), 2:2, 14; *hybrizō*("무례하고 악의적으로 대하다", 2:2); *agōn*("반대로 인한 싸움"), 2:2; *diōkō*("박해하다"), 2:15; *anankē*("환난, 재앙, 압력"), 3:7; 몇 사람이 죽었다(4:13-17).

233) M. Konradt, *Gericht und Gemeinde. Eine Studie zur Bedeutung und Funktion von Gerichtsaussagen im Rahmen der paulinischen Ekklesiologie und Ethik im 1 Thess und 1 Kor* (BZNW 117; Berlin: de Gruyter, 2003), 128-34에 있는 논의를 보라. 바울이 일반적인 권면

니가로부터 바울이 떠났을 때와 디모데를 통해 소식을 받은 때 사이의 간격이 반드시 길었음을 암시하지는 않는다. 비록 어떤 이들이 순교당했다는 암시는 없지만, 주 예수와 예언자들이 당한 죽음을 상기시키는 것으로 미루어 볼 때(2:14-15) 최근의 개종자가 마주한 그 반대가 그들이 일찍 죽게 된 요인이었음을 암시한다.[234] 그러나 우리가 첫 개종자들의 연령대를 알지 못하고, 젊은 남녀가 아직 한창일 때 병과 질환에 희생될 수 있음을 명심한다면, 디모데가 바울에게 돌아오기 전에 두세 명 정도가 사망한 상황을 예상하는 것도 전혀 문제될 것이 없다.

그 서신의 주요한 다른 주제는 그들의 "곤경"의 요인 중 하나인 바울의 이전 초기 설교에서와 그의 이후 가르침과 권면에서 지속적으로 등장하는 종말론에 대한 강조다. 바울은 그들이 자신의 메시지에 반응하여 하나님께 돌이켰고 "그의 아들이 하늘로부터 강림하실 것을 너희가 어떻게 기다리는지를"(1:10) 상기한다. 주의 "재림"(parousia)은 그 서신에서 반복된 주제이며,[235] 바울이 교회를 설립하며 가르쳤던 내용 중에 있었을 것이다. 4:13-18에서 다룬 걱정이 재림 이전에 몇몇 사람의 죽음으로 생겼기 때문이다.[236] 바울이 데살로니가에서 "주(kyrios)"라는 호칭을 평소와는 달리 많

을 한(4:1-12) 후에야 그 문제를 다루었다는 점은, 그 문제가 그 서신의 주요 이유와 원인이 아님을 시사한다. 이 관점은, 데살로니가전서가 몇몇 사람의 죽음 때문에 일어난 확신(심지어 절망)의 위기(주의 날이 진노의 날일 것이다)를 다루려고 했다고 주장하며 서신의 나머지 부분을 그에 비추어 해석하는 C. R. Nicholl, *From Hope to Despair in Thessalonica: Situating 1 and 2 Thessalonians* (SNTSMS 126; Cambridge: Cambridge University, 2004)의 논지에 불리하게 작용한다. 그러나 Nicholl이 그 서신이 염두에 둔 내용이 본질적으로 앞을 내다보는 "종말론적 열정"이었느냐에 대해 의문시하는 것은 정당하다.

234) 그러나 Malherbe, *Thessalonians*, 62 그리고 위 n. 227에서 Still이 언급한 사람을 보라. Tellbe는 데살로니가 유대인들이 바울을 거짓 예언자로 고소했다고 주장한다(*Paul between Synagogue and State*, 107-15).

235) *Parousia*, 2:19; 3:13; 4:15; 5:23; 살후 2:1, 8, 9; 바울이 사용한 그 용어의 절반이 데살로니가전후서에 등장한다. 바울의 다른 서신에서 일곱 군데 중 한 군데만 그리스도의 재림을 가리킨다(고전 15:23). 반면에 데살로니가전후서에서 일곱 군데 가운데 여섯 군데가 그리스도의 재림을 언급한다(살후 2:9만 아니다).

236) 또한 위 §29.7e를 보라.

이 사용한 것은,[237] 예수가 주라는 그의 초기 선포에서 예수의 주로서 (다시) 오심을 현저하게 지향했거나, 아니면 더 정확하게는 그리스도의 현재 승귀하신 상태와 곧 돌아오심을 지시했음을 시사한다.[238] 그의 가르침은 임박한 고난(3:3-4)과 하나님의 분노(1:10) 및 (마지막) "심판"(4:6)에 대한 이야기를 포함하는 것으로 보인다. 그리고 그들의 마지막 구원,[239] 그리고 주 예수가 다시 오실 때 그 앞에 그들을 거룩하고, 완전하며, 흠 없게 하는 일에 관한 그의 지속적 관심은 분명하다(2:19; 3:13; 5:24). 특별히 그들은 그리스도의 재림 이전에 죽은 자를 염려할 필요가 없는데, 그들이 결코 불이익을 당하지 않을 것이기 때문이다. 반대로 "마지막 나팔 소리"에 "그리스도 안에서 죽은 자들"이 먼저 일어나 주를 만나기 위해 살아 있는 자들과 "공중에서" 연합하며, 승리하여 이 땅으로 돌아오는 예수를 영접하고 호위할 것이다(4:13-18).[240] 그들의 주된 관심은 (마지막 날에 도적같이) 도래할 "주의 날"을 준비하는 것이며(그렇지 않으면 준비되지 않은 채 맞이하게 된다),[241] 그에 맞춰 살아가는 것이다. 이것도 바울의 이전 설교에 등장했을 권면일 것이다(4:2; 5:1).

---

237) 이는 바울 서신에서 사용된 이 단어 전체의 약 16%를 차지한다. 데살로니가 서신은 바울 서신의 8% 이하다.

238) 비교. Hahn, *Titles*, 89-103.

239) *Sōzō*, 살전 2:16; 살후 2:10; *sōtēria*, 살전 5:8-9; 살후 2:13. 잊지 말아야 하는 점은, 바울에게 있어 "구원"은 그가 바라보았고 자신의 개종자들에게 가리켰던 미래의 목표였다(필자의 *Theology of Paul*, 471을 보라).

240) *Parousia*(4:15)와 *apantēsis*("영접", 4:17)의 결합이 나타내는 이미지는, 고위직이나 통치자가 시의 지도 사절단을 만나 안내를 받으며 시로 들어오는 모습인데, 그는 도시에 가까이 갔을 때 지도적인 시민 사절단을 만나고 도시로 안내받는다(E. Peterson, *TDNT*, 1.380-81; A. Oepke, *TDNT*, 5.859-60; Crossan and Reed, *Paul*, 167-71; 추가로 필자의 *Theology of Paul*, 299-300을 보라). Wanamaker(*1 and 2 Thessalonians*, 175-76)와 Malherbe(*Thessalonians*, 277)는 전문적 용법이 있음을 인식했으나 그것이 여기서 어떻게 적합한지를 보지 못했다. 그러나 재림과 그에 연관된 사건이 어떻게 서로 연관이 있는지에 대해 바울이 온전히 일관된 인식을 했다고 추정하지 않아야 한다(필자의 *Theology of Paul*, 314-15, 492-93을 보라). Holtz가 언급했듯이(*Erste Thessalonicher*, 203), 핵심 요소는 만남이 주가 하늘에서 내려오시면(4:16, *katabēsetai ap' ouranou*) 일어난다는 것이다. 즉 땅으로 내려오시면 말이다.

241) 최초의 기독교 권면에 흡수된 예수의 가르침의 모티프의 전형적인 예시가 이것이다. 이것을 매번 사용할 때마다, 예수가 처음 만드신 이미지임을 반드시 상기할 필요는 없다(추가로 필자의 *Jesus Remembered*, §8.1e를 보라).

b. 그 서신은 데살로니가 신자와 그들의 상황에 관해 무엇을 드러내는가?

그 서신이 지닌 보다 매력적인 측면 가운데 하나는 수신자의 삶이나 환경에 관해 상상해보려고 그 서신을 사용하면 후세대 독자에게 어려움이 생긴다는 점이다. 그들의 초기 개종 경험(1:5-6; 2:13)과 그들이 분명히 계속 직면한 "박해"(분명히 디모데가 전한 바와 같이)(3:6-7)는 예외다. 이미 나타났듯이, 우리는 바울의 설교와 가르침이 바울의 전략(2:9)과 그 어린 교회를 향한 그의 깊은 관심(3:1-5)이기도 했다는 내용을 여기저기서 얻었다. 2:3-7에 있는 내용과[242] 2:9-10의 자기방어는[243] 바울의 방법과 메시지에 대해 비판했을 법한 내용을 암시하는 듯하다. 그러나 1:9("우상으로부터 하나님께로 돌아온") 외에는 데살로니가에서 종교 간 경쟁이 있었다는 느낌을 거의 받지 못했다. 비록 황제숭배가 강했고[244] 사라피스와 디오니소스 제의가 두드러져 도시

---

242) "우리의 권면은 간사함이나 부정에서 난 것이 아니요, 속임수로 하는 것이 아니라.···너희가 알거니와 우리가 아무 때에도 아첨하는 말이나 탐심의 탈을 쓰지 아니한 것을 하나님이 증언하시느니라. 또한 우리는 너희에게서든지 다른 이에게서든지 사람에게서는 영광을 구하지 아니하였노라. 우리는 그리스도의 사도로서 마땅히 권위를 주장할 수 있으나"(2:3, 5-7). "바울은 자신의 메시지를 팔러 다니는 전형적인 방랑 견유 철학자의 거칠고 탐욕스러운 모습과 비교되었는가?"(Brown, *Introduction* 461); 추가로 Holtz, *Erste Thessalonicher*, 93-95을 보라. 그러나 Malherbe는 이상적인 철학자를 묘사할 때 사용된 표준 언어를 보고, 데살로니가의 대적자를 향한 바울의 대응이라는 가설이 "서신의 진심과 따뜻함을 산산조각낸다"라고 생각한다(*Thessalonians*, 79-80, 141-44). Malherbe에 따르면(66), 그리스 철학 강의에서 흔한 *topoi*의 사용은(특히 2:7-8) 데살로니가 신자가 대중 철학자를 이해하고 들었음을 시사한다. 추가로 그의 "'Gentle as a Nurse': The Cynic Background to 1 Thessalonians 2', *NovT* 12 (1970), 203-17, 그리고 'Exhortations in 1 Thessalonians', *NovT* 25 (1983), 238-56을 보라. 이 둘은 *Paul and the Popular Philosophers* (Minneapolis: Fortress, 1989), 35-48, 49-66에 재출간되었다. 추가로 J. G. Cook, 'Pagan Philosophers and 1 Thessalonians', *NTS* 52 (2006), 514-32을 보라.

243) "우리가 너희 믿는 자들을 향하여 어떻게 거룩하고 옳고 흠 없이 행하는지에 대하여 너희가 증인이요 하나님도 그러하시도다"(2:10).

244) J. R. Harrison, 'Paul and the Imperial Gospel at Thessaloniki', *JSNT* 25 (2002), 71-96을 보라. 가정하건대 황제숭배가 있었다는 사실이 행 17:7에 언급된 고발의 한 요소였을 것이다 (위 §31.1c를 보라).

의 제전과 잘 통합되었다고 다른 자료에서 밝히지만 말이다.[245] 분명 데살
로니가의 가장 독특한 제의였던[246] 카비루스(Cabirus)라는 신비 제의가 지
닌 강한 성적 요소에 비추어 4:4을 읽을 수 있다.[247] "평화와 안전"(5:3)을 말
하는 사람들을 향한 경멸적 언급이 제국의 구호 이용을 암시한다는 것도
주장할 수 있다.[248] 술 취함에 대한 경고(5:6-8)는 분명 제의나 협회의 만찬

245) C. Edson, 'Cults of Thessalonica', HTR 41 (1948), 153-204; K. P. Donfried, 'Cults of
Thessalonica', NTS 31 (1985), 336-56. 이는 Paul, Thessalonica, 21-48에 재인쇄되었
다. Jewett, Thessalonian Correspondence, 123-32; H. Koester, 'Archaeology and Paul in
Thessalonike', Paul and His World, 38-54. Wanamaker, 1 and 2 Thessalonians, 3-6은 데살로
니가의 사회적·종교적 환경을 잘 요약했다

246) Donfried, Paul, Thessalonica, 25-31; Jewett, Thessalonian Correspondence, 127-32, 165-
78은 바울의 선포가 성공했음을 자세하게 제안하면서 확대해석을 한다. 즉 카비루스 제
의가 도시의 제의로 통합되어, 이전에 카비루스를 그들의 구원자와 주요 후원자로 본 데
살로니가 장인과 노동자에게 공백을 남겼으며, 새 구원자인 예수에 관한 바울의 메시지
가 그 공백을 채웠다는 것이다(특별히 165-66). Koester, 'From Paul's Eschatology to the
Apocalyptic Scheme of 2 Thessalonians', Paul and His World, 55-69(여기서는 57-58)의 혹
평을 보라.

247) "바로 하나님의 뜻은 너희 각자가 어떻게 heautou skeuos ktasthai("자기의 아내 대할 줄")를
아는 것이다." 이 heautou skeuos ktasthai라는 구가 많은 당혹감을 일으켰다. Skeuos는 "기
구"를 뜻하고 "남근"을 의미할 수 있는데(BDAG, 928), 이는 디오니소스와 카비루스 제의
의 강한 남근의 상징과 잘 들어맞는다(Donfried, Paul, Thessalonica 30-31). 이런 이유로 보
통 "너 자신의 몸을 제어하라"를 강한 성적 함의로 번역한다(그래서 예. Wanamaker, 1 and
2 Thessalonians, 152-53; J. E. Smith, 'Another Look at 4Q416 2 ii.21, a Critical Parallel to
First Thessalonians 4:4', CBQ 63 [2001], 499-504). 그러나 "제어하다"는 ktasthai의 흔치 않
은 의미이며, 그것은 더 자연스럽게 "소유를 얻다, 획득하다"를 의미한다. 다른 고대의 해
석인 "아내를 얻다"는 "아내를 취하다"라는 구와 병행이고 여전히 성적 방종의 위협이라
는 함의를 어느 정도 수반할 뿐만 아니라, skeuos의 흔치 않은 의미에도 의존한다(Holtz,
Erste Thessalonicher, 157-58; B. Witherington, Women in the Earliest Churches [SNTSMS
59; Cambridge: Cambridge University, 1988], 67-68; Malherbe, Thessalonians, 226-28; M.
Konradt, 'Eidenai hekaston hymōn to heautou skeuos ktasthai...Zu Paulus' sexualethischer
Weisung in 1 Thess 4,4f.', ZNW 92 [2001], 128-35이 선호한다). J. M. Bassler, 'Skeuos: A
Modest Proposal for Illuminating Paul's Use of Metaphor in 1 Thessalonians 4:4', in
White and Yarbrough, eds., The Social World of the First Christians, 53-66은 skeuos가 처녀
애인을 가리킨다고 제안함으로써 가설 위에 가설을 세운다(비교. 고전 7:37과 함께 살전
4:4): skeuos = parthenos. 그러나 고전 7장의 parthenos가 영적 결혼을 의미한다는 해석은
개연성이 적다(§32 n. 256을 보라).

248) H. L. Hendrix, 'Archaeology and Eschatology at Thessalonica', in B. A. Pearson, ed., The
Future of Christianity, H. Koester FS (Minneapolis: Fortress, 1991), 107-18과 112 nn. 13,

을 염두에 두고 있다.[249] 그러나 그 밖에는 4-5장의 다른 충고가 상당히 표준적이다. 비록 강한 종말론적 동기가 있지만 말이다(5:1-9; 참고. 롬 13:11-14). 우리는 데살로니가의 집회에서 영적 열정과 예언에 대해 약간의 망설임이 있었음을 추정할 수 있다. "성령을 소멸하지 말며 예언을 멸시하지 말라"(5:19-20).[250] 그러나 서신에서 다룬 상황을 반사해서 읽도록 압박을 가할지라도, 그 결과는 빈약하다.[251]

교회의 사회적 구성 및 데살로니가에서의 그들의 지위와 삶의 참여와 관련해서는 몇 가지 가능성 있는 암시 외에 우리가 아는 내용이 하나도 없다. 교회가 야손의 집에서 모였다면(행 17:5), 기껏해야 약 40명에서 45명이 모였을 것이다. 데살로니가전서 1:9(그들이 "우상에서 하나님께로 돌아섰다")은 때때로 데살로니가 교회의 구성이 완전히 이방인이었다는 결론을 지지한다고 강조되나,[252] 사실 사도행전 17:4이 시사하듯이("몇몇" 유대인, "큰 무리"의 그리스인, 그리고 "적지 않은" 귀부인들), 소수의 유대인을 결코 배제할 수 없다.[253] 한편으로 고린도후서 8:2에서 추론할 수 있듯이 마게도냐 교회가

14의 참고문헌; von Brocke, *Thessaloniki*, 167-85; Tellbe, *Paul between Synagogue and State*, 125-26(추가로 126-30).

249) 위 §30 n. 232을 보라.

250) Jewett는 데살로니가 지도자들의 지위와 행동을 황홀경에 경도된 회중이 비판했다고 살전 5:12-13에서 추론하나(*Thessalonian Correspondence*, 102-104), 그 경우에 회중을 향한 5:19-20의 권면은 다소 무모하게 된다. 그들(똑같은 회중)이 "모든 것을 시험해야" 한다는 명령이 동반되더라도 말이다(5:21).

251) 회중의 모든 문제가 외부에서 유래했다고(행 17장이 시사하듯이) 추정하지 않아야 한다는 Jewett의 경고가 유효하지만(*Thessalonian Correspondence*, 118), 확고한 결론을 내리기에는 거울을 보는 것처럼 희미하다(en ainigmati, 고전 13:12). 즉 너무 수수께끼 같고, 당혹스럽다(REB). Donfried는 자신의 'The Epistolary and Rhetorical Context of 1 Thessalonians 2:1-12' in K. P. Donfried and J. Beutler, eds., *The Thessalonians Debate: Methodological Discord or Methodological Synthesis?* (Grand Rapids: Eerdmans, 2000), 31-60의 논지를 다음과 같이 요약한다. "살전 2:1-12을 변증으로 규정하지 않아야 하며, 또한 자신을 겨눈 특정한 비판을 바울이 논박했다는 듯이 반사 방식으로 이 본문을 읽지 않아야 한다"(*Paul, Thessalonica*, xxxi). *Thessalonians Debate*의 Part 1에 있는 2:1-12에 대한 추가 논의.

252) 바울이 데살로니가전서에서 구약을 인용하지 않았다는 사실은(그러나 위 n. 89을 보라) 그 서신의 청중이 성경에 친숙하지 않았음을 시사할 수도 있다.

253) Barnett는 데살로니가전서를 "비유대인 독자를 위해 각색한 유대인 기독교"로 여기며, "그

매우 가난했다는 점, 데살로니가전서 4:11("너희의 손으로 일하라")에서 추론
할 수 있는 데살로니가 신자들이 육체노동자였다는 점, 그리고 다른 한편
으로 그의 짧은 선교 기간에 영향력을 지닌 사람을 바울이 적지 않게 모
집했다는 사도행전 17:4의 추론 사이의 대조는 더욱 문제가 있다. 그러나
누가의 과장법을 한 번 더 고려한다면,[254] 그 장면은 고린도전서 1장에서
드러나는 장면과 그렇게 다르지 않다. 즉 데살로니가 교회는 대개 하층의
자유민과 장인으로 구성되었고, 지도하는 데 익숙하고 그런 지도력을 부
여할 수 있는 상류층 몇몇이 있었다(살전 5:12-13).[255]

그러나 더 놀라운 것은 고린도전서와의 대조인데, 데살로니가전서가
작고 다소 더 내향적이지만 자기 메시지를 전하는 데 있어 적극적인 집단
에 대한 인상을 준다는 점에서 그렇다. 그러나 그 외에 그들은 자기들이 살
고 있는 도시에 어떻게 관여할지에 대한 질문보다, "주의 날"의 임박함과
그들 자신의 구원이라는 자신들의 믿음에 지나치게 사로잡혀 있었다. 두
구절은 그 서신의 분위기(글 쓸 당시 바울의 관점)와 바울이 데살로니가 사람들
에게 채택하도록 독려했던 관점에 대한 맛보기를 제공한다.

- 4:11-12: "또 너희에게 명한 것 같이 조용히(hēsychazein)[256] 자기의 일
  을 하고, 너희 손으로 일하기를 힘쓰라. 이는 외인(tous exō)에 대하여

서신의 메시아적·묵시적 범주는 온전히 유대교적이다"라고 말한다(Birth, 43).

254) 그 외에도 누가의 서술은 오로지 첫 반응에 초점을 두고 있으며, (아마도) 야손의 집을 근
거지로 한 선교 중 개종했을 다른 이들에 대한 언급은 전혀 없다.

255) "활용 가능한 증거의 파편들은 데살로니가 교회의 사회적 수준의 범위가 다른 바울의 회중
보다 다소 협소함을 알려준다. 그 교회는 Wayne Meeks가 바울 교회들의 전형적인 그리스
도인으로 묘사한 사람들, 즉 '자유로운 장인이나 소상인'으로 주로 구성된 것 같다"(Jewett,
Thessalonian Correspondence, 120-22). 비슷하게 Riesner, Paul's Early Period, 350, 376-78;
또한 Ascough, Paul's Macedonian Associations, 169-76을 보라.

256) "평화를 방해하지 않는 행동과 관련된다. 기독교 지도자들은 그들의 구성원들이 공공
질서를 방해한다고 이해될 수도 있는 어떤 일에도 관여하지 않도록 노력했다"(BDAG,
440). Hēsychazein은 "정치 사회 문제의 활발한 참여에서 물러남을 오랫동안 묘사했
다"(Malherbe, Thessalonians, 247). "여기서 바울은 국가(politeia)에서 피후원자들이 그들
의 후원자를 위해 하는 난폭한 정치적 민중 선동을 금한다"(Winter, Welfare, 48-53).

단정히 행하고 또한 아무 궁핍함이 없게 하려 함이라."

- 5:4-7: "…너희는 다 빛의 아들이요,[257] 낮의 아들이라. 우리가 밤이
  나 어둠에 속하지 아니하나니.…자는 자들은 밤에 자고 취하는 자
  들은 밤에 취하되, 우리는 낮에 속하였으니…."

4:11-12의 함의는 "내부인/외부인"의 태도로 운용되는 집단과 관련이 있
으며,[258] 그들은 자세를 낮추어 폭넓은 사회와의 복잡한 관계를 피하고, 가
능한 한 자신의 필요를 스스로 채워야 한다.[259] 5:4-7의 함의는 자기인식이
낮과 밤, 빛과 어둠, 깨어 있음과 잠듦, 술 취하지 않음과 술 취함 간의 묵시
적 대조로 구성된 집단과 관련된다.[260] 낮과 빛에 속한 자들로서 그들은 밤
과 어두움에 속한 자들과 가능한 한 떨어져 있어야 한다.[261]

이 모든 강조와 단서를 연결하며 필자가 받는 인상은, 종말론적 메시
지와 동료 이웃들로부터 받는 박해 때문에 무척이나 내향화된 집단에 대

---

257) "빛의 아들"과 "어둠의 아들"의 대조는 특별히 쿰란 공동체에서 전형적이었다(예. 1QS 1.9;
2.16-17; 3.24-26; 1QM 1.1, 9-16).

258) J. S. Kloppenborg, 'Philadelphia, theodidaktos and the Dioscuri: Rhetorical Engagements
in 1 Thessalonians 4.9-12', NTS 39 (1993), 265-89은 바울의 Philadelphia("형제 간의 사랑")
사용이 상당히 특이하다고 말하는데, 다른 곳에서 그 단어는 "거의 모두 친척 관계에 사용"
되지만, 바울은 그 용어를 가족 외 사람과의 관계에 적용하기 때문이다(272-74). 그러나 가
족의 새로운 의미(바울은 adelphos, "형제"를 두 데살로니가 서신에서 집중적으로 사용한
다)는 어쩌면 형제 사랑을 그 (새로운, 가공의) 집안에 동등하게 한정한다는 함의를 담고
있다.

259) Malherbe는 사회에서 행동하기보다는 오히려 (Seneca처럼) 거리를 두는 태도를 인식하
는데(Thessalonians, 246-52), 그의 논의(252-60, 또한 56과 62에서 계속된다)는 주입된 태
도가 스토아주의적 태도가 아니라, 다른 사람들을 "외인"(막 4:11, "하나님 나라의 비밀"; 고
전 5:12-13, "심판")으로 범주화한 신약성경의 다른 곳과 바로 다음 내용(살전 4:13-5:11)에
서 반영되는 것처럼, 묵시적 종말론 태도였다는 사실을 충분히 고려하지 않는다.

260) 그 이미지에 관해서는 Plevnik, Paul and the Parousia, 105-106, 108-10; Dunn, Romans,
786-88(롬 13:11-12의 병행구에 관해서)을 보라.

261) Brown은 "개종자들이 공공 종교를 유기한 이 기독교 집단의 이상한 배타성"을 언급한다
(Introduction, 460). 여기서도 Malherbe, Thessalonians, 294-96, 305-306은 (철학적이기보
다는) 종말론적이고 묵시적인 사고방식을 잘 보여주는 대조가 지닌 함의에 충분한 비중을
부여하지 않는다.

한 인상이다. 이는 우리가 오늘날 특징상 종파적(혹은 사교적) 사고방식으로 분류할 수는 있는 것이다. 그 서신은 그들에게 자신들의 삶을 장래의 임박한 그리스도의 재림이 온전히 결정하게 해야 한다고 조언한다. 그들은 그 날이 이미 도래한 것처럼 살아야 하며, 도덕적으로는 자신들의 삶의 질이 아직도 밤에 속한 사람들과 구별되어야 한다. 그들은 자신들끼리 지내야 하고, 자신들의 생계를 위해 반드시 일해야 하지만, 그 외에는 재림 때에 그리스도를 영접할 준비에 집중해야 한다.[262] 다시 말해서 데살로니가의 회중은 쿰란 공동체와 같은 유형의 그리스도인이 되도록[263] 그리고 기독교 역사에 흩어진 많은 묵시적 종파의 전신이 되도록 권면 받고 있다.[264]

이는 정신이 번쩍 들게 하는 결론이다. 특별히 현대의 계승자들이 모방해야 할 본보기가 그 교회라고 여기는 사람들 그리고 바울 서신을 영원하고 현재의 모든 그리고 어떤 상황에도 적용할 수 있는 서신으로 여기고

---

262) 5:14에서 책망받은 "게으른 자들"(ataktoi, "무질서한, 완고한, 반항하는")은 어쩌면 기다리는 동안 이런 자기절제에 힘쓰기를 거절한 사람으로 이해된다. 이후 살전 3:6-12에서도 같은 사람들이 염두에 있을 것이다(비교. Jewett, *Thessalonian Correspondence*, 104-105; Holtz, *Erste Thessalonicher*, 251-52; Wanamaker, *1 and 2 Thessalonians*, 196-97). Ascough는 자발성 협회들 안에 있던 소란과 비슷하다고 한다(*Paul's Macedonian Associations*, 181-84). 또한 아래 n. 285를 보라.

263) Donfried는 "예루살렘에서 바울과 에세네 공동체 간의 가능했던 다수의 접촉점"을 발견했으나(*Paul, Thessalonica*, xxxiv-xxxv, 7-13, 221-31), 그런 연결점은 "접촉"보다는 단순히 공유된 배경을 반영할 수 있다.

264) 이는 Lightfoot와 von Dobschütz 및 다른 이들로 대표되는 이전의 견해와 맥을 같이한다. Jewett의 짧은 논평을 보라(*Thessalonian Correspondence*, 138-40). Jewett의 반박(140)은 바울 자신이 그 견해를 얼마나 공유했는지를 인식하지 못했다. 그리고 그가 논증하듯이("원칙적으로 그들이 이미 자신들의 황홀경 활동으로 그것을 체험하고 구체화했기 때문에 그들은 미래의 그리스도의 오심을 준비하지 않았다", 176), 데살로니가전서를 쓰기 이전에 데살로니가 교회에 실현된 종말론적 요소("천년왕국적 급진주의")가 이미 강하게 두드러졌다면, 바울은 그 점에 관해서 확실히 단호하게 대응했을 것이다. 강림 전에 몇몇 사람의 죽음이 가져온 실망을 카비루스 제의의 "신격화" 관점에서 설명하거나(176-77), 교회 지도자들이 스스로 구원자의 신성을 드러내지 못해서 비난받았기 때문에 그들에게 지원이 필요했다고 설명할 필요가 전혀 없다(170). 이것은 광대한 규모의 자의적 해석이다. 실현된 종말론적 요소가 나중에 오직 살후 2:2에서 더 강하게 나타나며, 그 외에는 "곧 닥칠 위기"(Jewett, 161)와 "임박한 구원"(Wanamaker, *1 and 2 Thessalonians*, 10)을 강조하는 것은 아주 적절해 보인다. 그러나 Wanamaker는 대체로 Jewett을 따른다.

충실하게 주의를 기울이기 원하는 사람들에게 그렇다. 물론 모든 시대 및 상황과 관련된 기독교의 독특성을 강조하는 많은 요소와 특징이 실제로 바울 서신에 있는데, 가장 분명하게는 "믿음, 사랑, 소망"에 대한 반복되는 강조다.[265] "주"는 바울이 계속 선호하는 그리스도의 칭호이며, 바울의 독특한 "그리스도 안에서"라는 표현은 이미 사용되고 있다.[266] 그리고 4:14과 5:10에서 되풀이되는 명확한 선포 문구는[267] 이 강조들이 이미 바울 설교의 일정한 특징이었음을 분명하게 확인해준다. 그러나 바울 서신의 머리말(로마서, 고린도전후서, 갈라디아서)을 구분하며 훨씬 더 명확하게 바울 신학을 규정하는 강조점들이 데살로니가전서에 부족한 것도 사실이다. 특히 눈에 띄는 점은 "이신칭의"를 비롯한 복음에 관한 바울의 가장 독특한 문구에 대한 명확한 암시(진술은 고사하고)의 부재[268] 그리고 "유대인"을 향한 2:14-16의 맹렬한 비난이다.[269] 물론 이에 대한 타당한 이유가 있을 수 있는데, 나

---

265) *Pistis*("믿음"), 1:3, 8; 3:2, 5-7, 10; 5:8; *agapē*("사랑"), 1:3; 3:6, 12; 5:8, 13; *elpis*("소망"), 1:3; 2:19; 4:13; 5:8; 셋이 함께, 1:3, 5:8.

266) "그리스도 안에서", 2:14; 4:16; 5:18; "주 안에서", 3:8; 4:1; 5:12.

267) 위 §21.4e를 보라.

268) 이 문구는 바울 신학의 발전을 추적하는 기반이 된다(Schnelle, *History*, 53-55의 간단한 논평과 참고문헌, 또한 *Paul*, 188-91을 보라). 그러나 바울이 이방인에게 "율법의 행위"가 적용되지 않는다는 관점이나 혼합된 청중에게 적용되는 가르침에 대해 명확한 견해를 취하지 않고서는, 어떻게 예루살렘과 안디옥에서 유지했던 관점을 유지할 수 있었는가? Lohse는 언어 통계학에 과도하게 의존하는 것을 정당하게 경고한다(*Paulus*, 211-14).

269) 그 맹렬한 비난의 날카로움 때문에 많은 사람이 그 구절이 나중에 삽입되었다고 추론하지만, 바울은 전통주의 유대인이 이방인을 "박해"하는 문제에 분명히 민감했다(갈 4:29). 또한 필자의 *Partings* (²2006), 193 그리고 n. 32; *Theology of Paul*, 507 n. 40; 추가로 C. J. Schlueter, *Filling Up the Measure: Polemical Hyperbole in 1 Thessalonians 2.14-16* (JSNTS 98; Sheffield: Sheffield Academic, 1994); Still, *Conflict at Thessalonica*, 24-45; Davies, 'Paul', 717-19; Malherbe, *Thessalonians*, 167-79; Schnelle, *Paul*, 179-81; Konradt, *Gericht und Gemeinde*, 73-93을 보라. Schwemer가 언급했듯이, 묘사된 "분노"는 이스라엘이 경험한 최근 재앙을 가리킬 수 있다. 즉 안티파스가 아레다에게 패배함, 예루살렘에 자신의 상을 세우려는 칼리굴라의 시도, 아그립바의 끔찍한 죽음, 점증하는 정치적 혼란, 40년대의 기근 등이다('Verfolger', 173-75). 비슷하게 M. Bockmuehl, '1 Thessalonians 2:14-16 and the Church in Jerusalem', *TynB* 52 (2001), 1-31. Weiss는 그 구절들이 "고린도 회당과 결별한 후 즉시 기록되었다"라고 추측했다(*Earliest Christianity*, 295). Hengel은 R. L. Rubinstein, *My Brother Paul* (New York: Harper and Row, 1972), 115이 "가정의 논란"에 대해 말하고,

중에 그 일부를 살펴볼 것이다(§31.7). 데살로니가에서 바울의 복음이 신앙의 반응을 요구했음을 의심하거나 부정할 필요는 없다.[270] 그리고 2:14-16의 공격은, 바울이 이후의 서신에서는 결코 되풀이하지 않은 순간적으로 무례한 태도와 분노를 품은 채 말하도록 그를 자극한 특별한 상황을 주목하면 완화될 수 있다. 그러나 데살로니가전서를 바울의 다른 서신들과 비교해보면, 데살로니가에서와 이 현존하는 첫 서신의 설교에서, 그가 나중에 후회했거나 상당히 수정했을 정도로 묵시적·종말론적 관점이 그의 가르침과 권면을 지배했다는 추론을 피하기는 어렵다.[271]

31.6 바울의 데살로니가후서

바울 자신이나 나중에 다른 사람이 바울의 이름으로 데살로니가후서를 썼느냐의 문제는 의견이 대개 반반으로 나누어져 있다.[272] 저자 문제가 없는

바울의 "엄격함[살전 2:14-16에서]이 두루마리 공동체(Community of the Scrolls)의 엄격함과 다르지 않다"라고 주장한다며 인용한다('Early Christianity', 7-8). J. S. Lamp, 'Is Paul Anti-Jewish? *Testament of Levi* 6 in the Interpretation of 1 Thessalonians 2:13-16', *CBQ* 65 (2003), 408-27은 2.16c와 T. Levi 6.11의 밀접한 유사함에 특별히 주목한다. Grindheim 은 2.14-16을 "이스라엘의 죄에 대한 유대교의 내부 논의에 바울이 특징적으로 기여한 부분으로 본다. 바울의 판결은 묵시 문헌에서 발견되는 견해와 근본적으로 다르지 않다. 그는 이스라엘의 역사를 배교의 역사로 이해한다"('Apostate Turned Prophet', 546-50, 여기서는 549).

270) 비록 §27 n. 298에서처럼 논지들의 발전이라는 관점에서 이해는 가지만, 김세윤의 'Justification by Grace and through Faith in 1 Thessalonians', *Paul and the New Perspective*, 85-100은 과도한 반응이다. 또한 Riesner, *Paul's Early Period*, 394-403을 보라. "이 글에서 자주 나타나는 믿음에 대한 문구는, 사도들이 핵심 단어로 상기만 해주면 되었던 정보를 데살로니가 사람들이 이미 잘 알고 있었음을 가정한다"(415).

271) 그러나 또한 위 §29.7e를 보라.

272) 최근에 이 서신이 바울의 저작이 아님을 주장한 W. Trilling, *Untersuchungen zum zweiten Thessalonischerbrief* (Leipzig: St. Benno, 1972)와 *Der zweite Brief an die Thessalonischer* (EKK 14; Zürich: Benziger, 1980), 22-26은 광범위하게 설득력이 있었다. 특히 독일 학계에서 말이다(Schnelle, *History*, 317의 참고문헌; 그렇지 않으면 Wilckens, *Theologie*, 1/3.66).

바울 서신의 다양성을 고려하면, 다른 사람이 썼다는 입장이 최종적이라
고 주장하는 논증은 놀랍다. 그들은 단어와 양식 분석에 다소 경직되게 의
존했고, 다른 상황이 다른 반응을 요구한다는 것을 충분히 용납하지 않았
거나, 바울이 그렇게 쓸 수도 있었다(살전 2:14-16도 그렇다)는 점을 받아들이
지 않았기 때문이다.[273] 데살로니가후서가 전제하는 변화된 상황을 명심하
면, 그 서신이 바울의 것이 아니라고 할 양식상의 결정적 근거는 없다는 것
이 더 냉정한 현실이다[274](비서나 대필자[디모데?]의 영향은 말할 것도 없다).[275] 그
리고 왜 그 서신이 기록되었는지 설명해줄 수 있는 다수의 상황을 예상하
기가 결코 어렵지 않지만,[276] 후기(익명)의 저작권을 옹호하는 사람들은 그
서신이 후기에 기록되도록 한 상황을 묘사하는 데 훨씬 더 강한 압박을 받
는다.[277]

---

273) 예로, Schnelle는 데살로니가전후서 사이의 "근본적 차이" 그리고 데살로니가전서의 사건
에서 "매우 강하게 벗어난" "완전히 다른 사건의 과정"을 묘사하는 살후 2:1-12의 종말론에
대한 가르침의 "근본적 차이"를 언급할 때, 확실히 과장하고 있다(History, 316, 318). 그런
기준이라면, 많은 저자는 자신들의 몇몇 저작이 "진품"이 아닌 것으로 분류되는 일을 보게
될 것이다! Murphy-O'Connor는 냉혹하게 다음과 같이 말한다. "그들은 양식과 어휘의 다
름을 들먹이지만, 결론을 예단하는 아주 선택적인 방법으로 그렇게 한다"(Paul, 110).

274) 특별히 Jewett, Thessalonian Correspondence, 3-18(특별히 10-12); Wanamaker, 1 and 2
Thessalonians, 17-28(특별히 21-28); Malherbe, Thessalonians, 364-74(특별히 365-68)을 보
라. "현대 바울 학계가 실제로 발견한 내용은 바울의 양식과 어휘가 훌륭하게 상황을 따른
다는 것이다. 각 서신의 독특한 상황을 고려할 때 그 다양성은 이해할 수 있다"(Jewett, 12).
"그의 현재 목표(그가 데살로니가전서를 쓸 때 가졌던 목표가 아님)를 성취하려고, 어떻게
바울이 데살로니가의 상황 변화에 따라 의식적으로 다른 양식을 취했느냐는 문제는 전혀
주목되지 않았거나 기껏해야 불충분하게 주목됐다. 결국 모든 바울 서신에는 각자의 독특
성이 있다(von Dobschütz, 1909: 43)"(Malherbe, 367).

275) 비교. Donfried, Paul, Thessalonica, 55-56; 위 §29.8c를 보라.

276) "바울이 데살로니가전서를 쓴 몇 주 후, 즉 첫 서신이 여전히 그의 마음에 있을 때 데살로
니가후서를 썼다면…데살로니가후서를 가장 잘 이해할 수 있다"(Kümmel, Introduction,
268). "첫 번째 편지를 쓰고 바로 몇 주 후에 그런 상황[2:1-2에서 암시된 것과 같은]은 거의
불가능하다"라는 Koester의 반론(Introduction, 2.242)은, 열광적인 묵시적 종파에 대해 익
숙하지 않음을 드러낸다. Donfried는 데살로니가전서 "후 오래지 않아" 바울의 동료 중 한
사람이 그 서신을 보냈다는 상상을 어렵지 않게 했다('2 Thessalonians and the Church of
Thessalonica', Paul, Thessalonica, 49-67[여기서는 56]).

277) "위조되었다는 가설은 지금까지 그 서신의 기원 및 그 서신과 데살로니가전서의 관계에
대해 신뢰할 만한 설명을 전혀 제공하지 못했다"(Wanamaker, 1 and 2 Thessalonians, 28).

염두에 있는 상황의 핵심이 2:1-3이라고 거의 모두가 동의한다.

¹형제들아, 우리가 너희에게 구하는 것은 우리 주 예수 그리스도의 강림하심
(*parousia*)과 우리가 그 앞에 모임에 관하여, ²영으로나 또는 말로나 또는 우리
에게서 받았다 하는 편지로나 주의 날이 이르렀다고(*enestēken*) 해서 쉽게 마음
이 흔들리거나 두려워하거나 하지 말아야 한다는 것이라. ³누가 어떻게 하여도
너희가 미혹되지 말라. 먼저 배교하는 일이 있고 저 불법의 사람 곧 멸망의 아
들이 나타나기 전에는 그날이 이르지 아니하리니.

다른 논제가 데살로니가전서의 주요 주제 가운데 하나를 이어간다는 관찰
이 중요하다. 즉 "주 예수 그리스도의 강림(*parousia*)이다."[278] 일반적인 서신
서두(1:1-2)에 이어, 규칙적인 감사(1:3-4)와 기도(1:11-12)가 데살로니가전서
의 다른 주요 주제를 상기하고 강화하려고 더 다듬어졌다.

- 그들이 견디고 있는 박해(*diōgmos*)와 환난(*thlipsis*). 어쩌면 더 심했을
  것이다(1:4).
- 앞서 일어나며 그들을 하나님 나라에 합당한 자로 만들어줄 고난
  (1:5).
- 환난을 주는 자들에게 환난으로 갚기 위해(1:6), 환난을 받는 자들에
  게 안식을 주기 위해(1:7), 하나님을 모르고 주 예수의 복음에 순종
  하지 않은 자들에게 형벌(*ekdikēsis*)을 내리기 위해(1:8-9), 승리하신 주
  예수가 그의 능력의 천사들과 함께 하늘로부터 나타나심(1:7). 그날

이는 I. H. Marshall, *1 and 2 Thessalonians* (NCBC; London: Marshall, Morgan and Scott,
1983), 40-45을 참조했다. "바울이 구체적으로 데살로니가 사람들에게 보낸 서신이 그 사
도가 죽고 약 30년이나 30년 이상이 지난 후에 데살로니가 교회가 아닌 다른 교회에 적절
하고 설득력이 있었다고 상상하기는 어렵다"(Donfried, *Paul, Thessalonica*, 66).
278) 위 n. 235을 보라.

에 영광스럽게 오심(1:10).[279]

그러나 문제는 마지막 모티프인 "주의 날"이 데살로니가 신자 사이
에서 논쟁과 혼란의 사안이 된 것으로 보이며, 바울은 서두 이후에 즉시
그 주제를 다룬다.[280] 주의 날이 분명하게 이미 왔다(2:2)는 예언의 말씀이
나 바울의 어떤 가르침 혹은 바울에게서 왔다고 주장하는 어떤 서신 또
는 이런 것 두세 개의 결합된 내용이 있었다는 보고가 분명 있었다.[281] "주
의 날"이 어떻게 "주 예수 그리스도의 강림"(2:1)과 연관되었는지는 분명하
지 않다. 바울의 이전 설교의 함의는 이 둘이 동의어라는 것이다(살전 5:2-5).
둘 다 곧 다가올 미래의 일이며, 재림은 예수의 영광스러운 귀환을 강조하
며, "주의 날"은 그 표현이 예언서에서 사용되었을 때 전형적인 특징이었
던 위협의 함축을 이어간다.[282] 그러나 무언가가 데살로니가의 많은 신자

---

279) *Thlipsis*, 위 n. 227을 보라. 고난 – 살전 2:14; 살후 1:5. 하나님 나라에 합당함 – 살전 2:12;
       살후 1:5. 재림에 천사의 참여 – 살전 4:16; 살후 1:7. 주의 신원/형벌(*ekdikēsis*) – 살전 4:6;
       살후 1:8. 그의 영광에 참여하는 성도 – 살전 2:12; 살후 1:10. 주의 재림에 주와 함께 성도
       들이 모임 – 살전 4:14-17; 살후 2:1. 주의 날 – 살전 5:2, 4; 살후 1:10; 2:2. 살후 1:6-9에서
       예상하는 심판의 맹렬함은 하나님의 "분노"를 언급하는 데서 예상된다(살전 1:10; 2:16;
       5:9). 또한 살전 4:15의 "주의 말씀"(아마도 예언의 말씀. 필자의 *Theology of Paul*, 303 n. 45;
       Malherbe, *Thessalonians*, 267-70을 보라), 그리고 살후 2:2에 언급된 "영"과 "말씀"에 주목
       하라. 앞서 W. Wrede, *Die Echtheit des zweiten Thessalonischerbrief untersucht* (Leipzig:
       Heinrichs, 1903)의 영향력 있는 연구가 그런 병행을 많이 지적했다. 그것들은 우연이나 바
       울이 이전의 서신을 "맹목적으로 따랐음"으로는 결코 설명할 수 없다. 비슷하게 Schnelle
       은 "데살로니가후서가 데살로니가전서에 문헌상으로 의존했다는 가정만이 이런 일치를
       적절하게 설명할 수 있다"라고 주장한다(*History*, 321-22). 그러나 "맹목적으로 따름"은 받
       아들일 수 없는 과장이고, 언어와 사고 및 순서의 병행은, 두 서신이 같은 교회를 향한 서신
       으로서 같은 사람이 몇 개월 내에 썼고, 그 기간 안에 발전한 같은 상황에 대한 서신이라고
       보면 쉽게 설명할 수 있다.
280) Malherbe와는 반대인데, 그는 2:2에 표시된 문제에 대한 대응을 바울의 주 관심으로 다루
       는 것이 "1장과 3장에서 바울이 행동에 부여한 중요성을 최소화하는 정당하지 않은 가정
       이라고 생각한다"(*Thessalonians*, 351-52). 그러나 살전 4:13-18에 나타난 염려를 바울이 전
       하기 전에 데살로니가전서 안에 있는 지연을 비교하라.
281) 이것을 어떻게 알았는지 바울이 말하지 않으나, 나중에 데살로니가의 비난받을 만한 행위
       에 대해 "들었다"고 한다(3:11). 기독교 포도원은 이미 무르익었다(§30.8을 보라).
282) 사 2:12-17; 22:5; 겔 7:5-12; 13:6-9; 30:3; 욜 1:15; 2:11, 31; 암 5:18-20; 옵 15; 습 1:14-15; 말

로 하여금 마지막 절정의 사건들이 이미 순조롭게 진행 중이라고 결론짓게 했다. 어쩌면 예수의 부활에서 "죽은 자의 부활"이 이미 시작했다는 믿음에서 추론했을 수도 있다.[283] 또한 어쩌면 하나님의 분노가 "끝까지"(eis telos) 그들[복음을 거스르는 유대인들]에게 임했다는 데살로니가전서 2:16의 바울의 글 때문일 수도 있다.[284] 그 결과는 외견상 데살로니가의 신자 중 일부가 강림과 마지막 심판이 그들에게 거의 임했다고 결론을 내렸다는 것이다. 그 결과 그들은 일하지 않고 타인의 일에 간섭하는(3:11) 무책임한 (ataktōs) 행동을 했다(3:6, 11).[285] 짐작하건대 타인의 빵을 먹고 남은 이에게 짐이 되었을 것이다(3:8).[286] 이는 앞의 서신에서 이미 위태로웠던 상태였고 (살전 5:14), 주의 날이 이미 왔다는 무책임한 믿음 때문에 여기에 심각함과 긴급함이 더해졌다.

여하튼 바울은 자신의 이전 가르침에 대한 이 새로운 "편견" 때문에 너무나 걱정되어, 그 소식을 듣자마자 서신을 썼다. 즉 그 서신은 데살로니가전서와 같은 해에 고린도에서 기록되었을 가능성이 가장 크다(50년이나 51년).[287] 이 새 가르침으로 인한 위기가 순전히 내부에서 발생했다는 사실을 언급해야 한다. 틀림없이 그들은 지역 당국자들과 회당으로부터 지속적인 반대와 괴롭힘이라는 압력 아래에 있었겠지만,[288] 문제는 주 예수의 강

4:5.

283) 위 §23.4a를 보라. 결국 그 긴장은 하나님 나라가 임했으나 여전히 와야 한다는 예수의 가르침에 있는 긴장과 그렇게 다르지 않다. *Jesus Remembered*, §§12.4-6을 보라.

284) *Eis telos*는 다양하게 번역될 수 있다. "결국에, 마지막으로", "끝까지, 마지막까지", "영원히, 영원무궁토록"(BDAG, 998).

285) 3.11의 영어 번역은 그리스어(*mēden ergazomenous alla periergazomenous*, "도무지 일하지 아니하고 간섭한다/참견한다"[BDAG, 800])의 언어유희를 재현할 수 없다. 추론할 수 있는 내용은 언급된 개인들이 자기 확신에 사로잡혀 자신들의 견해를 계속 전파하여 다른 신자들의 일을 방해하는 데 시간을 허비했다는 것이다.

286) Winter는 바울이 데살로니가 신자들을 영구적 지지 수단인 후견인-피후견인 제도로부터 떼어놓으려 했다고 주장한다(*Welfare*, 53-60), 그러나 Kloppenborg, 'Philadelphia', 276-77 n. 46, 그리고 Jewett, *Romans*, 67-69의 비판을 보라.

287) 데살로니가후서를 바울의 저작으로 받아들이는 사람들 대다수가 그렇게 본다.

288) 1:8에서 "하나님을 모르는 자들"(시 79:6; 렘 10:25; *Jdt.* 9.7; 2 Macc. 1.27; 갈 4:8)은 이방인들

림에 대한 내부 갈등과 고찰에서 주로 비롯된 것으로 보인다. 또 언급해야
할 점은 이것이 데살로니가전서에서 살펴본 데살로니가 교회의 모습과 일
치한다는 것이다(§31.5). 데살로니가 교회는 그들의 (성공적인) 증언과 선포
의 주된 강조점인 재림의 희망에 온전히 초점을 맞추었고, 몸과 영혼을 유
지하기 위해 그들이 해야 할 일을 했으나, 그 외에는 그들을 둘러싸고 있는
세상에 자신의 등을 돌린 집단이었다.

이에 대해 바울은 자신이 믿기로 그 엄청나고 무서운 날("불법의 사람, 곧
멸망의 아들"의 나타남, 2:3) 전에 일어날 일을 개괄하며, 신약에서 가장 수수께
끼 같은 문단 중 하나를 소개한다(2:3-12).

> [3]먼저 배교하는 일이 있고 저 불법의 사람 곧 멸망의 아들이 나타나기 전에는
> 그날이 이르지 아니하리니, [4]그는 대적하는 자라. 신이라고 불리는 모든 것과
> 숭배함을 받는 것에 대항하여 그 위에 자기를 높이고 하나님의 성전에 앉아
> 자기를 하나님이라고 내세우느니라.…[6]너희는 지금 그로 하여금 그의 때에
> 나타나게 하려 하여 막는 것이 있는 것을 아나니, [7]불법의 비밀이 이미 활동하
> 였으나 지금은 그것을 막는 자가 있어 그중에서 옮겨질 때까지 하리라. [8]그때
> 에 불법한 자가 나타나리니 주 예수께서 그 입의 기운으로 그를 죽으시고 강
> 림하여 나타나심으로 폐하시리라. [9]악한 자의 나타남은 사탄의 활동을 따라
> 모든 능력과 표적과 거짓 기적과 [10]불의의 모든 속임으로 멸망하는 자들에게
> 있으리니, 이는 그들이 진리의 사랑을 받지 아니하여 구원함을 받지 못함이
> 라. [11]이러므로 하나님이 미혹의 역사를 그들에게 보내사 거짓 것을 믿게 하심
> 은 [12]진리를 믿지 않고 불의를 좋아하는 모든 자들로 하여금 심판을 받게 하려
> 하심이라.

여기서 사용된 이미지는 아마도 과거 이스라엘의 묵시록 느낌을 주는 대

을 염두에 두었을 것이고, "우리 주 예수의 복음에 순종하지 않는 자들"(롬 10:16, 21; 11:31;
15:31)과 관련해서는 유대인을 염두에 두었을 것이다.

적자가 사용한 언어에서 끌어왔을 것이다. 대적자는 "나는 신이라, 내가 하나님의 자리에 앉아 있다"(겔 28:2)라고 말한 두로의 왕자였고, 또한 성전을 모독하고 자신을 높여 자기를 그 어떤 신보다 더 크다고 여긴(단 11:31,36) 안티오코스 에피파네스(Antiochus Epiphanes)였다.[289] 두려움은 칼리굴라가 최근 반복한 "성전의 가증스러운 것"을 기억함에 따라 커졌을 것이다.[290] 그러나 "막는 것(to katechon)"이 무엇인지 그리고 "그것을 막는 자(ho katechōn)"는 누구인지가 몇 세대 동안 주석가들을 당혹스럽게 했다.[291] 특별히 관련 있는 것은, 최후를 연기시키는 다양한 요인들에 관한 발상이 묵시론적 집단에서 드문 일은 아니었다고 폴 메츠거(Paul Metzger)가 입증한 내용이다.[292] 메츠거가 선호하는 해결책은 테르툴리아누스까지 거슬러 올라가며[293] 교부들 사이에서 우세했던 견해로서, 그것이 염두에 둔 대상이 로마, 즉 황제라는 개인으로 대표되는 로마 제국이다.[294] 작은 집단이 지역의 단

---

289) 단 11:36, *hypsōthēsetai epi panta theon*; 살후 2:4, *hyperairomenos epi panta legomenon theon*.

290) 위 §26.5a를 보라.

291) 제안된 것에는 하나님이나 성령, 신적이거나 천상적 세력, 복음이나 바울의 선교가 있다. BDAG, 532; Wanamaker, *1 and 2 Thessalonians*, 250-52; P. Metzger, *Katechon: II Thess 2,1-12 im Horizont apokalyptischen Denkens* (BZNW 135; Berlin: de Gruyter, 2005), 15-47에 비평이 있다. 바울이 자신의 선교를 억제 요소로 보았을 가능성(그는 여전히 이방인의 "충만한 수"에게 그리스도를 전해야 했다, 롬 11:13-25)은 바울의 종말론적 사도라는 의식(위 §29.3e)과 어울린다. O. Cullmann, 'Le caractere eschatologique du devoir missionnaire et de la conscience apostolique de S. Paul. Étude sur le katechon (-ōn) de II Thess. 2.6-7', *RHPR* 16 (1936), 210-45이 이를 인식했다. 살전 2:18(비교. 롬 1:13; 15:22)은 사단을 막는 요인으로 묘사한다.

292) Metzger, *Katechon*, 133-276는 (1) 예정된 충만한 수(요한계시록, *4 Ezra, 2 Baruch*), (2) 예정된 시간(베드로후서, *4 Ezra, 2 Baruch*, 쿰란), (3) 하나님 혹의 그의 관용(*4 Ezra, 2 Baruch*, 쿰란), (4) 합당한 자를 찾음(요한계시록), (5) 기다리는 회개(*4 Ezra, b. Sanh.* 97b), (6) 억제하는 자(Ps.-Philo, *LAB*), (7) 로마(요한계시록, *4 Ezra*)로 요약한다(276). Ps.-Philo, *LAB*, 51.5, *quousque reveletur qui tenet*, "막는 자가 드러날 때까지"는 처음에는 좋아 보이나 역시 불가사의하다. H. Jacobson, *A Commentary on Pseudo-Philo's 'Liber Antiquitatum Biblicarum'* (Leiden: Brill, 1996), 2.1104을 보라.

293) Metzger, *Katechon*, 15-20.

294) Metzger는 특별히 *4 Ezra* 5.3, 6과 또한 11.45-46; 계 17:10, 15-18; 19:2(*Katechon*, 166-74, 210-11, 276, 293-95)을 언급한다. *4 Ezra* 5.3, 6에 관해서는 M. E. Stone, *Fourth Ezra*

체들로부터 괴롭힘을 당하고 박해받는 상황에서, 억압적인 로마 권력에 대한 비밀스러운 언급은 전혀 놀랄 만한 일이 아니었다. 그러한 태도는 바울이 로마서 13:1-7에서 명확히 표현한, 하나님이 정하신 계획 안에서 로마가 맡은 역할에 대한 인식과 다르지 않다.[295] 다른 말로 하면, 시/중앙 정부가 관장한 적절한 질서의 정립은 신생 교회를 향한 억제되지 않은 적대감과 박해를 실제로 예방했으며, 이는 누가의 묘사에서 바울이 빌립보와 고린도에서 경험한 내용과 동떨어진 것이 아니다.[296]

그 수수께끼의 해결책이 무엇이든지 간에, 주요 사실은 바울이 중요한 여러 사건이 주 예수의 강림 전에 여전히 일어나야 한다고 보았다는 점이다. 분명히 바울은 그가 데살로니가 사람들과 함께 있을 때 이것을 그들에게 이미 언급했다(2:5). 이는 데살로니가에서 바울이 가르친 내용이 예수의 임박한 재림과 관련해서 집중적이고 광범위했음을 추가로 암시한다. 마찬가지로 그는 자신의 가르침을 반복했는데, 바울이 그들과 함께 있을 때 그리고 그의 이전 서신에서 먼저 그 가르침이 주어졌다(2:15; 3:6). 가르침은 임박한 강림을 고려할 때 그들이 어떻게 행동해야 하느냐에 관련되었다(3:6, 10). 그들은 바울이 세운 본보기를 따라(3:7-9; 살전 2:9-10), 조용히 일해서(hēsychias) 자기 양식을 벌어야 한다(3:11-12; 살전 4:11). 그 주제에 대한 그의 가르침을 무시하는 사람들을 확고하게 다루려고 주어진 바울의 마지막 가르침은 우리가 알고 있는 기독교 공동체의 최초의 규율 형태에 대해 매우 흥미로운 일별을 제공하는데, 교회는 그들에게 수치를 주려는 방편으로 그들과 연합하거나 어울리지 않아야 했다(3:14). 또한 그 사람들을 원수로 여기지 않고 형제로서 권면해야 한다(3:15). 불행하게도 이 목회적 조언

___

(Hermeneia; Minneapolis: Fortress, 1990), 110-11을 보라. 요한계시록의 구절들에 대해서는 Aune, *Revelation*, vol. 3 *ad loc.*를 보라. "종말론적 적대자"(적그리스도)에 대해서는, *2 Bar.* 40.1-3, *Sib. Or.* 5.33-34, *Asc. Isa.* 4.2, 6의 현저한 병행과 더불어, 2.751-55을 보라.

295) 또한 누가 "이 시대"("이 시대의 통치자"[고전 2:6, 8], "이 세상의 신"[고후 4:4])를 통치하느냐에 대한 바울 개념의 모호성을 비교하라. 또한 위 n. 291의 끝부분을 보라.

296) 위 §§31.1b, 4c를 보라.

이 성공했는지를 알 만한 내용은 하나도 없다. 그러나 그런 묵시를 지향하는 종파가 열성적이고 성마른 특징이 있었음이 분명하게 드러난다. 이는 이 역시 처음 기독교의 일부였음을 유익하게 상기시키는 내용이다.

이 모든 내용 가운데, 반복할 만한 점은 바울의 가르침이 예수의 천국 도래에 대한 가르침과 일치한다는 사실이다. 천국의 도래는 임박했으나, 온전히 임하기 전에 간격이 있다.[297] 기독교 천년왕국설과 묵시적 열정의 우울한 역사를 고려하면, 바울이 자기 사명의 종말론적 성격을 온전히 확신했지만(§29.3e) 그런 열정에 휩쓸리지 않았음을 인식하는 것은 중요하다. 사실상 바울은 (누가에 따르면) 천국의 도래와 관련한 유사한 질문(행 1:6)에 예수가 답한 내용을 알고 있었다. "때와 시기는 너희에게 아버지께서 자기의 권한에 두셨으니…너희가…땅끝까지 이르러…내 증인이 되리라"(1:7-8). 비슷하게 바울은 데살로니가 사람들을 교정하려는 자신의 시도를 멈추면서(살후 2:3-12), 자신의 선교를 위해 기도해달라는 요청을 그들을 향한 자신의 확신(2:13-3:5) 속에 포함한다. "기도하기를 주의 말씀이 너희 가운데서와 같이 퍼져 나가 영광스럽게 되기를 바라노라"(3:1)

31.7 바울의 갈라디아서

갈라디아서는 보다 유연하게 연대를 추정할 수 있는 바울 서신 중 하나다. 갈라디아서의 작성이 예루살렘 회의(행 15장) 이전이라고 생각하는 이들은 연대를 약 48년으로 추정한다.[298] 그 서신이 바울이 에베소에 있던 시기에 기록되었다고 생각하는 이들은 연대를 53년이나 54년으로 추정한다.[299] 갈라디아서의 논쟁이 로마서의 논쟁과 밀접하다고 생각하는 사람들은 후

---

297) 다시 *Jesus Remembered*, 435을 보라.
298) 이들에겐 갈 2장이 행 11장(익숙한 속기를 사용해서)과 같다. §27 n. 139을 보라.
299) 예. Fitzmyer, *Acts*, 636; Murphy-O'Connor, *Paul*, 184.

자와 가까운 연대를 시사하면서 55/56년을 선호한다.[300] 필자는 첫 대안
이 역사적 자료를 가장 잘 해석했다고 생각하지 않는 이유를 이미 보여주
었다.[301] 그리고 갈라디아서와 로마서의 사고가 유사하다는 사실이 이 두
서신의 작성 시기가 서로 근접할 것을 요구하지는 않는다.[302] 만일 바울의
신학화 작업에 기복이 있었다고 추정해야 한다면 그렇게 볼 수도 있겠지
만, 그러한 추정은 그 서신 자체의 증거를 훨씬 넘어선다.[303]

a. 서신 작성의 원인이 된 상황들

필자가 보기에는 바울이 여전히 고린도에 있을 때, 데살로니가전후서
를 쓴 지 1년 이내, 즉 52년 어느 때에 갈라디아서를 썼을 가능성이 가장
높다.[304] 필자는 일련의 사건을 어느 정도 다음과 같이 그려본다. 바울이 안
디옥 논쟁에서 승리하지 못하고(갈 2:11-17) (사실상) 독립 선교사로서 떠난 후
에[305] 안디옥 교회는 안디옥 교회의 선교를 통해 설립된 교회들이 안디옥
에서 확립된 지침서(유대인/이방인 교제를 위한)를 따르도록 힘껏 노력했다. 그
교회들은 주로 수리아와 길리기아 교회였을 것이다. 어쩌면 이 과정 중(6
개월 정도였을 테다)에 우리가 "사도 법령"으로 알고 있는 "교제의 원칙"이 확

---

300) 예. Becker는 그것이 드로아에서 마게도냐로 가는 중에 기록됐다고 주장한다(고후 7:5; 갈
    4:13)(*Paul*, 262). Schnelle는 두 가지 가능성만 인식한다. 바울이 갈라디아서를 에베소 체
    류 중에 썼거나, 훨씬 더 선호하는 대안은(n. 255에 있는 참고문헌), 갈라디아서가 고린도
    전후서 다음에 그리고 로마서를 기록하기 바로 전에 기록되었다는 것이다(*History*, 94-95,
    106). 비슷하게 Wilckens, *Theologie*, 1/3 19장.
301) 위 §27.3a를 보라.
302) "갈라디아서와 로마서 간의 주제의 밀접성이 우리로 그 서신들이 서로 가까운 시기에 기
    록되었다고 결론짓게 하는 논증은 최대한 조심스럽게 고려해야 한다"(Riesner, *Paul's
    Early Period*, 290; 이는 특별히 U. Borse, *Der Standort des Galaterbriefes* [BBB 41; Cologne:
    Hanstein, 1972]을 겨냥한다). Murphy-O'Connor는 "갈라디아서가 고린도후서와 로마서
    에 가깝다는 가정은…근거가 없다"고 생각한다(*Paul*, 181).
303) 행 15장 = 행 18:22이라고 생각하는 사람들에 관해서는 위 §28 n. 47을 보라.
304) 여기서 필자는 Weiss, *Earliest Christianity*, 296-97을 따른다.
305) 위 §27.6을 보라.

고한 형태를 확립했을 것이다.[306] 그러나 또한 갈라디아 교회가 바울과 바나바(아니면 바나바와 바울. 안디옥 교회가 그 선교팀을 이렇게 기억하려고 했을 것이다)를 통해 안디옥 교회의 선교로 세워졌기 때문에, 똑같은 규칙이 그곳에도 적용되기를 기대했느냐는 질문을 불가피하게 제기해야 한다. 어쩌면 그때 혹은 그와는 별개로, 일단의 더 전통주의적인 유대인 신자들은 안디옥에서의 바울의 실패를 통해 예루살렘에서의 바울의 이전 승리(2:1-10)를 뒤집을 기회가 자신들에게 주어진 것으로 보았을 것이다. 바울이 갈라디아서에서 "거짓 형제들"이라고 별명을 붙인 사람들이 대표하는 그 파벌이 갑자기 상기된다.[307] 유대인/이방인으로 혼합된 교회를 위한 만족스러운 타협

---

306) 위 §27.3e를 보라. 행 15:23-29의 서신이 "안디옥과 수리아와 길리기아에 있는 이방인 형제들"을 향한 것임을 다시 주목하라. 공식적으로 합의된 이 규칙의 실제 등장이 예루살렘 회의에 근접하면 할수록, 그 규칙이 그 회의 자체의 산물이라는 이해가 누가에게 주어졌거나 누가가 그런 인상을 (예루살렘 자료로부터) 얻었을 수도 있었을 것으로 이해하기 더 쉬워진다.

307) 이것은 갈라디아서 2:4-5에 암시되었을 수도 있다. 거짓 형제들이 "우리가 가진 자유를 엿보고…그들에게 우리가…복종하지 아니하였으니, 이는 복음의 진리가 항상 **너희** 가운데 있게 하려 함이라." 바울의 마음에 그가 예루살렘에서 직면했던 도전이 갈라디아에서 제기된 위협과 결합되었다. 이것은 그곳에서 언급된 분파가 예루살렘 교회에서 더 많은 영향력을 얻었다는 암시인가? 유사하게 Martyn, *Galatians*, 217-19. 바울의 "대적들이" "유대인 기독교 선교사들"이었다는 기본 논지는 Anti-Marcionite Prologue to Galatians에서 처음으로 제시되었고, Baur가 재구성한 내용의 핵심(§20.3a를 보라)이었으며, 대다수의 주석가를 계속 설득한다(Kümmel, *Introduction*, 298-301; Schnelle, *History*, 102, n. 282의 참고문헌; Schnabel, *Mission*, 1024-26). 순서가 어색한 최근의 다른 견해는 M. D. Nanos, *The Irony of Galatians: Paul's Letter in First-Century Context* (Minneapolis: Fortress, 2002)인데, 이는 N. Walter, 'Paulus und die Gegner des Christusevangeliums in Galatien', in W. Kraus and F. Wilk, eds., *Praeparatio evangelica. Studien zur Umwelt, Exegese und Hermeneutik des Neuen Testaments* (WUNT 98; Tübingen: MohrSiebeck, 1997), 273-80의 영향을 받았다. Nanos의 논지는 바울이 "유대인 회당 공동체 내의 의로운 이방인들"(75-83)에게 서신을 썼고, (비그리스도인) 유대인 "대적자", 즉 갈라디아 지역 회당의 유대인 대표자들(기독교 내부 논쟁보다는 유대교 내부 논쟁)에 맞서 서신을 기록했다는 것인데, 이는 당시 "그리스도인"과 "유대인"을 분명하게 구별하는 데 어느 정도 정체성의 모호성이 있었음을 정당하게 인식한다(그 논지는 Nanos, 6-7, 12-13에서 이미 분명하다; 또한 그의 'Intruding "Spies" and "Pseudo-Brethren": The Jewish Intra-Group Politics of Paul's Jerusalem Meeting [Gal 2:1-10]', in S. E. Porter, ed., *Paul and His Opponents* [Leiden: Brill, 2005], 59-97을 보라). 그러나 그 논지는 명백한 함의로 인해 좌초된다. 즉 (1) 그 "복음"은 이미 "그리스도의 복음"에 대한 거의 전문 용어였다(갈 1:6-9; 2:5, 7, 14; 비교. 고후 11:4; Nanos는 1:6의 개연성이

이 수리아와 길리기아에서 자리 잡고 있었다 할지라도, 이방인이 더 많은 갈라디아의 교회는 그것의 광범위한 적용 가능성에 의문을 던지는 것처럼 보일 수도 있다. 유대인의 특권을 재주장해야 했는데, 그렇지 않으면 (그들의 판단에) 선택과 언약의 연속성, 즉 하나님의 구원의 전체 목적이 심각한 위험에 처하게 될 것이었다.[308]

사건의 실제 과정이 어땠든지 간에, 강한 파벌이 갈라디아 교회 가운데 이르렀거나 그 안에서 생겨났다. 그들은 메시아 예수를 믿는 신자로 인정받고 이스라엘의 유업에 참여하기 위해서는, 이방인 신자가 모든 과정을 거치고 할례를 받아 개종자가 되어야 한다고 주장했다.[309] 바울이 "너희들을 어지럽게 하는 자들"(5:12)이라고 언급한 사람들은,[310] 그들이 어디에서 왔든지 간에, 분명히 예루살렘 지도층의 지지를 얻었다고 주장했다.[311] 그렇게 이해해야만, 예루살렘 지도층과 자신의 관계에 대한 바울의 격렬

떨어지는 "선에 대한 다른 메시지"라는 번역을 제공하나, 이에 대한 설명은 마지막 장에 있다. (2) 바울이 자기를 방어하는 갈라디아서 1-2장에서는 예루살렘 사도들의 권위와 허가가 바울이 직면한 대립의 양측에게 중대했다. 그리고 (3) "그 거짓 형제들"(2:4)은 자신들이 동료 신자라고 "거짓으로" 주장했다["거짓으로" 동료 유대인이라고 주장하기보다는!, 150-51). W. Schmithals은 "영지주의에서 유래한 유대 그리스도인의 열정"을 상정할 정도로 자신의 영지주의 가설을 다듬는다('Judaisten in Galatien?', *Paulus*, 39-77). J. L. Sumney는 다른 누구보다 바울의 대적자라는 주제에 더 집중하며, 최근의 개요를 제공한다. 'Studying Paul's Opponents: Advances and Challenges', in Porter, ed., *Paul and His Opponents*, 7-58(여기서는 17-24).

308) M. Winger, 'Act One: Paul Arrives in Galatia', *NTS* 48 (2002), 548-67은 바울이 그의 이전 방문(들)에서 갈라디아 사람에게 율법에 대해 가르치지 않았다고 추정한다. 그러나 "제1막"이 안디옥 사건 이후의 방문을 포함한다면, 그 제안은 훨씬 개연성이 적어진다.

309) 비록 2:3-5에 이미 내포되어 있지만, 핵심 요구가 갈라디아의 이방인 신자들이 할례를 받는 것임이 갈 5:2-12에서 명백하게 나타난다. 이 점은 논란이 전혀 없다.

310) Martyn은 그들을 "그 선생들"(the Teachers)이라고 부르길 선호하나(바울의 경멸적 표현을 피하고자), 그들이 자신들의 메시지를 "복음"으로 언급하고 율법을 "이방인을 위한 복음"으로 여긴, 갈라디아 교회 밖에서 온 "기독교 유대인 복음전도자들"이었음에 동의한다 (*Galatians*, 14, 18, 117-26; 여기서는120-22, 또한 132-35).

311) J. L. Sumney, *'Servants of Satan', 'False Brothers' and Other Opponents of Paul* (JSNTS 188; Sheffield: Sheffield Academic, 1999)과는 반대인데, Sumney는 "그들이 예루살렘 교회의 몇몇 사람에게서 권위를 받았다는 증거나 혹은 권위를 받았다고 주장한 증거는 하나도 없다"(307-308)라고 주장한다. 그러나 그는 핵심 자료를 완전히 무시한다.

하지만 조심스러운 진술(특별히 1:10-2:10)을 이해할 수 있다.[312] 그는 새로 들어온 자들이 제기한 주장과 그들이 자신에 대해 말한 내용에 분명하게 대응하고 있었다.[313] 바울이 갈라디아서를 썼을 때는 그 파벌이 상당히 효과적으로 자신들의 견해를 전파했다. 다수의 갈라디아 사람이 설득당하여 할례를 받아들였다(6:12-13).[314] 특별히 설득력 있는 논증은, 만일 갈라디아의 이방인이 아브라함을 통한 축복의 약속에 참여하려면, 그들은 아브라함의 본을 따라 그가 했던 것처럼 할례를 받아들여야 한다는 주장이었던 것으로 보인다.[315] 분명히 고린도를 향한 바울의 마지막 여정 중에 그리고 그곳에서 그가 체류하던 시기의 초기 몇 개월 동안에 이 모든 일이 일어났다.[316]

더욱이 더 자세한 내용이 무엇이든지 간에, 갈라디아의 열렬한 바울 지지자가 일어난 일을 바울에게 알리려고 고린도에서 바울을 방문했거나 바울에게 메시지를 전할 기회를 잡았다고 추정할 수 있다.[317] 바울은 분명

---

312) 또한 Martyn은 특별히 갈 4:25의 예루살렘에 대한 언급이 지닌 무례함을 언급한다 (*Galatians*, 특별히 460-66).

313) §27.3c를 보라. 적어도 초기에는 그것을 바울의 적대적인(혹은 공공연하게 적대적인) 서술로 볼 필요는 없다. 바울은 실제로 예루살렘 지도자들의 권위에 순종했고, 그들에게서 자기 선교의 권위를 받았다. 바울은 그들을 입회 첫 단계까지만 인도했고 실제로 자신이 할례를 행했다(5:11). 이는 그 가운데 바울이 디모데에게 할례를 행했음을 암시한다(5:11의 다른 해석은 필자의 *Galatians*, 278-80과 n. 25을 보라).

314) 5:3과 6:13의 동사 "할례하다"의 현재 시제는 계속되는 과정을 시사한다. 일부는 이미 할례를 인정했고, 다른 이들은 심각하게 고려하고 있었다. 새로 들어온 자들은 "[그들에게] 억지로 할례를 받게 했다"(6:12). 필자의 *Galatians*, 그 구절의 주석을 보라. C. E. Arnold, "'I am astonished that you are so quickly turning away" (Gal. 1.6): Paul and Anatolian Folk Belief', *NTS* 51 (2005), 429-49은 "제의의 요구사항을 지키고 선행을 함으로써 신들의 호의를 유지하려는 갈라디아 사람들의 뿌리 깊은 관심이 바울에게 대적하는 자들의 메시지를 받아들이도록 했을 것이다"라고 주장한다(449). 이 제안은 갈 4:8-10에 있는 일련의 사고를 이해하는 데 도움이 될 것이다.

315) 아래 n. 350을 보라.

316) Martyn은 그 서신의 시기를 더 이전으로, 즉 바울이 아직 빌립보나 데살로니가에 있을 때로 잡지만(*Galatians*, 19), 안디옥이 베드로를 반대하는 바울을 지지하지 않기로 함으로써 그 정책이 전면적으로 시행되었을 개연성을 용인하지 않는다.

317) Ramsay는 그가 디모데였다고 제안했다(*St. Paul*, 189-92). 그러나 바울이 데살로니가 두 서신에서 그랬듯이 갈라디아서의 작성을 디모데와 연관시켰다면, 그 제안에 어느 정도 설득

히 놀라움과 분노로 반응했다(1:6). 이방인의 선교사로서 첫 번째 혹은 가장 성공적인 그의 초기 교회는 복음을 잃어버린 셈이었다. 바울처럼 의지가 강하고 자신의 소명을 확신하는 사람에게는 안디옥에서의 실패만으로도 충분히 불쾌했다. 그러나 예루살렘에서 큰 노력으로 얻어낸 합의가 뒤집어질 위험에 처한 상황을 이제 알았기 때문에 분명 그는 견딜 수 없었을 것이다. 이방인이 다수인 갈라디아 교회가 복음의 핵심을 놓쳤다면, 그가 세우려고 한 다른 교회에서 복음을 유지하기가 더 어려웠거나, 심지어 불가능했을 것이다. 바울은 분명히 가장 빠른 기회에 펜과 잉크, 파피루스와 필경사를 불러 서신에 대한 구술을 시작했을 것이다.

이 가정이 지닌 장점은 모든 연관 자료가 여기에 잘 들어맞는다는 것이다.

- 그것은 사도행전 13-14, 15-18장에 시사된 순서와 들어맞는다. 비록 해당 사건에 관해 바울 서신에서 추정할 수 있는 한 그의 직접적인 서술에 우선성을 부여해야 하지만, 역사 방법이라는 관점에서 사도행전을 도외시하는 일은 무책임한 것이다. 특별히 누가가 제공한 기본 정보가 개연성이 높은 가설과 들어맞을 때 그러하다.
- 바울은 갈라디아 사람들에게 행한 그의 복음 설교를 "처음에"(to proteron)라고 언급했다(갈 4:13). 마지막 구의 자연스러운 의미는 "이전에/전에"이다. 그리고 비록 그 구를 "한 차례"라는 의미로도 사용할 수 있지만, 더 분명한 뜻은 "처음으로"이다.[318] 이는 반복된 방문이라는 가정과 맞아 떨어진다. 사도행전 13-14장은 첫 방문을, 16장은 두 번째 방문을 말한다.

___

력이 있었을 것이다.

318) BDAG, 888-89; "더 일반적인 의미에 기반하여 4:13은 오히려 바울이 갈라디아를 두 번 방문했을 것이라고 추정한다"(Kümmel, Introduction, 302, 303). 그러나 주장할 수 있는 내용은 그것이 증거라기보다는 가설과 일치한다는 것뿐이다(추가로 필자의 Galatians, 233-34을 보라).

- 2:1, 9, 13에 등장하는 바나바에 대한 언급은 갈라디아 사람들이 바울이 누구를 언급했는지 알았음을 시사한다. 그러나 바나바는 단지 안디옥으로부터 진행한 바울의 선교 기간에만 바울의 동료였지(행 13-14), 바울의 이후 선교 사역에서는 아니었다.[319]

- 갈라디아의 개종자들이 하나님을 "이같이 속히(tacheōs) 떠남"(1:6)에 대해 바울이 표현한 분노와 놀람은 수사적 과장을 포함하기 때문에 그 예상되는 경과 시간을 확정할 수는 없다.[320] 그러나 그것은 바울의 선교와 안디옥/예루살렘 선교사들의 선교 간의 긴 기간보다는 오히려 짧은 기간에 더 잘 들어맞는다.

- 데살로니가전후서와 갈라디아서 사이에 두드러진 차이가 존재한다. 전자에서 바울은 자신의 사도 지위를 전혀 언급하지 않았다(단지 살전 2:7). 그러나 후자에서 그는 놀라운 맹렬함으로 사도의 지위를 주장했다(갈 1:1). 그리고 그 이후에 그는 거의 항상 자신을 "그리스도 예수의 사도"로 힘써 소개했다.[321] 이로부터 도출할 수 있는 확실한 추론은 자신의 사도 지위를 강력하고 분명하게 주장하는 것이 긴요하다고 바울로 하여금 생각하게 할 정도로 중요한 일이 데살로니가전후서와 갈라디아서 사이에 일어났다는 것이다. 그 "중요한 일"은 필시 안디옥/예루살렘의 선교사들이 갑작스럽게 들이닥

---

319) Martyn은 갈라디아 사람들이 그 선생들을 통해 바나바를 알게 되었다고 주장하지만 (*Galatians*, 17 n. 15), 바나바가 그들의 설립 사도 가운데 하나가 아니라면, 왜 그 선생들이 갈라디아 사람들에게 바나바를 언급해야 하는지는 명확하지 않다. 반대로 갈라디아서 4:13-15에서 바나바를 언급하지 않았다는 사실에 대해, Martyn은 바나바가 바울의 첫 번째 갈라디아 방문에서 동행했다면, 이것은 "거의 믿을 수 없다"라고 했다(*Galatians*, 185). 그러나 그 점은, 바울이 그들의 개종이 부분적으로 안디옥에서 "야고보에게서 온 사람들"(2:13) 편에 선 사람 덕분임을 언급하지 않기로 했다면, 쉬이 이해할 수 있다. 반면에 예루살렘 합의(2:7-9)에 바나바가 관여했다는 언급은 바울의 논거를 강화했을 것이다.

320) 한편(혹은 또한) *tacheōs*는 갈라디아 사람들이 새로 온 선교사들의 메시지에 얼마나 빨리 굴복했는지를 언급한 것일 수 있다(*Galatians*, 40).

321) 롬 1:1; 고전 1:1; 고후 1:1; 골 1:1(그러나 빌립보서와 빌레몬서 같은 우정 서신은 아니다); 또한 엡 1:1; 딤전 1:1; 딤후 1:1; 딛 1:1. 또한 아래 n. 327을 보라.

쳐 바울의 복음과 그 복음이 지닌 권위의 독립성에 의문을 제기했음에 대해 바울이 갈라디아로부터 전달받은 소식일 것이다.

■ 또한 그 가설은, 앞에서 언급한 대로, 데살로니가전후서와 갈라디아서 간에 있는 강조점의 변화를 가장 잘 이해하도록 한다.[322] 바울은 갈라디아의 소식을 자신에게 제기한 도전으로 간주하고, 자신이 이해한 복음을 다시 서술하고, 베드로와의 대면으로 인해 복음에 대한 자신의 문구를 다듬게 한 계기를 상기하면서 그것을 다시 예리하게 다듬어야 할 필요를 느꼈다.[323]

■ 한편 데살로니가전후서와 갈라디아서를 비교하면, 데살로니가 신자들의 혼란을 고려하여 바울이 주의 임박한 재림이라는 처음의 강조에서 뒤로 물러났음을 알 수 있다. 바울은 자신의 미래 묵시적 종말론을 버리지 않았다. 그러나 그의 묵시 신학의 초점은 미래에서 과거로, 즉 그리스도가 (다시) 강림하실 때 무엇을 하실 것인가에서 그리스도의 (첫) 강림 때에 하나님이 행하신 일로 전환했다.[324]

따라서 필자는 "갈라디아인들"이라는 칭호의 가장 분명한 후보가 바울이 동료 바나바와 함께 안디옥 교회의 파송으로 진행한 선교여행 중에 설립한 교회들임을 거의 의심하지 않는다. 그 선교는 누가가 사도행전 13-14장에서 자신의 용어로 묘사한 선교다.[325]

---

322) §31.5의 마지막 문단을 보라.
323) Strecker와 그를 따르는 사람(Schnelle, History, 107)과 반대다. 위 §27 n. 298을 보라.
324) 살전 1:10; 4:13-5:11 그리고 살후 1:5-2:12을 갈 1:4; 4:4; 5:14-15과 대조하라. Martyn은 "갈라디아서의 묵시 신학"에 특별히 관심을 쏟았다(Galatians, 97-105)
325) 비평학계의 강한 전통은 갈 3:1을 문자 그대로 받아들이는 것이다. "어리석은 갈라디아 사람들"은 기원전 3세기에 중앙 아나톨리아를 침략해서 안디옥 북쪽의 이고니움 등지에 정착한 켈트족 후손일 것이며, 로마의 큰 지방들(안디옥, 이고니움 등등을 포함해서)이 그 족속의 이름을 따서 명명되었다(예. Kümmel, Introduction, 298; Becker, Paul, 272; Gnilka, Paulus, 73; Schnelle, History, 97; Martyn, Galatians, 15-17을 보라). 이 학자들은 바울이 심하게 냉소적으로 말했을 가능성을 생각하지 못한 듯하다. "그 이름을 따라 지방이 명명된 무식하고 무례한 켈트족처럼 행동하는 갈라디아 지방의 거주자들아!" 북갈라디아 가설을

그 서신 자체는 바울 복음의 재진술이라고 가장 간략하게 요약될 수 있다. 그 서신의 긴급성에도 불구하고, 바울은 상당히 주의 깊게 서신의 구조를 기획했다.[326]

b. 새로 온 선교사들로 인한 와전과 혐의에 대한 바울의 방어: 세 갈래(갈 1-2장)

(i) 그의 생애를 위한 변호. 갈라디아서는 정중한 서신 형식을 무시하고, 바울의 사도적 권위에 대한 솔직한 주장과 더불어 격정적으로 시작한다. "사람들에게서 난 것도 아니요, 사람으로 말미암은 것도 아니요, 오직 예수 그리스도와 그를 죽은 자 가운데서 살리신 하나님 아버지로 말미암아 사도 된 바울은"(1:1).[327] 또한 수신자를 위한 관습적인 감사와 기도도 없이, 바울은 즉시 그들이 복음을 "저버린 것"[328]을 꾸짖는데, 그 복음은 그가 그들에

따른다면, 바울이 그 인구가 더 이상 민족적 의미의 "갈라디아인"으로 구성되지 않고, 그리스인과 로마인, 수리아인 및 유대인('"갈라디아인'이라는 명칭이 루스드라의 거주자들에게 어울리는[혹은 어울리지 않는] 만큼 어울리는 사람들")으로 구성된 앙키라 같은 소도시에서 설교했을 거라는 Weiss의 관찰을 그들은 무시했다(*Earliest Christianity*, 298).

326) 이어지는 설명이 필연적으로 간단할 수 있으나, 더 자세한 내용에 대해서는 필자의 *Galatians*를 참조할 것이다. 또한 필자의 *The Theology of Paul's Letter to the Galatians* (Cambridge: Cambridge University, 1993)을 보라.

327) 자신이 사도라는 언급이 없고 자신의 사도적 역할을 실루아노 및 디모데와 공유한다는 흔쾌한 언급이 있는(살전 2:7) 데살로니가전서의 인사와 대조하라. 이는 바울이 갈라디아에서 대면하기 전에 사도로서 자신의 권위를 주장할 필요를 발견하지 못했음을 시사하며, 그 대면은 바울의 더 특정적인 자기소개를 확립했다(고전 1:1; 고후 1:1; 롬 1:1; 골 1:1). 빌 1:1에 그런 소개가 없다는 사실은 바울이 그 주제에 상당히 민감해지기 전에 그 교회가 세워졌음을 나타내는가? J. Frey, 'Paulus und die Apostel. Zur Entwicklung des paulinischen Apostelbegriffs und zum Verhältnis des Heidenapostels zu seinen "Kollegen"', in Becker and Pilhofer, eds., *Biographie und Persönlichkeit des Paulus*, 192-227(광범위한 참고문헌을 포함해서)은 데살로니가전서가 "사도"의 더 넓은 개념을 반영한다고 말한다(199-201; 행 14:4, 14에 관해서는 196-98; 제안된 모든 전개 사항이 211쪽의 표로 분명하게 정리되었다).

328) *Metatithesthai*("등을 돌리다")는 "저버리다, 떠나다"라는 의미가 있다. Diogenes Laertes 7.166은 변절자 디오니시오스(*ho metathemenos*)를 언급하는데, 그는 스토아주의를 떠나서 에피쿠로스주의를 택했다(BDAG, 642). 2 Maccabees는 자신들 조상의 종교에서 배교한 유대인을 묘사하는 데 같은 표현을 사용한다(2 Macc. 4.46; 7.24; 11.24). 추가로 Dunn, *Galatians*, 39-40; Martyn, *Galatians*, 108을 보라.

게 설교하고 그들이 그에게서 받은 것이다(1:6-9).[329] 갈라디아 사람들의 행위에 대한 소식이 바울에게 들렸을 텐데, 바울이 그들의 행위로 인해 무시당한 느낌을 받았음은 1:10에서 명백하다. 그의 표현은 새로 온 자들이 갈라디아 사람들을 부적절하게 설득하려는(*peithō*)(그래서 하나님을 감동하게 하려는) 시도의 일환으로 바울에 대해 다소 경멸스럽게 말했음을 시사한다.[330] 또한 바울이 한낱 "사람을 만족하게 하는 자"(*ēreskon*)(아마 할례라는 당황스러운 불편함 없이 이방인을 받아들여서)라는 말에 암시된 비난은 고대 세계에서 잘 알려진 험담이었으며,[331] 그것은 바울과 같이 강한 확신과 소명을 가진 사람에게는 특별히 상처가 되었을 것이다.

이에 대해 바울은 그가 갈라디아인들에게 설교한 복음이 자신의 것이 아닌 "예수 그리스도의 계시를 통해서" 직접 자신에게 주어진 복음이라고 새로운 격렬함으로 주장했다(1:11-12). 그리고 바울은 이 계시가(1:13-16)[332] 과거에 자신이 멸하려고 했던 믿음을 박해하던 자로부터 그것을 선포하는 자로 자신을 전환시켰고(1:23), 그들에게("이방인 중에") 복음을 전하도록 그를 위임했으며,[333] 그러한 선교를 위해 필요했던 유일한 권위를 제공했음을 그들에게 상기시킨다.

(ii) 바울의 사도 자격에 대한 변호와 옹호에 혼재된 내용은, 바울과 예루살렘 지도층 간의 관계를 퉁명스러우나 주의 깊게 표현해준다(1:1-2:10). 데살로니가전서와는 반대로, 여기서 거울 읽기(mirror reading)는 바울이 솔

---

329) 바울의 힐책("내가 이상하게 여기노라…")이 아이러니함에 대해서는, 특별히 Nanos, *Irony*, 39-51을 보라. 그는 N. A. Dahl, 'Paul's Letter to the Galatians: Epistolary Genre, Content and Structure', in Nanos, ed., *Galatians Debate*, 117-42(여기서는 117-30)을 의존했다.

330) "플라톤 철학자들과 다른 이들이 '설득의 예술'을 다소 부정적이고 부적절한 것으로 여겼기 때문에, 수사학은 사기와 중상, 심지어는 마법과 동일시 됐다"(Betz, *Galatians*, 54-55).

331) W. Foerster, *TDNT*, 1.456; Betz, *Galatians*, 55 n. 111, 112. 그에 해당하는 명사(*areskeia*)는 다소 부정적인 의미, 즉 "아부함"이라는 뜻이 있다.

332) 1:12("예수 그리스도의 계시[*apokalypsis*]로 말미암은 것이라")과 1:16("그의 아들을 이방에 전하려고 그를 내 속에 나타내시기를[*apokalypsai*] 기뻐하셨다")에 있는 바울의 생각 사이에는 분명한 연관이 있다.

333) 추가로 위 §§25.3c-d를 보라.

직하고 그리 미묘하지 않은 빈정거림으로 대응해야 했던 네 가지 비난에 대해 충분히 명확한 모습을 보여준다.[334]

1. 바울의 선교(사도직)와 복음에 대한 권위는 예루살렘의 사도들에게서 유래했거나 그들을 통해 왔다.

바울은 서신의 첫 줄에서마저 자신의 반박을 억제할 수 없었다(1:1, 이미 위에서 인용됨). 그 어떤 의심도 없도록, 바울은 반복된 강조를 통해 그 주장을 되풀이했다. "내가 전한 복음은 사람의 뜻을 따라 된 것이 아니니라. 이는 내가 사람에게서 받은 것도 아니요, 배운 것도 아니요…"(1:11-12).

2. 바울은 그의 회심 후 예루살렘을 방문할 때 그 복음을 배웠고, 따라서 예루살렘의 사도들에게서 혹은 사도를 통해 자기 선교에 대한 허락을 받았다.

바울은 역시 단호하게 반박한다. 계시를 받은 후 "내가 곧 혈육과 의논하지 아니하고 또 나보다 먼저 사도 된 자들을 만나려고 예루살렘으로 가지 않았다"(1:16-17). 그는 3년이 지나서야 예루살렘에 올라갔고, 15일 동안 방문하며 게바와 함께 머물렀으나, 다른 사도들은 보지 못하고 주의 형제 야고보만 만났다(1:18-19). 맹세를 덧붙인 것("내가 너희에게 쓴 것은 하나님 앞에서 거짓말이 아니로다", 1:20)은 바울이 그를 겨냥한 비난을 얼마나 심각하게 여겼고 그것을 바로잡는 일을 얼마나 중요하게 보았는지를 명확하게 시사한다.[335] 이후 14년 동안(2:1) 그는 예루살렘과 관계를 지속하지 않았으며 "유대 교회들(예루살렘 포함)이 나를 얼굴로는 알지 못하고" 오로지 호의적인 평판으로만 알고 있었다(1:21-24).

---

334) 많이 언급되는 Barclay, 'Mirror-Reading a Polemical Letter'를 비교하라. 필자는 이 지점에서 그의 가설에 많이 동의하지만, Martyn은 그 선생들의 자세한 메시지를 재구성하는 데 증거들이 허락하는 것보다 더 큰 확신을 보여준다(Galatians, 120-26, 302-6['The Teachers' Sermon']; 비교. Sanders, Paul, 54-55). 그 재구성은 가치는 있으나, 바울이 그 선생들의 견해라고 말하고 암시한 내용을 무시하도록 했기 때문에 다소 해롭다! 추가로 아래 nn. 378, 391, 398을 보라.

335) 특별히 그 구절이 초기에 바울이 그리스도인으로서 어떻게 발전했는지에 관해 무엇을 말하는지에 대한 더 자세한 설명은 위 §25.5a 그리고 n. 187을 보라.

3. 바울은 예루살렘에 올라가 자신의 복음을 그들 앞에 제시하여 승
   인을 얻음으로써, 자신이 예루살렘에 의존하고 종속되었음을 인
   정했다. 아마도 당연한 귀결은 예루살렘의 권위로 이제 갈라디아
   사람들에게 전해진 복음이 바울이 설교한 복음을 보충하고 우선
   한다는 것이다.

바울은 여기서 더 미묘하게 대응해야 했다.[336] 그는 예루살렘에 올라
갔다. 예루살렘의 사도들이 소환했기 때문이 아니라, 그가 "계시를 따
랐기" 때문이다(2:2). 그의 권위는 하늘에서 왔다. 바울이 "이방 가운데
전파하는 복음을 그들에게 제시한 것"은 사실이며, 그렇게 해서 "[그가]
달음질하는 것이나 달음질한 것이 헛되지 않게 하려고"(2:2) 진심으로
염려했다. 다른 말로 하면, 예루살렘 사도들이 그의 복음을 확인하지 않
으면, 자신의 선교가 "헛될"(eis kenon) 수도 있음을, 즉 효과적인 목적과
성공을 거두지 못할 수도 있음을 바울은 인정했다.[337] 그러나 그는 세 가
지 문제를 명확히 했다.

- 바울과 바나바와 함께 올라온 이방인 디도의 할례를 "강제"하려는
  예루살렘의 전통주의적 파벌("거짓 형제들")은 예루살렘 사도의 지지
  를 얻지 못했다(2:4-6).
- 이방인 신자가 할례를 받아야 한다고 주장하는 사람들을 논박하면
  서, 바울은 예루살렘 사도들이 그의 선교에 부여한 공식 인정과 승
  인에 대해 보고할 수 있었다. 그들은 비할례자를 향한 그의 사명이
  할례자를 위한 베드로 사도의 임무와 같다고 인정했다(2:6-9).[338]

---

336) 이어지는 내용은 추가로 위 §27.3c를 보라.
337) 함의된 내용은, 바울에게 복음이 이스라엘을 위한 그리고 이스라엘을 통한 하나님의 목적의
    성취 과정이자 절정이기 때문에, 그것을 확인하는 데 실패한 예루살렘의 사도들은 복음을
    죽은 문자로 만들었다는 것이다(Dunn, *Galatians*, 94-95; 비교. Martyn, *Galatians*, 192-93).
338) 그러나 하나님이 주신 그의 선교의 성공과는 별도로, 합의에서(2:8) 사용된 단어 형식이 바
    울의 "사도직"에 대한 인정을 나타내느냐는 질문은 열려 있다. 위 §27 n. 176을 보라.

■ 동시에, 상황을 잘 아는 독자에게 그의 표현은 바울이 당시에는 예루살렘의 사도들을 인정했지만(2:2, "유력한 자"), 그리고 다른 사람들도 사도들을 여전히 그렇게 보았지만(2:6, "유력하다는 이들"; 2:9, "기둥 같이 여겨지는 자들"), 그가 이제는 더 이상 그렇게 볼 수 없었음을 시사한다. 짐작하건대 안디옥 사건과 갈라디아에 대한 침입 소식 때문일 것이다.

4. **바울이 안디옥에서 게바(그리고 야고보)에 대해 취한 자세는 지지받지 못했다. 그것이 함축하는 것은 예루살렘에서 비롯된 권위이자 안디옥 교회가 인정했던 권위를 안디옥이 주도한 선교로 설립된 교회들이 따라야 한다는 것이다.**
여기서 바울은 오히려 함정에 빠졌다. 안디옥 사람들이 게바와 바나바 및 나머지 유대인 신자들(아마 그랬을 가능성이 크다)의 선례를 따라 "야고보에게서 온 사람들"의 권면/요구를 정말로 받아들였다면,[339] 바울은 그것을 부인할 수 없었고, 그 결과 그의 모든 주장이 무너질 위험에 처했을 것이기 때문이다. 유일한 대안은 자신의 용어로 그 사건을 회상하고(2:11-14), 안디옥에서 베드로에 맞서 그가 (효과 없이) 사용한 논증을 다시 진술하고 정교히 하는 것이다(2:14-21).

(iii) 자기의 복음을 위한 변호. 바울이 자신을 변호하고 예루살렘과 자신의 관계를 자세히 설명할 필요성을 분명히 감지한 만큼, 그의 실제 관심과 목적은 갈라디아 사람들을 신앙으로 인도한 복음을 변호하고 설명하면서 재확인하는 것이다. 1-2장의 자기변호는 개인적 불쾌함이나 자만에서 나온 것이 아니라, 비유대인을 위한 복음이 이방인을 향한 그의 사명과 아주 밀접하게 결부되어 있기 때문이다. 바울의 염려는 극도의 흥분에 이르렀고, 그의 표현은 그가 설교한 복음을 다시 주장해야 할 필요성을 감지했

---

339) 위 §27.6을 보라. 바울이 이 이야기를 갈라디아 사람들에게 했는가? 아니면 그들은 들어온 전통주의적 유대 그리스도인에게서 처음 들었는가?

을 때 가장 공격적이었다. "그러나 우리나 혹은 하늘로부터 온 천사라도 우리가 너희에게 전한 복음 외에 다른 복음을 전하면 저주를 받을지어다"(1:8, 강조를 위해 1:9에서 반복된다). "거짓 형제들"에게 "우리가 한시도 복종하지 아니하였으니, 이는 복음의 진리가 너희 가운데 있게 하려 함이라"(2:5). 예루살렘의 사도들이 "내가 무할례자들에게 복음 전함을 맡은 것을 보았고… 나와 바나바에게 친교의 악수를 하였다"(2:7-9). 안디옥에서 게바가 "책망받을 일이 있었다." 그리고 "남은 유대인들도 그와 같이 외식했다." "그들은 복음의 진리를 따라 바르게 행하지 않았다"(2:11-14).

바울은 자신이 이해한 복음을 자세히 설명하려고 더 발전된 논증을 제시하기 전에, 자신에게 복음의 정수였던 내용(2:16-21)을 자기 복음에 대해 결정적으로 중요한 이 주장의 절정으로서 다시 진술했다(3-4장). 이미 살폈듯이(§27.5), 바울에게 있어 복음의 주요 특징 중 하나는 복음을 받아들임이 오직 믿음에 달렸으며, 오로지 신뢰라는 통로, 즉 예수 그리스도의 메시지를 받아들이고 예수를 (주로서) 믿는 신앙과 헌신으로만 효과적으로 성취된다는 것이다.[340] "예수를 믿는 믿음"이라는 유일한 요구를 타협하게 하는 어떤 추가적 요구도 하나님이 그를 믿는 자만을 받아들이시고, 죽을 수밖에 없는 인간의 무력함 때문에 하나님만을 의지하는 자들을 자신과 바른 관계로 회복하신다는 복음의 중심 주장을 실제로 무효화하는 것이다(2:16). 타인들(이방인들)을 "죄인"으로 규정하는 데 이용되고(2:17)[341] 분리 장벽을 구축하는(2:18)[342] 관례와 법규(율법)가 사실상 하나님의 은혜를 무효화한다

---

340) 그러나 갈라디아서에서 예수의 주 되심이 특별히 눈에 띄지 않고, 훨씬 덜 강조된다. 도입부 인사(1:3)와 마지막 작별(6:18)을 제외하고는, kyrios가 1:19, 5:10, 6:14에서만 예수에 대해 사용되었다. 데살로니가 사람들의 과도한 기대(n. 237을 보라)라는 관점에서, 바울이 그의 표현과 강조를 어느 정도 변경했다는 또 하나의 표시를 여기서 보게 되는가?

341) 2:17에 관해서는 위 §27 n. 260을 보라

342) 이 이미지는 Ep. Aris. 139-42 그리고 엡 2:14(mesotoichon, "막힌 담")에서처럼, 의인과 죄인, 유대인과 이방인 간의 분리의 벽을 이루는 율법과 관련이 있다. 바울이 식탁 교제를 관장하는 율법을 지켜야 한다고 주장했다면, 그는 자신이 파괴했던 바로 그 건물을 짓고 있는 것이다. "이스라엘과 비유대인 사이에 경계를 확립하는 율법 준수"(U. Wilckens, 'Zur

는(2:21) 깨달음이 바울 자신에게는[343] 죽음에서 생명으로 옮기는 일과 동일한 것이었다. 즉 율법에 대한 죽음은 하나님께 받아들여지고 그리스도를 통해 하나님께 대해 살게 되는 기반이 된다(2:19-20). 바울은 그의 체험에 깊이 뿌리 내린 이러한 주제적 진술을 더 자세하게 발전시키고 논증할 것이다.

c. 바울 복음에 대한 더 자세한 해설

바울에게 전달된 소식은, 새로 온 선교사들이 그의 갈라디아 개종자에게 말한 내용과 그들이 할례를 받도록 설득한 내용에 대해 충분히 명확한 느낌을 그에게 제공했다. 첫 분노를 터뜨리고 자기 이력을 바로 잡은 후, 바울은 이 논증에 대응하기 위해 더 신중해진다.

(i) 자신들의 성령 체험의 중요성(3:1-5). 바울이 자기 사명의 원천과 복음의 이해(1:15-16; 2:18-20)에 대한 첫 호소를 자신의 경험에 확고히 뿌리내리게 했듯이, 복음을 다시 언급하는 데서도 바울은 즉시 갈라디아 사람들이 가진 동일한 체험에 주의를 돌린다. 바울은 갈라디아 회중이 그가 말하는 내용을 알고 있다고 확신할 수 있었다. 그들의 눈앞에서 아주 생생하게 (proegraphē) 묘사된 십자가에 못 박히신 그리스도를 그들이 기억할 수 있었기 때문이다(3:1).[344] 훨씬 더 중요하게도, 자신의 복음 전도의 성공을 볼 때 바울은 성령을 공유할 수 있는 존재로서 하나님이 그들을 완전한 받아들이셨음을 그들이 경험했고,[345] 그들이 토라의 어떤 요구를 준수해서가 아

Entwicklung des paulinischen Gesetzesverständnis', *NTS* 28 [1982], 154-90[여기서는 170]); 비교. Martyn, *Galatians*, 256.

343) 바울이 죽음에서 생명으로 옮겨간 자신의 체험이 신앙을 가질 때 전형적으로 경험하는 것으로 보이기를 아무리 원했다 할지라도, 여기서 바울이 각성과 방향 전환이라는 개인적 체험의 강렬함을 가지고 말하고 있음을 경시하지 않아야 한다(2:18-21). 또한 "막힌 담"인 율법의 파괴가 이 체험에 필수다(n. 342).

344) BDAG, 867; Betz, *Galatians*, 131.

345) "이 '성령' 받음은 갈라디아 기독교회들의 주요 자료다"(H. D. Betz, 'Spirit, Freedom, and

니라 단순히 "듣고 믿음"에서 그렇게 됐음을 그들이 기억하리라고 보았다(3:2-5).[346] 결국 바로 그 성공이 예루살렘의 "기둥 같은 사도들"에게 대단히 설득력 있게 다가왔다(2:7-9).[347]

체험을 반복해서 강조하다 보면 자연스럽게 뒤따르는 중요한 신학적 결론이 있다. 바울의 복음 이해는 체험에 뿌리를 두고 있다. 자신과 타인의 체험 말이다. 여기 강렬한 영적 체험이 지닌 창의적이고 변화를 가져오는 능력에 대한 명백한 예가 있다. 그것은 이미 존재하는 전통적 언어와 범주로 분류되게끔 그것을 따르거나 쉽게 용인하지 않았다. 오히려 폭발한 화산에서 흘러내리는 용암이 오래된 표면을 깨뜨리고 열어 새로운 통로를 개척하듯, 녹아든 체험의 힘은 언어와 삶의 양식에 새로운 형식과 표현을 강제했다. 바울 복음은 일차적으로는 이스라엘의 역사나 성경, 심지어 예수에 대한 자신의 지식에서 추론한 신학적 확언의 결과가 아니었으며, 그런 결과이기만 한 것도 아니다. 오히려 그에게 복음은 우선적으로 예수 그리스도를 통해 자신을 계시하시고 자기의 뜻을 개인적으로 그리고 변화를 일으키는 방식으로 인류에게 계시하시는 살아 계신 하나님에 대한 체험에 그 뿌리를 두고 있다.

Law: Paul's Message to the Galatian Churches', *SEÅ* 39 [1974], 145-60[여기서는 146]); 또한 D. J. Lull, *The Spirit in Galatia: Paul's Interpretation of* Pneuma *as Divine Power* (Chico: Scholars, 1980), 3장; C. H. Cosgrove, *The Cross and the Spirit: A Study in the Argument and Theology of Galatians* (Macon: Mercer University, 1988). 이 성령 체험이 포함하는 내용은 3:5과 4:6에 나타난다. 추가로 위 §27 n. 125을 보라.

346) *Akoē pisteōs*는 모호하다. 대부분은 *akoē*의 "들린 것", "메시지"라는 의미를 선호한다(BDAG, 36). 따라서 "너희가 들은 것을 믿음으로"(NRSV, NIV, NJB), "복음의 메시지를 믿음으로"(REB), 혹은 "(오직) 믿음을 끌어낸 메시지의 결과로"(BDAG). 추가로 Martyn, *Galatians*, 286-89를 보라. 그러나 가장 근접하게 병행하는 곳에서 바울은 '들음'의 중요성을 강조하는데(롬 10:14-18), 그는 순종적으로나 주의를 기울여 듣기에 대한 히브리인의 이해를 잘 알고 있었을 것이다(롬 1:5; 15:18; 고후 10:5; *hypakoē*, "순종", 그리고 *akoē*는 같은 어근인 *akouē*, "듣다"에서 왔다. 이런 이유로 갈 4:21). 추가로 S. K. Williams, 'The Hearing of Faith: *AKOĒ PISTEŌES* in Galatians iii', *NTS* 35 (1989), 82-93을 보라. "'믿음의 들음', 그리스도인들이 **믿음**이라 부르는 '들음'"(90).

347) 추가로 위 §§27.2b 그리고 27.3d-e를 보라.

(ii) 성경을 바르게 이해하기(3:6-18). 동시에 복음에 대한 바울의 확신은 체험에만 달려 있지 않았다. 바울은 그들의 체험에 호소한 후, 즉시 자기 나라 사람들의 성경 핵심 구절과 모티프를 주해해서 자기주장을 계속 발전시켜 나간다. 비록 그의 논증이 갈라디아의 다른 선교사들의 성경 강해에 대응하며 발전됐겠지만, 성경에 기반한 그의 복음 이해가 그에게 정말로 중차대했다는 점은 사실과 다름없다. 바울이 그런 논증, 즉 적어도 바리새인으로 교육받은 그의 눈에 신뢰할 수 있는 논증에 이르지 못했다면, 그가 무엇을 했을지 혹은 그가 받은 "계시"를 어떻게 활용했을지 궁금하다. 그러나 그 질문은 처음부터 불가능한데, 예수 그리스도에 대한 그의 체험(및 지식)과 유대인의 성경에 제대로 기반한 그의 통찰력 간의 공생관계가 바울에게 그토록 설득력 있게 다가왔기 때문이다.[348]

앞서 시사했듯이, 어쩌면 들어온 선교사들(안디옥 혹은 예루살렘에서 직접 왔을까?)은 갈라디아 사람들이 여전히 근본적으로는 유대교 종파인 나사렛의 메시아 종파로 개종했다는 사실을 포착했을 것이다. 다른 무엇보다도 바울이 비유대인에게 선포한 내용은 바로 이스라엘의 하나님이었다. 예수라는 이름에 대한 어떤 설명이나 그 이름/칭호가 왜 사용되어야 하는지(예수, 이스라엘의 메시아)에 관한 설명이 없이는, 예수가 이방의 상황에서 "그리스도"로 선포될 수는 없었다. "십자가에 못 박히신 예수 그리스도"(3:1)라는 그렇게 생생한 "현수막"은 그가 십자가의 고난을 겪은 이유에 관한 어떤 설명을 수반하거나 그것으로 보완되지 않았는가? "성령" 체험이라는 그들의 체험에 대한 이해는 짐작하건대 그 주제에 관한 이스라엘의 성경의 가르침을 요구한다. 그런 기반을 가지고 들어온 선교사들은 다음과 같은 명백하고 자연스러운 결론으로 쉽게 나아갈 수 있었다. 당신들이 이스라엘의 유업을 받아들여 여기까지 왔다면, 당신들은 할례받은 아브라함처럼 할례를 받아 아브라함의 후손과 당신 자신을 연합함으로써 끝까지 가야 한다

---

348) 들어온 선교사들과 바울이 동의한 요점 가운데 하나가 여기에 있다. 즉 복음이 성경과 연속성이 있고 성경을 채운다(성취한다)는 것이다.

는 것이다.[349] 그들의 주장에 따르면, 그렇게 해야만 갈라디아 사람들이 아브라함의 자손에게 약속된 축복을 적법하게 주장할 수 있다는 것이다.[350]

그러므로 갈라디아 사람들에게 제시된 논증의 요점에 대해 바울도 동의했음을 인식하는 것이 중요하다. 즉 하나님 앞에서의 그들의 새 지위를 아브라함의 "자손/씨", 아브라함에게 주신 "약속"의 "상속자"라고 규정할 수 있다는/해야 한다는 것이다.[351] 이 새로운 지위의 심장부에는 "아브라함의 축복"에 대한 그들의 참여가 자리잡고 있다(3:14). 그러나 바울에게 그 새로운 지위는 믿는 자에게 허락된 것이다. 그 지위는 *hoi ek pisteōs*, 즉 "자신들의 정체가 믿음에서 나오며 아브라함이 믿었던 것처럼 믿는 사람들"이라고 규정할 수 있다.[352]

---

349) 다른 선교사들이 아브라함의 자손에 대한 언급을 도입했다는 견해의 전형적인 진술(아브라함에게 약속된 축복이 그의 자손들[이스라엘, 유대인]에게 있다는 것)은, C. K. Barrett, 'The Allegory of Abraham, Sarah, and Hagar in the Argument of Galatians' (1976), *Essays on Paul* (London: SPCK, 1982), 154-70(특별히 159-65); 또한 *Freedom and Obligation* (London: SPCK, 1985), 22-24의 진술이다. 이제 Martyn, *Galatians*(위 n. 334을 보라)이 아주 자세히 설명했으며, Murphy-O'Connor, *Paul*, 196-98이 그를 따른다.

350) 무할례 개종자 이자테스가 모세의 율법을 읽는 모습을 발견하자마자 엘르아살이 그를 책망한 장면은 그들의 논쟁이 어땠을지 짐작하게 한다. "당신의 무지함으로, 오 왕이여, 당신은 율법에 대해서 그래서 하나님에 대해서 가장 큰 죄를 범했습니다. 당신은 단순히 율법을 읽을 뿐만 아니라, 또한 더욱더 그 안에 있는 명령을 행해야 하기 때문입니다. 얼마나 오랫동안 무할례자로 있을 것입니까? 당신이 이 문제에 관련된 율법을 아직 읽지 않았다면, 지금 읽어보십시오. 그러면 당신이 어떤 불경을 저질렀는지 알 수 있을 것입니다"(Josephus, *Ant.* 20.44-45). 유스티누스를 독려한 트리포가 일반적인 순서를 언급한다. "먼저 할례받고, 그다음에 (율법이 명령한대로) 안식일과 하나님의 새 절기를 지키라. 요약하면, 율법에 기록된 모든 것을 행하라. 그러면 너는 하나님의 자비하심을 입을 수 있을 것이다"(*Dial.* 8.4).

351) "아브라함의 아들/자손", 3:7, 29; 4:22, 30. 아브라함에게 약속된 축복을 물려받음, 3:8-9, 14, 16-18, 22, 29; 4:7, 23, 28, 30.

352) *Ek pisteōs*는 3장 강해의 핵심 용어다: 3:7, 8, 9, 11, 12, 22, 24(또한 5:5). 그것은 분명히 *dia pisteōs*(3:14)와 병행이고, 명백하게 2:16의 *ek pisteōs*에 대한 설명이다. 3:7의 *pistis*는 그리스도가 믿었던 것(그리스도가 믿음으로 의롭게 되었는가?)과는 다른 아브라함이 믿었던 것과 같은 믿음을 의미한다. R. B. Hays, *The Faith of Jesus Christ: The Narrative Substructure of Galatians 3:1–4:11* (Grand Rapids: Eerdmans, ²2002), 170-73, 176-77은 3:7의 *hoi ek pisteōs*로는 아브라함의 신앙과 갈라디아 사람들의 믿음 사이에 병행을 제기하지 않는다고 논쟁하는데, 필자는 솔직히 믿기 어렵다(비교. *Romans*, 4). 하나님이 "열방을 믿음으로

바울의 강해는 이 관계의 방식과 축복의 범위 그리고 비유대인이 약속의 자손에 포함될 수 있는 수단을 자신에게 밝히 보여준 창세기의 세 본문에 초점을 맞추고 있다.

1. 창세기 15:6: "아브라함이 하나님을 믿으매 그것을 그에게 의로 정하셨다"(3:6). 아브라함의 믿음은 하나님과의 바른 관계를 위한 열쇠였다. 그래서 그의 믿음은 하나님이 그를 이끄시고 그의 자손에게도 약속하신 관계를 특징 짓는다. 따라서 "믿음의 사람들(ek pisteōs)"은 "아브라함의 자손"이며 아브라함이 믿었듯이 믿는 사람들이다(3:7).[353]

2. 창세기 12:3/18:18: "모든 이방인이 너로 말미암아 복을 받으리라"(3:8). 아브라함에게 주어진 3번째 약속의 줄기인 이것을[354] 바울은 "복음"으로 묘사한다. 그 약속은 하나님이 민족들/이방인들을 의롭다 하실 것이며 같은 방식 곧 믿음으로(ek pisteōs) 그렇게 하실 것을 기대하기 때문에, 바울은 그렇게 묘사한

(ek pisteōs) 의롭다 하신다"(3:8, 창 12:3과 18:18을 언급함)라는 성경이 전하는 복음은, 아브라함이 믿었기에 하나님이 그를 의롭다고 인정하신 것과 분명 어울린다(3:7, 창 15:6을 언급함). Martyn은 3:7의 pistis가 "그의 죽음으로 실현한 그리스도의 믿음"이라는 언급을 포함한다고 주장하나(Galatians, 299), 염두에 있는 "믿음"이 아브라함의 신앙과 다르다는 것을 보여줄 만한 내용은 전혀 없다(Martyn이 3:8의 pistis에 관한 더 자세한 의미를 역설하려고 시도하지 않았음은 주목할 만하다, 300). B. W. Longenecker, The Triumph of Abraham's God: The Transformation of Identity in Galatians (Edinburgh: Clark, 1998)도 3:6-8의 중대한 핵심을 피한다(95-115). 추가로 §27 n. 289과 필자의 논증의 더 본격적인 진술을 보라. 'EK PISTEŌS: A Key to the Meaning of PISTIS CHRISTOU', in J. R. Wagner, ed., The Word Leaps the Gap, R. B. Hays FS (Grand Rapids: Eerdmans, 2008), 351-66.

353) 바울은 나중에 이 구절을 롬 4장에서 상세하게 설명했다. 필자는 이미 그것이 유대인의 전통적인 자기이해에서 얼마나 중요한가를 지적했다(위 §27.4b). 추가로 필자의 Galatians, 159-61을 보라.

354) 아브라함의 약속에 세 줄기가 있다. 자손(창 13:16; 15:5; 17:2-4, 19; 18:18; 22:17; 26:4), 땅(12:7; 13:14-17; 15:18-21; 17:8; 26:3), 열방에 대한 축복(12:3; 18:18; 22:18; 26:4). 자손에 대한 약속은 바울과 다른 선교사들 간의 논쟁에서 분명 중대한 요소였다. 땅의 약속도 중요했고(그것이 여전히 중동의 정치 안에 있다!), 바울이 로마서에서 한 방식으로 이미 설명되었다(비교. Sir 44.21; 2 Bar. 14.13; 51.3; 추가로 필자의 Romans, 213을 보라). 그러나 세 번째 줄기는 유대 사상에서 비교적 도외시되었다. J. R. Wisdom, Blessing for the Nations and the Curse of the Law: Paul's Citation of Genesis and Deuteronomy in Gal. 2.8-10 (WUNT 2.133; Tübingen: Mohr Siebeck, 2001), 36-42을 보라.

다(3:8-9).

이 지점에서 바울은 상당히 논란을 불러일으킨 내용을 삽입한다(3:10-14). 그것은 하나님의 축복이라는 주제를 하나님의 저주와 대조하여 간단히 설명한 것이다.[355] 기본 요점은 율법/토라를 이방 나라를 위한 축복의 약속을 이행하는 수단으로 여기지 않아야 한다는 것이다. 저주는 율법의 더 자연스러운 표현이자 피할 수 없는 용어가 된다(3:10). 율법은 믿음의 문제가 아닌 행위의 문제이며, 각 사람은 믿음으로 의롭게 된다(3:11-12). 율법의 저주는 십자가에 달리신 그리스도로 인해 힘을 잃는다(3:13). 그러므로 아브라함의 축복은 그리스도 예수 안에서 약속된 성령을 믿음으로 받는 자들, 즉 유대인과 이방인에게 임한다(3:14). 바울의 강해의 정확한 내용이 무엇이든지 간에,[356] 그의 논증이 지닌 요지는 "모든 나라"에 약속된 "아브라함의 축복"을 설명하는 데 있다. 하나님이 아브라함을 의롭다 하신 바로 그 방법으로 이방인(갈라디아 사람들과 다른 사람들)을 의롭다 하신다. 그래서 믿음으로 말미암는(ek pisteōs) 모두는 "아브라함의 자손"이라고 가장 적절하게 묘사된다.

3. 창세기 13:15/17 LXX; 15:18; 17:8; 24:7: "…네 자손"(3:16). 그 약속은 아브라함 "그리고 그의 자손(sperma)"을 향한 것이었다. 바울은 어느 정도 깔끔하고 재치 있는 언어유희를 사용하는데, 이는 "자손"이라는 단어가 단수이며, 따라

---

355) 추가로 Wisdom, *Blessing for the Nations*를 보라. 그 주제는 아마도 다른 선교사들이 호소한 내용의 일부였을 것이다(C. K. Barrett, *Paul: An Introduction to His Thought* [London: Chapman, 1994], 31; Martyn, *Galatians*, 325).

356) 더 자세한 강해는 필자의 *Galatians*, 168-80; 또한 *Theology of Paul*, 361-62, 374, 153, 225-27; *The New Perspective on Paul* (2005), 38-41, (2008), 41-44(참고문헌과 함께)을 보라. 3:10의 수수께끼에 관해서는 Grindheim의 주장을 주목하라. "만일 언약 백성의 죄에 대해 바울이 암시한 비판이 예레미야에게 의존했다면, 이는 예레미야가 그랬듯이 바울이 그들에게서 똑같은 근본적 오류를 발견했다는 의미다. 즉 주님에 대한 신뢰와 충성이 결핍되었다. 그리스도가 온 후에는, 불충의 죄가 그리스도를 믿는 믿음의 실패로 드러난다"('Apostate Turned Prophet', 564).

서 그 단어가 즉시 아브라함의 주요 자손(아브라함을 향한 하나님의 약속을 성취하다는 관점에서)인 그리스도를 언급할 수 있다는 점에 기반을 둔다. 바울의 요점은 "자손"이 집합 명사로서 "자손들"(물론 바울은 3:29에서 시사된 그 사실을 충분히 알고 있었다)로 적절히 번역될 수 있음을 부인하지 않는다. 오히려 바울의 요점은 아브라함 축복의 모든 영역이 어떻게 성취될 것인가를 보여주는 데 있었다. 아브라함의 자손을 향한 약속이 "모든 나라"를 향한 축복을 포함한다면, "모든 나라"가 실질적으로 아브라함의 자손이고, 이것은 모든 신자(유대인은 물론 이방인도)가 가장 두드러진 자손인 그리스도 안에서 연합된다는 사실로 성취된다.[357] 그리고 (아브라함을 향한) 약속 자체가 이미 믿음으로 효력이 있음이 증명되었기 때문에(갈라디아의 이방인은 실제로 그 축복 안으로 들어왔다), 율법은 그 약속의 성취 및 약속의 복음과 상관이 없게 되었다(3:17-18).

흥미로운 질문은 갈라디아 이방인이 정말로 아브라함의 자손이 되고 아브라함과 그의 자손에게 약속한 축복의 상속자가 되고자 한다면, 또한 할례를 반드시 받아야 한다고 유대인 기독교 선교사들이 주장하지 않았다면, 바울이 이 논증을 발전시켰겠느냐는 질문이다. 자신이 이해한 복음을 훼손하는 다른 설교를 논박해야 할 필요로 인해, 바울의 주장에 어느 정도 인위성(현대의 독자에게는 그렇게 보인다)이 강제된 듯하다. 바울 복음에는 중대한 세 갈래가 있다. 곧 이신칭의(아브라함처럼), 성령의 은사 체험(아브라함에게 약속된 축복), "그리스도 안에서" 그들이 찾는 새로운 정체성(아브라함의 자손)이다. 바울이 이스라엘의 정체성에 중대한 요체가 되는 창세기 본문에서

---

357) 집단적 단수로서 "자손"은 그 본질이 모호해서 "자손"의 정체에 관한 수사적 기교를 불러일으킨다. 비록 랍비 문헌이 아브라함의 "자손"을 메시아로 규정하지 않지만(Str-B 3.553), 다윗의 자손(삼하 7:12-14에서 "자손"은 단수다!)과 아브라함의 자손(시 89:3-4에서 시사했듯이) 사이의 명백한 연관은 바울보다 더 많은 유대인 교사가 그것을 메시아적으로 해석하도록 했다(M. Wilcox, 'The Promise of "Seed" in the New Testament and the Targumim', *JSNT* 5 [1979], 2-30; F. F. Bruce, *Commentary on Galatians* [NIGTC; Grand Rapids: Eerdmans, 1982], 173). 추가로 필자의 *Galatians*, 183-85을 보라.

바로 그런 방식으로 애써 끌어낸 내용은 바울에게 형언할 수 없을 정도로 중요했다.

(iii) 그렇다면 왜 율법인가?(3:9-4:11). 바울은 율법이 약속/복음과 상관 없음을 설명한 후, 율법의 목적으로 여겨지는 내용을 다시 진술할 필요를 느꼈다. 이것은 엘르아살이 이자테스에게 했던 것과 비슷하게, 다른 선교 사들이 하나님이 이스라엘에게 주신 율법을 준수하지 않고 이스라엘의 상 급을 주장하는 것이 엄청난 불경이라고 주장했기 때문일 것이다.[358]

바울이 대응하며 사용한 용어는 다시 많은 논란을 불러왔다. 학계의 강한 전통은 바울의 언어(3:9-24)에서 율법에 대한 깊은 반감과 거부의 증거 를 본다. 율법은 단순히 죄를 더하고(3:19), 하나님에게서 나온 것도 아니며 (3:19), 살리게 하지도 않고(3:21), 죄의 능력처럼 갇히게 하는 능력이다(3:22-24).[359] 그러나 필자가 믿기로, 그런 해석은 바울의 요점을 놓친다. 이스라 엘 백성을 가르치고 인도하려고 하나님이 모세를 통해 율법을 주셨다는 성경의 명백한 증언을 유대인인 바울이 어떻게 부정할 수 있는가? 필자가 보기에 바울의 관심은 오히려 율법이 아브라함의 약속으로 계시된 하나님 의 목적에 직접적으로 대립하기보다는 하나님이 자기 백성 이스라엘을 다 루시는 필수적인 부분으로서 그 목적을 어떻게 보완하는지 보여주는 데 있다.

필자는 동일한 구절들을 다르게 읽는다.

■ 3:19 – 율법은 하나님에 의해서(신적 수동태) "더해진 것이라"(prosetethē).

---

358) 위 n. 350을 보라.

359) 예. 필자의 'Was Paul against the Law?', in *The New Perspective on Paul* (2005), 261-63, (2008), 267-69, 그리고 nn. 10, 12-16에서 인용한 내용을 보라. 율법의 부여에서 하나님의 완전한 부재[그래서 그의 의지에 반해서 율법이 몰래 들어왔다!]를 의미하는 이 구절의 부 정적 함의는 Martyn의 갈라디아서 해석 전체에서 결정적이다. 그가 그 구절(즉 그 구절에 대한 그의 이해)을 반복적으로 언급하는 데서 분명히 드러난다(*Galatians*, 특별히 28, 36, 356-58, 364-70).

즉 원래의 약속(3:15)을 무효로 하거나 수정하기 위해서가 아니라 다른 목적을 위해서다.

- 3:19 – 율법은 "범법함을 위해(charin)" 주어졌는데, 이는 범법에 대한 속죄를 가능하게 하는 희생 제도를 제공함으로써 범법에 대한 해결책을 제공하기 위함이다.[360]
- 3:19 – 율법은 하나님(그 외 누구겠는가?)이 "천사를 통해 베푸신 것이었다(diatageis di' angelōn)." 즉 수행하는 천사들을 통해[361] 그리고 "(위대한) 중보자(모세)의 손을 통한" 것이다.[362] 반면에 약속은 하나님에 의해서 아브라함에게 즉시 그리고 직접 주어졌다.
- 3:21 – 율법의 목적은 결코 "살리는" 데 있지 않았다. 오로지 하나님 자신이 주신 약속만이 살게 할 수 있다.[363] 함축적으로 율법의 역할은 "살리는 것"이 아니라 오히려 삶을 규제하기 위함이다.[364] 따라서

---

360) Charis("~위해서, ~때문에")는 오히려 긍정적 의미를 띤다(LSJ, charis VI.1). 롬 5:20을 모르는 상태에서(아직 기록되지 않았다!), 그 청중은 죄를 "유발하거나 낳기 위해서"라는 의미로 그 구절을 들었을 가능성이 거의 없다(Betz, Galatians, 165-67; Barrett, Paul, 81; Martyn, Galatians, 354-55처럼).

361) Martyn이 dia를 천사에 "의한"이라고 번역한 것은 편향성이 있다(Galatians, 356-57). 더 개연성이 있게는, 그 언급이 시내산에서 하나님을 시중들었다고 생각되는 천사 무리를 가리킨다(LXX 신 33:2; Jub. 1.29-2.1; Philo, Som. 1.143; Josephus, Ant. 15.136; Apoc. Mos. 서문). 추가로 T. Callan, 'Pauline Midrash: The Exegetical Background of Gal. 3.19b', JBL 99 (1980), 549-67. 다른 신약 저자들은 그런 사고에 친숙했다(행 7:38, 53; 히 2:2). 그 표현은 행 7:53(eis diatagas angelōn) 및 히 2:2(di' angelōn)과 비슷하고, 이 저자들은 그런 언어가 율법의 신적 기원(천사의 중개를 통한)을 부정한다고 전혀 생각하지 못했을 것이다.

362) "~의 손으로"는 셈어 관용구며, "말미암아"(TDNT, 9.430-31)와 같고, 어쩌면 레 26:46의 표현을 되울린다. Betz는 "모세의 손으로"가 70인역에서 거의 정형 문구가 되었다고 언급한다(Galatians, 170). 추가로 Longenecker, Galatians, 140-43을 보라.

363) "'살게 하다'라는 동사는 대체로 성경에 사용되는데, 거의 항상 온전히 하나님의 역사(왕하 5:7; 느 9:6; 욥 36:6; 시 71:20; Jos. Asen. 8.3, 9; 12.1; 20.7; Ep. Aris. 16; 요 5:21; 롬 4:17; 고전 15:22)나, 특별히 신약성경의 강조인 성령의 역사(요 6:63; 롬 8:11; 고전 15:45; 고후 3:6; 벧전 3:18)(Dunn, Galatians, 192-93)를 묘사한다.

364) 이 함의는 3:19에 사용된 동사에서 온다. "천사들을 통하여 베푸신(diatageis) 율법"; diatassō는 "행해야 할 내용에 대해 (상세한) 가르침을 줌"이라는 의미가 있다(BDAG, 237-38).

둘(언약과 율법)은 서로 대조되어서는 안 된다.[365]

■ 3:23-25 – 율법은 "모든 것이 죄의 힘 아래" 있을 때 이스라엘을 "보호하는" 임시 역할을 했으며, 초등 교사(paidagōgos)[366]가 어린아이에게 하듯 절제(ephrouroumetha)[367]와 훈육을 위한 것이었다. 이는 때가 찰 때까지, 즉 약속의 성취인 그리스도가 오고 (유대인과 이방인의) 칭의가 믿음으로(ek pisteōs) 주어진다는 것을 더 온전히 깨달을 때까지였다.

필자가 믿기에, 바울은 이런 보다 미묘한 논증을 통해서만 들어 온 선교사들의 매우 타당하고 설득력 있는 논증을 논박할 수 있었다. 바울에게 있어 단번에 율법을 거부하는 것은 갈라디아의 대적자들의 손에 놀아나는 것과 같았다. 바울의 응수가 너무나도 쉽게 일축될 수 있었는데, 이스라엘의 성경을 존중하는 누구에게나 율법은 분명히 하나님에게서 기원하고 하나님의 목적과 관련되었기 때문이다. 바울이 신적 기원을 심각하게 받아들이지 않고 율법에 있는 하나님의 목적을 볼 수 없었다면, 다른 선교사들에 대한 그의 대응은 일소에 부쳐졌을 것이다.[368]

---

365) 추가로 필자의 *Galatians*, 192-93을 보라. 있을 법한 혼란은 레 18:5에 뿌리를 둔다("사람이 이[하나님의 명령]를 행하면 그로 말미암아 살리라." 3:2에 언급되었다). 이는 병행구인 신 30:19-20 그리고 레 18:5 및 겔 20:5-26의 최초 주석에서 분명하게 암시되었듯이, 처음에 언약 백성이 살아야 할 삶의 방식을 가리켰다. 추가로 필자의 *The New Perspective on Paul* (2005), 65-67, (2008), 73-75을 보라.

366) *Phroureō*의 주요 의미는 "지키다, 보살피다"이다(신약의 세 곳에서처럼 말이다. 고후 11:32; 빌 4:7; 벧전 1:5). 그래서 보호 관리를 의미한다(추가로 필자의 *Galatians*, 197-98을 보라).

367) *Paidagōgos*는 (보통) 소년을 학교에 데려다주고 데려오는 노예를 의미했다(BDAG, 748). 그 역할은 때로 오용되었지만 본래는 긍정적인 역할이었다. 즉 자신이 보살펴야 하는 사람을 보호하고 지키며 필요할 때는 가르침과 규율을 제공하는 역할이다. 특별히 D. J. Lull, "The Law Was Our Pedagogue": A Study in Galatians 3:19-25', *JBL* 105 (1986), 481-98; N. H. Young, 'Paidagōgos: The Social Setting of a Pauline Metaphor', *NovT* 29 (1987), 150-76을 보라.

368) 추가로 필자의 *Theology of Paul*, §6을 보라.

긴 결론이 뒤따른다(3:26-4:11). 바울은 "믿음으로 말미암아" (믿는) 모든 이가 "예수 그리스도 안에서 하나님의 아들들"이라는(3:26) 그의 요점을 되풀이한다. 그러나 그 반복은 강해를 한 발자국 더 진전시킨다. 믿음으로 말미암은(ek pisteōs/dia pisteōs) 사람들은 아브라함의 자손일 뿐만 아니라 "하나님의 아들들"이다. 이는 하나님의 아들인 이스라엘[369]과 하나님의 아들인 그리스도라는 이중의 사상을 묶어내는 탁월한 방법이다. 아브라함이 믿은 것처럼 믿으면 아브라함의 아들이 되고, 이스라엘의 아들 됨에 속하는 것이다. 그리스도 안에 있음은 아브라함의 자손 곧 하나님의 아들이 되는 것이다. 그리스도 안에 있는 것이 중요하다. 이것은 인종과 계층 및 성별을 비롯한 모든 구별을 상대화하고 "그리스도 안에" 있는 사람들의 관계에 유일하게 궁극적인 기반을 제공한다.[370] 그리스도를 믿는 그리스인들은 태생적 유대인보다 열등하거나 그 지위에 있어 불리하다고 느낄 필요가 없다.

다시 한번 바울은 하나님과 특별한 관계가 있다는 이스라엘의 주장을 자신이 일축하지 않음을 서둘러서 밝힌다(4:1-7).[371] 간단하게 말해서 갈라디아의 이스라엘과 유대인 선교사들은 "시대에 뒤떨어졌다." 이스라엘은 여전히 약속의 "상속자"이지만, 아직 성년에 이르지 못한 어린이나 청소년과 같다. 따라서 이스라엘(그리고 그 선교사들)은 "노예와 다름없으며" 모두 "현재의 악한 세대"에 속한 상태이고(1:4), "이 세상의 초등학문 아래에서 종노릇 한다"(4:1-3).[372] 그러나 하나님의 아들인 그리스도의 오심과 더불어 목

---

369) 하나님의 아들로서 이스라엘은, 특별히 출 4:22; 렘 31:9; 호 11:1; 또한 예로 신 14:1; 사 43:6; 호 1:10(또한 필자의 *Christology*, 15을 보라)을 보라.

370) 갈 3:28(혹은 26-28)은 거의 보편적으로 세례 문구로 여겨진다. 또한 Schüssler Fiorenza, *In Memory of Her*, 6장을 보라.

371) 이 구절의 중요성을 Martyn과 그를 따르는 사람들이 놓쳤다(Longenecker, *Triumph*, 46). 이스라엘이 유년기와 청소년기를 통과하나 그럼에도 상속자로 남아 있는 역사적 과정과 전환(그것이 "구원사"로 일컬어지느냐는 중요하지 않다)을 이것이 분명하게 추정하기 때문이다. 그것을 혼동하기 쉽다. 바울이 믿지 않은 유대인과 이방인을 함께 분류하며, 둘 다 노예 상태이고, 사실상 율법이 "초등학문" 중 하나로 작용한다고 보기 때문이다. 추가로 필자의 *Galatians*, 관련 부분과 n. 373 그리고 402을 보라.

372) *Stoicheia*에 대해서는 필자의 *Colossians and Philemon*, 149-50과 그곳의 참고문헌을 보

표한 성취의 시간이 도래했으며, 그리스도는 율법 아래에 있는 유년의 노예 상태로부터 성숙한 아들의 지위로 가는 길을 열었다. 갈라디아 사람들은 그리스도 안에서 다른 신자들과 함께 이 지위를 공유하며, 아들의 영으로 하나님의 은사를 받음으로 말미암아 "아빠! 아버지!"라 부른다. 더 이상 노예가 아니라 아들이다(4:4-7).[373]

옛 세대에서는, 갈라디아 사람들의 노예 상태가 "본질상 하나님이 아닌 자들" 때문이었다(4:8).[374] 그러나 이제 그들이 성취된 성령의 약속을 저버리고, 관습상 요구되는 안식일과 절기들을 지키도록[375] 설득당했다면, 그들은 단지 그 자신들을 다시 옛 세대, 즉 갇힘과 노예의 시대로 돌아가게 하는 것이다(4:9-10). 바로 그런 생각과 전망이 바울을 격분하게 하고 절망하게 했다(4:11).

(iv) 개인적 간청 그리고 놀라운 솜씨(4:12-5:1). 바울의 주요 강해는 완료되었지만, 그는 논제를 개인화하는 것을 억누를 수 없었다. 바울은 그의 첫 방문에서 그들을 서로 묶어준 사랑의 결속을 자기 청중에게 상기시킨다

라. 그리고 이제 M. C. de Boer, 'The Meaning of the Phrase *ta stoicheia tou kosmou* in Galatians', *NTS* 53 (2007), 204-24을 보라.

373) 출애굽기의 모티프와 주제를 의도적으로 되울린다는 점(특히 노예 상태와 아들 됨의 대조에서)은 S. Keesmaat, *Paul and His Story: (Re)interpreting the Exodus Tradition* (JSNTS 181; Sheffield: Sheffield Academic, 1999), 5장에서 잘 논증했다.

374) Witulski는 여기와 *stoicheia*에서 황제숭배에 대한 언급을 보며(*Adressaten*, 128-52), 갈 4:8-20이 원래 남갈라디아로 보낸 다른 서신이고, 바울 이후에 어떤 편집자가 갈라디아서의 나머지 부분과 결합했다고 가정한다. 그러나 n. 372을 보라.

375) 다른 선교사들이 갈라디아 사람들에게 강요한 *ioudaïzein*("유대인처럼 살다")의 추가적인 측면을 바울이 암시하는데, 그렇지 않았다면 우리는 몰랐을 것이다. 그것들은 "토라 신앙"의 중요한 측면이었을 유대인 달력에 표시된 안식일과 절기 준수의 중요성이다. 상세 내용은 필자의 *Galatians*, 227-29; 또한 'Echoes of Intra-Jewish Polemic in Paul's Letter to the Galatians', *JBL* 112 (1993), 459-77(이는 *The New Perspective*, 9장, 여기서는 [2005], 232-35, [2008], 238-41으로 재발간되었다); Martyn, *Galatians*, 414-18; Schnelle, *History*, 102-103)에 있는 참고문헌들. 그것이 황제숭배의 절기에 관한 달력을 언급한다는 Witulski의 제안은 개연성이 적은데(*Adressaten*, 158-68), 갈라디아서 맥락에서 유대 절기가 언급되었다고 보는 것이 훨씬 더 개연성이 있기 때문이다("안식일들"이라는 특정 언급의 부재는 그런 언급이 없다는 결정적 단서가 아니다).

(4:12-15). 그들은 다른 선교사들의 동기가 더 혼합되어 있었음을 역시 인식해야 한다. 그들은 바울과 바울의 개종자들에게 분명했던 내용을 부인하며 시작했다. 그들은 "너희를 떼어놓길(*ekkleisai*) 바라는데"(4:17), 이는 갈라디아의 신자가 이미 그 약속의 상속자라는 것을 부인하기 위해서이며, 전통주의 유대교 개종자 중에서 가장 열심인 사람과 같은 열심을 품도록(*zēloute*) 하기 위해서다.[376] 이는 그들 속에 그리스도의 형상을 완전히 이루려는 바울의 어머니와 같은 관심사와 상당히 다르다(4:19).[377]

창세기 본문의 "자연스러운 의미에 반하여"(4:21-29) 아브라함의 자손이라는 주제를 제시하려는 바울의 자세에서 그의 염려와 두려움의 깊이가 분명히 드러난다(4:21-29). 이미 암시했듯이, 이는 아브라함의 유산이 그의 아들 이삭에게 그리고 그를 통해 유전된다는 새로 유입된 선교사들의 주장에 대응한 것일 테다.[378] 바울의 답변의 기본 요점은 아브라함의 자손 됨에 두 종류가 있다는 바울의 관찰(혹은 합의)이다. 종으로 규정된 한 아들과 약속으로 규정된 다른 한 아들 말이다. 이 두 아들 유형은 여종인 하갈의 아들(이스마엘)과 아브라함에 약속된 아들(사라의 아들) 이삭이다. 하갈은 시내산[379]과 또한 "현재의 이스라엘"사람을 말하는데,[380] 그들은 시내산 언약인 토라를

---

376) 추가로 필자의 *Galatians*, 238-39 그리고 'Echoes', 235-38을 다시 보라.

377) 여기서 구원의 과정(필자의 *Theology of Paul*, §18을 보라)은 출산과 관련된 노고의 이미지에 대한 인상적인 변형으로 생생하게 표현되었다. 즉 올 세대를 낳는 산통을 의인화했다(비교. 막 13:8; 롬 8:22-23; 골 1:24). 또한 B. R. Gaventa, 'The Maternity of Paul: An Exegetical Study of Galatians 4.19', in R. T. Fortna and B. R. Gaventa, eds., *Studies in Paul and John*, J. L. Martyn FS (Nashville: Abingdon, 1990), 189-201을 보라. 비교. Martyn, *Galatians*, 42-31; Roetzel, *Paul*, 50-52.

378) 위 n. 349을 보라. 특히 랍비 유대교에서 사용한 이삭/이스마엘의 대조에 관해서는 Longenecker, *Galatians*, 200-206을 보라. 다른 선교사들이 갈라디아 신자들을 이스마엘과 동일시했는지는 분명하지 않다(Barrett, 'Allegory', 161-62; Martyn, *Galatians*, 434). 특히 이삭이 태어나기 전에 이스마엘이 이미 할례받았기 때문이다(창 17:23).

379) 바울이 이해한 연결점("하갈-시내산")은 설명되지 않았다(*Galatians*, 251-52).

380) Martyn에게 이 예루살렘의 언급은 그 "선생들"에게 가장 모욕적이었을 것이다(*Galatians*, 28, 462-66).

따른다(4:24-25).[381] 하갈로 대표되는 노예 상태와는 반대로, 사라는 자유 곧 "위에 있는 예루살렘", 즉 성령을 따라 난 약속의 자녀를 말한다(4:26-29).[382]

그 시대의 해석학적 관점에서 그렇게 논란이 되지는 않는[383] 그런 해석은[384] 바울이 결론지은 종결부만큼이나 다른 선교사들을 격분시키지는 않았을 것이다. 그는 이스마엘이 어린 이삭을 못살게 굴거나 혹은 놀렸다는 전승을 사용하여(창 21:9 LXX) 거기서 이방인의 복음에 대한 유대인의 적의를 예표하는 그림자를 보았다(4:29). 그리고 바울은 갈라디아에서 일어난 일로 인해 근심하고 분통이 터져 사라의 성난 말을 인용하게 됐다(4:30). "이 여종과 그 아들을 내쫓으라. 이 종의 아들은 내 아들 이삭과 함께 기업을 얻지 못하리라"(창 21:10). 물론 그것은 그들 가운데서 전통주의 선교사들을 거부하고 쫓아내라는 갈라디아 교회를 향한 권유다. 그리고 비록 바울이 그 구절을 그렇게 사용한 것이 후대 기독교의 반유대주의를 예견하고 심지어 정당화하는 것으로 보일 수 있지만,[385] 그의 동기가 인종적이기보다

---

381) Martyn의 소논문 'Apocalyptic Antinomies in Paul's Letter to the Galatians', NTS 31 (1985), 410-24은 그의 더 발전된 Galatians에 근본적이다(특별히 36-41, 449-50, 456-57; 필자의 Galatians, 244, 252을 보라). 그러나 바울이 "언약"과 "율법"이라는 대조로 작업하지 않았음을 파악하는 것이 상당히 중요하다(Martyn, Galatians, 347과는 반대인데, 그는 바울이 "언약과 율법 간 분리를 논쟁적으로 강조하며 선언한다"라고 주장한다. 비교. 454-56). 반대로 그는 두 언약을 생각하는데, 하나는 "시내산" 언약이다(4:24). "언약"이라는 용어 자체는 중립적이다. 똑같은 용어(diathēkē)가 3:15, 17에서 사용되었으나, "유서"라는 의미로 사용되었다(BDAG, 228). 3:15-29에 있는 대조는 "약속"(7번)과 "율법"(8번)간의 대조이지, "언약"과 "율법" 간의 대조가 아니다. 추가로 필자의 'Did Paul Have a Covenant Theology?', The New Perspective on Paul, 20장, 여기서는 (2005), 426-29, (2008), 432-35을 보라.

382) 바울은 그가 이미 3:14에서 했듯이, 약속의 성취를 성령 받음과 연결하기를 망설이지 않았으며, 따라서 갈라디아사람의 성령 체험의 실재성이 그들이 이미 약속의 상속자임을 확증한다는 자신의 주장을 강화한다(4:6-7).

383) 롬 4:13-16에서 똑같은 약속/토라의 대조의 재작업은 눈에 띄게 덜 자극적이다.

384) 바울은 자신이 표면상 명백한 의미보다 더 깊은 의미를 창세기에서 끌어왔음을 잘 알고 있었다. "이것은 비유니"(4:24). 적어도 알렉산드리아 유대교는 비유적 해석에 정통했고, 예루살렘이 천상적 이상이라는 사상은 유대 묵시에 자주 등장하는 사상이었다(상세 내용은 필자의 Galatians, 247-48, 253-54를 보라).

385) Betz는 "내쫓으라"라는 명령과 4:17의 "이간질하다"라는 비난 사이의 대조를 타당하게 지적한다(Galatians, 250-51). 그러나 또한 필자의 Galatians, 258-59를 보라.

는 오히려 종말론적이었음을 인식하는 것이 중요하다. 말하자면, 바울은 유대인과 이방인 모두가 그리스도의 오심으로 시작되는 "차오른 때"(4:4) 안으로 들어가길 원했다. 유대인이 "율법 아래"라는 상대적인 노예 상태에 머무르는 것도 이미 심각한 문제였지만, 믿는 이방인이 그런 노예 상태를 선호하여 자유를 버리는 일은 바울에게 참을 수 없는 일이었다(4:31-5:1).[386]

(v) 할례를 받아들임은 그리스도를 버리는 일이다(5:2-12). 자연스러운 결과는 명백하다. 이제 상황이 더 심각해졌다! 다른 선교사들이 갈라디아 사람들에게 실제로 제시한 것은 할례와 그리스도 간의 그리고 율법과 은혜 간의 선택이며, 전자를 선택하는 일은 그리스도로부터 자신들을 단절하고 은혜로부터 이탈하는 일이다(5:2-5). 혹은 바울이 앞서 표현했듯이, 그것은 육을 선택하고 성령을 잊어버리는 일이다(3:3).[387] 핵심은 여전히 믿음이다. "사랑으로 말미암아 효력 있게 역사하는 믿음"은 그들이 정말로 관심을 가져야 하는 것이었고, 할례로 평가되는 율법은 불필요한 행동이었다(5:6).[388] 바울은 그들이 그가 말한 내용을 듣고 다른 선교사들의 감언과 빈정거림을 무시하기를 희망할 따름이었다. 문제를 일으키는 자들은 갈라디아 사람들로 하여금 할례받게 하는 것보다 자신들을 거세하는 것이 더 낫다(5:7-12)![389]

---

386) 바울이 자신의 개종을 "자유", 즉 바리새인으로서 자신을 심하게 규율하는 삶으로부터의 자유로 체험했음을 결코 무시하지 않아야 한다(5:1). 나중에 바울은 그런 삶이 노예 상태의 하나였음을 보았다. 추가로 *Theology of Paul*, 388-89, 434-35을 보라.

387) Sumney는 갈라디아에서 대적자들이 할례에 큰 신학적 중요성을 부여했다는 증거가 불충분하다고 논증하는데('Studying Paul's Opponents', 24), 이는 할례가 언약 구성원의 본질적 표지로 여겨졌다는 함의 때문에 어색하게 들린다.

388) 추가로 필자의 'Neither Circumcision nor Uncircumcision, but...', in *The New Perspective on Paul*, 13장; 또한 Martyn, *Galatians*, 472-74을 보라.

389) 바울의 마지막 충고(5:12)의 상스러움을 완화하지 않아야 한다(필자의 *Galatians*, 282-84을 보라). 아무리 당시의 상황과 바울이 느낀 감정의 강렬함을 고려한다고 할지라도 말이다. 중앙 아나톨리아에서 아티스와 모신(*galli*)를 숭배하던 자들이 행한 자기 거세에 대한 암시가 있다는 점은 확실히 배제할 수 없으며(상세 사항은 특별히 S. Elliott, *Cutting Too Close for Comfort: Paul's Letter to the Galatians in Its Anatolian Cultic Context* [JSNTS 248; London: Clark, 2003]를 보라), 그 언급을 바울의 대화자에게 훨씬 더 충격적인 언급으로 만들었을 것이다.

d. 책임 있게 살기—성령으로(갈 5:13-6:10)

바울이 그의 권면 중간에 갈라디아 사람들에게 그들 (자신의) 교사들을 후원하라고 상기하는 내용(6:6)을 포함한 사실은, 어쩌면 새로 설립된 갈라디아 교회를 떠나거나 지나가기 전에, 바울이 그런 문제에 대해 적절한 가르침을 베풀려고 준비했음을 시사한다.[390] 바울이 교회에 전한 전승들을 강화할 책임이 교회에 있었다(§29.7i). 이 교사들이 율법 안에 뿌리내린 관습과 전통에 호소하는 선교사들을 얼마만큼 견뎌내거나 논박할 수 있었는지는 말할 수 없다. 바울은 이 교사들을 향해 실망의 느낌을 조금도 표현하지 않고, 대체로 자신의 개종자를 향해서만 실망의 느낌을 표현한다.

율법이 주의 이름을 부르는 자들이 어떻게 살고 행동해야 하는지 명백하게 보여준다는 점에서, 율법 준수를 자신들의 주장으로 제시하는 다른 선교사들을 어렵지 않게 상상할 수 있다. 그들에게 교사들이 있음에도 불구하고(6:6), 이는 이방인 개종자의 주요 관심사일 수도 있다. 그들은 자신을 새로운 주님께 헌신했으나, 새로운 헌신이 그들의 일상의 삶과 관계에 있어서 무슨 의미를 띠는지를 여전히 찾고 있었다.[391] 새로 들어온 선교사들은 그런 물음에 틀림없이 솔직하고 매력적인 답을 주었을 것이다. 즉 아브라함의 자손들과 상속자들에게, 하나님의 백성으로서 어떻게 살아야 하는가를 그들에게 보여주려고 하나님이 율법을 주셨다는 것이다. 어쩌면 그 선교사들은 삶의 방식을 지도하고 규제하는 율법이 결여된 삶으로 인한 당연한 귀결에 대해 그들에게 언급했을 것이다. 곧 유대인다운 (ioudaïzein, 2.14) 삶과 다른 길은 이방인 죄인(ex ethnōn hamartōloi, 2.15)처럼 사는 것이며, 율법이 없으면 방종이 난무한다는 것이다.

다른 선교사들이 그렇게 주장했든 아니든 간에, 바울은 율법에 대한 주

---

390) 비교. 행 14:23 그리고 위 §27.1f를 보라.

391) Betz, *Galatians*, 273; J. Barclay, *Obeying the Truth: A Study of Paul's Ethics in Galatians* (Edinburgh: Clark, 1988), 60-74.

장이 가진 설득력을 확실히 알고 있었다. 그의 대응은 근본적으로 성령을 따르는 삶이 다른 두 대안이 제시하는 매력과 장점을 가졌으면서도 그것들의 약점을 피하고 두 대안의 위험에도 민감한 제3의 선택이라는 것이다.[392]

■ 성령의 자유는 자기 방종이 아닌 서로를 섬기기 위한 자유다(5:13).[393]
■ 율법은 "네 이웃을 네 자신같이 사랑하라"라는 명령으로 요약되며,[394] 사랑의 능력은 사람에게 동기를 부여하므로 그것을 우선으로[395] 삼아 살아가는 이들로 하여금 율법이 지켜내고 북돋으려 했던

---

392) 반복과 변형을 주목하라.
 • 5:16 ─ 성령으로 행하라(peripatein)
 • 5:18 ─ 성령이 인도하심(agesthai)
 • 5:22 ─ 성령의 열매(karpos)
 • 5:25 ─ 성령으로 살다(zēn), 성령으로 행하다(stoichein)
 • 6:8 ─ 성령을 위해 심다(speirein)
 추가로 Galatians, 295-96; Theology of Paul, 642-49을 보라.
393) W. Lütgert, Gesetz und Geist. Eine Untersuchung zur Vorgeschichte des Galaterbriefes (Gütersloh: Bertelsmann, 1919)가 처음 제시했듯이, 5:13에서 바울이 "제2전선"(갈라디아 열광주의자)을 다루기로 전환했다는 추정은 불필요하다. 위험은 명백했다(Kümmel, Introduction, 301; Dunn, Galatians, 285-86). 위 §30 n. 232을 보라.
394) 예수의 가르침에 대한 또 하나의 되울림이다. 레 19:18에 대한 초점은 독특하게 기독교적이고, 이는 예수 자신이 만들어낸 혁신이었을 개연성이 가장 크다. Jesus Remembered, 584-86, 또한 Galatians, 291-92을 보라.
395) 그 완료 시제(peplērōtai, "성취되었다")는 "어쩌면 '모든 율법은 한 단어로 온전하게 표현됐다' 혹은 '한 항목으로 요약된다'라고 번역해야 할 것이다"(BDAG, 828). 유대 전통은 한 가지 정형 문구로 율법을 요약한다는 생각을 꺼리지 않았다. 힐렐파 전통에서 황금률의 부정 형식으로 "모든 율법"을 요약한 것은 유명하다(b. Shabb 31a). 바울은 "모든 율법(ho pas nomos)의 성취"(5:14)를 "모든 율법(holon ton nomon)을 의무적으로 행하는 것"(5:3)과 다르게 이해했다. 그것은 유대인으로 살아야 할 필요(5:3)와 타인을 사랑해야 할 동기(5:14) 사이의 차이이며, 그 차이는 그 구절에서 자세히 설명된다(추가로 필자의 Galatians, 289-91을 보라). Martyn은 율법의 "두 목소리"를 언급해서 5:3과 5:14 간의 긴장을 해결하려고 한다. 즉 저주하는 시내산 율법, 그리고 그가 "시내산 이전의 본래 율법"으로 부른 것인데, 후자는 "하나님의 단일하고 약속하는 단어", 심지어 "아브라함의 법"으로 구성된다(Galatians, 502-14). 그러나 이것은 갈 3장의 약속과 율법 사이의 명백한 구별(n. 381에서 인용한 그의 책의 347쪽과 비교하라)과 맞지 않고, 레 19:18(갈 5:14)을 시내산 율법보다 약속에 일치시키는 것은 단순히 그 논제를 혼란하게 할 뿐이다. 바울이 율법의 다른 기능을 구별하여 보았다는 것, 즉 일부는 지나갔고, 다른 것들은 여전히 효력이 있다고 보았다는

것들을 성취하도록 한다(5:14-15).

■ 성령이 원하는 것은 육신이 원하는 것에 반대된다(5:16-17).[396] 육체는 오로지 자신의 욕심과 욕망을 추구하며,[397] 이는 하나님 나라의 유업을 받지 못하게 한다(5:19-21). 그러나 성령은 성령을 따라 살아가는 사람의 성품 안에 열매들, 특히 사랑의 열매를 맺게 한다(5:22-26).

■ 성령의 인도를 받는 삶은[398] "율법 아래"에 있는 삶과 전혀 다르며 (5:18), 이런 까닭에 앞서 3:2-3에서 격한 질문을 던진다. 율법은 확실히 그러한 사랑에 이끌리는 삶에 반하지 않으나(5:23), (함축적으로) 율법은 그 자체로 그런 성품을 만들어 낼 수 없다. 그러므로 갈라디아의 개종자가 자신들을 (다시) 율법 아래에 두면 사실상 아무것도 얻지 못한다(그리고 모든 것을 잃는다).

■ 여전히 율법을 갈망한다면, 갈라디아 사람들은 오히려 "그리스도의 법"(6:2)이라는 관점에서 생각해야 한다. 즉 그들은 그리스도가 제공한 본보기 위에 그들의 삶을 형성해야 하는데, 그것은 온유한 심령과 이웃 사랑 및 이타심과 같이 그리스도가 실제로 본을 보인 것이다(6:1-5).[399]

것이 더 이해하기 쉽다. 필자의 *Theology of Paul*, §§6, 14, 23을 보라.

396) 영과 육의 실존적 갈등이라는 개념은 *Galatians*, 297-300; *Theology of Paul*, 477-82을 보라. 바울의 주장의 필수적 요소는, 하나님과의 관계를 지나치게 육체적 관점에서 이해하는 것 ("육체의 할례"; 3:3; 4:23, 29; 6:12-13)이 "육체의 욕심을 이루는" "육체"에 의존하는 것만큼 (5:16) 위험하다는 통찰이다. 이런 이유로 "그리스도께 속한 자"를 "육체를 십자가에 못 박은 자"로 정의한다(5:24). 바울이 이해한 "육"의 범위에 대해서는 *Theology of Paul*, 62-73을 보라.

397) "육의 행위"(전형적인 "악 목록")는 "성령의 열매"(그리스도의 "덕 목록")와 대조된다. 추가 상세 사항은 *Galatians*, 302-13; *Theology of Paul*, 662-65을 보라.

398) "걷다" = "행하다"는 유대인의 전형적 은유이며(예. 출 18:20; 신 26:17; 수 22:5; 시 81:13; 86:11; 잠 14:2; 사 57:2; 1QS 3:18-4:26; 추가로 F. J. Helfmeyer, *TDOT*, 3.396-99) 그리스 사고의 전형이 아니다(H. Seesemann, *TDNT*, 5.941). 그것을 들어온 선교사들이 사용했을 수도 있는데, 구약성경이 "[하나님의] 법/법규를 행함"을 전형적으로 말하기 때문이다(예. 출 16:4; 왕상 6:12; 렘 44:23; 겔 5:6-7). 초기 기독교 운동이 "도"로 알려진 사실(§20.1[14])은 시작부터 그 운동이 "행해야" 할 "길"로 보였다는 의미다.

399) 그들이 알고 있던 예수 전승에 예시된 것처럼 그리고 사랑의 계명으로 요약된 것처럼, 바

■ 끝으로 성패의 측면에서도 마찬가지다. 즉 그들의 현세에서의 삶에 대한 하나님의 심판이 있다. 그러나 여기서도 나아갈 길은 율법을 행함이 아니라 "영생을 얻기(수확)" 위해 "성령을 위해 심음"이라는 관점에서 제시된다(6:7-10).[400] 비록 성령을 위해 심는 삶도 일관된 헌신과 끈기를 요구하지만 말이다.

e. 결론(갈 6:11-18)

이 지점에서 바울은 분명 자신이 펜으로 직접 기록한 호소로써 열정적인 이 서신을 마무리 지었다. 그 서신에서 바울은 자신의 복음(그 복음)과 새로 온 전통주의자들의 메시지("복음"?)가 서로 얼마나 확연하게 상반되는지를 보여주었다. 후자는 할례 문제에 집중했지만, 그들의 동기(바울이 암시하듯 그들의 실제 동기)는 혼재되어 있다. 그들은 갈라디아 사람들이 할례받기를 원했다. 그것이 동료 유대인들에게 자신들이 여전히 조상의 유전에 충실함을 증명할 것이고, 따라서 십자가에서 죽은 메시아라는 메시지에 대한 유대교 내의 반감을 누그러뜨릴 수 있었기 때문이다(6:12).401) 그들은 하나님이 사실상 이스라엘 민족에게만 주신 특권과 특혜를 계속해서 자랑하기 위해 갈라디아의 이방인들이 "육체로" 할례받기를 원했다(6:13). 그러나 십자가의 메시지는 그런 모든 차별적 가치를 바꾸고 무효로 했다. 이 새로

울은 "그리스도의 법"이라는 표현을 사용할 때 예수가 율법과 관련해서 사신 삶의 길을 염두에 두었을 것이다(5:14). 추가로 *Galatians,* 321-24; *Theology of Paul,* 649-58; Martyn, *Galatians,* 554-58; Longenecker, *Triumph,* 83-89; Wilckens, *Theologie,* 1/3.159 n. 69, 164을 보라.

400) 바울의 충고에서 그런 권면의 중요성은 자주 간과됐다. 추가로 *The New Perspective on Paul* (2005), 74-80, (2008), 82-89을 보라.

401) Nanos는 6:12(그들이 갈라디아 신자로 강제로 할례받게 하려는 것은 "단지 그들이 그리스도의 십자가로 말미암아 박해를 면하려 할 뿐이라")을, 유대인들이 유대인 지위의 특권을 주장하는 자들을 인정받은 유대 공동체의 온전한 구성원이 되도록 강제하는 데 실패하여, 유대인 공동체가 "지위를 인정받지 못하고 법적 권리와 특권을 상실"하게 된다는 관점으로 해석한다. 그러나 그것을 "그리스도의 십자가를 위한 박해"라고 묘사할 수는 없다!

운 세계, 이 새로운 창조에서는402) 할례나 무할례가 아무것도 아니다(6:14-15).403) 이것이 바로 "하나님의 이스라엘"이 배워야 하는 내용이다. 즉 이스라엘은 "이 규례"로 구성되었으며 "이 규례"에 삶을 맞추어야 한다는 것이다(6:16).404)

f. 그 여파

바울이 쓴 갈라디아서의 결과는 무엇이었는가? 그들은 바울의 꾸짖음과 호소에 귀를 기울이고 다른 선교사들을 "내쫓았는가"(4:30)? 혹은 갈라디아 교회에서 바울의 입지가 수리아 안디옥에서처럼 적었는가?(2:11-17) 명백한 답변이 될 만한 증거는 부족하다. 일부는 예루살렘 교회를 위해 바울이 진행한 연보에 대한 이후의 지시에서 단서를 찾는다.405) 고린도전서 16:1-2에 따르면 바울이 연보에 관해 갈라디아 교회에 지시했는데, 이는 추가 서

---

402) "새 창조"와 (암시된) 옛 창조 간의 "대립"(6:15)은 바울의 묵시 신학에 대한 Martyn의 이해에 있어 중심적이다. 그러나 그는 자신의 묵시적 개요를 구원사(즉 역사 안에서 그리고 역사를 통해서 하나님의 목적을 드러내는 역사)라는 개념 전체와 너무 첨예하게 대립하도록 한다. 그의 강조는 그리스도가 바울에게 주신 "계시"를 적절히 특징짓는다. 그러나 그 계시는 바울이 하나님의 구원하시는 목적을 역사적 과정으로 본 것을 충분히 다루지 않았다. 곧 후손의 조상인 아브라함, 주어진 율법에 그리스도가 오시기 전의 역할이 있음, "때가 차매" 오신 그리스도, 상속자들이 미성년(= 노예)에서 성인(= 성령의 은사)으로 자람이 바로 그것이다. 유대인(그리고 바울!)의 관점에서 묵시는 완전히 새로운 출발이 아니라, 자기 백성 이스라엘을 위한 하나님의 구원하시는 목적의 절정이다. 묵시의 불연속을 과하게 강조하는 Martyn에 대한 반응은 두 개의 강조가 서로 양립할 수 없는 것이 아님을 상기한다. 필자의 *Theology of Galatians*, 36-52; Longenecker, *Triumph*, 1장; Hays, *Faith of Jesus Christ*, xxxv-xl을 보라.
403) 다시 위 n. 388을 보라.
404) 바울이 누가 여기 "하나님의 이스라엘"에 의해서/안에 포함된다고 생각했는지는(6:16) 불분명하고 논란이 많다. 예로 필자의 *Galatians*, 344-46 그리고 Martyn, *Galatians*, 574-77을 비교하라. 또한 G. K. Beale, 'Peace and Mercy upon the Israel of God: The Old Testament Background of Galatians 6,16b', *Biblica* 80 (1999), 204-33을 보라. 바울이 유대교에서 "구원의 용어"와 "이스라엘의 하나님"을 가져와 교회에 적용했다는 Becker의 결론은 다수 의견을 대변한다(*Paul*, 464-65).
405) 특별히 Martyn, *Galatians*, 29-34. 갈 2:10 그리고 이외에는 이 문제에 대한 언급이 없음을 보고 연보가 이미 완료되었다고 추측하는 Schnelle(*History*, 95)와 대조하라.

신이 있었음을 암시하며, 그 서신에서 다른 선교사들이 반박했던 갈라디아 사람들에게 가장 쟁점이 되는 부분을 바울이 다루었음을 시사한다.[406] 그러나 연보에 관한 바울의 이어지는 서신에서, 마게도냐와 아가야에 있는 교회만 연보에 기여했다고 언급된다(고후 9:2-4; 롬 15:26). 갈라디아 교회의 부재는 주목할 만하다. 이로부터 타당하게 추론할 수 있는 내용은, 다른 선교사들이 갈라디아서에서 드러난 바울의 과도한 반응과 잠정적으로 공격적인 진술을 이용하여, 갈라디아 이방인 신자의 지지를 계속해서 얻을 수 있었다는 것이다. 그 결과 그들은 바울의 두 번째 서신에 긍정적으로 반응하지도 않았고 연보에 참여하지도 않았다.[407] 다시 말해서, 안디옥이나 예루살렘으로부터 시작한 선교는 갈라디아 교회를 그들의 영향권 내로 끌어당기고 바울 교회의 영역에서 벗어나게 하는 데 성공했다. 그러나 갈라디아서는 바울 자신이 필사본을 보유했거나, 갈라디아 교회가 바울에게 확실히 등을 돌리기 이전에 더 폭넓게 회람되었기 때문에 보존되었다.

다른 관점은 바울 서신이 그 목적을 이루었다는 관점이다. 즉 갈라디아 교회 대부분이 바울이 선포한 복음을 계속 지지하고 복음으로 살며 안디옥/예루살렘으로부터의 접근을 거부했다는 것이다. 연보에 관해 바울이 갈라디아 사람에게 내린 지시는 편지로 전달될 필요는 없었고, 고린도전서 16:2-4과 같은 지시는 편지로 전달할 필요가 전혀 없으며 구두로 전달할 수 있었다. 이어지는 연보에 관한 언급에서 갈라디아 교회의 부재는 그 교회가 연보에 기여하지 않았음을 시사할 필요는 없다. 아시아의 교회들도 언급되지 않았는데, 그들이 기여하지 않았거나 거부했을 리는 거의 없다. 그리고 사도행전 20:4에 따르면, 예루살렘을 향한 바울의 마지막 여행에 동행한 대표들 목록에는 아시아의 두기고와 드로비모뿐 아니라 더베의 가이오 및 디모데(루스드라를 대표해서?)도 포함됐다.[408] 바울이 마게도냐

---

406) Martyn은 4:25-27, 3:19-20, 6:16을 언급한다(*Galatians*, 28-29).
407) 비교. Lüdemann, *Paul*, 86-87.
408) 너무나 자주 그렇듯이, 사도행전의 자료가 거의 바울 서신에서만 끌어낸 논지와 어울리지

1020 ___ 제8부 이방인의 사도

와 아가야의 교회만을 언급했을 가능성도 있는데, 그 교회들이 고린도(와 로마)와 가장 가깝기에 그들의 모범이 고린도 사람들을 분발하도록 했을 것이기 때문이다(고후 9:2-4). 그것이 아니면, 일의 귀추대로, 바울이 연보를 그의 에게해 선교의 주 열매로 보았을 수도 있다.

그 경우에 해당되는 사실이 무엇이든지 간에, 핵심은 바울의 갈라디아서가 보존되었다는 것이다. 갈라디아 교회가 보존했거나, 그 서신이 일찍 회람되었거나, 혹은 바울이 사본을 보관했기 때문이든지 간에 말이다. 그 서신은 바울의 유산과 문헌 전집의 필수 부분이 되었고, 적절한 때에 기독교 성경의 일부가 되었으며, 바울이 인식한 대로의 복음의 진리에 관해 지속되는 진술에 기여한다.

갈라디아에서의 결과가 무엇이었든지 간에, 그 서신의 폭넓은 영향이라는 관점에서, 태동하던 기독교라는 범위에서 더 보수적이고 전통적인 분파는 바울이 사용한 모욕적 언어에 호의적으로 대응하지 않았을 것으로 당연히 추측할 수 있다.[409] 그 서신에 대한 인식과 반응이 "바울의 영역"을 추가로 침범하게 했을 수도 있으며, 바울은 고린도후서 10:12-18과 빌립보서 3:2에서 이에 대해 불평했고, 그것은 바울이 예루살렘을 마지막으로 방문하면서 직면한 적의(행 21:20-36)의 원인이었을 것이다. 나중에 바울은 자신이 갈라디아서에서 현명하지 않았고 어쩌면 불공평하게 말했음을 깨달았기에, 그 주제에 대해 더 신중한 후기 서신(로마서)은 바울의 복음 이해에서 유익을 얻었고 그 복음을 더 신중하게 표현했을 수 있다. 우리는 후속 장들에서 그런 가능성을 마음에 두고 있어야 한다.

않을 때, 그 자료는 단순히 무시된다(Martyn, *Galatians*, 227 n. 81이 그렇게 한다. 또한 그는 갈라디아에 대한 바울의 침묵이 갈라디아 대표단이 고린도에 아직 도착하지 않았음을 의미할 수도 있다는 Georgi의 제안을 무시한다).

409) Brown, *Introduction*, 473-74. 이는 특별히 갈 2:14; 4:24-25; 5:12; 6:12-13을 언급한 것이다.

제32장

에게해 지역 선교: 두 번째 국면

32.1 중간휴식

a. 단편적 서술

바울의 에게해 지역 선교의 두 번째 국면에 대해 누가가 제공한 정보는 역사가가 보기에 별로 만족스럽지 못하다(18:18-19:41).

- 누가의 서술은 바울이 팔레스타인으로 돌아가는 긴 여행의 초기에 나실인 서원인 듯한 서원을 하는 것으로 시작한다(18:18-21). 누가는 그 여행을 수박 겉핥기 방식으로 다루었기에, 바울의 목적이 무엇이었는지가 불명확하고, 그 목적에 대한 설명이 전혀 없다(18:22).
- 그러한 여정을 묘사하는 누가의 평상시 관행을 고려하면, 여행 동

반자에 대해 어떤 암시도 하지 않은 것 역시 다소 이상하다.[1]

- 마찬가지로 간략하게 묘사된(18:23), 에게해 지역이라는 현장으로 돌아간 바울의 이야기는 아볼로(18:24-28)와 에베소의 "열두 제자"(19:1-7)에 대한 한 쌍의 사건으로 중단된다. 이것은 바울이 본격적으로 선교하기 전에 그곳에 교회가 이미 설립되었음을 시사하며, 따라서 바울의 전략에 대해 의문이 제기된다(§29.4b).[2]

- 바울의 에베소 선교 역시 간략하게 묘사됐으며(19:8-12), 누가는 두 사건에 더 주목하기를 원했다. 한 사건에서 바울은 이상하게도 등장하지 않으며, 다른 사건은 말하자면 "무대 옆"에서 기다리고 있었다(19:13-20, 23-41). 바울은 두 사건 사이에 있었던 그의 여정에 대한 언급에서 그저 어색하게 등장한다(19:21-22).

- 비록 자신이 설립한 교회를 향한 바울의 관심을 누가가 어느 정도 지적했지만,[3] 여기서 누가는, 우리가 바울의 고린도 서신에서 알듯이, 바울이 에베소에 머무는 동안 고린도 교회와 수차례 소통하고 서신을 교환한 사실을 묘사하려고 하지 않았다. 바울이 아시아에 남아 있는 동안 마게도냐와 아가야로 올라가고 디모데와 에라스도를 마게도냐로 보내려는 바울에 대한 누가의 언급(19:21-22)이 너무 짧아서, 누가가 얼마나 알고 있었는지 혹은 그가 무엇을 덮고자 했는지 심각한 의문을 제기해야 할 정도다.

- 에베소 여행 중에 바울이 옥에서 어느 정도 시간을 보냈을 가능성은 전혀 언급되지 않았는데, 그 가능성은 바울이 투옥 중에 "옥중 서신"(빌립보서, 빌레몬서[그리고 골로새서?])을 기록했다는 결론과 관련된

---

1) 행 13:4, 13, 51; 14:21, 24-27; 15:40; 16:6-12; 17:1; 18:8; 20:3-6; 21:1-17; 27:1-2; 유일한 예외는 20:1-3이다.
2) "바울이 실제로 그 도시에 도착했을 때(18:25이 입증한다) 다른 유대인들과 회당 교제를 하며 살아가던 유대 그리스도인 공동체가 이미 있었다"(Haenchen, Acts, 547). 비슷하게 Lüdemann, Early Christianity, 209.
3) 행 14:21-23; 15:41-16:5; 20:2, 17-38.

다양한 가설에 근거를 제공했다.[4]

평소처럼 누가가 자신만의 계획을 추구한다는 암시는 분명하다.

　바울이 서원했다는 것은 누가가 기획한 "바울의 재유대화",[5] 즉 바울 서신이 암시하는 것보다 바울이 더 유대교를 실천한 유대인임을 보여주려는 누가의 시도다. 특별히 그가 갈라디아서를 오래전에 기록했다면 말이다.

- 교회(예루살렘에 있는)와 안디옥으로 귀환(18:21-22)이 바울 서신이 드러내거나 암시한 불편한 관계를 가린다. 바울은 이전에는 그들의 권위를 인정했지만, 이제는 의문시한다(갈 2:6).[6]
- 아볼로와 열두 제자를 바울의 선교에 합류시키는 것(행 18:24-19:7)은 복음의 역사 노선이 예루살렘으로부터 헬라파를 지나 바울의 선교까지 심각한 분기나 혼돈 없이 연속되었음을 보증한다(8:14-17; 11:22-24).
- 또한 그 한 쌍의 사건은 제자/그리스도인이 되는 과정/사건에서 성령의 선물이 누가가 보기에 얼마나 중심적이고 필수적인 것인지를 강조한다(19:2-6).
- 베드로와 바울의 병행은 각자에게서 기인한 놀라운 기적에 대한 동등한 언급으로 확대된다(5:15; 19:11-12).
- 에베소에서의 가짜 축귀 사역자와 마술에 대한 승리(19:12-20)는 누가의 이야기에서 중요한 부분을 차지하는 줄거리에 가장 두드러진 특징을 제공한다. "주의 말씀이 힘이 있어 흥왕하여 세력을 얻으

---

4) 아래 §32.2e를 보라.
5) 많이 언급된 것은 P. Vielhauer, 'On the "Paulinism" of Acts', in Keck and Martyn, eds., *Studies in Luke-Acts*, 33-50(여기서는 37-43)이다.
6) 위 §27.3c를 보라.

니라"(19:20).

- 에베소에서의 소동에 가까운 결과는 새로운 운동이 로마법과 질서에 위협이 되지 않는다는 누가의 묘사에 또 하나의 요소가 된다.

동시에 누가의 서술의 단편적인 측면은 어쩌면 그가 서로 깔끔하게 들어맞지 않는 내용과 전승을 사용할 수 있었음을 시사할 수 있다. 바울이 언급되긴 했으나 이야기의 중심이 아닌 두 이야기(두 장에서 그런 이야기가 4개 있다. 18:12-17, 24-28, 19:13-19, 23-41)에 누가가 상당한 공간을 할애했다는 사실은, 바울을 주요 인물이자 위대한 영웅으로 여긴 사람에겐 이상한 방법이다. 그러나 누가가 그런 식으로 이야기를 전한 이유는 아마도 그 이야기들이 이 형태대로 자신에게 전해져왔기 때문일 것이다. 대부분의 경우처럼, 표현방식은 이야기꾼(누가)의 것이지만, 이야기는 대부분 누가가 초기 자료나 목격자로부터 가져왔을 것이다. 따라서 우리는 누가가 그 공백을 더 충실하게 채우려고 하지 않았다는 사실을 안타까워할 수 있지만, 누가가 훨씬 더 논리적으로 매끄러운 이야기를 만들어내지 않았다는 사실에서 어느 정도 안심할 수 있다. 개별적인 보도 내용과 이야기의 연결부가 지닌 역사적 가치에 대해 얼마나 알 수 있느냐는 더 자세하게 논의해야 할 주제다.

b. 에베소와 첫 접촉(행 18:19-21)

바울이 에베소로 가서 그곳에서 선교하려고 계획했다는 사실은 그의 전체 전략에 잘 부합한다(§29.4a). 에베소는 로마의 속주인 아시아의 수도였고 내륙과 에게해를 통해 확장되어나가는 데 있어 이상적인 위치였다.[7] 바울이 "그 땅의 지형"을 정찰하려는 목적으로 먼저 잠깐 방문하려고 했을 가

---

7) 추가로 아래 §32.2a를 보라.

능성은 상당하다. 고린도에서 그의 선교가 잘 확립되었고, 이제 또 하나의 주요 중심지에 근거지를 세우는 일을 고려할 때였다. 돌아오겠다고 바울이 언급한 의도("하나님의 뜻이면", 18:21)는 단서가 붙은 바울의 전형적인 약속이다.[8]

누가의 서술에서 팔레스타인을 계속 여행하려는 바울의 결심이 그런 첫 방문의 상황을 결정했다(18:19-20). 이 부분은 다시 다룰 것이다(§32.1d). 그리고 누가는 위에서 제기한 어려운 문제에 대한 대답 하나를 제공한다. 즉 바울의 선교 이전에 에베소에 교회가 있었느냐는 문제다. 첫 접촉의 명백한 함의는 이전에 교회가 그곳에 존재하지 않았다는 것이다. 바울은 늘 그랬듯이 회당으로 갔다(18:19). 그곳 회당의 호의적인 반응은 다른 중심지들에서의 첫 긍정적인 반응을 반영하며,[9] 회당 안에서의 분열이나 회당으로부터의 분열은 보이지 않는다. 핵심 사실은 바울이 에베소를 떠날 때 아굴라와 브리스길라를 남게 했고, 그들이 사실상 바울 선교의 대리자 역할을 계속했다는 것이다. 또한 그들이 에베소 회당에서 계속 증언했다는 암시가 있다. 그리고 그들이 예수 메시아에 대한 흥미를 불러오는 데 성공했거나, 심지어 그 회당이나 회당의 부속 건물에서 예수 메시아파 모임(가정교회)을 설립했다면, 그 결과로 생겨난 모임(교회)을 결코 바울과 상관없는 교회라고 묘사할 수 없다.[10] 바울이 에베소로 돌아온 후 다시 한번 회당에서 시작한 사실(19:8)은, 추정하건대 누가가 의도했듯이, 이어지는 시기에

---

8) 롬 1:10; 15:32; 고전 4:19; 16:7; 그러나 또한 더 광범위하게 사용되었다(BDAG, 448).

9) 행 13:42-43; 14:1; 17:4, 11-12.

10) "브리스가와 아굴라가…에베소 교회의 실제 설립자였다"(Murphy-O'Connor, *Paul*, 171-72). 비슷하게 Becker, *Paul*, 151-52. 18:27에 언급된 '형제들'을 주목하라. 여기서 함의는 회당에서 아볼로의 설교가 바울의 첫 설교 혹은 브리스길라와 아굴라의 계속된 증언을 이미 수긍한 사람들에게 매력이 있었다는 것이다. 브리스길라와 아굴라가 그런 신앙인에게 집을 개방했다면, 아볼로는 가정 모임의 토론과 예배에 참여해서 자신의 고린도 방문을 위한 지원을 그들에게 얻었을 것이다. 어쨌든 "그 형제들"은, 이미 회당과 결별하고 더 자리 잡은 고린도 교회와 소통할 정도로, 자신의 정체를 예수의 신자로서 충분히 자각했을 것이다. 또한 Schnabel, *Mission*, 1217-19을 보라.

에베소 교회의 설립에 대해서만 말할 수 있음을 암시한다.

여기서 누가의 서술을 부자연스럽게 볼 이유는 없다. 브리스길라와 아굴라는 분명 부유한 부부였으며, 고린도와 로마는 물론, 어쩌면 에베소와 사업상 연결돼 있었거나 그곳에 분점을 두었을 것이다.[11] 이러한 사실이 바울의 첫 에베소 방문에 그들이 동행한 이유와 바울이 팔레스타인으로 여행을 계속했을 때 짐작건대 그곳에 체류했을 이유, 그리고 자신들을 선교사나 복음 전도자로 여기지 않은 이유를 설명해 줄 것이다(그들은 사업에 몰두했다). 브리스길라와 아굴라가 직접 설교하지 않고 아볼로를 (회당) 한쪽으로 데려가서 예수 운동의 신앙에 대해 더 자세히 가르쳤다는 나중 이야기(18:26)는 일관성이 있고 한결같은 장면을 제공한다. 재량권이 있었기에, 누가는 아볼로가 기독교 운동에 온전히 들어오게 된 일이 바울 자신의 가르침으로 이루어진 결과로 보도록 유혹받았을 수도 있었다. 뒤에서 추가로 언급하겠지만, 아볼로가 베드로나 요한(8:14-17) 혹은 바나바(11:22-24) 같은 지도자들에게 확인받았음을 보여주려고 누가가 이야기를 왜곡하지 않았다는 사실은, 그가 이 주제와 관련해서 받은 전승에 충실했음을 분명히 보여준다.[12]

c. 바울은 서원했는가?

누가는 아가야를 떠나기 전에 바울이[13] 고린도의 에게해 항구 겐그레아에서 서원했다고 말한다(18:8).[14] 누가가 생각한 서원은 어쩌면 민수기 6:1-21

---

11) 추가로 위 §31.4b를 보라.
12) 또한 P. Trebilco, *The Early Christians in Ephesus from Paul to Ignatius* (WUNT166; Tübingen: Mohr Siebeck, 2004), 125-27을 보라.
13) 누가의 문법에 따르면 아굴라가 서원한 것처럼 볼 수 있으나, 그 이야기의 중심인물인 바울이 의도되었을 것이다. Haenchen은 그 주제에 관한 2차 문헌을 간단하게 논평한다(*Acts*, 545).
14) 누가의 또 하나의 모호한 시간 언급인 "여러 날"(18:18; §31 n. 221을 보라)은 갈리오의 통치 이전 기간에 더해졌는데, 이는 그 지역에서 여러 부속적인 선교를 위한 공간을 남겨둔다. 겐

에 묘사된 나실인의 서원과 비슷하나, 민수기의 경우 그 서원은 일정 기간 머리를 깎지 않는 것이었다. 따라서 추측하건대 여기서 그것과 더불어 묘사된 내용("머리를 깎았더라")은 그 서원의 효력이 발효되기 전 바울이 마지막으로 머리를 깎았다는 것이다.[15] 그런 서원은 성전에서만 완료될 수 있었기 때문에(이전에 깎지 않은 머리를 드림, 민 6:18), 사도행전 21:23-24의 함의는 그 서원이 바울이 예루살렘을 마지막으로 방문했을 때까지 유지되었다는 것이다.

율법, 특별히 율법적 의식에 대한 바울의 태도를 (거의 전적으로) 부정적으로 보는 사람들에게는, 그 서술이 누가가 만들어 낸 내용임을 나타낸다.[16] 그러나 율법에 대한 바울의 태도는 자주 묘사된 것처럼 그렇게 부정적이지 않다.[17] 그리고 디모데의 할례에 대한 앞선 이야기처럼(16:3),[18] 그런 행동은 고린도전서 9:20에서 바울이 언급한 목회 전략과 온전히 일치한다.[19] 더욱이 누가는 여기서 서원의 유대적 특성을 강조하지 않았고, 21:23-24에서 바울이 제안받은 행동이 이전에 행한 서원을 성취했다고 말하지 않았다. 누가는 자신이 온전히 인식하지 못한 내용과 중요성을 지닌 보도내용을 전달해주었을 가능성이 더 크다.[20] 따라서 전달한 행동을 단순히 누가가 조작한 내용으로 일축하는 것은 어리석은 일이다. 그리고 이 보

그레아 교회에는 후원자로 경외할 만한 뵈뵈가 있었다(롬 16:1-2).

15) Lake and Cadbury, *Beginnings*, 4.230. 그러나 Haenchen은 그 언급이 분명 서원의 종료를 가리킨다고 생각한다(*Acts*, 543 n. 2, 546). Jervell은 누가가 서원 규정을 이해했는지 의문시한다(*Apg.*, 466). *NDIEC*, 4.114-15은 선원들이 머리를 깎은 것에 대한 유베날리스의 서술을 언급하는데, 짐작하건대 그것은 위험한 항해 중에 서원한 것을 성취한 것일 테다(*Sat.* 12.81). Taylor가 볼 때 이는 그것을 연상시키는 병행이다('Roman Empire', 2488). 또한 §34 n. 18에서 보라.

16) Haenchen, Acts, 543; H. Conzelmann, *Die Apostelgeschichte* (HNT 7; Tübingen: Mohr Siebeck, 1963) 107; Lüdemann, *Early Christianity*, 205.

17) 필자의 *Theology of Paul*, §§6, 14 그리고 23; *New Perspective on Paul* (2005), 63-80, (2008), 71-89을 보라.

18) 위 §31.2a를 보라.

19) 위 §29.5b를 보라.

20) 또한 Barrett의 논의를 보라(*Acts*, 2.877-78).

도내용을 심각하게 받아들인다면, 그것이 고국 방문을 위한 준비 차원으로 바울이 행한 유대인의 전통적 서원이었다는 점과 또한 그 방문이 어느 정도 위험했다는 인식에서 끌어낼 수 있는 타당한 점은, 그 서원이 율법과 조상의 관습에 대한 바울의 존중 및 준수와 관련하여, 바울이 동료 유대인들의 염려를 완화하는 방향으로 기꺼이 나아가겠다는 표현이라는 것이다. 이는 결국 바울의 수리아 방문이 화해의 방문이 될 것임을 시사한다. 나실인의 서원은 개인의 영적 규율 문제에서 토라를 따르겠다는 바울의 의향을 입증하며, 안디옥(그리고 예루살렘)의 토라 보수주의자를 향한 그의 "선의"를 증명하고, 아직 남아 있는 그들과의 균열을 치유하겠다는 희망을 담고 있다.[21] 바울이 서원했다는 내용은 그의 서신에서 확인되지는 않으나, 그것은 결코 반론으로 간주될 수는 없다. 바울이 그 서원을 언급할 만한 분명한 정황은 없었기 때문이다.

d. 왜 팔레스타인 방문인가?

가이사랴로 바로 항해할 수 있었고, 그렇지 않으면 적어도 수리아 북쪽의 항구들을 거치지 않을 수도 있었다. 그래서 (암시된) 의도가 단지 안디옥에 가는 것이었다고 하더라도, 활용 가능한 길이나 역풍 때문에 가이사랴로 가는 것 외에 다른 선택이 바울에게 없었을 수도 있다.[22] 그리고 그곳에 도착한 후에는 예루살렘 여행을 피하기 어려웠을 것이다.

---

21) 서방 사본은 바울의 연설에 내용을 덧붙이지만("나는 어떤 희생을 치르더라도 다가오는 예루살렘 절기를 지켜야 한다"), 어떤 절기인지 구체적으로 말하지 않는다.
22) Lake and Cadbury, *Beginnings*, 4.231; Haenchen, *Acts*, 547-48. "수리아"(18:18; 20:3에서처럼)는 단순히 동부 지중해 해안 지방을 언급한 것이고(당시 팔레스타인은 수리아에 속한 지역으로 다루어졌다), 따라서 그것은 예루살렘이나 안디옥을 포함하는 방문이었을 것이다. 그러나 사도행전에서는 그것이 엄밀한 의미의 수리아만을 가리킨다고 보는 것이 자연스럽다(15:23, 41; 21:3). 예루살렘 방문은 그 도시의 이름도 언급하지 않고 지나쳤는데(18:22), 여기서의 함의는 바울이 자신을 처음으로 공식 위임했던 안디옥을 방문하기 원했다는 것이다 (13:3).

예루살렘에서 바울이 인기가 없음을 알고 있음에도,[23] 누가는 그 방문을 거의 당혹스러운 침묵으로 지나쳤다. "올라가서 교회에 문안하고[예루살렘 자체는 언급하지 않았다] 안디옥으로 내려갔다." 야고보나 장로들과의 만남이나(21:18처럼) 바울의 추가 성공에 대한 내용(15:12과 21:19처럼)이 하나도 없다. 누가가 이전에 그런 취지로 한 말은 간단했기에, 누가가 왜 비슷한 묘사를 제외했는지는 확실히 수수께끼이며, 불가피하게 그 방문의 이유와 성공에 대해 의문을 가지게 한다.

안디옥 방문에 관한 언급도 거의 비슷하게 간단하다. 바울이 "그곳에서 어느 정도 시간(chronon tina)을 보냈다"는 말 외에는, 다른 아무런 언급이 없다. 그래서 누가는 바울의 선교와 수리아의 모 교회들 사이의 연결이 끊어지지 않았다는 인상을 재확인하는 데 만족한 듯하다. 이 이상 다른 언급은 필요 없다. 그리고 누가가 안디옥에서의 이전 대립과 또한 있었을 법한 안디옥과의 결별을 완전한 침묵으로 지나쳤기 때문에(§27.6), 그가 전달할 만한 그 밖의 다른 내용은 전혀 없었다.

그러나 최소한의 전달 내용은 자연스럽게 역사가의 흥미를 돋우었는데, 역사가는 그 방문이 이루어졌는지를 반박하거나, 아니면 그 내용을 더 중요한 무언가로 보려는 경향이 있다. 누가는 바울에 관해 보고된 두 번째 방문에 대해 그랬던 것처럼, 바울에 관해 보고된 네 번째 예루살렘 방문을 혼동했는가?(11:30)[24] 바울은 별로 중요하지 않은 방문을 위해 수리아/팔레스타인을 오가는 멀고 잠재적으로 위험한 여행을 했겠는가? 야고보의 대표자들로 인해 안디옥과 결별한 이후(갈 2:11-14), 바울이 곧바로 안디옥이나 예루살렘으로 돌아왔을까? 특별히 갈라디아를 침해한 안디옥이나 예루살렘에서 온 선교사들에게 바울이 그 무렵에 저항해야 했다면 말이다(§31.7). 한편으로는 어쩌면 누가가 여러 번에 걸친 예루살렘 방문에 관한 서술을 혼동했을 수도 있으며, 예루살렘 회의는 이 세 번째나 네 번째 방

23) 행 9:29; 21:21, 27-36.
24) 위 §25.5g를 보라.

문 때 열렸고(갈 2:1-10 = 행 18:22a) 이후에 안디옥 사건이 있었다(갈 2:11-14 = 행 18:22b)고 볼 수도 있다.[25]

묘사된 각각의 각본은 바울 서신에서 알게 된 내용으로 채우거나 그 내용에 맞출 수 있다. 여기엔 누가가 서술한 내용을 버려둘 타당한 이유가 전혀 없으며, 그것을 누가의 창작이라고 볼 어떤 이유도 없다. 그것으로 이익을 볼 사람이 누구냐는 질문이 적용된다고 해도, 누가는 자신의 여러 관심사를 진전시킬 그 방문에서 아무런 내용이나 가져와 뒤죽박죽 섞어놓았기에 그 방문을 언급하여 얻는 것이 전혀 없었다.[26] 사도행전 18:22이 정말로 예루살렘의 주요 회의와 합의가 진행된 때를 가리킨다면, 누가가 사도행전 15장의 서술을 18:22에서 현 위치로 옮길 아무런 타당한 이유도 없는 것 같다. 더 중요하게는, 우리가 아는 대로 바울과 예루살렘 및 안디옥 지도층 간의 불쾌하고 까다로운 관계에 베일을 친 누가의 관행을 고려하면,[27] 18:22에 있는 누가의 간결한 서술은, 그가 그런 방문에 관한 보고 내용을 가지고 있었으나, 자신이 알고 있는 더 자세한 사항에 당황했기 때문에 그것들을 기록하지 않기로 선택한 또 하나의 예가 여기에 있음을 암시한다.[28]

그렇다면 바울은 왜 특별히 갈라디아 사람들의 격렬한 논쟁에 분통을 터트린 후, 그러한 방문을 감행했는가? 물론 대답의 일부는 고국과 고국의 회중으로부터 수년간 떨어져 있은 후 바울이 복음 전도와 목회적인 책임의 격심함으로부터 어느 정도 휴식의 필요를 느꼈다는 것이다(비교. 고후 11:28). 이동(기차와 비행기로)이 쉬운 현대를 사는 우리는 자연스럽게 그런 재방문에 들어갔을 시간과 노력을 어느 정도 경이롭게 생각한다. 그러나 바

---

26) 위 §28 nn. 47과 48을 보라. Haenchen은 그 견해의 첫 예를 야부코스 카펠루스(*Acts*, 544 n. 6)로 추적한다.

26) 그 여정에 "요점이 전혀 없다"는 사실은 "누가가 다시 한번 전승을 다루고 있음을 보여준다"; "거기엔 누가의 특별한 관심을 하나도 볼 수 없다"(Jervell, *Apg.*, 467-68).

27) 위 §21.2d를 보라.

28) Weiss, *Earliest Christianity*, 307.

25) 위 §28 nn. 47과 48을 보라. Haenchen은 그 견해의 첫 예를 야부코스 카펠루스(*Acts*, 544 n. 6)로 추적한다.

울과 같은 노련한 여행자는 기꺼이 긴 여행을 했고, 로마의 관료와 사절은 소아시아와 그 너머로 갔으며, 상인과 특사도 매년 혹은 더 자주 종횡으로 이동했다. 배편으로 귀국하는 여정은 바울에게 사색하고 기도할 수 있는 시간을 주었고, 기항지에 있는 새 교회들을 방문할 수도 있었기 때문에 비교적 매력적이었을 것이다.

또 하나의 가능성은 바울이 겐그레아에서 했던 서원(18:18)을[29] 이행하려고 예루살렘을 짧게 사적으로 방문했다는 것인데, 비록 그렇다 하더라도 누가가 그 방문을 전혀 언급하지 않았다는 사실은 역시 놀랍다. 추측하건대 그런 방문은 누가가 널리 알리고자 했던 바울과 예루살렘의 관계에 대한 묘사를 진척시켰을 것이기 때문이다.

그러나 더 개연성 있게는, 바울로 하여금 예루살렘에 가게 한 갈라디아서 2:1-2의 관심사는 그에게 여전히 중요했다. 이미 그전에 바울의 복음과 그 복음의 성공에 대해 예루살렘 지도층이 인식하고 확인하는 일이 그에게 중요했다면,[30] 지금도 그런 인식과 확인을 얻는 일이 여전히 중요했을 것이다. 특히나 안디옥 사건과 갈라디아에 미친 그 영향에 이어서, 갈라디아서 2:6-9의 합의를 재확인하는 일도 특별히 중요했다.[31] 실제로 갈라디아에서의 위기가 바울이 안디옥에서 패배한 사건에 이어진다면(§31.7a), 기둥 같은 사도들과 이전에 합의했던 내용을 새롭게 언급하고 확인하는 일은 더욱더 중요할 것이다. 우리는 바울이 쓴 갈라디아서가 가져온 결과에 대해 알지 못한다. 바울 자신도 아직 그 결과를 몰랐을 가능성이 크다. 아니면 예루살렘에 가기로 한 바울의 결정은 갈라디아서가 일으킨 반응에 대한 어떤 소식(갈라디아 교회에 편지를 전달하고 읽어준 그 사람이 전달한 소식?) 때문에 이전에 합의되었던 선교위임을 다시 주장하기 위해서였는가? 어느 경우든, 바울 자신에게는 예루살렘의 지도층이 "무할례자들을 위한 복

---

29) Hvalvik, 'Paul as a Jewish Believer', 139-41.
30) 위 §27.3c를 보라.
31) 비교. Barrett, *Acts*, 2.880-81.

음"(갈 2:7)을 새로 재가해주는 일이 중차대했을 것이다. 예루살렘의 지도
층이 그의 복음을 재확인하지 않고 이방인 신자들이 할례받아야(그리고 다
른 율법 행위를 수행해야) 한다는 요구를 철회하지 않았다면, 율법을 고집하는
유대 신자들이 바울의 선교에 계속 간섭했을 것이다. 그리고 바울은 가능
하면 그런 간섭을 피하고자 했을 것이다. 예루살렘의 지도층을 방문하는
일은 갈라디아서 2:6-9의 합의를 다시 확인할 수 있는 유일한 행동이었다.
마찬가지로 갈라디아에 새로 온 사람들이 갈라디아 교회를 설립한 모 교
회인 안디옥 교회에서 왔거나 안디옥 교회의 권위를 주장했다면, 예루살
렘 합의를 안디옥에서 재확인하기 위해서라도 안디옥을 방문하는 일 역시
불가피했을 것이다.

　　이러한 추정이 바울이 예루살렘과 안디옥을 방문해야 할 개연성 있
는 이유를 제공한다면, 그 방문의 상세 사항과 결과에 누가가 침묵했다는
사실은 다시 한번 그 방문이 목적을 이루지 못했다는 암시를 준다.[32] 아마
도 바울이 자기 선교에 대한 새로운 인식과 지지를 얻기 위해 어떤 시도를
했어도 그는 원했던 승인을 얻지 못했을 것이다. 관계는 불편한 상태로 있
었다. 그리고 안디옥 회중과의 결별도 어쩌면 치유되지 않았을 것이다.[33]
이후에 바울의 선교가 간섭을 받았다는 암시(고후 10-13장; 빌 3장)는 예루살
렘과 안디옥에서 바울이 성공하지 못했음을 확인하는 것으로 받아들여야
할 것이다.

　　또한 어쩌면 이런 실패가 이방인과 유대인 선교 사이에 가교를 재건설
하기 위해서는 훨씬 더 많이 노력해야 한다는 것(예루살렘 모 교회를 위한 연보

---

32)　자신의 증가하는 동역자들 가운데 한 명이나 그 이상의 지원 없이(§29.6) 분명 혼자 여행했
　　다는 사실은, 바울이 지원 없이 그리고 어쩌면 동역자의 강한 충고에 맞서 예루살렘으로 여
　　행했음을 의미할 수도 있다. 그들은 그 결과를 두려워했다!
33)　이 안디옥 방문이 안디옥(그리고 예루살렘) 교회의 지도자들과 화해하는 데 어느 정도 영
　　향을 끼쳤고, 이는 이 교회들에 대해 줄어든 반감과 또한 앞서 자신의 사도 지위에 관해 방
　　어적이었던 바울의 자세가 완화되었다는 사실로 드러난다고 논증하는 Taylor와 대조하라
　　(Paul, 7장).

에 자신이 설립한 교회들을 최대한 참여시킴으로써[34])을 바울로 하여금 깨닫게 했다고 추론할 수도 있다. 확실히 그 기간에 기록된 서신들이 입증하듯이,[35] 이것은 바울의 에게해 지역 선교의 두 번째 국면에서 예루살렘을 위한 연보가 그에게 그렇게 중요한 우선순위가 된 이유를 확실하게 설명해준다. 실제로 (예루살렘) 교회 방문을 통해 바울은 그곳의 신자 중에 너무나 많은 이들이 가난했고, 구제의 손길이 필요했음을 뼈저리게 느꼈을 것이다. 이전의 예루살렘 합의에서(갈 2:10) 기꺼이 동의한 "조건"을 이행함으로써,[36] 바울은 자신의 선의와 예루살렘 지도층과 공동으로 작성한 그 합의를 향한 헌신을 입증했고, 짐작하건대 그렇게 함으로써 예루살렘의 지도층이 핵심 조항들을 재확인하길(부끄럽게 느껴 재확인하길) 바랐을 것이다.

육로로 자신의 (에게해) 선교 중심지에 돌아가기로 한 바울의 결정은 안디옥에서 진행한 선교를 통해 설립된 이전의 교회들을 추가로 방문할 수 있었기 때문에 이해할 만하다.[37] 어떻게 갈라디아서가 받아들여졌는지 또는 예루살렘과 안디옥 방문이 어떻게 진행되었는지 모르는 상황에서, 당연히 우리는 그 여행에 대해 아는 것이 별로 없다. 그러나 어느 정도 자신 있게 추측할 수 있는 점은, 바울이 서신이나 방문을 통해 얻은 성공이 무엇이든 간에 그것을 강화하려고 했거나, 아니면 하나 혹은 전부 실패했을 경우 자신의 지지자들을 북돋우려고 했을 것이라는 점이다. 아마도 다른 주

---

34) Taylor는 그 화해가 바울의 "연보 계획에 다시 동참함"을 포함하고, 고후 8:18의 무명의 형제는 어쩌면 바울의 연보를 돕도록 안디옥 교회에서 파견한 중요한 구성원이었을 것이라고 본다(Paul, 200-203).

35) 고전 16:1-4; 고후 8-9; 롬 15:25-28.

36) 바울의 에게해 선교 두 번째 국면을 갈라디아서의 기록연대로 보길 선호하는 사람들은 갈 2:10을 연보에 대한 추가적 언급으로 여긴다. 갈 2:10이 행 11:30과 일치한다고 보는 사람들이 갈 2:10을 기근 구제(행 11:30은 이것이 방문의 목적이었다고 한다)의 암시로 보는 것처럼 말이다. 그러나 갈 2:10의 마지막 절("나도 본래부터 힘써 행하여 왔노라")이 여느 특별한 기금의 모금을 가리킨다고 볼 필요가 있는지는 전혀 분명하지 않다. 그것은 단순히 바울이 "가난한 자를 기억하는 것"에 항상 관심이 있었고 계속 관심이 있음을 주장하는 것일 수도 있다. 위 §27.3d n. 186과 아래 §33.4을 보라.

37) 행 13:14-14:23; 15:41-16:5; 18:23에서 예상되는 여행 일정표는 위 §31.2 n. 32을 보라. 이미 언급된 이유에서(§31.1), 이것을 "3차 선교 여행"의 시작으로 묘사하지 않아야 한다.

요 목적은 예루살렘의 가난한 자들을 위해 자기 교회들에서 연보를 모으려는 새로운 계획의 일환으로 갈라디아 사람을 모집하는 것이었을 테다. 고린도전서 16:1은 바울이 연보하는 방법을 처음 가르친 곳이 바로 갈라디아 교회였음을 암시한다. 그 서신(갈라디아서)과 방문의 결과가 무엇이었든지 간에, 이는 적어도 그의 사역의 다음 단계 동안은 갈라디아 교회를 자기 영향력 안에 둘 수 있었음을 시사한다.

e. 아볼로가 등장하다(행 18:24-28)

바울의 에게해 지역 선교 막간은 브리스길라와 아굴라가 아볼로를 바울의 무리 안으로 들어오게 한 이야기를 삽입할 공간을 누가에게 제공했다. 바나바와 함께 아볼로는 최초의 기독교 역사에서 가장 흥미로운 인물 중 한 명이다. 그에 대한 몇몇 간단한 언급은 호기심을 더 자극할 뿐이다.[38] 그에 대해 특히 마음을 사로잡는 사실은, 그가 "알렉산드리아에서 난 사람"(18:24)으로서 최초의 기독교와 알렉산드리아 사이의 명확한 연결을 제공하는 유일한 사람(우리가 아는 최초 신자 중에서)이라는 점이다. 알렉산드리아는 로마 제국에서 두 번째 큰 도시로, 배움과 유대인 정착지 그리고 우리가 지금 소유하고 있는 대부분의 디아스포라 유대 문헌 자료(성경의 그리스어 번역인 70인역, 외경이 담고 있는 다수의 글과 유대인 철학자이자 바울보다 나이가 많은 바울의 동시대 사람 필론의 광범위한 주석들)의 중심지였다. 아볼로에 대해 이어지는 묘사는 알렉산드리아 기독교의 시작이 온전히 "정통"(후기의 용어를 사용한다면)은 아니었다는 제안에 어느 정도 신뢰성을 부여한다.[39]

이 알렉산드리아 배경은 아볼로가 "배우고 혹은 언변이 좋고(anēr logios)[40] 성경에 능통한 혹은 (성경 주석에) 강력한" 사람이라는 묘사에 대한

---

38) 행 18:24; 19:1; 고전 1:12; 3:4-6, 22; 4:6; 16:12; 딛 3:13.
39) 추가로 제3권, 또한 아래 n. 41을 보라.
40) Logios에 관해서는 Lake and Cadbury, Beginnings, 4.233; BDAG, 598을 보라.

호기심을 더욱 불러일으킨다(18:24). 이는 「지혜서」나 필론 혹은 다른 헬레니즘 유대교 변증가의 방식으로 성경을 자세히 설명하는 사람을 상상하도록 한다.[41] 이 글들이 디아스포라 유대교가 폭넓은 헬레니즘 종교 및 철학과 대면한 방법의 실례를 제공하여 기독교 변증의 본보기와 대안을 보여주기 때문에, 왜 아볼로가 어느 정도 양면성을 지닌 인물로 신약에 등장하고, 일부가 히브리서를 그의 저작으로 보는지 쉽게 이해할 수 있다.[42]

아볼로가 어느 정도 기독교 주류의 경계에 있는 인물[43]이라는 인상을 이곳의 묘사가 확인해준다(18:25-26). 그는 "주의 도를 배웠고(문답식으로 배웠고)",[44] "성령으로 빛이 났으며", "예수 그리스도의 전승을 정확하게 말하고 가르쳤다"(비교. 28:31). 그러나 그는 단지 "요한의 세례"만 받았고, 그가 배운 "주의 도"는 세례 요한에 따른 전승의 추가 영향을 시사한다.[45] 그리고 주의 도에 대한 그의 지식은 완전히 정확하지는 않았다. 여기서 함의는 예수에 대한 그의 지식이 예수의 죽음과 부활 이전의 예수 사역("갈릴리 복음")에 관한 소식에서 비롯되었다는 것이다. 어쩌면 예수와 세례 요한의 사역(요 3:26)이 중복되는 기간에서 비롯되었을 수도 있다.[46] 그는 예수가 제기한 도전에 반응했는데, 첫 제자들이 한 방식대로, 즉 세례 요한이 도입한 세례를

---

41) "정확하게 이런 조건을 가진 알렉산드리아 유대인이…필론의 영향을 벗어날 수 있었다고 상상하기는 어렵다"(Murphy-O'Connor, Paul, 275).

42) Kümmel, Introduction, 402에 있는 참고문헌; Schnelle, History, 367.

43) 비교. 예. Jervell, Apg., 470 n. 376에 언급된 내용.

44) 어디에서 누구에게 배웠는지에 대한 암시는 전혀 주어지지 않았다. 그러나 베자 사본(D)은 아볼로의 고향인 알렉산드리아에서 가르침이 있었다고 덧붙였다. Barrett가 언급했듯이, 이는 "결코 불가능하지 않다. 알렉산드리아에 아주 큰 유대인 공동체가 있었고, 그 도시와 예루살렘을 오가면서 새로운 신앙을 받아들이고 전파에 관심이 있는 다수의 유대인이 틀림없이 있었을 것이다"(Acts, 2.888).

45) 비교. 막 1:3 병행구들. 에베소에서 "그 도"에 부여된 중요성은(18:25-26; 19:9, 23) 세례자 전승의 폭넓은 영향력을 의미하는가? 그러나 "그 도"는 새 운동의 초기 묘사였다. 위 §20.1(14)을 보라.

46) Jesus Remembered, 350-55을 보라. 그러나 요한의 세례만을 아는 것(18:25)은 그가 실제로 세례자의 제자였다는 의미는 아니다. "요한의 세례"는 예수의 이름으로 주는 세례와 구별되는 회개의 세례에 대한 총체적 묘사로 쓰였을 수 있다.

받음으로써 반응했다. 불확실한 점이 무엇이든지 간에, 누가의 묘사는 요한의 세례가 누가에게는 복음의 시작, 즉 단지 시작이라는 표지였음을 확인한다.[47]

아볼로 같은 사람이 틀림없이 많았을 것이다. 즉 예루살렘에서나 헬라파를 통해서나 바울의 선교에서 선포되기 시작한, 예수와 복음의 초기 형태 내지 불완전하거나 왜곡된 내용을 듣고 반응한 남녀들 말이다. 기독교 같은 운동의 초기에는, 규정하는 특징들과 경계들이 나중에 뒤돌아보며 인정하는 것보다 언제나 덜 독특하다. 기독교의 정체성과 특징 및 경계를 명확히 하는 일은 바울과 누가의 주요 역할과 성과 가운데 하나다. 핵심 질문은 그런 개인들을 이미 온전한 제자였다고 여겨야 하느냐, 아니면 그들의 부족함을 어떻게 교정해야 하느냐다. 이 이야기와 다음 이야기에서 누가는 자신의 답을 준다. 아볼로의 경우 중요했던 것은, 예수 전승에 대한 그의 가르침이 정확했고, 세례 요한과 관련된 세례를 받았으며, 회당에서 담대하게 연설했다는 점이다.[48] 그러나 결정적인 고려사항은 어쩌면 그가 "성령으로 빛이 났다"는 점이다.[49] 따라서 그는 몇몇 가르침만이 추가로 필요했다. 이어지는 이야기의 "제자들"과는 달리, 그는 분명 예수 그리스도의 이름으로 세례받을 필요가 없었다. 성령의 은사로 보완된 요한의 세례

---

47) 비교. 1:22; 10:37; 13:24-25.

48) 비교. 9:27-28; 13:46; 14:3; 19:8.

49) Zeōn tō pneumati는 BDAG, 426과 주요 영어 번역에서처럼(Shauf, Theology as History, 138 n. 62), "불타는 열심을 가진"이란 뜻인가, 아니면 크리소스토모스와 많은 주석가가 주장하듯(Shauf, 138 n. 63) "성령으로 빛나는"을 의미하는가? 성령에 대한 언급이 의도되었다고 보는 것은, 바울이 롬 12:11에서 똑같은 표현을 사용한 것에 비추어볼 때 개연성이 있어 보인다. 누가는 개인 안에서 그리고 개인을 향한 성령의 활동을 묘사하는 데 다른 표현을 사용하기 때문에, 그는 어쩌면 그 표현을 그 이야기에 관해 자신이 들은 전승/전갈에서 가져왔을 것이다(필자의 Baptism, 88; 또한 70; Haenchen, Acts, 550 n. 8; Lüdemann, Early Christianity, 209; Bruce, Acts, 402; Barrett, Acts, 2.888을 보라). 담대하게 말하기(parrēsiazesthai)는 누가가 바울과 관련시키는 것이고(행 9:27-28; 13:46; 14:3; 19:8; 20:26), 어쩌면 바울의 정서도 반영하는 듯하다(비교. 살전 2:2; parrēsia, 고후 3:12; 7:4; 빌 1:20; 골 2:15; 몬 8). 연설할 때 성령이 그런 담대함을 주신다는 바울의 가정은 롬 15:18-19; 고전 2:4; 고후 3:12(문맥에서); 4:13; 살전 1:5을 보라.

로 충분했다. 첫 제자들의 경우에서처럼 말이다(1:5).[50] 그에 반해, 다음 이야기에서 바울이 만났던 열두 사람은 성령을 조금도 알지 못했기 때문에 모든 입교 절차를 통과해야 했다(19:2-6). 이 두 경우에서 성령의 현존과 부재가 결정적이었다. 이 논제에 관한 브리스길라와 아굴라의 평가는 바울의 평가와 같다. 다시 한번 더 누가에게는 성령의 오심이 회심과 입교 그리고 기독교적 정체성에 있어 중심적이고 가장 중대한 요인이었다.[51]

누가가 잘 알고 있었듯이(18:26-28), 아볼로가 에게해 지역 선교에서 두드러진 인물이 되었기 때문에, 그 이야기는 그 이상의 역할을 한다. 고린도전서에서 아볼로는 바울과 관련하여 불만의 초점이 되었는데, 말하자면 바울 역의 존 웨슬리와 조지 휘트필드의 관계와 비슷하다.[52] 다시 말해서, 아볼로의 경우에 중심에서 벗어났거나 초점을 잃은 기독교가 발전할 실제적인 위험이 존재했는데, 이는 특별히 바울에게 분명히 부족했던 수사학적 기교가 그에게 있었기 때문이다.[53] 따라서 누가에게는, 성령 안에서의 열정과 예수에 관한 정확한 지식에도 불구하고, 아볼로가 여전히 "하나님의 도"를 배워야 했고(18:25-26) 결국 배웠음을 이야기하는 것이 중요했다.

아볼로가 지닌 성령의 열정 그리고 바울 단체의 탁월한 구성원인 브리스길라와 아굴라가 아볼로를 가르쳤다는 내용은, 아볼로가 바울의 선교에 제기한다고 생각할 수도 있는 어떤 도전과 위험을 진정시켰다.[54] 주장된 요점은 에게해 지역에서 확립된 기독교가 바울과 바울 단체의 기독교라

---

50) Lüdemann은 병행으로 설정된 두 이야기에서 아볼로가 단지 가르침을 통해 성령을 받았다고 추론할 때 요점을 놓쳤다(Early Christianity, 211). 비슷하게 Jervell도 "누군가 요한의 세례만을 받았다면, 그는 성령을 모른다"라고 주장하며 요점을 오해한다(Apg., 470, 475).

51) 행 2:38; 8:15-17; 9:17; 10:44-47; 11:15-17; 19:2-6에서처럼. 필자의 Baptism, 90-102을 보라.

52) 고전 1:12; 3:4-7; 4:6. 추가로 아래 n. 203을 보라.

53) 비교. 행 18:24, 28; 고전 1-4장; 고후 10:10.

54) 비교. 고전 1:12; 3:4-7; 4:6-7. M. Wolter, 'Apollos und die ephesinischen Johannesjünger (Act 18:24-19:7)', ZNW 78 (1987), 49-73은 누가의 묘사가 고린도에 있던 바울과 아볼로의 경쟁을 반영하고 성령을 전하는 권위가 온전히 바울에게 속했음을 명확히 한다고 논증한다.

는 것이다.[55] 고린도전서 16:12은, 브리스길라와 아굴라가 매우 가까이 있었다는 것과 더불어(고전 16:19), 그 이후 바울이 정말로 아볼로를 동료로 여겼음을 확인한다.

이곳의 서술은 어쩌면 궁극적으로 브리스길라와 아굴라, 심지어는 아볼로에게서 유래했을 것이다.[56] 누가가 아볼로의 예외적인 지위를 자신이 한 대로 불명확하게 남겨두려고 했다는 사실은, 누가가 자신이 들은 그대로 이야기를 전했음을 시사한다. 비록 그 이야기가 새 운동의 기원이 온전히 예루살렘 중심이었다고 자신이 제시한 내용과 어느 정도 상충하지만 말이다. 그리고 아볼로가 다소 "난데없이" 등장했지만, 에베소의 "형제들이" 고린도로 보낸 추천서(18:27)에 관한 누가의 설명을 의심할 아무런 이유가 없다. 분명히 그런 추천서는 신자가 곳곳을 여행하며 일반적 관습이 되었고,[57] 흩어진 교회를 하나의 정체성으로 결속하는 주요 수단이 되었다. 고린도와 아볼로의 관련을 부인할 이유도 전혀 없다.[58] 고린도전서 1-4장에서 바울이 그것을 매우 강력하게 확인했고, 거기에 아볼로가 보여준 말의 능력과 효과가 역시 분명하게 암시되었기 때문이다. 누가는 아볼로가 그곳에서 신자를 도운 방법이 메시아가 예수라는 중심 주제(17:3과 18:5에서처럼)에 관해 고린도에서 유대인을 격렬하게 논박한 것이라고 말한다. 여기서 다시 언급할 수 있는 것은, 비록 고린도 교회가 이미 회당에서 분리되어 세워졌지만, 교회와 회당 사이에 예수와 메시아에 대한 예언에 관해 상당한 토론이 진행되었음을 예상할 수 있다는 것이다. 비록 "공개되고 대중적으로" 진행되었지만 말이다. 갈리오가 옳았다. 이것은 여전히 유대교 종파였고 유대인 내부의 논쟁이었다.

---

55) Jervell, *Apg.*, 472.
56) "전체적으로 행 18:24-28은 전혀 역사로 신뢰할 수 없다"는 Becker와 대조하라(*Paul*, 153).
57) 롬 16:1; 골 4:7-17; 비교. 고후 3:1. 또한 위 §30.8을 보라.
58) 아볼로에게 고린도로 가라고 제안한 사람은 원래 "에베소에 머물렀던 몇몇 고린도 사람"이었다고 말하는 베자 사본(D)에 있는 설명에 관해서는, Metzger, *Textual Commentary*, 467-68; Barrett, *Acts*, 2.890-91을 보라.

f. 성령을 받지 않은 제자들(행 19:1-7)

[1]아볼로가 고린도에 있을 때에 바울이 윗지방으로 다녀 에베소에 와서 어떤 제자들을 만나 [2]이르되, "너희가 믿을 때에 성령을 받았느냐?" 이르되, "아니라, 우리는 성령이 계심도 듣지 못하였노라." [3]바울이 이르되, "그러면 너희가 무슨 세례를 받았느냐?" 대답하되, "요한의 세례니라." [4]바울이 이르되, "요한이 회개의 세례를 베풀며 백성에게 말하되, '내 뒤에 오시는 이를 믿으라' 하였으니, 곧 예수라" 하거늘, [5]그들이 듣고 주 예수의 이름으로 세례를 받으니, [6]바울이 그들에게 안수하매 성령이 그들에게 임하시므로 방언도 하고 예언도 하니, [7]모두 열두 사람쯤 되니라.

비록 누가가 두 이야기(아볼로와 열두 "제자들" 이야기)를 연결하려고 전혀 노력하지는 않지만, 그 두 이야기가 정말로 서로 연관이 있다는 함의와 더불어 누가에게 왔다는 결론을 피하기는 어렵다. 둘 다 에베소를 배경으로 두며, 두 이야기에 "주의 도"에 대해 불완전한 가르침을 받은 옹호자 혹은 더 나은 가르침이 필요한 "제자들"이 등장한다. 또한 그들 모두에게 "요한의 세례"는 분명히 그들이 믿음을 수용한 순간이었다. 아볼로는 이미 성령을 받았기에, 예수의 이름으로 세례받을 필요가 없었고(18:25-26), 반면 성령을 받지 못한 다른 이들은 새로운 개종자처럼 대우받았다(19:2-6). 이것이 이 두 이야기의 주요 차이점이다.[59] 추론할 수 있는 점은 브리스길라와 아굴라가 아볼로를 추가로 가르치기 전에, 성령 충만한 아볼로의 설교로 인해 열두 사람이 신앙을 가졌다는 것이다. 비록 그들에게 성령에 관한 지식이 부족했다는 선언(19:12)이 대부분의 가설에서 놀라운 점이기는 하지만 말이다. 가장 괜찮은 추측은 어쩌면 그들이 유대인도 하나님을 경외하는 자도 아닌 주변부 이방인으로서, 모든 유대인 및 거의 모든 하나님을 경외하는 자

---

59) 다시 필자의 *Baptism*, 83-87; 또한 Bruce, *Acts*, 406-407; Schnabel, *Mission*, 1216-17을 보라.

(그리고 세례자의 말을 들은 자들)가 하나님의 영과 관련하여 당연하게 받아들였을 내용을 알지 못했다는 것이다.[60]

다시 한번 누가의 서술의 모호함과 그로 인한 난제(어떻게 "제자들은"[19:1] "성령이 계심도 듣지 못했는가", 19:2)는, 누가가 자신의 목적에 맞춰 꾸며냈다기보다 오히려 자신이 받은 내용을 그대로 전했음을 시사한다. 확실히 그 이야기는 누가의 주 관심사 중 하나에 이바지하는데, 기독교의 정체성을 결정하는 데 핵심 요인인 성령의 은사에 대한 기록으로 뒷받침한다 (19:2-6).[61] 그러나 그것이 어쩌면 그런 예외적인 이야기를 누가가 창작했다는 증거라기보다는 오히려 누가가 그 이야기를 포함한 이유일 것이다. 사도행전 19:2에서 묘사한 바울의 관심사는 갈라디아서 3:2에 암시된 그의 우선순위와 온전히 같은 종류다.[62] 더욱이 새 개종자에게 가시적으로 임한 성령의 현현(19:6)은 결코 누가만의 주제가 아니다(8:18; 10:46). 비록 누가나 바울도 그런 현현이 불가피하다거나 한결같다거나, 아니면 반드시 특정한 형태로 드러난다고 암시하지는 않았지만, 바울은 자신의 개종자들에게서 그런 현현을 분명하게 목격했다.[63] 그러나 대체로 누가 이 이야기를 처음 했든지 간에, 그 사람은 바울에게서 직접 들었거나 그를 매우 잘 아는 사람이었을 것이라는 결론을 피하기 어렵다.

---

60) 추가로 Shauf, *Theology as History*, 105-10, 144-61을 보라. 에베소 "제자들"의 수수께끼와 관련한 참고문헌은 예로 Bruce, *Acts*, 406과 필자의 *Baptism*, 84을 보라. Jervell(*Apg.*, 477-78)은 "바울이 그 종파를 자기편으로 만들었다"는 Hanchen의 언급을 시대착오적이라고 올바르게 반대한다(*Acts*, 557). Trebilco는 기원후 52년경 에베소에 세례 요한을 따르는 자들이 있었다는 점에 상당한 개연성이 있다고 생각한다(*Early Christians*, 130-32). 비록 열두 사람이 아볼로 때문에 제자가 되었다는 사실과 이것이 어떤 연관이 있는지 분명하지 않지만 말이다.

61) 누가는 바울로 하여금 "너희가 믿을 때 성령을 받았느냐?"(19:2)는 중대한 질문을 하게 해서 그 내용을 강조한다. 세례에 관한 질문은 그 질문에 부수적이다(19:3). 성령이 없는 제자도는 용어상 자명하게 모순이다. 위 n. 51을 보라.

62) 행 19:2, "너희가 믿을 때 성령을 받았느냐?"; 갈 3:2, "너희가 성령을 받은 것이 율법의 행위로냐 혹은 듣고 믿음으로냐?" 바울에게도 한 사람이 성령을 받음으로써 그리스도의 구성원이 된다(롬 8:9; 고전 12:13; 갈 3:2-3). 추가로 필자의 *Theology of Paul*, §16을 보라.

63) 비교. 롬 15:18-19; 고전 1:4-5; 갈 3:5; 4:6.

열두 "제자" 이야기에 있는 또 다른 두 가지 전제에 대해 언급할 필요가 있다.[64] 첫째로 제자/신자의 지위는 세례를 전제한다. 바울이 한 질문의 순서는 이를 잘 보여준다. "너희가 믿을 때에 성령을 받았느냐?" 받지 않았다면, "너희가 무슨 세례를 받았느냐?"(19:2-3) 둘째로 예수의 이름으로 받는 세례는 보통 예수를 믿으라는 요청에 대한 반응의 일부이며 성령의 은사로 절정에 이른다(2:38; 19:5-6).[65] 안수에 관해서(19:6) 함의된 점은, 안수가 유익한 보조 수단으로 보인다는 것이다. 특별히 일반적이고 더 단순한 절차(회개/믿음 그리고 세례)가 어떤 이유로 "작용"하지 않았을 때 말이다(8:17에서처럼). 그러나 누가는 안수를 모든 경우에 따라야 할 규범으로 묘사하려고 애쓰지 않았고, 바울도 그 주제를 전혀 다루지 않았다.

32.2 에베소에서 교회 설립

누가에 따르면 바울은 52년 말이나 53년 초에 에게해 지역의 선교로 돌아올 때 성령이 이전에 막으신 길을 따라왔다(16:6). 그 길은 아나톨리아 고지대를 통과하여 에베소로 내려가는 길인데(19:1), 리쿠스(Lycus) 계곡과[66] 메안데르(Meander) 계곡을 지나거나 혹은 그 옆의 더 북쪽에 있던 카이스트로스(Cayster) 계곡을 거치는 경로였다.[67] 에베소는 카이스트로스 계곡 어

---

64) 누가는 실제로 "모두가 열두 사람쯤(hōsei) 되니라"라고 말한다(행 19:7). 따라서 그는 그들을 어떤 면에서 "열두 제자"와 동등한 종류의 사람으로 받아들였을 가능성은 거의 없다. 그렇지 않다면, hōsei를 사용하지 않았을 것이다.

65) 행 8:14-17과 10:44-48을 포함해서 누가가 제공한 다양한 서술이 세례를 통해 성령이 주어졌다는 누가의 신념을 의미한다고 볼 여지는 전혀 없다. Fitzmyer가 "그 이야기는 기독교 세례가 성령 세례라고 강조한다"(Act, 642)라고 말한 것이나, Jervell이 "요한의 세례와 예수의 세례의 차이가 성령 받음에 있다"(Apg., 475)라고 말한 것은, 단순히 누가의 서술(눅 3:21-22)을 부정확하게 옮긴 것이다. 다시 필자의 Baptism, 90-102을 보라.

66) 그 경로는 어쩌면 골로새를 포함했을 것이다(비교. 골 2:1). 비록 통과만 했겠지만 말이다.

67) Hemer는 ta anōterika merē("위쪽 지방, 내륙")가 자이스테르 계곡 옆 오르막길로 에베소에 이르는 횡단 지역을 언급했을 가능성이 크다고 생각한다(Book of Acts, 120).

귀 근방에 있었다. 갈라디아와 브루기아를 통과한 그의 이전 초기 여행에서 바울이 에베소를 근거지로 삼으려고 했든 아니든 간에, 고린도에서 볼 때 에게해 맞은편에 위치한 에베소는 분명히 에게해 지역 선교의 두 번째 국면의 중심지였다. 사도행전 18:19-21에서 언급된 첫 방문을 통해 바울은 그 잠재성을 확인할 수 있었고, 그곳을 새로운 선교 근거지로 삼으려는 그의 욕구를 자극했을 것이다.

a. 에베소

로마 제국 초기의 격동기가 지난 후, 아우구스투스는 에베소를 아시아 지방의 수도로 택했다.[68] 카이스트로스강 어귀 가까이에 자리잡은 에베소는 육로나 해로 모든 면에서 전략적인 곳이었고, 여행의 주요 중심지였다. 또한 고대 페르시아 서쪽 끝에 위치했기에 중요했을 뿐 아니라 유프라테스강에서 여전히 많이 이용하는 무역 경로다. 스트라본(Strabo)은 에베소를 소아시아에서 타우루스(Taurus) 서쪽의 가장 큰 상업 중심지로 여겼다(Geog. 14.1.24).[69] 더욱이 잠재적으로 가장 큰 경쟁자인 버가모의 위치와는 달리, 에베소의 위치는 그 지역에서 제국의 존재감을 드러내는 중심지로서 확장될 만한 탁월한 기회를 제공했다. 아니나 다를까 그 이후 아우구스투스의의 통치 중에 에베소는 로마의 평화(pax Romana)가 가져다준 총체적 번영으로 인해 혜택을 받았고, 엄청난 성장을 경험했으며, 당시의 명문에 사용한 "아시아의 첫 번째이자 가장 위대한 대도시"라는 매우 고귀한 칭호를 부여

---

68) 이어지는 내용에서 필자는 특별히 Trebilco, *Early Christians*, 1장과 R. E. Oster, 'Ephesus', *ABD* 2.542-49에 의존했다. 또한 P. Scherrer, 'The City of Ephesos from the Roman Period to Late Antiquity', in Koester, ed., *Ephesos*, 1-25(여기서는 5-8); Murphy-O'Connor, *Paul*, 166-71; Schnabel, *Mission*, 1206-14을 보라. 자세한 참고문헌은 Shauf, *Theology as History*, 127-28 n. 9에 있다.

69) Oster, 'Ephesus', 543.

받았다.[70] 송수로가 건설되고, 도로가 (재)포장되었으며, 시장 지역은 확장되고, 기념물과 조각상도 세워졌으며, 신전이 봉헌되고 좋은 건물도 많이 세워졌다. 이 모두는 그 도시가 로마화되었음을 보여준다. 로마 시대 동안 그 도시의 인구는 보통 20만에서 25만 명으로 추정되며,[71] 이는 에베소를 로마와 알렉산드리아의 뒤를 이어 세 번째로 큰 도시로 만든다.

또한 에베소는 종교의 중심지로서 타의 추종을 불허했다. 그곳은 많은 종교 집단의 고향이었으나,[72] 모든 종교를 지배한 종교 집단은 아데미 숭배였다. "다른 어떤 것보다 에베소의 아데미 숭배 집단은 우리가 다루는 시기의 에베소를 종교생활의 중심지로 만들었다"[73]("에베소 사람의 아데미", 행 19:28, 34). 그리고 물론 사도행전 19:23-41이 분명히 암시하듯이, 그 영향은 도시의 시민과 경제 및 문화생활로 깊이 뻗쳤다. 아데미 신전인 아르테메시움(Artemesium)은 도시의 성벽 밖에 위치했고, "전 지역의 장식품"(IvEph 18b.1-3)으로서 세계 7대 불가사의로 널리 알려졌다. 그 장엄함은 아데미를 향한 에베소의 헌신을 나타낼 뿐만 아니라, 여신숭배의 주 관리인에게 부여된 특권과 번영의 증거였다.[74] 누가가 "에베소 시민들아, 에베소시가 큰

---

70) Trebilco는 예로 IvEph 647, 1541, 1543을 언급하고 또한 Oster, 'Ephesus', 543을 언급한다.

71) L. M. White, 'Urban Development and Social Change in Imperial Ephesos', in Koester, ed., Ephesos, 27-79은 180,000에서 200,000으로 추정한다(41-49).

72) Oster는 에베소의 종교 집단들을 표로 요약한다('Ephesus', 548). 또한 NDIEC, 6.196-202 그리고 S. Friesen과 J. Walters의 소논문을 각각 Koester, ed., Ephesos, 229-50과 281-309에서 보라.

73) Trebilco, Ephesus, 19; 추가로 19-30을 보라. 아데미가 다산의 여신으로 공경받았느냐는 논란이 많은 논제에 관한 그의 간단한 논의(22-23)와 또한 그의 이전 'Asia', BAFCS, 2.291-362(여기서는 316-50)을 주목하라. Fitzmyer는 또 다른 에베소 비문을 인용한다. "우리 도시의 지도자인 아데미 여신이 자신의 신적인 본질을 통해 모든 도시 가운데 최고로 저명하게 만든 자기 고향에서뿐만 아니라, 그리스인과 야만인에게도 존경을 받았다…"(Acts, 658-59). 또한 L. R. Taylor, 'Artemis of Ephesus', in Lake and Cadbury, Beginnings, 5.251-56의 이전 언급과 추가로 NDIEC, 4.74-81을 보라.

74) Trebilco(Ephesus, 20)는 풍자 시인인 시돈의 안티파테르(Antipater of Sidon)를 인용한다. "나는 바빌론의 벽을 보았는데, 거기엔 마차 길, 알파이오스가 만든 제우스상, 하늘 정원, 태양의 거상, 높은 피라미드라는 거대한 작업, 마우솔로스(Mausolus)의 거대한 무덤이 있었다. 그러나 구름에 이르는 아데미의 집을 보았을 때, 다른 경이로운 것들은 그 현란함을 잃

아데미와 제우스에게서 내려온 우상의 신전지기(neōkoros)가 된 줄을 누가 알지 못하겠느냐?"(19:35)라고 시작하는 말로 폭도를 진정시키는 에베소시의 서기장을 언급했을 때, 에베소가 아데미 신전에 부여한 자부심을 그가 얼마나 잘 알고 있었는지를 보여준다.[75] 우리는 아데미를 기념하는 두 주요 연례 축제를 안다. 곧 3-4월에 열린 아르테메시아와 5-6월에 더 성대하게 열린 아데미의 탄신을 축하하는 날이다. 이는 시합과 행진 및 연회로 특징지어지며, 이 둘은 그리스어를 사용하는 여타 지역에서 숱한 방문객을 끌어들였다.[76] 신전에 축적된 부는 그 양이 믿기 어려울 정도였을 것이며, 디오 크리소스토모스가 확인했듯이(Or. 31.54), 아데미 신전은 다수의 부유한 시민에게 안전한 예금 은행 역할을 했다.[77]

그에 못지않게 중요하고 정치면에서 훨씬 더 유의미한 일은 에베소의 황제숭배였다. 이미 기원전 29년에 아우구스투스는 신성한 구역을 여신 로마(Dea Roma)와 율리우스 카이사르(Divus Iulius)에게 헌정할 권리를 승인했다(Cassius Dio 51.20.6-7). 에베소는 버가모와 서머나에 이어 그리고 이후 도미티아누스가 통치하던 기간(기원후 89/90년)에만 지방의 황제숭배(통치하는 황제에게 헌정됨)를 확립하도록 허가받은 아시아의 세 번째 도시이지만, 여타 황제 가족의 구성원 숭배와 수많은 축제, 황제숭배와 관련된 행진과 시

있다. 내가 말하길, '아, 올림포스를 제외하고, 태양은 결코 그렇게 거대한 것을 보지 못했다'"(*The Greek Anthology*, 9.58).

75) 신전지기(neōkoros)는 아시아에서 특별히 황제숭배를 위한 공식 신전을 건설하는 명예를 부여받은 도시들의 명칭이 되었으나, 그것은 여기에서처럼 아데미 신전지기인 에베소에 대해 특징적으로 사용되었다(Hemer, *Book of Acts*, 122 n. 60; Fitzmyer, *Acts*, 661; BDAG, 670; 또한 Sherwin-White, *Roman Society*, 89 n. 4을 보라). 이 연설에 따르면, 에베소는 "하늘에서 떨어진 것(*diopetēs*)"의 지기이다(19:35). 비록 당시에 그 용어가 많은 유방을 가진 아데미의 이미지가 하늘에서 기원했음을 의미하는 것으로 확장되었을 수도 있지만, 운석이 성물이 되었다는 것 역시 이해할 만하다(Lake and Cadbury, *Beginnings*, 4.250; Bruce, *Acts*, 420; Trebilco, 'Asia', 351-53; BDAG, 250-51). 어느 쪽이든 그 암시는 "손으로 만든" 우상에 대한 바울/유대인의 거부(19:26)를 반박한다는 의미로 볼 수도 있다(Lake and Cadbury, 4.250).

76) C. Thomas는 제국의 에베소에 있던 외국인에 관해 상당히 흥미로운 비문 목록을 편찬했다('At Home in the City of Artemis', in Koester, ed., *Ephesos*, 66-79).

77) 추가로 Trebilco, *Ephesus*, 25-26을 보라.

합을 포함하여 에베소가 즐긴 황제숭배는 그 양상이 다양했다. 에베소 거
주자가 황제숭배를 모르거나 영향받지 않을 수는 없었다.[78] 더욱이 황제숭
배가 아데미 숭배의 경쟁자 내지 그 반대로도 결코 여겨지지 않았음을 인
식하는 것이 중요하다. "아데미의 신비 의식을 맡았고" 1세기 중반부터 "도
시를 통치하는 계층의 일부가 된 쿠레테스(Kouretes)"가 있었음을 우리는 아
는데, 이들은 "스스로를 일관성 있게 '유세베이스(eusebeis)'뿐만 아니라 '필
로세바스토이(philosebastoi)'",[79] 즉 신성한 황제숭배에 충성하는(아니면 책임지
는) 자라고 불렸다.[80]

　아시아의 많은 다른 도시처럼 에베소에도 유대인이 많았다.[81] 이미 기
원전 3세기에 유대인들이 정착했다는 표시가 있고, 요세푸스는 바울이 방
문하기 1세기 전부터 에베소의 유대인을 위한 군 복무 면제, 집회 권리, 자
신들만의 의식과 관습을 유지할 수 있도록 허락하는 허가와 성전세 부과
를 포함하여, 합의되고 정기적으로 재확인된 특권과 권리들을 애써 나열
했다.[82] 요세푸스가 공식적으로 보증된 유대인의 권리를 기록하려고 그

---

78) §29 n. 124, 125을 보라. "황제숭배는 공동체의 생활에 스며들었다.…황제숭배는 자주 그리
고 다채로운 형태로 조우하는 도시 생활의 측면이었다"; "황제숭배는 아시아 도시의 모든
혹은 대부분의 측면에 관여했다.…그 정도로 효과적인 의미를 띤 상징체계는 없었다"; "축
제의 활력, 도시 전역에 퍼진 황제숭배, 제국 신전의 중요성, 이 모두가 폭넓은 참여를 의미
한다"(Trebilco, *Ephesus*, 34-35, 37. 여기에 S. J. Friesen, *Imperial Cults and the Apocalypse of
John: Reading Revelation in the Ruins* [New York: Oxford University, 2001], 75, 126, 128이
인용된다).

79) Trebilco, *Ephesus*, 36. 여기에 G. M. Rogers, 'The Mysteries of Artemis at Ephesos', in H.
Friesinger, ed., *100 Jahre Österreichische Forschungen in Ephesos. Akten des Symposions Wien
1995* (Vienna: Österreichischen Akademie der Wissenschaften, 1999), 241-50(여기서는
247-50)이 인용된다.

80) *Sebastos* = 라틴어 Augustus. 이것이 황제의 칭호가 되었다. 또한 Price, *Rituals and Power*,
62-65을 보라. 또한 Price는 "Sebastoi가 황제에게 직접 제사하는 직설적 성격을 피하는 중요
한 방법으로 기여한 것으로 보인다"라고 언급한다(216).

81) Schürer, *History*, 3.22-23; 그러나 놀랍게도 *NDIEC*, 4.231-32은 에베소에 유대인이 있었음을
보여주는 비문 증거를 거의 언급하지 않는다.

82) Josephus, *Ant.* 14.223-30, 234, 237-40, 262-64, 304-305, 313-14; 16.58-65, 167-68, 172-73.
또한 Philo, *Legat.* 315을 보라. 추가로 Schürer, *History*, 3.129-30; Levinskaya, *BAFCS*, 5.143-
48을 보라.

렇게 수고했다는 사실은 에베소 당국자가 그 권리에 종종 이의를 제기했고, 유대인에게 재가된 특권으로 인한 긴장이 지속되었다는 점뿐만 아니라, 이의가 제기되었을 때 그 권리를 보장해줄 만큼 중요하고 부요하며 유력한 구성원들이 있었다는 점도 시사한다. 이와 관련하여 언급해야 할 것은, 에베소의 일부 유대인이 로마 시민권을 소유했고, 그들 중 다수가 틀림없이 그 도시의 공공 그리고 상업적 측면에서 중요한 역할을 담당했을 것이다. 비록 에베소에서 회당이 아직 하나도 발견되지 않았지만, 한 개 이상의 회당/모임 장소가 있었다는 것은 "그들의 율법에 부합하는 신성하고 거룩한 의식을 위한 모임"(Josephus, *Ant.* 14.227)을 허락받았다는 사실로 암시된다. 로마 시대의 명문 역시 회당장들(archisynagōgoi)과 장로들을 언급한다.[83] 따라서 에베소에 적어도 하나의 회당이 있었다는 누가의 증언을 의심할 이유가 전혀 없다(행 18:19, 26; 19:8).

현대 고고학의 관점에서, 오늘날 대부분의 방문자에겐 바울과 관련된 장소나 요한계시록의 교회 가운데 에베소가 가장 흥미롭다. 에베소의 많은 신전과 구조물은 바울 시대 이후의 것이지만, 그가 경험한 그 도시의 느낌을 아직도 상당히 얻을 수 있다.[84] 도시 위아래 지역을 연결하는 주요 간선도로 중 두 개가 잘 보존돼 있고, 아우구스투스 치하에서 상당히 발전된 위쪽 광장에 이르며 더 최근에 발굴된 쿠레테스(Curetes) 거리 양쪽 거주지는 초기 수백 년 간 있던 주택에 관한 지식을 획기적으로 증대시켜주었다. 특별히 눈에 띄는 점은 아래쪽 상업 광장이 극장에 가깝다는 사실인데, 이로 인해 사도행전 19:29에 묘사된 사건의 순서(군중이 가장 가까운 열린 공간에서 극장으로 몰려든 것)를 쉽게 상상할 수 있다.[85]

---

83) Schürer, *History*, 23. 추가로 Trebilco, *Ephesus*, 43-49을 보라.
84) Oster는 주요 발굴과 복원에 관해 유용하게 요약한다('Ephesus', 544-48).
85) 그 극장에는 24,000명이 들어갈 수 있었다. Deissmann은 에베소 시민 총회(ekklēsia)가 그 극장에서 열렸다고 추정하는 듯한 명문을 인용한다(*Light*, 112-13). 또한 Bruce, *Acts*, 418-19을 보라.

b. 바울의 두 번째 선교 중심지

에게해 지역 선교의 중요한 두 번째 국면을 시작하는 바울에 대한 누가의 묘사는 많은 아쉬움을 남겼다. 첫 에베소 방문(18:19-21)은 당연히 짧았다. 그러나 바울이 동쪽에 없었기 때문에 아볼로를 보지 못했다는 사실은, 이후 몇몇 고린도 사람에게 바울보다 아볼로가 더 존경받을 만한 독립적 인물이라는 느낌을 더욱 강화했다.[86] 그리고 바울과 열두 "제자"의 만남에 대한 서술은 (§32.1f), 비록 장소가 에베소이지만, 이후 그곳에서 바울이 진행한 선교와 이상할 정도로 관련이 없다. 열두 사람은 이내 에베소 회당에서 독립한 교회로 통합되었는가?(19:9) 누가는 왜 그 이야기를 그렇게 분리했는가?

그러나 어쩌면 바울의 모든 사역 중에서 가장 중대하고 성공적이었던 것을 누가는 간결하게 묘사했는데, 이는 누가의 전형적인 방식이다(행 19:8-10). 분명 누가는 가장 간단한 개요로서 그 내용을 제시하는 것에 만족했다. 곧 회당 내의 분립과 또한 지역 사회에 더 참여한 독립 교회의 출현에 집중했다. 훌륭한 이야기꾼의 본능을 가진 누가는, 이어지는 생생한 에피소드가 최초의 에베소 기독교에 대한 서술을 보강한다는 점을 알았다.

그러나 회당에서의[87] 설교와 회당의 반대가 반복되지만, 누가의 글이 몇몇 중요한 변경내용을 담고 있다는 사실은 언급할 만한 가치가 있다. 18:20에서 이미 조짐이 드러난 잠재적으로 동정적인 반응이 확인된다. 길게는 3개월 동안 바울은 말씀을 담대하게 선포할 수 있었다. 그러나 놀랍게도, 하나님을 경외하는 이방인은 전혀 언급되지 않는다. 다른 회당에서 선포했던 이전과는 다르게,[88] 누가는 여기서 다수의 회중을 특징짓는, 메

---

86) 아래 §32.3a를 보라.
87) 바울의 설교의 주제가 "하나님 나라"인 것은, 모 공동체의 기본적 가르침(행 1:5) 및 헬라파 선교(8:12) 그리고 바울의 선교 전체(14:22; 19:8; 20:25; 28:23, 31) 간의 연속성을 유지하기 위해 누가가 사용한 방법 중 하나다.
88) 행 13:50; 14:2; 17:5, 13.

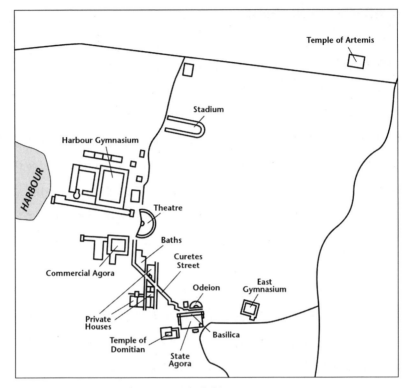

┃ 에베소

시지를 향한 개방성을 시사한다. 3개월이 지나서야 "일부"("그 유대인들"이 아
님)에서 반대가 일어났다. 실제로 그 "일부"는 공동체 전체에서 분명히 소
수였다.[89] 만일 누가가 바울의 복음과 "그 유대인들" 사이의 완전하고 회복
불가능한 단절을 묘사하길 원했다면,[90] 그는 유대 디아스포라의 지중해 중

---

89) 누가의 이야기에서 디아스포라 회당의 유대인들의 반대가 어떻게 덜 가혹하게 되는 듯하
   게 보임을 주목하라. 첫 번째로 고린도에서(18:4)(Barrett가 말한 대로, 고린도에서 회당을
   떠난 뒤, 유대인은 18개월이 더 지난 후에야 바울에게 심각한 행동을 취했다. 18:11-12; *Acts*,
   2.902), 그다음엔 에베소에서 그랬다. 따라서 마지막으로 로마의 유대인의 개방성(28:17-24,
   30-31)은 그리 놀랍지 않게 다가온다. 또한 누가는 이 기간에 데살로니가와 고린도 및 갈라
   디아에서 조직적인 반대가 일어났다고 전혀 암시하지 않는다.
90) 예로, Sanders, *The Jews in Luke-Acts*에서 그렇게 논증했다.

심지 중 한 주요 지역과 관련하여 그 요점을 역설할 기회를 완전히 놓쳤다.

그럼에도 실제로 분열이 일어났다. 왜 이런 일이 일어나야 했는지는 불명확하나, 짐작하건대 회당에서 대립한 두 분파("제자들"[19:9]과 바울을 반대하도록 자극한 집단[아마 전통주의자들])는 안식일 모임에서 견딜 수 없는 분위기를 조성했을 것이다. 새로운 회당을 형성하기 위한 한 분파(가장 명백하게는 새로 들어온 집단)의 떠남은 합리적인 해결책이었다. 그 장면은 교회나 회중의 분파주의를 접한 적이 있는 누구에게나 익숙한 느낌을 준다. 여기서 언급해야 하는 점은, 누가가 추방이 아닌 분리를 묘사하며(단순히 바울은 "제자들을 데리고 그들을 떠났다", 19:9), 양쪽의 맞대응을 기록하지 않았다는 사실이다. 분명히 에베소의 회당(엄밀한 의미에서)과 교회 사이의 대립이라는 언급은 부정확할 것이다.

누가는 바울이 그 이후에 실제로 추가로 2년 동안 "두란노 서원에서 날마다 강론했다"라고 덧붙인다(19:9).[91] 여기서의 함의는 바울이 선포할 수 있는 강단을 빠르게 발견했다는 것이다. 물론 "제자들"은 예배와 교제를 위해 가정에서도 만났을 테지만 말이다. 바울이 이번에는 부유한 후원자(19:31의 아시아 관리 몇 사람?)를 확실히 얻었다는 추론을 무시하지 않아야 하는데, 바울이 서원을 빌릴 수 있었기 때문이다. 바울이 생계를 위해 일을 계속했다는 그다음 20:34의 내용은 이에 반하지 않는다. 틀림없이 이례성이 있음을 의식했기에, 서방 사본은 "제 오 시부터 제 십 시까지"(11시부터 16시까지), 즉 일반적인 지중해의 휴식 시간에 날마다 논증했다고 덧붙인다.[92] 이는 그럴듯한 추측으로서, 그랬다면 바울이 이른 아침과 늦은 오후에 천막 만드는 일을 할 수 있었을 것이다. 따라서 여기서의 함의는 회당에서 벗어났기에 에베소에서 더 폭넓게, 특히 사회에서 더 여유 있는 지식층에게 선교할 수

---

91) 위치(두란도 서원)와 기간(3개월, 2년)에 대한 상세 사항은, 19:8-10의 간단한 기록을 고려하더라도, 누가가 사용한 자료를 어느 정도 신뢰하게 한다(Haenchen, Acts, 560). 그 외에 두란노에 대해서는 알려진 내용이 없으나, "두란노"라는 이름은 1세기 에베소 명문에서 발견된다(Hemer, Book of Acts, 120; Fitzmyer, Acts, 648; Trebilco, Early Christians, 144 n. 173).

92) Lake and Cadbury, Beginnings, 4.239.

있었다는 것이다. 폭넓은 효과(19:10, "아시아의 모든 거주자가 주의 말씀을 듣더라")
는 분명히 과장되었다. 그러나 그것은 에베소가 얼마나 중요한 중심지였는
지를 보여준다. 그 지방 전역에서 수도로 온 많은 여행객들은 바울의 강론
과 같은 강론을 들으려고 했을 것이다. 누가는 그리스인은 물론 유대인이
계속해서 그 메시지를 들었다는(관심을 가졌다는) 것을 애써 나타낸다(19:17과
비슷하게).

그 이후 2년간 에베소에서 진행된 선교(19:10)의 중요성은 결코 과장될
수 없다.[93] 같은 환경에서 바울이 2년 동안 강론했다는 사실은 그 기간에 다
루어진 주제와 본문 및 전승이 광범위함을 시사한다. 많은 성경 주해, 예수
전승에 대한 가르침, 그의 서신에서 알게 된 바울이 다룬 주제의 특징에 대
한 설명 등을 다룬 강의 요강이 있었다고 보아야 한다. 이는 에베소를 바울
신학의 주요 발전의 표지로 여겨야 한다는 것은 아니다. 그러나 상상해볼
수 있는 것은 그의 복음과 복음의 효과에 대한 조직적인 제시인데, 이는 어
쩌면 덜 지속적인 설교와 가르침에서 더 단편적인 방식으로 이미 발전되었
을 것이다. 이런 모습은 결과적으로 그의 서신들을 특정한 질문에 대응하
는 즉석 작품으로 여겨서는 안 된다는 인식을 수반한다. 오히려 바울은 그
런 강연으로 이미 잘 다듬어진 많은 주해와 논쟁 그리고 그것들이 유발했
을 토론과 논쟁에 의존할 수 있었다.[94] 특별히 주목해야 하는 것은, 2년이라
는 기간의 중간이나 이후에 고린도전서를 기록할 당시, 오순절까지 에베소
에 머물기로 하고 "내게 광대하고 유효한 문이 열렸으나 대적하는 자가 많
음이라"(고전 16:8-9)라고 한 바울의 증언이다. 후자의 언급이 바울이 직면한

---

93) 행 20:31은 바울이 에베소에서 다른 어느 곳보다 더 긴 기간(3년)을 보냈음을 드러낸다.
94) "우리는 바울 서신, 예를 들면 로마서와 두 고린도 서신의 특정 문단이 바울이 에베소의 '두
란노 서원'에서 2-3년간 공개적으로 가르친 강의의 짧은 요약과 또한 많이 축소된 진수를 어
느 정도 포함한다고 추정할 수도 있다"(Hengel, *Acts*, 11). 비슷하게 Lohse, *Paulus*, 183-84.
Hultgren은 롬 3:23-26a가 에베소 회당에서 속죄일에 바울이 전한 설교의 결론이었다고 추
측한다(*Paul's Gospel and Mission*, 62-64).

반대에[95] 관한 다른 암시들과 어떤 관련이 있는지는 추측의 문제다.

더욱이 에베소는 선교의 확장을 위한 중심지로서 완벽한 위치에 있었다. 에베소가 지역의 수도였기 때문에 그곳을 오가는 사람이 많았다. 우리는 그곳에서 남쪽을 향해서는 마그네시아와 밀레도, 북쪽으로는 서머나와 버가모 그리고 강 계곡을 거슬러 올라가 리쿠스 계곡에 있는 도시들(라오디게아, 히에라볼리, 골로새), 사데와 빌라델비아 그리고 두아디라로 파송되었을 선교팀들을 그려볼 수 있다.[96] 이것은 단지 상상의 문제가 아닌데, 골로새서 1:5-8과 4:12-13에서 리쿠스 계곡의 선교가 어떻게 시작되었는지 알 수 있기 때문이다. "아시아의 교회들"이라는 바울의 언급(고전 16:19)은 제대로 발전된 교회 설립 프로그램이 있었음을 시사한다.[97] 다음 2세대에 걸쳐 위에 언급된 다른 도시들 대부분에 있는 교회들에게 서신들이 보내졌다(계 2-3장과 Ignatius). 에베소 교회의 실제 기원이 불확실할지라도, 짐작하건대 바울이 에베소를 에게해 동부 지역 선교의 중심지로 선택한 일은 초기 기독교 역사에서 그곳이 누린 중요성을 대체로 설명해준다. 앞으로 살피겠지만, 바로 그곳에서 바울은 고린도에 보내는 서신 몇 개를 기록했다(그리고 고린도를 적어도 한 번은 방문했다, 고후 2:1). 이미 언급했듯이, 많은 사람은 바울이 에베소 감옥에서(비교. 고후 11:23) 빌립보서와 골로새서 및 빌레몬서를 기록했다고 생각한다.[98] 에베소서는 자명하다.[99] 제3권에서 살피겠지만, 디모데전후서 역시 에베소와 연관이 있고, 사도 요한의 말년을 에베소와 연결짓는 고대 전통도 있다. 그렇다면 에베소는 바울의 선교와 초기

---

95) 아래 §§32.2d와 e를 보라.

96) 비슷하게 Murphy-O'Connor, Paul, 174-75. 이들 아시아 도시에서 시작한 기독교에 대해서는 추가로 Schnabel, Mission, 820-38, 1231-48을 보라. 비교. Becker: "버가모와 두아디라 기독교는 바울의 것이다. 계시록은 유대인-그리스도인 위치에서 이에 반대한다"(Paul, 158).

97) 또한 "효과적인 사역을 위한 광대하고 유효한 문"이 에베소에서(로부터) 그에게 열렸다는 바울 자신의 언급을 주목하라(1 Cor. 16.8-9).

98) 여기서 질문은 고전 15:32과 고후 1:8-9에서 암시된 위기가 여기에 기록된 사건들과 연관될 수 있느냐다. 아래 §32.2e를 보라.

99) 추가로 아래 §37.1을 보라.

기독교의 발전에서 중차대한 시기를 나타낸다. 따라서 누가가 그런 문제에 대해 더 상세한 내용을 제공하지 않기 때문에 실망스럽다. 비록 이어지는 두 이야기에서 누가가 자신의 방식으로 에베소 국면의 중요성을 묘사하지만 말이다.[100] 어느 경우든 그가 사용한 자료를 수집하는 데는 어려움이 없었을 것이다.[101]

c. 바울의 놀라운 기적들과 혼합주의 및 마술에 대한 승리

바울의 몸에 닿은 손수건(땀 닦는 천)과 스카프(앞치마)가 치유와 축귀에 효과가 있었다는 기록은 누가의 특징이다(행 19:11-12).[102] 이 "평범하지만은 않은" 기적은 5:15에서 베드로의 그림자로 일어난 비슷한 치유와 축사에 상응한다. 누가는 그 보고 내용들을 과대평가한다. 오늘날 우리가 그것들을 경시할 수도 있는 것처럼 말이다.[103] 자신의 기적에 대한 바울의 견해는 더욱 모호하다.[104] 그러나 정말로 그 이야기가 경외와 열광의 분위기를 불러일으켰다면(19:17),[105] 그런 치유가 정말 일어났음은 전혀 놀라운 일이 아니었을 것이다. 영적 능력이 물리적 수단을 통해 전달될 수 있다는 믿음은, 기독교 내의 유물에 대한 오랜 전통뿐만 아니라, 기독교의 성례에 대한 가

---

100) Trebilco는 바울 서신과 사도행전을 통해서는 에베소 교회 자체에 대해 거의 알지 못한다고 탄식한다(*Early Christians*, 101-103, 152, 171).

101) Barrett(*Acts*, 2.902)는 19:8-10과 관련해서 "무의미"하고 "잘못 고안되었다"는 Haenchen의 회의적인 의문(*Acts*, 560)을 일축한다. 그것들은 8-10절의 역사적 가치를 전혀 파괴하지 않는다."

102) Shauf가 바르게 강조하듯이, 19:11은 "**하나님**이 바울을 **통해** 엄청난 기적을 행하셨다"라는 누가가 다른 곳에서 서술한 내용과 일치한다(*Theology as History*, 171-72). 누가가 모든 질병의 원인을 악한 영에게 돌리지 않았다는 점 역시 주목할 만하다.

103) Shauf는 현대 주석가들이 그 보고내용을 평가하면서 경험한 당혹감을 비평한다(*Theology as History*, 111-13).

104) 롬 15:19; 또한 고후 12:11-12. Haenchen은 앞의 본문을 무시하고 뒤의 본문을 과대평가한다(*Acts*, 563. 이를 Käsemann이 따랐음).

105) 5:11-16에서처럼 말이다. 두 상황에서 "주의 이름"이 높아지는 일(3-4장; 19:17)은 우연이 아니다. 추가로 위 §23.2g를 보라.

르침 및 더 일반적인 치유 사역의 근거가 된다. 에베소 교회 신자들이 가졌던 비슷한 믿음은, 누가가 여기서 다시 말한 이야기가 누가가 기록하기 오래전에 이미 에베소 교회에서 회자되었음을 분명히 보장할 것이다.[106]

축귀 사역자가 되길 원했던 유대인들이 "바울이 선포한 예수로" 축귀를 하지 못했다는 이어지는 이야기는(19:13)[107] 유대인이 고대 세계에서 축귀 사역자로 상당한 평판을 떨쳤음을 우리에게 상기한다.[108] 물론 우리는 당시 다른 성공적인 축귀 사역자들을 알고 있다.[109] 그러나 "유대의 한 제사장 스게와의 일곱 아들"은 곡예단 이름처럼 들리며, 어쩌면 그들은 그렇게 여겨져야 할 것이다.[110] 그들의 칭호는 확실히 고안된 것이었다. 예루살렘의 대제사장 가문에 어떠한 타락이 있었을지라도, 이러한 결과를 상상하는 일은 매우 어렵다. 한편으로 우리는 다양한 무리의 "사기꾼 예술가"나, 우리가 "순회 축귀 사역자"라고 부를 만한 사람으로 자신을 선전한 배교한 유대인을 충분히 상상해볼 수 있다.[111] 우리는 당시 다른 문헌을 통해 그런 인물들을 알고 있다.[112] 시몬과 바예수에 관한 사도행전 8장과 13장 서술의

---

106) "틀림없이 에베소 그리스도인들은 바울의 성공적인 치유…그리고 스게와 아들들의 뚜렷한 실패에 대한 이야기를 기쁨으로(그리고 어쩌면 약간의 과장과 함께) 들었을 것이다. 또한 누가도 즐겁게 들었을 것이다"(Barrett, *Acts*, 2.903).

107) 악귀가 그들로 "그 집에서" 도망하게 했다(19:16)는 마지막 언급은, 악귀에 사로잡혔다고 생각되는 집안의 일원을 다루려고 집주인이 그들을 초대했음을 시사할 수도 있다.

108) Schürer, *History*, 3.342-43, 352-58.

109) 막 9:38/눅 9:49; 마 12:27/눅 11:19; 행 8:7; 16:18; Josephus, *Ant.* 8.45-49; Justin, *Dial.* 85.3; Lucian, *Philops.* 16.

110) Barrett는 Juvenal, *Sat.* 6.544을 언급하는데, 그곳에서는 점쟁이 유대인 여자를 중요 사제 (*magna sacerdos*)로 묘사한다(*Acts*, 2.909). 그의 자세한 논의와 2차 문헌에 대한 다른 언급을 보라.

111) 이 경우에는 물론 아무도 그런 유대인 대제사장을 알지 못한다는 사실(예. Fitzmyer, *Acts*, 649-50을 보라)이 중요하지 않다. "이는 7명의 '무대 이름'이다"(Klauck, *Magic and Paganism*, 100). 또한 Klauck는 꿈 해석을 하며 뒷돈을 받은 유대인 거지 여인을 "예루살렘 율법의 시녀, 나무의 대여제사장이자 가장 높은 하늘의 신뢰할 만한 메신저"로 풍자한 유베날리스의 글을 언급한다(*Sat.* 6.542-47). 놀랍게도 Jervell은 누가가 축귀 사역자가 되고자 했던 자들을 사기꾼으로 묘사하려고 하지 않았다고 결론짓는다(*Apg.*, 481-82).

112) 특별히 루키아노스의 *Alexander the False Prophet*.

유사성은 언급할 만한 가치가 있다. 각각의 경우에서 누가는 새 유대교 종파가 단지 믿지 않는 유대교가 아닌,[113] 타락한 형태의 유대교나 혼합된 유대교와 대립한 사건과[114] 메시아 예수의 제자들이 승리한 결과를 이야기한다. 암시된 메시지는 명확하다. 앞선 유대교와의 진정한 연속성과 유대유업의 진정한 성취는, 그리스 세계의 폭넓은 종교와 관습을 혼합한 타협이 아니라 "주의 말씀"으로 이루어진다는 것이다.[115]

그 이야기는 고대 세계의 축귀 관습에 대해 많은 것을 알려준다(19:14-16). 축귀 사역 지망자의 기술은 실제로 다른 서술에서 볼 수 있듯이, 표준적인 기술이었을 것이다. 성공한 축귀의 핵심은 고통받는 자를 억압하고 있는 능력보다 더 강한 영적 능력을 불러낼 수 있느냐다.[116] 여기서 사용된 정형 문구는 표준 문구다. "…의 이름으로 내가 너에게 명하노라(horkizō)."[117] 여기서 예수의 이름이 사용되었다는 사실은 예수 시대에 예수가 아주 성공적인 축귀 사역자로 유명했음을 상기한다. 예수의 이름을 부른다는 것은 이전의 축귀에서 증명된 그 능력을 요청하는 것이었다. 후에 마술 파피루스에서 예수의 이름은 축귀의 정형 문구로 불러낸 이름 가운데 하나였다.[118]

다소 재미있는 속편(악귀가 축귀 사역 지망자를 눌러 이겨 상처를 입히고 그들을 벗은 몸으로 집에서 내쫓음)은 심각한 경고성 이야기로 등장한다. 바울은 예수

---

113) Jervell, *Apg.*, 483에서처럼.

114) 사마리아는 이스라엘의 전통적 영토의 일부였고, 바예수는 유대인 마술사였으며, 축귀 사역자가 되고자 한 이들은 유대인 대제사장의 아들로 등장한다.

115) 또한 16:16-18과 19:13-16의 대조를 주목하라. 빌립보에서 성공한 바울의 축귀는 바른 사람의 손에서 사용된 예수의 이름이 흑마술에 대해 가진 능력을 보여주지만, 에베소에서 시도된 축귀의 실패는 예수의 이름을 불법으로 사용하는 위험성을 보여준다.

116) 비교. 행 3:6, 16; 4:10, 12; 추가로 G. H. Twelftree, *Jesus the Exorcist* (WUNT 2.54; Tübingen: Mohr Siebeck, 1993), 38-43을 보라.

117) 예. Janowitz, *Magic*, 41-42; S. E. Porter, 'Magic in the Book of Acts', in M. Labahn and B. J. L. Peerbolte, *A Kind of Magic: Understanding Magic in the New Testament and Its Religious Environment* (LNTS 306; London: Clark, 2007), 107-21(여기서는 119-20). 막 5:7에서 역으로 사용된 것과 16.18에서 바울이 같은 것을 사용한 것을 비교하라. 그 자체로 마술적 의미를 수반하지 않는 *horkizō*에 대한 자세한 논의는 Shauf, *Theology as History*, 202-10을 보라.

의 제자로서 정당하고 효과 있게 예수의 이름을 부를 수 있었기 때문에 축귀 사역자(이것은 암시되었다)로 성공했다(16:18). 대조적으로 "스게와의 일곱 아들"은 단지 기술에 의존해서 정형화 된 문구를 다루었을 뿐이다. 교훈은 명백했을 것이다. 영적 능력이 그릇된 이의 손에 들어가거나 그것을 부정하게 사용하려고 시도한 곳에서는 자기를 파괴하는 일이 발생할 수 있다는 것이다. 예수의 가까운 제자 신분이고 예수의 성령의 인도를 받은 사람만 그의 이름으로 행할 수 있다.[119]

누가에 따르면 많은 이가 이 사건에 대한 소식 때문에 두려워했고, 신자가 된 사람 중 많은 이가 그들이 이전에 했던 마술 행위를 포기했는데, 그들은 마술 공식과 주문이 담긴 책들을 공개적으로 태웠다(19:17-19).[120] 흥미롭게도 누가는 신자 가운데 많은 이가 이전에 마술을 행했음을 보여주었을 뿐만 아니라(19:18), 신앙을 가진 지 얼마 후에야 자신들의 관습을 고백했음을 암시하는 듯하다.[121] 당시 많은 종교가 가진 혼합주의적 특성 그리고 지금처럼 그때에 마술이 그런 부정적인 함축을 지니지 않았음을 고려하면, 이것은 놀라운 일이 아니다.[122] 역설적으로 그 동일한 행동(책을 태움)

---

118) 상세 사항은 *Jesus Remembered*, 670-77을 보라. Bruce는 지도하는 랍비가 예수의 이름을 치유 문구로 사용하는 것을 질책했다고 언급한다(*Acts*, 410). Shauf는 Garrett의 *Demise of the Devil*, 5장을 반박하며, 누가가 19:13-17의 사건을 마술에 대한 기독교 기적의 승리로 묘사하려고 하지 않았다고 격렬하게 논증한다(*Theology as History*, 177-226). 여기서 필자는 혼합주의(19:13-17)를 마술(19:18-20)과 구별한다.

119) 8:20-24에 비슷한 교훈이 암시된다. 또한 13:8-11과 다시 16:16-18을 비교하라. 동시에 우리는 누가가 눅 9:49-50 전승을 보유했음을 상기해야 한다. 그의 제자들이 아닌 그리스도가 그의 이름으로 행할 수 있는 사람을 결정한다.

120) "분명 그것들은 K. Preisendanz가 *Papyri Graecae Magicae* (1928, 1931) [Betz, *Greek Magical Papyri*를 보라]에서 편집하고 발간한 파피루스와 유사하다.…에베소는 그런 생산품으로 유명했고, '에베소 문헌'(*Ephesia grammata*)이라는 표현이 통용되었다"(Barrett, *Acts*, 2.913. 그는 Plutarch, *Symp.* 7.5.4, 그리고 Clement of Alexandria, *Strom.* 5.8.45.2을 언급한다). 이미 Lake and Cadbury, *Beginnings*, 4.14에서 언급되었다. 추가로 Fitzmyer, *Acts*, 651; Trebilco, *Early Christians*, 150-51을 보라.

121) 나중에 *Did.* 4.14이 언급했듯이, 어쩌면 회중 앞에서 고백했을 것이다. 비교. *2 Clem.* 8.3; *Barn.* 19.12.

122) 위 §24 n. 187을 보라. 오늘날 이에 상응하는 것에는 처방한 약과 수면제의 과도한 의존이

은 옛 생활 방식으로부터 가장 명백한 단절(자발적으로 했을 때)과 사고를 제어하려는 시도들(타인이 했을 때)의 표지(오늘날처럼 그때도)일 수도 있다.[123] "은 오만"이라는 비용은 상당한 액수에 이르렀을 것이다.[124] 이 모든 내용에 역사의 신뢰성을 왜곡하는 것은 전혀 없다.[125]

d. 국가종교와 대립(행 19:23-41)

바울의 계획에 대해 간단히 언급한 후, 누가는 에베소 교회 설립에 관한 나머지 서술을 로마 제국 내 기독교의 미래에 중대했던 대립에 할애한다.[126] 이미 언급한 대로, 에베소의 아데미(디아나) 제의는 지중해 세계에서 가장 큰 제의 중 하나였고, 아르테미스는 가장 대중적인 그리스 신이었거나 그 중 하나였다. 따라서 예수를 믿는 새 신앙이 너무나도 빠르게 에베소 제의를 위협하는 것으로 보였다는 사실은 초기 기독교의 신적 근거에 대해 많은 것을 말해준다.

누가가 전한 그 이야기는 상당히 그럴듯하다.[127] 유명한 성지 주변 공

포함될 수 있다.

123) 고대의 예는 Lake and Cadbury, *Beginnings*, 4.243을 보라.

124) "노동자의 휴일 없는 137년 임금"(BDAG, 128); 비교. Josephus, *Ant.* 17.189.

125) 누가는 단순히 자신이 들은 이야기를 전할 뿐이다. 누가는 그 이야기에서 자신이 스게와라는 대제사장의 진위를 의심했는지 표시할 필요를 느끼지 못했다(Haenchen, *Acts*, 565과는 반대). 양식비평 분석 자체가 비역사성의 충분한 증거가 된다는 Lüdemann의 주장은 정말 놀랍다(*Early Christianity*, 214).

126) 누가는 시간에 대한 가장 모호한 언급("그때쯤")을 제공할 뿐이다(행 19:23). 그러나 바울이 그 사건 후에 바로 떠났다면(20:1), 분명 그것은 바울이 그곳에 있던 시기 후반부에 발생했을 것이다(즉 55년에).

127) Barrett(*Acts*, 2.917)은 그 사건의 역사성이 "피상적이고 설득력이 없다"는 Haenchen의 반대(*Acts*, 576-77)를 정당하게 일축한다. 그런 사건에서 어떤 일이 일어날 수 있거나 일어나야 한다고 고상하게 결정하는 역사의 대가는 역사를 거의 모른다. Lüdemann은 비슷하게 누가의 이야기 기법과 전체 사건의 역사성에 반대하는 판단을 혼동한다(*Early Christianity*, 220). 실망스럽게도 Murphy-O'Connor는 "누가가 창조한 수단"이라고 하면서, 그 사건과 관련하여 단순히 Haenchen을 따른다(*Paul*, 300). 독일 학계는 M. Fieger, *Im Schatten der Artemis Glaube und Ungehorsam in Ephesus* (Bern: Lang, 1998)와 M. Günther,

예품 생산자와 상인의 무리가 순례 행렬과 호기심을 가진 방문객에게서 돈을 버는 것(19:24),[128] 종교적 열정을 가진 새 물결이 순례 행렬을 감소시켜 이들의 생계를 위협함(19:26-27),[129] 은장색 데메드리오 같은 선동가가 공포심과 분노를 이용하여 선동한 것(19:25-29),[130] 영향력이 있는 지역 인물이 바울의 설교에 매력을 느꼈을 개연성(19:31, 몇몇 아시아 관리들),[131] 광장에서 극장으로 달려 들어감,[132] 시의 서기장이 아데미에 관한 신성한 전통(19:35-36)과 그런 비정기모임에 대한 로마의 강력한 불인정(19:38-40)에 호소했기 때문에 유사 폭동이 완화됨.[133] 그런 지역에 대한 상세 사항뿐 아니라,[134] 관

Die Frühgeschichte des Christentum in Ephesus (Frankfurt: Lang, 1998)가 분명하게 보여주었듯이, 행 19장을 역사로서 가치가 거의 없는 것으로 계속 본다. 그러나 Schnabel, *Mission*, 1223; 그리고 추가로 Trebilco, *Early Christians*, 104-107, 157-70에서 언급된 사람들을 보라.

128) 에베소의 "은장색들"(*argyrokopoi*)은 그 도시의 명문으로 잘 입증된다(Hemer, *Book of Acts*, 235을 보라). 테라코타 기념품들과 구별되는 "은 신전들"(축소 모형)은 발견되지 않았고, 고대 자료에서도 언급되지 않았으나, 아데미의 작은 은 조각품들은 발견되었고 언급되었다(Lake and Cadbury, *Beginnings*, 4.245-46).

129) 60년 후에 소플리니우스는 비두니아에서 기독교의 성공 때문에 옛 사교들이 황폐하게 되었음을 기록한다(*Ep.* 10.96). 바울의 선교가 준 경제적 충격으로 빌립보에서 반대가 일어났듯이 에베소에서도 그랬다는 사실은 주목할 만한 가치가 있다(행 16:19).

130) 다소 교묘하게도 누가는 데메드리오가 새 종교의 성공을 입증하고(19:26) 그 시대 다른 종교들에 대한 유대인과 그리스도인의 주요 항의(손으로 만든 신은 전혀 신이 아니라는 확신[비교. 7:41, 29])를 표현하도록 한다. 또한 위 §§27.1e 그리고 §31.3b를 보라.

131) 아시아 관리(*Asiarchs*)는 로마 지방 내 그리스 도시 연맹에서 고위직에 있던 사람이다. 한 번에 서너 명이 이 직위를 가질 수도 있었으나, 어쩌면 전직들도 그 호칭을 유지했을 것이다. 연맹의 기능이 황제숭배를 진작하는 데 있었기 때문에, 몇몇 아시아 관리와 바울의 우정은 특이하게 들린다. 그러나 호칭은 어쩌면 대개 명예직이었고, 그 직위는 거의 확실히 부유한 상류층 남자에게만 주어졌을 것이다. 위 §21 n. 101을 보라.

132) Lake와 Cadbury는 크니두스(Cnidus)의 명문에 있는 좋은 병행 문구를 인용한다(*Beginnings*, 4.248). 위 n. 85을 보라.

133) "서기장"은 시 총회의 서기나 최고 경영자이며, 어쩌면 도시 법령의 초안과 공표를 책임졌을 것이다. 그가 감당할 수 없는 불규칙한 총회 결과로 인한 시의 평판에 대해 두려워할 수밖에 없었고(그것들은 난동의 은폐물로 쉬이 이용될 수 있었다), 대중에게 충분한 존경을 받을 수 있었던 몇 안 되는 사람 가운데 한 명이었음은 온전히 예상된 것이다. 추가로 이해를 돕는 Dio Chrysostom, *Or.* 46.14; 48.1-3; 38.38 (84)의 병행과 더불어, Sherwin-White, *Roman Society*, 83-88을 보라. "아데미의 부가 어느 정도 시로 들어갔고, 서기장은 조사를 달갑게 여기지 않았을 것으로 보인다"(Barrett, *Acts*, 2.935).

134) W. Weren, 'The Riot of the Ephesian Silversmiths (Acts 19,23-40): Luke's Advice to

련된 사람의 이름에 관한 누가의 지식은 그 이야기의 자료가 당시 사정에 정통했음을 증명한다. 관련된 사람들은 데메드리오, 가이오, 아리스다고 (19:29, 바울 팀의 구성원),[135] 유대인들이 말하라고 "내세운" 알렉산더(19:33) 등 이다.[136]

이 사건의 두 가지 특징이 누가에게 특별히 중요하다. 하나는 "유대 인들이" 폭동에 휩쓸렸고 아데미를 위협하는 사람들과 같은 편으로 여겨 졌다는 사실이다.[137] "유대인들"은 알렉산더를 "백성 앞에서 변호하도록" 내세웠다(19:33). 일부 군중은 그가 말하길 원했으나,[138] 그가 유대인임이 알 려져 군중들이 두 시간 동안 "에베소의 아데미여, 위대하다!"(19:34)라며 미 친 듯이 반응했다. 따라서 여기에 함의된 점은 알렉산더가 유대인을 대표 하는 한 사람이었고, 유대 공동체 밖에서 상당한 지위가 있었으며, (짐작하 건대) 그들을 위해 말할 수 있다고 여겨졌지만, 군중이 유대교의 가르침을 겨냥한 불만을 보여주었다는 것이다.[139] 그리고 실제로 데메드리오의 연설 이 바울의 메시지가 우상숭배를 겨누었다고 묘사했기 때문에(19:26), "유대 인들이" 그 메시지로부터 거리를 둔다고 보기는 어렵다. 다시 말해서, 미묘

His Readers', in R. Bieringer et al., eds., *Luke and His Readers*, A. Denaux FS (BETL 182; Leuven: Leuven University, 2005), 441-56: "그 본문은 기원후 1세기 중반 에베소의 일상 생활과 번창한 아데미 제의에 대해 믿을 만한 장면을 보여주는 단어와 사상으로 편만하 다"(453). P. Lampe, 'Acts 19 im Spiegel der ephesischen Inschriften', *BZ* 36 (1992), 59-76 은, 비록 서기장의 편집된 연설을 포함하지만(76), 지역색에 관한 대부분의 언급이 데메드 리오 사건에 나타난다고 이미 관찰했다(70). 사실상 같은 의미의 이전 언급은 위 §21 n. 102 을 보라.

135) 여기서 *synekdēmoi*("여행하는 동반자들")로 묘사되었다. 추가로 위 §29.6을 보라.

136) 또한 Jervell, *Apg.*, 494-96을 보라. Barrett는 알렉산더가 그리스도인이 되었고(아니면 이 미 그리스도인이었고) 누가가 가진 정보 중 어느 정도가 그에게서 비롯되었을 가능성을 고 려한다(*Acts*, 934).

137) "사도행전 이야기는 종교(와 경제)적 안정에 대한 이런 위협이 유대인들한테서 왔다는 암 시와 잘 맞는다.…그리스도인들과 밀접한 접촉점이 없는 유대교 밖 사람들이 그리스도인 들을 다른 집단으로 인식하기엔 어쩌면 너무 이른 듯하다"(*NDIEC*, 4.10).

138) *Synebibasen*("가르쳤다, 충고했다"). 그러나 이 동사의 정확한 뜻은 불분명하다. Fitzmyer 는 "제안했다"로 옮긴다(*Acts*, 660).

139) 비교. Shauf, *Theology as History*, 251-53.

한(많은 주석가에게 너무나 미묘한!) 방법으로 누가는 알렉산더가 시도한 변호 안에 바울의 메시지를 포함했다. 에베소 "유대인들"은 바울에게 적대감을 아직 보여주지 않았다. 명백하지는 않으나 충분히 명확하게 누가는 바울이 설교한 "그 도"가 "유대인"의 종교와 온전히 연속하고 일치하며, 예수의 관점에서 지금은(그가 말했듯이) 적절하게 이해된 "유대인들"의 종교와 아직은 쉽게 구분되지 않았음을 다시 한번 밝힐 수 있었다.[140]

훨씬 더 중요하게도, 지역에서 지도적 위치에 있는 사람들(아시아 관리)이 바울의 친구로 등장하며(19:31), 서기장은 예수의 제자들을 겨냥한 어떤 불만도 법률적 기반이 부족하다고 지적하여 폭력 모임을 잠잠하게 했다(19:35-41).[141] 다시 한번 18:12-17에서처럼, 새 유대 종파는 여전히 유대인의 국가종교의 일부로 간주되었고, 도시의 제의나 로마의 권위를 전혀 위협하지 않는다고 받아들여졌다.[142] 가이오와 아리스다고(그리고 알렉산더?)가 아데미의 신성을 훼손도 모독도 하지 않았다는 판단은, 고린도에서의 논란이 유대교 내부의 문제라는 갈리오의 이전 판단만큼이나 "공식적으로" 언급되는 것이 중요했다. 이는 로마 당국이 예수의 도를 유대의 민족종교라는 울타리 안에 있는 것으로 인식했음을 의미하며, 또한 모체가 되는 유대교처럼 "그 도"는 전통 그리스 종교를 위협하는 것으로 여겨지지 않았음을 의미했다. 요약하면, 고린도에서처럼 에베소에서도(바울 선교의 두 주요 중심지) 기독교는 유대교와 같은 종류로 여겨져 유대교와 동일한 법적 깃발

---

140) 또한 Jervell, *Apg.*, 492을 보라.

141) "신전의 물건을 도둑질하지도 아니하였고 여신을 비방하지도 아니한"(19:37): 전자는 때로 유대인에게 제기된 고발이었고(롬 2:22!), 후자는 유대교의 온전한 유일신주의의 자연스러운 결과로 보일 수 있었다(Lake and Cadbury, *Beginnings*, 4.251을 보라).

142) 추가로 R. F. Stoops, 'Riot and Assembly: The Social Context of Acts 19:23-41', *JBL* 108 (1989), 73-91을 보라. 서기장의 연설은 "그 도(the Way) 자체보다는 그 도의 반대자를 문제의 원인과 확립된 질서를 위협하는 것으로 밝힌다"(88). Shauf는 19:23-40이 누가의 정치적 변증의 일부분이라는 제안을 비평하나(*Theology as History*, 258-62), 그것은 당국자들을 긍정적으로 제시하기보다는, 누가가 틀림없이 염려한 행 16-18장의 다양한 판결 및 결과가 지닌 변증법적 효과다.

아래에서 상당히 정당하게 보호받을 수 있었던 것으로 보인다. 그리고 두 경우 우리는 이후의 서신들과 이 중심지 교회들에 대한 언급에서 바울의 기반이 지속적으로 확장되었음을 추론할 수 있다.[143]

e. 아시아에서의 위기

바울의 에게해 지역 선교의 이 국면과 관련해서 역사가의 호기심을 가장 자극하는 수수께끼 중 하나는, 누가의 서술과 바울이 이 기간에 체험한 것으로 보이는 위기에 대한 바울의 언급을 어떻게 연관시키느냐다. 고린도후서 1장에서 바울은 다음과 같이 말한다.

> [8]…아시아에서 당한 환난을 너희가 모르기를 원하지 아니하노니, 힘에 겹도록 심한 고난을 당하여 살 소망까지 끊어지고, [9]우리는 우리 자신이 사형 선고를 받은 줄 알았으니, 이는 우리로 자기를 의지하지 말고 오직 죽은 자를 다시 살리시는 하나님만 의지하게 하심이라. [10]그가 이같이 큰 사망에서 우리를 건지셨고 또 건지실 것이며 이후에도 건지시기를 그에게 바라노라.

바울로 하여금 절망하게 하고 죽음이 불가피하다고 느끼게 한 이 위기, 이 "심한 고난"은 무엇이었는가? 머리 해리스(Murray Harris)의 주석은 가장 빈틈이 없는 최신 논의 가운데 하나를 제공한다.[144] 그는 어느 정도 자신 있게 말할 수 있는 내용을 먼저 언급한다.

■ 그 일은 "아시아(의 지방)에서" 일어났다. 바울은 자신이 생각하고 있는 일이 그곳에서 일어났을 때 에베소를 명시하는 것(현저하게 고전 15:32)을 꺼리지 않았기 때문에, 여기서 더 길게 언급된 일은 아시아

---

143) 에베소에 관해서는 특별히 Trebilco, *Early Christians*, 2-4부와 추가로 제3권을 보라.
144) Harris, *2 Corinthians*, 164-82.

의 다른 곳에서 일어난 사건을 암시한다.[145]

- 그런 심각한 위기가 고린도전서 1장에 어떤 표시를 조금 남기거나 전혀 남기지 않았을 개연성이 전혀 없기 때문에, 분명 그 위기는 고린도전서와 고린도후서 사이에 일어났을 것이다.[146]
- 고린도후서 1:8-9이 명확하게 증언하듯이, 그 위기는 바울에게 큰 충격을 주었다. 바울이 평상시처럼 수사적 효과를 사용하여 서신을 쓰고 있다고 할지라도, 굴복되고 삶에 대해 절망한 사람이라는 느낌을 피할 수 없다. 해리스는 바울이 이례적으로 사용한 표현들을 타당하게 지적한다.[147]

"아시아에서 당한 환난"을 규명하려고 제안된 다양한 가능성 중에서, 다음 내용이 가장 언급할 만하다.[148]

- 바울은 에베소에서 말 그대로 "맹수와 싸움"(고전 15:32)을 했다.[149] 이는 다음과 같은 몇몇 요인으로 인해 개연성이 떨어진다고 판단된다. 바울은 *kata anthrōpon*이라는 표현을 사용했는데, 이는 문자

---

145) 비슷하게 Trebilco, *Ephesus*, 80-81. 그러나 그것이 에베소에서 드로아로 가는 도중에 일어 났을 가능성은 적은데, 드로아에 자신이 도착했다는 바울의 언급이 삶을 위협하는 위기에 서 막 살아남았을 때 했을 법한 언급보다는 훨씬 더 긍정적이기 때문이다(고후 2:12).

146) "그 사건에 대한 바울의 언급에 드러나는 감정의 강렬함은 그 사건이 꽤 최근에 일어났음 을 암시하고, 바울이 그것을 밝힐 때 사용한 문구("너희가 모르기를 원치 아니하노니")는 고린도 사람들이 처음으로 그것을 알았음을 시사한다"(Furnish, *2 Corinthians*, 122).

147) "1:8의 이중 *hyper* 효과는 극적이다: *kath' hyperbolēn hyper dynamin*("측량할 수 없는, [견 디기엔] 내 능력을 넘어선"). 이 자기 고백과 유사한 것은 없다. 특히 '내게 능력 주시는 자 안에서 내 능력 밖에 있는 것은 아무것도 없다'(빌 4:13, TCNT)라고 바울이 담대하게 선포 한 것을 고려하면 말이다. (4:8)의 '절망적이나, 완전히 자포자기하지는 않으며'(Furnish, *2 Corinthians*, 252)에 비추어 보면, '살소망까지 끊어지고'라는 바울의 솔직한 인정…(1:8)은 이상하다"(Harris, *2 Corinthians*, 165-66).

148) 더 본격적인 논의와 상세 사항은 Furnish, *2 Corinthians*, 122-24; Thrall, *2 Corinthians*, 115-17; Trebilco, *Ephesus*, 75-81, 83-87; Harris, *2 Corinthians*, 166-72을 보라.

149) 고전 15:32과 고후 1:8-11을 동일시하는 것은 테르툴리아누스까지 거슬러 올라간다.

그대로 이해하도록 의도되지 않았음을 나타내는 듯하다.[150] 그런 사건에 관한 (다른) 어떤 기록이 없는데, 그 사건은 적어도 누가는 결코 조용히 넘어가지 않았을 사건이다.[151] 로마 시민인 바울은 그런 시련을 면제받았을 것이고, 에베소 경기장은 첫 2세기까지 맹수와의 싸움에 사용되지 않았을 것이다.[152]

■ 사도행전 19:23-41에 묘사된 폭동. 여기서 문제는, 있는 그대로라면 누가의 서술이 바울을 향한 그런 주요 공격에 대해 어떤 여지도 남기지 않았다는 사실이다. 누가는 바울이 소요와 관련해서 심히 낙담했고(19:30-31) 분명 충고를 따랐다고(20:1) 전해준다. 물론 누가의 글이 완성과는 거리가 멀고, 비록 그 서술이 바울과 그의 메시지에 대한 격렬한 반대라는 함의를 강화하지만, 데메드리오의 폭동과 고린도후서 1:8-11 사이의 특정한 관련은 온전히 상상에 맡겨야 한다.

■ 고린도후서 1:5(바울이 "그리스도의 고난"에 동참함)과 12:7("육체의 가시")에 암시된 고난. 그러나 전자는 바울 서신에서 일정한 주제의 일부이고, 어쩌면 자신의 사역 동안 바울이 견뎌내야만 했던 더 다양한 재판과 고난에 대한 언급일 것이다.[153] 후자는 지속된 질병으로 보

---

150) "'사람의 방법'이라는 표현은 '비유적으로 말하면'과 같고, 맹수와의 싸움을 문자 그대로 받아들이지 않아야 함을 보여준다"(Bruce, *Paul*, 295). A. J. Malherbe, 'The Beasts at Ephesus', *JBL* 87 (1968), 71-80은 thēriomacheō("맹수와 싸움")라는 용어가 자신의 욕정과 대적자에 맞선 현자의 투쟁을 묘사하는 견유 학파-스토아주의의 비판에 자주 등장하고, 이그나티오스가 동일한 단어를 자신의 죄수 체험("나는 수리아에서 로마까지 열 마리 표범, 즉 파견된 군인들에 묶인 맹수들과 싸웠다)을 묘사하는 데 사용했음을 보여주었다(*Rom.* 5.1; BDAG, 455; Trebilco, *Ephesus*, 58 n. 29).

151) 2세기 말의 *Acts of Paul and Thecla*는 바울이 맹수와 싸우는 선고를 받았다는 서술을 포함하기는 하지만, 중대한 시점에서 바울은 사자 중 한 마리(그가 전에 세례를 준 사람)와 대화했고, 뒤따른 학살에서 사자와 바울 모두 죽음을 면한다(Elliott, *Apocryphal New Testament*, 378-79).

152) Harris, *2 Corinthians*, 167. 그는 G. E. Bean, *Aegean Turkey: An Archaeological Guide* (London: Benn, 1966), 170-71을 인용한다.

153) 롬 8:17-18; 고후 4:11-12, 16-17; 골 1:24; 고린도후서에서 상당히 눈에 띄는 "고난 목록"도 비슷하다(4:8-11; 6:4-10; 11:23-27; 12:10). 고후 1:10은 미래의 위기를 예상한다. 추가로 필자의 *Theology of Paul*, 482-87; S. Hafemann, 'The Role of Suffering in the Mission of

이며, 바울은 그것이 제거되기를 세 번 간구했으나 거절되었다(12:8-10)![154] 둘 다 1:8-11이 상상하는 짧고 비정상적으로 격렬한 위기에 상응하지 않는다.[155]

- 바울은 그가 에베소에 있던 기간 중 일부를 감옥에서 보냈다.[156] 고린도후서 6:5("갇힘들")과 11:23("훨씬 많은 갇힘") 그리고 "동료 죄수"라는 바울의 세 번 언급이 감옥에 있던 시기를 암시할 수 있다.[157] 여러 번의 투옥이 11:23에 내포된 것 같고, 고린도후서를 쓰기 이전에 빌립보 감옥에서 아주 짧은 밤을 보냈다는 사실(행 16:24-34)을 알기 때문에, 에베소에서의 감금은 가능성이 상당하다.[158] 짐작하건대 에베소에서 리쿠스 계곡의 도시들을 복음화한 에바브라가 다른 어떤 곳에서 바울과 함께 수감생활을 했을까? 이미 언급한 것처럼, 이 이론은 에베소에서 갇혀있을 동안 바울이 하나 혹은 그 이상의 서신을 썼다는 견해에 기반이 된다.[159]

Paul', in Ådna and Kvalbein, eds., *The Mission of the Early Church*, 165-84을 보라.

154) 그러나 Harris는 고후 1:8-11과 12:7이 연관된다고 본다(*2 Corinthians*, 171-72). 그러나 Thrall, *2 Corinthians*, 118을 보라.

155) Furnish는 에바브라디도(빌 2:27)의 죽음에 가까운 질병이 그렇게 묘사됐다고 말한다(*2 Corinthians*, 123). 추가로 Thrall, *2 Corinthians*, 115-16을 보라.

156) 이는 유명하게 G. S. Duncan, *St. Paul's Ephesian Ministry* (London: Hodder and Stoughton, 1929)이 논증했다. 또한 'Important Hypotheses Reconsidered VI: Were Paul's Imprisonment Epistles Written from Ephesus?', *ExpT* 67 (1955-56), 163-66; 'Paul's Ministry in Asia — the Last Phase', *NTS* 3 (1956-57), 211-18을 보라.

157) 롬 16:7(안드로니고와 유니아), 골 4:10(아리스다고, 짐작하건대 행 19:29과 동일한 인물), 몬 23(에바브라). 몇몇 학자는 "동료 죄수"를 비유로 여기지만(그리스도의 죄수들?), 그 경우는 왜 이 네 사람만 그렇게 묘사돼야 했는지는 불분명하다(Dunn, *Colossians and Philemon*, 275-76). 롬 16:4에 따르면, 브리스가와 아굴라는 "나를 위하여 자기들의 목을 내놓았다."

158) *1 Clem.* 5.6은 바울이 일곱 번 갇혔다("사슬을 감당했다")고 말한다.

159) 추가로 아래 §34.3e를 보라. 그러나 Thrall은 "고후 1:8 thlipsis와 동일시 할 수 있는 감금에 관해 빌립보서가 제안하는 증거는 별로 설득력이 없다"(*2 Corinthians*, 117)라고 말한다. 그리고 연보가 이 기간에 바울에게 상당히 중요한 관심사였기 때문에, "옥중 서신"에서 연보에 대한 어떤 언급이나 암시가 없다는 사실은 그 서신들의 시기를 에베소 여정 기간으로 보는 것에 강하게 반대한다.

누가의 이야기의 다른 곳에서처럼 여기서도 우리는 아무것도 알 수 없다. 물론 사도행전 6:1-6과 8:1-4의 헬라파 그리고 15:36-41의 안디옥 사건에서처럼, 누가가 정말 불쾌한 사건(이 사건이나 다른 사건)에 베일을 씌우려고 했다는 것은 충분히 가능하나, 이 경우에 그것은 바울에게 거의 치명적이었다. 그리고 여러 번의 수감과 "동료 죄수"라는 바울의 언급을 수용하려면, 에베소나 아시아의 다른 곳에서 보낸 수감 기간을 반드시 예상해야 한다. 그러나 그런 위기나 수감 상황에 대해 우리가 아는 내용이 거의 없다. 이 암시들을 제외하고는 아무것도 없기에, 위의 가능성 중 어떤 것에 의존하는 가설도 비중을 두어야 할 만큼 설득력이 충분하지는 않다.[160] 그러나 개연성이 있는 점은, 그 위기가 바울에게 심각한 영향을 끼쳤고, 뒤에서 살피겠지만 그 위기가 바울 자신의 선교와 신학에 남긴 표지를 고린도후서가 담고 있다는 것이다.[161]

32.3 에베소와 고린도 사이

바울이 에베소에 있던 기간을 추측하여 누가의 이야기의 공백을 채우려는 시도가 강한 호기심을 불러일으키지만, 에게해 맞은편에 있는 고린도에서는 호기심을 훨씬 더 불러일으키는 사건들이 일어나고 있었다. 이 사건들에 대한 몇 가지 좋은 정보가 고린도 서신에 있는데, 이 정보는 이를 뒷받침하는 다른 역사 자료와 더불어, 그곳에서 진행되던 상황을 구체화하는데 더 신뢰할 만한 근거를 제공한다. 물론 특히 고린도 사건에 대한 바울의 반응은 지금 고린도전후서라고 불리는 자료를 후세대에 선사했다. 따라서

---

160) 아시아 총독 M. 유니우스 실라누스(Junius Silanus)의 54년 살해와 관련이 있고, 바울과 실라누스의 있음 직한 우정을 포함하는 창의적인 재구성은 Bruce, *Paul*, 295-98을 보고, Harris, *2 Corinthians*, 167의 비평도 보라.

161) 다시 Dodd, 'The Mind of Paul', 83-128; 또한 Furnish, *2 Corinthians*, 124-25; Harris, *2 Corinthians*, 174-82을 주목하라.

고린도에서 일어난 일은 에베소 사건보다 훨씬 더 풍부하고 지속되는 의미를 띠게 되었다.

a. 바울이 고린도를 떠난 후

브루스 윈터(Bruce Winter)는 "고린도에 있는 동안 바울은 왜 고린도전서에서 말한 문제들을 전부 혹은 일부라도 다루지 않았는가?"라는 질문에 대한 자신의 연구에 『바울이 고린도를 떠난 후』(*After Paul Left Corinth*)라는 제목을 달았다.[162] 그가 제시한 답은 "바울이 떠난 다음에 일어난 문제가 그리스도인이 '세계인', 즉 이 세계의 시민이며 특별히 로마 고린도의 시민이거나 거주자였기 때문에 일어났다"라는 것이다.[163] 특별히 윈터는 바울이 고린도를 떠난(약 52년) 후 고린도 그리스도인에게 상당한 영향을 준 몇몇 중요한 사건이 고린도에서나 고린도와 관련해서 발생했다고 논증한다. 그는 서너 가지를 강조한다.[164]

- 지역이나 연방의 황제숭배는 약 54년에 생겨났고, 그 제의는 그때부터 매년 고린도에서 기념되었다.[165] 윈터는 "소위 땅의 신"(고전 8:5)이라는 바울의 언급이 특별히 이 국면을 마음에 두고 있다고 제안한다.[166]
- 이스트모스 경기 대회는 이 당시에 지협 인근으로 옮겨졌을 것이다. 대회장이 고린도 시민권을 가진 사람들에게 식사를 제공하

---

162) Winter, *Corinth*, 1.

163) Winter, *Corinth*, 27.

164) Winter, *Corinth*, 5-7.

165) Winter, *Corinth*, 5. 이는 A. J. S. Spawforth, 'Corinth, Argos and the Imperial Cult: Pseudo-Julian, Letters 198', *Hesperia* 63.2 (1994), 211-32을 언급한다.

166) 추가로 B. W. Winter, 'The Achaean Federal Imperial Cult II: The Corinthian Church', *TynB* 46.1 (1995), 169-78; 또한 *Corinth*, 281-82 — "소위 신들", "즉 대중적이지만 신이라고 잘못 불리는"(282).

는 것은 관습이었다. 윈터는 우상의 신전에서 먹을 수 있는 몇 사람의 "권리"(exousia)(8:9)가 이 시합과 관련이 있을 수도 있다고 주장한다.[167]

■ 고린도 교회 초기에 고린도에 있었던 세 번의 심각한 식량 부족에 대한 증거가 있다. 윈터는 "임박한 환난"(7:26)이 기근의 원인일 수 있다고 가정한다.[168]

■ 또한 윈터는 시 당국자가 시장을 통제했음을 언급하고, 어쩌면 바울에게 반대해서 일어났으나 성공하지 못한 시민의 행동으로 초래된 불안 때문에(행 18:12-17) 유대인들이 특별하게 도살한 고기를 허락하는 예외 조항이 철회되었는지를 궁금해한다. 그 사건과 그에 따른 일에 대한 갈리오의 입장을 다룬 보고서를 고려하면(18:17) 이는 개연성이 적지만, 그런 추측에 근거가 있다면, 그것은 다른 집에 식사 초대를 받은 신자가 처했을 수도 있는 진퇴양난을 설명하는 데 도움이 될 수 있다(고전 10:25-30).[169]

추가로 고린도 교회에서 일어났고 바울 서신에서 언급되거나 암시된 사건들이 있다.

■ 바울이 더 동쪽에 있는 동안 고린도에 도착한 아볼로(행 18:27-19:1)는 바울이 기꺼이 인정했듯이(고전 3:5-9), 분명 많은 고린도 신자에게 큰 영향을 끼쳤다. 아볼로의 사역의 성공(행 18:27-28)은 확실히 그를 바울보다 상당히 더 효과적인 복음 전도자 및 교사로 보이게 했을 것이다. 이는 바울이 심은 씨앗에 아볼로가 (단지) 물을 주었고, 하나

---

167) Winter, *Welfare*, 9장, 특별히 168-74; 또한 *Corinth*, 12장을 보라.
168) Winter, *Corinth*, 7. 그는 "환난"(anankē)이라는 용어가 문헌 자료에 "기근"과 연결된다고 언급한다. 예. Thucydides 3.82.2; 85.2. 추가로 Winter, 216-24을 보라.
169) Winter, *Corinth*, 13장에 더 자세한 강해가 있다. 또한 아래 n. 292을 보라.

님이 (상당한?) 성공을 부어주셨다는 바울의 주장을 통해 드러나는 사실이다. 어찌 되었건 아볼로는 고린도에서 어떤 분파주의의 중심이 되었고, 그가 새 개종자와 지지자를 많이 얻는 데 성공했다면, 그들은 특별히 "나는 아볼로에게 속했다"(고전 1:12; 3:4)라고 주장했을 것이다.

■ 게바/베드로는 바울이 고린도를 떠난 후 2년 정도의 기간에 고린도를 방문했는가? 이는 수년 동안 심사숙고와 논쟁의 주제였고, 명확하고 확고한 대답은 불가능하다.[170] 그러나 그 가능성을 배제할 수 없으며, 그의 이름이 바울에게 반감을 품은 몇 사람에게 아볼로의 이름처럼 어느 정도 구호같이 작용했다는 사실(고전 1:12)은 어떻게든 설명해야 한다.

■ 예루살렘 및 안디옥과 계속되는 바울의 논쟁의/불일치의 파급이 고린도에까지 미쳤는가?[171] 초기에는 아니었던 것으로 보이나(만일

---

170) Weiss, *1 Korinther*; T. W. Manson, 'The Corinthian Correspondence', *Studies in the Gospels and Epistles* (Manchester: Manchester University, 1962), 190-209; C. K. Barrett, 'Cephas and Corinth', *Essays on Paul* (London: SPCK, 1982), 28-39(Cullmann, *Peter*, 55 n. 64에 언급된 다른 이들)이 게바가 고린도를 방문했다고 강하게 논증했다. 고전 9:5은 결코 명백한 증거가 아니다. 그러나 그럴듯한 암시가 3:10에서 감지되는데(바울이 터를 닦아둔 위에 "다른 누군가가 세운다"), 3:5-9(아볼로 언급)과 3:10-15(게바 언급? 비교. Wilckens, *Theologie*, 1/3.17)의 순서가 3:22의 바울-아볼로-게바 순서와 일치하기 때문이다. 또한 Barrett는 15:11에 특별히 주목하는데("나나 그들이나 이같이 전파하매 너희도 이같이 믿었느니라"), 그곳에서 "그들/우리"는 그리스도의 부활을 목격했다고 방금 언급된, 처음과 마지막으로 명명된 증인들(15:5, 8)을 포함한다고 자연스럽게 볼 수 있다. 또한 그는 고후 2:17; 3:1; 5:12; 10:7, 12-18, 11:4-5, 13에서 추가 암시를 본다. 또한 그의 'Sectarian Diversity at Corinth', in T. J. Burke and J. K. Elliott, eds., *Paul and the Corinthians*, M. Thrall FS (NovTSupp 109; Leiden: Brill, 2003), 287-302을 보라. Hengel, *Petrus*, 106-29은 베드로와 바울 사이에 계속된 긴장의 반복에 대한 암시를 본다. 고전 3:10-15은 베드로의 기초 역할에 대한 "간접적인 비판"이다(25-27; 위 §23.3b를 보라). 15:9-10("내가 다른 모든 이보다 더 수고했다")은 어쩌면 베드로를 직접 겨냥했을 것이다(110). 고후 10:4-5은 베드로가 예수의 생애와 가르침을 더 많이 강조했다는 의미일 수도 있다(116-17). 고후 10-13장의 배경에 베드로가 있었을 수도 있고(117-20) "큰 사도들"이라는 언급이 베드로를 마음에 두었을 수도 있다(125). 추가로 아래 §35.1d를 보라.

171) 위 §32.1d를 보라.

게바가 와서는 안디옥에서 따랐던 관습을 옹호하지 않았다면), 아마도 고린도 후서 10-13장이 암시하듯이 나중에는 영향을 끼친 것처럼 보인다. 아마도 새로 온 선교사들은, 사도행전 18:23에 언급된 예루살렘과 안디옥 방문에서 바울이 관계를 회복하지 못함으로써 대담해진 전통주의 유대인 신자들이었을 것이다.[172]

이에 관한 많은 부분이 추측이기에 그 위에 설득력 있는 가설을 세우기 어렵다. 그러나 분산되고 파편적인 자료와 우리의 본문들의 다양한 암시에 최대한 뿌리를 둔 그런 추정은, 바울 서신에서 묘사하고 다룬 상황이 결코 고정적이지 않았음을 상기시켜주는 가치가 있다. 오히려 상황은 끊임없이 움직였다. 새 구성원들이 교회에 합류했고, 그들이 속한 연결망들(복수)이 바뀌거나 서로 마찰을 일으켰으며, 새로운 충성 대상(주 예수와 예수의 사도 바울) 때문에 개인 관계와 충성(후견인과 피후견인)이 의문시되었고, 개인들이 신앙에 대해 더 배우며 그것이 그들에게 무엇을 요구하는지를 심사숙고했으며, 다른 요인들도 있었다.[173] 그래서 다시 한번 바울이 자신이 직접 개입하고 명확하게 가르쳐야 할 필요가 있다고 본 변화하는 상황은 떠올리기 어렵지 않다. 상황의 정확한 특성과 상세한 내용을 충분히 확신하는 일보다는, 오늘 우리가 "결점까지 포함해서" 형성되고 있는 교회의 의미를 얻는 것이 더 중요하다.

b. 고린도와 소통 유지하기

바울이 등장하지 않는 사도행전 19장의 두 사건 사이에서, 누가는 바울이 마게도냐와 아가야를 통과하고 그다음에 예루살렘 그리고 그 후에 로마

---

172) 추가로 아래 §32.7b를 보라.
173) C. K. Robertson, *Conflict in Corinth: Redefining the System* (New York: Lang, 2001)이 중복되는 연결망에 대한 부분을 잘 발전시켰다.

로 가려고 결심했다는 언급을 애써 포함하지만, 바울이 아시아에 계속 머무르는 동안 그가 디모데와 에라스도를 마게도냐에 보냈다고 덧붙인다(행 19:21-22). 그런 대략적인 언급으로 누가는 만성적인 망설임으로 보낸 대망의 수년 수개월을 압축했다. 그 언급은 실제로 그랬다는 느낌을 준다. 바울은 자신의 여행 계획을 자주 변경한 것으로 잘 알려졌다.[174] 짐작하건대 상황과 기회 및 그에게 부과된 요구가 거의 매일 바뀌었기 때문일 것이다. 자신의 교회와 특별히 고린도 방문에 관한 바울의 관심은 잘 입증됐다.[175] 디모데를 전령으로 보낸 것도 그것을 보여준다. 바울은 예루살렘 방문에 이어 로마에 가려고 작정했음을 밝힌다.[176] 그리고 19:22은 바울의 동역자들이 소통을 유지하는 필수 역할을 맡았음을 확인한다.[177] 따라서 이 두 절의 상세 내용은 불명확한 점이 있지만(왜 디도를 전혀 언급하지 않는가?), 사도행전의 다른 내용보다 바울 서신에 등장하는 정보와 더 쉽게 관련지을 수 있을 것이다.[178]

그러나 여기서 무엇보다도 바울 서신에 친숙한 사도행전의 독자는, 이 기간에 바울과 고린도 교회 사이에 집중적으로 오갔던 연락을 누가가 왜 언급하지 않았느냐는 의혹을 품을 수밖에 없다.

■ 고린도에서 아볼로가 가져왔을 것이며 바울로 하여금 서신을 쓰게 한

---

174) 롬 1:10-13; 고후 1:15-18; 여기서는 특별히 고전 16:5-9과 비교하라. 또한 행 20:3-4을 보라.
175) 고전 4:14-21; 16:1-11; 2 Cor. 1.16; 2.12-13; 빌 2:19-23.
176) 롬 1:13; 15:24-25; 고후 1:16; 10:16.
177) 위 §29.6과 §30.8을 보라. 여기서 에라스도(19:22)는 롬 16:23에서 언급된 같은 이름의 고린도 "시 재무관"과는 다른 사람일 것이며, 딤후 4:20에서 다시 언급된다. 고후 8:16-24 역시 바울이 연보를 조직하거나 조정하려고 그의 일원 중 몇 사람(디도와 다른 사람들)을 먼저 보냈음을 입증한다.
178) "성령으로" 바울의 계획이 이루어졌다는 점은 사실상 그랬다고 말하는 19-21장에서 첫 부분이고, 19-21장은 논란이 있는 바울의 예루살렘 여행이 얼마나 성령의 마음에 따라 성취되었는지를 강조한다(19:21; 20:22-23; 21:4, 11). "반드시 해야 한다"라는 표현은, 분명 바울과 누가가 공유했던 바울 운동의 배후에 있는 하나님의 강권하심이라는 의미를 드러낸다(23:11과 27:24에서 그 주제가 반복됐음에 주목하라).

소식.[179)]

- 아마도 에베소에서 왔을 첫 번째 서신인 "이전 서신"(고전 5:9).

- 고린도에서 에베소에 있는 바울에게 일정(짧은) 기간에 걸쳐 서신과 전달자들을 통해 온 소식(고전 1:11; 16:17).

- 첫 소식을 조사하기 위해 있음 직한 디모데의 방문(고전 4:17?).[180)]

- 비록 아볼로도 바울처럼 동일한 애증을 보였지만(고전 16:12), 바울은 (짐작하건대 에베소에서) 아볼로에게 "다른 형제들과 함께" 고린도를 방문하도록 권했다. 고린도 사람들의 요청이 있었을 듯하다.[181)]

- 에베소에서 보낸 고린도전서(고전 16:8, 19-20). 어쩌면 디모데가 가지고 갔을 것이다(고전 4:17; 16:10-11).

- 십중팔구는 모금하는 일을 돕기 위해, 디도가 아마도 에베소에서 고린도를 방문했을 것이다(고후 8:6a; 12:18).[182)]

- 바울의 고통스러운 고린도 방문(고후 2:1).[183)]

- 아마 에베소에서 바울이 쓴 "눈물의 서신"(고후 2:4, 9; 7:8, 12). 디도가 그 서신을 지니고 갔을 것이다. 즉 디도의 두 번째 방문이었다.

- 고린도에서 디도가 돌아오자마자 드로아에서 그를 만날 계획이 있었던 것으로 보이나,[184)] 바울은 그곳에서 그를 찾을 수 없었고 마게

---

179) Murphy-O'Connor, *Paul*, 184, 276.

180) Murphy-O'Connor, *Paul*, 279.

181) 아래 n. 193을 보라.

182) Trebilco는 고전 4:17과 16:10이 고린도전서를 고린도 사람에게 전달한 사람으로 디모데를 언급했을 개연성이 작다고 생각하는데, 그렇지 않았다면 그 서신의 공동 저자로 디모데가 언급됐을 것이기 때문이라는 것이다(바울의 다른 서신 중 여섯 서신처럼)(*Ephesus*, 57-58). 그러나 디모데가 직접 고린도로 갔다면, 그는 서신으로 인사하지 않았을 것이다. 고전 16:10에 관해서 아래 n. 392를 보라.

183) 고전 16:5-7(= 행 19:21?)에서 제안한 방문이 "고통스러운 방문"이 되었는가? 또한 고전 16:5-7은 그런 방문이 편지를 발송한 후에 곧 이루어졌다고 암시하는가? 아니면 행 19:21-22의 동요가 바울의 이동에 대한 더 나은 안내자인가?

184) 고린도와 에베소의 가장 직선 경로는 해로인데, 약 일주일 거리였다. 바울은 아시아 북쪽(고후 1:12)과 마게도냐 교회 방문이라는 추가 선교 기회를 명백하게 보았기에, 도중에 디도와 만나기로 했다.

도냐로 갔다(고후 2:12-13). 그곳에서 바울은 디도를 만나 고린도 사람
이 바울과 화해했다는 소식을 기쁨으로 들었다(7:6-16).

- 고린도후서(어쩌면 하나 이상의 서신)는 바울이 에베소를 떠나 좋은 소
  식을 가진 디도를 만난 후에 썼고, 연보의 진행을 확인하려고 디
  도가 세 번째 방문했을 때 전달했을 수도 있다(고후 8:6b, 16-24).
- 바울의 세 번째 고린도 방문 계획(고후 12:14, 21; 13:1-2). 이는 그의 마
  지막 고린도 방문이 되었고, 이 기간에 로마서를 썼다(§33.2).

바울과 고린도 간의 소통은 바울과 그곳 교회 사이의 관계 때문에 강
렬했다.[185] 그리고 이 소통의 강렬함은 자기 교회와의 소통의 유지라는 바
울의 더 일반적인 관행의 단지 더 고조된 본보기이지만, 고린도 서신은 특
별히 다채롭고 만족스럽다. 대단히 많은 서신이 관련되어 있고, 첫 2-3세기
그 어떤 기독교 문헌과는 달리 1세기 교회를 "덮은 덮개를 걷어냈기" 때문
이다. 따라서 고린도 서신을 어느 정도 신중하게 연구한다면 얻는 것이 있
을 것이다.

32.4 바울의 첫 번째 고린도 서신

고린도전서 5:9, "내가 너희에게 쓴 편지에 음행하는 자들을 사귀지 말라
하였다." 이것이 바울이 그의 첫 서신(보통 바울의 고린도 서신 중 서신 A로 언급
된다)에 대해 언급한 전부다. 일부 학자는 바울 서신 하나가 분실될 개연성
이 작다고 본다(특별히 고린도 서신이 분명히 귀중하게 여겨졌기 때문이다). 그래서

---

185) M. M. Mitchell, 'Paul's Letters to Corinth: The Interpretive Intertwining of Literary and
Historical Reconstruction', in Schowalter and Friesen, eds., *Urban Religion in Roman
Corinth*, 307-38은 "바울 서신이 그 자체로 역사적 각본을 펼치는(단지 그것을 증언하는 것
만이 아닌) 주요 동인이었다"라는 인식의 중요성을 올바르게 강조한다(322. 이는 322-35에
서 설명된다).

그 서신이 현존하는 고린도 서신에 보존되었다고 추론한다.[186] 그러나 서신 A의 내용이라고 지명한 문단 중에서 고린도전서 5:9-13에 언급된 문제를 실제로 다루는 문단은 하나도 없다.[187] 그래서 가장 가능성이 큰 답은, 많은 이들이 동의하듯 서신 A가 정말로 분실되었다는 것이다. 물론 이는 심각한 결론이다. 고린도 사람들이 그 서신을 폭넓게 사용하기 위해 보존하고 필사해야 할 만큼 인상 깊은 서신으로 생각하지 않았음을 암시할 수 있기 때문이다. 그러나 이 첫 번째 서신이 상당히 짧고 어쩌면 급히 기록되었으며, 더 광범위하고 신중하게 표현된 고린도전서로 대체되었다고 추론하는 것이 더 간단할 것이다.

고린도 사람과의 초기 대화를 조명하려는 가장 빈틈없는 시도는 여전히 존 허드(John Hurd)의 시도인데, 그는 바울이 고린도전서를 쓴 이유에 관해 단행본 전체를 할애했다. 그의 논지는 바울이 어느 정도 길게 서신 A를 썼고, 고린도 사람들이 바울에게 보냈고 바울이 고린도전서에서 응답한 몇 가지 주장과 질문을 그 서신이 촉발했다는 것이다. 그렇다면 우리가 가지고 있는 고린도전서는 서신 A에서 바울이 말한 내용을 상술하고 명확히 한 서신이다. 그러나 만일 그랬다면, 자신이 앞서 가르쳤던 내용을 다시 언급하는 몇몇 경우에 바울이 이전 서신을 언급했을 개연성이 있다. 그리고 서신 A가 더 자세한 내용을 담았다고 생각하면 할수록, 그 서신이 사라졌다는 사실은 더 난해해진다. 허드도 인정했듯이, 바울의 이전 가르침이 논란을 야기했든지 대부분 오해되었다거나, 아니면 바울이 몇 가지 이전의 강조점을 버렸거나 자기 메시지를 완전히 변경했다는 논지를 지지하는

---

186) 예. 고후 6:14-7:1; 고전 6:12-20; 9:24-10:22; 11:2-34; 15:1-58; 16:13-24. 그런 가설을 옹호하는 사람들에 관해서는 Kümmel, *Introduction*, 276-77; Schnelle, *History*, 62-64을 보라.

187) J. C. Hurd, *The Origin of 1 Corinthians* (London: SPCK, 1965), 5장('The Corinthians' Letter to Paul'); 6장('The Contents of Paul's Previous Letter'). 290-93에 표로 정리되었다. Horrell은 고린도 사람이 바울에게 쓴 서신의 주제 목록에 관해 Hurd가 재구성한 것이 "상당히 그럴듯하다"라고 보았다(*Social Ethos*, 90).

내용은 고린도전서에 단 하나도 없다.[188] 허드의 논증이 지닌 약점은 그것이 지나치게 내향적이며, 고린도전서의 내용이 사실상 바울과 고린도 사람들 간의 상호 작용으로 완전히 그리고 유일하게 설명될 수 있다고 추정하는 데 있다. 그러나 우리는 고린도전서를 기록하게 된 대부분의 이유가 고린도와 고린도 교회 자체의 변화하는 상황에 기인했을 공산을 이미 언급했다.

바울은 왜 고린도전서 5:9의 경고를 기록했는가? 그가 사용한 "사귀지 말라"(synanamignysthai)라는 표현은 짐작하건대 그가 이전에 쓴 서신에서 사용한 단어일 것이다. 이는 정기적인 유대와 시간을 함께 보냄 및 밀접한 우정을 암시한다.[189] 추론해볼 수 있는 것은, 교회의 중요한 구성원 가운데 한두 명이 그 시대의 풍습과 사회 관습을 따라 이전처럼 성적 향락을 위해 매춘부를 고용했거나 만찬에 참석한 동료 여성의 동침 요구를 받아들였다는 것이다.[190] 어쩌면 한 사람도 그 사람을 공개적으로 꾸짖지 않았거나(짐작하건대 그는 사회 지배층에 속했을 테다), 교회의 다른 남성 중 일부도 이 남자와 같이 어울리거나 따랐다는 언급과 함께, 이 소식이 바울에게 전해졌을 것이다. 바울은 즉시 한 사람도 그 남자와 어울리지 말라는 강력한 권고의 글을 썼다. 그 서신은 간단하여 바울이 고린도전서 5:9-13에서 교정하고자 한 오해의 소지를 주었을 수 있다. 그래서 그곳에서 바울은 자신이 의도했던 내용(그는 성적으로 부도덕한 신자들만을 언급했다)을 명확히 했고, 신자들이 피해

---

188) "고린도전서 어디에도 바울이 자신이 마음을 바꿨거나, 오해를 받았거나, 선견지명이 없었다고 암시하는 곳은 없다"(Hurd, Origin, 220). 이 관찰은 고린도에서 행한 바울의 첫 설교가 고린도전서의 가르침보다 더 열정적이었으나 덜 조심스러웠고, 고린도 사람의 태도(고전 7-15장에서 책망을 받거나 개정되었다)가 많은 경우 그 첫 설교를 반영한다는 Hurd의 추가 논지를 약하게 한다(Origin, 8장, 그리고 다시 290-93).

189) 또한 Thiselton, 1 Corinthians, 409를 보라.

190) 특별히 Winter, Corinth, 81-93을 보라. 키케로의 말(90)은 특별히 적절하다. "심지어 젊은 이가 창녀와 관계 맺는 것을 금지해야 한다고 생각하는 사람들이 있다면, 그는 분명 아주 금욕적이다. 그러나 그의 견해는 이 시대의 방종뿐만 아니라 우리 조상의 관습과 허용에도 반한다. 언제 이것이 공동 관습이 아니었는가? 언제 비난을 받았는가? 언제 금지되었는가? 허락된 것이 언제 허락되지 않았나?(quod licet, non liceret)"(Pro Caelio 20.48)

야 하는 다른 관습(탐심, 우상숭배, 모욕, 술 취함, 폭리)을 포함하여 권면했으며, 그리고 문제가 된 그 경우에 엄격한 조치(그들 중에서 "악한 사람"을 쫓아냄)를 취하도록 했다(5:1-11, 13). 언급해야 하는 여기서의 함의는 이전 서신의 강력한 충고가 받아들여지지 않았거나 효과가 없었다는 것이다. 어찌 되었든, 언급된 사람은 바울의 첫 두 편지가 다루고 있던 기간에 고린도의 모임에서 틀림없이 계속 활동했다. 고린도 교회의 상류층 구성원 가운데 몇 사람의 성적 방종은 바울에게 계속 큰 염려를 안겨주었다(고전 5-6장). 이는 바울의 가장 중요한 두 기반(고린도와 에베소의 교회들)의 실상을 추가로 상기해준다.

32.5 바울의 두 번째 고린도 서신(고린도전서)

서신이 잘못 이해되었거나 (의도적으로) 잘못 해석되었다는 고린도전서 5:10에서 추정할 수 있는 점 외에는 고린도 사람들이 첫 번째 편지를 어떻게 수용했는지 모른다. 어쨌든 서신의 주요 가르침은 영향을 주지 못했다 (고전 5:11, 13). 이 소식 자체가 한두 주만에 바울에게 도달한 듯하다. 그러나 그것은 훨씬 더 광범위하게 지속된 소통의 일부였다. 이것들이 바울에게 도달하는 데는 틀림없이 어느 정도 시간이 걸렸을 테다.[191] 서신의 날짜를 53-54년보다 더 정확하게 말할 수는 없다.

---

191) 고린도전서의 바울 저작권을 논쟁하는 사람은 하나도 없다. *1 Clement*에는 고린도전서에 대한 분명한 암시가 다수 있다. D. A. Hagner, *The Use of the Old and New Testaments in Clement of Rome* (NovTSupp 34; Leiden: Brill, 1973), 196-209; Gregory and Tuckett, *Reception*, 144-48, 그리고 추가로 164-67(Ignatius), 205-207(Polycarp)을 보라. 몇 사람이 반대로 언급하지만, 고린도전서는 바울의 모든 서신 가운데 가장 조심스럽게 구성된 서신 중 하나다. 때때로 다수의 편지를 결합했다고 보이는 그 서신의 특징은 한 논제에서 또 다른 논제로 자신의 주목을 전환했다는 관점으로 쉽게 이해된다(Schnelle, *History*, 62-66; Thiselton, *1 Corinthians*, 36-41을 보라).

a. 정보의 출처

고린도전서를 쓰는 데 있어 바울이 얻은 정보의 출처는 분명히 삼중이
었다.

- 고린도 교회에서 온 편지가 하나 있었다. 짐작하건대 구성원 대부
  분과 그들의 관심사를 대표하는 자들에게서 왔을 것이다. 서신의
  주제들은 아마도 *peri de*("이에 관련해서")라는 구로 표시되는 듯하다.
  이 표현으로 고린도전서의 연속 단락이 시작하며,[192] 거기서 바울은
  고린도 사람들이 그들의 서신에서 제기한 질문과 논제를 다루었을
  것이다.[193]
- 그 서신을 어쩌면 스데바나와 브드나도 및 아가이고가 가져왔을 것
  이고(고전 16:17), 그들은 고린도전서 5-6장에서 다룬 추문과 11:2-16
  및 17-34에서 다룬 논제/무질서에 대한 추가 정보를 제공했을 것이
  다.[194] 고린도 사람 중 "어떤 사람들"이 "죽은 자 가운데서 부활이
  없다"(15:12)라고 했음을 바울이 알게 된 것도 이 세 정보 제공자들
  때문일 것이다.[195] 바울이 스데바나 대표단을 추천한 것(16:15-18)은

---

192) *Peri de*("이에 관련해서"), 7:1, 25; 8:1, 4; 12:1; 16:1, 12; BDAG, 798을 보라.

193) M. M. Mitchell, 'Concerning *peri de* in 1 Corinthians', *NovT* 31 (1989), 229-56에도 불구하
고, 주제의 시작에서 등장하는 *peri de*는 고린도에서 온 서신이 제기한 주제를 나타내는 것
으로 보통 받아들여진다(예. Trebilco, *Ephesus,* 68 n. 75에 있는 참고문헌). 따라서 그 서신
은 적어도 다음 주제를 제기했을 것이다.
  7:1-24 ─ 남편과 부인의 성관계
  7:25-40 ─ 미혼자
  8:1-11:1 ─ 우상에게 바친 음식 문제
  12:1-14:40 ─ 예배에서 영적 은사의 역할
  16:1-4 ─ 연보 준비
  16:12 ─ 아볼로의 있음 직한 방문.

194) 이 세 사람은 5:1("들으니") 그리고 11:18("듣고")에서 언급된, 이름을 밝히지 않은 출처였을
것이다.

195) 바울이 이 주제들을 도입한 방법(11:2, 17; 15:1-2)은, 바울이 자신이 들은 소식을 통해 자신

고린도 사람들의 모임에 있는 이런 추가 문제들을 바울에게 알린
그들의 주도권을 바울이 인정했다는 신호일 것이다.

■ "글로에 사람들"(1:11)은 짐작하건대 글로에의 사업으로 우연히 에
베소에 있게 된 노예나 사업 중개인들로서, 고린도 사람들의 (막 시
작된) 분파주의에 대해 알려준 출처로 명쾌하게 언급된다(1:12). 짐작
하건대 그들이 고린도의 공식 대표단의 일원이 아니었을 것이기 때
문에 바울은 이 자료의 출처를 밝혔다.

재미있는 특징 하나는 바울이 자신이 받은 정보를 다룬 순서다. 그는
공식 편지에서 제기된 문제를 먼저 다루지 않고, 그에게 구두로 전해진 문
제를 다룬다.[196] 이는 바울이 기록된 소식보다 구두 전달을 선호했음을 반
영할 수도 있다. 그는 전달자에게 직접 질문할 수도 있었고 불확실하거나
혼란스러울 수도 있는 부분들을 명확히 할 수도 있었다. 그것은 아마도 고
린도 사람들의 서신이 바울에게 구두로 전달된 주제들을 제기하지 않았
을 가능성을 나타내며, 이는 그 교회가 일단의 구성원들의 행동이 그들에
게 제기한 문제들을 총회로서 직면하기 꺼렸음을 암시한다. 대조적으로
바울이 그 서신에서 제기한 질문에 주목하기 전에 이 논제들을 다루었다
는 사실은, 자신에게 구두로 전해진 상황과 그들이 어느 정도의 위기에 처
했는지를 모르는 교회를 바울이 정말 얼마나 심각하게 여겼는지를 시사
한다.[197]

의 원래 가르침이 얼마나 무시되었거나 잊혔는지를 절실하게 깨닫게 되었음을 시사한다.
196) 7:1("너희에게 쓴 문제에 대하여")의 첫 peri de는 그 서신이 야기한 주제로 전환함을 분명
하게 보여준다.
197) 이어지는 내용에서는 필자의 1 Corinthians (NTG; Sheffield: Sheffield Academic, 1995)에
있는 짧은 논의에 의존한다.

b. 분파주의를 피하라는 호소(고전 1-4장)

고린도 교회의 열광적인 시작을 회상하는 도입부의 인사 후에(1:4-9), 즉시 바울은 하나가 되라고 호소한다.

형제들아, 내가 우리 주 예수 그리스도의 이름으로 너희를 권하노니, 모두가 같은 말을 하고 너희 가운데 분쟁(*schismata*)이 없이 같은 마음과 같은 뜻으로 온전히 합하라(*katērtismenoi*)(1:10).

마가레트 미첼(Margaret Mitchell)이 특별히 논증했듯이, 이 구절은 어쩌면 서신 전체의 주제를 보여주며,[198] 서신에서 다루는 차후 논제의 기저에 있거나 그 논제에 표현된 분파주의가 바울이 그 서신을 쓴 주된 이유였음을 시사한다. 고린도전서 11:18은 교회 안에 "분쟁"이 실재했음(아니면 바울에게 온 소식이 확인되었음)을 보여주며, 여타 언급들은[199] 분열이라는 쓰디쓴 열매가 다른 논제들의 주요 요인이었음을 암시한다.

1:12에 등장하는 네 개의 문구가[200] 고린도에 이미 두 개나 네 개의 파벌이 실제로 있었음을 나타내느냐는 질문은, 이 주제에 관해 여전히 유명한 바우어의 논문 이후로 연구자들을 매료시켰다.[201] 고린도 교회에 갈등이 있었음은 확실하나, 그 갈등이 그 문구와 정확하게 연결되는지는 전혀 명확하지 않다.

---

198) Mitchell, *Paul and the Rhetoric of Reconciliation*.

199) "분쟁"(1:11), "시기와 분쟁"(3:3), "교만한"(*physiousthe*, "자아상을 과장하다")(4:6), "이 교만한 사람들"(4:19), "자랑"(5:6), "다툼"과 구성원 간의 법적 소송(6:1), "파당"(11:19), "무질서"(14:33). Mitchell은 6:19("너희는 너희 자신의 것이 아니라"), 7:22("하나님이 너희를 화평으로 부르셨다") 그리고 10:33("나는 모든 일에 모든 사람을 기쁘게 한다")과 같은 다른 구절들의 함축을 언급한다. 고전 12장은 "일치를 위한 고대 문헌에서 가장 흔한 주제를 이용한다"(*Paul*, 120, 123, 147-49, 161).

200) "나는 바울에게", "나는 아볼로에게", "나는 게바에게", "나는 그리스도에게." 소유격 문구는 "나는 ~에 속한다" 혹은 "나는 ~의 당에 속한다"로 옮길 수 있다.

201) 위 §20 n. 129. 그 논쟁에 대한 간단한 논평은 Kümmel, *Introduction*, 272-75; 그리고 종교사 관점에 관해서는 Schnelle, *History*, 66-70을 보라.

- 바울에게 충성하는 자들의 존재를 확신할 수 있다. 먼저 그리스보와 가이오 및 스데바나다(1:14, 16). 그리고 4:3과 9:3에서 바울의 방어적인 모습은 다른 이들이 자신을 비판한다는 것을 그가 알고 있었음을 분명하게 보여준다.[202]

- 또한 분명 아볼로는 고린도에 있으면서 특별히 그의 능숙한 수사 때문에 그를 칭송하는 사람을 적지 않게 얻었다. 3:4에서 아볼로 문구의 반복, 그들 각자의 역할에 대한 바울의 서술(3:5-9), 아볼로에 대한 4:6의 추가 언급("내가 너희를 위하여 이 일에 나와 아볼로를 들어서 본을 보였으니")은, 틀림없이 몇몇 고린도 사람이 바울과 아볼로를 비교한 일(바울에겐 불리하게)이 바울 강해의 첫 주제(1:18-4:21)의 주요한 요소였음을 보여준다.[203]

- 게바 문구에 대해 말하자면, 바울의 방문에 이어 베드로가 고린도를 방문했든지 간에,[204] 바울이 다룬 논제 중 하나에서 유대교적 차원을 감지할 수 있는 곳이라면, 특징상 더 유대교적 노선을 따랐던 사람들이 자신들의 모본과 전례로 할례자를 위한 사도인 게바를 인용했다고 추론해볼 수도 있다.

- 그리스도 문구가 의미하는 내용이 제일 명확하지 않다.[205] 그것은

---

202) 고전 4:3, "너희에게나 다른 사람에게나 판단 받는 것이 내게는 매우 작은 일이라"; 9:3, "나는 비판하는 자들에게 변명할 것이 이것이니." 두 경우에서 법정 비유와 용이가 눈에 띈다.

203) 고전 4:6은 자신과 아볼로의 상대적인 역할에 대한 바른 평가가 적어도 3:4에서 4:6까지 바울의 주요 관심사였음을 명확히 한다. P. F. Beatrice, 'Apollos of Alexandria and the Origins of the Jewish-Christian Baptist Encratism', *ANRW* 2.26.2 (1995), 1232-75은 아볼로가 바울의 주요 대적자 가운데 한 사람이었다고 논증한다(1251-60): "우리는 바울이 세례와 지혜를 기반으로 한 아볼로의 신학적 구조물을 무너뜨리려고 했다는 분명한 인상을 얻을 수 있다"(1245); "불의를 행한 자"(*ho adikēsas* [고후 7:12])는 다름 아닌 아볼로 자신이다(1247); "육체의 가시"(고후 12:7)는 알렉산드리아의 아볼로였다(1248)! 비교. Watson, *Paul, Judaism and the Gentiles* [¹1986], 82-84, [²2007], 152-56; D. P. Ker, 'Paul and Apollos — Colleagues or Rivals?', *JSNT* 77 (2000), 75-97. Bruce와 대조하라: "그[바울]가 그[아볼로]를 언급한 내용은 전부 우정과 확신으로 특징지어진다"(*Paul*, 257). 또한 위 n. 54을 보라.

204) 위 n. 170을 보라.

205) 다시 위 §20 n. 129을 보라.

어쩌면 그런 분파적인 구호들을 인정하지 않고 오직 그리스도께 충성한다고 반응한 사람들의 응답일 뿐일 듯하다.[206]

어쨌든 고린도 교회같이 분명 작았던 교회가[207] 그런 갈등을 만들어낼 수 있었다는 점은 흥미롭다.

1:12에서 예상되는 상황을 명확히 하는 데 두 가지 관찰이 도움을 준다. 하나는 고린도 교회의 분열을 과장하지 않아야 한다는 것이다. 1:13에서 그 구호에 대한 바울의 응답("그리스도께서 어찌 나뉘었느냐? 바울이 너희를 위하여 십자가에 못 박혔으며 바울의 이름으로 너희가 세례를 받았느냐?")은 자신이 실은 바울 구호에 가장 비판적이었음을 보여준다. 그는 다른 분파들이 아니라 분파 정신을 비판한다. 바울은 아볼로를 협력자로 대했으며, 긍정적으로 그를 언급했고, 그 둘 사이에 긴장이 있다는 어떤 인상도 주지 않았다. 그렇기에 우리의 이런 판단은 힘을 얻는다. 또한 5-6장(성적 방종)과 8, 10장(우상숭배) 및 11장(족장주의)에서처럼, 유대교적 관점이 가장 명백한 곳에서 그 주제에 관한 바울의 기본 충고가 전통적인 유대교의 특징을 띠었다는 것도 인상적이다. 이 모든 내용은, 고린도전서의 배후에서 볼 수 있는 내용이 노골적인 분열과 제대로 규정된 분파들이기보다는, 오히려 긴장과 불일치에 더 가까움을 시사한다.[208] 그리고 닐스 달(Nils Dahl)은, 그가 고린도 교회 내부의 어려움이 바울에 대해 반대하고 공동체에 중요하고 다채로운 논제에 관한 바울의 가르침을 반대하는 데 있다고 논증했을 때, 더 정확한 듯하다.[209] 고린

---

206) 바울은 동의한 것으로 보인다. "누구든지 사람(지도자)을 자랑하지 말라"(3:21).
207) 위 §30.2b를 보라.
208) Munck, 'The Church without Factions', *Paul and the Salvation of Mankind*, 135-67은 Baur의 논지에 반대하면서, "파벌"과 "말다툼"이라는 언급을 선호한다.
209) N. A. Dahl, 'Paul and the Church at Corinth according to 1 Corinthians 1-4', in W. R. Farmer et al., eds., *Christian History and Interpretation*, J. Knox FS (Cambridge: Cambridge University, 1967), 313-35. 이는 Adams and Horrell, *Christianity at Corinth*, 5장으로 재발간되었다.

도전서 여러 곳에서 드러나는 자기방어와 격분은[210] 바울과 그의 가르침에 대한 반발이 고린도 사람들이 처한 위기의 한 요인이었음을 보여준다.

다른 의견은 고린도 교회의 갈등이 성격상 신학적(교리적)이라고 추정하지 않아야 한다는 것이다. 한편 앞으로 보겠지만, 그 갈등은 주로 사회 및 윤리와 관련이 있다. 바울은 확실히 그런 문제를 다루려고 신학적 원리, 특별히 자신의 기독론에 의지한다.[211] 그러나 세례에 대한 믿음이 고린도 교회의 분파주의의 한 요인처럼 보이지만, 그 논제는 세례의 신학보다는 오히려 누구에게 혹은 누구의 이름으로 세례받았는지에 있었다(1:13-17).[212] 유일하게 교리 문제로 다룬 것은 몸의 부활 문제이며, 바울은 이것을 맨 끝에서 다룬다(15장). 다소 놀랍게도, 20세기 초 "교리"에서 "종교"로의 전환이 있었음에도 불구하고, 바울에 맞선 도전의 핵심이 신학적 견해들이었다고 말하며 고린도전서를 설명하려는 초기 종교사적 시도로 인해, 그 가정은 여전히 만연하다. 여기서 기독교 이전의 영지주의를 탐구한 사람들은(위 §20.3c를 보라) "지혜"와 "영"이라는 바울의 용어를 영지주의 체계에 대조하여 읽거나, 아니면 바울의 언어 배경으로 원시 영지주의를 가정함으로써 유익한 기반을 찾아냈다.[213] 또는 아볼로가 몇몇 고린도 사람들에게 영향력을 가졌음을 고려하면, 필론에게서 발견되는 것 같은 헬레니즘 유대교와 당시 철학 사이의 상호 교류의 형태가[214] 공명판을 제공할 개연성이 더

---

210) 고전 1:17; 3:1-3; 4:3-4, 18-21; 8:1-3; 9:1-6; 10:33; 11:16; 14:37-38; 16:10-11.

211) 그리스도가 십자가에 못 박혔다(1:18-31); "값으로 산 것"(6:20); "그리스도가 위해서 죽으신"(8:11); 주 한 분만(10:21); 그리스도의 몸(12:12-27); 부활의 첫 열매(15:20).

212) 비교. Chester, *Conversion*, 290-94; 또한 10:1-13 그리고 15:29에 관해 각각 아래 nn. 286과 379을 보라.

213) 특히 U. Wilckens, *Weisheit und Torheit* (Tübingen: Mohr Siebeck, 1959); Schmithals, *Gnosticism in Corinth*. 그러나 R. M. Wilson, 'How Gnostic Were the Corinthians?', *NTS* 19 (1972-73), 65-74의 신중한 평가; 또한 'Gnosis and Corinth', in M. D. Hooker and S. G. Wilson, eds., *Paul and Paulinism*, C. K. Barrett FS (London: SPCK, 1982), 102-19; Chester, *Conversion*, 277-80, 284-90; 그리고 필자의 *1 Corinthians*, 34-41을 보라.

214) B. A. Pearson, *The Pneumatikos-Psychikos Terminology in 1 Corinthians* (SBLDS 12; Atlanta: Scholars, 1973); R. A. Horsley, 'Pneumatikos vs. Psychikos: Distinctions of Spiritual Status among the Corinthians', *HTR* 69 (1976), 269-88; 또한 'Gnosis in Corinth:

크다. 비록 폭넓은 스토아 철학의 영향도 상정할 수 있지만,[215] 그런 교류가 실제로 이념으로 동기를 부여받은 영적 엘리트주의나 열광주의일 필요는 없다.[216] "지식"과 "영" 같은 유행어는 고대 종교와 철학에서 너무 널리 펴져 있어서, 고린도전서에서 사용된 그런 표현들로 특정한 신앙 및 이념 체계를 추론하기엔 무리가 있다. 마치 우리가 1:12의 문구로부터 동등한 추론을 할 수 없듯이 말이다.[217] 그리고 최근 연구에서 1-4장의 주요 배경이 수사학이었고, 또한 수사학이 종종 결정적인 역할을 한, 지위와 영향이라

---

1 Corinthians 8.1-6', *NTS* 27 (1981), 32-52(Adams and Horrell, *Christianity at Corinth*에서 8장으로 재발간됨); J. A. Davis, *Wisdom and Spirit: An Investigation of 1 Corinthians 1.18–3.20 against the Background of Jewish Sapiential Traditions in the Greco-Roman Period* (Lanham: University Press of America, 1984); G. E. Sterling, '"Wisdom among the Perfect": Creation Traditions in Alexandrian Judaism and Corinthian Christianity', *NovT* 37 (1995), 355-84.

215) T. Paige, 'Stoicism, eleutheria and Community at Corinth', in Wilkins and Paige, eds., *Worship, Theology and Ministry in the Early Church*, 180-93(Adams and Horrell, *Christianity at Corinth*, 16장으로 재발간됨)이 그렇게 한다.

216) 원래 W. Lütgert, *Freiheitspredigt und Schwarmgeister in Korinth* (Göttingen: Bertelsmann, 1908)이 이렇게 주장했다. 비록 영지주의 가설의 초기 형태와 결합하지만 말이다. 즉 *pneumatikoi*를 "열정주의자(*Schwärmer*)"라는 의미로 본다. Fee는 종말론과 분명하게 연결한다. "영적 종말론"(*1 Corinthians*, 12). 그러나 종말론 가설에 관해서는 J. M. G. Barclay, 'Thessalonica and Corinth: Social Contrasts in Pauline Christianity', *JSNT* 47 (1992), 49-74의 통찰력 있는 관찰을 주목하라. 그리고 추가로 아래 n. 227을 보라. 범주화하려는 최근의 시도들은 자세한 묘사를 피하려는 경향이 있다. J. Murphy-O'Connor, *The Theology of the Second Letter to the Corinthians* (Cambridge: Cambridge University, 1991)은 단순하게 "성령의 사람"이라고 언급한다(14). 그리고 A. Lindemann, *Der erste Korintherbrief* (HNT; Tübingen: Mohr Siebeck, 2000)은 (몇몇) 고린도 사람의 상태를 단순히 "영적 열광주의" 탓으로 돌린다(14).

217) H. Koester, 'The Silence of the Apostle', in Schowalter and Friesen, *Urban Religion in Roman Corinth* 339-49은 고린도 사람들이 베드로나 아볼로가 전해주었고 비밀스런 지혜 및 신비 입교 행동으로 여겨진 예수 전승을 의지했다고 논증한다. "바울은 그런 말이 예수의 권위를 전달하도록 허락하지 않았고, 따라서 그런 말씀에 의존할 고린도 사람들의 권리를 부정한다.…십자가에 못 박힌 그리스도에 대한 그의 메시지는 예수가 구원할 능력을 가진 말씀에 대한 권위를 가졌음을 용인하지 않았다.…고린도전서 논쟁 전체는 반드시 예수에 관한 새 메시지를 신비 종교로 이해하는 것에 맞서는 논증으로 보아야 한다"(345-46). 그러나 그 논지는 본문에 대해서나 본문의 배경에 대해 너무 많은 내용을 읽어내고, 고린도전서의 다른 구절들 간의 제안된 연관성은 억지스럽다.

는 논제들이었음이 더 분명해졌다.

바울이 도입한 주제와 그 주제를 다룬 방법에서 요점이 충분히 명백했을 것이다.[218] 하지만 바울이 첫 장들에서 사용한 용어들이 도시국가의 정치적 분파에 사용된 용어들을 상기시키는 것이라고 처음 주장한 이는 L. L. 웰본(Welborn)이었다. Schisma("분열"), eris("갈등"), meris("파벌"), "교만해짐"(4:6)은 "정치적 수다쟁이의 풍자"를 반영한다. "고린도전서 1-4장에서 거론된 진짜 문제는 당파심이다.…신학 논쟁이 아닌 바로 권력 투쟁이 고린도전서 1-4장을 쓰도록 고무했다.…고린도전서 1-4장에서 바울의 목적은 이단에 대한 반박이 아니라…stasis(갈등, 불일치)의 예방이다."[219] 이 네 장의 핵심을 제공하는 것은 지혜와 웅변[220] 그리고 수사학과 사회적 지위[221] 간의 결합이다. 미첼도 웰본의 연구결과를 바탕으로 중심 논지를 세울 때,

---

218) 고전 1:17, "그리스도께서 나를 보내심은…오직 복음을 전하게 하려 하심이로되, 말의 지혜로 하지 아니함은"(Thiselton은 마지막 구 ouk en sophia logou를 "영리한 수사로 하지 않고"라고 옮겼다. 1 Corinthians, 109, 145-46); 1:20, "지혜 있는 자가 어디 있느냐? 선비가 어디 있느냐? 세대에 변론가가 어디 있느냐?; 2:1, "형제들아, 내가 너희에게 나아갈 때에 고도의 수사나 똑똑함을 보여주는 것으로 아니 하였나니"(Thiselton); 2:4-5, "내 말과 내 전도함이 설득력 있는 지혜의 말로 하지 아니하고 다만 성령의 나타나심(apodeixis)과 능력으로 하여"(apodeixis는 수용된 전제에서 끌어낸 강렬한 결론을 나타내는 수사학 전문 용어다. Weiss, 1 Korinther, 50); 2:13, "우리가 이것을 말하거니와 사람의 지혜가 가르친 말로 아니하고." 또한 B. W. Winter, Philo and Paul among the Sophists (Grand Rapids: Eerdmans, ²2002), 148-50, 155-64을 보라.

219) L. L. Welborn, 'On the Discord in Corinth: 1 Corinthians 1-4 and Ancient Politics', JBL 106 (1987), 85-111. 이것은 Politics and Rhetoric in the Corinthian Epistles, 1장으로 재발간되었다(여기서는 3-6). 비교. Clarke, Secular and Christian Leadership, 93 ('personality-centred politics'); Grant, Paul in the Roman World, 27-30.

220) D. Litfin, St. Paul's Theology of Proclamation: 1 Corinthians 1-4 and Greco-Roman Rhetoric (SNTSMS 79; Cambridge: Cambridge University, 1994)은 이 연구 분야의 원로인 Eduard Norden의 "우아하지 않으면 지혜롭다고 받아들이지 않던 때에 바울이 이 단어들을 사용했음을 기억하지 않으면 고전 1:17-2:5의 의미를 파악할 수 없다"를 인용한다(244). 또한 세간의 이목을 끈 소피스트 운동(소위 제2 소피스트)이 1세기 중반에 이미 고린도에서 활동했고, 고전 1-4장뿐 아니라 고후 10-13장에서 언급된 바울의 대적자들이 그리스 수사학의 훈련을 받았으며 실제로 소피스트 전통 옹호자로 분류될 수 있다는 Winter의 논증을 주목하라(Philo and Paul).

221) 추가로 S. Pogoloff, Logos and Sophia: The Rhetorical Situation of 1 Corinthians (SBLDS 134; Atlanta: Scholars, 1992)를 보라.

고린도전서가 특정 파벌에 반대하거나 편드는 문제가 아니라, 고린도와 다른 곳의 사회적 관계를 특징짓는 분파주의에 맞서는 것이었음을 보여줄 수 있었다.[222]

수사적 능력을 지혜의 증거로 강조하는 상황에 맞서, 바울은 어떤 엄청난 수사적 능력을 지닌 척하지 않았다. 비록 2:3-5에 있는 그의 부정문이 수사적 기술이었지만 말이다. 그의 전략은 달랐다.

- 첫째, 바울은 그런 문제에 대해 그런 비중과 지위의 중요성을 부여하는 가치에 단호히 반대한다. 십자가에서 죽은 사람을 통해 이루어진 하나님의 구원의 목적에서 어리석어 보이는 십자가는 사회의 가치관을 뒤엎는 하나님의 지혜의 척도다(1:18-25). 지혜자와 권력자 및 문벌 있는 자가 소수만 있는 그들의 총회 자체는 하나님의 가치가 그리스도에게 초점을 두었다는 증거다(1:26-31). 자신의 고린도 입성을 묘사하려고 바울이 사용한 용어들은 "의도적으로 반(反)소피스트적"이었다.[223]

- 둘째, 바울은 수사적으로 형편없는 자기 설교의 죄를 깨닫게 하는 능력을 그들이 경험한 사실에 호소하는데(2:4-5), 이와 동일한 성령이 하나님의 지혜 및 중요한 문제가 무엇인지를 그들로 하여금 인

---

222) 또한 Martin, *Corinthian Body*, 55-68을 보라. "바울이 지위와 관련한 많은 용어를 그의 수사에 스며들게 했기 때문에, 고린도 사람들의 갈등이 전부 혹은 대부분 지위의 문제에 초점을 두었을 것이다"(61). 또한 Chester는 고린도 교회 내의 대부분의 문제가 명예와 지위를 지닌 주도적인 인물들의 경쟁 때문이었다고 본다(*Conversion at Corinth*, 240-44, 246-52). 이 모든 점에서 바울에 대한 "반대"라는 Baur의 관점으로 바울의 대응을 묘사하는 것은 도움이 안 된다. 다루어진 긴장과 문제는 분명히 "대적자들" 때문이라기보다도, 비기독교 세계에서 어떻게 살고, 고린도라는 사회 세계와 어떻게 관계해야 하느냐에 관한 견해 차이 때문에 일어났다. A. Lindemann, 'Die paulinische Ekklesiologie angesichts der Lebenswirklichkeit der christlichen Gemeinde in Korinth', in R. Bieringer, ed., *The Corinthian Correspondence* (BETL 125; Leuven: Leuven University, 1996), 63-86; 또한 *Erste Korintherbrief*, 11-14을 보라.

223) Winter, *Corinth*, 42-43.

식하게 했다(해야 한다)(2:6-16).[224] 이곳의 호소는 갈라디아서의 호소
와 동일한데(갈 3:3; 5:25), 그들이 복음에 처음 반응했을 때 그들의 삶
에 들어와 변화를 시작한 그 능력을 충실히 따르라는 것이다.

■ 셋째, 다시 갈라디아서에서처럼(갈 5:13-26; 6:7-9), 바울은 시작부터 어
떻게 살아가느냐가 중요함을 고린도 사람들에게 상기시킨다(고전
3:10-15).[225] 그는 성령이 거하심으로써 하나님의 성전(naos)이 된 그들
안에서 하나님이 시작하신 일들을 "망칠/더럽힐/파괴할(phtheirein)"
가능성이 있다고 그들에게 경고한다(3:16-17).[226]

■ 마지막으로, 바울은 1:18-31에서 이미 전개한 대조를 거듭 강조
한다. 부, 왕실의 명예, 권력(4:8),[227] 그에 따른 도도함(4:18-19)을 사도
의 불명예와 방랑 생활의 실상(4:9-13),[228] 동시에 바울이 그들을 대할

---

224) Murphy-O'Connor는 여기서 바울이 "영적인 사람을 우스운 인물로 바꾸는" 실수를 했다
고 생각한다. "그의 목적은 그들을 혼란스럽게 해서 그 서신이 크게 읽히는 것을 듣고 다
른 모든 사람이 웃는 중에 그 사람들로 하여금 혼란스러운 침묵을 하게 하는 것이다"(Paul,
282-84).

225) 고전 3:13-15에 관해서는 특별히 Konradt, Gericht und Gemeinde, 258-78을 보라.

226) Hogeterp은 "naos라는 용어가 늘 성전 단지를 가리키는 일반 용어 to hieron과 구별되며
더 구체적으로 성전 내부 성역을 가리킬 수 있다"라고 말하며(Paul and God's Temple, 322-
23), 또한 그 단어가 Wis. 9.1-18, Pseudo-Philo 8.108-14, 1QS 8-9에서 성전과 하나님의
성령을 관련시키는 것과도 구별됨을 지적한다(327-31). 또한 F. W. Horn, 'Paulus und der
Herodianische Tempel', NTS 53 (2007), 184-203을 보라.

227) 고전 4:8은 고린도 사람들이 "과도하게 실현된 종말론"을 가졌고 올 시대가 이미 완성된 것
처럼 행동했다는 견해에 주요 지지를 제공했다(Thiselton, 1 Corinthians, 358; 많이 인급된
그의 앞선 소논문 'Realized Eschatology at Corinth', NTS 24 [1978], 510-26을 보라. Adams
and Horrell, Christianity at Corinth, 7장이 이 내용을 요약했다). 그러나 Barclay는 그 언어
가 고린도 사람들보다는 바울의 관점을 더 드러내는 것으로 볼 수도 있다고 한다. "그들의
성령충만한 삶은 미래의 초기 체험이 아니다. 그들은 단순히 자신들이 인간 잠재력의 끝에
도달했다고 여긴다"('Thessalonica and Corinth', 64). 비슷하게 Martin은 "이 해석의 문제
점은 고린도 사람들이 기독교 설교를 통해 그런 종말론적 유익에 대해 처음 배운 결과로써
그런 유익을 얻었다고 주장하고 그 유익을 현재의 체험으로 전환했다는 증거가 없다는 데
있다"라고 한다(Corinthian Body, 105). 고린도 신자들의 태도를 설명하려는 "실현된 종말
론" 가설은 범영지주의 가설과 같은 결점을 가진다(위 n. 213).

228) 1:26-27에서 사용된 동일한 단어들과 주제들을 의도를 가지고 반복하는 4:10을 주목하
라. "우리가 어리석다(mōroi)···우리는 약하다(astheneis)···우리는 비천하다." 마지막 문장
(4:13)에서 모두 "털어낸 먼지"를 의미하는 perikatharma와 peripsēma로 자기를 묘사한 이

때 보여준 진실한 아버지 같은 돌봄(4:14-17) 같은 다른 종류의 왕국
과 권력(4:20-21)에 대조한다.

바울이 볼 때 복음이 1:26의 사회표식에 대해 내리는 급진적 재평가를 바
울이 완성하는 방법은 주목할 만하다. 즉 이 세상의 지혜와 대조되는 십
자가의 어리석지만 깊은 지혜(1:17-2:16), 이 세상의 명문가에서 태어난 것
보다 행동에 대한 더 중요한 본보기를 제공하는(4:16-17) 바울에 의해 복음
을 통해 태어남(4:15), 권세자의 능력과는 상당히 다른 하나님 나라의 능력
(4:18-21) 등이다.

c. 가치체계의 충돌(고전 4-5장)

이미 언급했듯이(§30.4b), 1:26에서 드러난 고린도 교회의 사회 계층에 효
과적으로 주목한 이는 게르트 타이센(Gerd Theissen)이다. 예를 들어 고린도
교회와 관련해서 이름이 거론된 사람들은 전부 상류층으로 보이며, 바울
이 직접 세례를 주었다고 이름이 알려진 유일한 사람들 역시 상류층 사람
들이다. 그러나 타이센의 가치 있는 분석의 단점 중 하나는 상류층이 깊은
사회적 통합을 수반했다는 가정이다. 반면에 변두리 종교 운동으로 전환
하는 일(개종)은 계층의 심한 모순이나 불협화음을 틀림없이 수반했을 것
이다.[229] 그 결과로 일어난 긴장이 고린도전서 5-11장에서 대면한 문제에
서보다 더 분명하게 드러난 곳은 없다.

   여기서 필자는 첫 두 가지 문제를 다루는데, 성적 방종과 교회의 다른
구성원과의 불일치를 해결하기 위해 몇몇 구성원이 기꺼이 소송에 의존하
는 일이다. 이미 시사했듯이(§32.5a), 고린도 사람들이 바울에게 보낸 서신

중 사용 역시 주목할 만하다.
229) Meeks, *Urban Christians*, 69-70이 지적했다. 그러나 Horrell의 비판을 주목하라(*Social Ethos*, 100-101).

에서는 이 두 가지가 언급되지 않은 듯하다. 이는 그들이 야기한 긴장과 관련해서 드러나는 사실이며, 주요 긴장 가운데 하나는 고린도 교회 구성원 대부분이 이 상황을 기꺼이 대면하려고 하지 않은 것으로 보인다.

5-6장은 주석가들에게 항상 어려운 문제를 제기했다. 고린도 사람들은 어떻게 이방인 중에도 없는(발견되지 않는/참을 수 없는)[230] 음란(porneia)[231] 사례에 대해 그렇게 침묵하거나, 심지어 "교만/우쭐"(pephysiōmenoi)할 수 있었는가?(5:1-2) 그리고 그들은 어떻게 구성원들을 서로 법정으로 끌고 가는데 대해 태연할 수 있었는가?(6:1-6) 존 초우(John Chow)가 가장 타당한 듯한 답을 제공한다.[232] 기독교 공동체가 침묵한 이유는 어쩌면 관련된 자들이 부유한 후원자들로서, 1:26이 언급한 한 명이나 그 이상의 능한 자와 문벌 좋은 자였을 것이다. 고린도 교회의 대부분을 침묵하게 만든 것은 개인의 사회적 위신 그리고 회중 가운데 덜 부유한 구성원들이 그들 후원자들에게 의지한 정도였다.[233] 그런 사람을 공격하는 것은 생계와 사회적 용인성에 심각한 사회적 결과를 초래했을 것이다. 교회의 존재가 고린도의 법적·사회적 기득권층 내의 그런 유력한 인물의 보호와 기부금에 달려 있었다면 교회 자체의 생존 능력이 위태로웠을 수도 있다. 확실히 바울이 5:2에서 교만에 대해 말했을 때, 그런 행동을 조용히 묵인하는 회중들의 모습에서 확립된 관습을 무시할 수 있는 유력한 자의 "교만"이 반영됨을 바울이 보았다고 상상해볼 수도 있다. 동시에 언급해야 하는 점은, 바울의 질책이 개

---

230) Thiselton, *1 Corinthians*, 385-86을 보라. "거의 충격을 받지 않는 카툴루스(Catullus)도 그런 성관계에 대해 철저한 혐오를 표현한다"(386, Catullus, *Poems* 74, 88-90을 언급함)

231) 음란에 관해 필자의 *Theology of Paul*, 92-93, 121-23, (현 구절에 관해서) 690-92을 보라.

232) Chow, *Patronage and Power*, 130-41; 비슷하게 Clarke, *Secular and Christian Leadership in Corinth*, 73-88; Meggitt은 의심한다(*Poverty*, 149-53).

233) Winter는 그 아버지가 아직 죽지 않은 상황에서 그러한 형태의 근친상간(아버지의 아내와 아들)은 로마법에서 전혀 관대할 수 없는 형태였다고 추론하고, 그 사례를 법정에 가져갔다면, "그 아버지는 로마인들이 가장 두려워한, 품위를 완전히 잃은 수치를 얻게 된 무능한 가장으로서 대중에게 굴욕을 당했을 것이다"라고 말한다(*Corinth*, 49, 51). 그 후에 그는 "바울은 다른 그리스도인들에게 자신들의 통제권을 행사하려고 한 후원자의 손아귀에서 그 공동체를 빼앗으려고 했다"라고 논증한다(193).

인보다는 교회를 향했다는 것과, 바울이 교회가 단순히 자신의 독단적인 명령을 따르기보다는 그들이 스스로 그 상황을 다루기를 더 기대했다는 점이다.

추측이 적고 동일하게 유익한 가설은, 고린도 사람들이 어떻게 한 구성원이 다른 사람을 법정으로 끌고 가는 데 그렇게 냉정할 수 있느냐는 논제를 풀기 위한 후원자 가설이다.[234] 로마 식민지에서는 특별하게도, 기소할 권리가 모든 이에게 주어지지 않았으며, 법정에 의존하는 일은 상류층과 권력자들의 특권이었다.[235] 고린도전서 6:2, 4은 두 개의 추가 실마리를 제공한다. 염두에 있는 사건은 "작은 일"(6:2), 즉 짐작하건대 형사 사건보다는 민사 사건이었을 것이다.[236] 다루고 있는 내용을 "세상사건(biōtika)"으로 묘사한 것은, 언급된 사건이 상속 분쟁(로마법에서 눈에 띄는 법정 문제)이었으며, 원고가 재산이나 유산의 권리를 사취 당했다(adikeisthei)고 주장했음을 시사한다(6:7-8).[237] 하류층 사람들에 반해 상류층 사람들에게 현저하게 특혜를 주는 당시 법체계 때문에,[238] 어떤 유산 분쟁 문제로 부유한 후원자가 사회적으로 하위층에 있던 신자를 법정에 끌고 갔다고 상상하면, 고린도 사건의 모든 상황이 충족될 것이다.

---

234) 몇몇 협회는 동료 구성원들을 법정에 끌고 가는 것을 금지했다(Ascough, *Paul's Macedonian Associations*, 60-61; Chester, *Conversion*, 252-54).

235) "피고가 부모, 후견인, 치안 판사나 고위층이었다면, 자녀, 자유민, 개인 시민, 하위층은 고발할 수 없었다. 대체로 소송은 시에서 권력이 있는(hoi dynatoi) 동일 계층 사이에서나, 사회적 지위와 권력이 높은 원고가 지위가 낮은 자에 대해 할 수 있었다.…로마 제국에서 사회적 지위와 법적 특권은 분명하게 연결돼 있었다.…(고린도) 사회는 상위 계층에 속한 사람들이 소송을 남용하는 방식으로 정치세계(politeia)에서 우위를 추구할 수 있을 정도였다"(Winter, *Welfare*, 107-108, 113, 121). Winter는 특별히 P. Garnsey, *Social Status and Legal Privilege in the Roman Empire* (Oxford: Clarendon, 1970)를 인용한다. 추가로 Winter, *Corinth*, 4장; 또한 Chow, *Patronage*, 123-30; Martin, *Corinthian Body*, 76-79을 보라. Meggitt는 비엘리트 계층 출신인 두 사람의 소송에 대한 예를 지적하지만(*Poverty*, 122-25), "도시의 가난한 자"가 법정에 갈 충분한 시간과 자원을 가졌을 개연성은 적다. 그의 "비엘리트"는 너무 구별이 없다.

236) Winter, *Welfare*, 107.

237) Chow, *Patronage*, 125-27.

238) 또한 Clarke, *Leadership*, 62-68을 보라.

두 사건에서 가치체계의 충돌을 본다. 바울은 두 사건에서 그리스도께 새로이 충성하는 회심이 사회관계에서 옛 관습과 경향[239] 및 모든 방종한 행동(6:9-10)과[240] 완전히 단절하는 것이라고 인식하지 못했음을 보았다. 매춘부와 창녀를 찾는 일은 무심코 하거나 만찬에서 하든 더 이상 주장할 "권리"가 아니었다(6:12).[241] 사회적 위신과 부를 가진 상류층에게도 말이다(6:12-20). 그리고 "상류 사회"에서 얼마나 관례적이었든지 간에 형제를 법정으로 데려가는 일 역시 받아들일 수 없다(6:1-8).[242] 용납할 수 없는 근친상간의 경우, 강한 징계 처분이 필요했다. 바울은 새롭고 유일한 후원자인 주 예수의 권능 아래 모인 교회에 자신을 감독자로 자리매김하며, 그들 가운데서 악의와 악을 제거하라고 가르치고(5:3-8, 13), 신명기 17:17을 명령으로 제시한다.[243] 이는 바울이 첫 서신에서 다룬 문제와 같은 문제인가?(5:9) 어쨌든 5:9-13과 6:9-20은 옛 가치체계가 고린도 신자들 다수를 계속 지배했다는 명백하고 충분한 증거다. 여기서 다시 회심은 충성 대상에 대한 중

---

239) "그들의 관습에 대한 강한 비판이 (6:1)의 바로 첫 단어에 암시되어 있다: tolma…'어떻게 너희가 감히…할 수 있는가?'"(Horrell, Social Ethos, 137)

240) "탐색하는 자나 남색하는 자"(6:9)라는 언급에 대해서는 필자의 Theology of Paul, 122 n. 103을 보라.

241) 다시 Winter, Corinth, 81-93과 위 n. 190을 보라. 추가로 필자의 Theology of Paul, 690 n. 80을 보고 아폴로도로스의 많이 인용된 진술을 주목하라(기원전 4세기 중반): "우리에게는 만족을 위해 창녀가 있고, 매일 몸을 돌보기 위해서는 첩이 있으며, 합법적인 아이를 낳고 가정사의 신실한 후견인 위치를 지키기 위해서는 아내가 있다"(Pseudo-Demosthenes, Orations, 59.122).

242) "민간 법정의 관례는 어떤 협회에서나 마찬가지로 교회 내 권력 다툼을 행사하기 위한 또 하나의 타당한 무대를 제공한다"; "어떤 그리스도인들은 이 지점에서 정치세계(politeia)의 윤리를 택하는 데 하등의 거리낌이 없었던 것으로 보이는데, 이것은 시민들이 적대 관계를 추구하려고 민간 법정을 오랫동안 사용한 방법이었기 때문이다"(Winter, Corinth, 66, 75). 위에 언급한 대로(n. 234), 몇몇 자발성 협회는 모임에서 일어난 분쟁에 관한 구성원 간 소송을 금지했으나, 바울은 모든 소송을 금지했다(255-56). R. A. Horsley, '1 Corinthians: A Case Study of Paul's Assembly as an Alternative Society', in Horsley, ed., Paul and Empire, 242-52(Adams and Horrell, Christianity at Corinth, 18장으로 재발간됨, 여기서는 232)에서 Horsely가 제시한 대로, 바울도 정치적으로 동기를 부여받고, 기독교 "에클레시아"를 "대안" 사회로 보았는가?

243) 고전 5:5이 염두에 두고 있는 내용에 관해서는 필자의 Theology of Paul, 691 n. 85; Thiselton, 1 Corinthians, 395-400을 보라.

대한 변경과 이전 사회에서 용납된 관습으로 퇴행하는 것을 신자들이 더 이상 상상할 수도 없게 만드는, 도덕적·개인적 변화를 수반했다(수반해야 했다). 사회가 수용할 만하다고 여기는 행동들은 그럼에도 불구하고 타락시킬 수 있는 힘을 가지고 있을 수 있다. 그것은 전체 가운데 그 영향을 계속해서 퍼뜨리는 누룩과 같다(5:6-8).[244] 쾌락적으로 만족할 권리를 주장하는 것(6:12)은 자신의 몸이 그리스도의 구성원이고 성령의 전인 사람들에게는 더 이상 용납될 수 없다(6:13-20). 그 몸은 "그리스도를 향한 헌신이 실재가 되는 영역이다."[245]

d. 옛 환경과 새 환경의 충돌(고전 7장)

바울은 7:1에서 고린도 교회가 자신에게 보낸 편지를 처음으로 다룬다.[246] 고린도 사람들의 결혼과 이혼에 관한 질문에 답하면서, 금세 분명해지는 것은, 사회의 기대와 중복되는 관계망이 주 예수 그리스도의 이름을 부르기 시작한 사람들에게 마찰을 일으켰기에 새 그리스도인들이 그런 기대와 관계망의 긴장 상태에 사로잡혔다는 사실로 야기된 문제들이 이곳에도 있다는 점이다.[247] 그리스도께 새롭게 충성한다는 것은 결혼에 대해 어

---

244) 전체가 부패할 때까지 전체로 퍼지는 부패한 영향력이라는 누룩 이미지에 관해서는, 막 8:15 및 병행구들 그리고 더 광범위하게 H. Windisch, *TDNT*, 2.904-905을 비교하라.

245) Murphy-O'Connor, *Paul*, 285.

246) 학자들은 7:1b("남자가 여자를 만지거나/육체적으로 가까이하지 않는 것이 좋다")이 바울의 견해이기보다는 오히려 서신을 인용한 것이라고 폭넓게 동의한다. 예. Schrage, *1 Korinther*, 53 n. 11에서 인용한 사람들을 보라. 그는 이미 테르툴리아누스와 오리게네스가 이런 개연성을 인식했다고 말한다. 추가로 Thiselton, *1 Corinthians*, 498-500; G. D. Fee, '1 Corinthians 7:1-7 Revisited', in T. J. Burke and J. K. Elliott, eds., *Paul and the Corinthians*, M. Thrall FS (NovTSupp 109; Leiden: Brill, 2003), 197-213을 보라. 물론 그 결론은, 바울이 이어지는 절들에서 실제로 말했듯이, 그가 극도로 금욕적이었고 성관계에 대해 적대적이었다는 견해에 강력하게 반한다! 그러나 D. Zeller, 'Der Vorrang der Ehelosigkeit in 1 Kor 7', *ZNW* 96 (2005), 61-77을 보라. *The Theology of Paul*에서 필자는 바울이 결혼에 관한 자세한 논문을 제시하려고 하기보다는, 단지 그에게 제시된 질문에 답하려고 했음을 지적했다(694).

247) Robertson, *Conflict in Corinth*를 다시 보라. G. Beattie, *Women and Marriage in Paul and*

떤 의미이며, 미혼자 및 불신자와 결혼한 사람에게 무엇을 의미하는가? 다시 말해서, 그리스도를 향한 충성이 사회의 가장 기본 단위인 결혼한 가정에 어떤 영향을 끼쳤는가?[248] 7:1-9이 전하는 질문을 야기한 사람들의 사회적 지위는 불분명하다. 비록 7:12-16에서 염두에 둔 사람이 주로 믿지 않는 남편을 둔 아내이며, 7:21-24의 조언을 받는 자들은 노예들뿐임(주인들이 아니다)을 주목해야 하지만 말이다.

(i) 첫 번째 경우에서, 바울의 충고는 현저하게 진보적이다. 결혼은 성 관계가 규범으로 추정되는 참된 동반자 관계로 여겨져야 하며(7:3-4), 기도에 전념하는 일마저도 이런 서로 간의 권리와 의무를 무시해서는 안 된다(7:5).[249] 바울은 성행위의 유일하고 타당한 상황을 결혼으로 보았고(7:2-4),[250] 성적 욕망이 자연스럽고 중요함을 인정하면서,[251] 비록 자신이 선호하지는 않을지라도(7:8-9, 36-38) 결혼이 많은 이(다수?)에게 옳다고 결론짓는다. 이혼을 둘러싼 질문에 관해 바울은 예수의 명확한 가르침을 인용할

His Early Interpreters (LNTS 296; London: Clark International, 2005)를 보라. 그는 음행을 피하려는 관심사가 결혼에 관한 바울의 가르침을 결정했다고 언급한다(19-36); porneia, 5:1(두 번); 6:13, 18; 7:2; porneuō, 6:18; pornē, 6:15, 16; pornos, 5.9,10, 11; 6.9.

248) 바울의 논의가 일련의 "가정 법규"를 따른다는 것은 주목받을 만한데, 이는 고대 세계에서 흔했고 이후 신약 서신의 특징이 되었다(골 3:18-4:1; 엡 5:22-6:9; 등등). 남편과 아내(7:1-16), 자녀(7:14), 노예(7:21-24); 또한 조정된 이상은 그들의 사회적 가치로 더 광범위하게 소중히 여겨진 이상이었다. Enkrateia, "절제"(7:5, 9)와 euschēmōn, "질서 정연함"(7:35). 예. D. Balch, 'Household Codes', ABD, 3.318-20; 또한 '1 Cor. 7.32 35 and 'Stoic Debates about Marriage, Anxiety and Distraction', JBL 102 (1983), 429-39; 그리고 추가로 아래 §34 n. 394을 보라.

249) 반대로 추론할 수도 있겠지만, 바울은 결혼 상태나 독신 어느 한쪽을 은사로 여기지 않았다(7:7). 이 경우에 은사는 오히려 자기 절제에 힘쓰거나 성 에너지를 기도와 같은 활동으로 전환하는 것이다. 적어도 잠깐은 말이다(또한 Thiselton, 1 Corinthians, 513-14를 보라).

250) "1세기의 관습에 많이 어긋나는 내용은 그리스도인 남편이 자기 몸에 대한 권위를 가지지 않고, 그의 부인이 가지고 있다는 사실이다. 따라서 남편은 혼인 외에는 자기 성욕을 채울 수 없었다. 그것이 1세기 사회에서 얼마나 수용될 수 있었든지 말이다"(Winter, Corinth, 228). "이 절은 성 혁명이나 다름없다"(Barrett, Paul, 139).

251) 바울이 "성교의 타당한 동기인 욕망과 열정을 부정했다"라는 Martin의 주장은 고전 7:9을 상당히 편향되게 읽은 것이다(Corinthian Body, 209-17). 바울은 7장에서 epithymia, "욕망"을 사용하지 않았다.

수 있었지만(7:10-11), 그런 가르침이 몇몇 신앙인이 처한 상황(이혼을 요구할 수 있던 불신앙 동반자와 결혼한 상태, 7:1-16)[252]에 맞추어 수정되거나 조정돼야 함을 인식했다. 여기서 특별히 새 사회 집단(교회)은 자신이 옛 사회 집단(가정)의 관례들과 기대들을 넘어서거나 거스름을 알게 되었다.

이해에 매우 도움이 되는 점은, 하나님의 요청에 대한 그들의 반응이 자신들의 물리적·사회적 상황에서 필히 어떤 변화를 요구했는지 혹은 실제로 그런 요구를 하는지에 대한 바울의 견해다. 그의 대답은 꼭 그렇지만은 않다는 것이다. 그들이 할례자이냐 무할례자이냐는 더 이상 중요하지 않으며, 그들이 어떤 상황에서 부름을 받았든지 간에, 그들은 그 상황에서 부름에 맞게 살아갈 수 있었다(7:17-20).[253] 노예들은 실제로 자유롭게 될 어떤 기회라도 포착해야 하나,[254] 그들과 그리스도와의 관계가 다른 모든 관계를 상대화하기 때문에, 그들은 여전히 다른 이의 노예로서도 그리스도를 섬길 수 있었다(7:21-24).[255]

(ii) 고린도 사람들이 제기한 두 번째 주요 질문을 다루면서, 바울은 정혼하거나 약혼한 사람들에 관하여[256] 자신의 편애를 더 분명하게 드러냈다. 그는 그들이 결혼하지 않는 것을 선호했다. 그러나 목회적 예민함으로, 바울은 자신이 하나님이 인정한 사람으로서 말하고 있지만, 이것은 단지 자기 자신의 견해임을 명확히 한다(7:25). 다시 한번 그의 관심은 사회에

---

252) 이때쯤엔 로마법에서 남편이든 아내든 이혼 소송을 할 수 있었다(*OCD*[3], 929).
253) 여기서 바울이 지위(예. 노예)를 "소명"이라고 여기지 않았음을 깨닫는 것이 중요하다. 이 구절에서 "부르심"은 주석가들이 지금은 동의하듯이 개종의 부르심이다.
254) 특별히 S. S. Bartchy, *MALLON CHRĒSAI: First-Century Slavery and the Interpretation of 1 Corinthians 7:21* (SBLDS 11; Missoula: Scholars, 1973); Horrell, *Social Ethos*, 161-67을 보라.
255) 참고문헌과 함께, 필자의 *Theology of Paul*, 698-701을 보라.
256) 바울은 *parthenos*("처녀", 7:25, 28, 34, 36-38)와 *agamos*("결혼하지 아니한 자", 7:8, 11, 32, 34)를 사용한다. 그래서 *parthenos*는 어쩌면 단순히 "결혼하지 않은" 사람(REB)을 언급한 것이 아니고, "아직 결혼하지 않은 사람"(Thiselton) 그 이상을 의미한 듯하다. 7:36, 38은 대부분의 현대 영어성경에서 인식하듯이 약혼("그의 *parthenos*")과 같은 의미를 띤다(예. "그의 약혼녀"[NRSV, NJB], "그와 약혼한 소녀"[REB]). 또한 Witherington, *Women in the Earliest Churches*, 37-38.

서 바람직한 것과 하나님을 향한 그들의 우선적인 헌신 사이에서 선택해야 함을 자기 청중이 인식하는 것이었다. 남편이나 부인은 상당히 타당하게 각자의 배우자를 기쁘게 해주기를 원할 것이고 "세상의 일들"에 관심을 가져야 한다(7:32-35). 바울은 그런 관례적인 책임과 그리스도를 향한 신자들의 책임 사이에서 더 많은 충돌이 발생하는 경우를 간절히 피하고 싶어했다. 그 충돌은 무엇보다도 시간의 짧음(7:26,29),[257] 즉 재림의 임박[258]을 염두에 둔 것이며, 당시 그 지역에 피해를 줬을 연속된 기근이 바울에겐 이에 대한 징조로 보였을 것이다.[259] 바울에게는 그것이 결혼하지 말라는 자기 결정의 주요인이 되었다. 그러나 여기서도 바울은 다른 사람들이 자신들의 개인 상황을 다르게 판단할 수도 있다는 사실에 민감함을 보여주었고, 결혼해야겠다고 결정한 사람들에게 그렇게 하도록 그리고 그들이 바른 일을 하고 있다는 확신을 느끼도록 반복해서 격려한다(7:28a, 35b, 36, 38).[260]

(iii) 미망인이 되었을 때 여전히 상당히 젊었던 여인들에게[261] 주어진

---

257) 바울이 현 세상의 끝이 임박했다고 생각했다는 결론을 피하기 어렵다(또한 위 §29.3e; 추가로 *Theology of Paul*, 393-94을 보라). 그러나 Thiselton은 바울의 표현을 너무 문자적으로 받아들일 수도 있다고 경고하고(*1 Corinthians*, 580-83), Schnelle는 다음과 같이 에픽테토스(3.22.69)를 인용한다. "현재 일과 앞쪽 상황을 고려하면, 견유학도는 자신이 온전히 하나님을 섬기는 데 방해를 받지 않아야 하고, 부르주아적 의무의 방해나 개인 관계에 묶이지도 않고 사람들 사이를 자유롭게 다닐 수 있어야 한다"(*Paul*, 58 그리고 n. 3).

258) 7:29-31의 *hōs mē*("없는 것 같이")는 세상에서 기독교의 타당한 존재 방식을 강해하는 교부와 종교 개혁 주해의 표준 문구가 되었다. 추기로 필자의 *1 Corinthians*, 57 그리고 *Theology of Paul*, 697 n. 114을 보라.

259) 위 n. 168을 보라.

260) 사전 편찬자들이 "전성기가 지난, 결혼할 연령이 넘어선" 아니면 "성적으로 절정인", 심지어 "강한 욕정을 가진"(BDAG, 1032; NRSV)으로 이해했던 양면성을 띤 *hyperakmos*에 관해서는(7:36), Winter를 보라: "그 동사 형태는 여자라면 폐경에 이른 사람이나, 남자라면 나이 때문에 발기불능에 이른 사람을 시사하지 않는다. 그것은 사춘기에 이르러 성교를 통해 안전하게 임신할 수 있는 여인이나, 남녀의 성욕이나 욕정을 가리키는 데 사용되었다"(*Corinth*, 249 그리고 중요한 n. 46); 또한 Martin, *Corinthian Body*, 219-26; Thiselton, *1 Corinthians*, 593-98을 보라.

261) 열두 살은 여성이 결혼할 수 있는 나이였고, 소녀들은 흔히 훨씬 나이 많은 남자와 결혼했다. 나이 많은 남편들이 부인이 아직 젊을 때 죽는 일이 빈번했다(OCD³, 928, 1621). 또한 위 §24 n. 47을 보라.

마지막 말은 똑같은 노선을 취한다. 바울이 보기에 재혼이 가장 현명한 방법은 아니나, 그들이 그것이 옳고 적절하다고 생각한다면 그들에게 재혼할 수 있는 자유가 있었다. 물론 "오직 주 안에서"(7:39-40) 말이다.

이 모든 내용 안에 개개인 신자들에게 너무 많은 속박과 책임이 부과되어 있어서 그들을 주 그리스도를 향한 그들의 의무에서 다른 곳으로 돌리게 한다는 불편한 느낌이 있다. 그러나 그런 불편함은 바울이 인식하기에 현재를 사는 동안 지니고 살아야만 하는 것이었다. 분명 그는 세상에서 "나오라"거나 현시대의 유일한 삶의 방식으로 금욕적인 생활양식을 취하라고 충고하지 않았다.[262] 비록 바울이 결혼 생활의 압박과 책임을 공유하지 않았지만, 그는 이런 압력과 책임을 온전히 이해했으며, 이 책임감을 느끼고 살도록 기혼자들과 결혼을 고려하고 있던 사람들을 격려한다. 그렇게 하면서 바울은 옛 환경과 새 충성 간의 충돌에 어떻게 맞서야 하느냐에 대한 현실적인 방안과 후대를 위한 세심한 목회상담의 본보기를 제공한다.[263]

e. 권리의 충돌(고전 8-10장)

고린도 사람들이 제기한 다음 논제는 *eidōlothyta*, 곧 "우상에게 바쳐진 고기"(8:1)와 관련 있고, 바울의 반응은 타인에게 재정적으로 의존하는 일을 거절한 자기 행동을 변호하려고(9장) 그 주제를 토론하는 중에 갑자기 곁길로 벗어난 것처럼 보인다(8, 10장). 그러나 자주 놓치는 점은 그 세 장이 권리라는 공통 주제로 묶여 있다는 사실이다. 즉 권리를 행사하거나 주장해야 할 때와 하지 말아야 할 때, 그리고 권리를 행사해야 하는 이유와 하지 말

---

262) 또한 A. S. May, 'The Body for the Lord': *Sex and Identity in 1 Corinthians 5-7* (JSNTS 278; London: Clark International, 2004), 7-9장을 보라.

263) 추가로 필자의 *Theology of Paul*, 695, 698을 보라.

아야 하는 이유다.[264]

그 주제가 exousia("권리"[8:9; 9:4-6; 12, 18]로 가장 잘 번역된다)의 반복적인 사용으로 표시가 나는데도 불구하고, 그 요점은 종종 간과된다. 그러나 대부분의 현대 번역은 8:9의 exousia를 "자유"(freedom: NIV, NJB)나 "해방"(liberty: NRSV, REB)으로 번역해서 그 요점을 모호하게 한다.[265] 6:12에서처럼 여기서도 논제는 10:23의 "그것이 옳다, 허락하다, 타당하다"(exesti)에 집중한다. 그러나 여기서도 훨씬 이전의 토론이 오도되었는데, 이는 마가복음 2:26과 10:2 같은 구절에서 똑같은 용어가 사용됐다는 점에서 그랬고, 또한 바울이 마음에 담고 있던 내용이 율법(아니면 법)에 대한 토론의 추가적 측면("그것은 합법이고", "모든 것은 정당하다"[NRSV])이었고, 바울의 논의가 그리스도인의 행동지침으로서 율법에 의존하는 것을 거부한 추가적 예라는 추론 때문에 그랬다.[266] 그러나 오히려 바울이 염두에 두었던 내용은 어쩌면 도시의 만찬과 그런 다른 기념행사에 참여하는 어떤 사람들(특별히 로마 시민)의 사회적 관습과 권리일 것이다.[267] 이 만찬들이 고린도의 대 신전 중 한 곳에서 기념됐거나, 황제의 집안 혹은 고린도에서 경배된 신들에게 경의를 표하려고 기념됐기 때문에, 제공된 고기 요리는 당연히 신전 제물로 바쳐진 후

---

264) "그리스도인의 자유라는 개념에 대해 고린도 사람들과 바울 사이에 오갔던 대화는, 대체로 초기 기독교가 이 주제에 관해 제공했던 가장 심오한 토론이다"(Becker, *Paul*, 212).

265) 실제로 주장된 "자유"("liberty", *eleutheria*)(9:1, 19; 10:29)는 권리를 행사하는(아니면 포기하는) 자유다.

266) 때때로 C. K. Barrett, 'Things Sacrificed to Idols', *Essays on Paul* (London: SPCK, 1982), 40-59의 요약이 인용된다. "바울이 이 *mēden anakrinontes*["묻지 말고", 고전 10:25, 27]에서만큼 가장 유대인답지 않은 곳은 없다." 즉 "특별하게 자유로운 태도"다(49, 50).

267) 여기서도 Theissen은 특별히 "시 재무관"인 에라스도를 언급하면서(롬 16:3), 그 논제가 상류사회와 도시의 공공 생활에 녹아든 사람들이 그런 공공 행사와 축제에 불참하는 것이 어려웠기에, 그런 문제가 생겼을 가능성을 처음 강조했다(*Social Setting*, 130). 그러나 그 논제가 "권리"("고린도 사람이 신전에서 열린 '도시' 행사에서 식사할 자격을 부여하는 시민 특권"에 대한 문제임을 가장 효과 있게 보여준 사람은 바로 Winter다(*Welfare*, 9장, 'Civic Rights'). "선거 후보자는 선출되면 동료 [로마] 시민에게, 만찬…을 후원하겠다고 약속했다"; "[지협] 대회장이 연회로 시민들을 대접해줄 것이라는 기대가 있었다"(168, 172, 174; 또한 *Corinth*, 93-96, 280-81). "고대 세계에서 지위나 권력을 가진 사람들이 '모든 일이 가하다'를 기반으로 자신들의 행동을 설명하는 확립된 오랜 관례가 있었다"(*Corinth*, 81).

사용되지 않은 고기나, 그와 관련 있는 의식의 일부로 나온 것이었다. 특별한 축젯날에는 전 인구가 가장자리에서라도 그런 잔치에 참여할 수 있기를 희망했을 것이다. 이것은 유대인 혹은 유대교 신앙이나 실천에 강한 영향을 받은 고린도 교회의 모든 구성원에게 심각한 의문과 위협을 이내 제기했다. 우상숭배는 유대인이 전혀 받아들일 수 없는 것이었기 때문이다. 두 번째 계명이 기초가 된다. 하나님의 존재가 나무와 돌로 얼마든지 충분하게 형상화될 수 있다는 사고를 그들은 관용할 수 없었다.[268]

여기서 질문은 다른 구성원들, 특별히 그런 만찬에 합류하도록 정기적으로 초대받으리라고 기대되는 사회 상류층 사람들은 그렇게 할 수 있는 그들의 권리를 자유롭게 행사해야 하느냐는 질문으로 좁혀진다.[269] 쟁점이 그런 권리와 관련이 있기 때문에, 바울은 그런 권리 행사의 여부와 방법의 본보기로서, 자신의 사도적 권리에 관한 주의 깊은 진술을 논의 안에 불쑥 포함시킨다(9장). 바울이 자신의 사도권이나 고린도 사람들의 시민권을 부정하지 않았음을 즉시 언급해야 한다. 그의 관심은 오히려 신자들이 그들의 권리와 동료 신자들에 대한 책임 사이의 충돌을 어떻게 다루어야 하느냐였다. 바울이 권리에 대한 논의를 개인 손님과의 식사(10:23-30)까지, 따라서 회중이라는 범주를 넘어 우정과 조합의 전 영역까지 포함하여 결론지었다는 사실은, 중복 된 관계망이라는 문제에 그가 얼마나 민감했고 교회

---

268) 위 §29.7a를 보라.

269) Theissen이 관찰했듯이, 바울은 신전 축하행사와 연회에 참석할 권리를 주장하는 사람들에게만 말하고 있다(Social Setting, 137). 여기서도 우리는 사회적 불화와 지위의 불일치라는 있었을 듯한 긴장을 무시해서는 안 된다(Meeks, Urban Christians, 70). "우상은 아무것도 아니다"라는 지식(그리고 주장)은, 사회의 중요한 인물들조차도 제의 기획자들과 관리들에게 인정받지 못하는 상황을 초래했을 것이다. Barclay, 'Thessalonica and Corninth'와 비교하고 대조하라. Becker는 긴장과 난제를 잘 강조한다. "그리스도인들이 도시의 안녕을 보장하는 공식 신들을 멸시했을 때 이것이 도시를 위협하지 않았겠는가? 누군가가 상업 계약을 하는데 인정된 신에게 더 이상 맹세하지 않는다면, 그 사람은 여전히 신뢰할 만한 계약 파트너였겠는가? 그리스도인 여성과 그리스도인인 이방인의 부인이 모든 가족과 함께 가정의 신에게 더 이상 경의를 표하지 않는다면, 그녀에게 여전히 가정사를 맡길 수 있었겠는가? 가족이 더 이상 신전 초대에 응하지 않는다면, 장기적으로 그 가족과 사회관계를 유지할 수 있었겠는가?"(Paul, 248).

에 손실을 끼치지 않으면서 이런 중복이 존속할 수 있는 길을 보여주려고 얼마나 염려했는가를 보여준다.

그렇다면 그 문제는 "지식"(gnōsis)에 관한 문제가 아니었다.[270] 비록 그 용어가 8장에서 두드러지게 등장하지만 말이다(8:1, 7, 10, 11). 우상이 세상에서 아무것도 아니며 하나님이 한 분이라는 "지식"은 바울이 공유한 지식이었으나(8:4), 그 지식은 신앙 조항이 아니라 오히려 자신들의 이전 권리를 정당화하는 수단으로 축제에 참여하는 자들이 호소한 것이다. 즉 믿음에 부합하는 행동을 결정하려고 하기보다는 선호하는 행동 방식을 합리화하는 것이다.

바울의 대응은 분명하다. 그는 한 분 하나님에 대한 자기 (기독교) 신앙을 단언하지만, 거기서 다른 내용을 추론한다. 어떤 고린도 사람들은 우상이 "아무것도" 아니기 때문에, 우상의 제물(eidōlothyta)을 먹는 것이 중대한 문제가 아니라고 결론지었다. 바울은 신조를 다르게 읽었다(8:5-6). 그것은 고린도 신전의 신들이 중대하지 않음을 표명했으며, 이는 황제숭배(!)의 "소위 신들과 주들"도 포함한다.[271] 고린도 사회에서 그들의 영향력이 엄연한 실제라 할지라도, 유대교/기독교 신조는 완전한 경배를 받을 유일한 하나님은 모든 만물의 근원이신 하나님 아버지이시고, 온전한 순종을 받기에 합당한 유일한 주는 하나님의 창조 능력의 중재자이신 주 예수이심을 확인한다.[272] 8:7-13에 암시된 자연스러운 결론은, 이 주를 향한 순종이 적

---

270) 물론 영지주의 가설 지지자들은 gnōsis라는 언급을 그 가설의 증거로 본다. 위 n. 213을 보라.

271) 위 n. 166을 보라. 8:5a와 b의 균형은 고린도와 에베소 같은 도시에서 매일 그가 마주한 실상, 즉 특별히 황제숭배의 실상과 그것이 정치적 움직임과 사회 활동 대부분을 어떻게 결정하는지에 관해 바울이 느낀 모호성을 잘 잡아낸다.

272) 여기서 바울이 쉐마("주는 우리 하나님이시고, 주는 하나이시다")를 확대하여(이것이 적절한 단어라면) 그리스도를 포함시킨 방법은 놀랄 만하다: "우리에게는 한 하나님 곧 아버지…또한 한 주 예수 그리스도께서 계시니." 특별히 신적 지혜라는 지혜 전승(잠 3:19; 8:22-31; Wis. 8.4; Philo, Det. 54; Heres 199)에서 사용된 신의 대리자 언어로써 바울이 그리스도를 언급했다고 대체로 인정한다. 추가로 필자의 Christology, 6장; 또한 Theology of Paul, 272-75(참고문헌과 함께); R. Cox, By the Same Word: Creation and Salvation in Hellenistic Judaism and Early Christianity (BZNW 145; Berlin: de Gruyter, 2007), 141-61; 그리고 위

어도 (소위) 다른 신들과 주들을 어느 정도 인식하고 인정하는 행동에 커다란 의문 부호를 붙여야 한다는 것이다.

더 분명한 대답은, 신자들이 자신들의 행동이 적어도 다른 신자들에게 어떤 영향을 실제로 미치는지에 의해 영향받거나 결정되도록 해야 한다는 것이다(8:7-13). 권리의 핵심 문제에 관해서 바울은 항상 사랑이 이 권리들을 능가해야 한다고 충고한다. 이는 하나님 사랑(8:3)과 이웃 사랑으로서, 자기 동료 신자들을 위한 당연한 책임감이다.[273] 사실 고린도 총회의 몇 사람은 우상의 제물을 먹는 것에 자기 신앙의 배신, 즉 치명적인 독과 좀을 먹는 영향력이 있다고 보았다(8:7).[274] 고린도 신전 중 한 곳에서 우상의 제물을 먹는 주제에 대해 더 확신에 찬 지식을 가진 사람들을 지켜보는 사람들(8:10)은 똑같이 행하여 자기 양심에 반하는 행동을 하도록 고무되어,[275]

---

§29.7d를 보라. Fee는 이 합의를 격렬하게 논박하나(*Pauline Christology*, 595-619), (1) 그는 모든 병행 구절을 거의 전부 무시한다(요 1:1-18; 히 1:1-3). 그 병행 구절에서 지혜 언어가 더 분명하게 되울리고, 그것은 이런 생각이 최초의 기독교에서 잘 확립되었음을 의미한다. (2) 그는 의인화된 지혜와 신적 특성인 지혜를 구별하는데, 이는 아주 의심스럽다. (3) 그는 바울이 Wisdom of Solomon을 알고 있었는지 의문시한다. 1세기 넘게 바울 학자들에게 익숙한, 이 문헌에 대한 (바울의!) "암시"를 나열했음에도 불구하고 말이다. 그의 주해는 "사느냐 죽느냐"라는 표현의 여느 사용이 햄릿의 말에 대한 암시로 받아들여질 수 있는지를 의문시할 만큼 경직되었다. 더 건전한 결론은 W. L. Knox, *St. Paul and the Church of the Gentiles* (Cambridge: Cambridge University, 1939, 1961)이다. "창조와 관련된 신의 지혜와 양상 및 대리인 그리고 우주에 스며든 신의 마음은 예수와 동일시되었는데, 사용되고 폐기될 수 있는 미드라쉬 강해의 문제로서가 아니라, 형이상학의 영역에서 영원한 진리로서 동일시되었다.…그[바울]가 그것을 깨달았느냐와 관계없이, 그는 교회를 니케아 신학에 맡겼다"(178).

273) Theissen은 회중의 상류층에게 바울이 기대한 부담을 "사랑-가부장제"로 요약한다(*Social Setting*, 107-10). 이것이 이곳에는 잘 어울리나, 다른 곳에서 바울이 이 구성원들을 꾸짖는 것은 그 제목으로 요약하기에는 너무 강력하다. 추가로 Horrell, *Social Ethos*, 4장을 보라.

274) 바울은 이들을 한결같이 "약한"이라고 묘사한다(8:7, 9-12; 9:22). 그 용어는 "강한" 관점을 표현하는데, 그 관점은 그런 양심을 믿음의 연약함으로 본다(비교. 롬 14:1-2; 15:1). 그러나 중요한 요점은 그런 양심의 실체에 대한 인식이 "강한" 자의 행동을 조절하게 해야 한다는 것이다.

275) "양심(*syneidēsis*)"은 바울에게 이 모든 것의 중대한 요인이다(고전 8:7, 10, 12; 10:25, 27-29). "양심"이라는 개념과 체험 및 그와 관련된 참고문헌은 *Theology of Paul*, 54-55 n. 16을 보라.

그것 때문에 자신들의 신앙과 그리스도와의 관계(8:11)가 무너져 극심한 영적 괴로움이 생겨났을 수도 있다(8:12).[276] 그렇게 행동하고, 그리스도가 위해서 죽으신 사람의 믿음과 마음의 평화를 그렇게 훼손하는 것은 그리스도를 도외시하는 것과 같다. 결국 권리(식사/만찬에 참여할 *exousia*)가 쟁점이었다면, 그들은 동료 신자들을 위해 이 권리를 기꺼이 포기해야 한다. "만일 음식이 내 형제를 실족하게 한다면 나는 영원히 고기를 먹지 아니하여 내 형제를 실족하지 않게 하리라"(8:13).

그리스도인의 행위가 단순히 권리들을 주장하는 자유가 아닌 권리들을 거부하는 자유로 어떻게 표현되어야 하는지에 대한 본보기로서 바울은 자신을 예로 든다. 이는 자신의 사도적 권리와 그 권리 주장하기를 거부하는 것과 관련이 있다(9장).[277] 이것은 특별히 그가 회심시킨 자들과 자신이 가르친 사람들에게 재정 지원 및 식료 공급을 기대하는 권리였다(원칙상 아내를 위한 지원도 포함, 9:4-6).[278] 이 권리는 노동에 대한 합당한 혜택을 기대할 수 있던 사람들의 명백한 전례(9:7), 사실상 동일하게 결정한 성경의 판결(9:8-12),[279] 제사장의 섬김이라는 전례(9:13)[280]로부터 지지받으며, "복음 전하는 자들이 복음으로 말미암아 살리라"(9:14)라는 주의 명쾌한 명령으로 완성된다. 그러나 바울은 자신에게(그리고 바나바에게, 9:6) 그 권리를 거부하고 자기 손으로 일해서 스스로를 부양하는 것이 얼마나 중요한지를 명백

---

276) 주목해야 하는 점은, 바울이 여린 양심을 가진 사람들이 단순히 그들이 받아들이지 않는 방법으로 다른 이들이 행동하는 것을 **목격**해서가 아니라, 자기 양심에 반하거나 양심을 무시하고 **행동**하여 받은 상처를 염두에 두고 있다는 것이다.

277) 9장의 자기변호는 그리 많이 벗어난 내용은 아니다. 바울은 자신의 사도적 권리를 주장하지 않아서 비판받았기 때문이다(9:3). Lüdemann은 바울의 사도직에 관하여 바울을 공격한 추가 사례를 본다(*Opposition*, 65-72).

278) 맥락에서는 논제가 단순히 결혼해야 할 권리나 부인을 동반해야 할 권리에 관한 것이 아니라, 자신뿐 아니라 둘 다를 위해 재정지원을 받을 권리에 관한 것임을 명확히 한다.

279) 고전 9:9이 신 25:4을 인용한다. 하지만 9:10에서 성경이 인용됐다면, 출처는 알려지지 않았다.

280) 제사장이 제물에서 남겨진 고기를 먹는 것(민 18:8, 31; 신 18:1-3)은 그 상황에서 타당한 전례였을 것이다.

히 한다(9:8). 바울의 이유는 짐작하건대 그렇게 함으로써 자신이 어떤 부유한 개인에게 강요당하거나 후견인-피후견인 관계에 매이는 것을 피할 수 있다는 데 있었을 것이다.[281] 그러나 여기서 주장된 요점은, 복음 설교가 그에게 너무나도 중요한 우선순위이기 때문에, 그 책임을 방해하거나 그것과 충돌하는 것은 어떤 것이든(후원자-피후원자 관계와 같은 사회적 매임) 피해야 한다는 데 있다(9:16-18).

바로 이 원칙이 바울이 목회한 다른 사회 상황 및 집단에서 자신의 정책과 전략을 형성할 자유를 그에게 부여했다. 곧 "모두에게 모든 것"(9:22)이 될 자유다.[282] 그것은 타당할 때 유대인처럼 살 자유이며(9:20), 또한 타당할 때 비유대인처럼 살 자유이고(9:21),[283] 아니면 (우상의 제물의 경우에서) 타인의 양심을 지키는 자유였다(9:22).[284] 최종적 고려사항은 법에 합당한 권리를 주장하지 않는 자유를 행사하는 것이 절제의 소중한 행사이기도 하다는 것(9:25), 그리고 자기 방종이 개인 구원의 과정의 성공적 성취를 막지 않으려면 절제가 정말로 필요하다는 것이다(9:26-27).

10장에서 바울은 고린도 사람들이 제기한 우상의 제물에 관한 질문으로 돌아간다. 그런 행사의 단골 특징인 부도덕성에도 불구하고, 신자로서

---

281) 위 §30.5d를 보라. P. Marshall, *Enmity in Corinth: Social Conventions in Paul's Relations with the Corinthians* (WUNT 2.23; Tübingen: Mohr Siebeck, 1987)는 우정을 관장하는 관례들의 관점에서 9장에 묘사된 상황을 분석한다. 선물의 수용으로 우정이 확립되며, 선물의 거부는 적대감을 만들어낸다(396-98에 요약이 있음). 그는 바울이 빌립보 교회의 선물은 받았지만, 고린도 교회의 도움을 거절한 것이 "그들을 모욕하고 명예를 더럽혔으며, 그들을 낮은 자로 대했고 사랑하지 않았음을 보여주었다"(246)라고 주장한다. 비슷하게 Murphy-O'Connor, *Paul*, 305-307.

282) 여기서 다시 9:19-23 자체를 선교 정책의 진술로 여기지 않는 것이 중요하다. 그것의 기능과 영역은 권리와 권리를 주장하지 않는 자유에 대한 바울의 논증을 예시하고 지지하는 역할로 결정된다. 바울은 율법과 관련하여 권리와 의무가 있었다. 그는 이것을 부인하지 않았으나(9:21), 여기서 가능한 한 많은 사람에게 복음을 전하려는 더 높은 우선순위와 의무를 위한 자유가 그의 마음에서 가장 중요했다(9:19, 22b-23).

283) 위 §29.2b를 보라.

284) 바울은 균형을 이루는 조항("강한 자에게는 강한 자가 되었다")을 내놓지 않는데(9:20-21에서처럼), 다른 사람의 양심을 무시하고 우상의 연회에 참여할 자유/권리가 바울이 반대한 것이기 때문이다.

자신들의 권리를 행사하기 원하는 사람들은 그들의 영적 조상으로서 광야에 있었던 이스라엘 사람들의 예를 명심해야 한다(10:1). 그들 역시 그리스도의 세례와 같은 것을 경험했고(10:2), 또한 주의 식탁에 있는 떡과 잔 같은 것을 향유했다(10:3-4). 그럼에도 그들은 광야에서 죽었다(약속의 땅이라는 목적지에 도달하지 못하고)(10:5). 왜 그랬는가? 사악한 것을 향한 그들의 욕망 때문이었다. 그들은 우상숭배를 했고, 금송아지를 기리는 축제에서 먹고 마셨으며(출 32:6), 성적 부도덕에 빠졌고,[285] 그 결과 그들 중 23,000명이 하루만에 죽었다(10:6-8). 고린도 연회와 축제에 참여하여 탐닉한 사람들을 향한 경고는 그보다 더 분명할 수 없다(10:9-13).[286]

바울은 그 문제를 곧장 양자택일로 압박하기를 주저하지 않았는데, 우상숭배에 대해 그가 물려받은 반감은 여전히 강력했다(10:4). 주의 식탁에 참여하는 일이 우상에게 바친 연찬과 온전히 양립할 수 없다는 피할 수 없는 결론을 도출하지 않고는, 그리스도인의 공동 식사(바로 그리스도의 피와 몸을 나누는 식사, 10:16-17)에 있는 풍성한 의미를 인식하는 것은 불가능했다(10:21).[287] 우상 그 자체는 아무것도 아니나(10:19), 성경은 그런 우상 뒤에 있는 악의 세력에 대해 경고한다(10:20).[288] 이스라엘 사람들을 파괴한 하나님의 "질투(zēlos)"를 유발하지 않으면서 그런 세력들에게 장을 제공하는 것은 불가능하다(10:22). "약한 형제"를 위해 신전에서의 식사 참여에 맞서라는 8:7-13의 강력한 만류는 모든 타협 정책에 대한 전면 거부다. 우상숭배의 경우에 있어 "둘 다" 공존할 수는 없다.[289]

---

285) "뛰놀려고 일어났다"(10:7, 출 32:6을 인용한 것)의 명백히 의도적인 함축에 대해서는 Thiselton, 1 Corinthians, 734-35을 보라.

286) 우리가 다시 주목해야 하는 점은, 바울이 비판한 내용의 초점이 세례와 주의 만찬에 대한 어떤 결함 있는 견해에 있지 않고, 고린도 사람들의 행위가 그런 영적 체험을 한 사람에겐 완전히 부적절한 행위였다는 데 있다는 것이다. 위 n. 212(1:17에 관한)과 n. 379(15:29에 관한)을 보라. Chester, Conversion, 342.

287) "주 사라피스의 만찬에 참여하라는" 초대에 대해서는 위 §30 n. 78을 보라.

288) 신 32:17; 고전 10:20-21은 바울이 귀신을 언급한 유일한 경우다(또한 딤전 4:1).

289) Gooch가 분명하게 보여주었듯이, 신전의 식사를 순전히 세속적인 식사로 취급하는 것은

그런 간단하고 엄격한 가르침을 제공한 후에, 바울은 다양한 도시 제전의 공식 연회와 축제를 염두에 두고 있을 뿐이지, 신자와 불신자 간의 일상적 교제는 아니라는 의미로 그 가르침에 단서를 단다. 이 조합은 5:9-13과 비슷하다.[290] 여기서 권리(exesti)의 문제는 더 복잡하다(10:23). 핵심은 여기서도 자신의 이익보다 다른 사람에게 끼치는 영향(좋든 아니든)을 고려하는 것이었다. 바울은 신자가 식사에 초대받은 상황을 상상한다.[291] 단순히 주인이 교회 구성원이 아니므로 초대를 거부해야 한다는 문제는 바울에게 없었다. 식사에 고기가 나왔다면, 그 고기가 성전에서 공급하여 고기 시장에서 판매되었을 가능성은 제법 크다. 그러나 다른 공급처를 활용할 수 있었기 때문에 반드시 그런 것은 아니었다.[292] 바울의 충고는 신자들이 묻지 않고 그 음식을 먹어야 한다는 것이다. 결국 그것은 궁극적으로 하나님이 공급하신 음식이다(시 24:1)(10:25-27). 신자는 다른 사람이 그 고기가 신전에서 왔다고 주장할 때만 그 요리를 거부해야 한다. 다시 말하지만, 우상에게

불가능하고, 신전이 주로 존재하게 된 이유인 종교의식에서 그 식사를 분리하는 것도 불가능하다(Dangerous Food).

290) 중요하게 주목해야 할 점은, 10:23-11:1이 단순히 하나의 "풀린 실밥"(Fee, 1 Corinthians, 476) 혹은 "그의 논증의 회유적 보충과 요약"(Horsley, '1 Corinthians', 233)이 아니라, 신전 건물 내의 만찬에 참석하는 것을 금지하지만, 바울의 고린도 개종자들로 하여금 사회관계를 유지할 수 있게 하는 결정을 부여한 것이다. 추가로 Theology of Paul, 702-704를 보라.

291) Horrell, Social Ethos, 146과는 반대다. 예상된 상황은 분명 누군가의 집에 식사초대를 받은 상황일 것이다. 신전에서 제공되는 식사는 물론 신전 제물에서 나왔을 것인데, 바울은 이를 단호히 반대했다. 다시 Theology of Paul, 702-704를 보라.

292) J. J. Meggitt, 'Meat Consumption and Social Conflict in Corinth', JTS 45 (1994), 137-41은 질 낮은 고기를 작은 식당(popinae와 ganeae), 술집(tabernae 또는 cauponae) 혹은 다른 곳에서 쉽게 구할 수 있었다고 주장한다(또한 Poverty, 109-12). D.-A. Koch, "'Alles, was en makellō verkauft wird, esst...'. Die macella von Pompeji, Gerasa und Korinth und ihre Bedeutung für die Auslegung von 1 Kor 10,25', ZNW 90 (1999), 194-291은 전형적으로 실내 가게에서 파는 고기는 제의를 위해 도살된 것이 아닐 수도 있다고 결론짓는다. 필자는 고린도 시장 단지에서 유대인을 위해 정결한 고기와 다른 음식을 확보하려는 조치가 앞서 있었고, 반유대인 움직임의 일환으로서 "적합한 음식"을 고린도 고기 시장에서 공식적으로 철수하여, 그리스도인들이 우상에게 바치지 않은 고기를 구할 기회를 빼앗겼다는 Winter의 제안(위 n. 169)을 이미 언급했다(Corinth, 293-95, 297-301). 또한 D. W. Gill, 'The Meat-Market at Corinth (1 Corinthians 10:25)', TynB 43 (1992), 389-93.

바쳐진 음식을 먹는 결과가 자기 자신이 아니라 타인에게 영향을 끼치기 때문이다(10:28-29). 여기서도 바울은 자신이 말한 내용에 불편해한다. 모든 사람이 기쁨으로 받아들일 답은 없었고, 바울은 자기 양심이 다른 사람의 양심에 종속되는 것을 꺼렸다(10:29-30). 그러나 적어도 원리는 분명하다. 적용이 항상 선명하지는 않지만 말이다.

- 우상숭배는 확고한 결심을 하고 피해야 한다.[293]
- (세례를 통한) 주 예수를 향한 헌신은 배타적인 충성이어야 했고, 대부분의 다른 종교적 헌신과는 달리 다중 충성(다른 신들을 기리는 식사에 참여함)을 허용하지 않았다. 주의 식탁을 나누는 것은 정체성과 경계 표지를 모두 구성한다.[294]
- 우상은 아무것도 아니고 "세상은 주의 것"이기 때문에(10:26), 신앙과 다른 신자와의 관계를 손상하지 않고 **부지중에** 우상의 제물을 먹을 수 있었다.[295] 한 신자의 양심이 다른 신자의 양심을 규정하지 않는다.
- 바울은 우상의 제물에 고의로 참여하는 것을 받아들일 수 없는 일로 생각했다. 그것이 질문자를 저해하거나 형제를 넘어지게 할 수 있음을 알았기 때문이다.
- "내 권리"보다 더 중차대한 사항은 "(공동체를) 세우는 것"이 되어야 하며(8:1, 10; 10:23),[296] 형제 사랑은 그것을 고려할 때 첫 번째 자리를 차지해야 한다(8:1; 10:24).[297]

---

293) 여기서도 바울이 우상에 대한 이스라엘의 전통적인 적대감을 버리지 않았음에 주목하는 것은 중요하다(필자의 *Theology of Paul*, 702-704을 보라).

294) Meeks, *Urban Christians*, 159-60.

295) 언급할만한 점은, 10:25에서의 바울의 충고와 몇몇 신앙인들의 정체성과 상당히 밀접한 관계가 있는 문제에 관한 바울의 충고가 사실상 "묻지 말라, 말하지 말라"라는 것이다!

296) 추가로 nn. 360, 361을 보라.

297) 바울의 조언을 "가부장제 사랑"이라고 요약한 Theissen의 잘 알려진 주장에 대한 비판은 Horrell, *Social Ethos*, 특별히 4장; Jewett, *Romans*, 65-69을 보라.

- 논란이 많은 논제에 대해 어떻게 해야 하느냐를 결정함에 있어 바울에게 주요한 요소는, 그가 자신이 행한 것에 관해 감사할 수 있느냐(10:30), 그가 "하나님의 영광을 위해"(10:30) 그것을 했느냐다.
- 마찬가지로 그가 그것을 하며 타인에게 미칠 결과(타인이 받을 인상도 포함)와 그들의 유익을 마음에 두고 있느냐, 아니면 단순히 자신을 만족시키거나 타인으로부터 명예를 얻기 위해서냐(10:32-33)는 문제는 바울에게 중대했다.

앞서 그가 주장하기를 주저하지 않았던 것처럼(11:1), 여기서도 바울은 논란이 많은 주제를 그리스도인들이 어떻게 다루어야 하는지 그리고 그들의 상호 관계에서 지켜야 할 우선순위에 대해 본보기 하나를 설정한다.

f. 가정과 교회 간의 갈등(고전 11:2-16)

바울은 11:2부터 경계 이동과 문화 충돌의 문제에서 눈을 돌려, 그들의 모임에서 드러났듯이 고린도 교회 안에 있던 갈등을 다룬다. 이것은 바울이나 고린도 사람들이 주변 사회에 등을 돌리고 자기 자신들의 문제에만 매몰된 사례가 아니다. 몇 사람이 새 연합 공동체의 삶에 여전히 타당하다고 추정한 이전의 행동과 삶의 양식을 관장한 가치와 우선순위가 부분적으로 문제를 일으켰기 때문이다. 그리고 고린도전서를 통틀어, 바울은 그리스도인의 모임 안에서의 행동이 그들의 이웃에게 부정적이고 나쁜 인상을 주어, 교회의 지위와 교회의 복음 전도 활동에 영향을 끼친다는 점을 충분히 알고 있음을 보여준다.

이렇게 다음 내용으로 넘어가면서 바울이 고린도 사람들이 보낸 편지를 11장에서 언급하지 않고 12:1에 가서야 언급한다는 점은 눈에 띈다. 타당하게 추론할 수 있는 것은 어쩌면 그가 얻은 정보 역시 스데바나와 그의 동료들을 통해서 그에게 구두로 전해졌다는 점이다. 다시 말해서 1-10

장에서처럼, 바울은 고린도 사람들이 공식적으로 제기한 문제들(12-14장)을 다루기 전에 고린도 사람들의 예배 및 공동 식사와 관련하여 자신이 받았던 구두 보고(11장)를 먼저 다루려고 했던 것 같다. 다시 타당하게 추론할 수 있는 점은, 고린도 신자들 대부분이 11장에서 언급된 행동에 대해 바울보다 더 수용적이라는 것과 고린도 사람들이 제기한 문제에 앞서 이 행동을 다룸으로써(12-14장), 바울이 사실상 그들이 이 문제를 염려하지 않았음을 질책한다는 점이다.

11:2-16(그리고 아마도 14:33b-36)에서 드러난 갈등은 신자들이 가정에서 만났다는 사실에서 비롯된 것이다. 즉 같은 공간을 집과 교회 모임 장소로 사용한 데서 야기된 갈등이다.[298] 고대 사회의 뿌리 깊은 가부장제가 가정에서 매우 두드러지게 노출되기에 그 문제가 발생했다. 사회의 기본 단위로 여겨지는 가정에서 주요한 사실은 가부장권(*patria potestas*)이었으며, 이는 가정 구성원에 대한 가장의 절대 권력이었다.[299] 부유한 미혼 여성과 미망인은 실제로 상당히 독립적일 수 있었으나, 그렇다 할지라도 그들은 법적으로 여전히 그들 가족의 일원인 남성 연장자의 후견 아래 있었다. 그러나 부인들은 오로지 복종과 순종이라는 선택밖에 없었다.[300] 그래서 가정의 부인들이나 여자들이 어떤 사교 건물이나 집에서 떨어진 다른 곳이 아닌, 남성의 지배가 너무나도 확연한 특징으로 자리잡은 곳에서 예배에 활발하고 두드러진 역할을 하기 시작했을 때, 갈등은 드러나지 않을 수 없었다.

이것이 고린도에 해당되는 사례였던 것으로 보인다. 회중이 모인 자리

---

298) 필자의 동료인 S. C. Barton, 'Paul's Sense of Place: An Anthropological Approach to Community Formation in Corinth', *NTS* 32 (1986), 225-46이 실마리를 제공했다. 필자의 *1 Corinthians,* 75을 보라.

299) *OCD*³, 1122-23을 보라. 그리스법과 유대법은 차이가 있었으나, 가정이 본질상 가부장제도였다는 것은 지중해 세계 전역에서 기본적인 사실이었다. Meggitt는 실제에 있어 가부장권을 과장하는 데 대해 정당하게 경고한다(*Poverty,* 27-28).

300) "남편에게 순종하라(*hypotassesthe*)"라는 아내를 향한 권면(골 3:18; 엡 5:24)은 단순히 당시의 풍습을 따른 것이다. 자세한 내용은 필자의 *Colossians and Philemon,* 247을 보라.

에서 (큰 소리로) 예언하고 기도하는 여자들의 그런 행동 방식이 가정에서는 부적절하다고 생각됐을 것이다. 여자들이 머리를 가리지 않고 기도하고 예언했기 때문에 그 문제가 생겼다. 때때로 이것은 그 여자들이 디오니소스 제의에 몰두한 추종자들과 아주 비슷하게 머리를 풀어헤치고 부스스한 채로 아무런 제약 없이 황홀경 상태에서 예배드린 것이 문제였음을 보여주는 것으로 이해됐다.[301] 그리고 12-14장에서 바울이 고린도 사람들의 예배에 대해 말한 내용을 고려할 때,[302] 그것이 참으로 한 가지 원인이었을 수 있다. 하지만 그것이 바울이 염려한 것의 골자였다면, 우리는 바울이 14장에서 그것을 제대로 다루어주길 기대했을 수 있다. 그 장이 고린도 교회의 예배 모임에서 생긴 그런 문제들에 몰두했기 때문이다.

그러나 바울의 대응은 자신을 가장 괴롭힌 (다른) 두 측면을 나타낸다. 하나는 여성의 행동이 남성 지배층에 대해 지닌 함의다. 아주 의미심장한 점은 바울이 자신이 다루고 있는 문제나 쟁점을 표현하지 않고(5:1, 6:1과 8:1에서처럼) 그 주제를 도입한다는 사실이다. 대신에 그는 남자와 여자, 아니면 더 정확하게 남편과 아내의 적절한 관계를 주장하는 것으로 시작한다.[303] 남자(anēr)는 여자(gynē)의 머리(kephalē)이고(11:3),[304] 하나님의 형상이자 영광이며, 반면에 여자는 남자의 영광이다(11:7). 이 모든 내용에서, 바울은 창세기 2장에 있는 (두 번째) 창조 이야기에 분명히 의존한다. 즉 여자는 남자에게서 나왔고(2:2), 남자 때문에 창조되었다(2:18). 창세기 2장이 남자와 여자가 부부로 연합함에 대한 이상을 제공하기 때문에(2:24), 그 생각은 특별히 남편과 아내에 관련된다. 다시 말해서 바울은 가정교회에서 여

---

301) 특별히 Schüssler Fiorenza, *In Memory of Her*, 227; 그리고 추가로 필자의 *1 Corinthians*, 72-74를 보라. 그리고 또한 C. H. Cosgrove, 'A Woman's Unbound Hair in the Greco-Roman World', *JBL* 124 (2005), 675-92(여기서는 678-86)을 보라.
302) 특별히 고전 12:2; 14:12, 23.
303) 그 논제는 쉬 혼동되는데, *anēr*가 "남자"와 "남편"을 의미하고 *gynē*가 "여인"과 "부인"을 뜻할 수 있기 때문이다.
304) *Kephalē*, "머리" 혹은 "근원"의 모호성에 관해서는 Thiselton의 자세한 논의를 보라(*1 Corinthians*, 812-23).

성/부인이 기능하는 방식을 여전히 결정하는 가부장권이라는 사회관습을 지지하기 위해 창조 질서의 신학을 이용한다. 그가 11:11-12에서 언급한 조건들은 "주 안에서" 이루어지는 보다 균형 잡힌 관계를 지향하나, 11:3, 7에서 끌어낸 근본 원칙을 의문시하지는 않는다.

바울이 14:33b-36의 주제로 잠깐 되돌아가는 것은 동일한 전제에서 기인했을 수 있다.[305] 왜냐하면 거기서 염두에 둔 것이 바울이 14:29에서 요구한 예언의 평가에 여성 예언자들이 참여하는 상황이었을 것이기 때문이다. 바울은 그들의 동기를 그들이 "배우기 원한다"라고 약간 깔보는 듯 언급했으나, 드러난 상세 사항은 그들이 "집에서 자기 남편에게 물어야" 한다는 것이다(14:35). 다시 말해서 교회를 가정과 혼동하지 않아야 한다. 부인이 공개적으로 남편에게 질문하는 것이 예언자가 타인의 예언을 세밀히 살피는 것처럼 타당하지 않았기 때문이다.[306] 부인은 남편에게 "복종"(hypotassethai, 다시 이 단어가 사용됨)해야 하는데(14:34), 이를 뒷받침하기 위해 11:3-7에서처럼 토라에 호소한다.[307] 요약하면 바울은 "주 안에서"(11:11) 남자와 여자의 지위에 하등의 차이가 없다고 인정했지만(갈 3:8), 가정의 권위의 기본 구조를 논박하는 것은 삼갔다.

교회들이 일반 대중에게 심어줄 수도 있는 인상에 대해 바울이 깊이 유념하고 있음을 11:2-16에 있는 그의 두 번째 고찰이 보여준다. 바울은 남자가 기도하거나 예언할 때 그의 머리를 가리지 않는다고 주장하는데(11:4),[308] 이것의 신학적 근거는 남자가 하나님의 형상과 영광으로서 머리

---

305) 고전 14:34-35/36은 자주 삽입어구로 여겨진다(예. Horrell, *Social Ethos*, 184-95; Murphy-O'Connor, *Paul*, 290; Lohse, *Paulus*, 136); 필자의 *Theology of Paul*, 589과 추가로 Thiselton, *1 Corinthians*, 1150에 있는 참고문헌을 보라.

306) 특별히 Schüssler Fiorenza, *In Memory of Her*, 230-33; Witherington, *Women in the Earliest Churches*, 90-104; Thiselton, *1 Corinthians*, 1158-60(추가 참고문헌과 함께)을 보라. 그러나 Beattie, *Women and Marriage*, 56-58도 보라.

307) 특정한 절을 명시하지는 않았으나, 가정하건대 유대인들 사이에서 당시에 해석됐던 것처럼, 그 언급은 창 3:16을 가리킨다.

308) R. E. Oster, 'Use, Misuse and Neglect of Archaeological Evidence in Some Modern Works on

를 가리지 않아야 한다는 데 있다(11:7). 반대로 여자는 자신을 가려야 하는데,[309] 이유는 남자의 영광인 여자가 가리지 않은 채 하나님을 예배함이 부적절하다는 것이다.[310] 그러나 신학적 논증은 분명히 주요 고려사항이 아니었다. 이것은 오히려 11:2-16과 14:33b-36에서 두드러지는 "부끄러움"과 "영광"이라는 언어로 표시되며,[311] 또한 바울이 호소한 "마땅한 것"과 "본성"에 따른 것(11:13, 14)으로 드러난다.[312] 이는 당시 관례에 호소하는 것인데, 곧 남자가 머리를 가리고 기도하거나 예언하는 것이 "수치스러운" 일이며, 이는 여자가 머리를 가리지 않고 기도하거나 예언하는 것(여자가 자신의 머리를 짧게 깎거나 민 것처럼 수치스러움, 11:4-6)과 같다는 관례다.[313] 남편이 가정

---

1 Corinthians', ZNW 83 (1992), 52-73은 로마의 예배에서 남자들이 대개 그들의 머리를 가렸다는 명료한 고고학 증거를 발견했다(67-69). 따라서 바울의 주장의 근거는 불분명하다.

309) 사용된 언어를 보면 머리카락 자체보다는 오히려 베일이나 다른 머리 가리개를 염두에 두고 있음이 분명하다. P. T. Massey, 'The Meaning of *katakalyptō* and *kata kephalēs echōn* in 1 Corinthians 11.2-16', *NTS* 53 (2007), 502-23을 보라.

310) 'Authority on Her Head: An Examination of 1 Corinthians 11.10', *From Adam to Christ: Essays on Paul* (Cambridge: Cambridge University, 1990), 113-20에서 M. D. Hooker가 논증했듯이, 여자가 남자의 영광이라 할지라도, 베일은 자신의 권리로 하나님께 기도할 수 있는 여자의 "권위"(*exousia*)[아니면 "권리"]로 여겨진다. 추가로 *Theology of Paul*, 589-90을 보라. 비교. Beattie, *Women and Marriage*, 47-51. Winter는 11:10의 수수께끼 같은 *angeloi* 라는 언급이 "천사들"(창 6:1-4 암시)이 아닌 "전달자"로서, 이 이상한 "모임"에서 어떤 말이 오갔는지 자신들을 보낸 사람들(시 당국자들)에게 돌아가서 보고했던 정보 수집자들을 가리킨다고 시사한다(*Corinth*, 136-38). 또한 Witherington, *Women in the Earliest Churches*, 78-90; C. S. Keener, *Paul, Women and Wives: Marriage and Women's Ministry in the Letters of Paul* (Peabody: Hendrickson, 1992), 1장에 있는 논의를 보라.

311) *Aaischros*, "부끄러운"(저자에 대한 논쟁이 없는 바울 서신에서 11:6과 14:35에서만 등장); *kataischynō*, "명예를 더럽히다, 창피를 주다"(11:4, 5; 바울이 다른 곳에서 7번 사용했다); *atimia*, "불명예, 수치"(11:14); *prepon*, "적합한, 어울리는, 적당한"(11:13).

312) 자연의 질서와의 조화로운 삶이 특별히 스토아주의의 이상이었으나, 그 호소는 어쩌면 더 광범위했을 것이다. 즉 사물이 어떻게 이루어졌는가, "사물이 어떻게 존재하느냐"를 포함했을 것이다(Thiselton, *1 Corinthians*, 844-46).

313) 성적 함축을 놓치지 않아야 한다. "**로마** 사회에서 여인이 두건을 쓰지 않고 공동 장소에 나타나는 것은 성교할 수 있다는 신호이거나, 적어도 체면을 신경 쓰지 않음을 나타낸다"(Thiselton, *1 Corinthians*, 5. 이는 A. Rouselle, 'Body Politics in Ancient Rome', in G. Duby and M. Perot, eds., *A History of Women in the West I: From Ancient Goddesses to Christian Saints* [Cambridge: Harvard University, 1992], 296-337 그리고 Martin, *Corinthian Body*, 229-49을 인용하는데, Martin은 전형적인 그리스 결혼식에 신부의 베일

교회에서 지도적 인물인데 부인이 그곳에서 큰 소리로 말하는 것 역시 수치스러운 일이었다(14:35). 명예/수치에 대한 고려가 지배하는 사회에서,[314] 바울은 타당하고 수용가능한 것이라는 사실상 당대에 지배적인 정서에 호소했다. 11:13-15 호소의 대상은 모든 사람이 "타당한 것"으로 알고 있던 것과 모든 사람이 "자연스럽게"("당연히") "불명예"의 문제로 본 것이다.

그러한 충고는 바울이 교회의 새로운 사회적 현실이 가정과 사회에서 기존의 확립된 관례에 거의 도전하지 않는다고 여겼다는 증거다. 물론 바울의 주된 염려는 그런 관례와 가치에 거의 완전히 굴복한 사회에 자기 교회들이 심어줄 만한 인상이었을 것이다. 바울은 다른 문제에는(1-7장) 거침없이 도전했으나, 여기서는 그 문제에 관한 일반적 사고방식을 너무 많이 공유한 나머지 그것에 대해 급진적 문제제기를 할 수 없었다.[315] 비록 바울이 그 문제에 대한 논의를 갑작스럽게 멈춘 것(11:16)이 어쩌면 자신이 제시하는 충고에 대한 불안감을 어느 정도 드러낸 것이겠지만, 바울의 조건들은 "주 안에서"라는 말로 한정되었다(11:11).[316] 이는 이전의 장들에서 신학적 가르침과 확신에 찬 윤리적 우선순위 및 목회적 세심함을 제공했던 그 바울이 아니다.

g. 부자와 가난한 자 간의 갈등(고전 11:17-34)

바울이 11장에서 다루는 두 개의 논제를 소개하는 방식을 보면, 그는 그것들이 동일한 경로를 거쳐 그에게 도달했음을 암시한다(아마 스데바나와 고린

을 걷는 순서가 있었다고 지적한다[233-34]).

314) Malina, *New Testament World*, 2장.

315) 바울이 고전 12:13에서 갈 3:28의 생각을 반복할 때 비슷한 이유로 "남자나 여자나"를 삭제했다고 때때로 제안된다(예. Horrell, *Social Ethos*, 86).

316) 어쩌면 중요하게도 14:35-36처럼, "마지막 언급은 오히려 그 주제에 관한 추가적인 논의를 미리 방지하려는 다소 당황스럽거나 정말로 화가 난 시도처럼 읽힌다"(*Theology of Paul*, 588).

도의 다른 전달자의 구두 보고).[317] 첫 번째 논제의 경우 자신이 그들에게 가르친 전통들을 고린도 사람들이 지키고 있다는 칭찬으로 시작하는 반면에("너희를 칭찬하노라", 11:2), 두 번째 경우에는 날카로운 질책으로 시작한다. "나는 너희를 칭찬하지 아니하나니." 분명 예배에서 기도와 예언의 적절한 질서는 그리 문제가 되는 주제가 아니었을 것이다. 아마 한두 명이 심통을 부렸거나 도발했을 것이다(11:16의 tis, "누군가"). 그러나 공동 식사에서의 태도는 다른 문제였다(11:27-32). 여기서 문제는 초기 종교사학자들이 제시했듯이 다른 교리나 사교에서 온 신학적 영향이 아니라, 고린도 교회의 사회적 계층화와 예수 그리스도와의 연합을 여타 협회에서 즐겼던 만큼 즐겨야 한다는 몇 사람(사회에서 안정되고 부유한 자)이 가정한 내용이었다.[318]

바울이 들은 바에 따르면, 함께 먹기 위한 고린도 교회의 모임이 분열과 분파주의의 원인이 되었다(11:18, schismata; 11:19, haireseis).[319] 그들은 "주의 만찬"을 다른 협회의 전형적인 만찬처럼 취급했다. 주인이 어떤 음식이나 음료를 제공했다는 점에서, 주인과 사회적으로 동급인 사람들이 횡와식탁(triclinium)에 비스듬히 자리한 모습을 상상해볼 수 있는데, 나머지 사람들은 안마당에 놓인 의자에 앉았을 것이고 또한 질이 다른 음식과 음료가 다른 사회 계층에 속한 손님들에게 제공되었을 것이다.[320] 그렇지 않으면(혹은 또한), 주의 만찬이 참가자들 각자가 음식을 가져온 공동 식사(eranos)였다

317) Winter, Corinth, 159-63은 11:18을 "내가 그것 대부분을 믿는다"보다는 오히려 "나는 특정 보고를 믿는다"라고 번역해야 한다고 논증한다(BDAG, 633).

318) 여기서도 그 문제가 사회 통합의 문제였다고 처음 관찰한 사람은 Theissen이었다(Social Setting, 4장). Winter는 바울이 편지를 쓸 당시에 고린도에 곡식이 부족한 상태였다고 말한다. "몇몇 그리스도인은 곡식이 부족한 기간에 '무산자'와 함께 음식을 나누려고 하지 않은 듯하다"(Corinth, 157).

319) Hairesis는 요세푸스가 제2성전기 유대교 내의 다른 "종파"를 가리킬 때와 사도행전에서 "나사렛 종파"를 언급할 때 사용된 용어다. 위 §20.1(15)을 보라. 다른 곳에서는 바울이 그 용어를 갈라디아 신자들이 대면한 내재된 위험을 가리킬 때 한 번만 사용한다(갈 5:20).

320) Pliny, Ep. 2.6; Juvenal, Sat. 5.80-91; Martial, Epigrams 3.60, 4.85에 있는 구절들을 보라. 이를 Murphy-O'Connor, St. Paul's Corinth, 159-60에서 인용했고, Adams and Horrell, Christianity at Corinth, 134-35에서 요약했다. 또한 Lampe, 'Eucharist'(위 §30 n. 237); Thiselton, 1 Corinthians, 860-62을 보라.

는 점에서, 바울이 개탄한 분파주의를 야기할 여지가 더 많이 있었다. 그 식사가 마치 자신을 위한 것처럼 각 사람이 먼저 식사를 시작했기 때문이며, 다른 이들은 아직도 시장한데 어떤 이들은 술에 취했다(11:21)![321] 11:33을 보면 어떤 이들이 먼저(제시간에) 도착해서 곧바로 먹기 시작한 듯한데,[322] 어쩌면 그들은 더 여유 있는 부유한 자들로서 그들이 가져온 음식이 상당했을 것이다. 그러나 다른 이들은 늦게 도착했는데, 아마도 후원자에 종속된 노예들과 자유민이었을 것이다. 그들이 가져온 음식은 훨씬 더 적었고(양과 질에서 모두), 결과적으로 그들은 남은 음식과 자신들의 변변찮은 음식만을 "마음껏 먹을" 수 있었다.

어쨌든 사회적 불평등과 약간의 잔치 분위기 그리고 어쩌면 교회의 가난한 구성원에 대한 부유한 사람들의 경멸이 바울이 말한 문제의 뿌리였다는 추론을 피하기는 힘들어 보인다. 바울의 대응은 예리했다.

- 바울은 그런 행동을 칭찬할(epaineō) 수 없었다. 더 많은 대중의 찬사와 칭찬을 중시한 사람에게[323] 이것은 따끔한 질책이었다.[324]
- 주의 만찬은 단순히 배고픔을 충족시키는 행사가 아니었다. 배를 채우는 일은 자기 집에서 해야 한다(11:22, 34).
- 그들이 먹으려고 함께했을 때, 하나가 되어 주의 만찬을 나눌 수 있도록 서로 기다려야 한다(ekdechesthe)(11:33).[325]

---

321) 위 §30 n. 232을 보라.
322) Winter는 대개 정해진 때 전에 무언가를 한다는 의미로 번역된 11:21의 *prolambanō*를 "게걸스럽게 먹다"로 번역하는 것이 낫다고 논증한다. "식사 중에 각자가 자신의 음식을 '먹었거나', '게걸스럽게 먹었다'"(*Corinth*, 144-51).
323) LSJ, 603; H. Preisker, *TDNT*, 2.586-87; P. Arzt-Grabner et al., *1 Korinther* (PKNT 2; Göttingen: Vandenhoeck und Ruprecht, 2006), 169-70을 보라.
324) 바울이 *epaineō*를 조심스럽게 사용한 것이 고전 11장에 몰려 있다는 사실은 결코 우연이 아니며(2, 17, 22[두 번]), 이 외에는 롬 11:15에만 사용되었다. Chester는 명예를 놓고 경쟁하는 중요 인물들이 공동 식사에서 문제를 일으켰다고 논증한다(*Conversion*, 246-52).
325) Winter는 *ekdechomai*의 특이한 의미를 다시 논증한다. 그는 "한 장소나 상태에 머물러서 행사나 누군가의 도착을 기다린다는 의미에서 '기대하다, 기다리다'"(BDAG, 300)보다

- 그렇게 행동함으로써, 그들은 "빈궁한 자들을(tous mē echontas, 무산 자들) 부끄럽게 했다(kataischynete)."[326] 교회에서 가난한 자들도 부유한 자들만큼 존중받아야 하며, 그러한 모멸을 당하지 않아야 한다 (11:22).

- 그들은 "하나님의 교회를 업신여겼다"(11:22). 하나로 모인 집회가 축복의 잔이자 그리스도의 몸임을 인식하지 못한 것(10:16)은 사려 깊지 못한 자들이 자신들의 심판을 먹고 마셨음을 의미했다(11:29).[327]

두 요점은 추가로 강조할 필요가 있다. 한 가지는 바울이 그런 분파주의 및 교회에서 부자들이 가난한 자들을 무시하는 행태를 노골적으로 비난하는 데 주저하지 않았다는 것이다. 그런 방식으로 함께하는 모임은 축복보다는 비난을 불러왔다(11:34). "그러므로 너희 중에 약한 자와 병든 자가 많고 잠자는 자도 적지 아니하니"(11:30). 그리스도의 몸과 피를 함께 나누는 일의 신성함(10:16)을 가볍게 취급해서는 안 된다. 아니, 감히 그래서는 안 된다.[328] 그러나 바울의 희망은 그 문제에 책임이 있는 사람들이 그런 심한 판단을 받아들인다면, 그 판단이 그들을 구원에 이르게 하는 배움의 체험(주의 훈육)이 될 것이라는 데 있었다(11:32).[329]

는, 음식과 음료를 나눈다는 의미에서 "서로를 받아들이다"라는 의미를 주장한다(Corinth, 151-52). 그러나 권면의 취지는 똑같다.

326) 이 지점에서 고린도 그리스도인들이 모두 "가난했다"는 Meggitt의 주장은 너무 억지스럽다. "가지지 못한 사람들은…성찬의 떡과 포도주를 가지지 못한 사람들이다"(Poverty, 118-22). 그러나 자신들의 필요를 만족시킬 수 있는 자기 집을 소유한 구성원들에 대한 언급(11:22)과 주의 만찬이 과도했다는 함의(11:21)는 확실히 상류층과 하류층 사이의 긴장을 암시한다.

327) 주의 만찬에 대한 바울 신학의 더 자세한 강해는 필자의 Theology of Paul, 613-23을 보라.

328) 추가로 필자의 Theology of Paul, 612-13을 보라. Chester의 날카로운 마지막 언급은 고려할 가치가 있다. "'마술적 성례 중심주의'는 현대 기독교 신학자들에게 효과적인 부적을 제공했는데, 이는 그들이 불쾌하고 원시적이라고 본 성례와 악령에 관해 바울이 특정한 견해를 가졌다는 사실로부터 그들을 보호하기 위해서였다"(Conversion, 342).

329) Konradt는 심판이 의도한 이로운 효과를 올바르게 강조한다. "저주에 관한 문제가 아니라, 저주를 피하기 위한 규율의 문제다"(Gericht und Gemeinde, 448, 논의는 439-51). 비교. §33

다른 하나는 그리스도의 몸과 피를 나누는 일에 바울이 확실히 부여한 중심적 위치로서(10:16), 이는 공동 식사 전체를 아우르는 핵심 요소이며 그 식사에 성례전적 특성을 부여한다. 바울이 유지하려고 한 것은 공동 식사의 연합 효과 즉 그리스도와의 연합 및 다른 참여자들과의 연합이다. 그것은 실제로 정체성을 규정하는 요인이고 경계표지였다. 그것은 식사 그 자체나 심지어 빵과 포도주가 아니라, 식사이자, 빵과 포도주이자, 한 주를 향한 공통된 헌신이자, 다른 이를 향한 상호 관심에 그들이 참여하는 체험인 것이다.[330]

h. 다양한 은사를 둘러싼 갈등(고전 12-14)

자신에게 보고된 논제들을 다룬 뒤에 바울은 고린도 사람들이 제기한 질문으로 돌아간다. 즉 그것은 고린도 사람들이 분명 *pneumatika*("신령한 것")로 언급했지만,[331] 바울은 *charismata*(대가 없이 은혜로 주어진 것, 즉 "은사들")로 부르기를 선호한 문제에 관한 것이다.[332] 어쩌면 그러한 구별이 상황을 드러내주는 것 같다. 전자는 은사체험, 영감체험을 목적으로 거기에 초점을 맞추었고, 반면에 후자는 오히려 영감의 결과와 은사가 타인에게 가져다주는 은혜로운 효과에 초점이 있다.[333] 이러한 구별을 끝까지 주장할 수 있느냐에 상관없이, 이는 확실히 고린도 사람들의 예배에 대한 바울의 비판

---

n. 105에 있는 *Pss. Sol.* 참고목록.

330) 위 §30 n. 239을 보라.

331) 바울이 12:1에서 소유격(*pneumatikōn*)을 사용했기 때문에, 2:13에서처럼 "영의 사람들"을 가리켰을 수도 있다. 그러나 *pneumatika*가 12:1에서 시작된 논의를 재개하는 것으로 보이는 14:1에서 바울이 분명하게 중성 형태를 사용했다는 사실은 어쩌면 결정적이라고 받아들여야 한다.

332) 고전 12:4, 9, 28, 30, 31. 이는 특별한 바울의 용어(바울 서신에서 16번)이며, 신약 다른 곳에서는 한 번(벧전 4:10)만 등장한다.

333) 그 주제에 관한 필자의 초기 논의는 *Jesus and the Spirit*, 205-209을 보라. 그리고 은혜(*charis*)의 효과나 표현, 즉 구체적으로 표현된 은혜인 은사(*charisma*)에 대해서는 *Theology of Paul*, 553-54도 보라.

과 고린도의 모임에서 경험한 은사에 대한 바울의 평가에 담긴 주요 취지를 요약한다.

핵심 문제는 즉각적으로 드러난다. 바울은 청중에게 "너희가 알거니와 너희가 이방인으로 있을 때에 말 못 하는 우상에게로 끄는 그대로 끌려갔느니라"(12:2)라고 상기시킨다.[334] 어떤 이들이 의문시하지만,[335] 개연성이 있는 것은 바울이 여기서 그들(아니면 적어도 몇몇 두드러진 고린도 사람들)이 이전의 종교 생활에서 체험한 황홀경을 상기한다는 것이다. 표현 자체("말 못 하는 우상에게로 끄는 그대로")는 다른 해석에 열려 있지만, 바울이 고린도 사람을 "영적인 것을 사모하는 자"(14:12), 즉 그 맥락으로 추정하건대 영감체험을 향한 열망을 가진 자로 묘사한 것,[336] 그리고 방언 체험에 사로잡혀 그들이 미쳤고 자기를 다스릴 수 없다는(mainesthe, 14.23) 인상을 외부인들에게 줄 수 있다는 경고에는, 12:12이 고린도 사람들이 과거에 체험한 그런 것을 마땅치 않게 본다는 함의가 들어 있다.

특히나 막 시작된 고린도 교회의 분파주의는 일부 눈길을 끄는 은사, 특별히 방언 은사를 받은 사람들이 자신을 높였다는 사실로 인해 다시 분명해졌다. 바울이 자신의 입장에서 방언 체험을 상당히 과대평가하는 관점을 공동체의 유익이라는 측면에서 논박하는 데 거의 14장 전체를 할애했다는 사실은 그 점을 논란의 여지가 없게끔 한다. 동시에 바울은 예언 활동을 둘러싼 일종의 경쟁이 있었음을 암시하는데, 큰 소리로 예언한 사람과 모임의 관심을 끌려고 한 사람이 있었고(14:29-33a), 자기 남편의 예언을 공적으로 의문시하는 부인들의 당혹스러운 행동도 있었을 것이다

---

334) 그 구절은 살아 계신 하나님과 대조적인 말없는 우상과 우상을 숭배하는 전형적인 이방인에 대한 경멸을 표현한다(G. D. Fee, *The First Epistle to the Corinthians* [NICNT; Grand Rapids: Eerdmans, 1987], 578은 예로 합 2:18-19; 시 115:5; 3 Macc. 4.16을 인용한다). 대부분은 *ethnē*를 "이방인/열방"보다 "이교도"로 옮기는 것을 선호하는데, 이는 바울이 그들의 과거를 드러내는 상태나 지위를 명백하게 언급하기 때문이다.

335) Thiselton, *1 Corinthians*, 911-16의 적절하고 조심스러운 논의를 보라.

336) *Jesus and the Spirit*, 233-34을 보라.

(14:33b-36).[337] 그래서 문제는 단순히 방언에 국한되지 않았다.

여기에 똑같은 사회적 요인과 갈등이 작용했다고 주장하는 사람들은 아마 가장 올바른 방향으로 나아가고 있는 것이다.[338] 당시의 종교 문화에서는 높아지는 경험, 무아지경, 특히 영감받은 말로 분명하게 드러난 무아지경을 상당히 높게 평가했고 위신에 관계된 문제로 받아들였다는 점을 상상해볼 수 있다. 그런 영감체험을 즐기는 사람은 다른 사람들보다 분명히 더 "영적"이었다.[339] 이러한 내용이 12:14-26에 있는 바울의 가르침에 분명하게 암시된다. 일부는 그들이 은사와 공동 예배에 기여하는 일을 다른 무엇보다 중요하며 명예로운 일이라고 생각했으며,[340] 심지어 어떤 이들은 자신들의 재능이 공동체의 모든 필요를 구성하는 것처럼 처신하기도 했을 수도 있다.[341] 공동 식사에 있던 무질서처럼, 불가피하게 일부 (하위층) 구성원들은 무시되었고, 예배를 위한 그들의 기여가 보잘것없을 뿐 아니라 그들은 더 높은 은사에 이르지 못한다(hysteroumenō, 12:24)고 여겨졌다.[342] 바울이 "약함"(athenēs, 12:22), "수치"(aschēmōn, 12:23), "불명예"(atimos)와 "명예"(timē, 12:23-24)의 관점에서 요점을 제기한 사실은 그 점에 대해 논쟁의 여지가 없도록 하기 위함이다. 여기에 함축된 것은 높은 사회적 인정과 성공을 추구하는 사람들이 그러한 용어들을 사용하여 다른 신자들을 범주화하는 태도로서, 이는 고린도 교회의 분파주의와 분열의 주요인이었다(12:25, schisma). 그리스도의 몸에 관한 강해의 마지막 부분에서 바울이 묘사한 이상적인 모습(몸의 구성원들이 서로를 돌보고, 개인의 고난과 명망[doxa]을 모두 함께 공유하는 것,

---

337) 위 §32.5f를 보라.

338) 위 §20.3d를 보라.

339) 특별히 Martin, *Corinthian Body*, 88-92을 보라.

340) 고전 12:21, "눈이 손더러 '내가 너를 쓸데없다' 하거나 머리가 발더러 '내가 너를 쓸 데가 없다' 하지 못하리라."

341) 고전 12:17, "만일 온몸이 눈이면 듣는 곳은 어디며, 온몸이 듣는 곳이면 냄새 맡는 곳은 어디냐?"

342) 강한 지지를 받는 이문(p⁴⁶ D F G 등등)에는 능동태 *hysterounti*가 있는데, 그것은 "열등한"이라는 의미로 볼 수 있다(BDAG, 1044).

12:25-26)은 고린도 교회의 현실이 그것과는 정반대였음을 시사한다.

(i) 바울의 반응은 5, 6장과 11장의 날카로운 질책에 비해 훨씬 더 신중하다. 바울은 반복된 강조라는 수사법으로 자신의 주장을 이해시킨다.

- 은사는 다양하나, 모든 은사의 근원은 "같다." "같은 성령", "같은 주", "같은 하나님"(12:4, 5, 6, 8, 9, 11). 여기에 우월한 은사에 대해 자랑할 여지는 없다.
- 모임의 모든 구성원은 하나님께 은사를 받았다. "각 사람에게 성령을 나타내신다", "성령이 각 사람에게 나누어주신다", "하나님이 그 원하시는 대로 지체를 각각 몸에 두셨으니"(12:7, 11, 18). 어떤 구성원이나 은사를 경멸하는 것은 하나님과 성령을 경멸하는 것이다.
- 이 모든 것 가운데 가장 두드러진 내용은 일치에 대한 강조다. "한 성령"(12:9, 11), "지체가 많으나 한 몸"(12:12[두 번], 14, 20), "한 성령으로 우리가 다 세례를 받아 한 몸이 되었고 또 다 한 성령을 마시게 하셨다"(12:13). 고린도의 분파주의는 그 일치를 부인하고 망가뜨렸다.

특별히 눈에 띄는 점은 국가나 도시를 몸에 비유하는 친숙한 정치 이미지를 바울이 각색하는 방식인데(12:14-26), 그 몸은 전체의 유익을 위해 협력하는 다양한 인종과 교역 집단에 의존하여 힘을 얻고 번성한다.[343] 여기서도 이것을 반드시 체제 전복적인 것으로 볼 필요는 없다. "그리스도의 몸"[344]이라는 표현이 당국자의 귀에 들어갔다면, 그것은 국가나 도시의 상

---

343) 특별히 Livy, *Historia* 2.32; Epictetus 2.10.4-5의 언급과 더불어, *Theology of Paul*, 550 n. 102, 103, 그리고 Mitchell, *Paul*, 157-61을 보라. M. V. Lee, *Paul, the Stoics, and the Body of Christ* (SNTSMS 137; Cambridge: Cambridge University, 2006)는 바울의 그 이미지 사용이 우주를 몸으로 이해하는(스토아주의의 사회 윤리에 영향을 끼친 이해) 스토아주의에 영향을 받았다고 논증한다.

344) "그리스도의 몸"이라는 이미지가 바울의 가르침에서 아직 고정되지 않았고 공식화되지 않았다는 사실은 거의 주목받지 못했다. "우리가 떼는 떡은 그리스도의 몸에 참여함이다"(고전 10:16); "몸은 하나인데 많은 지체가 있…는 것같이 그리스도도 그러하니라"(12:12); "너

호적 공동의존이라는 논리를 제국에서 우스울 정도로 작은 종파 모임에 단지 적용시킨 것으로 여겨졌을 가능성이 가장 크다. 그럼에도 일치를 위한 하나님의 은혜와 그것의 번영을 위한 은혜로운 성령의 은사 그리고 하위 구성원들에 주어진 더 큰 귀중함(12:24)에 의존하는 일치의 신학은 더 오래된 정치 모형에 대한 심오한 변형이었다.[345] 그리스도의 몸은 몸의 정치적 역학에 위협이 되지 않으며 단지 다른 방식으로 결합된 제도였다.[346] 즉 유대인들과 그리스인들, 노예들과 자유민을 평등한 관계로 포용하는 제도였다(12:13). 그 제도의 일부가 되고, 그 제도에서와 그 제도를 통해 의미와 삶 및 소명을 찾으며, 그래서 하나님이 가능하게 하셨고 구성원들이 서로 진실함과 존중으로 돌보는 일치함 가운데 타인과 밀접한 관계를 맺는 것은 그 사회의 가장 저명한 시민들을 위한 지위 유지 그리고 권력과 칭송 및 명예를 만들어내는 데 초점이 있는 사회 제도와는 근본적으로 다른 것이 되었다.

고린도 그리스도인들의 모임이 그리스도의 몸이라는 바울의 개념에 주목할 만한 두 가지 특징이 있다.[347] 하나는 그리스도의 몸, 즉 고린도에서 예배하는 회중이 바울의 관점에서는 은사 공동체였다는 것이다. 다양한 지체들의 "기능"은 다른 인종과 사회 및 사업적 이익보다는 오히려 은사로 이해된다.[348] 따라서 공동체의 효과적인 기능은 인간의 능력이나 사회

회는 그리스도의 몸이요 지체의 각 부분이라"(12:27); "우리는 그리스도 안에서 모두 한 몸이니라"(롬 12:5).

345) Martin, *Corinthian Body*, 92-96.

346) Mary Douglas, *Natural Symbols: Explorations in Cosmology* (London: Barrie and Jenkins, 1973)의 사회적 몸(문화, 체계)과 물리적 몸의 상호 관계에 대한 통찰력이 여기서 중대했다. 이는 특별히 Meeks, *Urban Christians*, 97-98 그리고 J. Neyrey, 'Perceiving the Human Body: Body Language in 1 Corinthians', *Paul in Other Words: A Cultural Reading of His Letters* (Louisville: Westminster, 1990), 102-46에 중요했다.

347) 고전 12:27, "너희(고린도 사람들)는 (고린도에 있는) 그리스도의 몸이요 지체의 각 부분(*ek merous*)이라."

348) 이것이 병행하는 로마서 구절에서 바울이 사용한 표현이다. "모든 지체가 같은 기능 (*praxin*)을 가진 것은 아니다." 그들은 다른 은사를 가졌다(롬 12:4, 6).

적 지위보다는 성령과 "성령의 현현"에 주로 의존한다. 다른 하나는 바울이 몸의 상호 공동의존이 우리가 견제와 균형의 제도라고 부를 수도 있는 것을 통해 작용한다고 이해했다는 점이다. 무엇보다도, 해석으로 보완되어야 하는[349] 방언 메시지,[350] 분별의 영이 필요한 예언,[351] 또한 믿음에 의존하는 치유와 이적이 있다(12:9-10).[352] 12:8-10에서 더 눈길을 끄는 은사들은 12:28에서 언급된 권위의 수직성과 공동체의 유익(사도들, 예언자들, 교사들) 및 "돕는 행위"(antilēmpseis)와 다스리는 것(kybernēseis)으로 균형을 이루어야 한다.[353] 바울은 그리스도의 은사적 몸이 최상의 상태에서 자신을 조직하고 자기 절제를 실행할 수 있는 은사도 받았다고 보았다. 바로 이러한 이유로 인해 바울은 5-6장과 11장에서 자신이 다루어야 할 내용에 대해 마음이 상했던 것이다.

(ii) 영적인 것/은사들(pneumatika/charismata)에 관한 바울의 논의에는 가장 그리고 당연히 유명한 글들 가운데 하나가 있다. 이른바 "사랑의 찬가"라는 것이다(고전 13장). 이것은 칭송과 명예의 추구라는 우선성을 대체하

---

349) 성경에서 사용된 그리스어에서 hermēneia와 동족 단어들은 "해석"뿐만 아니라 "번역"이라는 의미를 포용하며(LSJ 690; BDAG, 393), 이는 "방언"을 언어로 이해하는 것과 잘 어울린다(위 n. 349을 보라).

350) 14장에 있는 다수의 방언 묘사는 바울에게 있어 다음과 같은 점들을 함의했다. (1) 개인이 하나님과 소통한 수단은 방언 = 언어(glōssa의 일반적 의미 범주에 속함)였다(14:2). 이는 당시 유대교 내 다른 곳에서도 알려진 것처럼(T. Job 48-50; Apoc. Abr. 17; Asc. Isa. 7.13-9.33; Apoc. Zeph. 8.3-4), 바울이 13:1에서 천사의 말이라고 언급한 내용일 가능성이 상당하다. (2) 방언을 말하는 자는 그것으로 유익을 얻었다(14:4). 바울은 그들보다 자신이 방언을 더 많이 하므로 하나님께 감사한다(14:18). (3) 그것은 마음을 거치지 않고 말하는 자의 생각이라는 과정과 독립적이었기에(14:14-15) 엄밀하게 말하면 "황홀경"(자기 밖에 있는)이었다. 물론 "뜨거운" 황홀경뿐만 아니라 "차분한 황홀경"을 생각할 수도 있지만 말이다.

351) 그 요점은 12:10의 목록에 내포되어 있고 14:29과 살전 5:19-22에서는 분명하다(비교. 고전 2:13-15). Jesus and the Spirit, 233-36, 그리고 추가로 Theology of Paul, 557 n. 136을 보라.

352) "믿음"은 여기서 다른 사람이 아닌 몇 사람에게 주어진 "은사"로 이해된다. 추가로 Jesus and the Spirit, 211-12, 그리고 필자의 Romans, 721-22(롬 12:3에 관해서), 727-28(12:6에 관해서), 797-98(14:1에 관해서), 828-29(14:23에 관해서)을 보라.

353) Jesus and the Spirit, 252-53; Thiselton은 "다양한 종류의 행정적 지원과 전략을 세울 능력"이라고 옮겼다(1 Corinthians, 1018-22).

고, 그가 "가장 좋은(hyperbolēn) 길"이라고 부른 것이다(12:31). 사랑이 없이
는 "최고(meizona)의 은사들"(12:31)도[354] 아무런 가치가 없다.[355] 그 예들은 분
명히 그들이 최고의 은사로 여긴 내용들(방언하기[먼저는], 예언, "비밀과 모든 지
식[gnōsin]"을 앎, "모든 믿음"을 소유함, 심지어 모든 소유물을 내어주고 "그들의 몸을 내어
줌", 13:1-3)[356]을 제대로 평가할 수 있도록 선택된 것이다. 각각의 경우에 마
음에 담고 있는 내용은 영감의 체험에 대한 고린도 사람들의 높은 평가로
서, 그들은 그 체험으로 보통 인간에게는 숨겨진 무엇인가를 배울 수 있
기를 희망했을 수도 있고, 그것을 통해 완전한 내어줌을 경험했을 수도 있
으며, 그것을 자랑하려고(kauchēsōmai) 했을 수도 있다.[357] 13:4-7의 사랑에
대한 묘사가 몇몇 고린도 신자의 못마땅한 우선순위를 염두에 두고 있다
는 점은 비교적 분명하다. 오래 참음과 온유의 사랑, "시기"하지 않는 사랑
(14:12에서처럼), 자기를 자랑하지(perpereuetai) 아니하고, 교만하지(phyioutai)
아니하고, 무례히 행하지(aschēmonei) 아니하고,[358] 자기 유익에 집착하지 아
니하고, 성내지 아니하는(아마도 더 작은 은사를 가진 구성원에게 주어진 관심 때문
에) 사랑 등등이다. 그들의 모든 지식(바울의 지식을 포함)과 영감의 체험(바
울의 체험을 포함)이 불완전하다(13:9)는 최종 주장은 특별히 언급할 만한 가

---

354) *Meizōn*은 비교급("더욱 큰")이지만 자주 최상급("가장 큰")으로 사용된다. Thiselton, 1 *Corinthians*, 1025-26.

355) 바울이 공동체의 통합과 조화의 핵심인 사랑으로 되돌아간 것은 전혀 놀랄 이유가 없다. 갈 5:13-6:2과 롬 12:9-13:10에서도 그렇고, 이웃 사랑에 예수가 부여한 중요성을 똑같이 반영하는 모든 경우에서(§31 n. 399, 그리고 §33 n. 260에서 보라)도 그렇다.

356) 12:8-10에 나열된 은사들의 상호 관계를 주목하라. "방언(바울의 목록에서 항상 마지막), 예언, 믿음, 지혜의 말씀.

357) 14:2을 주목하라. 방언은 "영으로 비밀을 말하는" 것이다. 고후 12:2-4에 묘사된 셋째 하늘에 이끌려 간 체험(이에 관해 위 §25.5f를 보라)과의 병행도 주목해야 한다. 그것은 "아무도 말하는 것이 허락되지 않아 말로 표현할 수 없는 것"을 들은 "육체를 이탈한" 체험으로 보이며, 당연하게도 자랑할 수 있는 기반이 되었다(바울은 *kauchaomai*를 12:1-9에서 5번 사용한다). *Kauthēsomai*("내 몸을 불사르도록")보다 *kauchēsōmai*가 선호되는 고전 13:3의 독법에 관해서는 Metzger, *Textual Commentary*, 563-64; Thiselton, 1 *Corinthians*, 1042-44을 보라.

358) Thiselton의 번역(*1 Corinthians*, 1049).

치가 있다. 그것은 바울이 성숙한 어른의 입장에서 그들의 어린아이 같은 행동에 대해 말하고 있지만, 그렇다 할지라도 그들 모두(바울을 포함해서)는 여전히 (거울을 통해서) 불분명하고 불가사의하게(*en ainigmati*)[359] 보고 있을 뿐이라는 것이다. 이는 정말로 자기는 다 알고 있다거나 지금 여기서 모든 것을 가질 수 있다고 생각하는 사람들을 향한 질책이다.

(iii) 모인 회중의 성격을 은사 공동체(12장)로 설명하고, 거기에 없어서는 안 될 사랑(13장)의 특징을 분명히 설명한 다음에 바울은 실천적인 가르침으로 눈을 돌린다. 여기서 초점은 회중에게 가장 유익하기에 가장 바람직한 은사인 예언에 있다. 시작하는 문장이 적절한 제목을 제공한다. 14:1, "사랑을 추구하며(최고의 우선순위인) 신령한 것(*pneumatika*)을 사모하되 (*zēloute*)(은사를 생각하는 그들의 방법에 대한 인정), 특별히 예언을 하려고 하라(은사 중 가장 큰 은사, 12:31)." 핵심 기준은 *oikodomē* 곧 "덕을 세움, 공동체의 유익"이다. *Oikodomē*는 몇몇 고린도 사람이 우상 앞에 놓았던 음식과 관련하여 보여준 이기적 태도에 대해 바울이 대처할 때보다(8, 10장) 여기서 훨씬 더 강조된다.[360] 윈터가 언급했듯이, "덕을 세움"(*oikodomei*)이라는 개념은 이교에서는 발견되지 않는다. "덕을 세움"은 그리스도인의 믿음을 위해 바울이 만든 독특한 표현으로서, 개인들이 타인의 안녕을 "종교적" 의무로 생각해야 하는 책임감을 반영한다.[361]

여기서도 너무나 많은 고린도의 신자가 *oikodomē*라는 특징보다는 13:4-5에서 비난받은 특징을 보여준다고 바울이 판단했다는 명백한 함

---

359) 당시 거울은 윤이 나는 동으로 만들어졌기에, 어느 정도 이미지의 왜곡은 불가피했다. "거울을 통해서/거울로"는 바울이 자신의 이미지를 보는 것보다는, 반사된 물건들을 본다는 의미일 수도 있다. "희미함"(*ainigma*)은 "간접적 소통방식", "간접적으로"를 의미할 수도 있지만, "'수수께끼', 즉 불가사의하게 표현되기에 이해를 위해 특별한 감각을 요구하는 것"이라는 의미가 있다(BDAG, 27, 397; Thiselton, *1 Corinthians*, 1068-69에 있는 논의).

360) *Oikodomeō*, 고전 8:1, 10; 10:23; 14:4, 17(바울 서신 다른 곳에서 단 3번 사용되었다); *oikodomē*, 14:3, 5, 12, 19(저자 논란이 없는 다른 바울 서신에서 7번, 이 중 다섯은 고린도 서신 다른 곳에서 등장).

361) Winter, *Welfare*, 175.

의가 있다. 그 기준과 관련해서 보아도 예언의 우월한 가치는 명백하다.

- 방언하는 자는 오직 하나님께 말하는 것으로, 다른 어떤 사람도 언급된 것을 이해할 수 없다. 따라서 단지 방언하는 자의 "덕을 세운다"(14:2, 4).
  □ 반면에 예언은 다른 사람에게 하는 것이며, 그들의 덕을 세우며 권면하고 위로한다. 예언하는 사람들은 교회의 덕을 세운다(14:3-5, 31).
- 방언은 악기의 음을 맞추지 않고 연주되는 음이나 형편없이 연주되는 거문고와 같으므로, 그 소리는 분별할 수 없다. 외국어처럼 의미 전달이 불가능하다(14:7-12).
  □ 한편 의미 있는 연설은 청자에게 유익을 준다. 계시, 지식, 예언 및 가르침을 제공한다(14:6, 26, 30).
- 방언은 심지어 방언하는 자의 생각에도 유익을 주지 못하고, 방언 하는 것을 엿들은 사람도 "아멘"을 할 수 없는데, 심지어 방언하는 자가 감사할 때도 그렇다(14:14, 16-17).[362]
  □ 반면에 예언은 생각에 관여한다.[363] 따라서 방언으로 말하고 노래하는 것이 가치가 있지만, 청중이 이해할 수 있고 그들에게 유익한 말로 항상 보완되어야 한다(14:13-19).[364]
- 생각이 방언에 관여하지 않는다는 사실에 대한 고린도 사람들의 관심 부족은 영적 미성숙의 표지다(14:20). 그들은 방언이 판단의 표지이며,[365] 그 모임에 참여하게 된 외부인이나 비신자에게는 정신병처

---

362) 이것은 신약성경에서 "아멘"이 실제 예배의 전례와 관련하여 사용된 유일한 경우다.
363) 예언을 황홀경, 즉 성령이 임하여 마음이 쫓겨났다고 이해한 필론과 대조하라(특별히 *Heres* 259-66).
364) 필자는 *Jesus and the Spirit*에서 실천적 관점에서 바울의 주된 관심이 일련의 방언을 금하는 것이 아니었나를 궁금해했다. 방언에는 언제나 토착어가 뒤따라야 한다(248).
365) 추가로 *Jesus and the Spirit*, 230-32을 보라.

럼 보였을 것이라는 점을 인식하지 못했다(14:22-23).

□ 반면에 예언은 신자들의 유익을 위해 의도되었지만, 비신자나 외부인에게 자신들에 관한 진실을 제대로 깨닫게 하고, 그들로 하여금 하나님이 진실로 그들 중에 계신다는 고백을 하게 했을 가능성이 훨씬 더 크다(14:24-25).

고린도 교회의 정기 예배를 위한 이런 설명에서 바울이 내린 자연스러운 결론(14:26)은 간단하다. 우선 사항은 "모든 것을 덕을 세우기(oikodomē) 위함이라는"는 것이다(14:26). 실제로 이것은 다음을 의미했다.

■ 두세 명만이 차례대로 방언해야 하며, (통역하는 사람이 있다면) 각 사람 다음에 통역이 있어야 한다(14:27).

■ 집회에서 방언을 통역할 사람이 없으면 한 사람도 방언을 하지 말아야 한다(14:28).

■ 마찬가지로 나머지 사람들이 말한 내용을 평가하는 동안, 오직 두세 명의 예언자가 말해야 한다(14:29).[366]

■ 한 예언자가 전할 계시를 받았으면, 첫 번째 예언자가 양보해야 하며, 예언하는 데 질서가 있어야 한다. 예언자는 (여전히 말하려는 영감을 느껴도) 말을 삼갈 정도의 충분한 자제력이 있어야 한다(14:30-32).[367]

■ (예언자들의) 부인들은 예언한 사람이 자신의 남편일 때 그 예언을 의문시하지(평가에 참여하지) 않아야 한다. 그것은 수치스러운 일이다. 오히려 공공장소에서 그들은 남편을 존중하고 집에서 질문해야

---

366) 고전 14:29은 평가하는 책임이 여기 다른 예언자들에게 있음을 언급한 듯하다. 비록 살전 5:21에서는 그 책임이 회중 전체에게 있지만 말이다(*Jesus and the Spirit*, 281을 보라).

367) 대부분의 주석가는 14:32("예언자들의 영은 예언자들에게 제재를 받는다[제재를 받을 것이다]")을 자신의 영감을 제어하는 각 예언자의 능력을 가리킨 것으로 본다(14:30에서도 내포된 것처럼).

한다(14:35-36).[368]

바울은 자기 가르침을 "주의 명령으로" 인정해야 한다는 다소 위압스런 주장을 개진함으로써 고도의 합리성을 갖춘 자신의 설명이 지닌 효과를 어느 정도 망치는 면이 있는데, 그가 사도로서 자신의 완력을 확실하게 행사한 곳은 여기다(14:37-38).[369] 그러나 결말의 요약 부분에서 회유적인 권면을 하며 타당성을 지닌 상냥한 목소리로되 돌아간다. "그런즉 내 형제들아, 예언하기를 사모하며(zēloute) 방언 말하기를 금하지(kōlyete) 말라. 모든 것을 품위 있게 하고(euschēmonōs) 질서 있게 하라(kata taxin)"(14:39-40). 불행히도 이어지는 기독교 역사에서 이 마지막 권면(14:40)은 너무나 자주 문맥과는 상관없이 사용되어 모든 예배를 지배하는 가르침으로 자리를 잡았다. 필자는 바울이 후세대의 대다수 예배의 엄격하고 질서정연함보다 고린도 예배의 상대적인 무질서를 선호하지 않았을까 생각해본다.[370] 그러나 확실히 그 단어는 1세기 고린도에서 교회 전체가 함께 모였을 때 과열된 예배에 대한 처방으로 아주 적합한 단어다.

i. 예수의 부활의 의미와 몸의 부활 사이의 불일치(고전 15장)

바울은 명백한 "교리적" 논제 하나를 마지막까지 남겨 두었다. 그는 단순히 사회적 분파주의가 고린도 집합체의 통일성과 건전함에 훨씬 더 긴급한 위험이 될 수 있다고 생각했을 수도 있다. 혹은 어쩌면 바울은 몇 사람의 의견이나 혼란(15:2)을 그렇게 심각하게 여기지 않았을 것이다. 어느 쪽이든 그의 태도는 이어지는 여러 세기 동안 상당히 높게 평가된 교리의 통

---

368) 위 §32.5f를 보라.
369) 추가로 Jesus and the Spirit, 275-80을 보라.
370) 이는 20세기의 은사운동 초기에 자주 볼 수 있었다. 예. 필자의 Baptism, 4 n. 12에 언급된 사람들을 보라.

일성과는 흥미롭고 중요한 차이를 보여주었다. 확실한 내용은 바울이 그 문제를 이전의 쟁점에서처럼 규율과 직설적인 질책의 문제로 보기보다는, 오히려 격렬한 토론과 권면의 문제로 다루었다는 사실이다.[371] 부활의 근본적인 중요성(바울과 고린도 사람들의 공동 기반으로 보이는 믿음, 15:11-12)을 주장하는 도입부에서도, 바울의 취지는 그들에게 그것을 새롭게 가르치기보다는 그 중요성을 상기하는 데 있었다(15:1-19).[372]

"몇몇" 고린도 신자들이 "죽은 자 가운데서 부활이 없다"(15:12)라고 말했기 때문에 그 주제는 다루어져야 한다. 이 개인들이 예수의 부활을 부인한다는 의미는 아니다. "어떤 사람들"(15:12)은 "너희" 중에 "그리스도가 죽음에서 일어나셨다"(15:11-12)라는 선포를 "믿는" 사람들을 분명히 포함한다. 바울이 마음에 두고 있는 내용은 다가올 시대에 죽은 자들의 부활을 부정한 것임이 틀림없다. 쟁점은 "그리스도가 죽음에서 부활했다"가 아니라, "죽은 자의 부활과 같은 일을 상상할 수 있느냐"이다.[373] 이곳에서 "죽은 자"를 염두에 두었다는 점은 15:12-52에서 자그마치 13번이나 반복된다. 따라서 명백하게 논쟁이 되는 내용은 죽음 후에 그리고 죽은 자에게 무슨 일이 일어나느냐다.[374]

육체의 일이 영에 대립한다는 전형적인 그리스 사상은 여기에 명백

---

371) 가장 강한 힐책의 요소가 15:32-34에 있는데, 다소 분명하게 그곳에서는 언급된 죄가 그릇된 부활 이해로 조장된 사회 관습(너무 가볍게 먹고 마심, 악한 동무)이라고 말하며, 또한 그곳에서 바울은 "수치심"(*entropē*)을 불러일으키려는 의도로 그런 사람들의 "지식(*agnōsia*)의 부족"을 비난하면서, 하나님의 심판으로 위협하기보다는 사회적 압력을 행사한다(11:29, 34에서처럼).

372) 이 신조의 고백의 중요성(고전 15:3-5/6/7) 그리고 첫 그리스도인과 바울의 설교에서 그리스도 부활의 중심성에 대해서는 위 §21.4e, §23.4a, §29.7c를 보라.

373) 특별히 M. de Boer, *The Defeat of Death: Apocalyptic Eschatology in 1 Corinthians 15 and Romans 5* (Sheffield: JSOT, 1988)를 보라.

374) 이 초점은 바울이 다룬 문제가 부활을 이 생에서 체험할 수 있고/해야 한다는 신념이었다는 논지에 결정적으로 반한다. 이는 "영지주의 열기"가 절정에 이르렀을 때 인기 있었던 해석이다(Thiselton, *1 Corinthians*, 1173 n. 32의 참고문헌; 또한 C. M. Tuckett, 'The Corinthians Who Say "There Is No Resurrection of the Dead" [1 Cor 15,12]', in Bieringer, ed., *Corinthian Correspondence*, 247-75). 이는 물론 딤후 2:18에 영향을 받았다.

하게 암시되고 있는데, 그 사상은 영은 구원받아서 육체의 굴레에서 해방되는 반면에, 물질적인 몸 자체는 쇠락하여 죽음에 이르고 무가 된다고 본다.[375] 그리스 사상에서는 죽은 자가 다시 육으로 존재하지 못하며, 육의 몸은 부활하지 않는다.[376] 이 추론은 논의의 두 번째 국면에서 확인되며, 그 단계는 바울이 지금까지 말한 내용에 대한 (어떤 사람들의) 대답으로 시작한다. "죽은 자들이 어떻게 다시 살아나며 어떤 몸으로 오는가?"(15:35). 그 질문들은 사실상 바울에게 귀류법(reduction ad absurdum)(그들의 사고방식에선 그렇게 보임)을 제기하려는 수사법적 시도였다. 전형적인 그리스 세계관에서는 죽음 후에 몸이 다시 부활한다는 생각은 전혀 상상할 수도 없고 터무니없는 것이다. 다르게 말한다면, 부활을 부정하는 고린도 사람들의 문제는 사후의 존재라는 개념이 아니었다.[377] 문제는 부활의 관점에서 그리고 부활의 결과로 보았을 때 그런 사후의 존재를 어떻게 상상할 수 있느냐다. 사후의 존재가 죽은 자의 부활에 기초를 둘 때, 사후의 존재에 대한 믿음은 그들에게 거의 이해되지 않았는데, "부활"이 몸의 부활을 암시하기 때문이다.

바울은 조심스러운 주장으로 두 가지 주장/질문에 차례로 대응한다(15:12, 35).

■ 죽은 자의 부활이 없다면 그리스도가 부활하지 않았는데, 이는 기독교의 메시지 전부를 왜곡할 것이고(15:13-17) 이 삶 너머의 삶에 대한 그리스도인의 소망을 파괴한다. "그리스도 안에서 우리가 바라

---

375) 부정적이고 이중적인 그리스인들의 이중 태도는 전형적인 언어유희인 sōma sēma, "(영혼의) 무덤인 몸" 그리고 "육의 이질적인 의복"(E. Schweizer, sōma, TDNT, 7.1026-27이 인용했다)에 관해 많이 인용된 엠페도클레스의 표현으로 요약되었다. Sōma가 항상 "죽은 몸, 시체"(LSJ, 1749)를 의미한다는 호메로스의 영향은, 70인역과 바울 서신을 제외한 신약성경에서 계속 사용되었기에 분명 여전히 강력하다(W. Baumgärtel, TDNT, 7.1045을 보라). 바울이 그런 의미로 sōma를 사용하지 않았다는 사실은 여기서 그 자체로 중요하다.

376) 특별히 Wright, Resurrection of the Son of God, 32-84을 보라.

377) 이는 15:12의 다른 주요 전통적 해석이다(Thiselton, 1 Corinthians, 1172-73).

는 것이 다만 이 세상의 삶뿐이면 모든 사람 가운데 우리가 더욱 불쌍한 자이리라"(15:18-19).

■ "아담 안에서" 이 삶의 마지막에 죽음이 존재하듯이, 그리스도의 부활은 죽은 자의 부활, 즉 "그리스도 안에서" 부활의 삶이 존재함을 보여준다(15:20-22). 그리스도의 부활은 그리스도의 승귀에 대한 기독교 신앙의 근거다. 부활한 사람들을 추수할 때에(15:23), 하나님의 마지막 승리에 필수적인 요소로서 온전한 추수가 수반된다(15:24-28).[378]

■ 따라서 그리스도인의 소망은 이 세상의 삶에 국한되지 않는다. 그렇지 않았다면 사람들이 왜 "죽은 자를 대신해서 아니면 죽은 자를 위해 세례를 받겠는가?"[379] 그렇지 않으면 고난과 순교의 삶은 의미가 없을 것이고,[380] 현재의 즐거움을 위한 삶이 더 분명한 선택일 것이다(15:29-34).

---

378) 15:24-28에 관해서는 위 §23.4h 그리고 §29 n. 268을 보라.

379) "죽은 자를 위한" 세례라는 바울의 수수께끼 같은 언급에 대한 해석을 신중하게 논평한 Thiselton을 보라(1 Corinthians, 1242-49). Thiselton은 "죽은 자를 위해서 그들 자신이 세례받았다"라고 번역하고, 그것이 "믿고 죽은 그들의 친척들과 결합하려는 바람의 결과로 세례를 요청하거나 받으려고 한 사람(들)의 결정"을 가리키는 것으로 이해한다(1248). 이는 M. Raeder, 'Vikariasttaufe in 1 Cor 15:29?', ZNW 46 (1955), 258-61을 따른 것이다. M. F. Hull, Baptism on Account of the Dead (1 Cor 15:29): An Act of Faith in the Resurrection (Atlanta: SBL, 2005)은 40개가 넘는 해석을 논평하고, 바울이 고린도 공동체 내의 한 집단, 즉 죽은 자(신앙인)가 살아날 운명이라는 믿음 때문에 세례 의식을 거행한 사람들을 전체 공동체에 칭찬할 만한 본보기로 든다고 논증한다. 그러나 15:3 이하 구절에 언급된 복음에 반응한 세례에 그런 함의가 있기에, 바울이 그것을 왜 15:29에서 그렇게 언급해야 했는지는 분명하지 않다. 염두에 있는 내용이 죽은 사도들을 기념하기 위한 세례 관습이라는 J. E. Patrick, 'Living Rewards for Dead Apostles: "Baptised for the Dead" in 1 Corinthians 15:29', NTS 52 (2006), 71-85의 제안도 별로 타당하지 않다. 고린도 사람들의 세례와 관련하여(1:12-13), 고린도 교회가 염두에 둔 유일한 사도들 모두 여전히 활기차게 활동하고 있었기 때문이다.

380) 바울은 광장에서 맹수에 찢겨 죽는 이미지를 사용해서 에베소에서 자신이 당한 고난을 떠올린다. 위 n. 149을 보라.

논란이 되는 보다 중요한 점은 다음과 같다.

- 죽음을 넘어선 희망은 이 몸의 부활이나 부활 없음의 문제가 아니다. 이 몸은 땅속에서 곡물의 낟알처럼 죽고 다른 몸으로 "생명에 이른다(zōopoieitai)." 다른 몸들, 즉 땅에 속한 몸만이 아니라 하늘에 속한 몸도 있기 때문이다(15:36-41).

- 중요한 대조는 두 몸, 즉 "육의 몸"(sōma psychikon)과 "영의 몸"(sōma pneumatikon)(15:44)에 있다. 바울은 대조를 돋보이게 하려고 다양한 만화경을 이용한다.[381] 전자는 부패와 죽음에 종속된다고 묘사되는데, 그것은 choikos, 즉 "흙(chous)으로 만들어졌다."[382] 그것은 "혈과육"이다.[383] 그것은 유한하며 죽는다. 아담이 그 원형이다. 후자는 그 반대이며, 부패와 죽음에 종속되지 않고, 영적이며 하늘나라에 합당하다. 그 원형은 부활한 그리스도다.[384]

---

381)
42, 50	phthora/aphtharsia	"썩을 것"/"썩지 않을 것"
43	atimia/doxa	"불명예"/"영광"
43	astheneia/dynamis	"약함"/"강함"
44-46	sōma psychikon/sōma pneumatikon	"육의 몸"/"영의 몸"
47-49	choïkos/epouranios	"땅의"/"하늘의"
50	sarx kai haima/ —	"혈과 육"/ —
52	hoi nekroi/aphthartoi	"죽은 사람"/"썩지 않는"
53-54	phtharton/aphtharsia	"썩을"/"썩지 않을 것"
54	thnēton/athanasia	"죽을 것"/"불멸"

382) 바울은 틀림없이 창세기 2:7을 생각했다. "여호와 하나님이 땅의 흙('aphar)으로 사람을 지으셨다"(15:45은 그 절 하반부를 언급한다). 3:19, "너는 흙('aphar)이니, 흙('aphar)으로 돌아갈지라."

383) 15:50을 관통하여 흐르는 일련의 대조를 언급해야 하는데, "혈과 육"은 분명히 n. 381에서 언급한 첫 한 쌍의 용어에 속한다. 그것은 분명 "자연의 몸" 및 "땅의 (몸)"과 동의어다. 부활한 몸은 "혈과 육"이 아니다. 바울이 15:50에서 살아 있는 사람들("혈과 육"으로 언급됨)에게 주의를 돌렸다는 J. Jeremias, "'Flesh and Blood Cannot Inherit the Kingdom of God'"(1 Cor. 15:50)', NTS 2 (1955-56) 151-59(여기서는 152)의 영향력 있는 견해는, 그 요점에 영향을 주지 않는다. 추가로 필자의 "'How Are the Dead Raised? With What Body Do They Come?' Reflections on 1 Corinthians 15', SWJT 45 (2002-3), 4-18을 보라.

384) 영이 아니라 육이 먼저였다는 바울의 주장(15:46)은, 고린도 사람들이 어느 정도 필론처럼 주장했음을 시사하는데, 필론은 두 창조 이야기(창 1장과 2장)가 "두 종류의 인간, 즉 하나

바울의 신학적 통찰력과 정교함의 정도는 그의 서신 다른 곳에서보다 이곳에서 더 분명하게 볼 수 있는데, 바울이 이 주의 깊게 구성된 논증으로 특유의 이중 대조를 전개하는 가운데 죽은 자의 부활을 묘사하려고 했기 때문이다.

대조 중 하나는 혼(*psychē*)과 영(*pneuma*)이다. 바울이 의존한 히브리어 성경(창 2:7)은 "영"과 "혼"을 명백하게 구분하지 않았다. 그래서 인간을 땅의 흙으로 만들어진 아담에 불어넣은 생기(*ruach* = *pneuma*)로 묘사할 때, 결과적으로 "아담이 생령(*nephesh* = *psychē*)이 되었"(2:7)고, 이는 "생명의 영 (*ruach*)"이 있는 "몸"이었다(6:17; 7:15). 그러나 바울에게 이것은 부활한 생명이 흙으로 된 육(과 피)으로 된 몸에서 영이나 혼이 분리되었거나, 벗어났다고(개연성이 훨씬 더 적다) 생각해야 한다는 의미가 아니다. 흙으로 된 존재는 그 자체로 온전하며(*sōma psychikon*), 그 안에 "영"을 지닌 육신이 아니라 "영혼의 몸"(soulish body)이며, 영혼적 차원으로 단순한 흙의 차원을 넘어선 인간의/지상의 존재 방식이다. 그러나 부활한 존재는 독특하고 다른 종류 (*sōma pneumatikon*)에 속한 온전한 존재이고, 성령의 행함으로써 가능하게 되며, 그리스도의 부활이라는 본을 따랐다.

다른 대조는 육(*sarx*)과 몸(*sōma*)의 구별인데, 이 구별은 특별히 바울답다. 히브리어에는 "몸"에 해당하는 단어가 따로 없다. 히브리어 "바사르"(*basar*)의 전형적인 의미는 물질적 몸을 의미하는 "육"이다. 그리고 그리스어는 "육"과 "몸"을 비교적 거의 구분하지 않는데, 둘 모두 육체라는 물질성을 가진 몸을 의미한다. 그러나 바울이 일부러 두 의미를 분리한 것으로

는 하늘에 속한(*ouranios*) 사람이고, 다른 하나는 땅에 속한(*gēinos*) 사람"(*Leg.* 1.31)이며, 후자가 전자보다 우선하고 전자의 전형이라고 주장했다(비교. Barrett, *Paul*, 112; 그리고 특별히 Sterling, "'Wisdom among the Perfect'", 357-67; S. Hultgren, 'The Origin of Paul's Doctrine of the Two Adams in 1 Corinthians 15.45-49', *JSNT* 25 [2003], 343-70은 동의 하지 않는다). 어쩌면 여기서 아볼로의 영향력이 있다고 보아야 한다(Murphy-O'Connor, *Paul*, 281; 그리고 위 n. 214을 보라). 반대로 바울은 순서가 아담, 그다음에 그리스도, 즉 부활한 그리스도라고 논증한다. 15:19의 "하늘의"(*epouranios*)는 분명하게 **부활한** 그리스도 다(*Theology of Paul*, 289).

보이는데, *sōma*는 전인이라는 히브리 의미를 띠지만, *sarx*는 그리스의 이분법 경향을 연상하게 하는 부정적 함의로 사용된다.[385] 그래서 "몸"은 "육"과 혼동되거나 단순히 "육"과 동일시되지 않는다. "몸"은 존재 방식, 즉 구현된 존재라는 특징을 더욱 띠며, 다른 몸과의 소통을 가능하게 한다.[386]

이 모든 내용에서 필자는 바울의 대조에 "살을 붙이는" 데 있어 너무 오도되지 않을까 하여 "육체적"(physical)이라는 용어를 사용하지 않았다.[387] "육체"가 *sōma psychikon*의 타당한 번역이 아님은 위 내용에서 명백하다. 그러나 *sōma psychikon*이 유한한 몸의 쇠퇴와 타락("흙에서 흙으로")으로 특징지어진다는 것 역시 명백하다. 동일하게 "몸"을 쇠퇴와 타락 및 죽음에 종속됨으로 특징지어지지 않는 "육체"로 상상하기 어려운 것도 명백하다. 바울의 "육"과 "영/성령" 간의 대조는 육체의 물질적 성격에서 "육체"를 끌어내는 것이 아니다.[388] *Sōma pneumatikon*이라는 바울의 개념화를 파악하기 어려운 것처럼, 그것은 분명 육과 혈에서 일어난 것으로 특징지어지지 않는다. 바울에게는 부활이라는 변화가 인간을 상당히 다른 몸의 영역으로 이끌며, 이는 부패하지 않음, 영광, 죽음의 극복, 하늘의 권세로 특징지어진다.[389]

바울이 고린도의 "어떤 이들"과 하는 논쟁의 중재적 성격도 언급해야 한다. 바울은 대립적인 부정으로 그들을 논박하지 않는다. 그는 "물론 마지

---

385) 그의 용법의 두 영역은 겹친다(롬 8:13; 고전 6:16). 그러나 바울의 너 특징적인 점은, 보통은 중립적인 "몸"을 더 부정적인 표현으로 수식했다는 사실이다. 예를 들면, "죄의 몸"(롬 6:6), "죽을 몸"(롬 8:11)이 있다. 반면에 "육"은 어떤 수식이나 형용사 없이도 더 일정하게 부정적이다(가장 두드러지게 롬 8:3-12).

386) 더 자세한 강해는 *Theology of Paul*, 55-61을 보라.

387) M. J. Harris, *Raised Immortal: Resurrection and Immortality in the New Testament* (Grand Rapids: Eerdmans, 1985), 121-33; Wright, *Resurrection of the Son of God*, 343-60과 비교하고 대조하라.

388) 다시 *Theology of Paul*, 62-73을 보라.

389) Martin의 반복하는 상기가 중요하다. 고대 세계에서는 바울의 구분이 물질과 비물질의 구별로 이해되지 않았을 것이다. "영"은 일종의 물질, 즉 순화된 실체로 개념화되었고, 본질의 영역이나 계층에서 높은 자리를 차지했다(*Corinthian Body*, 6-15, 21-25, 108-17, 123-29).

막 부활 때 죽은 육체의 몸이 물질적/육체적 생명으로 살아난다"라고 말하지 않았다. 바울은 "혈과 육"으로 이루어진 존재의 부정적 측면으로 인해 육체가 부활의 존재 방식이 되지 못함을 인식했다. 그러나 동시에 바울은 육의 존재를 과도하게 부정하는 그들의 반감이 지닌 영혼 불멸의 수용으로까지 나아가지는 않았다. 바울은 인간 존재의 온전함 그리고 육체적·영적 환경에 동시에 존재하는 인간이라는 히브리적 이해를 유지했고, 부활이 몸의 부활, 즉 육체적 존재로서의 부활이라는 그의 개념은 그리스와 히브리적 개념 사이에서 공통 기반을 제공하는 중도를 찾으려는 시도다. 불행히도 그를 따르는 사람들(어쩌면 고린도 사람들도!)은 "죽은 자의 부활"과 "몸의 부활"이라는 바울의 개념이 지닌 미묘함을 눈치채지 못했다.[390] 그러나 바울이 그은 명백한 구별을 모호하게 한 것은 이후의 신학에 유익하지 않았다. "몸"과 "육"을 다시 혼동하여 바울이 육에 대해 사용한 부정적 측면이 육체적 기능, 특별히 육체의 성 기능에 적용되었는데, 이는 서구의 주류 신학 전통에 재앙이 되었다.

j. 결론부의 몇 가지 우려 사항(고전 16장)

고린도 사람들의 편지가 야기한 두 가지 다른 문제는 간단하게 취급된다. 연보에 대한 언급(16:1)은 바울이 그것을 이미 언급했음을 명백하게 암시한다(그것이 무엇인지 설명할 필요가 없었다). 그것을 언급한 시기가 바울이 고린도에 있었을 때인지(§31.4), 아니면 필자가 추측하듯이, 앞서 에베소로부터 연락을 했을 때인지는 전혀 명확하지 않다. 어쩌면 디모데가 (이전에?) 방문했을 때나(4:17) 심지어 이전의 서신에서(§32.4) 언급했을 수도 있다. 그 언급은 바울과 고린도 교회 간의 소통이 우리가 가지고 있는 확고한 증거보다

---

390) 이런 면에서 누가는 예수의 부활한 몸을 "살과 뼈"로 묘사함으로 도움이 되지 않았고(눅 24:39), 이그나티오스는 예수의 부활을 육의 부활로 언급하여 이후의 합의를 확립했다(*Smyrn.* 3.1).

훨씬 더 광범위했음을 상기시켜준다(§32.3b). 여하튼 바울이 판단하기에 이제 전달해야 했던 내용은 단지 연보를 위해 돈을 어떻게 모금할 것인가에 관한 기본 가르침이었다(16:2). 연보에 관한 우리의 이해를 증진하는 데 그 문단이 어떻게 기여하는지는 아래에서 더 자세하게 논의할 것이다(§33.4).

자기 서신에서 보통 그렇듯이, 바울은 고린도를 방문하려는 희망과 계획을 자신의 전형적인 모호함으로써 이야기한다(16:5-9).[391] 그 점에 관한 바울의 주장은 서신의 수신자 중 많은 이에게 분명 흔해 빠진 내용이었을 것이다. 그러나 자신의 선교와 교회의 상황이 변화됨에 따라 생기는 기회와 요구 사이에서 망설이는 바울을 상상해볼 수 있다. 바울이 디모데가 고린도에 도착했는지 확신할 수 없었다는 점은(16:10-11)[392] 일정의 상황이 예기치 않은 제약에 매여 확실한 일정표를 보장할 수 없었음을 상기시킨다.

고린도 사람들의 편지에서 제기된 다른 주제는 고린도 사람들이 분명하게 요구한 아볼로의 고린도 귀환이다. 이는 아볼로가 고린도의 신자에게 준 좋은 인상과 그 교회에 대한 그의 영향력을 명백하게 나타낸다. 흥미롭게도 바울은 그 귀환 방문에 깊은 호의를 보이며, 아볼로가 갈 것을 "강하게 주장했다"(16:12). 그러나 아볼로는 돌아가기를 심히 꺼려했다(그는 "지금 가기를 전혀 원하지 않았다"). 아마도 그 역시 고린도 사람들의 분파주의와 거기서 자기 이름이 사용되는 것("나는 아볼로에게라")에 반감을 품었기 때문일 것이다. 그는 좋은 기회가 왔을 때 돌아갔을 것이다(16:12).

그들이 사랑 안에서 행함이 지닌 중요함을 다시 강조하는 마지막 권면(16:13-14)은, 스데바나와 브드나도 및 아가이고를 크게 칭찬하는 부분으로 이어지고(16:15-18),[393] "아시아 교회"와 현지 신자들(비록 아볼로가 언급되지 않았지만)의 문안도 뒤따른다(16:19-20). 바울은 보통 자필로 인사(16:21)와 은

---

391) 롬 15:22-32; 고후 13:1-10; 살전 2:17-3:11; 몬 22.

392) 고전 16:10은 "만약 디모데가 오거든"보다는 "디모데가 오면 언제든지"라고 옮기는 것이 더 좋다(Thiselton, 1 Corinthians, 1330).

393) Winter는 스데바나의 가정이 제공한 섬김이 기근 중에 제공한 재정적 도움이 아닐까 궁금해한다(Corinth, 195-99).

혜의 기원 및 그들을 향한 자신의 사랑의 확인(16:23-24)을 덧붙인다. 그러나 "누구든지 주를 사랑하지 아니하면"(16:22)이라는 중간에 언급된 저주는, (너무 많은) 고린도 교인들이 보여준 완고함에 대한 바울의 계속된 분노를 어느 정도 드러낸다. 마치 바울이 반복한 예전적 "문구"인 *maranatha*("우리 주여, 오시옵소서!", 16:22)가 그런 좌절감이 끝나기를 갈망함을 암시했듯이 말이다.

32.6 바울의 세 번째 고린도 서신

바울과 고린도 교회 사이에서 가장 흥미로운 서신은 바울이 고린도후서 2:1-4, 9과 7:8-12에서 언급한 서신이다.[394]

> 내가 이같이 쓴 것은 내가 갈 때에 마땅히 나를 기쁘게 할 자로부터 도리어 근심(*lypēn*)을 얻을까 염려함이요.···내가 마음에 큰 눌림과 걱정이 있어 많은 눈물로 너희에게 썼노니, 이는 너희로 근심하게 하려(*lypēthēte*) 한 것이 아니요, 오직 내가 너희를 향하여 넘치는 사랑이 있음을 너희로 알게 하려 함이라(2:3-4).
> 너희가 범사에 순종하는지 그 증거를 알고자 하여 내가 이것을 너희에게 썼노라(2:9).
> 내가 편지로 너희를 근심하게(*elypēsen*) 한 것을 후회하였으나 지금은 후회하지 아니함은 그 편지가 너희로 잠시만 근심하게(*elypēsa*) 한 줄을 앎이라. 내가 지금 기뻐함은 너희로 근심하게(*elypēthēte*) 한 까닭이 아니요, 도리어 너희

---

394) 바울은 *lypē* 곧 "슬픔, 비탄"이라는 주제를 이용하는데, 그것은 이 두 구절에 집중되었다. 2:1-7과 7:8-11에서 *lypē*는 5번, *lypeō*는 11번 사용되었다. 따라서 같은 용어들을 사용해서 각각의 경우를 번역하기보다는, *lypeō*에 다양한 의미가 있다고 인식하는 것이 중요하다. "정신이나 감정의 심각한 고통을 유발하다, '짜증나게 하다, 귀찮게 하다, 불쾌하게 하다, 모욕하다' 그리고 "슬픔이나 괴로움을 경험하다, '슬퍼지다, 비탄에 잠기다, 고통스럽게 되다"(BDAG, 604).

가 근심함으로(*elypēthēte*) 회개함에 이른 까닭이라.…그런즉 내가 쓴 것은 그 불의를 행한 자를 위한 것도 아니요, 그 불의를 당한 자를 위한 것도 아니요, 오직 우리를 위한 너희의 간절함이 하나님 앞에서 너희에게 나타나게 하려 함 이로라(7:8-9, 12).

이 서신이 기록된 이유는 절망적으로 불명확하다. 디모데가 에베소로 돌아가는 길에 가져온 소식이 바울로 하여금 절망하거나 분노로 대응하게 했을 가능성이 있다. 어쩌면 고린도 사람들(중 어떤 이들)이 바울이 염려한 대로(고전 16:11, "누구든지 그를 멸시하지[*exouthenēsē*] 말라") 디모데를 정말로 업신여겼을 것이다.[395] 아니면 디도가 그의 첫 방문(연보를 위한 조직을 진전시키려고, 고후 8:6a; 12:18)에서 괴로운 소식을 들고 돌아왔을 수도 있다. 또는 "고통스러운 방문"(고후 2:1에 언급됨)을 고려해야 한다면, 디모데나 디도의 귀환이 바울로 하여금 그 방문을 하도록 촉발했다고 생각할 수 있으며, 이는 결국 바울을 실망시키거나 심지어는 심란하게 만들었고,[396] 바울로 하여금 짧은 방문 이후 그곳을 떠나 "눈물의 편지"를 쓰게 했을 것이다. 이것은 2:1-4의 순서와 잘 어울린다.[397] 어느 경우든, 그런 추론의 최고 가치는 바울과 고린도 교회가 얼마나 자주 소통했는지를 우리에게 상기시키는 데 있다. 그러나 무엇이 바울을 그렇게 괴롭혔는가? 이 점에 대해서도 우리는 아는 것이 없다.

- 그것이 바울이 고린도전서 5:1-5에서 다룬 추문에 대한 추가 소식일 가능성이 있는데, 회중이 여전히 그 문제를 과감하게 다루지 않

---

395) *Exoutheneō*, "어떤 실체가 장점이나 가치가 전혀 없음을 취급하는 태도나 방식으로 보여주다, **업신여기다**; 쓸모가 없어 고려 대상이 되지 않는다; 타자를 전혀 중요하지 않게 보아 마구 대할 만하다고 여기다, **경멸하다**"(BDAG, 352).

396) 그러한 반응이 고후 12:21과 13:2에 암시로 전달되었을 수도 있다.

397) "고통스러운 방문"이 고린도전서 후와 "눈물의 편지" 전에 있었다는 것이 일반적인 합의다. 예. Thrall, *2 Corinthians*, 53-56; Harris, *2 Corinthians*, 57-58.

왔거나, 어쩌면 그렇게 하는 것을 단호하게 거부했을 것이다(그 문단과 연관해서 고려된 이유에 대해서는 §32.5c).[398]

■ 어쩌면 그것이 이전의 (첫) 고린도 서신에 언급된 사람(들)(고전 5:9)에 대한 추가 소식이었을 것이다. 그/그들의 충격적인 행동이 계속되었고, 5:6-8에 암시된 위험이 심각해졌을 것이다(고후 12:21). 공동체 전체는 그것이 교회를 전부 더럽히기 전에 그들이 처한 위험을 반드시 인식하고 맞서야 한다. 5:11-13의 강력한 가르침보다 더 강력한 무언가가 필요했다.

■ 또는 개인 관계의 위기가 있었을 수도 있다. 바울이 고린도 사람들을 속이고 착취했다고 교회의 한 중요한 구성원이 바울을 (악의적으로) 비난한 것이다(고후 12. 14-17; 13:1). 그런 불신에 대한 가능한 설명은 연보일 것이다(바울이 돈을 전부 자신의 목적을 위해 사용했고, 어쩌면 심지어 자신의 몫으로 챙겼다는 것).[399] 이런 면에서 그와 같은 사건은 디도

---

398) 그러나 Kümmel은 "고전 6:12ff.; 살전 4:3ff.; 롬 13:12을 쓴 바울이 심각한 음행의 사례를 가볍게[고후 2:6ff.] 다뤘을 것이다"라는 생각을 정당하게 일축한다(*Introduction*, 283). 또한 Thrall, *2 Corinthians*, 61-65을 보라.

399) 그 위법 행위가 "충격적인 모욕"이었다는 "지배적인 견해"를 고려하면서, Thrall은 70인역이나 신약성경 어디에도 *adikeō*(7:2, 12)가 "모욕"이나 "중상"을 의미한 곳이 없다는 Zahn의 관찰을 주목한다. 오히려 그것은 "사람이나 물건에 불법으로 상처를 가한다"는 의미다(*2 Corinthians*, 67; 비교. BDAG, 20 그리고 "나는 너를 속이지 않았다"라는 의미인 마 20:13, "내가 네게 잘못한 일이 없다"[*ouk adikō se*]). Thrall은 어떤 불법적인 피해가 염두에 있다고 결론을 내리고, 다음과 같이 제안한다. "바울의 두 번째 고린도 방문에서, 교회의 한 구성원이 연보에 보태려고 저축한 돈을 잠시 안전하게 보관하려고 바울에게 건넸다. 그 후에 돈은 분실되었고, 상황을 보면 회중의 어떤 다른 구성원에게 책임이 있는 듯했다. 그러나 이 사람은 그것을 부인했다. 바울의 말이 그 사람의 말에 반했기에, 교회는 누구를 믿어야 할지 불확실했다. 그 문제에 관한 사도의 견해가 즉시 받아들여지지 않았기 때문에, 바울은 회중의 다른 구성원들이…절도와 관련이 있을 수도 있다고 의심하기 시작했다. 그는 그가 의심하는 사람에게 제재를 취하라고 그들을 설득할 수 없었기 때문에 에베소로 돌아왔다. 그런 후 그는 고린도 교회 가운데 혐오감을 불러일으키는 서신을 썼으며, 이로 인해 고린도 교인들이 추가로 조사했고, 결국 범법자의 실토와 처벌로 이어졌다"(67-68). Mitchell은 바울을 향한 분노와 의심이 연보를 조직하는 데 바울이 직접 권위를 행사했기 때문에 일어났고(고후 8장), 그 권위는 바울이 이전에 고린도 사람들에게 부여한 것이었다(고전 16:3)고 제안한다('Paul's Letters to Corinth', 328-35). 그러나 그 표현은 더 심각한 비난을 암시한다. 12:16(n. 491)에 관해 추가로 아래를 보라.

를 추가로 언급한 부분과 잘 들어맞으며, 자기 자신의 진실성에 대한 그런 의문에 대해 바울이 경험한 비통함의 깊이를 설명해줄 것이다.[400]

어떤 경우이든 간에, 그 사건은 고린도 교회가 명백하게 규정된 도덕적 경계를 가진 "순수한" 교회와는 한참 거리가 있었음을 확인해준다. 그 사건으로 인한 바울의 비통함과 비록 잠시라 하더라도 그의 서신이 고린도 사람들에게 가져다준 거슬림과 모욕은, 공동체 정신과 그들과 바울의 관계가 정말 얼마나 깨지기 쉽고 과열되었는지를 보여준다. 그렇기는 하지만 그 서신은 그 목적에 도움이 된 것으로 보인다(바울은 개인적 대면보다 글쓰기에 더 능력이 있었다). 비통함을 유발한 사람을 다수가 "처벌"했고(epitimia) (2:6), 이 모든 사건으로 인한 고린도 사람들의 슬픔과 바울을 향한 그들의 헌신의 표현은 상처받은 바울의 마음에 참 위안이었고 (짐작하건대) 그들로 화해하게 했을 것이다(7:6-13).

그 서신이 바울 개인의 비통함 외에 무엇을 표현했는지도 명확하지 않다. 짐작하건대 그것은 바울에게 그런 비통함을 안겨준 것에 대한 직설적이고 맹렬한 비난을 담고 있었을 것이다. 그리고 아마 그것은 직접적인 행동이나, 회중 전체가 취하기 꺼렸던 행동을 요구했을 것이다. 첫 편지(고전 5:9)와 마찬가지로, 그것에 더 많은 내용이 있었다는 암시는 전혀 없으며, 그 서신은 논의 중인 사례만을 다룬 매우 짧은 서신이었을 수 있다. 서신의 내용이 무엇이든지 간에, 아마도 디도가 그 편지를 전달했을 텐데, (어쩌면) 그가 그곳에서 오랫동안 고린도로 돌아가지 않았을 때 보내졌을 것이다.

그 서신은 보존되었는가? "눈물의 서신"이 고린도전서일 가능성은 거

---

400) "고통스러운 방문"에 관해 추가로 Harris, *2 Corinthians*, 54-59을 보라. Murphy-O'Connor 는 그 문제를 바울의 권위에 도전해서 유대화하려는 불청객에게 돌리나(*Paul*, 293-95), "고 통스러운 방문"이라는 정보에는 고후 11:13의 "거짓 사도들"이 이미 관련되었다는 표시가 하나도 없다.

의 없다. 고린도전서는 바울이 묘사한 그 서신과 결코 어울리지 않는다.[401] 그러나 고린도후서에 편입되어 10-13장으로 보존되었을지도 모른다.[402] 그리고 고린도후서가 많은 서신을 합하여 지금의 형태에 이르렀다면, 그 개연성이 상당하다고 판단해야 한다. 그러나 필자는 그 특정한 가설을 의문시하기 때문에(§32.7a를 보라), 그 서신을 고린도 사람들이나 바울이 보존하지 않아서, 필사하거나 더 넓게 배포하여 바울 서신 모음집에 추가할 수도 없었다는 가설 외에는 그 어떤 대안도 필자에게는 없다. 그 서신의 두드러진 특징이 그것이 표현하고 야기한 곤경과 모욕 및 슬픔인 것을 고려하면, 그 서신의 작성과 전달 및 수신의 당사자들이 좋은 관계가 회복되었을 때 그것을 보존할 만한 가치가 없다고 생각하여 흔쾌히 파쇄했다는 것은 상당히 가능성이 높은 판단일 수 있다.[403]

32.7 바울의 네 번째 고린도서신(고린도후서)

a. 고린도후서의 수수께끼

고린도후서는 바울 서신 중 잠재적으로 가장 큰 유익을 줄 수 있는 서신이지만, 바울의 모든 글 중에서 가장 문제 있고 좌절감을 준다.[404] 바울과 고린도 교회의 관계와 소통에 대해 우리가 아는 내용에 비추어보면, 이러한 순서에 고린도후서를 비교적 쉽게 끼워 넣을 수 있다고 기대할 수도 있다. 그러나 전혀 그렇지 않다.

---

401) Harris가 "오래 존중받은 이 견해"라 불린 내용에 관한 짧은 검토는 Thrall, *2 Corinthians*, 57-61과 Harris, *2 Corinthians*, 5-7을 보라.

402) 아래 n. 407을 보라.

403) 추가로 Harris, *2 Corinthians*, 3-8을 보라.

404) "…그의 모든 저작 가운데 가장 사적이고, 감동적이고, 심오하며 어려운 서신으로서, 그 서신은 그[바울]를 인간, 사도, 심오한 신학자로서 드러낸다"(Barrett, *Paul*, 15).

우선 한 가지 이유는, 고린도전서와의 어떤 연관성도 찾기 힘들다는 데 있다. 세 번째 서신에 대한 분명한 언급이 있는데, 우리가 고린도전서 5:9의 언급으로만 첫 번째 서신을 알듯이, 고린도후서의 언급을 통해서만 세 번째 서신을 알 뿐이다(§32.6). 그러나 짐작하건대 훨씬 더 중요한 고린도 전서에 대한 언급에 관해서는 말할 내용이 없다. 바울이 고린도전서에서 아주 많은 주제를 광범위하고 주의 깊게 다루었기에, 바울이 이전에 말한 내용이나 고린도 사람들이 어떻게 그것에 반응했는지에 대해 어떤 암시를 기대할 수도 있다. 그것은 마치 두 (쌍의) 서신이 다른 교회들에 쓰인 것처럼 보인다. 곧 살피겠지만, 바울의 변화된 상황 그리고 바울이 고린도 사람들이 직면한 문제로 본 새로운 위협이 그런 되짚는 언급을 지울 정도로 고린 도후서를 지배한 분명한 이유가 있다. 그러나 그럼에도 그런 언급의 부재는 놀랍다.

다른 주요 문제는 그 서신이 바울이 쓴 그대로냐는 문제다. 현재 그 상태로, 고린도후서는 명백하게 세 부분으로 분리된다(1-7장, 8-9장, 10-13장). 세 부분 간의 명백한 연결점은 없고, 각 부분의 어조도 서로 상당히 다르다. 1-7장의 통일성 역시 의심할 만한데, 바울이 자기를 변호한 1:8-2:13과 7:5-16은 자기 사역을 변호하는 긴 내용(2:14-7:4)으로 중단된 듯하고, 7:5-16은 6:14-7:1로 중단되거나 어색하게 덧붙여진 것처럼 보인다. 그리고 8-9장은 연보를 위한 조직을 두 번이나 다룬다. 따라서 학계의 주된 전통이 고린도후서 자체가 서로 다른 서신들의 혼합이라고 추론하는 것도 놀라운 일이 아니다. 전형적으로 모두 네다섯 편의 서신이 있다고 본다(어쩌면 1-7장이 더 초기 서신의 내용인 8장, 9장, 10-13장을 포함한 형태).[405] 가장 강력하게 주장할

---

405) 이 노선을 따른 가장 영향력 있는 재구성은 G. Bornkamm, 'Die Vorgeschichte des sogenannten Zweiten Korintherbriefes', *Geschichte und Glaube. Gesammelte Aufsätze*, vol. 4 (Munich: Kaiser, 1971), 162-94이다. Scriba는 고린도 서신이 전부 9개이며, 고후 6:14-7:1은 나중에 추가되었다고 본다('Von Korinth nach Rom', 168-69). Mitchell은 다섯 서신 가설의 한 형태를 제안한다('Paul's Letters to Corinth', 317-21).

수 있는 것은, 8-9장이 독립적인 서신이며,[406] 10-13장은 고린도후서(1-9장) 이전에 쓴 "눈물의 서신"[407]이거나, 고린도후서 뒤에 기록된 다섯 번째 서신이라는 것이다.[408]

필자에게는 그런 가설이 위에서 암시된 난해한 요인들을 어느 정도 이해할 수 있게 하는 이점이 있다. 필자의 유일한 문제는, 어떤 무명의 수집자나 편집자가 각 서신의 서론과 결론을 잘라내고 그렇게 어색한 방법으로 본체를 단순히 가져다 붙여서, 여러 혼합 가설이 해결하려고 한 의문을 제기하게 한 상황과 동기를 상상해보는 데 있다. 왜 그 서신들은 완전한 형태로 보존되지 않았는가? 바울이 예를 들어 다섯 서신이나 그 이상보다는 두 서신을 고린도에 썼다는 인상에서 얻을 내용은 분명히 아무것도 없었다. 편집자가 의문스런 편지의 "머리와 꼬리"를 제거할 상당한 자유를 느꼈다면, 그 편집자가 자료를 더 일관성 있는 한 단위로 편집할 동일한 자유를 행사하는 데 무엇이 방해했는가?[409] 혹은 편집자가 인사와 감사 및 작별 부분을 조심히 잘라냈다면, 우리는 그 편집자가 각 부분을 더 잘 연결하기

---

406) 특별히 H. D. Betz, *2 Corinthians 8 and 9* (Hermeneia; Philadelphia: Fortress,1985)을 보라

407) 예. Becker, *Paul*, 216-21, 그리고 특별히 Horrell, *Social Ethos*, 296-312. 그러나 Schnelle 은 정당하게 대응한다. "10-13장이 '눈물의 편지'의 일부라면, 바울이 애초에 그런 고통과 그 서신의 원인이 되었다고 추정되는 사건을 언급하지 않았다는 사실은 매우 놀랍다. 10-13장에서 그가 싸운 대적자들은 2.3ff.에 있는 회중의 개인 구성원과는 아무 관련이 없다"(*History*, 81-82). 비슷하게 Murphy-O'Connor, *Paul*, 255.

408) 특별히 Thrall, *2 Corinthians*, 5-20을 보라. Thrall은 8장이 단일 서신(1-8장)의 일부이며, 이후에 기록된 9장과는 별도라고 논증한다(36-43; 47-49[참고문헌]). T. Schmeller, 'Die Cicerobriefe und die Frage nach der Einheitlichkeit des 2. Korintherbriefs', *ZNW* 95 (2004), 181-208은, 키케로풍의 서신 전집에 있는 모음집이 바울 서신들이 연대순으로 고린도후서에 결합되었다는 견해를 더 그럴듯하게 만들었다고 말한다. Harris, *2 Corinthians*, 8-51에서 그 전체 논쟁을 철저히 논평했다. Harris는 "전통 가설"인 통일된 고린도후서를 선호하고(11-33), 그 가설이 흔히 인식하는 것보다 당대 학계에서 더 강력한 지지를 받는다고 언급한다(42-43).

409) 예. White는 8-9장을 하나 혹은 두 "파편 서신"으로 묘사하지만(*Jesus to Christianity*, 205; 다양한 분할 가설이 유용하게 제시됐다, 204-207), 시작과 끝부분이 없는 서신은 결코 "파편"이 아니다. J. D. H. Amador, 'Revisiting 2 Corinthians: Rhetoric and the Case for Unity', *NTS* 46 (2000), 92-111과 대조하라.

를 기대하지 않았을까?[410] 더욱이 편집이 실제로 일찍 진행되지 않았다면, 하나 이상의 독립적인 서신들이 필사되어 더 널리 회자되었을 것으로 생각해볼 수도 있다.[411] 그랬다면 거의 확실하게 본문 전승에 몇 가지 표시가 남았을 것이다. 그러나 그것과 관련된 내용은 전혀 없다.

필자는 고린도후서의 난제가 결국 해결될 것으로 믿지 않는다. 현재 형태의 서신에 있는 모든 자료가 다양한 가정을 지지한다는 사실은 피할 수 없다. 기독교의 시작에 관한 다른 논쟁에서처럼, 여기서 좌절감을 느끼게 하는 점은, 몇몇 사람이 그런 문서를 읽는 20세기나 21세기 독자의 귀에 거슬리는 다양한 부적절성과 분리성에 더할 나위 없이 적절한 설명을 제공할 수 있는 상황이나 정보 혹은 분위기의 변화를 참작하지 않으려 한다는 사실이다. 고린도후서 같은 서신의 난해한 내용보다 우리의 역사적 상상력이 부족한 것이 때때로 더 큰 문제다.

가치가 있을지 모르지만, 필자는 고린도후서의 난제가 바울 자신의 작품이 아닌지 생각해본다. 바울은 그 서신을 썼을 때 이동 중이었을 가능성이 크다. "눈물의 서신"과 디도의 (두 번째) 방문이 어떻게 받아들여졌을지 근심하는 중에, 바울은 고린도에서 돌아오는 디도를 만나려고 드로아에 갔으나, 그곳에서 디도를 찾지 못하고 마게도냐로 갔다(고후 2:12-13). 그는 그곳에서 디도를 만나 자신이 기대한 대로, 고린도 사람들이 뉘우쳤고 화해를 간절히 바란다는 소식을 들었다(7:5-16). 생각할 수 있는 바울의 가장 분명한 다음 발걸음은 마게도냐를 통과하여 몸소 고린도로 가려고 서두르는 것이다. 그러나 바울은 분명 그렇게 하지 못했다.

다음은 그럴듯한 각본이다. 바울은 디도를 만나기 전에 마게도냐에 이미 도착했다. 전령이 자신보다 상당히 빠르게 여행할 수 있음을 알았기 때

---

410) 가능한 각본은 Thrall, *2 Corinthians*, 45-47을 보라.

411) 위 §29.8d를 보라. 그러나 또한 Harris, *2 Corinthians*, 41-42을 보라. 2세기 전반에 고린도후서의 언급에 대한 명확한 증거 부족(예. Thrall, *2 Corinthians*, 2-3; Harris, *2 Corinthians*, 2-3)은 어느 쪽으로도 도움이 안 된다.

문에, 바울은 그 결과에 관한 자신의 기쁨과 관계가 회복되었음을 표현하는 편지를 즉시 고린도 사람들에게 쓰기로 했다. 바울이 그 결정을 즉시 했는지, 아니면 마게도냐를 지나는 여정을 지속한 이후에 했는지는 밝혀낼수 없다. 마게도냐의 각 교회에서 분명 바울은 설교와 가르침으로 시간을보내도록 부탁을 받았을 것이다. 바울은 고린도에 들어온 일단의 선교사들이 새로운 문제를 일으켰다는 소식을 처음에는 디도에게서 받았을 것이며, 한 번 이상 소식을 전달받았을 것이다. 새로운 문제는 부분적으로 옛불만을 상기하게 하고 부분적으로 새로운 불만을 자극했을 것이다. 여기서도 바울은 몸소 고린도에 갈 것인지 아니면 편지를 쓸 것인지를 결정해야 했으나, 또 다른 고통스러운 방문은 생각하기에도 지나친 것이었다(고후 1:23). 어느 경우든, 시간과 상황 때문에, 고린도전서를 썼을 때나 로마서를 쓸 때처럼 주의 깊은 서신을 작성할 수는 없었다. 따라서 바울이 명확한구조도 없이 서신을 구술하기 시작했다고 상당히 타당하게 상상해볼 수있다. 첫 번째 부분에서 바울은 자신이 아시아에서 경험한 위기를 암시했고, 직접 가야 하느냐에 대한 자신의 우유부단함을 설명했다. 서신을 작성해야 한다는 압력에 눌려, 바울의 자기변호는 어느 정도 옆으로 벗어나 더넓게 자기 사역을 변호하게 되었는데,[412] 거기서 디도가 가져온 좋은 소식에 그가 받았던 안도감을 더 충분히 표현하기 전에, 새로 들어온 선교사들에게 몇 번 타격을 가했다. 또한 바울은 디도가 연보의 중요성을 계속 고취하길 원했기 때문에, 그 상황에서 연보와 관련하여 이미 절반이 완성된 권면(8장)을 또 다른 권면(9장)으로 보충하는 것이 가장 좋았을 수도 있다. 그

---

412) Harris는 고린도후서의 세 주요 부분의 특징이 모두 변증법적이라고 관찰한다(*2 Corinthians*, 46-47). 바울은 12:19에서 *apologeomai* 곧 "누구를 변호하다"를 사용한다. 고후 6:14-7:1에 관해서 Harris의 논평을 보라(14-25). 그는 이전의 영향력 있는 연구에서는 그 문단을 바울의 것이 아닌 삽입 어구로 보았지만, 가장 최근 연구에서는 바울의 저작권과 맥락상 온전함을 변호한다고 언급한다(15). 결론에서 그는 "바울이 에세네파의 영향 아래 그것을 더 이전에 작성했고…고린도 사람들에게 이교와의 관계를 단절하라고 본론을 벗어난 호소로 그것을 포함"했는지를 궁금해한다(25).

리고 마지막으로 디도가 편지를 가지고 떠나기 전에, 그리고 어쩌면 고린도에서 벌어진 상황의 추가 보고를 듣자마자,[413] 심지어 어쩌면 디도와 함께 이웃 도시와 교회에 도착한 후,[414] 바울은 새로 온 선교사들이 제기한 새로운 도전에 대한 대응으로 마지막 감정의 폭발을 덧붙일 수밖에 없다고 느꼈을 것이다(10-13장).[415] 이후 더 이상 지체하지 않고, 그 서신을 다듬고 더 잘 구술할 시간도 없이, 바울은 그 서신을 곧바로 보냈다.

물론 이 재구성은 다른 것들만큼 추측에 근거한다. 이 논쟁에서 우리가 할 수 있는 건 추측뿐이다. 이 경우에 역사적 가설이 고린도후서의 통일성(혹은 비통일성)에 관한 문학적 가설을 의존하도록 하기보다는, 우리가 가지고 있는 고린도후서를 다루는 것이 더 현명한 일일 것이다. 그리고 고린도후서가 바울의 손을 떠난 그대로(예를 들면 위에서처럼)라는 각본을 충분히 상상할 수 있기에,[416] 필자는 있는 그대로의 고린도후서를 연구할 것이다. 그러나 그 서신이 통일성이 있다거나, "한 자리"에서 작성되었다는 훨씬 더 개연성이 적은 가정에 많은 것이 달리게 하지 않을 것이다. 어쨌든 고린도후서(의 대부분)는 아마도 55년 가을에 기록되었을 것이다.

---

413) 유명하게도 Lietzman은 "끊임없는 불면증으로 잠 못 이루는 밤"이 1-9장과 10-13장 사이의 분리를 충분히 설명한다고 보았다(Korinther, 139). "바울은 중간에 멈추면서 서신을 구술했기에, 불규칙적일 가능성이 선재한다"(Kümmel, Introduction, 292).

414) Harris는 각각의 바울 서신(빌레몬서는 제외)은 작성하는 데 시간이 걸렸을 것이라고 지적하고("아마도 여러 날, 어쩌면 심지어 여러 주 혹은 여러 달!"), 단순히 "구술의 중지"만이 아니라 다수의 구성 단계가 있었다는 가설을 세운다(2 Corinthians, 31, 43-44, 50-53).

415) Schnelle가 보기에, 단지 필요한 내용은 고린도의 바뀐 상황에 대한 소식이 1-9장과 10-13장 사이에 바울에게 도달했다는 가정이다(History, 86-87). 그는 디도가 소식을 가져왔다고 말하고, 또한 디도가 고린도로 떠난 후에 1-9장이 구술됐다고 제안하지만(86), 고후 7:6-16에서 언급한 디도의 귀환이 어떻게 자신의 재구성에 들어맞는지를 설명하지 못한다. 그런 설명이 "심리상 불가능하다"는 Murphy-O'Connor의 일축(Paul, 254)은, 불행히도 그 자신이 바로 앞쪽에서 비판한 역사가의 우월한 지식이라는 "근본적인 오류"를 스스로 내보인다.

416) "고린도후서가 독특하고 복잡한 역사적 상황에서 비롯된 실제 편지였다고 이해하면, 그것을 역사적 실체로 이해할 수 있다"(Kümmel, Introduction, 292). "원저자가 아닌 다른 사람이 저자의 여러 서신을 엮어 어떤 부분은 남겨두고 다른 부분은 재작업하는" "예가 고대에 하나도 없다"는 Kümmel의 이전 관찰도 주목할 만하다(262).

b. 새로 온 선교사들이 제기한 도전은 무엇인가?

우리가 기억해야 할 것은 고린도의 상황이 빠르게 변했음을 예상해야 한다는 점이다. 고린도 교회는 50년대 초에 처음 설립되었다.

- 바울이 고린도에서 처음으로 떠난 지 약 2년 이내에, 그 교회의 중요한 구성원 한두 명이 관련된 특별한 위기는 바울의 강한 질책을 불러왔다(§32.4).
- 얼마 지나지 않아 다양한 일의 전개로 인해 고린도 교회에 문제가 생기기 시작했는데, 주로 정치적·사회적 문제였고, 대부분 특성상 사회적이었다. 물론 고린도전서를 주의 깊게 작성하게 한 원인인 신학적 결과도 있었다. 그 서신은 바울이 그 교회로부터 상당한 개인적 비판(특성상 이념적이기보다는 사회적)에 직면했음을 확인한다.
- 오래지 않아 바울에게 큰 상처를 주고 그가 "눈물의 편지"로 대응한 개인적 불만과 비난이 추가로 있었다(§32.6).
- 어떤 단계에서 새로 온 일단의 선교사들이 바울의 선교에 대해 비판을 가했고, 이것은 특별히 고린도후서 10-13장의 반격을 유발했다. 물론 지금 고린도후서 그대로에 의하면, 이것은 "눈물의 편지"에 대한 고린도 사람들의 긍정적 반응으로 인한 바울의 안심과 이제 (그런 긍정적 반응에 뒤이어) 연보를 더 활발하게 북돋으려는 관심으로 이상하게 혼재되었다.

고린도 교회같이 이질적인 요소로 이루어진 공동체와 그 교회에 만연한 그런 과열된 분위기에 있어서, 일촉즉발의 요소가 혼합된 곳에 촉매제를 추가로 도입하는 일은 폭발적이기 마련이었다. 그러나 새로 온 선교사들은 누구이고, 그들이 유발한 도전은 무엇이었는가?[417]

그들에 대한 바울의 언급을 결코 객관적이라고 여길 수는 없으나, 그럼에도 그 언급은 그들이 옹호하는 내용과 그들이 고린도 신자들에게 일으킨 혼란에 대해 제법 명확한 내용을 제공한다. 두 쌍의 정보가 있다. 첫째, 그들은 기독교 선교사였거나 설교가였다("그리스도의 일꾼", 11:23; "그리스도의 사도", 11:13). 그들은 "예수를 전파했다." 그들의 메시지는 성령 받음에 대한 약속을 포함하며, 그들은 "복음"을 가지고 왔다(11:4). 바울은 그들을 심하게 비난했다. 그들은 "사탄의 일꾼"(11:14-15), "거짓 사도들"(11:13)이었고, "다른 예수"를 전파했으며, "다른 성령"을 약속했고, "다른 복음"을 가지고 왔다(11:4).[418] 그러나 분명 바울은 그렇게 말하면서, 그들이 직접 주장했고 고린도 신자들 대부분이 받아들인 주장을 반영하고 반박하려 했다.

두 번째, 그들은 자신들이 "히브리인",[419] "이스라엘 사람", "아브라함의 자손"이라고 자랑하는 유대인[420]이었다(11:22). 그뿐만 아니라 다른 유대인 설교자를 향한 바울의 가장 거침없는 두 가지 도전과 비슷한 내용("다른 복음", 갈 1:6; "아브라함 자손" 됨 강조, 갈 3장; 전통적인 유대인/이스라엘인의 정체성 자랑, 빌 3:5)도 눈에 띈다.[421] 주목할 만한 사실은 그들이 고린도 사람들에게 자신들을 "의의 일꾼"(고후 11:15)이라고 소개했다는 점인데, 이는 3장의 대조를 되짚는 언급이고, 바울과 그의 유대 그리스도인 대적자 사이의 쟁점(예. 갈

---

417) 그들은 많은 연구와 가설의 주제였다. 예. Furnish, *2 Corinthians*, 48-54; Thrall, *2 Corinthians*, 926-45; Harris, *2 Corinthians*, 67-87에 있는 최근 논평을 보라.

418) 다른 선교사들이 많이 다른 기독론을 전파했다고 상상할 필요는 없다. 예. "신인"(*theios anēr*)인 예수(D. Georgi, *The Opponents of Paul in Second Corinthians* [Philadelphia: Fortress, 1986], 271-77; 비교. Thrall, *2 Corinthians*, 667-70). 그랬더라면 바울이 그것에 대해 분명 대응을 했을 것이다. 바울의 수사(비교. 갈 1:6-9)는 주로 그들의 메시지가 자신의 메시지와 같지 않음을 나타내려고 고안되었다. 그러나 그 차이는 단지 십자가와 그리스도의 고난의 동참에 대한 다른 강조점(갈 2:19, 3:1 그리고 고후 4:7-5:21과 더불어 6:14)과 또한 예수의 사역 중 예수의 제자로 섬긴 사도들의 중요성에 대한 다른 평가였을 수도 있다 (비교. 고후 5:16과 더불어 갈 2:6).

419) 위 §25 n. 37을 보라. 비교. 롬 2:17, 23; 3:27; 4:2; 갈 6:13-14.

420) 흥미롭게도 Becker는 그들을 "유대인이었던 자들"이라고 묘사한다(*Paul*, 222).

421) 위 §31.7b, 그리고 빌 3:2(§34.4a)에 관해서 아래를 보라.

2:21; 빌 3:9)에 대한 메아리다(그러나 그 이상이 아니다).

이 정보를 고려하면, 새로 온 자들이 자신들을 적어도 어느 정도는 대응적 선교의 일부, 아니면 어쩌면 덜 비판적으로, 바울의 선교를 바르게 하거나 완성하려는 후속 선교로 여긴 유대인 선교사들이었다는 결론 외에 다른 결론은 내릴 수 없다. 새로 온 자들의 요구 가운데 하나인 할례에 대한 어떤 언급이나 암시가 없다는 사실은 이 결론을 막기에는 충분하지 않다. 고린도에서 발견한 상황에 따라 자신들의 메시지나 전략을 재단한 한 집단을 떠올리기만 하면 된다. 여기엔 자신들을 어느 정도 게바/베드로로 규정한 파벌이 포함된다(고전 1:12).[422] 베드로가 유대인/할례자의 (그) 사도였기(사도로 알려졌기) 때문에, 이 파벌은 새로 온 자들에게 분명한 접촉점을 제공했을 것이다. 동시에 베드로는 이방인 개종자를 위한 비할례의 복음을 수용했고(갈 2:6-9), 고린도에서 할례받지 않은 이방인 신자들과 함께 공동체에서 살았던 게바파에게 그들의 동료 (이방인) 신자들이 이제 할례받아야 한다고 설득하기는 어려웠을 것이다. 하나님을 경외하는 자에서 개종자로 전환하는 과정에서, 할례는 대개 그 과정의 마지막이었다. 바울이 고린도후서 어디에서도 율법(nomos)을 언급하지 않았다는 사실(그러나 3장을 보라)은 어쩌면 갈라디아서에서보다 더 미묘한 접근을 반영한다.

바울을 겨냥한 이전의 비판을 새로 온 자들이 사용한 것으로 여겨지는 내용도 그들이 고린도의 상황에 적응했음을 암시한다. 이전의 비판은 바울의 언변이나 수사가 형편없으며(고전 10:10; 11:6), 바울이 고린도에서 후원받지 않기로 하여 보통 수준의 우정에 이르지 못했다는 것이다(11:7-11; 12:13-18). 분파의 이전 쓰라림이 재개되었고, 옛 상처가 도졌으며, 옛 비판이 다시 살아났다(12:19-13:2). 그들이 자신들이 사도라는 증거로서 "표적과 기사와 기적" 그리고 어쩌면 "환상과 계시"를 분명하게 강조했다는 점(12:1, 11-12)은,[423] 명백하게 초자연적인 것의 분명한 매력과 잘 연결된다. 바울은

---

422) 위 n. 204을 보라.

423) 골 2:18에서 염두에 둔 유대인의 반대와 병행된다는 점은 주목할 가치가 있는데, 비록 직면

고린도전서 12-14장에서 (몇몇) 고린도 사람에게 이에 대해 경고했다. 바울과 관련된 불만의 정도를 고려할 때,[424] 바울이 이미 행한 것(그러나 부적절한)을 보완하는(아니면 개선하는) 일을 자신들의 과제로 삼은 새로 온 집단이 그 불만을 포착하여 자신들에게 유리한 것으로 삼으려 한 시도는 전혀 놀랍지 않다.[425]

우리가 새로 온 선교사들에 관해 가지고 있는 정보와 단서 중 가장 흥미로운 측면은 그들과 예루살렘의 관계다. 이곳에서 논의는 "지극히 크다는(hyperlian) 사도들"이라는 언급에 집중했다(11:5/12:11). "거짓 사도들"이라는 언급은 새로 온 그들을 가리키는가?[426] 아니면 예루살렘의 사도들, "기둥 사도들"(갈 2:9)을 가리키는가?[427] 만약 후자라면, 그 묘사는 바울이 한 묘사인가? 아니면 새로 온 자들의 묘사인가? 바울은 자신을 "지극히 큰 사도들"과 비교했지만("부족한 것이 조금도 없다", 11:5; 12:11), 새로 온 자들보다 자신을 더 앞에 위치시킨 것처럼 보이기에("훨씬 더 큰", "넘치도록", "더 많이", "수 없이", "여러 번"), 그 표현은 어쩌면 예루살렘의 사도들을 염두에 두고 있을 것이다.[428] 고린도전서 10:13-16에서 사역을 분리한 예루살렘 합의(갈 2:7-9)

한 도전의 유대적 특징이 명확하다 할지라도, 그곳에서도 *nomos*는 등장하지 않는다(아래 §34.6c를 보라).

424) 이 부분의 도입부에서 자세히 언급되었다.

425) 바울에 반대하는 그런 고린도의 분파주의를 이용했다는 점만 추정하면 된다(비교. Murphy-O'Connor, *Paul*, 302-304 그리고 n. 44); Harris가 여전히 논증하는 것처럼(*2 Corinthians*, 77-87; 비교. Kümmel, *Introduction*, 285-86), 새로 온 "유대화하는 사람"과 이전의 "초기 영지주의자" 사이에 화해가 있었다는 가정은 타당하지도 않고, 자료 때문에 요구되지도 않는다(위 n. 213을 보라). 그들에 대한 Becker의 묘사는 *Schwärmerei*("광신")라는 관점에서 제2 전선의 위협을 본 루터의 종교개혁을 반영하는 듯하다(*Paul*, 223).

426) Conzelmann, *History*, 111; Thrall의 결론(*2 Corinthians*, 671-76).

427) 이는 영향력 있는 ZNW 41 (1942), 33-71에서 E. Käsemann이 논증했다. 이것은 *Die Legitimität des Apostels. Eine Untersuchung zu II Korinther 10-13* (Darmstadt: Wissenschaftliche Buchgesellschaft, 1956)으로 재발간되었고, Barrett, *2 Corinthians*, 30-32이 지지했다.

428) "'내가 악마의 종과 다름없다고 생각한다'라고 그[바울]가 말했다는 것은 확실히 상상할 수도 없다.…그는 거짓 형제들 및 사도들과 아무런 관련이 없다. 큰 사도와 기둥들에 대해서 그는 기껏 역설만 사용했다"(Barrett, *Paul*, 35). 또한 Harris는 그 표현이 원사도들, 즉 열두

에 대한 바울의 설득력 있는 해석으로 보이는 내용 때문에 이 공산이 강화된다. 바울에게 그 합의는 할례자와 비할례자를 향한 쌍둥이 선교가 각각 서로의 영역에 간섭하지 않아야 한다는 합의였다.[429] 그러나 바울이 볼 때 바로 이것이 새로 온 유대인 선교사들이 한 일이었고, 어쩌면 바울은 이를 통해 예루살렘의 승인(암묵적이거나 아니거나)이 있었다고 추정했을 것이다.

비록 10-13장과 그 이전 장들의 관계가 논란에 빠졌지만, 우리는 새로 온 선교사들을 암시한다고 받아들여질 수 있고 아마도 그들의 도전이 가진 심각성이 분명해지기 이전에 쓰인 앞장들에 있는 다양한 언급도 주목해야 한다. 특별히, 새로 온 자들은 "추천서"(3:1)에 의존한 것으로 보이는데, 그들은 자기들의 권위를 추천서에 기반하여 고린도 사람들에게 효과 있게 영향을 끼치려고 했다. 이것은 틀림없이 다른 교회에서 온 서신이었을 것이다. 그리고 그 서신들이 기대된 효력을 발휘하려면, 그것들은 새로운 교회 가운데 더 확립되었거나 높은 평가를 받는 교회 혹은 모든 사람이 알고 존경하는 지도층 인물이 쓴 편지여야 했을 테다. 예루살렘 교회나 그곳에 기반을 둔 "지극히 큰 사도들"이 명백한 후보군일 것이다. 또한 바울이 즉시 자신의 사역과 모세의 사역을 비교하며 대조했다는 사실은, 새로 온 선교사들이 자신들의 선교를 모세 사역의 노선에서 제시했음을 강하게 시사한다. 이는 다른 헬레니즘 유대교 문헌에서 발견되는, 모세에게 변증법적으로 호소하는 종류와 같다.[430] 더 전통주의적인 유대 그리스도인들이 모세가 그들의 예수의 복음 전파(11:4)와 일치한다고 보고 모세에게 호소하는 일은 결코 놀랍지 않다.

제자를 가리켰고, 또한 그것이 바울이 그들을 경멸하려고 만들어낸 표현이 아니라, 바울의 대적자들이 사용한 묘사였거나, 더 개연성 있게는, "열두 제자에 대한 '거짓 사도들'의 고양된 관점에 대한 사도 자신의 역설적 묘사"였다고 제안한다(2 Corinthians, 75-76). 반대로 "큰 사도들"을 "불청객"("사탄의 종", 112-15)과 동일시하는 Sumney는 "그것[여기서의 반(反)바울 선교]을 예루살렘 교회와 연관시킬 정당성이 전혀 없다"(307)라고 결론짓는다.

429) 위 §29.4b를 보라.

430) 비교. 위 §24 n. 132, 그리고 특별히 Georgi, Opponents, 3장. Georgi가 야기한 논쟁을 Thrall, 2 Corinthians, 238-39, 246-48이 간단하게 논평했다.

따라서 새로 온 선교사들의 정체와 관련된 의문에 대한 가장 명백한 해답은, 그들이 자신들을 분명하게 혹은 암묵적으로 예루살렘 지도층의 지원을 받는 더 전통주의적인 유대인의 선교를 이어가는 일원으로 여겼다는 것이다. 그들은 바울의 설교가 부족하고 결점이 있으며, 바울의 개종자들은 더 철저히 개종할 필요가 있다고 생각했다. 자신들의 성공을 확실히 하기 위해서 그들은 "고향에서" 상당히 존경받는 교회의 추천서를 가지고 왔으며 자신들의 분명한 은사를 크게 강조했다. 그들은 우정과 명예라는 고린도 사람들의 심성을 이용했다. 그리고 바울의 평판을 무너뜨리기 위해 그들은 고린도 교회에서 가장 큰 불만을 가진 사람과 결연하여 이전에 바울을 겨냥했던 불평과 비난을 부추겼다. 고린도후서는 특히 바울이 가장 아끼고 어쩌면 가장 중요한 교회의 토대 중 하나에 가해진 이 위협에 대한 바울의 반응이었고, 위협적인 국면들이 그에게 명백해지면서 그의 반응은 훨씬 더 거침없고 대립적인 모습을 띠게 된 것으로 보인다.

c. 매우 사사로운 진술(고후 1:1-2:13; 7:5-16)

첫인사 후에(1:1-2), 바울은 관례적인 감사를 거의 건너뛰고, 하나님이 주신 고난과 위안이 그리스도의 고난에 참여함과 그리스도가 주신 위로라는 내용으로 즉시 넘어간다(1:3-7). 이어지는 장들이 암시하듯이, 이 주제는 바울이 자주 반복한 주제로서 그의 마음 중심에 분명히 자리했다.[431] 그러나 첫 고찰을 촉발한 내용은 분명 그가 견뎌내야 했고 그를 거의 죽음에 이르게 했던 아시아에서의 위기였다(1:8-11).[432]

---

431) 고후 4:7-5:5; 6:4-10; 11:23-12:10; 13:4.

432) A. E. Harvey, *Renewal through Suffering: A Study of 2 Corinthians* (Edinburgh: Clark, 1996): "그의 현존하는 서신들에서 처음으로 그리고 어쩌면 서양 철학과 종교 문헌 전체에서 처음으로, 우리는 **그 자체로** 긍정적 가치와 의미가 부여된, 본의가 아니며 무고한 고난을 보게 된다"; "바울이 이 실체를 체험하고 그리스도인의 삶에 있어 그것의 중요성을 파악한 순간은 고후 1:8에서 기록된 그의 죽음에 이른 체험과 그럴듯하게 동일시할 수 있다"(31, 121).

그러나 바울은 고린도 교인들을 향한 주요 관심을 드러내기 시작한다. (아마도) 새로 온 자들 때문에 강화된[433] 이전 비판들을 암시하며[434] 바울은 자기 자신의 진실성을 주장하고 그들이 서로를 존중했던 상태에 호소한다 (1:12-14). 특별한 쟁점은 다시 고린도를 방문하려는 자신의 계획을 놓고 바울이 망설였다는 사실이다. 디도가 바울의 모호한 태도를 고린도 교인들에게 전하고, 고린도 사람들의 불만을 바울에게 다시 전했다고 추정할 수도 있다. 바울은 훌륭한 수사법을 이용해서 "예"와 "아니요"로 대답했다. 복음이 동시에 "예"와 "아니요"라고 할 수 없는 것같이, 바울도 그들을 다룰 때 그랬다(1:17-20). 그리스도의 "예"(1:19)와 성령의 인치심(1:21-22)으로 드러난 하나님의 미쁘심(pistos de ho theos, 1:18)은, 인간의 적절한 반응("아멘", 1:20)을 요구하는데, 곧 하나님의 미쁘심에 대한 반응이며 그들의 상호 관계를 표현하고 측정하는 신실함이다.[435]

항의와는 별도로, 바울의 계속된 부재의 진짜 이유는 그가 고통스러운 방문을 반복하길 원하지 않았다는 데 있다(1:23-2:1). 방문은 서로를 고통과 괴로움에 빠지게 했고, 그 괴로움은 그 방문 후에 바울이 쓴 "눈물의 편지"에 표현되었으며 그 편지가 원인이었다(2:2-4).[436] 그러나 죄를 범한 당사자에게 가해진 "벌"은 충분했고(2:6), 화해의 기회를 잃어버리지 않도록 이

이 위기의 본질에 관해서는 위 §32.2e를 보라. 바울이 여기서 그것을 상술하지 않았다는 사실은 그 서신을 위한 계획이 부족했음을 의미할 수도 있고, 아니면 물론 바울이 고린도 사람들이 이미 그것을 알고 있었다고 추정했을 수도 있다.

433) "육신의 무기들"(고후 10:4); eilikrineia, "진실함, 동기의 순전함"(1:12; 2:17).

434) "육체의 지혜" 언급(1:12)은 고전 1-4장에 언급된 갈등을 상기시킨다.

435) 바탕에 있는 신학 논증이 그리스어로는 표현되지 않으며, 히브리 사고에 있는 언어의 울림은 무지로 인해 쉽게 간과되었다. Pistos("신실한")와 amēn은 모두 히브리어 어근 'mn을 반영하는데, 이것의 기본 개념은 일의 "불변성"과 (사람의) 신뢰성이었다. 인간의 "아멘"은 하나님의 신실하심("munah)을 되울린다(특별히 A. Jepsen, TDOT, 1.319-23을 보라). 일어서게(qwm) 하는 하나님의 신실하심, 즉 그의 말씀을 이루시고 이스라엘과 언약을 세우시거나 유지하시는 신실하심이 이스라엘의 사상에서 밀접하게 연결돼 있는데(J. Gamberoni, TDOT, 12.598-600을 보라), 가정하건대 "그리스도 안에서 우리를 너희와 함께 굳건하게 하신(bebaiōn)이가 바로 하나님이시다"라는 자기 확신으로 바울이 이것을 되울린다.

436) "눈물의 편지"에 관해서는 위 §32.6을 보라.

제 사랑으로 손을 내밀고 그를 용서할 때였다(2:8-10). 이렇게 말한 후 바울은 자신의 여정에 대해 언급하며, 그 서신의 결과를 알게 될 때까지, 선교의 기회가 있었음에도 불구하고 드로아에 정착하지 못하도록 한 불안함을 회상한다(2:12-13). 그 지점에서, 어쩌면 서신의 나머지 부분에서 무엇을 말해야 할지 명확한 생각 없이, 일부러 바울은 그의 사역에 대한 더 일반적인 변증으로 옆길로 샜다(§32.7d). 그는 고린도 사람들의 반응이라는 좋은 소식을 가지고 온 디도의 도착이 그에게 가져다준 안도감을 추가로 언급함으로써(처음엔 결론으로 의도된?) 중단한 곳에서 말을 이어갔을 것이다(7:5-16). 그들은 처음에 그 서신 때문에 기분이 상했으나, 그 후에 바울과의 관계가 틀어질 때 그들이 했던 행동(짐작하건대 바울에 대한 그릇된 비난을 신뢰했던 일)을 깊이 뉘우치며 회개하게 되었다. 관계를 회복하려는 그들의 뉘우침과 바람은 이전의 모든 고통을 보상했고(7:11-13), 바울이 디도에게 표했던 그들을 향한 신뢰를 확인했다(7:14). 디도도 이 모든 일에 감정적으로 개입되었다. 디도는 그들의 반응 때문에 마음이 진정되었음을 회상하며(7:13, 15), 디도의 생생한 보고 내용이 틀림없이 바울을 심히 즐겁게 하고 그들에 대한 신뢰를 재확인하게 했을 것이다.

확신하기로 여기까지는 고린도 사람들을 향한 바울의 주요/첫 반응이었다. 바울은 디도의 소식을 듣고 자신의 안도감과 기쁨을 표하려고 추가로 편지를 단숨에 써서 보내려는 마음이 간절했을 것이다. 그러나 단순히 바울이 더 긴 편지를 구술할 수 있는 충분한 시간이 있었든지, 아니면 디도가 가져온 소식으로 상당한 의혹이 생겼든지 간에, 디도의 소식에 대한 자신의 첫 감정과 기쁨으로 되돌아가기 전에, 그는 서신을 구술하는 가운데 어떤 이유로 인해 자기의 개인적 변호를 긴 여담으로 만들었다.

d. 자기 사역에 대한 바울의 변호 (1)(고후 2:14-4:6)

무언가가 바울로 하여금 사역에 대한 설명을 다음과 같이 하도록 했다.

- 자신과 모세의 사역을 대조함(2:14-4:6).
- 인간의 연약함 속에서 그리고 그 연약함을 통해 역설적으로 하나님의 능력을 반영함.
- 하나님이 자신에게 사역을 맡기셨음을 강조함(5:11-21).
- 엄청난 어려움과 반대를 통해 그리고 그런 것에도 불구하고 이제 얻을 수 있는 구원을 선포하는 사역의 역설을 추가로 반영함(6:1-10).
- 이전의 주제로 돌아간 부분(6:11-13)은, 이미 형성되어 있었을 권면 단락이 어색하게 삽입되었기에(6:14-7:1), 바울이 이전의 주제로 완전히 전환하기 전에 중단되었다(7:2-4).

그러나 고린도후서에서 그 부분이 얼마나 어색하거나, 바울과 고린도 사이의 일련의 소통에서 그 부분의 기원이 얼마나 어리둥절하든지 간에, 그 장들은 그리스도의 십자가와 인간의 고난, 특별히 사도적 사역의 고난에 끼친 그 십자가의 영향력에 관한 바울의 가장 심오한 신학의 일부를 담고 있다.

가능하면 독자에게 자신의 메시지를 정말 생생하게 만들려는 시도로 전 영역에서 은유의 활용을 즐겼던 바울에게조차 특이한 다양한 은유로써 여담이 시작한다.[437] 여기서 사용된 은유는 로마의 승리(2:14),[438] 희생제물(특별히 화제)의 향기(euōdia)(2:15-16),[439] 구매하도록 유인하는 술수를 가진 행상꾼의 반대 모습이다(2:17). 바울은 자신의 사역을, 그리스도 안에서 승리하신 하나님이 로마의 개선행렬에 끌고 간, 패하여 노예가 된 원수의 사역에 비유한다.[440] 이 비유는 암울한데, 패배한 포로들은 노예가 되거나 처

---

437) 예. *Theology of Paul*, §13.4을 보라.

438) 라틴어 *triumphus* = 그리스어 *thambos*; 여기서는 동사 *thriambeuō*이다(정확한 의미의 논쟁은, BDAG, 459을 보라).

439) *Osmē euōdias*, "생명에 이르는 냄새"가 70인역에서 46번 등장하는데, 통상 번제를 언급한다(창 8:21; 출 29:18; 등등). 추가로 Harris, *2 Corinthians*, 248-49을 보라.

440) "그리스도 안에서"는 하나님이 승리하시게 한 "우리를" 언급한 것으로 보인다.

형당했기 때문이다.[441] 그러나 바울은 자신을 그리스도의 노예로 생각하는 것을 주저하지 않았고,[442] 사도로서 자신이 죽을 운명이라는 생각(정말로 구원의 과정의 필요 부분으로서)은 아시아에서의 위기가 발단이 되었으며(1:8-9), 이 긴 여담의 중심사상이 되었다.[443] 바울은 동일하게 다양한 방법으로 희생 제물이라는 은유를 사용할 준비가 되어 있었고,[444] 여기서 자기 사역을 향기를 위해 번제로 드려진 동물이나 제물에 비유하기를 주저하지 않았다. 이는 결과가 삶이든 죽음이든지 간에, 자기 사역의 효력을 위해서 그의 죽음이 필요함을 반영한다. 자기 사역에 그런 대조적인 효과가 있다는 생각과 개인의 진실성(패배자이지만 타협하지 않은 적, 흠 없는 제물)은 자기의 직분의 진실성(이제 "눈물의 편지"에 대한 교회의 반응으로 입증된)과 미심쩍은 물품을 술수로 팔려는 행상꾼의 비진실성[445](고린도 교회가 새롭게 직면한 도전으로 분명하게 암시됨)의 대조로 이어진다.

생각의 전환을 이렇게 표시한 바울은, 모호한 수단으로 자신의 메시지에 도전하기 시작한 새로 온 선교사들을 향해 더 공개적으로 논쟁을 시작한다. 그들은 추천서를 가지고 왔지만,[446] 바울은 그런 추천서가 필요 없었으며, 고린도 사람들 가운데 드러난 그의 선교 결과가 하나님이 바울에게 권위를 주셨고 그가 하나님의 목적에 사용된 도구(3:3)라는 충분한 증

---

441) 특별히 S. J. Hafemann, *Suffering and the Spirit: An Exegetical Study of 2 Cor. 2:14–3:3* (WUNT 2.19; Tübingen: Mohr Siebeck, 1986), 18-39; P. B. Duff, 'Metaphor, Motif, and Meaning: The Rhetorical Strategy behind the Image "Led in Triumph" in 2 Corinthians 2:14', *CBQ* 53 (1991), 79-92을 보라. 비교. Thrall, *2 Corinthians*, 191-95; Harris, *2 Corinthians*, 243-46.

442) 롬 1:1; 고전 7:22; 갈 1:10; 빌 1:1(골 4:12).

443) 위 n. 432을 보라.

444) 롬 12:1; 15:16; 고전 5:7; 빌 2:17; 4:18.

445) *Kapēleuō*, "거래하다, 행상하다, 강매하다"; "소규모 상인의 속임수 때문에…그 단어는 거의 '품질을 떨어트리다'라는 의미를 띠게 되었다"(BDAG, 508; 그리고 추가로 Thrall, *2 Corinthians*, 212-15; Harris, *2 Corinthians*, 253-54).

446) 그리스의 추천서인 *systatikē epistolē*는 독특한 서신 형태였고, 고대에 흔하게 사용되었다 (Thrall, *2 Corinthians*, 218). 그 서신을 제공한 사람이 누구이든지 간에(예루살렘?), 그들은 모세의 사역과 그에 함의된 율법의 준수를 지지하는 무척 존경받는 자들이었을 것이다.

거였다. 여기서 다시 한번 바울은 자신의 메시지가 그리스도에게서 왔음을 밝히는 피할 수 없는 증거로 그들의 삶에 있는 성령의 표지에 즉시 호소한다.[447]

바울이 디도로부터 알게 된 그 도전의 성격은 이 구절들에 명백하게 암시돼 있다(3:3-18). 그 단락(3:1-4:6)에 있는 핵심 용어는 "직분"(*diakonia*)이고[448] 핵심 질문은 직분에 "충분함/능숙함(*hikanotēs*)"이다.[449] 바울은 모세와 바울의 직분으로 대표되는 두 사역의 형태를 날카롭게 비교한다. 바울은 왜 이런 방법을 사용했을까? 가장 분명하게는, 새로 온 선교사들이 돌판에 기록된 율법을 받은 사람인 모세와 하나님의 이례적인 친밀함을 언급하며, 자신들의 전례와 규범으로 모세를 중시했기 때문일 것이다.[450] 모세를 직접 승계하는 사람들로서, 새로 온 사람들은 모세의 권위를 주장하고 고린도 사람들로부터 걸맞은 존중을 기대할 수 있었다.[451]

바울의 대응은 일련의 강한 대조를 사용한다.

- 먹이 아니라   성령으로(3:3)
- 돌판이 아니라   육의 마음 판에(3:3)
- 옛 언약   새 언약(3:6, 14)
- 율법 조문이 아니라   영으로(3:6-7)
- 죽이는 직분   살리는 직분(3:6-8)
- 정죄의 직분   의의 직분(3:9)
- 사라지는 영광   놀라운 영광(3:7-11)

---

447) 그의 이전 서신들에 일관성 있게 등장하며(살전 1:5-6; 갈 3:2-5; 고전 1:5-7), 이미 여기서도 (고후 1:21-22) 등장했다.

448) *Diakonia*, 3.7, 8, 9(2번); 4.1; *diakonos*, 3.6; *diakoneō*, 3.3.

449) *Hikanos*, 2.16; 3.5; *hikanotēs*, 3.5; *hikanoō*, 3.6.

450) 새로 온 사람들과 모세에 대한 바울의 이중 대조를 주목하라. "수많은 사람들처럼…아니 하고"(2:17), "어떤 사람처럼…할 필요가 있느냐"(3:1); "모세가…것같이 아니하노라"(3:13).

451) 위 n. 430에서 보라.

새로 온 사람들로 대표되는 직분과 바울의 직분 간의 대조는, 단순히 멀리서 쓴 추천서의 동떨어진 권위와 성령으로 변화된 삶 간의 대조가 아니다. 그 대조는 바울의 직분과 그들의 직분의 핵심적 차이에 있다. 여기서도 고린도 사람들의 마음에 생명을 부여한 성령의 영향력은 기록된 가르침으로 알게 된 믿음과는 다른 것을 표시한다.

"돌판"을 언급할 때(3:3) 바울은 똑같은 표현을 사용한 출애굽기를 암시한다.[452] 이는 예레미야 31:31-34의 새 언약과 대조하도록 하며,[453] 또한 이스라엘의 "돌 같은 마음"을 "육의 마음"이 대체한다는 에스겔서의 동일한 약속과[454] 대조하도록 하는데, 에스겔서에서 하나님이 찾으시는 순종은 하나님의 영이 이루신다(11:19; 39:27). 함의는 거의 분명하다. 바울의 성령 사역이 예레미야와 에스겔의 예언의 성취이고, 따라서 율법 조문이 겨우 표면적으로 보여준 내용을 존재론적으로 실현했다는 것이다. "율법 조문"(gramma)으로서[455] 율법은 그 자체로 그런 목적을 이룰 수 없었다. 율법이 행한 일은 율법을 어긴 자에게 내리는 저주를 간결하게 설명한 것이다. 율법 자체는 "살릴" 수 없으며,[456] 오직 성령이 할 수 있다. 다시 한번 바울의 사역에서 증명되었듯이 말이다.

매우 대담하게도 바울은 이어지는 문단에서 모세에 대한 다른 선교사들의 깊은 존중이 근거하고 있는 핵심 구절(출 34:29-35)을 근본적으로 다

---

452) 출 24:12; 31:18 그리고 특별히 34:1, 4; 또한 32:15-16; 34:28-29을 보라.
453) 렘 31:31-34이 의도적으로 암시되었음을 의심하기는 어렵다. 예. *Theology of Paul*, 147과 그곳의 n. 103에 있는 참고문헌; 또한 Wilckens, *Theologie*, 1/3.115 n. 96을 보라.
454) 바울의 흔치 않은 표현인 "육의 마음"(3:3)은 분명 겔 11:19와 36:26에서 사용된 표현으로 촉발되었을 것이다. 또한 Harris, *2 Corinthians*, 264-65을 보라.
455) 율법 조문(gramma)은 여기서 단순히 율법(nomos)과 동일시할 수 없다. 롬 2:28-29에서처럼, gramma는 율법이 기록된 것이고 가시적이라는 외형적 특징에 초점이 있다. 추가로 *Theology of Paul*, 149; *New Perspective on Paul* (2005), 433-34, (2008) 439-40; Thrall, *2 Corinthians*, 235; Davies, 'Paul', 721-23을 보라. 비교. BDAG, 205-206; 그 외에 S. Grindheim, 'The Law Kills but the Gospel Gives Life: The Letter-Spirit Dualism in 2 Corinthians 3.5-18', *JSNT* 84 (2001), 97-115.
456) 이는 바울이 갈 3:21에서 이미 제기한 점이다. 위 §31 n. 363을 보라.

르게 해석하여 자신의 대조와 주장을 확립하려 했다.[457] 시내산에서 율법을 가지고 내려올 때, 모세의 얼굴이 하나님의 영광으로 인해 광채가 났기에, 모세는 백성들에게 말할 때 얼굴을 가려야 했다(그들이 두려워했기 때문에). 그러나 주의 존전에 섰을 때(그가 그 이후에 건설한 장막에서) 그는 수건을 벗었다. 바울은 모세의 얼굴의 광채가 얼마 후에 사라졌다고 다소 임의로 추정하고(그가 얼굴을 수건으로 영구히 가리지 않았기 때문에),[458] 그 안에서 모세가 가져왔던 언약(시내산 율법)의 일시적인/과거 영광의 상징을 보았다.[459] 바울은 훨씬 더 민첩한 재간으로 모세와 백성들 사이의 수건이 백성과 율법(옛 언약) 사이에 여전히 있다고 묘사했다. 이것은 바울로 하여금 출애굽기 34:34(LXX)을 한 사람이 주 안으로 들어왔을 때(= 성령에 의지할 때) 일어나는 일의 한 형태로 읽게 한다.[460] 즉 수건이 벗겨지는 일이다(고후 3:16).[461] 이것이 바울 사역의 결과로서 고린도 사람들에게 일어났다. 그들은 모세와 같았고, 하나님의 직접적인 현존을 누렸으며, 하나님의 영광을 더욱 반영했다(3:18, 똑같은 성령의 효과).[462] 그것은 모세와 같지 않은데, 모세와 고린도 사람들(그리고 새로 온 자들)은 가려진 율법 조문(grammar)과 그것의 지속하는 역할을 이해하지 못했다.

---

457) 고후 3:12-18이 출 34:29-35의 "미드라쉬"라는 점에 관해서는 예로 *Theology of Paul*, 148 n. 105, 106에서 인용한 학자들과 Harris, *2 Corinthians*, 277을 보라. "이 부분은 분명히 출 34:29-35 이야기에 기초했다"(Thrall, *2 Corinthians*, 238).

458) "사라지고 있다"가 3:7의 *katargoumenēn*의 적절한 번역인지 그리고 바울이 그 용어를 명백하게 의도적으로 사용한 사실(3:7, 11, 13, 14)에 대해서는, *Theology of Paul*, 148 그리고 *New Perspective on Paul* (2005), 431, (2008), 437 n. 31; Harris, *2 Corinthians*, 284-85, 290-91, 297-300, 304를 보라.

459) 바울은 수건 이미지를 아주 잘 활용한다: *kalymma*, 3.13-16; *kekalymmenon*("베일에 가린"), 4.3.

바울로 하여금 계속해서 나아가도록 한 것은 바로 이 사역이었다. 바울은 부끄러워할 것이 아무것도 없었으며, 타인의 의심스러운 전략에 의지할 필요도 없었다(4:1-2). 바울은 "그리스도의 영광의 복음"의 빛을 가리는 수건이 이 "세상의 신" 탓이라고 했다(4:3-4). 그러나 바울은 자신과 그의 개종자들에게 이미 그랬던 것처럼 "그리스도의 얼굴에서 하나님의 영광의 지식의 빛"이 많은 다른 이의 마음을 비추어 어두움을 쫓아내게 하려고 이 그리스도를 선포하는 것을 자신의 사명으로 여겼다(4:5-6).[463]

e. 자기 사역에 대한 변호 (2)(고후 4:7-7:4)

비계획적인 서신의 특징으로 꼽을 수 있는 것은 바울의 생각이 자신이 전파한 복음(예수 그리스도의 얼굴에 있고 변화를 일으키는 하나님 영광의 현현, 4:6)을 통해 드러난 영광이라는 개념으로부터 그 복음을 선포하는 이들의 부적절성이라는 대조적 역설로 급작스럽게 변화하는 것처럼 보인다는 점이다. 고난이 기독교의 체험과 특별히 복음 사역자에 있어 필수 요소라는 이어지는 생각은[464] 초기 기독교 문헌 어디서나 발견되는 것만큼이나 심오한 일

---

460) 이 단락에서 자신의 개종자들이 아주 강력하게 체험한 성령을 생명을 주시는 하나님의 활동으로 이해한 바울이 성령을 강조한 것에 맞게, 바울은 출 34:34의 "주"를 해석학적으로 성령과 일치시킨다(3:17). 성령은 새로 온 선교사들의 사역에서 전형적으로 드러난 편협한 태도에서 해방하는 능력이다. 다시 *Theology of Paul*, 422과 n. 51, 그리고 특별히 Harris, *2 Corinthians*, 311-12을 보라.

461) 출 34:34(LXX), "모세가 하나님 앞에 나아갈(*eiseporeueto*) 때마다 그는 수건을 벗었다(*periereito*)"; 고후 3:16, "언제든지 주께로 돌아가면(*epistrepsē*), 그 수건이 벗겨졌다(*periaireitai*)." 추가로 *Theology of Paul*, 326 n. 40, 421-22. 여기 암시는 대체로 인식됐다(Thrall, *2 Corinthians*, 268-69; Harris, *2 Corinthians*, 306-309).

462) Harris, *2 Corinthians*, 317-18; 그 형상에 대한 자세한 논의는 Thrall, *2 Corinthians*, 290-95을 보라.

463) 바울이 여기서 자신의 개종 체험을 기독교 개종의 전형으로 상기한다는 것은 개연성이 있다. 위 §25 n. 134; Harris, *2 Corinthians*, 336-37(n. 112에 있는 참고문헌).

464) 이는 주로 기독교 사역자(사도의 고난)와 관련이 있으나, 그것과만 관련 있지는 않다. 그 "우리"는 대체로 신자들을 포함한다(*Jesus and the Spirit*, 327).

련의 신학적 고찰이다.

주요 내용은 인간의 연약함("질그릇")과 파괴적인 반대 세력[465] 및 사망의 반복적인 위협(바울의 일상 경험)이 주요 관심을 통제하거나 더 중요하고 피할 수 없는 삶의 현실로부터 주의를 돌리게 할 수 없다는 것이다(4:7-12). 그런 부정적 측면에 온전히 다른 관점을 제공하는 죽음과 삶 사이의 역동적인 상승효과가 있다. 예수가 보여준 대로,[466] 인간 사망의 죽음(nekrōsis)이 이야기의 전부도 최종적 결단도 아니다. 그러나 이 이야기에서 어느 내용도 마치 그것이 바울의 말씀 사역을 위한 하나님의 목적에 이질적이고 대립된다는 듯이 무시되거나 제외돼서는 안 된다. 예수의 죽음과 부활은 그 상승효과가 어떻게 작용하는지를 보여준다. 인간의 죽음이라는 바로 그 실상은 사역자가 보여준 삶과 사역자를 통해 선포된 삶이 자기 것이 아닌 예수 그리스도의 삶이라는 것을 명백히 한다.[467] 사실 삶의 선포를 대단히 효과 있게 하는 것은 고난과 죽음을 예수의 고난과 죽음에 참여함으로[468] 받아들이는 것이다(안달하거나 저항해야 할 대상이 아니다)(4:10-13).[469] 이것이 그 선포에 능력을 부여하는 믿음이다. 즉 하나님이 죽음에서 예수를 일으키셨듯이,[470] 부활의 몸이라는 마지막 변화에 대한 확실한 약속이 있는 성령의 내적 갱신이 고통과 죽음의 쇠락을 이겨낸다는 확신이다(4:13-5:4).[471] 그

---

465) 4:8-9에서 사용된 형상에 관해서는, 예로 Harris, *2 Corinthians*, 341-45을 보라.

466) 바울이 이 부분(4:10-14[6번])] 전체에 걸쳐 단순히 "예수"("예수 그리스도"나 "주 예수"가 아닌)를 언급했음을 주목하라. 바울은 바로 인간 예수를 마음에 두었다.

467) 롬 6:4-8에서처럼, 여기서 내용은 신자들이 체험한 "새 생명"이 어떤 의미에서 그리스도의 부활한 삶을 "이미" 공유하는 것이지만, 그리스도와 함께 죽는 과정이 완성되기까지는, 부활로써 그리스도에게 완전히 참여하는 일은 부활한 몸의 "아직 아니다"의 일부라는 점이다.

468) 이것이 바울 구원론의 주요 모티프다. *Theology of Paul*, §18을 보라. 그곳에서 필자는 바울 신학과 복음에서 너무나 등한시된 측면들을 채우려고 했다. M. J. Gorman은 *Cruciformity: Paul's Narrative Spirituality of the Cross* (Grand Rapids: Eerdmans, 2001)에서 그 주제를 발전시켰다.

469) Murphy-O'Connor는 4:10-11의 "비범한 진술"을 "고린도후서의 정점"이자, 고난의 의미와 진정한 사역의 본질에 관해서 지금까지 가장 심오하게 표현된 통찰로 여긴다(*Paul*, 314).

470) 4:14에서 바울은 새 운동의 근본 신조 중 하나를 되울린다. 위 §21.4e를 보라.

리고 여기서도, 이미 받고 체험한 성령은 이 과정의 보증이며 이 과정의 완성을 보장한다(5:5).[472]

바로 이것이 현재의 직분을 계속하도록 확신을 부여한다. 즉 이는 믿음의 문제이며, 보는 것의 문제가 아니다(5:6-7). 그것에는 "불리한" 면이 있다. "주와 따로" 있다는 것이다(5:6-9). 그것은 단호한 헌신을 요구한다. 그것은 회심이라는 산 정상에서 내내 내리막을 타는 것이 아니다. 십자가에 달린 그리스도는 마지막 날에 심판자도 되신다(5:10).[473] 주이신 그리스도[474]에 적합한 경외(phobos)[475]와 하나님이 우리 자신보다 우리를 더 잘 아신다는 사실은 사역이 자기 자신을 칭찬하는 문제가 아님을 보장한다. 이는 바울이 보기에 사람들을 즐겁게 하거나 시선을 끄는 매력에 너무 의존하는 사람들(다른 선교사들)에 대한 또 하나의 공격이다(5:11-12). 바울이 산만해 보인다면, 그것은 하나님을 위한 것이었다. 하지만 그는 고린도 사람들에게 상식선에서 말한다. 핵심 요인은 그리스도의 죽음으로 드러난 하나님의 사랑이라는 메시지를 지닌 복음이다. 그 죽음이 단지 다른 사람에게 깊은 인상을 남기거나 스스로 즐기기 위해 사는 모든 삶의 죽음을 가져왔

---

471) 장 구분은 5:1-5이 더 큰 단위의 강해(4:16-5:5)의 절정이라는 사실을 모호하게 한다. 장 구분을 가로지르는 사고의 연속성에 관해서는 Furnish, *2 Corinthians*, 288; 그리고 추가로 *Theology of Paul*, 488-90을 보라. 생각의 순서는 롬 8:18-24의 순서와 상당히 비슷하다. 5:1-4의 비유적 표현에 대해서는 특별히 Thrall, *2 Corinthians*, 357-70, 그리고 Harris, *2 Corinthians*, 369-91을 보라. 그러나 5:3에 묘사된 "벗음"은 단순히 "죽은 자의 부활이 없다"(고전 15:12)라는 몇몇 고린도 사람들의 믿음의 다른 면이며, 특징적으로 "최초의 영지주의"는 아니다(Harris)(비교. Thrall, 374-80).

472) 이미 1:22과 3:3, 16-18에서 표현된 개념을 바울이 5:5에서 다시 이어가는 것을 주목하라.

473) 바울 신학이 신자들에 대한 (그리스도에 의한!) 심판, 즉 롬 2:6-11에서처럼 공정한 심판을 예상했음을 인식하는 것이 중요하다. *New Perspective on Paul* (2005), 72-80, (2008), 80-89을 보라.

474) Thrall, *2 Corinthians*, 401-402.

475) "우리가 만일 미쳤어도 하나님을 위한 것이요, 정신이 온전하여도 너희를 위한 것이니"(5:13, BDAG, 350). 이것은 어쩌면 바울의 황홀경 체험에 대한 암시이겠지만(위 §25.5f를 보라), 새로 온 사람들이 인지한 대로 바울의 메시지의 특징과 헌신의 본질을 반영했을 수도 있다. Harris, *2 Corinthians*, 417-18에 있는 선택 사안들.

기 때문이다.[476) 모든 이를 위한 그리스도의 죽음은 타인을 위한 삶을 가능하게 했다. 그리스도가 살고 죽은 것처럼 말이다(5:14-15). 이것이 그리스도를 파악하는 방법이어야 한다. 한낱 인간의 관점(바울이 예전에 공유했던 관점)은 그리스도가 어떻게 살고 죽었는지 전혀 이해하지 못한다. "그리스도 안"과 관련된 가치와 관점의 전환은 완전히 새로운 현실관을 가져왔다("새로운 피조물", 5:16-17). 이것이 복음, 즉 새 언약의 사역자가 된다는 것의 의미였다. 즉 그리스도를 통해 하나님과 화해한 후에, 그리스도의 죽음이 가능하게 한 하나님과의 화해를 선포하는 일이다. 하나님이 "그리스도 안"에서 인간의 죄와 실패를 다루기 위해 결정적인 행동을 하셨기 때문에, "그리스도 안"에서 하나님과의 관계가 바르게 되고, 하나님을 위한 올바른 삶이 현실에서 가능하게 된다(5:18-21).[477)

다시 한번 바울은 서신을 구술하며 자신이 전한 복음의 경이로움으로 인해 흥분에 사로잡힌 것으로 보인다. 변화를 일으키는 하나님의 은혜를 지금 체험할 수 있고, 구원이 지금 실체가 되는 일이 시작될 수 있다는 것이다(6:1-2).[478) 그리고 다시 한번 바울의 생각은 다른 선교사들이 제공한 솔깃할 정도로 쉬운 방법(6:3)과 하나님의 (진실한) 사역자가 경험한 실제("환난, 궁핍, 고난, 매 맞음, 옥에 갇힘, 난동, 중노동, 자지 못함, 먹지 못함", 6:4-5)를 대조하는 것으로 돌아간다. 이러한 경험은 바울이 그런 암울한 도전에 차례차례 대응한 방법에 대한 묘사로 이어진다("깨끗함, 지식, 오래 참음, 자비함, 성령, 거짓 없는

---

476) "…한 사람이 모든 사람을 대신해서 죽었은즉 모든 사람이 죽은 것이라"(5:14). 이는 어쩌면 바울의 아담 신학의 한 측면일 것이다. *Theology of Paul*, 208-12; 또한 A. J. M. Wedderburn, '2 Corinthians 5:14 — a Key to Paul's Soteriology?', in T. J. Burke and J. K. Elliott, eds., *Paul and the Corinthians*, M. Thrall FS (NovTSupp 109; Leiden: Brill, 2003), 267-83을 보라.

477) 화목이라는 비유에 대해서는 *Theology of Paul*, 228-30을 보고, 5:20-21에 있는 비유에 관해서는 217과 221-22를 보라. A. Bash, *Ambassadors for Christ: An Exploration of Ambassadorial Language in the New Testament* (WUNT 2.92; Tübingen: Mohr Siebeck, 1997), 87-116에 자세한 논의가 있다. 또한 Harris, *2 Corinthians*, 449-56. Wilckens은 하나님이 화해된 자이기보다는 오히려 화해자임을 강조한다(*Theologie*, 1/3.123).

478) 그의 사 49:8 읽기에서 이중 "지금"(now)이 특별히 효과적이다.

사랑, 진리 선포, 하나님의 능력", 6:6-7). 또한 그런 경험에 뒤따르는 내용은 직분에 따른 불가피한 역설을 결론적으로 수용하는 것으로서 다음을 포함한다. "영광과 욕됨으로 그러했으며 악한 이름과 아름다운 이름으로 그러했느니라. 우리는 속이는 자 같으나 참되고, 무명한 자 같으나 유명한 자요, 죽은 자 같으나 보라! 우리가 살아 있고, 징계를 받는 자 같으나 죽임을 당하지 아니하고, 근심하는 자 같으나 항상 기뻐하고, 가난한 자 같으나 많은 사람을 부요하게 하고, 아무것도 없는 자 같으나 모든 것을 가진 자로다." 바울은 자신이 어떻게 여겨지느냐에 대해 전혀 암시하지 않는다. 그가 거부와 비방 및 무시를 당했다는 점과 또한 그가 실제로 고통과 슬픔 및 가난을 알았다는 사실은 그에게 거의 의미가 없었다. 그 안에 있는 모든 것 가운데 그리고 그 모든 것에도 불구하고 바울이 그의 소명에 충성했고, 자기 직분으로 그렇게 많은 이를 풍요롭게 했다는 역설적인 사실, 이 사실이 무엇보다도 그에게 중요했다(6:8-10).

　서신이나 바울이 구술하던 이 지점에서 과연 무슨 일이 일어났는지는 결코 밝혀지지 않을 것이다. 6:11-13은 오히려 강렬한 카타르시스라는 특징을 지닌 지속된 개인적 변호의 마지막 호흡처럼 읽힌다. 고린도 사람들에게 자신을 완전히 솔직하게 개방함으로써, 바울은 비우호적인 해석과 오해에 취약하게 되었다. 이제 바울이 할 수 있는 일이라고는 자신이 했던 것처럼 그들도 열리고 관대한 마음으로 반응하도록 호소하는 것이다. 그런 노력으로 녹초가 된 바울이 구술하다가 중단했다면, 그것을 정신적으로는 이해할 만하다. 여기서도 바울이 다시 구술을 시작하기 전 마게도냐를 가로지르는 여정에서 또 한 단계를 나아갔음을 선뜻 상상해볼 수 있다. 어쩌면 구술을 멈춘 곳을 다시 이어가기 전에, 바울은 거룩함, 즉 거룩함을 파괴하고 불결하게 만드는 것들로부터 구별됨을 요구하는 하나님을 향한 구별됨에 대해 이스라엘이 지닌 의무가 여전히 유의미하다는 내용이 있는, 미리 만들어진 짧은 권면을 포함했을 것이다(6:14-7:1).[479] 그 문단은 다른 곳에서 거룩함과 청결에 관한 바울의 가르침과 동떨어진 내용을 담고 있지만, 그것은 무심한 고린도 신자들에게 양자택일이라는 극명한 조건으로 도전한다. 따라서 그것은 고린도 서신의 다른 곳에서 바울이 표현한 염려를 가장 극단적으로 표현한 부분 중 하나로 볼 수 있다.[480] 아니면 바울이 디도가 가져온 좋은 소식에 대해 즉석에서 추가 부분을 구술한 후(7:2-16), 발송하기 전에 서신 전체의 사본을 만들려고 자신의 비서/필경사에게 그것을 맡겼다고 상상해볼 수도 있다. 어느 경우든, 서신 작성의 상황에 대해 알려진 내용이 너무나 부족하기에, 이 지점에서 서신의 특성을 설명하는 많은 각본을 예상할 수 있다.

f. 연보에 대하여(고후 8-9)

6:11-7:4처럼, 8-9장이 어떻게 서신의 일부가 되었는가를 설명하는 데는 비슷한 어려움이 있다.[481] 그러나 여기서도 디도가 가져온 고무적인 소식을 들은 후 바울이 이 주제에 관해 말하고 싶어했던 내용의 초안이 8장이었을 가능성을 배제하는 일은 정당하지도 현명하지도 않을 것이다. 마게도냐를 통과하는 여행의 후반부에 바울은 새로 서신을 쓰려고 했고(9장), 결국 초안 두 개를 사용하기로 간단히 결정했을 수도 있다. 앞서 암시했듯이, 그런 가설은 적어도 후기의 편집자가 개별 편지의 서론과 결론을 삭제했다는 결

---

479) 고후 6:14-7:1이 삽입된 단락인지 아니면 무엇인지에 관한 긴 논의는, 참고문헌과 더불어 Harris, *2 Corinthians*, 14-25(위 n. 412)을 보라. T. Schmeller, 'Der ursprüngliche Kontext von 2 Kor 6.14-7.1. Zur Frage der Einheitlichkeit des 2. Korintherbriefs', *NTS* 52 (2006), 219-38은 그 단락이 원래 1-9장과 10-13장 사이에 있어서 연결 역할을 했다고 제안한다. 그러나 그 단락이 그 후에 현재 위치로 이동한 이유는 전혀 명백하지 않다.

480) 오순절 양과 관련하여 "묵은 누룩을 내버리라"는 고전 5:6-8의 명령은 공동체를 불순하게 할 수 있는 모든 것을 공동체에서 제거하라는 똑같은 염려를 반영하고, 고전 10:20-21의 "귀신의 식탁"과 "주의 식탁" 간의 대립도 상당히 날카롭다.

481) 위 n. 406을 보라. Harris는 견해들을 간단히 개괄한다(*2 Corinthians*, 26-29).

론을 내리지 못하게 하는 이점이 있다. 바울 자신이 편집자로서 (작성 환경 때문에) 서신을 다소 한데 뭉쳐놓았다는 것이 더 신뢰가 가는 논지다.

연보는 충분히 다루어야 하는 주제이기 때문에, 아래 §33.4에 가서 8-9장을 추가로 다룰 것이다.

g. 대립(고후 10-13장)

바울이 단지 휴식하려고 중단했든지 아니면 중간에 새로운 정보를 받았든지(더 개연성 있는 각본),[482] 10-13장의 호소가 그의 서신의 마지막 부분이 되었다. 바울은 빈정거림이 섞인 부드러운 어조로 시작하며(10:1-2), 이는 즉각적으로 완전히 논쟁적인 변호로 확대된다. 그 강렬함은 바울이 전에 쓴 다른 어떤 서신보다(심지어 갈라디아서보다도) 더 지속된다.[483]

화나게 할 정도로 바울을 분명히 거슬리게 한 내용은 새로 온 사람들이 바울보다 자신들을 훨씬 더 존중할 만하다고 제시했던 방법과 고린도 사람들이 그들의 말에 넘어간(바울이 보았을 때) 정도였다. 핵심 단어는 "자랑"이고, 그 단락의 흥미로운 점은 바울이 자신을 자랑해야겠다고 마음먹을 정도로 그들의 주장에 신경이 거슬렸다는 사실이다.[484]

■ 새로 온 사람들은 바울의 권위와 모습을 폄하했다. 그들과 함께

---

482) Murphy-O'Connor는 바울이 고후 1-9장을 쓴 후에 그리고 고린도로 가기 전에(고후 9:4) 더 서쪽인 일루리곤까지 복음을 전할 기회를 가졌다(롬 15:20)는 가설을 세웠다(*Paul*, 316-19). 비슷하게 Schnabel, *Mission*, 1250-51. 그러나 *mechri tou Illyrikou*, "일루리곤까지"(롬 15:19)는 일루리곤에서 진행된 선교를 의미한다고 받아들일 필요는 없다. 마게도냐와 일루리곤의 경계에 비교적 가까운 곳은 어디든지 그 구로 대충 표현될 수 있었다. 즉 (거의) 일루리곤(의 경계)까지." 비슷하게 Wedderburn, *History*, 125; 또한 Hengel and Schwemer, *Paul*, 261을 보라.
483) 바울은 그것이 고린도 사람들에게 어떤 영향을 끼칠지 알고 있었다, 10:9.
484) *Kauchaomai*("자랑하다, 자부심을 가지다"), 10:8, 13, 15, 16, 17(2번); 11:12, 16, 18(2번), 30(2번); 12:1, 5(2번), 6, 9; *kauchēsis*("자랑"), 11:10, 17.

있을 때 바울은 "유순(*tapeinos*)"하고 그들을 떠나 있을 때는 "담대
(*tharrō*)"했다(10:1).[485] 그들은 "'그의 편지들'은 무게가 있고 힘이 있으
나, 그가 몸으로 대할 때(*parousia*)는 약하고[486] 그 말도 시원하지 않다
(*exouthenēmenos*)"라고 말한다(10:10).[487]

- 그들은 의식적으로 자기를 홍보하는 방식으로 자신들을 구분하고,
  헤아리며, 비교하면서 자신들을 칭찬했고(10:12), 그들이 바울의 선
  교에 간섭했을 때 자신들의 소관을 넘어섰음을 알지 못했다(10:13-
  16).

- 예수와 복음에 대한 그들의 선포는 그릇된 내용에 강조를 두었다
  (11:4).[488]

- 그들은 자신들을 사도(11:13)와 "의의 일꾼"으로(11:15) 제시했고, 고
  린도 교회가 자신들을 (완전히) 지지해야 한다고 주장했으며, 고린
  도 사람들의 환대를 "이용했고(*lambanei*)"(11:20),[489] 바울의 자비량 전
  략이 우정이 없고, 품위를 떨어트릴 뿐 아니라, 그의 약점을 드러내
  는 표지로서(11:7-9, 11-12, 18:21),[490] 단순히 "잘못되었다"고(12:13) 폄하
  했다.

- 그들은 유대 혈통을 자랑하고(11:22) 그리스도의 일꾼으로서 자기

---

485) 바울은 여기서 그들이 자신을 비난할 때 사용된 언어를 사용하는 것 같다(11:7과 12:21에
서 바울이 똑같은 주제로 되돌아감을 주목하라). 굴종적인 사람을 의미하는 *tapeinos*에
관해서는 BDAG, 989; 그리고 추가로 Thrall, *2 Corinthians*, 602-603; Harris, *2 Corinthians*,
669-71을 보라.

486) "2세기 이상 동안 '수사학적 전달'은 연설과 '풍채'를 아울렀다. 이는 외모와 무대에서의 존
재감을 포함했다"(Winter, *Corinth*, 35)

487) 경멸(*exoutheneō*)의 표현은 고린도 서신의 담론의 일부였다(고전 1:28; 6:4; 16:11).

488) 위 n. 418을 보라.

489) 이 흔치 않은 *lambanō* 사용은 BDAG, 584을 보라. 주해의 열쇠는 12:16이다(Harris, *2
Corinthians*, 785). 아래 n. 491을 보라.

490) 그가 "다른 교회들을 탈취했다/강탈했다(*esylēsa*)"(11:8)고 말하면서, 바울은 자신을 겨눈
부정행위라는 비난을 암시했을 수도 있다(n. 399을 보라). 그러한 무차별한 비난의 되울림
은("다른 교회들", 복수) 빌 4:15과의 긴장(빌립보 사람들만이 그런 지원을 했다. 가정하건대
"마게도냐에서 온 형제들"을 통해서 말이다, 고후 11:19)을 해소하는 데 도움이 될 것이다.

공적을 자랑했다(11:23-29).

- 그들은 자신들이 받는 환상과 계시(12:1-7) 그리고 그들이 일으킨 기적을 자랑했다(12:11-12).
- 심지어 그들은 주고받는 문제에서 바울이 속였고[491] 사기를 쳤다고 비난하는데,[492] 이는 어쩌면 디도를 통해 연보를 모으려는 바울의 수고가 자신의 이익을 위한 것이라는 이전의 빗댐을 다시 언급한 것일 것이다(12:16-18; 13:1).[493]

바울의 응수는 강력했다.

- 그들의 기준은 틀렸다. 그들은 인간 사회의 일반적인 기준을 따라 움직였다. 바울이 "육체를 따라"(*kata sarka*) 행했다고 비난할 때, 그들은 *sarx*와 *pneuma*, "육과 영"의 싸움이 무엇인지 거의 이해하지 못했다(10:2-4).[494] 그들의 오만(*hypsōma*)은 하나님을 아는 것과 반대됐다(10:5). 바울은 그들을 상대할 준비가 되었다(10:6).[495]
- 한 그리스도인이 다른 그리스도인에게 보여야 하는 존중을 요구했다(10:7).[496]
- 바울은 자신이 다음에 그들을 보게 되면 그가 쓴 것처럼 확실히 담대하게 말했을 것이다(10:11). 바울은 수사학 훈련을 받지 않았을 수

---

491) 고후 12:16, "그러나 내가 교활한 자(*panourgos*)가 되어, 너희를 속임수로 취하였다(*dolō hymas elabon*)." 가정하건대 바울은 자신의 대적자들이 사용한 표현을 사용했을 것이다 (예. BDAG, 754; Thrall, *2 Corinthians*, 849-51; Harris, *2 Corinthians*, 889).

492) 12:17-18에서 바울이나 디도가 그들을 "이용하지" 않았다는(*epleonektēsa*, "부당하게 이용하다, 허점을 찌르다, 속이다") 이중 강조를 주목하라(BDAG, 824).

493) 전가된 속임과 착취가 무엇이었는지에 관해서는 다시 Thrall, 855-57과 위 n. 399를 보라.

494) 바울은 자신이 선호하는 주제 중 하나를 암시하는데, 그것은 고린도 사람들에게 이미 친숙했을 것이다: *sarx*("육신") – 고전 1:26; 3:3; 15:50; 고후 1:17; 5:16; 그리고 고린도 서신의 성령에 대한 강렬한 초점. 추가로 *Theology of Paul*, 65-66, 477-82을 보라.

495) 추가로 Thrall, *2 Corinthians*, 614-18을 보라.

496) 그 요점은 롬 14:1-12에서 전개되었다.

도 있으나(*idiōtēs*),[497] 복음의 지식과 그들이 들을 필요가 있는 내용에 대해서는 훈련을 받았다(11:6).

■ 바울의 권위는 자기가 받은 위임의 권위이며, 고린도 사람들이 그 권위의 증거이고(10:13-16),[498] 자천이 아닌 주의 칭찬이 중요하다 (10:17-18).

■ 아무리 어리석다 할지라도, 고린도 신자들에게 재정의 짐을 지우지 않았음은 개인적 자부심의 문제로 남아 있었고(비교. 고후 9:15), 그들과의 관계에서 그는 계속 그렇게 행동했을 것이다. 이는 그들을 향하여 바울이 가진 사랑의 표현이며, 그들과의 우정을 가볍게 여긴 것이 전혀 아니었다(고후 11:7-21).[499]

■ 새로 온 선교사들의 과장되고 기만적인 주장과 자신을 겨냥한 그들의 해로운 비판과 비난에 대한 바울의 분노는, 그들이 "거짓 사도이고 속이는 일꾼이며 자기를 그리스도의 사도로 가장"하지만 실제로는 "사단의 종들", 즉 그런 기만적인 위장의 대가(11:12-15)[500]라는 적나라한 비난으로 이어진다. 논쟁할 준비가 되었다!

■ 달아오르는 좌절감과 분노로 인해 바울은 "거짓 사도들"과 자신을 비교하며 그들의 놀이터에서 놀아주기로, 혹은 그의 표현에 의하면 어리석어지기로 했지만, 자기 기준을 가지고 그렇게 하기로 했다 (11:1, 16-17).[501] 뒤따르는 내용은 "성과 목록"[502] 혹은 명예로운 경력[503]

---

497) 예. Thrall, *2 Corinthians*, 676-78; Winter, *Philo and Paul*, 223-28을 보라.

498) 10:13-16에 관해서는 위 §29.4b를 보라.

499) 여기에 다시 내포된 암시는, 바울이 주고받음에 있어 고린도 사람들을 향해 우정의 정신으로 행하지 않았다고 다른 선교사들이 비판했다는 것이다(Marshall, *Enmity*, 225-33).

500) *Life of Adam and Eve* 9.1에서 사단은 다시 하와를 속이려고 "자신을 천사의 빛으로 변형했다." 몇 구절 이전에 뱀이 (전에) 하와를 속였다는 바울의 언급은 그가 그 전통을 알고 있었을 수도 있음을 시사한다(고후 11:3).

501) 이 장들에서 *aphrōn*("어리석은")과 *aphrosynē*("어리석음")의 빈번성에 주목하라. *Aphrōn*, 11.16, 19; 12.6, 11; *aphrosynē*, 11.1, 17, 21.

502) 예. Thrall, *2 Corinthians*, 755-58을 보라.

503) C. Forbes, 'Comparison, Self-Praise and Irony: Paul's Boasting and Conventions of

과는 대조되는 것이다. 세상이 재앙으로 여기는 것, 반복되는 신체적 형벌,[504] 고통과 위험, 죽음에 이르는 지속적인 압박의 목록은, 바울이 자신의 가장 큰 짐(모든 교회를 위한 염려)으로 여긴 것으로 절정에 이르고 다메섹에서의 탈출(들창문을 통해 광주리로 내려옴!)(11:23-33)이라는 점강법으로 마무리된다.[505] 자랑해야 한다면, 바울의 자랑은 그의 약함이다(11:30; 12:5)! 그리고 바울이 자신의 환상과 계시를 더 자랑하려고 했을 때도,[506] 곧바로 언급된 것은 "육체의 가시"였고,[507] 또한 자신을 지탱해주는 은혜와 자신의 연약함에서 온전해진 하나님의 능력을 체험한 것이 훨씬 더 중요하다는 깨달음이었다(12:1-10).[508] 그다음에 "바울의 사도 됨의 표"는 여전히 요점을 놓친 것으

Hellenistic Rhetoric', *NTS* 32 (1986), 1-30: "그의 대적들의 자찬과 비교에 대한 역설적 풍자"(16); 또한 U. Heckel, *Kraft in Schwachheit. Untersuchungen zu 2 Kor 10-13* (WUNT 2.56; Tübingen: Mohr Siebeck, 1993), 149-59; Winter, *Philo and Paul*, 234-36을 보라. M. Ebner, *Leidenslisten und Apostelbrief. Untersuchungen zu Form, Motivik und Funktion der Peristasenkataloge bei Paulus* (Würzburg: Echter, 1991)는 헤라클레스의 과업과 병행이 있음을 본다(161-72).

504) "이 체벌 때문에 바울의 몸에 틀림없이 깊은 흉터가 생겼을 텐데, 매질은 많고 깊은 상처를 남기기 때문이다"(Becker, *Paul*, 173-74).

505) 11:31의 맹세("하나님이 내가 거짓말 아니하시는 것을 아시느니라")의 위장된 엄숙함은 그런 목록의 내용과 절정(11:32-33)을 자랑하는 일이 터무니없음을 강조하는데, 이는 어쩌면 포위한 성의 벽을 처음으로 오른 군사의 명예와 의식적으로 대조한 것일 테다(Murphy-O'Connor, *Paul*, 320).

506) 염두에 있는 하늘 여행에 관해서는(12:2 4) 위 §25.5f를 보라. 고후 12:1-20이 하늘로 올라가지 **못한** 일을 상기한다는 P. R. Gooder, *Only the Third Heaven? 2 Corinthians 12.1-10 and Heavenly Ascent* (LNTS 313; London: Clark, 2006)의 장은, 12:2-4이 바울로 "자만하게"(12:7) 할 만한 "특별한 계시"의 최고의 예라는 사실을 너무 고려하지 않았다.

507) "육체의 가시"를 확실하게 밝힐 수 없는데, 고통스럽게 거슬리며 재발하는 고질병일 가능성이 가장 크다. 꼭 결정해야 한다면 그것이 편두통이었을 것으로 보는 Thrall, *2 Corinthians*, 809-18에 자세한 논의가 있다.

508) 어떻게 바울이 이전 장들을 지배했던 주제를 상기하는지 주목하라. 그리스도의 고난과 죽음에 동참함으로 말미암아 생명을 얻는다는 그의 발견(1:5; 4:7-12; 5:14-15, 21; 6:4-10) 그리고 여기서 인간의 연약함을 통해 가장 충만하게 표출되는 그리스도의 능력(12:7-10)은 그 서신 전체를 한 주제로 엮는다. 하나님의 지혜가 예수의 완전히 인간적인 고난에서 가장 잘 드러난다는 고전 1:18-31을 비교하라. 추가로 Heckel, *Kraft in Schwachheit*, 206-14, 그리고 §5을 보라.

로 일축되었다(12:11-12).

- 그들에게 짐이 되지 않기로 한 자신의 방침에 관한 마지막 단언 및 연보 문제에 있어 거짓된 행동이 있었음에 대한 강한 반박(12:14-18)은 그의 다가오는 방문에 대한 예감과 섞여 있다. 바울은 그들이 여전히 분파주의에 빠져 있고[509] 방종한 삶을 묵인하고 있는 모습(12:20-21)을 보게 되지는 않을까 염려했으며, 자신이 그에 대해 강하게 훈육해야 할 것(13:2-4)을 예상했다.[510] 이는 자기 자신을 증명하는 문제가 아니라, 그들이 선한 것(to kalon)을 행하고 질서 잡힌 성숙함(katartisis)[511]을 보여주도록 하기 위함이다(13:5-9). 바울은 자신에게 주어진 직분, 곧 넘어뜨리지 않고 세우는 직분(13:10)을 행할 수 있을 것으로 보았다.[512]

모든 것을 온전하게 하라(katarizō)는 권고와 아울러 조화롭고[513] 화평하게(13:11) 살라는 호소는 수고롭고 골치 아픈 편지에 어울리는 마침이다. 다소 역설적이지만 결국 상당히 적절한 사실은 고별 축복이 기독교회의 후세대에 주요한 예배 축도가 되었다는 사실이다. "우리 주 예수 그리스도의

---

509) Eris("갈등, 불화, 논쟁"), 고전 1:11; 3:3; 고후 12:20; zēlos("시기, 선망"), 고전 3:3; 고후 12:20. 목록의 나머지 내용이 어떤 표준적인 악덕 목록에서 왔다고 여기지 않아야 한다. Thymos("분을 냄"), eritheia("논쟁, 이기심 표출"), katalalia("중상, 명예 훼손"), psithyrismos("수군거림, 고자질"), physiōsis("자만심"), akatastasia("무질서, 날뜀")는 모두 바울의 다른 악덕 목록에서는 흔치 않으며(가장 가까운 병행은 갈 5:19-21이다), 고린도 교회의 모습에 관해 바울이 예감한 본질을 분명히 드러낸다.
510) "약함 가운데 있는 능력", 즉 자기 종의 인간적 연약함 가운데 있는 그리스도의 능력이라는 주제를 마지막으로 되풀이한 것을 주목하라(13:3-4).
511) Katartisis에 관해서는 Harris, 2 Corinthians, 927-28을 보라.
512) Oikodomē("덕을 세움")라는 주제의 재언급을 주목하라(10:8; 12:19; 13:10). 바울은 예레미야의 사명과 자신의 사명을 비교 대조하고 있을 수도 있다(렘 1:10). 특별히 "열방을 향한" 예레미야의 사명(1:5)이 사명에 대한 바울의 이해에 영향을 준 듯하기 때문이다(위 §25.3d[3]을 보라). 바울이 자기의 소명을 다시 확언하는 엄숙한 방법인 "우리는 그리스도 안에서 하나님 앞에 말하노라"(12:19)에 주목하라.
513) 고후 13:11, to auto phroneite, "같은 것을 생각하다."

은혜와 하나님의 사랑과 성령의 교통하심(*koinōnia*, "서로 나눔")이 너희 무리와 함께 있을지어다"(13:13)

h. 여파

우리는 바울의 다른 편지에서 그 서신이 얼마나 성공적이었는지에 대한 확고한 증거가 없다. 독특하게도 우리는 고린도 서신에서 첫 번째 서신에 관한 오해와 "눈물의 서신"의 결과에 따른 고저를 추적할 수 있다. 그리고 고린도전서가 어떻게 받아들여졌는지 명확히 알 수 없지만, 우리는 고린도후서가 거기에 표현된 불안에도 불구하고 제대로 받아들여졌다고 추측할 만한 위치에 있다. 핵심적 사실은 바울이 실제로 고린도에 다시 도착했을 때 그곳에 무려 3개월이나 체류했다는 것이다(행 20:3). 대부분이 동의하듯이 이 기간은 바울이 로마서를 작성한 시간이었을 것이다.[514] 이는 방해하는 일이 없이 지속적으로 집중할 수 있는 평온함과 능력이 필요했을 막대한 작업이었다.

　　외견상 피할 수 없는 추론은 고린도후서가 (어떤 형태로 전달되었든 간에) 성공적이었다는 점이다. 고린도후서의 마지막 문단에 난무했던 전조들이(12:19-13:10) 구체화되지 않았거나 바울을 따뜻하게 맞이함으로써 사라졌다. "눈물의 서신"(7:6-13)으로 인한 넘쳐나는 후회와 애정은, 바울이 덧붙인 격렬한 항의와 빈정댐(10-13장)을 통해 새로 온 선교사들에게 지나친 호의를 보인 것을 새롭게 뉘우치도록 했을 것이다. 부정행위를 했다는 비난은 철회되었을 것이고, 고린도 사람들은 바울의 자비량 정책을 호의적으로 받아들였을 것이며,[515] 자기 삶의 방식 때문에 비탄을 불러온 사람들은 행동을 바꾸거나 모임에서 물러났을 것이다. "거짓 사도들"이 실제로 쫓겨났는지 아니면 자신들의 길로 갔든지 간에, 바울은 자신의 직분을 계속해

---

514)　아래 §33.2을 보라.
515)　그러나 어쩌면 그는 이 기간에 가이오의 집의 손님으로 있었을 것이다(롬 16:23).

서 변호할 필요가 없어졌다. 결과적으로 고린도에서 보낸 시간은 틀림없이 바울의 모든 사역 중에서 가장 조용하고 보상받는 시간이었을 것이다. 이는 잘못될 수 있는 교회의 전형이었던 고린도 교회가 이후에 "신약 교회"로 종종 떠받들어지는 이상에 근접한 모본이 되었다는 말은 아니다. 그리고 그것은 또 다른 책을 위한 또 다른 이야기다(1 Clement).

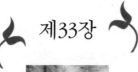

제33장

한 시기의 마감

33.1 마지막 순회

여느 때처럼, 에베소를 중심으로 한 바울의 에게해 선교의 국면 막바지에 관한 누가의 서술은 많은 질문을 남긴다. 함의된 내용은 바울이 에베소에서 일어난 소동 때문에 그곳을 떠났다는 것이다(행 19:23-41). 이는 누가의 시간을 기준으로 약 4년 만에 처음으로 그렇게 강제적으로 떠난 사건이었다. 동시에 분명하게 추론할 수 있는 내용은 바울이 고린도후서에서 언급한 여행(고후 2:12-13, 7:5-7)이 마게도냐 여행이라는 것이다(행 20:1-2). 비록 누가는 바울과 고린도 교회 사이의 갈등이나, 고린도후서 2:12-13, 7:5-7에서 반영된 바울 개인의 내적인 혼란을 전혀 암시하지 않지만 말이다. 여행의 하루하루를 다룬 다른 서술에서처럼, 누가는 이 여행을 성공한 목회 사역 가운데 하나로만 묘사하고,[1] 바울 혼자 여행한 것처럼 서술한다.

---

1) 비교. 행 14:21-22; 16:4-5; 18:23.

누가는 자신의 이야기를 더 상술하지 않기로 했을 때(어떤 이유든지 간에) 취했던 평소의 무심한 방식으로, 바울이 "헬라에 이르러 거기서 석 달"을 보냈다고(*poiēsas*)만 언급한다(행 20:2-3).[2] 이는 고린도후서에서 해결하지 않고 남겨둔 이야기의 속편을 암시한다. 바울은 마게도냐에서 고린도로 직접 가서 고린도 서신의 후속 조치를 했다. 그러나 바울과 고린도 교회 사이의 다양한 갈등에 관한 누가의 침묵은, 우리가 추정하기에 바울의 반가운 재결합(바울이 오래 체류하는 동안 그곳에 있었음을 고려하면), 모든(아니면 거의 모든) 의심의 행복한 해결, 상처 많은 관계의 치유였을 사건을 묘사할 공간이 없다는 유감스러운 결론을 내리게 한다.

바울이 고린도에 있던 시간 가운데 분명 주요한 우선순위였을 내용에 관한 누가의 침묵은 가장 이해할 수 없다. 고린도에서 로마의 그리스도인을 위한 서신 작성 그리고 연보를 모아서 예루살렘에 운반할 조직의 막바지 준비가 그것이다. §32 끝에서 언급했듯이, 전자는 많은 날이 걸렸을 것이고, 고린도에서의 체류는 그렇게 주의 깊게 작성될 서신에 필요한 집중력을 바울이 발휘할 수 있도록 했을 것이다. 그리고 후자는 무수히 많으나 피할 수 없고 시간을 잡아먹는 모든 상세 사항과 더불어, 기여한 교회들과 상당히 빈번한 소통,[3] 모이는 대표단의 여행과 환대 및 예루살렘을 향한 여행을 위한 준비, 연보 자체의 보안을 요구했을 것이다. 그러나 누가는 이에 관해 어떤 암시도 하지 않는다. 편집을 위해 누가가 내린 그 어떤 결정보다도, 이곳에서 누가의 침묵은 누가가 역사가로서의 책임을 유기한 것으로 받아들여야 한다. 앞으로 살피겠지만, 두 가지 문제는 바울에게 그리고 그의 삶의 절정에 있어 가장 중요했다. 그래서 여기서 누가가 남긴 공백은 기독교의 시작에 대한 누가의 역사가 지닌 가치를 다른 어떤 부분보다 더 훼손한다.

누가가 연보에 관해 여기에 간직한 암시 하나가 예루살렘으로 돌아가

---

2) *Poiein*의 이런 사용은 Barrett, *Acts*, 2.946을 보라.
3) 준비는 일 년이 훨씬 더 넘게 진행되었다(고전 16:2-3; 고후 9:2).

는 여행길에 바울과 동행한 사람들의 목록에 있다(20:4). 베뢰아 사람 소바더, 데살로니가 사람 아리스다고와 세군도, 더베 사람 가이오, 아시아 사람 두기고와 드로비모 등이다.[4] 누가는 그들이 동행한 이유를 제공하지 않았다. 20:1-2에서처럼, 누가는 때때로 동료들을 언급조차 하지 않는다. 바울 서신을 통해서만 우리는 언급된 사람들이 예루살렘을 위한 연보에 동행하도록 교회가 지명한 교회 대표들이었다고 거의 확실하게 추론할 수 있게 하는데(고전 16:3; 고후 8:23),[5] 부분적인 이유는 안전이었고(틀림없이 총액이 상당했을 테다), 또한 유대감과 디아스포라 교회가 예루살렘 모 교회에 진 영적인 빚을 개인적으로 표현하는 것이었다(롬 15:27). 주목할 만한 내용은, 비록 아가야 혹은 고린도에서 온 사람의 이름이 하나도 없다는 사실은 수수께끼로 남아 있지만, 그들이 바울 선교의 주요 무대인 남갈라디아와 마게도냐 및 아시아 출신이라는 것이다.[6] 그들이 바울의 이방인 선교를 대표할 수도 있다는 이 대표성이, 예루살렘과 유대인을 향한 선교와의 관계 단절을 회복하려는 바울의 (마지막) 대단한 노력이었다는 실마리를 제공한다. 그렇다면 더욱 실망스러운 점은, 우리가 바울 서신이 말해준 내용과 그 결과에 관해 누가가 알리지 않은 내용에서 이 대규모 사업의 중요성을 종합하여 유추해야 한다는 것이다. 20:5에서 "우리" 서술이 다시 이어지는데, 이는 서술자 자신이 어쩌면 대표단의 한 사람으로서 그 무리에 합류했음

---

4) 누가는 고린도를 다룰 때 바울의 다른 가까운 부관(디도)을 언급하지 않았다. 왜인지는 모른다. 가이오(가정하건대 그도 갈라디아 출신이기 때문이다) 다음에 디모데를 언급했으나, 그의 고향은 언급하지 않았다(루스드라, 16.1). 아마도 그가 루스드라/갈라디아의 대표단이 아니라 바울 일행의 구성원이었기 때문일 것이다.

5) 대부분이 동의한다. Jervell, Apg., 498 그리고 그의 n. 558에서 언급된 사람들을 보라.

6) 개연성이 적지만, 아가야가 일 년 동안 준비했다는 점(고후 9:2)과 로마서 15:26에서 바울이 아가야의 기부를 칭찬했음을 고려하면, 아마도 갑작스러운 출발은 지역의 준비가 이루어지기 전에 혹은 교회가 대표들을 지명하기 전에 있었을 테다(20:3). 고린도 사람들은 이제 고린도 교회와 온전히 화해하고 하나가 된 바울이 그들의 관심사를 충분히 대표한다고 볼 수 있었는가? 이는 고린도후서에 반영된 수개월 동안 바울의 동기와 관계에 대해 의심한 고린도 사람들의 속편으로 적절하다(위 §§32.6-7을 보라). 목록에서 빌립보의 부재는 행 20:6으로 보강되었을 수도 있다. 누가("우리")는 빌립보의 대표단이었는가? Lüdemann이 이 주장을 회의하는 것은 부당하다(Early Christianity, 225).

을 거의 분명하게 나타내기에, 실망감은 더욱 커진다.[7]

그에 합당한 관심을 가지고 로마서와 연보를 조사하기 전에 누가의 서술만 본다면, 흥미로운 다음의 상세 사항은 바울이 고린도에서 보낸 3개월 끝에 반대자로 결속한 유대인들이 재등장했다는 점이다.[8] 추론할 수 있는 점은, 음모를 꾸민 사람들이 예수의 길을 계속 반대했던 고린도 공동체의 수많은 유대인을 대표한다는 것이다. 그렇지 않으면 "그 유대인들"은, 고린도가 실제로 언급되지 않았고 그 음모가 바울의 여행 계획과 밀접하게 연결돼 있기 때문에, 바울과 함께 순례선을 타고 예루살렘으로 바로 가려고 계획한 유대인들을 대표할 수도 있다.[9] 그 여행에 대해서는 로마서 15:25의 확증하는 증거가 있다. 마지막 순간의 계획의 변경(20:3, 바울이 수리아로 직접 배로 가기보다는 마게도냐를 통해서 돌아갔던 일)은 바울이 자주 사과해야 했던 전형적인 계획의 중단과 변경이다.[10]

20:5을 보면 바울의 동료들(대표단)은 먼저 드로아로 보내졌다. 어쩌면 적의를 품은 사람들을 혼란하게 하거나, 마게도냐에 있는 교회들을 마지막으로 방문할 기회를 바울에게 주려고 그랬을 것이다. 바울은 이 방문이 자신에게 매우 소중했던, 이 교회들을 볼 수 있는 마지막 기회였음을 이미 감지했는가? 그러나 자주 그렇듯이, 누가는 수많은 내용을 몇 마디로 다룬다. 바울이 유월절에 빌립보에 머물렀다는 누가의 언급은 흥미롭다

---

7) "16:16에서 중단된 '우리 단락'이 빌립보에서 다시 시작되었다는 사실은 주목할 만하다. 명백한 결론은 우리 단락들과 사도행전의 마지막 형식 사이의 관계가 어떻든지, 그 단락들은 바울이 데살로니가, 아덴, 고린도, 에베소에서 설교하는 동안 빌립보에 있었고, 그와 함께 빌립보에서 예루살렘까지 그리고 종국에는 로마까지 간 사람의 체험을 나타낸다는 것이다"(Lake and Cadbury, *Beginnings*, 4.253).

8) 고린도나 그리스(에베소는 전혀 아님)에서 "유대인들"의 대적이 재개한다는 점을 주목하라 (18:12, 28을 18:19, 19:10, 17, 33-34과 비교하라. 그러나 또한 21:27-29을 보라).

9) Ramsay, *St. Paul*, 287. 그런 순례자들이 바울을 적대할 수 있음은 12:27이 암시한다. 또한 아래 n. 369를 보라.

10) 롬 1:10-13; 고전 16:5-9; 고후 1:15-18; 살전 2:18. Lüdemann은 롬 15:25이 예루살렘으로 직행하려는 변개할 수 없는 결심을 암시한다고 보았고, 그래서 행 20:1-3의 여행 일정이 이전의 예루살렘 여행을 언급한다고 추정한다(18:22)(*Early Christianity*, 224-25). 그의 주해는 경직성과 창의적인 상상력의 이상한 혼합이다.

(20:6). 유월절은 전통 축제로 기념되었고, 이제는 기독교적 의미가 추가되었을 것이다.[11] 놀라울 정도로 긴 시간이 걸린 빌립보에서 드로아까지의 여정(5일; 6:11과 대조하라)은[12] 역풍으로 설명할 수 있다. 누가는 드로아 교회의 설립에 대해 보도하지 않았으면서도(그러나 비교. 고후 2:12) 그 존재를 전제하는 데 전혀 당황하지 않는다.

사도행전 20:7은 그리스도인들이 일요일에 만나기 시작했다는 명백한 암시를 처음 제공한다.[13] 함의된 점은 바울이 주일 모임에 참여하려고 드로아에 그렇게 오래 지체했다는 것이다(오순절에 맞추어 예루살렘에 도착하려는 바람에도 불구하고).[14] "떡을 떼는 것"이 모임의 목적이었다(20:7). 사도행전 다른 곳에서 이 표현은 식사 교제를 의미하지만,[15] 최후의 만찬이라고 제정된 기억이 그 일부였을 수도 있다.[16] 전체 식사는 "주의 만찬"으로 여겨졌으며, 바울은 이것과 관련해서 상당히 최근에 고린도 사람들에게 글을 썼다.[17]

이어지는 희비극 사건은 생생하게 상기된다. 서술자가 친히 등장한다

---

11) 눅 22:1, 7-20; 비교. 고전 5:7-8.

12) 그러나 대개 한 시점까지 지속된 범위의 시간을 의미하는 *achri*는 5일 "안에"라는 의미일 수 있다(BDAG, 160).

13) 비교. 고전 16:2; 계 1:10; *Did.* 14.1; Ignatius, *Magn.* 9.1; *Barn.* 15.9; Pliny, *Ep.* 10.96.7.

14) 이 구절들의 연대순(유월절 후에 빌립보를 떠남, 5일 여행, 주일 모임)은 연대학자들로 하여금 그 여행이 틀림없이 기원후 57년에 시작했다고 계산하도록 했는데(Jewett, *Dating Paul's Life*, 47-50; Hemer, *Book of Acts*, 169, 216), 이는 상당히 그럴듯하다. 그러나 Barrett의 항변을 보라(*Acts*, 952). Fitzmyer는 58년 봄을 선호한다(*Acts*, 666).

15) 2:42 그리고 가장 명백하게 27:35-36에서처럼(아래 §34 n. 179을 보라).

16) 염두에 있는 그 주일은 유월절과 가까웠다(20:6).

17) 고전 11:20-26; 비교. 이후의 *Did.* 14.1. 위 §30.6b를 보라. 밤중에 두 번째 떡을 뗌(행 20:11)은 틀림없이 배고픔을 달래려고 한 것을 가리킬 것이다. 사실 그런 경우 전형적인 유대인들의 접대는 식탁 교제를 오래 하고 신선한 음식과 음료를 이따금 내어놓는 것이었을 테다(그리고 오늘날도 그렇다)(현대의 설교와 성찬의 관점에서 생각하는 것은 시대착오적이다). 또한 Barrett, *Acts*, 950-51, 955. Haenchen의 "식사라는 특징이 없는 성찬일 뿐이다"라는 견해와 대조하라(*Acts*, 586). 그리고 Fitzmyer는 성찬이 바울이 몇 시간 담화를 나눈 후에 계속되었다고 생각한다(*Acts*, 669). 동일한 성찬에서 떡을 두 번째 뗐는가?!

(20:7b-12):[18] 바울이 계속 말함(다시 작별 예고와 마지막 작별 암시), 등불, 높은 창문에 걸터앉아 있다가 졸다 떨어진 청년 유두고, 움직이지 않는 그에 대한 충격(이야기는 숨겼다고 추정한다), 언제나 앞장선 바울. 치유 행위에 대한 서술은 엘리야와 엘리사의 비슷한 위업이 지닌 영향력을 반영한 것일 수도 있으나,[19] 그 영향력은 누가에게처럼 바울에게도(바울이 무엇을 해야 하는지 숙고했을 때) 미쳤을 수 있다. 9:40-41에서 죽은 자를 살린 것을 베드로에게 돌렸듯이, 죽은 자를 일으킨 기적을 바울에게 돌리는 일도 누가의 전체적 구성에서 우연일 수 없다.

누가가 서술한 여행의 다음 단계의 상세 내용(20:13-16)은 그의 모든 역사적 회상에서 가장 현실성이 높은 내용에 속한다.[20] 다른 이들은 드로아에서 앗소까지 배를 타고 갔지만, 바울은 걸어서 드로아 반도를 가로지르는 특별한 방식을 취함(20:13),[21] 각각 하루 거리의 항해로 섬과 섬을 거쳐 해안을 따라(미둘레네, 기오, 사모) 밀레도까지 감(20:14-15), 에베소 신자들이 바울을 만나기 위해 밀레도로 힘들게 내려왔을 가능성(20:17-18), 고스와 로도 및 바다라(소아시아 광활한 대륙의 남쪽에 있는)까지 그리고 구브로를 지나 두로까지의 여정에 대한 서술(21:1-3) 등이다. 이로써 에게해 지역의 선교가 막바지에 이르렀다.

바울이 그의 에게해 지역 선교의 두 번째 주요 중심인 에베소를 우회해야 했을 때, 그가 느꼈을 괴로움을 상상해볼 수 있다. 여행 초반은 고별 방문의 특징을 띠기에,[22] 에베소 방문 자체를 포함하지 않은 것은 분명 바

---

18) Dibelius와 다른 이들이 제안했듯이, 다른 "우리"를 상정할 필요는 없다(Jervell, *Apg.*, 504).

19) 왕상 17:21과 왕하 4:34-35; Barrett, *Acts*, 954-55에 있는 상세 사항.

20) Thornton이 제시했듯이(*Zeuge*, 276; 이를 Jervell, *Apg.*, 499-500, 506이 따랐다), 누가가 수년 후에 바울의 이 작별 여정을 회상했다는 것이 그렇게 상상하기 어려운가?

21) "7일 가운데 약 5일 동안 부는 북동쪽 폭풍은 드로아에서 앗소까지 열린 바다를 가로지르는 작은 배에 가장 불편할 수 있다. 현대 증기선에만 익숙한 사람들은 지중해가 일으키는 어려움을 전혀 모른다"(Lake and Cadbury, *Beginnings*, 4.257-58). 아마도 드로아까지의 어려운 항해(20:6)가 바울로 하여금 앗소까지의 육로 여정에 끌리게 했다.

22) 이것은 행 20:18-35이 제공한 연설의 특성에서 단순히 추정한 내용이 아니다. 바울은 예루

울에게 힘들고 가슴이 미어지는 결정이었을 것이다. 그렇다면 바울은 왜 에베소를 우회했는가? 아마 에베소에서의 이전 위기가 누가가 밝힌 것보다 더 심각했을 수 있다. 바울은 그곳에서 자신의 안전을 확신할 수 없었다.[23] 비록 누가가 그것을 자세히 설명하지는 않지만, 그가 제공한 이유(사실상 시간을 절약하려고 했다는)는[24] 충분한 설명이 아니다. 예루살렘에서 이방인 선교의 첫 열매(연보)를 바치고 이방인의 성령 체험이 예루살렘 덕분이라는 것을 인정하는 데 있어서 오순절보다 더 알맞을 때가 없었을 것이다(롬 15:16, 27). 그러나 바울의 에게해 선교에서 에베소가 지닌 중요성을 고려하면, 누가가 에베소 "장로들"에게 한 연설을 포함했다는 사실은 아주 적절하다. 그 연설은 한 막의 막바지, 즉 에게해 지역 선교의 끝, 바울 선교의 임박한 종료와 바울의 죽음의 전조를 잘 드러낸다. 이것이 누가가 에게해 지역 선교의 막을 내리는 데 선택한 방법이다. 바울은 로마의 그리스도인에게 서신을 쓰는 것으로 막을 내리기로 했다.

33.2 로마서를 쓴 이유

바울에게 연보가 중요했지만, 바울이 고린도에서 석 달을 지낼 동안 무르익은 가장 소중한 열매는 로마의 그리스도인들에게 쓴 서신이다. 로마서

살렘 여행이 어떻게 될지 염려했다(롬 15:31). 그것이 성공적인 여행이 되더라도, 바울의 의도는 에게해로 돌아가기보다는 로마와 스페인까지 가는 것이었다(롬 15:19, 23, 28).

23) 위 §32.2e를 보라.

24) 에베소는 직항 노선이 아니었다(Lake and Cadbury, *Beginnings*, 258). 그러나 밀레도는 에베소에서 약 48km 떨어졌기에, 바울이 우회해서 얼마나 많은 시간을 절약했을지 의문스러울 수 있다. 아마도 선장은 그 문제에 있어 바울에게 선택의 여지를 주지 않았을 것이다. "사모아는 더 편한 모임 장소였을 것이다"(Conzelmann, *Apg.*, 116). Barrett는 바울이 자신이 지닌 상당한 양의 돈을 고려하면, 에베소라는 큰 도시보다 밀레도에서 더 안전하다고 느꼈을지 의아해한다(*Acts*, 960). 또한 Rapske, 'Travel', 16-17, 그리고 Trebilco, *Early Christians*, 173-74의 논의를 보라.

는 가이오의 집에 손님으로 있었을 때 쓴 것이다. 가이오의 집은 "(고린도에 있는) 모든 교회"가 함께 모일 때 사용된 장소이기도 했다(롬 16:23).[25] 가이오 혹은 어쩌면 바울의 또 다른 후원자인 뵈뵈(16:1-2)가 숙련된 비서나 대필자인 더디오를 제공했거나 고용 비용을 댈 수 있었을 것이다(16:22). 이는 그런 주요 작문에 특별히 바람직하였고, 그 자체는 바울이 편지의 작성에 주의를 기울였다는 표시다.[26] 바울이 그 서신에 전체 기간을 할애했다고 볼 필요는 없다. 그러나 바울이 자신을 부양하려고 일을 계속했다는 암시도 없다. 고린도에 그를 그토록 오랫동안 머무르게 한 것은 연보를 위한 조직과 다양한 대표들을 고린도에 모이게 하는 일이었을 가능성이 크다. 그러나 틀림없이 바울이 더 이상 할 수 있는 일이 없는 긴 공백이 생겼을 것이고, 바울은 그 서신의 초안과 마무리 작업에 몰두할 수 있었을 것이다.

a. 왜 로마에 서신을 보냈을까?

바울이 로마서를 쓴 이유에 대해 놀랍게도 활발한 논쟁이 있었다.[27] 부분적으로 그 활기참은 다른 대답들을 배제할 정도로 하나의 선호되는 답을 밀어붙인 결과다. 사실 바울의 글에서 하나 이상의 동기를 쉽게 포착할 수 있다.

- 뵈뵈를 로마의 신자들에게 추천하기 위해(롬 16:1-2). 이 동기는 이 구절들의 의미를 지나치게 과장할 필요는 없는데, 어쩌면 뵈뵈는 서신의 전달자로, 또한 어쩌면 로마의 다양한 집단에게 그 서신을 읽

---

25) 추가로 위 §30.2a를 보라.

26) 추가로 위 §29.8c를 보라.

27) 예. A. J. M. Wedderburn, *The Reasons for Romans* (Edinburgh: Clark, 1988); K. P. Donfried, *The Romans Debate* (Peabody: Hendrickson, ²1991), part 1; K. Haacker, *Der Brief des Paulus an die Römer* (THNT 6; Leipzig: Evangelische Verlagsanstalt, 1999), 11-14; Schnelle, *History*, 110-12, 127; Jewett, *Romans*, 80-88을 보라.

어주고 설명하는 바울의 개인적인 대표로서 행동했을 것이기 때문이다. 바울은 이에 대해 그녀를 지도했을 수 있다(§28.8c를 다시 보라).[28]

- 그가 계획한 방문을 로마의 회중에게 준비하게 하기 위해. 자연스럽게 이것은 오랫동안 고려한 여행이었다.[29] 이방인의 사도가 어떻게 제국의 수도에서 선포하지 않을 수 있겠는가?[30]

- 바울이 의도한 스페인 선교를 위한 로마 회중의 지원 여부를 조사하기 위해(15:24, 28).[31] 두 구절은 자신의 로마 방문이 지나가는 방문임을 암시하고, 바울은 그들이 재정과 다른 지원(propemphthēnai)을 해줄 것이라는 자신의 희망을 명시한다.[32]

---

28) 바울은 로마 회중에게 "무엇이든지 그에게 소용되는 바를 도와주라"고 요청한다(롬 16:2). Jewett는 그가 계획한 스페인 선교 후원자로서 뵈뵈의 역할(n. 31)이 중대했고, 16:2의 문제(pragma)가 "그녀의 선교 후원"이라고 논증한다(Romans, 89-91). 그러나 그의 번역은 그리스어 단어가 보증하지 않는 명확함을 제공한다: "무엇이든지 그에게 소용되는 바를 도와줄지라" 대신 "그 문제에 대해 필요한 바를 도와줄지라." 그는 빈곤한 회중이 뵈뵈의 사업을 도와줄 수 없었다고 생각한다(89). 그러나 그럼에도 그들이 스페인 선교에 "받아들일 만한 방법으로" 참여했다고 한다(88)!

29) 롬 1:10-15; 15:23-24, 29, 32; 행 19:21.

30) 그러나 바울이 "남의 터 위에 건축하기를" 거부했기 때문에(롬 15:20), 그가 로마에 사도적 바탕이 부족하다고 보고 자신의 직무를 로마에 교회를 설립하는 것으로 여겼다고 주장할 필요는 없다(비교. §29 n. 108에 있는 Klein and Watson). 그 견해에선 1:8과 15:14의 후한 축사는 기만이었을 것이다. 정확하게 이 점에 관해서 바울이 체험한 당황함의 정도(§29.4b를 보라)는 1:11-15에서 분명히 드러난다. 어쨌든 바울은 이미 로마와 관련 있는 사도들의 존재를 알고 있었다(안드로니고와 유니아, 16:7). 바울이 로마의 신자 전체를 언급할 때 "교회"(16:5에서만 사용함. 브리스가와 아굴라의 가정교회)라는 용어를 사용하지 않은 것은, 그가 교회가 아직 설립되지 않았다고 생각했기 때문일 가능성은 적고, 어떤 회당과도 분명하게 구별되며 유일한 브리스가와 아굴라의 가정 모임을 제외하고는, 회중이 여전히 회당의 보호 아래 있었다고 생각했기 때문일 가능성이 크다. 비교. M. Nanos, The Mystery of Romans: The Jewish Context of Paul's Letter (Minneapolis: Fortress, 1996).

31) 이제 특별히 Jewett, Romans, 80-89를 보라. Jewett는 스페인에서의 선교 수행과 관련된 내용을 자세히 주목한 첫 사람이다. 특히 그곳의 유대인 정착지가 부족했고 그리스어가 폭넓게 알려지지 않았음을 고려해서 말이다(74-79). 그러나 그의 결론은 그런 선교의 실행 가능성과 그런 포부의 사실성에 의문을 제기한다. 그럼에도 여전히 사 66:19은 그런 포부를 고무했을 수 있다(Riesner, Paul's Early Period, 305).

32) Propempō, "여행하는 자를 도와주다. 동료와 여행수단 등등을 조정하고 음식과 돈을 주어

- 그의 임박한 예루살렘 방문에 로마 그리스도인들의 지지를 얻기 위해. 바울의 관점에서 그 결과가 불확실했기에(15:31), 제국의 중심지에서의 지원은 환영받았을 것이다.[33]
- 로마 회중의 문제에 충고하기 위해.[34] 짐작하건대 그 문제는 바울이 알았고 16장에서 문안했던 사람들과 소통하며 알게 된 문제였을 것이다. 12:14-13:7과 14:1-15:7이 그 문제를 분명하게 암시하며, 고린도의 상황과 그리 다르지 않은 사건을 다루어 본 바울의 경험이 그곳에서 큰 도움이 될 수 있었다.
- 귄터 보른캄(Günter Bornkamm)이 바울의 "마지막 유언"이라고 부른 내용을 제공하기 위해. 즉 바울은 자신의 통합적인 신학을 제공하려고 자기의 선교사역에서 배운 통찰과 교훈을 함께 끌어낼 기회를 가졌다.[35]

떠나보내다"(BDAG, 873).

33) J. Jervell, 'The Letter to Jerusalem', in Donfried, *Romans Debate*, 53-64이 특별히 논증했다.

34) 특별히 P. S. Minear, *The Obedience of Faith: The Purpose of Paul in the Epistle to the Romans* (London: SCM, 1971); 다른 참고문헌은 필자의 *Romans*, lvii에 있다. 또한 J. P. Sampley, 'The Weak and the Strong: Paul's Careful and Crafty Rhetorical Strategy in Romans 14:1-15:13', in White and Yarbrough, eds., *The Social World of the First Christians*, 40-52; W. L. Lane, 'Social Perspectives on Roman Christianity during the Formative Years from Nero to Nerva', in Donfried and Richardson, *First-Century Rome*, 196-244(여기서는 199-202). 이제 특별히 P. F. Esler, *Conflict and Identity in Romans: The Social Setting of Paul's Letter* (Minneapolis: Fortress, 2003)를 보라. "바울은 유대인과 그리스인이 공유하는 내집단의 정체성을 상기하여 그들의 화해를 추구한다.…바울이 그들에게 지도력을 행사하려고 시도했다는 점에서, 로마에 있는 유대인과 비유대인 그리스도 추종자에게 편지를 쓴 특별한 목적이 있었다"(133). 그 시도는 7:1-6에서 분명히 드러난다(224-27).

35) G. Bornkamm, 'The Letter to the Romans as Paul's Last Will and Testament', in Donfried, *Romans Debate*, 16-28, "바울의 메시지와 신학의 가장 중요한 주제와 사고를 요약 발전시키고 그의 신학을 한정적인 상황과 갈등을 넘어 영원하고 보편적인 가치로 격상한 이 위대한 문서인 로마서는 사도 바울의 마지막 유언이다"(27-28). 비슷하게 N. Dahl, 'The Missionary Theology in the Epistle to the Romans', *Studies in Paul*, 70-94; Becker, *Paul*, 262; E. Lohse, *Der Brief an die Römer* (KEK; Göttingen: Vandenhoeck und Ruprecht, 2003)는 로마서의 특징을 복음의 총합(요약)으로 묘사하고, 바울이 그의 이전 서신들에서 이미 사용한 개념과 모티프들을 발전시킨 많은 구절을 가리킨다(46; 비슷하게 *Paulus*, 212-14).

다시 말해서 이 다양한 이유가 반드시 서로 경쟁하지는 않는다. 바울은 확실히 여러 가지를 염두에 둘 수 있었다. 그러나 무엇보다도 그 서신이 왜 그런 형식을 가졌는지, 왜 그렇게 세밀하게 설명하는지, 복음을 동등하게 수용하는 자로서 서로 인정하고 존중하는 유대인과 이방인 신자들의 도전이 왜 그렇게 서신을 지배하는지에 관해서 설명해야 할 것이다. 하나씩만 본다면, 위에 거론된 이유 거의 전부가 바울이 자기 복음을 그렇게 길게 설명해야 할 필요를 설명하지는 못한다. 예를 들어 "율법의 행위"나 "아브라함의 자손"이 로마에서 쟁점이었다는 암시는 없다. 여기서 바울이 관심을 보인 내용 대부분은 안디옥과 갈라디아 그리고 틀림없이 다른 곳에서 자신이 이전에 논쟁했던 논제들을 반영한다. 실제 목표가 이방인의 주제넘음과 비관용이었다면(11:17-24과 14:1이 보여주듯이), 주제넘은 유대인을 그토록 광범위하게 깔아뭉갤 필요가 있었을까?(아래에서 살펴볼 것이다)[36] 바울은 단순히 뵈뵈를 추천하거나, 그의 방문을 로마 청중이 준비하도록 하거나, 로마의 목회 문제를 다루려고 자신의 복음을 그렇게 자세히 서술할 필요가 있었는가?[37] 결국 더 자세한 설명 없이 다양한 신조나 선포 요약을 언급하고 인용했다는 사실은[38] 바울이 로마 교인들과 공통된 신앙을 공유하고 있음을 얼마나 당연시 했는지를 보여준다. 추천이나 권면을 담은 훨씬 짧은 서신이 이런 목적을 충족시켰을 것이다.

(로마 교회에) 유대인이 있다 해도 분명히 소수에 불과한 상황에서, 로마서에 나타나는 유대인/이방인의 측면이 매우 부적절해 보이는 것만 아니었다면, 바울의 동기는 스페인에서 선포하기 위한 복음에 대해 상세하게

---

36) 로마서에 관한 광범위한 논의(300쪽이 넘음)에서 Esler는, 바울의 염려와 바울이 그것을 어떻게 풀어나가는지를 자세히 보여주는 롬 2:1-3:20에 겨우 네 쪽을 할애했고, 11:25-32과 15:7-13의 절정 부분에 한 쪽도 채 할애하지 않았다(Conflict and Identity, 150-54, 305-306, 354).

37) "지역 교회의 문제가 아니라 보편적 복음과 바울 자신의 선교가 이 서신에서 신학적 토론의 출발점을 제공한다"(Dahl, 'Missionary Theology', 78).

38) 롬 1:3-4; 3:24/25-26; 4:24-25; 5:6, 8; 7:4; 8:11, 32, 34; 10:9; 14:15; Theology of Paul, 174-77을 보라.

설명하려는 필요성 때문이었다고 보는 것이 좀더 나은 설명일 것이다.[39] 또한 바울의 임박한 예루살렘 여행과 그곳에서 바울이 다시 한번 자기가 전하는 복음에 대해 시험과 도전을 받게 될 것을 고려하면, 바울이 자기가 전하는 복음을 광범위하게 변호한 점은 충분히 이해할 수 있지만, 바울이 왜 로마의 신자들에게 이런 변호를 하는지 그리고 예루살렘에서 일어날 일에 대해 로마의 신자들이 어떤 영향을 줄 것이라고 그가 희망할 수 있었는지는 쉽게 이해되지 않는다. 그리고 서신의 규모와 신학적 내용에도 불구하고, 로마서가 바울 신학을 온전히 정리하여 진술한다고 볼 수는 없다. 예를 들어 그의 다른 서신에서 우리가 알고 있는 바울의 기독론 및 교회론과 같은 중요한 내용을 상세하게 설명하려는 시도가 로마서에서는 없었기 때문이다. 그럼에도 그 서신의 범위와 길이를 고려할 때 위에서 제시한 것과 같은 이유들을 요구하는 것 같다.

서신이 진행될수록 분명해지는 내용은 바울이 자신이 선교에서 가장 활력과 수고와 열매가 가득한 시기의 막바지에 이르렀다고 보았다는 사실이다.

- 바울은 "예루살렘으로부터 두루 행하여 일루리곤까지 그리스도의 복음(선포)을 편만하게 전했다(*peplērōkenai to euangelion tou Christou*)"(롬 15:19).[40] 분명하게 내포된 내용은 다음과 같다.
  □ 바울의 원대한 선교 전략.[41]
  □ 주요 부분이 완성되었다는 바울의 확신.
  □ 어쩌면 시간이 짧다는 지속적인 느낌으로 인해, 다음 단계로 이동해야 한다는 바울의 생각.[42]

---

39) Jewett, *Romans*, 74-75.
40) 필자의 *Romans*, 864; Moo, *Romans*, 895-96; Haacker, *Römer*, 308을 보라.
41) 위 §29.4a를 보라.
42) 위 §29.3e를 보라. *Peplērōkenai*(15:19)는 11:25의 *plērōma*("충만한 수")를 되울린다.

■ 바울은 이 (에게해) 지역에서 여지/기회(topos)가 더 이상 없었다 (15:23). 이 관점은 흥미로운 사실을 드러낸다.

　□ 바울이 지역의 주요 도시에 복음을 확고하게 심는 것을 자신의 과업으로 삼았고, 주변 도시와 소도시에서 복음 전하는 일을 지역 신자들에게 맡겼음을 고려하면, 에게해 지역에서의 그의 과업은 실로 완성되었다.

　□ 그렇다 할지라도, 바울이 고린도 교회를 다룰 때 "모든 교회를 향한 염려"가 자기에게 계속되는 짐임을 상기했다. 따라서 종말론적 명령이 틀림없이 주요 원동력이었다.

　이런 상황에서 그리고 바울이 고린도에서 비교적 조용한 몇 주의 시간을 가진 것을 고려하면, 아마도 바울은 지금까지의 선교와 그 특성, 선교가 불러온 긴장과 불화, 그가 선포한 복음에서 가장 중요한 것으로 드러난 것, 심사숙고하여 기록할 내용에 대해 고찰할 시간이 되었다고 결론지었을 것이다. 틀림없이 그 활동은 적어도 부분적으로는 자신이 예루살렘에서 해야 하는 변호와, 부분적으로는 자기 복음의 범위와 함의에 대해 로마의 신자들에게 설득해야 할 내용을 고려했을 것이다. 그러나 필자가 보기에 (Dahl과 Lohse와 함께), 바울의 주목적은 자신의 복음이 야기한 논란에 비추어 그 복음에 대해 충분히 생각하고, 고린도에서의 조용한 시간을 활용하여 자신의 복음과 그 복음의 영향을 서술함에 있어, 이전의 시련과 고난 때문에 여의치 않았을 뿐 아니라 한 자리에서 구두로 전달하기에도 너무 벅찬 자세한 설명을 담고자 하는 것이었을 것이다.

　앞으로 살펴겠지만 로마서에서 분명하게 드러나는 점은, 바울이 처음부터 로마, 예루살렘, 안디옥, 갈라디아, 고린도(다소 다른 상황)에서 대면했던 긴장과 논제들이 계속해서 그의 관심을 사로잡았고 따라서 그것에 대한 일관성 있는 취급을 요구했으며 그것이 이제는 가능해졌다는 점이다. 복음을 통해 유대인 메시아를 비유대인의 세계에 선포했던 상황에서 갈등과 쟁점이 되었던 것들은 다음과 같다. 이방인과 유대인에게 동일하게 복음이 필요한가, 이스라엘의 하나님의 의롭게 하시는 은혜가 어떻게 이방인에까지 확대되는가, 토라와 비교할 때 복음은 어떻게 죄의 실재와 육신의 연약함 및 죽음의 능력을 다루는가, 복음이 모든 믿는 자를 위한 것이라면 이스라엘은 하나님의 목적 안에서 어디에 위치하는가, 이 모든 것이 로마에서 어떻게 해결돼야 하는가 등이다. 이 서신을 분명히 이방인들에게 썼으나,[43] 유대적 쟁점 혹은, 더 나은 표현으로는, 복음의 유대적 특성이라는 문제(유대인과 이방인은 서로 어떤 관계이고 하나님 앞에서 서로를 어떻게 받아들여야 하는가? 신자들에게 토라의 역할은 무엇인가? "이스라엘"은 누구이고 무엇인가?)가 주요 사안이라는 점은 해석자들을 상당히 당황하게 했다.[44] 그러나 사실상 당황함을 유발하는 바로 이 점이 그 서신이 기록된 이유를 설명해준다. 바울의 선교가 수많은 동족 유대 그리스도인(그리고 어쩌면 많은 이방인 신자도)을 마찬가지로 당황하게 했기 때문이다. 그리고 바울이 다메섹 도상에서 참으로 자신에게 임했다고 믿는 부르심에 반응하려고 했을 때, 어쩌면 그 자신도 어느 정도 당혹스러워했다는 결론이 타당할 듯하다. 자신의 무르익은 성찰과 숱한 개별적 논의의 성과를 담은 소논문을 집필하려면 은퇴 때까지 기다려야 했던 위대한 사상가와 마찬가지로, 단언컨대 가장 위대한 기독교 신학자인 바울도 그의 사역 중 가장 논란이 된 측면, 즉 예수 메

---

43) 롬 1:6, 13; 11:13-32; 15:7-12, 15-16.

44) Esler는 Ioudaios의 번역어로 "유대 사람"("유대인"이 아니라)을 주장하지만(*Conflict and Identity*, 62-74), 개종자(할례의 수용과 유대화로 인해 Ioudaioi로 여겨질 수 있었던 사람) 수의 증가 때문에 Ioudaios의 종교적 정체성이 기원전 1세기부터 점점 더 일반적이 되었다는 사실을 충분히 고려하지 않는다(*Jesus Remembered*, 262-63; J. C. Walters, *Ethnic Issues in Paul's Letter to the Romans* [Valley Forge: Trinity Press International, 1993], 58-59). 바울이 Ioudaios를 비민족적 용어로 재규정한 점도 중요하다(롬 2:28-29[Esler가 놀랍게도 최소한의 언급으로 지나친 구절], 고전 9:20[바울이 취하거나 취하지 않을 수 있는 정체성으로서 Ioudaios]). 그리고 우리는 Ioudaioi라는 칭호가 Ioudaia(유대) 출신들에게뿐만 아니라, "이방 민족이지만, 그들의 관습에 영향을 준(zēlousi) 나머지 인류에게도 적용되었다"는 카시우스 디오의 관찰을 상기해야 한다(37:17.1 — *GLAJJ*, 2.349, 351; 또한 W. Gutbrod, *TDNT*, 3.370을 보라).

시아의 복음이 모든 믿는 자를 위한 것이라는 자신의 견해를 종합하여 기록하기에 충분한 시간을 고린도에서 찾았던 것이다.

b. 로마 회중

바울은 로마와 서신의 수신자들의 상황을 얼마나 잘 알고 있었는가? 물론 바울은 그곳이 로마 제국의 수도이고, 빌립보와 데살로니가 및 에베소와 같은 중심지에서 자신이 맛본 로마의 지배권(*imperium*)에 대해 잘 알고 있었을 것이다. 고린도의 역사와 고린도 자체가 로마를 밀접하게 모본으로 삼았다는 사실은 로마의 권력 행사 방법을 바울로 하여금 확실히 파악하도록 했을 것이다. 바울이 친히 알고 있는 로마 사람들은(16:3-15) 분명 그들이 다른 곳을 여행하는 중 바울을 만났을 것이며[45] 이들 로마에 거주하거나 거주했던 사람들을 통해 바울은 로마에 관해 많이 알게 되었을 것이다.[46]

거의 확실하게 바울은 로마에 많은 유대인이 살고 있음을 알았을 것이다.[47] 예를 들어 바울은 폼페이우스가 예루살렘을 점령한 후 기원전 62

---

45) Jewett는 바울이 유대인들이 로마에서 추방당하는 동안에 아굴라와 브리스가뿐만 아니라, 에배네도, 마리아, 안드로니고와 유니아, 암블리아, 우르바노, 스다구, 아벨레, 헤로디온, 드루배나, 드루보사, 루포와 그의 어머니를 만났을 수 있다고 말한다(*Romans*, 60-61).

46) 이어지는 내용은 필자의 *Romans*, xlv-liv에 의존했다.

47) 1세기 중반에는 아마도 40,000명에서 50,000명 정도(Leon, *Jews of Ancient Rome*, 135-36; A. D. Clarke, 'Rome and Italy', *BAFCS*, 2.455-81[여기서는 464-68]); "적어도 30,000명"(Barclay, *Jews in the Mediterranean Diaspora*, 295); R. Penna, *Paul the Apostle*. Vol. 1: *Jew and Greek Alike* (Collegeville: Liturgical, 1996), 19-47(여기서는 30과 n. 53)과 R. Brändle and E. Stegemann, 'The Formation of the First "Christian Congregations" in Rome in the Context of the Jewish Congregations', in Donfried and Richardson, *First-Century Rome*, 117-27(여기서는 120)은 20,000명으로 추정한다. 또한 G. La Piana, 'Foreign Groups in Rome during the First Centuries of the Empire', *HTR* 20 (1927), 183-403(여기서는 341-93)의 모범적인 연구; Smallwood, *Jews*, 201-10; Gruen, *Diaspora*, 1장; M. H. Williams, 'The Shaping of the Identity of the Jewish Community in Rome in Antiquity', in Zangenberg and Labahn, eds., *Christians as a Religious Minority in a Multicultural City*, 33-46을 보라. 자그마치 11개 이상의 회당 이름이 규명되었다: Leon, 7장; Levinskaya, *BAFCS*, 5.182-85; *JIWE*, 2 index(539-40); 이를 Jewett, *Romans*, 57이 요약했다(참고문헌과 함께). P. Richardson,

년에 노예로 로마에 끌고 간 유대인들의 자손 몇몇을 알았을 수 있다(Philo, Leg, 155).[48] 클라우디우스가 로마의 유대인을 추방한 사건은 최근 발생한 일이었고, 이로 인해 바울은 브리스가 및 아굴라와 변치 않는 친분을 쌓게 되었다(행 18:1-3).[49] 그리고 그가 친히 알고 있어서 문안한 사람 중 다수가 유대인이었다. 명백하게는 안드로니고, 유니아 그리고 헤로디온(syngenēs, "동족, 친척", 16:7, 11), 또한 어쩌면 브리스가와 아굴라, 마리아, 루포와 그의 어머니(16:3, 6, 13) 등이다.[50] 로마의 주요 도시에서 바울이 선교할 때 경험한 유대 공동체, 그들의 권리, 그들에 대한 사회적 존중과 간헐적 의심을 고려하면, 바울이 로마에 있던 대규모의 유대인 공동체가 마주한 상황과 그들이 처해 있던 대체로 낮은 지위에 관해 공정한 견해를 가졌다고 안전하게 추론할 수 있다.[51]

'Augustan-Era Synagogues in Rome', in Donfried and Richardson, *First-Century Rome*, 17-29은 Leon을 따라서 네다섯 개의 회당이 1세기로 추정될 수 있다고 언급한다: 히브리인, 아우구스투스당(Augustesians), 아그리파당(Agrippesians), 볼룸니우스당(Volumnesians) 그리고 아마도 헤롯당(Herodians)의 회당들(19-28). 회당은 그런 힘 있는 개인들의 동의 없이는 그들 이름을 사용할 수 없었는데(아우구스투스, 아우구스투스의 심복인 마르쿠스 아그리파, 헤롯 대왕, 아마도 수리아의 호민관인 볼룸니우스), 이것은 이 회당들에 부여된 지위와 회당이 통합된 정도를 나타낸다. 각 회당이 분리 조직되어 각자의 문제를 총괄했기 때문에, 로마 회당에 대한 중앙 조직의 통제가 없었다는 Leon의 논증은 보통 받아들여진다 (168-70; 예. Levinskaya, 185-92; Penna, *Paul*, 1:27-34을 보라).

48) 행 6:9에서 언급된 예루살렘의 자유민(*Libertini*)이 예루살렘에서 사로잡혀 로마에 노예로 끌려가서 나중에 풀려난 유대인들의 자손일 가능성은 §24.2a를 보라(Philo, *Legat.* 155). 16:3-15의 인사 목록에 있는 대부분의 이름은 노예와 자유민 남녀 가운데 흔했다. 유대인 유니아와 (어쩌면) 루포를 포함해서 말이다. 위 §30 n. 156을 보라.

49) 위 §31.4b를 보라.

50) Lampe, *Paul to Valentinus*, 74-75. 당시 로마 그리스도인의 수는 때로 상당히 적었다고 추정되지만(Spence는 대략 250-500명을 제시한다[*Parting*, 286-87]), 십 년이 지나지 않아 64년 로마를 방화했다고 고발당했을 때 그들은 "큰 무리"(*1 Clem.* 6.1)와 "엄청난 수"(*multitudo ingens*)(Tacitus, *Ann.* 15.44.2-4)로 묘사될 수 있었다. 따라서 Jewett은 그때쯤 신자 수가 분명 수천 명으로 늘었을 것으로 생각한다(*Romans*, 61-62).

51) "많은 유대인 직업의 열악함과 가난이 로마인 저자들의 경멸을 유발했다"(S. Applebaum, 'The Social and Economic Status of the Jews in the Diaspora', in S. Safrai and M. Stern, eds., *The Jewish People in the First Century*, vol. 2 [Assen: Van Gorcum, 1976], 701-27[여기서는 721]). 또한 Penna, *Paul*, 1.38-40을 보라. 그는 우리가 로마의 유대인 공동체에 대해 아는 것이 너무 적다고 애석해한다(45-46).

바울은 어쩌면 로마에서 기독교 운동이 시작된 것에 대해서도 알았을 것이다.[52] 그들의 믿음이 온 세상에 전파된 것에 대해 하나님께 감사함(1:8)을 단지 형식적인 인사말이라고 일축할 필요는 없으며, 이는 디아스포라 교회들 가운데 빠르게 자리 잡은 소통망이 있었음을 상기해 준다.[53] 바울은 브리스가와 아굴라를 통해 그들이 로마로부터 떠나야 했던 상황(크레스투스/그리스도[의 선포]가 야기한 로마 회당의 불안)에 대해 알게 되었을 것이다.[54] 게다가 바울은 로마 가정교회의 몇몇 지도자를 알고 있었다(16:3-15).[55] 무엇보다도 그는 감옥에서 어느 정도 시간을 함께 보낸 자기 친척인 안드로니고와 유니아를 직접 알았다. 더욱더 중요한 점은 바울이 그들을 "사도들 가운데 존중히 여겨지고, 나보다 먼저 그리스도 안에 있는 자들"이라고 소개하는 대목이다(16:7).[56] 바울에게 사도의 주된 표지 중 하나는 남자 또는 여자가 교회 설립자(로 위임받았다)라는 것이다. 바울이 고린도 사람들에게 서신을 쓸 당시에 이것을 중시했음을 기억할 것이다. 비록 몇 사람이 바울을 사도로 여기지 않았지만, 바울이 그들을 신앙으로 인도했기 때문에 그

---

52) Lampe는 최초의 그리스도인들(그리고 최초의 교회들도)이 트란스테베레(Transtiberinus)와 포르타 카페나(Porta Capena)에 집중되었다는 공산을 인상 깊게 입증하는데, 그곳은 가장 가난한 로마 거주자들이 살았던 곳이다. 또한 그들은 사회적으로 더 혼재된 아벤티네(Aventine)와 캄푸스 마르티누스(Campus Martinus)에서도 이미 살고 있었을 것이다(*Paul to Valentinus*, 3-4장 3-4). 이것은 'Early Christians in the City of Rome: Topographical and Social Historical Aspects of the First Three Centuries', in Zangenberg and Labahn, eds., *Christians as a Religious Minority in a Multicultural City*, 20-32에서 요약했다. 더 간단하게는 Lichtenberger, 'Jews and Christians in Rome', 2158-60을 보라. 또한 A. du Toit, '"God's Beloved in Rome" (Rom1:7): The Genesis and Socio-Economic Situation of the First-Generation Christian Community in Rome', *Focusing on Paul*, 179-202; 그리고 위 §30.2a를 보라.
53) 위 §30.8을 보라.
54) 위 §28 nn. 40, 41, 44를 보라.
55) 5개의 다른 집단/회중을 롬 16장에서 구분할 수 있다. 예. 필자의 *Romans*, lii; Jewett, *Romans*, 61을 보라. Lampe는 예닐곱의 가정이나 공동주택 집단을 상정할 수 있다고 생각한다(*Paul to Valentinus*, 359-60); 비슷하게 Schnabel, *Mission*, 812-13.
56) 필자의 *Romans*, 894-95; Fitzmyer, *Romans*, 739; 그리고 §29 n. 82를 보라.

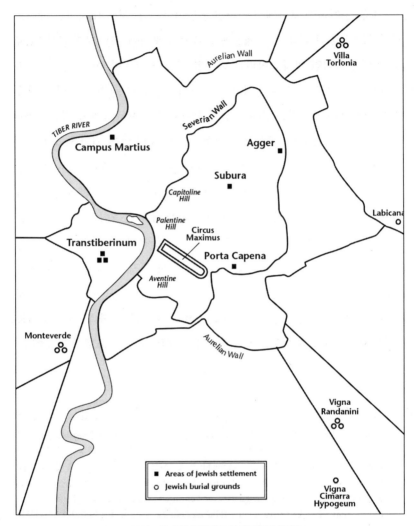

Villa Torlonia

Aurelian Wall

TIBER RIVER

Campus Martius

Severian Wall

Agger

Subura

Capitoline Hill

Palentine Hill

Circus Maximus

Porta Capena

Labicana

Transtiberinum

Aventine Hill

Aurelian Wall

Monteverde

Vigna Randanini

- ■ Areas of Jewish settlement
- ○ Jewish burial grounds

Vigna Cimarra Hypogeum

| 로마-유대인 공동체들의 위치를 나타냄

는 적어도 고린도 사람들에게는 사도다(고전 9:1-2).[57] 언급해야 하는 점은, 신약에서 "사도들"로서 로마와 직접 관련이 있는 유일한 사람들이 안드로니고와 유니아라는 사실이다. 바울의 관점(교회 설립자로서 사도들)에서 그것은 짐작하건대 바울이 그들을 로마에 복음을 가져온 첫 사람들로, 즉 하나 혹은 그 이상의 로마 교회를 세운 사람들 가운데 속한 것으로 여겼다는 의미다.[58] 바울이 그들을 "나보다 먼저 그리스도 안에 있는" 사도라고 언급한 것은, 짐작하건대 사도의 순서에서 자신보다 그들이 앞선다고 바울이 인식했음을 나타낸다.[59] 따라서 그들의 정확한 지위가 무엇이든지 간에, 로마 기독교의 시작에 대한 바울의 지식이 상당히 광범위했음을 확신할 수 있다.

그렇다면 바울은 메시아 예수의 복음이 하나 혹은 여러 유대 회당이

---

57) 추가로 위 §29.3f를 보라.

58) 더 자세하게는 필자의 *Romans*, 894-95과 위 §29 n. 82을 보라. 비교. Fitzmyer, *Romans*, 33; Bauckham, 'Jesus and the Jerusalem Community', 71-72. 그러나 그렇게 말하는 전통은 하나도 없다. 안드로니고와 유니아가 로마에서 "사도"로 불렸음에도, Brändle과 Stegemann은 로마에서의 선교 활동이 우리에게 전혀 알려지지 않았다고 주장한다('Formation', 127). 유대인 상인들(아니면 노예들)의 영향이나, 예루살렘의 순례 축제에서 로마로 귀환한 방문자들의 영향은 물론 배제할 수 없다(비교. 행 2:10; 예. Schnelle, *History*, 112; Lampe, *Paul to Valentinus*, 165; Schnabel, *Mission*, 804-805; R. Hvalvik, 'Jewish Believers and Jewish Influence in the Roman Church until the Early Second Century', in Skarsaune and Hvalvik, eds., *Jewish Believers in Jesus*, 179-216[여기서는 187-89])을 보라. Becker는 "스데반의 선교로 개종한 알려지지 않은 그리스도인들이 로마에서 그리스도를 전했다"라고 말한다(*Paul*, 336). 행 28:13-24을 고려해서, Lampe는 보디올-로마 간 상업 축에 주목하는데, 오스티아보다는 보디올 항구가 로마에서 동쪽으로 가는 주 관문이었다(9-10). 또한 Lampe, 'Paths of Early Christian Mission into Rome: Judaeo-Christians in the Households of Pagan Masters', in S. McGinn, ed., *Celebrating Romans: Template for Pauline Theology*, R. Jewett FS (Grand Rapids: Eerdmans, 2004), 143-48은 "특별히 롬 16:10이 언급한 집안 구성원들을 통해서 유대인-기독교가 로마시에 진입하는 방법을 발견했다"라고 제시한다(148). 로마 교회의 설립을 바울에게 돌리는 후기 전승에 관해서는 Fitzmyer, 29-30을 보라: "바울이 그의 서신을 쓰기 전에 베드로가 로마에서 주요 시간을 보냈거나, 그가 로마 교회의 설립자이거나 로마에 기독교를 처음 가져간 선교사라고 생각할 이유가 전혀 없다"(30).

59) 안드로니고와 유니아를 "사도들 가운데 존중히 여겨지"고 "나보다 먼저 그리스도 안에 있는" 사람들로 인정한 것은 "사도 중에 지극히 작은 자"라는 바울의 자기 평가로 산뜻하게 보완된다(고전 15:9). 비록 바울이 복음 설교에 더 효과적이었지만 말이다(15:10-11).

있는 상황에서 로마에 처음 들어왔다고 알았을 것이다.[60] 이 복음이 처음부터 이방인에게 개방되었는지, 아니면 헬라파 신자들을 통해 이방인에게 주어진 기회를 반영했는지, 혹은 좀 떨어진 곳에서 들려온 바울의 선교에 대한 최초 보고에 영향을 받았는지는 알 수 없다.[61] 그러나 분명히 이방인들이 상당히 빠르게 밀려들어 왔다. 짐작하건대 그들은 로마의 어떤 회당의 삶에 다양하게 참여한, 하나님을 경외하는 자들이었을 것이다. 상당히 가능성이 있는 점은, 크리스투스(크레스투스)의 메시지가 상당히 많은 이방인을 끌어들였다는 사실이 수에토니우스가 보고한 불안을 야기했을 것이라는 점이다. 어쩌면 추방의 목표가 된 사람들은 그런 복음 전도를 가장 활발히 한 유대인 개인들(아굴라와 브리스가와 같은)이었을 것이다.[62]

우리는 바울이 로마 그리스도인들의 현 상황을 제대로 보고 받았다고 자신 있게 짐작할 수 있다. 결국 바울은 로마에 있는 5개(혹은 그 이상)의 공동주택에 자리잡은 교회에 속한 구성원들과 일면식이 있었다(롬 16:3-16).[63] 바울이 문안한 로마의 유대 그리스도인들의 존재로부터(16:3-15) 우리는 클라우디우스가 죽음을 맞이했을 때(54년) 그의 칙령이 소멸되어 아굴라와 브리스길라, 안드로니고와 유니아 같은 유대인들이 자산에 대한 권리

---

60) 로마 사람들이 "어떤 기적이나 사도들을 안 보고도, 유대교 의식을 통해서 예수의 신앙을 포용했다"는 암브로시아스터(4세기)의 언급은 자주 인용된다(PL 17.46; 예. Fitzmyer, *Romans*, 30-31; Moo, *Romans*, 4를 보라). Brown은 "로마의 주류 기독교는 야고보 및 베드로와 관련이 있는 예루살렘 기독교에 의해 형성됐기에, 유대교를 인정하고 그 관습에 충실한 기독교였다"라고 논증한다(Brown and Meier, *Antioch and Rome*, 110). 추가로 자기 견해의 비판에 대한 Brown의 답변을 보라, 'Further Reflections on the Origins of the Church of Rome', in Fortna and Gaventa, eds., *Studies in Paul and John*, 98-115.

61) 최초의 로마 "기독교"가 예수를 믿는/예수에 대한 신앙과 상당히 다르다는 또 다른 견해를 지지하는 내용은 전혀 없다(예. "Q 기독교"). 반대로, 주목할 만한 점은 바울이 로마의 신자들이 그가 설교한 똑같은 복음으로 개종되었다는 점을 당연시했다는 사실이다.

62) 다시 §28 nn. 40, 41, 44을 보라. J. C. Walters, 'Romans, Jews, and Christians: The Impact of the Romans on Jewish-Christian Relations in First-Century Rome', in Donfried and Richardson, *First-Century Rome*, 175-95은 "공격적인 개종화" 때문에 로마 행정가의 철저한 조사를 받았다고 말한다(181-82). Lane은 칙령이 단지 한두 개의 구체적인 회당의 구성원들을 향했다고 말한다(204).

63) 위 n. 55을 보라.

를 주장하면서 기업을 회복하고, 그 밖의 일을 처리하기 위해 로마로 돌아왔을 것으로 추론할 수 있다.[64] 바로 이 귀환이 바울이 로마서 14:1-15:6에서 말한 갈등을 설명해줄 것이다. 즉 유대 그리스도인 지도자의 부재로 인해 다수/대부분의 공동주택 교회의 지휘가 비유대인에게 넘어갔고, 이방인 지도자들은 유대인 신자들을 (다시) 환영하도록 독려 받아야 했다. 이유는 아래에서 밝힐 것이다. "믿음이 연약한 자를 너희가 받되…", "서로 받으라"(14:1; 15:7).[65] 무엇보다도 이방인들이 로마의 신생 기독교 운동을 그렇게 "접수"하는 데 대응해야 할 필요가 있었다는 점은, 그들의 동료 신자인 유대인들을 향해 거만하게 굴지 않아야 한다는 바울의 주장을 설명해줄 것이다.[66] 그러나 언급해야 하는 것은 유대인 신자들(돌아온 자들)이 자신들(추방된 유대인들)만의 교회를 형성하기보다는, 이들(이방인) 교회에 속하려

---

64) 어쨌든 칙령의 범위와 효과는 불확실하다. 타키투스는 이탈리아에서 점성술사들의 추방(52년)이 "엄중했으나 효과가 없었다"라고 말한다(Ann. 12.52).

65) 이것은 특별히 W. Wiefel, 'The Jewish Community in Ancient Rome and the Origins of Roman Christianity', Judaica 26 (1970), 65-88이 논증한 것이며, 이는 Donfried, Romans Debate, 85-101으로 재발간되었고, 많은 사람들에게 설득력이 있었다. 예. Walters, Ethnic Issues, 3장; Fitzmyer, Romans, 33, 77-78; Moo, Romans ,13, 19; Brändle and Stegemann, 'Formation', 126-27; Jewett, Romans, 61을 보라. 또한 A. Pitta, 'The Strong, the Weak and the Mosaic Law in the Christian Communities of Rome (Rom. 14.1-15.13)', in Zangenberg and Labahn, eds., Christians as a Religious Minority in a Multicultural City, 90-102; Hvalvik, 'Jewish Believers', 192-96. 우리가 로마에 바울의 "반대자"가 있었다고 말해야 하느냐는 문제는 다른 질문이다. S. E. Porter, 'Did Paul Have Opponents in Rome and What Were They Opposing?', in S. E. Porter, ed., Paul and His Opponents (Leiden: Brill, 2005), 149-68을 보라.

66) 롬 11:17-24; 12:3; 14:3, 10; 15:1. 가정하건대 위 n. 43에 있는 자료를 설명하는 것은 자신이 (주로) 이방인 청중에게 말하고 있다는 바울의 이해다. A. A. Das, Solving the Romans Debate (Minneapolis: Fortress, 2007)는 S. K. Stowers, A Rereading of Romans (New Haven: Yale University, 1994)를 따라, 로마서가 이방인 청중들에게 전해졌다고 논증한다. 그러나 더 전통주의적인 유대인 신자들을 염두에 두었다면 14:1-15:7이 가장 잘 이해되고(n. 270을 보라), 알아볼 수 있는 유대인들을 다수 포함한(n. 50을 보라) 16장의 안부 인사는 분명 인사를 받는 사람들을 서신을 받는 회중의 구성원으로 본다(Das의 논증처럼, "제삼자"는 아니다). 가장 명백한 결론이 넓게 합의되는 결론인데, 즉 로마 교회는 다수가 비유대인인 혼합 회중이었다는 것이다. 또한 Watson, Paul, Judaism and the Gentiles (²2007), 175-91을 보라. Lampe는 롬 16장의 유대인 구성원을 15%로 추정한다('The Roman Christians of Romans 16', in Donfried, ed., Romans Debate, 216-30[여기서는 225]). Spence는 이 수치가 너무 낮다고 생각한다(Parting, 277).

고 했다고 바울이 추정했다는 점이다. 다수의 공동주택 교회들이 서로 어떻게 통합했는지는 거의 알 수 없다. 비록 바울이 자신의 서신이 "로마에서 성도로 부르심을 받은 모든 자"(1:7)에게 도달할 것으로 확신한 듯하지만 말이다. 당시 가정교회들과 회당들의 관계에 대해서도 확신할 수 없다.[67] 가정교회가 49년 이래로 유대 공동체에서 상당히 분리되었다고 많은 사람이 추론했지만,[68] 그들이 어느 정도 독립했는지는 불명확하다. 부분적으로는 이방인 신자들 대부분이 로마의 회당 중 한 곳에서 하나님을 경외하는 신봉자였을 것이기 때문이고,[69] 또한 어느 정도는 가정교회들의 법적 지위가 그들이 유대 공동체의 분파라는 추정에 여전히 의존했기 때문이다.[70]

---

67) 행 28장의 증거는 확고하게 추론하기에는 너무 불가사의하고 누가의 계획으로 인해 너무 왜곡되어 보인다. 추가로 아래 §34.3c를 보라.

68) 예. Schnelle, 49년의 추방이 "기독교 공동체와 회당의 마지막 분리를 이루었다"(*History*, 112); Lichtenberger, 'Jews and Christians in Rome', 2168, 2173; Hvalvik, 'Jewish Believers', 198-99. Spence는 "'Christianity" and the Synagogue of Rome'이라는 제목의 긴 연구를 "바울이 로마의 그리스도인들에게 편지를 썼을 때쯤에 그곳에는 회당과 구별되고 예수 그리스도를 믿는 신앙으로 하나가 되었으며 유대인과 이방인으로 구성된 사회 공동체가 있었다"라는 말로 결론지었다. 그의 논지는 "그 추방[클라우디우스 치하 49년에]은 로마에서 유대인 공동체와 구별된 기독교 공동체의 확립으로 이어졌거나 그 발전을 재촉했다"는 것이다 (*Parting of the Ways*, 117). 그러나 그의 논의는 "교회"를 분명하게 정의된 독립체로 반복 언급하는 결함이 있다(예. 31-32, 60-61). 그는 롬 1:7에 *ekklēsia*가 부재한 중요성을 너무 가볍게 일축한다(281-83). 행 28장에 호소하는 것(10, 114)은 누가가 로마에 있던 신자들을 전혀 언급하지 않았다는 사실로 약화된다(다시 아래 §34.3c를 보라).

69) 그 이후 몇 세기 동안 기독교 지도자들은 자기 회중에게 유대교 회당에 참석하지 말고 유대교의 축제와 관습을 준수하지 않도록 권면해야 할 필요를 보았다(필자의 *Partings* [²2006], xix-xx, 344-46). 따라서 하나님을 경외하는 이방인들이 메시아 예수에 대한 자신들의 신앙을 자신들이 이전에 회당을 따랐던 신앙의 확장으로 보았을 가능성은 농후하다.

70) 위 §30 n. 122 그리고 §31.4c를 보라. 그러나 필자는 로마의 신자들이 여전히 온전히 "회당의 권위 아래 있었다"(*The Mystery of Romans*, 30-31, 72-75)라는 Mark Nanos의 논지를 따를 수 없다. 예. 필자의 *Theology of Paul*, 675 n. 9과 684 n. 59에 있는 비판을 보라. 이와 대조적으로 Watson은 여전히 바울이 그의 로마 독자들로 하여금 "유대인 공동체와 마지막으로 결별"하도록 설득하려 했으며, "실패한 개혁 운동을 종파로 전환하기를 원했다"라는 그의 논지를 여전히(그러나 강조를 덜함) 유지하는데(*Paul, Judaism and the Gentiles* [¹1986], 106; [²2007], 188, 260, 343), 그것은 로마서 어디에서도 명시되지 않은 의도이고, 4:11-12; 9:3-4; 11:17-24; 15:7-12, 25-27과 같은 구절의 신학 논리와도 역행한다. 행 28:17-24의 혼란스러운 증거(아래 §§34.3c-d를 보라)를 완전히 무시하지 않아야 한다.

게다가 로마와 고린도 사이에 계속된 왕래가 있어서 로마에 있는 신자들의 사회적·정치적 상황에 관한 소식을 바울이 정기적으로 들었다고 추정하는 것이 개연성에 전혀 무리를 주지 않는다. 바울은 12:14-21(사소한 고발과 모욕)과 13:1-7(도시 당국의 힘을 존중함의 중요성)에 암시된 로마 회중의 취약성을 분명 그런 출처를 통해 알게 되었을 것이다. 로마서 13:7("모든 자에게 줄 것을 주되 조세를 받을 자에게 조세를 바치고 관세를 받을 자에게 관세를 바치라")은[71] 50년대 중반 로마의 상황을 밝혀주는 빛줄기를 제공할지도 모른다. 우리는 58년에 대중들의 지속적인 불만이 간접세(vectigalia) 때문이었음을 타키투스를 통해서(Ann. 13) 안다. 따라서 바울이 서신을 쓸 당시에(2년 전에?) 간접세는 이미 유대인과 그리스도인 상인들에게 민감한 논제였을 가능성이 크며, 그들은 세리들(publicani)이 정해진 세율보다 훨씬 더 높게 요구하지는 않았는지 의심하는 마음이 들었을 테다.[72] 어쨌든 로마의 신자들에게 "자신들의 조세를 바치라"라는 예기치 않은 충고는 바울이 로마의 그리스도인 집단이 직면한 상황을 알았음으로 인해 촉발되었을 가능성이 크다.

이 내용 가운데 어떤 것도 §33.2a의 주요 주장(로마서 집필 동기)에 대해 의문을 제기하지 않는데, 바울이 볼 때 그 서신의 본문 강해(1:16-11:36)의 중요성이 로마의 그리스도인들이 처한 구체적 상황에서 그 강해의 충분한 이유와 설명을 찾을 가능성은 거의 없기 때문이다. 그러나 그 강해는 단순히 바울의 이론적 혹은 관념적 활동이 아니라, 바울이 수많은 로마의 도시에서 겪었던 선교 경험의 산물이고 로마 교회의 상황과도 상당히 직접적인 관련이 있음을 강화한다.

---

71) *Phoros*("조공")와 *telos*("세금")의 구별은 *tributum*(이탈리아와 식민 도시들에서 로마 시민들에게는 면제된 직접세)과 더 상당한 *vectigalia*(초기엔 국가 소유물을 빌려주고 받은 수입이었으나, 바울의 시대에는 간접세까지 포함하는 것으로 확대되었으며, 주로 관세였다); 상세 사항은 *OCD*³, 1583, 1228을 보라.

72) 특별히 J. Friedrich, W. Pöhlmann and P. Stuhlmacher, 'Zur historischen Situation und Intention von Römer 13,1-7', *ZTK* 73 (1976), 131-66을 보라. 예로 필자의 *Romans*, liii-liv; Fitzmyer, *Romans*, 35-36, 78-79; Lohse, *Römer*, 358이 이것을 따랐다.

33.3 바울의 로마서

고린도후서가 과연 한 편의 서신으로서 통일성을 지니고 있는가에 대해 지속적인 (그리고 끝내 풀리지 않는) 의문을 제기하는 반면에, 로마서의 "온전성"이라고 묘사되었던 것은 깊게 다룰 필요가 없다. 두 세대 전에 인기 있던 견해(16장은 사실 에베소로 보내진 것이라는 견해)는 대체로 포기되고 있다.[73] 그리고 서신의 마지막 부분에 대한 의심은(특별히 16:25-27의 지위)[74] 서신의 본문에 영향을 끼치지 않았다. 서신의 적절한 수사적 유형(과시적, 심의적, 충고적, 혹은 다른 것?[75])에 관한 작금의 대중적 논의도, 그 서신의 주요 취지가 로마의 첫 청중들에게 틀림없이 끼쳤을 영향력을 밝히는 데 별로 도움이 되지 않았다.[76]

a.서신의 주요 취지

로마서의 주요 주제에 관해서는 의심의 여지가 별로 없다. 그것은 서신의 도입부에 이미 제시되었다. 필자는 서신의 주제를 진술한 부분에는 거의 모두가 동의하는 1:16-17만이 아니라 1:1-5도 포함된다고 본다. 이 도입부에 대해서 흔히 알려진 내용은 바울이 (보다) 널리 알려진 신조(1:3-4)를 사용해서 자신의 이름을 소개하고 자기가 가진 선의를 재확인하도록 한다는 점이다.[77] 그러나 보통 학자들이 말하는 것보다 더 강조되어야 할 것은, 이

---

73) 예. Schnelle, *History*, 118-19, 127; Murphy-O'Connor, *Paul*, 324-28; 그리고 특별히 H. Gamble, *The Textual History of the Letter to the Romans* (Grand Rapids: Eerdmans, 1977), 그리고 Lampe, *Paul to Valentinus*, 153-64을 보라.

74) 예. Metzger, *Textual Commentary*, 533-36을 보라.

75) 예. Donfried, *Romans Debate*를 보라 — 특별히 Wuellner, Stirewalt, Aune의 글들; 그리고 Jewett, *Romans*, 41-46.

76) 필자가 명확하게 인용하지 않아도, 이어지는 내용에서 필자의 *Romans*와 *Theology of Paul*(바울이 로마서를 썼을 때의 바울 신학에 대한 강해)에 의존한 내용은 분명할 것이다.

77) 바울이 이전 문구를 각색했거나 수정했느냐는 논쟁은 필자의 *Romans*, 5-6, 11-16; 또한

도입부의 구절들이 바로 바울이 선포하는 복음의 중심이 무엇인지를 나타내는 바울의 복음에 대한 진술이라는 점이다.[78] 서신 전체에 대해 그 구절들이 지니는 중요성은, 바울이 "하나님의 복음"이라는 이 진술을 삽입하여 서신의 관례적 도입부(자기소개, 수신자 명명)를 방해하는 것으로 보인다는 점이다. 바울의 전략은 갈라디아 사람들에게 서신을 쓸 때 이용한 전략과 같은데, 서신이 낭독되었을 때 그 서신의 예기치 못한 시작과 격렬함이 갈라디아 회중의 주의를 분명 사로잡았을 것이다.[79] 여기서도 비슷하게 그리고 훨씬 더 주의 깊은 계획에 따라 단어를 선별해가며 쓴 서신에서, 분명 1장의 도입부는 로마의 청중에게 바울 복음의 핵심이 무엇인지를 알리려는 의도였을 것이다.

> [1]하나님의 복음… [2]이 복음은 하나님이 선지자를 통하여 그 아들에 관하여 성경에 미리 약속하신 것이라. [3]그의 아들에 관하여 말하면 육신으로는 다윗의 혈통에서 나셨고 [4]성결의 영으로는 죽은 자들 가운데서 부활하사 능력으로 하나님의 아들로 선포되셨으니 곧 우리 주 예수 그리스도시니라. [5]그로 말미암아 우리가 은혜와 사도의 직분을 받아 그의 이름을 위하여 모든 이방인 중에서 믿어 순종하게 하나니.

바울은 깔끔하게 압축된 이 진술을 통해 자신이 서신의 수신자와 함께 공유하고 있는 복음의 이해에서 무엇이 분명 가장 중요한지를 명확하게 표현한다.[80]

Theology of Paul, 242-43; Jewett, *Romans*, 103-109을 보라.

78) Moo, *Romans*, 25; N. T. Wright, 'The Letter to the Romans', *New Interpreter's Bible* (Nashville: Abingdon, 2002), 10.415-16, 419. Barnett는 롬 1:1-4의 신조가 "사도들의 가르침"을 요약하고 바울이 회당에서 가르칠 때 참조한 본보기였다고 본다(*Birth*, 92). 반대로 Esler는 1:3-4, 3:22-26, 8:3, 32-34과 같은 기독론의 핵심 구절들을 대체로 무시한다(*Conflict and Identity*, 136-37, 155-68, 244, 265-66).

79) 위 §31.7b를 보라.

80) 분명 바울은 "복음"이 로마의 신자들에게 친숙한 용어였고, 그 용어의 함의가 기독교의 용

- 가장 중심이 되는 중요한 사실은 복음이 하나님의 아들 예수에 관한 것이라는 점이다. 다윗의 자손으로서 그의 삶과 사역, 그리고 죽은 자 가운데서 주(主)로 부활하심에 관한 것이다. 경구적인 간결함으로 바울은 예수가 이스라엘이 소망하고 기대한 왕다운 메시아("다윗의 자손")이고,[81] 이 예수가 이제 승귀되신 주이시며, 그 안에서 죽은 자의 부활이 이미 시작되었다는[82] 사실을 강조한다.
- 이 예수에 대한 복음이 이스라엘의 성경이 말하는 예언의 성취라는 도입부의 분명한 주장은 그 첫 번째 강조를 부각한다(1:2).
- 두 번째 강조점은 믿음의 진술 전체에서 열방/이방인의 사도라는 바울 자신의 사명을 이끌어냄으로 상술된다. 바로 이 복음이 바울이 전파하도록 보내심을 받은 것이었으며,[83] 이 복음으로 그는 이방인들로 "믿어 순종하게" 했다(1:5). 물론 그들 가운데 (대부분의) 로마의 신자들이 있다(1:6).

이 정교하게 이루어진 문구에서 바로 드러나는 점은 이 서신에 대해 바울이 가진 이중적 의도다. 복음의 전적인 유대적 특성을 명확히 하고, 바로 이 복음이야말로 바울이 열방에게 전하도록 위임받은 좋은 소식이라는 것,[84] 그리고 하나님의 아들인 그리스도 안에서 복음과 그 자신의 사명이라는 이중의 특성이 하나가 된다는 것, 즉 우리 주 예수 그리스도는 모

례에서 독특했다고 추정할 수 있었다. 이 독특한 기독교적 용례의 발전은 대체로 바울 자신 때문으로 보이나(*Theology of Paul*, 164-69), 분명 그는 자신이 결코 직접 방문한 적이 없는 회중이 그런 용례에 친숙했다고 추정할 수 있었다.

81) 그 고백(이스라엘의 왕다운 메시아인 예수)의 정치적 함축은 명백하나, 그것이 바울이 했던 대로 표현되면, 그 함축을 로마 회중 안에 있던 어떤 정탐꾼도 인식하지 못했을 것 같다.

82) 위 §23.4a를 보라.

83) 바울이 사도의 사명을 받았음이 강조되었으나, 분명 갈라디아에서처럼 그것을 방어할 필요는 없었다. 여기서도 바울이 자신의 로마 청중에 대해 그렇게 많이 추정할 수 있었다는 사실은 놀랍다.

84) 바로 이 이중 측면(**열방**을 향한 **유대인의 복음**)이 로마의 공동주택의 회중 가운데 있는 (인종적) 유대인 요소를 바울이 왜 계속 곁눈질하는지 설명한다(위 §33.2a를 보라).

든 것이 걸려 있는 버팀목이라는 점이다. 바울이 몇 문장 뒤에서 엄숙한 확언으로 그들에게 상기시키듯이, 그는 하나님 아들의 복음으로써 하나님을 섬긴다(1:9)는 것이다.

> [16]내가 이 복음을 부끄러워하지 아니하노니, 이 복음은 모든 믿는 자에게 구원을 주시는 하나님의 능력이 됨이라. 먼저는 유대인에게요, 그리고 헬라인에게라. [17]복음에는 하나님의 의가 나타나서 믿음으로 믿음에 이르게 하나니, 기록된 바 "오직 의인은 믿음으로 말미암아 살리라" 함과 같으니라.

여기서도 바울은 놀라울 정도의 간결한 표현으로, 자기 서신에서 풀어내고자 하는 핵심들을 나열하는 데 성공한다.

- 사도와 로마서 저자로서 바울이 중심적으로 관심을 두는 부분은 복음이 모든 믿는 자, 먼저는 유대인에게 그리고 또한 헬라인에게라는 그의 확신이다. 이것은 단순히 (순진한) 보편주의적("모든 믿는 자에게") 진술이 아니다. 로마서의 다른 곳에서처럼 여기서도[85] 바울이 마음에 담고 있는 "모두"는 유대인과 그리스인,[86] 유대인과 이방인

---

85) "모든 이방인 중에서"(1:5); "모든 믿는 자에게"(1:16); "모든 믿는 자에게"(3:22); "모든 믿는 자들의 아버지"(4:11); "모든 후손에게"(4:16); "많은 사람들"(5:18); "우리 모든 사람을 위하여 아들을 내주셨다"(8:32); "모든 믿는 자에게"(10:4); "누구든지 그를 믿는 자"(10:11); "모든 사람의 주가 되사 그를 부르는 모든 사람에게 부요하시도다"(10:12); "그를 부르는 모든 사람"(10:12); "하나님이 모든 사람을 순종하지 아니하는 가운데 가두어 두심은 모든 사람에게 긍휼을 베풀려 하심이로다"(11:32); "모든 열방 모든 백성"(15:11); 1:18, 29; 2:1, 9, 10; 3:9, 12, 19, 20, 23; 5:12의 "모두"에서 되울렸다.

86) "유대인과 헬라인", 롬 1:16; 2:9-10; 3:9; 10:12. 바울이 유대인과 그리스인을 병치한 일의 중요성을 놓치지 않아야 하고, 단순히 그 구를 "유대인과 이방인"의 변형으로 여기지 않아야 한다. 후자는 유대인의 관점이었다(비유대인이 자신을 "이방인"으로 부른 사람은 하나도 없을 테다. Ethnē를 "열방"으로 번역했음을 잊지 않아야 한다). 그러나 "그리스인"은 자부심 있는 자기 신분이었다(바울이 잘 알았듯이, "그리스인과 야만인"은 "유대인과 이방인"과 같은, 세계에 대한 관점이었다, 1:14). 그래서 바울의 "유대인과 그리스인"은 그가 소아시아와 마게도냐 및 그리스에서 선교하며 직면한 주도적인 인종적·문화적 관점 두 가지를 포용한

사이의 장벽을 초월하고 허무는 "모두"다.[87]

■ 구원이라는 복음의 목적을 성취하게 하는 수단은 믿음이다. "그 복음"에 대한 앞선 진술에 비추어볼 때 자명하게(1:3-4), 이것은 1:3-4에서 말한 예수를 믿는 믿음이다.[88] 복음이 그런 방향("믿음의 순종", 1:5)을 지향하기에 그것은 유대인과 이방인 모두에게 효과를 곧바로 미친다. 먼저는 유대인에게다. 이 예수가 메시아 곧 다윗의 자손이기 때문이다. 또한 그리고 동등하게 이방인에게다. 그것은 (함축적으로) 이방인을 위한 복음의 구원 효과가 그들이 이방인이 되기를 그만두는 것(즉 "유대인"이 되어 유대교로 개종함)에 의존하지 않기 때문이다.

■ 더 자세히 설명하자면, 복음은 계시로 "작용하며", **하나님의 의**를 직접 표현한다. 하나님을 경외하는 이방인들도 그랬을 텐데, 이스라엘의 성경에 대한 지식을 가진 모든 사람은 하나님이 그의 피조물과 택한 백성(이스라엘)을 어떻게 다루시느냐는 이스라엘의 신학과 이해의 주요 주제를 이해했을 것이다.[89] 그 표현은 하나님이 그렇게 창조하시고 그렇게 선택하실 때 받아들이신 의무, 곧 둘 다를 유지하고 구원하는 의무의 제정을 표현한다.[90] 유대인에게 그 표현

다. 또한 C. D. Stanley, '"Neither Jew nor Greek": Ethnic Conflict in Graeco-Roman Society', *JSNT* 64 (1996), 101-24을 보라.

87) "유대인과 이방인", 롬 3:29; 9:24.

88) 바로 이 "믿음"이 수반하는 내용은 그 서신에서 바울이 설명해야 할 주요 관심사 중 하나가 될 것이다. 특별히 롬 4장과 9:30-10:13.

89) 바울이 설명 없이 그 용어를 도입한 사실은 바울이 자신의 로마 청중이 단지 그 용어와 자신이 그 용어에서 끄집어낸 함축에 친숙하다고 추정했다는 의미일 수 있다. 그 요점은 "하나님의 의"라는 구의 이전 용례에 의존하지 않는다. 예. Hultgren, *Paul's Gospel and Mission*, 18-26을 보라. 신학적 초점과 기독론의 뼈대("하나님의 복음", "하나님의 의")를 놓치지 않아야 한다(Wilckens, *Theologie*, 1/3.172).

90) "의"가 관계로 인해 개인에게 부과된 의무의 충족을 의미하는 관계적 용어라는 점에 대해서는 필자의 *Theology of Paul*, 341-44과 그곳의 참고문헌을 보라. 또한 필자는 하나님 의의 관계적 특성이 "하나님의 의"가 주격 소유격이냐 목적격 소유격이냐, 즉 "하나님의 활동"이냐 "하나님이 부여하신 선물"이냐는 종교개혁 이후의 전통적 신학 논쟁(불필요하고 정당하지 않은 양자택일의 사례)을 약하게 한다고 본다(344). M. A. Seifrid, 'Righteousness Language in the Hebrew Scriptures and Early Judaism', in Carson et al., *Justification and Variegated*

은 불가피하게 언약의 함축을 띤다. 그것은 하나님의 구원하시는 의를 뜻하고[91] "하나님의 신실하심"이라는 개념과 자연스럽게 하나가 된다.[92] 복음이 "구원하시는 하나님의 능력"을 계시했기 때문에, 바울은 서신의 수신자들이 이 "의로움"을 구원하시는 의로 이해하도록 충분히 명확하게 표현했다.[93]

■ 그러나 다시, 중대한 내용은 바울이 이 의로 하여금 구원의 효력을 가지게 하는 수단이 믿음이라고 주장한다는 사실이다. 바울은 그 요점인 "믿음에서 믿음으로"를 강조한다.[94] 그리고 바울은 하박국 2:4에서 끌어온 성경의 보증이나 증거로 그것을 강화한다. "의인은 그의 믿음으로 말미암아 살리라." 그러나 바울은 "믿음으로"가 최대

Nomism, 1.415-42은 "의"의 관계적 측면을 너무 강조하는 것을 경고한다. 그러나 필자의 *New Perspective on Paul*, (2005) 58-60, (2008), 63-65을 보라.

91) 히브리 성경에서 *tsedhaqah*("의")는 때때로 "구원"이나 "신원"으로 번역하는 것이 더 좋다 (예. 시 51:14; 65:5; 71:15; 사 46:13; 51:5-8; 62:1-2; 미 6:5; 7:9).

92) 여기서 N. T. Wright에 대한 Seifrid의 비판은 어느 정도 정당하다. Wright는 하나님의 의를 "언약에 대한 하나님의 신실하심"으로 반복해서 규정한다('Romans and the Theology of Paul', in D. M. Hay and E. E. Johnson, eds., *Pauline Theology*. Vol. 3: *Romans* [Minneapolis: Fortress, 1995], 30-67). 그러나 사실 바울에게 "의"와 "신실함"은 교차하는 용어였으며, 이 둘은 기본 의미가 "타인이 의존할 수 있는 것"인 히브리어 *"meth*를 표현한다(A. Jepsen, *'aman*, *TDOT*, 1.313). 또한 Lohse, *Paulus*, 199-204을 보라. 그러나 여기에 혼란의 여지가 있는데, 다른 핵심 용어인 *pistis*가 "믿음/신실함"의 범위를 포함하기 때문이고, 바울의 용법에서 *pistis*가 어디에 놓여있느냐는 논제는 로마서에서 바울 논증의 심장에 가깝다(아래 §33.3c, 그리고 추가로 필자의 'Faith, Faithfulness', *NIDB*, 2.407-23을 보라).

93) R. Bainton, *Here I Stand* [London: Hodder and Stoughton, 1951], 65이 인용한 대로, 루터는 이것이 바울이 마음에 둔 내용이라는 점을 깨달았다. 즉 구원하시는 의로서 "하나님의 의"("은혜와 순전한 자비로 말미암은 의로 하나님이 우리를 믿음으로 의롭다 하신다")이지, 하나님의 "정의"로서 하나님의 의가 아니다("하나님의 정의로움이 드러나고 불의한 자를 심판하심으로 정의롭게 다루시는 그 정의"). 이것이 종교개혁과 "이신칭의"라는 종교개혁의 핵심 교리를 낳았다(R. Bainton, *Here I Stand* [London: Hodder and Stoughton, 1951], 65이 인용한 *Luther's Works*, ed. J. Pelikan [St. Louis: Concordia, 1960], 34.336-37. 필자의 *New Perspective on Paul* [2005], 187, [2008], 193에 전체 인용문이 있다). 또한 E. Lohse, 'Martin Luther und die Römerbrief des Apostels Paulus — Biblische Entdeckungen', *KD* 52 (2006), 106-25을 보라.

94) 믿음의 중요성에 대한 이중 확약을 이해할 수 있는 다른 방식에 관해서는 필자의 *Romans*, 43-44 그리고 추가로 Jewett, *Romans*, 143-44을 보라.

한 많은 것을 가리키는 방식으로 그것을 인용한다. 한 인간이 "의롭게" 되는 방식과 "의인"으로서 살아야 하는 방식으로 말이다.[95] 그렇게 함으로써 바울은 사실상 이전의 그리고 다른 맥락에서는 생경한 "믿음의 순종"이라는 말에 살을 덧붙인다(1:5). (하나님과 이제 그의 그리스도를) 믿는 믿음이 하나님과의 구원하는 관계의 유일한 기반이고, 따라서 그 관계를 유지하는 유일한 수단이라는 것이다. 그 수단은 믿음의 표현이자 열매인 순종이며, 다른 무엇인 토라에 대한 순종은 아니다.

여기서도 사도로서 바울의 존재 이유는, 이스마엘이 아닌 아브라함과 이삭, 에서가 아닌 야곱, 이집트에서 나온 이스라엘이라는 첫 선택에서 하나님의 목적을 특징짓는 분리에 다리를 놓고, 하나님의 목적이 때가 차서, 이제 유대인뿐 아니라 이방인 모두를 아우르는 하나님의 구원하시는 의를 보여주는 데 있다. 바울은 자신이 그 종말론적 목적을 이행하도록 위임을 받았다고 진심으로 믿었다.[96] 그러한 선교에 대한 자신의 모든 경험이 무르익은 이제는, 에게해 지역에서 완성된 선교라는 관점에서, 하나님의 구원하시는 의의 복음을 설명할 시간이다. 이 복음이 지닌 쌍둥이 같은 측면들과 그것들의 공생관계 역시 명백하다. (1) 복음은 성격상 철저하게 유대인적이며, 정말로 하나님에 대한 이스라엘의 좋은 소식일 뿐만 아니라, 또한 바로 그렇기에 그것은 비유대인을 위한 좋은 소식이기도 하다. (2) 복음이 자아내려고 추구하는 반응과 그 반응을 통해 그 복음의 능력이 구원이라는 효력에 이르게 하는 것은 믿음이다. 이 믿음은 하나님에게서 의를 부여받을 뿐 아니라 날마다 그 의를 살아낸다.

---

95) 합 2:4 MT — "의로운 (이)는 믿음(신실함)으로 살 것이다."
   합 2:4 LXX — "의인은 내 믿음(신실함)으로 살 것이다."
   바울 — "의인은 믿음으로 살 것이다."
   상세 사항은 필자의 *Romans*, 44-46; Jewett, *Romans*, 144-46을 보라.
96) 추가로 위 §29.3을 보라.

바울 복음의 이 이중적 정의(예수 메시아, 곧 하나님의 아들이자 "우리 주"에 초점을 둔 복음과 하나님의 구원하시는 능력을 불러오는 복음)는 바울이 그의 로마서 나머지 부분을 통해 상세하게 풀어놓을 내용이다.

b. 인간의 참상, 이방인과 유대인(롬 1:18-3:20)

분명히 언급되어야 할 요점은, 이어지는 내용에서 바울이 복음을 선포하기보다는 복음의 근거와 복음 메시지의 필요성을 설명했다는 것이다. 그렇게 함으로써 바울은 미래 기독교 신학의 조직적 진술을 위한 양식을 세웠다.

(i) 1:18-32. 모든 사람에게 좋은 소식으로서, 바울은 믿음을 떠나 그 좋은 소식이 없는 인간의 상태에 대한 자신의 이해로부터 출발한다. 묘사된 모습은 암울하다. 그 모습은 인간의 불경건과 불의(adikia)에 대한 것이며,[97] 인간이 하나님의 진리를 억누르는 데서 기인한다(1:18-20). 달리 표현하자면 그것은 인간이 창조자의 피조물로서의 자신의 지위에 저항하고, 하나님께 의존하길(하나님을 영화롭게 하고 그에게 감사하는) 거부하며, 자신의 가능성을 충만하게 표현하는 삶을 살 만큼 자신들이 현명하다고 가정하는 것이다(1:21-22).

바울은 성경과 똑같은 지점, 곧 창조의 하나님과 창조에서 하나님이 정하신 조건을 따르는 삶에 실패한 인간(창 2-3장)에 관한 것으로 자기 이야기를 시작하는 것으로 보인다.[98] 그래서 명백히 바울은 인류 전체(anthrōpoi,

---

97) 명백하게 adikia("불의")는 하나님의 dikaiosynē("의")라는 주요 주제에 맞서 설정된 것이다 (1:17).

98) 특정하게 아담에 대한 암시가 있느냐는 논쟁이 있으나(예. 필자의 Romans, 60-61; Haacker, Römer, 51을 보라), 적어도 창세기의 창조와 "타락" 사건에 대한 일반적인 암시가 있음은 논쟁의 여지가 없다. J. R. Levison, 'Adam and Eve in Romans 1.18-25 and the Greek Life of Adam and Eve', NTS 50 (2004), 519-34은 두 문헌 사이에 상응하는 부분이 많다고 본다. 특별히 "하나님의 영광이 하나님의 분노와 죽음의 통치로 바뀌었고, 자연적인 인간의 지배권이 창조물에 대한 비정상적인 복종으로 바뀌었다"는 점에서 말이다(534).

1.18)를 마음에 두고 있다. 그러나 바울은 다른 열방에 반대하는 그리고 그 열방을 무시하는 (그에게 익숙한) 유대인들의 논쟁적 용어로 고발한다. 바울은 이스라엘의 성스러운 문헌에서 가장 엄중한 저주를 불러온 두 가지 죄에 집중한다.

- 우상숭배. "그들은 썩어지지 아니하는 하나님의 영광을 썩어질 사람과 새와 짐승과 기어다니는 동물 모양의 우상으로 바꾸었다", "그들은 조물주보다 피조물을 더 경배하고 섬겼다"(1:23, 25).[99]
- 이스라엘이 아주 자주 우상숭배와 관련시킨 성적 방종. "그들의 몸을 서로 욕되게 하는 더러움", 여자와 남자의 동성애 행위라는 "부끄러움 욕심"(1:24, 26-27).[100]

두 경우에 바울은 이 죄들이 이스라엘의 역사를 더럽혔음을 잘 알고 있었다.[101] 마침내 바울은 항목별로 적는다.

- 그들 자신이 하나님을 멀리했기(edokimasan) 때문에 적절한 인간 생활에 합당하지 않은(adokimos) 마음으로 만들어 낸 일종의 역기능 사회를 입증하는 죄들. "시기, 살인, 분쟁, 사기, 악독 등등"(1:28-31).

이 목록은 다양한 종교와 도덕 철학자들이 작성한 부도덕 목록과 비슷하다.[102] 그러나 고발의 두드러진 취지는 유대인들이 이방인 사회의 특징적인 실패로 여긴 것에 대한 유대인의 비난으로 되어 있다. 마찬가지로 고

---

99) 이 구절들에서 사 44:9-20과 특별히 Wis. 11-15장의 되울림은 주목할 만하다. 예. 필자의 *Romans*, 56-62; Fitzmyer, *Romans*, 283-84; Lohse, *Römer*, 89-90을 보라.
100) 참고문헌은 필자의 *Romans*, 65-66; Fitzmyer, *Romans*, 289; Haacker, *Römer*, 53 n. 64을 보라.
101) 1:23은 시 106:20과 렘 2:11을 가장 명백하게 되울린다(예. Jewett, *Romans*, 160-61을 보라).
102) *Theology of Paul*, 123-24, 662-65(참고문헌과 함께).

집스런 자기 방종의 자기 파괴라는 결과를, 하나님이 의도하고 정하신[103] 하나님의 분노(orgē)로 이해하며, 그것이 단순히 운명의 작용이나 전횡을 일삼는 신들의 결정이 아니라고 이해하는 것 역시 특성상 유대교적이다.

(ii) 2:1-29. 그렇다면 바울이 수사적으로, 자신의 청중 가운데 한 명이나 그 이상의 구성원이 광범위하게 비난받아 마땅한 인간의 불경건과 불의를 진심으로 칭송했음을 알아챘다는 사실은 놀랍지가 않다(2:1). 바울이 예상한 대화상대는 거의 확실하게 유대인이었다. 삼중의 비난 가운데 첫 두 항목의 독특하게 유대교적인 특징은 이 점을 의심할 여지가 없게 한다.[104] 또한 이 대화 상대와의 대화에서 하나님과의 특권적인 관계라는 전형적인 유대교적 가정을 바울이 되울리고 있음을 알게 될 때 그 요점은 훨씬 더 명확해진다. 그것은 유대인들이 자신들의 실패를 부정했다는 것이 아니라, 많은 유대인이 자신들의 불순종은 하나님이 이방인들이 지은 죄에 대해 내리신 처벌적 심판을 똑같이 받을 만한 잘못은 아니라고 합리

---

103) 특별히 3중 paredōken이 눈에 띈다("하나님이 넘겨주셨다", 1:24, 26, 28). 또한 Moo, *Romans*, 99-102을 보라.

104) 많은 이와 함께 필자는 2:1이 유대인 대화 상대자를 향했다고 본다. 예. Konradt, *Gericht und Gemeinde*, 501-502(n. 120에 참고문헌이 있음); Wilckens, *Theologie*, 1/3.175; Becker 는 1:8-3:20 전체를 "유대인 그리스도인과의 대화"라고 특징짓는다(*Paul*, 358). 반대로 바울이 이방인 대화 상대자를 염두에 두었다는 시도(특별히 Stowers, *A Rereading of Romans*, 100-104, 그리고 R. M. Thorsteinson, *Paul's Interlocutor in Romans 2* [CBNTS 40; Stockholm: Almqvist and Wiksell, 2003])는, 1:18-32의 고발이 그 범위가 보편적이기는 하지만, 열방의 우상숭배와 난잡함에 대해 유대교적 특징을 담은 비판을 했음을 충분히 고려하지 않았다. Esler(*Conflict and Identity*, 151)는 1:18-32에 있는 비판의 유대인적 특성을 인식했지만, 2:1이 유대인을 목표로 삼았다는 견해를 통렬하게 부정하는데, 바울이 일반적으로 유대인들이 우상을 숭배했다고(똑같은 일을 행했다고) 결코 비난할 수 없었기 때문이라는 것이다. 그러나 유대인들은 그들 자신의 역사에서 우상숭배를 기꺼이 상기했고(황금 송아지는 단지 그 첫 번째이다), *eidōlolatria*는 더 일반적으로 사용될 수 있었다(골 3:5에서처럼). 그는 2:1-6에서 되울린 Wis. 15.1-4을 무시하고(아래 n. 105), 2:17에서 바울이 비유대인에서 "유대인"으로 화제를 전환하기 전에 "율법이 있음"(2:14)을 언급한 이유를 설명하지 않았다. 마찬가지로 바울이 롬 14:1-15:6의 갈등을 이미 마음에 두고 있었다고 제시하면서, Jewett는 14장의 "약한" (유대인) 전통주의자들이 다른 사람들을 "판단한다"(14:3)는 점을 놓친다(*Romans*, 197-98, 839-40). "판단한다"는 용어는 2:1에 있는 용어와 같다. 비교. O. Wischmeyer, 'Römer 2.1-24 als Teil der Gerichtsrede des Paulus gegen die Menschheit', *NTS* 52 (2006), 356-76.

화했다는 것이다(2:3).[105] 자신의 죄에도 불구하고 하나님의 은혜로 안전한 대화자를 향한 바울의 반응은 통명스러웠다. 그런 태도는 하나님의 선하심과 인자하심을 가볍게 취급하고, 죄를 지은 이방인처럼 같은 죄를 지은 유대인도 깊이 회개해야 한다는 점을 인식하지 못했다(2:4-5). 그런 태도는 이스라엘의 성경에서 심판자 하나님의 행위에 가장 근본적이라고 받아들여진 하나님의 공명정대하심을 제대로 인식하지 못한 것이다(2:6, 11).[106] 마지막 심판에서 선을 행한 모든 자에게 "영광과 존귀"가 주어지는데, 먼저는 유대인에게 주어지지만 또한 이방인에게도 주어진다(2:7, 10). 그러나 이기심 어린 야망으로 악을 행한 모든 이에게는 진노와 분노가 그들이 당할 운명인데, 먼저는 유대인에게 주어지고 또한 이방인에게도 주어진다(2:8, 9). 다시 한번 중요한 점은 인류를 향한 유대교적 관점이라 할 수 있는 유대인과 이방인의 구별을 넘어서는 "모든 이"다.[107] 먼저는 "유대인"이지만, 유대인은 칭찬에서도 먼저이듯이 책망에서도 먼저다. 이방인들도 공명정대한 심판관 앞에서 같은 조건으로 선다.

바울의 전략은 이 지점에서 더 명확해지기 시작한다. 바울은 자신의 동료 유대인들도 인류 전체에게 적용한 고발의 영향 아래 있다는 사실이

---

105) 2:1-6에서 비판한 태도는 다시 한번 지혜서에서 발견되는 태도이고(15:1-4, "우리가 죄를 범했다 할지라도, 우리는 너희 것이다"), *Psalms of Solomon*에서 시편 저자는 "율법 없이 행하는 자[그가 선호하는 표현 중 하나]는 주의 저주를 피하지 못할 것"(롬 2:3과 같은 표현)과 하나님이 신실한 자들을 남겨두시고 그들에게 자비를 베푸실 것을 확신한다. 하나님은 죄인들을 멸하시나, 의로운 자들은 훈육만 하신다(*Pss. Sol.* 3; 9.6-7; 13.5-12; 16.11-15). 필자의 *Theology of Paul*, 115-17; 또한 P. J. Tomson, "'Die Täter des Gesetzes werden gerechtfertigt werden" (Röm 2,13). Zu einer adäquaten Perspektive für den Römerbrief, in M. Bachmann, ed., *Lutherische und Neue Paulusperspektive* (WUNT 182; Tübingen: Mohr Siebeck, 2005), 183-221, 특별히 191-99을 보라.

106) 롬 2:6: 하나님이 각 사람에게 행한 대로 보응하신다(시 62:12과 잠 24:12. 유대 문헌에서 일정하게 반복된다). 2:11: 하나님에게 편애는 없다(신 10:17; 대하 19:7; Sir. 35.12-13 등등). 상세 사항은 필자의 *Romans*, 85, 88-89을 보라. 후자에 관해서는 특별히 J. Bassler, *Divine Impartiality: Paul and a Theological Axiom* (SBLDS 59; Chico: Scholars, 1982)을 보라.

107) 모든 세계/인류를 "그리스인과 야만인"으로 요약할 수 있듯이, 모든 세계/인류를 "유대인과 이방인(*ethnē*)" = "유대인과 열방(*ethnē*)"으로 요약할 수 있음을 주목하라.

알려지길 원했다. 사실 그 고발은 이스라엘의 율법에 기초한 것이었다. 바울은 "하나님의 판결(dikaiōma)"(1:32)을 모든 사람에게 다 알려진 것으로 언급하며 그 고발을 끝낸다. 바울은 심판의 용어들(2:6, 11)을 이스라엘의 성경에서 가져왔다. 그러나 이제 처음으로 바울은 토라를 판단의 기준으로 분명하게 언급한다(2:12). 그리고 바울은 율법(이스라엘의 소중하고 특별한 소유)을 소유한다는 단순한 사실이 유대인들에게 유익이 아님을 명확히 하는 방식으로 언급한다. 바울의 마음은 여전히 율법에 의해 구별되는 유대인과 이방인 사이의 구분에 있었다. 즉 "율법이 있는(en nomō)" 존재와 "율법이 없는(anomōs)" 존재(2:12) 그리고 "율법을 소유함"과 "율법을 소유하지 않음"의 구별이다(2:14). 자기 이전의 많은 이스라엘의 선생처럼,[108] 바울은 "하나님 앞에서는 율법을 듣는 자가 의인이 아니요, 오직 율법을 행하는 자라야 의롭다(dikaiōthēsontai) 하심을 얻으리니"라고 주장했다(2:13). 또한 그는 하나님의 공명정대하심의 함의를 자세히 설명하며, 이방인들이 하나님이 자신들에게 무엇을 요구하시는지 알려고 "율법을 소유"하거나 율법 "안에" 있을 필요가 없으며,[109] 그리고 그들이 그 지식에 기반하여 어떻게 행동했는지를 하나님이 그리스도 예수를 통하여 심판하실 것임을 주장한다(2:14-16). 요약하면, 이스라엘이 율법을 부여받았다는 사실 자체는 이스라엘을 향한 선의의 심판을 보장하지 않는다.

자신의 대화자의 정체를 조금씩 밝힌 다음에, 바울은 마침내 그 사람을 공개된 장소로 불러낸다. 그는 "'유대인(Ioudaios)'이라 불리는 네가"(2:17)라고 말한다. 동시에 바울은 무엇이 "유대인"에게 독특한 정체성을 부여하는지 명확히 진술한다. 그것은 유대인이 "율법에 의지하고 하나님을 자랑한다"는 사실이다(2:17). 바울은 여기서 하나님이 이스라엘을 자기 백성으

---

108) 예. 신 4:1, 5-6, 13-14; 30:11-14; 1 Macc. 2.67; 13.48; Philo, Cong. 70; Praem. 79; Josephus, Ant. 20.44; m. 'Abot 1.17; 5.14.

109) 이 구절들에 관한 주석 논쟁은, 예로 Fitzmyer, Romans, 309-11; Moo, Romans, 148-53; Haacker, Römer, 64-65; Jewett, Romans, 212-15을 보라.

로 택하시고[110] 은혜롭게 이스라엘과의 언약 관계 안으로 들어오신 조건, 특히 하나님이 은혜의 표지로 토라를 주셨다는[111] 이스라엘의 의식을 명백히 언급한다. 바울은 특권을 지닌 백성이라는 이 의식, 혹은 오히려 특권에 따르는 뻔뻔스러움에 흠집을 내려고 했다. 그 대화자가 특별히 은혜를 입었다는 의미는 분명하다. "율법의 교훈을 받아…맹인의 길을 인도하는 자요, 어둠에 있는 자의 빛이요, 율법에 있는 지식과 진리의 모본을 가진 자로서 어리석은 자의 교사요, 어린아이의 교사라고 스스로 믿으니"(2:18-20). 바울은 그 태도를 특별히 "자랑함"이라는 용어로 요약한다. 즉 "유대인"이 율법과 하나님을 자랑한다는 것이다(2:17, 23). 그리고 종교 개혁에 뿌리를 둔 중요한 해석 전통에 남아 있듯이, 맥락상 분명한 점은 그 자랑이 자기 성취라는 관점에서의 자랑이 아니라, 훨씬 덜 선호되는 "율법 없는" 열방/이방인들과 관련한(심지어 반대하는) 특권의 자랑임을 분명히 한다.[112]

바울은 유대인들이 명령을 어겼고(2:21-24)[113] 할례는 오로지 율법을 실제로 행하는 자들에게만 유익함(2:25)을 지적하면서 강력한 수사법으로 그들의 뻔뻔스러운 거품을 터뜨린다. 여기서도 바울은 곧바로 핵심 논제로 진입한다. 즉 할례인데, 이는 유대인 신자가 이방인 신자에게 요구한 것이

---

110) 여기서 신 32:8-9은 결정적이다. "지극히 높으신 자가 민족들에게 기업을 주실 때에, 인종을 나누실 때에 하나님 자손의 수효대로 백성들의 경계를 정하셨도다. 여호와의 분깃은 자기 백성이라. 야곱은 그가 택하신 기업이로다"(REB, 이는 4QDeut^{j}와 70인역 독본을 따랐다). 다른 참고문헌은 *Theology of Paul*, 35 n. 32, 43 n. 84에 있다. 추가로 E. W. Nicholson, *God and His People: Covenant and Theology in the Old Testament* (Oxford: Clarendon, 1986); Sanders, *Paul*, index 'Election'을 보라. 선택에 대한 이스라엘의 확신에 관한 특별히 좋은 표현은 대하 16:14-22 = 시 105:7-15을 보라.

111) Bar. 3.36-4.4이 예시하는 이런 특권의 의미는 필자의 *Romans*, lxviii-lxxi을 보라.

112) 이 점은 이제 대체로 더 인식된다. 예. Sanders, *Paul, the Law and the Jewish People*, 33; Moo, *Romans*, 160; Haacker, *Römer*, 68; Wright, 'Romans', 446; Jewett, *Romans*, 223. *Pss. Sol.* 17.1 그리고 *2 Bar.* 48.22-24("우리는 항상 축복받을 것이다. 적어도 우리는 열방들과 섞이지 않았다. 우리는 모두 그 이름의 백성이기 때문이다")은 그 분위기를 잘 잡아낸다 (Lohse, *Römer*, 109-10). 추가 참고문헌은 필자의 *New Perspective on Paul*, 9-10에 있다

113) 그는 사 52:5을 인용하여 자신의 비난을 뒷받침할 수 있다(롬 2:24). 추가로 필자의 *Romans*, 113-16을 보라.

아니라(갈라디아에서처럼), 하나님이 택한 나라에 속한다는 유대인의 정체성의 증표이며, 할례의 부재가 이방인이 하나님의 은혜 밖에 있음을 증명하는 것처럼, 유대인이 하나님의 은혜 안에 속함을 증명한다. 다시 한번 바울은 2:6-11에서처럼 율법이라는 표지를 지니는 것보다 율법을 성취하는 것이 더 중요하다고 주장한다(2:26). 율법을 범한 할례자보다 율법을 행하는 무할례자를 하나님이 더 칭찬하신다(2:27). 이스라엘의 선생들이 오랫동안 주장했듯이, 하나님께 중요한 것은 마음의 할례이지, 겉으로 드러난 육신의 표지가 아니다(2:28-29).[114]

(iii) **3:1-20.** 마치 아직 충분히 명확하지 않은 것처럼, 바울은 자신이 그토록 확고하게 인간의 죄라는 자신의 고발에 "유대인"을 끌어들인 것이 유대인에게와 성경에 정통한 모든 이에게 틀림없이 어색할 것임을 인정한다. 바울은 자신의 대화자가 당혹스럽게 묻도록 만든다. "그런즉 유대인의 나음이 무엇이며 할례의 유익이 무엇이냐?"(3:1) 바울은 자신이 유대인을 완전히 승인하지 않는 것이 온 이스라엘의 전통, 이스라엘의 택함, 성경에 맞서 엄청난 의문 부호를 붙였다는 것을 잘 알았다. 앞으로 살피겠지만, 바울의 고발은 오로지 이스라엘의 뻔뻔스러움에 대한 것이지, 이스라엘의 택함에 대한 것은 아니다(9-11장). 그리고 바울은 자기 동족 유대인에게 이미 제기한 고발로 인한 딜레마를 다룰 만한 처지가 아직은 아니었다. 그러나 바울이 3:1의 질문을 끼워 넣었다는 바로 그 사실은 주로 로마의 이방인 신자들에게 보낸 이 서신에서, 하나님 앞에서 이스라엘의 지위 및 유대인과 이방인 간의 관계가 그 서신에서 바울이 말하기 원했던 중심임을 상기시킨다.

이 단계에서 바울이 할 수 있는 일이라고는 그가 말했던 내용에도 불구하고 아래 내용을 주장하는 것이다.

---

114) 신 10:16; 렘 4:4; 9:25-26; 겔 44:9; 1QpHab 11.13; 1QS 5.5; 1QH 10[= 2].18; Philo, *Spec. Leg.* 1.305.

- 하나님은 이스라엘에게 은혜를 베푸셨다(3:2).
- 이스라엘의 불신(*apistia*)이 그들을 향한 하나님의 언약적 신실하심 (*pistis, dikaiosynē*)을 변개하지 않는다(3:3-5).
- 하나님의 의(*dikaiosynē*)는 죄에 대한 하나님의 심판을 포함한다(3:5-6). 하나님의 진리(*alētheia*)는 여전히 확고하다.[115]

이 주의 깊은 글의 가장 덜 정리된 부분에서, 바울은 자신의 사고가 따르는 노선을 스스로 인정한다. 즉 만일 하나님이 신실하지 않은 자들에게 계속 신실하시다면, 불의한 사람들에게 구원하는 의를 행사하시고, 인간의 죄가 사실상 그런 하나님의 선하심을 촉진한다는 것이다(3:5-8). 그러나 바울이 자신의 강해를 더 충분하게 발전시키기까지는 그 관점을 분노로 일축할 수 있을 뿐이다.

고발의 결말은 "모두가 죄 아래 있다"는 기소장 앞에 유대인과 헬라인이 함께 등장한다는 것이다(3:9). 그 증거로 바울은 여러 구절을 한곳에 모으는데, 그 구절들은 원맥락에서 자신의 적을 일축하는 이스라엘을 묘사하지만, 바울은 자신의 고발을 고려하여, 그 구절들을 모두에게(이방인은 물론이고 유대인까지) 적용한다(3:10-18).[116] 마지막 요약에서 바울은 자신의 관심이 인간의 죄에 대한 보편적 고발 안으로 유대인들을 끌어들이는 데 있음을 다시 밝힌다. 방금 인용한 구절은 "율법 아래에 있는 자들에게 말하는 것이니, 이는 모든[이방인들과 유대인들의] 입을 막고 온 세상으로 하나님의 심판 아래에 있게 하려 함이라. 그러므로 율법의 행위로 그의 앞에 의

---

115) 3:3-7에서 "진리"(*meth*)와 "신실함"(*munah*)이라는 두 가지 의미가 있어서 "언약적 신실함"이라는 의미의 *dikaiosynē*와 중복되는 히브리 어근 'aman에 대한 언어유희는 놓치면 안 된다. 또한 위 n. 92를 보라.

116) 필자의 *Romans*, 149-51을 보라. "모든 시편 인용 구절에 하나님의 은혜를 입었다고 의식하는 사람들 그리고 어리석은 자, 불의한 자, 율법 없는 자, 사악한 자, 죄인으로 다양하게 묘사된 나머지 사람들 간의 대조가 있다는 사실은 결코 우연일 수 없다"(151). 여기서 전복된 구절들은 *Psalms of Solomon*에서 발견한 유대교 내부의 맹렬한 비난과 비슷한 태도를 반영한다(Albi, *Scripture*, 174-77).

롭다 하심을 얻을(dikaiōthēsetai) 육체가 없나니 율법으로는 죄를 깨달음이니라"(3:19-20). 해석사에서 마지막 구절은 너무 섣부르게 맥락을 고려하지 않고 읽혔다. 확실히 그것은 자신의 힘으로는 하나님 앞에 설 수 없는 인간의 보편적인 상태에 대한 진술이다.[117] 동일한 요점이 1:18-32에 분명히 암시되었다. 인류가 하나님과 단절하고 자기 자신의 지혜를 의존할 때, 그 결과는 인류 사회에 재앙이 된다. 그러나 이 모든 내용에서 바울의 관심은 자기 동족 유대인들이 자신들이 이 심판에서 면제되리라고 추정하지 않도록 하는 데 있다. 그리고 "율법의 행위들"은 이스라엘의 언약적 지위와 하나님께 구별됨 및 타인과의 구별됨을 유지하는 데 자신들에게 요구되었다고 여긴 순종을 암시하는 독특한 유대교적 표현이다.[118] 이전에 말한 내용을 요약하는 표현으로서 "율법의 행위"는 확실히 이스라엘의 불순종을 가리키지 않는다(2:21-24). 그 표현이 가장 명백하게 요약하는 것은 2:17-20에서 언급된 할례 의식으로 구체화된 이스라엘의 태도다. "율법의 행위"는 이방인 "죄인들"과 유대인들을 구별하게 하는 율법의 순종이다.[119] 그것이 율법의 기능이 아니라고 바울은 말한다. 율법은 단순히 죄를 규정하고 죄에 대해 경고하지 않는다. 율법은 죄를 자각하고 깨닫게 하는데, 이는 자기 자신들이 범한 죄의 심각성을 깨닫는 일로서, 너무나 많은 바울의 동족 유대인들에게 부족한 것이다(2:1-5). 모든 사람은 죄 아래에 있다. 비유대인뿐 아니라 유대인도 그렇다(3:9).

---

117) 시 143:2, "주 앞에 의롭다 할 인생이 하나도 없다." 비교. 특별히 욥 9:2; 시 14:1; 1 En. 81.5; 1QH 17[= 9].14-16. 병행하는 갈 2:16이 똑같은 구절을 암시한다(§27 n. 287).

118) 바울의 어휘에서, "율법의 행위"(갈 2:16)는 "유대인으로 사는 것"(갈 2:14)이다. Fitzmyer, Romans, 338, 그리고 Lohse, Römer, 126-27은 4QMMT에서 "율법의 행위"에 대한 그 종파의 이해가 나머지 사람들에게서 그 종파의 구성원을 '분리되도록' 했다는 사실을 언급하지 않았다. 추가로 위 §27.4a-b; 또한 Theology of Paul, 354-59; 또한 New Perspective on Paul (2005), 14-15, 22-26, (2008), 15-16, 23-28을 보라. 그 표현은 "유대화하려는 사람들과 맞설 때만 사용된다"(Haacker, Römer, 83-84). Jewett는 "율법의 행위"의 독특한 유대교적 의미를 무시한다(Romans, 266-67).

119) 다시 New Perspective on Paul (2005), 41-43, (2008), 44-47을 보라. 이것은 더 논쟁적인 필자의 논지 중 하나다.

c. 인간 참상에 대한 복음의 해결(3:21-5:11)

(i) **3:21-31.** 이방인과 유대인을 포함한 인간 참상의 심각성을 자세히 설명한 후, 바울은 1:16-17에서 표시한 것처럼 자신의 주요 주제로 돌아간다. 즉 그것은 율법과 예언자가 증언했고 이제는 율법과 별도로 계시된 하나님의 의에 대한 것이다(3:21). 따라서 바울은 그의 서신 전체에 걸쳐 유지한 균형, 즉 하나님이 율법과 예언자들을 통해 이스라엘에게 맡기셨던 계시("하나님의 말씀", 3:2)를 인식하는 것과, 그렇게 입증된 하나님의 의가 더 이상 단순히 율법을 아는 사람과 율법으로 사는 사람(유대인)을 위해서가 아니라 모든 사람을 위한 것임을 인식하는 일 사이의 균형을 즉시 다시 강조한다. 이것은 이제 예수 그리스도 안에서 가장 결정적으로 계시된 하나님의 의로, "예수 그리스도를 믿음으로 말미암아 모든 믿는 자"를 위한 하나님의 관련된 행위인데(3:22), 모든 사람은 그 구원하시는 행위가 필요하다(3:23). 여기서 바울은 자신이 이해한 복음의 명백한 핵심으로서 서신의 주요한 두 취지를 하나로 묶는다(§33.3a), 하나님의 의는 예수 그리스도 안에서(3:24)[120] 그리고 그를 믿는 믿음으로 말미암아(3:22)[121] 구원을 이룬다.

하나님이 이 구원의 행위를 성취하시는 신비는 예수의 십자가 죽음에 있다(3:25-26). 여기서 바울은 이전의 서신들에서처럼, 예수의 십자가 죽

---

120) "의"에 대한 토론에서 Esler의 다소 선택적인 주해 방식이 여기서 핵심 모티프인 "하나님의 의"를 무시한 것으로 보인다(*Conflict and Identity*, 159-68).

121) 그리스도를 믿는 믿음이 바울이 강해하는 내용의 중심인데, 이것은 바울이 *pistis Christou*(3:22; 또한 3:26; 갈 2:16, 20; 3:22; 빌 3:9)로 "그리스도의 신실함"을 언급한다는 작금의 인기 있는 견해를 개연성 없게 한다(*Theology of Paul*, 379-85 그리고 *New Perspective on Paul* [2005], 39-40 n. 164, [2008], 43 n. 169에 있는 상세 사항과 참고문헌). 바울의 복음이 그리스도 안에서 그리고 그리스도를 통해 하나님이 하신 행동에 초점을 맞추었다는 것은 명백하나(1:3-4; 4:24-25; 5:6-21 등등), 특별히 로마서에서 바울의 관심은 복음이 이 그리스도를 믿는 믿음을 야기하며(특별히 10:14-17), 이 믿음을 불러일으킴으로써 구원을 효력 있게 한다는 것이다(1:16-17; 3:27-4:22; 등등). Esler는 평소처럼 "주격 소유격"을 확고하게 일축한다(*Conflict and Identity*, 157-59). 또한 Jewett, *Romans*, 276-78, 그리고 위 §27 n. 289을 보라.

음이 지닌 충격적인 특징을 강조할 필요성을 분명히 느끼지 못했다.[122] 대신에 바울은 자신이 로마의 신자들에게 이미 친숙했을 것으로 알고 있던 (자신의 연락망을 통해서) 예수의 죽음에 대해 말하는 방식에 의존했고,[123] 그것을 상술할 필요가 없었다. 이는 우리에게 손실이다! 바울이 의존한 이미지는 제물의 이미지로서, 고대 세계 어느 종교에서나 친숙한 것이었다. 그러나 여느 희생제물이 아니다. 분명히 암시된 것은 예루살렘의 제사와 속죄일에 바치는 특정한 제물이다.[124] 이는 바울이 "율법과 예언자들이 증거한" 하나님의 의를 말할 때 의미한 내용의 일부일 것이다(3:21). 하나님은 그의 백성과의 언약 관계를 훼방하는 죄를 다루는 방법, 즉 속죄제와 속죄양을 주셨다.[125] 하나님은 예수를 속죄(hilastērion) 수단으로 제공하셨다. 제물 논리가 어떻게 작용하는지는 어디서도 분명하지 않다. 필자가 제안하는 바는 제물을 바치는 자가 자신을 속죄물과 동일시했고(동물에 안수함으로), 그렇게 해서 자신의 죄를 동물에게 전가했다는 것이다. 따라서 동물의 죽음은 죽음에 이르게 하는 바이러스(죄)의 파괴를 의미했다. 그러나 이 논리는 논란이 많다.[126] 여기서 바울이 확인하는 내용은 단지 그리스도의 죽음이 제물로서 하나님의 의(핵심 용어)를 나타냈다는 것이다.[127] 즉 이전의 죄

---

122) 갈 3:1; 6:14; 고전 1:18-25학자들은 .

123) 학자들은 바울이 익숙한 문구에 의존했다고 폭넓게 동의한다. 예. 필자의 Romans, 163-64; Jewett, Romans, 270-71.

124) 그 암시는 분명하다. 여기서 hilastērion은 속죄일에 피가 뿌려진 언약궤의 뚜껑만을 가리키기 때문이다(필자의 Romans, 170-71에 있는 참고문헌). 속죄소는 "속죄의 수단"인 속제죄를 명백하게 염두에 두고 있다. 또한 Romans, 231-37; Lohse, Römer, 134-35을 보라.

125) 이것들은 아마도 똑같은 속죄의 행동의 두 가지 측면으로 이해되었을 것이다. 동일한 문구는 속죄제와 희생양에 사용되었다(11QTemple 26.10, 27.2, "그리고 그들은 용서받을 것이다"; m. Sheb. 1.7, "이스라엘 사람들을 위해 속죄하다"). 추가로 필자의 Romans, 171-72; Theology of Paul, 218-19. 이 견해에 논쟁이 있으나(예. Jewett, Romans, 285-87), 바울은 확실히 이 둘을 기반으로 예수의 죽음을 생각했다(롬 8:3[peri hamartias = 속죄제로서] 그리고 고후 5:21[희생양 의식에서 가장 명백하듯이, 다른 사람에게 죄를 전가하는 일을 분명히 염두에 둔 구절이다]). 다시 Theology of Paul, 212-18을 보라.

126) 참고문헌과 함께, Theology of Paul, 218-23.

127) 바울이 그 주제를 어떻게 이용했는지를 주목하라. "…자기의 의로우심(dikaiosynēs)을 나타내사 자기도 의로우시며(dikaion)…의롭다 하려 하심이라(dikaiounta)." 3:3-7의 비슷한

를 간과하심으로(*paresin*)써,[128] 인간과 하나님의 관계를 중단시키는 죄를 다룸으로(의의 심판자로서)(1:18-3:20)써, 그리스도를 믿는/그리스도와 동일시되는 사람을 하나님이 의롭다 하시는/의인으로 대우하는 일을 효력 있게 함으로 하나님의 의를 나타냈다는 말이다.[129] 여기서도 우리는 그 신학이 이스라엘의 희생제의에 대한 긍정을 암시함을 주목해야 한다. 하나님이 이러한 속죄 수단을 주셨기 때문에 예수가 이 속죄 수단이 될 수 있었다. 동일한 신조를 만든 바울 혹은 예루살렘 신자들이 예수의 죽음이 이제 희생제의를 쓸모없게 만들었다고 생각했는지는 불분명하다.[130]

두드러지고 많이 오해되는 방식으로, 바울은 즉시 "자랑"이라는 주제로 돌아간다. "자랑할 데가 어디냐?"(3:27) 우리는 자신의 현 거주지인 고린도에 있는 사람들에게 서신을 썼을 때 바울이 아주 역설적인 방식으로 다른 주제를 회상한다(고후 10-12장). 그리고 그곳에서 바울이 비판하는 자랑이 자신들이 지닌 유대 혈통을 많이 중시한 유대인 선교사들과 관련 있다는 사실은 우연이 아닐 것이다(11:22). 그러나 여기서 짐작하건대 바울이 마음에 둔 내용은 이 서신의 초기에 자기 대화자의 전형인 유대인에게 돌린, 전혀 관계없다고는 할 수 없는 자랑이다(롬 2:17, 23). 즉 이스라엘의 하나님 앞에서 누리는 (다른) 열방보다 특별한 지위에 대한 자랑이다. 바울이 몇 문장 후에 하나님(이스라엘의 하나님)이 오직 유대인의 하나님이라는 생각에 사실상 도전할 때 이것을 확인한다(3:29). 그것이 바로 그러한 유대인들이 자

용례를 되올린다(위 n. 115을 보라).

128) 그리스어 성경에서는 여기서 유일하게 등장하는 *paresis*는 "넘어가다"라는 의미로서 "간과하다, 무시하다"가 아니라 "벌이 면제되어 처벌받지 않고 지나가도록 허락하다"라는 뜻이다(BAGD 'paresis'); 또한 Jewett, *Romans*, 289-90을 보라.

129) 바울에게 예수에 대한 신뢰(= 예수와의 일치)는 "그리스도 안"이라는 과정의 시작이었으며, 예수의 죽음은 고후 4:7-18에서 언급되고 롬 8:17-23에서 다시 언급된 것처럼, 신자의 삶을 통해 역사한다(필자의 *Theology of Paul*, §18을 보라). 바울은 그 개요를 여기서 간단하게 암시하며, 어쩌면 로마의 신자들이 이미 그 내용에 충분히 친숙하다고 추정했을 것이다(그의 동료들을 통해서 로마 공동주택 교회에서 이미 가르침). 하지만 그는 지금까지 단지 암시만 된 다른 주제들처럼 이어지는 장에서 그것을 다시 다룰 것을 알았다(3:1-8).

130) 위 §§23.5과 24.9c를 보라.

랑하던 내용이었다. 바울은 자신의 이전 고발이 지닌 바로 이 측면으로 즉시 되돌아간다. 이것은 의롭다고 여기시는 하나님의 복음에 대한 바울의 이해 가운데 가장 중요한 결론이며, 이는 바울이 주의 깊게 쓴 서신에서 그들이 공유하는 복음의 바로 그 측면을 설명하고 방어하는 데 매우 고심했음을 다시 한번 확인한다.[131]

바울은 그런 자랑이 배제되었다고 주장한다. 어떻게 그런가? 행위를 따라 제정된 법, 즉 "행위의 법(nomos)"이 아니라, 믿음에서 제정된 법, 즉 "믿음의 법(nomos)"으로 그렇다(3:27).[132] 그들이 공통으로 인정하는 복음은 사람이 율법의 행위가 아닌 믿음으로 의롭게 된다는 것이다(3:28). 하나님의 받아들이심은 율법이 정한 내용의 행함을 통해서 주어지거나 거기에 근본적으로 달려 있지 않다. 이것은 바울이 사실상 자신의 선교 사역 초기부터, 그리고 안디옥에서 베드로와 대면했을 때 분명하게, 또한 갈라디아서에서 격렬하게 주장한 내용이다(갈 2:16). 근본 원리는 로마서 3:20과 같다. 즉 피조물은 자신이 행한 것을 기반으로 하나님 앞에 서지도 않고 서 있을 수도 없으며, 오직 겸손한 의탁과 감사함으로만 설 수 있다(1:21). 그러나 바울이 염두에 둔 것은 그 근본적인 진리의 특정한 측면(유대인 선교사들이 이방인 신자들에게 신앙에 법 준수["율법의 행위"]가 필수적이라고 강요하지 않아야 한다는 것)이다. 할례와 정결법 및 부정법 같은 독특한 유대인의 행위로 규정된 율법은 하나님이 온전히 유대인의 하나님이지 이방인의 하나님은 아

---

131) 명백하게 반복된 2:17, 23에도 불구하고, 이전의 신정통주의적 주해에서는 그것을 곧바로 "성취에 대한 자부심", "자기 자랑(Sich-Rühmen)"과 관련지었다는 사실은 놀랍다(Moo, *Romans*, 247; Lohse, *Römer*, 137은 여전히 그렇게 주장한다)(그러나 *New Perspective on Paul*, 9-10과 n. 38을 보라). 폭넓은 지시대상이 있음을 역설하면서, Jewett, *Romans*, 295-96은 일련의 생각, 즉 자랑(3:27) -> (율법의) 행위로 인한 칭의(3:28) -> 유대인만의 하나님(3:29)이라는 생각을 경시한다.

132) 바울이 토라를 염두에 두고 있다는 견해는 논란이 많으나, 다시 일련의 사고를 주목하라: "믿음의 법"(3:27) -> "믿음이 율법을 굳게 세운다"(3:31). 추가로 *Theology of Paul*, 634-42을 보라. 예로, Haacker는 "어떤 종류의 율법인가?"라는 질문이 율법의 다양성을 의미한다고 말하지만(*Römer* 93), 그 질문은 "어떤 종류의 법이 '믿음의 법'인가?"일 가능성이 더 높다. 바울의 대답은 갈 5:6과 롬 14:23 같은 구절에 암시되어 있다. 비교. Moo, *Romans*, 254-55.

니라는 인상을 주었다(3:29). 유대인이 그런 지위를 유지하려는 것은 터무니없는 일이었는데, 이스라엘에게 가장 기본인 신조가 "하나님은 한 분이시다"이기 때문이며(신 6:4), 이는 그분이 모든 열방의 하나님이시라는 의미다. 이는 하나님이 모두(여기서 "모두"는 분명 "유대인과 이방인", "할례자와 무할례자"다)를 동일하게 다루신다는 자연스러운 결론을 추가로 수반한다. 곧 "믿음에서", "믿음으로 말미암아"(3:30) 그렇게 하신다는 것이다. 그리고 이것에서 믿음이 율법을 무효로 한다고 추론하지 않도록, 바울은 오직 믿음으로 율법을 효과 있게 성취할 수 있다고 확인함으로써 결론짓는다(그러므로 3:27의 "믿음의 법"). 하나님이 자신의 피조물인 인간에게 요구하시는 것은 무엇보다도 하나님에 대한 그들의 믿음이다.

(ii) **4:1-25.** 이 지점에서(4:1) 바울은 자기 복음의 타당한 시험적 사례로서 아브라함에게 눈을 돌린다. 로마의 신자들은 그 내용을 온전히 이해할 수 있었을 텐데, 유대교 전통에 친숙한 사람은 누구나 민족의 조상인 아브라함을 개종자(우상숭배로부터 참된 한 분 하나님께로 향한 사람)의 원형으로[133] 그리고 독실한 유대인의 원형으로[134] 여겼다는 것을 잘 알았을 것이기 때문이다. 그러므로 아브라함은 율법의 준수를 바탕으로 하나님 앞에서 자랑하는 것이 적법한지에 대한 시험 사례로서 기여할 수 있었다(4:2). 핵심 본문은 창세기 15:6이었다: "아브라함이 여호와를 믿으니 여호와께서 이를

---

133) *Jub.* 12.1-21; Josephus, *Ant.* 1.155; *Apoc. Abr.* 1-8; 추가로 필자의 *Romans*, lxix-lxx 그리고 204-205; N. Calvert-Koyzis, *Paul, Monotheism and the People of God: The Significance of Abraham Traditions for Early Judaism and Christianity* (JSNTS 273; London: Clark International, 2004), 123-36을 보라.

134) 창 26:5을 주목하라. "아브라함이 내 말을 순종하고 내 명령과 내 계명과 내 율례와 내 법도를 지켰기 때문에" 그 약속이 이삭에게 반복되었다. 자세한 논의는 G. W. Hansen, *Abraham in Galatians: Epistolary and Rhetorical Contexts* (JSNTS 29; Sheffield: Sheffield Academic, 1989), 175-99; B. Ego, 'Abraham als Urbild der Toratreue Israels. Traditionsgeschichtliche berlegungen zu einem Aspekt des biblischen Abrahambildes', in F. Avemarie and H. Lichtenberger, eds., *Bund und Tora. Zur theologischen Begriffsgeschichte in alttestamentlicher, frühjüdischer und urchristlicher Tradition* (WUNT 92; Tübingen: Mohr Siebeck, 1996), 25-40을 보라.

그의 의로 여기셨다"(4:3). 바울은 이 본문을 아브라함에 관한 더 큰 이야기와 관련하여 이해하는 강한 유대 전통을 잘 알고 있었을 텐데, 이는 특별히 아브라함(혹은 누구든지)이 실현할 수 있었던 가장 심오한 순종의 행위 중 하나(자기 아들의 생명을 기꺼이 제물로 드림, 창 22장)와 관련된다. 이 전통에서 아브라함의 믿음은 신실함으로 이해되었고, 그런 의심 없는 순종은 자랑의 근거가 될 수 있었고 그렇게 받아들여졌다.[135]

바울의 반응은 그가 이전에 갈라디아서 3-4장에서 창세기 15:6과 아브라함의 "자손"을 다룬 것보다 훨씬 더 주의 깊고 타당하게 논증됐다. 아마도 바울의 앞선 시도는 자신이 바랐던 만큼 동료 유대인 신자들을 설득하는 데 성공하지 못했을 것이다.[136] 대신에 바울은 여기서 인간의 계약(행한 일에 대한 비용지불을 포함하는)과 인간의 특성인 "불경건"에도 불구하고 하나님이 믿음을 가진 인간을 받아들이시는(4:4-5) 하나님과 인간의 언약을 기본적으로 대조하기 시작하는데, 이것은 1:18을 암시한 것이다. 이것이 창세기 15:6의 "여기심"을 이해해야 하는 방법이다. 그 여기심은 빚이 아닌 은혜다(4:4).[137] 사실상 그것은 하나님이 이스라엘을 선택하신 것이 순전한 은혜의 행위라는 이스라엘의 인식에 호소한다.[138] 이 "여기심"의 의미는 이스라엘

---

135) "아브라함이 시험받았을 때 그의 신실함이 드러났고, 그것이 그에게 의로 여겨지지 않았는가?"(1 Macc. 2.52); 비교. 약 2:21("우리 조상 아브라함이 그 아들 이삭을 제단에 바칠 때 행함으로 의롭다 하심을 받은 것이 아니냐?"). 필자의 *Romans*, 200-202에 있는 추가 참고 문헌을 보라.

136) 롬 4:3-22은 제2성전기에서 우리가 활용할 수 있는 성경 강해의 최고의 예 가운데 하나다: 본문이 언급된다(4:3); 용어들("여겨졌다", 4:4-8; "믿었다", 4:9-21)이 각기 보조 본문들(시 32:1-2; 창 17:5)로 설명된다; 결론을 내린다(4:22).

137) 비교. M. Cranford, 'Abraham in Romans 4: The Father of All Who Believe', *NTS* 41 (1995), 71-88, 특별히 76-83.

138) 신 4:32-40; 6:10-12, 20-23; 7:6-8; 8:17-18 등등. 또한 O. Hofius, '"Rechtfertigung des Gottlosen" als Thema biblischer Theologie', *Paulusstudien* (WUNT 51; Tübingen: Mohr Siebeck, 1989, ²1994), 121-47을 보라. Hofius는 바울 신학의 한 주제인 죄인의 칭의가 구약에 깊게 뿌리 두었음을 보여준다. "구약성경은 불의한 자의 칭의를 상당히 잘 알고 입증한다. 하나님은 그의 죄악이 가득한 선민 이스라엘을 향해 값없는 사랑과 자비로 행하신다"(Stuhlmacher, *Biblische Theologie*, 1.331).

의 영웅 중 한 사람과 하나님의 관계에서도 입증된다(4:6-8). 극심한 죄에도 불구하고, 다윗은 허물을 용서받았고 그의 죄는 "가려졌다"(시 32:1-2).[139]

바울에게 있어 핵심 논제는 아브라함 이야기에서 창세기 15:6이 창세기 17장(아브라함의 할례)보다 먼저 나오듯이, 창세기 22장(이삭을 드림)보다 훨씬 앞에 있다는 것이다. 아브라함은 율법과는 별도로 믿음으로("아브라함이 하나님을 믿었다") "의롭다 여김을 받은" 사람의 예가 되었다. 따라서 아브라함의 믿음은 뒤따르는 그의 신실함과 단순히 융합되어서는 안 된다. 바로 이 사실이 아브라함을 "모든 믿는 자"의 조상이 되게 했다. 그는 단지 할례자뿐만이 아니라 무할례자의 조상도 된다. 또한 아브라함은 할례자들이 받은 할례 때문이 아니라, 그가 할례받기 전에 가졌던 것과 같은 믿음을 그들이 가졌기 때문에 그들의 조상이 되었다(4:9-12).[140] 따라서 아브라함의 약속은 그의 행위가 아닌 그의 믿음을 근거로 그에게 임했다. 따라서 율법 조항을 행함으로써 그 약속을 성취하고 아브라함의 유업에 들어가려고 하는 것은, 실제로 믿음을 무효로 만들고 그 약속을 무가치하게 만든다(4:13-14).[141] 율법에는 다른 목적이 있었다. 즉 하나님의 심판을 측량하는 것이다(4:15).[142] 그것은 그 약속이 믿음으로(ek pisteōs) 성취되는 이유다. 모든 아브라함의 자손에게 그 약속이 임하게 하려는 것이 목적인데, 유대인들 곧 "율

---

139) 추가로 필자의 Romans, 205-207 그리고 New Perspective on Paul (2005), 45-46, (2008), 49-50; J.-N. Aletti, 'Romains 4 et Genèse 17. Quelle énigme et quelle solution?', Biblica 84 (2003), 305-25을 보라.

140) 동일한 점이 갈 3:6ff.에서 바울이 비슷하게 논의한 내용의 도입부를 형성했다.

141) 바로 여기서 롬 4장의 논증은 앞선 갈 3장의 논증에 가장 가까워진다. 핵심 용어인 "약속(epangelia)"이 나타내듯이 말이다(롬 4:13, 14, 16, 20; 갈 3:14, 16-18, 21-22, 29). 비록 바울이 당시 유대교적 사상 몇 줄기에서 만연했던 개념을 실제로 반영하지만(필자의 Romans, 213을 보라), 아브라함이 "세상의 상속자가 돼야 한다"는 약속(4:13)은 로마에서 적지 않은 사람의 눈살을 찌푸리게 했을 것이다(Haacker, Römer, 106; Jewett, Romans, 325-26).

142) 바울이 갈라디아서에서 발전시키지는 않았지만 로마서에서 한 일 가운데 하나는 계속 영향력을 행사하는 율법의 역할을 자세하게 설명한 일이다. 율법은 결코 "살리려는" 의도가 아니었고(갈 3:21), 이스라엘을 보호하는 율법의 역할은 임시적이었다(3:22-25)(위 §31 n. 363과 이어지는 언급을 보라). 그러나 로마서에서만 바울은 죄를 규정하고 심판하는 율법의 계속되는 역할을 나타낸다(롬 3:20; 4:15; 5:13; 7:7; 추가로 Theology of Paul, 133-37을 보라).

법으로 난(*ek nomou*)" 상속자들뿐만이 아니라, 아브라함의 믿음을 공유하는 모든 이에게 임하게 하는 것이다(4:16). 그것이 아브라함이 "많은 민족의 조상"(LXX 창 17:5)이 될 것이라는 아브라함의 약속을 성취하는 방법이다(4:17).[143]

그럼 이 "믿음"이란 무엇인가? 의로 여겨진 아브라함의 믿음은 무엇이었는가? 바울의 대답(4:17-21)은 모든 언어에서 "믿음"을 가장 심오하게 강해한 내용 가운데 하나다. 그것은 바로 "죽은 자를 살리시며 없는 것을 있는 것으로 부르신"(4:17) 하나님을 믿는 것이다. 바울은 매우 강력한 문장 하나로, 관련된 효력 있는 능력이 온전히 하나님의 능력(인간의 참여는 죽은 자와 비존재의 참여다!)이고, 그것이 죽은 자로부터 예수를 일으킨 그 능력의 핵심적 표현의 전조가 된다는 점을 강조한다(4:24-25). 아브라함의 경우에는 동일한 능력이 아브라함과 사라가 가임기를 한참 지났을 때 사라의 태에 생명을 주었다(4:19). 하나님의 지시라는 행위로만 후손의 약속이 성취될 수 있었기 때문이다. 그래서 이 경우에 그 믿음은 순전한 신뢰일 따름이다. 죽은 자와 비존재는 생명을 주시는 하나님의 행위에 온전히 의존한다. 그리고 자신의 희망 없는 상황에도 불구하고, 아브라함은 "믿었다"(4:18). 아브라함은 하나님의 약속을 의심하지 않았고, "약속하신 그것을 또한 능히 이루실 줄 충분히 확신했으며"(4:20-21), 인류가 보통은 드리지 못하는 영광을 하나님께 드렸다(1:21). 이후 아브라함의 신실함이 아니라, 바로 이 믿음 때문에 그는 "의롭다고 여겨졌다"(3:22; 창 15:6).

이제 남은 일은 아브라함의 믿음과 의롭다고 여겨짐이 모든 믿는 자의 원형임을 로마의 청중에게 상기시키는 것이었다. 아브라함이 아들의 약속과 관련하여 생명을 주시는 하나님을 믿었기 때문에, 복음은 "죽은 자 가운데서 예수 우리 주를 일으키신" 생명을 주신 동일한 하나님을 믿는 믿음을 요구한다(4:23-24). 마지막 절은 예수의 죽음과 부활이 지닌 이중의 효과, 즉

---

143) 롬 4장의 주요 취지인 이것은 갈 3장에서처럼 자주 간과된다. *New Perspective on Paul* (2005), 43-45, (2008), 47-49을 보라.

죄를 완전히 사하시고 하나님과의 긍정적인 관계로 돌이키셨음을 요약함으로써 이미 전통적이었던 문구를[144] 상술한다(4:25).

(iii) **5:1-11.** 바울은 자신의 복음이 지닌 함의를 언급함으로써 강해의 이 두 번째 주요 부분을 결론짓는다. "그러므로 우리[유대인과 이방인]가 믿음으로 의롭다 하심을 받았으니, 우리 주 예수 그리스도로 말미암아 하나님과 화평을 누리자"(5:1). 그러나 전형적으로 바울은 오직 "믿음으로" 하나님이 받아들이신다는 경이로움에서 머뭇거리지 않는다. 자연스럽게 바울은 오로지 제사장들과 (인간 사회의) 대사들에게 부여된 특권, 즉 지성소와 왕의 존전에 들어갈 수 있는 특권을 부여받은 존재라는 사실에 크게 기뻐한다(5:1-2).[145] 그리고 뚜렷하게 이 결론적 문단에서 바울은 "자랑"이라는 주제로 돌아간다. 이는 유대인의 뻔뻔스러움에 대한 비판이 가장 날카로운 지점이었다(2:17, 23; 3:27). 자랑은 타당하나, 타인에 우선하는 특권적 지위의 관점에서가 아니라, 하나님이 자신의 인간 창조에서 의도하신 영광의(영광으로의) 회복을 바라보기에, 하나님의 은혜 안에서 타당하다(3:23을 되돌아보고 8:17-21을 내다보는 5:2).[146] 그러나 바울은 신자들이 너무나도 생생하게 체험한 인간의 고난의 실상에 눈을 돌려 그러한 생각에도 재빨리 단서를 단다. 그가 네 번째 고린도 서신에서 한 번 이상 했던 것처럼 말이다.[147] 고린도후서 11-12장의 어리석은 자랑처럼, 바울은 고난이라는 사실의 현실적 인식을 더욱 자랑스러워한다. 특별히 그런 고난이 지닌, 성격의 형성과 구원의 과정을 진전시키는 긍정적인 유익 때문이다(5:3-4). 바울의 이전 서신들에서 자주 그랬던 것처럼,[148] 여기서도 성령 체험, 이 경우에는 "우리의 마음에 넘치게 부어주시는 하나님의 사랑"(이미지의 생생함이 체험의 생생

---

144) *Theology of Paul*, 175; Jewett, *Romans*, 341-42.

145) 필자의 *Romans*, 247-48; Fitzmyer, *Romans*, 396; Jewett, *Romans*, 349-50을 보라.

146) 유대교 전통에서는 하나님의 "영광"을 박탈당한 아담이라는 관점에서 "타락"을 해석했다 (예. 필자의 *Romans*, 167-68을 보라).

147) 위 §32.7을 보라.

148) 예. 갈 3:3-5, 14; 4:6; 5:25; 고전 2:10-16; 12:13; 고후 1:22; 5:5.

함을 반영한다)의 체험이 바울에게 그런 희망과 성찰의 확실한 근거를 제공한다(5:5).

이 복음의 경이로움으로 인해 바울은 이제 이 대단히 은혜로우신 하나님을 향한 찬가를 하나 더 추가한다. 하나님은 순전히 자신의 사랑으로 모든 인간의 구원을 위해 일하신다. 즉 연약한 자, 경건치 않은 자, 죄인들, 하나님에 맞서 자기 얼굴을 돌린 자들을 향한 사랑이다(5:6-10). 마찬가지로 복음이 효력을 부여한 구원의 과정(1:16)은 십자가에서 부활로, 죽음에서 생명으로, 칭의와 화목으로부터 구원을 향한 이동으로 요약된다(5:9-10). 중요하게도 이미 언급한 대로 바울은 이제 다시 "자랑"이라는 주제로 돌아간다. 자랑은 타당하나, 오직 모든 고난과 함께하는 구원의 과정, 그리고 하나님과의 화목 안에서 그렇다(5:3-5, 11).[149] 그래서 바울은 하나님의 창조와 창조자를 인정하지 않는 실패한 인간 피조물로부터 시작한 이야기를 마무리하는데, 이제 그 이야기는 하나님의 영광과 구원의 충만함에 (다시) 참여한다는 확실한 소망으로 완성된다.

d. 우주적 차원으로 다시 이야기되는 구원 이야기(5:12-8:39)

처음에는 바울이 이 지점에서 흐름이 끊어지지 않은 논증을 단순히 이어가는 것처럼 보인다. "그러므로…"(5:12). 그러나 사실 바울은 이전 장들의 모든 논증을 개괄하려고 한다.[150]

---

149) 비교. S. J. Gathercole, *Where Is Boasting? Early Jewish Soteriology and Paul's Response in Romans 1-5* (Grand Rapids: Eerdmans, 2002), 260-62.

150) 이 지점의 로마서의 구조에 관해 논쟁이 많은데, 특별히 5장이 강해의 첫 부분을 마무리하는지(1:18-5:21) 아니면 두 번째 부분의 시작인지(5:1-8:39)와 관련이 있다. 예. Haacker는 첫 대안을 택하며(필자가 *Romans*에서 그랬듯이), 반면에 Lohse와 Jewett는 두 번째를 택한다. 여기서 제시했듯이, 5:11/12에서 분리하는 것이 흔하지 않으나, Witherington, *Romans*, 132을 보라. 분명해질 것이지만, 필자는 롬 1-11장을 바울이 세 가지 다른 방법으로 복음을 이야기하는 것으로 본다. 1:18-5:11, 유대인과 이방인에게 좋은 소식; 5:12-8:39, 율법의 좋은 소식; 9:1-11:36, 이스라엘의 좋은 소식; 더 간결한 제시는 필자의 'Paul's

(i) 1:18이 하나님을 인정하지 않는 인간의 처음부터 계속된 실패로 시작하는 것처럼, 5:12은 죄와 사망이 인간의 경험 속으로 들어와 계속 지배한다는 언급으로 다시 시작한다. 그리고 5:1-11이 다가오는 영광, 즉 최종적 구원이라는 틀림없는 소망과 약속을 고대하는 것처럼, 8:31-39도 최후 심판에서 결정적으로 신원하심이라는 비슷한 소망의 확신 그리고 지금까지의 시험과 시련에도 불구하고 그리스도 안에서 결단코 실패하지 않는 하나님의 사랑에 대한 확언으로 끝난다.[151] 그러나 이것은 단순히 같은 이야기의 재탕이 아니다. 첫 번째 글(1:18-5:11)은 복음의 유대인/이방인 국면, 즉 말하자면 믿는 모든 이에게 좋은 소식이라는 수평적이고 사회적인 국면에 초점이 있다. 두 번째 글(5:12-8:39)에서는 초점이 바뀌고, 또한 무대의 주연들도 바뀐다. 더 이상 유대인과 이방인이 아니고, 인간의 경험에 불가피하게 영향을 끼치는 우주적 세력, 특별히 죄와 사망 혹은 두 번째 글의 특징에 더 알맞도록 죄와 사망이라고 의인화된 세력들이다.[152] 죄와 사망을 우주적인 세력으로 묘사하는 것이 정확하거나 도움이 되는지와 상관없이, 바울이 분명 출발점으로 삼은 사실은 이 용어들이 인간의 선택과 사회적 관습을 훨씬 뛰어넘어 인간이 경험하는 제약을 요약한다는 것이다.

- **죽음**은 가장 명백하게 모든 인류가 조만간에 복종하여 무릎을 굽힐 수밖에 없는 세력이다.
- 그러나 **죄** 역시 바울에게는 자기 유익을 추구하고, 자신에게 인식되는 유익을 통해 만사를 재단하고 평가하려는 충동으로서 좋든 싫

Letter to Rome: Reason and Rationale', in V. A. Lehnert and U. Rüsen-Weinhold, eds., *Logos — Logik — Lyrik. Engagierte exegetische Studien zum biblischen Reden Gottes*, K. Haacker FS (Leipzig: Evangelische Verlagsanstalt, 2007), 185-200(여기서는 194-200)을 보라.

151) 1:16에 언급된 "구원"을 5:9-10에서 다시 언급했듯이, 8:31-34은 하나님의 "의롭게 하심"이라는 1:17의 언급을 이어간다.

152) 이 세력들에 관해서는 *Theology of Paul*, §5을 보라.

든 인간이 체험하는 능력이었다. 대개 정당한 "바람"을 이기심과 자기 타락의 "욕망"으로 변형시키는 능력이다.[153]

바로 이것들이 이어지는 3개의 장을 주도하는 주연배우들이다.[154]

그 이야기가 바뀌었는가? 하나님이 어떻게 이방인을 받아들이실 수 있느냐/받아들이셨느냐는 논제는 더 이상 논제가 아닌가? 그리고 그렇다면 이 장들은 유대인/이방인과 이스라엘이라는 논제가 주도한 장들 사이에서 일종의 삽입구 기능을 하는가? 대답은 어느 정도 긍정적이지만, 전부다 그런 것은 아니다. 왜냐하면 다른 요소들이 하나씩 도입되어 이전의 초점을 잃지 않도록 하는 데 도움을 주기 때문이다.

- **육신**도 이 무대에서 눈에 띄는 주연으로 곧 소개되었다.[155] 육신은 인간이 처한 상황의 연약함, 도덕성의 자연스러운 타락을 의미하지만, 또한 주로 인간의 욕구의 만족에 온전히 집중한 도덕성의 타락과 그 욕망에 지배됨을 의미한다. 이는 2:28과 3:20에 있는 이전의 비판으로 거슬러 올라간다.[156]

- 이 점증하는 "육"에 대한 강조에 대응하여, 거의 동시에 다시 **영** 곧 성령이 소개된다.[157] 성령은 죄의 세력에 대응하는 능력으로서, 현재에서 죄의 능력에 맞서고 죄와 죽음의 세력에 대한 최후의 승리를 보장한다. 또한 성령은 이스라엘이 마음의 할례(2:29)[158] 그리고 마지막 부활(1:4)과 관련해서 항상 소망해왔던 그 능력이다.

---

153) 바울의 사용에서 *epithymia*는 그 의미가 변화한다. BDAG, 372을 보라.
154) 롬 5-8에서, *hamartia*("죄"[단수])는 41번 등장한다: 5장(6번), 6장(16번), 7장(14번), 8장(5번); *thanatos*("죽음", 21번): 5장(6번), 6장(7번), 7장(5번), 8장(3번).
155) *Sarx*, "육", 7:5, (14), 18, 25; 8:3-9, 12-13.
156) *Theology of Paul*, 62-70을 보라.
157) *Pneuma*("영"), 7:6, 그리고 위대한 성령의 장인 8장(20번), 8:2, 4-6, 9-11, 13-16, 23, 26-27.
158) 마음의 할례라는 미래의 소망(신 30:6; *Jub.* 1.23)은 명백하게 마음에 새겨진 율법(렘 31:31-34)과 약속된 성령(겔 11:19; 36:27)에 대한 소망과 같다.

■ 가장 뚜렷하게 율법은 무대에 일찍 등장하여(5:13) 핵심 배우가 되었다(5:20). 바울은 자기 시대가 지나버린 능력을 묘사하는데(6:14-15; 7:1-6),[159] 율법은 더 강력한 죄의 능력(롬 7:7-8:2)과 육신의 연약함(8:3) 때문에 전복되는 능력이지만, 여전히 하나님이 인간에게 요구하신 내용을 가늠하는 척도다. 더 강력한 성령이 율법을 성취할 수 있게 하신다(8:4). 바울이 분명 "법을 아는 자"(7:1)에게 말했다는 것은 3:19을 상기하고, 그 두 이야기를 하나로 묶은 것이 율법/토라임을 상기시킨다.[160]

(ii) **5:12-21.** 그래서 그 이야기가 다시 언급되는데, 이번에는 아담이라는 인물을 특별히 예로 들어 인류를 다룬다.[161] 죄와 죽음은 아담을 통해 아담의 족속을 끔찍이 지배하게 되었다(5:12-14). 바울이 인정한 이 둘의 관계는 불분명하다. 죄가 죄로 인식되기도 전에 사망이 지배했으나(5:13-14), 사망을 또한 죄의 결과로 여긴다(5:12).[162] 핵심은 1:18-32과 동일하다.[163] 바로 율법(5:14, 바울은 분명 모세 율법을 생각한다)이 죄를 규정하고 사람으로 죄지음을 인식하게 한다. 바울이 반복한 주제가 이것이었다(3:20; 4:15). 이는 지금까지 "행위"라는 관점에서 이해된 율법에 맞서 바울이 설정한 율법의 유

---

159) 갈 3:19-29 논증의 되울림을 주목하라. 또한 위 §31.7c(iii)를 보라. 예. Moo는 "대개 모세 율법을 가리키는 '율법'이라는 단어는 다른 바울 서신을 전부 합친 것보다(47번) 로마서에서 더 많이 등장한다(74번). 바울은 율법에 한 장을 모두 할애하고(7장), 율법은 바울이 다루는 거의 모든 주제와 관련하여 등장한다(비교. 예. 2:12-16; 4:13-15; 5:13-14, 20; 6:14, 15; 8:2-4; 9:31–10:5; 13:8-10)"(*Romans*, 27).

160) 이는 다시 한번 토라를 언급한 것이다. 필자의 *Romans*, 359-60을 보라.

161) 히브리어 *adam*은 물론 "사람" 즉 "인류, 인간"을 의미한다. *Theology of Paul*, 82-84을 보라.

162) 5:12의 마지막 절("*eph' hō* 모든 사람이 죄를 지었다")의 의미는 분명하지 않다. *Epi*의 용례는 광범위하다(BDAG, 363-67). 그러나 그것은 아담의 죄와 사망 그리고 모든 사람의 죄와 사망 사이의 연관성을 상상하는 듯하다. 아담이 인류로 하여금 죄의 세력에 취약하게 했고 (따라서) 사망의 세력에 종속되게 했다. Fitzmyer, *Romans*, 408-10, 413-17; Moo, *Romans*, 321-29; Jewett, *Romans*, 375-76의 토론과 논평을 보라.

163) 바울은 죽음이 인류의 창조에서 항상 하나님의 계획의 일부였는지, 아니면 죄의 결과인지에 관한 질문을 열어놓았다. 추가로 필자의 *Theology of Paul*, 94-97, 124-26을 보라.

일한 기능이다.[164] 그러나 장면이 곧 어두워진다. 인간의 생각이 짧아 죄로 인식하지 못한 것을 죄로 규정함에 있어, 율법은 사실상 죄를 더한다. 그렇게 죄가 배가되고 사망에 이를 때까지 인간을 향한 죄의 속박이 더 강화된다(5:20). 율법은 죄와 사망의 세력에 대한 답이 아니다. 율법은 죄를 측량하고 속죄할 수 있는 수단을 제공한다(3:22, 25). 사실 이 복음을 말하는 데 필수적인 요소는 율법의 비극이다. 율법은 그 목적이 전도되었고 인간/이스라엘의 경험에 긍정적이기보다는 오히려 부정적인 요소가 되었으며, 죄의 세력과 육신의 연약함 때문에 전도되었다. 이러한 강해는 율법 곧 율법을 행함(율법의 행위)이 구원의 수단이고 구원에 이르게 한다는 바울의 동족 유대인들이 가정하는 내용에 맞서 지속적인 비판을 분명하게 형성한다.

이 도입부의 진술에서 바울은 단지 에덴에서 시내산까지를 언급했지만(5:12-14), 그는 죄와 죽음의 세력에 대한 해답으로서 복음이 선포한 내용을 도입하는 데 더 지체하지 않는다. 그 답은 개인적 혹은 역사적(신화적)인 역할 그 이상을 성취하는 그리스도, 두 번째 아담인 그리스도, 혹은 바울이 고린도전후서에서 예수를 묘사했듯이 "마지막 아담"(고전 15:45)인 그리스도다. 이것은 30년이 채 지나지 않은 시기에 이스라엘 땅에서 앞서 활동했던 한 사람에 관해 바울이 내딛은 놀라운 신학적 진보다. 그것은 단순히 예수가 높임을 받아 하나님의 우편에 좌정하셨고 "모든 만물"을 통치하신다는 믿음의 문제가 아니다. 그것은 하나님이 피조물인 인간을 위해 태초부터 항상 의도하신 것이다(시 8:4-6에 따르면).[165] 정말로 놀라운 특징은 예수가 하신 일이 (역사적/신화적?) 아담이라는 인물이 대체로("모두") 인류에게 끼친 사건과 같은 종류의 영향과 효과를 끼쳤다고 말할 수 있다는 데 있다. 아

---

164) 그러나 "믿음의 법"(3:27)과 믿음으로 굳게 선 율법(3:31)에 대한 함의는 여전히 설명되어야 한다.

165) 시 110:1이 예수 안에서 성취되었다는("내가 네 원수들로 네 발판이 되게 하기까지 너는 내 오른쪽에 앉아 있으라") 확신은 최초의 기독론에서 창조에 대한 하나님의 목적, 즉 "모든 것을 아담/인간의 발아래 두셨다"(시 8:6)와 재빠르게 결합됐다. 특별히 고전 15:25-27과 추가로 *Theology of Paul*, 200-201, 248-49을 보라.

담이 이전에 홀로 모든 인간을 대표했듯이, 예수도 어떻게든 자기 안에 모든 인간을 요약하여 묘사한다고 말할 수 있다. 그러나 아담은 사망을, 그리스도는 생명을 상징한다(다시 고전 15:21-22에서처럼). 이 경이로운 병행과 대조가 로마서 5장 나머지를 채운다(범죄를 훨씬 넘어서는 은혜, 정죄를 훨씬 뛰어넘는 칭의, 죽음을 거뜬히 이기는 생명, 죄악을 압도하는 의[5:15-19]). 한 구절의 미사여구(5:6-11)가 또 다른 미사여구로 이어지며, 그 미사여구가 지닌 수사적 힘은 단어들과 구문론의 상세한 부분을 향한 과도한 관심 때문에 너무나 쉽게 소멸된다.

이 배우들(죄, 사망, [그] 율법)을 무대에 세운 후 바울은 복음이 어떻게 각자의 도전에 반응하는지를 보여주려고 차례로 그것들을 다룬다. 구성이 더 복잡해지면서 "육신"은 7장에서 등장하고, "성령"은 8장에서 이야기의 진정한 주인공이 된다. 지금 연속되는 3개의 장(6, 7, 8장)에서 각각 바울은 같은 방향으로 나아간다. 첫째, 바울은 명료한 복음의 직설법을 표현한다. 즉 그리스도가 하신 일과 신자들의 헌신 및 세례로 말미암아 그들에게 이미 일어난 일이다. 그런 다음 바울은 복음의 명령법에 눈을 돌리는데, 지속되는 죄와 죽음의 세력과 육신의 연약함이 더 현실적으로 신자의 책임과 능력에 영향을 받아야 한다는 것이다.

(iii) **6:1-23.** 죄가 제일 먼저 해결되어야 한다. 죄가 더한 곳에 은혜가 더욱 넘친다는 바울의 언급(5:20-21)은, 자신이 앞서 화를 내며 맹렬히 비난했던 모욕적인 말을 상기해야 할 이유를 제공한다.[166] "은혜를 더하게 하려고 죄에 거하겠느냐?"(6:1). 바울이 분개하며 대답한 내용은, 그런 태도가 그리스도가 행하셨고 그리스도와 합하여 세례받은 자에게 효력이 있는, 획을 긋는 변화를 인식하지 못했다는 것이다(6:2-4).[167] 예수의 죽음은 그가 죄

---

166) 롬 3:8, "선을 이루기 위하여 악을 행하자."

167) 롬 6:1-11은 세례에 대한 강해가 아니다(전형적으로 Wilckens, *Theologie*, 1/3.197; "세례받은 자들은 세례로 의롭게 되었다[비교. 롬 6:6-14]"[Stuhlmacher, *Biblische Theologie*, 1.353]). 오히려 세례는 이미 그들의 소유가 된 변화와 그리스도인의 삶을 구성하는 지속적인 변화를 끌어내려고 바울이 사용한 첫 강력한 이미지다. 추가로 *Theology of Paul*, 443-

의 세력을 넘어섰다는 뜻이며, 예수의 부활은 예수가 죽음의 세력을 넘어섰다는 의미다(6:7-10). 그래서 자신들의 생명을 예수의 생명과 연합한 사람들은 예수의 죽음으로써 예수와 연합한 사람들이다. 이는 고린도후서의 상당한 부분을 주도한 주제에 바울이 추가하고 다듬은 고찰이다.[168] 이는 예수 안에서 완성된 과정이 예수와 연합한 사람들에게 이미 영향을 끼쳤고 완성되었다는 의미가 아니다. 그의 부활과 온전히 맞먹는 일은 여전히 미래의 일이다(6:5).[169] "만일 우리가 그리스도와 함께 죽었으면 또한 그와 함께 살 줄을 믿는다"(6:8). 그들은 죄의 몸(= 육신)을 죽이기 위해 그와 함께 십자가에 못 박혔다(6:6). 그러나 이 과정은 그들 자신이 부활한 후에야 비로소 완성된다. 동시에 그리스도 부활의 변화시키는 힘(= 성령)은 이미 작용하고 있으며,[170] 따라서 더 이상 죄에 종노릇 하지 않도록 한다(6:4, 6).

이미 일어난 내용(직설법)에 대한 강조는 바울이 권면한 내용(명령법)의 기반이 되었다. 로마의 그리스도인들은 그들이 "그리스도 안에" 있는 존재라는 사실에서 시작해야 한다. 그들의 책임은 죄에 대해 죽고 하나님을 향한 삶을 자신들의 삶 속에서 개인적으로나 집단적으로 표현하는 것이다(6:11). 이는 죄에 대해 완전히 아니라고 말하는 것이다. 특별히 인간의 욕망(epithymia)이 그 세력 때문에 쉽게 타락하고 전도될 수 있음을 솔직하게 인식하는 것이다(6:12). 요구되는 것은 자신의 모든 지체(melē), 국면, 관계(인간을 구성하는 모든 것)를 하나님께 끊임없이 드리는 것이다(6:13).[171] 또한 율법

44, 447-48, 451-52; Jewett, *Romans*, 400을 보라. 또한 S. Sabou, *Between Horror and Hope: Paul's Metaphorical Language of Death in Romans 6:1-11* (Bletchley: Paternoster, 2005)을 보라.

168) 위 §32.7을 보라.

169) 롬 6:5, "만일 우리가 그의 죽으심과 같은 모양으로 연합한 자가 되었으면, 또한 그의 부활과 같은 모양으로 연합한 자가 되리라." 6:5b의 미래시제가 논리적 미래이기보다는 시간상 미래라는 것이 다수의 견해다. *Theology of Paul*, 470; Haacker, *Römer*, 128; Lohse, *Römer*, 191; Jewett, *Romans*, 401-402을 보라.

170) 바울은 이미 고후 3:3-5:5에서 그 주제를 발전시켰고, 롬 8:2-8, 12-14, 17-25에서 그 주제로 돌아갈 것이다.

171) *Melē*를 적절하게 옮기기는 어렵다. 대개는 "지체들"로 번역되지만, 사람을 구성하는 모든

을 향한 단순한 복종이 그 목적을 성취하는 충분한 수단이라고 생각하지 않는 것이다(6:14-15). 여기서 다시 두 가지 말하기가 겹치는데, 전통주의 유대교 신자들에게 있어서 율법은 언약의 하나님 앞에 복종하는 분명한 길이었다. "율법 아래"는 "죄 아래" 있음에 대한 답이거나 죄로부터의 보호장치다. 그러나 바울은 율법이 죄의 능력 앞에서 효과가 없다고 이미 말했고(5:20), 체험적으로 율법 자체가 은혜의 통로가 아니라는 자기 자신의 고통스러운 인식을 짧게 설명한다(7:7-8:3). 또한 바울은 위대한 조력자이신 성령의 능력을 강조하면서 이러한 재언급의 절정에 이른다(8장). 그러나 여기서도 분명 명령법의 중요성을 자세히 설명하는 데 바울의 관심이 있었다. 신자들도 그리스도 안에서, 의식적이고 조심스럽게 자기중심적이고 자기를 내세우는 본능(죄)에 복종하기를 거부하고, 신중하고 조심스럽게 의의 능력에 자신들을 내어줄 책임이 있다(6:16-18).[172] 신자들은 늘 죄의 지배를 견고하게 하고 사망으로만 귀결되는 자기 방종의 충동이 아니라, "은혜 아래" 있는 자들이자 하나님의 노예(행복한 역설)로서 위대하고 선한 주인의 노예가 지닌 가장 기꺼운 충성심으로써 바울이 옳다고 말하는 모든 문제에 있어서 순종해야 한다(6:19-23). 요약하면, 직설법이 명령법을 불필요하게 하지 않으며, 오히려 직설법은 명령법을 순종 가능하게 만들어준다.

  (iv) **7:1-25.** 바울은 이제 율법으로 향한다.[173] 바울은 다소 복잡하고

요소를 의미한다. 필자의 *Romans*, 337; Moo, *Romans*, 384을 보라.

172) 6:16-20에서 바울은 이중 의미로 "의"(*dikaiosynē*)를 사용한다. 즉 서신에서 그것이 사용된 주요 방식을 회상하며(자신을 하나님께 헌신하는 사람들을 향한 하나님의 구원의 행위, 1:17; 3:21-22, 25-26), 하나님과 긍정적인 관계에 있는 사람들의 삶에서 구원하시는 의의 표현인 올바른 삶을 가리킨다. 그것은 보통 말하는 죄, 즉 죄의 세력과 죄가 낳은 실제로 죄지음의 긍정적인 대안으로 기여한다.

173) 7:1("내가 법을 아는 자에게 말하노라[*laleō*]")과 3:19("무릇 율법이 말하는 바는 율법 아래에 있는 자들에게 말하는[*lalei*] 것이니라")의 병행을 주목하라. 여기서 유대교의 율법을 염두에 두었다고 널리 인식되었다(예. Fitzmyer, *Romans*, 455-57; Esler, *Conflict and Identity*, 224-25; Lohse, *Römer*, 206; Jewett, *Romans*, 430). P. J. Tomson, 'What Did Paul Mean by "Those Who Know the Law"? (Rom 7.1)', *NTS* 49 (2003), 573-81은 바울이 로마의 그리스도인들도 예수의 엄격한 결혼법 가르침을 알고 있는 것으로 추정했다고 논증한다.

색다른 이미지를 가지고 같은 요점을 제기하며 시작한다. 곧 그리스도의 죽음이 율법에 매인 사람들을 그리스도와 연합하게 하려고 자유롭게 했다는 것이다(7:1-4). 다시 한번 율법에 대한 두 번째 언급은 첫 번째와 중복된다. 전형적으로 유대인은 율법에 매였고, 이 매임(결박)이 다른 이들로 그리스도와 연합할 자유를 억제하기 때문이다.[174] 그러나 재빨리 바울은 이 이미지를 이어지는 두 장에서 확장할 주요 진술로 전개한다. 첫째로 인간 (유대인 포함)의 상황과 관련된 요인들에 대해 가장 완벽한 진술이 나오는데, 처음으로 "육신"이라는 복잡한 문제가 도입된다.

- "우리가 **육신**에 있을 때는 율법으로 말미암는 **죄**의 정욕이 우리 지체 중에 역사하여 우리로 사망의 열매를 맺게 하였다"(7:5).

그다음에 복음이 성취한 일에 대한 바울의 요약된 진술은 다음과 같다.

- "이제는 우리가 얽매였던(kateichometha) 것에 대하여 죽었으므로 율법에서 벗어났으니,[175] 이러므로 우리가 영의 새로운 것으로 섬길 것이요, 율법 조문의 묵은 것으로 아니 할지니라"(7:6).

여기서 마지막 대조("영의 새로움, 조문의 묵은 것")는 고린도후서 강해[176]와 유대인(yehudah)이 하나님께 칭찬(hodah)을 받으려면 무엇을 해야 하느냐는 이전의 확인을 상기한다(롬 2:28-29).

로마서를 작성하면서 분명 바울은 많은 유대인과 유대인에게 호의를 가진 신자들에게 틀림없이 율법에 관한 과격한 진술로 들렸을 내용을 고

---

174) 이것이 안디옥에서 베드로를 대면할 때 중대하다고 여겼던 바울의 요점이다(갈 2:11-16). 위 §27.5을 보라.

175) 여기서 *kateichometha*(1:18을 되울림)는 갈 3:23의 *synkleiomenoi*("매였다")와 같은 의미로 사용됐다. 일련의 사고가 비슷하다.

176) 위 §32.7d를 보라.

의로 언급하려고 했다(7:5-6). 그 전략은 갈라디아서 3:15-18의 전략과 같다. 바울은 낭독되는 서신을 듣는 회중들이 완전히 주의를 집중하도록 그런 방식으로 약속과 율법을 대조하고, 은혜/성령과 율법을 대조했다. 각각의 경우에서 수사적 계책은 동일하다. 강한 진술은 "그런즉 율법은 무엇이냐?"(갈 3:19)라는 대답을 불러들인다. 그리고 여기 로마서 7:5-6의 더욱 강한 주장에 대한 반응으로는 "그런즉 우리가 무슨 말을 하리요? 율법이 죄냐?"(7:7)가 나온다. 그렇게 바울은 율법을 가장 두드러지게 변호하기 시작한다.[177] 강해에서 육신을 도입했기 때문에(7:5), 바울은 자신이 구상한 내용을 더욱 자세하게 전개할 수 있었다.

바울은 아담 이야기와 "타락"에 관한 자신의 이전 암시를 재개한다(5:12-21). 바울은 아담의 목소리로 실존적으로 강렬하게 말한다.[178] 율법이 탐내지 말라고 말하지 않았다면, 아담은 탐욕이라는 전형적인 죄를 몰랐을 것이다(7:7). 그러나 "탐내지 말라"라는 명령이 제공한 기회를 잡은 죄는

---

177) 비록 거의 인식되지 않지만, "율법의 변호"가 그 구절의 타당한 묘사라는 점은 7:7-12, 13-14, 16-17, 22-23의 순서에서 명백히 드러난다(Theology of Paul, 156-58을 보라). 여기서 다시 한번 그 서신이 로마의 상황과 어떤 관계가 있는지 보여주려는 Esler와 Jewett의 시도(Conflict and Identity, 239; Romans, 440)는 복음과 관련한 율법의 역할을 더 깊이 이해하려는 바울의 관심을 못 보게 한다.

178) 7:7-25의 "나"에 대한 언급은 논쟁이 많다. J. Lambrecht, The Wretched "I" and Its Liberation: Paul in Romans 7 and 8 (Leuven: Peeters,1992); B. Dodd, Paul's Paradigmatic "I": Personal Example as Literary Strategy (JSNTS 177; Sheffield: Sheffield Academic, 1999), 7장; H. Lichtenberger, Das Ich Adams und das Ich der Menschheit. Studien zum Menschenbild in Römer 7 (WUNT 164; Tübingen: Mohr Siebeck, 2004)의 자세한 논의를 보라. "아담의 이상적인 전기는 동시에 인간 바울의 자서전이다"; "이 지점에서 통상적이거나 이상적인 '나'와 개인적이고 자서전적인 '나'는 일치한다"(O. Wischmeyer, 'Paulus als Ich-Erzähler. Ein Beitrag zu seiner Person, seiner Biographie and seiner Theologie', in E.-M. Becker and P. Pilhofer, eds., Biographie und Persönlichkeit des Paulus [WUNT 187; Tübingen: Mohr Siebeck, 2005], 88-105[여기서는 101-102]). 율법이 아담 때에 존재하지 않았다고 롬 5:13에 호소하는 것(Esler, Conflict and Identity, 234-36; Jewett, Romans, 442 그리고 n. 22처럼)은 롬 5:12-21에서는 아담이 보편적인 이야기의 시작이지만, 7:7-12에서 아담은 죄의 세력을 경험한 인간의 전형(2 Bar. 54.19에서처럼)이라는 사실을 무시한다. 아담에게 한 (선악과를 먹지 말라는) 명령이 이미 하나님의 법을 구체화했거나 적어도 표현했다는 것은 어쩌면 유대 사고에서 당연하게 받아들여졌을 것이다(예. 필자의 Romans, 379-80; Lichtenberger, 15장을 보라).

아담 안에 탐심을 불러일으켰다(7:8).[179] 창조주 하나님은 "네가 그것[선악을 알게 하는 나무의 열매]을 먹는 날에는 네가 정녕 죽으리라"(2:17)라고 아담에게 경고하셨다. 그러나 죄(뱀)는 그를 속였다(그의 배우자를 통해서). 먹어도 "너희가 결코 죽지 아니하리라"(3:4)라고 안심시킴으로써 말이다. 그래서 그는 죽었다(롬 7:9-11).[180] 이것은 율법의 잘못이 아니다. 율법은 여전히 거룩하다. 여기서 바울은 고린도후서 3:3-6에서 자기 사역을 변호하는 데 핵심이었던 이전의 성령과 "조문"(gramma)이라는 전면적인 대조에 단서를 단다. 바울은 로마서 7:5-6의 똑같은 대조를 환기한다. 단지 그것을 명확히 하려고 말이다. 율법 자체는 "조문"이 아니다. 조문은 죄가 조작하는 율법과 더 동일시된다.

바울은 이런 일이 어떻게 일어났는지 설명한다. 죄를 규정하고 죄를 의식하게 하는 율법의 기능은 죄를 유발하는 죄의 세력이 조작하는 대상이다(7:13). 그리고 그것은 육신의 연약함에 매이게 하여 그렇게 하도록 만든다. 육신의 합당한 욕구를 죄가 탐욕과 자기 확대로 변하게 한다. 죄가 갈망(epithymia)을 변질시켜 그 갈망에 부정적으로 대응하는 욕정과 탐욕으로 만들어버린다(7:14).[181] 그래서 보통 인간("나")은 자신이 이중으로 사로잡혔음을 안다.

- 한편으로 **자아**는 분열돼 있다. 마음은 선한 것을 알고 그것을 행하고자 하나, 죄의 올가미에 걸린 육신은 악을 행한다(7:15-20).
- 그리고 한편으로 **율법**은 분열돼 있다. 마음은 거룩하고 의롭고 선

---

179) 잘못된 욕망이나 욕정 혹은 탐욕이 모든 죄의 뿌리라는 것은, 약 1:15이 확인하듯이 유대교 사상에서 이미 확립된 신학적 진술이었다. 다시 필자의 Romans, 380; Lichtenberger, Das Ich, 16장을 보라.

180) 롬 7:11("죄가 기회를 타서 계명으로 말미암아 나를 속이고 그것으로 나를 죽였는지라")이 분명 의도적으로 창 3:13("뱀이 나를 꾀므로 내가 먹었나이다")을 되울렸다는 견해는 이미 대체로 인식되었다.

181) 위 n. 153을 보라.

한 "하나님의 법"(7:12)을 인식하고 확인한다. 하지만 동시에 그것은 죄의 앞잡이 곧 "죄의 **법**"이며, 죄로 조작되고 자아의 노예 됨을 강화한다.[182]

바울은 자신이 묘사한 자아(자신)의 모습에 절규를 쏟아내며 끝낸다. "오호라, 나는 곤고한 사람이로다! 이 사망의 몸에서 누가 나를 건져내랴?"(7:24) 그러나 그것은 자신이 제기한 진퇴양난에 대한 수사법이 요구한 울부짖음이다. 실제로 바울은 그 울부짖음이 그리스도를 통해서 이미 답을 얻었음을 알고 있었다. 그래서 바울은 자아와 율법의 이중 분리를 확인함으로써 율법의 변호를 마무리한다. 이런 분리는 육신 안에 있는 존재의 결과이며 짐작하건대 육신이 계속되는 동안 지속될 것이다(7:25).[183]

(v) 8:1-39. 복음 이야기를 두 번째로 말하는 곳에서 바울이 이제 상술한 줄거리의 모든 복잡성에도 불구하고, 곧 등장한다는 신호가 있었지만 아직 완전히 무대로 오르지 않은 주요 배우가 아직 남아 있다. 성령이다. 여기서 바울의 방식은 문제를 해결하기 위해 등장하는 신(deus ex machina)이라는 고대의 장치에 가장 가깝다. 줄거리가 불가능할 정도로 복잡해졌을 때, 그리고 인간이라는 멜로극이 최악의 애처로운 순간에 도달했을 때, 해결책이 몇 단어로 모습을 드러낸다. 인류가 자아의 상충하는 충동과 욕

---

182) 로마서 주석가들은 7:18-20(분열된 "나")과 7:21-23(분열된 법)의 병행에 거의 주목하지 않았다(*Theology of Paul*, 472-77). 우리는 "죄(와 사망)의 법"(7:23, 25; 8:2)을 7:7-11, 13에서 묘사된 과정에 대한 바울의 요약으로 안전하게 받아들일 수 있다.

183) 7:25b이 해설이거나(독일의 주석 전통에서 인기가 있다. 예. Lichtenberger, *Das Ich*, 154-60과 Jewett, *Romans*, 456-58; 그러나 Haacker, *Römer*, 149와 Lohse, *Römer*, 224-25을 보라) "쇠사슬에 묶음"이 사실상 동일한 사람이 7:25a와 7:26b를 언급하지 않았음을 의미한다는(Longenecker, *Rhetoric at the Boundaries*, 88-93; Klauck, *Ancient Letters*, 225-26은 이것이 설득력 있다고 보았다) 논증은, 8:10, 12-13, 17-25에서 바울이 7:25b과 같은 상황에 직면했다는 사실을 충분히 주목하지 않았다. 7:25a은 실현된 믿음인 "이미"만큼이나, 소망의 표현(8:24-25)인 "아직"을 나타낸다. 추가로 *Theology of Paul*, 472-82를 보라. 비슷하게 Stuhlmacher가 "로마서 7:7-25과 8:1-17이 서로 대조된다"라고 계속해서 주장할 때 그는 8:10, 12-13을 무시한다(*Biblische Theologie*, 1.282).

망으로 분리되어 있다면, 그리고 율법이 "하나님의 법"과 "죄의 법"으로 분리되어 있다면, 그렇다면 그리스도와 성령의 이중적 활동이 그 답을 제공한다. 율법은 왜 그렇게 답을 제공할 수 없었는가? 바울은 다시 회중의 한쪽에 앉아 있는 유대인 신자들을 수사적으로 바라본다(아니면 그의 독자들이 실제로 바라보도록 요구한다). 인간의 육신의 연약함으로(방금 묘사한 대로) 인해 율법이 죄와 사망의 도구가 되었기 때문이다(8:2-3). 그러나 하나님의 아들은 "죄 있는 육신의 모양으로" 오심으로써 육신의 문제를 다루었으며,[184] 그는 자기의 죽음으로써 속죄제와 같은 결과를 가져왔다. 즉 "육신에서 죄"를 규탄하고 제거했다(8:3).[185] 그 결과로 (그리스도 안에서) 그리스도와 연합한 사람들은 죄와 죽음이 이전에 그들을 옭아매던 육신의 부정적 충동(욕정)으로부터의 해방을 경험할 수 있다(8:1-2). 그리고 성령은 마찬가지로 죄와 죽음의 세력에 대해 승리했고, 죄와 사망의 조작으로부터 율법을 해방했다. 그 결과로 육신이 아니라 성령을 따라 사는 사람들은 율법의 실제 요구를 성취할 수 있다(8:4-6).[186] 육신적 수준으로 사는 사람들(자신들의 존재

---

184) 이 표현에 대한 주해 논제들과 신학적 함의는 필자의 *Romans*, 421-22; Moo, *Romans*, 479-80; Lohse, *Römer*, 231; Jewett, *Romans*, 483-84을 보라.

185) "죄에 관한"이라는 표현에서 속죄제에 대한 언급이 있다는 점과 관련해서는, Moo, *Romans*, 480과 그가 n. 49에서 언급한 사람들 및 Haacker, *Römer*, 152 n. 15에서 언급된 사람들을 보라.

186) 바울이 율법과 성령을 긍정적인 관계로 묶을 수 있음을 의심하는 사람들은 단순히 강해의 수사법을 놓치고 있다. 바로 그 역설적인 결합이 바울로 하여금 그의 유업을 완전히 포기하지 못하도록 하고, 신비 체험과 은사적 열정주의의 기독교를 전하지 못하도록 했다. *Theology of Paul*, §23(여기서는 642-49), 또한 Stuhlmacher, *Biblische Theologie*, 1.266; J. L. Martyn, 'Nomos plus Genitive Noun in Paul: The History of God's Law', in J. T. Fitzgerald et al., eds., *Early Christianity and Classical Culture*, A. J. Malherbe FS (NovTSupp 110; Leiden: Brill, 2003), 575-87; Lohse, *Römer*, 230; Wilckens, *Theologie*, 1/3.208-10을 보라. "죄와 육의 세력 아래에서 율법은 곡해되었고 자아와 자기 집단의 명예를 높이는 수단이 되었다. 그러나 율법은 그리스도 안에서 타당한 영적 기능을 회복하고, 이는 진정한 삶으로 인도한다(7:10-14; 8:4)"(Jewett, *Romans*, 481). C. Grappe, 'Qui me délivera de ce corps de mort? L'Esprit de vie! Romains 7,24 et 8,2 comme elements de typologie adamique', *Biblica* 83 (2002), 472-92은 "이 죽은 몸"(7:24)과 "성령의 삶"의 대조에 아담에 관한 이중 암시가 있다고 주장한다. "성령의 법"을 어떻게 이해해야 하느냐에 관한 참고문헌은 예로 Schnelle, *History*, 128을 보라.

이유를 기본적인 욕구와 본능의 만족으로 보는 사람들)은 하나님을 기쁘시게 할 수 없다. 그들은 항상 죄와 사망에 사로잡혀 있을 것이며, 하나님의 법에 순종할 수 없다(8:7-8).

바울은 청중들이 자신의 로마 방문을 환영해주기를 바라며 편지를 썼지만, 자신이 로마의 실제 사태를 안다고 확신했다. 그러나 다시 한번 바울은 그들이 성령을 받았다는 사실 때문에 그들을 신뢰했다.[187] 실제로 다른 어떤 곳에서보다 더 명확하게 바울은 그리스도에게 속하게 되는 필수 요소가 그리스도의 영을 소유하는 것이라고 직설적으로 언급한다(8:9).[188] 이것이 그 이야기의 끝은 아니다. 바울이 6:1-10과 7:1-6의 직설법을 6:11-23의 명령법과 7:14-25의 분리됨으로 수식했듯이, 이제 바울은 구원의 과정이 시작되어 진행 중이고 결정적으로 시작되었지만 여전히 완성되어야 한다고 자기 청중들에게 상기시킨다.[189] 비록 성령이 이미 생명을 부여하고 의라는 결과를 가져오고 있지만, 몸은 여전히 죽어 있다. 사망은 여전히 어떻게 육신의 죽음에서 결정적인 힘을 얻을지 궁리해야 한다(8:10). 생명을 주시는 성령의 사역이 죽을 몸에 부여한 생명으로 절정에 이를 때(즉 부활) 구원의 과정이 완성된다(8:11).

그리고 6장에서처럼 그리스도 부활의 완성이 그들의 삶에서 이루어질 것이라는 확신은 일련의 권면으로 이어지는데, 바울은 로마의 신자들에게 육신을 위해 살지 말라고 강하게 주장함으로써 그 점을 이해하도록 한다. 육신을 위해 사는 것은 아직도 분명하게 현실적으로 가능한 일이었다. 심지어 "그리스도 안에" 있는 자들에게도 말이다(8:1). 그리고 그들이 그렇게

---

187) 다시 위 §29.7g를 보라.

188) 다시 위 §29 n. 39를 보라.

189) 앞서 5:1-10과 갈 3:3; 6:8; 고후 4:16-5:10에서처럼. Fee는 바울이 그의 신학화 작업에서 죄와 지속되는 고투를 상상했다는 것을 부인하지만(*God's Empowering Presence*, 537-39, 547, 556, 559), 6:12-13과 같은 권면과 8:10과 같은 진술 및 8:12-13과 같은 경고가 반복해서 해야 할 도덕적 선택 외의 다른 것을 말한다고 보기는 어렵다(죄와 죽음의 세력에 계속 저항해야 한다).

했다면, 성령이 죄와 사망의 세력을 패배시키는 일을 완성하지 못하실 것이다. "너희가 반드시 죽을 것이다!" 그들이 자신들의 이기적이고 자기주장적인 삶을 죽이기만 하면, 성령의 삶은 충만해지고 열매를 맺게 될 것이다(8:12-12).[190] 이것이 하나님의 자녀가 되는 것의 실존적 현실이 의미하는 내용이다. 즉 성령의 인도함을 받는 삶이다(8:14).[191] 그것은 어떤 사소한 위반("종의 영, 두려움에 빠진")이 유죄인지를 가리기 위해 두려움을 가지고 규정집을 확인하는 것이 아니라[192](이는 하나님의 의가 하나님의 징벌이 아니라 구원하시는 의라는 점을 루터가 발견하기 전에 그가 가진 관점이었다), "양자의 영"이며, "아빠! 아버지!"라고 부르는 예수의 독특한 기도를 되울리는, 하나님의 아들이 되었다는 기쁘고 때로는 강렬한 느낌이고, 불가사의 중의 불가사의로서 우리가 그리스도와 연합함으로써 예수와 더불어 아들 됨의 신분을 공유함을 아는 것이다(8:15-16).[193]

아시아에서 거의 죽을 뻔한 경험을 한 후부터(고후 1:8-9),[194] 바울은 하나님의 구원하시는 의가 그리스도인과 특별히 사도의 삶에서 시험과 고난 가운데 일하셨음을 바로 기억하지 않고는 하나님의 성령/은혜 체험을 크게 기뻐할 수 없었다. 그래서 여기서 그리스도와 함께 하나님의 유업에 참여한다는 사고는("그리스도와 더불어 상속자") 훈계 때문에 바로 완화된다. "우리가 그와 함께 영광을 받기 위하여 고난도 함께 받아야 할 것이니라"(8:17). 그리고 바울은 이 사고를 가지고 그 이야기의 보편적인 국면을 다시 한번

---

190) 여기서 특별히 우리는 6:1-4, 7:1-7, 8:1-11의 직설법과 각각 뒤따르는 내용을 별개로 받아들이는 위험을 보고 있다.

191) 바울은 갈 5:16-26에서 다른 용어들로 설명된 주제를 다시 언급한다. 위 §31.7d를 보라.

192) "'자랑'의 숨겨진 면은…자기 자신을 염려하는 인간이 가진 두려움이며, 그 두려움은 율법의 행위에 대한 열심에서 일어난 두려움이다"(*Theology*, 1.243)라는 Bultmann의 날카로운 관찰은 너무나 많은 근본주의에 동기를 부여한 두려움을 제대로 강조한다. 여기서 다시 종의 영과 아들 됨의 영의 대조는 어쩌면 의도적으로 출애굽기의 표현을 되울린 것일 테다 (Keesmaat, *Paul and His Story*, 2장).

193) 그 언어와 관습 및 체험이 예수의 언어와 관습 및 체험을 되울린다는 주장은 상당히 그럴듯하다. *Jesus Remembered*, 711-18을 보라.

194) 위 §32.2e와 n. 432를 보라.

전개한다. 그 이야기의 두 번째 말하기는 아담으로부터 시작했다(5:12). 하나님의 형상과 영광으로서 인간/아담의 영광의(영광으로의) 회복을 준비하는 데 있어서(8:18), 단련하고 다듬고 성숙하게 만드는 고난은 창조세계 전체와 함께 공유하는 고난이기 때문이다. 피조물의 문제 있고 어그러진 상태는 사람이 하나님의 영광에 미치지 못함을 반영한다(3:23). 천지 만물은 인간의 불순종이라는 결과에 참여했기 때문에,[195] 하나님께 등을 돌리는 (1:21, mataioomai) 인간의 허무(8:20, mataiōtes)를 공유한다.[196] 그러나 복음은 개인의 차원은 물론 우주적 차원에서도 희망을 담은 메시지다. 피조물이 타락으로부터 해방되려고 "하나님 아들들의 나타남"을 기다리고 있지만 (8:19-21), 그들은 희망이 있는 고난을 공유하기 때문이다. 이는 마치 아이를 낳는 해산의 수고와 같다(8:22). 어긋났다는 느낌 그리고 생명을 주시는 성령의 능력을 이미 알지만 그것이 여전히 "사망의 몸"(7:24, 8:10)을 통해서 표현돼야 한다는 인식에는 바울이 너무 잘 알고 있던 좌절감과 실패도 포함되어 있었는데, 이는 사실상 구원의 마지막 단계, 즉 양자 됨의 두 번째 단계인 "몸의 구원"(8:23)을 향해 성령이 역사하고 계신다는 표지다. 여기서도 고린도후서 4:7-5:5에서처럼 대담하게 바울은 "고난의 문제"를 온전한 구원의 약속으로 전환한다.[197]

바울은 이 생각을 가지고 보편적인 차원에서 복음을 이야기하는 자신의 두 번째 말하기에 속한 마지막 장의 중심부로 넘어간다. 지속되는 고난

---

195) 여기에 창 3:17-19에 대한 강한 암시가 있다. 또한 H. A. Hahne, *The Corruption and Redemption of Creation: Nature in Romans 8.19-22 and Jewish Apocalyptic Literature* (LNTS 336; London: Clark, 2006)를 보라.

196) 이 구절들은 바울이 이 용어들을 사용한 유일한 곳들이다. 비교. 고전 3:20; 15:17(*mataios*). 이 구절은 인간 외의 존재에 대한 인간의 지배나 청지기직을 강조한 다른 구절들과는 달리 기독교의 생태학적 관심의 줄기를 제공한다.

197) 바울이 같은 문단에서 "양자(*huiothesia*)" 비유를 두 번 사용한 점은 단순히 우연의 일치가 아니다. 하나는 개인을 되찾는 과정을 시작하는 "양자의 영"(8:15)이고, 다른 하나는 마지막 양자 됨, 즉 "몸의 구원"(8:23)이다. 롬 8:11에서처럼, 후자에서는 고전 15:42-57에서 상술한 개념이 분명히 작용한다.

과 "신음"에 관한 생각은 삼중적 확신을 통해 더욱 가벼워진다.

- 방금 개괄한 모습이 기독교 소망의 본질이라는 확신. 현재 상황에 속한 "보이는 것"에 마음을 쏟지 않고, 하나님을 신뢰하며, 하나님 이 자신의 목적을 성취하시는 것이 소망의 인내를 이룸을 믿는 것 (8:25).
- "성령이 우리의 연약함을 도우신다"는 확신. 성령은 마땅히 기도하고 구해야 하는 것을 알지 못하는 우리의 무능력을 솔직히 직면하게 하시며, 우리가 하나님과의 교제를 유지하는 데 있어 우리가 할 수 없는 일을 하신다(8:26-27).
- 그리고 하나님이 하나님의 영원한 목적을 위해서 일하신다는 확신. 이는 매우 명백하게 하나님의 아들 안에서 구현된 자신의 이미지를 창조세계에게 회복하기 위함이고, 일어나는 모든 일을 통해 그렇게 행하신다(8:28-30).

이 모든 내용을 확인하는 절정은 심판의 날에 하나님 앞에 마지막으로 서는 것인데, 그중 가장 중요하고 결정적인 내용은 그의 아들의 죽음으로 표현되었듯이 그가 창조하신 인류를 향한 하나님의 사랑이다.[198] 유효한 희생이라는 이미지가 최종적으로 우리의 무죄를 얻기 위해 하나님 우편에서 우리를 위해 간구하고 계시는 효력 있는 중재자의 이미지와 병합된다 (8:31-34). 한데 합쳐진 이미지들이 여기서 혼란스러워진다. "너희 안에 계신 그리스도"(8:10)가 대가족의 맏이인 아들의 이미지로 바뀌고(8:29), 이제는 심판과 무죄(의)라는 법정의 이미지로 되돌아간다. 바울이 죽음과 부활에

---

198) 롬 8:32이 창 22:16과 이삭을 제물로 바친 사건(Aqedah)에 대한 최초의 고찰을 되울릴 개연성이 있는데, 이는 유대교 사상에서 이미 통용되었을 수도 있다(*Theology of Paul*, 224-25; Lohse, *Römer*, 255과 n. 5). 그러나 몇 사람이 경고했듯이(Fitzmyer, *Romans*, 531-32; Moo, *Romans*, 540 n. 18; Jewett, *Romans*, 537-38), 그 점은 쉽게 과장될 가능성이 있다.

서 그리스도와의 연합이라는 이미지를, 함께 아들 됨이라는 가족적 이미지와 아버지(아브라함)가 바친 아들이라는 제물의 이미지, 또한 속죄제(8:3), 처음과 마지막의 무죄 판결 등과 어떻게 연결시켰는지는 분명하지 않다. 실제로 이미지의 복잡성 및 이미지들이 서로 쉽게 통합되거나 보완되지 않는다는 사실은 이후 기독교 학계에서 끝없는 논쟁을 야기했다. 한 주석가는 나머지 이미지들을 사실상 배제하고 한 가지 이미지만 강조했고, 또 따른 주석가는 나머지 이미지들을 다른 이미지에 종속시켰는데, 그런 식의 신학 논쟁이 끝없이 이어졌다. 그렇다면 바울 자신이 이 이미지들을 통합하려 하지 않았고 단순히 나열하는 데 만족했음을 언급하는 것이 중요하다. 짐작하건대 바울은 복음의 다양한 국면을 지닌 약속을 나타내려고 했을 것이고, 자신의 서신을 듣고 연구하고 숙고할 때 각각의 다른 이미지들이 각자 다른 독자들에게 더 강력하게 공명될 것으로 바랐을 것이다.[199]

　　마지막 언급은 신자들이 겪은 모든 고난(바울이 자신의 체험에서 그 예를 기꺼이 보여줄 수 있었다)이 하나님의 사랑을 결코 압도할 수 없다는 자신의 분명한 확언을 표현하는 또 하나의 화려한 구절이다(8:35-37). 첫 번째 언급이 마지막 구원에서 고난받는 개별 신자들의 분명한 확신으로 절정에 이르듯이(5:1-11), 두 번째 언급도 그것의 우주적 차원을 유지한다. 죽음이나(마지막 원수, 고전 15:26) 생명이나(!), 인간의 특성이나 경험을 위협하는 어떤 피조물이라도 우리를 "우리 주 그리스도 예수 안에 있는 하나님의 사랑에서" 끊을 수 없다(8:38-39).

e. 그렇다면 이스라엘은 어떻게 되는가?(롬 9-11장)

이 지점에서 바울이 자신의 구술을 중지하고 다음 날을 위해 더디오를 집

---

199)　추가로 *Theology of Paul*, 328-33; 또한 *New Perspective on Paul* (2005), 85-86, 88, (2008), 94-95, 97을 보라.

에 보냈다고 예상할 수도 있다. 복음 이야기의 두 번째 말하기에서의 신학적인 집중(5:12-8:39)과 마지막 문단에서 표현된 영적 고양을 언급하지 않아도, 정신적 노력은 틀림없이 바울의 진을 다 빼놓았을 것이다. 그 순간에 중요했던 것은 휴식이었으리라고 상상해볼 수 있는데, 그 시간은 한편의 논문이 되어 가는 서신의 전개에 대해 돌아보고, 자신의 강해가 그 줄거리와 요지에 있어 여전히 명확한가를 고려하는 시간이었다. 그래서 다시 구술을 시작했을 때, 바울이 불현듯 이스라엘에 대한 문제를 다루었다는 점이 중요하다. 특히 이스라엘이 어떻게 "교회"와 관련이 있느냐의 문제가 아니다. 마치 바울이 교회가 이스라엘을 대체한다는 것은 고사하고, 교회를 "이스라엘"과 동등한 것으로 본 것처럼 말이다.[200] 이미 언급한 대로, "교회"(단수)라는 용어는 로마와 관련해서 그 서신에서 단 한 번 등장하고, 그것도 로마의 공동주택의 회중과 관련해서만 언급된다(16:5). 그리고 앞서 언급했듯이, *ekklēsia*는 가까운 동의어인 "회당"과 의미상 별 차이 없이 "총회"라는 의미로 이해됐을 가능성이 크다(§§30.1, 3-4). 여기서 더 핵심적인 것은 9-11장의 주제가 온전히 "이스라엘"이라는 사실이다. 이방인 신자들이 언급되었을 때도, 그들은 이스라엘인 감람나무에 접붙여진 가지라는 이미지로 등장했다(11:17-24). 유대인과 이방인이라는 측면에서 복음을 이야기하고 우주적 관점에서 그것을 다시 언급한 후에, 바울은 사실상 세 번째 언급, 즉 이스라엘의 이야기인 복음으로 눈을 돌린다.

왜 이스라엘에 온전히 초점을 두는가? 가장 분명한 답은 바울이 속속들이 유대교적이었고/유대교적인 복음을 선포하기 때문이다. 복음의 중심은 이스라엘의 메시아, 다윗의 아들이다(1:3). 그 복음은 하나님이 온전히 이스라엘의 하나님이 되고 그들이 하나님의 백성이 되도록 하신 하나님에 대한 이스라엘의 이해에서 하나님의 구원하시는 의라는 주요 범주를

---

200) 너무 자주 추정하듯이, 9-11장의 주제가 "교회와 이스라엘"이 아님을 계속해서 반복할 필요가 있다. 주제는 단순히 이스라엘이다(*Theology of Paul*, 507, 그리고 더 자세하게는 504-509).

형성했다(1:16-17). 바울의 강해는 "유대인"의 뻔뻔스러움을 공격하려고 했고(2:1-19), 이는 "그런즉 유대인의 유익이 무엇이냐?"(3:1)라는 앞에서의 질문을 불러일으킨다. 바울은 하나님의 구원하시는 의가 모든 믿는 자, 먼저는 유대인이요 또한 이방인을 위한 것임을 반복해서 강조했다. 그는 신실한 아브라함보다 믿는 아브라함이 더 따라야 할 모형임을 자신의 마음에 흡족할 만큼 강조했다(4장). 바울은 율법의 계속되는 기능(죄의 가늠자)과 죄의 세력에 해답을 제공하지 못한 율법을 이해하는 핵심으로써 율법에 대한 다른 묘사를 시작한다. 이는 율법을 간직하고 율법이 요구하는 삶에 헌신하는(그리고 독특하게 유대인다운) 삶("율법의 행위")이 하나님이 다른 무엇보다 더 요구하신 삶이라는 가정과는 다른 이해다(5:12-8:4). 그리고 특히 이전 강해의 마지막 부분에서 바울은 성경이 이스라엘에 대해 사용한 범주들을 자유로이 의존하고("성도", "하나님을 사랑하는 자들", "부름 받은 자들", "맏아들", 8:27-30),[201] 모든 믿는 자를 위한 자신의 복음에 그 범주들을 사용한다. 분명 바울은 자기 청중이 상속하는 축복이 이스라엘의 축복이었음을 그들이 이해하기를 기대했다.

(i) **9:1-29.** 그런 주장은 자연스럽게 3:1의 질문을 다시 제기했다. 그런즉 이스라엘은 어떻게 되는가? 이것이 정말로 바울의 사고 노선이라는 것은 다음 부분을 여는 그의 방식에서 암시된다. 즉 이스라엘의 축복이 여전히 이스라엘의 축복임을 확인하는 데서 말이다(9:4-5).[202] 바울이 이미 자신의 복음과 이방인 신자들을 위해 주장한 용어들(특별히 "양자 됨", "영광", "약속들"[203] 메시아[204])은 (여전히) 이스라엘의 특권이다. 이것들이 바로 이스라엘의

---

201) 유대교 문헌에 있는 이런 자기 언급 용어들에 대한 기록은 필자의 *Romans*, 19-20, 481, 485 을 보라.

202) 9:4의 현재 시제("누가 이스라엘인가")는 명백하게 다음 범주로 이어진다. "그들에게는 양자 됨과 영광과 언약들과 율법을 세우신 것과 예배와 약속들이 있고, 조상들도 그들의 것이요, 육신으로 하면 그리스도가 그들에게서 나셨으니"(9:4-5).

203) 양자 – 롬 8:15; 영광 – 5:2; 8:18, 21; 언약 – 4:13-20; 목록의 다른 항목은 다시 필자의 *Romans*, 527-28을 보라.

204) 롬 9:5은 바울 서신에서 *Christos*가 그 명목상의 의미("메시아")를 유지한 가장 분명한 예

축복이기에 9-11장에서 다루는 것과 같은 문제가 제기된다. 그것들이 이스라엘의 축복이라면, 그들이 복음을 만났을 때 그들은 왜 그 축복 안으로 들어가지 못했는가?(양자의 영, 약속된 새 언약, 메시아 예수?)[205] 그리고 믿는 이방인들이 그것들을(대신에) 차지했다면, 그것들은 더는 이스라엘의 축복이 아닌가? 이미 언급한 대로, 바울의 즉각적인 응답(그러나 그 요점을 고려하는 것이 중요하다)은 그 축복들이 여전히 이스라엘의 소유라는 것이다. 여기서 세 번째 이야기라는 관점에서 다시 진술된 곤경에 주목해야 한다. 지금은 인간(유대인을 포함해서)의 죄 많음과 죄와 죽음의 지배 아래에 있는 인간의 종노릇이 문제가 아니라, 이스라엘이 자기들의 메시아를 인식하지 못하고 그리스도의 복음에 긍정적으로 반응하지 못한 (바울이 볼 때) 설명할 수 없는 실패가 문제다.

그래서 새롭고 훨씬 더 날카로운 질문이 제기된다.[206] 이것이 사실이라면(즉 이것들이 여전히 이스라엘의 축복이고, 하나님의 말씀이 실패하지 않았다는 것, 9:6), "이스라엘" 됨은 무엇을 의미하는가? 이 질문은 난해한 논증을 도입한다. 바울이 과거에 이 논증을 사용했는지 아니면 이 서신을 위해 그것을 공들여 만들었는지는, 바울이 구술할 때 주의 깊은 사고와 작문을 요구했다는

다(*Theology of Paul*, 198). 바울이 여기서 그리스도를 하나님으로 언급하고 있느냐는 논제에 관해서는 필자의 *Theology of Paul*, 255-57; Lohse, *Römer*, 269-70; H.-C. Kammler, 'Die Prädikation Jesu Christi als "Gott" und die paulinische Christologie. Erwägungen zur Exegese von Röm 9,5b', ZNW 94 (2003), 164-80; Jewett, *Romans*, 567-69을 보라.

205) 이스라엘이 복음을 거부한 사실이 바울에게 괴로움을 가져주었다는 점은 시작 구절(9:1-2)에 내포됐는데, 이는 특별히 이스라엘의 죄(금송아지)가 용서받기만 한다면(출 32:32) 기꺼이 멸망하겠다는 모세의 말을 되올린다(9:3, *anathema*). 이스라엘의 거부를 염두에 두고 있음이 로마의 청중들에게 분명했을 개연성이 있으나(특히 3:3에서 이스라엘의 믿음 없음에서 절정에 이르는 2장의 비난을 고려하면), 바울은 2장에서 자칭 "유대인"인 그의 대화자를 천천히 드러냈듯이, 9-11장에서 더 천천히 이 사실을 전개하기로 선택했다.

206) 복음 이야기에 대한 각각의 말하기는 즉시 그에 관한 질문을 불러일으킨다. "유대인의 유익이 무엇인가?"(3:1); "율법은 죄인가?"(7:7); 그리고 이제는, "하나님의 말씀은 실패했는가?", 그리고 사실상 "누가/무엇이 이스라엘인가?"(9:6) 바로 이 세 질문이 제기되었다는 점은 서신에 걸쳐 지속되는 강한 유대인에 대한 초점을 확인한다.

사실을 바꾸지 않는다.[207] 그것이 난해한 이유는 다른 이들에게 두 가지 양립할 수 없는 주장으로 보이는 내용을 바울이 하나로 결합하길 원했기 때문이다. 즉 (모든 이를 향한) 복음의 축복들이 이스라엘의 축복이지만, 여전히 그것들이 이스라엘의 축복으로 남아 있다는 것이다. 그것은 바울이 이방인들이 포함되도록 "이스라엘"을 다시 정의하기 시작했기 때문에 난해하게 되었다(9:24). 또한 바울은 **민족의 정체성에 따라** 이스라엘에게 주어진 약속을 버릴 수 없었으며, 바울의 논증은 그것을 재확인하며 끝난다(11:26). 즉 하나님의 말씀은 실패하지 않았다.

처음에 이스라엘이 누구 혹은 무엇이냐에 대한 강해는 간단해 보인다. 바울은 그 약속이 아브라함에서부터 혈통(이스마엘이 아닌 야곱)을 통해서만도 아니고, 그들이 행했을 수 있는 (에서는 아니고 야곱이 아직 배 속에 있을 때) 어떤 선이나 악 때문에 내려온 것도 아님을 지적한다.[208] 그래서 "이스라엘"은 민족적 정체성이나 율법 준수(9:6-12)라는 관점에서 규정할 수 없다. 오히려 "이스라엘"은 하나님이 "부르시는 사람들"로서 하나님의 부르심이라는 관점에서 규정되며,[209] 아브라함의 모든 자손을 포함하지 않는다. "이삭에서 난 자라야 네 씨라 불리리라(*klēthēsetai*)"(9:7). 하나님의 목적은 선택이라는 측면에서 유효하다.[210] "행위로 말미암지 않고 오직 부르시는

---

207) 9-11장에 원숙함이 있는데, 이는 바울이 이전 단계에서 그 논쟁의 노선을 어느 정도 정형화했고 사용했을 수도 있음을 시사한다. 그러나 그렇지라도 9-11장이 그 서신에 어색하게 삽입되었다고 보기는 어렵다. 반대로 그것은 바울이 여기서 그 논제들에 관해 어느 정도 고찰했고, 자기 복음의 세 번째 서술로서 그리고 여러 면에서 로마서의 절정으로서 이 강해에 마지막 형식을 부여했음을 제시한다. 예를 들어 추가로 Fitzmyer, *Romans*, 540-41; Moo, *Romans*, 547-54; Wright, 'Romans', 620-26을 보라.

208) 이는 창 21:12과 18:10을 언급한 것이며, 일련의 유대교 성경 인용의 첫 부분으로서 이 장들의 특징이다.

209) 여기서 *klētoi*("부르신 자들", 8:28)와 *kaleō*("부르심", 8:30; 9:7, 12, 24-25) 그리고 어쩌면 또한 *ekklēsia*의 언어유희를 놓치지 않아야 한다. Davies는 "지금 유대인과 그리스도인을 분리하는 차이를 포용하고 그들을 하나로 묶는 대단히 중요한 은혜의 유일신주의"에 대해 적절하게 언급한다(*Paul*, 727).

210) 9:11-12의 "선이나 악을 행함"은 단순히 (율법의) "행위"와 동등하지 않다. 바울은 "악을 행함"이 율법의 요구라고 결코 생각할 수 없었다. 하나님의 주권적 선택/부름은 "선이나 악

(*kalountos*) 이로 말미암아 서게"(9:11)된다.

바울은 하나님의 이런 선택이 독단적으로 보인다는 점을 숨기지 않는다. 이는 인간이 자신들의 구원을 위해 아무것도 할 수 없으며 온전히 하나님의 약속과 은혜에 의존한다는 당연한 확언의 결과다.[211] 그래서 바울은 자신이 확언한 내용에 따른 불쾌함과 즉시 대면한다. 즉 부름을 받지 못한 사람들에게 해당되는 어두운 면이 있다는 것이다. 그들은 이 세상의 에서들과 파라오들(9:13-17)로서, 야곱 및 모세의 이스라엘과 반대로 반응하는 자들이다.

- 아무것도 창조주 하나님의 주권을 손상해서는 안 된다. 하나님은 무엇을 만들고 무슨 목적으로 만들 것인지를 결정할 수 있는 토기장이와 같은 권능을 가지고 계신다(9:19-21).[212] 짐작하건대 바울과 그의 청중들은 (특히 특징상) 다른 차원과 사회적 기능으로 향할 운명인 듯한 개인과 인류사에서 비극적 역할이 자기 운명으로 보이는 사람들을 생각하고 있었을 테다. 이해할 수 없거나 악의적인 운명으로서 경험되거나, 아니면 인류사와 전통의 전개에 있어 오로지 하나님의 독단으로 여겨지는 사건으로 체험될 수 있는 것들에 대해 눈을 감거나 부정해서는 아무것도 얻지 못한다.
- 인류를 다루시는 하나님의 주권에서 드러나는 가장 근본적인 특징은 긍휼이다. "'내가 긍휼히 여길 자를 긍휼히 여기고 불쌍히 여길 자를 불쌍히 여기리라…'[출 33:19]. 그런즉 원하는 자로 말미암음

이라는 인간의 행동이나, 언약에 신실함을 보이는 것에 의존하지 않는다"(*New Perspective on Paul* [2005], 46, [2008], 50).

211) "'택함'이라는 사상(즉 하나님의 선택을 받고 구원에 이르도록 예정 받음)은 은혜의 실제적인 종교적 체험을 직접적이고 순수하게 표현한 것이다"(R. Otto, *The Idea of the Holy* [London: Oxford University, 1923], 91).

212) 유대교 사상에서 대중적이었던, 진흙을 다루는 토기장이인 창조자 하나님이라는 이미지를 9:21에서 분명히 암시하듯이, 9:20에 사 29:16이 인용되었다는 점은 분명하다(예. 시 2:9; 사 41:25; 45:9; 렘 18:1-6; Sir. 33.13; 1QS 11.22).

도 아니요, 달음박질하는 자로 말미암음도 아니요, 오직 긍휼히 여기시는 하나님으로 말미암음이니라"(9:15-16). 이것이 바울이 끝까지 매달린 하나님을 믿는 믿음의 중심 요소다(11:30-32).

- (독단적으로 보이는) 하나님의 주권과 하나님의 긍휼에 대한 확언 사이의 움직임은 이스라엘 이야기의 줄거리에서 전환점을 제공할 것이며, 이를 통해 바울은 하나님의 목적에 있는 역설적 양면을 해결할 것이다. 그 양면은 이스라엘 자신이 이제 하나님의 목적에 개입된 어두운 측면을 경험하고 있으며("멸하기로 준비된 진노의 그릇", 9:22-23), 따라서 "긍휼의 그릇"이 하나님의 부르심으로 결정된다고 볼 수도 있다는 것이다("유대인 중에서뿐만 아니라 이방인 중에서도", 9:24).[213] 또는 달리 표현하면, 그것은 7:14-20의 "나"와 율법처럼, 이스라엘 자신이 분리되었다는 것이다. 즉 민족으로서의 이스라엘과 하나님이 부르신 이스라엘 간의 긴장에서 반영된 8장의 육신과 성령 간의 긴장이다.[214]

호세아서와 이사야서로부터 인용한 일련의 구절들은 이 마지막 요점을 강화한다. 호세아서의 인용구는 이스라엘의 본질이 바로 "부름 받은" 백성에게 있다고 강조한다. "백성이 아닌 자"를 "내 백성"이라 부르고, "사랑하지 아니하는 자를 사랑한 자"로 부르며, "내 백성이 아니라 한 그곳에서 그들이 살아 계신 하나님의 아들이라 일컬음을 받으리라"(9:25-26). 이사야서의 인용구는 과거 이스라엘의 소망이 남은 자에게 초점이 있었음을 상기시킨다(9:27-29).[215]

---

213) 비록 "유대인과 이방인"(1-5장)이라는 관점에서 본 그 이야기가 이스라엘의 이야기로 대체되지만("유대인/이방인[그리스인]", 1-5장[5번] 그리고 9-11장[1번]; "이스라엘", 1-8장[없음] 그리고 9-11장[11번]), 여기서 첫 번째 말하기의 용어들을 다시 사용하는 것은 똑같은 이야기를 다른 방식으로 이야기하고 있음을 상기시킨다.

214) 필자는 9-11장의 이런 독법을 *Theology of Paul*, §19에서 전개했다.

215) 롬 9:25-26 - 호 2:1, 23; 9:27-29; 사 1:9; 10:22-23.

(ii) **9:30-10:21**. 그렇다면 이스라엘에 관한 문제는 어떻게 되는가? 바울의 관점에서 곤란한 점은 이스라엘이 의의(의의 가능자인) 율법을 추구했지만 의에 이르지 못했고, 의를 얻지도 못했다는 점이다. 왜 그런가? 그들이 그것을 단순히 또는 특히나 율법이 말한 것을 행하는 문제로 추정했기 때문이다("마치 그것이 행위의 문제인 것처럼"). 2:17-24와 3:27-31(또한 앞서 갈 2:14-16)에서 "자랑함"이라는 주제 아래 비판받았던 태도는 적어도 부분적으로 마음속에 있을 것이다(9:31-32).[216] 율법으로 재단하는 의를 추구하지 않았음에도 불구하고 이방인들은 이스라엘이 추구했던 목표를 이루었다. 왜 그런가? 그들은 핵심이 신앙 곧 행위와 구별되고 행위와 독립된 믿음임을 깨달았기 때문이다(9:30, 32). 결정적인 차이는 하나님의 메시아이신 예수를 향한 각자의 태도를 통해 드러났다. 율법의 준수가 중요하다는 태도를 보인 사람들에게는 예수가 "걸림돌과 거치는 바위"가 되었으나, 신자들에게는 믿음의 진정한 기반이었다. 이사야 28:16은 하나님의 목적이 지닌 양가적 측면을 깔끔하게 표현한다(9:33).[217]

이스라엘이 "의의 율법을 추구"하고, "마치 그것이 행위에서 오는 것처럼" 그렇게 헛되게 추구했다는 말은 다소 모호하지만, 바울은 다른 관점에서 이스라엘의 곤경에 대한 분석을 반복한다. 바울은 의의 법을 추구한 자신의 동료 유대인들을 칭찬했듯이(9:31), "하나님을 향한 열심"을 가진 그들을 칭찬한다(10:2). 그러나 하나님께 "열심"이었던 한 사람으로서, 바울은 자신이 하나님의 의를 잘못 이해하고 활동했다는 것을 잘 알았다.[218] 바울이 그랬던 것처럼, 이스라엘도 대체로 자신의 의를 세우는 데 너무나 많은 관심이 있었다. 마치 그것이 이스라엘만의 것이고(*tēn idian dikaiosynēn*) 그 경

---

216) 위 §27.4-5, §§33.3b(ii), c(i)를 보라

217) 9:33에 인용된 사 28:16: "보라! 내가 걸림돌과 거치는 바위를 시온에 두노니, 그를 믿는 자는 부끄러움을 당하지 아니하리라."

218) 위 §25.2c를 보라. 비교. V. M. Smiles, 'The Concept of "Zeal" in Second-Temple Judaism and Paul's Critique of It in Romans 10:2', *CBQ* 64 (2002), 282-99.

계 밖에 있는 사람들에게는 유효하지 않듯이 말이다.[219] 그 결과 그 구원하시는 의가 이방인에게까지 확대되었을 때, 바울의 동료 유대인들은 사실상 그 의를 포기했다. 메시아의 오심이 "의의 수단으로서 기능하는 율법의 마침(telos)을[220] 가져왔다"(10:4)는 사실을 유대인들은 인식하지 못했는데, 그들은 그 의가 오로지 (민족) 유대인과 (민족) 이스라엘에 합류한 사람들에게만 열려 있다고 보았다. 반면에 "하나님의 의"(로마서의 핵심 주제)는 "모든 믿는 자"(복음의 중심 주장)를 위한 것이다(10:4).

바울은 그 주장을 강조하고자 율법의 기능과 준수를 말하는 두 가지 전형적인 언급을 과감하게 구분하려고 했다. 하나는 레위기 18:5인데, 바울이 갈라디아서 3:12에서 짧게 인용했다. "율법을 행하는 자는 그 가운데서 살리라." 바울이 보기에 이는 이스라엘에게 주어진 율법의 역할이 사람들에게 삶의 방식을 지시하는 것일 뿐 아니라 그에 따라 살아가는 이들에게 (장수의) 삶을 약속하는 것임을 요약해서 보여준다(10:5).[221] 다른 하나는 신명기 30:12-14이다. 그 구절이 원래 율법의 준수를 고무하려는 의도였음

---

219) 비록 논쟁이 되지만, 이것은 idios의 있을 법한 함축이다. 필자의 *New Perspective on Paul*, 10-11장과 n. 40을 보라. 그곳에서 필자는 "열심"과 "그들 자신(idian)의 의를 확고히 함(그리스어 stēsai, 히브리어 hēqim)"이 대개 간과됐음을 지적했다(특별히 Sir. 44.20; 45.23; 1 Macc. 2.27 언급과 더불어, 필자의 *Romans*, 588); 또한 Jewett, *Romans*, 617-18을 보라.

220) *Telos*는 "목적"을 의미할 수도 있다. 주석가들이 얼추 반반으로 나뉘듯이, "종료"와 "목적"이 모두 여기에 들어맞을 수 있으나, 갈 3:19-29(특별히 22-25) 논증의 되울림은 바울이 주로 마음에 두었던 것이 한 시대의 종료였음을 강하게 시사한다(*Theology of Paul*, 368-69; 비교. R. Badenas, *Christ the End of the Law: Romans 10:4 in Pauline Perspective* [JSNTS 10; Sheffield: JSOT, 1985]의 토론; Fitzmyer, *Romans*, 584-85; Moo, *Romans*, 636-42; Haacker, *Römer*, 206-209; Lohse, *Römer*, 291-93; Jewett, *Romans*, 619-20). 하지만 Esler는 자신의 10:4-13 해석에서 이 점을 지나치게 강조한다(*Conflict and Identity*, 285-87).

221) 겔 20:5-26에서 드러나듯이 그리고 유대 문헌의 다른 곳의 병행하는 권면이 확인하듯이 (예. 신 4:1; 5:32-33; 30:15-20; 느 9:29; 잠 3:1-2; Bar. 4.1; Ep. Aris. 127; Philo, Cong. 86-87; 4 Ezra 7.21), 이것이 레 18:5의 원래 의미였다. 그 약속은 죽음 너머의 삶/영원한 삶에 대한 약속으로 이미 해석됐으나(CD 3.20; 막 10:17), 바울이 그것을 여기서 그렇게 확장하여 읽었는지는 분명하지 않다. 필자의 *New Perspective on Paul*, (2005), 65-67, (2008), 73-76을 보라. 비교. Moo, *Romans*, 647-50; "zēsetai라는 단어는 사도 바울에게 종말론적 의미를 띠지 않고, 그것은 율법으로 인한 의의 본질을 묘사한다"(Lohse, *Römer*, 294).

은 명확하다. 그 명령은 너무 어렵거나 너무 멀지 않으며, 하늘이나 먼바다에 있지도 않기에, 그것이 무엇인지를 알려고 애써 찾아내야만 하는 것이 아니다. "오직 그 말씀이 네게 매우 가까워서 네 입에 있으며 네 마음에 있은즉 네가 이를 행할 수 있느니라"(30:14). 하나님의 뜻에 관한 지식을 하늘이나 바다 건너에서 발견하지 않아도 된다는 사고는 신적 지혜(Bar. 3.29-30)와 "선"(Philo, *Post.* 84-85)이라는 관점에서 그 구절을 고찰하도록 했다.[222] 다시 말해서 그 이미지는 율법이 실제로 훨씬 더 크고 보편적인 것을 표현한다는 통찰을 가능케 했다. 즉 신적 지혜[223] 그리고 종교 철학의 목표였던 "선"이다.[224] 바울은 바로 이런 노선에 따른 사고에 의존한다. 신명기가 언급하는 보다 초월적인 실재는 바울에게 단지 믿음의 말씀일 뿐이다. 그것은 토라에 집중하지 않고 그리스도와 복음, 즉 "믿음의 말씀"에 집중하게 하는데, 이는 바울과 다른 기독교 선교사들이 전파한 것이다(10:6-8).[225]

이런 강해는 처음에 그랬던 것만큼(또한 로마 청중이 그것을 처음 들었을 때 그랬을 수도 있는 만큼) 그렇게 억지스러워 보이지는 않는다. 더 충분히 고려해보면, 서신에 있는 바울의 가르침을 더 주의 깊게 배우고 연구한 후에, 어쩌면 바울은 그들이 자신의 신명기 30:12-14장 강해를 더 충분히 이해하는 데 있어 먼저 언급한 두 가지 실마리를 인식하기를 기대할 수 있었다.

---

222) Bar. 3.29-30, "누가 하늘에 올라가 그것을 취하여 구름으로부터 끌어내렸는가? 누가 바다 건너편에 가서 그것을 발견했는가? 그리고 누가 그것을 정금으로 얻을 것인가?"(신적 지혜를 찬송하는 부분의 끝 무렵. 뒤에서 "하나님의 명령의 책"으로 밝혀진다, 4:1). Philo, *Post.* 84-85, "그가 '인근에' 그리고 '가까이에'라고 묘사한 것이 선이다. 그[모세]가 말하길, 선한 것을 찾아 '하늘로 날아올라 가거나' '바다 저편에' 갈 필요가 없다. 그것은 각자에게 '가까이' 그리고 '인근에' 있기 때문이다.…그가 말하길, '왜냐하면 그것은 네 입과 네 마음에 그리고 네 손에 있다'라고 말하기 때문이다"(Philo은 70인역을 사용한다). 더 자세하게는 필자의 *Romans*, 602-605을 보라.

223) 벤 시라의 주장처럼(Sir. 24.23), 바룩의 주장은 바로 다른 방법으로는 접근할 수 없는 하나님의 지혜, 즉 창조에서 드러낸 하나님의 속성의 일부를 지닌 그 지혜를 토라 안에 그리고 토라로서 접근할 수 있다는 것이다(Bar. 3.37-4.1).

224) W. Grundmann, *agathos, TDNT,* 1.11-12.

225) 비교. J. P. Heil, 'Christ, the Termination of the Law (Romans 9:30-10:8)', *CBQ* 63 (2001), 484-98을 보라.

하나는 방금 그리스도를 율법의 마침(telos)으로 언급한 내용이다. 그리스도가 사실상 하나님의 구원 계획에서 율법을 대체했다.[226] 다른 하나는 믿음이 율법을 세운다는 바울의 주장과 더불어(3:31), "믿음의 법"이라는 훨씬 이전의 율법에 대한 묘사였다(3:27). 짐작하건대 이것이 바울이 양심상 신명기 30:14의 마지막 구절("네가 이를 행할 수 있느니라")을 무시할 수 있는 이유였을 테다. 그의 관점에서 율법은 오로지 믿음을 통해서만 "행할" 수 있기 때문이다. 하나님이 율법의 관점에서 요구하시는 내용은 "믿음으로 말미암아" 살고, 하나님을 원래 신뢰하고 의존해서 살아가는 사람들, 또는 다르게 표현한다면, "영을 따라 행하는"(8:4) 사람들만이 충족시킬 수 있다. 그래서 신명기 30:12-14은 하나님이 자신의 피조물인 인간에게 기대하시는 일을 하거나 성취할 수 있는 유일한 방법인 믿음을 요구하시는 것으로 정당하게 이해할 수 있다. 그리고 이전처럼, 이제 믿음은 복음으로 그리스도 안에서 집중된다. 그 결과 "네 입에"라는 신명기의 언급은 복음이 요구하는 "예수는 주시다"라는 세례 고백을 언급한 것일 수도 있다. 그리고 "네 마음에"는 "하나님이 그리스도를 죽은 자 가운데서 살리셨다"라는 복음이 요구하는 믿음을 언급한 것일 수도 있다(10:9-10). 이것은 이미 인용된 이사야 28:16과 잘 맞아떨어진다(9:33): "누구든지[다시 "모든 사람"이며, 이 경우에는 인용문에 삽입되었다][227] 그를 믿는 자는 부끄러움을 당하지 아니하리라"(10:11). 그리고 다시 그 요점을 강조하려고 바울은 "모든 사람"이 그리스인과 유대인임을 주장한다. 그들이 고백하는 주는 "모든 사람의 주가 되사, 그를 부르는 모든 사람에게 부요하시도다. '누구든지 주의 이름을 부르는 자는 구원을 받으리라'[욜 2:32]"(10:12-13).[228]

복음이 하나님의 지혜의 더/가장/최후의 효과 있는 계시라는 생각은 바울로 하여금 이스라엘의 현재의 비극에 관해 더 자세하게 진술하도록

---

226) 최근 문헌에서는 특별히 Donaldson, *Paul and the Gentiles*을 비교하라.

227) E. E. Ellis, *Paul's Use of the Old Testament* (Grand Rapids: Eerdmans, 1957), 140이 처음 언급했다. 추가로 Jewett, *Romans*, 631-32을 보라.

한다. 복음을 심어주는 수단은 전해진 복음을 듣는 것이고, "복음을 전하는" 사람들이라는 이사야서의 언급이 예시했듯이, 전해질 복음에는 하나님과 그의 그리스도에게서 위임받은 전파자가 필요하다(10:14-15).[229] 그리고 그런 사람들이 있었다. 바울은 많은 사람 가운데 한 명이었다. 다시 이사야가 같은 절에서 예시한 것처럼(사 53:1), 문제는 이스라엘이 그 메시지를 믿지 않았다는 것이다(10:16). 복음이 실제로 땅끝까지 갔던 것처럼 이스라엘에게 갔다. 그러나 이스라엘은 반응하지 않았다. 신명기 32:21은 그다음 실마리를 제공한다. 즉 하나님의 목적의 신비 가운데서 바울은 이방인 때문에 이스라엘이 시기하도록 이스라엘을 도발한다(10:19).[230] 그 결과, 다시 이사야서의 말씀을 빌리면(65:1), 하나님을 찾지 않았던 이방인들이 (복음을 통해서) 하나님을 발견했지만, 이스라엘은 저항했다. 다시 한번 같은 구절이 표현하듯이(65:2), 하나님은 "순종하지 않고 거슬러 말하는 백성에게" "손을 벌리셨으나" 허사였다(10:20-21). 하나님의 목적 및 분열된 이스라엘의 어두운 측면에 있는 난제는 아직 해결되지 않았다.

(iii) 11:1-36. 그의 동족 유대인의 믿음 없음에 대한 이전의 고발과 마찬가지로(3:3), 이스라엘의 불순종에 대한 지금의 명백한 고발은 바울로 하여금 다시 한번 하나님의 신실하심과 자기 백성(민족) 이스라엘을 향한 지

---

228) 하나님을 부른 예루살렘의 생존자를(욜 2:32) 묘사하는 예언에 대해 그리스도를 분명하게 언급한 것은 매우 두드러진다(또한 §23.4d를 보라). 신 30:12-14의 사용 뒤에 있는 일련의 유사한 사고가 있다. 토라는 중요한 의미에서 신적 지혜의 구현이며, 이제 그리스도와 "믿음의 말씀"으로 훨씬 더 완전하게 구현되었다. 지혜라는 관점에서 그리스도를 규명하는 것에 관해서는 필자의 *Christology*, 168-96과 *Theology of Paul*, 266-81을 보라.

229) 사 52:7 인용은 좋은 소식을 전하는 자에 대한 이사야의 이상이 바울이 사용한 "복음"이라는 용어와 예수가 하신 설교의 배경에 있다(*Theology of Paul*, 167-69; *Jesus Remembered*, 656). 비록 바울이 "복음"이라는 용어의 정치적 함의를 의식했을 수도 있지만 말이다(위 §29.4d; Jewett, *Romans*, 639-40을 보라).

230) 바울의 수수께끼를 해결하는 데 도움을 주는 신 32:21의 중대한 역할에 관해서는 R. H. Bell, *Provoked to Jealousy: The Origin and Purpose of the Jealousy Motif in Romans 9-11* (WUNT 2.63; Tübingen: Mohr Siebeck, 1994); Jewett, *Romans*, 644-47; 또한 Esler, *Conflict and Identity*, 288-93; 그 외에 M. Baker, 'Paul and the Salvation of Israel: Paul's Ministry, the Motif of Jealousy, and Israel's Yes', *CBQ* 67 (2005), 469-84을 보라.

속되는 목적에 대해 의문을 품게 한다. "하나님이 자기 백성을 버리셨느냐?"(11:1) 이것은 9:6에서 제기된 것과 같은 논제다. 논증이 앞으로 나아가지 않았는가? 나아갔다. 해답으로 기여할 가닥을 각각 따로 뽑았고, 그것들은 이제 최종적 양식 안으로 짜여들어갈 것이다. 즉 하나님의 구원하시는 목적의 어두운 면이 역설적으로 이스라엘을 포용할 수도 있다는 추론(9:22-24), 오직 이스라엘의 남은 자만이 신실하게 남아 있을 것이라는 전승(9:27-29), 그리고 하나님이 지금까지 자기 백성이 아니었던 자들을 통해 이스라엘이 시기하도록 도발하실 것이라고 신명기가 제공한 암시(10:19)가 있다. 그래서 바울은 이 가닥들을 하나로 모아서 하나님이 자기 백성을 거부하셨을 수도 있다는 가능성을 자신 있게 물리칠 수 있다.

- 복음에 반응한 이스라엘 사람이 있다. 바울을 시작으로(11:1), 엘리야뿐 아니라 바알에게 무릎을 꿇지 않는 사람들이 더 많이 있다는 하나님의 대답에 예시된 사람들이 있다(11:2-4, 왕상 19:18).[231] "그래서 이 시대에도 선택하심의 은혜에 따라 남은 자가 있다." 이는 다시(여기서도 세 번째 언급이 첫 번째와 교차한다) "이스라엘" 됨(아니면 "유대인" 됨)이 할례와 같은 행위의 문제가 아니라(2:25-29) 전적으로 은혜의 문제임을 보여준다(11:5-6).

- 바울은 이스라엘이 하나님의 부르심의 어두운 면을 경험하고 있다는 9:22-23의 내용을 이제 확인한다. "선택받은 자"는 단순히 민족적 이스라엘과 일치하지 않는다. 오직 남은 자만이 하나님의 은혜에 반응했다는 말은 (민족적 이스라엘의) 나머지는 "굳어졌다"는 의미다. 바울은 하나님의 목적 안에서 바로의 역할(9:17-18)[232]과 "분노의 그

---

231) 어쩌면 유대인 비신자가 바알 숭배자와 같다는 언급되지 않은 추론이 있지 않을까? 비교. A. Lindemann, 'Paulus und Elia. Zur Argumentation in Röm 11,1-12', in Lehnert and Rüsen-Weinhold, eds., *Logos — Logik — Lyrik*, 201-18.

232) 바로가 굳어졌는지 아니면 스스로 굳게 했는지는 논쟁의 여지가 없다(필자의 *Romans*, 554-55을 보라). 여기서 굳어짐은 분명 하나님의 행위다. "나머지를 완악하게 하셨

릇"인 "천하게 쓰일" 그릇을 의도적으로 만든 토기장이에 대한 앞선 분석에 함의된 가혹함을 재확인하고(9:21-22), 그 분석을 직접 이스라엘의 "나머지"에 적용하는 데 주저하지 않으며(9:21-22), 이스라엘의 성경을 통해 그것을 확인한다(11:8-10).[233]

■ 그러나 이것을 하나님이 이스라엘을 다루고 구원하는 목적을 이루시는 한 국면으로 보는 방식은 성공적인 이방인 선교의 관점에 따른 것이다. 바로의 굳어짐이 지닌 밝은 면이 이스라엘의 노예 생활에서의 구원이었듯이, 이스라엘이 겪은 실패의 밝은 면은 "이방인의 구원"이다. 일련의 사건에서 하나님이 구원을 이루어가시는 줄거리를 볼 수 있다. 이스라엘의 범죄 -> 이방인의 구원 -> 이스라엘의 시기를 유발함 -> 이스라엘을 위한 하나님의 구원하시는 목적의 충만하고 완전한 승리("하물며", 11:11-12).

바울이 분명히 하는 것처럼, 이 마지막 부분은 바울 자신의 선교 배후에 자리잡은 영감이었다. 이방인의 사도로서 바울은 자기 백성을 포기하지 않았고, 자신의 선교의 성공을 자기 백성을 믿음과 구원의 체험으로 이끄는 중차대한 요인으로 보았으며, 추후의 성공이 "죽은 자 가운데서 살아나는 것"인 최종적 부활을 예고하길 바랐다(11:13-15).[234]

하나님의 구원하시는 목적으로 이스라엘이 돌아오리라는 행복한 전망은, 즉시 그 과정이 시작되었던 원점으로 돌아가 검토하도록 바울을 이끌었다. 즉 하나님의 구원의 목적이 어떻게 족장을 향한 약속과 함께 계속 효력을 발휘하기 시작하느냐는 문제다. 이 구원의 목적을 향한 구별 됨(거룩함)은 그 뿌리에서 자란 것이 동일한 거룩함을 공유하도록 보장한다

다"(*epōrōthēsan*, 신적 수동태).

233) 롬 11:8 ─ 신 29:4; 롬 11:9-11 ─ 시 69:22-23. 3:10-18에서처럼, 이스라엘의 적을 향한 저주가 이제 이스라엘을 향했다(필자의 *Romans*, 649-50).

234) 종말론과 사도로서 바울의 자기이해를 위한 종말론의 함축에 관해서는 §29.3e(2)를 보라.

(11:16). 그 뿌리에서 자란 것은 이스라엘이며, 재배된 감람나무 이미지를 가지고 있다(11:17-24).[235] 이방인 신자들(돌감람나무의 가지 이미지)은 이 나무에 접붙여졌다. 원가지 일부가 잘려나갔는데, 그것은 사실이다. 그러나 새로 접붙여진 가지들이 자부심을 가질 이유는 없다. 그들은 오로지 원뿌리의 풍성함 때문에 보전될 뿐이고(11:17-18), 그들도 믿음에 실패한다면 잘려나갈 수 있다(11:19-21). 2:6-11에서처럼, 하나님의 공의로우심을 기본적인 기정사실로 받아들일 수 있다(11:22). 그러므로 이방인 신자들은 원유대인 가지처럼 같은 실수를 해서는 안 된다. 즉 가지에 속하지 않은 사람들에게 자신들의 특권을 "자랑"(katakauchaomai)하는 실수 말이다(11:18).[236] 이방인들이 "부자연스럽게" 접붙여졌다면,[237] 원가지들이 다시 믿음을 회복한다면 얼마나 쉽게 자신들의 감람나무에 다시 접붙여질 수 있겠는가(11:23-24).[238] 이는 바울이 처음으로 그리고 확고하게 언급하는 내용(앞서 유대인의 뻔뻔스러움에 대해 경고했듯이, 이방인의 뻔뻔스러움에 대한 경고)이며, 서신의 마지막 부분에서 반복적으로 언급될 것이다.[239] 따라서 바울이 이 경고를 구술할 때 14장에서 다룰 로마 회중의 상황을 이미 염두에 두었다고 정당하게 추론해볼 수 있다.

그리고 그렇게 이야기의 세 번째 언급은 절정에 이른다. 9:6과 11:1에서 제기된 난제와 질문에 대한 답은 하나님의 구원하시는 목적의 "신비"를

---

235) 유대교 문헌에서 이스라엘은 종종 감람나무와 비유되었다(렘 11:16; 호 14:6). 감람나무는 지중해 지역에서 가장 폭넓게 재배된 과일나무였다.

236) Katakauchaomai("다른 사람을 희생하며 자랑하다, ~에 맞서 자랑하다, ~에 크게 기뻐하다", BDAG, 517), 유대인의 이전 비판에 매우 중요했던 용어의 더 치명적인 형식은 kauchaomai(2:17, 23)], kauchēma/kauchēsis(3:27; 4:2)]이다.

237) P. F. Esler, 'Ancient Oleiculture and Ethnic Differentiation: The Meaning of the Olive-Tree Image in Romans 11', JSNT 26 (2003), 103-24을 보라.

238) 물론 그 형상은 강제된 것이다. "잘린 가지는 말라 죽을 것이다. 그 가지들은 다시 접붙일 수 없다. 그러나 물론 이 지점에서 바울은 기적을 일으키시는 하나님께 자신의 소망을 두었다.

239) 롬 12:3; 14:3, 10; 15:1.

드러내는 것으로 계시될 수 있다.[240] "이방인의 충만한 수가 들어오기까지 이스라엘의 더러는 우둔하게 된 것이라. 그리하여 온 이스라엘이 구원을 받으리라"(11:25-26). 여기서 바울은 이스라엘의 이중적 의미를 하나로 묶거나, 다르게 표현한다면, 분리된 이스라엘의 양면을 하나로 묶는다. 바울은 민족적 이스라엘이라는 의미를 놓지 않는다. 유대 민족 중 믿지 않는 대다수는 이스라엘을 부분적으로 우둔하게 한 것(혹은 이스라엘의 우둔해진 일부)이다.[241] "모든 이스라엘"은 반드시 적어도 우둔하게 된 "모든 (민족적) 이스라엘"을 포함한다.[242] 동시에 그는 하나님의 부르심으로 규정된 이스라엘을 잊지 않았다. "모든 이스라엘"은 다시 접붙여진 원가지만이 아니라 접붙여진 돌감람나무 가지를 포함하며(11:23-24), 이제 "내 백성"으로 불리는 "백성이 아닌" 이방인들을 포함할 것이다(9:24-25). 따라서 바울은 이스라엘과 복원된 언약이라는 이스라엘을 위한 이사야의 희망(사 59:20-21)을 재확인하는 데 지체하지 않으며(11:26-27), 하나님의 택함과 이스라엘의 부르심을 확인하는 데도 지체하지 않는다(11:28-29).[243] 복음으로 그리고 복음을 통해 표현된 하나님 목적의 대적자로 불순종한다는, 하나님의 목적의 어두운 면에 있던 이스라엘의 시대는 하나님의 긍휼로 종결된다(11:28, 30). 이스라엘

---

240) 바울이 몇 세기 동안 감추어진 하나님의 마지막(종말론적) 목적이 이제 그리스도 안에서 그리고 사도들을 통해 드러났다고 이해한 "신비"(*mystērion*)는, 이후 바울 문헌의 주요 모티프가 된다. 특별히 골 1:26-27; 2:2; 4:3 그리고 엡 1:9; 3:3-4, 9; 5:32; 6:19. 위 §29 n. 114; Jewett, *Romans*, 687-89을 보라.

241) *Apo merous*("부분적인" 아니면 "어느 정도")의 모호성에 관해서는 Moo, *Romans*, 717 n. 28; Jewett, *Romans*, 699-700을 보라.

242) "모든 이스라엘"이라는 언급의 범위에 관한 논쟁(722 n. 55)은 특별히 Moo, *Romans*, 720-23을 보고, 그가 구분한 "모든 이스라엘"과 "각각의 이스라엘"도 보라. Jewett는 이에 주목할 필요가 있다(*Romans*, 702).

243) 가장 두드러진 사실은 예수가 이 마지막 장에서 분명하게 등장하지 않았다는 것이다. "시온에서" "구원자"가 올 것이라는 전망은 독특하게나 구체적으로도 기독교답지 않다. 바울은 그가 10:6-13에서 한 것을 여기서도 하고 있는 듯하다. 그가 거기서 토라의 독특성을 통해 훨씬 더 풍성한 하나님의 지혜를 강조하듯이, 여기서 그는 복음의 배후에 있는 자비로운 하나님의 측량할 수 없는 신비를 강조한다. 또한 *Theology of Paul*, 527-28; Davies, 'Paul', 726-28을 보라.

의 경험은 사실 모든 사람을 위한 하나님의 구원하시는 목적의 전형적인 본보기다. 즉 인간의 불순종을 수용하면서 "하나님이 모든 사람에게 긍휼을 베풀려 하심"으로써 불순종의 결과를 한정하려는 것이다(11:31-32).[244]

자신을 그렇게 분노하게 한 문제와 씨름하여 도달한 놀라운 절정이 끼치는 영향에 대해 바울이 얼마만큼이나 생각했는지는 말할 수 없다. 결국 바울이 드러낸 것은 "신비"였다. 이는 설명할 수 없는 것을 설명하려는 시도다. 그것은 이스라엘과 인류를 위한 하나님의 목적을 하나님이 이루어 나아가시는 방법이다. 그리고 바울은 자신이 측량할 수 없이 깊은 하나님의 목적에 사실상 의존하려 하고 있음을 아주 잘 알고 있다. 바울은 이것을 마지막 송영에서 명확하게 하는데(하나님만 찬양함을 주목하라), 유대 예언자와 지혜 전통에서 하나님의 마음과 목적의 신비[245]로 오랫동안 인식했던 내용을 "불가해한"(anexeraunētos) 그리고 "이해할 수 없는"(anexichniastos)이라는 흔치 않은 용어를 가지고 요약함으로써 그렇게 한다. 이 용어들은 바울이 자신이 알 수 없는 것과 표현할 수 없는 것을 피해간다는 의미를 표현하려고 끌어낸 표현이다(11:33-35). 바울에게 핵심은 하나님이 창조주이시기

---

244) 여기서 바울 신학을 "보편주의적"이라고 단순하게 분류할 수 있느냐는 문제는 보이는 것처럼 분명하지 않다. 서신의 시작부터 그랬듯이, "모든"은 특별히 유대인/이방인의 분리와 관련한 것으로서, 이는 바울이 자기 선교로 극복하려 한 것이었다(이방인뿐만 아니라 유대인 모두). 바울이 이스라엘을 위한 특별 경로(Sonderweg)라는 측면에서 생각했다는 것(즉 복음보다는 율법으로 말미암아, 이스라엘이 선택받았기 때문에 "구원받았다"는 것)은 개연성이 적다. 비록 Gager, Reinventing Paul, 59-61(특별히 Mussner, L. Gaston and S. Stowers을 의존했다)이 그렇게 논증했지만 말이다. 그러나 바울은 하나님의 부르심, 즉 같은 부르심이 이방인과 유대인을 포용하고(9:11-12, 24), 그리스도를 믿는 믿음을 요구하는 복음의 대상이 보편적이라고 (10:6-18; 11:28-32) 생각했다. 그렇지 않다면 그가 왜 이스라엘이 복음을 거부한 데 대해 그렇게 곤란해했겠는가(9:1-3)? 추가로 R. Hvalvik, 'A "Sonderweg" for Israel: A Critical Examination of a Current Interpretation of Romans 11.25-27', JSNT 38 (1990), 87-107; T. L. Donaldson, 'Jewish Christianity, Israel's Stumbling and the Sonderweg Reading of Paul', JSNT 29 (2006), 27-54; B. W. Longenecker, 'On Israel's God and God's Israel: Assessing Supersessionism in Paul', JTS 58 (2007), 26-44을 보라. Lohse, Römer, 321-22, 그리고 Jewett, Romans, 702에 있는 다른 참고문헌.

245) 롬 11:34은 사 40:13의 직접 인용이고, 11:35은 LXX 욥 41:3의 변형 판이며, 실제로 그렇게 분명하지 않은 히브리어에 더 가깝다.

에, 모든 사람과 만물은 하나님"에게서" 그리고 하나님으로 "말미암았을" 뿐 아니라, "그를 위해서/그에게" 존재한다는 점이다(11:36).

f. 이 복음이 로마 회중 가운데 어떻게 표현돼야 하는가?(롬 12:1–15:13)

처음부터 끝까지, 즉 창조에서 완성까지 그리고 자그마치 세 번이나 "하나님의 구원하시는 의"를 이야기한 후, 바울은 편지를 받을 사람들의 삶에 이 복음이 어떻게 영향을 끼치느냐는 여전히 긴급한 문제로 눈을 돌리기 전에 숨을 고르고 오랫동안 멈출 수 있었다. 다른 서신들에서 바울은 (데살로니가, 갈라디아, 고린도로부터) 자신에게 온 한 메시지의 긴급성 때문에 그들과 자신이 직면한 다양한 논제와 위기에 속히 반응해야 했다. 대조적으로 이 경우에 바울은, 고린도에서 어느 정도의 느긋함과 차분함으로, 에게해 지역에서 진행한 자신의 성공적인 선교 막바지에, "이방인의 사도"로서 자신의 주요 메시지였던 복음의 내용과 특성에 대해 상당히 상세하게 작업할 수 있었다. 단순히 본인의 만족이나, 심지어 당면한 목적을 위해서도 아니었다. 오히려 바울의 선교에서 그리고 바울이 유대와 안디옥의 가정교회들과 좋은 관계를 유지하려고 시도하는 중에 반복해서 대두된 도전들은, 유대인 메시아에 대한 복음을 이방인 가운데 이 메시아를 전파하는 소명과 조화시키기 어렵기 때문에 반복해서 일어났다. 로마서를 작성하는 작업은 지금 보는 바와 같이 철저하게 이 논제들을 다룰 기회를 바울에게 주었다. 그러나 이 작업을 마친 후에도, 바울이 알고 있었고 다루었어야 하는 로마의 특정 논제들은 여전히 남아 있었다. 이 가운데 몇몇은 복음 이야기의 세 번째 언급에서 그가 특별히 적나라하게 언급한 갈등을 직접 표현했다. 바울은 이제 이 문제들에 눈을 돌린다.

　(i) **12:1-8.** 처음의 권면은 이스라엘의 제의 이미지에 의존해 섬세하게 형성된 호소(*parakalō*)로서 복음이 율법보다 더 우위에 있음을 간결하게 제시한다(12:1-2). 그들이 이제 제공하도록 요구받은 제물은 자신의 몸이다.

여기서 추론할 수 있는 점은 그들이 지금까지 제단에 제물을 드렸을 때만큼이나 타인과 사회적(신체적) 관계에서도 주의 깊게 헌신해야 한다는 것이다.[246] 그들이 이 세대를 본받기를 거부했을 때, 그리고 마음을 새롭게 함으로 성령이 그플을 변화하도록 했을 때(8:12-14과 사실상 같은 권면), 그들은 유대인들이 토라에서 얻은 통찰보다 하나님의 뜻에 대해 더 나은 통찰을 갖게 된다.[247]

바울이 신앙이 있는 이방인들에게 공간을 만들어주려고 이스라엘을 재규정한 사실은, 바울의 이방인 청중 대부분에게 하나님의 눈에 자신들이 특별하다고 우쭐거릴 기회를 제공하지는 않는다(12:3). 그들의 신자로서의 정체성이 민족적 이스라엘이나 땅 혹은 "유대인"에게 전형적인 "율법의 행위" 때문에 주어지지 않았다는 것은 사실이다. 그러나 이방인은 그럼에도 백성이라는 몸의 구성원이다. 많고 다양한 그들은 "그리스도 안에서 한 몸이며 서로 간에 지체"였다(12:4-5). 도시 단일체(한 몸으로서의 도시나 국가)[248]라는 잘 알려진 은유를 개정한 것은 분명 로마의 청중들에게 특별히 강한 인상을 주었을 것이다. 그들을 하나로 묶는 것은 제국의 수도에 거주한다는 사실이나 로마의 특별함 혹은 황제라는 사람을 향한 충성보다는 그들과 그리스도의 연합에 있다. 그 중대한 차이를 고려하고 몸의 "기능들"이 민족이나 상업 혹은 주민 협회의 기능이 아닌 각자에게 주어진 은사임을 고려하면(12:6), 그 권면은 몸 이미지가 다르게 사용된 다른 곳에서와 같다. 즉 다른 구성원들이 전체의 덕을 위해 자신들의 다른 기능을 사용해

---

246) E. Käsemann, 'Worship in Everyday Life: A Note on Romans 12', *New Testament Questions of Today* (London: SCM, 1969), 188-95을 특별히 언급하는 *Theology of Paul*, 543-45.

247) 2:18과 12:2의 대조를 처음 듣자마자 파악하지 못했을지라도, 분명 바울은 신자들이 그 서신을 더 주의 깊게 공부할 때 그 대조를 파악하기를 기대했을 것이다. "율법의 교훈을 받아 네가 하나님의 뜻(to thelēma tou theou)을 알고 지극히 선한 것을 분간한다(dokimazeis to diapheronta)"는 "유대인"의 (그릇된) 확신(2:18)은, 마음을 새롭게 함으로써 "하나님의 뜻이 무엇인지를 분별하는"(eis to dokimazein ti to thelēma tou theou) 로마 신자들의 능력으로 분명히 대응된다(12:2).

248) 위 §30.3c를 보라.

야 한다는 것이다(12:6-8). 바울은 고린도 교회에 편지를 쓸 때 해야 했던 것처럼(고전 12:7, 바울이 그곳에 도착했을 때, 사람들이 그 메시지를 들었고 그에 따라 행하고 있음을 알았는가?), 마지막 요점을 역설하지는 않는다. 짐작하건대 로마 회중 안에서의 은사 경쟁이나 혼란에 대한 소식이 바울에게 전해지지 않았을 테다. 그래서 바울은 단순하게 공동체의 이미지를 그리스도와 은사의 관점에서 재규정된 몸으로 제시하고, 로마 교회에 그 이미지가 친숙하게 적용되도록 할 수 있었다.

(ii) **12:9-13:14.** 그들이 서로를 어떻게 여기고 서로에게 어떻게 행동해야 하는지를 배우는 것이 중요했듯이, 그들이 외부인과 관련하여 어떻게 행동해야 하는가를 배우는 일은 훨씬 더 중요했다. 특별히 그들이 로마라는 무시무시한 제국의 수도 한가운데 사는 작은 무리였기 때문이다. 머리말 역할을 하며 13:8-10과 함께 괄호를 형성하는, 사랑하라는 요청이 있다. "사랑에는 거짓이 없나니"(12:9).[249] 그 명령에 대해 먼저 상술하여 서로를 존중하고, "성령으로 빛나고", "환난 중에 참고 손 대접하기를 힘"써야 할 필요를 상기한 다음(12:10-13), 다양한 예수의 지혜 모음을 포함하여[250] 인간관계에 관한 여러 유대인의 지혜가 뒤따른다.[251] 디아스포라 유대인들은 이국땅에서 그리고 우호적이지 않은 환경에서 살 때 신중하게 행동할 필요를 배웠다. 즉 타인의 기쁨과 슬픔을 함께 공감하고(12:15), 자만심을 품거나 자기 자신의 지혜를 과대평가하지 않으며 조화롭게 살고(12:16), 가능한 한 모든 사람들과 평화롭게 살며(12:18), 하나님께 복수를 맡기고(12:19), 원수에게 기꺼이 먹을 것과 마실 것을 제공해야 할(12:20) 필요성 말이다.[252]

---

249) 비교. 특별히 Esler, *Conflict and Identity*, 322-30.
250) 12:14 — 눅 6:27-28/마 5:44   12:18 — 막 9:50.
     12:17 — 눅 6:29/마 5:39
251) 12:15 — Sir. 7.34;   12:19 — 레 19:18과 신 32:35;
     12:16 — 잠 3:7과 사 5:21;   12:20 — 잠 25:21-22;
     12:17 — 잠 3:4;   12:21 — *T. Ben.* 4.3.
     12:18 — 시 34:14[LXX 33.15];
252) "숯불을 그 머리에 쌓아 놓다"라는 이미지는 모호하다. 필자의 *Romans*, 750-51; Fitzmyer,

그들에 대한 핍박과 저주 및 악한 의도가 있는 행동에 대해 어떻게 대응해야 하느냐에 관한 예수의 가르침은 그들의 마음 전면에 있어야 한다. 주목해야 할 점은 그 가르침이 축적된 지혜와 독립적으로 존재하는 것이 아니라 그것의 일부로 있어야 한다는 것이다. 그 함의는 명확하다. 즉 정부의 스파이와 정보원들이 잠재적인 체제 전복 집단을 항상 경계하는 도시에서 공동주택에 모이는 작은 그리스도인 무리가 매우 취약함을 바울이 알았거나 확신 있게 추측했다는 것이다.[253] 그곳에서는 핍박과 차별(민족, 사회, 종교적으로)이라는 성가신 행동이 일상적인 경험이었을 것이고, 과도하게 반응하면 그들 작은 모임의 존재와 특성이 훨씬 더 주목받게 되는 위험이 끊임없이 있었다. 그런 환경에서 바울의 충고는 로마의 신자들이 선동하거나 비밀스럽게 조직하거나 국가에 맞서 전파해야/가르쳐야 한다는 것이 아니다. 그것은 아주 곤란한 광기의 충고일 것이다. 오히려 그들은 자신들이 좋은 이웃이자 시민임을 보여주어, 로마에 있는 그리스도의 몸이 가능한 한 적은 제약 아래에 성장하고, 그들의 공동생활이 예수가 가르친 방법으로 유익하게 되도록 해야 했다.[254]

12:9-21을 이렇게 이해하는 것이 바울이 의도한 방향대로 움직인다는 점은, 바울이 로마의 그리스도인과 국가 및 당국자 사이의 관계(동료 거주민의 사소한 학대에서 국가의 압도하는 권력까지)에 분명하게 눈을 돌린다는 사실로 확인된다(13:1-7).[255] 여기서도 바울은 이스라엘과 예수의 결합된 지혜에 의존한다. 그것은 시와 제국의 당국자들이 선한 통치와 법 및 질서를 제공하는 존재이며, 그들은 하나님이 지명한 수단으로서 존중을 받아야 한다는

Romans, 657-58; Moo, Romans, 788-89; Jewett, Romans, 777-78을 보라.

253) 186년 바쿠스 축제 때 있었던 진압에 대한 리비우스의 서술(His. 39.8-19)은 외래 제의를 향한 당국자들의 의심과 그들이 정보를 수집할 수 있었던 방법을 잘 보여준다(Benko, 'Pagan Criticism', 1066-67을 보라).

254) Jesus Remembered §14, 특별히 607-11을 보라.

255) "13:1-7을 포함해서 롬 12:1-15:13의 권면은 바울이 표현한 일반적인 윤리보다는, 주어진 시공간이라는 상황에 전달된 상황 윤리의 일부로 이해해야 한다"(Tellbe, Paul between Synagogue and State, 171, 추가로 177-82).

것이다(13:1-4).[256] 따라서 그들 당국자에 복종하는 일은 단순히 당국자들이 가진 징벌 능력을 두려워하는 문제가 아니라 양심의 문제다(그릇된 것이 처벌받는 정의를 인식함)(13:5). 또한 그것은 예수가 가르친 대로, 세금 징수라는 당국의 정당한 요구를 온전히 준수해야 함을 가르친다(13:6-7).[257] 여기서도 당국자의 분노가 그리스도인의 작은 모임에 떨어질 가능성이 있는 혁신적인 반체제 문화를 바울이 독려한다는 의미는 전혀 없다. 오히려 정치적 정적주의의 한 형태가 있음을 언급할 필요가 있다. 즉 그리스도의 몸을 세우고 하나님의 아들의 메시지에 따라 살아가면서 그 메시지를 퍼뜨리는 그리스도인 모임이 그리스도인의 주요 책임에 집중할 수 있도록 보장해주는 좋은 시민으로서의 삶이다.

개개인 신자들에게 부과된 모든 것을 납부해야 할 의무는 더 긍정적인 전환을 초래했는데 곧 로마의 신자들이 무엇보다도 서로와 이웃을 사랑하는 것으로 유명해졌다는 것이다(13:8-10). 이러한 권면은 12:9부터 차례로 등장하다가, 예수도 그 가르침을 통해 강조한 적이 있는 이스라엘의 지혜를 하나로 총괄하는 대목에서 절정에 이른다. 예수가 레위기 19:18("네 이웃을 네 몸같이 사랑하라")을 지목하여 그 말씀에 전례 없는 중요성을 부여했고 인간관계를 다스리는 법의 정수로 여긴 것이(막 12:31 병행구들) 기억되었다는 사실은 의심의 여지가 없다.[258] 바울은 로마의 회중들이 예수 전승에 친숙하다고 추정할 수 있었으며, 이 예수 전승이 대체로 율법 전체

256) 잠 8:15-16; 렘 7:26; 단 4:17, 25, 32; 5:21; Wis. 6.3-4; 추가로 필자의 *Romans*, 761-62, 그리고 더 자세하게는 W. Schrage, *Die Christen und der Staat nach dem Neuen Testament* (Gütersloh: Gütersloher, 1971), 14-28을 보라. 비록 황제숭배가 바울의 선교에(특별히 그 심장부인 로마에서) 크게 다가올 수밖에 없었지만(Horsley, *Paul and Empire*, 20-24), 당국이 신들에게 복종한다는 것은 여전히 관례였다. 추가로 N. Elliott, 'Romans 13:1-7 in the Context of Imperial Propaganda', in Horsley, *Paul and Empire*, 184-204; Jewett, *Romans*, 789-92; 그리고 위 §29 nn. 147, 148을 보라.

257) 롬 13:7 — 막 12:17 병행구들; *Jesus Remembered*, 623-24, 635-36, 650-51을 보라.

258) *Jesus Remembered*, 584-86을 보라.

를 총괄(anakephalaioutai)하며[259] 성취(plērōma)하는 것으로[260] 제시하였다. 이는 바울이 갈라디아서 5:14에서 제시한 것과 같은 주장이다. "온 율법은 '네 이웃을 사랑하기를 네 자신같이 하라' 하신 한 말씀에서 이루어졌나니 (peplērōtai)."[261] 여기서 "믿음의 법"(롬 3:27)으로부터 "사랑에 대한 분부"로 이어지는 사고의 흐름을 추적할 수 있다. 이는 갈라디아서 5:6에서 분명하게 표현된 것으로(중요한 것은 "사랑으로써 효력 있게 역사하는 믿음"이다), 즉 율법이 어떤 특정 명령에 순종함("율법의 행위")으로 성취되지 않고, 하나님과 이웃을 향한 사랑의 삶으로 성취된다는 것이다.

사랑이 지배하는 화음이 분쟁의 불협화음을 해소하기 위해 울려 퍼질 것이므로(14:15), 바울은 이 지점에서 로마 회중에 관한 자신의 주된 관심사로 즉시 눈을 돌릴 수도 있었다(14:1-15:6). 그러나 먼저 바울은 자신의 청중에게 그들이 처한 상황의 종말론적 긴박성을 상기시켜줄 필요가 있다고 분명히 느꼈다.[262] 이 점은 데살로니가전후서 및 고린도전후서(특히 고전 7:26, 29)(덜 대조적임)와 비교할 때 눈에 띄며, 특히나 사람에 대한 권면이 담긴 로마서의 이 부분은 바울이 이러한 종말론적 강조의 방식을 사용한 유일한 경우에 해당한다.[263] 바울이 명확하게 언급하지 않을 때도, 자신의 선교와 구원하는 의의 목적을 달성하기 위해 활용할 수 있는 시간이 부족하다는 사실을 바울은 항상 염두에 두고 있었다.[264] 그런 관심은 "구원"의 완성이 그들이 처음 믿었을 때보다 가까이 왔음을 상기하는 데서 드러

---

259) 이 드문 단어의 의미는 BDAG, 65과 H. Schlier, *TDNT*, 3.681-82을 보라.

260) *Plērōma*는 여기서 보통 율법이 요구하는 모든 것을 행하는 "성취하다"라는 의미로 이해된다(BDAG, 830). 필자의 *Romans*, 780-81을 보라. Jewett는 그것이 특별히 초기 공동체의 사랑 축제들을 언급한 것으로 추정한다(*Romans*, 814-15). Esler은 바울이 율법과 관계를 끊었다고 생각하는 사람들의 전형이지만, 여기서 예를 들면, 그는 자기 논의를 3:27, 31과 8:2-4에 연결하는 데 완전히 실패했고, 이 구절들은 그의 논의에서 거의 등장하지도 않았다(*Conflict and Identity*, 333-35).

261) 위 §31 n. 395을 보라.

262) 추가로 필자의 *Romans*, 786-88; Jewett, *Romans*, 820-21을 보라.

263) 위 §32 n. 257을 보라.

264) 다시 §29.3e를 보라.

난다(13:11). 그들이 밤이 아닌 낮에 속한 사람으로 이미 살고 있어야 함을 권고하기 위해 바울은 다가오는 새벽의 이미지에 호소한다(13:12-13). 여기서 이중적 암시를 놓치지 않아야 하는데, 예수께서 제자들에게 장차 도래하는 하나님 나라에 비추어 살아야 한다고 가르치신 것을 암시하면서,[265] 다른 한편으로 여러 친교모임에서 밤늦게까지 흥청거리는 행동을 넌지시 비꼬고 있다. 후자는 이전에 고린도 교회에서 관용되었던 행동을 연상하게 한다(고전 11:21!).[266] 핵심은 그리스도를 향한 그들의 헌신과 그리스도와의 연합이다(이제 새 옷을 입음과 그 옷에 걸맞은 태도라는 이미지로 표현된다).[267] 이는 8:12-13에서 주어진 중대한 권면을 상기시키면서 그것을 어떻게 실천해야 하는지를 제시한다(롬 13:14).

(iii) **14:1-15:6.** 그러나 이제 바울은 로마 신자들의 여러 공동주택 모임들 안에 그리고 그 모임들 간의 관계에 대해 자신이 듣고 염려하게 된 하나의 주제에 온전히 주목할 수 있게 되었다. 즉 행동의 다른 양상을 옹호하는 자들 사이에 있는 "다른 의견"(*dialogismoi*)이다(14:1).[268] 상황은 이미 암시된 듯하다. 즉 초기에 이 공동주택에서 교회를 세웠던 유대 그리스도인들이 로마에서 추방당한(49년에) 이후, 교회의 구성원과 지도층이 대부분 이방인으로 바뀌었다는 것이다.[269] 그 결과 공동식사를 위한 전형적인 모임("주의 만찬")이 그들 중에서 보다 전통주의적인 유대인 구성원들이 준수하던 공동식사 전통에 이제는 제한받지 않게 되었거나, 그 전통을 더 이상 준

---

265) 다시 *Jesus Remembered,* 607-11을 보라.

266) 위 §30 nn. 77, 232을 보라. 바울의 로마서가 기록된 지 약 10년 안에 기록되었을 *Satyricon* 15.26.6-15.78.8에 있는 트리말키오(Trimalchio)의 만찬에 관한 페트로니우스의 생생한 서술은, 바울이 틀림없이 염두에 두었을 내용을 잘 알려준다.

267) 대부분은 여기서 세례의 용어를 본다. 물론 바울이 세례의 반복을 요구하지 않았지만 말이다(필자의 *Romans,* 790-91).

268) 바울이 사용한 *diakriseis dialogismōn*은 적절하게 옮기기 어렵다. "(다른) 의견들이 평가되고 차이가 해결되는 수단이나 과정들"과 같은 의미다. 추가로 필자의 *Romans,* 798-99를 보라. Jewett는 병행구와 상황이 "약한" 자의 의견을 지배하는 무리가 자세히 조사하고 있음을 시사한다고 관찰한다(*Romans,* 836).

269) 위 n. 65을 보라.

수하지 않게 되었다. 그러나 클라우디우스가 죽고(54년) 그에 따라 추방 칙령이 취소된 후 2년 내에, 메시아 예수를 믿는 사람들을 포함하여 유대인들이 로마로 돌아오기 시작했다. 브리스가와 아굴라 같은 유대인들이 말이다. 다양한 가정교회에 다시 참여하길 원했던 유대 그리스도인 가운데 다수는 공동식사 중 다른 신자들이 유대인의 양심을 고려해주지 않아서 당황스러웠을 것이다. 전혀 과장하지 않고 말해도 말이다. 환대가 그들에게까지 확대되었을 때, 그것은 사실 새로운 타협과 그 신학적 근거(그들 역시 선한 양심으로 불결한 음식에 대해 자유로워야 한다는 것)를 수용하도록 그들을 설득하기 위해서였다(14:1).

바울이 예상한 상황을 이렇게 재구성한 것이 바른 노선을 따르고 있는지에 상관없이, 논란의 한쪽을 "오로지 채소만을 먹는" "믿음이 약한 자"(14:1-2)라고 명명한 것은, 가장 분명히 유대인 신자[270]와 이 문제에 있어서 유대인의 민감함을 공유하는 사람들(전에 "하나님을 경외하는 자")을 가리킨다.[271] 뒤따르는 "깨끗한(katharos)"과 "속된(koinos)"이라는 언급이 이 추론을 확인해주는데, 이 둘이 정결과 부정함이라는 유대교적 전통을 당연히 떠올리게 하기 때문이다. 후자의 용어(koinos)는 특별히 유대교 특성이 더 뚜렷하다.[272] "모든 것을 먹을 만한 믿음이 있는" 사람들은 논란의 다른 쪽

---

270) 예로, Moo, Romans, 828-31; Schnelle, History, 122-23; Lohse, Römer, 372-74을 보라. M. Reasoner, The Strong and the Weak: Romans 14.1-15.13 in Context (SNTSMS 103; Cambridge: Cambridge University, 1999)가 가장 자세한 최근 토론이다. 유대교의 법이나 전통이 고기를 완전히 금지하지 않았지만, 우상숭배로 고기가 오염되었을 두려움이 디아스포라 유대인 공동체에 상존했고, 유대인 고기 시장에 대한 특별한 조항이 클라우디우스의 칙령 때 중단되어 아직 다시 확립되지 않았을 가능성이 상당하다(비교. 위 §32 n. 169, 292). 요세푸스는 약 64년에 로마를 방문했을 때, 유대교 제사장이 "경건한 종교 관습을 잊지 않았고, 그들이 무화과와 견과로 살았다"라고 전한다(Life 14). 그리고 예수의 동생인 야고보는 고기를 자제한 것으로 기억되었다(Eusebius, HE 2.23.5). 추가로 필자의 Romans, 799-802을 보라.

271) 다양한 로마 사람이 유대교의 관습에 매력을 느꼈다는 것이 당시 로마 문헌의 일관성 있는 주제다(예. Plutarch, Cic. 7.6; Seneca, Ep. 108.22; Suetonius, Domitian 12.2; Cassius Dio 67.14.1-3; 그리고 추가로 필자의 Jesus, Paul and the Law, 145-46).

272) 위 §26 n. 60; 그리고 필자의 Romans, 818-19, 825-26을 보라.

에 있다(14:2). 이들은 이제 정결법이 더 이상 믿음의 생활과 관련이 없다고 분명히 믿는 이방인들(그리고 바울처럼 자유로운 유대인들)이었을 것이다. 이 점은 바울이 관심을 자주 보이지 않은 다른 논쟁점에서도 마찬가지다. 즉 그리스도인들이 안식일과 유대 절기를 준수해야 하느냐는 질문이다(14:5-6).[273] 바울의 관점에서 그리스도에 대한 믿음이 신자들 간의 관계를 질서 있게 하는 데 가장 중요하게 간주된 두 경우가 여기 있다. 따라서 유대인과 이방인 간의 관계(심지어 그들이 신자일 때에도)를 방해하는 율법들은 믿음의 관점에서 재평가되거나 그 중요도가 떨어지게 되었다. 우리는 이것이 이웃사랑(이 경우 그리스도인 이웃)으로 말미암아 그리고 이웃사랑으로서 역사하는 "믿음의 법"(3:27)을 보여주는 실례였다고 말할 수 있다. "믿음이 연약한" 사람들은 이 전통적 제약을 유지함으로써 자신들의 믿음을 강화하거나 지지할 필요를 분명히 느꼈다. 바울은 그러한 태도와 행태를 오래전에 안디옥에서 목격했다(갈 2:11-14).[274] 제약을 덜 느끼는 사람들은 그러한 태도와 그에 따른 행태를 "연약한" 것으로 간주했다.

물론 그런 관점은 제약을 덜 느끼는 사람들(15:1에서 "강한 자"로 언급됨)의 관점이며, 바울도 그 관점을 공유했다(14:14). 반면에 그렇게 명명된 사람들은 자신들을 "강한 자", 즉 여전히 중요한 전통들에 강한 사람들로 여겼을 수도 있다. 그러나 그런 논제에 관한 자신의 관점에도 불구하고, 여기서 바울의 관심은 그들의 공동생활을 위해 그 태도들과 행동 양식 모두 타당하게 존중받고 그것들을 위한 여지가 제공되어야 한다는 데 있다. 여기서 바울이 갈라디아서 2:11-18에서 표현된 견해를 여전히 고수했다는 점을 언

---

273) 안식일과 다른 유대교 절기는 많은 비유대인에게 매력이 있었고(Philo, *Mos.* 2.21; Josephus, *Ap.* 2.282; 골 2:16; Juvenal, *Sat.* 14.96, 105-106; 또한 Leon, *Jews*, 12-14; 필자의 *Romans*, 805-806) 몇 세기 동안 이 매력은 계속 발휘되었다(E. Lohse, *TDNT*, 7.32-34; 필자의 *Partings* [²2006], xix-xx, 344-46).

274) 위 §27.4을 보라. Nanos, *Mystery*, 103-39에도 불구하고, "믿음이 약한" 사람들이 결코 믿지 않는 유대인일 수 없음은 자명하다. 비교. R. A. J. Gagnon, 'Why the "Weak" at Rome Cannot Be Non-Christian Jews', *CBQ* 62 (2000), 64-82.

급해야 할 것이다. 안디옥과 갈라디아에서의 문제는 이방인 신자들이 "유대인처럼(ioudaïzein) 살아야" 한다고 유대인 신자들이 주장했다는 것이다(갈 2:14). 여기서는 입장이 뒤집혔는데, 이방인 신자들이 동료인 유대인 신자들에게 그들의 전통적 실천을 무시하고 내어버리라고 강요한다. 각각의 경우에서 "복음의 진리"가 위태롭게 되었다. 한쪽은 믿음만으로 충분하지 않다고 주장했으며, 다른 쪽은 그리스도인 형제자매들을 온전히 사랑하는 데 실패했다.[275]

로마에서의 불일치가 결코 사소한 문제가 아니었음을 이해하는 것이 중요하다. 그것은 단순히 식습관이나 심지어 채식 대 육식의 문제, 혹은 단순히 안식일에 특정한 일을 삼가는 문제가 아니었다. 반대로 우리가 살폈듯이, 특히나 정결법은 유대인의 정체성의 핵심으로 자리하고 있었다. 그법이 하나님을 향한 거룩함(구별됨)에 대한 이스라엘의 이해를 규정하고 제정했다(레 20:22-26). "유대교"의 정체성을 규정하는 데 있어 정결법을 유지하는 일의 중요성은 순교자의 피로 확정되었다(1 Macc. 1.62-63).[276] 유대 그리스도인의 정체성을 계속해서 근원으로 삼은 것은, 베드로가 "속되거나(koinos) 깨끗하지 아니한(akathartos) 것을 내가 결코 먹지 아니하였나이다"라는 주장(행 10:14)이나 안디옥에서 유대인과 이방인 간의 식탁 교제에서 물러난 사건을 통해 생생하게 예시되었다(갈 2:11-14). 따라서 이 계명을 유지하는 일이 믿는 유대인의 정체성에 필수라고 여긴 유대인 신자가 아직도 있었다는 사실은 놀랍지 않다. 안식일 법을 여전히 지켜야 한다는 그들의 지속적인 가정에 대해서도 마찬가지로 말할 수 있을 것이다. 그것은 언약백성에 해당하는 특징으로 받아들여졌고,[277] 예수 전승은 안식일 법을 지

---

275) 로마의 논제는 고린도에서 주요 문제였던 논제와 같지 않았다. 그때는 "우상의 음식"이 문제였고, 여기서는 정결법(음식)과 관련이 있다. 그때는 비신자와 사회적으로 섞이는 문제였고, 여기서는 신자들 간 내부 문제였다. 이 두 문제를 해결하는 핵심(사랑, 고전 8:1; 롬 14:15)이 같다는 사실이 묘사된 두 상황의 차이에 우리 눈을 가려서는 안 된다.

276) 위 §26.3b; 또한 다시 §27.4을 보라.

277) 안식일 역시 유대인의 정체성에 근본적이었다(예. 출 31:16-17; 사 56:6; 겔 20:16; 1 Macc.

켜야 할 필요성에 관한 예수와 바리새인의 논쟁이 그 전승을 다시 듣는 공동체들 가운데 계속해서 파문을 일으켰음을 보여준다.[278] 그래서 개인의 온전함과 이 새 종파(기독교)가 무엇을 옹호하느냐에 대한 정의가 여기에 달려 있다.[279] 그들이 그런 문제들을 어떻게 다루었는지가 이후 그 운동의 특성을 결정할 것이다.[280]

바울의 조언은 다음과 같이 간결하게 요약할 수 있다.

(1) 각 집단은 타인을 향한 태도에 있어 위험한 토대 위에 있었다. 그러한 제약에서 자신들이 보다 자유롭다고 여긴 사람들은 더 신중한 사람들을 "멸시하는(exouthenein)" 경향이 있었고, 더 전통주의적인 신자들은 그런 전통을 업신여기는 사람들을 "비난하는(krinein)" 경향이 있었다(14:3). 날카로운 심리학적 통찰이 여기에 있는데, 공동 이념을 공유하는 집단들은 거의 모두 그 이념에 대한 이해와 실천에 대한 다양한 견해를 가졌기에, 바울이 파악한 유혹이 항상 있었을 것이다. 즉 더 엄격한 이해를 수용하는 사람들은 반대하는 다른 이들을 "진실한 믿음"에 대한 배교자로 여기며,[281] 공동 이념을 더 느슨하게 해석하는 사람들은 더 신중한 사람들을 독선과 완고함을 가졌다고 멸시하려는[282] 유혹을 받는다. 21세기 종교들의 다양한

1.43; Josephus, *Ant.* 11.346).

278) *Jesus Remembered,* 566-69.

279) "따라서 14:1-15:13에 달려 있는 문제는 궁극적으로 유대교와 기독교 신앙의 연속성과 불연속성이라는 복잡한 논제다"(Tellbe, *Paul between Synagogue and State,* 167).

280) Reasoner는 서신의 앞부분에서 얼마나 14:1-15:6이 잘 준비되었는지를 보여준다(*Strong and Weak,* 225에 요약됨). 비록 그 질문은 로마서가 14-15장을 향해 가는지(서신의 요점처럼), 14-15장이 앞서 상술한 신학을 시험하는 가장 긴급한 사례인지이지만 말이다.

281) Jewett는 "바울이 우아하지 않은 말투 때문에 일부 고린도 사람들로부터 경멸받았다(고후 10:10)"라고 말하고, "소수집단의 지위에 있는 사람들이 겪은 그런 경멸은 추방되어 이방인 중에 흩어져 있는 유대인들을 위한 2 Macc. 1.27에 있는 요나단의 기도에서 보인다"라고 언급한다(*Romans,* 839)

282) W. S. Campbell, 'The Rule of Faith in Romans 12:1-15:13', in D. M. Hay and E. E. Johnson, eds., *Pauline Theology.* Vol. 3: *Romans* (Minneapolis: Fortress, 1995), 259-86은 양쪽 다 힐책하는 바울의 균형을 잘 잡아낸다. "이방인들은 유대교의 율법 준수가 반드시 기독교 신앙과 양립할 수 없다고 여기지 않아야 하고, 유대인은 그것이 반드시 기독교 신앙에 필수라고 여기지 않아야 한다"(283)

근본주의에 대한 현대의 태도는 필요로 하는 모든 실례를 제공한다.

(2) 양쪽은 하나님이 두 태도를 수용하실 수 있음을 인식하고 인정해야 한다. "남의 하인을 비판하는 너는 누구냐? 그가 서 있는 것이나 넘어지는 것이 자기 주인에게 있으매, 그가 세움을 받으리니, 이는 그를 세우시는 권능이 주께 있음이라"(14:4). 특별히 전통주의자들을 향해 말하면서, 바울은 이 문제에 단순히 옳고 그름이 존재하지 않는다고 주장한다. 양쪽이 옳을 수 있다. 즉 주 예수 그리스도의 눈으로 보면 말이다. 한쪽이 옳다 하려고 다른 한쪽이 틀렸다고 할 필요는 없다. 이는 여느 근본주의적 경향에도 적용되는 유익한 교훈이다. "복음의 진리"는 복음에 대한 어떤 단일한 이해보다 더 풍부하고 다양하다.

(3) 각 개인은 하나님 앞에서 자신의 마음을 정해야 한다(14:5b). 그것이 그런 논란이 있는 문제의 주된 고려사항이 되어야 한다. "우리 중에 누구든지 자기를 위하여 사는 자가 없고 자기를 위하여 죽는 자도 없도다. 우리가 살아도 주를 위하여 살고 죽어도 주를 위하여 죽나니"(14:7-8). 여기서 바울은 모든 종교적 정체성과 개인의 진실성을 주장함에 있어 양쪽의 태도가 그 표현에서 상당한 자기 관심과 자기주장 및 이기심을 드러낸다는 점을 직설적으로 상기시킨다.

(4) 자기 자신의 행동과 다른 이의 행동의 타당함을 구분하기 위해 바울이 제공한 판단기준은, 사람이 자신이 행한 것에 대해 그리고 그 행한 것으로 "하나님께 감사"할 수 있고 감사하는가 하는 것이다(14:6). 바울은 이전과 같은 요점을 이해하게 한다. 곧 하나님과의 관계가 예수를 주로 삼은 사람들 중에 있는 다양한 삶 및 삶의 방식을 포용한다는 점이다(14:9). 우리가 받아들일 수 없는 것을 하나님이 그럼에도 불구하고 받아들이신다는 점을 인정하기 어려운 사람들이 있을 수도 있으나, 이것이 바로 바울이 주장한 내용이다.

(5) 그 결과 "우리 각 사람이 자기 일을 하나님께 직고해야 하기" 때문에, 어떤 사람도 자기 양심을 다른 사람에게 강요하려고 해서는 안 된다

(14:10-12).[283] 바울은 고린도전서 8-10장에서처럼 여기서 "양심(syneidēsis)"을 언급하지 않지만,[284] 이미 14:5b과 14:6에서 주어진 충고는 동일한 함의를 띤다. 행동은 반드시 믿음의 표현이어야 하며, 그렇지 않으면 그것은 죄라고 보는 바울의 이어지는 가르침(14:22-23)도 동일한 주장을 한다. 믿음에서 나온 행위와 하나님께 감사하는 표현은 하나님이 받으신다. 또한 그것은 동료 신자들에게도 용납되어야 한다. 비록 자신들의 신앙을 표현하는 방식과 다르다고 할지라도 말이다.

14:4-12에서 "믿음이 연약한 자"를 주로 다룬 후에, 바울은 전통주의적 (유대교) 양심에 제약을 덜 받는 사람들에게 주목한다. 그들은 사랑의 의무 (14:15)라는 특별한 의무를 지고 있으며, 이는 고린도전서 8장의 "모든 것을 아는 자"에게 주어졌고 로마서 14:13에서 요약된 "부딪칠 것이나 거칠 것을 형제 앞에 두지 말라"라는 충고를 다시 떠올리게 한다.

(6) "연약한" 자가 "강한" 자를 "비난"하지 않아야 한다면, "강한" 자도 "연약한" 자를 "멸시하지" 않아야 한다. 오히려 전통에 덜 묶여 있는 사람들은 전통주의자들의 양심을 존중해야 한다. "속되게 여기는 그 사람에게는 속되니라"(14:14b). 바울이 이것을 말하고 있음을 우리는 상기해야 한다. 바울은 "무엇이든지 스스로 속된 것이 없다고 확신한" 사람이다(14:14a).[285] 바울은 자신이 거부한 바로 그 양심을 유지하며 전통주의자들을 변호함으로써 자신이 충고하는 내용을 실천하고 있다.

---

283) 바울이 분명 의도했듯이, 롬 2:6-16의 되울림은 물론 그 서신을 더 자세히 연구하면 인식될 것이다. 바울이 이 구절들을 8:31-34과 함께 수용할 수 있었다는 사실은 바울신학 연구에서 그래왔던 것보다 더 주목을 받아야 한다(New Perspective on Paul [2005], 72-80, [2008], 80-89을 보라)

284) 고전 8:7, 10, 12; 10:25, 27-29.

285) 막 7:15-19에서 상기하고/해석하는 것처럼, 참된 성결에 대한 예수의 가르침의 되울림은 대개 인식됐다(Jesus Remembered, 573-77). 또한 14:13(막 9:42 병행구들)의 서로 판단하지 말라는 권면 그리고 먹고 마시는 것과 관련된 하나님 나라에 대한 14:17의 암시도 인식되었다(Theology of Paul, 191-92). Jewett, Romans, 858, 859-60, 863에 각 경우에 대한 참고문헌이 있다.

(7) 덜 철저한 사람들은 동료 신자들을 그들의 양심/믿음에 맞서 행동하도록 부추김으로써, 그들을 실제로 망하게 할 수도 있다는 사실, 즉 "거리낌을 가지고 먹도록" 부추겨서 그들의 신앙을 파괴할 수 있다는 사실을 인식해야 한다(14:20).[286] 이것이 바울이 "음식으로 말미암아 근심"하는 형제를 언급할 때(14:15) 염두에 둔 내용이다. 즉 타인의 행동에 단지 분개하고 역겨움을 느낄 뿐만 아니라, 그들의 신앙에 반하여 아주 불안하게 하는 행동에 끌려 들어가는 일이다.

(8) 하나님 나라의 우선순위는 먹고 마시는 문제가 아니라 "성령 안에 있는 의와 평강과 희락이다"(14:17). 여기서 주목해야 할 것은, 특별히 예수의 식탁 교제가 지닌 개방성으로 표현된, 예수 자신의 하나님 나라의 삶의 양식에 대한 반향,[287] 그리고 그리스도인의 삶과 공동체에 근본이 되는 성령 체험에까지 거슬러 올라가는 바울의 전형적인 언급이다.[288]

(9) 그리스도인이 다른 그리스도인에 대하여 가진 태도와 행동이 외부 사람들에게 주는 인상을 무시하지 않아야 한다. 이기적이며 타인을 향한 관심이 부족한 태도는 비방을 받게 된다(14:16). 타인을 위한 진정한 관심을 가지고 행하는 것은 대개 타인으로부터 인정받는다(14:18). 고린도전서 8장과 10장에 있는 비슷한 충고에서 그 언급을 덜 강조했다는 사실은, 바울이 상정한 상황이 서로 다르다는 것을 기억하게 한다.[289]

(10) 그러나 고린도전서에서와 같은 우선순위가 여기서도 적용되는데, 그것은 "서로 덕을 세우기(oikodomē)"(14:19; 15:2)다.[290] 그것이 "사랑으로"(kata agapēn) 행하라는 의미로서(14:15), 이는 자신의 특권(이익은 말할 것도 없다)이

---

286) 그 표현은 어쩌면 "상처받고 떳떳하지 못한 양심으로 먹다"를 의미할 테다(비교. 고전 8:7, 10-11): "약한 자"는 단순히 "강한 자"가 먹는 것을 보는 것보다는 오히려 "강한 자"의 예를 실제로 따름으로 실족한다(필자의 Romans, 826).

287) Jesus Remembered, 599-607을 보라.

288) 다시 위 §29.7g를 보라.

289) "완곡한 방식으로 자신의 논증을 형성함으로써 바울은 예민한 유대인-이방인 문제를 로마의 긴장을 악화시키지 않고 다룰 수 있었다"(Walters, Ethnic Issues, 87).

290) 위 §32 nn. 360, 361을 보라.

우선하며 가장 중요하다는 생각을 그치고, 어떻게 타인에게 유익을 끼치고 공동체 전체를 번영하게 할까를 고려하는 것이다.

(11) 그러므로 "강한" 자에게 해당하는 핵심은 그들이 타인을 위해 자신들의 자유를 기꺼이 제한해야 한다는 것이다. "고기도 먹지 아니하고 포도주도 마시지 아니하고 무엇이든지 네 형제로 거리끼게 하는 일을 아니함이 아름다우니라"(14:21). 바울은 15장을 시작하면서 이 점을 역설한다. "믿음이 강한 우리는 마땅히 믿음이 약한 자의 약점을 담당하고 자기를 기쁘게 하지 아니할 것이라. 우리 각 사람이 이웃을 기쁘게 하되 선을 이루고 덕을 세우도록 할지니라"(15:1-2). 이 강력한 권면이 지닌 권위는 이중적인데, 곧 "이웃 사랑"이 우선이라는 예수의 가르침[291]과 "그리스도께서도 자기를 기쁘게 하지 아니"하신 데서 드러난 예수 사역의 특징이다(15:3).[292] 적절하게도 바울이 결론에서 표현한 희망은 로마의 청중이 "조화롭게 살고" "한 마음(homothymadon)과 한 입"으로 "우리 주 예수 그리스도의 아버지 하나님께 영광을 돌리는" 것이다(15:5-6).

g. 결론(롬 15:7-13)

마지막으로 그 서신의 주요한 전체 취지가 로마의 공동주택 교회 가운데 있던 상호관계의 세세한 부분에 매몰되지 않게 하고, 또한 주요 메시지

---

291) 이것이 레 19:18의 "네 이웃을 네 몸같이 사랑하라"(롬 13:9-10과 갈 5:14)라는 두 번의 언급과는 별도로 바울이 "이웃(plēsion)"을 말한 유일한 구절이다. 그래서 레 19:18을 우선시한 예수의 가르침을 바울이 마음에 두었을 개연성이 가장 크다(위 n. 260을 보라).

292) 바울이 인용한 성경 구절("주를 비방하는 비방이 내게 미쳤나이다", 시 69:9)은 다소 뜬금없지만, 바울은 그것을 근본적으로 "타인을 위한" 예수의 고난과 죽음에 연결한다(대부분 그렇게 본다). 바울이 이 구절을 사용했다는 사실은 시 69편이 예수의 십자가 처형에 대해 고찰하고 말하는 데 있어 매우 초기부터 사용되었을 공산을 강화한다(Jesus Remembered, 777). 또한 행 1:20에서 시 69:26을 인용했음을 주목하라. Jewett에 따르면, "이것은 바울 서신에서 예수의 수난에 대해 성경의 전례가 인용된 유일한 예다"(Romans, 879). 물론 3:25과 8:3을 잊지 말아야 한다.

를 강화하기 위해, 바울은 일련의 권면을 깔끔하게 언급한다. 그리스도가 그들을 "환대"하셨듯이, 그들도 "서로 환대"해야 한다(유대인과 이방인, 전통주의자와 비전통주의자)(15:7). 이것이 그리스도의 삶과 사역 전체가 지향하는 목적에 정확하게 일치하기 때문이다. 그리스도는 "할례의 추종자가 되셨다"(15:8). 왜? "하나님의 진리를 위하여", 즉 하나님의 신실하심과 진실하심 그리고 하나님의 목적의 불변함을 위해서다.[293] 바울은 그 목적이 항상 이중성을 띠고 있다고 말할 것이다(15:8-9). 즉 조상들의 약속을 확인하고(바울은 9:4과 11:29의 확언에서 한 발자국도 물러서지 않는다), 따라서 "이방인들이 하나님의 긍휼하심을 찬송"("긍휼", 바울이 9-11장에서 처음부터 끝까지 자신의 희망을 건 바로 그 용어)하게 하려는 것이다.[294] 만일 확인이 필요하다면, 그것을 확인해 주는 언급이 여기에 있다. 곧 바울의 복음과 사도직 및 사역에는 그 목적의 실현이 항상 주요 동기로 자리잡고 있었는데, 그 목적이란 이스라엘의 약속을 성취하고, 이방인들이 하나님의 자비하심을 찬송하는 것이었다. 여기서 자신의 복음 이해와 하나님의 구원하시는 의가 어떻게 충만하게 실현되는가를 가장 신중하게 그리고 완전하게 제시한 이 서신의 절정으로서 바울은 자신의 소망과 기도를 요약한다. 곧 유대인과 이방인이 함께 기쁘게 하나님을 찬송하고(15:9-11),[295] 메시아의 통치가 열방(이방인)을 포용하며 이방인들이 메시아 안에서 희망을 발견한다는 이사야의 이상(사 11:10)이 이제 마침내 실현되리라는 것이다(15:12). 바울은 로마의 회중이 그

---

293) 이 절정 구절에서 하나님의 진리("*meth, alētheia*)라는 사고를 다시 한번 환기한 것을 놓치지 않아야 한다. 위 n. 92, 115을 보라. Haacker, *Römer*, 296; Wright, 'Romans', 747. 여기서도 Jewett는 더 큰 그림(바울 복음의 규정적 진술인 로마서)을 보지 못하는데, 그것은 로마서의 사회 상황과 직접적인 관련성을 "약화"시키기보다 오히려 더 강화한다(*Romans*, 891).

294) *Eleeō*, 9.15, 18; 11.30-32; *eleos*, 9.23; 11.31; 15.9.

295) 롬 15:9 ― 시 18:49 = 삼하 22:50; 15:10 ― 신 32:43; 15:11 ― 시 117:1; 15:12 ― 사 11:10. 추가로 B. Schaller, 'Christus, "der Diener der Beschneidung..., auf ihn werden die Völker hoffen". Zu Schriftzitate in Röm 15,7-13', in D. Sänger and M. Konradt, eds., *Das Gesetz im frühen Judentum und im Neuen Testament*, C. Burchard FS (Göttingen: Vandenhoeck und Ruprecht, 2006), 261-85을 보라.

희망을 충만하게 체험하길 특별히 바랐다(15:13).

h. 회고와 전망 그리고 작별 인사(롬 15:14-16:27)

그런 논문에 그런 결론이 있기에, 이제 필요한 것은 단지 로마 교인들을 향한 자신의 신뢰를 다시 언급하고(15:14) 글을 그렇게 길게 쓴 데 대해 은혜롭게 용서를 구하는 것이다. 바울은 자기 사명에 대한 이해를 분명하게("다소 담대하게") 말하기를 원했다. "하나님께서 그에게 주신 은혜[1:5처럼]", "곧 이방인을 위하여 그리스도 예수의 일꾼이 되어" "성령 안에서 거룩하게 된" 제사장의 제물로 이방인을 드리는 것이다(15:15-16). 바울은 심지어 하나님을 위한 이 일로 "그리스도 예수 안에서 자랑(kauchēsis)할" 준비가 되어 있었다(틀림없이 자신의 눈을 반짝거리면서)(15:17).[296] 그 자랑의 실체가 이방인들을 믿음에 순종하게 하려고 그리스도께서 바울을 통해 성취하신 것이기 때문이다(15:18, 이는 다시 1:6을 되울린다). 이 사역의 분명한 성공("표적과 기사, 성령의 능력")과 에게해 지역 선교의 완성(15:19)이 오랫동안 로마를 방문하려 했던 바울에게 기회를 제공했다(15:22-23). 바울은 예루살렘 성도 중 가난한 자를 위해 자기 교회에서 모은 연보를 전해준 후에 실시하게 될 그의 로마 방문이 그 지역 너머(스페인)로 나아가는 선교의 기착지가 되길 원했다. 바울은 연보가 잘 받아들여지길 소망했으며(그러나 그렇지 않을 수 있음에 대해 염려했다), 이것이 로마의 성도들을 방문하는 데 기쁜 서막이 되길 바랐다.

이제 남은 일은 자신의 사절인 뵈뵈를 추천하고(16:1-2), 자기가 잘 알거나 지인이거나 이름을 아는 사람들에게 안부를 전하고(16:3-16), 마지막 권면(16:17-20)과 고린도에 있는 몇 사람의 인사를 덧붙여(16:21-31) 편지를 맺는 것이었다.

---

296) 바울이 자기 복음에 대해 처음 강해한 곳에서 "자랑"이 중요했음을 상기하라(2:17, 23; 3:27; 4:2; 5:2-3, 11).

i. 여파

바울이 이 글을 완성하고 정서 본으로 보내는 데 얼마나 시간이 걸렸는지 알 수 없다. 어쩌면 바울은 미래에 사용하기 위해 적어도 그 서신의 본문을 필사해두었을 것이다. 어쨌든 바울이 고린도에서 머물렀던 석 달이 거의 다 지나고 나서야 그 서신을 뵈뵈의 손에 맡겨서 보낼 수 있었으리라고 상상할 수 있다.

로마에서 그 서신을 어떻게 받아들였을까? 약 40년 후 (로마의) 클레멘스가 그 서신에 친숙했고 여러 부분에서 그것에 의존했다는 사실 외에는 알 길이 없다.[297] 그리고 서신을 보유했다(다른 문서 형식으로라도)는 함의는, 사람들이 그 서신을 소중히 여기고 많이 연구하고 또한 널리 배포하기 위해 많이 필사했다는 것이다. 그러나 슬프게도 사도행전은 여기서도 실망을 안겨준다. 바울의 로마서로부터 로마의 회중에 대해 알고 있는 내용과 사도행전 28장에서 묘사된 로마의 유대인 공동체 간의 괴리는, 누가의 결함 가운데 가장 실망스럽고 좌절감을 안겨주는 부분 가운데 하나다. 앞으로 살피겠지만(§34.3c), 누가가 바울이 마지막으로 로마에 도착한 이야기를 할 때 그곳에 이미 메시아 예수를 믿는 신자들의 교회들/회중들이 있었다는 데 대해 단지 간단하게 암시하기 때문이다(행 28:14-15). 로마서를 읽고 나면 우리는 로마의 그리스도인들이 들뜬 마음으로 바울을 맞이했을 것으로 예상할 수 있다. 그들은 바울의 말을 듣거나 그와 토론하고 논쟁하길(특히 바울이 그들에게 쓴 내용에 대해서) 간절히 원했을 테다. 그러나 누가는 그런 일에 대해 아무 말이 없다. 분명 그것은 누가의 양식에 맞지도 않았고 관심의 초점도 아니었다. 그러나 안타깝게도 우리는 그 서신이 로마에서 어떻게

---

297) Gregory and Tuckett, *Reception*, 148-51(특히 *1 Clem.* 32.2[롬 9:5], 32:4-33:1[롬 5:21-6:2a], 35:5-6[롬 1:29-32])을 특별히 언급한다. Penna는 베드로전서에 의존하여, 바울의 로마서가 "로마 사람들에게 특정한 면에서는 울림을 남겼지만, 공동체 전체와 그 지도자들은 그 서신[베드로전서]에 있는 중도적 경향의 유대화 전통에 부분적으로 충실했다"고 추정한다(*Paul*, 1.54-56).

받아들여졌고 로마의 신자들이 바울의 조언에 어떻게 행동했는지를 평가할 기회를 잃었다. 몇 년 후에 로마의 모임이 가장 극심한 박해로 고생했을 것이기에, 그에 대한 좌절감은 더욱 커진다(§35.2). 곧 임할 시련의 기간에 그들을 지탱해줄 중대한 요인이 바울의 가르침이었는지를 알기 위해 우리는 무엇이든 주었을 것이다!

그러나 한 부분에 관해서 우리는 잠시 생각해야 한다. 로마의 교회와 회당이 그때 이후로 서로 상당히 분리되었다는 널리 퍼진 가설을 짚고 넘어가야 한다. 사도행전 28장의 함의는 적어도 여전히 건설적인 대화를 하려는 시도가 있었다는 것이다. 그리고 베드로전서가 로마에서 기록되었고 (벧전 5:13) 유대인 기독교 신자들을 위해서만 기록되었을 수도 있다는 사실은 다른 방향을 지시한다.[298] 바울의 로마서는, 그 특징을 고려한다면, 그런 개방성과 심지어 건설적 대화의 자료를 제공했을 수도 있다. 물론 바울 (과 베드로)의 죽음이 갈라디아와 빌립보에서 다루었던 것 같은 문제를 그곳에서도 추구하려고 한 로마의 극보수적인 유대 기독교 신자들에게 어느 정도 책임이 있을 가능성도 고려해야 한다.[299] 어쨌든 서신이 처음에 어떻게 받아들여졌든지 간에, 그 서신은 보존됐고 더 광범위하게 확산되어 그때나 그 이후로 더 폭넓은 청중들에게 귀중한 가르침과 토론 안내서가 되었다. 한 가지를 덧붙인다면, 그것이 역대 기록된 복음과 신학 중에서 어쩌면 가장 중요한 단일 표현으로 여겨지고 그런 지위를 계속해서 차지하고 있다는 사실은 변함이 없다.

---

298) 아래 §37.3을 보라.
299) Brown은 질투와 시기에 대한 클레멘스의 언급이 "그들 동료 그리스도인의 배반을 가리킨다"라고 추론하며(Brown and Meier, *Antioch and Rome*, 124-27), Brown의 분류에서 첫 번째 집단인 "초보수적 유대인 그리스도인들"을 염두에 두었다(§30 n. 123을 보라). 또한 Lampe, *Paul to Valentinus*, 82-84을 보라.

33.4 연보

고린도에서 3개월 동안 바울을 사로잡은 다른 주요한 생각은 분명 연보를 위한 마지막 준비였다. 그 연보는 바울의 선교로 세워진 교회 여기저기서 예루살렘 성도 중 가난한 자를 위해 기부한 것이었다(롬 15:26). 이는 분명 바울에게 상당히 중요한 문제였다. 바울이 세 서신에서 이에 관해 아주 많은 관심을 쏟았다는 사실은 연보를 그의 주요 관심사 가운데 둔다.[300] 그래서 연보는 에베소에 기반을 두고 에게해 지역 선교를 하는 동안 바울의 생각과 계획에서 큰 자리를 차지했다. 더구나 이미 암시했듯이, 연보에 관해 말하면서 "교회 대표들"을 언급한 부분(고전 16:3; 고후 8:23)과 예루살렘 여정에 바울과 동행할 교회 대표들 명단(행 20:4) 사이의 연관성은, 고린도에서 보낸 석 달 중 대부분을 이 대표단을 모으고 그들의 후원을 조직하며, 이스라엘을 향한 항해를 준비하고, 연보의 안전을 위해 조직을 만들고 그것을 조정하는 데 쏟았음을 암시할 따름이다. 그러나 연보의 기원에 대한 논쟁은 아직도 진행 중이며, 또한 그 신학적 근거에 대한 논쟁도 마찬가지다.

a. 연보의 기원

여기서 논제는 갈라디아서 2:10을 연보의 기획과 어떻게 관련짓는가이다. 기억을 떠올리면, 갈라디아서 2:7-9에서 바울은 예루살렘의 지도층과 어렵게 이룬 합의를 언급하는데, 사실상 (i) 이방인 신자들이 할례받을 필요가 없고, (ii) 동일한 지위를 가진 두 선교가 있어야 하며, 둘 다 메시아 예수의 복음의 전파([동료] 유대인을 향한 선교[게바/베드로에 의한]와 비유대인을 향한 선교[바울과 바나바에 의한])로 인식돼야 한다는 취지다.[301] 그러나 2:10에서 바울은 예루살렘의 사도들이 제기한 유일한 조건이 "가난한 자들을 기억

---

300) 고전 16:1-4; 고후 8-9장; 롬 15:25-32.
301) 위 §27.3d를 보라.

해야 한다"라는 것이었으며, "이것은 나도 본래부터 힘써 행했다"라고 말한다.

2:10이 제기한 중요한 질문 중 하나는 이 조건이 2:7-9의 합의에 일종의 단서로 달렸는가 하는 점이다. 그 질문을 더 정확하게 제기할 수 있다. "몇몇 혹은 모든 예루살렘 지도층이 이 합의의 보충서를 언약적 의무에 대한 더 전통적인 유대교의 견해를 보호하는 일종의 양보로 여겼는가?(구제를 언약적 의무의 "의"라는 지극히 중대한 표현으로 여김)[302] 만일 그렇다면 그것은 이어지는 연보에 상당한 중요성을 부여하게 된다. 연보를 모음으로써 바울이 적어도 "언약적 율법주의"의 몇 가지 요소를 유지하려는 예루살렘 지도층의 관심을 인식하거나 심지어 동의하는 방식으로 행동하는 것이 되기 때문이다. 그 요소는 곧 비유대인의 복음 수용이 반드시 구제로 (또한) 증명되어야 한다는 것이다. 그러나 또한 가능성이 있고 바울의 경우에 실제로 개연성이 큰 점은, 바울이 2:10의 조건을 유대교 전통의 중요한 부분으로 이해했고, 그 전통을 자기 선교에서도 계속 중요한 것으로 여겼다는 점이다. 그러나 그런 적극적인 관심이 "율법의 행위"이며 그것 없이는 그리스도를 믿는 믿음이 의로 여겨질 수 없다는 함축은 없다.[303]

갈라디아서 2:10을 연보와 관련짓는 데 중요한 또 다른 논제는 2:10이 사실상 연보의 시작을 표시하느냐다. 다른 말로 하면, 바울은 예루살렘 합의 이후부터 연보를 마음에 두었는가? 그리고 독립 선교사로서 사역을 시작하면서 연보를 실제로 계획하기 시작했는가? 아니면 안디옥 사건이 본래 의도에 어떤 틈이 생기게 했는가?[304] 아니면 갈라디아서에서 조건

---

302) 다시 §27.3d 마지막 부분을 보라.
303) 이것은 분명, 자신이 2:10 뒤에 안디옥 사건(2:11-14)과 그 사건의 중요성(2:15-18)을 서술했다는 사실에서 자기의 청중이 도출하도록 바울이 의도한 함의 중 하나다. 위 §27.4-5을 보라.
304) Thrall, *2 Corinthians*, 504-506은 D. Georgi, *Remembering the Poor: The History of Paul's Collection for Jerusalem* (1965; ET Nashville: Abingdon,1992), 2장에 어느 정도 동의한다. Thrall의 논의(503-20)는 더 최근의 논의를 가장 잘 개괄한다.

(2:10)이 언급됐다는 점은 바울이 이미 연보에 몰두하고 있었음을 암시하는가?[305] 물론 이 마지막 질문은 갈라디아서의 연대와 밀접한 관련이 있다. 그리고 갈라디아서의 연대를 로마서에 가깝게 그리고 에게해 지역 선교의 후기 국면으로 추정하면, 2:10은 그 기간에 기록된 서신(고린도전후서와 로마서)에 표현된 관심들과 밀접한 관계가 있다. 실제로 어떤 이들에게 2:10은 갈라디아서의 연대를 그렇게 추정해야 하는 핵심 표지가 되었다.[306]

필자는 상황을 어느 정도 다르게 본다. 이미 암시한 대로 필자가 볼 때 가장 타당한 갈라디아서의 연대는 에게해 지역 선교 첫 국면에 해당되는 것으로, 바울이 고린도에 기반을 둔 때다.[307] 바울이 이미 연보를 적극적으로 주관하고 있었다면, 분명 그는 그 서신에서 연보를 더 자주 언급하며 갈라디아인들에게 후원을 요청했을 것이다(바울이 고린도 서신에서 했듯이).[308] 고린도전서 16:1("내가 갈라디아 교회들에게 명한 것")과 연관된 내용이 갈라디아서에는 없다.[309] 데살로니가 서신에도 바울이 연보를 위해 모금 활동을 하고 있었다는 암시가 전혀 없다. 예루살렘 합의와 갈라디아서를 기록하는 시점에서, 바울은 단순히 갈라디아서 2:10에서 가난한 자를 위한 전통적인 유대교적 관심들을 예수 믿는 자로서 유지하려는 자신의 오래되고 일관된 열망을 확인했을 개연성이 가장 크다.[310] 그런 관심은 연보라는 발상과 상

---

305) Knox, *Chapters*, 37-40; Lüdemann, *Paul*, 80, 107-108; Lohse, *Paulus*, 89.
306) 위 §28 n. 49을 보라. "바울이 예루살렘을 떠나 북지중해 전역에서 두 번째 선교 여행을 시작하자마자, 그는 예루살렘 공동체의 빈곤을 줄이기 위한 모금 운동을 시작했다"(S. McKnight, 'Collection for the Saints', *DPL*, 143-47[여기서는 143]).
307) 위 §31.7a를 보라.
308) Becker는 갈라디아 사람들이 "유대화하는 자들"이 들어오기 전에, 자신들의 연보를 모아 따로 예루살렘으로 가져갔다"라고 타당하지 않은 제안을 한다(*Paul*, 24-25).
309) 추가로 A. J. M. Wedderburn, 'Paul's Collection: Chronology and History', *NTS* 48 (2002), 95-110(여기서는 96-101)을 보라.
310) "'가난한 자를 기억하라'라는 말은 연보를 가리키는 것이 아니라, 가난한 자를 위한 역사가 있으며 특유한 유대인의 관심이자 기독교회에서 지속된 관심이 존재한다는 점을 다시 언급한 것이다. '가난한 자를 기억하라'는 권고는 예루살렘의 지도자들 역시 그리스-로마 세계에 만연한 경향이 가난한 자들을 잊어버리고 그들을 기억하지 않는 것임을 알고 있었음을 나타낸다. 가난한 자를 위한 지원이 경건한 삶의 핵심이기 때문에, 그리고 어쩌

관없이 그리고 그 이전부터 교회 설립자로서 바울이 활동하던 기간 내내 품었던 관심사다.[311]

사도행전 18:22-23에 암시된 바울이 시도한 화해가 실패한 후,[312] 연보는 이 관심사를 구체화한 것이고, 바울은 연보를 안디옥 사건 때문에 악화된 예루살렘(과 안디옥)과의 단절을 치유하는 방법으로 여겼다. 그렇다면 고린도전서 16:1의 함의는 갈라디아를 통과하는 세 번째 여행에서(행 18:23) 바울이 연보에 관해 갈라디아 교회에 지시했다는 것이다. 그리고 에베소에 정착한 후 바울은 고린도전서 16:1-3에서 다시 지시했다.[313] 바울은 고린도전서 16:1에서 연보를 이미 알려진 것처럼 언급한다. 그래서 우리는 바울이 모 교회와의 화해를 위한 자신의 새로운 생각을 자신이 상대하는 모든 교회에 말했다고 충분히 예상할 수 있다. 개인으로나 사절 혹은 서신을 통해서 말이다. 고린도후서 8-9장의 증거와 더불어, 이것은 연보가 에게해 지역 선교의 두 번째 국면 동안 바울이 몰두했던 중요한 일이었음을 확인해주며, 어쩌면 두 번째 국면에서만 연보가 중요한 문제였음을 암시할 것이다.

b. 연보의 독특함

데보라 왓슨(Deborah Watson)의 논문은 가난한 자들을 구호하는 데 있어 그

면 이방인 그리스도인들이 할례를 면제받았기에, 예루살렘의 지도자들은 이 관습의 타협할 수 없는 본질을 강조하고 있다"(D. Watson, *Paul's Collection in Light of Motivations and Mechanisms for Aid to the Poor in the First Century World* [Durham PhD, 2006], 7장).

311) Georgi가 제시했듯이(*Remembering*, 45-46), 바울이 안디옥에서 믿음의 저버림이라고(갈 2:11-14) 여긴 내용에서 "가난한 자를 기억하라"라는 바울의 열의가 약화되었다고 추론할 필요는 없다(갈 2:11-14). 그러나 필자는 연보를 준비하는 일이 갈라디아서 바로 다음에 시작되었다는 Georgi에 동의한다(49-50).

312) 위 §32.1d를 보라.

313) 비슷하게 Riesner, *Paul's Early Period*, 297.

리스-로마와 유대 사회의 현저한 차이를 기록한다.[314] 전자에서 개인 간의 기부는 대부분 다른 시민에게 제한되었다(후견인-피후견인 구조).[315] 유사하게 공공 자선은 시민을 향했고 항상 명예와 관련하여 적당한 보상을 기대했다.[316] 극빈층의 어려움은 염두에 없었다. 적어도 로마와 다수의 대도시에서는 매월 배급되는 곡식도 그 대상이 시민으로 제한되었고 가난한 시민 모두에게는 종종 부족했을 것이다. 역시 외국인들은 공급받지 못했다. 그리고 기근 동안에 보급된 곡식은 계급이 낮은 대부분의 사람에겐 미치지 못했다.

유대인의 전통적인 구호는 현저히 달랐고 가난한 자와 거주하는 외국인들도 분명히 포함했다.[317] 가난한 자에 대한 불의를 향한 예언자의 비난은 유대인 공동체 윤리의 특징이다.[318] 왓슨은 "가난한 자를 돌보고 그들을 위해 기부하는 일이 유대인 일상의 주요 요소를 구성했다"고 타당하게 결론을 내렸다.[319]

그러나 두 경우에서 바울이 예상한 연보의 국제적 성격이 두드러진다. 변변치 않았지만, 그리스-로마 세계에서 자선 식량은 자기 백성들을 위해 지방 통치자들이 취한 조치에 의존했다. 그리고 유대인의 구호도 성격상 그 특징이 지역적이었다. 실제로 다른 많은 나라에서 예루살렘으로 상당한 액수의 운송을 요했던 성전세는 성전 경상비와 공동체의 제사가 목적이었다.[320] 요세푸스는 더욱 국제적인 성격의 사례 하나를 기록했다. 그것은 46년에서 47년에 예루살렘을 방문한 아디아베네(Adiabene)의 헬레나 여

---

314) *Paul's Collection*, 2-4장.

315) 위 §29 n. 126을 보라.

316) "명예 사랑(*philotimia*)"이 적당한 용어였다(LSJ, 1941).

317) 예. 출 23:10-11; 레 19:9-10; 23:22; 신 14:28-29; 24:19-22.

318) 특히 사 58:6-7, 9-10; 암 2:6-8; 5:11-12; 8:4-6; 유대교 영성에서 구제의 중대한 특성에 관해서는 §27 nn. 187, 188을 보라.

319) Watson, *Paul's Collection*, 3장, 'Motivations and Mechanisms for Aid to the Poor: Jewish'의 결론이다.

320) Sanders, *Judaism*, 156.

왕이 그 도시가 기근으로 고생하는 것을 보고 궁핍한 자들을 위해 알렉산드리아와 구브로에서 구호물자를 확보하려고 즉각 조치했을 때였다. 그녀의 아들 이자테스가 기근에 대해 들었을 때, "상당한 양의 금전을 예루살렘의 지도자들에게 보냈고" 많은 이를 극심한 기근으로부터 구했다(Ant. 20.51-53). 그러나 에게해 연안에 위치한 적어도 다른 세 지역의 교회에서 연보를 모아 상당히 떨어진 나라를 빈곤으로부터 구제하려는 바울의 이상은 매우 이례적으로 보인다. 이는 나라의 궁핍한 주민들을 보호한다는 유대적 전통의 확장으로서, 바울이 흩어져 있는 회중들을 단일 공동체의 일부로 여겼음을 말해주는데, 그 공동체는 하나님의 백성인 이스라엘과 직접적인 연속성이 있고, 그 결과 서로의 안녕을 위한 사랑의 책임(실제적 관심)이 있다.

c. 연보의 실질적 측면

연보를 준비하는 일과 연보의 안전을 보증하는 것, 또한 연보에 동참한 교회들을 예루살렘에서 대표할 사람들을 모집하는 일에 많은 생각과 시간을 할애했다는 몇 가지 신호는 언급할 필요가 있다. 그렇다 할지라도, 기억하겠지만, 바울이 이런 영역에서 활동했다는 사실은 바울 자신의 몫을 챙겼다는 의심을 불러일으켰을 수도 있다.[321]

(i) **고린도전서 16:1-4** – 갈라디아 교회들에게 주었던 지침과 같은 고린도 교회에 주어진 지침들(16:1).

■ 각 사람은 매주 첫날에 일정 금액(수입에 따라)을 따로 떼어두어서 바울이 도착했을 때 연보가 이미 모여 있도록 해야 했다(16:2). 개인들이 자신들의 기부금을 집에 모아둘 것으로 예상했었는지 혹은 교회

---

321) 고후 7:2, 12; 8:20-21; 12:18; 13:1의 가능한 함의에 대해서는 위 §32.6, 특별히 n. 399을 보라.

에서 중앙기금으로 보관할 것으로 예상했었는지는 여기서 명확하지 않다. 둘 다 위험이 있었다. 몇몇 공동주택의 고층 가까이에 사는 개인들에겐 안전한 장소가 거의 없었을 것이다. 또한 가이오나 에라스도가 보관한다 할지라도, 모아둔 기금의 양이 늘어날수록 좋지 않은 관심을 끌었을 것이다. 그러나 어쩌면 함의된 내용은 매주 모은 돈을 바울이 도착했을 때만 중앙기금으로 적립해야 한다는 것일 테다.[322]

- 그다음에 바울은 예루살렘을 위한 선물과 동행하도록 고린도 교회가 택한 대표자들에게 소개 편지를 주었거나, 아니면 자신도 직접 갔을 것이다(16:3-4).

그 구절은 계획의 초기 단계를 암시한다.

- 그 주제에 대해서는 이미 언급했다. 16:1은 바울이 고린도 사람들에게 친숙하지 않은 새로운 주제를 도입하고 있지 않음을 나타낸다.
- 몇 주(오랜 기간?)에 걸쳐 연보를 모으라는 지침(16:2)은 연보가 준비되기까지 상당히 긴 시간이 걸릴 것으로 예상했음을 암시한다.
- 바울은 고린도 교회가 지명한 사절들이 연보를 가지고 갈 가능성을 예상한 듯하다. 다른 어떤 교회나 사절들도 언급되지 않았다. 물론 이미 바울은 자신이 설립한 많은/대부분의 교회가 기여한 연보를 생각하고 있었겠지만 말이다. 더욱 중요한 점은 바울 자신이 연보를 가지고 예루살렘에 가야 하는지 여전히 정하지 못했다는 것이다. 어쩌면 사도행전 18:22-23에서 예루살렘으로 가지 못한 일이 여전히 너무나 쓰라렸을 것이다. 어쩌면 바울은 다양한 교회의 대표들이 가지고 갈 일련의 선물을 생각하고 있었을 뿐, 아직은 하나

---

322) Georgi, *Remembering*, 54. 월 기부로 제한하는 협회와의 대조를(§30 n. 62) 여기서 과장하지 않아야 한다. 또한 Fee, *1 Corinthians*, 813-14; Schrage, *1 Korinther*, 4.428-29을 보라.

의 큰 연보를 생각하고 있지 않았을 것이다.

(ii) **고린도후서 8-9장** – 연보와 관련된 일로 바울과 고린도 사이를 디도가 왕래했다고 이미 언급했다.[323] 여기서는 다른 관련자들을 언급하겠다.

- "교회 가운데 유명하고" 이 일에 바울과 동행하도록 교회가 공식 지명한(*cheirotonētheis*)[324] 의문의 형제(8:18-19).
- 디도와 동행하도록 바울이 보낸 (역시 이름이 밝혀지지 않은) 형제 (8:22).[325]
- 교회의 형제들(복수), 즉 사절들(*apostoloi*)(8:23).[326] 이들은 방금 언급된 이름이 밝혀지지 않는 두 형제일 것이다.
- 특별히 연보가 잘 준비되었는지 확인하기 위해서 바울이 보낸 형제들(9:3-5). 짐작하건대 8:18-22에서 언급된 형제들.[327]

여기서 속도가 빨라졌다는 느낌은 분명하다. 마게도냐에서 글을 쓰며 바울은 그곳 교회들이 연보를 이미 (거의) 마무리했다고 확인해준다. 아가야

---

323) §32.3b를 보라.

324) "*Cheirotonein*은 전문 용어이고 총회에서 거수로 사절을 뽑는 과정을 묘사한다"(Betz, *2 Corinthians 8 and 9*, 74과 n. 287).

325) 두 "형제"의 정체와 바울이 그들의 이름을 밝히지 않은 그럴듯한 이유로는 Betz, *2 Corinthians 8 and 9*, 72-74; Thrall, *2 Corinthians*, 557-62을 보라.

326) 이 용법("사도들" = 대표단들, 특사들)은 고린도 사람들의 용어를 반영한 것일 수도 있다. "사도들"은 바울이 조심스럽게 보호한 용어이기 때문이다. 비록 바울이 여기서 상당히 적극적으로 그 용어를 취했지만 말이다("그리스도의 영광인 교회의 *apostoloi*"). J. C. Hurd, 'Reflections concerning Paul's "Opponents" in Galatia', in Porter, ed., *Paul and His Opponents*, 129-48은 두 "형제"가, 바울이 부재할 때 연보를 관리하도록 예루살렘에서 지명하여 보낸 사람들이며, 그들의 가르침으로 갈라디아에서 마음의 고통과 분노를 유발한 사람들이라고 믿기 어려운 논증을 한다(145).

327) 디도의 동반자들("형제들")에 대한 이 혼란스러운 반복 때문에, 고후 8장과 9장이 원래 같은 내용을 담은 각기 다른 초안이라는 제안도 있었다(§32.7a를 보라).

(고린도 제외)는 온전히 준비되었고, 1년 동안 준비되어 있었다(9:2).[328] 그 일은 오랫동안 해온 일이었다. 그래서 바울은 화해한 고린도 교회가 자신(과 마게도냐 대표들)이 고린도 교회에 도착할 때까지 기부금 모금을 미리 잘 진행하여 그 사업에(그리고 바울에게) 자신들이 얼마나 헌신했는지를 보여주길 간절히 바랐다(9:13).

(iii) **로마서 15:25-28, 31** – 다소 놀랍게도, 연보를 받을 수령자가 처음으로 구체적으로 언급되었다. 비록 바울이 예루살렘 성도들을 마음에 두었다고 명백하게 암시하지만(고전 16:3), 이전의 언급은 단순히 "성도를 위한 연보"라고만 말한다(16:1). 고린도후서 8:4과 9:12도 단순히 "성도 섬기는 일"을 언급하지만, 연보가 빈곤 즉 "성도의 부족한 것(hysterēmata)"(9:12)을 보충하기(8:9, 13-15) 위한 것임을 명백하게 시사한다. 그러나 이제 바울은 상당히 구체적으로 말한다. 연보는 "예루살렘 성도 중 가난한 자들"을 위한 것이다(롬 15:26).[329] 이것이 긴급 상태(특별히 공동체의 더 가난한 구성원들에게 영향을 끼친 주기적 기근)였는지는 불명확하다. 또는 바울이 예루살렘 교회의 상황을 예루살렘 고유의 문제로 보았는가? 공동기금이 누가가 묘사한 방식대로 여전히 운용되었다면(행 2:44-45; 4:32-37), 유대의 더 많은 가난한 사람들이 메시아 예수에 대한 신앙으로 개종함으로써 예루살렘의 공동기금에 부담을 주었을 것이다.[330] 어느 쪽이든, 예루살렘의 상황을 바울이 알고 있었다는 사실은 그가 그곳의 상황에 대해 꾸준히 통지받았음을 시사한다. 그리고 어느 쪽이든 그 구절은 바울이 로마서를 쓸 때 연보가 거의 모였고, 연보를 개인적으로 전해주려고 예루살렘으로 출발하려 했음을 암시한다(15:28). "예루살렘에 대하여 내가 섬기는 일을 성도들이 받아주도록 (euprosdektos)"(15:31) 로마 사람들이 기도해달라는 바울의 요청에 들어 있는

---

328) 추가로 Betz, *2 Corinthians 8 and 9*, 92-93을 보라.
329) 예루살렘의 신자들이 자신들을 "가난한 자"로 묘사했다는 이전의 견해는 이제 대체로 무시된다. 예. 필자의 *Romans*, 875-76; Fitzmyer, *Romans*, 722을 보라.
330) 위 §23.1d를 보라.

함의는 더 충격을 준다.[331] 분명 바울은 예루살렘 성도들이 연보를 "받을 만한 것"으로 여기지 않을 가능성을 어느 정도 예상했다.

(iv) **사도행전 20:4** – 이미 언급한 대로(§33.1), 여기서 언급된 이름들은 연보를 가지고 가도록 교회들이 임명한 대표들과 가장 분명하게 연관이 있다(고후 8:23). 다른 대표들은 에게해 북쪽 해안을 따라간 바울의 마지막 여정 가운데 빌립보와 드로아 혹은 특별히 밀레도로부터 합류했을 가능성이 있다.[332] 대규모 대표단은 숙식과 여행 경비가 많이 들었을 것이기 때문에, 그만큼 사람들이 모인 데는 이유가 있었을 것이다.[333]

연보의 총액이 어느 정도였는지를 알 방법은 없다. 신자들이 모은 연보이지만, 그들의 절대 다수는 매우 가난했기에(고전 1:26; 고후 8:2), 기부한 교회의 더 부유한 소수의 구성원들이 상당히 기부했을 것이다. 총액은 틀림없이 상당했을 것이다. 그렇지 않았다면 연보 자체에 포함되는 적지 않은 액수를 대규모 대표단의 숙식과 여행 경비로 다 소모했을 것이다. 어찌 되었든 연보는 부피가 크거나 무거웠을 것이며(휴대할 수 있는 금으로 교환했을 테다), 대표단은 연보를 반드시 안전하게 전달해야 했다. 그러한 상황에서 여행의 주요 경로가 해로로 구성된 것은 이해할 만하다.[334]

---

331) 바울은 이 상황에서 *euprosdektos*를 두 번 사용한다(15:16, 31). Hogeterp는 이방인의 헌물을 수용할 수 있느냐는 문제가 제2성전기 유대교 내에서 논란이 되었다고 언급한다(*Paul and God's Temple*, 287-88). 추가로 Jewett, *Romans*, 936-37을 보라.

332) 예를 들어 K. F. Nickle, *The Collection: A Study in Paul's Strategy* (London: SCM, 1966), 69이 제시하는 것처럼 말이다. 그러나 두로와 톨레마이 및 가이사랴의 대표단은 합류하지 않았을 것이다. 그들은 바울 선교의 대표단으로 거의 여겨질 수 없었기 때문이다. Wedderburn은 아시아 대표단에겐 서쪽으로 고린도까지 여행한 후 다시 동쪽으로 예루살렘까지 여행한다는 것이 이해되지 않았을 것이라고 지적한다('Paul's Collection', 105-107). 바울은 로마 사람들도 함께가길 원했을 수도 있지만(Nickle, 69-70; 롬 12:13과 고후 8:4을 비교하라), 시기가 사실상 그것을 배제한다. 로마서는 연보를 준비하거나, 대표단을 지명하여 고린도로 보내어 그 일행에 합류하도록 요청할 만큼 넉넉하게 이른 시기에 전달될 수가 없었다. 그랬다면 바울은 그 문제에 대해 훨씬 더 분명하게 말했을 것이다. 어쨌든 로마 교회는 바울의 교회 중 하나가 아니었다.

333) Thrall, *2 Corinthians*, 512-13.

334) 추가로 Murphy-O'Connor, *Paul*, 345-46을 보라.

d. 연보에 관한 용어

고린도후서 8-9장에서 바울이 사용하고 역설한 언어(그 언어 대부분이 이 두 장에서 독특하다)는 바울이 이 문제에 대해 얼마나 마음을 썼는지를 보여 준다.[335] 더구나 그것은 바울 신학이 실제로 적용된 사례에 대한 그리고, 실제로 많은 사람에게 놀랍게도, 그런 적용이 인간의 의로운 행위가 하나님의 백성에게 기대된 일이라는 유대교의 논리와 어느 정도 유사한지에 대한 가장 명백한 증거를 제공한다.[336]

(i) *charis* - 8:1, 4, 6, 7, 9, 16, 19; 9:8, 14, 15(또한 고전 16:3); *eucharistia* - 9:11, 12. *Charis*는 "은혜"라는 기본 의미를 가진, 바울 복음의 핵심 언어 중 하나다.[337] 그러나 이 장들에서 사용된 그 언어는 그 안에 작은 신학을 포용한다. 즉 "하나님의 은혜"가 마게도냐 교회들 중에/에게 "부여된" 것이라는 신학이다(8:1; 9:8, 14).[338] 연보 그 자체가 *charis*, 즉 "관대한 약속, 선물"(8:4, 6-7, 19; 또한 고전 16:3)이다. 연보의 동기는 그리스도의 "관대한 행동"(8:9)이다. 감사라는 의미를 지닌 *charis*(8:16; 9:15)와 *eucharistia*(9:11, 12)는 그런 관대함에 대한 적절한 반응이다.

(ii) *eulogia* - 9:5, 6. 연보를 *eulogia*라고 부름으로써 비슷한 주장이 제기된다. *Eulogia*는 대개 호의를 말로 표시하는 행동을 의미한다("찬사", 그래서 "칭찬"이나 "축복"). 여기서 그 단어는 "선한 행동"의 의미를 역설하는 것으로 보이며, 그래서 "관대한 선물"이다.[339] 행동이 반드시 따라야 하며 그렇

---

335) 고전 16:1에서 사용된 용어 *logeia*는 단순히 "연보"를 의미한다(Georgi, *Remembering*, 53; 추가로 Thiselton, *1 Corinthians*, 1318; Arzt-Grabner et al., *1 Korinther*, 507을 보라).

336) 비교. Harris, *2 Corinthians*, 554-55의 목록.

337) *Theology of Paul*, 319-23을 보라.

338) Georgi는 *charis*의 단수 사용을 언급한다. "비록 타당한 그리스어 용법이 복수를 제시했을 (실제로 필요했을) 테지만 말이다. 그러나 보이는 그 결과가 아무리 다양하더라도, 바울에게는 오직 한 하나님의 은혜가 있을 뿐이다"(*Remembering*, 97). 또한 Beckheuer, *Paulus und Jerusalem*, 126-33을 보라.

339) BDAG, 409; 또한 Beckheuer, *Paulus und Jerusalem*, 153-74을 보라.

지 않으면 빈말일 것이다.

(iii) *perisseuō/perisseuma* - 8:2, 7, 14; 9:8, 12. 그 장들은 연보할 때 요청되고 연보로 표현되는 관대함의 특성을 과장되게 나타내는, 넘쳐흐르는 풍성함(*perisseuō/perisseuma*)이라는 이미지로 "풍성하다"(8:7, 14).[340] 주는 자의 "극도의 빈곤" 때문에 놀랍다(8:2). 그러나 이는 다시 예수의 관대함(8:9)과 너무나 많이 받은 사람들의 적절한 반응(9:8, 12)을 반영한다.[341] 다른 용어들은 모두, 바울이 고린도 사람들을 장려하고 연보에 참여하도록 그들을 고무하는 따스한 반응을 암시한다: 바울 신학과 권면의 핵심 단어인 "사랑", *agapē*(8:7, 8, 24);[342] 로마서 12:8에서처럼, "간절함", *spoudē*(8:7, 8, 16, 17, 22); "원함", *prothymia*(8:11, 12, 19; 9:2, 바울 서신에서 여기에서만 등장);[343] "열심", *zēlos*(9:2). 고린도후서 8-9장에 이 용어들이 집중되어 있다는 점은 재차 언급할 필요가 있다.

(iv) *haplotēs* - 이 단어의 의미에 대해서는 논란이 있다. 즉 "단순함, 진정성"이라는 기본 의미를 이곳에서 견지할 수 있는지, 따라서 "남김없이, '조건 없이', '숨겨진 의도 없이' 자신을 내어주는 진실한 관심, 단순한 선함"(롬 12:8에서처럼)이라는 뜻인지 말이다.[344] 아니면 바울은 *charis, eulogia, koinōnia, hypostasis*에 했던 것처럼, 여기서 그 용어에 새로운 의미를 씌운다(따라서 "관대함, 후함", NRSV). 그러나 어느 경우든, 여기서 나열한 몇몇 단어와 마찬가지로, 그 용어의 반복사용(다른 곳에선 거의 하지 않는다)은 바울이

---

340) 연보를 *hadrotēs*("풍부한, 이 풍성한 선물")로 부르고(8:20), 그것을 타인의 필요를 "채우고, 공급함"(*prosanaplēroō*)으로 묘사함으로(9:12)써 비슷한 주장이 제기된다.

341) 또한 언급해야 할 것은 바울이 9:8에서 견유 학파와 스토아주의가 선호하는 덕목("자기 충족", 즉 타인으로부터의 지원이 필요 없는)(비교. BDAG, 152)인 *autarkeia*를 사용한 방법이다. 바울은 부족한 자원을 나눔으로써 가능하게 되는 "충분함"을 의미하려고 그 용어를 사용한다.

342) 예. 필자의 *Theology of Paul*, 656-61을 보라.

343) Georgi는 특별히 대상 29장을 언급하는데, 그 장에서 동사 *prothymeisthai*는 7번 사용되었다(*Remembering*, 108-109). Betz는 *prothymia*가 명확하게 기독교 용어가 아니라고 말한다(*2 Corinthians 8 and 9*, 65).

344) BDAG, 104; Thrall, *2 Corinthians*, 523-24, 591.

그들에게 심어주고자 한 태도를 명백하게 드러낸다.

　(v) *authairetos* - 8:3, 17. 신약에서 이곳에서만 등장하는 *authairetos*는 디도처럼 고린도 사람들도 연보에 "자기 선택, 자의"로 참여해야 한다는 바울의 희망을 암시한다.[345] 이는 단순히 바울의 호소에 대한 반응이 아닌, 그들의 믿음과 그들이 체험한 은혜의 "자연스러운" 표현이다.[346]

　(vi) *diakonia*/*diakoneō* - 8:4, 19, 20; 9:1, 12, 13(또한 롬 15:25, 31). *Diakonia*는 "섬김, 사역"을 뜻하는 단골 용어다. 다시 타인을 위한 그런 섬김(연보와 같은)은 그리스도인이 서로에게 가진 관심의 열매라고 당연하게 여겼다(롬 12:7, 고전 12:7, 16:15처럼). 즉 그들이 연보에 참여하는 자발성으로 이 섬김/사역을 "시험, 인정"(*dokimē*, 9:13)[347]한다는 바울의 언급도 주목해야 한다. 궁핍한 동료 신자들을 위한 관심을 말로만 표현하는 것은 결코 충분하지 않다.[348]

　(vii) *leitourgia* - 9:12. *Leitourgia*엔 "섬김"이라는 의미도 있기 때문에, 이는 바울이 사용한 용어들 가운데 가장 흥미로운 용어 중 하나다. 그러나 이 단어는 고대 그리스어 용법에서는 아덴이나 다른 지역에서 "공공 업무"를 뜻하는 표준 언어였고, 공공 업무는 "흔히 국가나 공적인 제의에서 한 개인이 수행하는 사역을 지칭"한다.[349] 이 공적인 사역이 부자들의 비용으로 이루어지기를 기대했다는 점은 흥미롭다. 그것은 그들의 경쟁심이 공적인 방향으로 표출되도록 했다. 함축상 바울은 하나님의 은혜로 상당히

---

345) 그것은 "자신의 비용으로 의무를 수행하다"라는 의미가 있을 수 있다(LSJ, 275).
346) 또 다른 특이한 용법은 *hypostasis*(9:4)이지만, 최근에 "계획, 기획, 수행"의 의미가 강한 지지를 얻었다(BDAG, 1040-41; Furnish, *2 Corinthians*, 427-28; Thrall, *2 Corinthians*, 568-70; 이들 모두 H. Koester, *TDNT*, 8.572-89에 의존했음을 인정한다).
347) 8:8에서도 비슷하다. "너희의 사랑의 진실함을 증명하고자(*dokimazōn*) 함이로라." 여기에 바울과 고린도 교회의 이전 관계를 망친 의심에 대한 함축이 있다. 그리고 또한 8:2(환난의 "많은 시련")을 주목하라.
348) *Endeixis*, "전시, 증거"(8:24)는 비슷한 주장을 한다: 연보는 그들의 사랑의 실체를 보여줄 것이다.
349) BDAG, 591; *OCD*[3] 875.

부유하게 된 사람들이 더 가난한 자기 동료 신자들을 위해 동일한 공적 기부금을 내는 의무를 비교한다.

(viii) *koinōnia* - 8:4; 9:13. "나눔, 참여"라는 의미에서 *koinōnia*는 바울에게 중요한 용어다.[350] 여기서 바울은 "이 성도 섬기는 일에 활발한 참여", 즉 연보라는 능동 유형으로 그 용어를 밀고 나간다(8:4). 동료 신자의 빈곤을 나누는 *koinōnia*(도움으로 빈곤을 완화하는)는 그리스도 안(고전 10:16)과 그리스도의 영 안(빌 2:1)에 있음의 표현이고, 이는 기대되는 것이다. "교제"는 단지 소극적일 수만 없으며, 반드시 적극적이기도 해야 한다.[351]

(ix) *kalos* - 8:21; *agathon ergon* - 9:8; *dikaiosynē* - 9:9; *hypotagē* - 9:13. 이 남아 있는 용어들 역시 대단히 흥미롭다. 그 표현들은 바울이 자신의 개종자들에게 "선한 일"(*kala*)을 행하라고 요구하고, 하나님이 "모든 선한 일(*ergon agathon*)에 넉넉하기를" 원하신다는 것을 그들이 인식하도록 격려하기에 주저하지 않았음을 상기시켜주기 때문이다. "그리스도의 복음을 진실히 믿고 복종하는 것(*hypotagē*)"은 타당하지만, 예루살렘의 모임에서 요구한 "복종"은 타당하지 않다(갈 2:5).[352] 가장 현저한 점은 바울이 복음을 정의하는 데 핵심인 용어가 반복 사용되었으나, 그것이 예루살렘과 안디옥의 전통주의자들이 인정할 법한 방식으로 사용되었다는 점이다. 로마서에서 (하나님의) "의"라는 의미로 바울의 복음 강해에 사용된 아주 중심적인 용

---

350) *Theology of Paul*, 561-62, 616-17, 709을 보라. *Koinōnia*는 신약에서 두드러진 바울의 용어다. 신약에서 19번 등장하는데 13번이 저자 논란이 없는 바울 서신들에서 나온다(롬 15:26; 고전 1:9; 10:16[두 번]; 고후 6:14; 8:4; 9:13; 13:13; 갈 2:9; 빌 1:5; 2:1; 3:10; 몬 6).

351) J. Hainz, 'KOINŌNIA bei Paulus', in L. Bormann et al., eds., *Religious Propaganda and Missionary Competition in the New Testament World*, D. Georgi FS (NovTSupp 74; Leiden: Brill, 1994), 375-91(여기서는 378-80). *Isotēs*(8:13, 14)는 보완적인 요점을 제시하는데, 부유한 사람들이 다른 궁핍한 사람들을 도와주면서 신자들 간 분배가 "평등, 공정성"을 띠도록 고무한다. 추가로 Georgi, *Remembering*, 84-89; Betz, *2 Corinthians 8 and 9*, 67-68; Thrall, *2 Corinthians*, 539-40; Joubert, *Paul as Benefactor*, 140-44을 보라.

352) 그 구를 어떤 문서에 대한 언급으로 과장 해석하는 Betz(*2 Corinthians 8 and 9*, 122-25)와 비교하라. 그러나 Georgi가 언급한 것처럼, "이 구절에서 *hypotagē tēs homologias*는 나중에 로마서에서 *hypakoē tēs pisteōs*가 된다(롬 1:5)"(Georgi, *Remembering*, 105). 롬 6:17("교훈의 본을 마음으로 순종하여")과 비교해볼 수도 있다.

어 *dikaiosynē*는[353] 여기서는 타인을 향한 사회적 책임과 관련한 법의 요구를 충족하는 "의로운 행동"이라는 의미로 사용된다.[354] 그 용법은 이 마지막 문단의 전반부에서 바울이 반영했거나 인용한 (유대) 성경 본문들에서 곧바로 등장한다.

- 9:6, "적게 심는 자는 적게 거두고 많이 심는 자는 많이 거둔다." 비교. 잠언 11:24.
- 9:7a, "각각 그 마음에 정한 대로 할 것이요 인색함으로나 억지로 하지 말지니." 비교. 신명기 15:10.
- 9:7b, "하나님은 즐겨내는 자를 사랑하시느니라" = LXX 잠언 22:8a.
- 9:9, "그가 흩어 가난한 자들에게 주었으니 그의 의가 영원토록 있느니라" = LXX 시편 112:9("의로운 자"를 말함).
- 9:10a, "심는 자에게 씨와 먹을 양식을 주시는 이" = 이사야 55:10.
- 9:10b, "너희 의의 열매." 비교. LXX 호세아 10:12.

바울은 연보에 참여하라는 고린도 교회를 향한 자신의 호소를, 이스라엘의 언약적 지위에 뒤따르는 책임, 즉 공동체에서 적게 가진 사람들과 언약의 복(곡식과 열매의 부유함)을 공유해야 하는 책임으로서의 "의"라는 유대교적 이해에 명백하게 뿌리를 두었다. 이 온전히 유대교적인 관심이 바울에게 주요 동기였던 내용(그리스도 안에서 하나님의 은혜는 은혜로운 행동을 야기한다)을 보완한다는 사실은 무시되지 않아야 한다.[355] 또한 바울이 바로 이

---

353) 위 §33.3a를 보라.
354) 바울이 이 핵심 용어를 그런 방식으로 사용했다는 데 주석가들이 느낀 어색함은 Georgi, *Remembering*, 99-101; Furnish, *2 Corinthians*, 448-49; Thrall, *2 Corinthians*, 580-83이 잘 보여준다.
355) Betz는 바울의 사고가 여기서 폭넓게 퍼진 잠언보다는 오히려 70인역의 구절들로 형성되었을 공산을 무시하나(*2 Corinthians 8 and 9*, 103-15), 인용(기억한 내용에서)과 암시의 대부분이 그 문제에 의심을 남기기엔 너무 집중되어 있고 너무 명확하다. 위 n. 354에서 관찰한 불편함을 드러내는 것은 그의 언급이다. "바울이 유대 저자들에게서 발견되는 내용과

유대교적인 사회윤리에 의존했고, 그것이 갈라디아에서 이미 전개되었으며 곧 로마서에서 충분하게 강해될 "의" 신학과 온전히 같은 종류로 여겨졌다는 사실은 약화되어서는 안 된다.

e. 연보의 신학

바울은 연보로 무엇을 의도했는가? 방금 개괄한 용어가 답의 큰 부분을 이미 제공했다.

한편으로는 그리고 어쩌면 가장 영구한 목회적 차원에서, 연보는 단순히 그리스도인의 연민의 행동일 뿐이다. 이는 궁핍한 동료 신자를 향한 관심에 대한 고도의 실천적 표현이며,[356] 비록 그리고 독특하게 국제적 차원이라 할지라도, 그리스도의 몸에 대한 바울이 가진 이상(vision)의 실현이다.[357]

그것은 바울에게 은혜의 경험과 인류에게 안녕을 제공하는 하나님의 한없는 관대하심, 그리고 특별히 하나님이 사악한 죄인(이방인은 물론 유대인도)을 받아주시고 약하고 능력 없는 자들에게 성령의 은사를 부어주신 일의 피할 수 없는 결과다. "관대한 기부"라는 은혜(charis)는 하나님의 은혜(charis)의 증거와 반응으로서 "감사"라는 은혜(charis)와 같은 종류다.[358]

동시에 이 단순하고 똑바른 원리들은 첫 그리스도인 회중 사이에서 바울의 복음과 선교가 야기한 논란들에 얽혀 있다. 연보는 폭넓은 지중해 선교와 관련해 모 교회 회중과의 단절을 치유하려는, 금이 간 유대인과 이방인의 koinōnia를 회복하려는 바울의 명백한 시도였다.[359] 그래서 그것은 할

는 다르지 않은 방식으로 인간의 의를 언급할 수 있다는 사실은 놀랍다"(115). 왜 "놀라운가"?

356) 롬 12:13; 고전 16:15; 갈 6:2, 10; 빌 2:25; 4:16에서처럼.
357) 고전 12:26; 롬 12:8.
358) 추가로 위 §33.4d를 보라.
359) 이 점은 대개 "교회의 일치"라는 머리말로 제시되는데, 이는 그 일치의 표현이기는 하나

례받지 않은 이방인 신자들의 지위의 모호성에 휩쓸렸다. 즉 메시아 예수를 믿는 많은/대부분의 유대인 신자들에게 모호했다.

그렇다면 연보는 예루살렘 합의에 덧붙여진 갈라디아서 2:10의 내용을 직접 실행한 것으로 여겨야 하는가? 틀림없이 몇 사람에게는 그렇게 보였다. 분명 바울은 그 행동을 이렇게 해석할 수 있음을 알았으며, 예루살렘과 화해를 쉽게 할 수 있다는 희망으로 그렇게 해석되기를 원했을 수도 있다. "선한 행동"과 "복종" 및 "의"라는 면에서[360] 신자들, 즉 구체적으론 고린도 이방인들에게 내린 의무에 관한 바울의 강해는, 바울이 그런 해석을 고무할 준비가 상당히 되어 있었음을 시사한다.[361] 확실히 가능성 있는 점은, 신자들의 공동체 안으로 (하나님의) 받아들이심이 다른 사람을 위한 섬김과 돌봄으로 대표되는 변화된 성격과 삶의 열매로 나타나야 한다는 바울의 (철저히 유대인적인) 확신이, 바울이 자신에게 근본적인 이신칭의라는 본질을 포기하지 않고 연보를 독려할 수 있다고 판단할 만큼 전통주의자들의 "율법의 행위"라는 주장과[362] 충분히 유사했다는 점이다.[363]

훨씬 더 긴급한 문제는, 특별히 이사야서에서 두드러진 이상으로서, 이방인들이 선물을 들고 주께로 나아올 것이라는 예언자의 소망의 성취

(예. Nickle, *Collection*, 111-29; 또한 111 n. 112에 있는 이전 참고문헌; Schrage, *1 Korinther*, 4.426), 균열된 일치를 치유하려는 시도가 그것을 더 타당하게 묘사한다.

360) "의"가 "구제"라는 의미를 가질 수 있다는 점(§27 n. 189), 또한 구제가 성전의 희생물과 할례의 대체물로 제시될 수 있다는 Berger의 관찰('Almosen für Israel')을 다시 주목하라. 행 24:17에 따르면, 누가는 연보를 그런 용어로 해석한 듯하다(Jervell, *Apg.*, 571). 이는 누가의 이야기가 바울의 선교에 대한 예루살렘의 관점을 반영하는 또 하나의 사례다. 갈 2:10에서 "가난한 자"가 구체적으로 예루살렘 회중을 가리킨다고 이해되었는지(되어야 했는지), 아니면 예루살렘의 가난한 자가 단순히 일반적 관심의 가장 분명한 예였는지는 불분명하다 (다시 §27 n. 186을 보라).

361) 고후 8장과 9장이 다른 서신들의 초안으로 작성되었을 수 있다는 점(§32.7a)은, 바울이 연보에 대해 호소하는 가장 현명한 방법을 확신하지 못했음을 시사할 수도 있다.

362) 다시 필자의 *New Perspective on Paul*, 67-80을 보라.

363) 그는 갈라디아서에서 똑같이 "둘 다"를 주장하려고 했다. 2:6-9, 11-18 등등, 그리고 또한 2:10b; 5:6b, 13; 6:2을 보라.

로서 연보를 보아야 하느냐는 문제다.[364] 바울은 "이방인을 받으실 만한 제물"로 드리는 제사장 같은 자신의 사명을 언급하며 그런 생각을 확실히 이용한다(롬 15:16). 이 구절은 이사야의 이상을 되울리며(사 66:20), 앞에서 보았듯이(§29.4a), 이 구절은 바울의 전체 선교전략에 상당히 기여했을 수 있다.[365] 따라서 우리는 다시 한번 물어야 한다. 바울은 그런 언어를 사용하여 연보가 그렇게 이해되어야 한다는 자신의 의향을 보여주는가?[366] 실제로 그 모든 사업은 복음에 대한 이방인의 반응으로써 이스라엘을 "시기하게 하려는" 바울의 소망과 전략의 일환일 수 있다(롬 10:19; 11:13-14).[367] 그렇다면 이것은 위험한 전술이다. 이사야의 이상은 이스라엘이라는 나라를 영화롭게 한다는 관점으로 쉬이 해석될 수 있기 때문이다. 이방인들이 준 선물이 회복된 이스라엘 백성을 풍요롭게 해야 했다. 그 이상은 개종한 이방인들을 통해 가장 자연스럽게 성취되었다.[368] 물론 바울은 그 결론을 반대했을 것이다. 연보는 그리스도인에게 심지어 성전세와 같은 것으로 제시될 수 있었고, 이는 디아스포라 신자들에게 예루살렘의 중심성을 의미하며, 디아스포라 교회들에 대해 성전세에 상응하는 예루살렘 교회의 권리를 의미하기도 한다.[369] 바울은 틀림없이 이의를 제기했을 것이다. 바울

---

364) 사 18:7; 45:14; 60:5-7, 9, 11, 13; 61:5-6.

365) 위 §29 n. 84 그리고 특별히 Riesner, *Paul's Early Period*, 249-50을 보라. 또한 D. J. Downs, "'The Offering of the Gentiles' in Romans 15.16', *JSNT* 29 (2006), 173-86을 보라. 그는 "이방인들의 제물"이라는 구를 주격 소유격으로 읽어야 한다고 논증한다.

366) 롬 15:28에서 "열매를 그들에게 확증한다"(가정하건대 예루살렘 교회)는 바울의 수수께끼 같은 언급은, 바울이 이 사업에("내가 섬기는 일"– 15:31) 자신의 흔적을 남기기 원했음을 나타낼 뿐만 아니라, 이 일에 더 공식적이고 거의 상업적인 특징을 부여하는 방법이다. 바울은 동행하여 연보를 안전하게 전달하길 원했을 테다. 또한 Fitzmyer, *Romans*, 723; Jewett, *Romans*, 931-32을 보라.

367) McKnight, 'Collection', 146. 롬 11:13-14은 그런 생각이 당시에 바울의 마음에 있었다고 확실히 나타낸다. 그러나 요점을 너무 역설하지 않아야 한다. 여전히 바울은 완전히 새로운 선교 지역인 스페인에 가려는 마음이 있었기 때문이다. 아직 마지막은 아니었다(Thrall, *2 Corinthians*, 513)! Nickle은 고후 9:10(사 55:10)에 인용된 구절이 하나님의 말씀이 그 목적을 성취한다는 확언을 포함한다고 언급한다(*Collection*, 137). 비교. 롬 9:6!

368) 그 본문들은 *Jesus Remembered*, 394-95 nn. 70과 71에 결합되었다.

369) 유명한 소논문인 K. Holl, 'Der Kirchenbegriff des Paulus in seinem Verhältnis zu dem

에게 연보는 멀리 떨어진 나라들에 있는 신자들끼리도 상호 의존한다는 인식이며, 또한 이스라엘의 유업에 참여함으로써 받은 영적 축복을 이방 인들이 특별히 인정한다는 의미다(롬 15:27).

짐작하건대 망토와 같이 연보에 걸려 있는 이 모호함은, 바울이 그럴 것이라고 염려했듯이(롬 15:31), 연보를 실패하게 만든 중요한 요인이었다.[370] 그러나 그것은 바울 이야기의 마지막 장면에 속한다(§34). 여기서 연보가 오래된 상처를 치유하고 유대인과 이방인 및 유대인과 그리스인들이 진정으로 서로 받아들이고 공동 예배와 섬김으로 가까워지길 원하는 바울의 소망으로 마무리하는 것이 더 적절하다. 이는 바울이 로마서의 그 절정 단락에서 드러낸 이상이다(15:7-13).

33.5 바울의 유언(행 20:17-38)

로마의 그리스도인들에게 서신을 쓰는 일과 예루살렘에 연보를 전할 대표단을 보내는 일은 바울의 에게해 선교에 아주 잘 어울리는 절정을 제공한다. 에게해 지역 선교는 바울 선교 사역의 주요 초점이었고 가장 지속적으로 열매를 맺은 선교였다. 그러나 누가는 바울의 서신이나 연보에 대해 언급하지 않으며 에게해 지역 선교의 마지막이자, 개척하며 이동하는

---

der Urgemeinde', *Gesammelte Aufsätze zur Kirchengeschichte* (Tübingen: Mohr, 1928), 2:44-67에서 그 점을 역설했다. 성전세에 대해서와 성전세 및 바울의 연보 사이의 병행에 관해서는 Nickle, *Collection* 74-93을 보라. McKnight는 연보가 성전세와 함께 전달되었을 것이며, 바울이 성전과 예루살렘 공동체에 건네줄 두 기금을 동반했다고 시사한다('Collection', 144). 비록 바울이 성전세 전달에 제공되는 보호 아래로 피신했다는 제안은 매력이 있지만, 디아스포라 회당들이 바울을 성전세를 운반하는 타당한 대표로 결코 받아들이지 않았을 것이다. Thrall은 필론이 예루살렘에 성전세를 운반하는 자를 고후 8:23에서처럼 *apostoloi*가 아니라 *hieropompoi*라고 불렀다고 언급한다(*2 Corinthians*, 554. 이는 Philo, *Legat.* 216; *Spec. Leg.* 1.77-78을 참조한다).

370) 추가로 아래 §34.1e를 보라.

선교사인 바울의 사실상 마지막 시기를 다른 방식으로 표현하기로 선택했다. 누가는 바울이 에게해 선교의 두 주요 기반 중 한 지역(에베소)의 장로들에게 작별 연설을 했다고 묘사한다. 이는 사실상 바울의 마지막 유언이며, 바울이 동료 신자들에게 한 유일하게 기록된 연설이다.[371]

a. 누가는 어디에서 그 연설을 가져왔는가?

유대계에서는 유언이라는 장르가 이미 잘 확립되어 있었다.[372] 이 장르의 특징은 몇몇 존경 받는 과거의 인물을 제시하는 것인데, 그 인물은 죽기 전에 자신과 가까운 무리에게 고별 가르침을 주고, 자기의 삶에서 적절한 교훈을 뽑아내며, 다가올 악한 시대를 경고한다. 몇몇 혹은 모든 열두 족장의 이름으로 된 그런 유언들은 이미 회자 중이었고, 어쩌면 욥의 것으로 보이는 유언도 있었다.[373] 누가는 그런 장르를 사용하지는 않았으나, 동기는 비슷해 보인다.[374] 곧 자신의 모든 교회와 영원히 헤어질 바울은 자신의 주요 선교사역의 성격을 검토하고, 미래의 위험을 미리 경고하며, 자기 교회들을 위해 타당한 교훈을 끌어낼 기회를 가진다.[375]

---

371) "그렇다면 그 밀레도의 상황은 역사적일 개연성이 크다. 바울은 아마도 밀레도에서 연설을 했을 테고, 이는 전승으로 누가에게 알려졌다"(Trebilco, *Early Christians*, 174-75).

372) 그것은 창 48장의 본을 따라 만들어졌으나, 또한 수 23장을 주목하고, 삼상 12장 및 1 Macc. 2.49-70과 비교하라.

373) *Testaments of the Twelve Patriarchs* 그리고 *the Testament of Job*을 보려면 *OTP*, vol.1을 보라. "이 유언들은 '느슨한 형식'이다. 이상적인 인물은 죽음에 직면할 때 친척들과 가까운 친구들로 하여금 그의 침대를 둘러싸게 한다. 때때로 그는 그들에게 자신의 치명적인 약점을 알리고 특정한 유혹을 피하라고 권면한다. 전형적으로 그는 그들에게 의의 길을 가르치고 축복과 저주를 말로 표현한다. 종종 그는 자신의 말을 설명해주는데…꿈이나 환상으로 자신에게 알려진 대로 미래를 묘사한다." 또한 Fitzmyer, *Acts*, 674을 보라.

374) 특별히 행 20:24-25을 주목하라.

375) "그 연설은 공식적으로 에베소에서 온 공동체의 지도자들을 향한 것이나, 전체 기독교회에도 적용된다. 바울 자신은 교회에게 유일한 예이고, 따라서 그는 자기 죽음 이후의 시간을 대비해 명령을 내린다. 그는 여기서 공동체들의 유일한 설립자로 등장한다. 다른 말로 하면, 그는…'사도의 대표'(Oberapostel)와 같은 사람으로 제시된다"(Jervell, *Apg.*, 509, 또한 515).

그 강조점들은 바울이 강조했을 것으로 누가가 추정한 내용이다. 그러나 바울이 이 시기에 자신의 어떤 서신에서도 "장로들"을 언급하지 않았다는 사실에도 불구하고, 누가가 바울의 청중을 에베소에서 온 "장로들"(20:17)(20:28에서는 "감독자"로 불린다)로 묘사한 사실은, 누가가 자기 시대의 교회를 의식적으로 염두에 두며 기록했음을 제시한다.[376] 가장 흥미로운 점은, 29-30절이 우리가 1세기 말경에 기록된 문서와 더 자연스럽게 연관 짓는 불길한 분위기를 표현한다는 점이며, 또한 24절과 28절 같이, 그 구절들의 언어가 누가가 목회 서신의 실제 저자였다는 상당히 인기 있는 제안에 어느 정도 신뢰성을 부여한다는 것이다.[377]

누가는 사도행전을 관통하는 자신의 주요 주제들을 강조하는 기회를 확실히 취한다.

- 가장 중차대한 사건들의 최종 결정자인 "하나님의 뜻"(20:27).[378]
- 교회와 교회의 선교 배후에서 고무하고 질서를 잡는 능력인 하나님의 영(20:22-23, 28).[379] 성령의 지도라는 분명한 표지로 시작한 선교(13:2, 4; 16:6-7)는 동일한 확신을 담은 언급으로 마무리된다.
- 예수에게서 사역을 부여받은 바울은[380] 헌신한 선교사와 교사의 위대한 본보기가 된다.[381]

---

376) Trebilco, *Early Christians*, 187-86, 그리고 위 §27 n. 97을 보라. 그러나 또한 빌 1:1 을 주목하라(이에 관해 아래 §34.4c를 보라).

377) 특별히 S. G. Wilson, *Luke and the Pastoral Epistles* (London: SPCK, 1979)를 보라. 예를 들어, 20:28의 관점은 저자 논란이 없는 바울 서신들보다는 후기 서신에 가깝다: "너 자신을 살펴라"(딤전 4:16), "감독"(딤전 3:1-7; 딛 1:7), 성령이 지명한 지도자들(비교. 딤전 4:14; 딤후 1:6), 또한 장로들(20:17; 딤전 5:17; 딛 1:5); 그리고 양의 무리를 돌보라는 벧전 5:2-3의 개념에 주목하라. Barrett는 Wilson의 병행 목록을 요약한다(*Acts*, 965). 추가로 Trebilco, *Early Christians*, 189-95을 보라.

378) 신약성경에서 독특한 누가의 모티프(눅 7:30; 행 2:23; 4:27-28; 5:38-39; 13:36; 20:27).

379) 또한 행 4:8, 31; 5:32; 6:5; 7:55; 8:29, 39; 10:19-20, 47; 13:2, 4, 9; 15:28; 16:6-7을 보라.

380) 행 20:24; 비교. 9:15-16; 18:9-10; 22:17-21; 26:16-18.

381) 행 20:19-21, 24-27, 31, 34-35. S. Walton, *Leadership and Lifestyle: The Portrait of Paul in the Miletus Speech and 1 Thessalonians* (SNTSMS 108; Cambridge: Cambridge University,

- 증언이라는 반복되는 주제(20:21, 23, 24).[382]

- 20:21에 요약된 사도행전에서 바울의 설교는 하나님을 향한 회개와 "우리 주"인 예수를 향한 믿음에 대해 증언했다.[383] 바울 서신 자체에서는 데살로니가전서 1:9-10의 상응하는 균형에 주목하라. 비록 "회개"가 바울의 특징적인 용어는 아니지만 말이다.[384]

- 하나님의 은혜와 하나님 나라와 관련되고[385] 주 예수 그리스도를 믿는 믿음뿐 아니라 하나님을 향한 회개를 요구하는 복음(20:21, 24-25, 32).[386]

- 유대인들과 헬라인들을 향했지만[387] "유대인의 간계"(20:19, 21)로 위협받는 메시지(비교. 19:10, 17)와 메시지에 있는 긴장.[388]

- 그리고 특히 기독교(유대인들과 그리스인들로 구성된)가 이스라엘의 정체성을 온전히 공유한다는 메시지의 미묘한 강조(20:28과 32).[389]

그러나 누가는 단순히 자기 신학의 우선순위 때문에 이 연설을 창작하

2000), 4장은 "누가는 바울을 예수가 살아내고 가르친 제자도의 본이자, 예수 전승에 있는 지도자의 본으로 제시한다"라고 논증한다(134).

382) 행 1:8, 22; 2:32; 3:15; 5:32; 10:41; 13:31; 22:15; 26:16.

383) 예. 행 13:38; 16:31; 17:30; 19:4; 26:18. 예수만큼 하나님도 그리스인에게 선포된 내용이었다는 사실이 누가에게 중요했다(특별히 14:15-17과 17:22-31).

384) Metanoia("회개")는 바울의 저작에서 단지 롬 2:4과 고후 7:9-10에 나타난다. 동사 metanoeō("회개하다")는 고후 12:21에서만 나온다.

385) 또한 행 1:3; 8:12; 14:22; 19:8; 28:23을 보라.

386) 회개 — 2:38; 3:19; 5:31; 8:22; 11:18; 17:30; 20:21; 26:20; 믿음 — 4:4; 9:42; 10:43; 11:17, 21; 13:12, 48; 14:1, 9, 23, 27; 15:7, 9; 16:31, 34; 18:8, 27; 19:2, 4; 20:21; 26:18.

387) 행 9:15; 13:44-48; 17:4, 11-12, 17; 18:4-7; 19:8-10, 17. 그러나 이는 앞에서(14:1; 18:4; 19:10, 17) 바울의 선교를 "유대인과 헬라인"을 향한 것으로 묘사했듯이, 누가는 자기 선교에 대한 바울의 진정한 이해를 유지했다(롬 1:16; 10:12; 고전 1:24; 10:23; 12:13; 갈 3:28; 골 3:11).

388) 또한 행 12:3, 11; 13:50; 14:3, 4, 19; 17:5; 18:6, 12; 19:9; 20:3; 22:30을 보라.

389) 하나님의 기업인 이스라엘(예. 민 18:20; 신 32:9; 렘 10:16; 51:19; Sir. 44.23) 그리고 "거룩한 사람들/성도들"인 이스라엘 백성(예. 신 33:3; 시 16:3; 34:9; 단 7:18; 8:24; Tob. 8.15; Wis. 18.9)? 이 용어들이 이방인들에게 사용되었다는 점은, 바울의 선교로 야고보의 환상(15:15-17)과 바울의 사명(26:18)이 성취되었음을 나타내는 누가의 방식이다.

지 않았다. 누가의 신학적 강조 대부분이 그가 활용할 수 있었던 보고 내용과 전승에 영향받았다는 몇몇 암시가 있다.[390]

- 따라서 자신이 자기 교회 내에서 비판받는다는 바울의 이해를 주목해야 한다(20:18, 26-27, 33). 이는 사도행전의 독자에게는 놀라운 특징이지만, 바울 서신 자체에서는 익숙하다.[391]
- 따라서 바울의 고난에 대한 강조(20:19, 23)도 사도행전이 특별히 깊이 다루지 않은 부분이다. 한편 바울은 자기 서신의 여러 곳에서 "사슬"과 "핍박"을 언급한다.[392]
- "주를 섬김"(20:19)은 누가가 아닌 바울의 언어다.[393] 또한 "수치"와[394] "유익한 것은 무엇이든지(ta sympheronta)"(20:20)도 그렇다.[395] 바울은 자기 백성으로부터 오는 위험과 유대인들이 그의 길에 놓은 방해뿐만 아니라 자신의 눈물도 상기한다.[396]
- "각 집에서" 진행된 사역이라는 언급(20:20)은 바울의 주요 사역이 가정교회를 통해 이루어졌음을 상기시키지만, 누가는 회당에서 진행된 초기 사역에 더 집중한다. "공중 앞에서나 각 집에서"는 바울의 가르침이 일관성이 있었음을 암시한다. 바울은 사석에는 이 말을 하고 공석에서는 저 말을 하지 않았으며, 특권을 가진 핵심층을 위

---

390) Cadbury는 연설에 있는 "바울의 표현" 14개를 나열한다(*Beginnings,* 5.412-13); Trebilco, *Early Christians,* 177 n. 89에서 다른 참고도서가 발견된다. 추가로 178-86을 보라.

391) 바울이 자기 사역의 다양한 측면에 대해 비판받고 있음을 감지했다는 점은 그의 서신들이 잘 입증한다. 그의 여정(고후 1:15-18)과 설교(고전 1:17-2:4; 고후 10:10; 11:6) 및 그가 재정적 도움을 거절한 사실(고전 9장; 고후 11:7-11) 등등에서 입증된다. 이미 그의 최초 서신에서 바울은 자기 행동에 관해 자신의 개종자들이 알고 있던 내용에 호소할 필요를 느꼈다(살전 1:5).

392) 특별히 빌 1:17과 비교하고, 고린도후서의 강력한 모티프에 주목하라(§32.7).

393) 롬 1:1; 12:11; 14:18; 16:18; 갈 1:10; 빌 1:1.

394) 예. 롬 12:16; 고후 10:1; 빌 2:3.

395) 고전 6:12; 7:35 v.l.; 10:23, 33 v.l.; 12:7; 고후 8:10; 12:1 v.l. (BDAG, 960).

396) 고후 11:26; 살전 2:14-16.

한 비밀스러운 가르침은 없었다.

- "자기 피로 사신" 교회라는 언급(20:28)은[397] 사도행전에서만 나오는 십자가 신학을 반영하지만,[398] 다시 한번 그리스도의 피(십자가상의)가 바울 서신의 단골 특징이라는 것에 주목해야 한다.[399] 비록 그것이 하나님의 피를 가리키지는 않지만 말이다.

- 자기 교회를 향한 바울의 깊은 감정(20:19, 31)과 자신의 개종자들을 향한 그의 책망 그리고 "약한 자"를 위한 관심(20:35)은 지금까지 사도행전의 어느 곳에서보다 바울 서신에서 훨씬 더 많이 반영됐다.[400]

- 20:32의 언어는 특징적으로 바울의 언어다. "내가 여러분을 주와 및 그 은혜(charis)의 말씀에 부탁하노니, 그 말씀이 여러분을 능히 든든히 세우사(oikodomēsai) 거룩하게 하심을 입은 모든 가운데 기업

---

397) 행 20:28은 사도행전은 말할 것도 없고 신약성경 전체에서도 가장 어려운 구절 중 하나다. 가장 난해한 부분이 마지막 절에서 등장한다. "하나님이 자기 자신의 피로 사신 교회." 아니면 "자기 피로"라고 번역하는 것이 더 나은가?(비교. NIV) 그 본문은 그런 혼란을 야기했기에(하나님 자신의 피?) 누가의 책을 필사하는 책임을 맡은 몇몇 필경사는 분명 그것을 개선하거나 명확히 하려고 했다. 특별히 **주님이 자기 피로 사신 교회**로 번역함으로 말이다(비교. 히 9:12). REB는 이것을 바른 독법으로 선호하나, 본문비평의 훌륭한 규칙은 더 어려운 본문이 원본일 가능성이 가장 크다는 것이다. 반대로 NRSV과 NJB는 "자기 아들의 피"로 읽는데, 이 해석은 롬 8:32에서 명확하게 주어진 것과 같은 언급을 그 표현에서 추정한다. 본문비평 문제에 관해서는 Metzger, *Textual Commentary*, 480-82; B. D. Ehrman, *The Orthodox Corruption of Scripture* (New York: Oxford University, 1993), 87-88; 그리고 추가로 Sellner, *Das Heil Gottes*, 467-80을 보라.

398) 그리스도 안에서의 하나님의 행동이라는 지나치게 단순하거나 고도로 복잡한 진술보다는(비교. 고후 5:19), 여기서 우리는 어쩌면 그렇게 분명하게 표현되지 않은 그리스도의 죽음에 대한 언급이 있다고 봐야 할 것이다. 그렇다 할지라도, 기독론은 우리가 사도행전에서 읽은 다른 내용을 넘어선다("하나님의 소유"인 예수). 그럴 뿐만 아니라, 사도행전 다른 어느 곳에서도 누가는 구원의 중요성을 십자가에 돌리지 않는다. 순교 행위로서든지 희생으로서든지 간에 말이다. 누가 자신이 십자가의 중요성에 대해 완전히 분명하지는 않았다고 생각할 수 있다. 사도행전의 다른 모든 십자가 언급은 고난-신원 모티프를 표현한다(위 §23.4g를 보라). 그러나 그것은 어쩌면 단순히 더 친숙하고 분명하게 표현된 바울의 가르침을 마구 뒤섞어서 언급한 것일 테다.

399) 롬 3:25; 5:9; 고전 10:16; 11:25, 27; 골 1:20.

400) 예. 고전 16:17-19; 고후 2:4; 6:11-13; 7:2-16; 갈 4:19; 살전 2:17-20; 3:10. *Noutheteō*("책망하다")는 여기를 제외하고는 신약성경에서 바울만 사용한 언어다.

(*klēronomia*)이 있게 하시리라"(33절의 언어도 어느 정도 바울의 언어다).[401]

- 20:34까지 누가는 스스로 자기를 부양한다는 바울의 이 원칙에 대해 사실상 한마디도 언급하지 않았다.[402]
- 그리고 바울이 예수의 가르침을 자기 행동의 본으로 삼았다는 함의 역시 사도행전에서는 나오지 않지만, 엄연히 바울 서신의 특징이다.[403]

비록 이 특징들 가운데 몇몇이 누가가 표현한 바울의 강조점처럼 읽히지만, 누가가 이것을 바울의 마지막 유언으로 묘사한 것이 정당하다는 제안은 어느 정도 확신을 가지고 유지할 수 있는 견해다.[404] 전승을 통해서였든지 아니면 바울의 생각을 개인적으로 알았든지 간에, 이 지점에서 바울의 마음을 대변하려는 누가의 시도가 상당히 성공적이었다는 결론은 사실상 피하기 어렵다.

---

401) "은혜"(신약성경에서 나타난 *charis*의 거의 3분의 2가 바울 서신에서 등장한다); 하나님의 능력/권능(롬 16:25; 고전 9:8); "덕을 세움"(고전 8:1, 10; 10:23; 14:1, 17; 살전 5:11; 그러나 행 9:31도 그렇다); 거룩한 자 중에서(롬 15:16; 고전 1:2; 그러나 행 26:18도 그렇다)의 "유업"(롬 4:13-14; 8:17; 고전 6:9-10; 갈 3:18); 전체 구("거룩한 자 중에서의 유업")에 대해서는 특별히 엡 1:18과 골 1:12를 비교하라. 탐심, 즉 소유욕(20:33)은 사도행전 다른 곳에서는 등장하지 않으나, 바울이 일반적으로 관심을 가진 주제다(예. 롬 7:7-8; 고전 10:6; 갈 5:16, 24).

402) 이는 바울에게 있어서 원칙과 자부심이었다(고전 4:12; 9:15-18; 고후 11:7-11; 살전 2:9; 살후 3:8; 추가로 §29.5d를 보라). 그 구절은 여기서 그의 노동이 그와 함께 한 사람들의 필요도 공급했다는 정보를 더한다. 그러나 더 능력 있는 사람이 더 약한 자를 도와야 한다는 관심은 확실히 바울다운 관심이 있다(롬 15:1-2; 갈 6:2).

403) 롬 6:17; 13:14; 15:1-5; 고전 11:1; 빌 2:5; 골 2:6; 추가로 *Theology of Paul*, 189-95를 보라. 바울은 그리스도인의 행실의 예로서 자신을 내세울 준비가 되어 있었다(고전 4:16; 11:1; 갈 4:12; 살전 2:9-12; 4:11; 살후 3:6-10).

404) Haenchen은 Dodd를 (못마땅해하며) 인용한다: "…바울 서신의 언어를 아주 많이 되울리기에, 우리는 그[누가]가 이 경우나 어느 정도 비슷한 경우에 바울이 말한 내용을 실제로 회상했다고…보아야 한다"(*Acts*, 591 n. 8). Barrett가 인용한 Bauernfeind가 더 정확한 듯하다. "이 연설의 정신은 바울의 정신이지, 우리에게 알려진 바울 서신 중의 서신(*Buchstabe*)이 아니다"(*Acts*, 964). "명백하게 누가가 그 연설을 착상했다 할지라도, 그것이 실제 사건을 회상한 것임을 고려해야 한다.…그 연설은 누가의 어투와 바울의 어투로 결정됐다"(Jervell, *Apg.*, 516). Walton은 밀레도의 연설을 데살로니가전서와 밀접하게 비교하며 "두 본문이 드러내는 사고와 언어가 놀라울 정도로 비슷하고", "누가는 서신들과는 별도로 바울에 대한 전승을 알고 있다"라고 결론짓는다(*Leadership*, 185, 212).

b. 그 연설 자체

그 연설에는 유언 장르에 전형적인 두 개의 중심 주제가 있다. 즉 과거의 삶에 대한 변호와 미래를 위한 권면/경고다.

변호가 먼저 온다.

- 바울은 "유대인의 간계로 말미암아 당한 시험을 참고 모든 겸손과 눈물로 주를 섬겼다"(20:19).
- 바울은 "하나님을 향한 회개와 우리 주 예수를 향한 믿음"이라는 자신의 메시지 선포에 충실했다(20:20-21).
- 그는 기다리고 있는 투옥과 박해에 충분히 대비하고, 이제 예루살렘으로 간다. 또한 "나의 달려갈 길과 주 예수께 받은 사명, 곧 하나님의 은혜의 복음을 증언하는 일을 마치려"고 결심한다(20:22-24).[405]

앞에 있을 시련의 시간에 대한 경고는 일어날 일에 대해 책임이 없다는 바울의 부인으로 연결된다(20:26-27). 그런 후 권면과 경고가 뒤따른다.

- 에베소 장로들/감독들은[406] "하나님(아니면 주)의 교회를 보살필" 책임이 있다(20:28).[407]

---

405) 사명의 무게감에 대한 느낌은 고후 5:18-20에서와 비슷하고, 그 언어는 딤후 4:7의 언어와 똑같다("나의 달려갈 길을 마치고").

406) 여기 *episkopos*("감독")에 관해서는 특별히 Fitzmyer, *Acts*, 678-79을 보라.

407) 그리스도인의 정체성에 대한 끊임없는 근원적인 질문이라는 측면에서, 이 구절에 다수의 중요한 특징이 있다. (1) "양 떼"는 구약에서 잘 확립된 하나님 백성의 이미지다(시 78:52, 71; 사 40:11; 렘 23:2; 겔 34; 미 5:4). (2) 바울이 세운 교회에 대해 "이스라엘 형상"을 환기하는 이 부분은, "획득하다"라는 용어의 사용으로 강화되는데, 이 용어는 사 43:21과 말 3:17의 그리스어 번역에서 하나님이 이스라엘을 선택하심을 묘사하는 데 사용되었다. (3) "하나님의 교회"는 자주 등장하는 구약의 용법으로(하나님의 "총회"), 이는 신자들, 즉 그 길을 따르는 유대인은 물론 이방인들의 각 모임이 이스라엘 회중과 같고 그 회중과 직접적인 연속성이 있음을 나타낸다(위 §20.1[14]을 보라).

- 외부로부터의 위험이 있을 것이다. 바울이 떠난 후에 "사나운 이리가 여러분에게 들어와서 양 떼를 아끼지 아니할 것이다"(20:29).
- 그리고 내부로부터의 위험이 있을 것이다. "여러분 중에서도 제자들을 끌어 자기를 따르게 하려고 어그러진 말을 하는 사람들이 일어날 줄을 내가 아노라"(20:30).
- "깨어 있어라"(20:31)라는 말은 종말론적 전조라는 동일한 분위기를 지속한다.[408]

외부와 내부의 영향 때문에 가짜 가르침이 미래에 생겨날 것이라는 예감은 신약성경의 후기 서신의 느낌을 준다.[409] 분위기는 세기말, 즉 시대의 끝을 암시하는 분위기다.[410]

바울이 그들에게 3년 동안 경고했다고 상기하는 언급과 그 청중들을 "하나님과 그의 은혜의 말씀"에 부탁했다는 점(20:31-32)은 그 연설에 알맞은 종결이 되었을 수 있다. 하지만 그 대신 그것은 다소 놀랍게도 바울이 마지막으로 자기를 변호하는 내용으로 돌아감을 표시한다.

- "내가 아무의 은이나 금이나 의복을 탐하지 아니하였고"(20:33).[411]
- "이 손으로 나와 내 동행들이 쓰는 것을 충당하여"(20:34).
- 따라서 바울은 그리스도의 가르침의 정신으로 약한 자를 어떻게 지원하는지 그 본을 그들에게 남겼다. "주는 것이 받는 것보다 복이

---

408) 비교. 막 13:35, 37; 살전 5:6; 벧전 5:8; 계 3:2-3; 16:15.
409) 딤전 4:1-3; 딤후 4:3-4; 벧후 2:1-3; 3:3-4; 비슷하게 *Did.* 16.3과 다른 2세기 기독교 문헌. 또한 마 7:15, 10:16, 요 10:12의 경고들 및 요일 2:19에 묘사된 상황을 비교하라.
410) 행 20:29은 이단이 항상 교회 밖에서 비롯되었고 정통교회 이후에 등장했으며 부차적이었다는 차후 견해의 근거가 되었다. 이는 1934년 Bauer까지 대개 의문시되지 않았던 견해다 (*Jesus Remembered*, 5).
411) 이러한 부정문은 여기서 돈 문제에 있어서 자기 교회를 향한 바울의 책임감을 되울린다(비교. 고전 9:12, 15; 고후 7:2; 11:7-11). 비록 어감이 마지막 거래명세표 같은 어감이지만 말이다(아마도 삼상 12:3-5이 제공한 사례).

있다"(20:35).[412]

불길한 예감의 검은 구름은 그것이 장면에 끼치는 영향에서 거의 분명히 감지된다. 비록 그 연설이 예루살렘에서 일어날 일과 관련하여 바울의 불확실성(20:22)만을 언급하고, "투옥과 박해"가 그를 기다리고 있다는 성령의 예견(20:23)만을 언급하고 있지만,[413] 이것들이 바울 선교의 마지막을 나타낸다는 점은 이미 분명히 암시된다.[414] 바울은 자신의 삶이 전혀 가치가 없고, 자신의 유일한 소망이 주 예수께 받은 사명과 "달려갈 길을 마침"[415]에 있다고 주장한다(20:24). 그리고 장로들이 바울과 마지막으로 작별하는 그 연설 막바지의 감정적으로 비통한 장면("다시 그 얼굴을 보지 못하리라 한 말로 말미암아 더욱 근심하고")은 바울의 떠남이 마지막임을 강조한다. 그들의 울음은 마지막 유언이 전해졌다는 인상을 강화한다(비교. 창 50:1-4). 예루살렘으로 향하는 여정 내내 긴장감은 완화되지 않았다. 두로 신자들과의 작별은 밀레도에서의 작별을 되울린다(21:5-6).[416] 바울이 일곱 집사 중 하나인 가이사랴에 있던 빌립(6:5)[417]의 집에 머무는 동안 예언자 아가보는

---

412) 예수 말씀의 명확한 인용은 바울에게 있어 특이하다(오직 고전 7:10, 9:14, 11:23-26에서). 그러나 바울은 그의 윤리적 권면의 다양한 부분에서 예수의 가르침을 되울리고 암시하는 듯하다(*Jesus Remembered*, 182 n. 48을 보라). 그렇다면 그 말씀은 공동으로 축적된 예수 전승이 초기 교회에서 회자되었다는 추가 증거다. 그 예수 전승은 기록된 복음서에 전부 포함되지는 않았다(가장 근접한 병행은 눅 6:35-36, 38이었을 것이다). 정경 복음서 이외에 예수에게까지 거슬러 올라갈 수도 있는 다른 말씀은, 서방 사본 눅 6:5와 *GTh* 82를 보라 (*Jesus Remembered*, 172). 추가로 Haenchen, *Acts*, 594-95 n. 5; Fitzmyer, *Acts*, 682을 보라.

413) 누가는 "성령에 매여" 예루살렘에 가고자 하는 바울의 결정(행 22:20)과 그리로 가지 **말아야 한다**는 성령으로 영감된 예언(21:4) 사이의 긴장을 해결하려고 멈추지 않는다(추가로 필자의 *Unity and Diversity*, §44.3을 보라). 우리는 물론 바울이 자기만의 불안감이 있었음을 안다(롬 15:31).

414) 학자들은 그 연설이 바울의 죽음을 추정한다고 폭넓게 인정한다. 특별히 G. Ballhorn, 'Die Miletrede — ein Literaturbericht', in Horn, ed., *Ende*, 37-47(여기서는 45-47)을 보라.

415) 전형적인 운동선수 이미지. 비교. 고전 9:24-27; 빌 3:13-14; 그리고 특히 딤후 4:7.

416) 두로 지역 교회는 가정하건대 헬라파 선교로 설립되었을 테다(행 11:19).

417) 빌립에 관해서는 §24.7을 보라. "열둘"처럼, "일곱"은 이미 초기 전승에서 확립된 지위가 있었다. "딸 넷이 있으니 처녀로 예언하는 자라"(21:9)라는 말은 지어낸 말이 아니라 생생한

분명하게 예언한다. 즉 바울이 투옥되고 로마 당국자에게 넘겨진다는 것이다(21:11).[418] 그리고 바울은 자신이 기꺼이 죽을 것이란 말을 되풀이한다(21:13). 이미 바울의 여정의 마지막이 예상되었기에, 누가는 이 일련의 사건이 실제로 바울의 에게해 지역 선교의 마지막일 뿐 아니라, 교회를 설립한 선교사로서 그의 전체 사역이 마지막에 이르렀음을 결단코 이보다 더 분명하게 그려낼 수 없었을 것이다.

회상처럼 들린다(그들은 어떤 예언도 하지 않는다!). Haenchen은 그 서술이 구전에 기반했다고 주장한다. 비록 "우리"의 의미를 무시했지만 말이다(*Acts*, 604-605). Barrett, *Acts*, 994에 추가 토론이 있다. Von Dobbeler는 빌립의 집이 실제로 가정-공동체인지를 궁금해하는데, 어쩌면 여예언자들을 포함하는 예언적·은사적 기독교 형태의 영적 중심지에 더 가까웠을 것으로 본다(*Philippus*, 221-22).

418) 21:8-12을 고려하면, 누가("우리")가 빌립과 보낸 시간 그리고 아가보와의 만남이 예수 운동의 이전 국면들에 관한 귀중한 정보를 그에게 제공했을 것이다. 예로, Lüdemann은 그 자료가 전통과 역사의 측면에서 신뢰할 만하다고 생각한다(*Early Christianity*, 233-35). 그리고 Barrett, *Acts*, 986-87을 보라.

제9부

시작의 끝

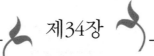

제34장

바울의 수난

사도행전을 기록하는 누가의 우선순위를 다른 어떤 부분보다 그 책의 마지막 부분이 가장 분명하게 보여준다. 끝부분을 이루는 여덟 장(21-28장)이 바울 생애의 마지막 행동에 전념했기 때문이다. 이 부분에 있어서 사도행전은 분명히 누가복음과 병행하여 구성되었다. 누가복음에서는 예수 사역의 절정을 향해 이야기가 전개되며, 이를 흔히 "수난 이야기"(눅 19:29-23:56)로 묘사한다.[1] 마찬가지로 사도행전 이야기가 바울의 마지막 재판과 고난(체포, 유사 채찍질, 유대 공의회 앞에서 청문회, 암살 위험, 로마 총독 앞에서 공식 재판, 2년 투옥, 유대 왕 앞에서 청문회, 바다와 땅에서의 죽음에 가까운 체험)에 초점을 두기 때문에, 이 장들에 비슷한 제목을 붙이는 것이 타당하다("바울의 수난").[2]

---

1) 비교. H. Omerzu, 'Das Schweigen des Lukas', in Horn, ed., *Ende*, 127-56(여기서는 154-55). 복음서의 "수난 이야기"의 범위는 종려 주일과 부활 이야기 이전의 사건들을 포함하느냐에 달렸다.
2) 두 수난 이야기의 병행 범위는 상당하다.

	누가복음	사도행전
예루살렘으로 가기로 했다	9:51, 53; 13:33; 18:31	19:21; 20:3, 16

사실 누가는 이야기 전체의 4분의 1을 바울의 수난에 할애한다. 이것은 자기 복음서에서 수난 이야기를 위해 할애한 것보다 훨씬 더 길다(물론 눅 9:51을 시작으로, 예수 전승의 상당한 부분을 마지막 예루살렘 여정에 집어넣음으로 누가는 대조를 완화한다). 또한 누가는 첫 기독교 순교자인 스데반의 재판과 순교(행 6-7장)보다 바울의 수난에 훨씬 더 많이 주목한다. 그리고 요한의 형제 야고보의 처형에 관한 아주 간단한 언급(12:2)과의 대조는 상당히 놀랍다. 분명히 바울은 누가의 위대한 영웅 곧 예수 종파를 최초로 확장한 영웅이다. 베드로와 다른 선교사들의 활동은 말할 필요도 없이 심지어 예루살렘 교회의 활동을 포함한 다른 모든 활동은 빛을 잃고, 바울이 홀로 무대 중앙에 서 있다. 그의 동료들마저도 단지 그림자 역할을 할 뿐이었다(누가 자신을 포함해서 말이다. 사도행전 이 마지막 부분의 도입부[21:1-18]와 마지막 무대[27:1-28:16]의 "우리").

누가가 사도행전에서 분명하게 의도한 로마에 복음 전하는 일(겉보기엔 처음으로)을 바울이 처음으로 마쳤다는 사실은 특히 중요하다. 1:8에서 개괄된 계획이 완성되었다. 예루살렘(1-5장)에서 사마리아와 유다(6-12장)까지, 또한 안디옥에서 소아시아 반도(13-15장)와 거기서 에게해(16-20장)까지 확장된 선교는 로마 여행에서 자연스럽게 절정에 도달했다(21-28장). 그리고 그것은 "이방인과 임금들과 이스라엘 자손들"에게 그리스도의 이름을

운명이 펼쳐지는 장소인 예루살렘	13:33	20:22-23
예루살렘 도상에서의 수난 예고들	9:44; 18:31-33	21:11; 비교. 28:17
자기 지지자들로부터 버림받음	제자들	예루살렘 교회
공회의 청문회	22:66-71	22:30-23:10
로마 총독 앞에서의 재판	23:1-5, 13-25	24:1-23
유대 왕 앞에서의 청문회	23:6-11	26:1-32
반복된 무죄 선언	23:4, 14, 22	23:9; 25:25; 26:32; 28:21
변호	24장	28:1-10
열린 결말	24:44-53	28:30-31

누가가 바울의 이전 고난을 거의 언급하지 않고 바울이 고후 11:23-27에서 나열한 사건을 대체로 무시했다는 사실은, "긴 서론이 있는 수난 이야기"라는 성격을 사도행전에도 부여한다.

전하라는 바울에게 부여된 사명의 완성으로 성취됐다(9:15-16).[3] 즉 이스라엘 자손들 앞에서(22:1-22; 23:1-10), 이방인 총독들 앞에서(24:1-25:12), 그리고 그 절정으로 유대 왕 앞에서(25:13-26:32) 반복된 일련의 재판과 청문회에서 성취됐다. 바울에 "주목"하게 하는 이 효과를 이루려고 누가가 간과하거나 일부러 제외한 정보가 있다는 사실과 이 마지막 부분에 독점적인 초점이 있다는 사실을 안타깝게 생각할 이유는 없다. 오히려 우리는 누가가 남긴 내용을 인식하고, 기독교의 형성에 바울이 마지막으로 기여한 이야기를 가장 효과 있게 활용해야 한다.

34.1 예루살렘에서 체포됨

a. 시도된 화해(행 21:17-26).

누가복음 19장에서 그랬듯이 사도행전 21장에서도, 제대로 된 수난 이야기의 시작을 나타내는 명확한 표시가 없다. 바울의 마지막 예루살렘 여행에 경종이 반복해서 울린다. 작별 연설에 있는 불길한 예감(20:24-25), 밀레도와 두로에서 일어난 심장을 아리게 하는 고별(20:37-38), 예언(21:4)과 예언자(21:11)를 통한 다가올 재앙의 경고, 그리고 그에 따른 바울과 그의 동료들의 비통함(21:12-14)이 있다.[4] 따라서 독자는 예루살렘의 "야고보와 모든 장로"가 바울을 차갑게 영접할 것을 충분히 예상할 수 있다.[5] 확실히 그들은 바울이 전한 이방인 선교의 성공 소식 때문에 하나님을 찬양한다(21:19-20). 그러나 누가에 따르면, 그들은 즉시 다음과 같이 바울에게 말한다.

---

3) 바울이 부름 받는 이야기가 22:15과 26:16-18에서 반복된 이유 가운데 하나가 그것이다.
4) §33.5 끝부분을 보라. Lake와 Cadbury가 언급했듯이, 누가는 바울이 오순절에 맞추어 도착했음을 보여주려고 하지 않았다. 행 20:16에도 불구하고 말이다(*Beginnings*, 4.270).
5) Becker는 이전의 예루살렘 방문 때 바울이 베드로와 즐겼던 환대를 야고보가 환대했다는 말의 부재와 대조한다(*Paul*, 454).

[20]형제여, 그대도 보는 바에 유대인 중에 믿는 자 수만(*myriades*) 명이 있으니 다 율법에 열성(*zēlōtai*)을 가진 자라. [21]네가 이방에 있는 모든 유대인을 가르치되 모세를 배반하고(*apostasian*) 아들들에게 할례를 행하지 말고 또 관습을 지키지 말라 한다 함을 그들이 들었도다.

누가의 이야기에서 이 언급은 다소 놀랍다. 야고보가 사도행전에 마지막으로 등장했을 때, 그는 이방인 선교를 지지하도록 촉구하는 인물로 나왔다(15:13-29). 누가는 우리가 바울을 통해 알게 된 예루살렘 지도층의 점점 커지는 압력에 대한 암시를 누락했다.[6] 누가는 바울과 예루살렘 교회 간의 평화로운 관계를 보여주길 원했겠지만, 그것은 더 이상 가능하지 않았다. 바울 서신들을 고려하면 야고보가 전달한 내용은 이해에 특별히 도움을 준다.

- 유대인 선교의 성공은 "수많은" "열심당"을 끌어왔다. 이 용어는 이스라엘이 하나님께로 구별됨과 (다른) 이방인으로부터 구별됨에 대한 모든 열정적 헌신을 떠오르게 하며, 이스라엘의 거룩함이라는 사상의 잠재적인 타협과 혼합을 막을(필요하다면 폭력적 수단으로도) 불같은 마음을 떠오르게 하는 용어다. 누가(22:3)와 바울(갈 1:13-14; 빌 3:6)이 증언하듯이, 바울 이전의 사울은 지독한 "열심당"이었다.[7]
- 그들은 바울이 유대인들이 특징적으로 자신들의 삶의 기준으로 삼은 할례와 관습을 디아스포라 유대인들에게 포기하라고 한 배교자

---

6) 특별히 갈 2:11-21; 고후 11장.

7) 여기서 염두에 둔 "열심"은 신의 열심/질투로 이해됐고(§25 n. 102-104), 비느하스(민 25:6-13; Sir. 45.23-24)나 맛다디아(1 Macc. 2.19-27) 같은 사람의 "열심"을 암시한다. "열심당" 사울에 관해서는 추가로 위 §25.2c를 보라. 수년 안에 "열심당"은 로마에 대항한 반란 선동자들이 취한 이름이었고(Josephus, *War*, 4.160-61), 비록 누가가 여기서 그것을 종교적(군사적이 아닌) 열심으로 사용하지만, 그럼에도 그런 용법은 당시에 고조되던 국가적·정치적 긴장을 반영한다. 또한 *Jesus Remembered*, 272-73을 보라.

라는[8] 소식을 들었거나 가르침을 받았다(자신들의 열심으로 바울 선교의 맹렬한 적대자가 된 사람들에게서).

그 묘사는 사실로 보인다.[9] 누가가 분명히 함께했다는 사실과 더불어 (21:18), 그것은 쉽게 일축하기엔 바울 서신들이 제시한 장면과 아주 비슷하다.[10] 누가가 바울 서신이 증언하는 예루살렘과 바울 사이의 긴장을 상당히 애써 무시했기 때문에 그것은 더욱 설득력이 있다. 더구나 바울 선교의 소식과 소문이 그런 "열심"을 북돋우었을 때 예상할 수 있는 것은 바울 선교에 대한 거짓 보고들이다. 이는 이후 유대 그리스도인의 글에서 바울을 무시한 사실과 잘 맞아떨어진다.[11]

그렇다면 이 구절은 예루살렘에서 시작한 기독교에 관해 매우 중요한 정보를 제공한다는 면에서 지극히 중요하다.

■ 그것은 예루살렘 교회의 세력에 관해 말해준다. "믿는 자 수만 명."[12]

■ 그것은 예루살렘 교회의 특징을 말한다. "다 율법에 열성을 가진

---

8) *Apostasia*("배교, 변절")라는 용어는 정치적 의미인 "반란"으로 자주 사용되었을 뿐만 아니라 (예. Josephus, *Life* 43; *Ap.* 1.135-36; *Ant.* 13.219), 특별히 70인역에서 종교적 배교에도 사용되었다(수 22:22; 대하 29:19; 33:19; 렘 2:19; 1 Macc. 2.15)(H. Schlier, *TDNT*, 1.513-14).

9) 그 서술은 "완전히 신뢰할 만하다"(Bornkamm, *Paul*, 99). 21:21은 "바울의 설교와 실천이 유대인 가운데 야기했을 법한 결과에 대해서, 그리고 바울에 대한 예루살렘 공동체의 의구심에 대해 신뢰할 만한 역사적 정보를 제공한다"(Lüdemann, *Early Christianity*, 236).

10) 그 소문은 갈라디아서에 대한 편협한 서술에서 기인했을 수 있다.

11) 제3권을 보라.

12) 그 보고는 2:41, 4:4, 5:14, 6:7의 과장된 수를 되울린다(위 §21 n. 78을 보라). 그러나 우리는 나사렛 종파가 매력이 있었고 상당수의 유대인을 얻었음을 의심할 필요가 없다. 이는 Jervell이 특별히 강조한 점이다. 그의 기념 논문집(D. Hellholm 외 편집)에 *Mighty Minorities? Minorities in Early Christianity* (Oslo: Scandinavian University Press, 1995)라는 제목을 붙였으며, 이는 편집자들이 그가 'Mighty Minorities?', *ST* 34 (1980), 13-38에서 신약학계를 향해 던진 주요 도전을 나타내기 위해서였다. 그 소논문은 *The Unknown Paul: Essays on Luke-Acts and Early Christian History* (Minneapolis: Augsburg, 1984), 26-52으로 재발간되었다.

자라."

- 그것은 예루살렘 교회가 바울에 관한 의심과 이방인을 향해 복음을 개방한 데 대한 노골적인 적대감("열심당")으로 달아오른 가마솥이었음을 확인해준다.[13]

§36.1에서 이 주제로 돌아갈 것이다.

그러나 야고보는 양극단을 하나로 묶는 타협을 적극적으로 그리고 간절히 바라는 인물로서 그의 이전 모습과 동일하게 제시된다. 제안된 타협이 "사도 법령"의 조건인[14] 15:19-20처럼, 여기서 야고보와 장로들이 제시한 타협 역시 조심스럽게 보정됐다(21:22-24).[15] 그들은 이 소문들을 스스로 부인하지 않았거나(22:21), 아니면 누가가 그런 정보를 전달하지 않았을 것이다. 대신에 그들은 바울이 자신의 행동, 즉 자신이 여전히 율법을 준수하면서 살고 있음을 보여줌으로써 그 소문들이 틀렸음을 입증해야 한다고 시사했다(21:23-24).[16] 분명 이때는 신자들을 위한 율법의 역할에 대해 신학적으로 논쟁할 시간이 아니었다. 먼저 격정을 가라앉혀야 했다. 우리는 바

---

13) 고발의 정당성에 관해서 Haenchen은 여러 견해를 집합해놓았다(*Acts*, 609 n. 2).

14) 위 §27.3e를 보라. 그 법령 자체가 21:25에서 회상되었다. 몇 사람은 이 구절을 야고보가 바울에게 어떤 새로운 것을 알려주고 있는 것처럼 읽는다(예. Weiss, *Earliest Christianity*, 5; Hahn, *Mission*, 84-85; Hengel, *Acts*, 117; Achtemeier, *Quest for Unity*, 14-15, 32; Fitzmyer, *Acts*, 694). 그러나 누가는 결코 그런 의미를 의도할 수 없었다(누가는 바울이 자신의 초기에 개척한 교회들에게 서신을 전달하는 모습을 이미 보여주었다, 16:4). 본문도 그렇게 이해하도록 요구하지 않는다(비교. Barrett, *Acts*, 2.1014-15). 오히려 그 반복은 공식적 진술이 이루어졌다는 느낌을 강화한다.

15) Brandon은 바울이 "야고보 때문에 자신을 따르는 이방인들과 타협하도록 덫에 걸렸다"라고 말한다(*The Fall of Jerusalem* xvi, 150-51). 그리고 Barrett는 "야고보의 제안의 가식"이라고 너무 성급하게 말한다(*Acts*, 2.1000). 그러나 더 자세한 논의를 보라(1000-1001). 대조적으로 Pratscher는 누가의 침묵을 지나치게 부정적으로 해석하는 것을 경고한다(*Herrenbruder*, 95-100).

16) Porter는 예루살렘 지도층이 언급된 의심을 공유했고, "바울에게 걸맞은 예루살렘 지도자들에게 종속되는 위치를 부여할 수 있는" 기회를 잡았다고 추론한다(*Paul of Acts*, 175, 179-80, 185).

로 그런 고려가 바울의 합의를 확보하게 했다고 생각할 수도 있다.[17] 결국 바울은 자신을 배교자나 율법을 포기한 사람으로 여기지 않았다. 여기서 바울은 이전의 예루살렘 공의회에서 야고보가 그랬던 것만큼 "평화적인" 자신을 보여준다(갈 2:9).

야고보는 바울이 자신들이 한 서원에서 놓임을 받으려는 네 사람(아마도 신자인 유대인들)과 합류하여, 그들과 함께 정결 의식을 행하고, 그들의 머리 깎는 비용을 내라고 조언했다(21:23-24). 문제의 서원은 나실인 서원이었다(민 6:1-21). 서원 기간을 채운 관련자들은 이제 머리를 깎을 수 있었다.[18] 겐그레아에서 바울이 한 서원이 같은 성격의 서원이었다면(18:18), 바울도 동시에 그 서원에서 놓임을 받을 수 있었을 것이다. 그러나 누가는 이에 대해 한마디도 하지 않는다. 한편으로 바울이 나실인들의 비용을 전부 기꺼이 부담하길 바라는 마음이 있었을 수 있다.[19] 묘사된 과정은 확실히 나실인 서원의 만기 규정을 따랐다(21:26).[20] 비록 바울이 그런 서원을 하지 않았다 할지라도, 또는 18:18의 서원이 그렇게 오래 지속되지 않았다면,[21] 바울이 거룩한 땅 밖에서 돌아왔다는 사실은 바울이 이레 동안 자신을 정결하게 해야 한다는 의미였다.[22] 바울은 그 사람들의 비용을 댈 돈을

---

17) 비슷하게 Porter, *Paul of Acts*, 181-85. 율법과 관습을 향한 바울의 태도에 관해서는 위 §33.3d(iv)과 (v); 또한 *Theology of Paul*, §§6, 14, 23; 'Paul, Apostate or Apostle?'을 보라. 비교. Jervell, *Apg.*, 529. Barrett는 다시 지나치게 냉혹하다. "문제는 사실이지 않은 내용, 즉 자신도 유대교에서 이해한 대로 율법을 지켰음을 제시하려고 묘사된 것과 같은 특별한 기회를 바울이 이용하려고 했느냐다. 이렇게 하려는 마음은 고전 9장에 나오지 않았다." 그러나 이어지는 그의 언급은 더 통찰력이 있다. "바울은 사실 1세대 이후에 계속 있지는 않았을 종류의 유대인 그리스도인이다. 이는 누가가 분명하게 못 본 사실이다"(*Acts*, 2.1012-13).

18) 정결함은 민 6장 서원의 일부가 아니나, 하루하루의 삶에서 부정함을 피할 수는 없었고(민 6:9이 인식하듯이), 제의에 참여하기 위한 정결함은 이스라엘 종교의 표준 특징이었다(예. Josephus, *War* 5.227. 이는 레 11-15장과 민 19장의 정결 규정을 언급한다).

19) Josphus, *Ant.* 19.294에 따르면, 아그리파 1세는 그보다 수년 전에 이를 행한 것으로 보인다 (41년).

20) 민 6:13-15; 6:21은 추가 헌물을 예상하는 듯하다.

21) 위 §32.1c를 보라.

22) Haenchen, *Acts*, 610 n. 3, 612; 그리고 추가로 611-12; Bruce, *Acts*, 447; Hvalvik, 'Paul as a Jewish Believer', 141-43. 나실인 서원의 구속력은 30일이었다(*m. Nazir* 6.3).

어디에서 얻었는가? 어쩌면 언급되지 않은 연보에서 얻었을 것이다![23]

b. 타협은 이루어지지 않았다

과정이 거의 끝날 즈음에(21:27)[24] 재앙이 닥쳤다. 사람들이 드로비모와 함께 있는 바울을 보았는데, 드로비모는 고린도에서 바울과 동행했고(20:4) 분명 연보를 예루살렘으로 가져갈 책임자 중 한 사람으로 지명되었을 것이다.[25] 그러나 누가는 이에 대해 한마디도 언급하지 않았다. 사람들은 이방인 신자인 드로비모가 바로 그 도시에서 바울과 함께 있었음을 보았다(21:29). 21:21에 암시된 달아오른 의심의 분위기 가운데, 바울이 그를 성전으로 데리고 갔으며, 따라서 이방인의 부정함이 성전을 더럽혔다는 소문이 빨리 회자되었다는 것(분명 일부 사람들이 악의를 가지고)은 전혀 놀랍지 않다.[26] 그 소문은 바울이 드로비모를 데리고 이방인의 뜰을 넘어, 지나가면 이방인들은 죽을 것이라고 경고한 장벽을 통과하여, 이스라엘의 뜰로 들어감으로써 결정적인 금기를 어겼다는 소문이었을 것이다.[27] 그러나 드

---

23) Hengel and Schwemer, Paul, 255; Berger, Theologiegeschichte, 162. Barrett는 야고보가 "바울에겐 당황스럽게도, '우리가 이 선물의 일부를 4명의 가난한 나실인 형제의 비용을 내는 데 사용할 텐데, 당신의 이름으로 그렇게 할 것이다'"라고 말하는 장면을 상상해본다(Acts, 2.1001).

24) 순서는 불분명하다. 비울은 이미 정결 예식을 행했기에(21:26), 21:27에서 언급된 불완전한 정결함은 가정하건대 4명의 부정함을 가리킬 테다. Lake와 Cadbury가 제안하듯이(Beginnings, 4.274), 다른 서원들이 며칠에 걸쳐 이루어졌을 수 있기에, 바울은 그 집단의 "관리자"로서 여러 서원이 이루어졌다고 선언하거나 "알리려고" 한 번 이상 성전에 들어갔을 것이다(Barrett, Acts, 2.1016).

25) 위 §33.4c를 보라.

26) 그 주제에 관한 유대인 규정의 기본 입장은 이방인이 부정한 사체와 우상숭배로 더럽혀졌다고 추정해야 한다는 것이다(m. 'Abod. Zar.); 또한 Sanders, Judaism, 72-76을 보라.

27) 눈에 띄도록 이 담벼락에 고정된 공고문(그중 둘이 발견되었다. 추가로 Lake and Cadbury, Beginnings, 4.274-75; Fitzmyer, Acts, 698; Barrett, Acts, 2.1020을 보라)은 이 장벽을 위반한 벌칙이 사형이라고 이방인들에게 경고했다. 이것이 유대에 있었던 유일한 사형권이다. 따라서 그 담은 자신을 열방과 구별해야 하는 이스라엘의 의무의 눈에 띄는 표지이자 상징이었다(비교. 엡 2:14). 이 의무는 열심당이 지키겠다고 맹세한 의무다.

로비모가 이방인의 뜰에서 거닐었다는 소문만으로도 즉시 일어난 공포와 분노의 불을 붙이는 데 충분했을 것이다. 시대 말에 이방인이 시온에 들어온다는 전조로서,[28] 드로비모가 잠재적인 혹은 심지어 실제 개종자일 가능성을 전혀 생각하지 않았다는 사실은 어떤 대가를 치르더라도 이스라엘의 거룩함을 보존하려는 열심당의 의심 및 헌신과 일치한다. 물론 아시아에서 온 유대인들(고소를 한 사람들)은 제자들로 밝혀지지 않지만, 함의된 점은 그들의 태도가 예루살렘 제자들 가운데 있는 "열심당"의 태도와 거의 다르지 않다는 것이다.

바울이 "각처에서 우리 백성과 율법과 이곳을 비방했다"(21:28)는 장터의 험담은 거의 모든 신성모독적인 행동을 바울에게 돌리는, 팽팽하게 고조된 분위기를 확실히 자아냈을 것이다. 고소 자체는 6:13에서 스데반을 향했던 비난("이 거룩한 곳과 율법을 거슬러 말한다")을 강하게 되울리며, 바울은 스데반의 순교를 일으킨 것과 같은 반발과 적대감을 유발했다. 누가의 입장에서 암시는 의도성이 있다. 여기서 더해진 요인("우리 백성에 맞서")은 어떤 대가를 치르더라도 이방인으로부터 유대인을 분리하는 경계를 보존하려는 열심당의 결심을 떠올리게 한다.

폭동에 대한 보도는 경쾌하게 서술됐고 상당히 이치에 맞는다(21:30-36).[29] 군중들이 모였고, 분명한 정보보다 격정과 편견 때문에 더 동요되었다. 그 적대감의 대상은 신성한 자리에서 붙잡혀 문을 통해 끌려나왔다.[30] 성전 당국자들은 그들의 재산을 보호하는 조치를 취한다.[31] 안토니아 요새는 성전 대지의 북서쪽에 인접해 있었으며, 성전에 직접 이르는 두

---

28) *Jesus Remembered*, 394-95(nn. 70, 71) 그러나 폭동을 일으킨 "아시아로부터 온 (순례하는) 유대인들"(21:27)은 에베소 사람 드로비모를 이전부터 알았을 수도 있다.

29) "때로는 이야기 내용에 분명한 의미가 없는 다수의 구체적 사항은, 개인 구전보다 기록된 자료가 사용되었음에 더 무게를 두게 한다. 누가는 마음대로 사용할 수 있는 자료가 있었을 뿐만 아니라, 바울의 동역자로서 개인적인 정보도 가지고 있었다"(Jervell, *Apg.*, 537).

30) 우리는 여기 언급된 문들이 엄밀한 의미의 성전인 안뜰의 문들이었다고 추정해야 한다.

31) 비교. 위 §25 n. 113에서 인용된 *m. Sanh.* 9.6.

계단이 있어서, 불안한 때에 지역 주둔군을 빠르게 파견할 수 있었다.[32] 여기서는 주둔군 지휘관이 몸소 이끌었다. 문제의 원인(바울)은 분명히 체포되어야 할 사람이었다. 단지 상황을 진정시키고 더 자세히 조사하기 위해서라도 말이다. 그 자리에서 제공된 정보는 필연적으로 혼란스럽다(21:34). 한 사람의 말이 무엇이었는지 추측할 수 있지만(21:28), 다른 한 사람의 말은 무엇이었나?! 보병대는 질서 있게 물러났고, 부상당했을 그들의 죄수를 무리의 추가 폭력으로부터 보호하여 영내로 데려갔다.[33] 군중들은 먹잇감을 잃어버려 몹시 화가 났다.

한순간의 농담이 극의 강렬함을 완화해준다. 천부장은 바울이 그리스어를 할 수 있다는 사실에 놀랐다(21:37). 그는 "이전에 소요를 일으켜 자객 사천 명을 거느리고 광야로 가던"(21:38) 이집트인이 그 소동의 중심에 있다고 추정했거나 통보받았다. 우리는 요세푸스를 통해서도 문제의 이집트인을 알고 있다.[34] 몇 해 전에 한 "이집트인 거짓 예언자"가 도시를 차지할 수 있다는 약속을 앞세워 사막에서 감람산까지 이어지는 우회로로 무리(요세푸스는 약 3만 명이라고 말한다)를 이끌었다. 그들은 총독 벨릭스의 격렬한 행동 때문에 빠르게 (많은 사상자를 남기고) 해산되었으나, 이집트인 자신은 빠져나갔다. 누가의 정보는 훨씬 적은 군중을 암시하고(4천 명), 그들을 "시카리"("단검 자객단")라고 묘사했다. 이것은 자신들의 정적들을 암살하려고 단검(sica, sikarion)을 사용한 유대인 봉기(66년에 시작된) 초기에 사람들에게 주어진 이름이다. 요세푸스는 시카리("새로운 종류의 노상강도")가 벨릭스 총독 시기, 즉 50년대에 등장했다고 암시한다(War 2.254).[35] 따라서 그 문제에 대해 천부장이 혼동했다는 점은 믿기 어렵지 않으며, 그 외에 그 기록은 당시 상황을 잘 보여준다.

---

32) Josephus, *War* 5.243-44; Schürer, *History*, 1.366.
33) 그러나 바울이 심하게 다쳤다고 결론지을 필요는 없다(Barrett, *Acts*, 2.1018,1032-33. 이는 Haenchen, *Acts*, 618과 Weiser, *Apg.*, 607에 대응한 것이다).
34) Josephus, *War* 2.261-63; 또한 *Ant.* 20.169-72.
35) 추가로 Barrett, *Acts*, 2.1025-26.

바울의 답은 다른 곳에서는 얻을 수 없는 정보를 제공한다(21:39). 바울은 다소 출신일 뿐만 아니라(9:30과 11:25에서 이를 추측할 수 있다) 그 유명한 대도시의 시민이었다.[36] 바울은 자신을 유대인으로 규정하는데, 이것은 누가의 서술에서 더 중요한 점이다. 바울은 자신의 정체에 대해 혼란스러워하는 사람에게(21:37) 단순히 자신이 유대인이라는 태도를 보이는 것으로 대응한다. 자신에 대한 칭호는 그리스도인의 정체가 유대인의 정체로부터 완전히 결별했다는 인상, 즉 다른 곳에 있던 "유대인들"의 적대감에 대한 누가의 언급에서[37] 몇몇 학자가 취한 인상을 추가로 약화시킨다. 여기서 이방인 기독교의 가장 중요한 지지자는 자신을 (아직도) 단지 유대인으로 규정한다. 유대인과 그리스도인의 정체성은 여전히 서로 겹치고 여기서는 바울이라는 인물 안에서 결합된다. 여기서도 누가의 서술은 바울의 자기 이해를 반영한다. 바울은 자신에 대한 칭호로서 "유대인"을 사용하는 데는 좀 더 신중했지만, 자신을 더 자연스럽게 이스라엘 사람으로 생각했다(롬 11:1; 고후 11:22). 보수 성향의 자기 동족인 유대인 신자들과의 관계를 시작하거나 유지할 때 그는 상당히 자연스럽게 "유대인"이라는 칭호를 자신에게 사용한다(갈 2:15)[38]

마무리 장면은 어느 정도 꾸며낸 것이다. 백부장과 그의 군대가 소리치는 군중을 진정시키는 데 실패했을 때, 성전 대지로부터 오르는 계단에서 안전하게 보호받던 바울이 그들을 진정시킬 수 있었다는 것이다(21:40). 그러나 이야기꾼인 누가는 자신이 묘사하는 장면을 즐기고 있다. 바울은 손짓했고, 기대감으로 군중들을 조용하게 만든 고요함이 찾아왔으며, 이제 그는 자기 모국어인 아람어로 말하기 시작했다.[39]

---

36) 위 §25.1b를 보라.
37) 예. 행 13:50; 17:5; 20:3, 19.
38) 위 §§25.1d, 29.2을 보라.
39) 물론 바울은 모국어에 능숙했다(고후 11:22; 빌 3:5). Bruce는 적대감을 표하는 군중에게 토착어로 연설할 수 있는 반역자로 여겨지는 사람(예로, 아일랜드 민족주의자들이 볼 때)과의 유사점이 여기에 있다고 제안한다(*Acts*, 454).

c. 바울의 첫 변호

누가는 바울의 회심에 대해 두 번째로 서술한다. 이번에는(행 26의 세 번째 언급에서도) 바울 자신의 입으로 한[40] 개인 변호다(22:1). 이전처럼 그 연설의 끊임없는 중심점은 예수와 바울의 만남이고,[41] 절정은 사울/바울에게 주어진 이방인에게 복음을 전하라는 위임이다.[42] 그러나 여기서 그 강조점에 두 가지 주요 변화가 있다. 첫 번째는 회심 후에도 기도하기 위해 자연스럽게 성전으로 간 바울의 유대인으로서의 정체성과 훈련 및 열심(22:3, 17)에 대한 강조, 그리고 "율법에 따라 경건한"(22:12) 아나니아에 대한 강조다. 다른 하나는 그 연설이 예수와의 만남에서 있었던 초기의 위임 요소들을 무시하고[43] 성전에서 일어난 바울의 환상 때까지 위임에 관한 언급을 남겨두는 방식이다(22:17-21). 분명히 누가의 의도는 이방인에게 나아가라는 위임을 문자 그대로 그 연설의 절정으로 만드는 것이었다. 그리고 이 언급의 배후에 있는 극적인 추리 역시 명백하다. 이 "배교자"가 다른 열방과 이스라엘의 구별됨을 노골적으로 위협하여, 하나님의 백성인 이스라엘의 거룩함을 약하게 한다는 확인이 민족주의적인 군중을 극도로 분노하게 했다.[44]

다음과 같은 부분이 누가의 창작물임은 이전의 경우에 비추어 보아 너무나도 명백하다.

■ 누가는 그 연설 자체(22:1-21)를 21:37-40을 서문으로 하고 22:22-29을 결과로 삼는 틀에 맞춘다. 전자에서 바울은 자신을 유대인으로

---

40) *Jesus Remembered*, 212과 위 §25.3에서 공관복음 병행구들을 보라.

41) 행 22:7-10; 비교. 9:4-6과 26:14-16.

42) 행 22:15, 21; 비교. 9:15-16과 26:16-18, 23.

43) 다메섹 도상에서의 만남에 관해서나(26:16-18) 혹은 아나니아와의 만남(9:15-16; 22:15과 대조하라)에서.

44) 사 6:8에 있는 "주"의 역할에서 예수를 "주"로 규정해서가 아니라(22:19), 이 위협이 군중들을 극도로 격노하게 했음은 주목할 만한 가치가 있다(아래 n. 47을 보라).

밝혔고(21:39), 후자에서는 자신을 로마 시민으로 밝혔다(22:25-28). 따라서 바울은 예루살렘에서 로마까지를 포괄하는 기독교의 특징을 자기 안에서 반영한다.

■ 그 연설은 "나는 유대인이요"(22:3)라는 바울의 재주장으로 시작하여, 바울에게 "멀리 이방인에게로"(22:21) 나아가라고 바울을 위임한 예수의 환상(22:17-18)으로 절정에 이른다.[45] 이것이 바로 바울 서신들은 물론 사도행전에서 기독교의 첫 시작을 특징짓는 긴장이다.

■ 비록 디아스포라 유대인이지만(문제를 일으키기 시작한 사람들이 바로 디아스포라 유대인들이다, 21:27), 바울은 바로 예루살렘에서 성장했고, 그 시대의 위대한 랍비 가운데 한 사람(가말리엘)에게서 배웠으며, "우리 조상들의 율법에 따라 엄하게(kata akribeian)" 교육받은, 하나님께 열심 있는(zēlōtēs) 자였다(22:3). 바울은 "내부에서" 그들의 언어로 말했다.

■ 동일하게 눈에 띄는 점은 아나니아의 유대인 정체성에 강조를 많이 두었다는 점이다. "율법에 따라 경건하고 다메섹에 사는 모든 유대인들에게 칭찬을 듣는 사람"(22:12). 또한 "모든 사람에게" 의로운 자에 대해 증언하라는(22:14-15)[46] 바울의 사명이 모세와 이사야 및 예레미야와 종이 받은 사명을 되울리며 유대적 특징을 띤다는 점에도 강조가 있다.[47] 그리고 특히 바울이 열방을 향한 선교적 위임을 받

---

45) 10:10과 11:5에서처럼, 누가는 그것을 "황홀경에서" 본 환상으로 묘사하는 데 지체하지 않았다. 이는 그 환상이 고안되지 않았음을 나타내는 누가의 방식이다(바울이 그 일들을 통제하지 않았다).

46) 행 22:15과 22:16(또한 스데반, 22:20)은 누가가 사도들 외에 "증인"이라는 용어를 사용한 유일한 경우다. 이 외엔 사도와 증인이라는 용어는 단단히 연결된다(1:8, 22; 2:32; 3:15; 5:32; 10:39, 41; 또한 13:31). 그 구절들은 누가가 자신이 부활하신 분의 초기 증인들만큼이나 모든 면에서 사도라는 바울의 맹렬한 주장(고전 9:1-2; 15:8-11; 갈 1:1, 15-16)을 인정하는 데 가장 가깝다.

47) 첫째로, 바울은 단순히 하나님의 뜻을 행하는 것이 아니라 하나님의 뜻을 알도록 지명되었다(22:10, 14-15). 이는 모든 경건한 유대인의 열망이었다(시 40:8; 143:10; 2 Macc. 1.3; 롬 2:18). 둘째로, 그가 본 사람은 "그 의인"(22:14)이었다. 이는 특별히 Wis. 2.12-20과 5.1-5

은 곳인(22:21)[48] 성전과 자신을 계속해서 일치시킨다는 점도 강조
된다.

이 중에 우연은 하나도 없다. 누가는 이 부분에서, 바울과 바울이 대표
하는 운동이 이중적 특징과 충성을 지니고 있음을 명확히 주장했다. 바울
(과 그 운동)은 유대교적이며, 자기 백성의 전통에 굳게 서 있었을 뿐 아니라,
또한 유대교 안에서와 더 넓은 세상에 대해 권리와 의무를 지고 있었다.[49]
이 이중의 정체성이 지금 벌어지고 있는 모든 문제를 야기했다. 동료 유대
인들은 바울이 분명히 설명한 더 폭넓은 의무를 인식하지 못했고, 로마 당
국자들은 바울의 지속적인 유대인적 정체성과 바울이 대표한 것을 확신
하지 못했다. 바울이 두 영역 사이를 왔다 갔다 하는 일종의 셔틀콕이 됨에
따라, 누가는 이 장과 이어지는 장에서 이 주제를 거듭 다룬다. 기독교의
(이의가 있는) 정체성을 꾸준히 명확히 하는 데 주요한 인물이 실제로 왔다
갔다 하는 일은 이 몇 장에서 전개되는 부차적 줄거리다.

의 언어를 되울린다. 셋째로, 바울을 지명한 이는 "우리 조상의 하나님"이셨다(21:14). 이는
7:32에서처럼, 출 3:15에서 모세가 위임받는 환상을 암시하는 듯하다. 넷째로, 이사야와 마
찬가지로, 그 환상은 성전에서 일어났다(사 6:1). 이사야와 마찬가지로, 바울의 첫 반응은 자
신이 적합하지 않다는 고백이었다(사 6:5; 행 22:19-20). 그리고 이사야처럼, 바울은 "주"(사
6:8)의 명령으로 "보냄을 받았고" "갔다"(22:21). 가장 두드러지는 점은 유대인의 거부라는 누
가의 주제에 제공된 연결점이다. 그 주제는 이미 13:46-47과 18:6에서 강조되어 있고, 28:25-28
에 있는 마지막 말의 전조가 되었다. 28:25-28에서는 같은 구절을 인용했다(사 6:9-10). 이사
야와 마찬가지로, 바울은 자기 백성이 그의 증언을 받아들이지 않을 것이라는 우울한 정보
를 받았으나(22:18), 그럼에도 바울은 이사야처럼 이방인은 물론 자기 백성(이방인뿐 아니라
유대인에게. 비교. 3:25, 13:47, 26:18)에게 자신의 메시지를 계속 전해야 했다. 28:17과 30-31
을 보면, 그가 실제로 행했듯이 말이다. 마지막으로, 그 선교는 "이방인에게"(22:21)였다. 비
록 갈 1:15-16의 바울 자신의 말보다 분명하지 않았지만, 이는 렘 1:5과 49:6을 되울린다.

48) 누가의 바울은 "자신의 개종 후에도 여전히 성전에서 기도한다고 기꺼이 인정한다." "그래서
'이방인에게' 증인이 되라는 위임은 바로 유대교의 종교적 중심지, 즉 예루살렘 성전구역에
있던 바울에게 주어졌다"(Fitzmyer, Acts, 707, 708-709; 또한 Jervell, Apg., 545, 547을 보라).

49) Haenchen은 이중 요점 중에 단지 한 면을 언급한다. 누가에게는 "유대교와 기독교 사이에
근본적 차이가 전혀 없다. 이 둘 간의 연속성은 단절되지 않았고, 기독교는 유대교처럼 관용
을 요구할 수 있다"(Acts, 631).

과연 바울이 이런 상황에서 이와 같은 연설을 했을까? 누가가 제시한 극적인 상황은 많은 사람이 추정하듯 설득력이 전혀 없지는 않다. 대중 연설이 정보를 퍼뜨리고 대중에게 정책에 대한 지지를 구하는 주요 수단이었을 시대에는 군중이 연설에 귀를 기울이는 전통이 제대로 자리를 잡았을 것이다. 여느 때처럼 누가는 바울이 실제로 말한 내용의 사본을 제공하거나, 아예 연설을 그대로 되풀이할 의무를 느끼지 않았다. 그 시대의 역사 기록의 관례에 따라, 누가와 그의 독자들에게는 문제의 사건에서 바울이 말했거나 말했을 내용을 누가가 표현할 수 있으면 충분했다. 같은 저자가 재현한, 바울의 회심에 관한 세 가지 서술의 다양성 그 자체는, 저자인 누가가 같은 이야기를 다시 하면서 느낀 자유와 이것이 당시에 완전히 수용되던 역사 편찬 기술이라는 사실을 상기시킨다.[50]

동시에 누가가 얼마나 밀접하게 바울 자신의 의제를 고수할 수 있었는지 이미 명확할 것이다.

- 엄격하고(아래 n. 144을 보라) 하나님을 향한 "열심"(*zēlos*)이 충만한(갈 1:13-14; 빌 3:5-6) 바리새인이었던 바울의 과거 회상.
- 다메섹 도상에서의 예수와의 만남이 지닌 중심성(고전 15:8). "빛의 밝음/영광(*doxa*)"(22:11)은 그 사건에 대한 바울의 회상과 결합된다(고후 4:4-6).[51]
- 첫 사도들처럼 모든 면에서 자신이 부활한 예수의 "증인"(누가의 용어)이라는 바울의 주장(고전 9:1-2, 위 n. 46).
- 특성상 이스라엘 예언자들의 사명과 매우 닮은 바울의 사명(갈 1:15-16; 위 n. 47).
- 무엇보다도 예수 메시아의 복음을 열방에 전하는 바울의 사명(갈 1:16; 롬 1:5; 11:13).

---

50) 위 §21.3; 그리고 여기서는 Barrett, *Acts*, 2.1032-33.
51) 위 §25.3b를 보라.

이전처럼 자기 용어로 그 이야기를 다시 할 때 누가가 누린 자유는,[52] 그 재언급의 중심 주제가 그 문제에 관한 바울 자신의 관심을 상당히 공명한다는 사실을 생각하면, 역사 이야기라는 관점에서 충분히 받아들일 만한 것으로 여겨졌을 것이다. 아라비아와 다메섹에서 보낸 3년에 이어(갈 1:17-18), 바울은 수리아와 길리기아에서 자신의 전도 사역을 시작하기 전에, 선교적 위임에 대해 추가적인 사기 진작이 필요했을 수 있다(갈 1:21-23). 이는 고린도후서 12:6에서 바울이 고백한 여러 계시 중 하나다.[53]

d. 속편(행 22:22-29)

재개된 대소동 가운데, 천부장은 바울을 심문하려고 영내(계단 꼭대기에 있던 안토니아 요새, 성전 지역을 내려다봄)로 데려갔다. 이 속편에서 누가는 바울이 누구였고 무슨 일을 하는지 유대인과 이방인이 서로 이해하지 못했음을 계속 말한다. 군중은 바울이 자기를 전심으로 자신의 조상의 종교와 일치시키는 것을 들었지만, 이방인을 위한 그의 사명을 받아들일 수 없었다. 백부장은 한편으로 자신의 첫 실수를 알게 된다. 바울은 유대인이다(그러나 "그 이집트인"은 아니다). 그러나 이제 그는 두 번째 실수를 한다. 그는 유대인인 바울이 대부분의 유대인과 다름이 없고, 그래서 로마법으로 허용되는 임의의 처벌이 가능하다고 추정했다. 또한 바울이 사실 로마 시민임을 알았을 때, 그는 믿을 수 없었다(22:25-28). 누가는 제법 길게 그 혼란에 대해 깊이 생각한다. 그것이 그가 보여주고자 노력한 모든 것을 대표적으로 보여주기 때문이다. 그는 바울이 전형적이고 대표적인 그리스도인, 즉 속속들이 유대인이지만 또한 로마 시민임을 보여주려고 했다. 바울이 두 세계에 걸쳐 있었기 때문에, 그가 대표하는 신앙이 두 세계에서 발언 기회를 얻을

---

52) 예로, 스데반의 순교와의 연결을 주목하라(7:58; 22:20).

53) "성전에서 본 바울의 환상은 확실히 실제 역사가 아니다"라는 Lüdemann의 결론은 여느 역사가가 그런 논제에 대해 내릴 수 있는 결론보다 더 "확실하다"(*Early Christianity*, 240).

수 있었다.

백부장이 착수한 절차는 신체적 고문으로 죄수를 심문하는 흔한 절차였다(22:24-25).[54] 그리고 로마의 채찍은 보통 노끈의 매듭을 가진 도리깨였으며, 심한 채찍질엔 가죽 줄에 일종의 금속이나 뼛조각을 달았을 것이기에, 그것은 정말로 고문이었을 것이다.[55] 이 경우에 바울이 자신이 로마 시민이라고 정체를 밝힌 것은 그런 심한 폭력을 예상했기 때문이었을 가능성이 크다.[56] 법이 그런 임의적인 처벌로부터 로마 시민을 보호했다는 것이 요점이다(16:37).[57] 천부장의 반응과 불법으로 바울을 묶은 사람들의 반응(22:29)은 그들이 한 일이 로마법 위반이라는 심각성을 공정하게 반영한다.

백부장과 천부장 및 바울의 상호 반응은 훌륭한 이야기 기법을 보여 준다. 바울이 무시무시한 채찍질을 위해 끌려가 태형 기둥이나 의자에 단단히 결박당하여 긴장이 형성된다. 바울이 던진 폭탄선언과 백부장과 천부장의 믿지 못하겠다는 모습과 두려움이 생생하게 환기된다. 그리고 마지막 상황 전환은 아주 효과적이다. 돈으로 시민권을 얻은 천부장과는 대조적으로 바울은 시민으로 태어났다(22:28).[58] 그러나 그것은 이번에는 바울의 두 번째 정체성(이번엔 로마 시민이라는 정체성)의 깊이를 강조하여 누가의 요점에 훨씬 더 도움을 준다. 바울의 유대인적 정체성이 앞선 문단에서

---

54) "채찍질로 심문하려고." 이 고문 형식은 비로마인과 노예들에게 흔했다(Haenchen, *Acts*, 633). 또한 Rapske, *Paul in Roman Custody*, 139-40을 보라.

55) Rapske, *Paul in Roman Custody*, 447에 있는 삽화.

56) 매질이 훨씬 덜 가혹했을 행 16:23과는 다르다. 위 §31 n. 70을 보라.

57) 고문으로 로마 시민을 심문하는 일은 포르키우스 법(Lex Porcia)과 율리우스 법(Lex Julia)으로 금지되었다(Haenchen, *Acts*, 634 n. 4에 있는 상세 사항; 또한 Sherwin-White, *Roman Society*, 71-74; 그리고 위 §31 nn. 68, 73을 보라.).

58) 우리는 클라우디우스의 통치 때 로마 시민권이 판매됐음을 안다(Cassius Dio 60.17.5-7). "리시아스가 지불한 '엄청난 금액'은…자신의 이름을 참정권 후보 명단에 올려놓는 제국의 사무국이나 지방 행정국에 있는 중개자에게 준 뇌물이었다"(Sherwin-White, *Roman Society*, 154-55). 바울의 로마 시민권에 관해서는 위 §25.1c를 보라. Omerzu는 고문으로 심문당하는 상황에서 바울이 자신의 로마 시민권에 호소했다는 점이 누가가 의존한 전승의 일부였다고 동의한다(*Prozess*, 379-80, 382).

매우 철저하게 강조됐기 때문에 이는 필요한 내용이다.

e. 연보는 어떻게 됐는가?

이 모든 내용에서 누가는, 바울이 예루살렘에 온 주된 목적인 연보에 대해 한 번도 언급하지 않는다. 누가는 바울에게 집중된 조명의 끝부분으로 드로비모를 잠깐 비추는데(21:29), 앞에서 살펴본 대로 드로비모는 연보를 예루살렘으로 안전하게 운반할 책임을 진 아시아 교회의 대표 중 한 사람이었을 것이다. 그리고 나중에 누가가 묘사하는 바울은 자기 목적이 "구제할 것과 제물"을 자기 민족에게 가지고 오는 데 있었다고 말한다(24:17).[59] 이 두 행위의 강조는 전형적인 누가의 특징으로서, 이 행위는 바로 유대 경건의 핵심이다. 이미 언급한 대로 당시 유대교에서 "구제"는 "의"와 거의 같았고,[60] 그 상황에서 "제물"은 성전에 제사를 지내는 수단 말고는 다른 의미를 띨 수 없다. 다시 말해서, 누가는 §33.4e에서 언급한 연보의 모호성을 이용한다. 너무나 자주 그랬듯이 누가는, 더 전통주의적인 유대교 신자임에도 불구하고 바울의 선교에 동조한 사람들이 선호했을 법한 방식으로 바울을 제시한다. 즉 누가는 바울의 계속되는 유대인다움을 강조한다. 이 경우에 그것은 이방인들에게서 온 그런 상당한 선물에 대한 전통주의 해석에 더 동의하려는 바울의 자발성으로 드러나며, 이는 야고보가 "가난한 자를 기억하라"는 예루살렘에서 이룬 합의의 추가 내용(갈 2:6-10)을 역설할 때 바랐던 것일 테다.[61]

---

59) 바울이 연보를 "봉사"(*diakonia*)로 묘사했음을 고려하면(위 §33.4d를 보라), 바울이 자신의 *diakonia*(비록 "이방인 가운데서" 일지라도)에 대해 말한 21:19에서 그것의 암시를 배제할 수 없다. D. J. Downs, 'Paul's Collection and the Book of Acts Revisited', *NTS* 52 (2006), 50-70은 사도행전에 연보에 대한 직접적인 언급이나 심지어 암시도 없다고 논증한다.

60) 위 §27 n. 189을 보라.

61) 다시 위 §§27.3d와 33.4e를 보라. Taylor는 연보의 전달이 행 11:27-30에 이야기되었으며, 누가가 그 이야기를 다른 안디옥 자료와 함께 포함하기로 했으나, 그 결과는 불분명하다는 Dibelius와 다른 이들의 제안을 받아들인다(*Paul*, 52[n. 5의 참고문헌], 216-17). D.-A. Koch,

그렇다면 요점은 바울이 염두에 두고 있던 주목적을 누가가 외면했다는 것이다. 바울에게는 연보가 자기의 선교로 세워진 교회가 예루살렘에 화해를 요청하고, 감사를 표시하며, *koinōnia*를 살아내고, 바울의 교회들과 예루살렘 모 교회 간에 있던 관계 단절을 치유하는 데 기여해야 한다는 목표가 있었다.[62] 더 안타까운 점은 연보를 단지 예루살렘 지도층의 관점에서 인식하고 공명할 수 있는 방식으로 언급함으로써, 누가가 바울의 연보 결과에 대한 자신의 침묵을 더욱더 수수께끼같이 만든다는 점이다. 연보에 그런 전통주의적 해석이 가능하다면, 왜 누가는 연보가 기쁨이 넘치는 감사함으로 환영받고 용납되었다는 말로써 분명하게 추론할 수 있는 내용을 마무리하지 않았는가?

대신 아무것도 없다. 완전한 침묵만 있다. 바울이 그 연보를 하려고 너무나 많은 시간과 노력을 들였기 때문에, 바울의 관점에서 이것은 더욱 고통스럽다. 그래서 연보는 어떻게 됐는가? 드로비모나 아리스다고(27:2)와 같은 다른 대표들은 바울의 재판과 투옥이라는 극적인 사건이 전개되는 동안 무엇을 했는가? 여기에 대해서도 누가는 침묵한다. 변한 것은 없고 불길하기까지 하다. 추측만이 남았다. 바울이 이 연보의 일부를 21:24에서 야고보가 제안한 일에 쓰기로 예상되었는가? 나중에 총독 벨릭스가 바울에게 뇌물을 기대했다는 것을 읽을 때(24:26), 벨릭스는 이 돈이 상당하다는 것(여전히 바울의 동료들 수중에 있는)을 알았고 바울이 연보를 뇌물로 주기를 바랐다고 추론해야 하는가? 그렇지 않으면 바울은 수개월이라는 긴 투옥 기간에 연보에 의지하여 생계를 이어갔는가?[63]

또는 오히려 그 연보의 수용이 야고보가 볼 때 바울이 신실한 유대인

'Kollektenbericht, "Wir"-Bericht und Itinerar. Neue(?) Überlegungen zu einem alten Problem', NTS 45 (1999), 367-90은 누가의 자료가 연보 대표단의 정산서를 포함했을 수도 있다고 시사한다(378-81).

62) 연보 용어의 대조가 현저하다. 비교. 특별히 위 §33.4d.

63) Ramsay는 그런 제안을 신뢰할 수 없다고 보았고, 바울이 물려받은 재산에서 온 자산에 의존했을 것으로 추정한다(*St. Paul*, 310-12).

으로서 자신의 진실성을 증명하는 데 달려 있었고(21:23-16), 그 후에야 야고보가 이전의 합의(갈 2:10)로 이해되는 연보를 받았을 것으로 추정해야 하는가?[64] 짐작하건대 그런 때에 야고보는 바울이 타협하지 못하여 일어난 소동 때문에 사실상 연보를 받을 수 없었을 것이다. 만약 받았다면 그것은 야고보가 바울이 내건 조건으로 그 연보를 받았다고 너무 쉽게 해석되었을 것이며, 이로 인해 예루살렘 지도층은 더 과격한 "열심당"의 노골적인 적대감에 노출되었을 것이다.[65] 그렇지 않으면 연보가 실제로 사람들의 시선을 피해서 전해졌고, 대표단(모두 이방인들)은 조용히 고향으로 돌아가도록 종용됐을까?[66]

모든 논제는 모호하다. 그리고 누가가 거의 바울에게만 초점을 맞추었기 때문에 그 모호함이 고조된다. 예루살렘에서 대표단의 모습이 바울에 대한 의심을 악화시키기만 했을 것이기에, 그들은 기껏해야 숨어 있어야 했을 것이다. 어쩌면 그들은 예루살렘에서 철수하여 중립적인 중재자를 통해 예루살렘의 "가난한" 사람들만큼이나 재정적 도움이 필요한 사람들에게 물자를 보낼 수 있었을 테다(연보를 사용해서?). 아니면 위기가 지난 후 돈을 제대로 전달하여 "예루살렘 성도 중 가난한" 성도를 위해 그 재원을 사용할 수 있을 것이라는 희망에서, 어쩌면 그들은 돈을 전주에게 맡겼거나, 그런 사람을 통해 성전에 예치했을 것이다.

그러나 이어지는 장들에서 예루살렘 지도층이 바울을 지지했다는 언

---

64) 필자가 이전에 이 가능성을 제시했다(*Unity and Diversity* [²1990], 257, [³2006], 277-78); 비슷하게 Bauckham, 'James and the Jerusalem Church', 479; 추가로 Murphy-O'Connor, *Paul*, 348-51; Joubert, *Paul as Benefactor*, 6장을 보라. Schnabel은 그 논제를 너무 생각 없이 다룬다(*Mission*, 1001-2).

65) 비교. Haenchen, *Acts*, 613-14; Jervell, *Apg.*, 529-30.

66) Georgi는 그것이 "은밀한 말과 함께, '같은 편인 것처럼'" 받아들여졌고, 그것이 대표단에게 대단한 충격"이었기에 누가가 그 주제에 대해 침묵했다고 제안한다(*Remembering*, 126); 비교. Wehnert, *Reinheit*, 271. F. W. Horn, 'Die letzte Jerusalemreise des Paulus', in Horn, ed., *Ende*, 15-35은 수용과 거절 가운데 하나를 확실한 대안으로 제기하는 것이 어쩌면 너무 단순하다고 정당하게 경고한다(34).

급이 전혀 없고, 또한 연보의 결과에 대해서도 누가가 완전히 침묵했음을 고려하면, 그 연보가 환영받지 못했고 어쩌면 심지어 예루살렘 교회가 받아주지도 않았다는 의심을 떨쳐버리기가 어렵다. 바울이 그런 결과를 우려했던 것처럼(15:31), 그사이에 예루살렘과 예루살렘 교회에서 커진 바울에 대한 반감이 너무나 깊었고, 어쩌면 21:20-21과 27-28은 이를 타당하게 반영하는 듯하다.[67] 이 경우에 이것은 누가가 가리려고 한 신생 교회들 내부에 있던 불화의 또 하나의 예다.[68] 설상가상으로, 바울이 정말 공들인 전략, 즉 자신이 선교한 교회들과 팔레스타인 교회들을 하나로 결합하려는 지대한 노력이 실패했다는 의미다![69] 예루살렘의 교회와 국가 정치는 그런 화해를 성취할 수 없도록 했다. 바울의 에게해 지역 선교의 성취(그리고 자신의 이후 서신이 끼친 영향)에도 불구하고, 예루살렘에서 일루리곤과 로마 및 그 너머까지 복음과 교회의 하나 됨을 유지하려는 이 절정의 시도가 허사였음을 보여주었다. 더 평화로울 때였다면 바울이 성공했을 수도 있었겠으나, 50년대 후반의 상황에서 그런 관계 단절은 치유될 수 없었다. 누가는 바울과 예루살렘 교회의 이야기를 좋은 분위기로 끝낼 수 없었기 때문에 전체 사건에 대해 침묵하고, 자기 청중들이 예루살렘 교회에 대해 다른 것을 보지 못하도록 바울에게 강렬한 조명을 비추기로 했다.

34.2 재판과 시련

사도행전 22:30부터 26:32까지의 이야기는 역사가에게 다소 만족스럽지 않으며, 이전의 모든 연속 사건과 대조적으로 수고스럽고도 장황할 정

---

67) Lüdemann, *Opposition*, 59-62; Becker, *Paul*, 455-57. 연보가 환영 받았다는 더 오래된 해석은 Nickle, *Collection*, 70-72이 여전히 유지한다.
68) 행 6:1-6에서처럼, 8:1-4과 15:36-41.
69) 그런 거절이 바울 교회에 미쳤을 충격에 관한 질문은 제3권에서 다룰 것이다.

도로 자세하게 일련의 사건들을 기록하고 있다.[70] 그러나 물론 누가는 역사가들을 위해 기록하지 않았다. 그는 훌륭한 이야기꾼으로서 기독교의 시작을 이야기한다. 상세 사항을 공들여 묘사하면서 여러 차례 반복하는 기법은 듣는 자에게 거의 최면 효과가 있으며 26:28-29의 놀라운 절정에 이르기까지 극의 긴장이 서서히 고조된다. 그 절정의 시점에서 아그리파 왕은 (사실상) 누가의 이야기가 의도한 청자들의 목소리를 대변한다. 이를테면, 아그리파는 바울의 증언/누가 이야기의 최면 효과에서 벗어나야 할 정도였다. 바울이 선포한 복음의 호소는 그만큼 강력했다. 그리고 "말이 적으나 많으나 당신뿐만 아니라 오늘 내 말을 듣는 모든 사람도 다 이렇게 결박된 것 외에는 나와 같이 되기를 하나님께 원하나이다"(26:29)라는 바울의 대답은 그 이야기 속에 등장하는 사람들뿐 아니라, 그 이야기를 듣고 있는 청중도 틀림없이 염두에 두고 있다.

a. 유대 공회의 심문(행 22:30-23:11)

이어지는 일련의 장에서 세 번째로 누가는 유대인의 적대감과 로마의 보호를 대조한다. 앞선 두 가지 예는 같은 이야기의 일부인데, 그곳에서 바울은 예루살렘 무리의 공격을 받고 자신을 변호했다. 그러나 로마인이 고집함에 따라(26:30), 자연스럽게 다음 단계는 대제사장이 주재하는 유대인 지도자들의 공회에서의 심문에서 바울이 자기 동족을 대면하는 것이었다. 천부장이 희망하기로는(22:30; 23:28), 여기서 바울이 자기 백성을 위해 행동하는지, 아니면 맞서 행동하는지가 명확해질 것이었다. 또한 누가는 유대 당국자들에 대한 로마 권력을 효과 있게 나타낸다.[71] 산헤드린/공회를 이

---

70) 예로, 23:12-35에 관해서 Barrett는 누가가 "천부장이 바울의 생명을 위협하는 음모를 들은 후, 바울을 밤에 경비원과 함께 가이사랴에 보냈다고 썼으면 누가의 주요 이야기에 타당하게 기여했을 것이다"라고 말한다(*Acts*, 2.1071).

71) 평상시처럼 "유대인들"이라는 간단한 언급은 누가가 유대인 나라 전체로 기독교에 대항하도록 설정했다는 추론을 가능하게 했다. 그러나 그것은 이 두 장에서 누가가 바울의 유대인

끌고 유대인들을 소환할 권위를 가진 (틀림없이 행정관의 이름으로)[72] 천부장은 23:26에서 글라우디오 루시아로 밝혀지며, 그는 유대인 지도자들을 불러 바울이 마치 유대인들의 사법권 아래 있다는 듯이 그를 심문하기보다는 바울의 지위와 성전 뜰에서 일어난 소동의 배경이 되는 사실들을 자세히 설명하도록 할 수 있는 권위가 있었다. 바울과 그가 대표하는 운동의 실제 정체가 무엇이냐가 여전히 논제였다.

심문은 어떤 진전도 이루지 못했다. 바울은 하나님 앞에서 자신의 깨끗한 양심을 증언함으로 시작한다(23:1).[73] 대제사장은[74] 바울 곁에 서 있는 사람들에게 바울의 입을 치라고 즉시 명령한다(23:2). 대제사장이 바울의 여는 말에서 왜 화를 냈는가? 아마도 그 상황에서 그리스어(언어 및 개념)를 사용한 것, 혹은 심지어 바울이 하나님을 언급한 것, 아니면 청함/지시를 기다리지 않고 말한 것이 불쾌했을 테다. 깨끗한 양심을 가졌다는 바울의 주장 자체는 그런 반응을 받을 만하지 않다. 그러나 대제사장이 틀림없이 이미 배교한 바리새인으로 여긴 사람을 향한 적대감은, 정당하지 않고

으로서의 정체성을 반복하여 언급한 사실을 이해할 수 없게 한다. 그리고 로마인들이 "유대인들"이라는 말을 구별 없이 언급하는 일은 전혀 놀랍지 않다.

72) 평상시처럼(*Jesus Remembered*, 271 n. 75를 보라), "산헤드린"은 잠재적으로 나라에 중요하며 특별한 논제를 고려하려고 소집된 유대인 지도자 위원회로 묘사하는 것이 더 정확할 테다.

73) 누가는 바울이 공의회에서 아람어(누가는 그렇게 말하지 않는다)나 그리스어로(천부장과 가까이 있는 그의 군인들을 위해서, 22:30과 23:10) 연설했다고 보았는가? 바울이 히브리어에는 없는 개념(양심)인 자신의 "선한 양심"을 주장하기 시작하고, 이 표현이 최근에야 훌륭한 그리스어로 받아들여졌기 때문에(예. Bruce, *Acts*, 463-64을 보라), 여기서 그 질문에는 어느 정도 의미가 있다. 이는 누가의 나중 관점을 반영하는가? 그 도입부는 확실히 바울다우나(비교. 롬 9:1; 고후 1:12; 딤후 1:3), 여기서(유대인 총회 앞에서는) 24:16에서보다 적절하지 않다.

74) 네데바이우스(Nedebaeus)의 아들인 아나니아는 약 47년부터 58년까지 대제사장이었다. 이는 어쩌면 57년에 있었을 바울의 마지막 예루살렘 방문과 잘 들어맞는다(§28.1). 그가 유대인과 사마리아인 간의 소란에 관여했다는 의심 때문에, 수리아 총독이 로마로 그를 보냈으나, 유대인을 위한 아그리파 2세의 간청으로 그는 무죄 선고를 받았다(Josephus, *War* 2.232-46; *Ant.* 20.118-36). 그 사건은 그의 백성들의 눈에 전혀 그에게 해가 되지 않았고, 당시 그는 권력의 절정에 있었을 것이다. 나중에 그의 부와 영향력이 기억되었는데, 그는 대제사장직에서 교체된 후에도 부와 영향력을 유지했다. 추가로 Hemer, *Book of Acts*, 170-71을 보라.

고압적인 행동을 설명하는 데 도움을 줄 수 있다.

바울은 분노로 그리고 동일하게 고압적으로 반응한다(23:3).[75] 대제사장에게 하나님의 심판이 임하길 요청하고 그를 "회칠한 무덤"[76]이라고 부른 것은 아주 강력한 인물을 향한 엄청나고 맹렬한 비난이었다.[77] 힐책을 받았을 때 "그가 대제사장인 줄 알지 못했다"(23:5)라는 바울의 사과(23:4)는, 기껏해야 모호하고 어쩌면 비아냥거림일 것이다.[78] 바울이 인용한 성경("네 백성의 관리를 비방하지 말라", 출 22:28)에는 다소 비아냥거리는 느낌이 확실히 있는데, 누가 공회 의장이든지 간에 그 사람이 "백성의 관리"였기 때문이다. 대제사장이 재판을 받지 않았거나 유죄로 판결이 나지 않은 사람을 체벌하도록 한 불법 행위 때문에 역설은 깊어졌다.[79] 한편 바울은 대제사장이 율법을 어겼다고 비난하며 율법을 인용했다. 대제사장보다 바울이 더 법을 지키고 있다!

그 후에 바울은 자신이 공정한 심문을 받을 기회가 없다고 추정하고, 종파라는 패를 꺼내 든다. 공의회는 사두개인과 바리새인으로 구성되었고, 이들은 죽은 자의 부활에 관해 의견을 달리했다. 바울은 바리새파와 대제사장파 간의 이 쐐기를 붙잡았고, 그것을 더 깊게 밀어 넣었다. 그것은 이 도가 시작하는 초기에 이미 분명하게 드러났다(5:33-39). 바울은 바리새인으로서 말했고[80] 새 운동의 유효함에 관한 전체 논제가 "죽은 자의 소망

---

75) 눅 23장의 예수의 처신과 두드러지게 대조된다.

76) 바울의 대응은 신 28:22(이스라엘의 불순종에 대한 하나님의 징벌적 "치심")과 겔 13:10-15(곧 무너질 담의 약함을 가리는 회칠; 비교. 마 23:27)의 암시를 혼합한 것으로 보인다. 쿰란 종파는 유대교 지도자들을 비판하며 비슷하게 겔 13:10을 암시한다. "담을 세우고 회칠하는 자들"(CD 8.12).

77) 아나니아는 자신의 정치적 책략을 지원하려고 자신의 부를 이미 사용했을 수도 있다. 그는 몇 년 후 유대인 봉기가 발생했을 때 살해당했다(66년)(Josephus, *War* 2.441-42).

78) 이 발언의 가능한 해석 범위는 Barrett, *Acts*, 2.1061-62을 보라.

79) 비교. 레 19:15; 요 7:51.

80) "바리새인의 아들"이라는 표현으로 바울은 자신이 가말리엘의 제자였음을 가리켰을 수도 있다(22:3; 비교. 고전 4:17; 딤전 1:2; 딤후 1:2). 위 §25 n. 60을 보라.

곧 부활"(23:6)이라는 문제로 압축된다고 주장할 수 있었다.[81] 계속되는 유대인적 정체성을 방어하고 유지하려는 다소 과감한 방법이 여기에 있다. 즉 서로 대항하는 제2성전기 유대교의 한 종파를 편드는 방법이다.[82] 전체 공회를 격렬한 논쟁으로 전락시키는 대가로(23:7-9), 그 전술은 바울이 자신의 (이전) 동료인 바리새인들의 지지를 얻는 데 어느 정도 성공했다. 천부장은 바울이 분파들 때문에 찢겨질까 두려워했는데, 그는 세 번째로 개입하면서 바울을 다시 한번 구한다(23:10). 추가적 환상은 바울이 선택한 과정에서 그가 지닌 패를 강화한다. 즉 바울이 로마에서 증언할 것이라는 환상이다(23:11).[83]

심문 자체에 관해서 분명 누가는 자기 서신을 받는 사람들이, 바울이 그곳에서 서로 대응하는 그 두 극단(이스라엘의 의식과 토라의 공식 수호자들, 그리고 이방인 개종자들과 하나님을 경외하는 자들에게 나아간 나사렛 종파를 대표하는 바울)이 화해할 전망을 재판이 전혀 제공하지 않는 것으로 바울이 결론지었다고 추정하기를 원했다. 관계의 골은 깊어졌고, 적대감은 날카로워졌다. 그러나 위치가 중간 영역에 더 가까운 사람들 간의 화해가 가능하냐는 문제는 여전히 미제로 남았다. 그들은 죽은 자의 부활도 믿었고, 몇몇 구성원은 이미 신자였던(15:5) 바리새인들이었다. 또한 그들은 여전히 율법에 열심인

---

81) 바리새인은 여전히 상당히 최근 견해였던 죽음 뒤에 신실한 자들(혹은 모든 인간이)이 부활을 기대할 수 있다는 견해를 포용했다(Jesus Remembered, 396 n. 83, 821-23을 보라). 한편 사두개인은 그들의 신앙과 관습에서 보수적이었다(사회 지배층이 흔히 그렇듯이). 그것이 토라에 없다면, 그것을 포용해야 하거나 포용할 필요가 없었다는 것이다(Josephus, Ant. 18.16). 이 기준에서는 부활에 대한 신앙뿐만 아니라 또한 중간기의 특징이었던 천사와 영들의 급증하는 수직 구조를 향한 관심이 배제되었다(Bruce, Acts, 466). 이런 이유로 행 23:8-9의 내용이 있다(이에 관해서 Fitzmyer, Acts, 719; Barrett, Acts, 2.1065-66; F. Parker, 'The Terms "Angel" and "Spirit" in Acts 23,8', Biblica 84 [2003], 344-65을 보라).

82) 이 변호 노선의 정당성에 대한 염려는(Barrett, Acts, 2.1064이 언급했다) 묘사된 상황의 긴급 사태나 누가가 자신에게 허락한 극적 허용에 대한 여지를 거의 두지 않는다(또한 Haenchen, Acts, 638을 보라).

83) 그 모티프가 18:9-10과 27:23-24에도 있다. 바울이 로마에 도착할 것이라는 확신은 그 주제에 관한 바울의 소망과 일치한다(롬 1:10-13; 15:24, 28-29, 32). 그 소망은 그런 환상들 때문에 지속되었을 것이다.

수만의 신자들이었다(21:20). 전체 사건에서 그들의 부재는 불길한 느낌을 준다. 다시 말해서 그 관계의 단절이 유대교와 "기독교" 사이의 문제인지, 아니면 더 정확하게 유대교 내 다른 종파 간의 문제인지, 아니면 심지어 유대인 기독교와 바울 사이의 문제인지에 관한 질문이 남아 있다![84]

우리는 그런 대립이 바로 그런 방식으로 일어났다고 여전히 확신할 수 없다. 누가에게는 여기서 의존할 수 있는 직접적인 보고 내용이 있었을 수 있고, 묘사된 사건들은 비록 놀랍기는 하지만 결코 믿기 어려울 정도는 아니다.[85] 바울이 자신을 바리새인으로 규정한 것은 빌립보서 3:5과 일치하고, 예수의 부활만이 기독교 신앙의 중심이라는 바울의 확신을 누가는 공유한다.[86] 더 자세한 내용이 무엇이든 간에, 어쩌면 더 중요한 점은 누가의 묘사가 당시 유대교 분파주의와[87] 그 분파주의 안에서 최초의 기독교가 취했던 역할의 정곡을 확실하게 찔렀다는 것이다.

---

84) 누가 자신의 시대에는 그 점이 그리스도인과 바리새인(66-70/73년 봉기 실패에서 회복하고 있던 유대교에서 유일하게 생존한 지배당)의 어떤 가능한 화해의 기반이었을 것이다. 공유한 희망의 공동 기반에 대한 주장은 사도행전 마지막 장에서 반복된 특징이 된다(24:15; 26:6-8; 28:20).

85) Baur의 언급("사도가 부활에 관해 무심코 내던진 한마디가 그렇게 맹렬한 불길을 일으킬 수 있는 줄 거의 상상하지 못했다", *Paul*, 216)은, 그도 종교 분파주의가 얼마나 강렬할 수 있는지 거의 몰랐음을 보여준다. Weiss도 비슷하게 회의적이다(*Earliest Christianity*, 374 n. 108). Becker도 그렇다—바리새인이 바울과 공동 전선을 형성하여 사두개인에 대항했다는 점은 "이미 역사적 사실의 확연한 왜곡"이다(*Paul*, 453). 대조적으로, Barrett, *Acts*, 2.1053-55은 Haenchen의 공연히 트집 잡는 회의주의(*Acts*, 639-43)에 대한 정당한 비판이다. Weiser, *Apg.*, 615을 참고한 Fitzmyer, *Acts*, 715-17도 비슷하다. 또한 Lüdemann, *Early Christianity*, 245-56을 보라. Omerzu는 그 서술이 전통적이지 않고 온전히 누가에게 거슬러 올라간다고 결론짓는다(*Prozess*, 395-96).

86) 예. 롬 10:9; 고전 15:14, 17.

87) 예로, Haenchen은 행 21:21과 22:3이 언급한 "열심"에 내재된 분파주의를 전혀 인식하지 않는다. 자신이 바리새인이라는 바울의 주장에 관해서(23:6) 그는 "여기서 말하는 이가 역사적 바울이 아니라는 것에 대한 증거는 정말 필요 없다"(*Acts*, 641, 643)라고 무모하게 선언한다. Hvalvik는 "역사적 바울이 '부활에 관해서 나는 바리새인이요'라고 말할 수 있음은 상상할 수 없는 내용이 전혀 아니다"('Paul as a Jewish Believer', 150)라고 공정하게 대응한다.

b. 바울에 대항하는 음모와 그 속편

누가는 극의 긴장이 조금이라도 느슨해지는 것을 허락하지 않는다. 이제 "유대인들", 아니면 적어도 완고한 유대인의 무리는 바울을 암살하기로 모의하고(23:12-13),[88] 초기에 베드로와 요한을 반대한(4:5, 8, 23) 적대적인 당국자들("대제사장들과 장로들")과 공모하여 동맹을 맺는다(23:14). 음모는 단순하다. 천부장에게 추가 재판을 요구하고 이동하는 바울을 길에서 암살하는 것이었다(23:15).[89] 이렇게 해서 바울을 향한 유대인의 적대감과 바울을 위한 로마의 보호를 훨씬 더 날카롭게 대조할 수 있다. 더 중요한 점은 누가의 전체적인 계획에서 이것이 바울을 향해 유대인들이 지닌 적대감의 절정이라는 사실이다. 이 지점부터는 유대인의 적대감과 그 효과가 점점 줄어든다.

누가의 큰 계획에서는, 바울 자신의 공동체 내부에서 바울을 지원하려고 모인 유일한 사람이 바울의 직계 집안에 속한 사람(바울의 조카)이었다는 사실 역시 놀랍다.[90] 그 젊은이가 음모를 들었고, 바울이 잡혀 있는 영내에

---

88) 염두에 둔 사람들을 칼로 정치적 반대자를 암살하는 사람들인 "시카리"로 부를 수 있는지는 분명하지 않다(위 n. 35에서 보라). 누가는 여기서 그 용어를 사용하지 않는다. 그러나 이미 언급했듯이, 요세푸스에 따르면 시카리는 벨릭스 총독 재임 중에 활동하기 시작했다(*War* 2.254). 따라서 우리는 로마의 간섭과 그리스의 영향으로 인한 타락으로부터 분명하게 구별하여 자신의 국가적 정체성을 유지하는 데 헌신한 일단의 유대인을 쉽게 상상할 수 있다. 그런 집단은 바울을 반역자로 여기고(21:21, 28) 그를 제거하기 위해서 극단적인 수단을 기꺼이 취하려고 했을 테다. 우리는 벨릭스가 대제사장 요나단의 가장 신뢰하는 친구에게 "요나단을 공격해서 죽이기 위해 도적들을 데려오도록" 뇌물을 제공했다는 요세푸스의 보고에 주목해볼 수 있다(*Ant.* 20.163; *War* 2.256은 그 살인을 시카리의 소행으로 돌린다). 따라서 여기서 그 이야기는 누가가 다시 이야기하며 얼마나 극적으로 묘사했든지 간에 역사적 타당성이 부족하지 않다.

89) 분명 누가는 음모자들이 음모에 실패하여 자신들을 죽음으로 내몰았다는 어두운 유머를 자기 독자들로 누리도록 의도했을 것이다. 그리스어는 문자 그대로 "자신들을 저주 아래 두었다"라고 말하는데, 이는 그들이 그 계획에 성공하지 못하면, 자신들이 파멸할 것이라는 말이다(신 13:15; 20:17; 수 6:21 등등). 독자나 청자가 이 점을 놓치지 않도록, 바울이 죽을 때까지 먹지 않겠다는 맹세를 반복하여 언급하는 듯하다(23:12, 14, 21).

90) 이는 예루살렘에 바울의 친척이 있었음을 우리에게 처음 알려준다. 그러나 그러면 안 되는

들어가서 바울에게 말한다(23:16). 조카가 어떻게 그 음모를 알았는지 누가는 말하지 않는다. 이야기꾼은 그런 상세사항을 독자의 상상에 맡기길 선호한다. 조카가 구금 중인 바울에게 (친척으로서) 자유로이 접근할 수 있었다는 사실은[91] 바울을 지원했던 다른 방문객들에 대한 누가의 침묵을 더욱 부각시킨다. 결국 바울은 그 음모를 알리라고 조카를 천부장에게 보낸다(23:17-21).[92] 중요하게도 그는 로마인에게 향한다. 유대교 안에서나 심지어 예루살렘 교회에서도 도움을 예상할 수 없었다. 바울은 완전히 고립되었고, 온전히 로마인들의 보호에 의지한다. 천부장은 상황에 대해 추가로 설명하고 바울에게 심각하게 기소할 하등의 죄가 없다는 내용의 편지와 함께, 이내 바울을 중무장한 호위 하에(예루살렘 주둔군의 반!)[93] 가이사랴 본부에 있는 총독(벨릭스)에게 호송하는 것으로 대응한다.[94] 그것은 모두 유대인

가? 그가 학생으로 처음 예루살렘에 왔을 때 누구와 머물렀을까? 누가의 기교는 이야기의 흐름이 요구할 때만 그런 인물들을 소개한다.

91) "바울은 구금 중인 죄수였기 때문에 그만큼 보호받는 유치장에 있었다"(Rapske, *Paul in Roman Custody*, 149).

92) 음모에 대한 23:16-21의 자세한 보고는 10:1-11:18의 반복과 똑같은 목적과 효과가 있다. 즉 이야기에 비중을 더하기 위해서인데, 여기서는 한편으로 "유대인들"과 다른 한편으로는 자기 백성 안에서 거의 완전히 소외된 바울 사이의 날카로운 대조를 강조함으로써 그렇게 한다.

93) Barrett, *Acts*, 2.1078에 있는 상세 사항. 예루살렘 로마 주둔군의 규모에 관해서는 *NDIEC*, 6.159-61을 보라. 그런 삼엄한 호위의 타당성에 관해서는 Rapske, *Paul in Roman Custody*, 153-55을 보라. 안티파트리스(Antipatris)는 하루만에 걸어가기엔 너무 멀었기 때문에(약 64km), "밤에" 이동했다는 언급(23:31)은 밤이 되어서야 목적지에 도착한 연장된 하루를 암시할 수도 있다. 가장 위험한 지역을 떠나왔기에, 바울을 호위한 본대는 그 이후에 귀환할 수 있었다(23:32).

94) 앞선 연설문들을 작성할 때처럼, 누가는 자신이 타당하다고 생각한 용어와 정서로 이 기간 내내 바울을 향한 로마 당국자들의 일반적으로 호의적인 태도를 반영하는 서신을 작성할 자유를 느꼈을 것이다. 그 서신은 적절하고 공식적인 양식으로 쓰였고, 보내는 이의 이름과 의도한 수신자의 이름 및 그의 고위 공직자 명칭("각하") 그리고 적절한 안부를 포함한다. 일이 잘못되었을 때 책임을 피하려고 낮은 직위의 로마 당국자가 잠재적으로 격정적인 논제를 그의 상관에게 보고했을 것이라는 점은 온전히 이해할 만하다. 기원후 110년부터 소플리니우스는 황제의 행정가나 비두니아의 특사로서 그런 까다로운 질문에 대해 조언을 구하려고 황제 트라야누스에게 편지를 계속 썼기에 우리에게 알려졌다. 예루살렘 주둔군 지휘관인 글라우디오 루시아는 기꺼이 사실을 왜곡하며 자신을 가장 돋보이게 제시했다는 사실(바울이 로마 시민이기 때문에 그를 구출했다는 언급)은 역시 놀랍지 않다. 그런 표현은 천부장에게 결코 불공평하지 않을 테다. 루시아의 행동에 대해서는 Sherwin-White, *Roman*

내부의 불일치 문제였다(22:22-30). 가이사랴에 있는 "궁"[95]으로 밤사이 이송하는 일은 성공했고, 총독은 공식 청문회를 준비한다(23:31-35).

이 모든 일 가운데 바울을 중심으로 모이거나 그를 대신해 대변하는 형제들이나 제자들 혹은 신자들에 대한 언급이 전혀 없다는 사실이 놀랍다고 여겨질 수 있다. 유대 공동체 내의 갈등은 나사렛 종파 내의 갈등에 분명히 반영된다(비교. 6:1-8:2).[96] 왜 누가는 형제를 향한 관심으로 결속된 예수 운동의 의미를 강화하는 그런 언급을 누락했는가? 다시 한번 결말은 로마 천부장의 보호 역할을 강조한다. 그리고 누가는 갈리오의 판결을 강조할 기회를 얻는다(18:14-15). 바울(과 그의 선교)에 대한 유대 당국자들의 항의는 순전히 내부의 문제, 즉 전적으로 유대인 내의 문제이지 로마 지배자들이 관심을 가질 만한 사안이 아니라는 것이다. 물론 여기서도 누가의 서술을 입증할 방법은 없다. 우리가 말할 수 있는 점은 상세한 내용과 상황이 그 시대와 잘 들어맞는다는 점뿐이다.[97] 그리고 어느 정도 가이사랴에 있었던 사람(27:1, "우리")인 누가에게는, 사건이 전개될 때마다 자신에게 알려줄 수 있는 사람이 그 지역의 로마 주둔군에 있었을 것이다.

c. 총독 벨릭스 앞에서의 재판(행 24:1-27)

일정하게 반복되는 법률 용어가 확인해주듯이, 누가가 이야기하는 총독

---

95) "궁"은 지방 총독의 공식 거주지였다. 여기서 그것은 헤롯 대왕이 자신을 위해 지은 궁전을 언급한 것이고, 이제 명백하게 총독의 군사 본부와 주둔군을 위해 사용되었다. 추가로 Rapske, *Paul in Roman Custody*, 155-58을 보라.

96) "팔레스타인에서 바울이 2년 동안 재판받고 투옥되었을 때 그들[예루살렘 지도자들]이 그 종파 전체가 그 논제에 관여하는 것을 예방하려고 바울과의 관계 단절을 선호했다는 짐작은 타당하다"(Judge, 'Early Christians', 14).

97) 다른 곳에서처럼, 여기서도 Barrett(*Acts*, 2.1070-71)와 Jervell(*Apg.*, 565)의 언급은 탁월하게 합리적이다. 또한 Omerzu, *Prozess*, 398-420을 보라.

벨릭스 앞에서의 재판은[98] 처음이자 유일하게 제대로 된 재판이었다.[99] 누가가 비록 그 재판에 대해 아무 말도 하지 않았을지라도, 바울을 피고인으로 한 심리가 공식적으로 열렸다고 추정해야 한다. 따라서 누가가 여기서 좋은 전승과 어쩌면 목격자의 증언이나 회상에 의존했다고 자신할 수 있다.[100] 동시에 누가는 그런 상황을 특징짓는 수사학적 형식과 수사를 분명히 알았고, 그에 맞추어서 간소한 기소 연설(24:2-4)과[101] 변론(24:10-11)을 도입한다.[102] 그 서술은 그 사건의 주도권이 유대인의 손에서 얼마나 많이 벗어났는지를 암시한다. 대제사장 아나니아는 이제 법정장이기보다는 오히려 탄원인으로서 가이사랴로 내려왔고, 단지 "몇 명의 장로들"만 참관했다. 그리고 그 소송은 이제 전문 변호인("수사학자")의 손에 맡겨진다. 즉 더둘로다. 그 라틴 이름은 더둘로가 유대인이 아님을 시사할 필요는 없다.

---

98) 특이하게, 벨릭스는 클라우디우스 황제가 풀어준 노예였다. 그러나 그는 황제가 친애하는 자였고, 클라우디우스는 자유민에게 너무나 많은 권력을 부여한 자로 유명했다. 벨릭스는 불안이 커졌던 52/53-59/60년부터(유대인 봉기는 66년에 일어났다) 팔레스타인의 총독이었는데, 이 때문에 그는 실정으로 비난 받았다(추가로 Schürer, *History*, 1.460-66을 보라). 법정에서 판결 이유가 그에게서 등을 돌렸을 때 그의 비천한 태생은 도움이 되지 않았을 테다. 타키투스는 당시에 괜찮았던 짤막한 농담으로 그를 요약했다. "그는 노예 정신으로 왕의 권력을 행사했다"(*Hist.* 5.9). 추가로 D. W. J. Gill, 'Acts and Roman Policy in Judaea', *BAFCS*, 4.15-26(여기서는 21-25).

99) 행 24:1, 2, 8, 10, 13, 14, 19, 20, 22.

100) 이름들(아나니아 더둘로[다른 곳에선 우리에게 알려지지 않음])은 대개 누가의 전승에 대한 의존을 나타낸다고 이해되고, 벨릭스의 묘사는 그답다(비교. 예. Lüdemann, *Early Christianity*, 249-50; Jervell, *Apg.*, 573-74). Sherwin-White는 그 이야기가 "일반적이지 않은 지방 형벌 절차의 모범적인 서술이다"라는 Mommsen의 판단을 인용하고(비슷하게 Tajra, *Trial*, 115. 총독 벨릭스와 베스도 앞에 선 바울의 모습과 관련함), 이렇게 결론을 내린다. "베스도와 벨릭스 앞에서 열린 재판에 대한 서술의 모든 상세 사항은 충분히 정확하다"(*Roman Society*, 48, 68; 추가로 48-53을 보라). 추가로 Omerzu, *Prozess*, 422-56을 보라.

101) 특별히 아첨하는 도입부와 "각하"라는 호칭(24:2), 호의에 대해 공손하게 감사함(24:3), 짧게 할 것이라는 약속과 "당신의 (관습인) 관용"으로 들어주기를 요청(24:4).

102) 그 연설은 대단히 관례적이며, 이전 사건들을 간단하게 반복하고, 또한 누가 자신의 의제(유대인의 합법 종파로서 기독교; 특별히 24:24-25을 보라)를 진전시킨다. 따라서 누가가 이 부분을 구성했음을 거의 부정할 수 없다(기소 연설이 정말로 11행으로만 이루어졌을까?). 예. Jervell, *Apg.*, 573과 그가 인용한 학자들을 보라(n. 241). 누가가 그 사건에 대한 어떤 회상에 의존할 수도 있었음을 시사하는 특징은 바울이 예루살렘에 온 목적, 즉 연보 전달을 암시한다(24:17).

누가는 그 점에 대해 어느 한쪽으로도 말하지 않는다.[103]

고발의 처음 두 요점은 전염병과 소요라는 이미지를 사용한다. "이 사람은 전염병의 근원이며 보균자다." "그는 불화/갈등/모반을 조장한다"(24:5). 더 두려운 두 가지 가능성은 지역의 총독에게 제출될 수 없었다.[104] 거기에 개입된 의도는 "나사렛 종파"를 가능한 한 진흙탕으로 만드는 데 있었을 것이다. 그 고발은 엄밀한 의미에선 바울을 향했으나, 바울이 그 종파의 주모자로 위험을 제기했다는 의미에서 다른 나사렛 사람들의 무죄를 선언하려는 시도는 없었다.[105] 성전을 모독했다는 구체적인 고소(24:6)는 첫 고발을 요약한다(21:28). 고소를 더 자세히 설명하는 일은 이야기의 전개에 그렇게 중요하지 않다.[106]

누가의 묘사에서 바울은 공식적인 수사법에 동일하게 친숙하고 그에 맞추어 수사적 표현을 제대로 사용할 수 있었다. "당신이 여러 해 전부터 이 민족의 재판장 된 것을 내가 알고 내 사건에 대하여 기꺼이 변론하나이다"(24:10). 벨릭스의 판단을 확신하는 그런 표현이 완전히 부적절하다고 할 필요는 없다. 드루실라와의 결혼(24:24)이 유대인 문제에 관해 흔치 않은 분량의 지식을 벨릭스에게 주었을 것이다.[107] 그는 다른 사건에서 합리적

---

103) 추가로 Barrett, *Acts*, 2.1093-94을 보라.

104) "그 고발은 클라우디우스의 원수(元首) 정치나 네로 초기 시대의 유대인을 향한 고발이었다"(Sherwin-White, *Roman Society*, 51).

105) 독자는 15:2, 17:5-8, 18:12-17, 19:23-41, 21:27-36과 같은 이야기들을 회상할 것이다.

106) 서방 사본은 글라우디오 루시아가 등장한 부분을 포함하지만(24:6c-8a), 그 구절들은 보통 후대의 설명으로 받아들여진다(Metzger, *Textual Commentary*, 490).

107) 드루실라는 헤롯 아그리파 1세의 가장 어린 딸이었다. 요세푸스에 따르면, 그녀는 37/38년에 태어나서 수리아 에메사의 왕 아지주스와 결혼했다. 드루실라는 그 전에 코마게네의 왕 안티오코스의 아들인 에피파네스와 약혼했으나, "에피파네스는 유대교로의 개종을 원치 않았기 때문에 결혼을 거절했다." 그리고 아지주스와의 결혼은 그가 할례에 동의한 후에야 진행되었다(*Ant.* 20.139). 그녀는 매우 아름다웠다고 하며, 벨릭스는 아지주스를 떠나 자신과 결혼하도록 그녀를 설득했다(*Ant.* 20.141-44). 따라서 보고들이 충돌한다. 개종과 할례에 대한 강조가 어느 정도나 드루실라의 견해를 반영하는가?(벨릭스와 결혼할 때 드루실라는 아직 20살이 안 됐다) 그리고 그녀의 전통적인 유대 혼인법 위반은 일탈인가 특징적인가?(가정하건대 벨릭스가 할례를 받았다는 데 의문이 전혀 없다) 누가가 여기서 그녀를 굳이 언급했다는 사실은, 누가가 그녀의 출현을 바울 메시지의 유대적 성격을 벨릭스

인 주장을 잘 받아들인 듯하다.[108] 바울의 반응(24:11)은 자신의 전통적인 경건(그는 예배하러 예루살렘에 올라갔다)을 강조하고, 자신이 문제를 일으켰다는 고소가 비현실적임을 보여준다. 그는 단지 12일 동안 예루살렘에 있었다. 이는 반란을 조장할 만한 시간이 결코 아니다![109] 바울의 대답은 유대의 상황에서 바울이 언급한 행동 방침(고전 9:20)과 야고보가 옹호하고 21:23-26에서 바울이 취했던 저자세와 일치한다.[110]

바울은 고소당한 "종파"가 성경을 따라 "조상의 하나님"을 섬기고, 부활, 즉 의인과 악인의 부활이라는 같은 소망(24:15)을 공유한다고 "고백"한다(24:14).[111] 바울은 과장된 기소에 과장으로 대응한다. 즉 사두개인인 아나니아는 부활을 믿지 않았고, 장로들 가운데 바리새인들만이 그렇게 믿는다는 것이다(23:8). 그러나 그런 과장은 주로 그리고 공평하게 요점(바울과 누가 둘 모두에게), 즉 예수 종파가 유대 백성들의 다른 집단처럼 예배에 관해서는 한결같이 전통을 따랐고 믿음에 관해서는 아주 철저하게 성경을 따른다는 점을 강조한다. 고백의 초점이 하나님 중심인 것은 특별히 주목할 만하다. "나는…조상의 하나님을 섬기고…하나님께 향한 소망을 가졌으니"(24:14-15).

전통을 따르는 바울의 경건이 추가로 강조된다. 바울은 하나님을 향해서뿐 아니라 일반 사람들(자기 동족 유대인들 포함)에게 항상 깨끗한 양심을 가지려 노력했고(24:16), 자기 백성에게 구제품을 가져왔으며 제물을 바치려고 왔다(24:17). 성전에서 문제가 일어나기 시작했을 때, 그는 정결 의식을 마치고 있었다(24:18). 그를 고소할 유일하고 가능한 기반은 죽은 자의 부활

가 인정했다는 일종의 확인으로 보았음을 시사한다.

108) Josephus, *Ant.* 20.178.

109) 12일에 대해서는 Bruce, *Acts*, 478과 Barrett, *Acts*, 2.1102-3을 보라

110) 행 24:12은 흥미로운데, 그것이 그 도시에 다수의 회당이나 모임 장소(다른 이익 집단과 국가들을 위한)가 있었음을 나타내기 때문이다(비교. 6:9).

111) 비교. 단 12:2; 요 5:28-29; 계 20:12-15.

을 믿는다는 확언이다(24:19-21).[112] 누가(와 바울)는 기독교와 이스라엘 조상의 믿음 사이에 상당한 공통부분과 직접적 연속성이 있음을 부단히 주장한다.[113] 그는 이스라엘의 설립 원리들과 지속되는 우선 사항들을 전혀 개의치 않는 변절자나 배교자가 아니다.

그에 대해 벨릭스는 사건을 연기하고 바울을 예루살렘에서 천부장 루시아가 올 때까지 자유로운 옥에 가두도록 판결했다.[114] 누가는 벨릭스가 "이 도에 관한 것을 더 자세히 안다"라고 말한다. 그 주장은 다소 놀랍다. 비록 "나사렛 이단"보다는 "그 도"라는 누가의 언급이 벨릭스가 정말로 예수 운동에 관해 어느 정도 알았음을 시사하지만 말이다(24:5). 능력 있는 총독에게는 어느 곳에서나 정보원이나 첩자들이 있었다. 그러나 드루실라라는 부인(24:24)이 그의 전임자들에 비할 때 국내 정치에 대한 흔치 않은 통찰을 제공했을 것이다. 그 경우 그는 루시아에게서 더 자세한 보고가 실제로 필요하지 않았고, 판결을 연기한 이유는 단순한 핑계였다(누가는 이 점에 대해 더 말하지 않는다).

누가의 이야기에서 가장 흥미로운 사건 중 하나는 그 이후 며칠 동안 벨릭스와 바울 사이에 있었던 개인 면담이다(24:24-25). 그들의 대화 주제에 관한 묘사는 흥미롭다. 바울과 누가가 인식한 대로 "그리스도 예수의 믿음"이 의제였을 것이며,[115] 바울은 총독을 개종시키려 했다. 한편으로 "의와 절제와 장차 오는 심판"은 철학 논쟁의 특징과 같은 것을 환기한다. 확실히 "의"는 철저히 그리고 거의 독특하게 유대적인 용어로서, 백성의 구

---

112) 성전 내에서 폭동을 야기했다는 고소에 대해 말할 사람은 없었다(24:19). Sherwin-White는 "로마법은 고발하기를 포기한 고소인에 대해서 매우 엄격했다"라고 말한다(*Roman Society*, 52).

113) Haenchen, *Acts*, 658-59.

114) 이 판결은 그의 친구들(*hoi idioi*, 자기 사람들)이 그에게 오는 것을 막아서는 안 된다는 것이다(추가로 Rapske, *Paul in Roman Custody*, 171-72; Barrett, *Acts*, 2.1113을 보라). 이것은 지역의 그리스도인이 바울과 연대했고 바울의 필요를 공급했음을 언급할 기회였으나, 누가는 그것을 암시할 뿐이다.

115) 예. 11:24; 15:9; 20:21; 롬 1:17; 3:22; 갈 2:16을 보라.

성원이나 언약으로 개인에게 주어진 의무의 성취를 뜻하는 것으로 사용되지만,[116] 그리스어에서 그것은 "정의"라는 더 추상적인 의미로 이해될 것이다. 두 번째 항목인 "절제"의 경우는 상당히 다른데, 절제는 그리스 사상에서 자주 나타나지만 70인역과 신약에서는 거의 나타나지 않기 때문이다.[117] 전자에서 그것은 철학 윤리의 이상에 해당하는 핵심 용어다. 즉 모든 인간 욕망(음식, 음료, 성 포함)에 관한 절제를 말한다. 한편 "장차 오는 심판"(최후 심판이 아님)은 두 사상에서 모두 친숙했을 것이다.[118] 어느 쪽이든 누가는 바울이 벨릭스를 "이해시켰다"고 묘사했다. 벨릭스의 반응(덧없는 정치권력[그는 2년 내에 물려난다]과 정착된 신앙 및 신앙의 결과인 절제 사이에서 실존적 선택을 미루는 반응)은 그를 바람직하지 않은 기회주의자로 만들었다.[119]

사건의 이런 양상(빈번한 개인 대화)은 2년 동안 계속되었고, 누가는 벨릭스가 뇌물을 원했다고 충분한 확신을 가지고 의심한다(24:26). 그런 태도는 벨릭스에 상당히 어울린다.[120] 이미 언급했듯이, 요세푸스에 따르면, 벨릭스는 암살 자객단이 제사장 요나단을 살해하도록 제사장 요나단이 가장 신임하는 친구에게 뇌물을 주었다.[121] 그리고 어쨌든 직위가 높은 로마 공직자들이 자신들의 미래의 번영에 도움이 되는 선물과 청탁을 거부하는 일은 흔치 않았다.[122] 벨릭스가 24:17에 언급된 구제금, 즉 바울이 예루살렘

---

116) 위 §33 n. 90을 보라.
117) 예. Sir. 18.30; 고전 7:9; 갈 5:23. Stowers는 로마인들이 극기 문제에 깊은 관심이 있었다고 논증한다(*Rereading of Romans*, 2장). 그러나 5:3-4, 7:18, 12:3(45, 73, 82)의 언급은 설득력이 거의 없다.
118) 구약에서는 예로 사 13:6-16; 욜 2:1-2; 습 1:14-2:3을 비교하라.
119) 바울을 개인적으로 심문한 벨릭스에 대한 묘사는 훌륭한 구성이고 타당해 보인다. 그러나 이 이야기가 헤롯 안티파스와 세례 요한의 만남과 유사하다는 점이 두드러지며(두 통치자 모두 다른 이의 부인을 훔쳤다. 그리고 특별히 막 6:20 비교), 누가가 자신의 복음서에서 막 6장을 누락한 일은, 자신의 두 번째 글까지 특정 사건의 충격을 늦추려는 의도를 보여주는 추가 예시라고 할 수도 있다(위 §21.2d를 보라). 또한 Mason, *Josephus*, 176-77을 보라.
120) Haenchen은 벨릭스에 관한 두 묘사(24:24-25과 26)가 양립할 수 없다고 생각한다(*Acts*, 662)!
121) 위 n. 88을 보라.
122) 요세푸스는 베스도의 후임인 알비누스가 감옥에 남겨둔 유일한 사람들이 적당한 뇌물을

에 가져왔고 엄밀히 말하면 여전히 바울이 관리하고 있는(연보가 예루살렘 교회에 전달되지 않았다) 연보(!)에 대해 알았다는 함의가 있는가? 개인적인 대화로 바울을 심문하는 벨릭스의 모습은 바울의 메시지를 수용함으로써 불가피하게 이어지는 결과에 혐오감을 느낀 만큼이나 바울이라는 인물과 그의 메시지에 끌렸다는 인상을 준다.

누가는 벨릭스가 2년 더 관직에 머물렀다고 언급하며,[123] 이 기간에 벨릭스는 "유대인들"의 마음을 얻으려고 바울을 옥에 두었다(24:27). 벨릭스는 59년이나 60년에 소환되었다고 알려졌다.[124] 요세푸스가 전한 내용에 따르면, 가이사랴의 유대 공동체 지도자들이 벨릭스의 실정을 고발하려고 로마까지 쫓아왔으나, 클라우디우스의 총애를 받던 영향력 있는 자유민 팔라스(Palllas)라는 벨릭스의 형제의 간청으로 네로가 그를 면해주었다(*Ant.* 20.182). 단지 지역의 유대 지도층만이 항의를 제기했다는 사실은 생각건대 바울을 옥에 두어서 "그 유대인들"(예루살렘을 대표하는 지도층, 비교. 25:9)의 환심을 사려는 벨릭스의 시도가 어느 정도 성공했다는 의미일 수 있다. 그러나 상당히 적은 사실만을 가지고, 사도행전과 요세푸스를 연관시키는 것은 위험하다. 특히나 이곳의 묘사가 그 지역을 대표하는 유대인들이 하나같이 바울에게 적대감이 있었다고 묘사하려는 누가의 한결같은 시도와 일관되기 때문이다.

d. 긴장이 고조되다(행 25장)

여러 방면에서 25장은 사도행전에서 가장 이상한 장이다. 바울이 로마 사람들에게 구금됐던 일은 벌써 세 장 이상에서 다루었다. 그리고 누가에게 이 장에서 이야기된 사건들을 한두 개의 간결한 문장으로 압축하는 것

줄 수 없던 사람들이었음을 말해준다(*War* 2.273).

123) 위 §28 n. 15.
124) 위 §28.1b를 보라.

보다 더 쉬운 일은 없었을 것이다. 가이사를 향한 상소가 이 장의 극적인 부분이라 할지라도(25:11-12), 적은 두루마리 공간이나 이야기를 계속 진행해야 한다는 근심 때문에, 누가는 26장의 연설 마지막에 그 부분을 쉽게 포함할 수도 있었다.

그렇다면 왜 26장에 언급된 아그리파와의 대면까지 느리게 진행됐는가? 분명한 답은 누가가 기량이 지극히 뛰어난 이야기꾼이라는 것이다. 그 장의 기능은 긴장감을 형성하는 데 있다. 벨릭스 앞에서 재판은 연기되었다. 그 후 2년은 한두 문장으로 무시될 수 있었다. 단 한 가지도 해결되지 않았다. 그러나 이제 새로 부임한 총독 베스도 아래에서,[125] 긴장은 강렬한 리듬으로 새롭게 조금씩 고조될 수 있다. 고조되었다가 내려오고 결국 다시 고조되어 훨씬 강력한 절정에 도달하는 음악의 크레센도처럼, 바울의 수난 이야기는 그 절정을 향해 치닫는다. 그 이야기는 본청을 떠나 예루살렘으로 올라가는 흔치 않은 조치를 취한 베스도로부터 시작한다(25:1). 그가 예루살렘 방문을 자신의 첫 우선순위 중 하나로 삼아야 했다는 점은, 당시에 점점 더 커지는 긴장(점증하는 약탈 또는 게릴라 행동)과[126] 이스라엘의 수도와 심장부인 예루살렘을 지휘하는 일의 중요성을 상기한다. 대제사장들과 다른 유대교 지도자들은 바울을 예루살렘으로 이송하길 요청한다(25:2-3). 바울이 대제사장들과[127] 다른 고위층 유대인들에게 중요한 협의 사항이었다는 사실 역시 이해할 만하다. 이방인을 향한 바울의 선교가 대표하며 상징하는 위협은 유대인의 국가적 정체성과 온전함에 대한 위협으로서, 당시 다른 불만이 무엇이었든지 간에, 그것은 바울의 사건을 두드러지

---

125) 요세푸스에 따르면, 베스도는 그의 전임자(벨릭스)나 그의 후임(알비누스)보다 훨씬 더 강력하고 공정한 총독이었다. 그는 반체제 무리들을 향해 확고한 조치를 취했고 성전 지역에 세워진 담과 관련된 까다로운 상황을 세심하게 다루었다(*Ant.* 20.185-95). 다음 이야기에서 그를 묘사한 방식은 큰 그림과 어울린다.

126) 위 n. 35에서 보라.

127) 당시 대제사장은 이스마엘이라는 인물이었으나(Schürer, *History*, 2.231), 그 이야기는 더 이상 그런 상세 사항에 의존하지 않는다(비교. 23:1-5).

게 만들었을 것이다. 베스도는 유대인의 요구에 처음에는 단호했으나(25:4-5) 그 후에는 그들의 요구를 기꺼이 수용하여(25:9), 비열한 짓을 할 수 있는 문을 열어주었다(25:3).[128]

가이사랴에서 이어진 심리에서(25:6-7) 누가는 상세 사항에 대해 미적거리지 않는데, 특정한 기소나 논박도 언급하지 않는다("여러 가지 중대한 사건"). 분명 누가의 관심은 큰 붓놀림으로 장면을 설정하고 계속되는 기소와 그것을 부정하는 분위기를 자아내는 데 있다. 독자가 주목해야 할 요점들은 유대인들의 위협하는 태도,[129] 기소를 뒷받침할 증거의 부족(25:7), 여하한의 위법 행위(율법이나 성전 혹은 카이사르를 거슬렀느냐의 여부, 25:8)에 대한 바울의 전면 부인일 것이다. 마지막 요소(카이사르에 대항)는 기소의 놀라운 새 국면이지만, 그것은 예수에 맞서 사용된 유사한 전략(특별히 눅 23:2)을 반영하거나, 혹은 고소인이 본 대로 바울의 사역에 있는 체제 파괴라는 근본적 특징을 당국자에게 깨닫게 하려는 이해할 만한 시도를 반영할 수 있다.[130]

"내가 가이사에게 상소하노라"는 누가의 이야기의 가장 극적이고 흥미로운 부분 중 하나이고(25:10-11)[131] 분수령을 제공하는데, 바울의 재판 이야기가 유대와 유대교 내부의 비교적 작은 논쟁에서 그 당시에 사람들이

---

128) 바울에 대한 추가 음모를 상정하는 누가의 자료들은 무엇이었나? 가정하건대 이 사람들은 23:13에서 굶어 죽기로 맹세한 그 사람들이 아니다. 2년이 지났다! 누가는 단순히 같은 전략이 사용됐다고 추정했는가? 50년대 말과 60년대 초의 고조되는 긴장과 열렬한 분위기에서(유대인 봉기는 66년에 시작됐다), 그런 추정이 반드시 설득력이 없지는 않다.

129) 행 25:7 — 그들이 "그를 둘러서서"; 비슷하게 25:18.

130) 비교. 행 16:21; 17:7; 24:5.

131) 이 시점에 전혀 언급되지는 않았으나, 바울은 로마 시민의 권리를 행사한다. 즉 황제에게 재판받는 권리다(이 경우에는 황제 네로다. 그의 첫 5년인 54-59년은 훌륭한 통치 기간으로 기억된다). 베스도는 바울의 시민권을 법정 기록으로 알았을 것이고(23:27) 시민의 권리를 부인할 이유가 전혀 없었을 테다(Sherwin-White, *Roman Society*, 63-67; Schürer, *History*, 1.369; Rapske, *Paul in Roman Custody*, 186-88; Bruce, *Acts*, 488-89; 추가 참고문헌은 Fitzmyer, *Acts*, 746에 있다). 비록 그가 그렇게 할 의무에 매이지 않았다고 할지라도 말이다(Lentz, *Paul*, 144-53). 분명 누가는 그것을 로마 시민권의 가장 오래 되고 기본적인 권리 가운데 하나로 추정할 수 있었고, 그의 독자들도 이를 잘 알고 있었을 것이다(Hemer, *Book of Acts*, 130-31 n. 92).

알고 있었던 문명 세계의 주인인 로마 제국의 통치자 앞에서 벌어질 재판이라는 세계무대로 이동하기 때문이다(25:12). 이 지점에서 고조된 절정은 낮은 음조에서 높은 음조로 이동한다. 이 전환은 "유대인들"의 부재로 표시된다. 그들은 이야기 하반부에 전혀 등장하지 않으며, 대신 훨씬 더 유연한 아그리파(25:13-26:32)가 유대인의 이익의 대변자로 등장한다(26:2-3). 물론(그리고 이것이 요점이다) 카이사르에게 항소했다고 해서 문제가 해결되지는 않았으며, 그것은 단순히 바울을 유대인 사법권에 다시 넘겨주지 않음을 보장한다(짐작하건대 바울의 최고 관심). 그러나 헤롯 아그리파 2세가 등장하면서, 바울의 위대한 마지막 증언(26장)으로 이어지는 내용이 새롭게 시작되는데, 그 내용은 새로운 정보를 하나도 주지 않지만 단순히 긴장감을 훨씬 더 자아내는 부진한 대화로 시작한다(25:13-27). 이것은 탁월한 이야기꾼이자 극작가인 누가의 솜씨다.

아그리파 2세는 아그리파 1세의 아들이었다.[132] 아버지가 죽을 때(44년) 그는 단지 16살이었다. 클라우디우스 황제는 아그리파 2세가 상속받기에 너무 어리다고 판단했고, 그 대신 로마 총독을 임명했다(Josephus, Ant. 19.360-63). 그러나 그사이에 황제는 헤롯 대왕의 이전 왕국의 북동쪽 영토를 점점 더 그에게 주었다.[133] 아그리파 2세의 유대법과 전통을 향한 관심과 지식은, 적어도 베스도가 그에게 조언을 구하고(25:14, 22, 26) 나중에 바울이 찬사(26:3)할 정도의 상식이었을 테다.[134] 따라서 베스도가 아그리파와 상의했다

---

132) 아그리파에 관해서는 위 §26.5b를 보라. 아그리파 2세와 동행한(25:13; 26:30) 버니게(Bernice 혹은 Berenice)는 아그리파 2세의 누이다. 버니게는 두 번 과부가 되었고, 세 번째 결혼도 실패했다. 그녀는 나름대로 활발한 정치적 역할을 수행했고(Josephus, War 2.310-14,333-34; Life 343, 355) 결혼하지 않은 아그리파의 배우자나 안주인 역할을 하기로 자리를 잡은 듯하며, 이는 불가피하게 근친상간이라는 근거 없는 소문을 불러일으켰다(Ant. 20.145). 버니게는 이후에 예루살렘 정복자인 티투스의 부인이 되었다(Schürer, History, 1.479에 있는 상세 사항). 추가로 Bruce, Acts, 491; Hemer, Book of Acts, 173-74 n. 27을 보라.

133) Josephus, War 2.247, 252; 3.56-57; Ant. 20.138, 159.

134) 아그리파의 평판에는 논란이 있으나, 그는 유대인 명분의 대변인으로 로마에서 일한 듯하다. 그는 유명한 랍비 엘리에제르 벤 히르카누스(Eliezer ben Hyrcanus)와 법적 토론에 관여한 것으로 기억된다. 또한 아그리파가 주장하여 그의 누이들의 비유대인 남편들이 할례

는 점은 매우 약삭빠른 움직임이었다. 바울에 관해 판단하는 데 있어 조언이나 인정을 구할 정도로 유대 문제에 대단히 인정받는 권위자가 있다는 사실은 베스도가 유대 공의회의 압력에 굴복했거나 저항했든지 간에, 충분한 변명거리를 제공했을 것이다.[135]

잘 연출된 연극처럼 아그리파와 그의 배우자의 웅장한 입장 행진("크게 위엄을 갖추고")을 필두로 군 참모들과 주요 인사들 그리고 마지막에 바울 자신이 들어온 후(25:23),[136] 베스도가 서막을 열어 잘 알려진 상세 내용을 반복한다(25:24-27). 이렇게 누가는 마침내 바울의 마지막 변호와 선포라는 대절정으로 우리를 이끈다(26장). 그 장면이 공식 재판으로 묘사되지 않았다는 점을 주목해야 한다. 바울을 향한 공식적인 고발이 전혀 없었다. 오히려 그는 무죄를 선언 받았다(25:25). 두 번째나 세 번째로 말이다(23:29, 25:18). 또한 기소 연설도 없었다(벨릭스 앞에서처럼). 형식은 오히려 심리 형식으로서(그러나 웅장한 무대에서), 바울의 마지막이자 완전한 자기 증언에 최대한 효과를 부여하려고 고안되었다. 특별히 마지막 문장(25:26-27)은 완벽한 시작을 바울에게 부여한다. 카이사르 앞에서 기소를 제공해야 하는 석판은 공란이다. 바울이 그가 원하는 내용을 쓰게 하자는 것이다.

역사성에 관한 이야기의 주요 개요를 의심할 필요는 없다.[137]

■ 총독 베스도(25:1)와 아그리파 왕(25:13)에 대한 묘사들은 다른 곳에

를 받았을 수도 있다(Schürer, History, 1.471-76).

135) "바울의 재판에 또 다른 문제가 생기고 지연됐다는 사실은 그 기소가 정치적이었기 때문이다. 따라서 총독들은 그것을 일축하길 꺼려했다. 또한 증거는 신학적이었기에 총독들은 그것을 전혀 이해할 수 없었다"(Sherwin-White, Roman Society, 51).

136) 밥값 하는 영화감독은 누구든 그 장면의 잠재력을 인식했을 것이다.

137) Barrett(Acts, 2.1121-23)는 Haenchen(Acts, 668-70)의 논증("어려움에 대한 과장된 분석", Fitzmyer, Acts, 742)과 누가의 기록의 역사성을 상당히 부인하는 Weiser(Apg., 637-39)에 효과적으로 대응한다. 특별히 Haenchen은 25:23-27에서 누가의 극적인 파격이 그 사건의 역사성 전체를 약하게 한다고 추정하는 듯하다(Acts, 678-79). 또한 Omerzu, Prozess, 466-95(논의는 25:1-12으로 제한되었다)을 보라.

서 우리가 알게 된 내용과 어울린다.

- 시간의 다양한 언급("삼 일", "팔 일 혹은 십 일을 지낸 후", "여러 날", 25:1, 6, 14)은 단순히 임의적인 언급이 아님을 시사한다.
- 심지어 마지막 장면의 가장행렬은 고대의 과시욕과 "여론 조작용 재판"에 버금가는 배경으로 잘 들어맞는다.
- 카이사르에게 호소한 것은 바울이 로마의 보호 아래 로마로 이송된 사건에 대해 유일하게 분명한 역사적 이유를 제공한다.[138]

그러나 자세한 대화는 누가의 역사적 상상력과 인상 깊은 솜씨로 빚어졌을 것이다. 누가는 바울에게 제기된 기소의 구체적인 내용을 밝히지도 않았다(25:7). 바울의 반응도 마찬가지로 모호하다(25:8, 10-11. 25:8의 성전에 대한 언급은 제외). 짐작하건대 누가는 베스도와 아그리파의 사적인 대화에 관해 의존할 기록을 하나도 소유하지 못했을 것이다(25:14-22). 한편 예루살렘의 유대 지도층 가운데 적어도 몇 사람이 바울에 대해 맹렬한 적대감을 품었음을 고려하면, 이야기에는 역사적 기록에 대한 누가의 규범을 충분히 만족시킬 만한 전반적인 타당성이 있다. 그리고 다소 놀랍게도 누가는 바울이 이끈 운동이 하나에서 열까지 유대(교)적이라는 자신의 중심 주장을 거의 진전시키지 않는데,[139] 누가가 자신이 그 점을 충분히 분명하게 전달했다고 생각했음이 틀림없다. 여기서 펼쳐지는 극에서 요구하는 것이 다른 모든 것보다 우선한다.

e. 총독 베스도와 아그리파 왕 앞에서의 심리(행 26장)

누가의 바울 수난 이야기 전체는 이 장면을 향해 전개되었으며, 이 장면은

---

138) 바울의 시민권이 그를 로마로 호송하게 한 유일한 설명을 제공한다는 사실은 그의 로마 시민권이 누가가 지어낸 말이 아니라는 가장 강력한 증거다(§25.1c를 보라).

139) 25:19도 23:6 및 24:14-15과 대조하라.

십자가의 죽음이 복음서에서 절정을 제공하는 것과 같은 방법으로 사도행전의 절정을 형성한다.[140] 이제 마침내 바울에게 최후이자 중대한 변호를 할 기회가 주어졌다(누가는 이후에 네로 앞에서 바울에게 기회가 주어졌는지를 암시하지 않는다). 이것은 22장에 있는 바울의 자기변호를 강조하려고 단순히 반복하는 것이 아니라 유대인들의 비판에 대해 누가가 묘사한 바울의 최종적인 대답을 보여준다. 이는 분명하게 유대인의 왕을 향한 대답이다.[141] 더구나 바울의 회심 자체에 관한 서술과 더불어(9장), 이 연설이 바울의 주요 선교 사역을 앞뒤로 감싼다는 점 역시 주목해야 한다. 이런 이유로 그 대답은 그에게 씌워진 혐의에 대해 말하기보다 그의 전체 생애의 과정과 이유를 되새긴다. 그렇게 해야만 그런 혐의를 불러온 자기 삶의 전환을 제대로 인식할 수 있었다. 이것은 바울의 "변호", 즉 누가가 묘사한 바울의 자기 삶에 대한 변호다.[142]

처음에는(26:3-4) 바울이 단순하게 자신의 회심 이전 삶의 양식을 회상하는 것으로 보인다.[143] 하지만 차이점은 여기의 주장이 (회심) 이전과 이후의 변화를 상상하지 않는다는 데 있다. 바울은 "내가 처음부터, 젊었을 때 생활한 상황"을 말한다. 바울은 자신의 엄격한 바리새주의에 대한 동시대 사람들의 증언이 지금 도움을 주길 기대한다.[144] 또한 그는 아그리파에게

---

140) 특별히 다음을 주목하라. 아그리파가 거의 개종되었다는 점(26:28)은 십자가상에서의 강도의 개종과 병행한다(오직 눅 23:40-43). 베스도와 아그리파가 바울의 무죄를 확인한 일(26:31-32)은 예수의 경우에 빌라도와 헤롯이 내린 비슷한 판결과 병행한다(후자는 눅 23:14-15에서만).

141) 이것이 복음서 수난 이야기와 중요한 한 가지 차이다. 로마 총독 베스도는 사실상 소송 절차를 아그리파에게 넘겼다. 이것이 완전히 유대인 내부 문제가 된 것이다. 그래서 바울이 "아그리파 왕"이라고 호칭한다(26:2, 19).

142) Bruce, *Acts*, 496. 명사(*apologia*)가 22:1에서 사용되었다. 여기서는 동사다(26:1-2[2번]; 26.24). 바울 자신의 변호는 갈 1-2장에 있다(위 §31.7b를 보라).

143) 비교. 갈 1:13-14; 빌 3:5; 행 22:3-5. 오늘날 우리가 "모든 사람이 안다…"라는 말을 사용하듯이, 바울은 "모든 유대인이 아는 바라…"라고 말한다(26:4).

144) 비교. 21:24 — "그대도 율법을 지켜 행하는 줄로…"; 23:6 — "나는 바리새인이요." 이 주장은 융통성을 어느 정도 허락하는데, 26:4이 이런 생활 방식을 그가 "내 민족과 더불어 예루살렘에" 있을 동안 유지했던 삶의 양식으로 제한할 수 있기 때문이다(비교. 고전

두 사람에게 공통된 종교로서 "우리 종교"(26:5) 그리고 공유된 국가적·종교적 정체인 "열두 지파"(26:7)에 대해 언급하고, 첫 신자들이 여전히 회당 구성원인 것처럼 말한다(26:11). 23:6에서처럼 핵심 움직임은 독특한 바리새파의 신념, 즉 죽은 자의 부활이라는 이스라엘의 소망 때문에 바울에게 씌워진 혐의에 있는 논제에 초점을 맞추는 일이다(26:6-8). 그들의 조상에게 주어졌고 이스라엘의 매일의 경배와 열망에 핵심이 되는 소망과 약속이 (예수의 부활로) 성취되었다는 주장이 암시되었다. 물론 아그리파는 자신이 정말로 "하나님이 죽은 자를 일으키셨다"는 것을 믿는다 할지라도, 그의 소망은 최후의 부활에 있지, 새로운 시대 이전에 한 개인이 부활할 수 있다는 가능성에 있지 않다고 바울의 도전에 응답할 수도 있었다.[145] 그러나 현재 맥락에서 그 질문은, 그리스도의 부활을 믿는 이 (기독교) 신앙이 유대교의 신앙이고 유대교적 소망의 실현이라는 주장을 드러낸다.

그다음에는 더 자세한 내용과 이야기꾼의 다양성으로(흥미 유지를 위해),[146] 바울의 회심 이야기라는 이제는 친숙한 일련의 장면들이 서술되는

9:20). "우리의 종교 중 가장 엄격하다"라고 바리새파를 묘사한 부분에서 요세푸스가 "바리새파"를 묘사할 때 일관되게 사용한 용어 중 하나인 *akriēs*("엄격한, 정확한, 세심한"), *akribeia*("정확, 정밀")를 사용했음을 주목하라. 그는 이 용어를 22:3에서도 사용한다(*Jesus Remembered*, 269 n. 67). 바울과 누가는 자신들의 종교의식에 마음을 쏟은 바리새인들을 향한 더 일반적인 존경을 반영한다.

145) "당신들[복수]은 하나님이 죽은 사람을 살리심을 어찌하여 못 믿을 것으로 여기나이까?"(26:8); Haenchen, *Acts*, 684을 보라.

146) 누가가 다른 환경에서 온 다른 전승들을 모아서 그것들을 거의 변경하지 않고 사용했다고 상상하는 것은 문학적 사고를 저버리는 일이다(Jervell, *Apg.*, 599). 작문의 변형에서 새로운 내용은 바울의 초기 박해를 주요 제사장들(복수)이 승인했다는 사실이다(26:10, 그러나 비교. 22:5). 몇몇 사람이 사형 선고를 받게 할 사법 절차가 있었다는 견해는 주어진 사실들을 다소 무리하게 해석하는 듯하다. 비록 박해자로서 자신의 경력을 회상하는 바울이 상당히 폭력적인 언어를 사용하지만 말이다(갈 1:13, "멸하려고 했다"). 그런 언어는 초기 교회 가운데 있던 그의 평판을 반영한다(9:21; 갈 1:22; 비교. 갈 4:29과 살전 2:14-15). 또한 박해자 사울이 "모든 회당에서 그들을 여러 번 형벌하고 강제로 모독하는 말을 하게 했다"(26:11)라는 주장은 새롭다. 여기서 정확히 무엇을 염두에 두었는지는 상당히 불분명하다. 엄밀히 말해 "신성 모독"은 하나님의 위엄을 모욕하는 것이었다. 누가의 말은 사울이 유대인 신자들로 하여금 하나님을 모독하도록 강제했다는 의미일 수 없다. 그러나 누가가 의도했던 의미는, 신성모독(예수에 대한 주장으로 하나님께만 마땅히 드려야 할 영광을 손상하는 일)

데, 이는 부활한 예수와 박해자 사울의 대화라는 동일한 핵심에 맞춰 구성되었다(26:14-16).[147] 주요 차이는 이방인을 위한 바울의 사명이 바로 그 만남에서 주어졌다는 것이다.[148] 그 용어들은 누가가 묘사한 바울의 변호에서 중대한 의미를 지닌다.

- 바울은 하늘의 그리스도로부터 직접 "종과 증인"으로 임명받았다(26:16). 심지어 여기서 누가는 "사도"라는 용어의 사용을 자제했으나, 그럼에도 그 위임은 부활한 그리스도께 처음 위임받은 사람들과 함께하는 사람으로 바울을 설정하고(1:8, 22; 10:41), 그리스도를 보았고 그리스도께 위임받았다는 바울 자신의 증언을 반영한다.[149]

으로 여겨질 수 있는 고백(비교. 눅 5:21; 막 14:62-64; *Jesus Remembered*, 751-52을 보라)을 바울이 그들에게서 받아내려고 했다는 것일 수 있다. 아니면 더 개연성이 적은 것은, 바울이 그들로 하여금 예수가 그들의 주라는 것을 부정하여, 하나님이 예수에게 부여한 지위와 영광을 모독하도록 했다는 것이다. 즉 바울(그러나 사울은 아님)의 귀에만 신성모독이다(Pliny, *Ep.* 10.96.5에서처럼 — *maledicerent Christo*["저주받은 그리스도"]). "외국 성에까지" 가서 박해했다는 언급도 과장이지만(다메섹 이외 다른 도시는 전혀 언급되지 않았다), 그 표현에는 내부자의 관점이 있다(문자적으로는 "외부에 있는 도시까지", 즉 이스라엘 땅 밖). 또한 이어지는 내용이 그리스 속담이라는 사실에도 불구하고(더 정확하게는, 그것이 그리스어로만 알려졌다), 하늘의 목소리가 히브리어/아람어로 바울/사울에게 전해졌다는 정보는 새롭다(26:14).

147) 비교. 9:4-6; 22:7-8, 10; 그리고 다시 *Jesus Remembered*, 210-12을 보라. 그러나 여기에 고전 문헌에서 잘 알려진(L. Schmid, *TDNT*, 3.664-65; Barrett, *Acts*, 1158에 있는 상세 사항; 추가 참고문헌은 Fitzmyer, *Acts*, 759) 속담이 부활한 예수의 첫마디에 더해졌다("가시채를 뒷발질하기가 네게 고생이니라"). 그 비유는 분명히 계속 당기든지 아니면 반듯한 고랑을 파도록 자극받는 황소와 관련 있다. 그것은 "신이나 운명 혹은 인간이든지 간에 강한 권력자에게 맞선 헛되고 불리한 저항"을 표현한다(Schmid, 664). 지속적으로 인기 있는 견해는 양심의 가책을 염두에 두었다고 보는데, 사울이 스데반의 죽음에 관여한 기억이나(7:58; 8:1) 탐심(비교. 7:7-12)에서 자유로워지기 위해 고투한다는 것이다. 두 해설의 문제는 그리스도인이 되기 전의 체험에 대한 바울 자신의 명백한 회상 중 어느 하나도 그런 양심의 고통을 증언하지 않고(비교. 갈 1:13-14; 빌 3:5-6), 여기서 상상되는 상당한 박해(26:10-11)가 그런 것을 전혀 암시하지도 않는다는 것이다. 바울에게 다메섹 도상에서 있었던 만남에 대한 경이로움은, 자신이 한 일에 대한 의심과 죄의식으로 사로잡힌 사람이 아니라, 박해자로서 분노가 가득한 바울을 그리스도가 대면했다는 데 있다(고전 15:9-10).

148) 9:15-16; 22:15, 21과 대조하라.

149) 비교. 갈 1:12, 15-16; 고전 9:1-2; 15:8-10. 그리스도의 추가적인 환상에 대한 암시는 행

■ 바울은 열방/이방인들에게 보내졌다(26:17). 위임 자체(26:18 그리고 다시 26:23)는 "눈을 밝히며"(사 42:7) 그리고 "그들을 흑암에서 빛으로"(사 42:6-7, 16)라는 야웨의 종의 위임을 일부러 연상케 하는 표현을 통해 자세하게 설명된다. 바울은 여기서 이스라엘의 역할, 종의 역할을 성취하는 자로 묘사된다(49:3).[150] 여기서도 그리스도의 죽음과 부활과 함께, 이방인의 빛이 될 이스라엘의 책임을 성취할 시간과 가능성이 이르렀다는 바울의 확신이 명확하게 반영된다.[151]

■ 26:18의 마지막 구("나를 믿어 거룩하게 된 무리 가운데서 기업을")는 바울의 최후 유언(20:32)을 상기시키고, 바울의 특징을 담고 있는 사고, 즉 이방인 그리스도인의 정체성이 독특한 유대인의 유업으로 형성되어야 한다는 동일한 함축을 지닌다.[152]

■ 이방인에게 나아가기 전에는 바울의 첫 선교가 다메섹과 예루살렘 및 유대에서 진행됐다는 주장(26:19-20)은 물론 바울의 선교 이야기에 대한 누가의 견해를 반영한다(행 9, 13장).[153] 그러나 그것은 바울이 예루살렘에서부터 복음을 온전히 선포했다는 바울 자신의 주장도 반영하고(롬 15:19), "먼저는 유대인이요 또한 이방인이라"라는 바울의 선교 신학과 로마서 11:11-15에서 그가 표현한 희망을 강화한다.[154] 바울의 역외 선교의 공명성을 유지하는 것은 분명히 누가에게(바울에게도) 중요했다.

■ 무엇보다도 바울은 자기의 메시지가 예언자들과 모세가 예언한 것

18:9-10; 22:17-21; 23:11을 직접 가리킨다(비교. 27:23-24). 그러나 바울도 그가 받은 많은 환상을 언급한다(고후 12:1-10).

150) 위 §25.3d를 보라.

151) 갈 1:15-16; 3:8, 13-14, 23-29; 4:1-7; 추가로 Jervell, *Apg.*, 594을 보라.

152) 롬 4, 9-11장; 구절 전체의 주제들은 골 1:12-14의 주제들과 밀접하게 병행한다.

153) 회개를 선포하는 설교자로서 바울을 제시하는 것은(26:20), 자기 서신에서 그 용어를 거의 사용하지 않은 바울의 강조보다는 누가의 강조와 더 일치한다(비교. 예. 눅 3:8-14)(§33 n. 384을 보라).

154) 위 §33 n. 86과 n. 234를 보라.

과 다르지 않다고 주장한다. "그리스도가 고난을 받으실 것과 죽은 자 가운데서 먼저 다시 살아나사 이스라엘과 이방인들에게 빛을 전하시리라"(26:23). 처음 그리스도인의 자기이해 및 설교와 마찬가지로 [155] 나사렛 사람들에 관한 핵심 메시지는 권위 있는 이스라엘의 성경과 직접적인 연속성에 자리하고 있다. 그러나 이전보다 더 명확하게 두드러진 내용은 "열방에게 빛"으로 섬기라는 이스라엘의 바로 그 사명에 참여하는 일처럼, 이방인에게 열린 복음의 개방성도 그 정체성과 연속성의 일부라는 것이다.

결론 문단(26:24-32)은 누가가 선택한 강조점들을 더욱 강조하면서, 극적인 장면의 질을 효과 있게 유지한다. 그 연설은 마지막으로 언급된 단어들을 더욱 명확하게 연설의 절정으로 언급하며 갑자기 중단된다(26:23). 베스도의 반응(26:24, "바울아, 네가 미쳤도다")은 부당해 보인다. 그것이 기독교의 주장이 지닌 예외적인 특징(유대인과 이방인 모두에게 빛이 되는 그리스도의 죽은 자 가운데서 부활)을 두드러지게 하는 것을 제외하고는 말이다. [156] 바울을 위해 아그립바에게 증언해달라고 호소한 것은 극적으로 훌륭하다(바울은 인간 대 인간으로 담대하게 말한다). "아그립바 왕이여, 예언자를 믿으시나이까? 믿으시는 줄 아나이다!"(26:27). 유대 문제에 대해 잘 알고 분명 성경에 익숙한 사람인 아그립바는 바울이 "과장 없는 진실"을 말하고 있다는 것을(26:25) 알아채지 못했을 리가 없다. 그리고 비슷하게 아그립바의 반응(26:28, "나를 권하여 그리스도인이 되게 하려 하는도다")은[157] 바울의 언변 능력이 아니라, 그토록

---

155) 눅 24:45-47; 행 2:23-24.
156) 가정하건대 베스도는 부활 언급에 반응했을 테다(비교. 17:32). 비록 모든 다양한 국가가 똑같은 국가 종교를 가진다는 생각은, 지배받는 백성들의 독특한 국가적 특징을 존중한다는 정책을 펼친 제국의 대표자들에게는 이해가 되지 않았을 듯하지만 말이다. Haenchen 은 누가가 "로마 관료와 그가 대표하는 국가가 유대인 아그립바처럼 이런 신학적 질문을 다룰 수 없음을 보여"주려고 했다고 본다(Acts, 688).
157) 아그립바의 대답의 특징은 그렇게 분명하지 않다. 흠정역의 "너는 거의 나로 그리스도인이 되게 설득했다"라는 문구는 거의 속담이 되었고, 유대에서 보내는 마지막 날에 바울이

유대인적인 왕에게 그렇게 유대인적인 메시지가 지닌 고유한 호소력을 나타낸다. 바울의 대답은 고귀한 위엄이 있으며 그 장면을 파토스로 적절한 결말에 이르게 한다. 바울은 청중이 자신의 메시지를 받아들이고 자신의 믿음과 이상(그의 사슬은 아님, 26:29)을 공유하는 것보다 그들에게 더 큰 유익이 없음을 참으로 믿었다.

브루크너의 7번 교향곡이나 차이코프스키의 "로미오와 줄리엣" 서곡 2번 부분에서 감정적 진이 빠지게 하는 절정을 뒤따르는 잔잔한 종결부처럼, 누가의 모든 장면 가운데 가장 극적인 마지막 문단은 조용하고 부드럽게 마무리된다(26:30-32). 놀랍게도 주요 인물들은 더 이상 공개적으로 아무 말이 없으나, 이는 극적으로 바울에게 마지막 말을 하도록 허락하고, 그의 말이 지닌 효과는 청중과 독자들의 귀에 계속해서 울리도록 한다. 종결을 짓는 이야기는 완전히 대조된다. 공식적 회합이나 협의 없이 서로 이야기하며 떠나가는 고위 공직자들의 소리만이 있다. 요점은 그들이 완전히 동의한다는 데 있다. 바울이 투옥이나 사형당할 만한 근거는 없다. 비록 아그리파가 바울이 단언한 내용에 설득되지 않았다 할지라도, 그는 바울이 완전히 무죄임을 확실히 알고 있다(26:31-32). 따라서 누가는 그 장면을 시작한 그대로 마무리 짓는다(25:25). 그럼에도 바울은 로마로 가야 한다. 가장 유

남아 있는(그리고 마지막인) 한 유대인 왕을 개종시키는 데 거의 성공했다는 감질나는 암시를 한다. 현대의 몇몇 번역은 이 전통을 어느 정도 유지한다. "조금만 더했으면, 당신의 논증이 나를 그리스도인이 되게 할 뻔했다"(JB/NJB; 비슷하게 REB). 비교. Jervell, "그것은 결코 반어법을 의도하지 않았고, 아그리파가 어느 정도 동의했음을 표현한다. 비록 결론을 짓지 못했지만 말이다"(Apg., 597). 그러나 대부분은 그 말에 의도된 반어법이나 질문이 있다고 추정한다. "짧은 시간에 나를 그리스도인으로 만들려고 생각하는구나!"(RSV, 그리스어를 너무 자유롭게 옮김); "그런 짧은 시간에 네가 나를 그리스도인이 되도록 설득할 수 있다고 생각하는가?"(NIV; 비슷하게 GNB과 NRSV). 어느 쪽이든, 극적인 충격은 강력하다. 그러나 이 번역 중 어느 하나도 마지막 절의 모호성을 제대로 반영하지 않는다. 그 절은 "그리스도인(으로서) 행동하다", 심지어 어쩌면 "그리스도인 역할을 하다"로 더 잘 옮길 수 있을 듯하고(Lake and Cadbury, Beginnings, 4.323; Bruce, Acts, 506; Barrett, Acts, 1169-71; Fitzmyer, Acts, 754은 동의하지 않는다), 그렇다면 더 강한 조롱 조가 담겨 있을 테다. 이는 "그리스도인"이라는 용어가 단지 두 번째 등장한 곳이고, 중요하게도 그것은 공식적인 로마 무대에서 등장한다(11:26; 위 §24.8d를 보라).

능한 당국자들이 바울에 대한 기소가 무의미하다고 판단했다고 할지라도, 로마 시민에게 부여된 특권은 여전히 성취되어야 할 하나님의 계획에 근거와 수단을 제공한다. 그는 카이사르에게 가야만 했고, 여느 독자도 알다시피 그것은 로마로 가는 것을 의미했다! "땅끝"(1:8)까지라는 종국적이고 가장 결정적인 발걸음을 이제 내디디려 한다.

역사적 상세 사항은 (요약하면) 다음과 같다.

- 다시 한번 우리는 바울이 베스도로부터 재판을 받았고 자신의 사건을 해결하려고 로마로 호송되었음을 의심할 필요는 없다. 이미 언급한 대로, 누가의 이야기는 우리가 요세푸스로부터 알게 된 베스도와 아그리파에 대한 내용과 상당히 일치한다. 비록 마지막 장면에는 상당한 정도의 극적인 자유를 허용해야 하지만 말이다(26:24-29).

- 연설 그 자체는 이전처럼 동일한 두 가지 특징에 맞추어 구성되었다. 즉 예수와의 만남[158] 그리고 바울을 이방인에게 보낸 일이다.[159] 또한 이것들은 바울이 그 사건을 회상할 때마다 등장하는 내용이다.[160]

- "나사렛 예수"(26:9)[161]와 "성도들"(26:10)이라는 언급도 초기의 느낌을 전해 준다.

그 외에 26:2-23은 부분적으로 설명되고 물론 상황에 맞게 편집된, 틀림없이 자주 이야기된 이야기의 여러 형태 중 하나일 뿐이다. 그러나 누가가 이야기했는지 혹은 바울이 했는지는 거의 아무런 차이가 없다. 앞

---

158) 행 9:4-6; 22:7-10; 26:14-16.
159) 행 9:15-16; 22:15, 21; 26:16-18, 23.
160) 고전 9:1-2; 갈 1:15-16.
161) 비교. 행 2:22; 6:14; 위 §20.1(16)을 보라.

에서 살펴본 대로, 누가가 같은 사건(바울의 개종)을 그런 세 개의 다른 이야기로 거리낌 없이 기록할 수 있었다면, 그는 자기 독자들이 이런 차이로 인해 바울에 대한 자신의 묘사가 지닌 진실성에 관해 거리낌을 갖지 않으리라고 예상했을 것이다.

34.3 그래서 로마로

말은 많고 움직임은 거의 없이 느리게 진행된 장들에 이어, 사도행전 27장은 반가운 대조로 다가온다. 여기서는 모두 행동이고 말은 거의 없다. 극적으로는 그것이 지난 두 장에 걸쳐 쌓인 긴장감을 완전히 완화하는 데 기여하고, 잔잔한 막간 이후에(27:1-12) 그것은 자연의 위험과 재난을 예상하며 상당히 다른 긴장을 조성한다. 작문상으로 그 장의 기능은 복음서에서 성금요일에 이어 부활주일이라는 결말로 인도하는 성토요일의 기능과 같다.[162]

a. 파선(행27장)

이야기는 쉽고 자연스럽게 전개된다. 바울과 그의 동료들("우리"와 아리스다고, 본래 대표단 중 한 명, 20:4)은 아우구스투스대의 백부장 율리오라 불리는 사령관 휘하의 함대에 구금되어 이송되었다(27:1-2).[163] 그 배는 에게해를 기반

---

162) Murphy-O'Connor, *Paul*, 351-54은 두 자료를 통합하고 설명을 덧붙임으로써 행 27:1-28:16이 형성됐다고 논증하는데, 이는 M.-E. Boismard and L. Lamouille, *Les Actes des deux apôtres* (3 vols.; EB; Paris: Gabalda, 1990), 2.225-26, 260을 따랐다.

163) 명예 칭호인 "아우구스타"를 부여받은 예비 보병대에 대한 명문이 있다(Broughton, *Beginnings*, 5.443; Hemer, *Book of Acts*, 132-33 n. 96; Bruce, *Acts*, 511-12을 보라). 이 파견대에겐 정기적이거나 예외적인 호위 임무가 주어졌다. 다른 죄수들은 그 이야기에서 부수적이기 때문에, 누가는 그들을 더 이상 언급하지 않는다(27:42까지). 그들의 범죄가 얼마나 심각한지 모르나, 속편에서 드러나듯이 로마 시민인 바울은 상류층이었고 백부장과 선장

┃ 바울이 로마로 가다

으로 해변 도시들을 운항하였다. 추론되는 점은 율리오가 소아시아 대도
시 중 한 곳에서 더 부담되는 로마 여행을 위해 보다 크고 튼튼한 배를 확
보하길 기대했다는 것이다. 여름 내내 지역을 지배하는 바람은 서쪽이나
북서쪽으로 불었다. 따라서 구브로 동쪽이나 북쪽으로 가는 항로는, 강한
서쪽 해류를 만날 수 있는 소아시아 남쪽 해안을 가로지르기 전에, 그 섬
을 대피소로 사용할 수 있었다(27:4).[164] 무라에서 율리오의 희망이 이루어
졌다. 이탈리아로 가는 더 큰 배가 그곳에 있었다(27:5-6). 그 배는 어쩌면 알
렉산드리아에서 소아시아까지 북쪽으로 항해했을 것이며, 소아시아에서
는 해안을 따라 서쪽으로 갈 수 있었다. 그 배는 곡식 운반선이었을 것이다
(27:37).[165] 로마는 빈곤한 대중들을 먹이기 위해 이집트의 곡물에 계속 의

에게 더 자유롭게 접근할 수 있었을 것이다. 바울의 구금 조건들이 그런 호의를 계속 허락
했을 것으로 추정하게 하는데(비교. 24:23), 거기엔 시돈에서 "그의 친구들"(교회)을 방문
할 자유(비교 11:19; 15:3)와 선상 여행의 혹독함(27:3, 비교. 28:24)을 넘어서는 몇 가지 환
대를 즐길 수 있는 자유도 포함된다.

164) Lake and Cadbury, *Beginnings*, 4.326.
165) 상세 사항은 Bruce, *Acts*, 513; Barrett, *Acts*, 2.1185을 보라.

존했고, 곡물 운송의 유지와 안전은 국가 정책의 주요 목표였다. 명령을 내린 백부장 율리오는 호송 직무를 곡물선을 감독하는 일과 결합할 수 있을 것으로 예상했을 수 있다. 이런 이유로 그는 육로보다 해로를 선호했을 것이다.

그 사건들이 항해 철 막바지에 일어났음은 이어지는 이야기에서 명확해진다(27:9, 12). 선장과 백부장은 그 계절이 지나기 전에 로마에 도달할 수 있을지 염려했다. 짐작하건대 만기에 찬 곡물 화물이 가져다주는 재정적 보상은 위험을 감수할 가치가 있었고, 국외에서 겨울을 지내는 호송 직무나 육로의 긴 초겨울 여행은 분명히 매력이 적었다. 그러나 정작 바람은 역풍이었고(아마 북서풍), 그로 인해 그들은 에게해 남부를 가로지르지 못하고 남쪽으로 밀려나 그레데 남쪽 대피소로 향할 수밖에 없었다(27:7-8).[166] 전통적으로 그리고 틀림없이 이전의 값비싼 경험을 근거로 하여 11월 11일 이후로 외양에서는 어떤 항해도 시도되지 않았다.[167] 그에 앞선 두 달은 위험하다고 여겨졌다. 이것은 누가가 암시한 시기와 잘 들어맞는다. "금식"(27:9)은 대속죄일(Yom Kippur)로서 이 날은 대개 9월 말이나 10월 초다.[168] "금식하는 절기가 이미 지났으므로", 그들은 위험한 시기에 상당히 접어들었다(27:9-12).

역풍과 싸우느라 손실한 "많은 시간"(27:9)은, 이미 세 번 파선을 당한(고후 11:25) 바울과 같은 노련한 여행자에게는, 생명을 잃지 않고 이탈리아에 도착하는 것은 고사하고(27:10) 현실적으로 더 이상 진전할 수 있는 희망이 거의 없음을 의미한다. 바울이 항해를 책임진 사람들에게 자신의 견해를 알리려고 했다는 점은 바울답다(바울이 이 항로에는 익숙하지 않았다고 할지라

---

166) J. Smith, *The Voyage and Shipwreck of St. Paul* (London: Longmans, Green, ³1866), 75-76; Hemer, *Book of Acts*, 134-35 n. 102.

167) 위 §28 n. 72을 보라.

168) 기원후 59년에는 그날이 10월 5일이었다(추가로 Bruce, *Acts*, 515; Barrett, *Acts*, 2.1188을 보라). 바울과 그의 동료들이 유대교 고유의 거룩한 이날을 계속해서 준수했음을 간과하지 않아야 한다(비교. 20:6, 16).

도 말이다). 그 장면은 믿기 어렵지 않다.[169] 백부장이 분명히 책임을 지고 있었다. 그가 그 배를 징발했거나, 그 배가 제국을 위한 곡물 수송선으로 사용되었을 것이다. 그러나 그는 자기 마음을 정하거나 합의된 결정을 행하기 전에, 선장과 선주(27:11)뿐만 아니라 경험 있는 다른 선원들 및 여행자들(27:12)과 분명히 협의했다. 결국 다수는 그레데 항구에서 겨울을 나는 것이 가장 현명한 경로라고 합의했다. 바울과 의견이 달랐던 유일한 점은 겨울 광풍으로부터 더 안전한 항구(뵈닉스)로 가보자는 다수의 생각이었다.[170]

순한 남서풍이 유라굴로(eurakylōn)라 불리는 광풍(문자적으로 "태풍")에 이내 휩쓸려 버렸다(27:13-15).[171] 미항에서 서쪽으로 약 9.6km 떨어진 케이프 마탈라(Cape Matala)를 돌면, 그들은 해안에서 떠내려가는 것을 막을 수 없었다. 위기에 빠진 선원들은 그런 역경에서 익숙한 긴급 행동을 취한다(27:16-20). 거룻배들을 확보하고, 줄(문자적으로 "도움")을 가지고 목재가 분리되거나 갈라지는 것을 막으려고 선체를 감으며, 닻을 이용해서[172] 바람이 배 옆 부분을 치는 것을 방지하고, 이어서 (몇몇) 수화물을 마지못해 물속으로 던져 배를 가볍게 한 다음,[173] 필수 장비 외엔 모두 버렸다(비교. 27:29, 38). 리비아의 해변에서 떨어졌고 두려움을 자아낸 모래 언덕인 스르디스로 떠내려갈 위험이 있었는데, 그곳에서는 그들이 파괴당하고 거의 확실히 죽

---

169) Haenchen, *Acts*, 709과는 반대다.

170) 뵈닉스는 "남서쪽 그리고 북서쪽"을 향했다(RSV에서처럼 "북동과 남동"이 아니다). 아마도 현대의 피네카(Phineka)를 의미했을 테다. Lake and Cadbury, *Beginnings*, 4.329-30; Haenchen, *Acts*, 700-701 n. 7; Hemer, *Book of Acts*, 139; Barrett, *Acts* 2.1192-93을 보라.

171) "이 기후에 남풍이 갑자기 북동쪽으로 바뀌는 유명한 경향, 즉 그리게일(*gregale*)이 있다.…유라굴로는 흔치 않았으나 합리적으로 형성된 해상 용어로서, 여행자들은 라틴어나 혼합 용어로 말하는 항해자로부터 그 단어를 들었을 개연성이 있고, 바울의 항해 상황에 잘 들어맞았다"(Hemer, *Book of Acts*, 141-42). 유라굴로에 관해서 추가로 Barrett, *Acts*, 2.1194; M. Reiser, 'Von Caesarea nach Malta. Literarischer Charakter und historische Glaubwürdigkeit von Act 27', in Horn, ed., *Ende*, 49-73(여기서는 63-67)을 보라.

172) 그리스어는 단순하게 "장치를 내림"을 말한다. 이 문단에서 그 전문 용어는 27:40에서처럼 분명하지 않다. 또한 Rapske, 'Travel', 33-34을 보라.

173) Rapske('Travel', 31-35)와 Wallace 및 Williams(*Three Worlds*, 22)는 곡물 화물을 투하하는 어려움을 지적한다.

음을 맞이했을 것이다.

막간에는 "내가 말하지 않았냐?"라고 말하는 너무나도 인간적인 유혹에 무너지는 바울을 보여준다(27:21). 더 긍정적으로는, 극도로 불편하고 끊임없이 배가 요동치는 곤경에서도, 바울은 또 하나의 환상 혹은 음성을 받는다(27:23-24). 이는 사도행전에서 그에게 주어진 마지막 계시이지만, 천사로부터 받은 첫 번째이자 유일한 경우다.[174] 천사의 메시지는 두드러지게 하나님 중심적이다. 바울이 속하고 섬기는 대상은 하나님이시며(27:23), 사건과 거기에 휩쓸린 자들을 주관하신다고 단언되는 분은 하나님이시다(27:24). 또한 바울이 단언하는 것이 바로 이 하나님을 믿는 믿음이다(27:25). 그레데에서 멜리데까지 (아드리아 바다를 가로질러) 떠내려간 시간은 13일에서 14일 정도였을 것이다.[175] 추로 된 줄을 사용한 수심 측정(27:28)은 동쪽에서 멜리데에 접근하는 방법과 일치한다.

선원들(일부)이 탈출을 시도했으나 바울 때문에 좌절되었다(27:30-32). 뱃사람들(일부)의 그런 행동은 그 상황에서 이해할 만하나(그들은 육지에 다다랐다), 그들이 배를 버리면 배에는 숙련된 선원들이 아무도 없었을 것이다. 바울이 무슨 일이 일어나고 있는지를 알아채고 백부장(백부장은 누가와 아리스다고를 제외하고는 바울의 가장 가까운 동료였을 수 있다)에게 알렸다는 점은, 이야기를 더 발전시키며 그럴듯하다. 그러나 바울과 누가는 선원들이 뱃머리를 정박하려는 타당하고 칭찬받을 만한 일을 오해했는가? 그리고 바

---

174) 왜 여기서 천사인가? 가정하건대 이방인 선원이 "주"가 누구신지 전혀 몰랐기 때문일 테다. 그러나 그렇다면 바울은 한두 문장으로 그 일을 충분히 설명할 수 있었다. 이것이 누가가 억지로 짜맞춘 내용이라면, 이는 그가 그 상황의 심각한 제약에 민감한 저자임을 보여준다. 한편으로 그는 그 상황 자체에 민감함을 보여준 바울을 회상한다. 이방인 청중은 "내가 속한 바 곧 내가 섬기는 하나님의 사자"(27:23)에 의미를 부여하는 데 전혀 어려움이 없었을 것이다(27:23).

175) Smith, *Voyage*, 124-26. 아드리아 바다(27:27)는 이탈리아, 멜리데, 그레데, 그리스로 제한되는 바다였다. 그 섬이 멜리데가 아니라 아드리아 바다의 믈리에트(Mljet)나 에피루스(Epirus)에 가까운 케팔리니아(Kefallinia) 반도가 아니겠냐는 가능성은 Rapske, 'Travel', 36-43을 보라.

울은 군인들에게 줄을 잘라 거룻배를 풀어놓으라는 뜻으로 말했는가? 그랬다면 날씨가 좋아졌을 때 질서정연하게 상륙할 기회는 줄어들었을 테다.[176]

육지에 가까움에 따라 바울이 힘을 얻었다는 점(27:28-29) 역시 바울과 어울린다. 과거의 반복되는 좌절에도 굴하지 않고 낙천적이었고, 과거에 자신의 자연스러운 지도력을 여러 번 보여주었던 사람으로서, 그는 격려하는 데 앞장섰다. 바울 서신들이 반복해서 확인해주듯이, 이것은 그가 믿는 신앙의 성격과 효과였다.[177] 이 경우에 특별히 바울은 그의 동료들의 안전에 대해 확신을 얻었고, 자신의 확신을 말하는 데 당황하지 않았다(27:33-34). 따라서 바울은 "너희의 구원(sōtēria)을 위하여" 음식을 먹으라고 그들에게 강권한다.[178] 누가가 언급한 내용은 분명 남아 있는 빵을 나누는 일이다(27:35-36).[179] 누가에게 더 의미 있는 특이점은 바울이 "모든 사람 앞에서 하나님께 축사했다"는 사실이다. 바울이 하나님 곧 이스라엘의 하나님의 증인이기에 그의 인내와 지각 및 지도력이 눈에 띈다.

오랫동안 이어진 위기가 분명히 해결되려는 때, 남아 있는 화물을 구

---

176) Lake and Cadbury, *Beginnings*, 335-36을 보라. "바울은 이 행동으로 배를 좌초시켰을 것이다"(Haenchen, *Acts*, 706).

177) 예. 고후 1:3-11; 4:7-18; 12:7-10; 빌 1:15-26; 4:10-13.

178) 바꿔 표현한 번역들 ─ 예. "그것이 너를 살도록 해줄 것이다"(NRSV), "너희의 생명이 그것에 달려 있다"(REB).

179) "떡을 가져다가 하나님께 축사하고(eucharistēsen) 떼었다"라는 순서에도 불구하고, 이는 전혀 성찬을 염두에 두었다고 할 수 없다(Klauck, *Magic and Paganism*, 112과는 반대). 그 행동은 단순히 보통 유대인의 식사 행동인데, 식사의 첫 행동으로 축사하고 떡을 떼며 나눈 것이다(여기서는 언급되지 않았다). 이것으로 함께한 모든 사람이 떡의 축복에 참여할 수 있다(비교. 눅 9:16; 24:30)(Haenchen, *Acts*, 707 n. 3; 비교. Barrett, *Acts*, 1208-10). 그 상황에서 필요했던 것은 상징적인 떡 조각이 아니라 장기간 계속된 위기의 막바지 국면에서 그들에게 힘을 줄 수 있는 충분한 떡이고(27:34), 바울과 누가 및 아리스다고만의 성찬이 아니라 모든 이에게 "영양(trophē)"을 공급할 수 있는 금식의 파기(break-fast)였다(27:38). 이 결론은 "떡을 뗌"이라는 이전의 언급(2:46; 20:7, 11)을 필시 거슬러 올라가 반영한다. 각각의 경우에서 누가가 공동식사 이상의 것을 묘사하려고 의도했음을 가리키는 내용은 본문에 하나도 없다(또한 20:7a와 11-12을 보라).

하려는 시도는 의미가 없었다(27:38).[180] 그들이 배를 안전한 곳이나 해안으로 끌고 가려고 결정적으로 시도하는 데 있어, 배를 가볍게 하면 할수록, 파도가 배를 모래톱이나 바위 위를 통과하게 할 가능성이 더 커진다. 결국 유일한 희망은 배를 해안에 이르게 하는 것이었다(27:39-41).[181] 그 필사적인 시도는 "두 바다가 있는 곳"(문자적으로), 즉 아마도 모래톱이 있거나 물이 얕은 부분으로서, 깊은 물을 양쪽으로 나누거나 두 해류가 충돌하는 곳에서 재앙과 맞닥트렸다.[182] 그곳에서 그들은 좌초되었고, 뱃머리가 끼이는 바람에 선미는 파도에 맞아 파선되었다.

군인들은 죄수들을 죽일 계획을 세웠는데(27:42), 이는 호위대의 자연스러운 반응이다. 죄수들이 혼란스러운 틈을 타서 도망친다면, 군인들이 책임져야 했다.[183] 누가는 백부장이 반대의 명령을 내린 것이 바울이 독촉했기 때문이라고 하지 않았다(27:43). 누가는 마지막 대단원에서 바울에게 주도적 역할을 부여하려고 하지 않는다.[184] 짐작하건대 이미 바울에게 깊은 인상을 받은 백부장은 결국 그리고 이 모든 일에도 불구하고 어쩌면 죄가 없는 이 로마 시민을 안전하게 로마로 데려가는 것이 자신에게 이롭다고 생각했을 수도 있다. 그러나 분명 누가는 바울이 앞서 안심하게끔 한 말 때문에 백부장이 훨씬 더 깊은 인상을 받았다고 추론하게 한다(27:24). 백부장의 함대는 맡은 사람들을 잃을까 두려워할 필요가 없다. 모두 구출

---

180) 승선한 사람들 수의 정확성이 두드러진다(276명, 27:37). 이 지점에서 점호가 있었는가? 지난 13일 동안 위험한 상황들로 인한 선원들의 심각한 부상과 인명 손실의 가능성을 고려하면, 날이 밝을 때 점호하는 것이 타당했을 수도 있었다(27:33). 어찌 되었든 그 수는 기억된 내용으로 가장 잘 설명될 수 있다. 상징적 의미는 없어 보인다. 대양을 항해하는 배는 그보다 두 배나 많은 사람을 승선시킬 수 있었을 테다(Hemer, *Book of Acts*, 149-50). 요세푸스는 약 600명이 탄 자기 배가 아드리아해에서 침몰했음(*baptisthēnai*)을 기록했다(*Life* 15).

181) 관련 항해술은 Smith, *Voyage*, 134, 138-39; Hemer, *Book of Acts*, 150-51이 자세하게 설명했다.

182) 아마도 "성 바울의 만(St. Paul's Bay) 입구 중간의 부드러운 진흙 언덕"(Haenchen, *Acts*, 708); 추가로 Smith, *Voyage*, 139-41을 보라.

183) 비교. 행 12:19; 16:27.

184) 27:9-10, 21-26, 30-32, 33-36과 대조하라.

될 것이다. 그리고 그렇게 되었다. 헤엄치는 자들은 각자 알아서 갔고, 나머지 사람들은 널빤지나 "배 조각(혹은 사람?)"을 이용해서 해안으로 향했다. 적절한 감사와 승리의 어조로, 누가는 가장 극적인 이야기 중 하나를 마무리한다. "마침내 사람들이 다 상륙하여 구조되니라"(27:44).

이 사건에서 누가는 분명 바울 선교의 전형을 본다. 수고스러우나 확실한 진보, 믿지 않고 반응하는 선원(다른 곳의 "유대인"과 똑같은 역할을 함), 힘을 실어준 로마 관리, 무엇보다도 하나님의 분명한 확언과 가장 위험한 상황에서의 구출, "구원"이라고 묘사할 수 있는 결과 등이다. 특별히 이전의 사건들과의 병행은 하나님이 깊은 위험에서 바울을 구하셨듯이 적대적인 유대인과 이방인으로부터 구원하시겠다는 약속(26:17)에 확실히 의지할 수 있다는 배가된 확인을 독자들에게 제공한다. 어떤 어려움이 있어도 하나님은 제국의 심장에서 바울로 하여금 복음을 전하게 하심으로써 하나님의 목적을 이루신다.

적어도 호메로스의 『오디세이아』 이후부터 난파선은 고대의 이야기에서 선호하는 소재였다. 많은 학자는 누가가 단순히 고대의 관습을 따랐고, 자기에게 전해진 그런 이야기에 의존하여 자기 이야기의 특징인 항해에 대한 인상적인 상세 내용을 사용했다고 추정한다.[185] 한편 폭풍이 몰아치는 뱃길과 난파선은 지중해 여행에서 다반사였다. 이 사건 몇 년 전에 기록된 고린도후서 11:25-26에서, 바울은 이미 세 번 파선하고, 주야를 바다에서 지냈으며, 바다의 위험이 더 이상 낯설지 않다고 회상한다. 짐작하건대 누가도 바울과 함께 혹은 다른 경우에 그런 위험을 겪었을 것이다. 따

---

185) 예. 29절과 41절에 호메로스의 되울림이 있다. 추가로 Bruce, *Acts*, 508-509, 그리고 특별히 D. R. MacDonald, 'The Shipwrecks of Odysseus and Paul', *NTS* 45 (1999), 88-107을 보라. Fitzmyer는 때때로 비교하기 위해 언급된 서술들, 특별히 루키아노스의 *Navigium*을 주목한다. 그러나 그는 "기껏해야 그런 서술들은 누가가 이 장에서 이용한 문헌 형식을 드러낼 뿐이다. 누가의 이야기는 그 서술들 가운데 어떤 것에도 빚을 지지 않았다"라고 덧붙인다(*Acts*, 768). C. H. Talbert and J. H. Hayes, 'A Theology of Sea Storms in Luke-Acts', in Moessner, ed., *Jesus and the Heritage of Israel*, 267-83은 유용한 비교 제재 목록을 제공한다(268-71).

라서 누가가 이전의 문헌에만 의존하여 자기 이야기를 했다면 놀라울 것이다. 거의 확실하게 누가는 자기 자신만의 기억을 가지고 있는데, 예를 들면 그가 16-19절에서 기록한 상세 사항이다.[186]

폭풍과 선원들이 취했던 절박한 조치에 대한 상세하고 생생한 내용이 그 장의 역사적 가치와 관련된 문제를 해결하지 못한다고 하더라도, 이야기꾼의 기교를 통해 감지되는 명확한 역사적 회상이 있음을 시사하는 다른 부분들이 있다. 차례로 언급하겠다.

- 백부장과 그의 보병대 및 바울 동료들의 이름(27:1-2).
- 니도와 살모네 및 가우다처럼 덜 알려진 지역 이름과 멜리데로 접근한 것을 포함하는 상세한 여행 일정(27:7, 16, 39-41).
- "광풍의 이름"인 "유라굴로(북동풍)"(27:14).
- 그리고 관련된 사람들의 수(27:37).

또한 화자(話者)의 절제는 주목할 만하다. 꿈이나 이상에서 천사가 말한 확언 외에는 명백한 초자연적 개입이 있었다는 내용은 없다(27:23-24). 다른 곳에서 바울과 예수 사이의 유사점을 언급하기 좋아했던 누가는 누가복음 8:22-25이 제시한 기회를 무시한다. 27:26의 예견을 제외하고는 어떤 기적도 바울에게 돌리지 않는다. 바울의 나머지 충고는 단순히 경험에서 나온 좋은 예감일 뿐이다(27:10, 31). 바울은 꿋꿋하지만 신은 아니다(28:6과 대조).

---

186) Smith의 *Voyage*는 여전히 높게 평가된다(Bruce, *Acts,* 510과 Barrett, *Acts,* 2.1178). Barrett는 "바다와 선원에 관한 글쓴이의 지식이 너무나 훌륭하다. 그는 분명하게 전문적인 용어들을 사용하며, 그 가운데 몇몇은 다른 곳에서는 알려지지 않아서 그 의미를 추측만 할 수 있을 뿐이다"라고 덧붙인다(1178). 비슷하게 R. Chantal, *Paul de Tarse en Méditerranée. Recherches autour de la navigation dans l'antiquité* (Ac 27‑28,16) (Paris: Cerf, 2006)는 그 서술이 "풍성함과 정확함 및 항해 기록의 전문성을 띤 상세한 사항을 통해…고대 문헌 가운데 다소의 바울에 관한 우리의 지식뿐만 아니라, 1세기의 항해 역사에 관한 반박할 여지가 없고 대체 불가능한 자료로 여겨진다"라고 결론지었다(192).

그리고 비록 바울이 "행동의 중심"에 서 있지만,[187] 그것은 우리가 사도행전뿐 아니라 바울 서신을 통해 알게 된 바울과 일치한다.[188] 그리고 그렇다 하더라도, 이미 언급했듯이, 누가는 절정의 장면에서 바울에게 주된 역할을 부여하려고 하지 않았다(27:42-44).[189]

무엇보다도 27:1에서 시작하는 일인칭 용어("우리")로 이야기하는 화자가 등장한다. 어떤 이들은 이것 역시 단순히 항해라는 장르에서 취한 특징이라고 제안하나,[190] "우리" 형식을 통해 내릴 수 있는 가장 분명한 결론은 글쓴이 자신이 묘사된 사건에 증인과 참여자로서 동참했다고 자기 독자들이 이해하길 원했다는 것이다.[191] 따라서 사실 가장 간단하고 분명한 결론은 그 장이 그 책의 나머지 부분처럼 이 특별한 여정 내내 그리고 정말로 로마까지 바울의 동행자였던 사람이 기록했다는 것이다(마지막 "우리"는 28:16에 있다). 불분명한 점이 너무 많은 곳에서는 가장 간단하고 분명한 해결이 어쩌면 최상일 것이다.

---

187) "바울은 항상 각광받는 자리에 있다. 그는 항상 무엇을 조언할지 안다"(Haenchen, *Acts*, 709, 711). Haenchen은 이것을 "바울에 대한 누가의 묘사의 실수"로 여긴다(711).

188) Barrett는 Haenchen의 과도한 반응에 정당하게 항의한다(*Acts*, 2.1178-79). Haenchen은 바울의 죄수 신분을 너무 과도하게 해석했다. "상당한 혐의가 있는 죄수"(*crimen laesae majestatis*)(*Acts*, 700 n. 5). 그러나 누가에 따르면, 이미 책임 있는 당국자가 바울을 무죄라고 선언했다(26:31-32).

189) 그 사건에서 "그들을 모두 구한" 사람은 죄수 바울이 아니었다(Haenchen, *Acts*, 709).

190) 위 §21 n. 50을 보라.

191) Lake와 Cadbury의 판단은 여전히 가장 공정한 판단 중 하나다. "가장 자연스러운 견해는, 그것이 바울과 그의 동료들의 실제 체험을 보여주지만, 그 이야기가 전통적인 파선 이야기의 몇 가지 내용에 영향을 받았을 수 있다는 것이다(324). 독일의 주석 전통을 지배한 특징인 일관된 회의주의와 대조하라. 예로, Lüdemann은 6-44절(편집상 추가 없이)이 "누가의 해석의 결과이고 어쩌면 참조할 만한 역사가 하나도 없을 것이다"라고 결론지었다(*Early Christianity*, 259-60). 그 외에 Thornton, *Zeuge*, 313-41은 "필자는 행 27장 이하의 실제 자료를 누가의 기억으로 볼 수 있다고 여긴다"라고 결론지었다(341). J. M. Gilchrist, 'The Historicity of Paul's Shipwreck', *JSNT* 61 (1996), 29-51 — "상당한 시간이 지난 후에 기록된 목격자의 기록이다"(29). Jervell은 많은 상세한 항해 사항과 그 이야기 목격자의 특징에 깊은 인상을 받았고(*Apg*., 611-1401), Reiser는 행 27장을 순전히 문학적 허구라고 보는 사람들에 대해 통렬히 비판한다('Von Caesarea nach Malta').

b. 바울에게 판결이 내려졌다(행 28:1-10)

멜리데 사건은 바울이 직면한 길고 긴 위기를 요약하는 인상적인 장면이다. 그 장면은 다른 파선 이야기와 비슷하지만, 기억에 의존했을 수 있다. 지역민들의 말은 알려지지 않은 방언,[192] 그럼에도 그들의 흔치 않은 친절, 불과 비 및 추위 등이다. 그러나 누가의 이야기에서 흔했던 것처럼, 주요 등장 인물에 초점이 맞춰진다(바울과 지역민들). 배의 나머지 승무원들은 배경으로 사라진다. 그러나 그 장면의 신빙성은 유지된다. 명령하지 않고 빠르게 도와주는 바울(비교. 20:34), 힘없는 독사가 한 묶음의 나뭇가지에 딸려왔는데 불로 자극받음, 미신적이지만 이해할 만한 지역민들의 행동 등이다.

앞의 유대인들처럼, 바울의 생명을 위협한 독사 때문에 구경꾼들은 바울이 범죄자라고 결론짓는다. 비록 바울이 바다의 위험에서는 벗어났지만, 그는 자신의 범죄로 인해 예정된 처벌에서 벗어나지 못했고, 정의의 여신이 판결권을 가졌다는 것이다(28:3-4).[193] 그러나 바울의 생존(바울은 독사를 털어내 버리고 해를 입지 않았다)이[194] 그들의 마음을 바꾸었는데, 그를 살인자가 아닌 신으로 보았다. 정의가 정말로 결정권을 가졌다(28:5-6). 분명 누가는 이것이 바울에게 씌워진 이 혐의에 대한 마지막 판결이기를 원했다. 이것은 단지 누가가 멜리데에서의 판결이 저지되지 않고 유효하도록 허용했다는 사실로만 표시되지 않았다. "정의"가 정말로 선언되었으며,

---

192) 누가는 그들을 원주민들(*barbaroi*), 즉 그 시대의 국제어인 그리스어로 대화할 수 없는 사람이라고 부른다. 추가로 Barrett, *Acts*, 2.1220-21을 보라.

193) "정의"는 그리스 문학에서 상당히 자주 신으로 의인화되었는데, 헤시오도스(Hesiod)에 의해 제우스와 데미스로 명명되었다(G. Schrenk, *TDNT*, 2.181).

194) 지금은 멜리데에 독사가 하나도 없는데, 과거에도 그랬는가? *Echidna*는 독을 가졌다고 생각되는 뱀을 의미했다. Hemer, *Book of Acts* 153을 보라. 이것이 마가복음에 더해진 더 긴 결말 구조에 사용된 상세 내용 가운데 하나였다(막 16:9-20). 이는 아마도 2세기에 덧붙여졌을 것이고(막 16:18), 최근 들어 뱀을 다루는 종파들이 더 특별하게 중요성을 부여했다.

분명히 바울에게 유리하게 되었다.[195] 또한 이미 언급한 대로, 그것은 누가의 이야기의 결론 국면 내내 카이사르 앞에서의 재판이 연기된 사실에서도 드러났다. 더 이상 말할 필요는 없으며, 누가의 이야기의 지평을 넘어 일어난 일은 이미 내려진 판결을 변경할 수 없다. 그것은 또한 로마의 유대인들이 바울에 대해 고소하거나 불만을 표할 수 있는 것이 없었다는 사실로도 암시된다(28:21). 바울에 맞선 주요 유력자와 선동자였던 사람들(유대인들)(28:19)은 이제 그 사람에 대해 말할 것이 하나도 없다. 위에서 내린 판결도 사실상 그들의 고소를 파기했다. 바울과 그의 백성 사이에 해결해야 할 기소나 맞고소는 없다(28:19, 21). 바울은 이제 더 이상 범죄자나 배교자가 아닌 사람으로 나아갈 수 있다. 새롭게 자기 백성에게 복음을 전하고 가르칠 수 있었다(28:22-31).

속편(28:7-10)은 방금 주어진 판결의 자연스러운 결론 역할을 한다. 바울은 유명 인사로 환영받는다.[196] 바울이 죄수 혹은 구금된 사람이라는 점, 또는 난파선의 다른 생존자에 대한 언급을 찾아볼 수 없다. 이런 내용은 이제 상관이 없다. 치유 기적(28:8-9)은 치유 능력의 도구(신의 권위를 받고 입증된)인 바울의 위상을 확인해준다.[197] 지역민들은 바울 일행의 체류 막바지에

---

195) 사도행전 전체 구조에서 사람들의 이 마지막 판단("그는 신이다")은 놀랍다(28:6). 이전 장면들의 반복적인 특징은, 하나님에 대한 그릇된 생각이 어떻게 거부되어야 함을 보여주고, 하나님을 인간이나 우상과 혼동하는 일의 어리석음을 보여주려는 누가의 결심이었다. 시몬(8:10, 20-24) 베드로(10:25-26), 헤롯(12:20-23), 바울과 실라(14:11-18), 아덴의 사당과 우상(17:22-31). 그러나 여기서 상당히 예외적으로, 누가는 그 의견에 단서를 달거나 수정하려는 시도를 전혀 하지 않고, 바울을 신으로 받드는 것을 용인한다. 우리는 여기서 누가가 앞서 일관성 있게 고수한 자신의 전략과 강조를 포기하며 바울이 이렇게 여겨지기를 원했다고 결론지을 수 없다. 오히려 그는 그 판단을 유지하게 했는데, 그것은 바울에 대한 앞선 유죄 판결의 역전이다(28:4). 바울의 "신 같음"은 여기서 오히려 그의 무죄와 참되고 유일한 하나님의 대변인인 그의 위상을 평가한 것이다. 또한 M. Labahn, 'Paulus — ein *homo honestus et iustus*. Das lukanische Paulusportrait von Acts 27-28 im Lichte ausgewählter antiker Parallelen', in Horn, ed., *Ende*, 75-106을 보라.

196) 그 환대는 당시의 전통적인 환대와 일치한다. 비록 그것이 3일로 한정되었음을 언급해야 하지만 말이다. 누가는 3개월 동안 단체를 위해 제공된 숙소가 무엇이었는지를 표시하는 게 중요하지 않다고 생각했다(28:11).

197) 보블리오 부친의 질병에 대한 묘사는 놀랍게도 자세하다(28:8). 단순히 "열병"뿐만 아니

후한 예로 그들을("우리를") 대접함으로써 바울에 대한 하늘 심판의 진실한 대변자가 되었다. 다소 놀랍게도, 그 사람들에게 바울이 설교했다는 언급이 전혀 없다. 오히려 그 사건 전체에는 축하의 성격이 있다. 이는 사실상 바울이 신원되었다는 사실에 대한 축하다. 놀랍게도 멜리데 사람들이 믿게 되었다는 언급 역시 찾아볼 수 없다. 그 기간은 오로지 높은 곳에서 바울을 신원하고 인정하는 일에 대해 처음부터 끝까지 축하하는 기간으로 표현된다.

c. "그리고 그래서 우리는 로마에 왔다"(행 28:11-22)

2월에(아마 60년) 순풍이 더욱 불기 시작했고, 안전한 항해가 다시 가능해졌다.[198] 그들은 또한 알렉산드리아에서 출발한 배를 발견했고(비교. 27:6), 또한 이전 계절 막바지에 간신히 시간을 맞춘 곡물 수송선도 발견했을 것이다.[199] 노선의 상세 사항(수라구사, 레기온, 보디울)은 분명 개인적 회상에서 왔을 것이며, 일정은 변덕스런 바람의 상태에 달렸다. 오늘날 나폴리에

라(비교. 눅 4:38-39) 또한 "이질"(성경 그리스어로 다른 곳에서는 발견되지 않는 용어)도 언급되었다. 그런 상세 사항은 일반적으로 전통이 사용되었음을 나타내고, 여기서는 어쩌면 누가 자신의 개인적 회상일 것이다. 다른 곳에서는 알려지지 않은 이름인 보블리오(Publius)에 대한 내용도 비슷한 경우다. 그 질병은 귀신의 개입 탓으로 여겨지지 않았고, 바울이 일으킨 치유에 대한 누가의 묘사는 예수의 이름을 언급하지 않는(3:6, 16; 4:10, 30; 16:18과 대조하라) 기도와 안수라는 보통 기교를 반영한다(비교. 6:6; 8:15, 17; 13:3). 바울은 자신이 이전에 행한 다양한 기적을 회상한다(롬 15:19; 고후 12:12). 그래서 성공적인 치유자인 바울에 대한 누가의 기록은 아마도 당시에 대한 자신의 명확한 회상에 기반했을 것이다.

198) Hemer, Book of Acts, 154.
199) 추가로 Rapske, 'Travel', 22-29을 보라. 그 배의 선수상은 Dioskyroi, 제우스의 쌍둥이 아들, 즉 천상의 쌍둥이 카스토르와 폴룩스였다. 제우스와 레다의 전설적인 쌍둥이 아들은 항해의 수호신으로 여겨졌다. 그런 명백한 이유로 그 배는 이름을 그들 이름에서 따왔다(Lake and Cadbury, Beginnings, 4.343-44). 누가는 어떤 후원자의 이름으로 바울의 배가 항해했는지 그 중요성을 보았을 수도 있다. 그것은 어쩌면 바울이 조만간 만나게 될 그리스도인(28:14-15)과 유대인 형제들(28:17, 21)을 시사할 수도 있는데, 그들도 유일한 하나님께 속한 쌍둥이 형제였다. 또한 바울의 형제이기에 서로서로 형제다.

가까운 보디올은 이탈리아 남부의 주요 항구였는데, 승객들은 대개 그곳(로마에서 빠른 도보로 5일 거리)에서 하선했지만, 곡물은 계속해서 오스티아로 갔다. 오스티아는 로마 자체의 항구로서 최근에 보디올을 대체했다.[200] 바울이 여전히 구금 중이고 파견된 군인들이 지키는 죄수 중 한 명이라는 사실은 누가의 눈에 들어오지 않았다. 그리스도인 무리(바울, 누가, 아리스다고)의 바람은 별다른 이의 없이 받아들여졌다. 백부장은 바울이 보디올에 동료 그리스도인이 있는지 찾아보고[201] 심지어 며칠 동안 그들의 환대를 받도록 허락했다고 상상할 수 있다.[202] 그러나 백부장이 다른 죄수들을 로마로 호송하는 데 추가 지연을 기꺼이 용인했다는 함의는 조금 의심쩍어 보인다. 하지만 상상하건대 백부장은 몇몇 경비와 함께 바울을 남겨두고 자신은 나머지 무리와 함께 즉시 로마로 출발했을 것이다. 어쨌든 교회가 이미 보디올에 설립되어 있었다는 사실이 중요하다.[203]

로마의 그리스도인들은 바울과 그의 무리를 압비오 거리에 있는 압비오 광장(로마에서 약 69km 남쪽)과 트레이스 타베르네(로마에서 약 53km 남쪽)에서 공식적으로 환영했다(28:15). 다른 두 무리가 마중 나온 것으로 보인다.[204] 이 "형제들"이 누구인지 누가는 말하지 않는다. 11:20의 가장 중대한 획기적 진전에 대해 언급했을 때처럼, 누가는 자신이 세계의 수도라고 여겼을 그곳의 교회 설립에 대해서도 가장 짧게 언급하며 지나간다. 이것은 누가의 이야기에서 가장 짜증 나게 하는 특징 가운데 하나다. 바울이 쓴 로마서를 통해 우리는 로마에 상당수의 그리스도인이 이미 있었음을 알기

---

200) Hemer, *Book of Acts,* 154-55과 n. 155.

201) 비교. 행 18:2; 19:1; 21:4.

202) Rapske는 이그나티오스도 로마로 죄수로 잡혀갔을 때 환대받았을 공산을 언급한다('Travel', 20과 추가로 17-21).

203) 우리는 요세푸스로부터 보디올의 유대 공동체를 알고 있다(*Ant.* 17.328).

204) 로마에 분파주의 요소 혹은 적어도 온전히 의견이 일치하지 않는 공동주택 교회들(롬 14:1-15:6; §33.3f[iii]를 보라)이 있었음을 이 지점에서 반영했다는 암시가 있는가? *1 Clem.* 5.5은 바울이 "시기와 불화"를 견뎌내야 했다고 언급하는데, 이는 어쩌면 로마에서 그를 영접한 일을 가리킬 것이다(비교. Barrett, *Acts,* 2.1235-36).

때문이다. 그러나 누가는 바울의 로마 체류를 다루면서 그곳의 유대 공동체와 바울 사이의 상호 작용에 온전히 집중하기로 했다. 누가가 바울에 관한 마지막 묘사에 집중하기로 선택한 것은 바울을 지원하는 그리스도인 공동체에 관한 것은 아니다. 그랬으면 매우 유익했을 것이지만 말이다.[205] 곧 명확해지겠지만 오히려 그의 관심사는 분명 바울과 로마에 정착한 그의 백성의 대표들 간의 마지막 만남을 묘사하는 데 있었다. 로마 밖에서 바울을 만난 신자들은 "로마에 들어간" "우리"에 포함될 수 있다(28:16). 그러나 여기서도 누가는 이 점을 완전히 불분명하게 놓아두었다. 누가에게 중요했던 점은 바울의 집단이 로마에 도착했다는 사실이었다. 로마의 신자들도 바울의 집단을 만난 후에는 관심 밖으로 밀려난다.

여행 막바지에 누가는 바울이 결국은 죄수였음을 상기하고("우리"의 마지막 언급) 계속되는 구금 환경을 간단하게 묘사한다(28:16).[206] 바울의 구금 조건은 처음 그대로 자유로웠다(24:23).[207] 바울이 쇠사슬에 매여 있음에도(28:20) 여전히 설교를 계속할 뿐 아니라 심지어 자기를 억류하게 한 동족들을 계속해서 회심시키려 했다는 보도는 바울에 관해 여러 각본을 상상토록 한다. 그것들은 분명 역사적 사실에 어느 정도 근거를 두었을 것이다.[208]

---

205) 예로 행 4:32-35; 9:31; 14:21-23을 비교하고 대조하라. 행 28:15은 기독교가 로마에 전해진 일을 바울의 사역 때문으로 보기를 누가가 원했을 가능성(Haenchen, *Acts*, 730)을 배제한다. 또한 로마의 신자들이 이제 회당에서 상당히 분리되었다고 누가의 서술에서 추론할 수도 없다. 누가의 좁은 초점 때문에 그의 이야기를 바탕으로 그런 논제들을 해결할 수 없다.

206) 누가가 "자기를 지키는 한 군인"으로 누구를 가리키는지는(28:16), Hemer, *Book of Acts*, 199-200; Rapske, *Paul in Roman Custody*, 174-77; Saddington, 'Military and Administrative Personnel in the New Testament', 2418; Barrett, *Acts*, 2.1233을 보라.

207) 감옥의 일반적으로 가혹한 상태와 대우는 C. S. Wansink, *Chained in Christ: The Experience and Rhetoric of Paul's Imprisonments* (JSNTS 130; Sheffield: Sheffield Academic, 1996), 1장에서 잘 다루었다.

208) 빌 1:12-18과 비교하고 추가로 §34.4d를 보라. 요세푸스는 (티베리우스가 죽기 전에) 로마에 투옥된 아그리파에 관해, 그를 경비하고 속박한 백부장이 "인도적이어야 하며", 그가 "날마다 목욕하고 그의 자유민과 친구들의 방문을 받도록 허락해야 한다"고 말한다(Ant. 18.203).

당시 로마에 강력한 유대 공동체가 있었다는 것을 알고 있고,[209] 바울이 하나 혹은 여러 로마 회당의 대표자인 유대인 몇 사람을 만났을 가능성이 있다.[210] 누가가 요약하는 전형적인 대화 방식에 따라(비교. 25:14-21), 바울은 자기 사건에 대한 기본적인 사실들을 반복한다. 자신의 관점에서 말이다(28:17-20). 핵심은 다음과 같다.

- 바울에 대해 품었던 기소와 의심에 대한 바울의 완전한 무죄. 바울은 백성이나 조상의 관습을 거스르는 어떤 일도 하지 않았다 (28:17).[211]
- 바울의 무죄를 확신하는 로마인들이 유대인의 적대감에 대응했다 (28:18. 이는 21-26장에서 반복된 주제다).
- 바울은 자기 민족을 향해 어떤 반감도 없다고 한다(28:19).[212]
- 반대로 바울에게 그 논제는 완전히 "내부 문제"였다. 논쟁의 내용은 "이스라엘의 소망"이다(28:20).[213]

다시 말해서, 누가의 관점에서는(바울의 관점에서처럼), 로마에 함께 모인 사람들은 적대감을 가진 사람들이나 다른 종교들의 대표가 아니라, 같은 민족과 같은 종교에 속한 동료 구성원("형제들")들이다.

그들의 입장에서 로마의 유대인들은 바울의 확언을 수용한다(28:21-22). 누가가 바울의 선교에 대해 여러 곳에서 서술하면서 자주 기록한 유대인의 적대감을 고려하면 놀랍게도, 다른 곳(소아시아, 마게도냐와 그리스)에서 바

---

209) 위 §33.2b를 보라.
210) 사용된 동사 "함께 청하다"(27:17)는 자신이 가지지 않은 권위를 바울이 자신의 것으로 여긴다는 암시일 필요가 없다("소환하다, 소집하다"). 그것에는 "모임에 초대하다"라는 더 가벼운 의미가 있기 때문이다(비교. 10:24).
211) 비교. 행 21:21, 28; 24:12-13; 25:8.
212) 비교. 행 22:3; 23:6; 24:14; 26:4-5.
213) 비교. 행 23:6; 24:15; 26:6-7.

울에게 흔히 씌웠던 혐의 중 어느 하나도 그들의 귀에 이르지 않았다. 심지어 (2년 넘게 유지된) 예루살렘 유대인들의 완강한 반감도 그들에게 보고되지 않았다.[214] 이것을 어떻게 이해할 수 있을까?[215] 적어도 우리는 바울을 향한 "유대인들"의 반대가 자신의 이전 이야기가 암시한 만큼이나 전면적이고 완전했다고 누가가 묘사하기를 원하지 않았다고 말해야 한다. 예루살렘의 유대인들은 다른 지역의 "유대인들"을 그렇게 대표하지는 않았다. 로마의 유대인들 모두에겐, 주요 논제가 "이스라엘의 소망"(28:20)에 집중되었다는 바울의 주장은 그들이 편견 없이 조사할 수 있는 하나의 논제였다. 한편으로 그들은 바울이 대표하는 "이 종파"가 "어디서든지 반대를 받는 줄" 알고 있었다.[216] 그러나 누가는 로마의 그리스도인들이 이 종파를 바울에 대한 기소와 구분해서 보았음을 보여주려고 했다. 따라서 그들은 그 주제에 관한 바울의 견해가 무엇인지 듣기를 간절히 바랐다. 나쁜 평판에도 불구하고, 그들은 바울이 대표하는 운동을 여전히 유대 "종파"로 보았고 바울이 그 운동에 관해 말하는 내용에 대해 열려 있었다.

d. 마지막 장면(행 28:23-31)

누가는 이전의 장면을 중단 없이 이어갈 수 있었는데도 불구하고 주요 만남을 별도의 장면으로 묘사하기를 원했다. 막 완성한 그 장면은 사실 이제는 상관없는 바울에 대한 혐의의 근거를 제거하고, 바울의 메시지를 향한 로마 유대인들의 열린 마음을 확고히 했다. 따라서 마지막 장면은 기독교 선교사와 변증가로서 이어지는 바울의 이미지에 온전히 집중할 수 있었다.

---

214) 비록 로마의 유대인과 유대 사이에 정기적인 접촉이 있었지만 말이다(비교. 행 2:10).
215) Haenchen은 그것을 "믿을 수 없고", "불가능하다"고 여긴다(Acts, 727).
216) 이것은 11년 전 로마에서 다수의 (믿는) 유대인 추방의 원인이었던 메시아 예수의 메시지에 대한 적대감을 반영한 것일 수 있는가?(§21.1d를 보라) 그러나 그것은 로마의 공동주택 교회를 향한 로마 회당의 계속되는 태도에 관해 무엇을 말해주는가?

그리고 누가가 그토록 묘사하려고 한 이 이미지는 무엇인가? 이방인에게 복음을 전하는 바울인가? 교회를 설립하는 바울인가? 카이사르 앞에서 증언하는 바울인가? 아니다. 누가의 관심은 분명 이스라엘과 이방인을 향한 자신의 복음에 관해 마지막으로 진술하는 바울을 그리는 데 있었다.[217] 최초의 기독교를 규정하는 자신의 묘사 막바지까지, 이것은 누가의 주요한 관심으로 남아 있다. 즉 기독교는 율법의 백성 및 예언자와 관련해서만이 아니라 그들의 메시지를 수단으로 해야만 스스로를 이해할 수 있으며, 이 기독교가 선포한 구원이 또한 다른 열방을 위한 것이라는 사실이다.

반응은 이전의 경우들과 같았다. 설득되거나 확신하는 사람도 있었고, 다른 이들은 믿지 않았다(28:24).[218] 누가는 이것이 일회성의 결과가 아님을 암시하려고 미완료 시제를 사용한다.[219] 오히려 계속되는 논쟁과 대화의 과정이 시작되었고, 그 경향과 예상되는 결과에는 똑같은 이중의 경향이 이어졌으며, 이는 다음 2년 동안 내내 계속되었을 것이다(28:30-31). 이것이 함축하는 것은 이 이중적 반응이 누가의 이야기 너머의 시대까지 계속해서 유대인들이 보인 반응의 특징이 되었다는 점이다.

바울의 마지막 말(28:25-28)이 로마의 유대인들이 자기 메시지를 한결같이 거부했기에 나온 것은 아니라는 사실에 주목해야 한다. 이 마지막 장면에서는 바울을 향해 한 마음으로 반감과 적대감을 가지고 행동하는 유

---

217) 바울의 증언에 있는 한 쌍의 강조점은 하나님 나라와 예수다(28:23). 가장 마지막 절에서 이 이중 강조가 되풀이된다는 사실(28:31)은 주제의 선택이 우연히 되었거나 경솔하게 된 것이 아니었음을 나타낸다. 1:3과 6에서 반복된 강조점에서와 마찬가지로, 분명 누가는 복음서에 있는 예수의 왕국 선포와의 연속성이 의심의 여지 없이 명확해지기를 원했다. 바울 복음에서 동일하게 핵심인 내용은 율법과 예언자들이 담아낸 이스라엘의 희망을 예수가 성취했다는 주장이다(13:27; 24:14-15; 26:22-23; 비교. 특별히 눅 4:16-21; 24:25-27, 44-46; 행 2:30-31; 3:18-26; 8:30-35; 10:43).
218) 행 13:43-45; 14:1-2; 17:4-5, 10-13; 18:4-6, 19-20; 19:8-9; 23:6-9.
219) 행 17:4과 19:26의 부정과거 시제와 대조하라.

대인을 더는 언급하지 않는다.[220] 완전히 반대다. 심지어 바울이 맹렬하게 비난한 후에도, 누가는 방문객들이 여전히 동의하지 않은 채로 떠났다고 기록한다. 이사야 6:9-10의 인용은[221] 바울이 "유대인들"로부터 발을 뺐다고 여겨지길 누가가 원치 않았음을 보여준다. 그것은 바울의 메시지에 대해 그의 백성이 계속해서 보였던 혼재된 반응을 단순히 한 번 더 암시할 뿐이다.[222] 중대한 점은 그 본문이 이사야를 위임하는 장면이라는 것이다. 여기서 주목할 점은, 그 인용이 이사야를 위임하는 말("이 백성에게 가라", 28:26)로 시작한다는 사실인데, 이것은 함축적으로 바울의 위임으로 기능한다. 정경 이사야서 안에서의 기능을 보면 확실히 그 본문은 자기 백성에게 예언하는 사명을 성취하는 일로부터 이사야를 배제하려는 의도가 아니었다. 바로 그런 예언을 지닌 또 다른 60장이 이 위임의 뒤를 잇는다! 그리고 누가가 능숙하게 묘사한 맥락에서, 누가도 그 인용이 이런 관점에서 이해되기를 의도했을 개연성이 있다. 즉 자신의 위임에 대한 내용을 이사야서에 많이 의존한[223] 바울은 자기와 이사야의 백성을 향한 선교를 맹렬한 비난으로 마무리하도록 자신에게 요구하는 것으로서 이사야를 이해하지 않

---

220) 행 13:50; 14:4; 17:5; 18:12; 22:30; 23:12과 대조하라.

221) 사 6:9-10은 초기 기독교의 저술에서 많이 반영된 구절인데, 그 구절이 모든 초기 그리스도인에게 가장 난해한 질문 중 하나에 답을 제공하는 데 도움을 주기 때문이다. 즉 왜 그렇게 많은 유대인이 그들의 메시아를 거부했느냐는 질문이다(마 13:14-15/막 4:12/눅 8:10; 요 12:39-40; 롬 11:7-8). 그 본문은 여기서도 그 목적에 기여한다(7:51, 19:9, 28:27의 "둔하게 함"이라는 모티프를 롬 11:25의 모티프와 비교하라).

222) J. Jervell, *Luke and the People of God: A New Look at Luke-Acts* (Minneapolis: Augsburg, 1972), 특별히 49, n. 21, 그리고 63; 또한 *Apg.*, 629을 보라. 비교. Barrett, *Acts*, 2.1246. 유대인에 대한 누가의 태도라는 논제에 있어 이 마지막 구절의 중대한 특징은 J. B. Tyson, ed., *Luke-Acts and the Jewish People* (London: SCM, 1988)이 보여주었다. 특별히 Tyson, 'The Problem of Jewish Reception in Acts', 124-37(특별히 124-27)의 소논문; 또한 R. L. Brawley, *Luke-Acts and the Jews* (SBLMS 33; Atlanta: Scholars, 1987), 75-77을 보라. L. E. Keck, 'The Jewish Paul among the Gentiles: Two Portrayals', in J. T. Fitzgerald et al., eds., *Early Christianity and Classical Culture*, A. J. Malherbe FS (NovTSupp 110; Leiden: Brill, 2003), 461-81은 "누가행전 자체는 야생 감람나무를 뿌리에 접붙이려는 힘겨운 노력의 증거인가?"라는 물음으로 결론을 내린다(481).

223) 행 13:47, 22:17-21, 26:18, 23을 보라.

고, 그 선교의 과정(과 좌절감)을 나타내는 것으로서 이사야를 이해했을 것이다.

따라서 사도행전 28:28은[224] 바울이 이방인을 위해 자기 백성에게 결정적으로 등을 돌리고 그들을 배척했다고 이해되어서는 안 된다. 이것은 앞서 13:46과 18:6에서 언급한 맹렬한 비난보다 심하지 않다.[225] "하나님의 구원"을 "열방에" 알렸다는 사상은 시편 67:2을 가리키는데,[226] 그 구절은 모든 열방을 위한 보편적 구원에 대해 하나님이 가지신 관심의 일부로서, 이스라엘을 향한 하나님의 신실하심이라는 개념을 표현하는 구절이다. 같은 요점이 누가복음 2:30-32에 암시된 이사야서의 여러 구절에도 내포되어 있다.[227] 즉 유대인만이 아니라 이방인 곧 모든 백성을 위한 하나님의 구원이다. 누가는 세례 요한을 묘사하면서(눅 3:4-6), 이스라엘이 다른 열방도 구원하시려는 하나님의 관심을 인식할 때 자신의 유업에 가장 충실하다는 동일한 주장을 하기 위해 이사야 40:3-5의 인용을 "모든 육체가 하나님의 구원을 보리라"라는 구에 있는 절정에까지 확대했다. 예수가 이사야 61:1-2의 예언을 주해함으로써 사역을 시작하는 장면에서 누가는 동일한 주장을 하고 있다. 예수의 사명은 유대인은 물론 이방을 위한 사명이었다

---

224) "그런즉 하나님의 이 구원이 이방인에게로 보내어진 줄 알라. 그들은 그것을 들으리라"(28:28).

225) 반대 관점은 E. Haenchen, 'The Book of Acts as Source Material for the History of Early Christianity', in L. E. Keck and J. L. Martyn, eds., *Studies in Luke-Acts* (Philadelphia: Fortress/London: SPCK, 1966), 258-78: "누가는 유대인들이 실패했다고 보았다"(278). 이는 Sanders, *The Jews in Luke-Acts*, 특별히 80-83, 297-99에서 많이 강화되었고, D. Schwartz, 'The End of the Line: Paul in the Canonical Book of Acts', in W. S. Babcock, ed., *Paul and the Legacies of Paul* (Dallas: Southern Methodist University, 1990), 3-24(여기서는 10 그리고 313-14 n. 38)이 주장했다. 그러나 필자의 'The Question of Antisemitism in the New Testament', in J. D. G. Dunn, ed., *Jews and Christians: The Parting of the Ways AD 70 to 135* (WUNT 66: Tübingen: Mohr Siebeck, 1992/Grand Rapids: Eerdmans, 1999), 177-212(여기서는 187-95); 또한 *Partings*, §8.4; 비슷하게 Hvalvik, 'Jewish Believers', 197과 n. 95의 참고문헌; 그리고 Sellner, *Das Heil Gottes*, 383-402, 494을 보라.

226) 비교. 시 98:3과 사 40:5.

227) 사 42:6; 46:13; 49:6; 52:10.

(눅 4:18-27). 그리고 마지막으로, 예루살렘 공의회에서 중대한 결정을 내릴 때 아모스서를 인용함으로써 예수의 형제 야고보가 동일한 요점을 개진한 것을 누가는 회상한다. 이스라엘의 회복은 주님을 찾는 나머지 인류를 위한 것이다(15:16-18).[228]

그렇다면 여기서의 함의는 "이방인에게 향함"이 구원이라는 하나님의 더 큰 계획의 단순한 일부일 뿐 이스라엘에 대한 배척을 의미하지 않는다는 것이다. 즉 누가의 바울은 로마서 9-11장의 바울과 전혀 다르지 않다. 메시아 예수의 복음에 대한 유대인의 혼재된 대체로 부정적인 반응과 이방인의 긍정적 반응은 단순히 하나님의 구원에 모든 이 곧 유대인과 이방인을 포함하려는 하나님의 더 큰 계획의 한 국면이다. 다른 말로 하면, 누가가 기록한 내용은 마지막 장면이 아니라 분명히 전형적인 장면이다. 메시아 예수를 믿는 신자와 전통 주의적인 유대인의 계속되는 논쟁은 기독교에 결정적인 의미가 있다. 그 논쟁은 계속되며, 어떤 유대인들은 설득되고 다른 유대인들은 믿지 않는다.[229] 상황은 그렇게 되었고, (누가가 암시하건대) 또한 계속 그렇게 될 것이다. 기독교의 기초가 되는 이스라엘의 하나님 나라와 메시아 주로서 예수를 믿는 믿음을 고려할 때, 이것은 기독교의 자기 정체성이 지닌 피할 수 없는 결과 때문이다.

마지막 장면은 온전히 긍정적이다. 여기서 바울이 여전히 구금되어 있으나(28:16, 20), 자비로 (임대한 공동주택에서) 지냈으며 후원자로부터 재정 지원을 받았음을 함축하고 있다.[230] 바울에 대한 소송의 진전이나 카이사르 앞에 등장하는 일(27:24에 암시되었지만)에 대해서는 한마디의 언급도 없다.[231] 로마의 신자들이나 심지어 바울의 동료들, 아니면 바울이 기록했

---

228) 추가로 위 §27.3e를 보라.

229) Omerzu는 학자들이 21-26장의 상세 내용과 28:16-31의 짧은 로마 이야기 사이의 차이에 너무나 적은 관심을 보인다고 관찰했고, 단지 28:16, 23, 30-31이 전승 자료를 포함한다고 결론지었다('Schweigen', 128, 155-56).

230) 자유로운 구금 조건은 Rapske, *Paul in Roman Custody*, 177-82, 236-39, 322-33, 381-85을 보라.

231) 이는 그 사건으로 인해 네로 앞에서 받은 재판이 성공하지 못했고, 바울이 순교를 당했기

을 서신에 대해서도 아무 말이 없다. 초점이 바울에게 단단히 고정되었다. 누가가 자신의 독자들에게 전달하기 원했던 중요한 점은 두 가지다.

- 바울 메시지의 최고 특징("하나님 나라의 선포와 주 예수 그리스도와 관련된 내용을 가르침")은 사도행전의 첫머리에서 역설하는 것(1:3)과 일치하고 예수의 설교와 온전히 연속되고 있음을 계속해서 암시한다.
- 바울은 "자기에게 오는 사람을 다 영접"했고, 이 메시지를 "담대하게 거침없이(akōlytōs)" 설교했다.[232] 그 맥락에서 그것은 모든 이 곧 이방인은 물론 유대인을 향해서도 계속된 선포를 의미할 뿐이다. 이사야서가 제공하는 우울하지만 현실적인 예측에도 불구하고 (28:26-27), 하나님 나라와 메시아 주 예수에 관한 복음을 모든 이에게 설교하는 의무는 끝나지 않았고, 마지막 장면은 바울이 이 사명을 완성하기 위해 드러나지 않은 미래를 향해 나아감을 묘사한다.[233]

그렇게 누가는 처음부터 자신의 이야기에 동기를 부여한 질문에 마지막으로 답을 한다. 우리가 이제 기독교라고 부르는 이 운동은 무엇인가? 그것은 이스라엘의 확장, 이스라엘을 향해 이사야에게 주신 사명의 확장,

---

때문인가?(전승에서 말하듯이 말이다. 아래 §34.7을 보라) 네로 앞에서의 재판(27:24)과 이전에 바울의 죽음(20:25)을 이미 암시한 누가는, 이 언급으로 자기 이야기를 마무리하기를 원하지 않았을 것이다. 이런 이유로 황제가 아니라 하나님이 이미 신원하셨음을 앞에서 강조했다(28:1-7). 그 이야기가 추구했던 결론에 이를 수 있도록, 이런 진중한 논제도 한쪽으로 밀려났다.

232) 후자는 법정 용어로서, "방해 없이"라는 의미다. Barrett, *Acts*, 2.1253을 보라. 추가로 D. L. Mealand, 'The Close of Acts and Its Hellenistic Vocabulary', *NTS* 36 (1990), 583-97(여기서는 589-95)을 보라. 어쩌면 그 용어는 바울이 임대한 숙소의 "제한 없는" 사용을 가리키는 듯하다.

233) 비교. D. Marguerat, 'The Enigma of the Silent Closing of Acts (28:16-31)', in Moessner, ed., *Jesus and the Heritage of Israel*, 284-304. *First Christian Historian*, 10장에서는 약간 더 자세하다. 그리고 사도행전의 열린 결말에 관해서는 L. Alexander, 'Reading Luke-Acts from Back to Front', in Verheyden, ed., *Unity of Luke-Acts*, 419-46을 보라. 이는 Alexander, *Acts in Its Ancient Literary Context*, 207-29으로 재출간됐다.

이방인에게 빛이 되라는 이스라엘의 사명의 확장이다. 그것은 바울이 구현한 운동이다. 그 운동은 이스라엘 및 이스라엘의 소망과 관련해서만 이해될 수 있으며, 그 소망을 성취하고 그 소망의 추가적 성취에 기여한다. 그 운동은 그 운동을 존중하거나 그 운동의 주장에 열려 있는 사람들만이 아니라, 그 운동을 반박하거나 그 운동의 주장을 거부하는 유대인과의 지속적인 대화로서만 진실하게 될 수 있다. 그래야만 그 운동은 모든 이에게 하나님의 구원을 선포하라는 하나님의 부르심을 받은 그 운동 자체의 성격과 사명에 충실하게 된다.

e. 옥중 서신

그러나 기독교의 시작을 연구하는 역사가는 누가의 집중 광선에서 빠져나와야 하는데, 이는 그 광선에 눈이 멀지 않도록 하고 주변 그림자에서 무슨 일이 일어나고 있었는지 분별하기 위함이다. 두 방면에서 무언가를 언급해야 하고 또 언급할 수 있다.

하나는 바울의 심장에 밀착되어 있는 주제로서 "모든 교회를 향한 그의 염려"와 관련이 있다. 바울의 투옥이 누가가 말한 대로 자유로웠다면(28:16, 30-31), 바울은 자신이 선교한 다양한 교회로부터 방문자들과 사절들을 맞이할 수 있었을 테다. 또한 그는 에게해 지역 선교 중에 자신이 개발해놓은 몇몇 연락 방식을 유지할 수 있었을 것이다. "옥중"서신인 빌립보서와 빌레몬서 및 논란의 여지가 있는 골로새서[234]의 집필 시기를 어쩌면 이 투옥 기간으로 잡아야 할 것 같다. 특별히 빌레몬서와 골로새서가 바울이 앞서 에베소에 투옥되었을 때 기록되었다는 견해가 매력적이기는 하지

---

234) 가정하건대 라오디게아 사람에게 쓴 서신은 동시에 기록되었을 테고, 아마도 빌레몬서와 골로새서를 책임진 메신저가 전달했을 것이다(골 4:15). 4:15에서 함축된 점은 눔바의 집에서 모였던 가정교회가 라오디게아에 있었다는 것이다.

만,[235] 여러 사항을 고려해보면, 그 서신들이 로마에서 기록되었을 가능성이 더 크다. 특별히 다음과 같은 사항들이다.[236]

- 에베소에서의 투옥은 기껏해야 바울이 아시아에서 경험한 위기를 언급하는 대목에서 추론한 것인데(고후 1:8), 그 투옥은 자유로운 조건을 가졌다고 묘사되는 로마보다 훨씬 더 짧고 격렬했던 것 같다.[237]
- 에베소서에서 연보를 언급하지 않았다는 사실은 에베소를 중심으로 한 선교와 관련된 다른 서신들에 있는 연보의 중요성을 고려할 때, 설명이 불가능하다(고린도전후서, 로마서).[238]
- 빌립보서 1:13과 4:22의 "시위대"("모든 시위대 안")와 "가이사의 집 사람들"[239]이라는 언급은 분명히 로마에 있는 제국의 경비대(거기서 교도관들이 선발되었을 것이다)와 네로의 궁전에 있는 제국의 노예들을 가리킬 것이다.[240]

---

235) 이는 비영어권 주석가들 대부분의 견해로, Murphy-O'Connor, *Paul*, 175-79, 183을 포함한다. 또한 위 §28 n. 52을 보라. 이 견해를 지지하는 가장 중요한 요인은 골로새와 에베소의 근접성이다(단지 약 192km 떨어짐).

236) 특별히 P. T. O'Brien, *Commentary on Philippians* (NIGTC; Grand Rapids: Eerdmans, 1991), 19-26; Schnelle, *History*, 131-33; 또한 *Paul*, 367-69; Bockmuehl, *Philippians*, 25-32; Wilckens, *Theologie*, 1/3.40-42을 보라.

237) 소수 견해는 가이사랴가 그 옥중 서신들이 발송된 장소라는 것이다(예. Kümmel, *Introduction*, 324-32, 346-49; 다시 §28 n. 52을 보라). 그러나 특별히 가이사랴와 빌립보 간의 정기적인 연락은 로마와 빌립보 간의 연락보다 훨씬 더 상상하기 어렵고, 로마보다는 가이사랴에서 투옥되어 죽음을 맞이할 개연성이 훨씬 더 적다.

238) 비교. Wedderburn, 'Paul's Collection', 102. Brown은 바울이 로마 감옥에서 과거를 돌아보았다면, 빌립보 사람들의 연보 기여를 언급했을 것으로 생각한다(*Introduction*, 496). 그러나 그 서신은 바울과 빌립보 교회 사이의 가까운 개인 관계에 거의 온전히 집중한다(§34.4b를 보라).

239) 즉 황제의 행정과 기관의 공직자와 하인 및 노예들.

240) Bockmuehl은 에베소에 "궁전"이 있었다는 주장의 비현실성을 언급하는데, 아시아가 황제령이 아니라 원로원령이었기 때문이다. 또한 그는 황제의 공공 기관 대부분이 서쪽에 있었다고 언급하며, 명문에 확인된 660명의 *Caesaris*("카이사르에 속함") 중에 약 70%가 로마에 살았으며, 96%가 로마나 이탈리아 혹은 북아프리카에 살았다고 말한다(*Philippians*, 28,

따라서 비록 그 질문과 관련해서 확실하게 말할 수 있는 것은 없지만, 그렇기에 필자는 염두에 두고 있는 세 서신이 실제로 바울의 로마 투옥 기간 중에 기록되었다는 작업가설을 따라 그 서신들을 아래에서 살펴볼 것이다(§§34.4-6).

그 서신들의 실제 작성 순서는 해결하기 불가능한 문제다. 그중 어떤 서신도 바울의 투옥 기간 중 초기의 이른 시기에 기록될 수 없었다. 빌립보를 오가는 움직임(바울의 투옥 소식, 에바브로디도가 가져온 선물, 에바브로디도의 아픔과 그로 인한 빌립보 사람들의 염려에 대한 소식)에 수 주는 걸렸을 것이다.[241] 빌레몬서와 골로새서에 상정된 기간(바울의 투옥 소식이 골로새에 도달함, 투옥 중인 바울에게 어렵게 찾아왔을 노예 오네시모, 바울을 통한 그의 회심과 바울을 위한 봉사 기간)도 모두 비슷하게 긴 시간이 걸렸음을 시사한다. 그러나 그 서신들을 어떤 순서로 다루는지는 정말 중요하지 않다. 필자는 골로새서를 마지막에 다루는데, 이것은 단순히 필자가 골로새서를 바울이 아닌 다른 사람이 바울의 승인을 받아 기록한 일의 배후에 있다고 상상한 상황과 더 잘 들어맞는다고 보기 때문이다(§34.6).

물론 다른 중대한 과제는 바울에게 실제로 무슨 일이 일어났는지, 바울의 투옥이 어떻게 끝났는지, 또한 불가피하게, 그가 어떻게 생애를 마쳤는지, 그의 수난이 어떻게 완결되었는지에 대해 알아보는 일이다. 이외에 네로 치하의 박해가 있기 전 로마의 공동주택 교회들에 대해 추론할 수 있는 내용이 있다면 보너스가 될 것이다(§34.7).

30-31).

241) 예로, Martin-Hawthorne, *Philippians*, xlviii-xlix; 그리고 아래 §§34.4a(i)과 (iv)를 보라.

34.4 바울의 빌립보서

a. 기초적 문제들

(i) **연대.** 방금 언급했듯이 빌립보서는 로마의 자유로운 구금 기간(약 61년 이나 62년)에 바울(과 디모데)이 썼거나/구술했을 가능성이 높다. 바울이 에베소 감옥에서 어느 정도 시간을 보냈다고 자신할 수 있다면, 빌립보서는 그보다 앞선 기간에 작성되었다고 할 수 있으며, 그 경우 서신의 연대를 약 55년으로 잡아야 할 것이다. 바울의 사상이 그때는 이미 상당히 발전했기 때문에, 6년이나 7년이라는 시간 차이를 특별히 중요하게 여길 필요는 없다. 에베소보다는 로마가 빌립보에서 더 멀지만, 빌립보는 비아 에그나티아(Via Egnatia)라는 동서를 잇는 큰길에 위치했으며, 그 길을 따라 제국의 수도에서 동부까지 적잖은 교통량이 일정하게 있었다.[242] 일상적이거나 특별한 방문들을 통한 잦은 의사소통을 고려하면, 바울과 빌립보 사이를 오가는 일련의 소식은 기껏해야 일 년 이상이 걸리지 않았을 것이다.

(ii) **통일성.** 고린도후서 다음으로 빌립보서는 현재 정경 형태로 있는 몇몇 신약 서신이 사실은 다른 서신들 전체나 일부를 결합해서 만들어졌다는 논지의 가장 인기 있는 후보자로 드러났다.[243] 이 경우 논지는 빌립보서가 다른 두세 개 서신들을 결합하여 만들어졌다는 것이다.[244] 기본 근

---

242) 빌립보에서 로마까지의 육로 여정은 약 4주가 걸렸을 것이다(Schnelle, *History*, 133; 또한 *Paul*, 369). 추가로 위 §31.2b를 보라.

243) Becker는 폴리카르포스가 그의 빌립보 서신에서 바울의 빌립보 서신들(복수)과 "그의 서신"을 모두 언급했다고 주목한다(*Phil*. 3.2; 11.3)(*Paul*, 313). 복수는 아마 정경 빌립보서와 분실된 서신을 가리킬 수 있다.

244) 예로, Brown, *Introduction*, 497-98의 참고문헌. Bormann은 빌립보서를 세 부분으로 분리하는 다양한 이론을 유용하게 도표로 만들었다(*Philippi*, 110, 115). Murphy-O'Connor(*Paul*, 216-30)는 단일 서신에 맞서 논증하는 사람들이 가진 확신을 전형적으로 보여준다. "상상할 수도 없는", "받아들일 수 없는 가정", "우리는 추정해야 한다"와 같은 표현은 선호하는 가설을 위한 사례를 강화하려고 역사적 선택권을 지나치게 협소하게 하려는 시도를 시사한다. 그리고 바울의 의식에 침투하려는 시도("바울이 재빨리 인식했다",

거는 복잡하지 않다. 특별히 3:1에서 3:2(아니면 3:1a에서 3:1b)로의 전환이 상당히 갑작스럽다. 권면의 잔잔한 장면은 "개들을 삼가라!"(3:2)라는 경고로 갑자기 중단된다. 이것이 다른 서신들 사이의 솔기로 쉽게 설명될 수 있기에, 서신 내의 다른 긴장들을 비슷한(덜 분명하더라도) 솔기로 설명하는 것은 더 개연성이 있다. 필자가 볼 때 이 논지에는 몇 가지 문제가 있다.

- 나중에 편집자가 바울 서신들을 단일 서신으로 묶으려고 줄이거나 수정할 자유를 느꼈다고 추정하면, 그들은 왜 그 전환 부분을 더 부드럽게 하지 않았는가? 다른 말로 하면, 그 가설은 갑작스러운 전환이라는 문제를 해결하지 않는다.
- 반대로 그들이 존경하는 바울이 쓴 내용을 존중하여 변경하거나 수정하지 않았다면, 그들이 그 서신들을 한 개의 서신 형태로 결합하려고 서신의 뼈대와 어쩌면 하나 혹은 그 이상 서신들의 다른 부분들을 잘라내는 자유를 느꼈다고 어떻게 추정할 수 있는가?
- 당시 문헌에서 그렇게 실행한 훌륭한 전례와 유사한 문헌이 부족하다는 사실은 그 가설을 거의 온전히 내부의 타당성에 의존하는 가설로 남겨둔다.

역으로 바울이 그 서신을 현재의 형태로 남겨둘 수밖에 없었던 여러 시나리오를 상상하는 데 전혀 어려움이 없다. 바울의 구금이 자유롭긴 했지만 긴 시간의 구술을 허용하지는 않았을 공산이 가장 크다. 그 결과 작문은 한두 번의 휴식을 포함하는(예를 들면, 법관의 심문 요구) 여러 날이 걸려야 했을 것이며, 그 과정 중에 빌립보에서 일어났다고 보고된 심각한 일로 인해 분노가 담긴 구절을 포함하게 됐을 것이다. 수정하거나 정서할 시간이 없었

"바울의 자기 몰두", 그는 "모순되는 메시지를 보내고 있었다")는 역사적이라기보다는 상상력을 발휘한 것이다.

기 때문에, 현재의 부자연스러운 지점에 그것이 삽입되었을 것이다.[245]

(iii) **대적자들.** 자신이 확립한 교회를 위협한다고 여겨지는 무리가 빌립보에 도착했다는 소식 때문에 바울이 그런 내용(3:2-4:1)을 삽입했다고 추정한다면, 그 무리가 누구인지 규명할 수 있을까? 3:2-6을 바탕으로 내릴 수 있는 가장 분명한 결론은 그들이 자신들의 유대 혈통을 강조하면서 빌립보의 할례받지 않은 이방인 신자들의 헌신과 지위가 결함이 있을 뿐 아니라[246] 그들의 미성숙을 보여준다는 이유를 가지고 논란을 벌인 자들이라는 것이다(비교. 3:15). 바울은 그들이 새로 온 자들이라고 말하지 않으나, 빌립보의 유대인 공동체가 사도행전 16:13에서 암시하듯이 작았다면, 그들은 빌립보에 새로 도착한 자들이었을 가능성이 크다.

그들은 그리스도인들/메시아 예수를 믿는 신자들인가? 아마도 그럴 것이다. 그렇지 않다면 그들은 바울 교회의 신자들에게 그와 같은 위협이 되지 않았을 것이다. 바울이 유대인의 특권이 지닌 가치에 맞서 자신이 그리스도에 대해 가진 지식으로 대응하는 것은(3:7-11) 어쩌면 같은 방향을 가리킨다고 볼 수 있다. 비슷하게, "그리스도의 십자가의 원수들"(3:18)이라는 말은, 그 말의 대상이 된 사람들이 자신들이 십자가에서 죽은 메시아에 속한다고 생각했다면, 그들에게 더 깊은 상처를 주었을 것이다. 빌립보서 3:5과 고린도후서 11:22의 병행(자신들의 히브리적 정체성, 즉 전통적·보수적인 유대인의 정체성을 중요시한 사람들)은, 그 병행이 고린도후서 11:4까지, 심지어 갈라디아서 1:6-9(그들은 바울이 다른 복음과 예수로 여긴 것을 전했다)에까지 확대되었음을 시사한다.

---

245) 서신의 온전성을 선호하는 다른 논증들은 Kümmel, *Introduction*, 332-35; O'Brien, *Philippians*, 10-18; J. T. Fitzgerald, 'Philippians, Epistle to the', *ABD*, 5.320-22; Schnelle, *History*, 135-38; 그리고 추가로 Bockmuehl, *Philippians*, 20-25; Martin-Hawthorne, *Philippians*, xxx-xxxiv을 보라.

246) 경고받은 사람들을 "신체 훼손자(*katatomē*)"라고 묘사한 것은 유대인을 "할례받은 자(*peritomē*)"라고 묘사한 것을 반영하고, 할례와 관련된 절단이라는 개념을 갈 5:12에서와 마찬가지로 "이용"한다. 두 경우에서 욕설은 험악하다. "개들을 삼가라." 호메로스 때부터 "개"는 지중해 세계 전역에서 경멸하고 무시하는 모욕이었다(LSJ, 1015).

새로 온 자들은 예루살렘의 사절단인가? 예루살렘의 전통적인 유대인 신자들에 대한 묘사(행 21:20-21)는 바울이 빌립보서 3:5-7에서 거리를 둔 자신에 대한 기분 나쁜 되울림이다. 따라서 예루살렘에 있던 신자들이 바울에게 너무 적대적이어서, 바울의 선교를 통해 설립된 교회들에서 바울의 "배교"에 맞서 싸우기 위해, 바울의 몇몇 교회에 직접 방문하거나 타인을 보냈음을 쉽게 그리고 타당하게 상상할 수 있다. 그러나 야고보와 같은 특정한 개인은 말할 것도 없이 예루살렘과의 구체적인 연관성이 있었다고 보는 견해는 개연성이 적다. 그 경우에 우리는 빌립보서의 구절이 갈라디아서 1:17-24(바울 복음은 예루살렘과 별개다)과 4:25(노예 상태에 있는 예루살렘)에 있는 부인 그리고 고린도후서 11:5과 12:11의 "큰 사도들"을 무시하는 언급과 병행하길 기대했을 것이다. 그 증거는 궁극적으로 예루살렘에서 또는 안디옥에서의 대립의 여파에서 비롯되어, 중앙 조직은 없으나 비슷한 동기나 성격을 가진 다른 무리들이 (아마도) 발작적으로 추진한, 계속된 활동만을 나타낸다. 그런 활동은 모두 바울이 로마서에서 자세히 다루려고 했던 새 운동 내의 긴장을 반영한다.

그러한 대적자들은 단일한 무리였는가? 아니면 다른 무리들로부터의 도전이 있었는가? 여기서 핵심 증거는 빌립보서 3:18-19에서 언급한 자유주의자들("그들의 신은 배요 그들의 영광은 그들의 수치라")로 보이는 무리, 즉 다른 말로 하면 3:4-6이 암시하는 전통주의자들과 상당히 달랐을 무리다.[247] 그러나 사실 그런 표현은 배교로 인식되는 내용에 맞선 유대인들의 비판에

---

247) 영지주의 가정의 전성기가 시들어지기 시작할 때, H. Koester, 'The Purpose of the Polemic of a Pauline Fragment', *NTS* 8 (1961-62), 317-32이 영향력 있는 논지였는데, 그는 "초기 기독교 영지주의의 전형인…급진화된 영적 종말론"을 주장한 유대인 영지주의 완벽주의자들을 예상했다(331). Schnelle는 "유대화 요소와 열광적인 요소"를 결합한 헬레니즘 유대인 기독교 선교사들을 생각한다(*History*, 140-41). Fitzgerald는 그 논쟁에 관해 간략한 논평을 제공한다('Philippians', 323). W. Cotter, 'Our *Politeuma* Is in Heaven: The Meaning of Philippians 3.17-21', in B. H. McLean, ed., *Origins and Method*, J. C. Hurd FS (JSNTS 86; Sheffield: JSOT, 1993), 92-104은 자발성 협회에게 종종 주어진 비판이라는 맥락에 그 단락을 놓는다(98-101; 위 §30 n. 232을 보라).

있어 그 시기에 자리 잡은 듯하다.[248] 그런 전통적인 논쟁에서 그와 같은 언어의 사용은 특별한 관점을 규정하는 데 그것을 사용할 수 없다는 의미다. 어쩌면 바리새인을 공격하는 *T. Mos.* 7에서 그런 언어를 사용할 수 있었다는 사실은,[249] 그 언어가 허위정보 선전이라는 범주에 속하거나, 아니면 예를 들어 그것이 기독교와 유대교가 이어지는 여러 세기 간 겪었을 의심에 찬 비난의 창의적인 풍자에 속했음을 충분히 나타낼 수 있다. 그래서 바울은 3:2-6에서와 같은 무리를 염두에 두고, 자신이 무책임하다고 여긴 무리에게 꼬리표를 붙이려고 이 용어들을 다소 호탕하게 사용했을 수 있다.[250]

(iv) **이유.** 이상의 것들을 고려하면 그 서신을 쓴 이유가 다섯 가지로 보인다고 결론을 내릴 수 있다.

- 빌립보 사람들이 에바브로디도를 통해 바울에게 재정을 후원했다. 따라서 빌립보서는 감사의 서신이다(4:18).
- 바울과 함께하는 동안 에바브로디도는 심하게 앓았고, 그가 아프다는 소식이 빌립보에 전해졌다. 에바브로디도는 향수병을 앓았으며 자신의 질병 때문에 괴로워할 빌립보의 친구들을 염려했다(2:25-30).
- 유대 그리스도인 선교사들이 빌립보에 왔고, 그들은 하나님의 언약 백성임을 증명할 표지가 부족하다는 이유로 빌립보 신자들의 지위를 비하했다(3:2-6). 바울은 갈라디아서와 고린도후서 10-13장을 특징짓는 것과 동일한 감정적 강도로 반응한다.
- 바울은 풀려나서 빌립보를 재방문할 수 있기를 여전히 소망했다 (1:26; 2:24). 그런 방문에 대한 소망과 의도는 그의 서신들에서 빈번하게 드러나는 특징이었다.[251]

---

248) Philo, *Virt.* 182; 3 Macc. 7.11; *T. Mos.* 7.4.

249) 특별히 *T. Mos.* 7.9을 주목하라.

250) 비교. O'Brien, *Philippians*, 26-35.

251) 롬 15:23-24; 고전 16:5-6; 고후 13:1; 갈 4:20; 살전 2:17-18; 몬 22. 물론 그런 바람은 스페인 선교를 위한 기지나 발판으로 로마를 이용하려는 바울의 장기 계획과 충돌한다(롬 15:23-

- 또한 바울은 자신에게 보고되었을(4:2-4) 한계에 이른 관계에 관해 몇 가지 목회적 조언을 제공할 기회를 서신에서 가졌다.

b. 친교의 서신

바울 서신의 주석가들 대부분은 빌립보서[252]를 상당히 올바르게 바울의 현존하는 모든 서신 가운데 가장 따스하고 기쁨이 넘치는 서신으로 여긴다.[253] 갈라디아서와 로마서에 있는 인사를 확장하는 자기주장은 전혀 없다. 이어지는 감사(1:3-11)는 바울이 곧바로 연합하라고 호소한 고린도전서의 감사보다 길고(고전 1:10), 고린도전서보다 걱정이 덜하며, 데살로니가전후서보다도 더 따스하다. 그 서신은 흔한 감사와 기도 및 확언을 제공한다. 그러나 처음부터 빌립보 교인들이 복음에 참여한(koinōnia) 사실을 곧바로 회상한 것은 주목할 만하다(1:5). 흔치 않게, 바울은 그들의 상호 애정을 인용한다. 1:7은 "너희가 내 마음에 있기 때문에" 그리고 "너희가 나를 너희 마음에 두었기 때문에"라고 옮길 수 있다. 아마도 일부러 두 의미를 포용하려고 했을 테다. 바울은 그들이 "하나님의 은혜에 함께 참여함(synkoinōnous)"을 강조하는데, 바울의 매임/투옥과 복음을 변호하고(apologia)

24, 28). 그러나 바울이 그 소망을 표현한 지 4, 5년이 지났고, 로마에서의 시간이 자신의 이전 야망의 비현실성을 그에게 보여주었을 수도 있다. 그 외에도, 바울은 자신의 여행 계획을 변경하기로 악명이 높았다(비교. 롬 1:13; 고후 1:12-2:13; 12:14-21; 살전 2:17-18)

252) 비록 그렇게 사용하는 것이 대중적이지만, 필자는 "친교 서신"이라는 머리글이 전문적 형식을 나타낸다고 의도하지 않았다. 예. G. D. Fee, *Philippians* (NICNT; Grand Rapids: Eerdmans, 1995), 2-7, 12-14("그리스도인의 '우정의 권면 서신'"). 여기서 바울의 다른 서신에서처럼, 그 서신에 꼬리표를 붙인 후 바울이 관례적인 몇 가지 형식을 지키지 못했다고 비판할 위험이 있다. 그 주제에 관한 Bockmuehl의 언급은 신중하다(*Philippians*, 33-40).

253) 빌립보서는 바울의 나머지 서신보다 "기쁨"(chara)과 "기뻐하다"(chairō)가 집중되어 있다. *Chara*(5번) — 1:4, 25; 2:2, 29; 4:1; *chairō*(8번) — 1:18(2번); 2:17, 18, 28; 3:1; 4:4, 10; 비교. 로마서(3번, 4번), 고린도전서(0번, 4번), 고린도후서(5번, 8번), 갈라디아서(1번, 0번), 데살로니가전서(4번, 2번), 데살로니가후서(0번, 0번). 또한 *koinōia*("참여") 언어군의 빈번성에 주목하라: 1:5; 2:1; 3:10; 4:14.

확정함(bebaiōsis)에 참여했다고 한다(1:7).[254] 그들이 그립고 그들을 위해 기도한다는 바울의 확언은 특별한 친밀함이 있다. 바울은 "그리스도 예수의 심장(splanchna)으로" 그들을 그리워하는데, 이 구는 여기서만 나타난다. 마찬가지로 그들의 사랑을 "풍성하게 하사(perisseuein)"라는 생동감 넘치는 기도는 바울 서신의 도입부에서 흔치 않은 표현을 사용한다(1:9). 분별력(aisthēsis)과 "지극히 선한 것을 입증할 수 있는(dokimazein ta diapheronta)" 능력을 위한 기도는 그들의 영적 성숙에 대한 강한 확신을 암시한다.[255]

이 도입부에 바로 이어지는 내용은 빌립보 신자들을 가르치거나 권면하는 것이 아니라 바울 자신의 안녕과 투옥에 따른 선한 결과를 들어 그들을 안심하게 하려는 것이다(1:12-18). 바울은 "너희의 간구와 예수 그리스도의 성령의 도우심으로" 미래의 구원(sōtēria)을 확신했고(1:19), 그 "구원"에 "너희를 위해", "너희의 믿음의 진보와 기쁨을 위해" 자기의 생명이 보존되는 일이 포함되어, 자기가 그들에게 다시 다가가 그리스도 예수 안에서 자랑하기 위한 신선한 기반을 제공할 수 있기를 오로지 원한다(1:24-26). 그는 역시 복음을 위한 자신의 열정과 그런 사역이 수반하는 고난에 빌립보 사람들이 계속 참여할 것으로 확신한다(1:27-30).[256]

이어지는 호소와 권면은 다시 특별한 따스함과 친밀함의 증거다. 바울은 그들이 경험한 "그리스도 안에서의 권면", "사랑의 위로", "성령 안에서의 교제(koinōnia)"에 호소하고(2:1), 그들이 마음을 같이하고, 같은 사랑과 한마음을 품어(2:2) 이기적인 욕망이나 허영으로 하지 않으며, "오직 겸손한 마음으로 각각 자기보다 남을 낫게 여기고"(2:3), 그들 자신의 유익이 아니라 다른 이들의 유익을 돌아봄으로(2:4) "나의 기쁨을 충만하게" 할 것임을 확신한다. 문제는 바울을 멈칫하게 한 어떤 소식을 바울이 들었다는 데 (전

---

254) Wansink, *Chained in Christ*, 138-45.
255) 롬 12:1-2에서 이 능력은 마음을 새롭게 함을 입증한다.
256) Ware는 1:27-30이 빌립보 사람들의 왕성한 선교 사역을 암시한다고 논증한다(*Mission*, 5장).

혀) 있지 않다. 빌립보 교회는 마게도냐에서 이웃하는 교회이자 종말론적 근심으로 불안해했던 데살로니가 교회와 같지 않았고, 위험한 분파주의적 경향이 있는 고린도 교회와도 전혀 달랐다. 여기서 관심사는 성숙하고 있는 회중은 계속해서 성숙해진다는 데 있다. 그래서 바울은 믿음이나 행동에 관한 특정 문제에 대해 가르치거나 꾸짖을 필요가 없었다. 오히려 바울은 그 기회를 빌립보 신자들이 초점을 그리스도라는 궁극적인 모본과 목표에 고정하고(2:5-11), 진행 중인 "그들의 구원을 이루는 일"에 하나님이 그렇게 하실 수 있다는 확신을 가지고(2:13, 1:6에서처럼) 그들을 격려하는 데 사용한다. 구경꾼들이 흠을 발견할 수 없는 공동생활은 그들의 증언을 더욱 효과 있게 하고, 바울이 그들에게 전한 복음의 효과를 보여준다(2:14-16).[257] 따라서 바울이 생명을 부지하지 못했더라도, 그의 죽음은 기쁨의 제물과 그들의 믿음에 대한 감사의 봉헌이며, 그들이 서로 기뻐해야 할 사안이었을 것이다(2:17-18).

바울과 빌립보 교회의 관계에 있는 따스함은 바울과 그의 핵심 동료인 디모데 간의 가족 같은 따스함으로도 반영되었다(2:20-23). 그리고 에바브로디도와 빌립보에 있는 그의 동료 신자들 간의 애정 역시, 바울이 공감했듯이, 이미 언급되었다(2:26-30).[258]

삽입된 경고 단락(3:2-21)과 유오디아와 순두게를 향해 같은 마음이 되라는 문단(4:2-3)은 "기뻐하라"(3:1; 4:4)는 반복된 요청과 그들에 대한 바울의 기쁨의 확신("나의 사랑하고 사모하는 형제들, 나의 기쁨이요 면류관", 4:1)으로 앞뒤로 둘러싸였다. 그리고 결론 문단은 같은 주제로 돌아온다(4:10). 4:5-9의 부드러운 권면과 확언에 눈에 띄는 평온함이 있다(바울의 상황을 고려하면 놀랍다). 자신과 빌립보 사람들의 교제 및 빌립보 교회가 처음부터 자신을 지원했음에 대한 언급과 현재 상황(감옥)에서 계속 재정을 후원하는 빌립

---

257) 아래 n. 270을 보라.
258) 추가로 R. Metzner, 'In aller Freundschaft. Ein frühchristlicher Fall freundschaftlicher Gemeinschaft (Phil 2.25-30)', NTS 48 (2002), 111-31을 보라.

보 교회를 향한 명백한 기쁨과 만족에 대한 언급이 특별히 가슴을 저미게 한다. "이는 받으실 만한 향기로운 제물이요, 하나님을 기쁘시게 한 것이라"(4:15-18).[259] 바울의 매우 개인적인 서신인 빌레몬서에도 그런 따스한 정감과 표현은 없다. 바울이 가장 선호하는 교회가 있다면, 빌립보 교회였을 것이다.

c. 빌립보 교회에 관해 무엇을 알 수 있나?

빌립보서는 가까운 친구 간 개인적 대화의 한 면으로서 주목할 만하다. 절친한 친구로서 그들의 대화는 그들을 연결하고 유대를 형성해주는 중요한 문제에 집중한다. 따라서 빌립보 신자들과 그 교회의 상황에 관한 정보를 거의 얻지 못한다는 사실은 놀라운 일이 아니다. 그런 속삭이는 듯한 친밀감이 두 당사자의 상호 애정에 관해 많은 것을 알려주고, 그들의 상황에 대한 암시들은 좌절감을 느끼게 할 정도로 암시적이다.

　그렇게 해서 직분을 가진 두 무리, 혹은 어쩌면 더 정확하게 빌립보에서 이미 나타난 두 지도자의 역할을 알게 된다. 곧 "감독들(episkopoi)과 집사들(diakonoi)"(1:1)이다. 이 직분들이 후세대 교회에서 정규적인 직분과 역할의 호칭이 된 것은 결코 우연이 아니다.[260] 디모데전서 3장과 디도서 1장

---

259) Bormann은 감사 서신(4:10-20)을 "바울과 빌립보 공동체의 관계를 이해하는 핵심으로" 본다(Philippi, 6.3장; 그리고 추가로 7-8장). Pilhofer는 "주고받은 일(logos)"(4:15)이 "몇몇 협회가 존재하는 가장 중요한 이유였다"고 언급한다(Philippi, 147-52). 또한 BDAG, 601을 보라. 그리고 추가로 G. W. Peterman, Paul's Gift from Philippi: Conventions of Gift Exchange and Christian Giving (SNTSMS 92; Cambridge: Cambridge University, 1997), 53-68은 "자신의 각 대답에서 사도는 선물의 중요성에 관한 그리스-로마적일 수 있는 이해를 선물에 대한 유대교적 이해로 교정한다"라고 논증한다(158-59). Ascough, Paul's Macedonian Associations, 139-44, 149-57.

260) 필자가 추정하는 바는, 이 직분들/역할들이 분명하게 확립된 목회 서신(디모데전후서와 디도서)이 약 80년에서 100년 사이의 기간을 반영한다는 것이다. 제3권을 보고 그사이에 필자의 Unity and Diversity, §30.1을 보라. Schnelle는 빌립보서에 이미 감독과 집사가 언급된 사실이 빌립보서가 (로마에서) 나중에 기록되지 않고 (에베소에서) 더 일찍 기록되었음을, 즉 교회가 설립된 지 약 6년 후에 기록되었음을 나타낸다고 본다(History, 132).

에서 보이는 교회조직의 구조가 이미 빌립보에서 드러났느냐는 지금 결정할 수 없다. 확실히 몇몇 지도적 역할과 행정 기능들은 빌립보의 감독들과 집사들이 틀림없이 맡았을 것이다.[261] 그러나 교회가 시작되고 약 12년 후에 이 기능들이 얼마나 잘 규정되었는지, 확실히 형태가 없었거나 초기 형태였는지, 또한 이 칭호들을 사용한 것이 종교 또는 세속 전례에 의존한 정도를 얼마나 나타내는지는 알 수 없다.[262] 예를 들면, 폴리카르포스(Polycarp)가 약 50년 후에 빌립보에 편지를 썼을 때, *episkopos*라는 호칭을 주장했거나 주장할 수 있는 사람이 그곳에 한 명도 없었다.[263] 그래서 어떤 종류의 조직이 있었음은 확실하게 볼 수 있으나, 그 윤곽은 모호하게 남아 있다.

에바브로디도와는 별도로, 이름이 밝혀진 유일한 빌립보 신자들은 유오디아와 순두게 및 글레멘드이다(4:2-3). 두 여인 간에 어떤 다툼이 있었던 것으로 보이나, 바울의 짧은 언급은 그 다툼이 그렇게 심각하지 않았음을 의미한다.[264] 더 중요하게는, 바울이 그 사람들을 언급했다는 점과 모인 신

---

261) "그의 서신의 명령이 있는 부분에서 확실한 두 집단을 언급했다는 사실은 그들에게 특별하고 자명한 권위가 있었음을 시사한다"(O'Brien, *Philippians*, 48). Martin-Hawthorne은 "집사이기도 한 주교", "섬기는 감독"이라는 의미로 그 구를 이해한 초기 해석(Chrysostom)에 동조한다(*Philippians*, 11-12).

262) J. Reumann, 'Contributions of the Philippian Community to Paul and to Earliest Christianity' *NTS* 39 (1993), 438-57은 *episkopoi*(감독들)와 *diakonoi*(집사들)가 빌립보 교회에서 가정교회의 지도자들을 위해 채택한 직함이었다고 결론짓는다(449-50). 이 제안을 Bormann, *Philippi*, 210-11이 받아들였다. Pilhofer는 비록 그런 용례가 드물기는 했지만, *episkopoi*라는 직함이 빌립보 교회의 특정한 현상, 즉 협회들의 지역적인 용법이라고 유사하게 시사한다(*Philippi*, 140-47). 추가로 Ascough, *Paul's Macedonian Associations*, 80-81, 131-32을 보라. Bockmuehl은 설득되지 않았다(*Philippians*, 53-55). 가장 흔한 추론은 *Episkopoi*와 *diakonoi*가 빌립보 교회가 바울에게 준 금전 선물을 모아 전달해주는 책임을 졌다는 것이다(예. Murphy-O'Connor, *Paul*, 217; Wedderburn, *History*, 134). 추가로 Reumann, 'Church Office in Paul', 82-91을 보라.

263) 만약 있었다면, 이그나티오스가 자주 그랬던 것처럼, 폴리카르포스도 그를 언급했거나 그에게 복종하도록 조언했을 것이다(*Eph.* 1.3; 3.2; 4.1; 6.1; *Magn.* 6.1; 7.1; *Trall.* 2.1; 3.1; *Phld.* 8.1; *Smyrn.* 8.1-2; 9.1).

264) 그러나 N. A. Dahl, 'Euodia and Syntyche and Paul's Letter to the Philippians', in White and Yarbrough, eds., *The Social World of the First Christians*, 3-15은 "빌립보 교회에서 두

자들이 읽을 서신에 공개적으로 그들의 이름을 명시할 정도로 그들의 다툼을 충분히 심각하게 받아들였다는 사실은, 어쩌면 그들이 교회 지도자 일원이었음을 암시한다.[265] 바울이 "복음에 나와 함께 힘썼다"라고 그들을 칭찬했다는 사실은 바울의 마게도냐 선교 동안 그들이 바울의 선교 일행 가운데 있었음을 시사하며, 이는 지역 모임에서 그들의 두드러짐을 확인한다. 글레멘드는 여러 "동료 일꾼" 중 유일하게 이름이 밝혀졌다.[266] 명확하지 않은 내용은 바울이 그들 중에 활발하게 참여했을 때만 그들이 이 역할을 감당했는지, 아니면 바울이 시작한 선교를 계속 고취했는지다.

그 이름 중에 유대인 이름이 하나도 없다는 사실은 빌립보 회중이 주로 이방인이었음을 시사한다.[267] 이는 빌립보에 아주 적은 수의 유대인이 있었다는 사도행전의 묘사와 일치한다(행 16:13). 새로 들어온 유대인 선교사나 특사들이 누군가(특히 바울!)의 심기를 불편하게 했다고 3:2-6로 결론지을 수 있지만, 갈라디아와 고린도의 양상이 반복되었음을, 즉 바울이 빌립보에서 개종시킨 자들이 새로 온 자들을 환영하고 바울 복음의 중심 메시지를 버리라는 그들의 유혹에 넘어갔음을 시사하는 내용은 빌립보서에 전혀 없다. 바울을 향한 온전한 충성은 바울의 마음에서 그들이 특별한 위

드러지고 영향력이 있는" 이 두 "구성원들" 간 불화가 바울이 직면한 주요 문제였다고 생각한다. 그러나 "불화 공동체"라는 Tellbe의 묘사는 과장된 언급이다. 그는 불화가 공동체가 직면한 반대자와 관련 있다고 생각한다(Paul between Synagogue and State, 228-30). O'Brien도 비슷하게 경고한다(Philippians, 478-80).

265) Ascough, Paul's Macedonian Associations, 134-35 그리고 추가로 136-38.

266) 3:4에서 말한 그 사람은 바울의 익명의 "참으로 멍에를 같이한 동료(syzyge)"인가 아니면 syzygos라 불리는 사람인가? 아무도 확실하게 말할 수 없으나, 그것은 이름으로는 어느 곳에서도 입증되지 않았다"(비교. O'Brien, Philippians, 480-81). 이것은 누가를 언급한 것으로 볼 수 있는가?(Bockmuehl, Philippians, 241) Martin-Hawthorne, Philippians, 242에 있는 다른 가능성들.

267) Kümmel이 언급했듯이, 3:3은 독자들을 할례받은 유대인으로 추정하지 않는다 (Introduction, 322). Oakes는 빌립보에 있는 로마 시민의 높은 비율을 고려하면(그는 40%로 추산한다), 빌립보 교회에도 비슷하게 높은 비율의 로마 시민이 있었을 것으로 추론한다(그는 36%를 추산한다). "바울이 교회를 설립한 도시 가운데 이 정도로 많은 로마인이 있었던 곳은 하나도 없다"(Philippians, 76).

치를 차지한 요인 중 하나다.

빌립보 신자들의 인심은 확실하게 나타나며(특별히 4:15-18), 자신들의 전령인 에바브로디도를 향한 헌신은 바울을 지원한 빌립보 교회의 헌신을 반영할 것이다(2:30). 하나님을 향한 그들의 간구와 그들의 필요에 대한 암시(4:6, 19)는 상당히 형식적이며(물론 분명 아주 진지하다) 빌립보 신자들의 환경과 특별한 필요에 대해서는 아무 말도 하지 않는다. 따라서 우리는 교회의 구성원에 대해서나, 빌립보에서 그 구성원들의 사회적 지위와 상대적인 평판에 대해서는 아무 말도 할 수 없다.[268] 비록 고린도후서 8:3에는 그들이 특별히 부유하지 않다는 함의가 있지만 말이다.[269] 똑같이 "어그러지고 거스르는 세대 가운데서…빛들로 나타나며 생명의 말씀을 붙잡는"(2:15-16) 존재라는 언급은 특징상 너무나도 형식적이어서 빌립보 교회가 복음 전도에 매우 활발했는지,[270] 아니면 이웃이나 관료들로 인해 특별한 압력을 받는 상황이었는지에 대해 명확하게 말하지 않는다. 활발한 반대와 억압이 있었다면, 빌립보 사람들의 "대적자들"에 대한 이전의 암시가 더 자세했을 것이라고 기대할 수 있고(1:28),[271] 1:29-30에서 언급한 빌립보 신자들의 고난은 바울의 현재의 고난에 아마도 에바브로디도를 통한 희생적인

---

268) Pilhofer는 첫 6세기로부터 우리에게 알려진 빌립보의 그리스도인 64명 가운데 트라키아 사람의 이름이 없음을 지적하는데, 이는 교회가 도시 자체, 즉 로마 식민지에 집중했음을 시사한다(*Philippi*, 240-43).

269) 마게도냐 사람들은 "그들의 힘에 지나도록" 연보에 기여했다(고후 8:3). 추가로 Ascough, *Paul's Macedonian Associations*, 118-22을 보라.

270) Ware는 2:16의 *epechein*이 생명의 말씀을 제시하다["굳게 붙잡다"가 아니라]라고 논증한다(*Mission*, 256-70). Dickson은 강력하게 동의하지 않는다(*Mission-Commitment*, 107-14). O'Brien은 "굳게 붙잡다"라는 번역을 선호한다(*Philippians*, 297). 살전 1:7-8 및 롬 1:8과 흥미롭게 대조되는 점은 빌 1:3-11의 감사에 빌립보 사람들이 자신들의 신앙을 퍼트렸다는 언급이 전혀 없다는 사실이다.

271) 그 "환란의 많은 시련"(고후 8:2)은 아마도 주로 데살로니가 사람들을 가리켰을 테다(비교. 살전 1:6; 2:14; 3:3; 살후 1:4). 바울과 실라를 초기에 다루면서 도를 넘어 권위를 행사한 그들의 실수(행 16:19-40)는 그곳 교회를 위한 보호막 같은 것을 제공했는가? 그러나 또한 Bormann, *Philippi*, 217-24을 보라. 1:27-30에 언급된 반대자들은 3:2ff.에서 염두에 둔 자들과 결부됐기보다는, 오히려 지역에 있는 사람들로 더 잘 이해된다(특별히 Oakes, *Philippians*, 84-89을 보라).

기부와 지원을 통해서 그들이 동참하고 있음을 반영할 수 있다.[272]

　"우리의 시민권이 하늘"에 있다는 암시는 강한 호기심을 불러일으키는데(3:20), 다시 한번 그것은 너무 암시적이지만, 시민의 관심 및 책임과 결별한 삶을 살고, 자신들의 더 높은 시민권과 상호 관계에 집중하며, 바울을 지원하는 데 집중하는 다소 작고 친밀하게 얽힌 무리를 암시할 수 있다.[273] 그 결과에 따른 하나의 실망스러운 점은 교회 설립에 관한 사도행전의 서술과 일관성 있게 연결되거나 그 서술을 확인해주는 내용이 그 서신에 하나도 없다는 점이다(행 16:12-40). 루디아나 사도행전 16장의 교도관이라고 인식될 수 있는 사람에 대한 언급은 없다. 중요한 사람들과의 갈등이 있었다는 암시만 있고(1:28?), 옥에서 기적적으로 풀려난 일에 대한 되울림이나, 겁먹고 잠잠해진 관리들에 대한 암시는 없다. 물론 여기에는 여러 이유가 있을 수 있다(루디아는 빌립보를 오랫동안 떠나 있었을 테다. 4:15 외에는, 서신에서 교회 설립 당시의 일들을 언급할 이유는 없었다). 그러나 그것은 주위 세상에 별로 관여하지 않거나 접촉하지 않고 대체로 자신들만의 세상에서 사는 공동체라는 인상을 강화한다.[274]

---

272) 또한 Oakes는 1:28에서 상상되는 고난이 경제적 문제였다고 논증한다(*Philippians*, 89-96).

273) 유대인 공동체에 적용된 용어 *politeuma*를 다루면서 Schürer는, 그것이 "도시 자치단체처럼 조직되어 그 자치단체와 나란히 어느 정도 독립된 실체를 가진…상당히 작은 시민 지자체"를 가리킬 수 있다고 관찰한다. 또한 "이런 의미에서 그 용어는 언제나 지역 공동체와 국적이 다른 한 집단을 가리킨다"고 말한다(*History*, 3.88). Pilhofer는 빌립보에 있는 로마 시민의 *politeuma*는 철저히 그들이 *tribus Voltinia*(볼티니아 족)에 속함으로 가능했는데(*Philippi*, 118-34), 이는 바울이 자신의 "하늘 시민권"을 의도적으로 더 중요한 대안으로 설정했음을 시사한다. 이는 바울이 "베냐민 지파"에 속함(3:5)에 대한 대안이기도 하다. 또한 Bockmuehl, *Philippians*, 233-35; Martin-Hawthorne, *Philippians*, 231-32; 그리고 위 §30 n. 9를 보라. 이것은 그 서신의 당대 정치 상황에 대한 유일하고 분명한 암시다. 그러나 또한 n. 274을 보라.

274) 그들이 "그리스도의 복음에 합당하게 행동해야(*politeusthe*)" 한다는 바울의 촉구(1:27)가 빌립보 사람들이 "그들의 도시에 걸맞은" 삶을 살아야 한다는 빌립보의 표어에 대한 추가 암시인가?(Pilhofer, *Philippi*, 136-37) *Politeuesthe*는 "시민으로서 너의 의무를 이행하라"로 옮길 수 있다(BDAG, 846). "*Politeuesthai*라는 단어는 여기서 자유롭고 온전한 시민권의 권리와 의무를 행한다는 이중 의미가 있다"(Bockmuehl, *Philippians*, 97-98).

d. 바울의 상황과 로마 회중에 관해 무엇을 배우는가?

바울이 감옥에서 복음 전도라는 자신의 사역을 지속하는 데 자기 시간을 사용할 수 있었다는 말은 여기서 매우 가치가 있다(1:12-13). 바울의 "그리스도 안에서의 매임"이 시위대 안팎 모두에게 잘 알려졌다는 사실은, 바울을 지키는 군인들이나 그를 심문하는 관리들이 시위대의 다른 사람들에게 바울의 증언에 관해 자세하고 자유롭게 이야기할 정도로 바울의 증언에 감동했음을 분명히 의미한다. 어쩌면 바울은 한 명 이상의 교도관을 회심시키는 데 성공했을 것이다(교대 근무를 하기에). 이런 생각은 솔깃하기에, 그런 그리스도인들에 관해 많은 소설 같은 추측을 만들어냈다. 확실히 "가이사 집의 성도들"(4:22)과의 작별 인사는 기독교 복음이 부유하고 유력한 집안에 이미 퍼지기 시작하여 뿌리 내렸음을 의미하며, 바울의 추가적인 언급이 확인하듯이 이 모든 일에 바울의 영향력이 있었음을 자연스럽게 볼 수 있다.

더 중요하게는, 교도관들을 향한 사역의 효과가 자신의 신앙을 담대하고 두려움 없이 전하도록 "주 안의 형제들" 대부분을 고무했다고 바울은 말한다(1:14). 이것은 바울의 로마서에 반영된 모습과 일치하는데, 로마서 12:9-13:7이 주는 인상은 자신들을 향한 적대적 의심을 피하고자 계속 자중해야 하는 작은 공동주택 교회 공동체들에 관한 것이다.[275] 그렇다면 바울이 그들 가운데 있었을 때 그들이 당당해지고 더 공공연하게 복음을 전도하도록 고무됐다고 추정해야 하는가? 정말 그렇다면, 그리고 그 결과 당국자들이 이 새로운 유대 종파를 주목하고, 로마의 그리스도인들을 향한 네로의 박해라는 2, 3년 후의 가장 불행한 결과로 이어졌다면, 그것은 엄청나게 역설적일 것이다.[276]

바울은 복음전파가 양날을 가지고 있다고 덧붙인다. 다른 이들은 착

---

275) 위 §33.3f(ii)를 보라.
276) 아래 §35 n. 36을 보라.

한 뜻으로 복음을 전하는데, 로마의 신자들 일부는 "투기와 분쟁으로" 전파했다(1:15). 후자에 대해서 바울은 "그릇된 동기"와 "개인적인 욕망"(*eritheia*)으로 행동했다고 비난하는데, 그들은 순수하지 않게 바울의 매임에 고통을 더하려고 했다(1:17-18). 이는 로마 회중 가운데 분파주의가 어느 정도였는지를 말하는 로마서 14:1-15:7과 일치한다. 일부는 새로운 신앙에 대한 유대 전통에 더 가까운 이해에 호의를 보였고, 다른 이들(다수)은 유대의 관습(정결법과 안식일 준수)이 비유대인 신자들에게 필요하지 않다는 바울의 견해에 더 호의를 보였을 것이다. 여기서 이해를 돕고 어쩌면 충격을 주는 점은, 로마의 회중의 일부가 바울에게 분명히 적대감이 있었다는 추가 추론이다. 로마서 14:1-15:7과 빌립보서 1:15-18의 정보를 어느 정도 자신 있게 연관시킬 수 있다면, 가장 명백하고 당연한 결론은 전통에 더 가까운 유대인 신자와 이들을 지원하는 이방인 신자들이 바울과 바울의 지지자들이 전파한 율법 없는 복음에 상당히 강력하게 반대했다는 것이다.[277]

이 한 토막의 정보는 바울의 로마 도착과 그곳에서 보낸 2년 간의 억류에 관한 누가의 서술이 얼마나 협소한지를 다시 한번 강조한다. 비록 이미 언급한 대로, 두 무리가 환영했다는 암시(행 28:15)는 기독교 집단들이 이미 로마에 자리를 잘 잡았다는 점과 그들 가운데 갈등이 있었음을 어느 정도 알고 있었다는 것을 포함한다고 할지라도 말이다.

바울이 처한 환경에 관해 빌립보서에서 추론할 수 있는 또 다른 내용은 훨씬 더 흥미를 끈다. 빌립보서에서 자신을 충분히 또 자유롭게 표현하는 데 있어, 바울은 자신의 재판 결과에 대해 얼마나 불확실해 했는지를 보여주기 때문이다. 처음에 바울은 자신의 구원(*sōtēria*)에 대해 확신을 가졌던 것으로 보이는데(1:19), 그것은 자신의 자유와 무죄 및 석방을 의미하는가? 그러나 그는 곧바로 있을 수 있는 자기의 죽음에 대해 말한다(1:20-23). 바울은 죽을 준비가 되어 있었고, 심지어 죽기를 바랐다("떠나서 그리스도와 함께 있

---

277) 자세한 논의는 O'Brien, *Philippians*, 100-105; Martin-Hawthorne, *Philippians*, 45-48을 보라.

는 것"). 말하자면 그는 그들의 믿음 위에 부어지는 전제가 될 준비가 되어 있었다(2:17). 그러나 바울은 자신이 자유롭게 되어 그들을 다시 방문할 수 있다고 마음속으로 여전히 느꼈다(소망했다?)(1:24-26; 2:24).

한편 바울이 (몇몇/많은) 로마의 신자들과 의사소통을 하고(1:14), 디모데를 가르치고 공동 저자로서 그와 함께 이 서신을 쓰며(1:1; 2:19-23), 에바브로디도가 빌립보 교회의 선물을 전달하여 바울의 필요를 어느 정도 채우고(2:25-30), 에바브로디도를 빌립보로 돌려보내라고 말할 수 있을 정도로(2:28) 바울의 투옥 환경은 느슨했다. 위협적이고 억압적인 상황에서 바울의 만족("매임"[1:7, 13, 14, 17]이라는 바울의 몇몇 언급은 결코 은유가 아니다)은 결말 문단에서 특별히 드러난다(4:11-13). 즉 배부름이나 배고픔에서도 번성할 수 있는 자신의 능력(4:12), 가장 심한 고통과 대면하고 살아날 수 있도록 능력을 주시는 하나님에 대한 신뢰(4:13), 에바브로디도가 가져온 선물에 대한 감사(4:18), 틀림없이 자신의 경험에 뿌리를 둔 "하나님이 그리스도 예수 안에서 영광 가운데 그 풍성한 대로 너희 모든 쓸 것을 채우시리라"는 확신(4:19) 등이다. 이 모든 내용은, 자유로운 환경에서 억류 중인 바울이 자신의 상황에 만족하며 복음을 전할(그리고 자기 교회들에 서신을 쓸) 수 있었지만 앞에 놓여 있는 재판의 결과가 불확실했다는 사도행전의 마지막 장면과 일치한다.

e. 우리의 본이 되시는 그리스도

빌립보서의 가장 두드러진 특징은 바울이 그리스도를 모본으로 제시하는 일관된 방식인데, 빌립보 신자들은 그 모범을 따라야 하고 그에 따라 그들 자신의 태도와 행동을 다듬어야 한다.[278] 빌립보서는 느긋하고 바울은 대

---

278) Oakes는 "고난이란 주제는 이 서신의 가장 주목할 만한 구조적 특징, 즉 바울과 그리스도 및 빌립보 사람들 사이의 확장된 3중 병행을 제공한다"라고 논증한다(*Philippians*, 77). 또한 Wilckens, *Theologie*, 1/3.246, 249을 보라.

체로 격론의 날을 가지고 자신의 기독론을 형성하지 않기 때문에, 이것은 중요하다. 예수에 대해 무엇을 믿었는지에 대한 언급이 종종 오해와 혼란으로 결정된[279] 이전의 서신들과는 다르게, 여기서 바울은 분명 자기 자신의 용어와 생생한 이미지들을 선택할 수 있었다.

가장 강력한 표현은 2:6-11에서 바울이 인용한 그리스도 찬송시라고 대체로 받아들여지는 내용이다.[280]

[5]너희 안에 이 마음을 품으라. 곧 그리스도 예수의(혹은 그리스도 예수 안에 있는)[281] 마음이니

[6]그는 근본 하나님의 본체시나

하나님과 동등됨을 취할 것(*harpagmos*)으로 여기지 아니하시고

[7]오히려 자기를 비워

종의 형제를 가지사

사람들과 같이 되셨고

사람의 모양으로 나타나사

[8]자기를 낮추시고

죽기까지 복종하셨으니

곧 십자가에 죽으심이라

---

279) 특별히 재림(*parousia*, 데살로니가전후서), 복음에서 그리스도의 계시(갈라디아서와 고후 10-13장), 그리스도 안에서 표현된 하나님 지혜의 본질과 예수 부활의 함의(고린도전서)에 관해서다.

280) 이 점에 관한 토론에 대한 R. P. Martin의 논평은 여전히 가치가 있다. *A Hymn of Christ: Philippians, 2:5-11 in Recent Interpretation and in the Setting of Early Christian Worship* (SNTSMS 4; Cambridge: Cambridge University, 1967, [2]1983; 3rd ed., Downers Grove: InterVarsity Press, 1997). 그의 참고문헌은 25쪽에 이르고, Martin-Hawthorne, *Philippians*에 있는 참고문헌은 촘촘하게 채워진 7쪽에 이른다(92-98; 또한 lxiv-lxxviii을 보라). 찬송시가 서신보다 먼저 언제 구성되었는지, 그리고 바울이 그것을 언제 알았는지, 아니면 실제로 바울이 그것을 작성했는지에 대해서는 알 길이 없다.

281) Bockmuehl, *Philippians*, 122-24; Oakes, *Philippians*, 188-93; Martin-Hawthorne, *Philippians*, 106-109에서 다른 번역에 관한 논의를 보라. "그리스도 예수"가 이어지는 찬송의 주제였기 때문에, 그 논제는 필수적인 중요성을 띠지는 않는다.

⁹이러므로 하나님이 그를 지극히 높여

모든 이름 위에 뛰어난 이름을 주사

¹⁰…모든 무릎을 예수의 이름에 꿇게 하시고

¹¹모든 입으로 예수 그리스도를 주라 시인하여

하나님 아버지께 영광을 돌리게 하셨느니라

오늘날에는 이 찬송시가 지닌 정치적·사회적 함의에 주목하는 일이 유행이다.[282] 필자는 소수 의견을 공유하는데, 곧 그 찬송시가 아담과의 대조적인 병행을 떠오르게 하려고 만들어졌다는 것이다.[283] 병행이 정확하지는 않지만, 찬송이 담고 있는 행동은 창세기 1-3장이 말하는 이야기처럼, 하나님의 아담/남자/인류 창조 목적과 낙원에서 그 목적을 아담의 불순종이 좌절시킨 방식을 반영한다. 그리고 그것은 아담이 소망할 수 있었던 것마저도 훨씬 넘어선 운명을 성취한 예수를, 아담을 넘어선 아담으로 묘사하여 아담의 불순종이라는 비극을 해결한다.

---

282) 위 §29 n. 121을 보라. Hellerman, *Reconstructing Honor*, 6장은 그 찬송시를 예수의 수치의 길(*cursus pudorum*)로 묘사하고 명예의 길(*cursus honorum*)을 추구한 로마와 일부러 대조한다.

283) 필자의 *Christology*, 4장, 특별히 114-21; 또한 *Theology of Paul*, 281-88(참고문헌과 함께)을 언급한 것이다. 필자는 Barrett에 동의한다. "하나님과의 동등함이 아담의 이야기를 환기시키려는 의도였음을 의심하기 어렵다. 아담을 타락하게 한 유혹을 아주 명확하게 상기한다"(*Paul*, 108). 그리고 Wilckens에도 동의한다. "6c에 있는 '하나님과 동등됨'(*to einai isa theō*)이라는 관사가 있는 표현은 분명히 낙원의 역사를 암시하는 언어 신호다"(*Theologie*, 1/3.247 n. 14, 또한 205). 그런 해석은 신약 주석자들보다는 조직신학자들에게 더 도움이 된 듯하다. 비교. 특별히 K.-J. Kuschel, *Born before All Time? The Dispute over Christ's Origin* (London: SCM, 1992), 243-66; 그리고 J. Macquarrie, *Jesus Christ in Modern Thought* (London: SCM, 1990), 55-59; 다른 신약 학자들은 필자의 *Theology of Paul*, 286 n. 95에서 나열했다. T. H. Tobin, 'The World of Thought in the Philippians Hymn (Philippians 2:6-11)', in J. Fotopoulos, ed., *The New Testament and Early Christian Literature in Greco-Roman Context*, D. E. Aune FS (NovTSupp 122; Leiden: Brill, 2006), 91-104은 필론의 저작에서 보이는 것(*Opif.* 134-35; *Leg.* 1.31-32)과 같은 창 1:27의 "하늘의 사람"에 대한 견해가 바울에게 알려졌다고 말한다.

- 2:6a - 아담처럼 그는 하나님의 형상(*morphē*)이었다(비교. 창 1:27).[284]

- 2:6b - 아담처럼 그는 하나님과 동등됨을 취하도록 유혹받았다(창 3:5).[285]

- 2:7 - 그러나 아담과 다르게(창 3:6-7) 그는 그 유혹을 거부했고, 그럼에도 불구하고 아담의 죄의 결과인 타락(창 3:19)과 죄의 종이라는 인류의 운명을 받아들였다(창 2:19).[286]

- 2:8 - 그리고 아담의 죄의 결과인 죽음에 자발적으로 몸을 맡겼다(창 2:19).[287]

- 2:9-11 - 그 결과 그는 모든 만물의 주로서 지극히 높여졌다(*hyperypsōsen*). 아담/인류를 위한 하나님의 본래 계획이었던(시 8:5b-6)[288] 만물을 다스리는 자리만이 아니라 그 너머까지 높임을 받아,

---

284) *Morphē*가 창 1:27의 *eikōn*과 동의어인가는 중요하지 않다. 정의상 암시는 일대일 상관관계가 아니기 때문이다(*Morphē theou*는 명백하게 2:7의 *morphē doulou*와 대립적으로 사용되었다). 그러나 Fee, *Philippians*, 209-10과 *Pauline Christology* 390-93의 일축하는 언급을 주목하라. "문제는 일반적으로 빌 2장과 창 3장 간의 명백한 유비가 구체적인 면에서는 분명하게 정의하기 쉽지 않다는 것이다"(Bockmuehl, *Philippians*, 133).

285) *Harpagmos*에 관한 논쟁은 끝나지 않는다. 그것은 "움켜쥠" 혹은 보유할 목적으로 붙잡는 무언가를 의미하는가? 최근 논의는 Bockmuehl, *Philippians*, 129-31을 보라. Bockmuehl은 *harpagmos*를 자기에게 유리하게 사용하려고 이미 소유하고 있는 것으로 이해한다는 면에서(130), (특별히) N. T. Wright, 'Harpagmos and the Meaning of Philippians 2.5-11', *The Climax of the Covenant* (Edinburgh: Clark, 1991), 62-90을 따른다. 그러나 Martin은 왜 *harpagmos*(*harpazein*["잡다, 움켜쥐다"]에서 나옴)가 사용되었고, 어떻게 하나님과 동등한 사람이 이 지위를 자기에게 유리하게 사용할 수 있었느냐고 정당하게 질문한다(하나님과 동등됨보다 더 높은 "이점"으로 무엇이 있을 수 있는가?)(*Hymn*, lxix-lxx). S. Vollenweider, 'Der "Raub" der Gottgleichheit. Ein religionsgeschichtlicher Vorschlag zu Phil 2.6(-11)', *NTS* 45 (1999), 413-33은 하나님과 동등됨을 침해한 왕과 통치자들에 관한 성경과 유대 및 그리스 전통에서 2:6b의 핵심을 발견한다(비교. 사 14:12-15과 "그들의 지위를 강탈한" 알렉산더처럼 신 같은 왕들의 오만). 필자는 "붙잡다"를 그 용어 안에 있는 모호성을 반영하려고 번역하고, 그리스도가 "하나님의 형상"이지만 어떻게 동시에 다른 혹은 추가로 무언가를 붙잡으려고 유혹받았는지를 설명하는 가장 가능성 큰 열쇠가 아담과의 유비라고 여전히 생각한다(또한 BDAG, 133도 그렇게 본다).

286) 비교. 시 8:5a; Wis. 2.23; 롬 5:12-14, 21a; 8:3; 갈 4:4; 히 2:7a, 9a.

287) Wis. 2.24; 롬 5:12-21; 7:7-11; 고전 15:21-22.

288) 비교. 고전 15:27, 45; 히 2:7b-8, 9b.

지금까지는 하나님의 유일한 특권이었던 주권을 온전히 공유한다
(사 45:23의 암시는 분명하다).[289]

핵심은 그리스도를 찬양하는 이 찬송이 빌립보 신자들에게 타인을 먼저 생각하도록 독려하려고 제시되었다는 것이다(2:3-4). 그리스도의 태도와 사역은 서로를 향한 그들의 행동에 본이 된다. 다시 말해서, 그것은 바울이 고린도전서 15:21-22과 44-45에서 처음 표현했고 로마서 5:12-21과 7:7-11에서 더욱 발전시킨 사고의 흐름을 계속해서 발전시킨 것으로 보이는데, 이것은 아담과 그리스도의 병행과 대조를 훨씬 더 자세하게 끄집어낸다.

아담	그리스도
죽음	생명
육의	신령한
흙의 사람	하늘의 사람
썩을 것/죽을 것	썩지 않을 것/죽지 아니함
범죄	선물
심판	의롭다 함
불순종	순종[290]

---

289) 바울이 사용한 아담 병행에서, 그리스도가 아담을 대신하고 능가한다는 점을 항상 기억해야 한다. 롬 5:15-17의 "얼마나 더"와 특별히 고전 15:45의 "생령"과 "살려주는 영"의 대조를 주목하라. 그래서 여기서 "지극히 높여"와 "모든 이름 위에 뛰어난 이름"(2:9)은 같은 역할을 한다. 그렇다면 바울의 아담 기독론의 범위에 대한 논쟁에서, 주석적으로 나아갈 길은 아담 예표론을 논쟁하거나 부인하는 것이 아니라, 바울이 왜 그리고 어떻게 아담 모티프를 사용하는지를 이해하는 데 있다.

290) 불순종/순종 대조는 (롬 5:19에서 가장 명시하듯이) 바울이 아담과 그리스도의 병행/대조를 단지 예수의 부활에서 시작하는 것이 아니라 예수의 삶과 죽음까지 확장되는 것으로 보았음을 확인한다(Fee, *Pauline Christology*, 522-23과는 반대). 히브리서는 동일한 사고방식을 발전시켰다(히 2:6-9과 5:8-9).

두 사람은 두 종류의 인류를 제시한다. 그리스도가 보여주신 유형은 그리스도인의 태도와 관계의 모범을 제시해야 한다.[291]

사실 이 본보기는 고린도후서를 제외하고 바울의 다른 어떤 서신들보다 더 명확하게 빌립보서 전체에서 바울 구원론의 핵심으로 작용한다.

- 바울은 그리스도 예수의 심장으로 그들을 사모한다(1:8).
- 그의 매임은 "그리스도 안"에서다(1:13).[292]
- "그리스도의 성령"은 바울 구원의 한/그 수단이다(1:19).
- 바울에게 "사는 것은 그리스도다"(1:21).
- 바울은 "그리스도와 함께" 있길 원한다(1:23).
- 그는 빌립보 사람들이 "그리스도의 복음에 합당하게" 살길 원한다 (1:27).
- 그와 그들의 고난은 그리스도를 위한 것이다(1:29).
- 그들은 그리스도가 생각했듯이 생각해야 한다(2:5).[293]
- 그의 소망과 계획은 "주 안"에 있고 그리스도의 관심사를 반영하려고 한다(2:19-24).
- 그리스도 알기, 그리스도를 얻고 그 안에서 발견됨이 그의 모든 열망이다(3:8-10).

---

291) 바울 서신에서 아담/그리스도의 주된 대조가 아담의 삶과 죽음 그리고 그리스도의 죽음과 삶(부활)에 있다는 사실이 필자에겐 더 설득력이 있지만(추가로 필자의 *Theology of Paul*, 286-88을 보라), 많은 사람은 2:7의 가장 분명한 해석으로서, 그 찬송이 그리스도가 2:6-7의 결정을 자신의 출생 이전(선재)에 내렸던 것으로 본다고 생각한다(예. Martin, *Hymn*, xix-xxiii; Fee, *Philippians*, 202-203 그리고 n. 41; Bockmuehl, *Philippians*, 131-32; L. D. Hurst and G. F. Hawthorne in R. P. Martin and B. J. Dodd, eds., *Where Christology Began: Essays on Philippians 2* [Louisville: Westminster John Knox, 1998], 84-110의 소논문들; Hahn, *Theologie*, 1.207-208을 보라).

292) "그리스도 안에서"/"주 안에서"/"그 안에서"라는 표현은 모든 바울 서신에서 자주 등장하나(데살로니가후서는 예외), 특별히 여기서 눈에 잘 띈다: 1:1, 13, 14, 26; 2:1, 5, 19, 24, 29; 3:1, 3, 9, 14; 4:1, 2, 4, 7, 10, 13, 19, 21.

293) 위 §21 n. 207을 보라.

- 그의 목표는 그리스도의 고난에 참여하고 그의 죽음을 본받는 것
  이다(3:10).
- 그리스도가 바울을 자기 사람으로 만들었고, 바울은 "그리스도 예
  수 안에서 하나님이 위에서 부르신 부름의 상"을 얻으려고 힘쓴다
  (3:12-14).[294]
- 그는 그들의 "낮은 몸"이 "그의 영광의 몸과 같이 변하기"를 바란다
  (3:21).
- 그는 "그에게 능력 주시는 자 안에서 모든 것을 할 수 있다"(4:13).
- 그리고 하나님께서 "그리스도 예수 안에서 풍성하신 은혜"가 "그들
  의 모든 필요를 풍성히 채우실 것"을 확신한다(4:19).

바로 이런 강조가 아담과 대조되는 병행에 큰 울림을 준다. 아담이 그리스
도와 별도로 인간 행동의 모본을 제공했기 때문에, 그리스도는 "그리스도
안에서" 그리스도를 따라 그리고 그리스도와 함께하는 인간의 행동에 모
본과 힘을 제공한다.

f. 토라의 모본과 대조되는 그리스도의 모본

빌립보서의 다른 가장 두드러진 특징은 전반적으로 매우 따뜻하고 우정
이 깃든 이 서신 중간에 맹렬한 경고와 자기변호가 있다는 점이다(3:2-21).
약 12년 전에 안디옥에서 거둔 승리를 바울의 선교로 세워진 교회까지 확
장하려고 새로 들어온 자들에 대한 소식이 3:2 이하의 격발을 일으켰을 가
능성을 시사했듯이(§34.4a), 필자는 자기의 과거에 대한 바울의 이해와 회
심이 바울에게 무엇을 의미했느냐를 밝히려고 이 문단에 이미 깊이 의존

---

294) 다른 곳과 마찬가지로, 바울은 자기 자신을 역시 본보기로 제시하지만(3:17; 4:9), 이는 오
    로지 그가 자신의 삶과 선교에서 그리스도의 본을 따르려고 힘껏 노력했기 때문이다(고전
    4:16-17; 11:1).

했다.[295] 그러나 여기서 구원의 과정이 어떻게 작용하는지에 대한 자신의 이해를 바울이 진술한 방법에 주목하는 것이 타당한데, 이것이 어쩌면 그 주제에 관한 바울의 신학화의 마지막이자 가장 명확한 표현이기 때문이다. 그리스도의 모본이 여전히 바울의 사고에 영향을 미치고 있음을 2:6-11과 3:7-11의 병행이 암시한다.[296]

분명한 점은 바울이 의(dikaiosynē)에 대한 자신의 옛 이해를 "그리스도 안에서"라는 자신의 새로운 이해와 대조한다는 것이다(3:4-11). 그러나 제대로 인식되지 못한 것은 바울이 그렇게 대조할 때 사용한 용어들이다.

(i) 그 대조의 부정적인 측면에는 바울의 인종적·종교적 정체성에 대한 자부심 그리고 열심 있고 "흠 없는"(amemptons) 바리새인이라는 주장이 포함된다는 것은 확실하다. 그러나 종종 놓치고 있는 내용은 바울이 빌립보 사람들도 "흠 없기를"(amemptos; 2:15) 기대했고, "그리스도의 날에" 그들이 "예수 그리스도를 통해 오는 의의 열매(karpon dikaiosynēs)를 맺어 순전하고 허물이 없기(eilikrineis kai aproskopoi)를 소망한다는 점이다(1:10-11).

요점은 바울이 자신이 회심하기 전에도 그런 용어들로써 자신의 소망과 목적을 표현할 수 있었다는 데 있다. 바울의 회심은 그가 갈망하는 흠 없음 그리고 특징상 "의로운"으로 묘사할 수 있는 자기 삶과 행동의 결실에 대한 소망을 바꾸지 않았다.[297] 이는 "흠 없는" 삶과 "의로운" 행동을 의롭게 된 죄인에게서 기대할 수 없다고 추론하는 해석적 전통과는 확연하게

---

295) 위 §25 여러 곳을 보라.

296) 예로, Marguerat, 'Paul et la Loi', 271-72을 보라. 필자는 2:6의 두 측면을 3:4-6의 두 측면과 병행하여 보도록 역설한다.

297) 3:12("내가 이미 목표에 이르렀다[teteleiōmai] 함도 아니다")에서 그의 옛 태도를 잠시 뒤돌아보았을 수도 있는데, "완전하다"(teleios)는 주장이 노아와 같은 과거의 영웅을 칭송하는 제2성전기 유대교에서 있었고(Sir. 44.17), 또한 자신들이 토라의 이해와 준수에서 "완전"하다고(1QS 1.8; 2.2; 3.9-11; 8.18; 9.8-9, 19) 하는 쿰란 언약자들의 확언에서도 등장했기 때문이다. 추가로 Gathercole, Where Is Boasting?, 182-90. 그러나 골 1:28에 따르면, 바울 자신은 그의 개종자들이 그리스도 안에서 teleios("완전한", "성숙한", "완벽한")하게 되기를 희망했고, 여기서 그는 즉시 자신을 "누구든지 우리 온전히 이룬 자들[teleioi]" 안에 포함한다!(빌 3:15)

다르다. 바울은 구원을 단순히 변화된 신분의 관점에서만이 아니라, 사람이 변하고 "의의 열매"를 낳는 관점에서 이해했다.

(ii) 바울이 구원에 관한 자신의 다양한 모델과 어휘를 통합한 방법도 눈에 띈다.

- 하나님의 성령으로 예배하는 자들이 바로 "할례파"다(3:3).
- 바울은 "의"의 생생한 법정 이미지를 "그리스도 안"(3:9)에 있는 존재라는 언어와 결합하고, 또한 손쉬운 익숙함과 통합한다. 이는 몇 세대의 주석가들을 좌절시켰다.
- 그리스도를 안다는 바울의 확신은 그리스도의 죽음에 온전히 참여하는 일과 죽은 자 가운데서 부활을 얻는 소망이 "아직은 아니다"라는 인식("어떻게 해서든지")으로 누그러졌다.[298]
- 마찬가지로, 그리스도가 자신을 그리스도의 소유로 삼았다는 바울의 확신은, 마지막 상급을 받으려면 아직도 완성해야 할 경주가 있으며, 그 완성이 그에게 최고의 노력을 요구할 것이라는 명확한 인식으로 균형을 유지한다(3:12-14).

구원이 일어나고 완성되는 요인들과 그 과정들에 관한 이 가장 원숙한 바울의 신학화는 제대로 된 평가를 거의 받지 못했다.[299]

바울의 자기 복음에 관한 가장 최신의 고찰인 이 문단은 여기에 반영된 논제들이 바울의 사고에 스며들었고 바울 신학을 형성한 가장 중요한 요인들이었음을 확인해준다. 3:2, 18-19에서 염두에 두고 있는 도전이 빌

---

298) "어떻게 해서든지"는 어느 정도 "불확실성"을 나타내는데, 이는 Bockmuehl이 관찰했듯이, "주석가들이 자주 과소평가한다"(*Philippians*, 217). 대조적으로, Martin-Hawthorne은 바울의 겸손한 어조만 듣는다(*Philippians*, 200; 비교. O'Brien, *Philippians*, 412-13). 그러나 그는 바울의 그렇게 많은 권면에 있는 "종말론적 유보"와 관련된 거듭되는 언급을 인지하지 못했다(*Theology of Paul*, 497-98을 보라).

299) 추가로 참고문헌과 함께 필자의 *New Perspective on Paul*, 22장을 보라.

립보에서는 특별히 심각하지 않았던 듯하다. 빌립보 신자들이 이 "대적자들"의 선례를 따르도록 설득당했다고 암시하는 바울의 언급은 전혀 찾을 수 없다. 그러나 3:2에서 바울을 분노하게 한 것이 무엇이든 간에, 확실히 그것은 바울이 복음을 표현하는 데 영향을 끼쳤고, 그의 선교 거의 전반에 대조적 요소를 제공한 논제들을 회상하게 할 정도였다. 바울의 복음과 신학에 여전히 중심이 되었던 것은, 유대인의 정체성과 방식이 하나님 앞에 서게 하는 결정적 요인인지의 여부, 그리고 그리스도를 아는 것과 그리스도 안에 있는 것이 성격과 삶에 어떻게 작용하느냐다.

34.5 바울의 빌레몬서

바울이 로마에서 투옥되었을 때 기록된 것으로 볼 수 있는 두 번째 서신은 빌레몬의 노예 오네시모에 관해 빌레몬에게 쓴 개인 서신이다.[300]

a. 빌레몬

우리는 수신자에 관해 많은 것을 알 수 있다.

- 빌레몬은 부유했다. 그는 그가 살던 도시에 있는 교회가 그의 집에서 모이고(2절) 손님방(22절)을 제공할 만큼 큰 집을 소유했다. 그에게는 노예가 있었고, 어쩌면 다수의 노예가 있었을 것이다(그렇지 않았다면 오네시모의 부재는 특별히 빌레몬에게 당황스러웠을 것이며, 이는 바울이 언급했을 법한 사실이다).[301]

---

300) 이어지는 내용에서는 필자의 *Colossians and Philemon*을 의존했다. J. A. Fitzmyer, *Philemon* (AB 34C; New York: Doubleday, 2000)은 늘 그렇듯이 참고문헌을 많이 제시한다(43-78).
301) M. Barth and H. Blanke, *The Letter to Philemon* (Grand Rapids: Eerdmans, 2000)은 오네시

- 그는 골로새에 살았을 것이다.[302]
- 그는 여행 중에 바울을 만난 성공한 장사꾼으로 보이고(바울은 골로새를 방문한 적이 없다, 골 2:1), 바울의 사역을 통해 회심했다(19절).[303]
- 그는 바울과 가까웠고(바울은 그를 "사랑하는 자"라고 불렀다), 분명 바울의 동역자 중 한 사람으로 한때 바울과 동역했다(1절).
- 그는 자기 집에서 모인 교회의 지도자로서(2절), 교회의 후견인 역할을 했을 것이다.[304]

b. 이유

서신의 주된 목적은 분명히 오네시모를 위해 중재하는 데 있다. 오네시모는 분명 어떤 방식으로든 주인에게 잘못했다(18절). 그러나 그 외에는 내용이 모호하다.

전통적인 견해는 오네시모가 빌레몬의 것을 도둑질하고 도망쳤다는 것이다. 그는 이후에 바울을 만났다. 어떤 상호 접촉을 통해서나, 두 사람이 감옥에 있는 동안에 만났을 것이다. 이 견해가 가진 문제는 두 가지다. 독자는 회심한 오네시모가 자신의 도둑질과 도피에 대해 마땅히 회개하고 [305] 바울이 서신에서 이 점에 관해 빌레몬을 안심시키길 기대했을 것이다. 그러나 바울은 이 주제에 관해 아무 말도 하지 않았다. 다른 하나는 바울이

모가 집안에서 태어난 노예였다면, "빌레몬이 육신의 아버지였을 가능성을 배제할 수 없다"고 관찰한다(138). 빌레몬에 관해 추가로 보라(137-41).

302) 아래 n. 332을 보라. 이것은 몬 10의 오네시모가 골로새 사람들에게 잘 알려진 골 4:9의 오네시모였음을 암시한다("너희에게서 온 사람").

303) Murphy-O'Connor는 '바울의 대리자'인 에바브라(골로새 교회의 설립자)가 그를 개종시켰다고 주장한다(Paul, 236).

304) "성도들의 마음이 너로 말미암아 평안함을 얻었다"(7)라는 말은 광범위한 선교를 암시할 테지만, 바울은 골로새의 성도들을 거기에 포함하려고 했을 것이다.

305) 노예는 주인의 재산이었기에, 노예의 도망은 그 자체로 강도 행위로 여겨졌다(Justinian, Digest 47.2.61).

옥중에서 오네시모를 만났을 상황을 상상하기가 어렵다는 사실이다. 바울이 "가택 연금" 중이었다면, 투옥 중인 도망자는 바울과 함께 그 집에 갇히지 않았을 테다. 그리고 바울의 투옥이 더 가혹했다면, 죄수인 바울이 어떻게 도망 중인 자를 빌레몬에게 "돌려보낼" 수 있었을까?(12절; 골 4:8-9)

최근에 다른 견해가 점점 더 지지를 얻고 있다.[306] 주인과 좋지 않은 관계에 처한 노예가 호의를 가진 제삼자를 찾아가 모욕받은 주인에게 자신을 위해 중재해달라고 요청하는 것은 분명 상당히 흔한 일이었다. 이것은 서신의 언어, 특히 18절의 조건절("그가 만일 네게 불의를 하였거나 네게 빚진 것이 있으면")을 더 잘 이해하게 한다. 그것은 빌레몬이 오네시모에 대해 정당하게 불만을 가질 수 있지만, 오네시모가 자신이 불공평하게 비난받는다고 느낀 문제를 가리킬 것이다. 그렇다면 그 상황은 오네시모가 자신을 위한 잠재적인 중재자로서 바울을 찾게 된 상황이다. 빌레몬이 이미 바울과 보낸 시간 그리고 빌레몬이 바울에게 졌다고 느꼈을 빚(19)은 오네시모가 자신이 얻어야 할 가장 필요한 후원이 바울의 후원임을 확신하게 하는 데 충분했을 테다. 그러나 오네시모가 바울과 어떻게 만나게 되었든지 간에, 바울은 수감 중에 그를 회심시켰고("갇힌 중에 낳은 아들 오네시모", 10절), 오네시모는 바울에게 유익한 자가 되어 감옥에서 그의 다양한 필요를 채웠다(11, 13).[307]

---

306) 이 제안이 새롭지는 않으나, P. Lampe의 짧은 소논문 'Keine "Sklavenflucht" des Onesimus', ZNW 76 (1985), 135-37이 그 대안을 부각했을 때부터 영향력이 있었다. 예로, B. M. Rapske, 'The Prisoner Paul in the Eyes of Onesimus', NTS 37 (1991), 187-203(여기서는 195-203); S. Bartchy, ABD, 5.307-308; Fitzmyer, 17-18, 20-23을 보라. Fitzmyer는 유스티니아누스의 Digest 21.1.17.4과 많이 인용된 플리니우스가 사비니아누스에게 쓴 서신에서(Ep. 9.21) 가장 연관이 있는 구절들을 인용한다. 필자의 Colossians and Philemon, 304-305 n. 13에 플리니우스 서신의 또 다른 번역이 있다. Wansink는 여전히 확신하지 못하며(Chained in Christ, 186-88), 빌레몬이 감옥에 있는 바울을 지원하고 섬기라고 오네시모를 보냈다는 논증을 선호한다(188-98). Barth와 Blanke도 설득되지 않았다(Philemon, 141, 227-28); S. R. Llewelyn은 Lampe의 해석이 지닌 여러 난점을 언급한다(NDIEC, 8.41-44).

307) 골 4:9에서 오네시모는 "신실하고 사랑받는 형제"로 불린다.

c. 기록 장소

이 모든 내용은 물론 바울이 어느 지역에서 그 서신을 기록했느냐는 질문에 영향을 끼친다. 여기서 빌레몬서가 에베소에서 보내졌다는 주장이 가장 강력하다. 이는 골로새의 노예가 단지 약 192km 떨어진 에베소에서 바울을 찾았음을 상상하기가 훨씬 더 쉽고, 반면에 노예가 로마(혹은 가이사라)로 길을 찾아가거나 걸어서 그런 여행을 감당하는 일은 상상하기 훨씬 더 어렵기 때문이다. 또한 바울이 자기를 위해 손님방을 준비하라는 요청을 에베소에서 했다면 그 요청은 더 잘 이해된다. 바울은 에베소의 위기에서 비교적 평온한 골로새로 풀려나길 고대했을 것이다.[308]

그러나 에베소에서의 투옥이라는 가설을 지지하는 충분한 역사적 자료가 있느냐는 질문은 이 토론에서 중대한, 어쩌면 결정적인 요인일 것이다. 바울이 어떻게 오네시모를 회심시켰고 고린도후서 1:8-10에 묘사된 극심한 위기 가운데 오네시모가 어떻게 바울을 도와주었는지를 상상하는 일은 에베소 가설 지지자들이 허용하는 것보다 더 어렵다. 반면에 사도행전 28:16, 30이 묘사하는 투옥은, 빌레몬서에서 추정하는 바울에게 접근할 수 있는 바로 그런 종류의 여건을 허락했을 것이다.

다른 요인은 바울의 골로새서와 빌레몬서 사이의 밀접한 관련성이다. 등장하는 인물들이 겹치는 대목(오네시모, 에바브라, 마가, 아리스다고, 데마, 누가, 골 4:9과 몬 23-24)은 두 서신이 밀접한 관련하에서 쓰였음을 강하게 시사한다. 더구나 골로새서의 마지막 권면들은 바울이 자신의 복음을 감옥에서도 전할 기회를 여전히 찾고 있음을 확인한다(골 4:3-4). 이에 대해 그들에게 기도를 요청해야 했다는 사실(빌 1:12-18의 더 쾌활한 낙관론과 대조하라)은 아마도 바울의 투옥 환경이 악화되었음을 시사할 것이다. 따라서 골로새서가 바울의 승인으로 기록된 마지막 서신이라면,[309] 즉 골로새서가 바울

---

308) Fitzmyer는 망설이며 에베소 가설을 지지한다(*Philemon*, 9-11).
309) 아래 §34.6을 보라.

이 죽기 얼마 전 로마에서 기록되었다면, 빌레몬서 역시 바울이 사도행전 28:30의 2년 중 후반부, 즉 로마에서 가택 연금에 있던 시기에 기록됐다고 해야 할 것 같다.

비록 상상하지 못할 일은 아니지만("모든 길은 로마로 통한다"), 오네시모가 로마에서 바울을 찾는 일은 사실 엄청나고 담대한 일이었을 것이다. 그러나 동시에, 오네시모와 바울이 그런 여행을 상상했다는 점은 세 주요 인물들 간의 상호 관계가 놀라울 정도로 좋았음을 상기한다.

d. 빌레몬서의 내용

그렇다면 그 서신을 기록하면서 바울이 소망한 것은 무엇인가? 도망친 노예 오네시모는 매 맞거나, 사슬에 묶이거나, 낙인찍히거나, 더 심한 일로 엄하게 처벌받을 수 있었다.[310] 그러나 그런 종류의 잠재적인 위기는 서신에서 보이지 않는 듯하다. 그런 처벌이 적절했다면, 바울은 어떻게 빌레몬에게 보상할 수 있었을까(18-19절)? 한편 오네시모가 저지른 비행의 본질과 심각성 그 자체가 문제였다면, 그리고 바울의 중재를 위한 오네시모의 요청 그 자체가 받아들일 수 없는 행동이라면, 15-17절에서 사용된 언어는 예상되는 대로다.

> [15]아마 그가 잠시 떠나게 된 것은 너로 하여금 그를 영원히 두게 함이리니, [16]이후로는 종과 같이 대하지 아니하고 종 이상으로 곧 사랑 받는 형제로 둘 자라. 내게 특별히 그러하거든 하물며 육신과 주 안에서 상관된 네게랴. [17]그러므로 네가 나를 동역자로 알진대 그를 영접하기를 내게 하듯 하고.

---

310) 예로, Rapske, 'Prisoner Paul', 189-90; Bartchy, *ABD*, 5.307-308; 또한 필자의 *Colossians and Philemon*, 306 n. 14에 있는 다른 참고문헌을 보라. 이제 Barth and Blanke, *Philemon*, 26-31 도 보라.

따라서 바울의 주요 관심은 빌레몬과 오네시모의 확실한 화해였다.[311] 마찬가지로, 자신이 택한 방식으로 빌레몬이 그 위반을 이해하도록 하려는 바울의 의향("그가 만일 네게 불의를 하였거나 네게 빚진 것이 있으면 그것을 내 앞으로 계산하라", 18절)은 경험 있는 중재자의 손길을 보여주며, 바울은 주인-노예 논쟁에서 주인이 모든 패를 쥐고 있음을 알았다.

동시에 바울이 타당하다고 여긴 그리스도인의 방식으로 빌레몬이 행동하도록 격려하는 데 바울이 얼마나 설득력이 있었는지를("교묘한"은 매정한 묘사일 것이다) 주목해야 한다.[312] 바울은 빌레몬서가 빌레몬의 집에서 모이는 교회에게도 보내졌다는 사실로 시작한다(2절). 말하자면, 바울과 빌레몬 간의 순전히 개인적인 문제로 받아들여질 내용을 압비아와 아킵보뿐만 아니라(2절),[313] 빌레몬의 집에서 만나는 교회도 공유해야 했다. 우리는 서신이 가정교회 모임에서 공개적으로 낭독되었으며, 이는 바울에게 서신을 받았을 때 행한 관행이었다고 추정할 수 있다. 비록 그 상황에서 모임의 사회적 혼합이 빌레몬에게 당황스러웠을지라도,[314] 공개적인 낭독이 빌레몬을 압박하는 불공정한 방법이었다고 여기지 않아야 한다.[315] 우리는 바울이 이것을 개인적으로 중요한 결정을 내리도록 독려하는 타당한 방법으로 보았다고 추론해야 한다(6절). 그들이 같은 믿음을 가졌기에 같이 책임을 진다는 것이다. 분명 바울은 빌레몬을 그리스도의 몸이 (골로새에서) 어떻게 운영되어야 하느냐에 대한 이해를 공유할 사람으로 볼 정도로 빌레몬을 안다고 느꼈을 것이다. 그렇지 않았다면 바울의 전술은 역효과를 일으

---

311) M. Wolter, *Der Brief an die Kolosser; Der Brief an Philemon* (ÖTKNT 12; Gütersloh: Mohn, 1993), 233-34.

312) 비슷한 수사적 설득력에 대해서는 플리니우스가 사비니아누스에게 쓴 편지(*Ep.* 9.21)를 참조하라.

313) 압비아는 대개 빌레몬의 부인으로 여겨지고, 아킵보는 때로 그들의 아들로 받아들여진다. 비록 바울이 그를 단지 "우리와 함께한 병사"라고 밝히지만 말이다.

314) 그 모임은 노예(비교. 골 3:22-25)와 아이들(3:20)도 포함했을 것이다.

315) 비교. N. R. Peterson, *Rediscovering Paul: Philemon and the Sociology of Paul's Narrative World* (Philadelphia: Fortress, 1985), 99-100.

켰을 것이다!

8절부터 압력이 강해진다. "이러므로 내가 그리스도 안에서 아주 담대하게 네게 마땅한 일로 명할 수도 있으나, 도리어 사랑으로써 간구하노라"(8-9). 이는 빌레몬의 자제력을 고무시키려는 희망으로 자신의 자제력을 시사하는, 그다지 미묘하지 않은 방법이다. 사랑에 호소하는 일은 바울의 노년의 감성, 오네시모를 향한 바울의 특별한 애정("나의 아들", "나 자신의 심장"),[316] 오네시모의 변화(achrēston, "무익한"에서 euchrēston, "유용한"으로), 바울이 투옥된 동안 오네시모가 섬겼음에 대한 언급으로 강화된다(9-13). 그러나 특별히 눈에 띄는 점은 바울이 14-16과 19-21에서 더 자세한 말로 요청할 때 압력과 애원을 잘 섞어 사용했다는 점이다.

> [14]다만 네 승낙이 없이는 내가 아무 것도 하기를 원하지 아니하노니, 이는 너의 선한 일이 억지 같이 되지 아니하고 자의로 되게 함이라.…[19]나 바울이 친필로 쓰노니, 내가 갚으려니와, 네가 이 외에 네 자신이 내게 빚진 것은 내가 말하지 아니하노라. [20]오 형제여, 나로 주 안에서 너로 말미암아 기쁨을 얻게 하고 내 마음이 그리스도 안에서 평안하게 하라. [21]나는 네가 순종할 것을 확신하므로 네게 썼노니, 네가 내가 말한 것보다 더 행할 줄을 아노라.

이 간청은 빌레몬으로 하여금 자신의 명예를 유지하고 보여주는 방식으로써 품위와 관대함을 가지고 답하게 할 것이다.[317] 15-16절은 바울이 빌레몬이 오네시모를 다시 자기 노예로 데려가길 기대했고, 우선적으로 변화된 관계를 추구했음을 시사한다고 볼 수 있다("이후로는 종과 같이 대하지 아니하고 종 이상으로, 곧 사랑하는 형제로…"). 그러나 마지막 절은 오네시모의 해방이나

---

316) 바울은 splanchna("마음")라는 용어를 빌레몬서에서 3번 사용한다(7, 12, 20; 그는 이 용어를 자신의 다른 서신에서는 5번만 사용한다). "이 짧은 서신에서 빈번하게 사용된 그 단어는 바울이 그 문제에 어느 정도 관여했는지를 보여준다"(H. Koester, TDNT, 7.555).

317) 비교. 특별히 J. M. G. Barclay, 'Paul, Philemon and the Dilemma of Christian Slave-Ownership', NTS 37 (1991), 161-86(여기서는 170-75).

318) 그가 바울에게 돌아오는 것(어쩌면 자유민으로)이라는 측면에서 바울이 자신이 무언가를 더 희망한다는 암시를 빌레몬이 알아차리도록 여지를 (분명 의도적으로) 남겼다(21절).319)

e. 노예제에 대한 바울의 태도

빌레몬서는 노예제를 직접 언급한 유일한 서신이기 때문에, 이 서신이 노예제에 대한 바울의 태도에 관해 무엇을 말하는지 요약하기 위해 잠시 멈출만한 가치가 있다. 우리는 1세기 노예제의 가혹한 사실을 상기할 필요가 있다.

- 고대 세계에서 노예제는 사회에서 필수로 그리고 경제 기능의 본질로 받아들여졌다.
- 노예에 대한 대우는 도덕적 논제로 인식되었지만, 노예제라는 현실은 논제가 아니었다. 노예제를 매우 혐오스럽게 만든 근대 유럽과 북미의 노예무역이 주로 노예제를 도덕적으로 혐오스럽게 만들었다.
- 근대적 민주주의가 부재한 상황에서 제도를 향해 효력 있는 정치적 항의를 상상하는 것조차 불가능했을 것이다. 고대에는 노예 반란을 무자비하고 잔인하게 진압했다.320)
- 노예의 운명을 가장 효과적으로 개선하는 방법은 노예에 대한 주인의 친절한 대우와 노예를 해방한 후 확실하게 지속하는 주인의 후원에 의존하는 것이었다.

---

318) 상당한 비율의 노예가 30세 생일 이전에 자유롭게 되었다(위 §30 n. 150을 보라).
319) 필자의 *Colossians and Philemon*, 344-45; Fitzmyer, *Philemon*, 35-36을 각 참고문헌과 함께 보라.
320) 또한 Barth and Blanke, *Philemon*, 31-33을 보라.

이 상황에서 서신의 가장 중요한 충고는 이미 인용된 16절이다. "이후로는 종과 같이 대하지 아니하고 종 이상으로 곧 사랑받는 형제로…육신과 주 안에서." 마음으로부터 실행된 그런 가르침은 표면적으로 지속된 형태가 어떻든지 간에, 모든 사회관계를 변혁하고 풍성하게 했을 것이며, 또한 한 동안 지속하였다고 하더라도, 당사자 간의 모든 철저한 불평등을 약화시 키거나 감소시켰을 것이다.[321]

34.6 골로새서

바울이 투옥되어 있는 동안에 기록되어 주목을 요구하는 어쩌면 유일한 다른 서신이 있다. 바로 골로새서다. 비록 골로새서를 데살로니가후서와 [322] 함께 바울이 죽은 지 얼마 후에 그의 이름으로 기록된 제2 바울 서신으로 여기는 일단의 강한 견해가 있지만 말이다.[323] 골로새서가 바울의 투옥 중에 기록되었다면, 60/61년 리쿠스 계곡 도시들을 황폐하게 한 지진을[324] 경계선으로 여길 수 있을 것이며, 골로새서는 분명 그 이전에 기록되었다. 그 지진은 골로새를 폐허로 만들지는 않았겠지만, 그렇다고 전혀 피해를 주지 않았을 수는 없었을 것이다. 골로새 교회가 지진 후에 살아남았

---

321) 추가로 Bartchy, *MALLON CHRĒSAI*; R. Gayer, *Die Stellung des Sklaven in den paulinischen Gemeinden und bei Paulus* (Bern: Lang, 1976), 175-82, 296-309; Barclay, 'Dilemma', 175-86 을 보라. Fitzmyer는 고대 노예와 노예의 탈주에 관해 유용한 요약을 제공한다(*Philemon*, 25-29). 더 자세하게는 Barth and Blanke, *Philemon*, 9-31; 해방에 관해서는(Barth and Blanke, 41-53).

322) 위 §31.6을 보라.

323) 예로, A. Standhartinger, *Studien zur Entstehungsgeschichte und Intention des Kolosserbriefs* (NovTSupp 94; Leiden: Brill, 1999); 또한 'Colossians and the Pauline School', *NTS* 50 (2004), 572-93; 그리고 R. M. Wilson, *Colossians and Philemon* (ICC; London: Clark International, 2005), 9-19의 논평과 추가로 아래 §34.6b를 보라.

324) Tacitus, *Ann.* 14.27.1(아래 n. 397에서 인용됐다). J. B. Lightfoot, *Colossians and Philemon* (London: Macmillan, 1875, ³1879)에 따르면, 에우세비오스의 *Chronicle*의 아르메니아어 판은 지진의 연대를 64년 로마 화재 이후로 잡는다(38-40).

는지는 모르지만, 서신에서 지진에 대한 언급이 부재하다는 점은 서신의 작성 연대가 60/61년 이전임을 더욱더 시사한다. 바울의 투옥이 61년에서 62년이었을 공산을 고려하면, 지진과 그 결과에 관한 소식이 바울에게 도달하기 전 그 기간의 대략 중간까지를 그 서신의 기록 연대로 받아들일 수 있다.

a. 골로새 교회

골로새는 아나톨리아를 관통하는 주요 동서 노선에 위치했거나 가까웠다. 메안데르(Meander)강 계곡은 에베소 근방에서 동쪽으로 흘렀고 약 160km 상류에서 리쿠스강과 만난다. 리쿠스강 계곡은 중심 고원에 접근할 수 있는 가장 좋은 통로를 제공했고, 따라서 그리스와 로마 시대에 동서 소통의 주요 동맥이었다.[325] 또한 비옥한 리쿠스 계곡은 정착을 촉진했고, 세 주요 도시(16km 상류의 골로새와 더불어 라오디게아와 히에라볼리)를 지탱했다. 신약 시대 4, 5세기 이전에 골로새는 인구가 많았으며 크고 부유했는데,[326] 그 부는 에베소와 사데에서 유브라데에 이르는 주요 도로에 위치했다는 사실과 양모 산업에 기인했다. 그러나 로마 제국 초기에 이르러서는 그 도시의 중요도가 상당히 감소했는데, 이는 라오디게아(행정과 재정의 중심) 및 히에라볼리(뜨거운 광천수 온천으로 유명함)와 대조된다.[327] 골로새가 얼마나 중요하게 여겨졌는지에 대해서는 다소 논쟁이 있었다. 비록 아덴에 대해서도 같은 용어를 사용했지만, 스트라본(12.8.13)은 골로새를 *polisma*("소도시")로 묘사한다. 플리니우스는 골로새를 브루기아의 "가장 유명한 도시" 중 하나로 언급한다.[328]

---

325) W. M. Ramsay, *Cities and Bishoprics of Phrygia* (2 vols.; Oxford: Oxford University, 1895, 1897), 5.
326) Herodotus, *Hist.* 7.30; Xenophon, *Anabasis* 1.2.6.
327) 또한 Murphy-O'Connor, *Paul*, 231-34을 보라.
328) Pliny, *Nat. Hist.* 5.145. 추가로 예. E. M. Yamauchi, *New Testament Cities in Western Asia*

아마도 리쿠스 계곡 도시들에 상당한 규모의 유대인 공동체가 있었을 것이다. 기원전 3세기 말에 안티오코스 대왕이 그 지역을 안정시키려고 루디아와 브루기아에 유대인 2천 가정을 정착시켰다(Josephus, *Ant.* 12.147-53). 이미 언급했듯이, 필론은 소아시아 모든 도시에 유대인들이 많았다고 말한다(*Legat.* 245). 그리고 라오디게아에서 성전세(어쩌면 인근 도시들에서 모은 것)를 몰수하려는 플라쿠스(Flaccus)의 시도는,[329] 그 지역에 상당히 많은 유대인 남성이 있었음을 시사한다.[330] 골로새에도 가족들을 포함해 2천 명에서 3천 명 정도의 유대인 거주자가 있었을 수 있다.

골로새 교회는 기원후 50년대 후반에 설립되었을 것이다. 비록 약 52년에 바울이 브루기아에서 에베소로 가는 길에 골로새 근처를 지나갔을 수도 있지만(행 18:23, 19:1), 바울이 그 교회를 직접 설립하지는 않았다.[331] 교회 설립은 오히려 에바브라의 복음전도에 따른 결과로 보인다(골 1:6-7). 에바브라는 골로새 출신이고(4:12) 리쿠스 계곡 도시들의 복음전도를 책임졌을 것이다(4:13). 바울이 에베소에서 체류하는 동안 에바브라와 골로새의 또 다른 거주자인 빌레몬을 회심시켰을 것이다(행19:8-10; 몬 19).[332] 그렇다면 골로새 교회의 설립은 주요 도시(여기서는 에베소)에 복음전도 중심지를 설립하고 그곳을 기반으로 전도자 개인이나 일행이 에베소 근방 도시들을 찾아가는 바울의 전략을 분명하게 보여주는 유일한 본보기일 수 있다(비교. 행 19:26).[333]

이 당시에 골로새 교회가 얼마나 큰 규모였는지 알 수는 없다. 부유한

Minor (Grand Rapids: Baker, 1980), 155-61; C. E. Arnold, 'Colossae', *ABD*, 1.1089-90을 보라.

329) Cicero, *Pro Flacco* 28.68; 본문은 *GLAJJ*, §68(196-98)에 있다.

330) 라오디게아에서 압수한 "20파운드가 조금 넘는 금"은 14,000명이나 되는 유대인 남자를 암시할 수 있다. Trebilco, *Jewish Communities*, 13-14; 추가로 필자의 *Colossians and Philemon*, 21과 n. 4에 있는 상세 내용을 보라.

331) 골 2:1은 바울이 상당수의 골로새 신자들에게 개인적으로 알려지지 않았음을 보여준다.

332) 빌레몬도 골로새에 살았다는 점은 거의 보편적으로 골 4:9-14과 몬 23-24의 병행으로부터 추론된다.

333) 추가로 위 §29.5a를 보라.

빌레몬의 집에서 모인 교회에 대한 언급(몬 2)은 다른 가정교회의 존재를 암시한다. 그리고 라오디게아 가정교회들은 특별히 동일한 기독교 공동체의 일부로 기능했을 수도 있다(골 2:1; 4:15-16). 또한 "가정 법규"(3:18-41)는 골로새 교회(들)을 위한 가정 "모본"을 나타내며, 교회 안에서 노예들과 아동들은 회중의 정규 구성원이었다(3:20, 22-25이 이들을 직접 언급했다). 골로새 신자들의 사회적 지위와 구성은 "가정 법규"에도 명시되어 있으나(노예 소유자들과 노예들), 그 이상은 추측의 문제다.

그러나 언급할 수 있는 내용은 골로새 교회가 이방인과 유대인(물론 주로 이방인이었지만)으로 구성되었을 것이라는 점이다. 이는 몇 가지를 고려해서 나온 추론이며, 불가피하게 어느 정도 추측에 근거한다.

- 에바브라가 메시아 예수에 대한 자신의 메시지를 전파하려고 먼저 회당에 간 것은 바울의 전략을 따랐다고 볼 수 있다.[334] 상당한 유대인이 있는 골로새에 어쩌면 안식일 기도와 토라의 가르침을 위한 다수의 모임 장소가 있었을 것이다. 그리고 다른 지역과 마찬가지로 골로새에서도 회당에 꾸준하게 참석해서 지역 유대인들의 믿음과 실천에 충분히 감명을 받았거나 매력을 느낀 몇몇 이방인들이 있었다. 에바브라는 어쩌면 이 구성원 중에서 자신의 첫 개종자를 얻었을 것이다.
- 골로새서의 몇몇 구절이 지닌 함의는 수신자 대부분이 이방인이었고, 그들이 복음을 통해 지금까지는 이스라엘에게만 알려진 특권을 이제 공유하게 되었다는 것이다.[335]
  □ 1:12 - "우리로 하여금 빛 가운데서 성도의 기업의 부분을 얻기에 합당하게 하신" 하나님.[336]

334) 위 §29.5b를 보라.
335) 다시 위 §29.5a와 n. 228을 보라.
336) "유업", "빛", "성도"의 결합은 그 특징상 의심할 여지 없이 유대교적이며, 이는 DSS와 가장

- □ 1:27 – 하나님의 계획의 "비밀"("너희 안에 계신 그리스도시니 곧 영광의 소망")이 이제 "이방인 가운데" 알려짐.[337]
  - □ 2:13 – "범죄와 육체의 무할례로 죽었던 너희를 하나님이 그와 함께 살리셨다."[338]
- ■ 또한 "헬라인이나 유대인이나 할례파나 무할례파"가 "그리스도 안"에서 하나님이 다른 사람들을 온전히 받아들였음을 서로 인정해야 한다는 점이 암시되었다(3:11). "그들은 할례파이나 이들만은 하나님 나라를 위하여 함께 역사하는 자들"이라는 4:11의 언급은, 바울 자신의 선교 일행이 할례자와 무할례자로 비슷하게 구성되어 있음을 수신자로 하여금 확신하게 하려는 저자의 관심을 비슷하게 암시한다.

여기서 나타난 서신의 성격과 서신이 추정하는 복음의 성격은, 서신이 가정하고 분명히 대처하려고 한 상황을 명확히 하는 일과도 직접 연관이 있다.

b. 누가 골로새서를 썼는가?

이 질문의 답은 단순히 서신을 여는 말에서 찾을 수 없다. "바울은…골로새에 있는 성도들에게"(골 1:1-2). 고대 세계에서는 위서가 흔했고 인정받았다는 사실과[339] 그런 고대 작품들에서는 저작권에 대해 분명한 인식이 없었다는 사실은 우리가 오늘날 더 이상 충분하게 평가할 수 없는 고려사항

주목할 만하게 병행을 이룬다. 예. 1QS 11.7-8; 1QH 11.10-12, 그리고 "빛의 자녀"인 쿰란 사람들과 "어둠의 자녀"인 다른 사람 사이의 빈번한 대조(1QS 1.9-10; 3.24-25; 4.7-13; 1QM 여러 곳). 추가로 필자의 *Colossians and Philemon*, 75-78을 보라.

337) "신비"에 관해서 위 §29 n. 114과 §33 n. 240을 보라.
338) 이는 독특한 유대교적 시각이다. 아래 n. 362을 보라.
339) 위서에 관해서는 제3권을 보라. 제3권이 나오기까지는 필자의 'Pseudepigraphy', *DLNT*, 977-84; Standhartinger, *Studien*, 2장과 아래 §37 n. 209을 보라.

들을 토론에 들여오기 때문이다.

여기서 중요한 요인은 골로새서의 문체가 저자 논란이 없는 바울 서신들과 너무 달라서 같은 사람이 그 서신을 쓴 것처럼 보이지 않는다는 점이다.[340] 하지만 그것 자체가 결정적인 요인일 필요는 없다. 이미 언급한 대로, 바울에게 대필자가 있었을 수도 있고, 어떤 상황에서는 바울이 대필자에게 대필자의 언어와 문체로 서신을 쓰도록 맡겼을 수도 있다는 생각을 전혀 배제할 수 없기 때문이다.[341]

여기서 기억해야 할 핵심은 다섯 개의 다른 바울 서신에서 디모데가 공동저자였듯이,[342] 디모데가 바울과 함께 공동저자로 언급되었다는 사실이다(골 1:1). 두 양식이 서로 다른 두 명의 저자의 양식이라는 사실은 골로새서와 이 다른 서신들 간의 양식상의 다양성을 가장 분명하게 설명해주는 듯하다. 말하자면, 바울은 디모데가 공동 책임을 맡았다고 주장한 다른 다섯 서신에 대한 최종 책임자였을 것이라는 말이다(가정하건대 책임이 있었을 테다). 그러나 이 경우에, 바울은 디모데에게 자신의 말로 서신을 작성하도록 맡겼으나, 두 사람이 보낸 서신으로 했다. 결국 서신의 서두에 있는 저자에 관한 내용을 진지하게 받아들인다면, 바울 서신 대부분을 엄밀하게는 "바울과 …의 서신들"로 묘사해야 한다. 바울이 그 서신들이 공동으로 기록되었음을 밝혔을 때, 서신들에 대해 바울의 동료 저자들의 공로를 더 인정하지 않은 일은 공정하지 않다. 적어도 우리가 저자에 대한 이런 언급을 진지하게 받아들인다면(그리고 받아들이지 않을 이유가 하나도 없다), 바울이 디모데와 편지의 내용과 형식에 대해 토론하고, 디모데에게 구술하며(디

---

340) 여기서 W. Bujard, *Stilanalytische Untersuchungen zum Kolosserbrief als Beitrag zur Methodik von Sprachvergleichen* (SUNT11; Göttingen: Vandenhoeck und Ruprecht, 1975)의 연구결과는 정말 영향력이 있다. E. Schweizer, *The Letter to the Colossians* (London: SPCK, 1982)는 그것들이 결정적이라고 생각한다. "그 서신은 바울이 구술하거나 썼을 리가 없다"(18-19). 필자의 *Colossians and Philemon*, 35 n. 42에 있는 추가 참고문헌.

341) 위 §29.8c와 n. 346(Cicero, *Atticus* 3.15; 11.2, 5, 7 참조)을 보라. 그러나 Wilson은 "대필 이론"을 "궁여지책"으로 일축하기 원한다(*Colossians*, 31).

342) 데살로니가전후서, 고린도후서, 다른 두 "옥중 서신"인 빌립보서와 빌레몬서.

모데가 제시했을 수도 있는 수정사항을 고려하여), 자신을 공동저자로 하는 서신에 대해 디모데가 온전히 만족할 수 있도록 최종안뿐 아니라 여러 초안을 디모데에게 읽어주었다고 상상해야 한다. 여기 골로새서의 경우에는 역할이 어느 정도 바뀌었음을 쉽게 볼 수 있다. 이것은 디모데의 구술을 바울이 기록했다는 말이 아니다. 오히려 바울은 두 사람이 쓴 것처럼 그 서신을 쓰도록 디모데에게 맡겼다. 예를 들어, 바울이 작성한 서신인 빌립보서를 디모데도 썼다고 할 수 있다면, 디모데가 작성한 서신을 바울도 썼다고 할 수는 없는가?(바울은 자기 손으로 마지막 개인적 언급을 더하는 데 만족한다, 4:18)[343]

이 해결책의 매력은 골로새서가 바울 후기 아니면 제2의 바울 서신이라고 주석가들로 결론짓도록 한 특징들을 설명할 수 있다는 데 있다. 필자는 단순히 양식의 차이만이 아니라 골로새서의 기독론 그리고 2:11-12과 3:1의 "실현된 종말" 및 3:18-4:1의 "가정 법규"와 같은 새롭게 등장한 특징을 언급하고 있다.[344] 동시에 골로새서의 연대를 바울의 생애 내로 잡으면 골로새서를 바울 시대 이후의 연대로 볼 때 생기는 문제들을 피하게 된다. 특별히 그 문제는 60년이나 61년에 골로새를 거의 파괴했던 지진에 대한 언급이 없다는 사실과 또한 60년대 초에 바울과 연관이 있었으나(몬 23-24), 짐작하건대 바울이 죽은 후에 이동한 다수의 사람을 몇 년 뒤에 작성된 편지에서 언급하는(4:7-17) 목적을 상상하기 어렵다는 데 있다.[345]

거의 보편적으로 바울이 쓴 것으로 여겨지는 빌레몬서와 골로새서 사

---

343) 필자는 여기서 Schweizer, *Colossians*, 23-24의 제안을 발전시킨다. 추가로 필자의 *Colossians and Philemon*, 35-39과 n. 47을 보라. 비교. Chilton, *Rabbi Paul*, 248-50. F. C. Burkitt, *Christian Beginnings* (London: University of London, 1924)는 데살로니가전후서와 관련된 실루아노에 대해서도 비슷한 제안을 한다(132).

344) 골로새서와 에베소서 사이의 뚜렷한 중복이 후자에게 더 문제인데, 골로새서가 에베소서에 모형 같은 것을 제공했다는 것이 공통된 의견이기 때문이다. 비록 바울의 견해를 표현하려고 골로새서를 작성했던 동일한 사람이 더 야심적인 에베소서를 쓰려고 골로새서를 일종의 본보기로 훨씬 더 자유롭게 사용할 수 있다고 느꼈을 수도 있지만 말이다. 추가로 아래 §37.1a를 보라.

345) 추가로 필자의 *Colossians and Philemon*, 35-39을 보라.

이의 병행은 골로새서가 바울이 살아 있는 동안 기록한 서신이라는 점을 크게 강화한다(4:3, 10, 18). 비록 골로새서는 바울이 감옥에 있을 때 기록되었고, 바울은 자신의 서명만 더할 수 있었을 테지만 말이다(4:18). 골로새서 4:10과 빌레몬서 23-24 병행의 밀접함은 두 서신이 작성된 시기의 밀접함으로 가장 잘 설명되며, 반면에 차이점들(특별히 예수 유스도의 부재[4:11], 골로새서에서 빌레몬의 언급 부재, 빌레몬서에서 두기고의 언급 부재[4:7-9])은 부분적으로 두 서신의 서로 다른 기록 목적과 두 서신을 보낸 시간의 차이(비록 크지는 않지만)로 설명할 수 있다.[346] 한 가지 가능한 각본은 오네시모가 빌레몬에게 개인 편지를 가지고 떠나기 전에, 어떤 이유로 인해 바울이 편지 하나를 더 못 쓰게 되었거나, 바울의 투옥 조건이 더 가혹해졌다는 것이다. 그런 상황에서, 두기고가 오네시모와 함께 그 서신을 가지고 골로새로 출발하기 전에, 바울은 디모데에게 위임하여 작성한 편지를 단지 승인하고 개인적 인사말만을 더할 수 있었는지도 모른다(4:9).

c. 골로새 교회를 위협하는 위험

바울은 왜 자신이 방문하지 않은 상당히 작은 교회에 서신을 써야(재가해야) 했는가? 1:7-8의 함의는 에바브라가 가져온 소식으로 근심이 생겼다는 것이다. 오네시모(4:9)가 빌레몬의 노예였다면(몬 10-16), 오네시모도 골로새에서 소식을 가져올 수 있었다. 빌레몬서 22절은 말할 필요도 없이, 두기고와 마가에 대한 언급(골 4:7-10)은 골로새 신자들과 소통을 유지하려는 관심도 시사한다. 그리고 서신 중심부의 경고는(2:8-23) 골로새 그리스도인들의 자기이해와 확신에 대한 근심을 확실히 나타낸다. 예상되는 문제나 위험은

---

346) 아킵보(짐작하건대 빌레몬과 압비아 가정의 구성원이자 어쩌면 그들의 아들)에 대한 다른 언급(따스한 인사[몬 2], 책망[골 4:17])은 아킵보의 사역(*diaknonia*)에 대한 염려가 두 서신 사이에서 일어났음을 시사한다. Murphy-O'Connor가 제안했듯이(*Paul*, 236-37), 그는 공동체를 떠나지는 않았다.

무엇이었는가?

이 질문에 답하려는 대부분의 시도는 "골로새 이단"이나 골로새의 "실수 고무자들"(errorists)이라고 막힘없이 언급하거나 비슷한 표현을 사용했다. 그런 언어는 급진주의자나 수정주의자들이 제기한 새로운 도전에 직면한 확립된 신앙(하나의 "정통")의 관점을 드러낸다. 그러나 그런 관점은 2세기의 기독교에서야 모습을 드러냈으므로 여기서는 완전히 시대착오적이다. 2:8의 "철학"과 2:20의 "규례"는 오랫동안 확립되었을 수 있는데, 이것들 없이는 바울의 복음과 메시아 예수를 믿는 신자들의 작은 가정 모임이 거칠고 미숙해 보일 수 있었을 것이다.

서신 자체는 일단의 교사들이 대면했고 골로새 교회의 설립 기반인 복음을 내부에서나 외부에서 전복하려는 큰 위기를 골로새 교회가 맞았다고 시사하지도 않는다. 바울의 갈라디아서나 고린도후서 10-13장의 원인이었던 위기가 바울 서신에서 직면한 모든 위기의 양상을 제공한다고 추정하지 않아야 한다.[347] 갈라디아서와 고린도후서 10-13장의 맹렬한 비난조와 2:8-23의 권면을 포함하는 골로새서의 전반적으로 비교적 느긋한 어조 사이의 대조는 서신을 쓰게 된 이유가 상당히 달랐음을 나타낸다.[348]

실제로 2:8-23의 함의는 이전에 확립된 (하나의) "철학"과 종교 제도의 실천자들이 자신들의 믿음과 방식을 바울의 개종자들의 믿음과 방식에 대조하고, 후자의 의식과 절기들을 "비판"하며(2:16), 기독교 신앙과 방식(2:18)이 목적에 효과가 없고 맞지 않아서 "적합하지 않다"고 할 수 있는 (고대 전통의) 권위를 가진 심판처럼 행동했다(2:18)는 데 있다. 그렇다면 서신의 저자가 직면한 도전은 어쩌면 "거짓 가르침"을 논박하는 것이 아니라, 오랫동안 확립된 종교 제도가 기독교 신앙을 폄하하는 무시에 대면해서 골로새

---

347) 그 가정은 베드로파와 바울파의 계속된 다툼으로 기독교 초기 역사를 재구성하는 Baur의 계속된 영향을 반영한다(§20.3).

348) 특별히 M. D. Hooker, 'Were There False Teachers in Colossae?', *From Adam to Christ* (Cambridge: Cambridge University, 1990), 121-36을 보라.

신자들이 고개를 들고, 그리스도와 그가 하신 일에 대해 자신들의 믿음의 확신을 유지하도록 하는 데 있었을 테다.

골로새의 신자들은 더 오래된 제도 없이는 당당할 수 없음을 알았는데, 이 오래된 제도는 무엇인가? 두 가지 주요한 답이 주어졌다.

20세기 후반을 지배한 견해는 제기된 위협이 영지주의화하는 혼합주의였다는 것이다.[349]

- "철학"("지혜에 대한 사랑")이라는 용어(2:8)는 사색은 물론 실천적인 주제를 체계적으로 다루는 데 오랫동안 사용되었고, 다양한 "철학"파에서 그렇게 사용했다.[350] 따라서 이 용어는 다른 가르침을 종교 철학의 전형적인 헬레니즘 혼합으로 밝히도록 초대한다.

- 서신에 있는 "지혜"(1:9, 28; 2:3, 23; 3:16; 4:5), "총명"(1:9; 2:2), "지식"(1:6, 9-10; 2:2-3; 3:10)의 강조는 영적 자기의식에 대한 영지주의적(영지주의화) 관심의 전형이다.

- "세상의 초등 학문"과 2:10과 15의 권세들에 대한 언급은, 우주적 권세와의 바른 관계 수립을 통해서만 plērōma("충만")에 "들어갈" 수 있고(2:9) 하나님의 "충만"에 참여할 수 있다(2:10)(전형적인 후기 영지주의 언어)는 믿음을 비슷하게 시사한다.

- 2:18의 표현은 특별히 중대하다.[351] 그것은 천사 숭배를 가리킨 것으로 보이며, "들어가면서 본 것"이라는 언급은 신비 종교에 입문할

---

349) 대표적이고 상당히 영향력 있는 제시는 E. Lohse, *Colossians and Philemon* (Hermeneia; Philadelphia: Fortress, 1971)이다. 영지주의 전문가인 Wilson은 "골로새 이단"에 관한 토론에 대해 특별히 가치 있는 논평을 제공한다(*Colossians and Philemon* 35-58). 그의 결론은 다음과 같다. "한편으로는 쿰란과 유대 묵시로부터 나왔고, 다른 한편으로는 2세기의 발전된 영지주의 체계로 이어지는…골로새 '이단'은 초기 발전 단계의 어딘가에 속한"지만, "다른 가능성이 있는 영향" 즉 "신비주의나 마술이나 지혜 영역, 혹은 상당히 비유대적인 자료들로부터 있었을 법한 다른 영향"을 허용한다(57-58).

350) O. Michel, *TDNT*, 9.172-79.

351) "꾸며낸 겸손과 천사 숭배를 이유로 너희를 정죄하지 못하게 하라. 그가 그 본 것에 의지하여…."

때 언급되는 "암송한 것"과 "보여진 것" 및 "행해진 것"[352]을 다분히 연상하게 한다.[353]

이 논지는 종교 혼합주의가 소아시아에 널리 퍼져 있었다는 지속된 견해와 들어맞는다. 소아시아 서부에서는 천사들을 숭배했다.[354] 적어도 가장 높은 신과 "그의 거룩한 천사들"의 한 종교 집단에 대한 증거가 있으며, 협회들이 자신들을 *Sabbatistai*라고 불렀다는 증거도 있다. 또한 마술 행위는 널리 퍼져 있었다.[355] 이 혼합체에는 분명 유대교적 요소들이 있었을 것이다. 마술은 당시 보편화된 유사 종교의 현상이었고, 행운을 부르는 장식물과 부적은 당시의 적지 않은 독실한 유대인 가정에서 분명히 발견되었을 것이다. 이 큰 그림이 골로새서에 등장하는 "철학"과 관련이 있는 한, 그 무리를 혼합주의적인 유대인 무리로 여겨야 하는지, 아니면 몇 가지 유대적 요소를 흡수한 비유대인 무리로 여겨야 하는지는 명확하지 않다.

로제(Lohse)가 여러가지 고려사항들을 종합했음에도 불구하고 그 논제는 명확하지 않다.

- 영향력 있는 유대교 변증가들은 유대교를 오랫동안 "철학"으로 묘사했다(Aristobulus, Philo, Josephus).[356]
- "지혜"와 "지식"에 대한 언급은 영지주의 체계에만 있거나 영지주의

---

352) *OCD²*, 716.

353) M. Dibelius, 'The Isis Initiation in Apuleius and Related Initiatory Rites', in F. O. Francis and W. A. Meeks, *Conflict at Colossae* (Missoula: Scholars, 1973), 61-121의 이전 설명이 여기서 영향력이 있다.

354) BDAG, 459.

355) C. E. Arnold, *The Colossian Syncretism: The Interface between Christianity and Folk Belief at Colossae* (WUNT 2.77; Tübingen: Mohr Siebeck, 1995).

356) 예. 4 Maccabees는 "우리[유대교]의 철학"을 방어하기 위한 철학 담화로 시작했다(5:22-24). 필론은 성경의 가르침과 유대교 경건을 일종의 철학으로 제시하는 데 어려움이 없었다. 그리고 요세푸스는 유대교의 다른 종파들을 철학들(*philosophiai*)로 추천하는 데 주저하지 않았다(Michel, *TDNT*, 9.181-82을 보라).

만의 특징이 결코 아니다. 그것은 제2성전기 유대교에서도 널리 퍼져 있었다.[357]

- 비록 "플레로마"가 후기 영지주의 체계의 전문 용어가 되었지만, 신적 충만이라는 개념은, 필론이 재차 입증했듯이, 헬레니즘 유대교에서 이미 친숙한 개념이었다.[358]
- 그리고 전치사가 포함된 "천사 숭배"(worship of angels)라는 구절은 천사에게 바친 숭배라기보다는 오히려 천사가 바친 숭배로 이해될 수 있는데, 이는 유대교의 환상적 묵시라는 위대한 전통 중 하나와 잘 어울린다.[359]

분명히 서신의 저자를 걱정하게 한 내용의 다른 출처는 하나 혹은 그 이상의 골로새 회당이었다. 고린도와 에베소에서처럼(행 18:6-7; 19:9) 골로새 교회가 회당에서 태동했다면, 그들과 회당과의 관계는 바울 선교의 다른 중심지에서처럼 불확실하고 논란이 있었을 수 있다. 이 상황에서 신생 가정교회들을 폄하한 신망 있는 "철학"은 민족 종교로서 제대로 확립돼 있었고 인근에서 상당한 존중을 받았던 제2성전기 유대교의 신망 있는 "철학"일 가능성이 가장 크다. 문제는 회당측에 있었을 텐데, 이전에 하나님을 경외하던 자들이 이제 자신들의 종교적 탐구에서 회당과는 별도로 만족을 발견하고, 회당 사람들이 자신들의 조건과 어느 정도 경쟁한다고 보았을 조건에 그들이 만족했다는 것이다. 그런 하나님을 경외하는 자들의 존경과 지원을 즐긴 회당 공동체 구성원들은 자신들의 인기를 가로챈 풋내기들 때문에 자연스럽게 억울해하고 분개했을 것이다.

---

357) 필자의 *Colossians and Philemon*, 70-71, 131-32에 예들이 있다.
358) 하나님과 그의 성령이 세상을 충만하게 하신다는 개념은 유대 저술에서처럼(렘 23:24; 시 139:7; Philo, *Leg.* 3.4; *Gig.* 47; *Conf.* 136; *Mos.* 2.238) 그리스 사상(예. Seneca, *De beneficiis* 4.8.2; Aristides, *Orationes* 45.21)에서도 흔한 주제였다. 그 표현은 골로새서 "철학"의 한 특징에서 가져오거나 추정할 필요가 없다.
359) 사 6:2-3; 단 7:10; *1 En.* 14.18-23; 36.4; 39-40.

그런 선험적 추론은 서신 자체의 자료와 상당히 부합하는데, 서신에서는 유대적 정체성에 해당하는 측면들에 대해 어느 정도 집착했다는 점이 분명하게 드러난다.

■ 골로새서 1:12은 이미 언급됐다. 하나님이 "빛 가운데서 성도의 기업의 부분을 얻기에 합당하게" 하셨다.[360]

■ 에베소서 2:12에서 더 분명하지만("이스라엘 나라 밖의 사람이라. 약속의 언약들에 대하여는 외인이요"), 1:21의 "멀리 떠남"은 유대교적 관점의 기미가 보인다.[361]

■ 또 하나의 유대적 관점은 할례(골 2:11, 긍정적 비유로서; 4:11)와 할례/무할례의 대조(2:13; 3:11)를 반복해서 언급하는 것이다. 유대인 외에 누가 경멸의 용어로 "무할례"를 사용했겠는가?[362]

■ 마찬가지로 음식과[363] 절기들, 초하루와 안식일에[364] 관해 교회를 "비판한" 사람들에 대한 강조가 있다. 이것들은 모두 특징적으로 그리고 어느 정도 독특하게 유대교적인 관심사들이다.

■ 비슷하게 2:21("붙잡지도 말고 맛보지도 말고 만지지도 말라")은 신체 접촉으로 부정하게 될까 두려워한 전형적인 유대교적 염려다(레 5:3에서처럼). 이는 당시 유대교에서 특별히 명백했다.[365]

■ 또한 골로새서 3:5이 우상숭배와 *porneia*("음란")에 대한 독특한 유대교적 반감을 되풀이하고 있음에 주목하지 않고 넘어가서는 안 된다.

---

360) 위 n. 336에서 언급했듯이, 그 용어들은 특징상 유대교 용어들이다.
361) 외인(*apallotrioō*)이라는 이 용어는 신약에서 여기서 그리고 엡 2:12과 4:18에서만 등장한다.
362) 다시 엡 2:11에서처럼. 이에 관해서는 아래 §37 n. 34을 보라.
363) 비교. 단 1:3-16; 10:3; Add. Esth. 14.17; Jos. Asen. 8.5.
364) 예. 대상 23:31; 느 10:33; 겔 45:17; 호 2:11; 1 Macc. 10.34.
365) 특별히 1QS 6-7 그리고 *T. Mos.* 7.9-10("네가 나를 오염시키지 않도록 나를 만지지 마라")에서처럼.

비슷한 관심사가 더 넓은 종교적 틀 안에서 언급될 수 있으나, 위에 나타난 관심사 중 어느 하나도 제2성전기 유대교에 낯설지 않으며, 몇몇은 제2성전기 유대교의 특징이다("성도들", 할례, 안식일, 우상숭배에 대한 반감). 절기를 지키는 경건과 음식법 및 할례와 우상숭배에 대한 거부는 단지 어떤 혼합 종교 집단의 무작위적 요소들이 아니라, 유대인들에게 그들의 정체성을 부여한 규범과 표지들이다.[366] 그래서 골로새에 등장한 "철학"의 가장 명백한 지지자들은 하나 혹은 그 이상의 유대교 회당들이다. 그들은 자기 종교("철학")의 뿌리 깊은 역사와 정교함에 자부심을 가졌다. 그들은 골로새 교회의 구성원들, 즉 유대인은 물론이고 이방인이 이스라엘에 고유한 유업에 온전히 참여한다는 골로새 교회가 제기한 주장에 대해 틀림없이 분개했다. 또한 그리스도인들이 아브라함과 모세 및 다윗과 엘리야의 유업의 구별된 표지들로 그때까지 여겨진 관습들을 지키지 않았기에, 그들은 이 주장들이 합당하지 않다고 판단했다. 예수 전승에서 유대/바리새인의 전통을 비판한 내용(막 7:7/막 15:9)을 2:22에서 되울린 것("사람의 명령과 가르침")은 우연은 아닐 듯하다. 이는 그 전승에 의식적으로 의존한 비평적 상호작용을 시사한다.

d. 천사 숭배

이 가설은 골로새서에서 가장 수수께끼 같고 논란이 된 표현을 잘 이해하게 한다("천사 숭배", 2:18).

2세기의 다양한 자료는 천사를 숭배한 유대인들에 대해 묘사한다(혹은 고발한다).[367] 그러나 그런 숭배에 대해 경고하는 것이 유대교의 더욱 특징적

---

366) W. Schenk, 'Der Kolosserbrief in der neueren Forschung (1945-1985)', ANRW 2.25.4 (1987), 3327-64(여기서는 3351-53); Sanders, Schismatics, 190(추가로 190-93).

367) Kerygma Petri; Apology of Aristides 14.4; Celsus in Origen, c. Cels. 1.25과 5.6.

인 부분이다.[368] 이것이 골로새서 2:18이 염두에 둔 내용이고, (몇몇) 골로새 회당의 유대인들이 대상이었다면, 실제로 그것은 다소 혼합주의적인 유대 교였을 것이다. 그러나 이런 혼합주의적 유대교에 대한 논지가 이 시기의 다른 곳에서(심지어 방금 언급한 2세기의 자료 같은 적대적인 증거에서도) 잘 입증되 지 않기 때문에, 천사 숭배와 관련된 전치사구를 이해하는 다른 방식을 고 려해야 한다. 비록 그것에 대한 더 분명한 해석이 "천사에게 바친 숭배"일 지라도 말이다.

프레드 프란시스(Fred Francis)와 그를 따르는 사람들은 주격 소유격("천 사들이 바치는 예배") 해석이 온전히 타당하다고 오랫동안 주장했다.[369] 이제 막 정리한 고려사항들에 비추어보면, 주격 소유격 독법이 더욱 그럴듯한 데, (이미 언급했듯이) 그런 예배가 여러 유대교 묵시에서 눈에 띄기 때문이다. 더 중요한 점은 그런 숭배에 합류하거나 함께하기를 염원한 명백한 증 거가 당시의 다양한 유대교 자료에 있다는 사실이다.[370] 따라서 이렇게 누 적된 증거들은 자신들의 안식일 예배를 하늘에 있는 천사들의 예배에 합 류하는 것으로 이해한 하나 혹은 그 이상의 유대 회당이 골로새에 있었다 고 상상하도록 한다. 자신들의 정결함과 음식 및 절기 전통의 일부로서 그 들이 행한 자기 절제와 금욕(2:18, 23)을 짐작하건대 그들은 그런 영적(신비) 체험에 필수적인 것으로 여겼을 것이다.[371] 그리고 그 결과 그들은 그 도시

---

368) *Apoc. Zeph.* 6.15; *Apoc. Abr.* 17.2; Philo, *Fug.* 212; *Som.* 1.232, 238; 또한 계 19.10과 22.9.

369) F. O. Francis, 'Humility and Angel Worship in Colossae', in Francis and Meeks, *Conflict at Colossae,* 163-95. 특별히 T. J. Sappington, *Revelation and Redemption at Colossae* (JSNTS 53; Sheffield: JSOT, 1991); C. Stettler, 'The Opponents at Colossae', in S. E. Porter, ed., *Paul and His Opponents* (Leiden: Brill, 2005), 169-200; 다른 참고문헌은 필자의 *Colossians and Philemon,* 29 n. 27; I. K. Smith, *Heavenly Perspective: A Study of the Apostle Paul's Response to a Jewish Mystical Movement at Colossae* (LNTS 326; London: Clark International, 2006) 에 있다. 비교. H. W. Attridge, 'On Becoming an Angel: Rival Baptismal Theologies at Colossae', in L. Bormann et al., eds., *Religious Propaganda and Missionary Competition in the New Testament World,* D. Georgi FS (NovTSupp 74; Leiden: Brill, 1994), 481-98.

370) *T. Job* 48-50, *Apoc. Abr.* 17 그리고 *Apoc. Zeph.* 8.3-4에서 가장 두드러진다. 또한 쿰란 두루 마리에서도 눈에 띈다. 특히 *Songs of the Sabbath Sacrifice* (4Q400-405).

371) 자료는 필자의 *Colossians and Philemon,* 178-79을 보고, 난해한 23절에 대해서는 194-98을

에서 새로운 모임(교회)을 형성한 유대인들과 비유대인들이 드리던 상대적으로 빈곤해 보이는 예배를 멸시했다.

e. 서신의 메시지

골로새 교회를 위협하는 위험이 무엇이었든지 간에, 서신의 관심사는 그 위협을 반박하고, 특히 그 위협에 비추어 골로새 신자들의 믿음과 행동에 건전한 조언을 제공하는 데 있다. 그렇다면 바울과 디모데가 도입부 인사 (1:1-11, 인사말, 감사와 기도)를 골로새 신자들이 복음을 수용했을 때 받았던 것에 대한 구체적인 주장(1:12-14)으로 결론지은 것은 의미가 있다. 그들이 받은 것은 이스라엘의 "유업"에 참여함과 하나님의 아들과 함께 누리는 새로운 신분(흑암의 권세에서 구원받아 하나님의 아들의 왕국으로 옮겨짐; 구속과 용서)이다. 회당(들)의 깎아내리는 비판에 직면해서, 이스라엘의 유업에 참여한다는 주장은 조건 없이 즉시 다시 개진되었고, 복음의 메시지가 지닌 독특한 유익은 대담하게 언급되었다.

그러나 많은 주석가와는 반대로, 서신의 저자들과 골로새서에 등장하는 "철학" 사이의 중심적 논제는 복음 안에서의 그리스도에 대한 주장들이 아니다. 서신의 도입부에 덧붙어 있는 그리스도를 찬양하는 위대한 "찬송"(대체로 이렇게 묘사한다)(1:15-20)은 논쟁적 맥락에서 제시되지 않고, 수신자 자신들의 믿음과 소망의 토대로서 주어졌다(1:4-5, 11-14). 그리고 2:8-23의 변증은 그리스도가 아닌 인용된 전통들(2:8), 즉 음식과 음료 및 절기들(2:16)과 정결(2:20-23)에 초점을 두고 있다. 그리스도는 누구인가 그리고 무엇을 행했는가는 이 전통들과 관습들의 중요성을 부정하는 서신의 견고한 기반을 제공한다.[372] 그러나 논제는 자주 제시된 것처럼 그 "철학"이 그리스

보라.

372) 골 2:6-7, 9-15, 17, 19, 20; 3:1-4.

도의 역할에 제기한 도전이 아니었다.[373] 그리스도에 대해 이루어진 주장은 단순히 자신들에게 오래된 전통과 의식 및 절기와 규정이 부족하다고 폄하하는 비판을 이겨내도록 골로새 사람들의 자존감을 북돋우려고 있을 뿐이다. 물론 요점은 그리스도가 그들을 위해서 하신 일과 그들 안에서 하고 계신 일(1:27; 3:3-4)이 그런 관례를 무가치하고 상관없게 만들었다는 데 있다. 그러나 그런 주장은 골로새 회당(들)의 "교양 있는 경멸자들"과 갈등했던 항목은 아니다.

동시에 골로새서의 기독론은 바울 기독론에서 중대한 강화와 진전을 나타낸다. 다음은 그 서신이 보여주는 독특한 특징들이다.

- "[하나님의] 사랑의 아들의 나라"라는 언급(1:13).[374]
- "찬송"의 우주적 범위 – "만물이 다 그로 말미암고 그를 위하여 창조되었다"(1:16).[375]
- 비록 후에(2:19) 교회를 온 몸으로 묘사하고 그리스도를 머리로 묘사했지만,[376] 우주적 몸은 "교회"와 동일하다(1:18).[377]

---

373) 주석가들은 2:18의 "천사의 경배" 언급 때문에 너무 쉽게 산만해진다.

374) "그의 사랑의 아들"이라는 흔히 않은 문구는 셈족 형식처럼 보이며(BDF, §165), "사랑하는 아들"과 동등하다(비교. 엡 1:6, "사랑하시는 자"). 하나님의 아들인 이스라엘 왕에 대해서는, 특별히 삼하 7:14; 시 2:7; 89:26-27; 4Q174 (4QFlor.) 1.10-19; 4Q246 2.1을 보라. 좀 더 초기 바울 서신에서 이 언어에 가장 근접한 구절은 고전 15:24-28이다.

375) 고전 8:6의 더 풍부한 표현이다(위 §32 n. 272; 그리고 §29.7d를 보라). 유대 지혜 전통에서 하나님의 지혜에 관해 사용된 그 언어가 여기서 비슷하게 그리스도에게 사용되었다고 보통 인식된다(1:15-17, 18b). *Colossians and Philemon*, 87-94, 97-99의 기록, 그리고 83 n. 5에서 1:15-20에 관한 참고문헌(다시 위 §32 n. 272을 보라). Murphy-O'Connor는 바울이 원찬송을 수정한 부분과 바울이 수정한 동기를 감지하는 자기의 능력을 자신한다(*Paul*, 242-46).

376) Schenk, 'Selbstverständnisse', 1411-15; 추가로 필자의 '"The Body of Christ" in Paul'을 보라.

377) 찬송이 우리를 몸에 비유하는 고대 그리스의 사고를 사용했다면(고전 본문은 플라톤의 *Timaeus* 31B-32C이다), 그리고 설명하는 방식으로 "교회"가 추가되었다면, 취한 조치는 놀랍다. "교회"는 그리스도의 실제 우주 통치라는 초점이나 시작으로 제시되었다. 그 사고는 적어도 훨씬 더 놀라운 엡 1:22-23을 기대한다.

- 그는 "만물"을 화목하게 했다(1:20).[378]
- 그리스도 자신은 "하나님의 비밀로서, 그 안에 지혜와 지식의 모든 보화가 감추어져 있다"(2:2-3). "그리스도의 비밀"(4:3).[379]
- 바울의 이 저작 중에서 성육신에 관한 진술에 가장 근접한 부분을 찾아볼 수 있다 – "그 안에는 신성의 모든 충만이 육체로 거한다"(2:9).[380]
- 승리자 그리스도라는 독특한 표현 – 그리스도가 그의 십자가라는 병거를 통해 "통치자들과 권세들"에게 승리하여 그들을 구경거리로 삼음(2:15).[381]
- 신자들이 그리스도와 함께 죽을 뿐만 아니라 그와 함께 이미 부활했다(2:20; 3:1).[382]

골로새서에서 우리는 2, 3세기의 위대한 지혜/말씀 기독론으로의 전환이 이미 상당히 진행됐음을 본다.

이스라엘에서 유래한 예수 메시아 복음의 진실한 참여자라는 그들의 지위에 대한 골로새 신자들의 확신을 진작하기 위해, 바울과 디모데는 자기 소명과 선교에 대한 바울의 이해를 다음과 같이 확인하고 특징짓는 주

---

378) 그 동사는 독특하게 합성된 *apokatallassō*인데, 이 단어는 문학적 그리스어에서 여기 1:22과 엡 2:16에서만 등장한다. "만물"이라는 표현은 롬 5:10; 고전 7:11; 고후 5:18-20의 이전 사고를 발전시켰으나, 유대교의 소망에서 어느 정도 기대했다(사 11:6-9; 65:17, 25; *Jub.* 1.29; 23.26-29; *1 En.* 91.16-17; Philo, *Spec. Leg.* 2.192).

379) 이는 앞선 1:26-27을 설명하며, 1:26-27은 이전 서신들의 표현을 사용했다(롬 11:25; 고전 2:1, 7; 4:1). 그 용어는 에베소서에서도 두드러지게 사용된다(다시 위 §29 n. 114; 그리고 필자의 *Colossians and Philemon*, 119-21을 보라). 또한 골 2:3은 그 신비를 1:15-17의 지혜 언어에 묶는다(또한 1:9과 28).

380) 이는 1:19의 설명이다 – "하나님의 모든 충만으로 예수 안에 거하게 하셨다." 위 n. 358, 그리고 추가로 필자의 *Colossians and Philemon*, 99-102, 151-52을 보라.

381) 고후 2:14의 이미지를 설명한다(위 §32 n. 438; 그리고 추가로 *Colossians and Philemon*, 167-70을 보라).

382) 그 이미지의 이전 사용에서, 그리스도의 부활에 참여하는 일은 여전히 미래로 보았다(롬 6:5, 8; 8:11; 심지어 빌 3:10-11, 21).

장을 다시 강조한다. 즉 바울의 특별한 사명은 오랫동안 감추어진 신비인 하나님의 목적을 드러내는 일, 곧 "이 비밀의 영광이 이방인 가운데 얼마나 풍성한지를 알게 하려 하심이라. 이 비밀은 너희 안에 계신 그리스도시니 곧 영광의 소망이니라"(1:25-27).[383] 이 안에 내포된 내용은 골로새 회당들과 전통주의 유대인들의 반론인데, 곧 그들이 결코 골로새의 이방인 신자들을 폄하할 위치에 있지 않으며, 이방인 신자들이 하나님의 목적이라고 하는 신비의 핵심을 소유하고 있고, 믿지 않은 유대인들은 여전히 이 신비를 깨닫지 못했다는 것이다.[384] 한마디로 핵심은 그리스도다. "그 안에는 지혜와 지식의 모든 보화가 감추어져 있느니라"(2:3). 이는 특히 그들이 받은 (parelabete) 예수에 관한 전승들을 포함하는데,[385] 그 전승들은 그들의 행동 (peripateite)에 지속적인 토대가 된다(2:6-7). 여기서 잠깐 언급하자면, 분명 바울은 그가 골로새 사람들에게 전해졌다고 알고 있는 예수 전승과 서신에서 담대하게 주장한 기독론이 완전히 일치한다고 보았다. 바로 그 예수 그리스도가 하나님의 신비를 열어줄 핵심일 뿐 아니라, 그들의 일상에 모범을 제공했으며, 그들이 헌신해야 할 주요 주제였다.[386]

이미 언급했듯이, 골로새 교회에 대한 하나 혹은 그 이상의 골로새 회당들의 폄하하는 비판에 대한 반응은 2:8-23에 집중되어 있다. 골로새서에 등장하는 철학이 "세상의 초등학문(ta stoicheia)"과 "(하늘의) 통치자들과 권세들"에게 돌린 모든 역할을 그리스도의 복음이 능가한다.[387] "그 안에

---

383) 1:24에 관해서는 위 §29.3e를 보라.

384) 유대교 문헌에서 "신비" 모티프의 특징은 신비의 해결책이 그들에게(함축적으로, 다른 사람들에게는 아닌) 드러났다는 (개인이나 집단의) 주장이다. 다시 위 §29 n. 114을 보라.

385) 보통 인식했듯이, paralambanō는 전통을 받음에 대한 거의 전문적인 용어이고, 바울은 그 동사를 이런 의미로 가장 자주 사용했다(고전 11:23; 15:1, 3; 갈 1:9, 12; 빌 4:19; 살전 2:13; 4:1; 살후 3:6).

386) 대개 간과되었지만, 골 2:6-7은 교회가 처음 설립됐을 때 주 그리스도 예수의 전승이 상당 부분 전해졌음을 가장 중요하게 확인하는 구절 가운데 하나다(골로새의 경우가 그랬다고 추정할 수도 있다). 이 전승이 그들의 행동(peripatein)을 결정했다는 것은 그것이 공관복음의 핵심을 형성한 예수 전승과 같은 내용을 포함했음을 의미한다.

387) Stoicheia("초등학문")의 의미와 언급에 관한 논쟁은 상당하나, 그것은 인류가 원시적·우

는 신성의 **모든** 충만이 육체로 거하신다." 그는 "모든 통치자와 권세의 머리시고"(2:9-10), 그런 권세들을 무력화하고 패배시켰다(2:15). 또한 이는 그런 힘과 능력들이 그들의 삶에 끼쳤을 수 있는 모든 영향력의 종말을 의미한다. 그들의 할례 없음은 그리스도의 죽음으로 충족되었는데, 그 죽음은 일종의 할례다(2:11). 그들의 새로운 삶은 그리스도의 부활의 삶에 참여함이었다(2:12-13). 그리고 그들의 범죄에 대해 율법이 제기한 어떤 고발도 말소되고 취소되었다(2:13-14). 여기서 갈라디아서 4:1-10과의 연관성을 놓치지 않아야 한다. 바울이 그토록 강하게 반대했던 것은 바울이 율법의 과도한 격상이라고 여긴 것과 무할례 이방인들이 그 유익(특히 행실 지도)에 온전히 참여할 자격이 없다는 견해였다. 골로새 회당들이 이방인 신자들에게 그런 논리 자체를 받아들이도록 압박하지 않았다 하더라도 말이다.

압박이 가해진 분명한 지점은 골로새 회당들이 필수로 여긴 규례와 의식(먹고 마시는 것과 절기에 관한 유대 전통 규례[2:16, 20-23] 그리고 "천사 숭배"에 합류하라는 더 독특한 주장[2:18])에 관한 부분이다.[388] 골로새 회당의 관점에서는, 이 규례들을 준수하지 못하고 그런 예배를 누리지 못하는 골로새의 신자들은 "정죄 받고(krinein)" "실격되었다(katabrabeuein)"(2:16, 18).[389] 대응은 역시 강력하다. 이는 바울이 갈라디아에서 대면한 바로 그와 같은 오류다. 특정 율법이 필수적이라는 그런 주장은 율법을 "초등학문"(2:20; 갈 4:9-10) 중 하나로 여기는 것과 같다. 더구나 그것은 신자들이 그런 규례와 예배에서 단지 전

주적 영향이나 지배(얼마나 구체적으로 개념화되었든지 간에) 아래에서 자신들의 삶을 살아가야 한다는 너무나 흔한 신념(심지어 오늘날에도 있다)을 압축하는 듯하다. 그 사례의 효과적인 요약은 R. P. Martin, *Colossians and Philemon* (NCBC; London: Marshall, Morgan and Scott, 1973), 10-14; 그리고 추가로 필자의 *Colossians and Philemon*, 148-51을 보라. "통치자와 권세"는 1:16의 더 다양한 용어와 개념을 취하지만(이에 관해서는 필자의 *Colossians and Philemon*, 92-93을 보라), 인간의 운명에 영향을 끼치거나 결정적인 우주와 우주적 힘에 대한 동일한 신앙의 다른 표현이다.

388) 위 nn. 363, 364 그리고 §34.6d를 보라.

389) *Brabeuō*는 경합에서 "상(brabeion)을 주다"는 의미가 있다. 그래서 *katabrabeuō*(성경 그리스어로 오로지 이곳에만 등장하며, 다른 곳에서는 많이 입증되지 않았다)는 심판으로서 "맞서는 결정을 하다" 즉 "상을 강탈하다"를 의미한다(BDAG, 515).

조로서만 예시된 실재를 그리스도 안에서 이미 경험하고 있음을 인식하지 못했고(2:17-19), 오만과 자기기만을 불러왔다(2:18, 23).

그리스도인의 행동 기반은 오히려 그들의 삶에서 이미 일어난 일에 대한 인식에 있었다. 그들은 그리스도와 함께 부활했기에 땅의 것이 아닌 위에 있는 것에 마음을 고정해야 하고(3:1-2), 그들의 옛 삶은 죽었으며, 그들의 실제 삶은 "그리스도와 함께 하나님 안에 감추어져 있다"(3:3). 거기에 그들의 소망이 고정되어야 한다(3:4). 이 기본적인 출발점은 그때부터 그들의 행동을 결정해야 한다. 그들이 피해야 하고(3:5-11) 함양해야 할 것(3:12-17)을 말이다. 이 권면은 고대 세계의 도덕 체계에서 흔했던 이미지("벗다", "입다")와 형식(악과 선 목록)을 이용한다.[390] 그러나 실천에 대한 유대교의 특징적 강조와 더불어, *porneia*("성적 부도덕")와 우상숭배(3:5)에 대한 유대교의 특징적인 반감은 주목할 만하다. 더 독특하게 그리스도인은 그들이 본받아야 할 하나님의 형상인 그리스도(3:10)에 대해 이야기하고, 또한 그리스도 안에서는 국가와 종교 및 사회적 차별이 이제 끝났음을 주장한다(3:11). 겸손에 대한 독려는 그들의 동료 거주자들 및 일반적으로 그리스 사상과도 조화를 이루지 못했을 것이다(3:12).[391] 주께서 용서한 것 같이 서로 용서하라는 것과 사랑의 중심 동기에 대한 강조(3:13-14)는 예수 전승의 구별된 요소를 반영한다고 안전하게 받아들일 수 있다.[392]

이 모두는 골로새 회당들이 진작한 것과는 성격이 다른 삶을 세우는 내용이다. 분명 바울과 디모데는 비하하는 유대인 이웃들이 옹호하는 의식과 규례들을 대신하여 그런 지침과 권면을 제공함으로써 골로새 신자들이 자신들만의 우선순위를 유지하고 자신 있게 그들 자신의 신념으로 살아가게 되길 소망했다. 짐작하건대 그 권면이 그들의 예배(그리스도의 말씀 묵상, 가르침과 경고, 감사 찬송)를 독려하고 또한 하나님을 향한 감사의 태도

---

390) *Theology of Paul*, 123-24, 662-65.
391) W. Grundmann, *TDNT*, 8.1-4, 11-12.
392) *Jesus Remembered*, 182 n. 48, 590.

를 마음에 심어주는 것으로 절정에 이른 것은 단순한 우연이 아니다(3:16-17).[393] 이는 자신들의 예배가 기독교인들이 결코 체험하지 못하는 예배의 절정에 도달한다는 회당 회중들의 주장에 대한 답이다. 바울은 그 반대라고 말한다!

권면의 마지막 단락(3:18-4:1)은 다소 놀라운데, 저자(들)가 고대의 도덕적 설교라는 익숙한 주제(가정 관리[oikonomia]의 중요성)를 취한 것으로 보이기 때문이다. 더구나 그들은 그 권면을 할 때 그런 다른 가정 법규(Haustafeln)에서 익숙한 용어들을 사용한다. 특별히 추론되고 확인된 것은 남편과 아버지 및 주인이라는 가장의 중심성과 지배 그리고 부인이 "남편에 복종해야 한다"는 기대다.[394] 그러나 아동들과 종들이 그리스도인 모임의 온전한 구성원이라는 가정은 주목할 만하며, 이미 언급했듯이 서신에서는 그들을 직접 지칭한다(3:20, 22). 그리고 자신들 모두의 주님에 대한 계속되는 언급을 통해 기독교 정신이 공동체 전체로 확산되어간다.

- 3:18 – "아내들아, 남편에게 복종하라. 이는 주 안에서 마땅하니라."
- 3:20 – "자녀들아,…부모에게 순종하라. 이는 주 안에서 기쁘게 하는 것이니라."
- 3:22 – "종들아, 모든 일에…순종하되…주를 두려워하여."
- 3:23 – "무슨 일을 하든지 마음을 다하여 주께 하듯 하고."
- 3:24 – "너희는 주 그리스도를 넘기느니라."
- 4:1 – "상전들아, 의와 공평을 종들에게 베풀지니, 너희에게도 하늘

---

393) 상세 사항은 *Colossians and Philemon*, 235-41을 보라.

394) 상세 내용은 역시 *Colossians and Philemon*, 242-47에 있다. 또한 필자의 'The Household Rules in the New Testament', in S. C. Barton, ed., *The Family in Theological Perspective* (Edinburgh: Clark, 1996), 43-63을 보라. 필자는 특별히 D. Balch, *Let Wives Be Submissive: The Domestic Code in 1 Peter* (Missoula: Scholars, 1981)에 빚졌음을 기쁘게 인정한다. 또한 Witherington, *Women in the Earliest Churches*, 47-54을 보라.

에 상전이 계심을 알지어다."[395]

　짐작하건대 가정의 질서가 중요하다는 공동의 이해를 재확인하며 적용하는 이 부분에 개입된 의도는 이중적이었을 것이다. 그런 권면은 가정이 타당한 사회 질서를 유지하는 중추적 좌소임을 어느 정도 인식했다. 바울과 디모데는, 골로새 그리스도인들이 그들의 여느 이웃처럼 시민으로서 책임감이 있고 훌륭한 시민임을 그런 가르침이 골로새 교회를 방문하는 모든 사람(혹은 내부 정보제공자)에게 확신을 준다고 알고 있었기에, 그렇게 가르칠 수 있었다.[396] 또한 이것은 율법의 규율과 의례가 부족한 골로새 신자들이 그들의 가정과 시민으로서의 의무에 분명 책임감이 적을 것이라는 골로새 회당 공동체가 제기한 문제에 대한 답변이었을 테다. 그러나 부분적으로, 바울이 빌레몬과 오네시모 사이에서 추구한 관계에서처럼, 그것은 가정을 구성한 관계를, 그들이 믿고 헌신한 유일한 주(主)와 몇몇 당사자(개인과 가정)의 더 근본적인 관계 안에 위치시킨다. 이는 자신의 선교 막바지에, 여전히 바울이 기독교의 메시지를 자기 시대의 사회적·정치적 환경에 영향을 끼치고 스며들어 전체를 변하게 하는 누룩으로 보았는데, 그 영향은 반드시 눈에 띄는 효과와 형태가 아니라, 그 내면의 특징과 동기를 부여하는 정신에서 드러난다.

f. 영향

대부분의 바울 서신에서처럼 우리에게는 골로새서가 어떻게 받아들여졌는지 혹은 그 서신이 어떤 영향을 주었는지에 대한 정보가 하나도 없다.

---

395)　또한 J. M. G. Barclay, 'Ordinary but Different: Colossians and Hidden Moral Identity', *ABR* 49 (2001), 34-52을 보라.

396)　다른 말로 하면, 그 의도는 로마의 신자들에게 준 권면(롬 12:9-13:7; 비교. 또한 4:5-6), 즉 책임 있는 시민이 되라는 격려와 거의 같다(§33.3f[ii]를 보라).

여기서도 요인은 60-61년에 리쿠스 계곡을 황폐하게 만든 지진이었을 것이다. 타키투스의 글을 보면 라오디게아는 심하게 파괴되었고, 비록 그가 골로새가 겪은 파괴에 대해 언급하지 않았지만, 골로새가 심각하게 파괴되지 않았을 가능성은 거의 없다.[397] 신뢰하기 어려운 오로시우스(Orosius)(5세기 초)는 리쿠스 계곡의 세 도시가 전부 "지진으로 무너졌다"라고 말한다 (Hist. adv. paganos 7.7.12).[398] 그러나 60/61년 지진에서 골로새 신자 무리가 살아남았다 할지라도, 우리는 골로새가 광범위하게 재건되었는지에 대해서는 알지 못한다.[399] 골로새 교회의 구성원 대부분이 살아남아 다른 곳(어쩌면 라오디게아)에 정착했을 수도 있다. 라오디게아는 타키투스가 역시 언급한 것처럼, 빠르게 재건될 수 있었다.

소아시아에 있는 교회에 편지를 쓴 이후 두 기독교 지도자[400] 중 그 누구도 자신들의 수신자에 골로새를 포함하지 않았다는 사실은 더 눈에 띈다. 그것은 골로새 교회가 살아남지 못했음을 시사하는가? 여기서 리쿠스 계곡의 다른 두 도시(히에라폴리와 라오디게아)가 기독교 역사에서 중요했다는 확실한 정보는 있지만,[401] 골로새에 대해서는 더 이상 아무런 말이 없다는 사실은 중대할 수도 있다.

이것은 골로새서 자체에 무슨 일이 일어났느냐는 질문도 제기한다. 그 서신은 라오디게아 서신과는 달리 지진으로 인한 파괴로부터 보존되었는가?(골 4:16)[402] 아니면 어쩌면 바울의 유업을 보존하고 진작하려고, 디모

---

397) "아시아 지방에서 유명한 도시 중 하나인 라오디게아는 그해의 지진으로 파괴되었고, 로마로부터 어떤 보조금 없이 자체 자원으로 재건되었다"(Tacitus, Ann. 14.27.1).

398) 골로새 지역의 언덕 부지가 발굴되지 않았다는 특이한 사실은 의존할 고고학적 증거가 없음을 의미한다.

399) 로마에 속한 도시로서 골로새가 지속되었다는 약간의 명문과 화폐 증거가 있으나, 골로새는 명백하게 예전의 영광을 회복하지 못했다.

400) 요한계시록의 예언자(계 2-3장) 그리고 이그나티오스.

401) 초기 전승은 빌립과 네 딸의 무덤 위치를 히에라폴리에 둔다(Eusebius, HE 3.31.4; 5.24.2). 라오디게아는 요한계시록의 예언자가 서신을 쓴 교회 중 하나이고(계 3:14-25), 라오디게아 공의회는 약 363년에 있었다. 그 지역도 제대로 발굴되지 않았다.

402) 상상컨대 그 두 서신을 교환하면서(골 4:16) 하나는 분실되고 다른 하나는 보존되는 결과

데가 사본을 보유했는가? 우리는 추측만 할 수 있을 뿐이다.

34.7 바울은 언제 사망했는가?

누가는 로마에서 2년 동안(약 60-62년) 감옥에 있던 바울을 마치 사라지는 일몰처럼 묘사함으로써 기독교의 시작에 대한 자신의 글을 마무리한다. 누가는 바울이 황제 앞에서 재판받으려고 로마로 압송되었음을 잘 알고 있었지만, 자신의 이야기를 그 재판에 대한 내용으로 마무리하려고 하지 않았다. 누가가 2년이라는 기간 마지막에 이르러 모든 재판 결과를 알지 못했을 개연성은 거의 없다. 사도행전이 재판 전에 기록되었고, 어쩌면 그 재판에 영향을 끼치려 했다는 주장은[403] 대개 누가복음의 기록 연대 때문에 배제된다. 우리 모두는 누가복음에서 마가복음을 이용했음을 인식하고 있으며, 마가복음은 보통 60년대 후반이나 70년대 초반에 기록되었다고 여겨진다. 더구나 누가는 아그리파 2세와 로마 총독 베스도가 바울을 로마로 보내기 전에(행 26:31-32), 타당한 판결이 무엇이어야 하는지 이미 명확하게 보여주었다. 누가는 파선 뒤 일어났던 멜리데 사건에서 이 판결에 대해 독자들에게 확인시켜주는데, 독사의 독으로부터 바울이 무사했다는 점이 구경꾼에게는 그가 범죄자가 아니라 신으로 보이게 했다(28. 4-6)! 그리고 누가 자신은 바울이 밀레도에서 이전에 전한 연설로써 자신의 독자들과 그들의 청중들에게 바울의 죽음을 준비하게 했다(20:25, 29). 그뿐만 아니라, 우리는 기독교 확장의 역사에서 다수의 가장 부정적인 사건들을 얼버무리는 것이 누가의 경향이었음을 상기해야 한다.[404]

가 생겼을 테다.
403) §21 n. 52을 보라.
404) 특별히 안디옥 사건과 바울이 갈라디아와 고린도(고후 10-13장) 및 빌립보(빌 3:2-21)에서 직면한 반대. Haenchen이 관찰했듯이, 누가는 그의 독자들이 행복한 결말을 예상하도록 하지 않았다(*Acts*, 731).

따라서 명백하고도 타당한 결론은 그 2년 기간의 막바지에 재개된 바울의 재판이 심각하게 잘못되었으며 그 직후 또는 얼마 후에 바울이 처형당했다는 사실을 누가가 잘 알고 있었다는 것이다.[405] 그러나 누가는 자신의 역사를 그렇게 마무리하기를 원하지 않았다. 오히려 누가는 로마에서 자유롭게 복음을 전하는 바울을 묘사하면서, 자신이 언급했던 계획(예루살렘에서부터 유대와 사마리아를 지나 로마에 있는 "땅끝"까지 그리스도에 대한 증언이 확산된 길을 묘사하려는 계획, 1:8)이 절정과 종국에 도달한 것으로 제시한다.[406] 그리스도와 하나님 나라에 관한 계속되는 선포에 대한 열린 묘사(28:30-31)와 이것이 그리스도의 증인이 계속해서 감당해야 할 직무라는 함의는 더욱 선호된다. 무엇보다도 그것은 각자의 상황에서 동일한 증언을 함으로써 동일한 이야기를 이어가도록 제2세대 기독교 독자들과 청중들을 초대했다.[407]

누가의 사도행전에 대해서는 이제 그만 말하기로 하자. 의존해야 할 다른 정보나 전승이 있는가? 세 가지가 방향을 어느 정도 제시한다.

(1) 목회 서신들은 대개 약 20년에서 30년 후에 바울의 기풍에 따라 쓰인 편지로 읽어야 할 것이다.[408] 그러나 그렇다 할지라도, 이 서신들은 바울의 이전 자료나 바울에 관해 정당한 근거가 있는 자료를 포함했을 수 있다. 바울과 그의 운명에 관해서 가장 흥미로운 내용은 디모데후서, 특히 디모

---

405) Omerzu, 'Schweigen', 156. P. R. McKechnie, 'Judean Embassies and Cases before Roman Emperors, AD 44-66', *JTS* 56 (2005), 339-61은 판결이 약 20년 넘게 꾸준히 예루살렘의 제사장을 지지하는 쪽으로 이루어졌고, 심지어 몇몇 로마 지방 행정 장관들에게도 불리하게 이루어진 것으로 보이며, 이는 네로가 바울에 대한 소송을 들었을 때, 그가 바울에게 불리한 판결을 내렸음을 시사한다고 말한다. 그 소송이 재판으로 이어지지 않고 지나갔다는 이전의 제안(Ramsey, Lake, Cadbury가 제시한)은 칙령 연도를 잘못 측정한 데서 기인했다 (Bruce, *Paul*, 376-77).

406) 위 §22 n. 53을 보라. 또한 Lichtenberger, 'Jews and Christians in Rome', 2152-53; W. F. Brosend, 'The Means of Absent Ends', in Witherington, ed., *History*, 348-62을 보라.

407) 추가로 B. S. Rosner, 'The Progress of the Word', in I. H. Marshall and D. Peterson, eds., *Witness to the Gospel: The Theology of Acts* (Grand Rapids: Eerdmans, 1998), 215-33(여기서는 229-33) 그리고 위 n. 233을 보라.

408) 제3권을 보라.

데후서 4:9-18이다. 이 서신은 바울이 홀로 감당해야 했던 "첫 변호"와 "사자의 입에서 건짐을 받았다"는 점을 언급한다(4:16-17). 이는 첫 재판이 있었고 바울이 그 재판에서 생존했음을 시사할 수 있다. 그러나 이제 두 번째 재판에 직면한다. 이 재판은 바울의 죽음으로 끝났을 수도 있는데, 어쩌면 그렇게 끝났을 것이다(4:6-7).[409] 특별히 거의 버려졌다는 느낌("누가만 나와 함께 있다", 4:11)과 자신이 드로아에 남겨둔 겉옷 "또한 책과 특별히 가죽 종이 (*membranas*)"를 가져오라는 요청(4:13)은 가슴을 저미게 한다.[410] 이 내용으로 내릴 수 있는 가장 개연성 있는 추론은 그의 첫 재판 후에 바울이 투옥된 환경이 더 열악해져서, 어쩌면 춥고 눅눅한 지하 감옥에 갇혔을 것이라는 점이다. 그곳에서 겨울을 지날 때 겉옷은 더 이상 사치가 아닌 필수품이었으며(4:21), 바울이 자신만의 기록을 정연하게 남겨야 하는 일은 이제 시급한 문제였을 것이다.

디모데후서 자체만으로는 바울의 석방에 대한 암시 없이 첫 번째 재판만을 사도행전의 줄거리에 더할 뿐이다.[411] 그러나 다른 두 목회 서신을 고려하면, 바울은 첫 번째(혹은 두 번째) 재판 후 석방되었고 에게해 지역으로 돌아올 수 있었다고 추론할 수도 있다.[412] 실제로 디모데전서(3:14-15)와 디도서(3:12)의 여행 계획은 바울의 이전의 소망과 의도를 연상하게 한다. 그것을 디모데후서 4:6-7의 냉정한 염세주의와 관련지으면, 바울이 에게해 지역과 그리스(니고볼리)에서 한동안 선교를 더 했고, 이후 마지막 재판 이전에 다시 투옥되어(이유가 입증되지 않은) 죽음을 맞이했을 것으로 상상해야 한다. 필자는 이것이 이 자료들을 읽어내는 최상의 방법인지 의심스럽다.

---

409) "전제와 같이 내가 벌써 부어지고 나의 떠날 시각이 가까웠도다. 나는 선한 싸움을 싸우고 나의 달려갈 길을 마쳤다"(4:6-7). 빌 3:12-14과 대조하라.

410) 위 §29 n. 335을 보라.

411) 디모데후서와 그것이 제공하는 정보를 다른 두 목회 서신과 독립해서 고려해야 한다는 점은 M. Prior, *Paul the Letter-Writer and the Second Letter to Timothy* (JSNTS 23; Sheffield: JSOT, 1989)이 강력하게 논증했으며, Murphy-O'Connor, *Paul*, 357-59이 이를 따랐다.

412) 딤전 1:3; 딤후 1:18; 4:20; 딛 1:5; 3:12.

필자는 이 자료들 일부가 바울의 이전 여행을 재구성한 것이고, 디모데후서 4:6-18이 바울의 마지막에 대한 질문을 직접적으로 다루는 유일한 자료가 아닌가 생각한다. 심지어 4:9-18은 바울이 자신의 마지막이자 더 모진 투옥의 환경에서 비밀리 내보낼 수 있었던 기록이라고 할 수 있다.[413] 그것은 적어도 사도행전이 남겨 놓았던 장면, 즉 2년 간의 감금 후 바울이 재판받았다는 사실을 보충해준다. 바울이 동료들로부터 버림을 받았어도(!), 재판은 유예되었다. 그러나 그것은 일시적인 유예였는데, 바울이 여전히 감옥에서 더 가혹한 환경에 있었기 때문이다. 두 번째 재판은 처형으로 끝났다.

그런 추측이 당시 로마의 상황에 대해 우리가 알고 있는 내용과 어떤 연관이 있을까? 가장 중요한 요소는, 당시 시인들이 황금시대라고 칭찬한 황제 네로의 통치 첫 5년 이후, 네로의 성격과 통치가 악화하기 시작했다는 점이다. 이는 그가 59년에 자기 어머니를 살해하도록 주선한 이후부터다(Tacitus, Ann. 15.67).[414] 그 후 5년은 로마의 화재로 절정에 달했고, 네로는 그리스도인들에게 책임을 전가했다. 필자는 §35에서 이 주제를 다룰 것이다. 요점은 59년에서 64년까지 5년 동안에 네로가 점점 더 이성을 잃었고 예측불허의 사람이 되었다는 사실이다. 요세푸스가 총독 베스도가 "경미하고 사소한 기소에 관해" "카이사르에게 설명하라고" 로마에 죄수로 보낸 몇몇 유대인 제사장을 언급하는데, 그들은 64년, 즉 적어도 삼사 년이 지난 후에도 여전히 구금 중이었다(Life 13-14). 그렇다면 네로가 바울에 대한 고소를 베스도가 생각한 것보다 더 심각하게 제멋대로 받아들였을 가능성도 다분하다. 그리고 투옥 기간에 바울의 메시지가 시위대와 네로의 관료에게 스며들었다면(빌 1:13), 이 소식은 로마 사회에 침투한(타락시킨) 레

---

413) 이 제안은 필자가 윌리엄 틴데일이 감옥에서 몰래 가지고 나올 수 있었던 비슷한 성격의 기록을 읽었을 때 떠올랐다. 그 기록은 액자로 만들어져서 케임브리지의 틴데일 하우스(Tyndale House)에 걸려있다.

414) 추가 상세 사항은 예로 OCD^3, 1037-38을 보라.

반트 "미신"과 같은 또 다른 미신의 대표에게 맞서도록 조언자들을 선동했을 것이다. 디모데후서 4:6-18이 시사하는 시나리오는 이 모든 내용과 온전히 일치하고, 다시 62년에 집행된 바울의 처형을 가리킬 것이다. 어쩌면 그는 64년에 일어났던 반(反)그리스도인 집단 학살 때 처형됐을 수도 있다.

(2) 연관이 있을 수 있는 두 번째 전승은 1 Clem. 5.6-7에 있는 전승이다. 이 전승은 바울에 대해 다음과 같이 말한다.

> [6]그는 일곱 번이나 갇혔으며 추방되고 돌에 맞았다. 그는 동쪽과 서쪽에서 전령으로 일했고, 자기 신앙으로 높은 평판을 받았다. [7]그는 모든 세상에 의를 가르쳤고, 서쪽 끝에(terma) 가서 권력자들 앞에서 증언했다. 인내의 가장 위대한 본보기가 된 후에, 이 세상으로부터 자유로워졌고 거룩한 곳으로 올려졌다.

일곱 번에 걸친 투옥은 사도행전 28장을 넘어선 정보를 나타낼 수 있다.[415] 그러나 여기서 핵심 논제는 "서쪽 끝"이라는 표현의 의미다. 가장 자연스러운 해석은 스페인을 의도한다는 것이다.[416] 확실히 몇몇 주석가들은 클레멘스가 단순히 바울이 실제로 그의 목표에 이르렀다고 가정하여 로마서 15:24과 28에서 이 내용을 가져왔는지를 궁금해한다.[417] 그렇지 않다면 동쪽("예루살렘에서")과 서쪽("일루리곤까지 편만하게")에서 진행된 자신의 선교에 대한 바울의 기억(15:19)을 클레멘스가 반영했을 수 있다. 그러나 클레멘

---

415) Haacker, *Römer*, 311; 하지만 고후 11:23의 "훨씬 많은 투옥"이 서너 번의 투옥을 가리킨 것이라면, 예루살렘과 가이사랴 및 로마에서의 투옥은 일곱 번을 구성할 것이다. 우리는 고후 11장 목록의 몇몇 항목에 관해 거의 아는 내용이 없다.

416) H. Lona, *Der erste Clemensbrief* (KAV; Göttingen: Vandenhoeck und Ruprecht, 1998), 165; 이전 참고문헌은 BDAG, 935-36에 있다. 스트라본은 스페인을 "유럽뿐만 아니라 거주 세계 전체에서 가장 서쪽 지점"으로 묘사한다(3.1.4). Ellis는 Philostratus(*Apol.* 5.4)가 카디스(Cadiz)를 유럽의 *terma*로 언급했음을 주목한다(*Making*, 281). Murphy-O'Connor는 로마 교회에서 바울이 경험한 적대감(딤후 4:16)을 바울의 스페인 선교의 실패가 설명해줄 수도 있다고 말한다(*Paul*, 361-63).

417) 예. Lüdemann, *Early Christianity*, 266; 그리고 다시 BDAG, 935-36

스가 로마에서 기록하고 있었다는 사실을 기억해야 하고, 그가 사용한 표현이 로마의 서쪽 지점 그 너머를 뜻한다고 보기는 어렵다.[418] 어느 경우든 "그는 서쪽 끝(terma)으로 와서 권력자들 앞에서 증언한 후, 이 세상에서 떠났다"는 순서는 "통치자들" 앞에 출석한 일이 바울의 죽음으로 이어졌음을 시사한다.

(3) 세 번째 증언들은 바울의 죽음보다 1세기 더 후에 온 것으로 함께 분류할 수 있다. 첫 번째는 무라토리 단편인데, 이 단편은 누가가 사도행전에서 베드로의 고난과 "그 도시에서 스페인으로 향하는 바울의 출발"을 배제했다고 단순하게 언급한다. 스페인을 향한 여정을 로마에서 시작했다는 언급은, 그 내용이 1 Clement의 경우에서보다 더욱 로마서에서 왔음을 시사할 정도로, 로마서 15:24과 28에 있는 바울 자신의 의도를 상당히 강력하게 연상하도록 한다.[419] 다른 하나는 「바울행전」(Acts of Paul) 11장에 나오는 바울의 순교에 대한 서술이다. 이는 로마의 대화재 후 네로가 그리스도인을 박해하는 동안 바울을 처형했다는 이전의 전승에 해당될 만한 내용을 소설풍으로 상세하게 설명한 부분을 포함한다. 처형의 형태는 참수였다고 구체적으로 언급됐다(11:5).[420] 흥미롭게도 사도행전은 스페인 선교에 대해 어떤 관심이나 정보도 보여주지 않는다.[421] 비록 그 전승이 소설가의 방앗

---

418) H. Löhr, 'Zum Paulus-Notiz in 1 Clem 5,5-7', in Horn, ed., Ende, 197-213(여기서는 207-209). 그러나 그는 terma가 마차나 달리기 경주에서 목적지나 반환점으로서 "서쪽"을 표시할 수 있다고 언급했다(LSJ, 1777), Sanders는 "그것["서쪽 terma"]이, 바울의 고정된 목적지라는 뜻으로, '서쪽의 목표'를 의미한다면, 로마는 매우 잘 어울린다"라고 이미 관찰했다(Paul, 16).

419) Omerzu, 'Schweigen', 129. B. Wander, 'Warum wollte Paulus nach Spanien?', in Horn, ed., Ende, 175-95은 바울이 실제로 스페인에서 선교하려고 출발했느냐는 의문에 대한 마지막 판단은 불분명할 수밖에 없다고 결론짓는다(194). 바울의 스페인 선교 활동에 대한 신뢰할 만한 흔적이나 심지어 전설의 부재는 이 점을 효과적으로 보여준다.

420) 본문은 NTA 2.260-63; Elliott, Apocryphal New Testament, 385-88에 있다.

421) The Acts of Peter는 로마에서 스페인으로 출발한 바울에 관해 아주 소설 같은 묘사로 시작한다(1-3장)(NTA, 2.287-89; Elliott, Apocryphal New Testament, 399-401). Schnabel은 바울이 그의 (첫) 로마 투옥에서 석방되어 스페인 선교에 관여했다는 견해를 역설한다(Mission, 1273-83).

간에 제분용 곡식을 더 많이 제공한다 할지라도 말이다.

에우세비오스(Eusebius)는 바울이 로마에서 2년간 투옥되었을 때 누가가 사도행전을 기록했고, 첫 변호의 성공으로 바울이 석방되었으며, 그 후 로마에 두 번째로 와서 순교했다고 디모데후서에 근거하여 추정한다(HE 2.22.1-8).「바울행전」이 네로의 박해기 동안에 "바울이 로마에서 참수당했다"(HE 2.25.5)라는 에우세비오스의 추가 보고의 근거였는지는 분명하지 않다. 그러나 또한 에우세비오스는 "베드로와 바울"이라는 칭호가 "그곳 묘지에 주어졌다"라고 증언한다. 그는 그 전승을 "제피리누스(Zephyrinus)가 로마 주교였을 때 살았던 카이우스(Caius)"(198-217)라는 그리스도인 작가의 작품이라고 하는데, 카이우스는 바티칸과 오스티아 길(Oastian Way)을 특별히 두 사도와 관련해서 존중받는 두 지역으로 지정한다(2.25.6-7).[422] 그는 고린도 주교였던 디오니시오스(Dionysius)를 인용하며 베드로와 바울이 "이탈리아의 같은 장소에서 가르쳤고 동시에 순교했다"라고 주장하고(2.25.8), 이후에는 바울이 "네로 치하의 로마에서 순교했다"라는 전승에 대해서 오리게네스(Origen)를 인용한다(3.1.3).

이 모든 내용에서, 미화된 전기를 쓰려는 충동과 특정 교회들에 사도적 기반이 있다는 주장은[423] 그 당시에도 얼마 되지 않던 역사 자료를 오랫동안 불명료하게 만들었다. 따라서 그런 증거에서 도움이 되는 정보를 거의 수집할 수가 없다. 어떤 가설에도 문제는 남아 있다.

■ 사도행전의 침묵은 문제가 된다. 바울이 감옥에서 석방되어 선교

---

422) 아래 §35.3에서 서술 전체를 제공한다. 최근 로마의 베드로 대성당과 성 바오로 대성당 아래에서 진행된 고고학 조사는 그 두 교회가 정말로 그들의 무덤이나 처형 장소 위에 건설되었음을 시사한다. 또한 Bruce, Paul, 450-54를 보라. 그러나 더 정교한 주장들은 기껏해야 임시적이다. Barrett가 언급했듯이, "S. Paolo fuori le Mura: PAULO APOSTOLO MART에 있는 4세기 무덤 안치대의 투박한 비문에는 역사적 확신이 아니라면 신학적 타당성이 있다." 그리고 아래 §35 n. 53을 보라.

423) Dionysius는 자신의 교회인 고린도 교회가 베드로와 바울에 의해 설립됐다고 주장했다(Eusebius, HE 2.25.8).

사역을 더 이어갔다면 말이다.

- 디모데후서의 증언을 다른 두 목회 서신의 증언과 통합하기 어렵다.
- 디모데전서와 디도서(추가적인 에게해 지역에서의 선교지만, 스페인에 간 바울에 관해서는 아무 내용도 없음)를 *1 Clem.* 5.6-7(바울이 "서쪽 끝에" 도착했으나, 다른 선교에 관한 어떤 내용도 없음)과 통합하기 어렵다.[424]

우리는 기껏해야 바울이 네로 치하에서, 아마도 62년과 64년 사이에 네로의 명령으로 처형당했다는 결론에 만족해야 할 것 같다.[425] 바울의 죽음에 관한 다른 전승이 없다는 사실은 적어도 이 역사적 결론을 충분히 확인해 준다고 하겠다.

---

424) Murphy-O'Connor는 스페인에서의 여름 단기선교(실패한) 후 바울이 일루리곤에서 추가로 1년을 선교하고, 그 후에 마게도냐와 에베소로 돌아갔다고 제안한다(*Paul*, 363-64).

425) 이것도 Becker, *Paul*, 476과 Schnelle, *Paul*, 384-86의 결론이다. Murphy-O'Connor는 바울이 석방 이후 추가로 5년 정도 선교 사역을 진행했고, 이후에 네로의 지속된 박해 가운데 있는 그곳의 그리스도인들을 돕기 위해 돌아와 67년 말이나 68년 초 네로의 마지막 해에 죽음을 맞이했다고 본다(*Paul*, 368-71).

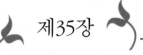

제35장

잠잠한 베드로

바울의 선교와 비교하면, 우리가 베드로의 선교에 대해 알고 있는 내용은 애처로울 정도로 적다. 베드로에게 자신이 한 일과 모험을 기록해 줄 누가와 같은 사람이 있었다면, 엄청난 이야기가 전해졌을 것이다! 그 점을 생각하면 누가에게 그리고 그의 업적에 대해 더욱더 감사하게 된다. 바울 서신들이 전해주는 내용으로만 바울을 안다면, 그의 선교에 대한 우리의 이해는 정말 빈곤했을 것이기 때문이다. 바울 서신들 각각의 역사적 배경을 채우려고 여러 짐작이나 추측을 해야 했을 것이다. 그러나 불행하게도 베드로의 경우는 사정이 훨씬 더 좋지 않다. 적어도 바울이 직접 작성했거나 구술했다고 충분히 자신 있게 말할 수 있는 편지는 다수가 있지만, 베드로에 대해서는 그런 확신을 가질 수 없다. 베드로전서라고 알려진 서신조차도 흔히 나중에 작성되었거나 편집되었다고 여겨진다.[1] 그리고 누가와 같은 사람도 없이 베드로의 발자취를 추적해서 알아낼 수 있는 것은 암시들

---

1) 추가로 아래 §37.3a를 보라.

을 통해 인지하거나 추론작업을 통해 도출할 만한 내용들뿐이다. 이런 암시와 추론이 여럿 있지만, 그저 우리가 암실속에 처해 있음을 깨닫게 할 뿐이다. 단지 큰 범위의 아주 작은 몇 군데만을 밝혀주는 바늘구멍 같은 빛줄기만이 있고, 우리는 그런 작은 부분들이 일관성 있는 전체 그림과 어떻게 관련될는지 궁금할 따름이다.

35.1 베드로의 후기 선교

예루살렘 새 종파의 초기에 베드로가 발휘했던 지도력과 그의 초기 선교에 관한 내용은 그 분량에 있어 누가가 바울의 선교에 관해 서술한 것에 필적한다(§26). 그 이야기는 베드로가 다소 신비하게 "다른 곳으로" 향하여 무대에서 사라지는 것으로 마무리된다(행 12:17).[2] 그러나 그때부터 베드로는 누가의 연극에서 무대 밖에 남아 있고, 누가가 예루살렘 공회에 대해 서술할 때 결정적이지만 짧게 등장할 뿐이다(15:7-11). 그 이상은 아무 내용이 없다. 다른 곳에 있는 암시들과 단서들도 거의 도움이 되지 않는다.

a. 예루살렘 공의회와 안디옥에서의 베드로

베드로의 관점에서 이 두 이야기(§27)에 관한 내용은 되풀이할 만한 가치가 있다. 예루살렘 공회에서의 논제는, 누가와 바울이 동의하듯이, 이방인들이 나사렛 종파의 정회원이 되는 데 할례가 필요한지에 관한 것이었다. 결국 그 회의에서는 할례가 필요하지 않다고 동의했다. 모든 당사자에게 결정적 고려사항으로 드러난 점은 할례와는 별도로 이방인 중에서 효과적인 복음 전도를 위해 하나님의 은혜가 바울에게 그리고 그를 통해서 주어

---

2) 위 §26 n. 130을 보라.

졌다는 사실(바울, 행 15:7-9), 혹은 하나님의 성령이 할례받지 않은 채로 믿는 이방인에게도 부어졌다는 사실이다(베드로, 행 15:7-9). 바울은 그 만남을 자신의 관점에서 회상하나, 베드로가 한 어떤 증언도 기록하지 않았다. 누가는 그 이야기를 주로 베드로를 인정하는 가운데 더욱 예루살렘의 관점에서 말하는 듯하다. 바울(과 바나바)의 증언은 베드로의 결정적인 역할을 확증할 뿐이다.

두 서술을 제시된 대로 보는 것이 가장 단순한 방법이다. 즉 두 서술이 같은 사건의 두 판본이라는 것이다.[3] 그 결정에서 바울이 자신의 역할을 강조한 일은 충분히 이해할 만하다. 특히 그가 갈라디아에서 직면한 위기 국면에서 자신의 복음이 지닌 권위를 강조해야 한다고 분명히 인식했음을 고려하면 말이다. 바울이 그렇게 하면서 베드로의 역할을 폄하했다는 것(바울이 그랬다면)은 단지 바울이 "기둥" 사도들과의 관계에서 느꼈던 압박을 어느 정도 드러낸다.[4] 그러나 누가가 묘사한 예루살렘의 관점에서는 베드로가 제공한 선례에 합당한 신뢰를 부여해야 하는 것이 중요했다.[5] 그것은 그런 전례(로마 백부장 고넬료의 개종[행 10:1-11:18])를 제공한 베드로의 선교 이야기에 중요성을 둔다는 의미였다. 예루살렘에서의 결정에 대한 두 가지 다른 판본을 평가함에 있어 우리는 그것들을 상호 배타적 대안으로 보아서는 안 된다. 나중에서야 인식됐던 중요성을 누가가 자신의 이야기에서 고넬료 사건에 부여했다면, 그것이 그 전례의 중요성을 축소하도록 해서는 안 된다. 그리고 마치 바울만이 신뢰할 만한 역사적 정보를 제공한다는 듯이, 바울의 글은 감정에 좌우되지 않고 온전히 공평하다고 생각해서도 안 된다. 이는 어떤 역사적 사건에 관해 바울과 누가가 언급한 내용을 비교하며 평가할 때 너무나 자주 범하는 실수다.

중요한 요인은 이방인 신자들에게 할례가 필요하지 않다는 이방인 선

---

3) 위 §§27.3a-b를 보라.
4) 위 §27.3c를 보라.
5) 비교. P. Perkins, *Peter: Apostle for the Whole Church* (1994; Minneapolis: Fortress, 2000), 119.

교를 위한 주장에 그들이 동의했다는 사실이다. 그 주장을 베드로가 했든지 바울이 했든지 말이다. 더 중요한 점은 베드로가 그 합의에서 중요한 역할을 했다는 사실이다. 새 종파의 인정받은 지도자 중 한 명으로서(갈 2:9) 바울을 인정하고 교제를 시작하는 데 베드로가 도움을 주기만 했다 할지라도, 그것은 전혀 작은 문제가 아니다. 그리고 어느 판본에서든지 하나님의 은혜/성령이 이방인의 회심에 대한 전통적인 이해를 넘어 획기적으로 진전했기 때문에, 그것은 베드로의 우선순위와 베드로가 그 획기적 진전이 가져온 옛 규범과의 근본적인 결별을 인식하고 그것에 흔쾌히 대응하려 했다는 점을 말한다. 더구나 그것은 그 문제에서 베드로의 더 자세한 역할에 관해 바울의 글을 조금 수정하거나 설명을 덧붙이는 것을 요구할 뿐이다. 베드로가 예수의 원제자들 가운데서 인정된 수제자였기 때문에, 하나님이 할례받지 않은 이방인들에 대한 선교를 의도하셨다는 베드로 자신의 인정이 첫 번째 주요 요인이 되었다.

요약하자면, 예루살렘 공회에서 할례가 하나님 백성의 표지로서 필수라고 주장하는 더 보수적인 신자들과 급진적인 바울 사이에서 베드로가 결정적인 중재자로 활약했다고 봐야 한다.

이후의 안디옥 사건은 평가하기가 더 어려운데, 한 편의 입장에서 서술된 바울의 글만 있기 때문이다(§27.4). 누가는 침묵한다. 또한 이것은 이 사건에서 베드로를 위한 목소리가 하나도 없다는 뜻이다. 바울의 회상에서는 두려워하고 위선적이며 일관성과 원칙이 없는 베드로라는 인상만 남아 있다(갈 2:11-14). 그러나 예루살렘의 이전 사건에서처럼 상당히 명확하게 여기서도, 바울이 그 대면에 관해 상당히 치우친 견해를 펼친다고 확신할 수 있다.[6] 필자는 이미 베드로를 위해 제기될 수 있고 어쩌면 제기되었어야 할 종류의 주장을 암시했다(§27.4d). 드러나는 내용은 어쩌면 원칙과 실용주의 사이의 갈등이며, 이는 연관된 원칙에 대해서가 아니라, 일어난

---

6) "바울은 자신의 청렴결백함을 대조적으로 보여주기 원했기 때문에 베드로의 모습은 일부러 호의적이지 않게 그려지고 있다"(Perkins, *Peter*, 117-18).

그 상황에서 그 원칙을 어떻게 적용해야 하느냐에 관한 의견충돌이었다. 원칙은 명확했고 이미 합의된 사안이었다![7] 문제는 다른 원칙들도 고려해야 했는지 그리고 당면한 사례에서 그 원칙을 어느 정도 누그러트려야 했는지에 있었다. 여기서 베드로에게 틀림없이 중요했을 고려사항은 쉽게 예상할 수 있다. 특히나 (다른) 나라들과 구별됨으로써 표시된 하나님의 백성의 거룩함이다. 복음을 자기 백성에게 전하도록 특별히 위임받은 사람인 베드로는, 특별히 동족 유대인들에게 그들 중에 있는 한 사람으로서 발언 기회를 보장받으려고, 신실한 유대인으로서 자신의 진심을 보여주라는 압력을 분명히 느꼈을 것이다. 원칙과 실용주의 사이에서의 그런 줄다리기는 언제나 집단적 의사결정을 특징짓는 요소다. 비록 정치적·사회적·종교적으로 다른 강조점 간의 합의를 도출하는 예술은 어느 정도 "타협"과 관련될 수밖에 없지만, 원리를 주장하는 사람들은 상대편에 대해 타자에게 타협한다고 쉽게 비난할 수 있다. 이는 원리를 주장하는 자들을 비난하는 실용주의자의 입장에서는 그들이 단지 순진하다거나 근본주의자라고 비난하는 것과 마찬가지다.

그렇다면 여기서도 우리는 한편으로 유대인 신자들이 "유대인처럼 살아야" 한다고 주장하는 "야고보에게서 온 어떤 이들"(2:12), 그리고 다른 한편으로 엄격하게 믿음으로만 의롭게 된다는 원리를 끌어낸 바울 사이의 어딘가에 위치한 베드로를 발견한다. 베드로가 했던 타협을 이방인을 향한 하나님의 은혜를 부인하는 일로 받아들이지 않았다는 점은, 짐작하건대 이방인 선교에서 바울의 주 협력자이며 동료인 바나바를 포함한 다른 유대인 신자들이 그 타협을 한결같이 지지했음을 나타낸다. 그리고 대체로 안디옥 교회가 바울에 반대하여 베드로 편에 섰을 가능성은[8] 안디옥의 많은 이방인 신자들도 베드로의 행동과 그에 따른 타협이 안디옥과 그의

---

7) 다시 갈 2:15-16을 주목하라. "우리는 본래 유대인이요…사람이 의롭게 되는 것은 율법의 행위로 말미암음이 아니요, 오직 예수 그리스도를 믿음으로 말미암는 줄 알므로."
8) 위 §27.6을 보라.

자매 교회들의 상황에 온전히 타당하다고 동의했음을 강력하게 시사한다. 이방인 신자들은 함께 먹는 관습이 재개될 만큼 유대 정결법을 따랐다.[9]

이 사건들에서 나타나는 베드로의 모습은 자기 목소리를 갖지 못한채 원칙없이 휘둘리는 사람이 아니다. 베드로는 오히려 하나님을 경외하는 이방인과 개종자를 향해 총력을 기울이는 바울의 선교를 돋보이게 하는 데 필요한 사람이었다. 그는 보수적인 야고보와 급진적인 바울 사이의 교량이었다. 이 경우에 그는 그 연결을 유지하는 데 성공하지 못했다. 그러나 나중에 바울은 고린도와 로마에서 비슷하게 보이는 타협들을 독려하고, 예루살렘 교회의 가난한 자들을 위한 연보를 자신의 교회들에서 최우선적인 과제로 삼음으로써, 안디옥에서의 베드로의 행동에 뒷받침이 된 원칙과 실용주의를 확실히 인정하고 긍정했다. 자신의 원칙을 위해 싸우고 그것을 지키는 데 성공을 거둔 후에, 바울은 방침과 실행에서 더 베드로를 닮아갔다. 안디옥 사건을 고려한다고 할지라도, 베드로가 바울에게 끼친 영향을 과소평가해서는 안 된다.

b. 선교사 베드로

바울은 베드로가 정말로 자기처럼 위임을 받았다고 회상한다. 바울이 "무할례자들을 위해 복음의 위임"을 받았다는 예루살렘 지도층의 인식은 앞서 이미 인정된 인식에 따른 당연한 결과인데, 그것은 베드로가 "할례자의 사도로서" "할례자를 위한 복음을 맡았다"는 인식이다(갈 2:7-8). 바울의 이방인 선교는 베드로 자신의 동료 유대인들을 향한 선교와 쌍벽을 이룬다. 바울은 그 합의를 회피하거나 단절하지 않았다. 그렇다면 바울의 모든 선교에 관해 합의된 점은, 베드로가 자기 백성 중에서 똑같이 선교에 관여

---

9) 필자는 "사도 법령"(행 15:29)이 예루살렘 교회의 지도하에 그 타협이 조만간 어떻게 작용했는지를 나타낸다고 위에서 제시했다(§27.3e).

했다는 인식이다.[10]

고린도전서 9:5은 베드로의 선교에 대해 명확하게 암시하는데, 그곳에서 바울은 분명히 다 아는 사실을 언급한다. 즉 다른 사도들과 주의 형제들처럼 게바가 여행할 때 그의 믿음의 아내가 동행했다는 것이다. 바울이 염두에 둔 주제는 순회 사도들과 설교가들 및 교사들이 그들의 회중으로부터 받을 수 있는 후원에 관한 것이지만, 여기서 게바/베드로가 그렇게 많은 곳을 여행하고, 또 실제로 방문했다는 사실이 암시되고 있다.[11] 사도행전 9:32에 언급된 방문들과 같은 방문(즉 목회와 가르침을 위한 방문)을 생각해야 할지, 아니면 팔레스타인이나 고향에서 멀리 떨어진 회당에서의 복음 전도를 위한 방문을 생각해야 할지는 말할 수 없다.

고린도전서 15:3-11의 순서는 주목할 만한데, 그곳에서 베드로는 사실상 예수의 부활 후 모습을 목격한 이들의 목록에 자그마치 서너 번이나 포함되었다. 예수는 베드로에게만(15:5), 열두 제자에게(15:5), 500명 이상의 형제에게(15:6), 그리고 짐작하건대 "모든 사도"에게(15:7) 나타나셨다. 바울이 그들 모두가 똑같은 복음을 공유하고 전한다고 확인한 사실 역시 주목할 만하다. "나나 그들이나 이같이 전파하매 너희도 이같이 믿었느니라"(15:11). 여기서 갈라디아서 2:7("할례자를 위한 복음/무할례자를 위한 복음")과의 대조(이것이 타당한 단어라면)를 놓치지 않아야 한다. 바울의 관점에서 자신과 나머지 사람들은 동일한 복음을 전했다. 바울과 베드로는 그들이 전한 복음에서 다르지 않았다.

개척을 통해서든 이미 설립된 교회를 굳건히 함을 통해서든 베드로가

---

10) Becker는 "베드로에게 안디옥 사건은 단지 막간극이었는가?"라고 궁금해한다(*Paul*, 101-102).

11) 고전 9:5에는 베드로가 자신의 여행에서 (적어도 몇 번) 아내와 동행했다는 아주 흥미로운 함의가 있다. 물론 그가 결혼했다는 점은 초기 예수 전승에 나타나지만(막 1:29-31 병행구), 함의는 베드로의 선교 사역이 바울처럼 몹시 힘들거나 어렵지 않았다는 추가 결론으로 자연스럽게 이어진다. 이는 어쩌면 그의 선교가 복음 전도보다는 가르침에 초점을 두었음을 시사할 것이다. 상세 사항은 Thiselton, *1 Corinthians*, 679-82 그리고 그가 언급한 학자들을 보라.

선교 사역에 전념했다는 점은 예루살렘 공회 이후 그가 예루살렘 장면에서 전적으로 사라진 이유를 설명해줄 것이다. 바울이 예루살렘으로 자신의 마지막 운명적 방문을 했을 때 베드로가 부재했다는 사실은 특별히 주목할 만한 가치가 있다. 누가가 바울의 수난에 대해 서술한 어느 대목에서도 베드로가 언급되지 않기 때문이다. 확실하게 추론할 수 있는 점은 야고보가 예루살렘 교회의 실질적이고 인정받는 지도자가 되었다는 점이다. 비록 이러한 추론이 베드로에 대한 언급의 부재 때문만은 아니지만 말이다.

c. 베드로는 어디서 자신의 사명을 감당했는가?

고린도전서의 두 구절은 베드로가 어디서 사역을 했는지 전혀 암시하지 않는다. 누가의 사도행전은 베드로의 선교지를 팔레스타인 해변 지역으로 분명히 제한한다.[12] 유대의/유대에 있는 교회들(갈 1:22; 살전 2:14)은 어쩌면 베드로의 선교 결과로 세워졌을 것이다.[13]

여기서 베드로가 고린도를 방문해서 말씀을 전했느냐는 논제는 다시 제기하는 것이 적절하다 하겠다. 베드로가 그렇게 했음을 보여주는 증거가 충분하지 않더라도,[14] 베드로가 중요하다는 주요 표지들은 눈에 띈다. 게바/베드로의 이름은 고린도 신자들에게 잘 알려졌다. 처음부터 그들은 베드로가 부활하신 그리스도의 첫 목격자라고 들었다(고전 15:5). 바울은 그들이 게바의 선교나 목회 여행 내지 방문에 대해 익히 아는 것으로 언급할 수 있었다(9:5). 일부 고린도 사람들은 그를 특별히 존경했고, 베드로의 이름을 일종의 표어나 표지로 사용했다(1:12). 이 마지막 경우에 우리는 바울과 베드로 간에 있었다고 알려진 (강조의) 차이점 때문에, 바울이 고린

---

12) 위(僞)클레멘스 문헌에서처럼(Hom. 7-8)(Elliott, Apocryphal New Testament, 436-38).
13) Barnett, Birth, 32.
14) 위 §§32.3a(특별히 n. 170), 32.5b, 32.7b를 보라. 예. Perkins, Peter, 10-11을 보라.

도에서 회심시킨 이들 중 몇몇이 그 문제에 있어 바울에게 어느 정도 잘못이 있다고 보고 베드로의 편에 서게 되었다고 추론할 수 있다.[15] 바울의 이 기본 토대에서조차 게바/베드로의 이름이 큰 반향을 일으키고 있다. 간과하지 말아야 할 것이, 특별히 바울이 고린도 사람들에게 게바가 기독교의 시작부터 중요했을 뿐 아니라 여전히 중요한 인물임을 분명히 했기 때문에 그랬다는 사실이다. 그렇다고 해서 이것이 베드로가 고린도를 직접 방문했다고 결론지을 수 있는 증거를 충분히 제공하지는 않는다. 그러나 이는 베드로가 자기 선교를 지중해 동부 연안으로 한정하지 않았고, 자신의 사도적 사명을 이행함에 있어서, 큰 디아스포라 유대 공동체가 자리잡은 중심지에서 복음을 전했으며, 유대인 구성원들이 다수를 이루고 있는 교회를 목회적 차원에서 방문했고, 따라서 바울이 선교한 교회들 가운데 그가 알려졌을 가능성이 높았음을 훨씬 더 강하게 함축한다.[16]

바울이 선교한 교회들(갈라디아, 고린도[고후 10-13장], 빌립보) 안으로 갑작스럽게 침입한 세력의 배후가 베드로였다고 보아야 하는가? 바울이 사용한 언어에서 그렇게 추측할 수 있는 내용은 하나도 없다. 갈라디아서에서 바울은 자신이 베드로에게 빚졌으며(갈 1:18), 예루살렘의 기둥 사도들(베드로 포함)과의 합의(갈 2:9)에 내재했던 따스함을 거리낌 없이 인정한다. 거리를 두는 삽입어구("본래 어떤 이들이든지 내게 상관이 없으며, 하나님은 사람을 외모로 취하지 아니하시나니", 2:6)는 게바의 이전 지위가 바울에게는 별로 중요하지 않다는 어느 정도 부드러운 주장이다. 이는 갈라디아에 새로 온 자들이 가져온 "다른 복음"을 향해 바울이 표현한 분노와 상당히 다르다(1:6-7). 바울의 관점에서 베드로가 전한 "할례자를 위한 복음"은 자신의 복음과 같은 복음이다(2:7, 15-16). 유일한 차이점은 대상이 달랐다는 것이다. 그것이 바

---

15) §32에서 필자는 더 전통주의적인 유대교를 옹호하는 사람들이 게바의 이름 아래 모였을 가능성이 가장 크다고 말했다(다시 §32 n. 170을 보라).

16) "초기 기독교 공동체에서 그 누구도 베드로의 지위를 부정할 수 없었다. 베드로나 베드로의 선교에 전혀 접촉이 없었던 갈라디아와 고린도 이방인 개종자들도 그가 주의 수제자 중 한 사람임을 알았다"(Perkins, *Peter*, 118; 또한 120을 보라).

울이 안디옥에서 베드로의 행동에 그토록 분개한 이유다. 베드로의 행동은 "[합의된] 복음의 진리"를 약화시켰다(2:14). 바울이 안디옥에서 자신의 호된 꾸짖음으로 베드로를 폄하한 마당에(2:11-14), 그가 베드로를 "다른 복음"의 근원이라고 적시하지 못했을 이유가 없다. 베드로가 정말로 그 배후였다면 말이다. 새로운 운동의 한 극단에는 베드로보다 더 강력하게 전통주의를 대변하는 이들이 포진하고 있던 만큼, 바울이 회심시킨 자들을 더 철저히 개종시키려고 획책하는 이들이 많이 있었고 이들을 그 배후의 후보자로 보는 것이 더 그럴듯하다.

이는 고린도와 빌립보에도 똑같이 적용된다. 고린도후서 11:5과 12:11의 "지극히 큰 사도들"은 베드로를 두드러지게 한 전례와 출중함이 아니라, 수사법의 질과 기적 사역으로 더 특징지어진다.[17] 그리고 바울이 빌립보서 3:2에서 "개들"에 대해 경고할 때 베드로를 생각했다고 보기는 어렵다. 기독교의 시작을 바울과 베드로 간의 대립이라는 바우어(Baur)의 관점으로 보았을 때 더 강한 호소력을 가진 식별들과 연관들은, 새로운 운동 안에 강한 전통주의적 진영이 있었고 베드로가 양극단을 이으려고 노력하는 중간 지점에 자주 있었음을 기억하면, 그 호소력을 거의 잃게 된다.

베드로의 선교라는 주제에서 가장 흥미로운 언급은 베드로의 이름과 관련된 서신에서 발견된다(벧전 1:1). 곧 "예수 그리스도의 사도 베드로는 본도, 갈라디아, 갑바도기아, 아시아와 비두니아에 흩어진 나그네들"이라는 언급이다. 이것은 베드로가 이 지역에서 자기 사명을 성취했음을 보여주는가?[18] 그 지역은 일관성 있는 지역으로서, 대략 타우루스산맥 북쪽에 있

---

17) 또한 위 §32 nn. 427, 428을 보라.

18) 흥미롭게도 에우세비오스는 그 질문에 대한 확실한 답이 벧전 1:1에서 추론한 것일 뿐임을 아는 것 같다. "베드로는 본도와 갈라디아와 비두니아, 갑바도기아 및 아시아에 흩어진 유대인들에게 설교한 것으로 보인다(eoiken)"(HE 3.1.1-2). Mitchell은 더 자신감이 넘친다. "복음이 초기 교회 시대에 이 지역에 전해졌다는 면에서, 복음을 전한 사람은 확실히 베드로였고, 그는 자신의 첫 서신을 본도와 갈라디아와 갑바도기아, 아시아 및 비두니아 유대인들에게 보냈다"(Anatolia, 2.3).

는 소아시아 지역 대부분을 가리키는데, 에게해부터 아르메니아 국경까지 북해 연안을 따라 이어진다.[19] 그 지역은 바울의 선교 지역과 겹친다. 아시아의 북쪽 절반을 의도한 것으로 추론할 수는 없다 하더라도, 확실히 그 지역은 아시아와 겹친다. 또한 비두니아와 본도에 가까운 갈라디아 지역을 염두에 둔 것이 아니라면(북갈라디아), 아마도 갈라디아와 겹칠 것이다. 그러나 그렇지 않다면, 그 영역은 선교에 대한 다른 초기 기록이 없는 소아시아 대부분을 포함한다. 더군다나 그 지방의 많은 도시에 유대인 공동체가 있었음을 우리는 알고 있다.[20] 또한 우리는 50년 후에 비두니아에서 기독교가 깊이 뿌리내려 널리 영향을 끼쳤다는 점을 플리니우스가 트라야누스에게 쓴 서신을 통해 알고 있다(Ep. 10.96). 따라서 1세기 중반에 이 지역에서 기독교의 복음 전도가 활발하게 진행되었을 개연성은 아주 크고, 베드로가 직접 그런 선교에 관여했거나, 적어도 다른 사람이 설립한 교회들을 확고하게 하는 데 도움을 주었다는 것은 결코 불가능한 일이 아니다.[21]

이에 대해 조금 더 말할 수 있다. 베드로전서 1:1의 증거는 단순히 이 지역에 있는 "디아스포라 거주자/낯선 자"를 그 서신의 의도된 수신자들로 밝힌다. 그러나 그 구절은 그들 중 다수가 유대인임을 명확하게 암시

---

19) 자세한 사항은 예로, P. J. Achtemeier, 1 Peter (Hermeneia; Minneapolis: Fortress,1996), 83-85을 보라. Achtemeier는 밤빌리아, 비시디아, 루가오니아, 길리기아, 브루기아와 같은 바울의 소아시아 선교 지역이 베드로의 선교에서 일부러 제외되지 않았는지 궁금해한다 (83, 85).

20) 1 Macc. 15.15-24은 유대인들을 지원하려고 갑바도기아 아리아라테스(Ariarathes)를 포함한 다양한 지역에 로마 집정관이 보낸 서신을 기록하고 있다(15:22). 필론은 "비두니아와 본도의 가장 외딴 지역까지 포함한 아시아 대부분의 지역으로" 보내진 (유대인) "식민지들 (apoikias)"을 언급한다(Legat. 281). 브리스길라의 남편이며 바울의 동역자인 아굴라는 본도 출신이다(행 18:2). 갑바도기아와 본도 및 아시아 출신의 유대인들은 첫 기독교 오순절을 목격한 사람들의 목록에 포함되었다(행 2:9). 비두니아에 유대 회당들의 존재를 입증하는 다수의 명문이 있다. 추가로 Schürer, History, 3.3-4, 34-36을 보라. 아시아는 위 §29 n. 162; 또한 J. H. Elliott, 1 Peter (AB 37B; New York: Doubleday, 2000), 316-17을 보라.

21) 벧전 1:12은 서신의 저자가 아닌 다른 사람들을 교회 설립자로 보는 듯하다. 이미 설립된 교회들과 관련해서 베드로의 역할이 목자 역할에 더 가까웠다는 점(비교. 벧전 5:1-3)은 행 9:32에서처럼 암시됐을 수도 있다.

한다. "택하심"이라는 표현은 바울 서신에서처럼 유대인의 자기 지칭에서 취한 것이고, "디아스포라"는 열방 중에 "흩어진" 이스라엘 사람들을 지칭하는 전문용어로 이미 확립되었다.[22] 그리고 그렇게 발송된 서신의 저자로 베드로를 명명했다는 사실은 이들 지역의 그리스도인들이 베드로와 관련된 특별한 이유가 있음을 의미할 것이다. 그러나 그밖에는 그 문단의 희미한 불빛이 더는 힘을 발휘하지 못한다.

d. 반석이자 목사인 베드로

우리는 복음서들, 특히 마태복음과 요한복음에서 끌어낼 수 있는 추론들도 포함해야 한다.

마태복음에서 베드로는 특별히 존경받는다. 마태는 베드로를 예수의 제자 중에서 지도적 인물로 제시하는 전승들을 반복할 뿐 아니라, 예수 전승의 그런 인상을 강화하는 독특한 소재들을 자기 복음서에 포함시켰다.[23] 마태복음 16:17-19에서 베드로의 이름을 활용한 언어유희는 특별히 언급할 만한 가치가 있는데, 단순히 그 문단이 초기 교회의 사도적 교구 중에서 로마 교회의 지배권을 주장하는 토대가 되었기 때문이 아니다. "너는 베드로(Petros)라. 내가 이 반석(petra) 위에 내 교회를 세우리라."[24] 이후 기독교에서 이 구절이 지닌 중요성에 대해 나중에 다룰 것이다(제3권). 여기서 주목해야 할 것은, 베드로가 게바(kepha, "반석")라고도 불렸다는 전승을 바울이 잘 증언한다는 점이다.[25] 따라서 마태가 의존한 전승에서(즉 이미 1세대에서)

---

22) 상세 내용은 Elliott, 1 Peter, 313-14에 있다. 추가로 아래 §37.3c(i)를 보라.

23) Jesus Remembered, 507-11과 540 nn. 250, 251을 보라.

24) 그 글은 로마의 베드로 대성당의 돔 안에 새겨졌다. 마태가 베드로(Petros)와 반석(petra)을 동의어(베드로는 교회 반석이다)로 이해하려고 했는지, 아니면 다른 표현(petra는 Petros의 고백이다)으로 보려고 했느냐에 관한 가톨릭과 프로테스탄트의 전통적인 논쟁은 Cullmann, Peter, 212-42; Luz, Matthäus, 471-83을 보라.

25) 고전 1:12; 3:22; 9:5; 15:5; 갈 1:18; 2:9, 11; 또한 요 1:42. 또한 Perkins, Peter, 40-41을 보라.

그 구절은 그런 표현이 형성될 정도로 베드로가 높이 인정받았음을 분명히 반영한다. 마태가 자신만의 자료에서 베드로를 제자단의 대표 내지 대표 중 하나로 제시한 것은 사실이다.

- 14:28-29 - 그는 "작은 믿음"의 제자도를 대표한다(14:31).
- 15:15 - 그는 다른 제자들을 대표해서 비유의 설명을 요청한다.
- 16:19 - 묶고 풀 수 있는 권능이 나중에는 제자들 전체에게 주어졌다(18:18, 거의 똑같은 단어들로).
- 18:21 - 용서에 대해 질문하고 가르침을 받은 이가 바로 베드로다.
- 18:24-27 - 그는 예수와 자신의 성전세를 지불했다.

그러나 16:17-19은 베드로를 고백과 대표적인 중요성에서 동료 중에 으뜸으로 보이도록 마태가 의도했음을 확실히 한다. 그리고 마태의 신학과 교회론을 어떻게 이해하든 간에, 마태가 베드로에게 부여한 중요성은 베드로가 그런 중요성을 지닌 방식으로 활동했거나, 적어도 제2세대와 이어지는 세대의 교회(들)의 기반이 된 인물 가운데 한 명으로 그의 생애 동안 이미 존중받았다는 기억에 틀림없이 그 뿌리를 두고 있다.[26]

요한복음은 베드로 전승이 지닌 유사한 비중을 반영한다. 특히 가이사랴 빌립보에서 예수에 대한 고백과 유사한 요한복음의 구절에서(요 6:68-69)와 예수가 제자의 발을 씻어주시는 이야기에서 그렇다(13:5-10). 부활 이야기에서는 베드로가 빈 무덤에 처음으로 들어간다. 그러나 가장 두드러진 내용은 그 복음서의 부록으로 보이는 곳에서의 베드로의 역할인데, 그것이 요한복음 21장을 구성한다. 여기서 가장 언급할 만한 가치가 있는 내용은 베드로에게만 주어졌고 세 번이나 주어진 부활 후의 특별한 위임이다: "내 양을 먹이라"(21:15), "내 양을 치라"(21:16), "내 양을 먹이라"(21:17). 짐작

---

26) 비교. Barnett, *Jesus*, 244.

하건대 "목자장"(그리스도)의 본에 호소하면서, 자기 독자들에게 "하나님의 양 무리"를 치라고 조언하는 베드로를 베드로전서가 대변하는 것은 우연이 아닐 것이다(벧전 5:2-4). 분명히 추론할 수 있는 내용은, 베드로가 자신을 위대한 목자로 생각했고, 목양에 대해 자기 동료 장로들을 잘 가르칠 수 있었으며(5:1), 틀림없이 자신을 목자의 본보기로 하여 섬겼다는 것이다. 또한 목자란 주제가 특별히 베드로와 연결된 두 전승에 나타난다는 사실은, 베드로가 주님께로부터 받은 위임을 이행한 것에 관한 초기 기억에 그 전승이 제대로 뿌리를 두고 있음을 강하게 시사한다.[27]

앞에서 논평한 다른 전승들과 암시들에 더해서, 몇몇 바늘구멍을 통해 어두운 방에 비치는 빛줄기는 베드로가 동료 유대인들 가운데서 진행한 자신의 선교로 인해 여러 초기 교회들로부터 존경받은 사람이라는 인상을 보여주기에 충분하다. 그는 제자도의 본보기로서(제자도의 실패도 포함) 존경받았고, 그리스도를 믿은 믿음의 굳건한 발판을 제공했으며, 그리스도인 무리의 목자로서 크게 존경받은 인물이었다.

e. 로마에 있는 베드로

베드로라는 이름과 연관되었고 지금까지 유일하게 언급되지 않은 도시 중에 가장 중요한 것이 로마다. 베드로를 자신들의 사도적 설립자로 주장하는 다수의 교회가 있다. 가장 분명한 것은 예루살렘 교회인데, 그곳에서 처음 몇 년 동안 베드로는 기독교로 발전하게 될 새로운 종파의 지도적 인물이었다. 안디옥 교회도 베드로를 설립자로 어느 정도 주장할 수 있었다.[28] 비록 베드로가 그곳에 교회를 세우지는 않았지만, 안디옥 교회는 갈라디아서 2장에서 바울과의 대립으로 이어진 선례, 즉 베드로가 제공한 그 선

---

27) Perkins, *Peter*, 37-38.
28) 에우세비오스는 베드로를 안디옥의 첫 주교로 밝힌다(*HE* 3.36.2). 비록 앞부분에서는 유오디우스(Euodius)를 안디옥의 첫 주교로 밝히지만 말이다(3:22).

례를 온전히 따랐다. 그래서 베드로는 안디옥 교회와 수리아 및 길리기아에 있는 자매 교회들을 위한 양식을 설정했다. 고린도 교회에 대한 주장은 가장 개연성이 없으며, 어쩌면 고린도전서에서 추론한 내용에 기반을 두었을 것이다.[29]

로마에 관한 한, 베드로가 최초로 그곳에 교회(들)를 개척하지 않았음은 충분히 분명하다.[30] 그 문제에 관해서는 바울도 마찬가지다. 바울이 로마에 도착하기 전에 이미 그곳 공동주택에 신자들의 작은 모임들이 있었다. 그리고 바울의 이전 편지인 로마서에는 베드로의 로마 체류에 대한 인식이나 그의 도착을 기대했다는 내용이 전혀 보이지 않는다. 누가도 이에 반하는 어떤 실마리를 제공하지 않는다. 비록 누가가 베드로를 로마와 관련시켰다면 사도행전의 줄거리(예루살렘에서 로마까지)를 바울로만 마무리한 것보다 더 효과적으로 마무리했을 것이지만 말이다. 명백한 결론은 만일 베드로가 로마에 갔다면, 그는 바울이 투옥되어 있던 2년 동안에는 그곳에 이르지 않았다는 사실이다(행 28:30-31).[31] 아무튼 할례자의 사도로서 베드로가 로마에 끼친 영향력은 적어도 로마의 몇몇 공동주택 교회가 자신들이 가진 유대 기독교의 특징을 유지했다는 점과 로마서 14:1-15:6이 그들의 공동생활에 효과적인 지침을 제공했다는 점을 시사한다. 그 지침은 베드로도 인정했을 법한 지침이다.

그러나 베드로(와 바울)가 로마 교회의 설립 사도로 묘사될 수 있었던 이유는, 그들이 그곳의 첫 그리스도인이었거나 그곳에 교회를 처음 세웠

---

29) 위 §34 n. 423을 보라. Perkins가 살폈듯이, "분명 모든 주요 관할구는 자기 교회 역사의 시작을 사도적 설립자들과 관련시키려고 했다"(*Peter*, 43).

30) 이전에 마술사 시몬을 물리친 일을 공고하게 하려고, 베드로가 클라우디우스 통치 기간에 로마에 왔다는 이야기는 외경 *Acts of Peter*에 매우 상세하게 전해지며(Elliott, *Apocryphal New Testament*, 390-426; Schneemelcher-Wilson, *NTA*, 2.271-321을 보라), 에우세비오스는 자세한 내용 없이 거창한 표현으로 간단하게 전해주었다(*HE* 2.14). 이것이 전부 행 8장에서 누가가 서술한 그들의 만남을 소설처럼 기발하게 설명을 덧붙인 것이라고 안전하게 받아들일 수 있다. 추가로 Perkins, *Peter*, 140-47, 152-56을 보라.

31) 베드로가 로마에 거주했느냐에 대한 논쟁의 역사는 Cullmann, *Peter*, 72-81을 보라.

기 때문이 아니라 그들이 그곳에서 죽었다는 데 있다. 이 점은 예수 메시아 주의자들이라는 초기 운동이 직면했던 그 이후의 큰 재앙으로 우리를 인도한다.

35.2 네로 치하에서의 박해

이미 살폈듯이(§§33.2-3), 로마의 초기 기독교에 대한 개요는 기껏해야 개략적일 뿐이다.

- 공동주택 교회들은 안드로니고와 유니아 및 다른 사람들의 초기 사역에 힘입어 설립되었고(롬 16:7), 이 사역을 통해 상당수의 이방인 회심자가 생겼다.
- 그런 유대인 신자들이 로마 회당에서 예수가 메시아라고 주장하므로 소요가 일어났고, 결국 이로 인해 가장 중요한 지도자들과 말썽꾼들로 파악된 이들이 추방되었다.
- 이방인이 다수인 회중과 클라우디우스의 추방 칙령이 경과한 이후에 돌아온 유대인 신자들 간의 갈등(14:1; 15:8).
- 정결법이라는 유대교의 특징적인 전통을 계속 유지하기를 원하는 사람들과 그런 마음에서 자유롭기를 원하는 사람들 간의 갈등(14:1-15:7).
- 문제가 되는 분파들을 항상 찾아다니는 당국자들에게 괴롭힘이나 더 심한 대우를 받을 정도로 취약하다는 작은 무리의 인식(12:9-13:7).
- 바울이 로마에 투옥 중일 때 바울에 대해서와 복음이 계속 전해졌던 방법에 있어 경쟁심의 증가(빌 1:15-18).
- 매여 있음에도 불구하고, 바울의 계속되는 증언이 지닌 영향력의

확산(행 28:16; 빌 1:12-13).

- 타인에게 복음을 선포하는 담대함의 증가(빌 1:14).

이 모든 내용은 새 운동이 더 많은 대중의 주목을 받았을 가능성을 시사한다. 비록 바울이 로마 신자들에게 "위험을 피하도록" 충고했을지라도(롬 12:9-13:7), 바울이 로마에 있다는 사실과 그들의 새로운 신앙을 향해 점점 더 담대해지는 바울과 그들의 증언은 그들을 경계 중인 당국자들과 정보원들의 눈에 더욱더 띄게 했을 것이다.

이것이 기독교 초기 역사를 어둡게 만든 가장 악명 높은 사건의 배경일 것이다. 네로가 국가 원수가 된 지 10년째인 64년에 화재가 로마를 휩쓸었는데, 날림으로 지은 고층 공동주택은 화염의 즉석 연료가 되었다.[32] 필자는 그 후속 이야기에 관한 타키투스의 서술을 이미 인용했다. 네로가 어쩌면 자신의 거대한 "황금 집"(Domus Aurea)을 위한 기반을 확보하려고 화재를 일으켰거나 확산시켰다는 소문에 대한 서술이다.[33] 그 소문을 불식시키려고 네로는 희생양을 찾았고 "그리스도인들"이라고 묘사된 사람들을 희생양으로 삼았다. 초기에는 로마 당국자들과 어느 정도 대립하는 데 이 이름이 항상 그리고 유일하게 나타났기 때문에,[34] 가장 그럴듯한 설명은 모든 내부의 위협에서 로마의 안전을 책임진 사람들이 이 무리를 그런 사람들로 인식했다는 것이다. 수에토니우스의 더 간단한 기록은[35] 그가 타키투스의 자료들과 비슷한 자료에 의존했음을 시사한다. 위에서 방금 개괄한 내용은 다음의 제안과 일치한다. 즉 로마 신자들의 증가하는 전도 활동이

---

32) Juvenal, *Sat.* 3.193-202을 보라. 위 §30.2a에서 이를 인용했다.

33) 그러나 현대 역사가들은 네로 자신이 화재를 일으켰다는 견해를 사실상 만장일치로 부정한다. 예. R. Holland, *Nero: The Man behind the Myth* (Phoenix Mill: Sutton Publishing, 2000), 160-64을 보라.

34) 위 §24 n. 274을 보라.

35) "처벌이 그리스도인들에게 가해졌는데, 그들은 새롭고 악한/비도덕적인/범죄적인 (*maleficus*) 미신을 퍼뜨리는 계층(*genus*)의 사람들이다"(*Nero* 16.2).

이 새롭고 혐오스러운 "미신"이 주목받도록 하는 데 충분했다는 점이다.[36]

타키투스의 끔찍한 서술은 그것이 그린 생생한 장면 때문에 반복할 만한 가치가 있다.

그렇다면 먼저, 고백한(fatebantur) 사람들이 체포되었고, 다음에 그들의 자백으로 엄청난 이들이(multitudo ingens) 방화가 아닌 인간 혐오(odio humani generis)로 유죄 선고를 받았다. 그리고 그들의 최후에 대해 조롱이 가해졌다. 맹수의 가죽을 뒤집어쓴 그들은 개들에게 찢겨 죽었거나, 십자가에 단단히 묶여, 낮의 햇빛이 사라질 때 등불로 불살라졌다. 네로는 자기 정원을 구경꾼들에게 내주었고, 자신의 원형 광장에서 공연을 열어 전차를 모는 전사의 복장을 하고 군중에 섞여 있거나, 자기 전차를 몰았다. 그러나 최악의 본보기 형벌을 받은 유죄에도 불구하고, 그들이 국가의 평안을 위해서가 아니라 한 사람의 포악함 때문에 희생되었다는 느낌이 생겨남에 따라 동정하는 마음이 일어났다(Ann. 15, 44.4-5).[37]

---

36) 타키투스의 묘사(Ann. 15.44.2 — §21.1c)는, 대부분이 추론하고(위 §33 n. 68을 보라) 특별히 Spence가 논증하듯이(Parting, 119-37, 170; 그러나 또한 235-37을 보라), "그리스도인들이" 이미 로마 회당과 구별되는 조직으로 폭넓게 인식되었다는 암시일 필요는 없다. 그런 인식은 네로의 대리인들이 희생양을 찾았을 때 "그리스도인들"을 독특한 집단으로 알게 된 결과일 수 있다. Holland는 몇몇 그리스도인이 그 화재를 묵시론적 관점에서 바라보아 그들의 동료 거주자들의 적대감을 야기하지는 않았는지 궁금해한다(Nero, 177-79). Tellbe는 바울의 롬 14:1-15:6의 충고가 그리스도인과 회당의 "갈림길"을 더 부추겼기에 네로가 64년에 유대인과 그리스도인을 구별할 수 있었다고 논증한다(Paul between Synagogue and State, 193). G. Theissen, 'Paulus — der Unglückstifter. Paulus und die Verfolgung der Gemeinden in Jerusalem und Rom', in E.-M. Becker and P. Pilhofer, eds., Biographie und Persönlichkeit des Paulus (WUNT 187; Tübingen: Mohr Siebeck, 2005), 228-44은 바울의 호소 때문에 네로가 그리스도인들을 주목했다고 추측한다(242-43). 또한 Jossa, Jews or Christians?, 129-35 그리고 nn. 27과 33을 보라. 그는 술피키우스 세베루스(Sulpicius Severus)의 Chronicle에 주목하는데, 세베루스는 티투스가 "유대인과 그리스도인의 종교를 더 철저하게 멸절하려고" 예루살렘 성전을 파괴하기로 했다고 말한다. 또한 Jossa는 기독교 "학파"가 자기주장을 "매우 유명한 종교[유대교]이자 확실히 법으로 허락받은 종교"에 교묘하게 심었다는 테르툴리아누스의 언급에도 주목한다(Apol. 21.1).

37) Tacitus, Ann. 15.44.2-5; 더 자세하게는 §21.1c와 동반되는 각주들을 보라.

이 모습은 더 설명할 필요가 없다. 하지만 몇 가지는 언급해야 한다.

- 짐작하건대 일부 사람들로 "자백하게" 하려고, 많은 경우에 고문이 사용됐다고 보아야 한다.
- 예상되는 수("엄청난 이들")는 그 운동이 빠르게 확산되었다는 의미다. 이는 바울의 옥중 간증의 효과와 분명 바울이 자극한 전도의 효과에 대해 추가로 입증한다.[38]
- 이미 언급했듯이, 타키투스가 그들이 "인간 혐오"를 했다고 한 것은 이와 유사하게 바울이 유대교를 맹렬하게 비판한 것을 되울리며,[39] "그리스도인들"이 다른 나라들과 구별됨이라는 유대교의 전통적 마음을 여전히 공유한다고 당국자들이 가정했음을 시사한다. "그리스도인들"이 훨씬 더 신망 있는 유대교의 일부분이 아니었다는 점은 아직 명확하지 않다.[40]
- 그들을 고문할 도구로 십자가를 선택했다는 사실은 그들의 메시지의 요점에 대한 지식을 나타낸다. 그리스도는 십자가형을 당했으며 죽은 자 가운데서 부활했다.
- 또한 십자가 처형은 그렇게 잔인하게 처형당한 사람들이 로마 시민이 아님을 거의 확실하게 암시하며, 이는 어쩌면 유대인들의 비율이 높았음을 시사할 테다.[41]
- 비록 그 박해 때문에 교회가 심하게 약화되었겠지만, 네로의 잔인함으로 인해 많은 로마 거주자들의 마음속에 생겨난 동정심은 땅을 물로 충분히 적셨을 것이며, 순교자의 피는 그 땅에 씨앗으로 뿌리

---

38) 이것은 "막대한 수"가 과장일 수 있음을 시사한다. 비록 오리게네스가 단지 "쉽게 계수할 수 있는 소수만이 기독교를 위해 종종 목숨을 잃었다"라고 말하지만 말이다(c. Cels. 3.8).

39) 위 §21 n. 23을 보라.

40) 추가로 위 §21.1c를 보라. Smallwood는 "그리스도인"을 맹렬하게 비난할 때 유대인들이 관여했는지를 토론한다(Jews, 218-19).

41) Lampe, Paul to Valentinus, 82-84.

내려 훗날 꽃으로 피어났다.

그러면 베드로는 어떻게 되었는가?

35.3 베드로의 순교

고려해야 하는 유일한 전승은 베드로가 64년의 로마 대화재 이후 네로가
주도한 박해로 죽은 그리스도인 중 한 사람이었다는 것이다. 그 전승은
베드로가 로마에 60년대 초반에 왔다고 가정한다.[42] 그 추론은 처음 보기
보다 더 불안정한데, 이그나티오스(2세기 20년대에 로마에 서신을 씀)나 순교자
유스티누스(약 165년에 로마에서 순교 당했다)도 베드로가 로마에 있었다거나
그곳에서 죽었다는 언급을 전혀 하지 않는다. 그런 언급은 특별히 이그나
티오스에게서 기대할 법도 하다. 베드로를 로마 주교로 언급하거나[43] 이
그나티오스에 앞서 그가 로마에서 순교했다고 언급하는 일이 이그나티오
스에게 유용했을 것이기 때문이다. 베드로와 바울에 관한 이그나티오스의
유일한 언급은 심판받은 사람(*katakritos*)이라는 자신의 지위와 대조되는 그
들의 사도적 권위다(Ignatius, *Rom.* 4.3).[44] 우리는 기껏해야 로마로 보낸 한 서
신에서 베드로와 바울을 함께 언급한 것(당연하게도 바울보다 베드로를 먼저 언
급함)이 로마에서 존경받는 그들의 지위를 암시한다고 추론할 수 있을 뿐

---

42) 그러나 다시 위 §26 n. 130을 보라.
43) 베드로전서에서 베드로는 자신을 단지 "함께 장로 된 자"로 묘사한다(벧전 5:1).
44) "나는 베드로와 바울이 명령한 것처럼 명령하지 않는다. 그들은 사도였고, 나는 심판받았
다. 그들은 자유자였고, 지금까지 나는 노예였다. 그러나 만일 내가 고난을 겪는다면, 나는
예수 그리스도에 속한 자유자가 될 것이고, 그분 안에서 일어나 자유롭게 될 것이다. 그동안
나는 매여 있을 때 그 무엇도 바라지 않는 것을 배우고 있다"(Ignatius, *Rom.* 4.3). 추가로 R.
J. Bauckham, 'The Martyrdom of Peter in Early Christian Literature', *ANRW* 2.26.1 (1992),
539-95(여기서는 563-66)을 보라.

이다. 그러나 그 이상은 추측이다.[45]

베드로가 로마에 있었다는 최초이자 가장 중요한 암시는 베드로전서를 발송한 장소인 "바벨론에 있는 교회"가 보낸 안부 인사다(벧전 5:13). 그 언급이 베드로가 로마에 있었고 활발하게 사역했다는 충분한 증거라는 것은 그 본문으로부터 추정하는 두 가지에 달렸다. 하나는 "바벨론"이 로마의 암호라는 것이다. 이는 폭넓게 받아들여진다. 베드로를 메소포타미아에 연결하는 전승들은 하나도 없고, 당시 바벨론은 오랫동안 중요한 도시가 아니었으며, 또한 당대의 초강대국 수도의 타락이라는 그것의 암호 기능이 요한계시록에서도 입증되었기 때문이다.[46]

다른 추론은 베드로전서가 베드로 자신이나, 적어도 다음 세대가 베드로를 기억하는 방식에 관한 정보를 제공한다는 것이다. 여기서 베드로의 가까운 동료로 실루아노와 마가를 언급했다는 점(5:12-13)은 특별히 의의가 있다.[47] 특별히 바울의 에게해 선교 첫 국면 동안, 실루아노/실라는 바울의 가까운 동료이기도 했다.[48] 그래서 실루아노가 두 사도의 중재자로서 행동했거나, 어쩌면 바울 선교의 후반부에서 베드로와 합류했거나(그는 고린도 이후 장면에서 사라진다),[49] 아니면 바울의 죽음 이후 로마에 있었다고 상상하는 것은 상당한 개연성이 있다. 우리가 기억하기로 마가는 바나바와 바울의 최초 선교팀의 일원이었고(15:38에 따르면), 바울과의 결별에도 불구하고(15:39), 바울의 (아마도) 로마 투옥(마지막?) 중에 그의 가까운 동료 중 한 명이

---

45) "이그나티오스가 베드로와 바울의 순교가 아니라, 그들 각자의 서신을 언급했을 수도 있다. 그는 자신의 다른 서신인 *To the Trallians*(3:3)와 *To the Ephesians*(3:1)에서 지시를 내리려고 자신의 하찮음이라는 주제를 이용한다"(Perkins, *Peter*, 139).

46) 계 14:8; 16:19; 17:5; 18:2, 10, 21. 추가로 Achtemeier, *1 Peter*, 353-54; Aune, *Revelation*, 2.829-31; Elliott, *1 Peter*, 882-87을 보라.

47) "증인"(*martys*)으로서 베드로의 중요성에 대해서는(5:1), Bauckham, 'Martyrdom', 540-41을 보라.

48) 위 §§29.6과 31.2을 보라.

49) 행 18:5; 고후 1:19; 살전 1:1; 살후 1:1.

되었다(몬 24; 골 4:10).[50] 그래서 다시 그 언급들을 하나로 묶어 바울이 죽은 후 베드로가 로마에 와서 사역을 시작했을 때, 마가가 베드로와 합류했다고 충분히 타당하게 추론할 수 있다.

뒷받침하는 초기 증거들은 미미하고,[51] 칭송 일색의 내용이 역사가의 시야를 더욱더 가리기 때문에 더 분명한 증언은 후기에 더해졌고 그 가치는 점점 의심스러워진다. 특히 클레멘스는 바울을 칭찬하는 데 더 관심이 있었던 것처럼 보이며, 똑같은 맥락에서 베드로에 대한 그의 언급은 감질날 정도로 모호하다. "우리는 우리의 눈앞에 훌륭한 사도들을 두어야 한다. 베드로가 있는데, 그는 부당한 질투 때문에 역경을 한두 번이 아니라 여러 번 꿋꿋이 감당했고, 자신의 증언을 한(*martyrēsas*) 한 후에 그에게 어울리는 영광의 장소에 갔다"(1 Clem. 5.3-4). 다시 이 언급에서 안전하게 추론할 수 있는 모든 내용은, 클레멘스가 로마에서 서신을 쓰면서 베드로가 바로 로마에서 고난을 겪고 죽었다는 점을 염두에 두었고 그것을 자신의 청중들이 떠올리도록 했다는 것이다.[52]

최고의 후기 자료를 에우세비오스가 제공하는데, 그것은 바울에 관해 인용한 단락에서 이미 언급됐다. 네로의 박해에 대한 그의 묘사는 이 두 사람에게 초점을 맞춘다.

> 그(네로)의 시대에 바울이 로마에서 참수형을 당했고, 베드로도 비슷하게 십자가형을 당했다는 이야기가 있다. 또한 그곳 공동묘지에 여전히 새겨져 있는 "베드로와 바울"이라는 명칭은 그 이야기를 확인해준다. 제피리누스(Zephyrinus)가 로마 주교였던 시대에 활동했던 카이우스(Caius)라 불리는 교

---

50) 또한 Irenaeus, *Adv. haer.* 3.1.1; Eusebius, HE 2.15.2.

51) Bauckham은 *Asc. Isa.* 4.2-3과 *Apoc. Pet.* 14.4이 베드로의 처형을 언급하며, 그 처형이 어쩌면 로마에서 네로 치하에 집행되었다고 논증한다('Martyrdom', 566-77). 그러나 그 암시는 거의 비중이 없다.

52) *Martyreō*는 어쩌면 이미 "(죽을 때까지) 증언하다, (순교로) 증언하다"란 뜻이 있었을 것이다(BDAG, 618). 비교. 이미 딤전 6:13. 또한 Bauckham, 'Martyrdom', 553-63을 보라.

회 저자도 이를 확인해준다. 카이우스가 몬타누스주의자 지도자인 프로클로스(Proclus)와 서신으로 토론하면서, 논의되고 있는 사도들의 성유물들이 놓인 곳에 관해 다음과 같이 말했다. "그러나 나는 사도들의 유물을 알려줄 수 있다. 당신이 바티칸이나 오스티아 길(Ostian Way)에 가면 이 교회를 설립한 사람들의 유물을 발견할 것이다." 그리고 그들이 동시에 순교를 당했다는 점을 고린도의 주교인 디오니시오스가 로마에 보낸 서신에서 확인해준다. "그런 위대한 충고로 너는 베드로와 바울이 세운 로마와 고린도의 기초를 함께 묶는다. 그 두 사람은 우리 고린도에서 가르쳤고 우리의 설립자였으며, 또한 이탈리아의 같은 장소에서 함께 가르쳤고 동시에 순교했다"(HE 2.25.8).

위대한 두 사도의 이름 주위에 모인 전설들이 분명 여기에 있다. 앞서 언급했듯이, 특별히 고린도 교회와 로마 교회의 설립을 베드로와 바울 덕분으로 돌리고, 그들이 두 도시에서 가르쳤다는 주장이다. 그러나 그 증언은 2세기 말로 소급되며(Caius와 Dionysius), 이는 베드로와 바울의 사망 추정 연도로부터 백 년을 넘지 않는다.[53] 그리고 두 사도가 묻혀 있기에 여전히 존중받고 있는 장소(바티칸과 오스티아 길)에 관한 전승에 더 많은 신빙성을 부여할 수 있다.[54] 그들의 "동시" 순교가 이 두 사람을 한데 묶으려는 전

---

53) 같은 시기에 글을 쓴 이레나이우스는 똑같은 전승을 알고 있었다. 베드로와 바울이 로마에서 말씀을 전했고 교회의 토대를 놓았다는 것이다(Adv. haer. 3.1.2). Cullmann의 논의는 학자다운 신중함의 모형이다(Peter, 116-31). M. D. Goulder, 'Did Peter Ever Go to Rome?', SJT 57 (2004), 377-96과 비교하라. 그는 베드로가 로마를 방문했을 가능성이 희박하고, 베드로가 아마 약 55년에 예루살렘에서 죽었을 것으로 생각한다(추가로 아래 n. 54을 보라).

54) 타키투스가 그리스도인의 처형 장소라고 말한 네로의 원형 극장과 정원은 지금 바티칸이 위치한 곳이다(Ann. 15.44.5). "[베드로 대성당의 대제단 아래서] 베드로의 뼈가 발견되었다는 주장은 의심스럽다"(Brown and Meier, Antioch and Rome, 97 n. 201). Cullmann의 광범위한 논의(Peter, 131-56) 그리고 특별히 J. Zangenberg, 'Gebeine des Apostelfürsten? Zu den angeblich frühchristlichen Gräbern unter der Peterskirche in Rom', in Zangenberg and Labahn, eds., Christians as a Religious Minority in a Multicultural City, 108-38을 보라. 눈물교회(Dominus Flevit)라는 프란체스코 수도원 부지에서 1953년에 발견된 부러진 유골 단지에는 투박한 히브리어 명문 Simeon bar Jonah가 있었는데, 이는 베드로가 실제로 예루살렘에 묻혔을 가능성을 열어 놓는다. 상세 사항은 P. B. Bagatti and J. T. Milik, Gli scavi

설의 경향인지는 말할 수 없다. 그러나 그들을 처형한 독특한 방법(바울은 칼로, 베드로는 십자가형으로)은 후세대를 거쳐 전해진 신실한 증언이라는 느낌이 있다.[55] 에우세비오스는 훗날 "마지막에 그(베드로)는 로마에 와서 십자가에 거꾸로 매달려 처형당했는데, 그는 그렇게 고난을 겪길 원했다"라는 상세 내용을 더했다. 이것은 에우세비오스가 오리게네스의 창세기 주석 제3권으로 그 기원을 돌린 전승이다(*HE* 3.1.1-3).[56]

바울과 관련해서처럼(§34.7) 여기서도, 상충되는 다른 전승의 부재는 중심 사실에 대한 충분한 지지로 간주될 수 있을 것이다. 중심 사실은 64년에 어쩌면 네로가 박해하던 중에 베드로가 로마에서 처형당했다는 것이다. 베드로의 처형을 네로의 탐욕스러운 잔인함의 여러 형태 중 하나가 아니라 특별한 사건으로 만들려고 했다면, 그것은 당국자들이 베드로의 지위를 그리스도인들의 지도자 혹은 지도자 중 하나로 인식했다는 것과 십자가에 달린 그리스도를 선포한 그의 메시지에 그의 죽음을 조롱하듯이 맞추려했다는 점을 시사할 수도 있다. 베드로는 어쩌면 바티칸 언덕의 공동묘지에 묻혔을 것이며, 그곳은 그가 처형당한 장소 옆에 있다.[57]

del *'Dominus Flevit'*. Part 1: *La necropolis del periodo romano* (Jerusalem: Tipografia dei PP. Francescani, 1958), 그리고 J. Finegan, *The Archaeology of the New Testament* (Princeton: Princeton University, 1969), 245-46에 있다. 그러나 그 명문이 게바/베드로를 언급한 것이라면, 그런 취지의 전승이 하나도 없다는 점은 이상하다. 그리고 그 내용이 사실이라면, 베드로는 초기 기독교에서 상당히 중요한 인물이었기에, 베드로에 대한 존경이 그가 묻힌 곳을 제대로 기념하도록 했을 것으로 생각할 수 있을 테다.

55) Bauckham은 요 21:18-19(부활한 그리스도가 베드로에게 한 말, "늙어서는 네 팔을 벌리리니…")이 베드로의 십자가 처형을 암시한다고 강력히 논증한다('Martyrdom', 545-50; 또한 이전 Cullmann, *Peter*, 88-89을 보라).

56) 약간 더 자세한 내용과 이전의 참고문헌은 *ODCC*, 1261을 보라.

57) 추가로 Perkins, *Peter*, 38; Elliott, *1 Peter*, 886 n. 809; 그리고 위 n. 54를 보라.

35.4 베드로의 지속되는 중요성

신약성경을 구성하는 글의 저자인 베드로는 (등장한다고 해도) 많이 등장하지 않는다. 그런 글들, 즉 확실히 기독교 첫 세대에게서 온 유일한 글들은, 신약성경을 그 중심에 둔 모든 기독교의 형식에 바울의 영향이 필수로 남아있도록 했다. 베드로가 바울처럼 실제로 복음을 전하고 교회를 설립했다는 증거나, 특별히 에게해 지역에서 자라나던 교회들에 결정적으로 영향을 끼친 베드로의 계속된 선교가 있었다는 증거도 거의 없다. 그러나 베드로의 중요성은 바울과 견줄 만하고 몇몇 부분에서는 바울을 넘어서며, 이 몇 부분 때문에 베드로의 유산은 기독교 역시 내내 많은 공경을 받는다.[58]

- 그는 예수의 최초 제자 중 한 명이고, 야고보와 요한 형제와 더불어, 예수의 중추 세력인 제자 무리의 지도자로 분명히 여겨졌다.
- 고린도전서 15:3-7의 신조는 베드로가 그 진술의 신앙적 주장 위에 설립된 모든 교회에서 부활하신 예수에 대해 가장 특별하고 권위 있는 첫 증인으로 알려졌음을 확인해준다.[59]
- 모 교회인 예루살렘 교회의 최초 기간에 관한 사도행전의 전승은 베드로가 핵심 제자인 "열둘" 중에서 지도적 인물이었음을 분명히 한다(행 1-5장).
- "하나님의 교회"의 상당히 탁월한 설립 구성원인 베드로의 중요성은 그의 초기 별명인 "게바"와 "기둥" 사도의 역할로 나타난다.[60]

---

58) 또한 Dschulnigg, *Petrus*, 205-207의 요약을 보라.
59) 예수가 베드로에게 등장했다는 사실이 기독교 신앙의 가장 핵심적인 요소를 확립하는 데 중대했다는 관점에서, (바울보다는) 베드로가 종종 "기독교회의 두 번째 설립자"로 여겨졌다. A. C. McGiffert, *A History of Christianity in the Apostolic Age* (Edinburgh: Clark, 1897), 48에서처럼 말이다.
60) 위 §23.3b를 보라.

- 바울은 베드로를 예수의 사역과 다시 연결하는 핵심 인물로 보았다. 바울의 회심 후 첫 예루살렘 방문은 "베드로를 알고자 하는" 특정한 목적이 있었으며(갈 1:18), 이는 오로지 바울이 베드로를 예루살렘 전승에 접근할 수 있는 주요 전달자로 보았다는 의미일 가능성이 있다.
- 초기를 통틀어 예수 전승의 가장 존경받고 권위 있는 전달자로서 베드로의 역할은 마가복음이 사실상 그런 설교와 가르침을 기록했다는(Papias) 후대의 전승에 의해 확인될 것이다.[61]
- 자기 동료 유대인을 위한 사도/선교사로서 베드로가 성공했다는 점은 바울이 온전히 그리고 자유롭게 인정했고(갈 2:7-9), 예루살렘 합의에서 베드로는 유대인 선교에 대해 현저한 책임이 있다고 지명되었다. 이는 비유대인 선교를 위해 바울에게 주어진 책임과 같다.
- 갈라디아서 2:7-9의 합의에서 "베드로의 사도직은 규준으로 받아들여졌고",[62] 바울의 선교는 그것을 보완하는 것으로 이해되었다.
- 비록 일차 자료에는 베드로가 실제로 선교했다고 회상된 유일한 영역이 지중해 동부 해안지방이지만, 베드로의 선교 사역은 팔레스타인 해안 너머까지도 잘 알려졌고 크게 존중을 받았다(행 9:32-43).
- 베드로는 하나님이 비유대인들에게 유대교 개종자가 되도록 요구하지 않으셨고, 그들을 유대인과 동일한 조건으로 환영하셨음을 온전히 받아들였고, 그렇게 인식이 바뀌었을 것이다(행 10:1-11:18; 갈 2:7-9).
- 자신의 동족 유대인에게 예수 메시아를 증언하라는 사명과 더불어, 예기치 않은 하나님의 은혜/영을 향해 열려 있음은, 예루살렘에서

---

61) M. Hengel, *Studies in the Gospel of Mark* (London: SCM, 1985), ch. 1장; 또한 *Petrus*, 58-78; Bauckham, *Jesus and the Eyewitnesses*, 7장과 9장이 이 점을 역설한다. "그런 '혁명적인 사역' 배경에 권위자가 있어야 한다"(Hengel, 'Eye-witness Memory', 92). 물론 기록된 복음서가 제3권에서 주요 관심의 초점이 될 것이다.
62) Becker, *Paul*, 91.

의 위기와 안디옥에서의 대립에서 베드로가 양쪽을 볼 수 있었고, 각 사건의 중요 요소를 인식하고 양쪽을 함께 붙들 수 있는 전망(즉 각적인 효과가 아니라면)이 있는 그 둘 사이의 진로를 정할 수 있었음을 의미할 것이다.[63]

■ 베드로를 목자의 역할과 관련짓는 것은 어쩌면 그가 믿는 유대인 회중을 특별히 지원하는 목회를 했음을 입증해준다고 할 것이다. 그 사역은 베드로를 예루살렘에서 점차로 그리고 거의 영구히 멀어지게 했을 것이다.[64]

■ 로마에서의 짧은 목회 그리고 이후 64년에 네로의 박해 아래 맞이했을 개연성이 가장 큰 베드로의 죽음은, 그에게 출중한 증인이라는 상징적 지위를 부여했고, 로마 교회(들)가 자신들의 교회가 세워진 확실한 터를 제공한 사람으로 바울은 물론 베드로를 돌아보도록 했다.[65]

---

63) 바로 이 중재자 역할이 베드로가 "전체 교회 연합의 초점"이 될 수 있던 이유를 설명한다 (Dunn, *Unity and Diversity*, §76.6); 비교. Hengel, *Petrus*, 84; M. Bockmuehl, 'Peter between Jesus and Paul: The "Third Quest" and the "New Perspective"on the First Disciple', in T. D. Still, ed., *Jesus and Paul Reconnected: Fresh Pathways into an Old Debate* (Grand Rapids: Eerdmans, 2007), 67-102.

64) "사도 시몬 베드로의 여정은 일반적으로 베드로 자신이 세운 공동체들이 아니라, 이미 있는 공동체들을 향했다"(Reinbold, *Propaganda*, 79).

65) *1 Clem.* 5.2-7, Ignatius, *Rom.* 4.3, Irenaeus, *Adv. haer.* 3.3.2에서 두 이름의 순서(베드로와 바울)는 "로마 사람들의 평가에서 두 사람의 확립된 지위를 드러낸다"(Brown and Meier, *Antioch and Rome*, 123).

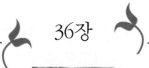

36장

유대 재앙

베드로에게는 그의 생애와 선교의 마지막 20년에 관해 말해줄 사람이 전혀 없었는데, 1세대 기독교의 다른 주요 인물인 예수의 형제 야고보는 훨씬 더 어려운 상황에 있다. 사도행전에서 야고보가 무대의 중심에 등장하는 유일한 문단은 예루살렘 공회에 대한 누가의 서술이다(행 15:13-21). 그 외에 야고보는 기독교의 시작이라는 옅은 안개 속으로 대체로 사라진 인물이며, 밝은 조명 아래로는 단지 두세 번 등장한다. 그밖에 그는 무대 밖에서 대기하고 있는 거의 불길한 인물로 이해되며, 야고보에 관한 바울과 누가의 몇몇 언급은 곤란한 함축으로 가득하다.

36.1 예루살렘 교회

누가가 묘사한 장면은 특별히 바울의 주도로 확장한 새로운 운동(초기 기독교)에 관한 것인데, 그 운동은 바울의 투옥 중에도 심각한 저지 없이 앞으로 나아갔다. 누가는 첫 번째 주요 후퇴에 해당하는 네로 치하의 로마에서 그리스도인이 받은 박해를 다루지 않았다. 반대로 모 교회의 역사는 훨씬 더 혼란한 상태였다. 이미 첫 14년 동안 모 교회는 심각한 방해로 고통을 당했는데, 첫 번째는 30년대초에 일어난 스데반의 처형(실질적으로 헬라파의 박해)과 그에 뒤이은 박해, 그리고 두 번째로는 40년대 초반에 일어난 예수의 핵심 세력 중 한 사람인 요한의 형제 야고보의 처형이다.[1] 그 이후 우리가 그나마 가지고 있던 제한된 정보는 고갈되었으며, 다시 한번 우리에겐 어두운 방을 밝히려고 작은 구멍에서 새어 나오는 불빛만 남았고, 우리는 활용 가능한 빛을 모아 어떻게든지 방 전체에 대한 조망을 얻어야 하는 도전에 직면해 있다.[2]

a. 야고보의 지도력

우리가 가장 확신할 수 있는 정보는 예수의 형제 야고보가 40년대 초반부터 60년대 초반까지 예루살렘 교회의 지도자였다는 사실이다.[3] 앞서 언급했듯이(§23.3), 보통 말하는 "열두 제자"는 장면에서 상당히 빠르게 사라진 것으로 보인다. 그리고 예루살렘에서 초기에 가장 두드러졌던 베드로는 더욱 선교 지향적으로 되었고, 예루살렘을 더는 자기 사역을 위한 주요 근거지로 여기지 않은 것 같다. 다른 야고보(요한의 형제)가 처형당했고, 요한은 분명 전면에 나서는 인물이 아니었기에, 예루살렘에서 사실상 유일한

---

1) 위 §§24.6 그리고 26.5c를 보라.
2) 2002년에 발견된 야고보의 유골함에는 "야곱[= 야고보], 요셉의 아들 Yeshuʻaʻ[= 예수]의 형제"라는 명문이 있는데, 이는 거의 확실히 가짜이고, 어쨌든 야고보에 관한 정보를 거의 더 해주지 않는다. 추가로 C. A. Evans, *Jesus and the Ossuaries* (Waco: Baylor University, 2003), 112-22; J. Magness, ʻOssuaries and the Burials of Jesus and Jamesʼ, *JBL* 124 (2005), 121-54을 보라.
3) 야고보가 예수의 이복형제냐는 전통적인 논쟁에 대한 논평은, 예로 J. Painter, ʻWho Was James? Footprints as a Means of Identificationʼ, in B. Chilton and J. Neusner, eds., *The Brother of Jesus* (Louisville: Westminster John Knox, 2001), 10-65(여기서는 10-24)을 보라.

지도자가 되는 길이 야고보(예수의 형제)에게 열려 있었다. 이것은 베드로가 사실상 예루살렘을 떠난 이후(행 12:17) 야고보와 관련되어 이어지는 언급들로부터 받는 인상이다.

- 고전 15:7 - 게바/베드로를 제외하고는, 부활한 예수를 목격한 증인의 목록에 야고보가 유일하게 개인적으로 명명되었다(바울은 자신의 이름을 그 목록에 더한다).[4] 단지 세 명이 명명되었다는 사실은 부활한 그리스도가 그들을 지명한 것으로 대체로 이해되었고, 그들이 부활한 예수의 증인 됨이 특별히 중요하게 인식됐음을 시사한다.[5]
- 갈 1:19 - 회심 후 자신의 첫 예루살렘 방문에서 바울이 자신을 영접한 베드로를 제외하고 야고보만 명확하게 언급했다는 사실은 야고보가 베드로 다음으로 예루살렘 총회의 가장 두드러진 인물이었음을 시사한다.
- 행 12:17 - 떠나는 베드로가 야고보와 형제들에게 자신의 메시지를 보냈다는 사실(다른 열둘/사도들에게는 안 보냄)은 "형제들"과 관련해서 야고보가 이미 가장 걸출한 인물이었음을 시사하고, 예루살렘의 중요한 지도자로서 분명히 베드로의 동반자였거나 계승자였음을 암시한다.[6]
- 바울이 예루살렘 공회에서 "기둥 사도들" 가운데 야고보를 첫 번째로 명명했다는 사실은(갈 2:9) 동일한 사건에 대한 누가의 서술과 일

---

4) 행 1:14을 고려하면, 야고보가 초기의 의심이나 적대감 이후에(막 3:20-21; 요 7:5), 예수의 사역에 더 동정을 보였다는 점은 상당한 개연성이 있다. 고후 15:7은 한 신자에게 나타난 것일 수도 있다(모든 다른 사람과 마찬가지로 말이다. 바울에게 나타난 일과는 별도). §22 n. 78, 그리고 *Jesus Remembered*, 862-64을 보라.

5) 추가로 M. Hengel, 'Jakobus der Herrenbruder — der erste "Papst"?', *Paulus und Jakobus. Kleine Schriften III* (WUNT 141; Tübingen: Mohr Siebeck, 2002), 549-82(여기서는 560-61, 578)을 보라. 예수가 게바와 야고보에게 두 번 나타난 일(고전 15:5, 7)이 "경쟁" 목록에서 비롯되었을 가능성을 특별히 Pratscher, *Herrenbruder*, 35-46을 보라.

6) 위 §23.3d를 보라.

치하며, 그 공회에서 야고보는 사실상 모임의 수장으로 등장한다(행 15:13-21).

- 바울의 마지막 예루살렘 방문과 관련하여 바울이 보고한 대상은 "야고보와 모든 장로"도 아니고 야고보였다(21:18). 누가는 "장로들도 다 있더라"라고 언급하나, 야고보가 그 모임을 주관했음을 분명히 암시한다.
- 이 모든 내용은 베드로보다는 야고보가 (시대착오적이기는 하지만) 첫 "예루살렘 감독"으로 후대에 기억되었다는 사실과 일치한다.[7]

위의 증거는 모두 일관성이 있으며 분명한 다른 대안은 없어 보인다. 또한 우리가 볼 수 있는 한, 지도적 역할은 조금이라도 야고보와 공유되지는 않았다. 베드로/게바가 요한이나 다른 열두 제자, 혹은 심지어 사도행전 6장에서 선택된 일곱 명과 지도적 역할을 공유했다고 말할 수 있기 때문이다. "장로" 제도가 상당히 빨리 나타났으며(이미 행 11:30에서), 어쩌면 신자 공동체가 유대 공동체와 회당의 전통적인 조직 구조를 채택했음은 사실이다 (§23.3e). 또한 예루살렘 공회에 대한 누가의 서술에서 "장로들"이 기독교 공동체 전체를 대표하는 "사도들"을 보완한 것도 사실이다.[8] 그러나 그 서술에서 야고보는 가장 큰 권위를 가지고 말하는 사람이고, 그의 판단(혹은 결정)에 따라 그 회의의 결과가 결정되었다(15:19-20).[9] 비록 이후의 서신이 "사도들과 장로들"의 이름으로 보내졌다고 할지라도 말이다(15:23). 그래서 마지막 장면에서(21:18-25) 바울을 향한 대답과 충고가 야고보와 "모든 장로"

---

7) 에우세비오스는 Alexandria of Clement, *Hypotyposes* (*HE* 2.1.3); 또한 *HE* 2.23.1; 3.7.8; 7.19.1; ps.-Clem., *Recog.* 1.43, 위(僞)클레멘스 문헌의 두 서문 서신(§36.1d를 보라)을 인용한다. Painter, *Just James*, 190에 더 상세한 내용이 있다. *Recog.* 1.72에서 야고보는 마법사 시몬과 대면하게 하려고 베드로를 가이사랴로 보냈다(행 8, 10장을 의존했을 테다).

8) 행 15:2, 4, 6, 22, 23; 16:4. 비록 누가는 행 15장의 결정을 장로들뿐만 아니라 엄밀한 의미의 사도들에게 돌리기를 분명히 원했지만, Bauckham은 장로들이 예루살렘에 남은 다수의 열두 제자/사도들을 흡수했다고 제안한다('James and the Jerusalem Church', 437-38).

9) 위 §27 n. 324을 보라.

의 합창인 것처럼 주어졌지만, 그것이 함의하는 것은 야고보가 15장에서처럼 모두를 대표해서 발언한 사람이었을 것이라는 점이다. 물론 지금 야고보가 예루살렘 교회에 공식적 권위를 행사했다는 암시는 하나도 없다. 자기 교회들을 향한 바울 서신의 권면과 꾸짖음에 상응하는 내용이 전혀 없다.[10] 각 경우에 야고보는 공동체를 대표해서 발언한 것으로 묘사된다. 그럼에도 헤롯 아그리파의 죽음 이후 거의 20년 동안, 야고보가 예루살렘 교회의 사도로서의 역할을 감당했거나, 아니면 후대의 군주적 감독을 예시하는 역할을 했다고도 정당하게 말할 수 있다.[11]

b. 예루살렘 공의회에서 야고보의 역할

예루살렘과 안디옥의 두 사건으로 되돌아갈 필요가 있는데, 독특하게도 1세대 기독교의 주요 배우 3명(야고보, 베드로, 바울)이 그 사건과 관련이 있기 때문이다. 따라서 그 사건들은 이 세 사람의 상호 교류 방식과 그들 상호 관계의 실마리를 제공한다는 점에서 비할 데 없는 가치가 있다. 이 사건들에 대한 이야기는 바울의 관점에서 이미 자세하게 언급되었고(§§27.3-4), 베드로의 관점에서 간단하게 회상되었다(§35.1a). 그러나 또한 이 두 사건에서 야고보의 역할을 조금 더 자세하게 밝히는 것이 중요하다.

예루살렘 공회에 대한 가능한 이해는 자그마치 네다섯 당파/분파가 관련되었다는 것이다. "거짓 형제들"이 한쪽에 있고(갈 2:4-5; 행 15:5), 바울은 다른 한쪽에 있으며(갈 2:6-9), 야고보와 함께 베드로와 바나바는 그 사이 어딘가에 있다.[12] 그러나 바울과 누가의 서술에서 바울과 바나바는 공동 전

---

10) 야고보서는 야고보의 가르침의 완벽한 본보기로 여겨질 수 있으나, 바울 서신의 특징인 구체적인 언급보다는 훨씬 더 일반적이다. 아래 §37.2을 보라.

11) Hengel, 'Jakobus', 561-63.

12) Painter는 6개 종파를 예상한다(*Just James*, 73-78). 그는 *Just James*에서와 거의 동일한 영역을 'James and Peter: Models of Leadership and Mission', in Chilton and Evans, eds., *The Missions of James, Peter, and Paul*, 143-209(여기서는 180-87)에서 다룬다.

선을 폈으며,[13] 그래서 비록 바울이 자기 자신의 사명에 부여된 인식에 초점을 맞추었지만(갈 2:6-9), 바울과 바나바는 무할례자를 위한 선교라는 주제에 대해서는 서로 결속한다. 그리고 비슷하게, 비록 바울은 자신에게 상응하는 베드로의 선교에 초점을 맞추는 반면 누가는 그 문제에 관한 야고보의 판결에 중점을 두지만, 갈라디아서 2:7-9의 합의가 지닌 명확한 함의는 베드로와 야고보도(요한과 함께) 결속했다는 것이다.

여기서 다시 강조해야 할 점은 그 합의에 야고보가 온전히 관여했다는 사실이다. 앞으로 보겠지만, 어느 정도 정당하게 최초의 기독교 운동 내에서 가장 보수적이라고 여겨지는 야고보는 무할례자들을 위한 복음을 온전히 인식했고 그것에 동의한 것으로 보인다. 즉 그는 하나님이 메시아 예수를 믿는 할례받지 않은 이방인들을 향해 은혜/성령을 확장하면서 진실로 역사하고 계시고 선례를 만드는 방식으로 역사하심을 인식하고 받아들였다. 그 이후에 어떤 일이 일어났든지 간에, 그것은 모 교회인 예루살렘 교회의 지도자로 이미 인정받은 야고보가 취한 중대한 결정이었다. 바울이 그 사건을 자신과 이방인 선교에 가장 유리한 방식으로 묘사한다고 할지라도, 핵심은 야고보가 그 선교에 공식적으로 합의했다는 데 있다. 이 이후에 일어난 그 어떤 일도 그 중대한 합의를 혼란스럽게 하거나 손상시켜서는 안 된다. 바로 그러한 합의가 있었기에 확장되어가던 운동을 하나로 연합시켰을 뿐 아니라, 그 운동이 그 정도까지 확산되었던 것도 그 합의가 있었기에 가능한 일이었다. 그 합의는 바울이 개척한 선교가 분리되어 몇 세대 동안 확 타올랐다가 점차 사라져버린 여러 운동 가운데 하나가 되는 것을 막아주었다.[14] 야고보가 그 합의에 관여했기에 그런 결과가 나오게 되었다. 다시 말해서 야고보는 이 합의에서 유대인과 이방인을 차별 없이

---

13) 특별히 갈 2:5, 9; 행 15:12, 22의 복수에 주목하라.

14) 예. 마르키온파 공동체들이나 가톨릭 사도교회(간단한 상세 사항은 예로, 각각 *ODCC*, 1033-34, 306을 보라), 아니면 샤바타이 츠비(Shabbetai Tsevi)의 이상한 경우(*Enc. Rel.* 13.192-94).

아우르는 기독교의 설계자이자 토대 중 하나가 되었다.

마찬가지로 중요한 점은, 야고보에 대한 누가의 묘사가 진부하게 퇴보적인 반동분자라는 야고보에 대한 모든 평가를 약화시킨다는 사실이다. 사도행전 15장에서 야고보는[15] 갈라디아서 2:7-9의 합의를 마지못해 지지하는 사람으로 묘사되지 않는다(바울의 관점에서). 반대로 사도행전 15:13-21에서 야고보는 자신이 온전히 인정하기로 하나님이 그렇게 이방인을 "돌보신 것"(행 15:14)에 대한 다른 이해 방식을 단순하게 제시한다. 이미 강조했듯이, 야고보는 바울의 이방인 선교에 대해 반대하지 않았다. 오히려 야고보는 이스라엘의 회복이라는 하나님의 목적에 관한 자신의 이해에 이방인 선교를 통합하는 관점에서 이방인 선교를 바라보았다. 다윗의 장막을 재건하려는 의도는 "그 남은 사람들과 내 이름으로 일컬음을 받는 모든 이방인들로 주를 찾게 하려 함"이었다(15:16-17). 그리고 이미 암시했듯이, 하나님의 목적을 펼쳐 나간다고 하는 이 이상은 특별히 로마서 9-11장과 15:9-12에서 표현된 바울의 이상과 다르지 않다.[16] 사실 야고보는 열방의 시온을 향한 종말론적 순례를 대망하는 예언적 소망의 한 형태를 주창한 사람으로 묘사되었거나/기억되었는데, 그 소망은 이스라엘의 흩어진 종족들의 고대하던 회합에서 흘러나오는 축복에 이방인들도 온전히 참여할 것이라는 개방적인 유대인의 소망과 관련이 있다.[17]

그렇다면 야고보와 바울의 차이는 신학적 원리에 있는 것이 아니다. 또한 바울은 아모스 9:11-12이 이제 이방인 선교의 성공에서 종말론적으로 실현되었다고 인용한 것을 논쟁하지도 않는다. 차이는 할라카 원리, 즉

---

15) 필자는 이미 야고보에 대한 누가의 묘사가 그의 것이 아니라 누가가 가진 예루살렘 자료들이 야고보를 어떻게 기억하고 그 자료에서 예루살렘 합의를 어떻게 말했는지를 대변한다고 말했다(§27.3e).

16) 위 §27 nn. 212-16을 보라. S. McKnight, 'A Parting within the Way: Jesus and James on Israel and Purity', in B. Chilton and C. A. Evans, eds., *James the Just and Christian Origins* (Leiden: Brill, 1999)는 야고보를 이스라엘의 회복이라는 예수의 계획을 진척시킨 사람으로 본다(102-11).

17) *Jesus Remembered*, 394-95 nn. 70-71에 있는 자료를 보라.

신학과 본문에 관한 타당한 외적 행위와 더 관련이 있었다. 야고보는 이방인 신자들이 할례받고 모세의 율법을 준수할 필요가 전혀 없음에 기꺼이 동의했다(15:6, 19). 그러나 야고보는 율법이 이방인 신자들과 어떻게 관련을 맺어야 하는지에 대해서는 바울과 의견이 달랐다. 바울은 음행과 우상숭배를 피하라고 여전히 주장했지만, 동시에 유대인과 비유대인의 식탁 교제를 규제하는 다양한 음식 법과 다른 율법들에는 그다지 매이지 않았다. 야고보는 오히려 회복된 이스라엘 안으로 들어온 이방인들이 이스라엘 가운데 살기로 선택한 비유대인(이국인)을 위한 최소한의 기준을 지켜야 한다고 추정했다(15:20).[18] 차이는 여전히 땅에 초점을 두고 하나님의 백성이라는 지속적인 경계에 초점을 둔 이스라엘이라는 개념, 그리고 그 경계들을 돌파하고 오직 하나님의 부르심과 하나님이 보내신 그리스도를 믿는 신앙으로 결정되는 이스라엘이라는 개념 사이에 있었다.

보컴(Bauckham)의 논문은 야고보와 바울을 분리시켰을 추가 요인을 강조한다. 예루살렘 교회와 특별히 야고보가 이방인 선교를 포함해서 발전하는 기독교 선교에 대한 감독권 행사를 교회의/그의 책임으로 보았다고 공정하게 유추할 수 있기 때문이다.[19] 다수의 요인이 이 추론을 뒷받침한다.

- 모든 유대 세계관에서 예루살렘의 중심성. 이는 디아스포라 공동체에 할라카 관행을 결정할 예루살렘의 권리를 암시한다.
- 이방인 회심자들을 백성 가운데 사는 이국인 거주자라고 하는 다른

---

18) 필자는 Bauckham의 논리를 따르는데, 1990년대 전반에 걸쳐 발표된 야고보에 관한 그의 몇몇 글은 특별히 통찰력과 설득력이 있다. 위 §27 n. 222을 보라. 그리고 사도 법령의 조건에 관해서는 §27 nn. 199-203을 보라. McKnight('Parting', 108-11) 그리고 Ådna('James' Position at the Summit Meeting')도 여기서 Bauckham을 따른다.

19) Bauckham, 'James the Just and the Jerusalem Church', 450-51; "이 시기에 예루살렘에서 권력을 가진 야고보는 단순히 지역의 지도자가 아니라, 유대인과 이방인을 포함하는 전체 기독교 운동의 발전과 관련해서 예루살렘 교회의 구조적·종말론적 중심성의 개인적 구현이었다"(450).

개념. 그들에게 "사도 법령" 조항의 준수를 요구한다.

- 바울의 교회들을 향한 "유대화" 압력이 어쩌면 (궁극적으로) 예루살렘에서 유래했을 개연성.
- "흩어져 있는 열두 지파에게"라는 야고보서의 언급.
- 유대-기독교 문헌과[20] 영지주의 경향이 있는 「도마복음」(logion 12)에서 야고보를 높이 산다는 사실은 그의 영향이 예루살렘 훨씬 너머에까지 이르렀음을 시사한다.

앞서 살펴본 대로 바울은 자신의 선교가 예루살렘으로부터 독립하는 것을 원치 않았고 실제로 예루살렘과의 관계와 연속성을 유지하기 위해 목숨을 바쳤다. 그러나 야고보와 예루살렘이 확장 중인 예수 종파의 전체 선교에 대해 주도권을 행사해야 한다는 주장은 틀림없이 바울에게는 주요 장애물이었을 것이다.

요약하자면 야고보에 대해 드러나는 그림은 야고보가 단순히 바울을 돋보이게 하는 자로 이해되는 통용화된 견해보다 훨씬 더 미묘한 차이가 있다. 바울이 기독교의 성경 안에서 그토록 강력한 위치를 차지하기 때문에 이렇게 보기 쉽다. 야고보는 태동하는 기독교라는 위대한 계획에서 반대자이기보다는 동역자에 가까웠다. 그는 참으로 비판적인 동역자였지만, 바울의 이상을 많이 공유했고, 아마도 그는 사도행전과 바울 서신에 암시된 것보다는 그의 형제였던 예수에 대해 그들과 유사한 충성심을 공유할 것이다.

c. 안디옥 사건에서 야고보의 역할

베드로의 경우에서처럼, 이어진 안디옥 사건은 이 결론들에 몇 가지 의

---

20) 아래 §36.1d를 보라.

문을 제기하거나, 적어도 예루살렘 합의의 지속적인 가치에 의문을 제기한다. 베드로가 예수와 보낸 시간은 말할 필요도 없이, 예루살렘 합의 후 베드로가 안디옥에서 한 행동이 이해하기 어렵게 보인다면, 야고보의 역할 역시 문제가 있는 듯하기 때문이다. 기억하듯이, 베드로가 이방인 신자들과의 식탁 교제에서 "분리한 일"은 분명 "야고보에게서 온" 무리의 도착이 이유가 되었을 것이다. 바울의 서술은 이 부분에 대해 거의 명확하다(갈 2:12).[21] 또한 야고보에게서 온 무리가 야고보를 대표해서 그리고 야고보의 권위로 말하고 있음을 베드로에게 분명히 했다고 추론하는 것은 바울의 표현을 무리하게 해석하는 일이 아니다. 그것은 즉시 야고보에게 부여된 권위, 심지어 베드로가 그에게 부여한 권위에 대해 많은 점을 시사한다. 야고보가 한 말 때문에 예수의 수제자가 자신이 편하게 느꼈던[22] 열린 교제에서 물러났다는 점은 무척이나 놀랍다.

이 사건에서 베드로는 자기 자신이 변절자임을 드러냈고(바울이 볼 때), 바울의 동료 바나바를 포함해서 다른 모든 유대인 신자가 그 뒤를 따랐다는 사실은 야고보의 역할을 평가하는 데 경고 역할을 한다. 그 사건의 책임을 너무나도 쉽게 야고보에게 돌릴 수 있기 때문이다. 마치 그의 행동이 믿음의 주요한 위반이었고, 단순히 그의 강한 성격이 타인들을 협박하여 그의 기만하는 본을 따르도록 강요했다는 듯이 말이다. 그러나 베드로와 바나바의 성격을 고려하면, 그들이 그렇게 행동해야 한다고 야고보가 그들에게 주장했기 때문에 그들이 그렇게 단순하게 행동했을 가능성은 그리 크지 않다. 오히려 야고보에게서 온 무리가 제시한 고려사항들이 베드로와 바나바에게 틀림없이 매우 심각했다고 추론해야 한다. 그리고 그들에게 중요했다면, 그것들이 분명 야고보에게도 동일하게 혹은 더욱더 중요

---

21) 위 §27.4 n. 275을 보라. L. T. Johnson, *Brother of Jesus, Friend of God: Studies in the Letter of James* (Grand Rapids: Eerdmans, 2004)는 안디옥 사건에서 야고보의 역할을 경시한다(7-9).

22) 놀라울 정도로 열린 식탁 교제를 했던 예수와 함께한 그의 시간 때문이든지(*Jesus Remembered*, §14.8), 아니면 고넬료와의 만남 때문이든지 말이다(행 10:1-11:18; 위 §26.3을 보라).

했을 것이라고 정당하게 추론할 수 있다. 다른 말로 하면, 여기서의 함의는 바울이 끌어낸 예루살렘 합의에서 야고보가 다른 결론을 내릴 수밖에 없게 한 사항들이나 새로운 요인들이 있었다는 것이다.

우리는 베드로와 바나바에게 중요했을 법한 요인들을 이미 고려했다. 짐작하건대 그 요인들은 야고보에게 더욱 중요했을 테다(§27.4d).

- 이스라엘 백성의 거룩함.
- 이스라엘 회복의 선봉으로서 자기 동족 이스라엘 사람들을 함께 데리고 갈 책임이 있는 유대인 신자들.[23]
- 점증하는 유대 민족주의와 로마 통치하에서의 불안. 이것이 이스라엘의 전통에 순응함을 보여주는 것을 더욱더 바람직하게 만들었을 것이다.
- 그런 상황에서 이스라엘의 유업에 참여하기를 진심으로 원하는 이방인들은 분명 안디옥에서 예수를 믿는 신자 공동체의 관습보다는 유대인의 양심에 더 온전하게 순응하도록("유대화" 되길) 기대됐을 것이다.

마커스 보크뮐(Markus Bockmuehl)은 특별히 야고보에게 중요했을 수도 있는 추가 요인에 주목했는데,[24] 곧 몇 사람(이 경우 야고보를 포함)이 안디옥을 이스라엘 땅의 일부로 여겼을 가능성이다.[25] 그런 관점에서 이스라엘의

---

23) Pratscher의 지적처럼, "야고보에게서 온" 무리는 갈 2:4의 "거짓 형제들"과 같지 않다. 가정하건대 그들이 주장한 요구는 이방인들이 아니라 유대인 신자들에게만 적용되었을 것이다. 야고보의 관점에서 그것들은 예루살렘 합의의 파기가 아니라 합의의 이행으로 여겨졌다 (*Herrenbruder*, 80-85).

24) Bockmuehl, 'Antioch and James the Just', 155-98; 또한 *Jewish Law*, 61-70.

25) Bockmuehl, 'Antioch and James the Just', 169-79; 또한 M. Hengel, '*Ioudaioi* in the Geographical List of Acts 2:9-11 and Syria as "Greater Judea"', *BBR* 10 (2000), 161-80을 보라. 약속의 땅의 경계는 다양하게 이해되었다. 유브라데에서 나일까지 광범위하게 포함하거나(창 15:18), 아니면 이 경우 타우루스산맥(Taurus Mountains)에 이르는 땅까지를 포함

회복을 추구하는 할례자를 향한 선교는 안디옥을 포함하는 것으로 여겨졌을 테다.

예수가 "이스라엘 집의 잃어버린 양을 향해"(마 10:5-6) 두로와 시돈 경계(막 7:31)까지 자신의 사역을 이어갔던 것처럼,[26] 야고보도 동일한 선교를 이행함에 있어[27] 안디옥을 향한 선교가 이스라엘의 회복이라는 똑같은 소망과 일치하도록 했을 수 있다.[28] 결국 종말의 초점으로서 예루살렘에서 여전히 부각된다면(이스라엘의 회복 그리고/혹은 예수의 재림이라는 절정의 사건의 중심지로서 예루살렘), 그곳 중앙에 자리 잡은 사람들은 가장 자연스럽게 예루살렘에서 일어나는 일에 이스라엘의 외곽 지역들을 순응시키려고 했을 것이다.[29] 이 경우에 베드로에게 영향을 끼친 요인은 단순히 야고보의 권위가 아니라, 예루살렘을 둘러싼 신학적·종말론적 중요성이었을 것이다. 그렇다면 바울이 베드로를 비난한 "두려움"(갈 2:12)은 단순히 개인들(믿거나 믿지 않는 유대인들)에 대한 두려움이 아니라, 자신이 결국 유대인의 운명, 즉 이스라엘의 회복을 망치고 있다는 두려움이다. 다시 말해서 야고보에게서 온 권면의 목적은 이방인 선교를 좌절시키려는 것이 아니라, 오히려 할례자 선교의 온전함을 확실히 하려는 데 있다. 예루살렘에서 합의된 이중 책임의 모호성(2:9)은 야고보에게 그렇게 주장할 권리를 부여했고, 그것은 베드로와 바나바가 부정할 수 없었던 주장이었다.

이같은 여러 사항을 고려할 때 안디옥 교회 내의 "분립"에 대한 책임이

한다(수리아 포함)(겔 47:15-17; 48:1).

26) *Jesus Remembered*, 322-23, 515.

27) 적어도 예루살렘에 있던 몇 사람의 기억에는 마 10:5-6이 그들 자신의 논제 진술로 간직되었을 것이다.

28) "그 새 선교는 이스라엘을 향한 예수의 선교를 타협하는 식으로 행해져서는 안 된다"(Bockmuehl, 'Antioch and James the Just', 179-89; 여기서는 187).

29) 이 논지는 사도 법령이 "이스라엘 집 가운데" 사는 이방인과 관련이 있는 레 17-18장의 금지 명령에 의존했다는 Bauckham의 논증과 잘 들어맞는다('James and the Jerusalem Church', 459-61). 그러나 만일 그 법령이 단지 나중에 등장했다면(대부분이 동의하듯이, 그러나 §27 nn. 229, 231을 보라), 그것은 안디옥 사건 자체의 한 요인으로 받아들일 수 없다.

있는 사람에게서 기인했다는 점이 부분적으로 옳다고 하더라도, 야고보가 이 문제에 관해 흔히 표현된 것보다 "위험의 감수"를 훨씬 더 꺼렸다는 것이 핵심이다. 대조적으로 베드로와 바나바가 고도의 실용적 책임감을 느끼고 행동했다고 주장할 수 있다면, 점점 더 민감해지는 유대 기독교의 정체성 위기의 중심에 있던 야고보의 경우에는 더욱 그렇게 주장할 수 있다. 요약하자면 야고보는 바울의 간단한 서술이 암시한다고 흔히 이해된 것보다 훨씬 더 책임감 있고 훨씬 더 진실하게 행동했다고 여겨질 수 있으며, 또 그렇게 받아들여져야 한다.

d. 전통주의자 야고보

그러나 예루살렘 공회와 안디옥 사건에서 야고보가 맡은 역할을 어떻게 해석하든지, 야고보가 수장으로서 대표하는 예루살렘 교회가 바울과 베드로의 선교를 통해 확장되어나가던 메시아 예수 운동 내에서 전통적이고 보수적인 진영의 중심이 되었다는 인상을 피하기는 어렵다.

예루살렘의 영향력을 강렬하게 부정하는 바울의 말을 고려하면(갈 1:17-22), 갈라디아서의 "말썽꾼들"이 예루살렘을 자신들의 선교 사역을 포함한 모든 권위의 근원으로 언급했다는 결론을 피하기는 거의 불가능하다.[30] 예루살렘과 야고보가 명백하게 이것을 재가했든 안 했든 간에, 새로 온 사람들로 하여금 바울의 개종자들을 유대화하도록 예루살렘이 고무했다는 사실은 여전히 남아 있다. 그리고 갈라디아의 교회들을 안디옥에서 온 선교사들(바울과 바나바)이 설립했다면, 그것은 안디옥에서 결정적이었다고 드러난 신학적 고려사항들이 단순히 이방인이 다수인 상황으로 확대되었다고 추론할 수 있다. 그 상황에는 이스라엘의 회복이라는 관점에서 주로 생각된 선교의 진실성이 하나님을 경외하는 자들로 하여금 온전

---

30) 위 §31.7a를 보라.

한 유대교 개종자가 되는 것을 요구한다고 이해되었다.[31]

동일한 고려사항들이 고린도(고후 10-13장)와 빌립보(빌 3:2-21)에서 일어 났던 간섭에서도 중요했다.[32] 이 두 지역에서 바울은 분명히 자신의 정체 성을 전통적인 히브리인과 아브라함의 자손들로 규정하며 메시아 예수의 복음을 전하는 유대인 선교사들과 분명히 대립했기 때문이다(고후 11:22; 빌 3:5). 갈라디아서 1:13-14과 빌립보서 3:5-6의 병행 그리고 갈라디아서 1:6-9 과 고린도후서 11:4의 병행은 바울이 인식하고 있던 위협이 동일한 특징을 가졌고, 같은 위임과 합법성을 주장했음을 충분히 확인해줄 것이다. 여기 서도 함의는 기독교에 대한 더 협소하고 더 율법에 순응적인 이해의 원천 과 관련이 있고, 그 원천의 가장 명백한 정체는, 구체적으로 야고보든 아니 든, 예루살렘이다.[33]

가장 두드러지는 점은 야고보와 장로들과의 만남에서 드러난 예루살 렘 교회를 누가가 사도행전 21장에서 묘사한 것이다. "믿는 자 수만 명이 있고" "다 율법에 열성을 가진 자"(21:20).[34] 누가(혹은 그의 보고 내용)의 과장 을 고려하더라도, 그런 내용은 신자들이 그때쯤에는(57년) 예루살렘 사람 들의 주요한 부류였다는 의미가 틀림없다. 당시 점점 더 심각해지던 유대 의 정치 상황을 고려하면,[35] "율법에 열심인 자"라는 그리스도인에 대한 묘 사는, 그들이 떠오르는 민족주의(민족 종교에 더 열렬한 열심으로 특징지어지는)에 강한 영향을 받았다는 의미일 수 있다.[36] 틀림없이 일부는 로마의 통치하

---

31) 우리는 사도 법령(행 15:23-29)을 담은 서신이 "안디옥과 수리아와 길리기아에 있는 이방인 형제들"에게 보내진 것(15:23)과 바울이 갈라디아를 포함한 듯한 선교 사역을 이야기하면 서 자신이 수리아와 길리기아에서 활동했음을 단순히 언급했다는 점을 다시 상기한다(갈 1:21). §27 n. 319을 보라.

32) 더 자세하게 위 §§32.7b 그리고 34.4a(iii)를 보라.

33) Ps.-Clem., *Recog.* 4.35은 주의 형제 야고보의 추천서를 예루살렘에서 가져오지 않았다면 어 떤 교사도 믿어선 안 된다고 경고한다. 이는 고후 3:1을 중요하게 되울린다. 야고보가 개입 했다는 점은 Pratscher, *Herrenbruder*, 89-93이 의문시한다.

34) 다시 위 §34.1a를 보라.

35) Josephus, *War* 2.223-38; *Ant.* 20.97-124; Smallwood, *Jews*, 272-84의 더욱 자세한 분석.

36) 요세푸스는 유대인 봉기가 제대로 시작할 때까지(즉 66년까지) "열심당"(Zealot)이라는 용

에서 점점 불안해졌고 로마의 통치에 더 저항하는 쪽으로 기운 사람들 가운데서 활동했을 것이다. 누가가 이 그리스도인 "열심당"을 디아스포라 유대인들에게 충격을 준 바울의 선교를 심하게 의심하는 사람들로 표현한다는 점은, 바울의 선교가 반복해서 경험한 유대 그리스도인들로부터 기인한 반대의 주 원천이 예루살렘이 틀림없음을 확인해준다(그런 확인이 필요하다면 말이다). 그러나 이것은 사도행전 21:18 이하에서 야고보가 표현한 견해와 개방성이 사도행전 15:13-21에서 야고보가 표현했던 것과 달라졌음을 암시하는가? 그 질문은 누가 자신의 묘사와 누가가 사용한 자료를 구별하는 문제, 그리고 57년의 예루살렘의 정치 상황 및 그 상황이 기독교 공동체에 어떤 영향을 끼쳤는지를 충분히 평가하기 어렵다는 점과 너무나 밀접하게 관련된다. 그러나 그런 불확정성에도 불구하고, 야고보와 장로들이 강권한 행동 과정(15:22-25)은 잠재적으로 실행 가능한 타협이었고, 사도 법령에서 예상할 수 있는 방침과[37] 상당히 부합하며, 바울 자신이 언급한 원리들에(고전 9:20) 비추어봐도 부적합하지 않다. 다시 말해서, 바울 선교의 성공에 대해 하나님을 찬양했다고 이미 묘사된 야고보(21:20)는 자신의 원리 및 바울의 원리와 일치하는 명예로운 타협을 추구하는 사람으로 묘사된다. 이 야고보는 흔히 생각하는 것보다 훨씬 더 중재적인 인물이다.[38] 물론 그가 사도행전에 더는 등장하지 않고, 재판이나 투옥 중인 바울을 도우려고 왔다는 언급은 어느 곳에도 없다. 그러나 그런 침묵이 어느 정도까지 누가의 편집의 산물인지 모른다.[39] 로마의 회당 공동체들이 유대로부터 바

어를 사용하지 않았는데(*War* 4.160-61), 이는 바울과 야고보의 만남보다 약 9년 후다. 그러나 필자는 자객단(sicarii)이 벨릭스 총독 재임 기간인 50년대에 이미 활동 중이었다고 언급했다(*War* 2.254)(위 §34 n. 35를 보라). 따라서 "열심당"은 단순히 종교적 열심이 아닌, 정치적 행동주의를 이미 나타냈을 수도 있다.

37) 누가는 여기서 사도 법령을 추가로 언급함으로 그 주장을 한다(행 21:25).

38) 비교. Ward의 결론: "우리는 야고보가 '완고한 율법주의자'였거나, '엄격한 유대-기독교 경향의 대표자' 혹은 심지어 '기독교 바리새인'이었다는 어떤 증거도 발견하지 못했다"('Jesus of Jerusalem', 786).

39) 필자는 누가가 로마의 회중들이 로마 감옥에 있는 바울을 지원한 것에 대해 동일하게 침묵

울에 대한 부정적인 내용을 전혀 듣지 못했다는 점을 누가가 또한 전해주고 있음을 상기해야 한다(28:21).

위(僞)클레멘스 문헌에 보존된 2세기 유대인-그리스도인의 지속적인 전통에서 야고보가 높임을 받았다는 사실은 특별히 중요하다.[40] 그 문서에서 야고보는 처음부터 예루살렘 교회의 수장으로 등장한다. "주님이 그를 그곳의 감독으로 임명하셨다"(Recog. 1.43). 베드로와 다른 사도들은 야고보에 종속되고 자신들의 사역을 야고보에게 보고해야 했다고 묘사된다.[41] 그리고 위(僞)클레멘스 문헌은 베드로가 야고보를 "거룩한 교회의 장이며 주교"로 언급하는 서신들로 소개되며, 클레멘스는 그를 가리켜 "예루살렘, 히브리인들의 거룩한 교회, 하나님의 섭리로 놀랍게 세운 모든 곳의 교회를 관할하는 장이자 감독 중의 감독인 야고보"라고 부른다.[42] "범기독교" 그리스도인 작가들은 다양한 유대 기독교 집단이 율법과 유대인의 일상에 있어서 보수적이라고 한결같이 여겼기 때문에,[43] 야고보가 메시아 예수를 믿게 된 많은 유대인에게 핵심적이었던 이런 강조점들의 영웅과 주창자였다고 추론하는 일은 자료들에 대한 무리한 해석이 아니다. 그런 유대 기독교 종파가 바울을 노골적으로 반대자로 여겼다는 사실[44] 역시 야고보와 바울의 계승자들 간의 철저한 분립 때문에 야고보가 조언했던 그런 중재적인 태도가 완전히 사라졌음을 나타낸다.[45]

한다고 이미 언급했다. 필자가 로마를 가리킨다고 보는 빌 1:12-17과는 어느 정도 대조적이다(위 §34.4a, 특별히 n. 240을 보라).

40) 특별히 Pratscher, *Herrenbruder*, 121-50(요약은 149-50)을 보라. 필자는 이미 *Gospel of the Hebrews*, 7장만이 예수가 부활 후 야고보에게 나타났음을 서술한다고 말했다(고전 15:7); *Jesus Remembered*, 863 n. 171; Painter, *Just James*, 184-86을 보라.

41) 예. *Recog.* 1.17, 72; 4.35; *Hom.* 1.20; 11.35

42) *ANF*, 8.215, 218.

43) "그들은 할례를 행하고, 율법을 따르는 관습을 보존했으며, 유대인의 생활 방식을 실천했고, 심지어 예루살렘이 하나님의 집인 것처럼 예루살렘을 사모했다"(Irenaeus, *Adv. haer.* 1.26.2). 다른 초기 교부들의 언급은 필자의 *Unity and Diversity*, (³2006), 258 n. 10에 있다.

44) *Epistula Petri* 2.3에서 베드로는 명백히 바울인 인물을 "내 대적인 사람"으로 언급한다. 추가로 다시 *Unity and Diversity*, (³2006), 260 그리고 아래 n. 69를 보라.

45) 야고보가 영지주의 문헌에서도 존경받았다는 사실(*GTh* 12 ─ "의인 야고보, 그를 위해 하

에우세비오스가 "사도 이후 세대에 속한다"(HE 2.23.3)고 말한 헤게시포스(Hegesippus)가 야고보를 묘사한 방법은 특별히 홍미롭다.

주의 시대부터 우리 시대까지 모든 사람이 그를 "의인"이라고 불렀다. 많은 사람이 야고보로 불렸기 때문이다. 그는 자기 모태에서부터 거룩했다. 그는 포도주나 독주를 마시지 않았고, 고기도 먹지 않았으며, 머리에 칼을 전혀 대지 않았고, 기름을 바르지 않았고, 목욕도 하지 않았다. 그는 혼자서 지성소에 들어가도록 허락받았다. 그가 양털을 입지 않고 아마를 입었기 때문이고, 혼자 성전에 들어가 무릎을 꿇고 사람들의 죄 사함을 위해 기도하는 모습으로 발견되었기 때문이다. 그가 끊임없이 하나님을 예배하며 사람들을 위해 무릎 꿇고 용서를 구했기 때문에 그의 무릎은 낙타 무릎처럼 단단해졌다. 그의 과도한 의로 인해 그는 의인과 오블리아스(Oblias), 즉 그리스어로 "백성의 성벽"과 의로 불렸다. 그에 관해 예언자들이 선포했듯이 말이다.…"예수의 문"이 무엇이냐는 [야고보에게 제기된 문제에 관해], 그는 예수가 구원자였다고 말했다. 이로 인해 몇몇 사람은 예수가 그리스도였다고 믿었다.…믿은 사람들은 야고보 때문에 믿었다(HE 2.23.4-9).[46]

야고보에게 주어진 세 개의 칭호가 특별히 눈에 띈다. "의인", "오블리아스"("백성의 성벽"이라는 그리스어), "의". 보컴은 "오블리아스"라는 용어를, 쿰란

늘과 땅이 생겼다"; Schneemelcher, NTA 1.313-41 필자의 First and Second Apocalypses of James)은 이 영지주의 본문들과 집단들에 대한 홍미로운 역사를 제시하는데, 이는 제3권에서 다룰 것이다. 우선 더 상세한 사항은 Pratscher, Herrenbruder, 3장; R. P. Martin, James (WBC 48; Waco: Word, 1988), xlilxi; Hengel, 'Jakobus', 551-59; Painter, Just James, 159-81을 보라. Bauckham은 정당하게 결론짓는다. "어떤 역사적 실체가 이 전설적인 위대함의 배후에 분명 있을 것이다'('James and the Jerusalem Church', 427; 또한 451). Pratscher는 다른 영지주의 집단 중 어느 집단도 바울을 반대하는 태도를 보여주지 않았고, 이는 참된 유대기독교 전승(위[僞]클레멘스 문헌에서처럼)이 영지주의적 전제를 형성하는 데 결정적인 역할을 하지 않았음을 보여준다고 지적한다(Herrenbruder, 177).

46) 에피파니오스는 이 전승을 반복하고 설명을 덧붙인다(Pan. 78.14.1-6). Painter, Just James, 211-13. 또한 Pratscher, Herrenbruder, 103-21을 보라.

공동체가 했던 것과 비슷하게, 최초의 교회가 자신을 종말론적 성전으로 이해한 맥락에서 보아야 한다고 설득력 있게 논증했다.[47] "성벽" 오블리아스처럼, 야고보는 자신의 기도로 그 도시를 보호했다.[48] "성벽인 야고보는 반석인 베드로하고만 비교된다.[49] 보컴이 역시 언급했듯이, "예수의 문"이라는 언급은 이 이미지에 잘 들어맞으며, 아마 시편 118:20을 염두에 두고, 예수를 종말론적 성전에 들어가는 문으로 묘사한다.[50]

특별히 후기 유대-기독교 문헌에서 변화하는 환경(일어나는 유대 민족주의와 광신주의 조류)과 어느 정도의 영웅 숭배를 고려한다면, 드러난 그림은 두드러지게 일관성을 보인다. 야고보는 그의 생애 동안 깊은 존경을 받았고 자신의 말에 상당한 권위를 지닌 대단한 인물이었음이 틀림없다. 예루살렘 공회에 관한 두 서술에서 나타났듯이, 야고보가 이방인 선교에 대해 어느 정도 열려 있었는지는 더 이상 말할 수 없다.[51] 그러나 그 합의는 기독교의 발전에 중대했고, 떠오르는 기독교에 유대 전통을 강하게 유지하는 일(야고보서!)과 마태복음(바울은 말할 필요도 없이!) 같은 문서가 철저히 기독교적 관점에서 긍정적인 통합이라는 이상(유대인과 이방인)을 유지하는 것을 가능하게 했다.[52] 후기에 야고보가 더 중재적이었던 이전의 위치에서 물러

---

47) Bauckham, 'James and the Jerusalem Church', 441-50. 이는 그중에서도 벧전 2:5; 엡 2:20; 고전 3:11; 갈 2:9; 계 3:12; 21:14을 언급한다.

48) R. Bauckham, 'For What Offence Was James Put to Death?', in Chilton and Evans, eds., *James the Just*, 199-232(여기서는 206-10); 또한 'Jesus and the Jerusalem Community', 69. 에피파니오스도 야고보의 이름, "'성벽'이라는 의미의 오블리아스"를 안다(*Pan.* 78.7.7).

49) Bauckham, 'James and the Jerusalem Church', 449.

50) Bauckham, 'What Offence?', 208-10, 그리고 추가로 210-18; 또한 Hengel, 'Jakobus', 563-66('Der "Offenbarungsmittler"')을 보라. 헤게시포스의 서술의 다른 특징에 관해서는 Painter, *Just James*, 125-27을 보라.

51) 위(僞)클레멘스 문헌은 이방인 선교가 필요하다는 신앙을 포함한다. "아브라함에게 보여준 수가 성취되도록 열방이 불신자들이 남아 있는 곳에서 부름 받을 필요가 있기 때문에, 하나님 나라에 대한 구원의 선포가 온 세상에 보내졌다"(*Recog.* 1.42.1 라틴 판본; 또한 1.50.2을 보라). 여기서 필자는 F. Stanley Jones, *An Ancient Jewish Christian Source on the History of Christianity: Pseudo-Clementine Recognitions 1.27-71* (Atlanta: Scholars, 1995), 72을 의존한다.

52) B. Witherington, *The Brother of Jesus* (San Francisco: HarperSanFrancisco, 2003)는 그를

낳는지, 그리고 60년대의 재앙이 없었다면 예루살렘에서 야고보나 교회가 어떻게 보였을지, 우리는 결코 알 수 없을 것이다. 그러나 이 대답할 수 없는 질문들이 사도행전 15장에서 누가가 특별하게 남긴 전체적으로 긍정적인 이미지로부터 우리를 멀어지게 해서는 안 된다.

36.2 야고보의 죽음

첫 세대 기독교라는 무대의 세 주요 배우 중에서, 야고보의 죽음과 그 죽음의 상황에 관해서만 확고한 증거가 있다. 주로 요세푸스가 그 사건을 언급했기 때문이다. 비록 다른 그럴듯한 초기 전승들이 요세푸스의 정보를 보완하고 채워주지만 말이다.

a. 요세푸스

요세푸스는 베스도의 예기치 않은 죽음으로부터 62년 유대 지역 총독인 그의 후임자 알비누스의 도착까지, 그 전환을 표시하는 사건들을 서술하면서 야고보의 처형을 간단하게 기록한다. 요세푸스에 따르면(*Ant.* 20.200-203), "모든 유대인보다 심판하는 데 잔인한 사두개파를 따랐던" 대제사장 아나누스(Ananus, 20.199)는, 베스도의 죽음과 알비누스가 도착하는 시간 사이에 야고보와 몇몇 다른 사람들에 맞서 행동할 기회를 잡았다.

> 그는 산헤드린의 재판관들을 소집했고, 그리스도[혹은 소위 그리스도]로 불리는 예수의 형제인 야고보라 이름하는 사람과 몇몇 다른 사람을 그들 앞으로 데려왔다. 그는 그들이 율법을 어겼다고 고소했고 그들에게 돌팔매 판결을 내

"유대인-이방인의 중재자 야고보"로 묘사한다(109).

렸다. 가장 공정한 마음을 가졌다고 여겨지고 율법 준수에 엄격했던 그 도시 거주자들은 이를 불쾌하게 여겼다(20:200-201).

결과적으로 그것을 불쾌하게 여긴 사람들("그것을 어렵게 견뎌낸" 사람들)은 아그리파 2세 왕에게 호소했고, 그들 중 일부는 불만을 표시하러 가는 길에 알비누스를 만나러 나갔다. 위법의 근거는 아나누스가 알비누스의 동의 없이 산헤드린을 그렇게 소집할 권한이 없다는 것이었다(20:202). 알비누스는 분노했고, 아그리파는 아나누스를 대제사장직에서 물러나게 했다. 그는 단지 3개월간 그 자리에 있었다.

『예수와 기독교의 기원』에서 언급했듯이, 이것은 요세푸스의 저작에 있는 가장 확신할 수 있는 예수에 대한 언급이다.[53] 예수에 관한 그 언급이 야고보에 대한 주된 언급의 결과라는 점이 간과되어서는 안 된다. 심지어 이런 부수적인 언급에서도, 야고보의 죽음은 요세푸스의 역사에서 예수의 죽음보다도 더 중요했다. 비록 야고보가 "그리스도"라 불리는 이 예수의 형제라는 사실로 규명되었음을 역시 언급해야 하지만 말이다. 그렇다면 아나누스가 야고보를 지목한 이유는 그리스도와 관련된 야고보의 지위와 관련이 있다. 즉 십중팔구는 야고보가 예루살렘 "그리스도인들" 종파의 지도자였기 때문일 것이다. "몇몇 다른 사람들"도 같은 종파의 구성원인지는 표시되지 않았다.[54]

그들을 향한 고발은 그들이 율법을 어겼다는 것이다. 여기서 스데반에 대한 고소(행 6:11, 13-14)를 되풀이하는 것이 흥미로운데, 이 두 문단이 서로 독립적이기 때문이다. 더구나 아나누스의 독단적 행동에 항의한 사람들은 "율법에 관해 엄격하다(akribeis)"라고 묘사되었는데, 이는 요세푸스가 바

---

53) *Jesus Remembered*, 141.
54) Hengel은 그들을 이름이 알려지지 않는 다른 유대 그리스도인들로 추정한다('Jakobus', 551).

리새인의 특징을 말할 때 사용한 표현이다.[55] 관찰된 이 두 점을 고려하면, 이 두 가지 추론은 상당히 정당하다. 첫 번째는 아나누스의 행동이 골이 깊은 종파 논쟁에 뿌리를 두고 그 논쟁을 표현한다는 점이다. 그 불만의 기반은 사실 율법에 관한 불일치이며, 그것을 어떻게 해석하고 준수해야 하느냐와 관련이 있다(할라카 논쟁). 유대교 안에서와 새로운 예수 종파와 관련한 종파 내부 논쟁의 역사는 그 논쟁을 해결하려고 택한 그런 폭력적 방법에 충분한 선례를 제공한다. 두 번째는 "엄격한" 자들이 제사장 종파보다 야고보를 훨씬 더 동정했을 수도 있었다는 점이다. 이는 많은 바리새인이 그 종파에 합류했고(행 15:5), 심지어 그리스도인인 바울이 예루살렘의 바리새인에게서 어느 정도 지지를 얻는 데 성공했으며(행 23:6-10), 예루살렘의 신자들(야고보가 이끈)이 한결같이 율법에 열심이었다는 사도행전의 증거(21:20)와 조화를 이룬다.[56]

야고보에 맞선 이유가 종파 간 경쟁이었고, 새 대제사장이 자신이 혐오하는 경쟁 상대에 맞서 선제공격을 하기 위해 행정 장관이 부재했던 틈을 탔다는 견해는[57] 로마의 통치에 대해 다른 태도를 지닌 사람들 간의 정치적 논쟁이 근원적인 이유였다는 견해보다 더 그럴듯하다. 물론 4년 후에 발생한 반란의 폭풍 구름이 62년에 이미 짙어졌음은 사실이다. 그래서 야고보를 극단적 종파 사이에 낀 몇 안 되는 중도적 목소리 가운데 하나로 볼 수 있는데, 그런 사람은 이런 갈등에서 너무나 흔하게도 한쪽이나 다른 쪽(혹은 양쪽)으로부터 신뢰할 수 없다고 여겨지며, 그가 사라지고 나면 극단주의자들 간의 대립이 단지 더 심화된다.[58] 이것은 자객단의 암살에서 이

55) *Jesus Remembered*, 269 n. 67.
56) Pratscher, *Herrenbruder*, 255-60. C. A. Evans, 'Jesus and James: Martyrs of the Temple', in Chilton and Evans, eds., *James the Just*, 233-49은 "바울의 방문과 그에 따른 논란이 야고보를 향한 대제사장의 반대의 이유를 일부 제공"하지 않았는지를 궁금해한다(236).
57) 특별히 J. S. McLaren, 'Ananus, James and Earliest Christianity: Josephus' Account of the Death of James', *JTS* 52 (2001), 1-25을 보라. 비교. Barnett, *Jesus*, 322.
58) 그 상황에 영향을 끼쳤을 정치적 혼란은 예로, Martin, *James*, lxiv-lxix을 보라. 흥미롭게도 아나누스 자신이 나중의 유대 봉기 중에 극단주의자 때문에 잠잠하게 된 중도적 역할을 한

미 명백해졌고 예루살렘 정복 이후 너무나도 끔찍한 특징이 된 내분 정책과 확실히 일치한다(69-70년).[59] 그러나 후에 종파들을 묘사하며 그 종파들을 관대하게 다루지 않은 요세푸스는 그런 요소가 야고보의 처형에 영향을 끼쳤다는 어떤 암시도 주지 않는다.

야고보가 돌팔매를 당했다는 내용 역시 중요한데, 돌팔매는 폭력으로 변질된 스데반의 처형과는 다르게 타당한 사법적 사형으로 보이기 때문이다. 돌팔매의 형벌에 해당하는 죄 가운데 가장 분명한 다른 죄는 신성 모독(레 24:13-16, 23)과 다른 신들을 숭배하도록 사람을 유혹하는 일이다(신 13:6-10).[60] 우리는 예수의 재판에서 신성 모독이라는 고발이 작용했을 가능성에 대해 이미 살폈는데(막 14:61-64),[61] 이 고발은 스데반 처형의 직접적인 원인으로 누가의 서술에서 반복된다(행 7:56-59). 따라서 특별히 예수와 관련해서 주장된 내용을 고려하면, 야고보는 비슷한 죄목으로 기소되었을 수 있으며, 그 기소는 특별히 시편 110:1에 근거하고, 분명히 예루살렘 자체 내에서 매우 초기부터 존재했다.[62] 다른 신을 따르도록 사람들을 속이거나 부추기는 다른 죄는 예수에게 내려진 판결의 또 다른 판본과 궤를 같이하는데, 그것은 예수가 "마술사이며 사람들을 속이는 자"였다(Justin, Dial. 69.7)는 것이다.[63] 이는 메시아 예수 종파 내에서 예수에 관해 제기한 주장들에 대해 예루살렘 지배층에서 반대가 커졌음을 암시할 수도 있다.[64]

사람이며, 이 때문에 평화적 협상에 대한 소망이 사라졌다(Josephus, War 4.151).

59) 아래 §36.4을 보라.

60) 특별히 Bauckham, 'What Offence?', 218-32을 보라. 특별히 223-29.

61) Jesus Remembered, 751-52.

62) 위 §23 n. 91과 23.4d를 보라. Bauckham이 언급했듯이, 사두개파와 바리새파가 "신성 모독"을 다르게 정의하여, 사두개파는 이를 더 광범위하게, 바리새파는 더 협소하게 정의했을 가능성이 있다('What Offence?', 223-25). 이는 아나누스의 조치를 반대한 "엄격한" 사람들에 관한 요세푸스의 언급과 일치한다.

63) G. N. Stanton, 'Jesus of Nazareth: A Magician and a False Prophet Who Deceived God's People?', in J. B. Green and M. Turner, eds., Jesus of Nazareth: Lord and Christ (Grand Rapids: Eerdmans, 1994), 164-80; 그리고 추가로 Jesus Remembered, 689-94을 보라.

64) Bauckham은 이 두 번째 대안을 선호한다('What Offence?', 225-29). Evans는 "예수와 야고보가 성전 지배층에 반하는 똑같은 의제를 진척시켰을 수도 있으며, 두 사람은 본질적으로

그런 반대는 이삼십 년 후에 요한복음에 반영된 상황에서 만개했다.[65] 따라서 아나누스가 이런 이유로 메시아 예수 종파를 반대하는 초기 주창자였다고 볼 수 있다. 어느 경우든, 종파에 대한 허위 정보와 특정한 경향을 띠고 와전된 소문이 그 역할의 일부를 담당했다. "엄격한" 사람들의 반대는 야고보에 맞서는 절차에서 "인민재판"이나 "여론 조작용 재판" 같은 것이 있었음을 시사한다. 그러나 야고보가 처형된 이유를 확신하지 못한다고 할지라도, 여전히 요세푸스는 메시아 예수 종파에 대항한 분파주의와, 제2성전기 후기 유대교 내의 여러 종파 간의 분파주의의 종류에 대해 명확한 일별을 제공한다. 유대교 내의 여러 종파 간의 대립은 유대교가 갈가리 찢어지기 시작한 60년대 초의 특징이었음에 틀림없다.

b. 헤게시포스

에우세비오스가 바울이나 베드로보다는 야고보의 순교를 훨씬 더 광범위하게 서술했다는 사실은 매우 주목할 만하다.[66] 에우세비오스는 요세푸스의 글에서 똑같은 핵심 문단을 인용할 수 있었다. 그러나 그는 요세푸스의 전통적인 본문에 없는 한 짧은 문단으로 서문을 썼다. "그리고 소위 그리스도라 하는 예수의 형제였던 의인 야고보의 원수를 갚으려고 유대인들에게 이 모든 일[예루살렘 성전 파괴]이 일어났다. 유대인들이 그의 위대한 의에도 불구하고 그를 죽였기 때문이다"(HE 2.23.20).

그러나 야고보의 죽음에 관한 에우세비오스의 주요하고 광범위한 서술은 헤게시포스에게서 가져온 것이며, 헤게시포스의 글은 위에서 도달한

동일한 사람들의 손에 의해 똑같은 운명에 놓였다"라고 주장한다('Jesus and James', 249). 그러나 이 주장은 §36.1에서 인용한 헤게시포스의 글과 일치하지는 않는다.

65) 필자의 'Let John Be John — a Gospel for Its Time', *Das Evangelium und die Evangelien* (ed. P. Stuhlmacher; Tübingen: Mohr, 1983), 309-39 = *The Gospel and the Gospels* (Grand Rapids: Eerdmans, 1991), 293-322; 그리고 추가로 제3권에서 보라.

66) 위 §§34.7과 35.3을 보라.

지점에서 계속된다(§36.1d). 헤게시포스는 유월절에 서기관들과 바리새인들이 예수를 받아들였던 실수를 부인하라고 야고보에게 호소했고, 잘 보이도록 성전의 작은 첨탑에 올라서서 부인하라고 했음을 묘사한다. 그들이 야고보에게 질문했다. "오 우리가 모두 순종해야 하는 의인이시여, 사람들이 십자가에서 죽은 예수를 따라 길을 잃었는데(planatai), 예수의 문이 무엇인지 우리에게 말해주소서!" 야고보는 큰 목소리로 대답했다. "왜 인자에 관해 묻는가? 그는 위대한 능력자의 오른편에 앉아있고, 하늘의 구름을 타고 오실 것이다"(HE 2.23.13).

많은 사람이 야고보의 증언으로 인해 설득되었으며, 이는 서기관들과 바리새인들에게 그들이 실수하는 것이라고 분명하게 경고했다.

> 그래서 그들은 올라가 의인을 내던지고 서로에게 말했다. "우리가 의인 야고보를 돌로 쳐 죽이자." 내던져도 그가 죽지 않았기 때문에 그들은 그에게 돌을 던지기 시작했다. 그러나 그는 돌아서 무릎을 꿇고 말했다. "오 주 하나님 아버지, 당신께 간구합니다. 그들을 용서하소서. 그들은 자신들이 무슨 일을 하는지 모릅니다."⋯그들 가운데 어떤 사람, 즉 세탁업자 중 한 사람이 옷감을 때리는 데 사용하는 곤봉으로 의인의 머리를 쳤으며, 그는 그렇게 순교했다. 그들은 성전의 그 자리에 그를 묻었고, 그의 무덤은 여전히 성전 옆에 남아 있다. 그는 유대인과 그리스인들에게 예수가 그리스도이심을 보여준 진실한 증인이 되었고, 베스파시아누스(Vespasian)의 군대는 즉시 그들을 포위했다(HE 2.23.14-18).[67]

헤게시포스가 "사도들 이후 세대에 속한다"(HE 2.23.2)는 주장은 그의 서

---

67) 에우세비오스는 "그가 성전 첨탑에서 던져져서 직공의 곤봉으로 맞아 죽었다"라는 의인 야고보에 관한 알렉산드리아의 클레멘스의 *Hypotyposes*를 앞서 인용했다(HE 2.1.5). 또한 *Demonstratio evangelica* 3.5에서 에우세비오스는 예수가 하나님의 아들이라는 증언 때문에 야고보가 대제사장들과 유대 백성의 선생들로부터 "돌에 맞았다고" 기록한다.

술을 잠재적으로 상당히 가치 있게 만든다. 물론 날짜에 대한 오류와[68] 야고보에 맞선 행동의 원인을 "서기관들과 바리새인들"에게 돌린 것[69] 그리고 야고보의 증언과 마지막 말이 예수의 재판과 죽음에[70] 관한 복음서 전승의 본을 바탕으로 만들어진 것으로 보인다는 점은, 그 서술에 부여할 중요성에 대해 상당한 주의를 자연스럽게 요구한다. 그러나 요점은 야고보가 돌에 맞아 죽었고, 또 야고보에 맞서 취한 행동의 원인이 그의 예수에 대한 선포였다는 헤게시포스의 확인이다. 헤게시포스가 추가로 제공한 상세 사항을 요세푸스에게서 일별할 수는 없다.

헤게시포스의 서술은 영지주의적인 「야고보의 두 번째 묵시록」(Second Apocalypse of James)에서 발견하는 내용과 비슷하다. 야고보에 대해 돌팔매 형을 결정하고, 성전의 첨탑에서 그를 밑으로 던졌음에도 그가 여전히 살아 있음을 보고 그가 (훨씬 길게) 기도하는 동안 돌로 쳤다는 내용이다.

그러나 그들이 [그를 보았을 때], 그들은 [그가 여전히 살아 있음을(?)] 보았다. [그래서] 그들은 일어나(?) [내려가서] 그를 붙잡아 질질 끌고 가며 학대했다. 그들은 그를 눕혀 놓고 그의 배에 돌을 굴렸으며, "(오) 길 잃은 (사람이여)!"

---

68) 야고보가 62년에 죽었다는 점은 신뢰할 수 있다(베스도와 알비누스의 부재 기간). 반면에 로마에 대한 봉기는 66년에야 시작했고 베스파시아누스는 68년까지는 예루살렘을 포위할 계획을 세우지 않았다. 티투스는 단지 70년 초(4월)에야 예루살렘을 포위하기 시작할 수 있었다(Schürer, History, 1.499-503).

69) Ps.-Clem., Recog. 1.70.7에서 야고보를 계단 꼭대기에서 내던진 이는 바로 바울이다!

70)

Eusebius	막 14:62
인자에 관해 왜 내게 왜 묻는가? 권능자의 우편에 그가 앉아 있으며 하늘 구름을 타고 그가 올 것이다	인자가 권능자의 우편에 앉은 것과 하늘 구름을 타고 오는 것을 너희가 보리라

Eusebius	눅 23:34
당신께 간구합니다, 오 주 하나님 그리고 아버지, 그들을 용서하소서. 자기들이 하는 것을 알지 못함이니이다.	아버지, 저들을 사하여 주옵소서. 자기들이 하는 것을 알지 못함이니이다.

라고 말하며 발로 그를 짓밟았다. 그가 (아직) 살아 있었기 때문에 그들은 그를 일으켜 세웠다. 그들은 그로 하여금 구덩이를 파고 그 안에 서게 했다. 그를 배까지 묻었을 때, 그들은 이렇게 그를 돌로 쳤다(61-62).[71]

추가된 상세 사항(야고보의 몸에 돌을 굴렸다, 등등)은 상상으로 덧붙인 것일 수 있다. 그러나 또한 언급해야 하는 것은 초기에 야고보가 했다고 여겨진 연설이 성전이 허물어져 "폐허가 되고 무지한 자들의 조롱거리"(60)가 될 것이라는 예언으로 끝난다는 점이다. 이 예언은 예수 전승에서 경고한 성전 파괴를 떠올리게 하고(막 14:58),[72] 야고보에 맞선 행동이 대제사장 종파 때문임을 암시한다. 즉 그것은 요세푸스가 기록한 야고보에 맞선 대제사장의 행위와 더 일치한다. 그래서 그 전승은 이전의 원자료에서 유래했을 가능성이 있다. 거기에 얼마나 설명이 덧붙여졌든지 말이다. 또한 헤게시포스와 「두 번째 묵시록」이 돌팔매에 대해 더 자세하게 묘사하는 이전의 전승에 의지했을 수도 있다.[73] 여기서 기억해야 할 중요한 점은, 정죄된 자를 높은 곳에서 떨어뜨리고 그 후에 돌로 치는 것이 돌팔매 형에 포함되었다는 사실이다.[74]

여하튼 우리는 돌팔매라는 사법 처형 판결을 받았다는 야고보 전승이 역사 속에 타당한 근거를 두고 있고, 대제사장이 야고보에 맞서는 움직임을 선동했으며, 예수에 관한 초기 선포와 주장의 성공이 (아마도) 종파 간 경쟁의 원인이었다고 확신할 수 있다.

---

71) W.-P. Funk, 'The Second Apocalypse of James', in Schneemelcher, *NTA*, 1.339의 번역을 따랐음. Pratscher는 위(僞)클레멘스 문헌, Hegesippus, *2 Apoc. Jas.* 전승을 공관복음을 따라 정리했다(*Herrenbruder*, 239-40).

72) *Jesus Remembered*, 631-34 그리고 위 §24.4c를 보라. 예수 전승과 스데반 순교의 병행은, Pratscher, *Herrenbruder*, 252-54를 보라.

73) Bauckham, 'What Offence?', 201-206.

74) Bauckham, 'What Offence?', 203, 205.

36.3 예루살렘 교회에 무슨 일이 일어났는가?

야고보를 향한 행동이 예루살렘 신자들을 향한 더 일반적인 박해의 일부
였거나 그 박해를 촉발했다는 암시가 우리가 가진 전승에는 없다. 아나누
스의 행동을 "엄격한" 자들(바리새인들)이 반대했고 아나누스가 자신의 무
모한 행동 때문에 퇴위당했다는 사실은 어쨌든 그런 가정에 반대된다. 그
래서 우리는 예루살렘 교회가 거의 야고보의 죽음 이전처럼 계속되었다고
추정할 수 있다. 예수의 다른 형제인 시므온이 야고보를 계승했다는 전승
은 기본적으로 그럴듯하다.[75] 칼리프(caliphate)의 전승에서처럼, 계승이 수
직적이기보다는(아들에게) 수평적이었다(형제들에게). 그러나 그런 혼란한 상
황에서 권위의 공식적 전환이 있었다고 추론할 수는 없다.[76]

로마를 향한 유대의 반란은 4년 후에 발생했다. 예수의 추종자들이 그
런 폭력적 행동을 반대했다고 추정해야 하는가? 이어지는 기독교 역사를
보면 꼭 그랬을 것이라고 시사하지 않는다. 그리고 "열심당들"(누가가 결코
모를 수 없었던 칭호)이 시작한 전쟁이 발발하기 단지 9년 전에 예루살렘의 신
자들을 야고보가 "율법에 열성을 가진 자들"이라고 묘사했다고 누가가 언
급했다는 사실은, 적어도 초기에는 반란을 지지한 몇몇(많은?) 그리스도인
이 있었을 것임을 시사한다.[77]

그러나 그 전쟁의 발발에 관련된 유일한 전승은 "펠라로의 도주"(the
flight to Pella)로 알려진 내용으로, 그것은 전쟁 초기에 예루살렘의 주요 기

---

75) Eusebius, *HE* 3.11.1; 4.22.4. 에우세비오스는 그를 "글로바의 아들…주의 또 다른 사촌"으로
부른다. 또한 Painter, *Just James,* 144-47; 그리고 추가로 Bauckham, *Jude and the Relatives
of Jesus,* 79-94를 보라. 전형적으로 Lüdemann은 시므온이 야고보를 계승하도록 지명되었
다는 이 언급이 펠라 전승과 충돌한다고 논증하는데, 그가 볼 때 후자는 예루살렘으로의 귀
환을 배제하기 때문이다('Successors', 209).

76) 이미 대제사장 승계에서 명백함(Jeremias, *Jerusalem,* 377-78을 보라). 위 §23 n. 199을 보라.

77) 이는 특별히 Brandon, *The Fall of Jerusalem,* 92장, 특히 179-80에서 논증한 사례다. Jossa는
그 제안을 일축한다: "그들이 전쟁에 참여하지 않았다는 것은 확실하다"(*Jews or Christians?,*
136).

독교 인구가 예루살렘에서 도망쳐 요단강 너머 데가볼리(Decapolis) 도시 가운데 하나이자 페레아의 도시인 펠라로 도피했다는 것이다.[78] 그 전승은 두 출처에서 전해 내려오는데, 에우세비오스의 *HE* 3.5.3과 이것을 다른 저술에서 세 번 언급한 에피파니오스(Epiphanius)다.[79]

예루살렘 교회 사람들은, 떠나서 펠라라 불리는 페레아의 도시들 중 한 도시에 정착하도록 예루살렘에서 계시를 받을 만한 사람들에게 전쟁 전에 계시를 통해 주어진 신탁으로 명령받았다. 그리스도를 믿는 사람들은 예루살렘으로부터 그 도시로 이주했다(Eusebius, *HE* 3.5.3).

이 나사렛 이단이 펠라 지역에 있는 코엘레 수리아(Coele Syria)와 데가볼리 지역에 이웃한 페레아에 존재한다.…예루살렘이 포위될 것이기 때문에 그곳을 떠나라고 그리스도가 그들에게 말했기에 모든 제자가 예루살렘을 탈출한 후 살기 위해 펠라로 갔고, 나사렛 이단이 그곳에서 시작했다. 내가 말한 대로, 그들은 이 충고 때문에 페레아로 이주한 후 그곳에 살았다. 그곳에서 나사렛 이단이 시작됐다(Epiphanius, *Pan.* 29.7.7-8; 유사하게 30.2.7, "에비온의 설교가 이곳에서 기원했다").

로마 사람들이 그 도시를 함락하려고 할 때, 그 도시가 완전히 파괴될 것이기에, 하나님의 천사가 모든 제자에게 그 도시를 떠나라고 미리 계시했다. 그들은 요단 동편(Transjordania)에 있는…펠라에 이주민으로 체류했다.…(그러나 예루살렘 파괴 후 그들은 돌아왔고…큰 이적들을 일으켰다)(Epiphanius, *Treatise*

---

78) D. G. Reid, 'Pella, Flight to', *DLNT*, 900-902은 펠라의 위치를 간결하게 잘 보여준다. "펠라는 요단강에서 동쪽으로 약 3.2km 떨어지고 갈릴리 바다에서 남쪽으로 약 29km 떨어진, 요단 계곡 북쪽 작은 언덕의 기슭에 위치했다"(900). 펠라의 역사와 고고학 자료는 R. H. Smith, 'Pella', *ABD*, 5.219-21을 보라.

79) 위(僞)클레멘스 문헌에 전승의 되울림이 있을 수도 있다. "그를 믿는 자들은 하나님의 지혜를 통해 그 땅의 요새로, 마치 생명으로 옮겨지듯이 인도받을 것이며, 후에 자신들의 의심으로 인해 설득되지 않은 사람들을 멸망하러 오는 전투 때문에 보존될 것이다"(*Recog.* 1.37.2 [Jones]; 비슷하게 1.39.3). 추가로 C. Koester, 'The Origin and Significance of the Flight to Pella Tradition', *CBQ* 51 (1989), 90-106을 보라. Bauckham, 'Jesus and the Jerusalem Community', 79 n. 58에 추가 참고문헌이 있다.

on Weights and Measures 15).[80]

에피파니오스가 이 전승을 에우세비오스에게 의존했을 가능성은 있으나,[81] 그들 간의 차이는 그들의 역사전승이 서로 독립적이며[82] 다양한 판본에 속해 있음을[83] 시사하기에 충분하다.

이 전승의 가장 매력적인 측면은 그것이 "작은 묵시"(막 13장)의 어느 부분이나, 적어도 그것과 관련된 누가의 판본(눅 21:20-21, 24)을 어느 정도 반영할 가능성이다.

너희가 예루살렘이 군대들에게 에워싸이는 것을 보거든 그 멸망이 가까운 줄을 알라. 그때에 유대에 있는 자들은 산으로 도망갈 것이며 성내에 있는 자들

---

80) 필자는 여기서 G. Lüdemann, 'The Successors of Earliest Christianity: An Analysis of the Pella Tradition', *Opposition to Paul in Jewish Christianity*, 200-213(여기서는 203)에 의존한다.

81) Lüdemann, 'Successors', 203-204 그리고 309-10 n. 16; J. Verheyden, 'The Flight of the Christians to Pella', *ETL* 66 (1990), 368-84.

82) Koester, 'Origin', 94-95; 이를 Reid, 'Pella', 901; 그리고 특별히 J. Wehnert, 'Die Auswanderung der Jerusalemer Christen nach Pella. Historisches Faktum oder theologische Konstruktion?' *ZKG* 102 (1991), 231-55(Verheyden에 대응함)이 따랐다. 또한 Painter, *Just James*, 121-22을 보라.

83) 68년에 요단 계곡을 무너뜨리기 위한 베스파시아누스의 군사 작전에서 펠라가 표적이었을 가능성은 없다. 펠라는 그리스 도시이고 친로마적이었으며, 요세푸스가 그 작전에 대해 서술하면서 펠라를 언급하지 않았기 때문이다(*War* 4.413-39). 페레아의 수도인 가다라 (Gadara) 역시 피해를 받지 않았다(4:413-18). 추가로 S. S. Sowers, 'The Circumstances and Recollection of the Pella Flight', *TZ* 26(1970), 315-20(여기서는 307-10)을 보라. Lüdemann 은 *Demonstratio evangelica* 6.18.14에서 에우세비오스의 언급("우리 구주의 사도들과 제자들 및 그를 믿는 모든 유대인이 유대 땅에서 멀리 있었고 열방 중에 흩어졌기에, 예루살렘 주민이 겪은 멸망을 피할 수 있었다")이 "펠라 전승을 위한 어떤 여지도 남기지 않은 듯하다"라고 생각한다('Successors', 310 n. 17). 그러나 Lüdemann이 제안하듯이 문자 그대로 받아들이면, 그 내용은 60년대 중반에 그리스도인들이 유대에 전혀 없었다고 말하는 게 되는데, 이는 결코 에우세비오스의 의도일 수 없다. 보장된 의미보다 더 제한된 의미를 나타내도록 그렇게 자료를 압박하는 것은 Lüdemann의 전형적인 방식이다. Carleton Paget이 Lüdemann에 응답한다. "펠라로 탈출했다는 에우세비오스 전승의 상당한 역사적 가치를 부정하는 사람들의 논증에 있는 주요 문제는, 펠라로 도피하라는 상당히 명확한 언급을 확실하게 설명하지 못한다는 것이다. 왜 하필 펠라인가?"('Jewish Christianity', 747-48). 또한 Painter, *Just James*, 144-47을 보라.

은 나갈 것이며 촌에 있는 자들은 그리로 들어가지 말지어다.…예루살렘은 이
방인의 때가 차기까지 이방인들에게 밟히리라.

이는 단지 "멸망의 가증한 것이 서지 못할 곳에 선 것"(막 13:14)만 언급하는
마가복음이 보존한 전승에 설명을 덧붙인 듯하다. 마가 전승 자체가 예루
살렘 성전에 자신의 형상을 세우려는 칼리굴라의 시도를 고려하여 예수
전승을 부연했을 수도 있기 때문에,[84] 누가 판본의 추가 설명은 베스파시
아누스와 그 후임인 티투스의 군대에 포위된 예루살렘이 직면한 결과와
훨씬 더 심각한 위기를 반영한다는 것이 논리적인 추론이다.[85] 최소한 에
우세비오스 전승은 "작은 묵시" 전승에 자극을 받았으며 예루살렘 교회의
예배에서 표현된 예언적 발언/신탁을 알고 있었을 가능성이 있다. 반란이
초기에 거둔 성공에도 불구하고 로마의 막강한 힘에 계속해서 대항할 수
없고 예루살렘의 파괴를 피할 수 없음이 점차로 명백해지면서 말이다.
　　에피파니오스가 펠라를 유대 기독교 종파의 도피 장소로 기억했다는
것도 적절하다. 우리가 살폈듯이, 그들의 독특한 특징들 가운데 몇 가지는
바로 사도행전 21:20-21에서 예루살렘 교회의 특징으로 표현한 것이다. 곧
야고보를 향한 깊은 존경, 율법에 대한 헌신, 바울에 대한 의심/폄하다.[86]
따라서 펠라 전승은 예루살렘 교회와 이후 수 세기의 유대 그리스도인 종
파 사이의 연결점을 제공하기도 한다. *Ebionaioi*는 "가난한"이라는 히브

---

84) 위 §21 n. 293 그리고 §26.5a n. 96을 보라. Brandon은 "거룩한 곳에서" "가증스러움"이라는
마태의 설정(즉 로마 정복자들이 실제로 지성소로 들어옴)이 도피하기엔 너무 늦은 지연을
암시한다고 논증한다(*The Fall of Jerusalem*, 173-74). 그러나 이는 마태가 이전의 위기로 형
성된 문단을 단순히 반복하는 데 만족했을 가능성을 무시한다.

85) 누가의 판본이 예루살렘 포위 자체보다는 구약의 언어에 더 의존했다는(그래서 예루
살렘의 실제 포위보다 앞선다는) C. H. Dodd의 유명한 관찰('The Fall of Jerusalem and
the "Abomination of Desolation"' [1947], *More New Testament Studies* [Manchester:
Manchester University, 1968], 69-83)은 누가의 서술이 막 13장에서 이미 부연한 것을 다시
부연했을 가능성 때문에 약화된다. 또한 *Jesus Remembered*, 417-18을 보라.

86) 다시 필자의 *Unity and Diversity*, §54.2; 또한 D. F. Wright, 'Ebionites', 그리고 D. A. Hagner,
'Jewish Christianity', *DLNT*, 313-17, 583-87을 보라.

리어/아람어의 음역인데, 이는 예루살렘 신자 중 일부가 신념을 따라 자신들의 빈곤을 받아들였고 자신들을 "가난한 자"로 생각했음을 반영하는 것이다.[87] 그리고 "나사렛 사람들"(Nazoreans)은 "나사렛 사람들"(Nazarenes)로 알려진 첫 그리스도인들의 전통을 명백하게 반영하고 유지하며 보존한다.[88] 즉 야고보 아래에 있던 더 보수적인 전통주의자들과 에비온파 사람들 및 나사렛 사람들의 후대의 가르침 사이에 직접적인 연속성이 있을 수 있다.[89]

펠라로 도주했던 사람들이 예루살렘이 파괴된 후 돌아왔다는 추가 전승(위 n. 80) 역시 이 각본과 들어맞는다. 즉 펠라로 도망갔던 사람 중 더 보수적인 사람들은 그곳에 남았고, 나머지 사람들은 유대에 교회를 다시 세우기 위해 돌아왔다는 것이다. 그러나 이것은 우리를 제3권의 논의로 데려간다. 여기서 언급할 내용은 예루살렘 교회가 적어도 로마에 대항한 전쟁 기간과 그 후 몇 년 동안 존재하지 않았다는 것이다. 더 격렬하게 민족주의적인 일부는 아마도 전쟁에 참여하여 예루살렘이 끔찍하게 포위된 동안에 비명횡사했을 것이다. 탈출이 불가능해지기 전에 많은 사람이 도피했다. 대립 초기나[90] 초기의 포위 중에 존재했던 탈출로를 티투스가 봉쇄하기 전

---

87) 바울이 예루살렘 그리스도인들을 전체적으로 "가난한 자"로 언급한 것은 아니다. 그것은 롬 15:26("예루살렘 성도를 중 가난한 이들")의 명백한 의미가 아니다. 그러나 "가난한 자"라는 칭호의 전통은 제2성전기 유대교 전통에 확립되었고(시 69:32; 72:2; *Pss. Sol.* 5.2, 11; 10.6; 15.1; 18.2; 1QpHab 12.3, 6, 10; 1QM 11.9, 13; 4Q171 2.10), 그래서 예루살렘에서 누군가가 이것을 수용했다고 생각할 수 있다. 추가로 E. Bammel, *TDNT*, 6.888-902을 보라. 그러나 또한 L. E. Keck, 'The Poor among the Saints in the New Testament', *ZNW* 56 (1965), 100-129; 그리고 '"The Poor among the Saints" in Jewish Christianity and Qumran', *ZNW* 57 (1966), 54-78을 보라. 또한 R. J. Bauckham, 'The Origin of the Ebionites', in P. J. Tomson and D. Lambers-Petry, eds., *The Image of the Judaeo-Christians in Ancient Jewish and Christian Literature* (WUNT 158; Tübingen: Mohr Siebeck, 2003), 162-81을 보라.

88) 위 §20.1(16)을 보라.

89) Koester는 몇몇 원사도가 펠라로 도망간 사람 중에 있었다는 주장은 없었을 것이라고 지적한다(에피파니오스는 그것을 재빠르게 부정했을 것이다). 에피파니오스는 펠라로 도망간 난민을 "제자들"과 "사도들의 제자들"로 부른다(96; Reid, 'Pella', 901). 추가로 B. Van Elderen, 'Early Christianity in Transjordan', *TynB* 45 (1994), 97-117을 보라.

90) 에우세비오스(*HE* 3.5.3)와 에피파니오스(*Pan.* 29.7.8)가 이 주장을 한다. Reid가 언급했듯

에[91] 말이다. 물론 이들 중에 더 보수적인 사람들, 즉 어쩌면 이스라엘을 향한 하나님의 은혜에 대한 소망을 잃어버린 사람들은 요단 건너편에 영구히 정착했을 테고, 그 자손들은 교부 시대의 유대 기독교 종파로 발전했을 것이다. 그러나 다른 사람들은 그 사태를 수습하고 이스라엘 땅 팔레스타인에 그리스도인의 존재를 재개하려고 유대와 파괴된 예루살렘으로 돌아왔다.

36.4 예루살렘 함락

1453년에 일어난 콘스탄티노플의 함락처럼 70년에 일어난 예루살렘의 함락은 지중해 세계 역사의 큰 전환점 중 하나를 나타낸다. 그 영향과 결과는 제3권의 주요 주제 가운데 하나다. 그러나 여기서 그것은 제2권을 자연스럽게 마무리할 지점을 표시한다. 예루살렘의 함락은 "예루살렘에서 시작한" 기독교 이야기를 위한 반대쪽 "책 버팀대"를 제공한다.

위에서 언급한 대로, 비록 예루살렘 신자들 가운데 일부 아니면 많은 이들이 전쟁에 능동적으로 참여하고, 이스라엘을 위해 싸우며, 이 역할을 통해 자신들을 이스라엘의 하나님의 종으로 여겼다고 해도, 보통 말하는 그런 유대 전쟁은 신생 기독교 이야기의 일부가 아니다. 그러나 요점은 유대 반란의 실패가 제2성전기 유대교의 마지막을 나타냈다는 것이다. 성전의 파괴는 오늘날까지 유대교의 네 기둥 가운데 하나였던 것을 무너뜨렸다. 하룻밤 사이가 아니라면, 그 이후 빠르게 제2성전기 유대교의 그런

이, 요세푸스는 66년 11월에 많은 유대인이 제12군단에 먼저 승리를 거둔 후 예루살렘에서 도망갔고(War 2.556), 지역의 그리스도인들도 그 탈출 대열에 합류했을 것이라고 말한다('Pella', 902).

91) M. Hengel, *Studies in the Gospel of Mark* (London: SCM, 1985), 16-17에도 불구하고, 포위된 예루살렘 거주민들에게는 그들이 원했다면 빠져나갈 여러 번의 기회가 있었다(특별히 Josephus, *War* 5.420-23을 보라).

다양성과 분파주의를 구성했던 다른 종파들은 사라졌다. 물론 바리새파의 후손들이 천천히 그리고 점차 계속된 유대교의 목소리가 되었지만 말이다. 기원후 70년의 대재앙에서 살아남은 유대교는 곧, 확실히 다양성에 있어서 그리고 또 성전보다 토라에 더 초점을 두었다는 면에서 특징적으로 다른 것이 되었다.

그리고 이것은 기독교의 이야기에 대해서도 중요한데, 제2성전기 유대교가 초기 기독교의 기반이자 모태이기 때문이다. 나사렛 종파는 제2성전기 후기 유대교를 구성하는 일부분이었다. 사실상 이것은 제2성전기 유대교의 종말을 나타내는 예루살렘의 함락으로 인해 나사렛 종파가 고아가 되었고, 기원후 70년에 등장한 새로운 실체와 관련해 자신을 이해하는 법을 배워야 했음을 의미했다. 그 과정에 대한 기술과 이해는 역시 제3권에서 다루어야 할 부분이다. 그러나 여기서는 유대교(그리고 떠오르는 기독교)에 그 전환점을 가져다준 사건들의 순서를 어느 정도 인식하는 것이 중요하다.

요세푸스가 유대 전쟁에 관한 확정적인 글을 제공하는데, 대부분의 사건에 적극적으로 참여했던 한 사람이 그 전쟁이 끝난 후 단지 몇 년 뒤에 그것을 기록했다(아마도 70년대 후반). 오랫동안 위협했던 그 전쟁은 로마 총독들의 무감각함이 커지지 않았다면 결코 일어나지 않았을 수도 있다. 특히 마지막 총독(Florus)이 자객단과 다른 반체제주의자들의 점증하는 반란에 기름을 붓지 않았다면 말이다.[92] 공개적인 반란 행위로 마사다 성을 점령하고 예루살렘 성전에서 황제를 위해 매일 드리는 제사가 대제사장 아나니아스(Ananias)의 아들 엘레아자르(Eleazar)의 선동으로 중단되었을 때, 전쟁은 피할 수 없었다(War 2.408-10).[93] 예루살렘에서 (1) 주로 고위 제사장들

---

92) Smallwood, Jews, 284-92에 상세한 내용이 있다. M. Goodman, Rome and Jerusalem: The Clash of Civilizations (London: Penguin, 2007)은 유대인 봉기를 훌륭하게 요약하여 다루고 그 배경을 날카롭게 분석한다.

93) "황제를 위한 제사의 정지는 로마에 대한 봉기를 공개적으로 선포한 것과 같았다"(Schürer, History, 1.486). 또한 Josephus, War 2.197, 341을 보라. 그 움직임에 반대가 없지는 않았다

과 바리새파 고위층 및 헤롯 가문과 관계된 무리인 평화적인 단체와 (2) 반체제주의자들 간에 분리가 즉시 이루어졌다. 전자는 초기에 도시 위쪽을 장악하고 있었는데, 군중의 격분으로 그곳을 포기해야 했으며, 군중은 아나니아스와 대제사장, 아그리파 왕과 베레니케(Berenice)의 궁전에 불을 질렀다. 그들은 "대금업자의 채권을 없애고 채무가 다시 유지되는 것을 방지함으로써 부자들에 맞서 가난한 자들 다수를 얻기 위해서, 처벌받지 않을 것을 확신하고 공공 기록 보관소"에도 불을 질렀다(2:427). 그다음에 안토니아 요새가 함락되었고 주둔군들이 칼로 죽임을 당했다(2:430). 그리고 다음 날 숨어 있었던 대제사장 아나니아스를 반란자들이 붙잡아 죽였다(2:441). 이 사건들은 종파 간의 야만스러운 학살을 동반했는데, 그 학살은 예루살렘과 유대 및 수리아의 도시들에서 감행되었고, 멀리 알렉산드리아의 유대인들과 이방인들 사이에서도 일어났다(2:442-48, 457-98).

66년 가을, 수리아 총독인 케스티우스 칼루스(Cestius Gallus) 치하에서 로마의 초기 대응군은 벧-호론(Beth-Horon) 근처의 협곡에서 매복하던 중에 궤멸했다(2:499-555). 이 지점에서 요세푸스는 "가라앉는 배를 버리고 헤엄치는 사람들처럼 많은 유명한 유대인이 그 도시를 버리고 떠났다"라고 전한다(2:556). 로마 사람들이 대대적으로 돌아올 것을 알았기에, 반란에 모든 것을 건 유대인들은 수도를 방어하려고 두 지휘관, 요세프 벤 고리온(Joseph ben Gorion)과 대제사장 아나누스를 임명했고 지역을 위해서는 다른 사람들을 임명했다. 쉬러(Schürer)가 언급한 것처럼, "전쟁 후기와는 대조적으로, 이 단계에서 손에 권력을 쥔 사람들이 온전히 상위 계층에 속했다는 것이 특징이다. 고위 제사장들과 저명한 바리새인들이 나라의 방어 조직을 이끌었다."[94]

요세푸스 자신도 예루살렘의 권력자들에게 임명받은 사람들 중 하나

(2:412-17). 예루살렘 성전에서 이방인들이 드린 제사에 대해서는 추가로 Schwartz, *Studies in the Jewish Background of Christianity*, 102-16을 보라.

94) Schürer, *History*, 1.489. 더 자세한 내용은 Smallwood, *Jews*, 298-302를 보라.

였는데, 그의 임무는 갈릴리에 있는 군대를 지휘하는 일이었다. 그는 자신의 제한적인 성공과 자기의 임무를 몹시 어렵게 만든, 해체되던 종파 간의 사회적 갈등(특히 기샬라의 요한의 반대)에 대해 길게 서술한다(2:269-646). 그러는 동안 네로는 반란을 평정하려고 경험 있는 베스파시아누스를 지명했고, 안디옥에 있던 자신의 근거지에서 출발하여 거의 싸움 없이 재빨리 갈릴리를 진압했다(세포리스[Sepphoris]는 로마 편이라고 재빨리 선언했다). 주요 저항은 요타파타(Jotapata)의 견고한 성채에서 일어났으며, 요세푸스는 67년 4월이나 5월에 그곳으로 철수했다(War 3.141).[95] 그곳에서 그는 영웅적인 저항을 이끌었다(3:150-288, 요세푸스는 자기 자신의 효과적인 홍보 담당자였다). 그리고 67년 6월/7월에 그곳이 함락되었을 때(3:316-39), 그는 생존자들에게 자살하자고 설득했으나, 자신은 살아남아서 그의 정복자 베스파시아누스 앞에 서게 되었다(3:383-98). 이것은 그 로마 장군과의 또 다른 만남으로 이어졌고, 그 만남에서 요세푸스는 베스파시아누스가 황제가 될 것이라고 예견했다(3:999-402). 그를 용맹한 적으로 여긴 로마 사람들의 감탄과 이 예견으로 인해 요세푸스는 관대한 대접을 받았고, 사실상 베스파시아누스의 참모로 합류하게 되었다(3:408). 갈릴리의 다른 저항은 곧 진압되었고, 67년 말에 북팔레스타인의 반란은 끝났다(4:120).

남쪽의 함락이 진행되고 있었고(페레아와 요단 계곡 포함), 네로가 죽었다는 소식이 베스파시아누스에게 도달했을 때(68년 6월) 예루살렘도 막 공격받기 전이었다. 베스파시아누스는 로마의 상황이 명확해질 때까지 군사 작전을 연기했다. 네로의 후계자가 되기 위한 경쟁으로 왕위를 주장하는 자들 간에 전쟁이 일어났을 때인 69년에 베스파시아누스는 작전을 재개했다. 서부 군단이 선택한 후보자(Vitellius)의 초기 성공은 베스파시아누스의 조직을 고취하도록 동부 군단을 자극했다. 69년 7월 1일에 베스파시아누스는 이집트에서 황제로 선포됐는데, 동부 지역 전반에 걸쳐 황제로 빠

---

95) 요타파타에 관해서는 Josephus, War 3.158-60; Schürer, History, 1.493 n. 37; R. D. Sullivan,
      'Iotape (place)', ABD, 3.444-45을 보라.

르게 인식되었고, 69년 12월에 비텔리우스가 살해되자 그는 로마 세계에서 논란의 여지가 없는 통치자로 남았다. 자신의 관심을 요하는 더 많은 일 때문에 베스파시아누스는 유대 전쟁의 완성, 즉 무엇보다도 예루살렘의 함락을 그의 아들 티투스에게 맡겼다(War 4.658).

그동안에(68-69년) 예루살렘에서는 여러 종파 간에 사실상 피의 내전이라고 할 만한 고초가 있었다(4:121-365). 가장 광신적인 민족주의자는 열심당인 기샬라(Gischala)의 요한이 이끌었는데, 그들은 반란의 다른 지도자들을 반역자로 지목하며 야만적인 광기에 휩쓸려 그들을 죽였고, 여기엔 아나누스도 포함되었다. 그는 야고보의 처형에 대해 책임이 있는 대제사장으로서 열심당에 반대하는 세력을 이끌었고, 요세푸스는 그를 "아주 온전한 정신을 가진 사람이며, 음모를 벗어났다면 도시를 구했을 수도 있었던 인물"이라고 묘사했다(4:151, 193-207, 305-25). 이 기간에 많은 사람이 예루살렘에서 도주하였고, 아마 이때 예루살렘의 신자들도 도망할 수 있었을 것이다.[96] 마지막 포위를 위해 티투스가 세력을 결집함에 따라, 로마의 지배가 중단된 틈을 타서 남쪽을 황폐하게 만든 시몬 바르 기오라(Simon bar-Giora)가 요한에 맞서도록 예루살렘에 초대받았을 때, 예루살렘 상황은 더욱 악화되었다. 결과적으로 예루살렘은 한 명이 아닌 두 명의 폭군의 통치 아래에 있게 되었고, 시몬은 성전 안에서 열심당들을 간신히 막을 수 있었다(4:566-84). 그리고 열심당이 분열되어 본래 열심당 가운데 한 사람인 엘레아자르가 성전 내부를 가까스로 손에 넣고, 요한은 바깥뜰을 그리고 시몬은 예루살렘성을 맡았을 때, 내부 전쟁은 더욱 악화되는 방향으로 틀어졌다(5:1-20).[97] 뒤이어 일어난 파괴는 비축해 놓은 거의 모든 곡물을 태워버

---

96) Schürer, History, 1.498. 요세푸스는 열심당 수비대가 탈영병이 대가를 치른다면 도망갈 수 있도록 기꺼이 허락했다. 즉 "부자들은 그들의 탈주권을 샀고, 가난한 자들만이 학살당했다"라고 말한다(War 4.379).

97) 요세푸스는 그런 새로운 전개를 "한 종파 내에서 새끼를 친 종파로 비유했고, 그것이 한참 동안 다른 음식이 없어 울부짖는 맹수가 자신의 살을 먹는 것과 같다"라고 했으며(5:4), 계속되는 싸움을 "지성소를 내란의 봉안당으로 개조시키는 일"로 묘사한다(5:19).

린 사건을 포함하는데, 그 양은 포위된 여러 해 동안 예루살렘을 먹여 살리기에 충분했을 수도 있다(5:25).

도시가 포위되자마자 기아의 고통이 여전히 난민으로 붐빈 예루살렘을 이내 압박했다(5:424-38; 6:193-222). "그런 고통을 견뎌낸 다른 도시가 없었으며, 또한 세상이 시작된 이래 그보다 더 많은 범죄를 저지른 세대도 없었다"(5:442).[98] 초기에 티투스는 탈주하도록 부추겼고, 탈주병들이 가려고 선택한 곳이 어디였든지 그들을 지방으로 보냈다(5:20-422). 그러나 이후 포위망이 점점 더 조여오면서 티투스는 탈주자들에게 고통을 가했고 딸린 식구들이 보도록 도시 성벽에서 십자가 처형을 했는데, "날마다 5백 명 혹은 때로는 더 많이 붙잡혔고…그들의 수가 너무 많아 몸을 매달 십자가나 십자가를 세울 만한 공간을 찾지 못했다"(5:450-51). 70년 8월에 방어가 상당히 약해졌고 로마인들이 성전에 근접해서 압박했기 때문에 계속 드렸던 제사가 중단되었다(6:94). 광적인 저항에도 불구하고, 불과 칼로 인해 성전 구내는 점차 로마의 지배로 넘어갔고, 거룩함에 대한 일반적인 존중과 성전을 보존해야 한다는 티투스의 명백한 명령에도 불구하고(6:240-42, 260-266), 성전은 마지막 공격에서(70년 8월 30일) 화재로 인해 파괴되었다(6:250-53).[99] 또한 화재 때문에 성전 금고가 파괴되었는데, "그 안에는 많은 돈과 거대한 의류 더미 및 다른 귀중품들이 쌓여 있었다." 금고는 "유대인의 재산을 맡아둔 일반 보관소였다. 부자들이 자신들의 무너진 집에 있던 내용물들을 그곳에 위탁했기" 때문이다(6:282). 그런 후 티투스는 자기 부하들이 도시를 방화하고 약탈하는 것을 허락했고, 먼저 도시 아래쪽이 예속되고 그다음에 도시 위쪽이 예속되었으며, 9월 말에는 모든 예루살렘이 불길에 휩싸였다(6:353-408).

그렇게 예루살렘은 함락됐다. 그렇게 제2성전기 유대교가 끝났다. 또한 그렇게 기독교의 시작의 끝부분이 표시됐다. 마지막 보루(마사다)에 대

---

98) Schürer는 요세푸스의 장황한 서술의 간결한 판본을 제공한다(*History*, 1.501-508).
99) 성전 방화는 고의였는가? Smallwood, *Jews*, 325-26의 논의를 보라.

한 지난한 정복이 이루어진 73년까지 유대 전쟁은 계속되었다. 그러나 70년의 성전 파괴가 시대의 끝을 장식했다.

요세푸스의 서술을 암울하게 만드는 것은 단순히 포위 때문에 참아내야 하는 어려움과 기아에 관한 끔찍한 묘사가 아니다. 그것보다 더욱 암울한 점은 반란을 촉발한 종파주의와 예루살렘 자체에 있었던 종파 간의 내부 전쟁에 대한 그의 기록이다. 그것은 로마의 공성 병기를 감당해 낼 가장 희박한 가능성조차도 빠르게 사라지게 했다. 이 마지막 몇 개월 동안 심각한 도전과 위기라는 상황에서 종파주의의 정치와 정책들이 지닌 어리석음과 자기 파괴가 전무후무하게 드러났다. 거리를 둔 관찰자는 제2성전기 유대교의 다른 종파인 나사렛 종파가 그 재앙에 휘말렸는지, 혹은 어느 정도 휘말렸는지 궁금할 뿐이다. 아니면, 더 성급했던 사람들을 진정시키고, 예수 메시아를 믿는 전통주의 신자들마저도, 냉정한 관찰자가 로마가 지닌 무력에 저항하려는 소용없는 시도로 알았던 일에 대해 무기를 들거나 참여하는 것을 저지시킨 어떤 것이 그 종파에 있었는가?(나사렛 예수의 삶과 가르침 전승을 즉시 생각하게 된다) 그리스도인들이 예루살렘의 함락에 휘말렸다고 해도 얼마나 관여되었는지는 결코 알 수 없다. 기독교가 예루살렘 함락에 영향받은 정도를 알아보는 일은 형성 중인 기독교를 추적하는 그다음 단계의 과제다.

37장

첫 세대 지도자들의 유산

60년대는 처음 기독교에게 완전히게 재앙이었다. 단지 2년 안에(62-64년) 예수 종파의 가장 두드러진 세 인물인 바울과 야고보와 베드로가 칼로 쓰러지거나 죽임을 당한 것으로 보인다. 64년에 네로의 맹렬한 분노가 빠르게 성장하는 로마 교회들을 많이 죽였다. 그리고 유대 반란의 광기 가운데(66-70년), 예루살렘 모 교회는 큰 혼란에 빠졌으며, 유대인 신자들 역시 세계의 중심이자 미래가 달린 (전환점으로 여긴) 장소를 포기해야 했다. 예수 자신의 처형 외에, 그의 제자들이라는 몸체가 그렇게 짧은 기간 안에 연속해서 불행을 당한 적은 없었다. 그리고 그렇게 짧은 기간에 모든 주요 지도자를 잃고, 구원사와 서구 제국의 역사에서 그 중심이 되는 위치도 잃어버리는 그런 엄청난 파괴의 시기를 기독교는 그 이후로 경험한 적이 없다.

물론 그 이야기는 끝나지 않았다. 그러나 우리가 앞으로 살피겠지만, 기독교 역사에 대한 우리의 지식이 그 이후 수십 년에 대해서는 캄캄한 터널과 같고, 단지 몇몇 개인과 다소간의 흩어진 인물들과 문서들 및 비문들이 밝혀 줄 뿐이다. 사도행전의 마지막 부분 그리고 바울 서신 같은 서신들에 일련의 연관성이 부재한 것은 최초 몇십 년 중에서 최고 시점을 분간해주고 다양한 그림자들을 짙게 한, 몇 안 되는 투광 조명등을 끄는 것과 같다. 이렇게 불빛을 끄는 것은 60년대의 재난으로 초래된 또 다른 측면이다. 짐작하건대 누가는 재난이 닥치기 전 시점에서 자신의 글을 마무리 짓는 것이 타당하다고 보았을 것이고, 첫 세대의 꾸준한 진보가 자기 세대와 다음 세대를 결집해서 60년대 이후의 암울한 시기에도 말씀 전파의 사역을 지속하도록 하는 영감을 주길 바라는 마음이었을 것이다.

새로 떠오른 지도자들과 60년대의 재난(재앙은 로마와 팔레스타인에 한정되었다)의 영향을 받지 않은 이들이 어떻게 예수 전승들을 강화하고 미래를 위해 자신들을 새롭게 무장했는지가 제3권의 주제가 될 것이다. 그러나 첫 세대의 기독교 신앙과 삶에 대한 역사를 마무리하기 전에, 위대한 첫 세 명의 기독교 지도자들이 남긴 특별한 유산이 상실되거나 소실되지 않았음을 인식하는 것이 중요하다. 세 사람에게는 각자 자신들이 기록한 것으로 여겨지는 문서가 있는데, 그 문서들은 그들의 가르침을 대변하고 그들 각각이 상징적으로 대표하는 내용을 보존하기 위해 기록되었다고 볼 때 가장 잘 이해되며, 단지 그들에 대한 존경심 때문이 아니라 그들이 전한 메시지가 계속해서 중요성을 지녔기 때문에 보존되었다. 비록 그 문서들은 그들에 대한 기억을 보존하고 있는 해당 교회로부터 옮겨졌지만 말이다. 그 세 문서는 에베소서(바울)와 야고보서 및 베드로전서다. 에베소서를 브루스(F. F. Bruce)는 "바울주의의 진수"라고 적절하게 묘사했고,[1] 그 표현은 그에 상응하는 제목으로 수정하여 다른 두 서신에도 알맞게 적용할 수 있을 것이다.[2]

---

1) Bruce, *Paul*, 36장. "에베소서는 바울의 확실한 모습을 묘사하려는 목적이 있다.…에베소서 저자는 그 교회에서 바울을 긍정적으로 보았다고 추정한 듯하고, 별다른 소동 없이 그 모습을 유지할 수 있다고 믿었다"(Lindemann, *Paulus im ältesten Christentum*, 42). Knox의 *Church of Gentile*, 184에서처럼, 상당히 인기 있는 견해는 에베소서가 바울 서신 첫 모음집의 서론으로 의도되었다는 것이다.
2) "두 저술[베드로전후서]은 그의 순교 이전에 사도[베드로]가 남긴 유언이라는 특징이 있

37.1 바울 – 에베소서

에베소서는 신약성경에서 가장 매력적인 문서 중 하나다. 여전히 위협적인 대적자들을 마주 대하고 있지만(2, 4, 5, 6장), 교회가 연합과 성숙에 이르는 가운데 사랑받는다는 이상적 목표는 물론이고, 그 서신의 분위기를 주도하는 고양된 평안함과 지속된 기도 및 하나님을 향한 자유로운 확신(특별히 1, 3장)은 오늘날에도 여전히 그런 것처럼 그 서신을 읽는 첫 독자들에게 틀림없이 영감을 주었을 것이다.

a. 왜 대부분의 학자는 바울이 에베소서를 기록하지 않았다는 결론을 내렸는가?

에베소의 몇몇 특징은 바울 저작이라고 보기에는 상당히 독특하다.

- 바울 저작의 다른 서신들과는 달리, 이 서신은 특정한 교회나 상황 혹은 개인을 염두에 두고 작성한 것이 아니다.[3] 원문에서 명확한 수신자가 표시되지 않고 바울이 관례적으로 문안인사를 보내는 인물들의 명단이 부재하다는 점은 본문에서 특정한 상황이나 문제가 저자에게 통보 내지 전달되었다고 언급하지 않는 사실과도 잘 들어맞는다. 에베소서가 회람용으로 의도되었다면,[4] 그것은 바울이 쓴 다른 서신들과는 달랐을 것이다.[5]

다"(Hengel, *Petrus*, 18-19).

3) "에베소에 있는"(1:1)이라는 표현이 대부분의 현대 번역에 여전히 있지만, 그 말은 최초이자 최고의 사본에는 등장하지 않는다. 그리고 그 서신에 대한 2세기 문헌에서의 언급은 그 서신을 에베소에 보낸 것으로 인식하지 않았다. E. Best, *Ephesians* (ICC; Edinburgh: Clark, 1987), 98-101을 보라.

4) 중요하게도 가장 근접한 병행은 야고보서와 베드로전서다. 비록 이 경우에 수신자들이 명시되었지만 말이다.

5) 더 대체적으로, 골 4:16이 도움이 된다면, 바울은 특정한 교회들에 보내진 서신들을 다른 교회들이 회람할 것으로 예상했다. 위 §29.8d를 보라.

- 서신의 양식 역시 독특하다. 1-3장은 특별한 용어법이 많은데, 이는 반복과 장황함으로 특징지어진다.[6] 바울 서신에 친숙한 사람이라면 누구나 에베소서가 이런 면에서 예외적이라고 인식할 것이다.
- 에베소서와 골로새서가 이례적으로 서로 밀접히 관련된다는 점이 훨씬 더 눈에 띈다.[7] 두 서신 사이에서 관찰되는 용어상의 일치는 그들이 동시에 기록되었거나, 더욱 그럴듯하게는(이미 언급된 차이를 고려하면) 한 서신이 의도적으로 다른 서신에 의존했다는 것으로만 설명될 수 있다. 자료를 살펴본 대부분의 학자는 그 둘 간의 상호 의존적 특징은 적어도 부분적으로는 에베소서가 골로새서를 본보기로 이용했다고 가정할 때 가장 잘 설명된다고 결론 내린다.[8]
- 에베소서의 관점은 제2세대의 시각을 대변하는 것으로 보인다. "사도들"은 교회의 토대라고 회고되며(2:20) "거룩한" 지위를 가진 것으로 구별되었다(3:5).[9] 3:1-13에 나오는 저자 자신에 대한 언급은 처음

---

6) 예로, 1:3-14과 4:11-16(그리스어로는 한 문장들이다)을 구성하는 긴 문장 그리고 우리가 1:17-19, 2:13-18, 3:14-19에서 발견하는 형용사와 구 및 절의 반복과 연쇄 사용을 주목하라.
7) 특별히 비교하라:

에베소서	골로새서	에베소서	골로새서	에베소서	골로새서
1:15-17	1:3-4, 9-10	4:16	2:19	5:22, 25	3:18-19
2:5	2:13	4:31-32	3:8, 12	6:5-9	3:22-4:1
2:16	1:20-22	5:5-6	3:5-6	6:21-22	4:7
4:2	3:12	5:19-20	3:16		

추가로 G. H. van Kooten, *The Pauline Debate on the Cosmos: Graeco-Roman Cosmology and Jewish Eschatology in Paul and in the Pseudo-Pauline Letters to the Colossians and the Ephesians* (Leiden: Brill, 2001): 이전의 분석에 대한 비평(191-258)과 van Kooten의 개요 (259-309)를 보라. Van Kooten은 에베소서의 저자가 고린도전후서를 잘 알았고, 십중팔구 데살로니가전서도 알았을 것이며, 아마도 로마서에도 친숙했을 것이라고 논증한다(251-54).
8) 예로, Kümmel, *Introduction*, 357-63; Schnelle, *History*, 300-303, 307-308을 보라. 소수 견해 (바울이 저자라는 견해)는 M. Barth, *Ephesians* (AB; 2 vols.; New York: Doubleday, 1974), 그리고 F. F. Bruce, *The Epistles to the Colossians, to Philemon and to the Ephesians* (NICNT; Grand Rapids: Eerdmans, 1984)를 포함한다. 자세한 논의는 Best, *Ephesians*, 6-40과 A. T. Lincoln, *Ephesians* (WBC 42; Dallas: Word, 1990), xlvii-lxxiii에 있다.
9) 이전에 바울에게는 모든 신자가 "거룩해졌고, 거룩하게 구별"되었고(고전 1:2; 6:11; 7:14), "성도, 거룩한 자들"로 불릴 수 있었다(롬 1:7; 8:27; 12:13; 15:25; 고전 6:1-2; 등등).

에는 바울 저작권에 대한 강한 증거로 보이나, 자랑의 척도가 바울이 이전에 자기 역할에 관해 주장한 내용을 훨씬 뛰어넘는다.[10] 그리고 3:1과 4:1에도 불구하고, 추가된 정관사는 빌레몬서 1절과 9절("예수 그리스도의 갇힌 자 하나")의 겸손한 자기 호칭을 존칭("주의 갇힌 바로 그 사람")처럼 바꾼다.

- 신학적 관점은 더 초기의 관점과 심지어는 골로새서의 관점을 넘어선 듯하다. 골로새서 1:17-19의 보편적 기독론은 에베소서 1:22-23에서 보편적 교회론이 되었다. 이전의 바울 서신에서 특징적으로 지역의 회중(집, 도시, 지역)이었던 "교회"는 보편 교회가 되었다.[11] 비록 이방인을 위한 복음의 메시지는 동일하지만, 로마서와 갈라디아서에서 상당히 두드러지게 부각되었던 "율법"이라는 주제는 2:15에서 간단하게 언급될 뿐이다. 그리고 종말론은 더 일관성 있게 "실현되었다". "구원"은 이미 성취되었고(2:5, 8; 6:17),[12] 수신자들은 이미 일으킴을 받았고 "하늘에서" 그리스도와 함께 앉았으며(2:6),[13] 교회는 미래 세대들에까지 이어지는 것으로 묘사되며(3:21), 그리스도가 다시 오신다는 언급은 없다(대조 4:15).

이와 같은 증거는 대체로 바울이 죽은 지 얼마 되지 않아 바울의 제자가 그 서신을 기록했다는 가설과 가장 잘 부합한다.[14] 우리가 추측하기에 그 이유는 골로새서를 일종의 본보기로 이용해서 바울의 믿음과 사도로서의 성취를 축하하고, 그의 메시지가 사라지기 전에 이를 60년대 이후

10) 예로, 롬 11:13, 25; 16:25-26; 고전 7:40; 14:37-38; 고후 10:13-18; 12:1-13을 대조하라.
11) 엡 1:22; 3:10, 21; 5:23-25, 27, 29, 32.
12) 이전에 바울에게 "구원"은 미래였고(롬 5:9-10; 13:11; 고전 3:15), "구원받음"의 과정의 마지막 결과(고전 1:8; 고후 2:15)였다. 롬 8:24-25은 예외가 아니다. 필자의 *Romans*, 475-76을 보라.
13) "하늘에(*ta epourania*)"와 관련해서 Best, *Ephesians*, 115-19(n. 23 참고문헌)을 보라.
14) 차명 서신(허위로 유명한 다른 인물을 저자로 주장하는 서신)이라는 논제는 필자가 제3권에서 자세히 다룰 논제다. 제3권이 나오기까지는 필자의 'Pseudepigraphy', *DLNT*, 977-84을 보라.

의 변화하는 상황에 맞추어 적용하려고 했다는 것이다. 달리 표현하자면, 에베소서는 2세대 그리스도인들을 위해 바울의 유산("바울주의")을 진술하고, 교회 모임에서 사용하기 위해 그의 통합된 유업에 적합한 예배 상황을 제공하려는, 즉 가르침은 물론 묵상과 예배를 위한 내용을 제공하려는 시도의 일환으로 볼 수 있다.[15] 이 책이 골로새서와 밀접한 연관이 있으며 특별히 두기고에 대해 언급할 뿐 아니라(6:21-22) 에베소와도 밀접한 연관이 있다는 사실은, 그 서신이 아시아 지방에서 이르면 70년대에 기록되었음을 시사한다.[16]

b. 바울 복음의 경이로움에 관한 기도 묵상(엡 1-3장)

자기 소개("사도")와 인사("은혜와 평강")라는 일정한 바울의 문구를 사용한 도입부 후에, 첫 세 장은 위대한 기도와 묵상으로 전개된다(1:3-3:21). 성경 어느 곳에서나 발견할 수 있듯이 기도와 묵상은 하나님의 축복과 목적에 대한 심오한 묵상으로 시작한다. 축복은 창세 전부터(1:4) 시작하여 때가 차서 절정에 이르는데, "그리스도 안"에서 모든 것이 통일되고(1:10) 성령은 최후의 구원을 보증한다(1:14). 모든 것이 하나님의 기쁘신 뜻을 따른다(1:5, 9:11).[17] 전체 내용의 핵심은 바울의 독특한 어구 중 하나인 "그리스도 안"이라는 말을 10회에 걸쳐 강조하는 가운데 주어진다. 그러나 구절 전체를 관통하는 하나님의 중심성 역시 중요하며, 이는 모든 일이 "그의 영광을 찬송하기 위해" 일어났고 일어난다는 반복된 강조로써 표시된다(1:6, 12, 14).

---

15) 신약 연구의 "범 예전주의"(pan-liturgism)(세례와 예배의 표현들이 신약 전체에 흩어져 있다고 봄) 전성기에서 에베소서와 베드로전서가 확장된 예배 형식의 본보기로 받아들여질 수 있었다는 점은 주목할 만하다. 특별히 J. C. Kirby, *Ephesians: Baptism and Pentecost* (London: SPCK, 1968); 그리고 추가로 필자의 *Unity and Diversity*, §36.1을 보라.

16) 에베소서가 에베소에 바울 학파가 있었다는 점과 바울 서신들의 수집의 시작을 알린다는 가설은 Trebilco, *Early Christians*, 90-94에서 논의되었다.

17) 대체로 "그의 피로 말미암아 구원" 그리고 "은혜의 풍성함"이라는 언급(1:7)은 바울다운 언급이나, 같은 절에 있는 "죄의 용서"에 대한 언급(1:7)은 바울의 전형적인 표현은 아니다.

유대교적 특징을 띤 언어와 사고 역시 주목할 가치가 있다. "찬송하리로다! 하나님"(1:3)은 여러 유대교의 기도에서 나타난다.[18] 전에 이스라엘이 그랬듯이, 하나님은 그들을 거룩하게 하시고(1:4),[19] 자기 자녀가 되게 하시며(1:5),[20] 하나님의 기업에 참여하여 그의 소유가 되도록(1:11, 14)[21] 조건 없이 선택하셨다. 하나님의 목적의 "신비"는 다니엘서와 쿰란에서 많이 반영된다.[22] 이것과 "그리스도 안"이라는 모티프의 결합은 바울 자신의 복음을 이해하는 중심으로 우리를 인도해간다.

기도(1:15-23)는 바울 서신의 양상을 따르나[23] 지혜와 더 충만한 이해를 위한 바울의 더 전형적인 기도(1:17-18)를 넘어 하나님의 전능하신 역사에 대한 거의 황홀경적인 묘사로 빠르게 이동한다(1:19). 하나님이 그리스도를 죽은 자 가운데서 일으키심과 그를 모든 다른 이름 위에 뛰어나게 하셔서 자기 오른편에 앉히시는 능력을 인식할 때, 그 능력의 진가를 온전히 인정할 수 있다(1:20-21). 가장 신비로운(저자에게 가장 놀랍고 영광스러운) 내용은 그리스도의 주 되심이 시편 110:1에 따라 교회를 위한 것이며 "교회는 그의 몸이니 만물 안에서 만물을 충만하게 하시는 이의 충만"이라고 언급하는 대목이다(1:22-23). 그 특이한 이상을 통해 무엇이 묘사되는지는 전혀 명확하지 않으나, 그것이 함의하는 것은 그리스도의 몸인 교회가 하나님의 창조 목적 전체의 완성을 가져오는 장소이자 매개체이며, 사실상 사람과 사람 사이 그리고 인류와 인류가 속한 창조 사이의 화해를 위한 원형이자 시험대라는 것이다. 하나님과 그의 그리스도를 향한 바울의 믿음과 바울 자신의 소망 및 이상을 통해 영감을 받은 저자는, 그 서신을 듣는 사람들을

---

18) 비교. 예로 시 41:13; 72:18-19; the Shemoneh 'Esreh (Eighteen Benedictions)(Schürer, History, 2.455-63을 보라).
19) 예. 출 19:6; 레 19:2; 민 15:40; 신 7:6-8; 14:2; 시 16:3; 단 7:18, 21-22.
20) 비교. 롬 9:4. "사랑하는 자"는 이스라엘의 선호되는 이름이다(예. 신 33:12; 사 5:1).
21) "유업" — 예. 창 12:2-3; 신 32:9; 렘 10:16; 하나님의 소유 — 비교. 출 19:5; 신 14:2.
22) 위 §29 n. 114 그리고 §33 n. 240을 보라.
23) 비교. 특별히 롬 1:8-15; 고전 1:4-9; 골 1:3-8.

북돋아 주고 그들에게 새로운 소망과 새로워진 헌신을 고취하기 위해 자기 자신의 이상에 대한 개요를 제시한다.

저자가 이룩한 가장 가치 있는 일들 가운데 하나는 바울 복음의 뒤엉켜 있는 두 가지 중심 주제를 분리한 것이다. 그 주제는 (1) 하나님의 은혜와 인간의 믿음 간의 공생 관계(2:1-10), 그리고 (2) 지금까지 하나님의 백성(이스라엘)을 다른 민족에게서 하나님의 백성으로서 구별한 장벽의 무너뜨림이다(2:11-22).

(1) 저자가 하나님의 자비에서 멀어진 인간의 상태를 묘사하는 장면은 바울이 이전에 기록했던 내용만큼이나 암울하고 황량하다.[24] "허물과 죄로 죽은"(2:1, 5), 이 세상의 풍조와 공중의 권세 잡은 자에 의해 결정되는 매일의 행동(2:2), 단지 인간적인 욕심을 따르는 삶("육체와 마음의 원하는 것을 따른다", 2:3). 복음은 그런 인간의 상실과 노예 상태의 국면에서 하나님의 주도로 이루어진 것이며, 세 개의 위대한 단어가 이를 나타낸다. 그것은 곧 하나님의 긍휼과 사랑과 은혜다(2:4-5). 그것이 특별히 효과적으로 표현된 부분은 2:5, 7과 8에서 바울 복음의 핵심 언어 가운데 하나("은혜")를 "그리스도 예수 안"의 삼중적 반복에 맞추어 반복해서 강조한 것이다(2:6, 7, 10). 인간의 역경에 대한 하나님의 해결책 역시 눈에 띈다. 죽은 자들이 이제 그리스도와 함께 살아났으며(2:5), "공중의 권세 잡은 자"의 포로였던 자들이(2:2) 이제 그리스도와 함께 일으켜져 하늘에서 그와 함께 앉게 되었고(2:6), 인간의 연약함과 방종은 선을 행하는 것으로 바뀌었다(2:10).

여기서 특별히 언급해야 하는 점은 글쓴이가 바울의 핵심 어구 중 하나인 "율법의 행위"를 분리하는 방식이다. 율법의 행위는 언약 백성이자 이스라엘의 구성원인 유대인에게 주어진 의무였다.[25] 바울에게 중요했던 질

---

24) 비교. 특별히 롬 1:18-32; 고후 4:3-4.

25) 위 §27.4a(v)을 보라. 비록 바울이 롬 4:2, 6; 9:12, 32; 11:6에서 "율법의"(of the law)를 더하지 않고 "행위들"을 언급하지만, 함의는 바울이 온전한 표현의 약칭을 사용하고 있다는 것이다. I. H. Marshall, 'Salvation, Grace and Works in the Later Writings in the Pauline Corpus', *NTS* 42 (1996), 339-58이 이를 인식한다(354).

문은 이 행위가 이방인 신자들에게(도) 의무였는가의 여부였다. 바울의 반응은 명확했다. 믿음만이 필요하며, 믿음에 덧붙여서 율법의 행위를 요구하는 것은 오직 이신칭의라는 복음을 전복시킬 뿐이다.[26] 여기서 그 개념은 구원의 요구에 불충분한 인간의 전반적인 노력에 대한 언급으로 확대되며, 구원은 오직 믿음을 통한 은혜로만 가능하다.[27] 이것은 결코 바울을 오해한 것이 아니다. 반대로 그것은 바울이 명확히 한 이전의 표현에 굳게 자리하고 있다. 즉 자신의 노력으로 하나님의 받아주심을 성취할 수 있는 개인이나 사람은 없다는 점이다.[28] 이것은 "율법의 행위"가 의의 필수조건으로 요구되지 않는다는 바울의 구체적인 주장을 뒷받침하는 신학적 논법이다. 그러나 바울 서신(그리고 에베소서)에 있는 대부분의 다른 내용과 마찬가지로, 그것은 유대 전통 안에서 제대로 파악하고 이해한 신학적 통찰이며, 언약적 율법주의의 주요 교과서(신명기, "율법의 책")에서는 근본적인 신조였다.[29] 그것은 짐작하건대 바울이 율법의 행위가 그 근본 원리를 위협한다고 구체적으로 주장하면서 그 신조(그는 그것을 논쟁할 필요가 없었다)에 호소할 수 있었던 이유였다. 다른 말로 하면, 에베소서의 저자는 종교개혁의 핵심적 신학 진술이 된 바울의 이해를 예견했다.[30] 그러나 유대교가 전적으로 "공로"의 종교이거나 "선한 행위"는 구원의 과정에서 어떤 역할도 하지 않는다는 그릇된 결론에 빠지지는 않는다. "우리는 그가 만드신 바라. 그리스도 예수 안에서 선한 일을 위하여 지으심을 받은 자니, 이 일은 하나

---

26) 롬 3:28; 9:30-32; 갈 2:15-16; 위 §27.5을 보라.

27) 글쓴이는 "자랑"(2:9)을 똑같이 비판했는데, 이것은 택정이라는 특권으로 더 구별되는 유대인의 자랑(롬 2:17-23; 3:27-29에서처럼; 위 §33 nn. 112, 131에서 보라)과 혼동하지 않고, 자랑에 대한 고전 1:29, 31의 더 근본적인 비판으로 되돌아간다.

28) 롬 4:4-5; 9:11, 16; 11:6; 다시 위 §27.5을 보라.

29) Marshall이 인식했듯이 말이다('Salvation, Grace and Works', 350-52, 357). 필자의 *Paul and the New Perspective* (2005), 45, (2008), 49, 그리고 위 §33 n. 138을 보라.

30) A. T. Lincoln(A. J. M. Wedderburn과 함께), *The Theology of the Later Pauline Letters* (Cambridge: Cambridge University, 1993), 135-36. "아우구스티누스와 루터 훨씬 이전에, 에베소서 저자는 이미 바울의 구절인 '율법의 행위'와 '행위'를 인간의 일반적인 성취로 해석했다"(*Das, Paul, the Law and the Covenant*, 272).

님이 전에 예비하사 우리로 그 가운데서 행하게 하려 하심이니라"(2:10).[31]

(2) 바울의 복음에서 나왔고 이제 첫 번째 줄기에서 풀어내었지만 바울이 그렇게 진척시키지는 않은 다른 줄기는 이 동일한 복음이 유대인을 위한 것인 만큼 이방인들을 위한 것이라는 사실이다. 우리가 회상하기에, 이것은 자신이 이방인의 사도로 위임받았다고 믿는 바울에게 있어 중심적인 동기였다.[32] 바울의 사도직과 복음이라는 이 가닥을 분리함으로써 에베소서는 그 독특한 특징을 강조하고, "바울주의의 정수"를 다시 표현하면서 그것이 마땅히 받아야 할 중요성을 거기에 부여한다.

여기서 해석의 중대한 요인은 이미 언급했듯이, 이방인은 은혜받을 자격이 없다는 유대적 관점에서 논제가 세워졌음을 인식하는 것이다(2:5, 7, 8). 그 전제된 가정(일축되지 않고, 복음 메시지의 확인을 위한 출발점으로 추정됨)은 다음과 같이 표현되는데, 인류를 위한 하나님의 구원의 목적이 이제까지 이스라엘을 통해서 진행되었고, 이방인들은 지금까지 그 은혜에 낯선 사람들이라는 점이다.[33] 유대인의 자기이해의 특징은 할례가 "육신 안에서" 확실한 정체성의 표지이며, 그것이 하나님이 선택한 민족으로서 이스라엘을 다른 민족들로부터 구별한다는 확신이다(비교. 빌 3:4-5). 바로 이런 유대적 관점이 세상을 "무할례인"과 "할례인"으로 갈라놓는다. 다름과 관계된 모든 범주가 이 하나의 특징에 초점을 맞추고 있다(갈 2:7-9에서처럼).[34] 에베소서 2:12은 이전에 이방인들이 받을 자격이 없었던 복들을 중요도에 따라 오름차순으로 열거하는데, "그리스도 없이, 이스라엘 나라(또는 시민, politeia) 밖의 사람이라. 약속들에 대하여는 외인이요 세상에서 소망이 없고 하나

---

31) 추가로 필자의 Paul and the New Perspective (2005), 51-54, (2008), 55-58(1장 §3.4)을 보라.
32) 위 §29.3c를 보라.
33) 이 구절에 관해서 특별히 T. L. Yee, Jews, Gentiles and Ethnic Reconciliation: Paul's Jewish Identity and Ephesians (SNTSMS 130; Cambridge: Cambridge University, 2005), 2-3장을 보라.
34) 단지 유대인만이 할례의 결핍을 부정적으로 여겼다. 반대로 그리스인은 할례를 신체 훼손의 한 형태로 보았다. "손으로…행한"(2:11)이라는 추가 언급은, "육신에…할례"가 하나님의 은혜에서 이방인들을 분리하는 경계라는 평가를 저자가 틀린 것으로 보았음을 나타낸다.

님도 없는 자이더니"이다. 바울의 복음은 개인의 죽음과 노예상태만이 아니라 모든 민족이 처해 있는 상태를 다루고 있다.

복음은 동일하다("그리스도 안에서", 2:13). "그리스도 안에서" 위와 같은 자격 요건은 아무 가치가 없게 된다. "그리스도 안에서" 지금까지 "멀리 있던" 사람들이 이제 "가까워"졌다(2:13). 그리스도는 평화이시므로 멀어진 민족들 사이에 평화를 선포하셨다(2:14, 17).[35] 그 문단을 이해하는 핵심은 두 적대감/단절이 상호 관련이 있다는 저자의 인식이다. 그는 이스라엘의 하나님이 주신 언약(들)을 통해 제공하신 은혜에서 분명히 배제되었던 이방인들이 하나님에게서 떨어져 있고[36] 하나님과의 화해가 필요하다는[37] 유대인의 관점을 취한다. 그러나 그 적대감은 유대인과 이방인 간의 적대감과 얽혀 있고 혼동되었다. 둘 다 "막힌 담"이라는 말에서 표현되었고, 이는 이방인이 하나님의 존전에서 제외되었음을 상징한다.[38] 그러나 율법이 주요 장벽을 형성했고, 이는 이방인에게서 유대인의 분리를 강화하는 법규들과 특별히 관련된다(2:15).[39] (자신이 유대인인) 바울 복음의 핵심에는 그리스도 안에서 하나님이 이 두 장벽을 허무셨고, 이 둘이 다른 방식으로 화해될 수는 없다는 주장이 있다. 저자는 둘 사이의 하나 됨이 하나님과의 화평에 필수라고 주장하며 이것을 파악했다(2:14-15). 하나의 화해는 다른 하나와의 화해로만 가능했다(2:16). 2:18의 마지막 이미지는 한 성령에 함께 참여함으

---

35) 엡 2:13-18은 훌륭하게 구성된 문단(교차배열법)으로, "멀리 있던/가까이" 그리고 "평안"(2:13-14, 17; 사 57:19 되울림)의 반복적인 언급은 "그 안에서"(2:14-16) 화해한 적대감이라는 중심 이미지를 둘러싼다. R. Schnackenburg, *Ephesians* (Edinburgh: Clark, 1991), 106을 보라.

36) 비교. 사 49:1; 66:18-19; 행 2:39.

37) 비교. 롬 5:10; 골 1:21.

38) 아마도 "막힌 담"은 예루살렘 성전에서 "이스라엘의 뜰"과 "이방인의 뜰"을 구별하는 장벽을 암시할 것이고, 이방인들은 사형을 각오하지 않고서는 그 장벽을 넘어설 수 없었다. 위 §34 n. 27을 보라.

39) 비교. 행 10:9-16, 28, 34-35; 갈 2:11-16; 골 2:16, 21; 위 §§26.3, 27.4 그리고 34 n. 363을 보라. 자신의 이전 표현에서 바울은 이것들을 단순히 "율법의 행위"라고 언급했다. 여기서 그것은 어쩌면 혼동할 수 있는 "행위"라는 표현이 없이 "법조문으로 된 계명의 율법"이다.

로써 가능해진 연합의 예배에서 그들의 화해를 함께 축하하는 모습과 더불어, 이전에 그들을 분리했던 장벽을 이제 통과할 수 있게 된 화해한 사람들과 관련이 있다. 그 결과는 새로운 민족적 혹은 국제적 독립체가 아니라, 모든 민족의 개인들이 이스라엘 민족에게 국한되었다고 여겨졌던 특권에 이제 참여한다는 것이다("성도들과 동일한 시민이요 하나님의 권속이라", 2:19). 모두를 하나로 묶는 그리스도를 모퉁잇돌로 두었으며[40] 사도들과 예언자들 위에 세워진 공동체는 옛 이스라엘의 분열적인 성전을 대체했고, 서로 연결되어 "주 안에서 거룩한 성전"과 "하나님의 거하실 처소"가 되어간다.[41] 이것은 1:22-23의 이상을 현실화하는 복음의 잠재성이다.

저자는 복음이 단절된 두 백성을 그리스도 안에서 거룩한 성전으로 결합한다는 이상에서 절정에 이른다고 다시 진술하는 데 만족하지 않고, 이 복음의 선포와 이러한 이상의 추구가 바울에게 전부였음을 주장한다. 그것은 마치 저자가 교회의 이방인 구성원이 점점 늘어나는 70년대 이후 상황에서 바울 선교의 이같은 중심 측면이 잊히고 경시되지 않을까 염려했던 것 같다. 실제로 나중에 이 우려가 현실이 되었다. 그래서 저자는 바울의 매임(3:1)이 "너희 이방인을 위한" 것이었고 이 복음을 전파하는 것이 바울의 사명(3:2)이었음을 강조하면서 2:11-22의 주제를 의도적으로 이어갔다. 저자는 이스라엘을 위한 하나님의 "신비"와 씨름하려는 바울의 위대한 시도에서 사용된 언어를 사용하여(롬 11:25), 골로새서에서 한 것보다(골 1:26-27) 그것에 대해 설명을 더했다.[42] 이것이 하나님의 구원의 목적이 지닌 위대한 신비였다. 그 신비는 오랫동안 감추어졌다가 이제 계시를 통해 바

---

40) 사도들이나 예언자들이 토대나(Lincoln, *Ephesians*, 155-56), 모든 다른 부분을 정렬하며 (Schnackenburg, *Ephesians*, 124) 토대에 놓이는 첫 돌 역할을 맡았기 때문에, 그 이미지는 쐐기돌이나 주춧돌 이미지다. 그 비유는 사 28:16에서 유래했고(토대로 이해되었다) 초기 기독교 변증에서 종종 시 118:22과 결합됐다(마 21:42; 롬 9:33; 10:11; 벧전 2:4, 6-8).

41) 하나님이 세상에서 현존하고 행동하는 방식이 사람이라는 이미지는 성경에서 가져왔고(비교. 출 19:5-6; 레 26:11-12; 겔 37:27), 여기서 그 사용은 메시아 예수를 믿는 공동체가 종말론적 성전이라는 초기 확신을 반영한다(위 §23 n. 202과 §36 n. 47을 보라).

42) 다시 위 §29 n. 114; 또한 C. C. Caragounis, *The Ephesian Mysterion* (Lund: Gleerup, 1977)을 보라.

울에게 알려졌고, 성령을 통해 사도들과 예언자들에게 계시되었다(3:3-5). "이는 이방인들이 복음으로 그리스도 예수 안에서 함께 상속자 되고 함께 지체가 되고 함께 약속에 참여하는 자가 됨이라"(3:6). 이것이 바울이 위임 받은 복음이었고, 바울은 이를 위해 은혜와 권능을 받았다(3:7).[43]

특징상 늘 화려하고 찬미적인 문단에서, 바울의 사명과 그의 메시지의 경이로움이 설명된다.

> 모든 성도 중에 지극히 작은 자보다 더 작은 나에게 이 은혜를 주신 것은 측량 할 수 없는 그리스도의 풍성함을 이방인에게 전하게 하시고…하나님 속에 감 추어졌던 비밀의 경륜이 어떠한 것을 드러내게 하려 하심이라. 이는 이제 교 회로 말미암아 하늘에 있는 통치자들과 권세들에게 하나님의 각종 지혜를 알 게 하려 하심이니, 곧 영원부터 우리 주 그리스도 예수 안에서 예정하신 뜻대 로 하신 것이라. 우리가 그 안에서 그를 믿음으로 말미암아 담대함과 확신을 가지고 하나님께 나아감을 얻느니라(3:8-12).

바울이 받은 사명의 중요성에 대해 이미 깊게 고찰한 이 내용은 유대 교나 기독교 성경 전체에서 가장 아름답고 희망찬 기도로 마무리된다.

> 그(아버지)의[44] 영광의 풍성함을 따라 그의 성령으로 말미암아 너희 속사람을 능력으로 강건하게 하시오며, 믿음으로 말미암아 그리스도께서 너희 마음에 계시게 하시옵고, 너희가 사랑 가운데서 뿌리가 박히고 터가 굳어져서 능히 모든 성도와 함께 지식에 넘치는 그리스도의 사랑을 알고,[45] 그 너비와 길이

---

43) 비교. 롬 1:5; 15:15-16; 고전 9:17; 15:10; 갈 2:7-9; 골 1:29. 또한 Wilckens, *Theologie*, 1/3.283을 보라.

44) "하늘과 땅에 있는 각 족속에게 이름을 주신[혹은 정체성을 부여하신다고 말할 수 있다] 아 버지"(3:15). 바울과 마찬가지로, 글쓴이는 하나님의 이스라엘과의 특별한 관계 그리고 그의 보편적 부성을 확인하는 데 어려움이 없었다.

45) 이것은 동료 그리스도인들을 위한 기도다. 저자는 어떤 이들이 개종을 위한 기도로서만 타

와 높이와 깊이가 어떠함을 깨달아,[46] 하나님의 모든 충만하신 것(plērōma tou theou)으로 너희에게 충만하게 하시기를 구하노라(3:16-19).

골로새서가 대담하게 인간 그리스도에게 돌린 내용("그 안에는 신성의 모든 충만[plērōma tēs theotētos]이 육체로 거하고")을 에베소서는 신자들에게 적용하여 기도할 수 있는 것으로 이야기한다. 에베소서가 그리스도의 몸인 교회의 이상으로 제시한 "만물 안에서 만물을 충만하게 하시는 이의 충만"(1:22-23)은 이제 신자들 개인과 단체를 위한 염원으로 제시된다. 교회의 목표는 그리스도가 했듯이 하나님의 임재와 사랑을 담아내는 것과 다르지 않다! 어떤 신비주의자도 그 이상의 것을 갈망할 수 없을 것이다. 그렇게 표현된 깊은 헌신의 태도에서, 기도 묵상은 그에 걸맞은 찬가로 완성된다(3:20-21).

c. 바울다운 권면(엡 4-6장)

바울 서신에서 드러나는 바울의 일정한 습관은 서신의 본론에 일련의 권면을 적절하게 덧붙이는 것이다. 비록 1-3장이 강해라기보다는 기도였지만, 이곳에서도 같은 양상이 드러난다. 바울다운 특징이 두드러진 면은, 서신의 낭독을 듣는 청중에게 자부심을 앞세워 으스대지 않는(그때나 지금이나) 겸손과 온유, 사랑 안에서의 인내와 오래 참음, 또한 성령의 연합과 모든 이에게 유익을 주는 화평을 유지하려는 간절한 결심(4:2-3)을 통해, 그들을 믿음으로 부르신 은혜를 표현하는 방식으로 자신들의 삶을 살라는 호소다.[47]

이어지는 고백(4:4-6)은 이전의 바울의 어떤 고백보다 더 주의 깊게 구

당하다고 여기는 언어를 사용하는 데 어떤 망설임도 없다. 영적 관계라는 강력한 이미지는 신학의 적절성이라는 논리보다는 체험한 현실에 더 반응한다.

46) 하나님 사랑의 네 국면(Lincoln, *Ephesians*, 207-13; Schnackenburg, *Ephesians*, 150-51).

47) 비교. 롬 12:3; 고후 4:6; 갈 6:1; 빌 2:3; 골 3:12.

성된 예배 문구다. 특별히 삼위일체적 구조("한 성령, 한 주, 한 하나님")가 있다. 또한 절정에 이르게 하는 네 번의 "모두"는 그 고백을 한 사람들에게 기독교의 궁극적 기반이 하나님이심을 상기시키는데, 이는 하나님의 하나이심 및 창조주로서의 충만하심과 관련된다.

또한 바울다운 특징은 그리스도의 몸으로서 교회라는 이미지다(롬 12:4-8; 고전 12:4-31). 주목할 것은 그 몸이 은혜(charis)와 은사(dorēa)로 구성되고 기능한다는 통찰력이 지속된다는 점(4:7-8),[48] 상호 의존이 그 몸을 효과적으로 하나처럼 기능하게 한다는 인식(4:19),[49] 그리고 교회가 여전히 성숙을 향해 가고 있으며, 목표가 그리스도라는 것에 대한 강조다(4:13). 그러나 그 이미지가 계속해서 발전되는 것을 에베소서의 또 다른 특징으로 들 수 있다. 교회는 이제 단순히 고린도 교회가 아니라(고전 12:27에서처럼) 에베소에서 말하는 보편적 교회다. 은사는 사도·예언자·복음 전도자·목사·교사 등 확립된 사역으로 제시되며(엡 4:11),[50] 이전 목록의 특징이었던 예언과 섬김 등의 "간헐적" 사역을 포함하지는 않았다(롬 12:8; 고전 12:28). 성숙의 추구에는 거짓 가르침과 속임에 저항하는 능력이 포함되며(엡 4:14), 이는 차세대의 전형적인 관심사였다.[51] 그리고 몸의 머리는 더 이상 단순히 몸

---

48) 엡 4:8은 시 68:18을 인용하는데, 이는 이스라엘의 적에 대한 야웨의 승리를 찬미하며, 이제는 그리스도의 높아짐에 대한 묘사로 읽히는 구절이다(비교. 고전 15:24-26; 골 2:15). 시 68장과는 대조적으로, 에베소서는 그리스도가 은사를 받기보다 은사를 내어줌을 말한다. 그러나 모세와 관련하여 그 구절을 언급하며 그것을 비슷하게 읽는(율법을 주는 모세) 타르굼 시 68편이 있다. 따라서 에베소서의 해석이 이상하게 들릴 이유는 없다(Lindars, *New Testament Apologetic*, 52-53; Lincoln, *Ephesians*, 243-44; Best, *Ephesians*, 379-82에 있는 토론).
49) 4:12의 구두점에 관해 논쟁이 있다: "사역을 위해 성도를 구비하다"(성도들의 할 일이 사역이다) 혹은 "사역을 위해, 성도를 구비하다"(사역은 사도들과 예언자들 등등의 사역이다). 전자는 몸의 모든 구성원에게 "직분"이 있다는 바울의 이전 판본과 더 긴밀히 연결된다(고전 12:5). 후자는 사역을 맡은 직분자에게 더 엄격히 초점을 둔 기관화된 교회의 개념과 더 긴밀하게 연결된다. Lincoln, *Ephesians*, 253-55; S. H. T. Page, 'Whose Ministry? A Reappraisal of Ephesians 4:12', *NovT* 47 (2005), 26-46에 있는 논의를 보라.
50) 첫 번째와 두 번째 및 다섯 번째는 바울의 이전 본문에서 현저하게 등장했으나, 복음 전도자와 목회자는 그렇지 않았다.
51) 행 20:28-31; 이는 목회 서신의 일관적인 관심사다.

의 한 부분이 아니다(고전 12:21에서처럼). 그리스도는 몸 위에 있는 머리다(엡 4:15).[52] 그 강조의 변화는 저자가 교회의 이미지를 그리스도의 몸으로 유지하게 하며, 또한 몸이 제대로 기능하기 위해 그리스도에게 의존함과 사랑이라는 중심적인 유대를 확인한다(4:16).[53]

대체로 더 일반적이고 거의 다목적적인 권면을 담은 단락이 뒤따르며, 이는 4:17에서 5:20까지 이어진다. 이전의 바울 서신들과는 다르게 이 권면이 특별히 염두에 두고 있는 상황은 없다. 첫 번째 부분(4:17-24)은 구조상 2:1-10과 병행한다. 즉 이방인처럼 살았던 청중의 과거(4:17-19), 그들의 회심(4:20-21), 그들을 향한 하나님의 목적(4:22-24)에 대한 상기다. 2:11-12에서처럼, 경고는 유대적 관점을 전제한다. 즉 이방인의 행동의 특징이 그들이 자랑하는 이유의 허망함(mataiotēs)과 성적 방탕함과 불결함 및 욕심에 자신을 내어준다는 것이다(4:17-19).[54] "너희는 그리스도를 그같이 배우지 아니하였느니라!"(4:20) 그리스도는 몸의 머리이기만 한 것이 아니다(교회의 시각적 개념). 예수는 자신의 삶과 선교를 통해 "그 안에" 있는 사람들에게 기대하는 본보기를 제공한다(4:21).[55] 이 말씀을 따르는 삶은 옛 삶을 벗어버리는 것이며, 마음(자기 인식)을 새롭게 하여 하나님과 하나님의 뜻을 따라 창조된 새 삶을 입는 것이다(4:22-24). 저자는 유혹의 욕심이 결정하는 삶의 방식과 인류를 창조할 때 하나님이 처음 의도하신 목적을 따라 형성된 삶의 양식을 위한 열망 사이의 대조를 깔끔하게 결합했다.[56]

새로운 삶을 나타내는 옷 갈아입기라는 친숙한 이미지(4:22, 24)는[57] "벗

---

52) 또한 필자의 "'The Body of Christ" in Paul', 그리고 Best, *Ephesians*, 189-96의 참고문헌과 주해를 보라.
53) Lincoln, *Ephesians*, 261-64; Best, *Ephesians*, 409-13에 있는 토론.
54) 비교. 롬 1:21-31.
55) 골 2:6-7과 마찬가지로, 여기서 가장 분명한 함의는, 정기적인 문답용 가르침의 일부이고 모든 교회에 친숙했을 것이라고 작성자가 추정한 그리스도의 가르침과 삶에 관한 전승을 저자가 언급하고 있다는 것이다. 추가로 아래 n. 59을 보라.
56) 비교. 롬 8:29; 13:14; 고후 3:18; 골 3:10.
57) "벗다(apothesthai)" — 비교. 롬 13:12; 골 3:8; 약 1:21; 벧전 2:1; "입다(endysasthai)" — 롬

은(벗어버려야 했던) 것"(4:25)을 생생하게 상기시켜 그다음 문장에서 전개된다. 곧 거짓(4:25), 해를 넘겨 간직한 분노(4:26), 다른 사람들의 것을 유용함(4:28), 관계를 부패시키는 말(4:29), 악독과 노함, 분냄과 떠드는 것과 비방하는 것, 모든 악의(4:31), 음행과 온갖 더러운 것, 탐욕(5:3), 누추함, 어리석은 말과 회롱의 말(eutrapelia)(5:4)이다.[58] 반대로 새 삶의 표지는 진실 말하기와 상호 의존의 민감함(4:25), 수고하여 얻은 것으로 남을 도울 수 있도록 정직하게 일하는 것(4:28), 다른 이에게 은혜를 끼치는 말(4:29), 친절, 불쌍히 여김, 그리스도 안에서 하나님께 용서받은 자처럼 기꺼이 용서하기(4:32)[59](하나님을 본받는 자,[60] 그리스도가 우리를 사랑하는 것처럼 다른 사람 사랑하기, 5:1-2), 감사로 특징지어지는 삶이다(5:4). 그것들은 대부분 아주 오래된 지혜에 기반한 것으로서, 그리스와 유대교의 도덕주의자들에게 친숙했다. 하지만 그렇다고 가치가 덜하지 않다. 기독교의 권면은 도덕적 책임의 최고 표현, 특히 유대교적 지혜에[61] 동의하고 기꺼이 의존했다. 비록 그것이 그리스도의 용서와 사랑(4:32; 5:2) 그리고 성령의 능력에 뿌리를 두고 있지만 말이다(4:30).

13:12, 14; 갈 3:27; 골 3:10, 12; 살전 5:8. Selwyn은 기독교적 권면의 이 탁월한 특징에 주목한 첫 사람 중 하나였다(First Peter, 393-400); 또한 E. Schweizer, 'Traditional Ethical Patterns in the Pauline and Post-Pauline Letters and Their Development (Lists of Vices and House-Tables)', in E. Best and R. M. Wilson, eds., Text and Interpretation (Cambridge: Cambridge University, 1979), 195-209; 추가 참고문헌은 Theology of Paul, 662-65에 있다.

58) Eutrapelia(성경 그리스어로 여기서만 등장)를 아리스토텔레스는 극도의 익살과 천박함 사이의 중간 용어로 규정했다(Ethica Nichomachea 2.7.13; BDAG, 414).

59) 예수의 가르침의 되울림을 주목하라: 마 6:14(Jesus Remembered, §14.6); 골 3:13에서처럼. 예수의 가르침의 다른 되울림: 4:26 — 마 5:22; 4:29 — 마 15:11; 5:1 — 마 5:45; 5:5 — 하나님 나라를 유업으로 받음(Jesus Remembered, 386), 바울이 취한 형식으로(고전 6:9-10; 갈 5:21); 5:28-30 — 사랑의 계명의 상술(막 12:31 병행구들; Jesus Remembered, §14.5a).

60) R. A. Wild, "'Be Imitators of God": Discipleship in the Letter to the Ephesians', in F. Segovia, ed., Discipleship in the New Testament (Philadelphia: Fortress, 1985), 127-43을 보라.

61) 특별히 4:24은 Wis. 9.3의 언어를 사용한다. 4:25은 슥 8:16의 단어를 사용한다. 4:26-27의 권면은 시 4:4에 설명을 더한다. 4:30은 사 63:10을 되울린다. 또한 5:2은 출 29:18을 되울린다. 유대의 전통 지혜와 예수의 가르침의 그런 혼합에 대해서는 롬 12:14-21(§33 nn. 250, 251)과 야고보서를 보라(아래 §37.2c).

5:6-14에서의 이미지는 벗음과 입음의 대조로부터 빛과 어두움의 대조, 그리고 빛 안에 살며 탐색하는 빛에 열려 있고 그 빛을 반영하는 삶과 숨겨진 수치가 가득한 삶의 대조로 바뀐다.[62] 여기 대조에 대한 설명은 전통적인 내용과 더욱 분명하게 기독교적인 내용의 혼합이다. 모두는 선함과 의와 진리가 바람직한 미덕이라는 점과(5:9), 독실한 사람은 하나님을 "기쁘시게 할 것이 무엇인가"를 배우기 원한다는 점(5:10), 또한 빛이 다른 때는 숨겨져 있던 것을 드러낼 수 있다는 데 빛 이미지의 효과가 있다는 점(5:11-13)에 동의할 것이다. 기독교의 독특한 주장은 그 빛(실제적이고 가장 효과적인 빛)이 "주 안에" 있다는 주장이다(5:8). 바울의 가르침의 동일한 특징은 주를 기쁘시게 하는 것을 분별하는 능력이 마음의 새로워짐과 성령을 통해 주어진다는 주장이다.[63] 에베소서 5:14("잠자는 자여 깨어라! 죽은 자들 가운데서 일어나라! 그리스도께서 너에게 비추시리라!")은 초기 기독교 찬송의 단편일 수 있다.[64] 그 문단은 더 일반적인 금언으로 된 권면 및 술 취함과 성령 충만의 전형적인 표지인 생동감과의 대조로 마무리된다(5:18).[65] 성령 충만은 방탕이 아니라, 영감을 주고 진심 어린 찬송으로 드러나며,[66] 이는 주 예수 그리스도를 통해 하나님 아버지께 감사하는 마음으로 사는 삶이다(5:19-20).

에베소서가 골로새서의 자료를 발전시킨 것처럼 보이는 눈에 띄는 특징은(5:21-6:9), 그리스도인이 적용하려고 시도한 일반적인 가정의 질서로

---

62) 구약성경에서는, 예로 시 36:9; 82:5; 잠 4:14-19; 전 2:13을 비교하라. 앞에서 언급했듯이, 사해 문서에서 눈에 띄는 대조는 "빛의 아들들"(쿰란 언약자들)과 "어둠의 아들들"(나머지)의 대조다. 신약성경에서는, 예로 마 6:22-23; 행 26:18; 고후 4:6; 골 1:12-13; 벧전 2:9; 요일 1:6.

63) 롬 12:2; 고전 2:14-15; 빌 1:9-10; 살전 5:19-22. 불미스럽고 수치스러운 것을 드러내는 빛의 힘은 요 3:20과 고전 14:24-25 같은 구절을 상기하며, 막 4:21-22과 롬 13:11-14의 경고를 되울린다.

64) Lincoln, *Ephesians*, 331-32, 그리고 Best, *Ephesians*, 497-500에 있는 토론.

65) 오순절 이야기의 회상(행 2:1-4, 12-16)은 의도성이 있을 수도 있다. 저자가 성령 충만함을 일회적인 일로 여기지 않았음은 주목할 만하다. 권면은 (계속 혹은 반복해서) 성령으로 충만하여지라는 것이다. 추가로 Fee, *God's Empowering Presence*, 658-753을 보라.

66) 생동감 있는 찬송은 기독교 역사 내내 영적 활력의 표지였고, 기독교 갱신 운동은 항상 새로운 노래라는 신선하고 창의적인 활동으로 특징지어졌다.

보이는 내용에 대한 설명이다(골 3:18-4:1).[67] 여기서 같은 동기를 예상할 수 있다. 곧 사회의 전통적 가치를 전복한다고 여겨질 수 있는[68] 작은 가정교회의 훌륭한 시민 됨을 보여주고, 그리스도인 가정의 자질과 특징을 입증하는 것이다.[69] 여기서도 핵심 가르침은 상당히 전통적이다(좋은 윤리는 기독교만의 특권이 아니다). 그러나 여기서도 역시 전통적인 내용은, 모든 관계를 반드시 "주 안에서" 살아내야 하고, 모범과 영감으로서 그리스도의 이타적이고 희생적인 사랑으로 살아야 한다는 기독교적 의식으로 바뀐다.

기독교적 적용은 곧바로 시작된다. 아내가 남편에게 복종하는 것은 그 시대의 사회와 도덕의 흐름이었고(5:22),[70] 바울이 앞서 했듯이(고전 11:3) 남편의 머리 됨을 재확인했다(5:23-24). 그러나 그 권면은 서로 복종하라는 서문(5:21)과 그리스도가 교회의 머리 되심이 본보기임을 상기함으로써(5:23-24) 유화적으로 표현됐다. 남편의 모범은 사랑하는 자와 구원자로서의 그리스도이지, 주와 주인으로서의 그리스도는 아니다(5:25).[71] 그리스도의 자기희생이라는 사랑으로 부인을 사랑해야 하는 남편의 책임에 대한 이러한 강조는 5:25-33에서 수차례 반복되었다.

- 그리스도는 교회가 자신과의 연합을 위해 준비하도록 자신을 내어주었다. 이는 신부가 결혼식 전에 그리고 결혼식 준비를 위한 목욕이라는 이미지를 사용한다(5:25-27).[72]

---

67) 위 §34 n. 394을 보라. 골로새서의 가정 규칙은 어쩌면 벧전 2:18-3:7에도 전례를 제공했을 테다. 예로 딛 2:1-10; *Did.* 4.9-11; *1 Clem.* 21.6-9을 비교하라.
68) 기독교 역사와 일반적인 종교 역사에서, 새 종파/종교 집단은 대체로 이 점에서 의심을 샀다.
69) 다시 Schweizer, 'Traditional Ethical Patterns'를 보라.
70) 이것을 모욕으로 받아들이는 21세기의 독자들은 부인을 남편의 재산으로 취급하는 영국 혼인법이 19세기에야 바뀌었음을 기억해야 할 것이다.
71) 또한 Keener, *Paul, Women and Wives*, 4-6장을 보라.
72) 신부의 목욕 이미지는 대개 세례와 관련된다(특별히 R. Schnackenburg, *Baptism in the Thought of St. Paul* [Oxford: Blackwell, 1964], 1장을 보라). 그 이미지가 집단적이고(교회는 약혼과 재림 때의 결혼식 사이의 시간에 살고 있다. 비교. 고후 11:2; 계 19:7-8; 21:2, 9-10), 그 정결하게 함이 "말씀으로" 오는 영적 정결함(비교. 고전 6:11; 딛 3:5-6; 히 10:22)이긴 하지

- "네 몸처럼" 네 이웃을 사랑하라(레 19:18)는 예수의 강조는 사람들이 자기 자신을 얼마나 잘 돌보는가를 상기시키는 것과 잘 어울린다 (5:28-30).
- 둘이 하나가 되는(창 2:24을 인용한다) 결혼의 위대한 신비는 그리스도 와 교회의 관계를 반영하며, 이는 사랑과 존경이 상호 유대를 제공 하기 때문에 가능하다(5:31-33).[73]

가정 규범의 두 번째 쌍(골 3:20-21처럼)은 자녀와 부모다(6:1-4). 아내의 순종과 마찬가지로, 부모를 향한 복종(6:1)은 고대 세계에서 널리 인정된 법규였다. 물론 여기서도 "주 안에서"라는 단서를 달았지만 말이다.[74] 골로새서 3:20과 마찬가지로, 다른 그런 규범과 비교해서 주목할 만한 차이는 아동들을 회중의 책임 있는 구성원으로 호명했고, 여기서 그것을 강화하기 위해 출애굽기 20:12이라는 성경의 명령에 의존했다는 사실이다(6:2-3). 바울처럼 저자는 약속의 땅에서 이스라엘에게 주어진 번영과 관련된 약속을 지중해 세계 다른 지역의 이방인 신자들에게 적용하는 것이 온전히 타당하다고 생각했다.[75] 아비들을 향한 병행적 명령은 전통적 성격을 띠고 있으며(6:4), 자녀들을 상대로 한 교훈과 훈계를 부모의 책임으로 인식했다. 그러나 이 역시 훈련하고 가르치는 내용이 "주의 것"이어야 함을 상기시키는 것을 통해 조절됐다.

종들과 주인들이라는 다른 한 쌍은 골로새서 3:22-25을 밀접한 본보기로 삼은 것이다. 그 구절에서도 노예들을 그 서신을 듣고 있는 회중의 정식 구성원으로 받아들였다는 점은 주목할 만하다. 법규를 기독교화한 점 역

만 말이다.

73) 사랑하라고 요구를 받은 이는 바로 남편이며, 염두에 있는 사랑은 결혼이나 가족의 사랑이 아닌, 더 불리한 사람들을 향한 힘 있는 사람들의 희생적이고 이타적인 사랑이다.

74) 그러나 그 구는 몇 가지 중요한 사본에선 등장하지 않는다.

75) 이는 어쩌면 유대인 교회에 몸담은 이방인 구성원의 문제에 대한 야고보의 "해결책"을 반영하는 듯하다(행 15:15-21). 위 §§27.3e 그리고 36.1b를 보라.

시 두드러진다. 그리스도께 순종하듯이 상전에게 순종하라(6:5), "그리스도의 종들처럼 마음으로 하나님의 뜻을 행하고"(6:6), "주께 하듯"(6:7), "무슨 선한 일을 행하든지 주께로부터 그대로 받을 줄을 앎이라"(6:8). 그리고 상전들은 하늘에 똑같은 상전이 종과 상전에게 있음을 기억해야 하며, 하나님의 공정하심을 명심해야 한다(6:9).[76]

마무리 단락(6:10-20)은 그리스도인의 삶을 영적 투쟁으로 보는 것 중의 가장 생생한 묘사에 해당한다. 이것은 잘 확립된 유대교 사상, 특별히 신적 전사인 하나님이라는 주제 및 인간의 죄와 사회의 불평등을 심판하시려고 하나님이 입으시는 갑옷이라는 주제에 분명히 의존한다.[77] 익숙한 이미지의 적용은 살아 있는 전통이 어떻게 작용하는지에 관한 교과서적인 예로서, 그것은 옛 자료의 단순한 반복이나 재활용이 아니라, 변화하는 상황과 청중을 위해 옛 자료를 수용하면서 새롭게 창조하는 신선한 표현을 자극한다.

- 적대 세력들은 우주의 권세, 즉 보이지 않는 세력과 다름이 없는데, 그것이 "마귀"로 개념화되든지(6:11),[78] 실존적 영향력의 다중 형태로 개념화되든지 간에, 인류에게 영향을 끼친다(6:12).[79]
- 오로지 "주의 힘의 능력으로" 그들을 이겨낼 수 있으며(6:10, 13), 그 능력만이 그런 파괴적인 세력을 패배시킬 수 있다. 진리의 허리띠,

---

76) 하나님의 공정하심은 롬 2:11에서 바울 강해의 중요한 요소다(위 §33 n. 106을 보라). 신약성경 내 다른 곳, 즉 행 10:34; 골 3:25; 약 2:1을 보라.
77) 사 59:12-18; Wis. 5.17-20.
78) 비교. 엡 2:2; 4:27; 약 4:7; 벧전 5:8-9.
79) 비교. 롬 8:38-39; 고전 15:24-26; 골 1:16; 2:15; 벧전 3:22. 그런 언어가 어느 정도까지 이미 사회적 압력이나 시대정신의 은유로 여겨졌는지는 논쟁 중이다. 특별히 W. Wink, *Naming the Powers* (Philadelphia: Fortress, 1984), 그리고 추가로 *Theology of Paul*, §5; Best, *Ephesians*, 174-80을 보라.

의의 흉배(6:14),[80] 평안의 복음을 위해 준비한 신(6:15),[81] 믿음의 방패 (6:16),[82] 구원의 투구,[83] 하나님의 말씀인 성령의 검(6:17).[84]

- 마지막 권면은 전쟁 이미지에서 벗어나지만, 그것이 사령관과의 의사소통("성령으로" 기도함) 및 계속되는 투쟁에서 협력을 위한 노력의 필요성을 강조한다고 말할 수 있다(6:18-20). 그 언어가 바울 선교의 주제로 되돌아간다는 점이 눈에 띈다. "복음의 비밀을 담대히 알리게 하옵소서"(6:19). 이는 골로새서 4:2-4에 있는 바울의 개인적 요구를 본보기로 삼았을 문구 안에 있지만, 에베소서 3:1-13에 제시된 바울의 사명에 대한 재진술에 맞추었다.

결론부(6:20-21)는 골로새서 4:7-8을 거의 글자 그대로 반복하며, 마지막 축복은 은혜와 평강을 위한 바울의 일반적인 기도를 상술한 것이다(6:23-24).

d. 교회 서신

필자가 에베소서를 다시 펼쳐서 그 서신을 새롭게 읽었을 때 가장 강한 인상으로 다가온 점은 그 서신에서 몇 번이고 거듭해서 교회를 위한 이상에 대해 언급한다는 사실이다. 바울이 이전에 작성한 모든 서신에서 다루는 특정 교회가 아니라, 이것은 거의 이상화된 표상으로서의 "교회"이며, 모든 교회의 지향점일 뿐 아니라, 오로지 하나인 전체 교회로서만 존재할 수밖에 없는 그러한 교회를 말한다.

---

80) 후자는 직접 사 59:17과 Wis. 5.18을 의존한다.
81) 어쩌면 사 52:7의 되울림이 있다. 그 구절은 행 10:36에서도 되울렸고 롬 10:15에서 인용됐다.
82) Wis. 5.19에서 방패는 "거룩함"이다. 그 적용은 타당한데, 믿음이 기독교의 제자도를 결정적으로 규정하는 특징이었기 때문이다.
83) Wis. 5.18에서 "투구"는 "공정한 정의"지만, 살전 5:8에서 바울은 "구원의 소망"을 투구라고 이미 언급했다.
84) 그 형상은 더 오래된 용례를 다시 반영한다(사 49:2; 호 6:5; 비교. 히 4:12).

- 예수 그리스도를 통한 하나님의 가족(1:5)과 기업(1:14, 18).
- 그리스도의 주 되심이 교회를 위한 것이며, "교회는 그의 몸이니 만물 안에서 만물을 충만하게 하시는 이의 충만함"이다(1:22-23).
- 갈라진 두 민족이 한 새사람이 되고 한 몸으로 하나님과 화목됨(2:15-16).
- "성도들과 동일한 시민이요 하나님의 권속"(2:19).
- "주 안에서의 거룩한 성전", "하나님이 거하실 처소"(2:21-22).
- "함께 상속자가 되고 함께 지체가 되고 함께 약속에 참여하는 자"(3:6).
- 교회를 통하여 하나님의 지혜를 하늘에 있는 통치자들과 권세자들에게 알게 하심(3:10).
- "교회와 그리스도 예수 안에서 하나님께 영광을 돌림"(3:21).
- 몸을 세우기 위한 은사의 지도력과 사역을 소유한 한 몸, 머리로부터 흘러내리는 자양분으로 유지되는 몸(4:4, 12-13, 15-16).
- 빛의 자녀들(5:8).
- 교회인 몸의 머리로서의 그리스도(5:23-24).
- 그리고 가장 풍성하게, 그리스도와 정혼하여 결혼식을 위해 예비되었고, 남편의 희생적인 사랑으로 사랑받는 그리스도의 신부인 교회(5:25-27, 29-30, 32).

에베소서 전반에 걸쳐 이러한 초점(다루고 있는 우주적 사건에서 바울의 역할을 강하게 확인하는데, 이것은 언제나 "그리스도 안에서"라는 꾸준한 북소리로 울리며, 교회가 성령에 의지함을 온전히 알고 있고, 이를 넘어 하나님의 마지막 목적과 영광을 계속 보고 있음)을 잘 유지함으로써 그 서신은 바울에게 헌정하기에 적절한 감사의 선물이 될 뿐 아니라, "바울주의의 정수"를 잘 요약해주었다는 칭찬을 받기에도 충분하다고 하겠다.

37.2 야고보 - 야고보서

야고보가 기록했다고 여겨지는 서신은 첫 기독교 문서 중 가장 흥미로운 문서다. 저자 논란이 없는 바울 서신을 제외하고, 다른 어떤 서신보다 야고보서가 기독교 첫 세대에 대해 더 많은 것을 알려주기 때문이다. 바울 서신이 이방인 선교를 통해 세워진 처음 교회에 관한 매우 귀중한 정보를 제공하는 반면에, 야고보서는 초기 팔레스타인의 기독교와 어쩌면 예루살렘의 기독교에 관해 비할 데 없이 소중한 통찰을 제공한다. 그리고 사도행전의 정보와 상호 연관된 몇몇 바울 서신이, 이방인이 다수를 이루고 있던 교회들과 바울의 복음 및 신학에 대한 지식을 견고하게 하는 데 필요한 삼각측량을 가능하게 하는 반면에, 야고보서는 예루살렘 교회와 기원후 5-60년대 예루살렘 교회의 영향력을 들여다볼 수 있는 거의 유일한 창문이다.

안타깝게도 야고보서는 불가피하게 바울과 비교됨으로써 피해를 입었다. 이것은 주로 바울이 첫 세대 신약성경에서 유일하게 반대가 없는 목소리이고 사실상 복음서를 넘어 신약 정경의 공간을 지배했기 때문이다.[85] 그 결과 야고보서는 비교를 통해 고통을 받았고, 이는 특별히 여러 세대에 걸친 개신교 주석가들(신약의 타당한 비평 연구의 발전에 주도권을 내준 이들)에게서 오는 것이다. 바울은 기독교와 복음이 무엇인지를 가장 명확하게 정의한 사람으로 여겨졌다. 바울 서신들의 신학적 비중과 비교함으로써 야고보서는 무언가 빗나갔거나 혹은 가벼운 주장을 대변한다고 간주된다.[86] 설상가상으로 학계는 거의 2세기 동안 바우어(Baur)의 영향을 받았는데, 그에

---

85) *James: Wisdom of James, Disciple of Jesus the Sage* (London: Routledge, 1999)에서 야고보서에 관한 자기 연구의 절정을 이룬 R. Bauckham은 동방 정교회가 신약 정경을 다른 순서(복음서, 사도행전, 야고보서, 다른 공동 서신들, 바울 서신들, 요한계시록)로 배열했기 때문에, 이것이 서구인들의 문제라고 관찰한다(115).

86) 가장 유명한 표현들은 많이 인용된 루터의 논평이다. 그것은 "복음적인 내용을 전혀 담고 있지 않다"; "그것은 그[예수]에 관해 아무것도 가르치지 않는다"; "야고보와 바울은 조화될 수 없다"; "그것은 전혀 사도의 편지가 아니며, 진정한 지푸라기 서신이다"; F. Mussner, *Der Jakobusbrief* (HTKNT; Freiburg: Herder, ³1975), 42-47을 보라.

따라 "바울의 대적들이 누구였는가?"에 매료되었으며 이 질문에 대한 대답 중에 가장 분명한 것은 야고보였고,[87] 이에 대해 야고보서는 적어도 몇 가지 뒷받침하는 증거를 제공한다고 여겨졌다.[88] 필자는 흔히 주장되는 것보다 야고보를 위해 훨씬 더 많은 내용을 말할 수 있고 이와 관련된 핵심 질문은 야고보서가 야고보에 관한 재평가에 어떤 기여를 할 수 있느냐라는 것을 이미 §36.1에서 암시했다. 더 중요하게는, 제대로 균형 잡힌 기독교 시작에 관한 견해를 위해서, 야고보서를 바울의 그늘에서 끄집어내어 그 자체를 읽고 그 서신이 바울과는 별도로 기독교의 시작에 관해 말하는 내용이 무엇인가를 재평가하는 일은 결정적으로 중요하다.[89]

a. 야고보는 누구인가?

야고보서는 "하나님과 주 예수 그리스도의 종 야고보"(1:1)라는 문구로 시작한다. 이는 이 야고보가 잘 알려졌으며 다른 어떤 추가적인 내용이나 자세한 소개가 필요치 않음을 명확하게 암시한다. 기독교의 시작과 관련해서 언급된 다른 야고보들에 관해서는,[90] 예수와 가장 가까웠던 원제자 세 명 가운데 한 명이자 예루살렘 교회의 첫 삼인조에 속하는 요한의 형제 야

---

87) 예로, §32 nn. 427, 428을 보라.

88) 그 서신을 바울이나 바울을 추종하는 제자들에 대한 논쟁적인 서신으로 보는 사람들에 관해서는, Schnelle, *History*, 397을 보라. 바울의 안경을 통해서 야고보를 보는 전형인 Bultmann, *New Testament Theology*의 야고보 논의를 Johnson, *Brother of Jesus*, 238-40이 훌륭하게 요약했다. M. Hengel은 'Der Jakobusbrief als antipaulinische Polemik', *Paulus und Jakobus*, 511-48에서 그 전통을 이어가며, 그 서신을 "초기 기독교 논쟁의 걸작", "예술 적이고 미묘한 논쟁"으로 여겼는데(525), 그것은 2:14-26에 국한되지 않는다. 비록 3:1-12과 4:13-16(529-39)이 바울의 선교 사역을 염두에 두고 있다는 추가 제안은 타당성이 부족하지만 말이다.

89) L. T. Johnson, *The Letter of James* (AB 37A; New York: Doubleday, 1995)는 야고보의 평가를 왜곡하는 "바울에 대한 집착"을 깨뜨릴 필요를 정당하게 말한다(111-14).

90) 세베대의 아들(요한의 형제); 알패오의 아들(열둘 중 하나); 마리아의 아들(작은/젊은 야고 보); 유다의 아버지; BDAG, 464을 보라.

고보가 유일하게 그 묘사를 충족한다.[91] 그의 초기 처형(기원후 42년)이 그를 가능한 저자의 명단에서 거의 확실하게 배제한다는 점을 제외하고는 말이다. 그 질문에 대한 유일한 다른 분명한 대답은 예수의 형제 야고보다. 이 문제에 관해 의심의 가능성이 있다는 사실은, 야고보가 모 교회에서 이룬 일과 예루살렘뿐 아니라 그 너머까지 그가 끼친 영향력이 단순히 과소평가되었다는 증거다.[92]

저자가 야고보가 아니라는 생각에 무게를 두는 흔한 고려사항들은[93] 흔히 주장하는 것만큼 그다지 설득력이 있지는 않다고 본다.

- 그리스어가 너무나 훌륭하고[94] 서신의 수사학적 질이 갈릴리 기능공의 형제가 작성했다고 보기에는 너무 뛰어나다.

헬레니즘 유대교와 팔레스타인(즉 그리스화 되지 않은) 유대교를 양분한 이전의 견해가 실패한 후로, 이 논쟁은 거의 전부 신빙성이 없다.[95] 야고보는 거의 30년 동안이나 예루살렘 교회의 지도자였으며, 적어도 그리스어를 말하고/듣는 능력 없이는 지도력을 결코 행사할 수 없었을 것이다. 이는 그의 사역이 정기적으로 유입되는 상당수의 디아스포라 순례자를 향한 말씀 선포나 어떤 경우에는 가르침을 틀림없이 포함했을 것이고, 특별히 순례 축제의 의사소통 언어는 분명히 그리스어였다고 타당하게 추측할 수 있기

---

91) 위 §§23.3c와 26.5c를 보라.
92) 위 §36.1d를 보라.
93) 이는 여전히 다수의 견해다. 예. 그 논제에 관한 19세기와 20세기 학계에 대한 비평은 Johnson, *James,* 150-51, 154-56; Schnelle, *History,* 384-88 n. 11을 보라.
94) J. B. Mayor, *The Epistle of St. James* (London: Macmillan, ²1897)는 야고보의 그리스어 양식을 집중적으로 연구한 후에 유명한 결론을 내렸다. "대체로 필자는 이 서신의 그리스어 등급이 어쩌면 히브리서를 제외하고 신약의 다른 어떤 책보다 순수 고전의 표준에 더 가깝다고 해야 할 것 같다"(ccxvi).
95) Schnelle가 인정하듯이(*History,* 385). 위 §24 nn. 21, 31; 추가로 Martin, *James,* lxx의 참고문헌을 보라.

때문이다. 그리고 야고보의 그리스어 구사 실력이 그 서신처럼 세련되지 않았을지라도, 그보다 글로 표현된 그리스어에 유창한 동료 사도가 야고보의 가르침을 세련된 형식으로 가다듬었음을 상상하는 것은 결코 어려운 일이 아니다.[96]

■ 분명 예수의 형제 야고보는 자신을 통상 그렇게 소개했을 것이다.[97]

이것은 사실 서신의 차명 저자 가설에 대해 아주 강하게 반대하는 주장이다. 차명 저자는 바로 이 주장을 확실하게 강조했을 것이다. 즉 자신이 바로 예수의 형제의 이름으로 기록했다는 주장이다. 한편 "하나님의 종"이라는 경칭의 사용으로 한정된[98] 자기소개는, 저자가 자신의 권위에 대해 가장 확신하고 자신하며 화려한 선전 없이 인식될 수 있음을 자각하고 있던 사람임을 입증한다.[99]

■ 예루살렘의 유명한 야고보가 그 서신의 배후에 있었다면, 지중해 지역 기독교에서 이 서신을 권위 있는(정경적인) 서신으로 수용하는데 그다지 망설이지는 않았을 것이다.[100]

---

96) Bauckham, *James*, 24은 비록 요세푸스가 상당히 능숙하게 그리스어를 쓸 수 있었지만, 그런데도 그는 그리스어를 다듬어주는 보조원을 고용했다고 언급한다(*Ap.* 1.50). 그리고 추가로 Hengel, 'Jakobusbrief', 520-21을 보라. Bauckham뿐 아니라 Hengel(523)과 Johnson(*James*, 7-10, 116-18)도 그리스어와 수사의 질이 예루살렘 출신의 첫 세대 기독교 지도자가 그 서신을 썼다는 견해에 반대되는 것으로 여길 필요가 없다고 보았다.

97) Schnelle, *History*, 386.

98) Martin, *Slavery as Salvation*.

99) 바울과 반대인데, 바울은 "사도"라는 그의 칭호에 이론이 있었기에 그것을 강조해야 했다(§§29.3; 31.7 n. 321에서 보라).

100) 자세한 내용은 Kümmel, *Introduction*, 405에 있다. Johnson은 *1 Clement*와 *Shepherd of Hermas*가 야고보서를 알고 사용했다고 주장한다(*Brother of Jesus*, 52-60, 69-70; 그리고 추가로 45-100). 비록 야고보서의 영향력이 알렉산드리아와 예루살렘에서 가장 강했다고 인식했지만 말이다. 또한 Gregory and Tuckett, eds., *Reception*, 297-98, 305, 312-14, 320-21을 보라. 야고보서와 *Didache*에 관해서는 Gregory and Tuckett, eds., *Trajectories*, 193-95,

또한 동일하게 가능한 점은, 더 전통주의적인 유대 기독교 회중만이 초기에 야고보서를 알고 사용했으며, 다른 사람들은 그것이 이방인이 다수인 교회들의 기독교에 대한 시대에 뒤떨어진 이해를 표현한다고 생각했고, "주류" 기독교 공동체들이 이단으로 여긴 공동체에서 그가 받은 깊은 존경 때문에 야고보란 이름이 너무 많이 손상되었다는 것이다.[101] 요한복음과 심지어 바울 서신도 2세기에 영지주의와 마르키온주의자들 가운데서 상당히 선호됐다는 의심을 받았기 때문에, 어쩌면 야고보서는 호소력이 너무 협소했고 온전히 받아들이기에는 다른 극단에 너무 가깝다고 여겨졌을 것이다. 그러나 바울과 요한의 문서 모두가 지니고 있는 고유한 공로와 권위가 2세기에 들어서면서 더 널리 인정받았듯이, 야고보서의 특징과 예수의 동생이자 모 교회의 첫 지도자 중 한 사람을 향한 존경은 그 서신이 널리 영향을 끼치고 수용되도록 하기에 충분했을 것이다.[102]

- 사회적 상황, 특히 부자들을 향한 비판은 1세기 말의 상황을 반영한다.[103]

또한 그것은 예루살렘의 야고보가 다수의 토지 소유자들과 상인들의 탐욕에 대해 유대교 내의 다수를 점하고 있는 가난한 계층이 느낀 적대감을 반영했다고 볼 수 있다. 그런 긴장이 예루살렘에서 일어난 마지막 폭발 요인이었고, 틀림없이 훨씬 이전부터 긴장은 조성되고 있었다.[104] 빈곤이 깊이 자리 잡았다고 알려진[105] 신생 기독교 공동체가 이 긴장을 공유했고, 야고

204-207, 210-11을 보라.
101) 위 §36.1d를 보라.
102) 이 논제들을 제3권에서 더 자세히 고려할 것이다.
103) Schnelle, *History*, 388-90이 특별히 강조했다.
104) 이는 특히 봉기 초기에 공공 기록 보관소의 파괴로 암시됐다("차용증을 파괴하고 채무의 원상회복을 예방하려는 열성"). Josephus, *War* 2.427. 추가로 Goodman, *The Ruling Class of Judea*를 보라.
105) 필자가 언급하는 것은, 바울로 하여금 자신의 에게해 선교 후기에 연보를 아주 높은 우선

보가 자신의 몇몇 권면과 설교에서 그것을 분명히 표현했다고 보아도 전혀 놀랍지 않을 것이다.

■ 서신의 특징 가운데 팔레스타인 유대교보다는 디아스포라 유대교의 분위기가 엿보인다.[106]

야고보서는 실제로 지혜 문학의 특징을 공유하며, 그런 특징들은 알렉산드리아와 같은 디아스포라 유대교 중심지에서 확실하게 발견할 수 있다.[107] 그러나 지혜서를 배제하면서 묵시적 관심과 열정이 팔레스타인 유대교를 지배했다고 보는 제안은, 너무 전면적인 일반화와 마치 그것들이 상호 배타적인 것처럼 다루어진 범주들을 사용한다.[108] 벤 시라(Ben Sira)는 지혜 전통의 전형적인 표현이며 제2성전기 유대교에 제대로 뿌리를 내림에 따라 거의 유대교 정경의 일부인 것처럼 받아들여졌다.[109] 앞으로 살펴겠지만, 벤 시라는 야고보에 주요 영향을 끼친 것 중 하나다. 그뿐 아니라, 쿰란과 나사렛 예수도 묵시와 지혜 자료를 담고 있는 가르침의 전형적인 예를 제공한다.[110]

순위로 삼게 한 분명히 잘 알려진 문제(§33.4을 보라)뿐 아니라, 행 11:29과 갈 2:10의 함의다.

106) Davids, *James*, 10은 H. A. A. Kennedy, 'The Hellenistic Atmosphere of the Epistle of James', *Expositor* ser. 8, 2 (1911), 37-52을 인용한다. "편견 없는 탐구자라면 누구나 이 서신의 유대인 저자가 그리스 문화 지역에서 일반적인 자유를 누렸던 사람들보다 더욱더 자유롭게 이동했다는 결론을 피하기 어려워 보인다"(51).

107) 위(僞)포킬리데스가 그 예의 전형이다(아래 n. 129을 보라).

108) 특별히 T. C. Penner, *The Epistle of James and Eschatology* (JSNTS 121; Sheffield: Sheffield Academic, 1996)를 보라. 그는 "야고보서의 내용은 임박한 역전과 의인의 높아짐을 기다리는 공동체를 위한 묵시적 지혜의 한 유형이다"라고 결론을 내린다(259).

109) 예로, P. W. Skehan and A. A. Di Lella, *The Wisdom of Ben Sira* (AB 39; New York: Doubleday, 1987), 20을 보라.

110) 쿰란: 예. 1QM(묵시적); 4Q184, 185(지혜). 예수: 하나님 나라(묵시); 산상/평지 설교(지혜); 예수에 관해서는 *Jesus Remembered*, §§12.4과 15:8a-b를 보라. 또한 Johnson, *Brother of Jesus*, 18-19을 보라.

■ 율법을 향한 태도는, 예루살렘의 야고보처럼 성전과 제사법에 헌신
한 사람에게서 기대할 수 있는 내용이 아니다.

약점은 여기서 두 가지다. 첫째로, 논쟁은 바울과 관련된 논란이라는 측
면에서 다시 작동한다. 여기서는 믿음이 할례와 제의적 정결에 대한 관심
같은 율법의 행위로 보완될 필요가 없다는 바울의 주장을 야고보가 보조
하거나 심지어 대립한다고 추정한다. 그러나 이것은 야고보가 바울이 부
정한 내용을 긍정하지 않고는 율법에 관해 기록하지 않았을 것이라는 전
제하에 제기된 주장이다.[111] 그러나 야보고는 제의적 정결법에 관해 예수
보다 더 신경을 쓰지는 않았을 것이며(비교. 마 15:16-20), 어쩌면 예수처럼 그
는 율법을 더 깊게 파고들기를 원했을 것이다(비교. 마 5:21-48). 그의 가르침
이 예수의 가르침으로부터 많은 영향을 받았음이 아래에서 분명해질 것
이다. 따라서 그가 율법을 더 미묘하게 다루었다고 추론해야 한다.
　둘째로, 공관복음 전승에 담긴 Q 자료/문서에 대한 상당히 많은 최근
의 논의를 몹시 괴롭힌, "한 공동체당(여기서는 개인당) 한 문서"라는 전제를
보여주는 본보기가 여기에 있다.[112] 즉 야고보서가 야고보의 다양한 견해
를 온전히 제공하고, 그의 포괄적인 신학을 제공했을 것으로 추정된다는
것이다. 그러나 결코 그렇지 않다. 바울이 가장 조심스럽게 펼친 자신의 복
음과 신학(로마서)도 그가 믿는 내용에 대한 포괄적 진술이 아니다. 그러나
야고보서와 같이 그렇게 간단한 서신에서 기대할 수 있는 내용은 율법에
대한 야고보의 이해와 헌신을 나타내는, 포괄적이기보다는 특징적인 표현
이다. 흔히 갈라디아서 2:12과 사도행전 21:20-21 및 헤게시포스로부터 추
론하여, 예루살렘의 야고보가 율법에 관해 무엇을 믿었느냐에 관해 이미

---

111) 우리가 살피겠지만(§37.2d[v]), 정말로 야고보는 믿음과 행위에 관한 바울의 논증에 반응
　　한다. 그러나 또 살피겠지만, 그것은 야고보가 바울이 부정한 모든 내용을 반드시 긍정했
　　다는 의미가 아니다.
112) 다시 *Jesus Remembered*, 149-52을 보라.

뚜렷한 견해를 가지고 야고보서에 접근하면서, 야고보서가 그 추론한 견해와 양립할 수 없다고 결론짓는 일은 그저 형편없는 학문일 뿐이다. 오히려 이 서신은 적어도 예루살렘의 야고보의 견해에 대한 개연성 있는 증거로 받아들여야 한다. 즉 적어도 다른 본문에서 추론한 내용들만큼이나 잠재적 가치를 지닌 추론을 제공한다고 말이다. 그리고 만일 그 서신이 야고보가 자주 생각되는 것처럼 보수적인 전통주의자가 아닐 수도 있음을 시사한다면, 처음 기독교를 재구성하고 그 구성 요소를 평가하려는 모든 시도에서 이런 고려사항에 걸맞은 비중이 주어져야 한다.

요약하자면, 야고보서가 예수의 형제인 예루살렘의 야고보의 작품이 아니라고 보는 견해를 위해 일반적으로 제기된 주장들은 서신의 머리말이 담고 있는 가장 명백한 함의를 번복할 정도로 강하지 않다. 그 함의는 이어지는 내용이 첫 기독교에 속하는 가장 유명한 야고보의 가르침이라는 것이다. 가장 명백한 주장이 여전히 가장 개연성이 있는 주장이다.[113]

여기에 서두의 나머지 내용에서 추론한 내용이 추가되어야 한다. "야고보는…흩어져 있는 열두 지파에게"(1:1). 상기해보면, "디아스포라"는 외국으로 흩어진 이스라엘 땅(유대만이 아닌) 출신의 약칭이다. 초기에 대부분은 동쪽으로 갔고(니느웨와 바벨론), 나중에는 서쪽으로 갔다(특별히 알렉산드리아, 키레나이카, 소아시아, 로마). "열두 지파"는 이스라엘 땅에 처음 정착했을 때에 대한 서술을 상기하거나 재창출하려는 기발한 시도가 아니라, 서쪽은 물론 동쪽의 디아스포라 이스라엘 사람들/유대 사람들/유대인들의 큰 구성체가 지닌 의식의 표현이다.[114] 이러한 언급을 진지하게 받아들이되, 그

---

113) 비교. Johnson, *Brother of Jesus*, "그 서신이 제공한 증거는 우리가 가진 다른 최초 및 최고의 자료들이 제공한 증거에 수월하게 들어맞는다(바울, 사도행전, 요세푸스). 반면에 대부분의 재구성에 사용된 후기의 전설적 자료의 틀에는 들어맞는다 할지라도 단지 어색하게 들어맞을 뿐이다"(3).

114) 더욱더 많은 유대 사람/유대인이 거룩한 땅 안보다는 밖에 살았음을 기억해야 한다(위 §27 n. 181을 보라). D. C. Allison, 'The Fiction of James and Its *Sitz im Leben*', *RB* 108 (2001), 529-70은 그 서신이 그리스도인들은 물론 비기독교 유대인에게 쓰였다는 견해를 되살렸다.

것을 단지 새 이스라엘로 이해된 그리스도인에 대한 영적 언급으로 해석하지 않는 태도에 내포된 중요성은 다음과 같이 삼중적으로 제시된다.

■ 그것은 회복된 이스라엘이라는 예수 자신의 이상과 들어맞는데, 이는 야고보서가 예수의 사역과 직접적인 연속성이 있다고 볼 수 있는 부분 가운데 하나다.

■ 그것은 §36에서 개괄한 야고보의 모습과 상관있으며, 이는 사도행전의 예루살렘 공회에 대한 서술 및 안디옥 사건에서 야고보의 역할과 연결돼 있다(§§36.1b-c).

■ 그것은 예루살렘의 중심성을 강화한다. 모든 이스라엘 사람과 해외에 흩어진 유대인에게 전해지는 그런 서신은 이스라엘/유대교의 중심인 예루살렘/유대교라는 관점에서만 작성될 수 있었고, 따라서 이스라엘의 망명자들에 관해 권위를 가졌다고 여겨지는 사람의 견해를 반드시 표현해야 했기 때문이다.[115]

이 모든 내용이 자신의 이름으로 쓴 글에서 자신의 견해를 정리한 예루살렘의 야고보를 강하게 가리킨다.

그러나 이것이 반드시 암시하지는 않는 내용은 야고보가 그 서신을 작성했다는 점이다.[116] 서신이 담고 있는 가르침을 야고보가 주었다고 알려

---

115) 비슷하게 Bauckham, *James*, 13-21. Bauckham은 "예루살렘의 관계자들이 디아스포라 유대인들에게 쓴 서신들에서 제의적 문제와 다른 법에 관련된 문제에 대한 지침을 제공하는 관례"를 언급하는데, "이를 일찍이 기원전 5세기에 이집트 엘레판티네(Elephantine)에 있는 유대인 식민지에 보낸 서신이 입증했다"(19)라고 하며, 그중에서도 야고보가 수리아와 길리기아 교회에 보낸 행 15:23-29의 서신도 그것을 입증했다(20)고 말한다. 비슷하게 K.-W. Niebuhr, 'Der Jakobusbrief im Licht frühjüdischer Diasporabriefe', *NTS* 44 (1998), 420-43. Bauckham과 Niebuhr를 Mitchell, 'James, a Document of Paulinism?', 84 n. 33이 비판한다. 또한 J. S. Kloppenborg, 'Diaspora Discourse: The Construction of Ethos in James', *NTS* 53 (2007), 242-70; 그리고 아래 n. 214을 보라.
116) 여기서 필자는 Bauckham, *James*, 23-25과 어느 정도 거리를 둔다.

지고 기억되었을 수 있으며, 더 넓게 회자되도록 부분적으로 기록되었을 수도 있다. 그 자료는 야고보가 죽은 이후나 심지어는 예루살렘 파괴 이후에 더 과감하게 지금의 형태로 형성되었을 수 있는데, 이는 야고보 자신이 그때까지 성취했던 것보다 더 광범위한 유포를 위한 것이었고, 그가 평생 행사한 광범위한 영향력을 반영한다.[117] 짐작하건대, 팔레스타인에서 살아남은 예수 운동 그리고 디아스포라에 있는 그 운동의 지지자들에게 예루살렘의 중심성을 재확인하려는 소망이 있었을 것이다. 그렇다면 야고보의 최고의 가르침이나 가장 특징적인 가르침을 담은 예루살렘 야고보의 서신 외에 더 나은 수단이 무엇이 있었겠는가? 필자는 바로 이러한 가정을 선호하며, 그 가정이 필자로 하여금 이 서신을 야고보의 유산을 담고 있는 서신으로 접근하게끔 한다.

b. 이것은 서신인가?

답은 바로 할 수 있다. 아니다! 서신은 "야고보는…열두 지파에게 문안하노라"(1:1)로 시작하나, 서신을 보통 마무리 짓고 끝내는 문구가 없다. 그 일련의 가르침이 단순히 멈춰버린다. 따라서 야고보"서"에는 기껏해야 서신의 일부 형식만이 있을 뿐이다.

야고보서의 본론에 눈을 돌려[118] 서신에서 기대할 만한 일종의 사고의

---

117) Martin은 여기서 연관이 있을 법한 두 문단을 언급한다(*James*, lxxii): "야고보는 한 서신을 썼고, 몇몇 사람들은 다른 사람이 그의 이름으로 그것을 공개했다고 주장한다"(Jerome, *De vir. ill.* 2); "이것은 [그] 의인 야고보가 예루살렘에서 했던 담화이며, [이것을] 제사장 중 하나인 마레임(Mareim)이 기록했다"(*2 Apoc. Jas.* 44.13-17). Burkitt은 "야고보가 기독교 유대인 공동체에게(예루살렘 공동체일 가능성이 크다)…아람어로 한 담화를 그리스어로 자유롭게 옮긴 내용이 '야고보서'에 있다. 그리스어를 사용하며 아일리아(Aelia)에 있던 기독교 유대인 공동체가 성 야고보를 자기 교회의 조상으로 선정했을 때, 그들은 야고보서를 망각에서 구출했다"라고 말했다(*Christian Beginnings*, 70).
118) 불필요한 현학을 피하기 위해, 필자는 야고보"서"("letter" of James)보다는 야고보서(letter of James)라고 계속 언급할 것이다.

진전을 찾아보아도, 우리는 마찬가지로 실망하게 된다. "서신"을 어떻게 정의하든, 야고보서는 일관성 있는 서신이 아니다. 이것은 실제 서신을 연구한다고 추정하여 문학적 분석을 적용하는 데 즉시 조심하게 한다.[119] 필자가 믿기로 그 서신은 야고보 가르침의 개요서, 즉 서신 형식에 맞추기 위해 과도한 편집을 시도하지 않고, 특징적인 강조점과 일정하게 반복되는 격언 및 주제를 기록한 문서로 보는 것이 가장 좋다. 예수 공동체에서 이것에 가장 근접한 병행은 Q 자료일 것이다. 우리는 어쩌면 Q에서 예수 전승을 기록한 방법과 비슷한 방법으로 그리고 이질적인 자료에서 비롯된 내용을 하나의 묶음으로 결합한 방식과 비슷하게 야고보서가 하나로 묶였다고 보아야 할 듯하다. 다른 말로 하면, 공관복음 전승이 예수 전승이기 때문에, 야고보서도 타당하고 분명하게 야고보 전승으로 분류될 수 있다.

야고보서의 구조는 계속해서 논쟁 중인 문제인데, 특별히 주제와 내용에 실제로 어떤 연속성과 일관성이 있는지,[120] 또는 표제어를 통해 미묘하게 연결되었다는 점이 언뜻 보기보다는 작문에 더 주의를 기울였음을 암시하는지에 관한 문제다. 2:1-13과 2:14-26 및 3:1-12 세 부분의 내적 일관성에 놀라운 합의가 존재하며, 또한 이어지는 단락들도 중요하고 일관성이 있다(3:13-18; 4:1-10; 4:11/13-17; 5:1-6; 5:7-11; 5:12/13-18). 그리고 적어도 1장의 더 짧은 몇몇 부분에 대해서도 똑같이 말할 수 있다. 보컴이 그럴듯한 분석 하나를 제공하는데, 그의 야고보서 연구는 상당히 유익하다. 그는 2-5장에서 더 자세하게 설명된 모든 주제가 사실상 1:2-27에서 시작한다는 빈번한 관찰을 언급한다.[121]

---

119) 최근 문헌 중에서 Bauckham(*James*, 62)은 특별히 H. Frankemölle, 'Das semantische Netz des Jakobusbriefes. Zur Einheit eines umstrittenen Briefes', *BZ* 34 (1990), 161-97; L. Thurén, 'Risky Rhetoric in James?', *NovT* 37 (1995), 262-84을 언급한다.

120) M. Dibelius, *Der Brief des Jakobus* (KEK; Göttingen: Vandenhoeck und Ruprecht, [11]1964) = M. Dibelius and H. Greeven, *James* (Hermeneia; Philadelphia: Fortress, 1975)는 전형적인 강해다. 그는 전문 지식이 없는 편집자가 전승 자료에서 권면 말씀을 모았다고 주장했다 (*Jakobus*, 19).

121) Bauckham, *James*, 71-72; 위의 표에서 표제들은 단지 2-5장에 있는 부분을 가리킨다. 구조

	1장	2-5장	
1.	1:2-4	2:1-13	편파와 사랑의 법
2.	1:5-8	2:14-26	믿음과 행위
3.	1:9-11	3:1-12	혀
4.	1:12	3:13-18	참 지혜와 거짓 지혜
5.	1:13-15	4:1-10	두 마음을 품은 자들에게 회개하라는 요청
6.	1:16-17	4:11-12	서로 판단함을 반대함
7.	1:18	4:13-17	상인들을 비난함
8.	1:19-20	5:1-6	땅 소유자들을 비난함
9.	1:21	5:7-11	재림 때까지 인내하기
10.	1:22-25	5:12	모든 진리 말하기
11.	1:26	5:13-18	기도
12.	1:27	5:19-20	실수한 자들을 되찾음

요점은 1장에서 제시된 열두 부분이 2-5장의 각각 상응하는 부분들과 일치한다는 데 있지 않다.[122] 오히려 요점은 1장의 내용과 2-5장의 내용 사이에 의도적으로 보이는 주제적·구두적 연관이 존재하며, 1장의 자료와 2-5장의 부분들 사이의 연관성이 2-5장의 부분들 간의 연관성보다 더 밀접해 보인다는 데 있다.[123]

1:12	그를 사랑하는 자들	2:5
1:25	자유롭게 하는 율법	2:12
1:26	혀, 재갈	3:2, 5-9
1:6	지혜, 현명	3:13, 15, 17
1:8	두 마음	4:8
1:9-10	낮추고/높이는 것	4:10
1:22, 23, 25	실천하는 자	4:11
1:10-11	악인의 일시적임	4:14
1:3-4, 12	인내, 인내하다	5:11
1:16	실수하다, 실수	5:19-20

와 개요에 대한 다른 분석들을 Martin, *James*, xcviii-civ이 제공하고 비평했다

122) 물론 Bauckham은 그의 구분이 어느 정도 임의적이라는 점과 그 장들이 다르게 나뉠 수 있음을 인식한다.

123) 야고보서의 다른 문헌 형식들, 특별히 금언들과 비유들(*James*, 29-60) 및 서신의 문학적 구조를 논평한 후에(61-73), Bauckham은 "그래서 [1장은] 경구 모음집으로서 [2-5장의] 모든 주제를 소개하려고 조심스럽게 편찬된 듯하다"라고 결론짓는다(72).

보컴은 1장의 자료와의 연결에 기여하는 일련의 표제어뿐만 아니라, 2-5장의 부분들을 표시하는 일정한 형식을 언급하는데,[124] 2-5장의 부분들은 흔히 개인 호칭("형제들")이나 질문으로 시작하고[125] 그 부분을 마무리하거나 요약하는 경구로 끝을 맺는다.[126] 그렇다면 어떻게 구조를 분석하고 상세 사항을 평가하든지, 증거는 야고보서가 제멋대로이기보다는 오히려 주의 깊은 작문이라는 암시를 충분히 보여준다.

야고보서가 고전적으로 잠언을 필두로 하는 지혜문학 장르에 속한다는 주장에 논란의 여지가 있을 수 없다.[127] 잠언에 흔히 "내 아들아"라는 부름으로 시작하는 긴 권면들의 비슷한 결합이 있고(1-9장),[128] 금언 목록들은 분명히 임의로 배열되었고(10-31장). 이미 언급했듯이, Q 자료에 모인 나사렛 예수의 금언적 지혜는 말할 필요도 없이, 「시라의 아들 예수의 지혜」(Wisdom of Jesus ben Sira)는 또 하나의 유사한 병행을 제공한다. 좀 더 넓게는 「위(僞)포킬리데스의 경구」(the Sentences of Pseudo-Phocylides)[129]와 「조상들의 격언」(Sayings of the Fathers)(Pirqe 'Abot) 및 「랍비 나단의 격언」(Sayings of Rabbi Nathan)('Abot R. Nathan),[130] 아니면 심지어 마르쿠스 아우렐리우스(Marcus Aurelius)의 명상록을[131] 언급할 수 있다. 사실 그 전통은 거의 보편적이며,

---

124) 특별히 "부족한"(1:4-5), "시험/시험하다"(1:12-13), "성냄"(1:19-20), "경건한/경건"(1:26-27).
125) "형제들"(2:1, 26; 3:1; 4:11; 5:7, 12, 19), 한 질문(2:2-4; 3:13), 질문들(2:14-16; 4:1; 5:13-14), "너희 중에 누구든지"(3:13; 5:13, 14); 추가로 Bauckham, *James*, 64-65을 보라.
126) 약 2:13, 26; 3:12b, 18; 4:10, 17; 5:12, 20; 추가로 Bauckham, *James*, 65-66, 68-69을 보라. "따라서 열두 부분이 자립적 독립체로 주의 깊게 고안됐음은 분명하다"(66).
127) 도움이 되는 논평은 Johnson, *James*, 29-46을 보라.
128) 잠 1:8, 10, 15; 2:1; 3:1, 11, 21; 4:10, 20; 5:1, 7; 6:1, 3, 20; 7:1; 이어서 19:27; 23:15, 19, 26; 24:13, 21; 27:11.
129) P. W. van der Horst, *OTP*, 2.565-82; 또한 *The Sentences of Pseudo-Phocylides* (Leiden: Brill, 1978); 또한 'Pseudo-Phocylides and the New Testament', *ZNW* 69 (1978), 187-202. 그곳에서 그는 다음 병행들을 나열한다: 약 3:1ff., 3:6, 5:4, 5:12과 Ps.-Phoc. 20, 27, 19, 16(202).
130) 개론은 M. B. Lerner in S. Safrai, ed., *The Literature of the Sages* (CRINT 2.3; Assen: Van Gorcum, 1987), 각각 263-81과 369-79을 보라.
131) C. R. Haines, *Marcus Aurelius* (LCL; Harvard: Heinemann, 1916, 1930년에 개정).

동쪽의 공자로부터 서쪽으로는 아메리카 원주민 현자들에까지 퍼져 있다 (유럽 중심적 관점임을 인정한다). 분명히 모든 세대는 삶의 지혜를 찾다가 지친 탐구자에게 깨달음과 안정을 가져다주는 인식과 유머를 말하는 동시대 및 가까운 과거의 위대한 인물들의 격언과 생각을 수집하고 귀중히 여기는 개인들을 배출했다. 파스칼(Pascal)의 『팡세』(Pensées)나 벤저민 프랭클린(Benjamin Franklin)의 『가난한 리처드의 연감』(Poor Richard's Almanack), 혹은 "비망록"에 눈에 띄는 문단을 기록하는 전통만 봐도 알 수 있다.[132]

야고보가 그의 가르침과 지혜로 인해 존중받은 유명한 교사였으며, 그가 가르친 지혜를 서신의 내용이 대표한다고 추론하는 것은 야고보서가 어떻게 형성되었는지에 대한 가장 분명한 이해다. 또한 병행하는 부분들은 야고보 자신이 했던 것보다 더욱 다른 사람들이 야고보의 가르침을 귀중하게 여겼고, 야고보의 최고 레퍼토리로 여겨진 내용을 다른 누군가가 수집하여 더 확산시키려고 우리에게 야고보서로 전해 내려오는 형식으로 만들었을 개연성을 강조한다.

c. 야고보에 대한 구전 전승

야고보가 입으로 가르친 말을 글로 옮긴 것이 야고보서임을 고려하면 야고보서는 훨씬 더 마음을 사로잡는다. 그의 가르침은 그의 생애 동안에 그리고 그의 죽음 이후 초기에는 구전 형식으로만 알려졌다. 이 경우 그 서신은 최초 기독교 공동체(들)의 구전 전승이 작동한 방식에 관해 견줄 수 없는 통찰력을 제공한다.[133] 아주 흥미로운 점은 특히 야고보서가 공관복음 전승보다 그 과정에 관해 훨씬 더 명백한 통찰을 주고, 그렇기에 그것이 예

---

132) 필자는 캐나다의 삼촌에게서 낱장으로 된 그런 공책을 상속받았다.

133) 'Literary Connections'와 'Literary Relationships'라는 제목 아래 야고보와 당대 도덕주의자들 및 유대 지혜 전통 사이의 관계에 대한 그들 논평의 틀을 잡을 때, Dibelius(Jakobus, 43-53)와 Johnson(James, 16-48)은 최초의 기독교에 관한 21세기 학자들의 문학적 사고를 대표한다.

수 전승이 구전을 통해 작동한 방식을 밝히는 데 도움을 줄 수도 있다는 것이다. 이것은 우리가 예수의 경우에서보다 더 분명하게, 야고보가 의존했을 주요 자료를 파악하고, 자신의 가르침을 제공하려고 이전에 존재한 전승을 가지고 작업한 방법을 구분할 수 있도록 하기 때문이다. 따라서 최초의 기독교 전승의 구전 기간이라는 더 숨겨진 연수들을 파악할 수 있는 잠재성은 상당하다. 이 모든 내용에서 지혜 가르침이 다른 모든 언어 소통 형식 중 구전을 통한 소통을 위해 계획되었음을 기억하는 것은 타당하다. 인류의 전 역사에 걸쳐 금언의 역할은 듣는 사람들의 기억 속에 금언을 자리잡게 하려고 공들여 만들어진 구전 형식의 현명한 통찰과 충고를 압축하는 데 있을 것이다.[134]

야고보서의 가르침이 유대의 지혜 전통에 뿌리를 깊이 둔다는 사실은 특별히 잠언이나 집회서(Ben Sira)의 되울림과 때때로 등장하는 직접 인용의 목록으로 쉽게 입증된다.[135]

야고보서	잠언	*Ben Sira*	지혜서
1:2	-	2:1	3:4-5
1:3	27:21	-	-
1:5	2:3-6	-	-
1:13	-	15:11-20	-
1:19	15:1	5:11	-
1:21	-	3:17	-
2:6	14:21	-	-
2:23	-	-	7:27
3:2	-	14:1	-
3:6	16:27	5:13	-
3:10	-	5:13; 28:12	-
3:13	-	3:17	-
4:6(인용-)	3:34	-	-
4:11	-	-	1:11

---

134) Kenneth Bailey는 "6천 개에 이르는 지혜의 말을 (여러 세기에 걸쳐) 창출하고 유지한 한 공동체"를 묘사한다(*Jesus Remembered*, 206에서 인용했다).

135) 편의를 위해 필자는 Aland 26판이 제공한 인용과 암시 목록에 의존한다. 더 폭넓은 조망을 위해서는 Martin, *James*, lxxxvii-xciii을 보라.

4:14	27:1	-	-
5:3	-	29:10	-
5:6	-	-	2:10, 12
5:20(인용)	10:12	-	-

흥미로운 점은 반복과 암시가 지혜 교사들(그리고 전승)이 어떤 역할을 했는지를 밝혀준다는 사실이다. 다수의 직접 인용이 있다(잠언에서뿐만이 아니다).[136] 그러나 대부분의 경우 마치 듣는 사람이 자기 자신을 위해 잠언이나 집회서를 참조했을 때에만 가르침의 내용이 이해된다는 듯이, 의도적 반복이나 암시에 관해 말해야 하는지는 의문이다. 오히려 우리는 공통 주제, 즉 고대의 공유된 지혜에 대해 말해야 한다. 이것은 잠언에서도 마찬가지다. 잠언은 이전의 지혜 가르침에서 도움을 받았다는 점을 숨기지 않는다.[137] 그리고 비록 잠언에서 직접 인용하지는 않았지만, 집회서는 분명히 잠언으로부터 강한 영향을 받았다. 오히려 그는 동일하거나 비슷한 가르침을 자기 언어로 전달하려는 자극을 잠언에서 발견했다.[138] 야고보서도 그렇다. 곧 잠언과 집회서(그리고 다른 이들)의 가르침을 분명하게 흡수해서 자기 자신의 양식으로 다시 만들어냈다.

더 인식해야 하는 점은, 자신에게 가장 뚜렷한 영향을 주면서 자신의 가르침을 형성하게 한 다른 지혜 가르침(나사렛 예수의 지혜)과 비슷한 방법

---

136) 약 2:8 — 레 19:18. 약 2:11 — 출 20:13-14. 약 2:23 — 창 15:6. 약 4:6 — 잠 3:34. 약 5:4 — 사 5:9. 약 5:5 — 렘 12:3. 약 5:20 — 잠 10:12.

137) 잠 22:17-23:19과 이집트의 *Wisdom of Amenemope* (*ANET*, 421-24) 간의 놀랍도록 유사한 점들이 종종 언급되었다. 추가로 W. McKane, *Proverbs* (London: SCM, 1970), 51-208을 보라.

138) "현명한 사람의 역할은 자신이 전통을 집중적으로 연구하여 얻은 지혜를 자기만의 문구로 자기 자신의 지혜처럼 전달하는 것이다"(Bauckham, *James*, 79). 또한 Bauckham은 지혜 선생에 대한 벤 시라의 자기 묘사를 딱 들어맞게 인용한다. "총명한 사람이 지혜로운 말을 들었을 때, 그는 그것을 칭찬하고 거기에 덧붙인다"(Sir. 21.15a)(76). 또한 Bauckham은 이 점을 효과적으로 분명하게 보여준다. "벤 시라가 하나님을 사랑하라는 신명기 명령의 말씀을 되울릴 때(Sir. 7:29-30), 그는 자기 독자들이 그 암시를 깨닫고, 자신이 하나님의 제사장들을 존경하라는 의무를…추가함으로써 그 명령을 해석하고 있음을 이해하기를 기대했다"(79-80; 추가로 75-81, 83-91을 보라). 그 논증은 R. Bauckham, 'James and Jesus', in Chilton and Neusner, eds., *The Brother of Jesus*, 100-137(여기서는 114-15)에서 반복된다.

으로 야고보가 그렇게 했다는 사실이다. 야고보가 예수의 지혜를 정말로 암시하고 반복하고 있음은 잘 알려졌으며 논쟁의 여지가 없다. 우리는 이전에 나열되고 가장 폭넓게 인정받은 참고 목록을 인용할 수도 있다.[139] 비록 다양한 주석가들이 더 많은 목록을 발견했다고 주장하지만 말이다.[140]

야고보서	예수 전승	「도마복음」
1:5	마 7:7/눅 11:9	92, 94
2:5	마 5:3/눅 6:20b	54
4:9	마 5:4/눅 6:21b	-
4:10	마 23:12/눅 14:11	-
5:1	눅 6:24-25	-
5:2-3a	마 6:20/눅 12:33b	76:2
5:12	마 5:34-37	-

그러나 충분히 주목하지 않은 부분은 야고보가 예수 전승을 가지고 작업하는 방식이다. 그는 예수 전승을 마치 인용하고 반복해야 할 확고한 본문이 있는 것처럼 인용하지 않았다. 이미 확립된 본문을 암시하거나, 아니면 자신의 가르침과 그 영향력이 그 본문을 언급해야만 인정받을 수 있다는 듯이 야고보가 특정한 격언을 암시했는지는 의심스럽다. 이 관찰은 문

---

139) *Jesus Remembered*, 182 n. 49.

140) 예. P. Davids, *James* (NIGTC; Grand Rapids: Eerdmans, 1982)은 대체로 비슷한 개념을 가진 9개와 더불어 36개를 나열했다(47-48). P. J. Hartin, *James and the Q Sayings of Jesus* (JSNTS 47; Sheffield: Sheffield Academic, 1991)는 26개의 밀접한 연관이나 암시를 나열한다(141-42; 추가 참고문헌과 함께). 또한 개인적으로 출판되고 잘 알려지지 않은 D. B. Deppe, *The Sayings of Jesus in the Epistle of James* (1989)의 특별한 언급과 함께, Bauckham, 'James and Jesus', 116-17을 보라. W. H. Wachob and L. T. Johnson, 'The Sayings of Jesus in the Letter of James', in B. Chilton and C. A. Evans, eds., *Authenticating the Words of Jesus* (Leiden: Brill, 1999), 431-50(*Brother of Jesus*, 136-54로 재발간되었다)은 위의 7개에 4:2 – 마 7:7/눅 11:9을 추가로 연구하면서 Deppe를 따랐다. J. S. Kloppenborg, 'The Emulation of the Jesus Tradition in the Letter of James', in R. L. Webb and J. S. Kloppenborg, eds., *Reading James with New Eyes* (LNTS 342; London: Clark, 2007), 121-50은 Hartin의 논의를 개선하고 Q 자료와 병행하는 10개를 나열했으며, 거기에 약 5:12/마 5:33-37을 더했다(표는 148-50). Martin, *James*, lxxv-lxxvi이 나열한 마태복음과 야고보서 사이에 있는 18개의 병행이나 연관을 주목하라(그중 14개는 산상 수훈에서). Barnett는 개괄적으로 약 20개의 예를 언급한다(*Birth*, 126-33).

학적 관점에서 의존이라는 질문에 접근하는 위험성을 다시 강조한다. 마치 예수 전승에 관해 야고보서가 유일하게 증언하는 정보가 산상(평지) 수훈과 같은 기록된 본문에서 비롯되었다는 듯이 말이다. 이 지점에서 Q 문서가 이미 서식으로 존재했음을 확인한다는 측면에서만 가치가 있는 것으로 야고보서를 취급하는 것은, 구전 전승이 무엇이고, 그 전승의 확산과 전달이 어떻게 기능했는지를 인식하지 못했음을 드러내는 고백에 불과하다.[141]

야고보서에서 우리는 예수의 가르침이 흡수되어 교사의 가르침과 공동체를 위한 권면의 생명선이 되었음을 본다. 그것은 정중하게 보존되고 반복을 위해 공개된 예수의 가르침이 아니다. 그것은 야고보의 가르침으로서, 다른 지혜 전승들과 특별히 예수가 가르친 내용 및 방법이 영향을 끼치고, 틀을 잡아주고, 형성한 가르침이다.[142] 우리가 야고보서에서 볼 수 있는 것은, 이것이 예수 전승이 인식되었고 야고보의 가르침을 통해 첫 그리스도인들의 삶의 틀이 계속 형성되었던 방식이라는 점이다. 물론 야고보가(아니면 그의 서신이) 예수 전승을 대체했다는 것은 아니다. 예수 전승은 공관복음 전승에서(또한 훨씬 더 자유롭게는 요한 전승에서, 그리고 이를 넘어 「도마복음」에 이른 전승의 흐름에서) 여전히 명백한 방식으로 유지되고, 회람되고, 전해지고, 해석되었다. 오히려 우리는 공관복음 자료가 반영된 방법과 그것이 어떻게 권면의 틀을 제공해서 예루살렘의 야고보에게 가르침을 받은 세대를 위한 도덕적 준비의 일부가 되었는지를 볼 수 있다. 그리고 우리가

---

141) 비교. Schnelle: "야고보서와 산상 수훈은 강한 지혜 요소를 가진 일종의 유대 기독교에 빚진 전통의 공동 흐름에 단단히 자리하고 있다"(History, 393). 그러나 Kloppenborg는 그것이 "야고보가 단순히 'Q 전승'뿐만 아니라, 확실히 어느 정도 설명을 덧붙인 마태복음 이전의 양식으로 된 Q 문서 자체를 알고 있었다면 가장 이치에 맞는다"라고 생각하며 ('Emulation', 124), 여러 판의 Q 문서가 있었다는 자신의 논지를 유지한다(그러나 다시 Jesus Remembered, 147-60을 보라).

142) Bauckham은 야고보가 예수의 말씀을 어떻게 창의성 있게 다시 표현했는가를 다수의 예를 들어 보여준다(James, 84-85, 88-91; 그리고 'James and Jesus', 117-22). Kloppenborg는 수사학자의 aemulatio("자신의 언어로 전임자들의 생각을 재진술하는 것") 관행에 호소하여 Bauckham의 논지를 발전시킨다('Emulation', 133).

야고보의 가르침을 받은 예루살렘의 모임들 가운데 하나에 자리할 수 있었다면, 분명 우리는 단어 사용과 절묘한 표현 및 관용어구와 예시가 그 공동체 자체의 지혜와 예수 전승의 저장고를 통해 반향을 일으켜, 다른 가르침을 기억하도록 하고 가르침을 받은 주제를 훨씬 깊게 묵상하도록 자극하는 것을 경험했었을 것이다.[143]

이 가르침이 주어진 것이 이 서신이 처음은 아님을 주장할 필요가 있다. 저자가 그 가르침을 구조화하려고 했을 때도, 가르침을 필사한 것이 그 본질적 특성을 변경하지 않았다. 오히려 우리는 서신의 단락과 부분에서 야고보가 준 가르침에 대한 진정한 기억들, 그가 끼친 영향력과 남긴 충격의 증거를 보아야 한다. 그것들은 이것이 기억된 대로 그리고 필사된 대로의 야고보의 가르침이라는 사실을 보여주는 증거들이다. 또한 우리는 필사된 내용이 야고보의 가르침의 일종의 순수한 형태를 제공한다거나, 전승이나 전승이 이루어지는 과정을 멈추게 했다고 여길 필요도 없다.[144] 그것은 야고보가 예루살렘에서 지도자로 있는 동안에 가르친 내용이 지닌 본질적으로 구술적인 특징과 더 밀접하게 부합하기에, 야고보서는 방식과 내용에 있어서 야고보의 가르침을 분명하게 보여주고, 또한 예수 전승과 기독교 권면의 지속적인 창의적 재표현을 위한 실례와 전례를 제공한다고 보아야 한다.

---

143) 이것이 J. M. Foley, *Immanent Art: From Structure to Meaning in Traditional Oral Epic* (Bloomington: Indiana University, 1991), 1-2장에서 공연의 "환유 언급"이라고 부른 내용인데, 공연자가 암시한 내용을 청중이 이미 잘 축적된 전통에 관한 지식으로 채울 수 있다(필자의 'Altering the Default Setting', 151-52 = *New Perspective on Jesus*, 95을 보라). Kloppenborg의 *aemulatio* 묘사도 상당히 비슷하다. "한편으로 *aemulatio* 관습은 저자가 다른 말로 표현한 본문을 보통은 청중이 인지할 것으로 가정하고, 따라서 청중은 저자가 어떻게 자기 자신을 원연설자의 정신에 보조를 맞추는가를 보게 된다. 다른 한편으로 그것은 풀어 말하기의 기교와 새 수사적 상황에 적용된 옛 금언을 청자들이 인식할 것으로 추정한다"('Emulation', 141).

144) 그 계속되는 과정은 특별히 *Didache*에서(J. S. Kloppenborg, 'Didache 1.1-6.1, James, Matthew, and the Torah', in Gregory and Tuckett, eds., *Trajectories*, 193-221) 그리고 *Shepherd of Hermas*에서 어느 정도 볼 수 있다(J. Verheyden, 'The Shepherd of Hermas', in Gregory and Tuckett, eds., *Reception*, 293-329).

d. 야고보의 가르침에서 지속되는 강조들

구전 전승, 특히 경구 전승의 특징을 띠는 야고보서의 자료들은 다양하게 정리하고 분류할 수 있다. 다른 방법으로 예수의 가르침을 정리하고 분류한 공관복음에서 동일한 특징이 충분히 드러난다. 그리고 야고보서의 경우, 지금 있는 그대로의 서신에 있는 접속어들과 주제의 연결을 고려한다고 해도, 기억된 야고보의 가르침의 특정한 순서를 단순하게 혹은 맹목적으로 따르지 않는다면, 우리는 전승의 정신에 머물게 되고 교사로서 야고보에 대한 기억을 존중하게 된다. 그 특정한 순서는 야고보서가 제공했고, 서신의 내용이 어떻게 나열되었든지 간에 그 서신에서 분명하게 드러난 강조들을 부각한다. 누가 이 가르침들을 필사했더라도, 이것은 철저하게는 아니지만 특징적으로 예수의 형제 야고보의 지도 아래 있었던 기독교 첫 세대 예루살렘 교회의 지혜 가르침을 대표한다고 확신할 수 있다. 다섯 가지 주제가 눈길을 끈다.[145]

(i) **성숙/완전함**. *Teleios*라는 용어는 신약의 다른 어떤 곳에서보다 야고보서에서 더 자주 등장한다(1:4[2번], 17, 25; 3:2). *Teleios*는 "그 목표나 끝에 도달했거나, 최고의 기준을 충족하는 것"이라는 의미가 있다.

- 하나님의 선물("온전한")(1:17)과 율법("온전한")(1:25)에 관해.
- 인내/참음("인내를 온전히 이루라", 1:4)의 완전한 효과(*teleios*)에 관해. 이는 인내하는 사람에게 성숙(*teleios*)과 온전함(*holoklēros*)을 가져다줌.[146]
- 행함으로 온전하게 되는(*eteleiōthē*) 믿음(2:22)에 관해.
- 말에 실수가 없는 자에 관해. "온전한"(*teleios*) 사람(3:2).

---

145) 비교. 예. Davids, *James*, 34-57; Martin, *James*, lxxix-lxxxvi; Johnson, *Brother of Jesus*, 245-59.
146) *Holoklēros*, "완전하고 모든 기대를 충족하는, '진실하게, 온전하게, 완전하게, 흠이 없는, 허물없는'"(BDAG, 703).

그 강조점들은 야고보의 가르침이 복음 전도나 비신자를 위한 것이 아니라, 하나님이 신자들에게 의도하신 성숙함에 이르도록 하는 것을 주로 지향했음을 확인하는 데 도움을 준다. 그런 온전함에 관해서는 하나님의 주심과 하나님의 법이 목표를 이루는 양식과 수단으로 이해됐다.[147]

여기에 교사의 책임과 통제되지 않은 혀에 대한 더 긴 충고(3:1-12)를 포함할 수 있다.[148] 교사는 자신의 말, 곧 혀를 온전히 제어할 수 있기에 이상적으로 "온전한 사람"이다. 사람을 특정한 방향으로 인도하거나 지도하는 혀와 입의 말의 능력이 강조된다. 그것은 말의 재갈과 같고(이미 1:26처럼), 큰 배의 키와 같다(3:3-4). 그리고 통제되지 않은 혀의 위험은 모든 숲을 태울 수 있는 작은 불(3:5b-6)과 길들여지지 않는 맹수(3:7)라는 생생한 이미지를 통해 설명되었다. 똑같은 혀가 찬송을 할 수도 있고 저주를 내뱉을 수 있는데(3:9-10), 이는 사실상 단물과 쓴 물을 내는 우물이나 올리브를 생산하는 무화과나무처럼, 인간의 혀에 의도된 역할에 반하는 특징이다(3:11-12). 여기서 자신이 교사였고 자기 역할의 가능성과 위험에 있어 그 중요성과 필요성에 상당히 민감했던 한 사람의 염려가 분명히 엿보이는데, 그는 염려가 지나친 나머지 교사가 되고자 하는 이들이 만일 그 책임을 감당할 준비가 안 되었다면, 그들로 하여금 그 역할을 받아들이지 못하도록 했다(3:1). 이 모든 내용으로부터 야고보의 목소리를 감지할 수 있는데, 이는 자서전다운 요소이고, 최초의 예루살렘 교회에서 성숙을 위한 가르침이 얼마나 중요했는지를 암시한다.

---

147) 이 점에 관해서 야고보서는 사해 공동체의 목표나, 또한 신약성경 내에서 매우 다른 유대적인 문서(히브리서)(제3권을 보라)에서 멀지 않다.

148) 인간의 혀의 위험은 유대교에서 공통 주제였다. C. A. Evans, 'Comparing Judaisms: Qumranic, Rabbinic, and Jacobean Judaisms Compared', in Chilton and Neusner, eds., *Brother of Jesus*, 161-83(여기서는 166-68)을 보라. 그리고 그리스 세계에서는 양심(*brachylogia*)을 높이 샀다. L. T. Johnson, 'Taciturnity and True Religion: James 1:26-27', in D. L. Balch et al., eds., *Greeks, Romans and Christians*, A. J. Malherbe FS (Minneapolis: Fortress, 1990), 329-39을 보라. 3:1-12은 "놀랍도록 간결하며, 다양한 전통적 주제를 전통에 매이지 않는 방식으로 압축한다"(336).

(ii) **지혜**. 이미 살폈듯이, 전체 서신은 지혜의 가르침으로 분류될 수 있다. 그러나 놀랍지 않고 그 장르의 특징인 점은, "지혜"(sophia)가 추구되어야 할 어떤 것으로 제시된다는 사실이다. 더 오래된 전통들을 다시 표현하는 야고보의 전형적인 점은, 하나님께 지혜를 구하라는 잠언 2:3-6의 비슷한 초기 권면과 확신을 가지고 하나님께 구하라는 예수의 강력한 권고(마 7:7)를 1:5-8에서 결합시킨다는 것이다. 그 주제는 3:13-18에서 다시 시작되며, 그곳에서 야고보는 위에서 내려오는 지혜를 일련의 매력적인 비유나(Sir. 24.13-21) 서술 형용사라는 재주넘는 만화경(Wis. 7.22-26)을 사용하여 묘사함으로써 유대교의 지혜 전통을 따른다. 야고보에게는 그 형용사들이 모두 도덕적 담화에서 유래했다는 점이 중요하다: "성결하고, 화평하고, 관용하고/공손하고, 양순하고/순응하고, 긍휼과 좋은 열매가 가득하고, 비판하지 않는/편견이 없고, 진실한/진심의"(3:17). 이것과 바울의 사랑에 대한 묘사(고전 13:4-6) 및 성령의 열매에 대한 묘사(갈 5:22-23) 간의 병행은 명백하다. 야고보에게는 하나님으로부터 오는 지혜가 성령의 역사와 사랑의 표현을 언급하는 또 하나의 방식이었다고 말할 수 있다(비교. 2:8-13).

4장 대부분과 5:7-11은 더욱더 묵시적이고 더욱더 기독교적인 관점과 얽힌 전형적인 지혜에 대한 강조의 사례를 보여주는 또다른 예다. 서로 관련된 권면에서 그것은 일상의 규범을 따라 사는 삶(야고보가 "아래로부터 오는 지혜"라고 말했을 수 있다)과 위에서 온 지혜(암시됨) 및 특별히 주의 오심이라는 관점으로 지도받는 삶 사이의 점점 날카로워지는 대조를 발전시킨다. 하나는 삶의 정욕을 위해 갈등하는 욕망(4:1)과 갈등을 유발하는 욕심/욕망(4:2)[149] 그리고 자기 자신의 만족만을 추구하는 간구 때문에(4:3) 일어난다. 그것은 일종의 세상과 벗됨이며, 하나님과 원수이고(4:4), 하나님이 각 사람

---

149) "욕심(epithymia)"이 채워지면 죄를 낳고, 때가 이르면 죄가 사망을 낳는다는 말은 이미 1:14-15의 친숙한 주제로 강조되었다. 그릇된 욕심과 욕구 및 탐욕이 모든 죄의 근원임은 유대 사고에서 신학적 진술로 이미 확립되었다(Philo, *Opif.* 152; *Decal.* 142, 150, 153, 173; *Spec. Leg.* 4.84-85; *Apoc. Mos.* 19.3; *Apoc. Abr.* 24.10; Str-B 3.234-37).

에게 심어주신 성령에 조금도 유의하지 않고(4:5), 하나님을 무시하는 교만이 가득한 죄를 반복한다(4:6). 다른 하나는 겸손하게 하나님께 (하나님의 지혜를) 구하고 하나님의 은혜를 향해 열려 있다(4:2, 6, 10).

인생의 덧없음이라는 주제도 마찬가지로 지혜의 주제이며, 예수도 그 주제를 사용했는데,[150] 여기서는 앞으로의 계획에 대한 주의 깊은 태도를 기독교적 감성에 더했다. 즉 Deo volente, 곧 "주의 뜻이면"(4:15)이다. 여기서 언급해야 할 내용은, 야고보서에서 비판하는 자랑(4:16)이 바울의 경우에서처럼 율법의 행위나 민족적 정체성에 대한 자랑이 아니라, 조금도 약해지지 않고 계속되는 세상의 흐름 그리고 계속해서 세계 질서를 결정하는 일상 사회의 가치에 대한 그릇된 확신에서 비롯된 자랑이라는 점이다(4:13). 비슷하게, 특별히 주(예수)의 오심이라는 그리스도인의 소망은 1:3-4에서 독려하는 인내와 참음(5:7-8, 10-11)을 강화하는 주된 요인이다. 맹세를 피하고 단순히 예나 아니요로 의도를 나타내라는(5:12) 예수의 권면은 느슨하게 덧붙여져 반복되었는데, 이는 갈등하는 목표들을 정리하고, 단순히 하나님의 지혜와 주의 오심으로 동기를 부여받은 삶을 향한 동일한 관심에서 비롯된 것이다.

여기서 재차 우리는 야고보의 지도하에 있던 최초의 예루살렘 공동체가 흔히 말하는 정욕으로 화하는 욕망으로부터 자신을 방어하려고 했을 뿐 아니라, 하늘의 지혜로 통제되지 않은 종교와 세속적 우선순위에 따른 삶의 방식으로부터도 스스로를 지켜내려고 했음을 보게 된다. 어쩌면 살인과 싸움과 전쟁에 대한 경고에서 예루살렘과 그 주변의 악화되는 50년대 후반의 사회적·정치적 상황을 반영한 것으로도 볼 수 있을 것이다.

(iii) **기도.** 야고보는 지혜를 추구하는 데 기도가 필수적인 자리를 차지함을 당연하게 여겼다. "너희 중에 누구든지 지혜가 부족하거든 모든 사람에게 후히 주시고 꾸짖지 아니하시는 하나님께 구하라, 그리하면 주시리

---

150) 마 6:25-33; 눅 12:16-21; 비교. Ps-Phoc. 116-21.

라"(1:5). 더 자세한 조언은 효과적인 기도에 관한 예수의 가르침(막 11:23-25, 병행구)에 의존하며, "두 마음"을 반대하는 야고보의 경고를 통해 강화된다 (1:6, 8). 그 주제는 3:14-4:3에서 다시 등장하며, 또한 위로부터 오는 지혜와 그것의 온유한 사려 깊음이라는 열매 및 화평한 관계라는 수확(3:17) 그리고 이기심 곧 자신만의 정욕을 위해 잘못 구하는 이기적이고 사리를 꾀하는 탐욕(3:14-16; 4:1-3)과 대조할 때 다시 언급된다. 그 주제에 관한 마지막 권면은 특별히 고난 당하는 자들을 위한 상호 관심이라는 지혜를 설명한다 (5:13-18).

> [13]너희 중에 고난을 당하는 자가 있느냐? 그는 기도할 것이요.…[14]너희 중에 병든 자가 있느냐? 그는 교회의 장로들을 청할 것이요.[151] 그들은 주의 이름으로 기름을 바르며 그를 위하여 기도할지니라. [15]믿음의 기도는 병든 자를 구원하리니 주께서 그를 일으키시리라. 혹시 죄를 범하였을지라도 사하심을 받으리라. 그러므로 너희 죄를 서로 고백하며 병이 낫기를 위하여 서로 기도하라.[152] [16]의인의 간구는 역사하는 힘이 큼이니라.…[17-18][비가 오지 않도록 기도했고 그런 후 비를 위해 다시 기도한 엘리야의 성공적 기도를 예로 듦].

1:5-8과 5:13-18이 형성한 양괄 대칭 구조는 야고보가 기도에 부여한 중요성을 강조한다. 그리고 5:13-18이 50, 60년대 유대 지역 교회들의 경험과 관습을 어느 정도 반영한다면(그랬다고 추정할 수 있듯이 말이다. 그렇지 않았다면

---

151) 치유 은사를 가진 사람보다는 교회 장로들을 청한다는 점은 은사(*charismata*)가 어느 정도 제도화되었음을 나타낼 수도 있다. 이는 엡 4:11-12(예루살렘 전승에서)(위 n. 42을 보라)과 그 이후의 목회 서신과 같다(제3권을 보라).

152) 기도의 능력에 대한 표현된 확신을 여기서 무시하지 않아야 한다. 특히 그 확신은 예수가 표현한 확신과 똑같은 확신(마 11:23-24 병행구들)이 예루살렘 교회에서 계속되었음을 반영한다. 비록 장로들만이 시행했지만(n. 151), 믿음과 치유의 관계는 가정하건대 고전 12:9에서 바울이 암시한 관계와 같다(필자의 *Jesus and the Spirit*, 210-12을 보라). 주 예수의 이름으로 기도(그리고 고백)하는 절차와 기름 부음이 이미 제대로 확립된 것으로 보인다(비교. 행 3-5장).

그 말은 공허한 가식일 뿐이며 보존될 가능성이 적었을 테다), 그것들은 이 교회들의 특징과 영성에 대해서 중요성을 지닌 부가적 증언이다.

(iv) **부자들을 향한 경고.** 동일한 범위의 가르침에서 특별히 강조된 점은 부의 덧없음과 일시적 화려함(떠오르는 해로 시드는 꽃과 같이)에 자부심과 정체성을 부여하는 어리석음에 대해 반복된 경고다(1:9-11). 부자들이 모임에 참석했을 때 그들에게 영합하지 말라는 세세한 권면(2:1-4)은 마을 모임에서 가장 좋은 자리를 기대했던 바리새인을 향한 예수의 경고(막 12:38-39)와 같다.[153] 그러나 하나님이 "세상에서 가난한 자를 택하사 믿음으로 부요하게 하시고 나라의 상속자가 되게 하셨"음을 상기할 때만이 아니라, 부자들이 가난한 자를 억압하고 법정으로 끌고 간다고 맹렬하게 비난할 때(2:6),[154] 그것은 아모스 같은 예언자들의 유명한 비난을 연상케 하는 더 날카롭고 비판적인 어조를 띤다. 부자들이 "너희에게 일컫는 바 그 아름다운(kalon) 이름을 비방한다"는 추가적 비난에서(2:7), 우리는 예수를 그리스도라 부르는 이들을 법적 수단을 동원해서 박해한 일에 대한 반향을 볼 수도 있다.

그러나 부자를 향한 반감의 가장 두드러진 표현은 5:1-6에서 등장한다. 여기서 우리는 아모스서와 이사야서에서 익숙하게 볼 수 있는, 가난한 자들을 향한 부자들의 착취 때문에 부자들을 맹렬하게 비난하는 내용에 가장 가까운 병행구를 발견한다.[155]

> [1] 들으라! 부한 자들아. 너희에게 임할 고생으로 말미암아 울고 통곡하라. [2] 너희 재물은 썩었고 너희 옷은 좀먹었으며, [3] 너희 금과 은은 녹이 슬었으니, 이 녹이 너희에게 증거가 되며 불같이 너희 살을 먹으리라.…[4] 보라 너희 밭에서

---

153) *Jesus Remembered*, 306-307을 보라.
154) 추가로 P. H. Davids, 'The Test of Wealth', in Chilton and Evans, eds., *The Missions of James, Peter, and Paul*, 355-84을 보라.
155) 위 §33 n. 318을 보라. 비교. Ps.-Phoc. 22-47.

추수한 품꾼에게 주지 아니한 삯이 소리 지르며, 그 추수한 자의 우는 소리가
만군의 주의 귀에 들렸느니라. ⁵너희가 땅에서 사치하고 방종하여 살육의 날
에 너희 마음을 살찌게 하였도다. ⁶너희는 의인을 정죄하고 죽였으나 그는 너
희에게 대항하지 아니하였느니라.

물론 그런 맹렬한 비난은 기독교 초기의 여러 상황에 들어맞을 수 있다. 그
러나 이 가운데 하나는 66년 봉기 이전 기간으로, 이 시기는 거의 틀림없
이 많은 토지 주인의 탐욕이 소지주와 소작농들을 약탈자가 되게 한 시기
였다. 이 서신을 야고보에게 돌렸다는 사실과 또한 그 어디에서도 70년에
일어났던 재앙이 그런 사악함에 대한 마땅한 심판이었다고 암시하지 않으
며[156] 단순히 예수의 처형을 회상함으로써 그 비난을 마무리했다는 사실은
(5:6), 이 비난이 66년 이전 유대의 상황에서 기록되었고 야고보 자신이(아닐
이유가 있는가?) 처음으로 진술했음을 시사한다.

　　예루살렘과 유대에서 모인 최초의 기독교 모임의 상황에 대한 통찰은
뚜렷하다. 그것은 예루살렘 교회에 만연했던 빈곤에 대한 반복된 암시들
과 확실히 일치한다. 그리고 특히 그것은 하나님이 가난한 자들에게 은혜
를 베푸시고 가난한 자들이 당하는 불의에 대해 복수하시려 한다는 점을
주제로 삼았고, 그 주제는 옛 예언자들과 예수의 가르침에서 매우 두드러
졌다.

　　(v) **율법과 행위들**. 야고보의 권면 중에서 여러모로 가장 호기심을 불
러일으키는 특징은 율법에 대한 강조다. "자유롭게 하는 온전한 율법"(1:25;
2:12). 단순히 듣는 것만이 아니라 말씀/율법 행함이 중요하다는 야고보의
강조(1:22-25; 4:11)는, 유대교[157] 및 예수(마 7:24-27)의 가르침과 동일한 바울의

---

156)　"살육의 날에"(5:5)는 착취에 대해 유사하게 비난하는 렘 12:3에서 가져온 것이다.
157)　비교. 예. 신 4:1, 5-6, 13-14; 30:11-14; 겔 33:30-31; 1 Macc. 2.67; 13.48; Philo, *Cong.* 70;
　　Praem. 79; Josephus, *Ant.* 20.44; *m.'Abot* 1.17; 5.14; 추가로 Evans, 'Comparing Judaisms',
　　169-72을 보라.

특징이기도 하다(롬 2:13). "정결하고 더러움이 없는" 종교의 표지로서 곤경에 처한 과부와 고아들의 안녕을 향한 야고보의 관심(1:27) 역시 유대교와 [158] 바울이 실천한 종교의 특징이다.[159] 또한 야고보가 레위기 19:18("네 이웃을 네 몸과 같이 사랑하라")(약 2:8; 4:12)로 율법을 기꺼이 요약한다는 점은[160] 같은 결론으로 이어지는 예수의 가르침이 지닌 직접적 영향으로 소급되며, 바울도 다르지 않다(롬 13:8-10).[161] 또한 공평함에 대한 야고보의 찬사나(2:9; 비교. 2:11) "긍휼이 심판을 이긴다"라는 확언(2:13; 비교. 롬 11:30-32)과 관련해서도 야고보와 바울 사이에 어떤 차이가 있다고 할 수 없다.[162]

그러나 수 세대에 걸쳐 학자들을 사로잡은 논제가 다음 문단에 등장한다. 곧 "행함이 없는 믿음은 죽은 것이다"라는 야고보의 유명한 질책이다(2:14-26). 이 문단에 관한 해석은, 이 서신과 이 서신의 배후에 있는 선생 그리고 심지어 바울에 대한 학계의 인식을 왜곡한 개신교 학계 내의 "바울에 대한 집착"의 전형적인 예를 제공한다.[163] 그렇게 말하는 데 있어 필자는 그 문단이 바울의 가르침에 대한 반응을 입증한다는 점을 의심하지 않으나, 바로 그 반응이 무엇이었고 그 반응이 어떤 결과를 가져왔는지가 너무나 빨리 복음/율법 간의 대립에 포함되어 그 안에 갇혀버렸다. 그런 날카로운 대립은 그것을 지지하는 사람들이나, 이 대화의 논제들을 이해하는 데 별로 혹은 전혀 도움이 되지 않는다.

바울의 이신칭의 교리에 반대하는 반응이 어느 정도 있다는 점은 반박

---

158) 특별히 신 10:18; 14:29; 16:11, 14; 24:17-21; 26:12-13; 27:19.

159) 이것은 특별히 바울이 연보에 부여한 중요성 때문에 기록되어(§33.4), "의"의 표현으로 포함되었다(§33.4d). Johnson이 바르게 언급했듯이, 바울은 주로 야고보와 같은 의미로 "행위"(*ergon*)라는 용어를 사용한다. "바울과 야고보 이 두 사람은 토라라는 상징 세계에서 도덕 교사였다"(*James*, 58-64).

160) "이웃"(*plēsion*)을 판단한다는 언급은 가정하건대 이웃 사랑과 대립한다. 2:8과 4:12은 야고보가 *plēsion*이라는 용어를 사용한 유일한 경우다(또한 위 §33 n. 291을 보라).

161) *Jesus Remembered*, 584-86, 그리고 위 §33 n. 258. Johnson은 야고보서에서 레 19장에 대한 추가 암시를 발견한다(*Brother of Jesus*, 123-25).

162) 추가로 Johnson, *Brother of Jesus*, 12-14를 보라.

163) Bauckham도 같은 불평을 한다(*James*, 113-20).

하기 어렵다. 필자가 보기에, 핵심적이고 중차대한 고려사항은 이 지점에
서 바울의 가장 사려 깊은 진술(롬 3:27-4:22)과 야고보서 2:18-24 사이의 근
접한 병행이다.

	로마서	야고보서
신앙과 행위의 관점에서 제기된 논제	3:27-28	2:18
"하나님은 한 분이시다"라는 주장의 중요성	3:29-30	2:19
시험 사례로서 아브라함에 호소	4:1-2	2:20-22
증거 본문의 인용 – 창 15:1	4:3	2:20-22
창세기 15:6 해석	4:4-21	2:23
결론	4:22	2:24

아브라함이 이삭을 제물로 바친 사건(the Aqedah, 창 22장)을 언급하여 창
세기 15:6의 해석을 야고보가 지지했다는 점은 역시 주목할 만하다. 그 해
석은 실제로 당시 유대계에서는 표준이었으나,[164] 바울은 창세기 15:6에 제
시된 아브라함의 믿음을 신뢰라는 측면에서만 해석하여 그 표준에 전적
으로 도전한다.[165] 이 병행과 대조를 볼 때, 하나가 다른 하나에 대한 지식
을 반영한다는 점은 의심하기 어렵다.[166] 그리고 야고보서가 더 논쟁적이
기 때문에,[167] 가장 분명한 추론은 야고보 판본이 바울 판본에 대응한다는
것이다.[168] 물론 불가능한 것은 아니지만, 이는 야보고서 혹은 역사적 야고

---

164) 위 §33 nn. 134과 135에서 보라.
165) 창 22장의 아브라함의 행동에 대한 기독교의 평가는 복음/율법 혹은 믿음/행위의 대조
   (1세기 혹은 16세기의 대조)에 갇혀 있어서는 안 된다. 기독교(그리고 다른)적 고찰을 위
   한 창 22장의 분명한 효력은 R. W. L. Moberly, *The Bible, Theology, and Faith: A Study of
   Abraham and Jesus* (Cambridge: Cambridge University, 2000)가 잘 보여준다.
166) "야고보가 결코 *erga*를 '율법'(*nomos*)과 연결하지 않았다"는 Johnson의 주장(*James*, 30, 60)
   을 M. A. Jackson-McCabe, *Logos and Law in the Letter of James* (NovTSupp 100; Leiden:
   Brill, 2001), 243-53에서 특별히 약 1:25을 언급하여 효과적으로 대응했다: "'자유롭게 하는
   완전한 율법'을 들여다보고 있는 자는 실천하는 자(*poiētēs ergous*)이다/가 된다. 모든 *erga*
   는 *erga logou*, 즉 토라에 기록된 표현인 말씀(*logos*)에 관한 것이다(244-45).
167) 특별히 놀라운 점은 한 하나님을 믿는 믿음이 그 논제와 어떤 타당성이 있음을 부인하는
   것이다. "귀신들도 믿고 떠느니라"(2:19).
168) Bauckham, *James*, 127-31과는 반대다. Barnett는 비록 로마서와의 병행이 훨씬 더 풍성하
   지만, "야고보가 분명히 바울의 갈라디아서 가르침에 반응하고 있다"라고 생각한다(*Jesus*,

보가 바울의 로마서를 알고 언급했다는 의미는 아니다. 추정하건대 바울이 그런 논증과 강해를 시도한 것은 로마서 3:27-4:22이 처음은 아니다. 여기서 다시 우리는 기록된 문서가 특정한 견해의 유일한 표현이라는 생각에 너무나 쉽게 빠지는 문학적 사고방식을 피해야 한다. 로마서가 주는 인상은 이전의 많은 경우에서 바울이 사용했거나 다시 작업한 논증과 강해를 마지막으로 기록했다는 인상이다. 따라서 이에 관해 추정해야 하는 점은 단지 이 부분에 관한 바울의 가르침에 대한 소식이 예루살렘에 전해졌고, 사도행전 21:21의 야고보에 따르면 그 소식은 틀림없이 예루살렘의 보수적인 전통주의자에게 도달함에 따라 그들이 바울에 대해 편견을 갖게끔 한 소문과 과장의 일부였다는 것이다. 정확한 내용이 무엇이든지 간에, 그런 반사된 모습에 대한 가장 분명한 설명은 아브라함의 믿음에 관한 바울의 가르침을 전해 들은 야고보가 어떤 의미에서 그리고 어느 정도 반응한 것으로 기억되었다는 점이다.[169]

어쨌든 야고보가 반응하는 방식은 흥미롭다. 왜냐하면 야고보가, 에베소서처럼, 그가 전혀 사용하지 않은 표현인 "율법의 행위"에서 "행위"라는 논제를 분리하기 때문이다. 야고보가 말한 "행함"(2:14ff.)의 내용이 율법(의 요구)을 온전히 수행해야(teleite) 하는 필요에 대한 그의 강조와 온전히 일치한다는 점은 2:8-26에서 충분히 명백하다(2:8). 그러나 야고보가 강조하는 내용은 하나님을 향한 순종(2:21-23)과 타인의 안녕을 위한 활발한 관심으로(2:15-16, 25) 표현되는 믿음의 중요성이다.[170] 여기서 제의적 정결과 식탁 교제의 정결에 대한 관심은 염두에 없다. 그것은 마치 사도행전 21:21에서 표현된 바울에 대한 비판을 거의 막는 듯한데, 바울을 논박함으로써가 아니라 오히려 바울도 강조한 내용을 강조함으로써 말이다. 즉 사랑이 동기를

---

169) 여기서 다시 Bauckham, *James*, 127-31에 이의를 제기해야 하는데, 이 외에는 그의 야고보서 논의가 상당히 설득력 있다.

170) 라합의 행동이 "표지"였고 그녀의 믿음을 표현했음에 관해서는 Bauckham, *James*, 124-25을 보라.

부여하고 사랑으로 말미암는 행동으로 표현되는 믿음의 중요성(갈 5:6), 그리고 그리스도로 세례받은 이들이 의가 명령하고 의를 표현하는 삶을 계속 사는 것의 중요성(롬 6장)이다. 다른 말로 하면, 야고보서 2:14-16을 읽는 최상의 방식은, 야고보가 동일한 창세기 15:6의 문단을 인용하면서 바울이 자신의 서술과 용어로 표현했을 법한 주장을 하므로, 야고보는 바울과 바울을 비판하는 유대 그리스도인들 사이에 서서 그 둘을 중재하려고 했다는 것이다. 우리는 이것이 사도행전 15장, 혹은 심지어 사도행전 21장에서 언급된 야고보의 목소리이며, 공통 기반을 찾아서 야고보와 바울이 합의한 곳에 추가적 차원을 도입하려고 한다고 적절하게 말할 수 있을 것이다.[171]

그렇게 하면서 야고보는 부수적으로 이방인 논제(복음을 어떻게 자유롭게 이방인 신자들에게 제공할 수 있는가)가 바울과 다른 유대인 선교사들 간의 주요 다툼거리였음을 확인한다.[172] 이방인 선교에 상당한 충격을 초래한 논제(이방인 신자들이 할례받아야 하는가? 또한 신실한 유대인들이 엄격한 조건이 아니면 이방인 신자들과 같이 먹을 수 없는가?)를 우회하는 방식으로, 야고보서는 바울과 바울을 비판하는 유대 그리스도인 간의 적대감을 사실상 진정시켰다. 바울 복음에 대한 날카로운 비판일 수 있었던 내용을 바울이 동의할 수 있는 권면(산 믿음은 선행으로 표현된다는 점)으로 전환함으로써,[173] 야고보는 바울의 가르침에 대한 그릇된 해석들을 약화시키거나 바울 가르침의 일부였던 권면을 부각시키려고 했을 수 있다.

야고보서가 예수 전승의 과정 내에 매우 견고하게 위치했다는 사실은

---

171) 비교. Mitchell의 논지: "야고보서 저자는 바울 서신의 어떤 모음집을 알고 있었고, (바울에 반대하기보다는) 바울주의 내에서 글을 썼으며, 그 목적 가운데 하나가 '바울과 바울을'[고린도전서와 갈라디아서] 화해시키고 '바울과 기둥들'을 화해시키는 타협 문서를 만드는 데 있었다"('James, a Document of Paulinism?', 79). 또한 Stuhlmacher, *Biblische Theologie*, 2.59-69; Wilckens, *Theologie*, 1/3.362-65을 보라.

172) 비교. Bauckham, *James*, 128, 134.

173) 이는 바울이 "행위"("율법의 행위들"과 구별되는 행위)를 좋고 바람직한 것으로 여겼다는 빈번한 반복을 요구한다. 롬 2:6-7; 13:3; 15:18; 고전 3:13-14; 9:1; 15:58; 16:10; 고후 9:8; 10:11; 갈 6:4; 빌 1:22; 2:30; 골 1:10; 3:17; 살전 1:3; 5:13; 살후 1:11; 2:17.

특히 중요하다. 율법의 명령 중 하나인 사랑의 분부(레 19:18, "네 이웃을 네 몸같이 사랑하라")를 통해 율법을 기꺼이 요약하고, 인간관계의 도덕과 윤리 문제를 한결같이 초점으로 삼은 것은, 예수 전승의 정신 및 야고보가 예수와 예수 전승에서 틀림없이 배웠을 내용과 온전히 일치한다. Q전승을 연구하는 다수의 학자들이 추정하는 것처럼, 갈릴리에 계속해서 존재했던 예수의 제자들 공동체가 지켜온 특징적인 가르침이 실로 야고보가 가르쳤던 내용이므로, 그러한 가르침만이 예루살렘의 야고보와 관련되며, 따라서 그것은 예루살렘 교회가 어떻게 예수 전승을 보존했는지, 또한 어떻게 그 전승을 가지고 살아갔는지를 짐작하게 하는 분명한 시사점을 제공한다. 여기서도 야고보는 바울을 제대로 보완하는데, 여기서 말하는 보완이란, 바울과 같은 이가 교리적 용어를 가지고 부활 신앙을 이해하는 반면에, 기독교의 첫 회중들은 하루하루의 삶과의 관련하에서 예수 전승 및 그 정신에 따라 어떻게 가르침을 받았는지에 대한 통찰을 제공하는 것을 말한다.[174] 예수에 대한 살아 있는 전승은 오랫동안 지속적인 성찰의 주제가 됨으로써 바울 자신의 가르침뿐 아니라 그의 "그리스도 안에서"라는 개념에 대해서도 불가결한 요소가 되었음에 틀림없다.

e. 야고보서는 기독교적인가?

야고보서가 기독교적이냐는 질문은 신약 학계에서 매번 아주 빈번하게 반복해서 제기된다. 후대에 발전된 기독교의 관점에서 볼 때 그 이유를 이해할 수 있는데, 그 관점에서 보면 이 서신은 그 특징에 있어 매우 유대교적이고, 기독교적인 특색이 너무나도 결여되어 있기 때문이다. 예수는 단지 두 번 (분명하게) 언급됐다. "주 예수 그리스도의 종 야고보…"(1:1), "내 형제들아, 영광의 주 곧 우리 주 예수 그리스도에 대한 믿음을 너희가 가졌

---

174) 야고보는 바울이 한 것처럼 보이는 것보다, 예수 전승에 더 많은 비중을 부여하도록 역설한 사람으로 보일 수도 있다(비교. Pratscher, *Herrenbruder*, 215-16).

으니 사람을 차별하여 대하지 말라"(2:1). 심판의 주로서 "주께서 강림하신다"(5:7-9)는 말도 거의 확실히 예수를 언급한 것이다. 그리고 "주의 이름으로" 치유한다는 언급(5:14-15)은 사도행전 3-4장의 분위기를 연상케 한다(§§23.2a, g). 그러나 모호한 5:6("너희는 의인을 정죄하고 죽였으나, 그는 너희에게 대항하지 아니하였느니라")을 제외하고 나면, 예수의 삶과 죽음 및 부활을 분명하게 언급한 곳이 하나도 없다. 그리고 고난에 대한 인내의 모본으로서 예언자들과 욥을 들고 있는데(5:10-11),[175] 이것은 예를 들면 베드로전서 2:18-23과 대조된다. 짐작하건대 서신의 이런 특색 없는 기독교적 특징은 이 서신을 기독교 정경의 일부로 받아들이는 데 그토록 긴 시간이 걸리게 만든 주요 요인 중 하나였다. 그러나 예루살렘에서 요단 동편으로 도주한 예루살렘 교회의 사람들이 에비온파의 주요 뿌리 중 하나가 되었을 가능성을 고려하면(§36.3), 야고보의 기독론이 에비온주의의 특징인 양자론을 이미 넘어섰음을 언급해야 하며,[176] 서신에서 예수를 주(主)로 언급한 것은 바울과 온전히 맥을 같이 한다. 여기서도 야고보서가 그의 신학과는 구별되는 그의 권면만을 대표하는 것으로 인식하는 일이 중요하다.

물론 그 질문에 대한 부정적인 대답을 반박하는 데는, 1:1과 2:1의 중요성 및 지혜 가르침에 예수 전승이 필수 불가결한 기본 요소라는 점을 언급하는 것으로 충분하다 반박할 수 있다(§37.2c). 그러나 더 중요한 반응은 그 질문의 방향이 잘못되었다는 것이다. 시대착오적 성격을 띨 수밖에 없는 질문보다 오히려 제기해야 할 보다 명확한 질문은 이 서신이 생성기의 기독교에 관해 무엇을 말해주느냐다. 이 질문에 대한 답은 야고보서가 형성 중인 기독교에 대한 우리의 이해에 충분히 기여할 가능성을 보증한다.

---

175) P. Gray, 'Points and Lines: Thematic Parallelism in the Letter of James and the Testament of Job', NTS 50 (2004), 406-24을 보라.
176) 에비온파는 "그가 고귀한 삶으로 하나님의 아들이라 불릴 권리를 획득한…예언자, 인간, 하나님의 아들, 그리스도, 단지 인간이길 원한다"(Epiphanius, Pan. 30.18.6). 추가로 필자의 Unity and Diversity, 260-62을 보라.

- 그것은 제2성전기 유대교의 지혜 전통과 직접적인 연속성이 있고 그와 동일한 자료에 의존하고 있던 공동체를 드러낸다.
- 그것은 나사렛 예수와 직접적인 연속성이 있으며 자기 삶의 양식 안에서 예수의 가르침 전승에 깊이 의존하고 있는 공동체를 드러 낸다.
- 그것은 예수의 영화와 주 되심에 대한 확신을 그의 가르침에 대 한 전승과 대립시키는 것이 아니라, 그 둘이 온전히 일관되게 일치 한다는 믿음을 받아들인 공동체를 드러낸다.
- 그것은 평지 설교/산상 수훈으로 분류된 것과 같은 자료인 예수 전 승이 팔레스타인뿐만 아니라, 더 멀리 떨어진 곳의 수많은 태동기의 기독교 공동체를 가르치고 권면하는 데 어떤 역할을 했는지를 드러 낸다.
- 그것은 1세기의 이질적인 이방인과 유대인 회중들이 어떻게 예수 전승에서와 그 전승을 표현하고 계속해서 다시 표현하는 방법에서, 또한 일상의 행동과 상호 관계를 위해 그 전승에서 가져온 통찰과 강조점에서, 공통 기반과 상호 존중을 발견할 수 있었는지를 시사 한다. 결국 야고보서의 바로 이런 특징으로 인해 3세기와 4세기 교 회 전체가 야고보서를 기독교의 성경으로 인식하게 되었다.

그렇다면 야고보서는 과거 시대, 즉 사실상 그리스도인과 메시아 예수 를 믿는 유대인 신자들이라는 말이 거의 동의어로 사용되었던 시기에 대 한 귀중한 증언을 제공한다. 또한 그것은 예수 전승이 얼마나 유대교적이 었는지 그리고 예수를 통한 제2성전기 유대교의 지혜 전통의 연속성이 64 년의 로마와 70년의 예루살렘 대재앙을 통과한 기독교의 특징을 구성하는 필수요소였음을 기억하게 하는 소중한 증언이기도 하다. 이것이 야고보서 의 유산이다.

37.3 베드로 - 베드로 서신(베드로전서)

바울의 경우 우리는 그의 신학과 관심사에 대해 아주 많이 알고 있기 때문에, 바울 신학에서 오래도록 가치가 빛날 것으로 여겨지는 내용을 에베소서가 적절히 요약하려 했다고 보는 데 조금도 어려움이 없다. 야고보서의 경우에서도, 바울이 야고보에 대해 암시한 몇몇 구절과 사도행전에서 쉽게 얻는 추론들은, 야고보서가 야고보가 전한 가르침의 개요서이거나 모음집(기억)이라는 확신을 줄 정도로, 야고보서와 일치한다. 그러나 베드로의 처지는 다르다. 지금까지 살펴본 자료에서 베드로는 너무 말이 없으므로 우리는 베드로의 신학이나 서신이 무엇인지 참으로 알지 못한다. 바울이나 야고보와는 달리, 베드로전서는 사실 비교할 만한 내용이 아무것도 없으며, 에베소서와 야고보서에 대해 주장할 수 있는 것과 같은 확신을 줄 만한 것이 전혀 없다. 특별히 복음서와 사도행전에 비해 바울 서신에 있는 베드로에 관한 언급과 암시는 기껏해야 아주 모호한 그림을 제공할 뿐이며, 그 그림이 시사하는 것은 상당한 지도력을 가지고 그의 동족 유대인들에게 말씀을 선포하는 데 중요한 역할을 했으나, 그 자신의 고유한 견해가 무엇인지 명확하지 않을뿐더러 나사렛 종파가 직면한 주요 논제 중 하나에서 미심쩍은 역할을 한 개인의 모습이다. 이 점에 있어 사도행전에서 베드로가 행했다고 여겨지는 연설은 상당한 실망을 안겨준다. 비록 누가가 사도행전 2, 3, 10장에서 원시 자료에 의존했다는 많은 증거가 있지만(§21.3), 이 원시 자료들을 베드로전서와 서로 연결해보려는 모든 시도는 그다지 성공적이지 못했다.[177] 실제로 사도행전에 나오는 베드로의 연설에 "진정성"을 부여하면 할수록, 베드로전서를 베드로가 썼다는 주장은 더욱더 약화된다(강화되지 않는다)!

---

177) 그러나 J. H. Elliott, *1 Peter* (AB 37B; New York: Doubleday, 2000), 25-27과 n. 9에 있는 추가 참고문헌을 보라. 사도행전의 설교에서 베드로의 가르침으로 주장할 수 있는 내용은 위 §26.6을 보라.

그렇다면 베드로전서는 얼마나 베드로다운가?

a. 누가 베드로전서를 썼는가?

베드로전서의 원작자에 관한 논증은 야고보서의 경우와 비슷하다. 여기에
도 분명한 자기소개가 있다. "예수 그리스도의 사도 베드로는 본도, 갈라디
아, 갑바도기아, 아시아와 비두니아에 있는 흩어진 나그네"(벧전 1:1). 그리
고 야고보서와 다르게, 이 "베드로"가 누구인지에 대해서는 의문의 여지가
없다. 아무도 이 사람이 예수의 수제자, 어쩌면 역시 예루살렘 교회의 첫
지도자, 또 주로 동족 유대인에 대한 선교를 책임진 사람으로서 모든 사람
에게 잘 알려진 베드로라는 점을 의심하거나 의문시하지 않았을 것이다.
그러나 야고보서와 마찬가지로, 현대 학계의 합의는 그 서신이 베드로 자
신이 쓸 수 없었고 어쩌면 위명으로 기록한 것으로, 어쩌면 제2세대 그리
스도인의 붓에서 나왔다는 것이다.[178] 폴 악트마이어(Paul Achtemeier)가 최
근에 쓴 권위 있는 주석은 대부분의 사람이 지나치거나 무시하기에는 너
무나 비중이 있는 것으로 드러난 주요 논증들을 소개한다.[179]

- 야고보서와 마찬가지로, 베드로전서의 그리스어 수준이 갈릴리 어
  부가 이 서신을 썼을 가능서에 대해 의문을 더해준다.[180] 비록 베드
  로전서의 그리스어 수준을 과장하지 말아야 한다는 경고가 있기는
  하지만, 악트마이어는 베드로전서가 "문체상 신약에서 가장 좋은

---

178) Schnelle, *History,* 400-401; 베드로가 저자라고 여기는 사람들에 대해서는 Elliott, *1 Peter,*
118 n. 35을 보라(베드로를 저자로 선호하는 고려사항들은 119-120에 요약됐다).

179) Achtemeier, *1 Peter* (Hermeneia; Minneapolis: Fortress, 1996). Achtemeier는 자기 서론
의 가장 많은 부분을 저자 문제에 전념했는데(1-43), 그 질문에 답하기 위해 베드로전서와
최초의 기독교 전승 및 상황이 서로 다른 측면들 사이의 관계에 관한 많은 자료를 포함한
다. 반대로 Elliott는 저자 문제를 그의 서론 마지막에 두었다(*1 Peter,* 118-30). Elliott의 가
장 비중 있는 요점들(120-23)은 Achtemeier의 요점과 비슷하다.

180) Kümmel, *Introduction,* 423.

산문"에 속한다고 판단한다. 저자는 분명히 "어느 정도의 공식 교육을 누렸으며", 따라서 "복음서에서 묘사된 베드로와 같은 사람이 그런 지식과 기술을 가졌다고 상상하기는 다소 어렵다."[181]

이러한 고려사항들은 야고보서의 경우에서만큼 비중이 있다. 그리고 그것들을 야고보서의 경우보다 설득력이 덜한 것으로 받아들인다면,[182] 분명히 지중해 동부 지역을 널리 여행한 어떤 인물이 있었는데, 그는 효과적인 의사소통이 가능할 정도로 그리스어에 능숙했음에 틀림없고, 야고보가 야고보서를 기록한 것만큼이나 적어도 베드로전서를 기록할 만한 능력이 있었다고 볼 수 있다. 특히 바울의 경우에 그의 서신을 전달한 동료나 대필자의 역할이 상당했음을 고려하면, 실루아노가 베드로의 비서나 대필자로 일했을 가능성도 당연히 비중 있게 고려해야 한다(5:12).[183] 베드로전서에서 실루아노를(데살로니가 서신에서 바울이 그를 동료 작성자로 소개했듯이) 동료 작성자로 소개하지 않은 것은 분명 사실이지만, 5:12에 따르면 저자는 "실로아노로 말미암아(dia)…너희에게 간단히 쓴다"라고 확실히 말한다. 저자가 자

---

181) Achtemeier, *1 Peter* 2, 4, 6, "공식 교육이 부족한 1세기의 팔레스타인 어부들도 그리스어를 구사할 수 있었다고 확실히 추정할 수 있지만, 이 서신에서 발견하는 종류의 그리스어는 그런 사람들을 넘어선다. 이런 이유로 서신의 언어는 십중팔구 시몬 베드로가 지금의 형태로 남기지 않았을 것이다"(4-5). "비교적 세련된 그 서신의 그리스어는 저속한 요소를 거의 담지 않았고, 어느 정도 교육받은 저자를 드러낸다"(Elliott, *1 Peter*, 64; 증거 자료[64-68]와 추가로 120).

182) 위 §37.2a를 보라. 행 4:13 전승(베드로와 요한이 *agrammatoi*["배우지 못한, 문맹의"] 그리고 *idiōtai*["정식 교육을 받지 않은"]라는 것)에 비중을 부여하면, 이 둘은 야고보에게도 적용되고 30년 이전에 인식된 그들의 능력을 나타낸다. 마가가 베드로의 *hermēneutēs*로 행동한 것은(Eusebius, *HE* 3.39.15) 몇 사람의 주장처럼 결정적이지 않다(예. Schnelle, *History*, 400). *Hermēneutēs*가 "통역가"는 물론 "해석자"나 "해설자"(어쩌면 문답 교사로서)를 의미할 수도 있기 때문이다(*PGL*, 549).

183) 위 §29.8c를 보라. 비서 가설을 선호하는 사람들에 대한 참고문헌은 Elliott, *1 Peter*, 123 n. 37을 보라. Achtemeier는 "그 서신의 언어 문제를 풀기 위해 실루아노 자신의 문학적 창의력에 더 많은 공간을 부여하면 할수록, 어떤 의미 있는 방식으로 그 서신을 베드로의 서신이라고 할 가능성은 더욱더 적어진다"라고 논평한다(*1 Peter*, 8-9). 그러나 그 언급은 많은 바울 서신이 공동 저작을 주장한다는 사실을 공정하게 평가하는가?

신이 대필자에게 의존했음을 표현하는 방식이 우리로서는 거의 알 수 없을 정도로 다양하기에, 이 말이 저자가 서신을 작성함에 있어 실루아노에게 신세진 것을 나타내기 위해 택한 방식일 가능성을 전적으로 부정할 수는 없다.[184] 마찬가지로, 신약성경에서 구약성경을 인용할 경우에 흔히 그렇게 하듯이, 베드로전서가 "구약성경의 그리스어 판본에 압도적으로 의존"하고 있다는 사실은, 저자가 그 서신을 위해 70인역을 이용했거나, 그가 히브리어나 아람어 본문으로부터 인용하거나 그것을 암시하는 구절을 서신의 비서가 수신자들에게 더 친숙한 그리스어 판본으로 옮긴 것으로 설명할 수 있다. "상사"가 구술한 것에 아무것도 더하지 않고 그 내용을 그대로 정확하게 받아적는 것이 "비서"에 대한 현대적인 이미지일 텐데, 이 대필자에 대한 논의를 진행함에 있어, 우리는 그와 같은 무의식적 강박에서 조금 자유로워질 필요가 있다.

- 예수의 생애에 대한 개인적 추억이 부재하다는 점은 "확실히 갈릴리 사역부터 부활까지 그와 동행한 사람의 서신에서 예상할 수 있는 것은 [아니다]."[185]

---

184) "그 생각들은 베드로의 것이지만, 실루아노가 그 서신을 작성했다"(Barnett, *Jesus*, 305-306). Achtemeier(*1 Peter*, 7-9, 349-50)는 [신약성경에서] 필경사를 인정한 우리가 가진 단 하나의 예(롬 16:22)에서 언어가 상당히 다르다는 사실"을 너무 중시한다. 그러나 또한 그는 에우세비오스가 실제로 클레멘스가 쓴 서신을 "클레멘스를 통해서(*dia*)" 쓴 서신으로 언급한다고 관찰한다(*HE* 4.23.11). 우리가 실루아노의 언어적 능력을 전혀 모르는 게 사실이나(35), 그것은 "실루아노로 말미암아"라는 구를 통해 5:12이 무엇을 뜻하느냐는 해석의 과제에 어떤 도움을 주지도 방해하지도 않는다. 그 구는 대개 그 서신의 필경사가 아니라, 서신의 전달자를 가리킨다고 받아들여졌다(Schnelle, *History*, 401 n. 70; Elliott, *1 Peter*, 124). E. R. Richards, 'Silvanus Was Not Peter's Secretary: Theological Bias in Interpreting *dia Silouanou...egrapsa* in 1 Peter 5:12', *JETS* 43 (2000), 417-32이 이그나티오스와 파피루스 기록물에서 예를 제공했다.

185) Achtemeier, *1 Peter*, 9-10. "그리스도의 고난의 증인"이라는 자기 언급(5:1)은 2:22-25을 가리킨 것으로, 이 구절들은 "명백히 사 53장에서 가져왔다"(벧전 2:24-25 — 사 53:4-6, 12). 다른 제안된 반향들은 "기껏해야 미미하다"(9-10). Kümmel, *Introduction*, 424은 베드로가 예수의 예를 언급하지 않고 그런 서신을 썼다는 것을 "거의 상상할 수 없다"라고 하는 (2:21-24에도 불구하고!) 현대 비평가들의 전형이다.

여기서도 널리 퍼져있는 "한 문서 오류"가 여전히 그 논쟁을 주도하는 것으로 보인다.[186] 이 말은 단 한 편의 문서만이 현존할 경우, 그 문서가 그 사람이 작성했거나 그 공동체가 소중하게 여긴 유일한 문서였다고 확신하거나, 아니면 그 사람이나 그 공동체의 믿음과 실천에 관한 내용 전체를 반드시 담고 있다고 하는 주장이다. 예수의 수난 이전의 사역에 대한 언급이 부재한 것은 거의 모든 신약성경에서 나타나는 일반적인 특징이기 때문에 베드로전서에서도 나타나는 그런 특징을 너무 중시하지 않아야 한다.

- 그 서신이 언어와 내용에 있어[187] 바울적인 분위기를 강하게 나타낼 뿐 아니라, 분명히 초기 기독교 전승들을 사용하고 있다는 점은, 기독교 신앙에 대해 자기 나름의 분명한 이해와 표현을 가졌을 만한 사람에게서 기대하기 힘든 특징으로 보인다."[188]

바울의 영향이라는 문제나, 베드로전서가 특징상 너무 바울다워서 선교지에서 바울과 "대등한 위치"에 있는 사람의 작품이라고 여길 수 있느냐는 문제는, 바울과 온전히 독립된 베드로 문서가 어떤 형태를 지녔을 것인가에 대해 알 수 없기 때문에 토론 자체가 맥이 빠져버리는 경우에 해당된다고 하겠다.[189] 바울 서신에서 베드로가 이따금씩 등장한다는 사실은 바울이

---

186) *Jesus Remembered*, 150-51.
187) Berger, *Theologiegeschichte*, 383-94을 보라. Achtemeier는 예로 "*en Christō*(3:16; 5:10, 14), *apokalypsis*(1:7, 13; 4:13), *diakoneō*(1:12; 4:10), *charismata*(4:10)와 같은 전형적인 바울의 언어나 구"를 언급하나, 그는 바울의 핵심 개념들이 많이 없음도 언급하고, "베드로전서에 나타난 '바울다운' 분위기의 어느 정도가 예배나 고백 자료를 공동으로 사용한 결과인지" 궁금해한다(*1 Peter*, 15-19).
188) Achtemeier, *1 Peter*, 1-2.
189) Achtemeier는 어색한 표현으로 결론을 내린다. "그 서신에서 바로 인식 가능한 베드로적인 요소의 부재는 사도 베드로와 어느 정도 내부적 관련이 있었음을 강하게 논증한다. 그렇지 않으면, 그 서신이 그에게 돌려진 이유를 상상하기 어렵다"(*1 Peter*, 43). 필자는 동의하나, Achtemeier가 어떻게 베드로전서 그 자체를 제외하고 "인식 가능한 베드로적인 요소"를 입증할 수 있었는지 여전히 궁금하다. 비슷한 반응이 D. G. Horrell, 'The Product of a Petrine Circle? A Reassessment of the Origin and Character of 1 Peter', *JSNT* 86 (2002),

예수 전승에 관해 알던 많은 내용의 주 출처가 베드로였음을 드러내기에 충분하다(갈 1:18). 베드로는 바울이 무할례자인 이방인에게 복음을 전하는 것에 흔쾌히 동의했고(갈 2:6-9), 바울이 설립한 고린도 교회에서도 존경받는 선교사였다.[190] 베드로가 바울과 다른 의견을 취한 유일한 곳은 안디옥이었고, 이는 그가 "이방인처럼 살기로" 한 후였다(갈 2:14).[191] 그들이 합의한 복음은 유대인은 물론 이방인을 위한 것이었고, 그것은 다른 복음이 아닌 동일한 복음이었고, 또한 동일한 교회를 위한 것이었다. 베드로전서에서 엿보이는 것처럼, 베드로와 바울이 상당히 많은 주요 사안에 대해 의견이 일치했다고 해도, 그것은 결코 놀라운 일이 아니다. 실제로 우리는 베드로 자신의 신학을 (베드로전서 외에는) 거의 알지 못하기에, 다음과 같은 역방향의 질문을 피할 수 없다. 합의된 요점들에 관해서 베드로가 바울에게 끼친 영향이 그 반대의 경우만큼이나 혹은 그보다 더 많이 있었는지, 또한 베드로전서가 바울적인 것만큼 바울의 일부 가르침이 "베드로적"인 것은 아닌가 하는 질문이다. 따라서 베드로전서가 바울과 공유하는 부분이 상당하다는 사실은 흔히 그렇듯이 그다지 놀라거나 못마땅해할 문제는 아니다.[192] 도리에 그 점은 어쩌면 바울이나 야고보보다 더 평화적이고 중재

29-60에서 나오는데, 그는 그 서신을 특정한 베드로 집단과 연관 지을 기본적인 증거가 하나도 없다고 논증한다.

190) 위 §§35.1b-c를 보라.

191) 바울적 관점에서 그 논제를 보면, 베드로가 이후에 폭넓게 행사한 영향력을 평가하는 데 있어 안디옥 사건에 과도한 비중을 부여하기가 너무 쉽다(예. Kümmel, *Introduction*, 423; Wedderburn, *History*, 77-78).

192) 공동의 특징들은 "베드로 서신의 저자가 차용한 바울의 독특한 생각을 반영하지 않고, 초기 기독교 선포와 가르침의 특징의 전형이자 두 저자가 의존한 선포와 일반 가르침을 반영한다.…바울과 베드로전서에서 공통이었던 많은 주제는 각 저자가 다르게 해석했다.… 바울에게 알려진 동일한 전승을 기반으로, 베드로 서신의 저자는 독특한 목회 메시지를 구성하고 독특한 목소리로 말했다.…베드로전서를 '바울다움의 포로'에서 해방하고 초기 교회의 독특한 목소리로 읽어야 할 때가 무르익었다"(Elliott, *1 Peter*, 38-40; 참고문헌은 n. 17에 있다). Elliott의 판단은 J. Herzer, *Petrus oder Paulus? Studien über das Verhältnis des Ersten Petrusbriefes zur paulinischen Tradition* (WUNT 103; Tübingen: MohrSiebeck, 1998)의 전면적인 지원을 받았다. 또한 Brown and Meier, *Antioch and Rome*, 134-39을 보라. Stuhlmacher는 베드로전서의 메시지를 "바울주의와 신앙에 대한 기독교 유대인 전통

적인 인물을 가리키는 추가적인 증거로 간주해야 할 것이다. 다른 이들을 "감독하고"(episkopos) 또한 목자로서 행할 능력이 있는 사람이라는 그에 대한 이러한 평판은(벧전 5:1-4) 후대에 그에게 덧붙여진 최초의 로마 교황이라는 칭호 속에 보존되었다.[193]

■ "소아시아의 상황은 베드로가 살았다고 추정할 수 있는 시대보다 늦은 시기를 반영한다."[194]

이 논증은 제대로 다루기가 매우 곤란하다. 편지의 수신자들("본도, 갈라디아, 갑바도기아, 아시아와 비두니아에 흩어진 나그네", 1:1)인 이 지역의 그리스도인들이 베드로와 특별히 연관된 이유가 있음을 시사한다고 필자는 이미 언급했다. 그 밖에는 더 할 말이 없다. 우리는 본도와 갑바도기아 및 비두니아에서 기독교가 어떻게 시작되었는지 전혀 모르기 때문에, 베드로전서 1:1이 베드로의 생애와 선교 중에 기독교가 그 지역에서 시작된 증거를 제공할 가능성을 전혀 배제할 수 없다.[195] 악트마이어는, 베드로전서에서 상정하는 역사적 상황에 대해 주의 깊게 고려한 후에, 그 상황이 어쩌면 공식적

의 일종의 중도"로 묘사한다(*Biblische Theologie*, 2.84).
193) M. Konradt는 베드로전서와 바울 및 야고보를 안디옥 사건 이후에 다르게 발전한 안디옥에 뿌리를 둔 공통 전승에 연결하려고 했다. M. Konradt, 'Der Jakobusbrief als Brief des Jakobus. Erwägungen zum historischen Kontext des Jakobusbriefes im Lichte der traditionsgeschichtlichen Beziehungen zum 1 Petr und zum Hintergrund der Autorfiktion', in P. von Gemünden, M. Konradt and G. Thei en, eds., *Der Jakobusbrief. Beiträge zur Rehabilitierung der "strohernen Epistel"* (Beiträge zum Verstehender Bibel 3; Münster: Lit, 2003), 16-53; 그리고 'Der Jakobusbrief im frühchristlichen Kontext: Überlegungen zum traditionsgeschichtlichen Verhältnis des Jakobusbriefes zur Jesusüberlieferung, zur paulinischen Tradition und zum 1 Petr', in J. Schlosser, ed., *The Catholic Epistles and the Tradition* (BETL 176; Leuven: Peeters, 2004), 169-210(이 참고문헌들은 Lutz Doering 덕분이다).
194) Achtemeier, *1 Peter*, 2.
195) L. Goppelt, *Der erste Petrusbrief* (KEK; Göttingen: Vandenhoeck und Ruprecht, 1978), 64; Schnelle, *History*, 401과는 반대다.

인 정책보다는 비공식적인 박해를 반영하며 지방보다는 특정 지역에서 있었던 "박해"를 반영한다고 본다. 이 내용으로 미루어 그는 베드로전서에 등장하는 박해에 대한 언급이 "박해가 일어났을 때 시몬 베드로가 여전히 살아있었는가를 결정하는 데 어떤 가치도 없다"고 결론짓는다.[196]

어느 정도 다른 요점은 서신에서 그리스도인과 유대인 사이의 갈등이 전혀 드러나지 않는다는 점인데,[197] 이런 갈등은 바울 서신의 증거를 볼 때, 유대인과 이방인을 향한 각자의 선교에서 바울과 쌍벽을 이루는 사람의 서신에서라면 충분히 기대할 만한 점이다. 그러나 야고보서와 관련해서 진행했던 논증에서처럼, 바울의 시각이 1세기 기독교 선교에 관한 우리의 21세기 견해를 왜곡할 위험이 있을 수도 있다. 당시 기독교 내부의 갈등에 관한 증거가 대부분 바울에게서 왔고, 바울 자신의 사도적 사명에 대한 이해와 실행에 초점이 맞춰져 있다. 이방인의 수가 많지 않고 바울의 영향력이 강하지 않은 지역과 교회에서는 이방인 신자들이 "이방인 문제"에 흔들리지 않고 기꺼이 유대화하려고 했거나, 그들 모임에서 "사도 법령"의 노선을 따르려고 했다고 추정하는 것도 충분히 가능하다.

그렇다면 대체로 저작권 문제에 대해서는 이보다 더 분명하게 말할 수 없으며, 베드로가 베드로전서의 저자일 가능성은 흔히 생각했던 것보다 상당히 열려 있다고 하겠다. 특별히 살아 있는 전승과 당시의 전승화 과정

---

196) Achtemeier, *1 Peter*, 23-36. 여기서는 35-36의 결론을 인용한다. 비슷하게 Elliott, *1 Peter*, 97-103은 다음과 같이 결론짓는다. "이 서신에서 그리스도인의 고난을 언급하고 묘사하며 다루는 방식은 조직적인 로마의 박해를 고난의 원인으로 가리키지 않고, 신자들을 그들의 이웃과 구별하는 사회적·문화적·종교적 차이에서 파생된 지역 사회의 갈등을 가리킨다.…그 서신은 전해 듣는 자들이 '국가의 적'이라는 취급을 받는 상황을 추정하지 않고, 그들의 독특성과 불일치라는 면에서 이스라엘과 유사하며 '그리스도인'으로 낙인찍힌 색다른 이스라엘 종파에 대한 지지 때문에 사회적 차별의 희생자가 된 상황을 추정한다"(103). Achtemeier는 그 서신의 연대를 80년에서 100년 사이로 잡는데, "이 범위의 가장 이른 시기일 가능성이 가장 높다"(*1 Peter*, 50)라고 말한다. 그리고 Elliott는 73년에서 92년 사이로 잡는다(*1 Peter*, 138).

197) Achtemeier, *1 Peter*, 39; Schnelle는 "안디옥 사건과 연관된 문제(갈 2:11-14)가 그 서신에서 완전히 빠져 있다"는 사실을 중요하게 받아들인다(*History*, 400).

에 대해 이미 밝혀진 내용은 그 질문을 제기할 때, 바로 이 시점에서 "왜 베드로인가?"라는 질문은 더 유의미해진다.

b. 왜 베드로인가?

저자 문제와 관련하여 베드로전서에는 여러가지 두드러진 특징이 있는데, 그것은 모두 베드로전서가 의존하고 있는 전승과 연관된 것이다.

　1. 하나는 **유대교 성경의 언어와 사고에 따른 영향이 강하다**는 것이다. 악트마이어가 언급했듯이, "베드로전서에는 구약성경의 언어가 풍부하다.…사실상 베드로전서의 모든 이미지는 구약의 글에서 가져왔다.… 이스라엘의 성스러운 글에 담긴 전승은 이 서신을 작성한 저자의 생각에 영향을 끼쳤다."[198]

1:15	레 11:44-45, 19:2	2:21	사 53:9
1:24	사 40:6-7	2:24	사 53:4-6, 12
1:25	사 40:8-9	3:8	시 34:13-17
2:3	시 33:9 LXX	3:14-15	사 8:12-13
2:6	사 28:16	4:8	잠 10:12
2:7	시 117:22 LXX	4:14	사 11:2
2:8	사 8:14	4:18	잠 11:31 LXX
2:9	사 43:21	5:5	잠 3:34 LXX
2:10	호 1:6, 9; 2:25	5:8	시 22:14
2:12	사 10:3		

특정한 개인의 사고와 그 자신이 70인역의 영향을 얼마나 많이 받았는가에 대한 증거가 아니라, 그보다는 초기 교회들이 사용한 가르침과 권면들의 언어에 성경이 끼친 영향의 증거가 여기에 있다.

---

198) Achtemeier, 1 Peter, 12; 또한 n. 110-16에 있는 목록. 다시 필자는 Aland[26]의 본문과 난외주에 의존하는데, 분명한 인용문만을 인용하고 더 많은 암시는 생략했다. Elliott, 1 Peter, 13-16은 구약성경인용과 암시의 자세한 목록을 제공한다. "거의 틀림없이 신약성경 중 가장 유대인적인 서신"(Barnett, Jesus, 308).

2. 어느 정도 야고보서와 마찬가지로, **예수 전승으로부터 영향을 받았다**는 분명한 증거가 있으며, 이는 특히 불의한 학대와 박해에 대한 예수의 가르침으로 기억된 내용에서 비롯된다.[199]

베드로전서	예수 전승
1:6; 4:13	마 5:12
1:10-12	마 13:17
1:17	눅 11:2
2:12b	마 5:16b
2:19-20	눅 6:32-33/마 5:46-47
3:9, 16	눅 6:28/마 5:44
3:14	마 5:10
4:5	마 12:36
4:7	눅 21:36
4:14	눅 6:22/마 5:11
5:6	눅 14:11
5:7	마 6:25-34

다시 말하지만, 베드로전서가 예수의 격언의 특별한 형식을 뒷받침하든 그렇지 않든 간에, 문제는 암시나 문학적 의존의 문제가 아니다. 그것은 사고와 표현에서 엿보이는 그러한 분명한 유사성이, 예수의 가르침이 기억과 흡수를 통해 활용된 방법에 관해 우리에게 말해주는 것에 더 관련된다. 따라서 그것은 베드로전서의 증거가 베드로전서의 저자와 예수 간의 개인적 관계를 시사하기에 충분하냐는 질문도 아니다.[200] 그것은 예수 전승으로 가르침을 받은 초기 신자 혹은 심지어 예수 자신의 탁월한 제자가, 그 내용과 이미지에 있어 예수에게로까지 거슬러 올라가고 예수 자신의 권면과 가르침에까지 소급되는 가르침을 한데 모을 수 있었는가 하는 질문과

---

199) *Jesus Remembered*, 182 n. 49에서 이미 언급했는데, 그 내용에 필자는 Achtemeier, *1 Peter*, 10-12과 Elliott, *1 Peter*, 24이 보여준 몇몇 보기를 추가했다. G. Maier, 'Jesustradition im 1. Petrusbrief', in D. Wenham, ed., *Gospel Perspectives*. Vol. 5: *The Jesus Tradition outside the Gospels* (Sheffield: JSOT, 1984), 85-128은 이곳 목록의 모든 것을 포함하지는 않은 더 확장된 목록(127-28)을 제공한다.
200) Achtemeier가 제시한 것처럼(*1 Peter*, 11).

더 관련된다.

3. 다른 언급할 만한 특징은 베드로전서에서 **사용된 예전, 신앙 교육, 권면에 관한 초기 기독교 전승**으로, 이는 최초의 기독교 교회에서 널리 사용됐다고 추론할 수 있다. 편의상 악트마이어의 목록을 다시 인용한다.[201]

찬송 혹은 신앙고백의 형식들	예. 1:18-21; 2:21-25; 3:18-22
교리 문답에 관한 주제들	예. 1:18-21; 3:18-22
권고에 대한 전승들	예. 2:21-25
박해에 대한 전승들	예. 1:6; 4:1

또한 이 사례에서 확고한 형식과 확립된 문구 및 고정된 전승을 찾으려는 유혹이 있다. 그러나 더 개연성 있는 것으로는, 설립 사도들과 방문 교사들을 통해 최초의 회중들에게 전해져 회자된 가르침(내용과 형식 모두)에 대한 증거가 있다. 그런 가르침은 여러 교회에 걸쳐 인식할 수 있는 다양한 형태를 띤다. 따라서 베드로전서와 같은 문서는 광범위한 연결망 속에 자리잡은 개 교회가 이미 친숙하게 알고 있던 다른 전승들을 떠올리게 한다.[202] 그럴 경우라야 베드로전서와 같은 서신이 마음을 끌 수 있었을 것이고, 그 정도로 다양하게 퍼져 있는 있는 교회가 그 서신을 경청할 수 있었을 것이다. 짐작하건대 수신자 목록은 바로 그점을 암시해준다(1:1).

그렇다면 질문은 그런 문서가 베드로 저작권을 주장하면서, 우리가 아는 한 그것에 관한 어떤 의심도 표현되지 않고 어떻게 그렇게 성공적으로

---

201) Achtemeier, 1 Peter, 21-23과 n. 205-208의 참고문헌; Schnelle, History, 409-11. 베드로전 서는 20세기 전반에 찬송과 문답 자료를 위한 생산적인 보고가 되었다. 다시 필자의 Unity and Diversity, §§35.3f-g와 36.1; Kümmel, Introduction, 419-20 n. 7-13에 있는 다른 참고문 헌을 보라. Kümmel은 베드로전서에 다수의 찬송이 삽입됐을 수 있다고 생각한다(421). 그 리고 Elliott, 1 Peter, 8-10, 28-30에 있는 참고문헌을 보라. Elliott는 신조와 찬양 형식들, 세례와 예배 및 권고 전승을 더 광범위하게 나열한다(30-37).
202) Elliott의 목록(위 n. 198)은 주로 모티프와 구 및 파편으로 구성되었다.

주장할 수 있었느냐다.[203] 짐작하건대 단순히 이 서신이 성경에 몰두하고, 예수 전승을 박식하게 다루며, 초기 교회의 전승들과 명백하게 친밀했기 때문에 사람들이 설득된 것은 아니다. 물론 이런 점들이 베드로의 가르침과 가르치는 방식의 특징으로 알려졌다면 그랬겠지만 말이다! 단순히 베드로가 기독교 초기 역사에서 아주 주요한 인물로 알려졌고, 그의 저작권을 주장하는 것이 서신이 다른 방식으로는 가지지 못했을 권위를 서신에 부여하기 때문에, 가르침 본문(혹은 심지어 이미 한 서신)이 발견되어 베드로에게 돌려졌다고 추정하는 일은 타당한 설명으로 여길 수 없다. 필자의 견해로는 동일한 이유를 들어, 익명의 어떤 제자가 단순히 자기가 가진 자료를 이용하여 그 서신을 작성하고 베드로의 서신인 것처럼 꾸몄다는 주장 역시 타당하지 않다.[204] 그러한 논리는 모순적인데, 베드로가 매우 존경받았지만 그가 가르친 내용이나 가르친 방법이 어느 곳에서도 알려지지 않았거나 회상되지 않았다고 상상한다는 점에서 그렇다. 『예수와 기독교의 기원』에서 필자는 수많은 역사적 예수 탐구를 처음부터 빗나가도록 인도한 그릇된 가정에 대한 이의를 제기했다. 그것은 예수가 자신의 사역 중에 거의 영향을 끼치지 못하여 첫 부활절 이후의 관점에서 볼 때 그의 영향을 전혀 파악할 수 없다는 가정이다.[205] 여기서 베드로에 관련해서도 동일한 이의를 제기해야 한다. 영향을 끼치지 못한 예수를 정말로 영향을 끼치지 못한 베드로로 보완해야[그리고 첫 세대 기독교라는 장에서 바울을 확실한 영향력을 끼친 사람으로 남겨두어야] 하는가? 그렇게 하는 것은 정말로 역

---

203) 그것은 클레멘스와 폴리카르포스에게 이미 알려졌을 테다. Elliott, *1 Peter*, 138-49에 있는 그럴듯하고 가능한 암시에 대한 자세한 논의를 보라. "요한1서를 제외하고 베드로전서는 공동 서신 중에서 그 권위가 결코 의문시되지 않는 유일한 서신이다. '장소와 상황이 서로 멀찍이 떨어진 글쓴이들의 언어와 사고에 미친 영향력의 범위에 있어서 그것은 복음서와 바울 서신에 버금간다'"(148-49, F. H. Chase, *HDB*, 3.781에서 인용함).

204) Achtemeier도 예외가 아닌, 비평 학계의 공통적인 실패는, 베드로전서를 작성하기에 충분한 신학적 위상을 지닌 이름이 알려지지 않은 한 그리스도인을 상정하면서, 동시에 베드로 자신이 그런 인물일 수 있음에 이의를 제기하는 것이다.

205) 또한 *New Perspective on Jesus*, 1장을 보라.

사적 책임을 유기하는 일이 될 것이고, 아울러 로마 가톨릭에서 베드로를 과장했다고 보는 개신교적 잔재를 지닌 의심이 매력적이기는 하지만, 그것의 부당함은 분명하게 드러난다. 베드로가 그 세대에, 무엇보다도 그가 주요한 책임을 맡은 유대인 선교에서와 그 선교를 통해 상당한 영향을 끼친 인물이라는 추정이 훨씬 더 그럴듯하다. 또한 더 나아가 결과적으로, 그의 가장 특징적이며 영향력 있는 가르침의 대부분이 그가 가장 빈번하고 효과적으로 사역한 교회들의 구전 전승으로 기억되었다고 추정하는 것도 더욱 개연성이 있다. 베드로전서를 로마에서 보냈을 개연성이 상당하다는 점은(5:13),[206] 베드로가 처형당하기 전 로마에 있었던 2년(혹은 몇 년) 동안 그곳에서 큰 영향을 끼쳤고, 어떤 의미에서 베드로전서는 그러한 영향력의 표명이자 표현임을 시사한다.

자기소개(1:1)와 지난 2세기 동안 베드로전서에 대한 평가를 지배했던 중대한 논제들에 마땅히 부여해야 할 비중에 대한 문제는 위명이라는 관점으로 해결되었다.[207] 그리고 원칙상 필자에게는 그러한 결론이 큰 문제는 없다.[208] 그러나 위명이라는 논지의 가장 그럴듯한 형태는, 명명된 인물에게서 시작된 가르침/글의 권위 있는 줄기에 속하며 이후에 표현된 가르침이나 기록된 문서가, 그와 같은 이유로 인해 그 인물에게 돌려지고 거짓이나 부덕함 없이 그의 글로 인식될 수 있다는 것이다.[209] 그리고 그런 논

---

206) Kümmel, *History*, 422-23; Lichtenberger, 'Jews and Christians in Rome', 2165; 그리고 특별히 Elliott, *1 Peter*, 131-34. 그러나 Schnelle는 소아시아가 더 개연성이 있다고 생각하며, 특히 전체주의를 주장하는 로마 정부를 가리키는 암호명 "바벨론"이 70년 이후에야 기록으로 남아 있다(계 14:8; 16:19; 17:5; 18:2, 20, 21을 참조함)고 말한다(*History* 402-403). 여기서는 C.-H. Hunzinger, 'Babylon als Deckname für Rom und die Datierung des 1. Petrusbriefes', in H. G. Reventlow, ed., *Gottes Wort und Gottes Land*, H.-W. Hertzberg FS (Göttingen: Vandenhoeck und Ruprecht, 1965), 67-77이 자주 인용된다.

207) 참고문헌은 Elliott, *1 Peter*, 125 n. 38에 있다.

208) 다시 필자의 'Pseudepigraphy', *DLNT*, 977-84을 보라.

209) 특별히 D. G. Meade, *Pseudonymity and Canon* (WUNT 39; Tübingen: Mohr Siebeck, 1986)을 보라. Achtemeier는 N. Brox, *Falsche Verfasserangaben. Zur Erklärung der frühchristlichen Pseudepigrapha* (SBS 79; Stuttgart: Katholisches Bibelwerk,1975), 72-74에 의존한다. "더욱 폭넓게 입증된 개념은…그들의 글쓰기에서 스승의 가르침을 진술하는

지는 권위의 근원이 자신의 이름으로 된 추가 글에 계속 영감을 부여하는 문학적 담보를 남겨둔 이사야나 바울 같은 사람에게는 제대로 작용하지만, 베드로에게 있어 문제는 역시 베드로전서와 비교할 내용이 하나도 남아 있지 않았다는 사실이다. 베드로가 최초의 기독교에 지속적인 영향을 끼친 매우 영향력 있는 인물이라고 당연하게 받아들이지만, 그 영향력에 대한 문헌 증거는 없다. 베드로전서 자체를 제외하고는 말이다. 그것이 바로 요점이다! 베드로전서에 바울의 영향을 포함하는 곳에서도 독특한 특징이 있다면, 그렇다면 왜 그 특징을 베드로에게서 기인한 것으로 보기를 꺼리는가?[210] 그것은 베드로가 그 서신을 썼다는 의미일 필요는 없다. 하지만 어떤 개인이나 교회가 그들 자신이 작성한 서신을 베드로에게 돌리는 것이 좋겠다고 생각했다는 설명보다는 더 나은 설명이 있어야 한다는 말이다.[211] 가장 분명한 설명은 베드로전서가 베드로의 가르침을 대표하며, 처음부터 그렇게 인식되었고, 또한 빠르게 그렇게 받아들여졌다는 것이다. 이는 베드로 자신이 "실루아노를 통해서" 그 서신을 작성했다거나, 가까운 동료나 제자가(실루아노, 마가? - 5:13) 베드로에게서 알게 된 가르침을 바탕으로 서신을 작성했다는 것일 수 있다. 그 서신은 베드로의 가르침과 설교로 기억된 내용의 질과 특성 및 내용에 걸맞은 찬사였다(그리고 여전히 그렇다). 후자는 "마지막으로"라는 표현이 서신 중간쯤에 등장하는 이유를 설명하는 데도 도움이 된다. 즉 그 서신이 여러 시기에 베드로가 전한 몇몇

학생들이 그 글이 자기 것이 아니라, 그런 교리를 창시한 사람의 것이라고 해야 할 의무가 있다는 것이다"(40). 이는 특히 자신들의 글을 그 창시자에게 돌린 피타고라스학파, 그리고 제자들이 간행한 내용을 자기 스승의 작품으로 여겨야 한다는 원리를 밝힌 테르툴리아누스를 인용한다(*Adv. Marc.* 4.5).

210) "그 서신을 베드로의 것이라고 함은 그 메시지가 사도 베드로의 실제 증언과 목회적 관심을 반영하고 그것과 일치함을 인정하려는 의도였다"(Elliott, *1 Peter*, 125; 그리고 추가로 127-30)라는 말은 거의 같은 말이다! 베드로전서는 "사도 베드로의 실제 증언과 목회적 관심"을 입증한다!

211) "이 이방인 그리스도인이 구체적으로 베드로의 권위를 포착한 이유는 알 수 없다. 글을 쓴 장소가 그가 그렇게 한 이유를 제공하지 않는다면 말이다"라는 Kümmel(*Introduction*, 424)과 대조하라. 또한 Elliott, *1 Peter*, 126-27이 요약한 N. Brox와 F.-R. Prostmeier를 보라.

특징적인 권면 자료로부터 비롯된 소재를 하나로 묶어 만든 것이라는 말이다.

c. 베드로의 유산

기독교 역사를 통틀어 마태복음에서 예수가 베드로에게 선언한 말보다 베드로의 유산을 더 완전하게 표현한 것은 없다. 그 말은 로마의 베드로 대성당 돔 아래에 새겨져 있다. "너는 베드로라. 내가 이 반석 위에 내 교회를 세우리라"("Tu es Petrus, et super hanc petram aedificabo ecclesiam meam", 마 16:18). 그러나 그 유산은 단지 후대에 가서야 주장되기 시작했고 그 이후 세기에 들어서면서 더욱더 활발하게 개진되었다. 그가 64년에 로마에서 처형당한 후, 1세기의 관점에서 그리고 베드로의 직계 제자들이 볼 때, 베드로의 유업을 가장 잘 구현하고 표현해주는 것은 다름 아닌 그가 기록했다고 공언하는 첫 서신이다. 그 서신에는 몇몇 두드러진 순서와 주제가 있다.

(i) 그 서신은 주로 유대인 신자들을 위해 기록됐을 것이다. 특별히 두 개의 반복되는 주제가 이것을 시사한다.

■ 서신은 본토를 떠나 흩어진 이스라엘, 즉 "외국 거주자"(parepidēmoi, 1.1), 일시 체류자/망명자와 "나그네"(paroikia, 1.17; paroikoi, 2.11)를 향한 말이다.[212] 그러한 이미지는 정치적인 이유나 다른 이유로 망명이

---

212) 나그네들의 정치적·법적·사회적 지위에 관해서는, 특별히 Elliott, *1 Peter*, 94과 그가 *A Home for the Homeless: A Sociological Exegesis of 1 Peter, Its Situation and Strategy* (1981; Minneapolis: Fortress, ²1990), 59-118에서 앞서 자세히 다룬 내용을 보라. "*Paroikoi*, 즉 '가까이 사는 자들'은 완전한 이방인들(xenoi)과 법적으로 구별되고, 사회에서는 제도상 시민보다 아래로 규정된 계급이며, 자유민과 노예 및 완전히 외국인들보다는 위였다"(*1 Peter*, 94). R. Feldmeier, *Die Christenals Fremde. Die Metapher der Fremde in der antiken Welt, im Urchristentum und im 1. Petrusbrief* (WUNT 64; Tübingen: Mohr Siebeck, 1992)는 Elliott에 어느 정도 이의를 제기하면서, 그 언어가 하나님에게서 멀어진 세상에 있는 이방인인 그리스도인의 자기이해를 비유한다고 강력하게 논증한다.

흔했던 지중해 세계에서 익숙했다. 그러나 여기서 그것은 틀림없이 자신들이 신명기 28:63-68에 선포된 저주로 인해 고통을 겪는다고 강하게 느낀 디아스포라 유대인들의 의식에 의존한다.[213]

■ 수신자들은 독특한 유대 용어들로 묘사됐다. 그들은 "택하심을 입은 자"(eklektoi, 1.1; 2.4, 9)이고, 그들이 받은 은혜는 예언자들이 예언했던 내용의 성취이며(1:10), 그들이 소유한 것은 하나님이 이스라엘에게 맡기신 책임이다(1:15-16). "내가 거룩하니 너희도 거룩하라"(레 11:44-45; 19:2). 마찬가지로 출애굽기 19:6의 언어가 2:9에서 사용했다. "너희는 택하신 족속이요, 왕 같은 제사장들이요, 거룩한 나라요." 그리고 기타 자기 소개 가운데 이스라엘의 성경을 진지하게 사용한 점은 이미 자세하게 기록되었다.[214]

바울에게서 엿보이는 관점들도 있다. 바울은 자신의 (이방인) 개종자들을 위해 하나님과 이스라엘 백성들의 특별한 관계를 나타내는 언어를 사용하기 좋아했고,[215] "산 돌"이 신령한 집으로 세워진다는 이미지와 수신자들이 "신령한 제사를 드릴 거룩한 제사장"(2:5)이라는 이미지는 성격상 상당히 바울적이다.[216]

차이는 베드로전서의 "이방인"에 대한 언급으로 분명해진다. 그 서신

---

213) N. T. Wright가 특별히 주목한 주제다. *Jesus Remembered*, 393 nn. 57, 58을 보라.

214) 사적 대화에서 Doering은 강하게 이의를 제기했다. "베드로전서의 독특한 점은 거리낌과 논증 없이 이스라엘의 별칭을 이방인에게 이전한다는 사실이다. 다시 베드로의 이미지가 상관이 있을 수도 있다. 베드로는 주로 할례자 선교와 관련되었지만(바울과 비교하여) 이방인 선교에도 관계했다(행 10-11장; 야고보와 비교하여)." 그러나 그의 'First Peter as Early Christian Diaspora Letter', in K.-W. Niebuhr and R. Wall, eds., *Catholic Epistles and Apostolic Traditions* (Waco: Baylor University, 2009)에서 Doering은 베드로전서가 디아스포라 유대인에게 쓴 서신들의 전승과 잘 어울리고, 유대인 디아스포라의 경험의 비유를 밀접한 본보기로 삼았음을 보여주었다.

215) 예. "성도들"(롬 1:7; 15:25-26; 고전 1:2 등등); "택하신 자"(롬 8:33; 골 3:12); 추가 상세 사항은 필자의 *Romans*, 19-20(1:7에 관해서)과 502-503(8:33에 관해서)을 보라.

216) 특별히 롬 15:16(상세 사항은 다시 *Romans*, 859-61을 보라). 2:5과 엡 4:12의 더욱 밀접한 병행은 바울의 유산에 대한 베드로의 영향으로 돌려야 하는가?

이 이방인을 신자로서 상정하는 것처럼 보이는 곳은 하나도 없다. 이방인들은 오히려 신자들이 외국인으로서 살아가는 지역의 주민들이다(2:12).[217] 그리고 바울이 자기 서신의 수신자들에게 이방인으로 살았던 그들의 과거를 자주 회상하는 반면에(갈 4:8에서처럼), 여기서 이 서신은 수신자들에게 "이방인의 뜻을 따라 행한 것"을 상기시킨다(벧전 4:3). 여기서도 "이방인들"은 "타인들"이다. 베드로전서가 수신자들의 과거를 매우 강한 용어로 표현한 것은 사실이고 놀랍다. "전에 알지 못할 때 따르던 사욕"(1:14),[218] "너희 조상이 물려 준 헛된 행실"(1:18), "어두운 데서 불러내어"(2:9), "양과 같이 길을 잃었더니"(2:25).[219] 그러나 이것은 모두 예언적 권면과 꾸짖음이라는 내부적 특징과 일치하거나, 종말론적 소망의 실현이 무지와 헛된 행실 및 옛 시대의 어두움을 강조한다는 확신을 표현한다.[220] 주목할 만한 대조는 호세아 2:23의 다른 용례다("'궁휼히 여김을 받지 못하였던 자'를 내가 궁휼히 여기며, '내 백성이 아닌 자'에게 향하여 이르기를 '내 백성이라' 하리니"). 로마서 9:24-25에서 바울은 유대인은 물론 이방인을 향한 하나님의 부르심이 하나님의 선택 방식과 일치함을 알리려고 이 구절을 사용한다. 하지만 베드로전서 2:9-10에서 이 구절은 선택된 백성을 위한 하나님의 구원의 목적을 단지 추가로 진술한 것에 지나지 않는다.[221]

---

217) "이스라엘인들의 용례와 맞게, 내부인과 그들의 하나님(2:12; 4:2-4)과 반대되는 외부인을 가리키는 '이방인들'(2:12)"(Elliott, 1 Peter, 96). M. Sordi, The Christians and the Roman Empire (ET 1988; London: Routledge, 1994)는 2:12(악행자라고 비방받은 그리스도인들)이 유대인들이 모든 다른 사람에게 오로지 증오와 적대감(적대적인 반감)을 느꼈다는 타키투스의 증상(Hist. 5.5.1)뿐 아니라, 스토아주의에 대한 비판을 되울린다고 언급한다(32-34).

218) 그러나 Elliott가 제안했듯이, "하나님의 무지"가 아니다(1 Peter, 96).

219) 일반적인 견해는 이 언급들이 이방인 청중을 의미한다는 것이다(Kümmel, Introduction, 418-19; Schnelle, History, 403-404). 그러나 Elliott는 이스라엘 기원을 나타내는 일련의 지표를 언급하고, "그 독자들이 혼합된 청중(일부는 이스라엘에 뿌리가 있고 일부는 이방인에 뿌리를 둔)이라고" 결론을 내리기 전에, "대다수가 이스라엘 출신인 독자들이 조상들 가운데 추정되어 있다"라고 주장한다(1 Peter, 95-97).

220) 물론 벧전 2:25은 사 53:6의 인용이다.

221) 여기서도 Doering은 특별히 2:10과 4:3-4을 언급하면서 동의하지 않는데, 그의 견해에서 이것은 수신자들의 "이교도"로서의 과거를 분명하게 언급한 것이다.

베드로전서는 이방인 신자들이 이스라엘의 유업에 참여할 수 있음에 이의를 제기하지는 않는다. 우리가 받는 인상은 적대적인 이방인의 영역에 살고 있는 디아스포라 유대인 가운데 있는 신자들을 주로 상대해야 했던 인물과 더욱 관련이 있다. 이것은 자신을 바울과 관련해서 어떤 종류의 반대자나 경쟁자로, 아니면 자신의 최선의 사상에 있어 바울에게 의존한 자로 자기 자신을 결코 보지 않은 베드로에게 속한 유산일 수 있다. 이것은 자신의 사명을 가장 진지하게 자신의 동족 유대인들에게 가지고 간 베드로 같으며, 그의 신학과 목회의 가르침은 그 초점에 따라 결정됐다. 많은 전승과 강조를 바울과 공유했으나, 자기 자신의 용어로 그것들을 표현한 사람은 베드로다. 더 중요하게도 베드로는 복음이 자기 백성을 위한 것이라는 소망을 포기하지 않았고, 디아스포라 유대인 신자들에게 끼친 그의 영향력은 기독교를 자신의 유대교적 틀 안에 붙들어 두거나, 적어도 그 유대교적 특징이 사라지지 않도록 보장함에 있어 아주 중대한 것이었다.

(ii) 베드로전서가 반복해서 강조하는 것은 이스라엘의 예언의 성취와 구원의 성취에서 그리스도가 지닌 중심성이다. 그 요점들을 조직적으로 배열해 보겠다.

- 바울과 마찬가지로, 베드로전서는 "우리 주 예수 그리스도의 아버지 하나님"을 찬송한다(1:3). 이는 바울의 특징적인 표현이긴 하지만 바울만의 표현은 아니다.
- 그리스도의 구원 사역은 "창세 전부터 미리 알린 바" 되었고 "말세에 나타내신 바" 되었다(1:20-21). 이는 그리스도가 태초부터 인류를 위한 하나님의 목적의 종말론적 실현이라는 보다 보편화된 기독교 신앙의 독특한 변형이다.[222]
- 예언자들은 그리스도의 영(이제 성령으로 드러난)으로 말미암아 영감

---

222) Goppelt, *Erste Petrusbrief*, 125-26; Dunn, *Christology*, 236-37을 보라.

을 받았고 그리스도의 고난과 영광을 예견했다(1:10-11). 이것도 초기 기독교가 공유한 공통된 주제의 독특한 변형이다.

■ "대속함을 받은 것은…흠 없고 점 없는 어린 양 같은 그리스도의 보배로운 피로 된 것"이라는 이해는(1:18-19) 바울의 것과 동일한 희생적 이미지에 입각한 것이며, 또한 예수를 시온에 둔 보배로운 모퉁잇돌, 즉 걸려 넘어지게 하는 바위로 언급하며 이사야 8:14과 28:16을 사용한 것(벧전 2:6, 8)은 바울과 베드로가 적어도 예수에 관한 "돌" 증언의 광범위한 용례에 의존할 수 있었음을 보여준다.[223]

■ 이사야 53장을 예수의 대속적인 고난과 죽음에 적용한 것(2:22-24)은 신약성경 중에서 베드로전서가 가장 명확하다. 이 문단은 사도행전 3-4장에서는 기껏해야 암시되지만, 8:32-35에서는 분명하게 언급되고, 바울 서신에서는 추정된다.[224]

■ "의인으로서 불의한 자를 대신하여" 그리스도가 죄 때문에 단번에 죽으셨다는 주제는 3:18에서 재개되고, 4:1까지 이어지는 생각의 기저가 된다. 그 문단은 3:22의 고백 문구("그는 하늘에 오르사 하나님 우편에 앉아 계시니 천사들과 권세들과 능력들이 그에게 복종하느니라")로 절정에 이른 초기 기독교 찬송("육체에 대해서 죽고 성령 안에서/으로 살았다")이 이미 폭넓게 상술하고 있던 내용일 수도 있다.[225]

■ 신약성경에서 베드로전서의 독특한 점은 이후 세기에 "그리스도의 지옥 강하"라고 불린 내용에 대한 첫 진술이다. 여기서 근본 개념은 "육체로는 죽임을 당하시고 영으로는 살리심을 받은" 그리스도가 "영으로 가서 옥에 있는 영들에게 선포하셨다"(노아의 날에 불순종한 자들)(3:18-20)는 것이다. 이 개념을 4:6이 다시 암시한다("죽은 자들에게도

---

223) 위 §23 n. 96에서 보라.
224) 다시 §23 n. 94과 §33 n. 144을 보라.
225) Elliott, 1 Peter, 693-97의 최근 논평과 추가로 697-705을 보라.

복음이 전파되었다").[226]

- 또한 초기 기독교의 고백 언어의 전형이지만, 역시 독특한 내용은 "예수 그리스도를 죽은 자 가운데서 부활하게 하심으로 말미암아 우리를 거듭나게 하사 산 소망이 있게 하신" 하나님에 관한 언급이다(1:3).
- 바울과 마찬가지로(롬 1:5), 베드로전서는 그리스도인들이 "(그리스도에게) 순종하도록" 부름을 받았음을 처음부터 분명히 한다(1:2, 14, 22).
- 바울의 특징적인 *en Christō*("그리스도 안에서")라는 모티프가 없지 않다(3:16; 5:10, 14).
- 자신들을 위해서 고난 당한 그리스도를 위해 고난 당함이라는 주제는 마지막 두 장에서 서로 연결된 주제로 반복해서 나타나며(4:1, 12-16; 4:19-5:1; 5:9-10), 이는 바울에게 친숙한 그리스도의 고난에 참여한다는 주제를 포함한다(4:13)
- 마지막 심판을 시작하는 그리스도의 재림에 대한 기대는 다수의 구절(1:7; 4:5; 5:4)에서 명확하며, 4:13, 17, 5:6, 10에서 추가로 암시된다. 임박한 "만물의 마지막"(4:7)에 대한 활기 넘치는 소망은 공관복음 전승과 바울 서신에서만큼 명확하며, 이것은 예수 자신의 사역 후 한 세대가 온전히 지났어도 여전히 유지되었다.

이 체계화된(그리고 다소 작위적인) 방식으로 정리된 베드로전서의 기독론은, 바울의 기독론만큼이나 원숙한 그 기독론이 자체의 독특한 요소 및 표현과 더불어 어떻게 온전히 발전했는지를 쉽게 이해시켜주는 장점이 있다. 예수를 단순히 선생으로만 기억하지 않았다는 사실은 주목할 만하다. 그의 중요성은 세상이 세워지기 전부터 만물의 마지막까지의 전체 역사를 아우른다. 그의 고난과 죽음은 현재 고난을 겪고 있는 사람들에게

---

226) 그리스도의 지옥 강하에 대해서는 다시 709 n. 420의 광범위한 참고문헌과 함께, Elliott, *1 Peter*, 706-10을 보라.

격려가 되는 단순한 과거의 사건이 아니다. 그러나 바울에게는 고난받고 부활한 예수의 실재는 그들을 지탱하고 그들에게 미래의 소망을 부여하는 현재의 능력이다. 여기서 베드로가 사역한 수많은 동족 유대인 신자들에게 지속적인 영향력을 끼쳤을 그리스도께 초점을 맞춘 강력한 메시지를 가진 한 개인을 우리가 인지하기 시작하면서, 우리가 들을 만한 베드로의 목소리가 없다는 불만은 드디어 해소되기 시작한다.

(iii) 서신은 **그리스도인들에게 고난의 이유와 더불어 고난을 예상하고 대비할 것을** 가르친다. 베드로전서를 지배하는 주제가 있다면, 그것은 고난, 즉 그리스도의 고난(1:11; 2:21-24; 3:18; 4:1) 및 현세에서 신자들에게 숙명적으로 닥치게 될 고난에 관한 것이다.[227]

- 고난을 신자들이 가진 신앙의 진정성을 시험하고 증명하는 수단으로 인식할 것과, 여러 가지 시험으로 말미암은 고난을 기뻐하라고 권면하는 대목은(1:6-7) 바울에게서 특징적으로 나타나는 두 주제를 떠올리게 하며(예. 롬 5:3-5; 고후 12:9-10), 전자는 유대교의 지혜 전통에 깊이 뿌리내리고 있다.

- 특별한 관심사는 그리스도인 노예들이 인내해야 했던 가혹한 환경과 불의한 매질에 관한 것으로 보인다(2:18-20). 이것이 이 서신에서 고난이라는 주제의 첫 발전이며, 노예의 고난이 먼저 다루어졌다는 사실은 놀랍다. 골로새서 3:18-4:1에서 (우리가 아는 한) 처음으로 그리스도인의 권면에 포함된 "가정 규범"을 베드로전서에서 각색했는데, 아내와 남편을 위한 규칙보다(골 3:18-19 그리고 엡 5:22-25에서처럼) 노예들을 향한 권면이 먼저 제기되었다는 사실 역시 주목할 만

---

227) 'The suffering of Christ as consolation and pattern for the suffering Christians' (Wilckens, *Theologie*, 1/3.370-74). 자주 지적을 받았듯이, *paschō*("고난받다")가 신약성경에서 42번 사용되었는데, 그중 12번이 베드로전서에 발견된다. 다른 목록이 Schnelle, *History*, 404에 있다.

하다. 더구나 그것은 권면의 주요 강조점이다. 반면 골로새서 3:22-25에서 제시되는 권면은 노예의 불의한 고난에 관한 내용이 전혀 없다. 예수 자신의 불의한 고난에 대한 기억이 위안을 줄 뿐 아니라 마땅히 따라야 할 모본이라는 점은 베드로전서에서만 나온다.

■ 로마서 12:14, 17에서처럼 베드로전서 3:9은 저주와 학대에 어떻게 반응할 것인지에 대한 예수의 가르침에 의존한다(비교. 눅 6:27-29). 이 는 예수 자신이 경고하고 가르친 내용에 대한 기억이 첫 세대의 회 심자들을 위로하고 가르쳤다는 추가적인 증언이다.

■ 3:13-17에서 되돌아간 주제는 보다 광범위한 것으로 보인다. 곧 일 반적으로 불의한 고난(3:13-14, 17), 성도들의 믿음과 소망을 의문시 하고 도전하는 경우들(4:15-16), 그리스도인이기 때문에 비방과 학 대를 받는 상황들(4:16)이다.[228] 예수는 자신의 고난을 통해 긍정적 인 목적과 선한 결과를 가져온 탁월한 인물의 사례로서 다시 인용 된다.

■ 또 하나의 확대된 권면이 주제를 마무리한다(4:12-19). 그리스도인들 은 불 시험을 예상해야 하며(4:12), 그들이 그리스도의 고난에 참여 하고, 따라서 그의 영광스러운 재림에도 참여함에 대해 기뻐할 수 있다(4:13). 그리스도의 이름 때문에 치욕을 당하는 것은 축복이며, 그것은 하나님의 영이 그들과 함께하신다는 뜻이다(4:14). "그리스 도인"으로서 고난받음은 수치의 원인이 아니라, 그 이름으로 하나 님을 영화롭게 하는 것이다(4:16).[229] 결과적으로 "하나님의 뜻대로

---

228) 벧전 4:16이 신약성경에서 유일한 다른 구절인데(행 11:26과 26:28 제외) 여기서 "그리스도 인(christianos)"이라는 칭호가 등장한다. 위 §20 n. 5을 보라. Horrell은 적대적인 꼬리표, 즉 오명의 한 형태를 내부인이 자부심을 가지고 사용한 시기를 4:16이 나타낸다고 논증한 다('The Label Christianos', 특별히 376-81).

229) A. Puig i Tàrrech, 'The Mission according to the New Testament: Choice or Need?', in A. A. Anatoly et al., eds., Einheit der Kirche im Neuen Testament. Dritte europäische orthodox-westliche Exegetenkonferenz in Sankt Petersburg, 24-31 August 2005 (WUNT 218; Tübingen: Mohr Siebeck, 2008): "그리스도인들에 대한 사법적 압력이 4:15-16으로 확인되는 듯하다

고난받는 자들은 또한 선을 행하는 중에 그 영혼을 미쁘신 창조주께 의탁할지어다(해야 한다)"(4:19).

■ 그 모티프의 마지막 요소로, 세상에서 동료 신자들(adelphotēs, "가족 집단, 교제")이 비슷하게 고난받고 있음을 상기시키면서 하나님의 지원과 강하게 하심을 보장하고, 아울러 고난이 일시적이며 "그리스도 안에서 하나님의 영원한 영광"에 들어간다는 소망에 대해서 선언한다(5:9-10).

위의 모든 내용은 이 가르침을 받은 회중에 관해 몇 가지 귀중한 통찰을 제공한다. 즉 노예가 이들 공동체에서 높은 비율을 차지했다는 점이다. 짐작하건대 서부의 디아스포라 유대인 노예 중 많은 이가 메시아 예수의 복음을 통해 새 소망을 발견했을 것이다. 사회적으로 하급 계층에 속한 그리스도인들은 일반적으로 그들의 마을과 도시에서 동료 거주자들 및 수상쩍어하는 당국자들의 의심과 도발에 여전히 취약했다. 가르침의 특징들 가운데 다수는 바울 서신에서도 온전히 등장하고, 짐작하건대 최초의 기독교 다른 곳에서도 상당히 흔했을 것이다. 그러나 예수가 당한 고난의 구체적 방식 가운데서(그리고 단순히 그의 고난이 대속적이라는 사실에서가 아니라) 위로를 발견하는 것은 베드로전서가 그 주제에 더한 독특한 선율이다.[230]

(iv) 베드로전서는 **적대적인 세상에서의 삶**에 대해 가르친다. 서신의 전반적인 기저에는, 기독교적 가치와 권위에 적대적인 가치가 권위를 가진 사회에 맞서서 살아야 하는 유대인 메시아주의자 회중에 대한 생각이 있다.

(또한 2:14을 보라). 마찬가지로 3:15에서는 전문 용어가 사법적 상황을 배제하지 않는다. *Aiteō logon*("이유를 묻다")이라는 문구는 사법 심문에 잘 들어맞고, *apologia*("답변")는 법정에서 심문을 받는 사람의 대답할 권리를 나타낸다"(n. 27).

230) 고난은 야고보서에서 그렇게 눈에 띄는 주제가 아니지만, P. H. Davids, 'Why Do We Suffer? Suffering in James and Paul', in Chilton and Evans, eds., *The Missions of James, Peter, and Paul*, 435-66을 보라.

■ 이 주제는 서신의 수신자가 흩어진(1:1) 나그네와 "거류민"(1:17; 2:11)으로 살고 있다는 묘사에서 즉시 언급된다. 흩어짐은 자신들의 참된 유산과 시민권이 있는 곳에서 추방되고(1:17-18; 2:11-12) 적대적인 환경에서 일시적 거류민으로 사는 것이 이생이라는 이미지를 제공한다(1:4; 비교. 빌 3:20; 히 11:13-16).[231]

■ 바울과의 비교라는 관점에서 볼 때, 국가에 대한 유사한 태도도 눈에 띄는데, 이것은 낯선 땅에서 *paroikoi*("나그네") 됨에 뒤따르는 현상이다. 박해에 대응하지 말고 시 당국자들을 존중하고 좋은 시민이 되라는 로마 신자들을 향한 바울의 강렬한 충고처럼(롬 12:9-13:7), 베드로전서도 나그네 된 신자들에게 좋은 이웃으로 살아갈 것과 황제를 포함하여 당국자들을 존중하라고 충고한다(2:11-17; 4:14).

■ 이 서신은 십계명을 비롯한 율법을 신실하게 지킬 것을 신자들에게 요청하는 반면(살인, 간음, 강도 혹은 범죄를 피함, 4:3, 15), 또한 그리스도인이 아닌 사람들을 향한 온전한 존중을 보여준다(2:17).[232] 예배와 함께 신자들의 그런 윤리적 헌신이 아시아 기독교의 특징이었다는/특징이 됐다는 점은 플리니우스가 트라야누스에게 한 보고에서 암시된다(*Ep.* 10.96). 즉 그리스도인들이 "어떤 범죄도 저지르지 않고 도둑질과 강도 및 간음을 하지 않고, 신뢰를 깨트리지 않으며, 보증금의 환불을 요구받았을 때 거부하지 않겠다"라고 진지하게 맹세했다는 것이다(비교. 4:15).[233]

---

231) 이런 은유적 용례는 70인역에서도 친숙하다. 레 25:23; 대상 29:15; 시 38:13; 118:19(Achtemeier, *1 Peter,* 126 n. 8).

232) 필자는 이점을 Puig i Tàrrech에 빚졌는데, 그는 다음과 같이 말한다. "이것은 어려운 단어인 *allotriepiskopos*의 가장 개연성 있는 의미다(4:15): 신자들은 다른 사회 집단이나 협회(그 유명한 *haeteriae*) 문제에 간섭하지 않고 모든 사람을 존중해야 한다." *Allotriepiskopos*의 의미를 결정하는 데 놓인 어려움은 BDAG, 47을 보라. "자기와 관련이 없는 일에 간섭하는 사람, 참견하기 좋아하는 사람", 혹은 "훔친 물건을 숨긴 사람", 혹은 심지어 "첩자, 정보원, 혁명주의자."

233) 전체 본문은 위 §21.1e에 있다.

- 노예들을 향한 권면이 가혹하고 불의한 취급에 취약한 그들의 상황에 거의 온전히 집중했고(2:18-20) 이어지는 문단이 적대감과 학대가 있었을 가능성을 전제한다는(3:9, 14-17; 4:16) 사실은, 메시아 예수를 믿는 신자들이 그들의 신앙을 동정하지 않는 사람들의 적대감에 어느 정도 노출되어 있었는지를 유익하게 상기시켜준다.

- 한 가지 흥미로운 특징은 믿는 아내들에게 믿지 않는 남편이 있을 수 있으나(3:1-6) 그리스도인 남편의 아내들은 그리스도인이라는(3:7), 가정 규칙에서 가정한 내용이다.[234] 이는 남자보다 여자들에게 더 매력이 있는 기독교적 양식이 초기의 특징이었음을 나타낸다. 그러나 여기서 더 중요한 점은 첫 그리스도인들이 활동해야 했던 사회 상황에 암시된 가부장적 특징이다. 가장이 개종할 때 그 가정은 자연스럽게 그를 따랐지만, 아내가 개종했을 때는 아내의 남편이 아내와 동행하지 않았고, 아내는 남편의 권위에 대한 도전으로 보이는 행동을 피하고자 신중하게 옷을 입고 행동해야 했다.

- 짐작하건대 옛 행동 양식들을 따르지 말고(1:14; 4:2-3), 이방인 중에서 스스로 칭찬받을 만하게 행동하며(kalos, 2.12), 거짓을 피하고 화평을 구하며(3:10-11), 선을 행하는 자가 되라는(3:11, 13, 16-17) 권면은, 그리스도인의 삶의 방식을 그들 주변의 다른 사람들의 삶의 방식으로부터 구별해주는 특징이었다.

- 베드로전서의 빈번한 특징은 신자들이 품은 소망(1:3, 13, 21; 3:5, 15)과 예상되는 하나님의 심판(1:17; 2:12; 4:5-6), 즉 신자들 자신도 면하지 못할 심판(4:17-18)을 상기하는 것이다. 이 두 강조는 신랄한 공격을 수반하는 당시의 기만적인 유혹을 그들이 이겨내는 데 도움을 줄 수 있는 관점을 제공한다.

---

234) 또한 Achtemeier, *1 Peter*, 217을 보라.

요약하면, 베드로전서는 처음 수 세기에 믿음과 가치 및 실천이라는 면에서 처한 환경에 전적으로 편안하게 있기에는 당시대와 사회 풍습과는 너무나도 달랐던 기독교에 한결같고 면밀한 신학과 근거를 제공한다. 나중에 서구에서 국가 종교가 된, 즉 정치 기구의 확립된 조직인 기독교는 베드로전서를 받아들이고 그에 걸맞은 책임감을 가지고 살기가 훨씬 더 어려움을 알게 되었다.

(v) 마지막 주제는 **베드로전서에서 묘사한 교회**다. 회중을 위해 작성된 그 서신은 기독교 회중의 공동생활에 대한 몇 가지 일별을 제공한다.

- "장로들"이라는 언급(5:1, 5)은 예루살렘 교회를 연상시키고(§23.3e), 야고보서 5:14에서처럼, 이것은 다시 회당의 선례를 의지한 조직을 시사하며, 어쩌면 자신들을 회당으로 여겼던 단체를 암시한다.
- 양 무리를 치는 목자라는 이미지는(5:2-4) 어쩌면 베드로 자신과 특별히 연관된 이미지였을 것이고(비교. 요 21:15-17), 베드로가 사역한 바로 그 회중이 자신들과 자신들 가운데 사역한 사람들에 대해 가진 생각에 베드로가 끼친 영향력을 시사할 수도 있다.
- 말이나 섬김과 관련이 있든지 간에 각자가 은사(charisma)를 가지고[235] 은사적으로 기능한 공동체(4:10-11)가 은사를 행하도록 주어진 말씀과 은혜에 의존한다는(비교. 롬 12:3-8; 고전 12장) 매우 바울적인 이해는, 계속해서 영으로 살고(비교. 갈 5:25-6:2) 사역과 목회를 통해 등장한 지도자들을 인정하는(비교. 고전 16:15-18; 살전 5:12-13) 교회들을 시사한다.
- 최초의 기독교의 다른 곳에서처럼, 세례는 구원 과정의 출발에 중요한 역할을 한다. 비록 세례의 정의가 흥미롭지만 말이다. "이는 육체의 더러운 것을 제하여 버림이 아니요, 하나님을 향한(eperōtēma eis theon) 선한 양심의 간구니라"(3:21).[236]

---

235) 바울 저작 외에, 신약성경에서 charisma는 유일하게 벧전 4:10에서 등장한다.
236) 필자의 *Baptism in the Holy Spirit*, 217-18을 보라.

■ 저자는 보편적 교회에 대한 개념을 가지고 있다("세상에 있는 너희 형제들", 5:9). 본문 전체에 걸쳐 저자는, 지역 회중과 보편 교회 간의 명백한 구별 없이, 넓은 의미의 공동체를 언급한다. 영토에 대한 유일한 언급이 도입부(1:1; 5개의 로마 지방들)와 마지막(5:9: "온 세상")에 있다.[237]

이 모든 내용에서 베드로라는 인물이, 1세기에 대해 우리가 거의 몰랐을, 그리스도를 믿는 유대인의 신앙과 일상생활에서 드러난 그 신앙의 외적 표현의 한 면을 보여주고 있음을 잊어서는 안 된다. 필자는 주로 할례자를 위한 사도였던 베드로의 사역을 통해 메시아 예수를 믿게 된 디아스포라 유대인들의 모습을 말하고 있다. 바울 서신에서 우리는 최초의 이방인 기독교의 특징과 이방인 신자들이 다수인 혼합 회중들에 대한 통찰을 듣고 얻게 된다. 야고보서에서 그리고 어느 정도는 사도행전을 통해서(누가는 너무나 자주 예루살렘의 관점에서 자신의 이야기를 한다) 우리는, 자신들의 관점에서는 강렬하지만 그럼에도 중도 성향인 예루살렘의 유대인 신자들의 목소리를 듣게 된다. 그러나 베드로전서에서는 서부 디아스포라에서 유대인 신자들로 구성된 메시아 예수의 회중들에 대해 듣게 되며, 그 회중을 설립하고 지탱해준 일련의 설교와 가르침과 만난다. 그렇다면 베드로전서는 헤아릴 수 없을 정도로 소중한 기여를 하며, 그렇지 않았다면 이 지역들과 그 근방에서 기독교로 형성되고 있던 조직에 대한 내용이 거의 알려지지 않았을 것이다.

---

237) Puig i Tàrrech, 'Mission', n. 28은 여기서 사용된 용어가 *kosmos*이지 *oikoumenē*가 아니라고 말한다. "그 관점은 가능한 한 우주적이고, 심지어 제국의 경계를 넘어선다. 비슷하게, Diognetus 6.2: '세계 모든 도시에 그리스도인이 있다.'"

37.4 시작의 끝

그렇다면 형성 중인 기독교의 첫 세대를 추적해온 우리의 시도는 어느 지점에 도달했는가?

a. 지금까지의 이야기

나사렛 예수가 죽은 이후의 시대에 활기를 띤 운동은 40년 후에 문제 많은 어린 시절을 통과하여 활기찬 청소년기로 성장했다. 거의 전적으로 예루살렘과 유대에서 출발한 그 운동은, 초기에 혹은 어쩌면 심지어 주로, 유대인 디아스포라 가운데 그리고 그 디아스포라를 통해 널리 확산된 것처럼 보인다. 활용할 수 있는 확실한 기록들은 그 운동이 수리아, 소아시아 반도의 남쪽과 서쪽 지역, 마게도냐, 그리스, 이탈리아의 상업 중심지에서 상당히 확장되었음을 암시한다. 또한 그 기록들은 그 운동이 유대교의 한 종파로 시작했으나 비유대인들에게 상당히 호소력이 있었으므로 이미 다른 무언가가 되기 시작했음을 암시한다. 그러나 그 확장이 전형적으로 디아스포라 회당들과 공동체에서 그리고 이전에 유대교의 신앙과 관습에 매력을 느낀 이방인들 가운데서 시작했음을 보여주는 내용을 고려할 때, 예수 메시아 종파는 특별히 알렉산드리아와 서쪽의 키레나이카(Cyrenaica) 그리고 메소포타미아 동부의 디아스포라와 서부 수리아에 있던 다른 디아스포라 공동체들에서 발판을 마련했을 수도 있다. 그 주제에 관한 그런 전승들을 제3권에서 더 주의 깊게 살필 것이다.

물론 이 모든 내용 중에서 우리는 단지 소규모의 집단들을 언급하고 있다. 공동주택의 회중 그리고 가정교회, 단지 열두 명 정도 되었을 많은 집단 말이다. 고린도처럼 큰 도시에서도 오로지 한 회중("교회 전체")이 있었던 것처럼 종종 보이기도 한다. 반면 그런 중심지에는 다수의 회당이 있었을 것이다. 공동주택과 다세대주택 집단들과 회중들은, 흔히 공개적이고 눈에 띄는 곳에 있는 신전들을 중심으로 한 이교 집단과는 반대로, 대개 전체적인 조망에서 벗어나 마을이나 도시의 뒷골목과 더 가난한 지역으로 숨어들었다. 따라서 1세기 기독교회의 규모와 수를 과장하지 않아야 하며, 또한 소규모 집단들의 광범위한 분포가 큰 규모의 운동을 암시한다고 너무 섣부르게 생각하지 않아야 한다. 예루살렘(행 21:20)과 로마에서(Tacitus, Ann. 15:44.2-5)만 상당한 초기 확장에 대한 암시가 있다. 오늘날의 새로운 종교 운동에 관한 경험에 기초하여 계산해보면, 이 시기까지 그리스도인의 수가 총 3천 명뿐이었다고 할 수 있다.[238] 그러나 그 계산은 사도행전 21:20의 "수만 명"이나 타키투스의 "막대한 수"(Ann. 15.44.2)를 전혀 고려하지 않았다. 반대로 보 라이케(Bo Reicke)는 67년까지 4만 명의 신자들과 추종자들이 있었다고 추정하는데, 이 수는 아마도 팔레스타인과 요단 동편 및 수리아의 25,000명, 소아시아의 적어도 5천 명, 그리고 이탈리아와 그리스에 있었을 법한 2천 명을 포함한다.[239] 그러나 이제 되찾을 수 없는 그 사실이 무엇이든지 간에 씨앗은 폭넓게 뿌려졌으며, 소금(이나 누룩)이 그 효과를 발휘하기 시작했다.

60년대의 재앙이 새 운동에 얼마나 심각한 영향을 끼쳤는지 언급할 방도는 전혀 없다. 70년대 이후 유대교와 기독교 문헌에 미친 그 재앙들의 영향은 제3권에서 논의할 주제다. 그러나 예루살렘과 로마에서 대단히 파괴적이었을 결과들이 다른 곳에서는 그렇게 심각하지 않았던 것처럼 보인다. 우리는 수리아 안디옥과 알렉산드리아 또 리비아 및 구레네의 유대인 신자들이, 유대인 봉기에 대한 폭넓은 반응의 일부였던 심각한 소란에 어느 정도 휩쓸렸는지 모른다(Josephus, War 7.41-62, 409-50). 그러나 어쨌든 소아시아와 에게해 지역의 다른 곳에서는 유대인 봉기의 결과들이 신생 기

---

238) R. Stark, *The Rise of Christianity* (San Francisco: HarperSanFrancisco, 1996, 1997), 5-7.
239) Reicke, *New Testament Era*, 302-303. Schnabel이 언급했듯이, Elliott는 소아시아의 숫자가 보수적이라고 생각한다(*1 Peter*, 89). Schnabel은 100년이 되었을 때 소아시아에 150,000명 정도가 있었는지 궁금해한다(*Mission*, 848).

독교 집단들에게 그렇게 심각하지 않았을 것이다. 요한계시록과 이그나티오스 및 소플리니우스(Pliny the Younger)의 예언 서신들이 어떤 지표가 된다면, 신생 교회의 성장은 감퇴가 있었다 해도 심각한 쇠퇴 없이 계속됐을 테다.

이것이 §37에서 검토한 세 서신이 그 역할을 제대로 감당했을 지점이고, 그 서신들 자체는 1세대 지도자들의 유산을 수집하고 그 유산으로부터 그들이 공유한 독특한 신앙 곧 예수 그리스도의 복음의 확산이라는 과업에 대한 지속적인 고무, 그 약속들과 전통들을 따르는 삶을 사는 데 필요한 격려를 분명하게 확인한다. 그렇다면 이 서신들은 60년대의 재앙으로 치명적인 상처를 입은 운동의 마지막 유언이 아니라, 이 지도자들을 계승한 자들의 헌장이다. 이를 기반으로 형성 중인 기독교의 다음 단계가 등장했을 것이다.

그래서 형성 중인 기독교를 추적하는 우리의 시도는 어디에 도달했는가? 특별히 지금까지 발견한 내용에 대해 이 책을 시작하면서 제기한 질문들에 어떻게 대답하는가? 기억하겠지만, 이 질문들은 예수와 예수의 죽음 이후 등장한 생성기 기독교의 연속성(§20.2, "예수에서 바울까지"), 그리고 한 유대 종파가 어떻게 이방인의 종교가 되었느냐(§20.2) 하는 이중의 논제에 주로 초점이 있다. 그리고 항상 배후에 숨어 있던 논제는 최초의 기독교라고 제대로 부를 수 있는 운동이 단일 운동이었는지 아니면 사실상 다채로운 운동이었는지, 또한 30-70년대에 "형성 중인 기독교" 역사의 실체를 "기독교"(혹은 "태동기 기독교") 아니면 통합된 일관성을 단순하게 추정할 수 없는 산재한 운동이라는 뜻에서 "기독교들"로 묘사해야 하느냐는 논제였다. 이 세 개의 중대한 논제에 대한 요약적인 고찰로 제2권을 마무리하는 것이 타당하다.

b. 첫 그리스도인들은 예수의 선교와 메시지에 어느 정도 연속성을 유지했는가?

두 가지 주요 이유로 인해 연속성 문제가 야기됨을 기억할 것이다. 첫째, 최초 기독교의 글들에서 예수의 부활절 이전 사역과 가르침에 대한 관심이 너무 적게 반영된다고 보이기 때문이다. 그리고 둘째로, 예수에 관해 제기된 주장들이 예수의 메시지(하나님 나라에 초점을 맞춤)를 다른 무언가(주 예수그리스도에게 초점을 맞춤)로 바꾸어놓았기 때문이다. 우리가 발견한 다양한 점들을 함께 묶으면 어떤 대답들이 드러나기 시작하는가?

- 하나님이 예수를 죽은 자 가운데서 일으키시고 그의 오른편에 높이 셨다는 확신이 예수의 첫 제자들과 예수에 관한 그들의 믿음을 완전히 변화시켰다는 것은 틀림없는 사실이다. 그들이 자신들의 설교와 가르침을 그 기본적인 신앙의 결과들을 채우는 데 초점을 맞춘 것 역시 자연스럽다.
- 이 근본적 확신에 대한 설명은 다수의 놀라운 주장, 즉 이전에 유대교적 사고에서 하나님께만 주어진 역할을 예수가 공유하고, 이전에 오직 하나님께 드린 예배를 예수도 받으신다는 주장을 야기한다.[240] 이런 주장은 예수가 자신에 관해 말한 것으로 기억된 내용을 확실히 초월한 것처럼 보인다. 그러나,
  - □ 예수가 메시아라는 주장은 처음부터 예수 전승의 필수 부분이었다.
  - □ 마가복음 14:62-64 전승을 고려하면, 예수에 대한 그런 초기 기독교 신앙이 예수 자신의 소망 및 기대와 직접적인 연속성이 있음은 적어도 주장할 수 있다.
  - □ 그리고 공관복음의 기독론적 구절들이 예수가 말한 내용에 대한

---

240) 특별히 행 2:33; 고전 8:6; 빌 2:10-11.

이후 고찰의 증거를 담아내는 정도는, 예수 전승 자체가 기독론에 관한 첫 그리스도인의 숙고에 자양분을 공급한 정도를 입증한다.

- 예수의 죽음이 지닌 중요성에 대한 최초의 고찰에 어떤 발전이 있었다는 암시가 있다. 성전 제의에 계속 참여하는 것에 순응하는 해석에서부터, 예수 메시아를 믿는 신자들에게 성전에서의 희생 제의가 필요 없다고 보는, 예수의 죽음을 명백한 속죄제물과 속죄일 희생양으로 보는 해석까지 있다. 그러나 『예수와 기독교의 기원』에서 보았듯이, 예수가 자기의 죽음을 자신이 성취하도록 보냄을 받은 사역의 필수 부분으로 예견했다는 결론을 피하기 어렵다.

- 초기에 가장 눈에 띄는 다른 특징은 첫 신자들의 영적 체험이 보여주는 활력이며, 이것은 그들에게 쏟아부어진 하나님의 영 덕분으로 보았다. 영적 충만의 솟아남(혹은 쏟아 내림)은 최초의 예루살렘 공동체의 특징일 뿐만 아니라, 비유대인에게 복음이 열리도록 하는 데 결정적인 것으로 드러났다. 그러나 또한 현저한 내용은, 분명히 처음부터 그런 체험과 예수에 관한 근원적 확신 사이에 확립된 밀접한 연관이었다.[241] 바로 이 밀접한 연관성이 그 영적 열광주의가 다른 종교 운동으로 파생되는 것을 방지했다.

- 첫 설교자들이 그들의 설교에서 하나님 나라에 대한 주제를 계속해서 설교했다고 묘사한 사도행전의 관심은, 예수 자신의 설교의 주된 주제가 적어도 새 운동의 몇몇 부분에 영향을 주었음을 시사한다.

- 어쩌면 무엇보다도, 우리는 예수 자신의 가르침 전승과 사역의 특징이 지속적인 힘이 되었다는 암시와 증거가 있다고 반복하여 언급했는데, 그것은 특별히 신약성경의 서신들에 반영된 다양한 범위

---

241) 예. 행 1:5 그리고 11:16; 2:33(다시); 롬 8:9, 15-16; 갈 3:1-5; 4:4-7; 히 2:3-4.

의 청중에게 한 충고에 있다. 몇 번이고 그 서신들은, 그들이 추정할 수 있었고 더 중요하게는 그들의 독자/청자도 친숙했을 것으로 추정할 수 있는 다수의 전승 자료에 대한 신호를 보낸다.[242] 예수 전승이 기록되었다는(적어도 광범위하게 기록되었다는) 분명한 증거가 아직 우리에게 없지만, 이 전체 기간에 예수에 대한 구전 전승이 개별적으로 다양한 형식이나 조합을 통해 널리 회자되고 알려졌다고 안전하게 추정할 수 있다.

요약하면 예수의 사역과 부활절 이후 복음 사이의 괴리를 과장하지 않아야 한다. 예수 전승이 (이후의 복음서 구성 방식에서) 복음으로, 즉 초기 교회들의 설교와 가르침의 표현으로 제시될 수 있었다는 사실은 너무 자주 그랬듯이 무시되면 안 된다.

그러나 가장 흥미를 불러일으키는 내용은 예수 자신의 기대와 부활절 이후 신자들의 기대 사이의 연속성/불연속성이다. 이미 언급했듯이, 분명 예수의 기대는 그리스도인들이 예수에게 일어났다고 믿은 일들(그의 부활과 승귀) 때문에 적어도 일부분이 성취되었다.[243] 그러나 하늘에서 재림하는 예수에 대한 첫 그리스도인들의 임박한 기대는, 그 기원(예수 스스로가 재림을 기대했는가?)과 실망("재림의 지연")이 지닌 효과에 대해서는 불분명하게 남아있다. 사실 "재림의 지연"을 문제로 여겼다는 암시가 첫 세대의 문헌에는 거의 없다. 임박한 기대가 어느 정도는 그리스도를 향한 바울 자신의 헌신에서 최후까지 일관된 특징이었던 것으로 보이며(예. 빌 4:5), 야고보는 "'심판주가 문밖에 서 계시니라!'(약 5:9)라는 경고"를 한 것으로 기억된다. 그러나 60년대 참사가 어느 정도 변화를 가져왔는가? 세 명의 첫 세대 지도자들의 죽음과 기원후 70년에 일어난 예루살렘과 성전의 파괴라는 참사는

---

242) 바울에 대해서는 다시 *Jesus Remembered*, 182 n. 48을 보라. §37에서는 다시 엡 4:20-21(nn. 55, 59)을 주목하고 §§37.2c와 37.3b를 보라.

243) *Jesus Remembered*, 750-52, 818-24, 867-70, 874-76을 보라

적어도 어느 정도 기독교의 종말론적 사고에 확실하게 영향을 끼쳤을 것이다. 특별히 성전 파괴와 인자의 오심이라는 예수의 예언이 그리스도인들 가운데서 종말론적 예언으로 이미 받아들여졌다면 말이다.[244] 그렇다면 불가피하게 우리는 제2세대 지도력으로의 전환과 최초 70년의 재앙이 예수에 대한 초기 그리스도인들의 고찰에 끼친 영향이, 제3권에서 밀접하게 다룰 주제 중 하나가 될 것이라는 언급으로 제2권을 마무리한다.

c. 유대교에서 기독교까지

실제로 진정한 의미의 기독교가 기원후 30년대 초기에 등장했음은 의심할 필요가 없다. 예수와 바울 사이의 연속성 정도가 어떠하든지 간에, 나사렛 종파와 이그나티오스가 규정한 "기독교" 사이의 직접적인 연속성에 대한 의문은 없다. 그러나 이그나티오스가 암시했듯이, 그것은 "유대교"와 구별된 "기독교"였는가? 기원후 70년 이후 기간에 점차 발생한 유대교와 기독교의 "길의 갈라짐"이나, 필자가 선호하는 것처럼 "길이 다수로 갈라짐"은 역시 논쟁거리가 전혀 아니다. 그러나 이 책에서 다룬 기간인 30년에서 70년까지의 상황은 어떠했는가? 첫 세대 기독교의 세 위대한 지도자들이 처형되었을 때 그 길들은 (갈라졌다면) 얼마나 갈라졌는가? 여기서도 이 책에서 조사한 결과로 그 상황은 더 명백해졌다.

■ 메시아 예수를 따르는 사람들을 "나사렛 종파"라고 한 초기 묘사는 그 새 운동을 제2성전기 유대교의 상당한 부분을 구성한 "종파들"의 영역 안에 분명히 자리하게 한다. 첫 그리스도인들은 모두 유대인이었다. 기독교는 종파, 즉 메시아 종파로서 제2성전기 유대교에서 시작했다.

---

244) 막 13:3-27; Wright는 "인자의 오심"을 예루살렘과 성전의 파괴와 관련짓는 데 지체하지 않는다(*Jesus and the Victory of God*, 362).

- 예루살렘에서 시작된 메시아 예수를 믿는 최초의 공동체가 철저히 유대적 특징을 지니고 있음을 부인하기는 확실히 어렵다. 이것은 사도행전과 성전에 대한 지속적인 애착과 율법에 헌신하는 계속된 실천으로 분명하게 증명됐고, 바울의 선교에 대한 반대가 주로 예루살렘에서 유래했다는 점은 바울 서신의 다양한 암시를 통해 확인된다.

- "유대교"와 새로운 종파의 지도자들 가운데 한 사람(바울) 사이의 가장 분명한 단절은 갈라디아서 1:13-14에 있으며, 신약에서 "유대교"라는 용어는 그곳에 유일하게 사용됐다. 그러나 맥락상 그 본문은 제2성전기 유대교의 다양성을 상기시키며, 또한 바울이 회심한 후 떠난 "유대교"가 바울이 훈련받고 새 종파의 박해자로서 그의 열심을 키운 제2성전기 유대교의 특별한 형태임을 더 명확하게 상기하는 데 더욱 분명하게 기여한다. 갈라디아서 1:13-14의 "유대교"는 오늘날 제2성전기 유대교로 규정된 것의 일부일 뿐이다. 다르게 표현하면, 그것은 다만 어떤 이들이 1세기 유대교들이라고 언급하기를 선호하는 것 가운데 하나일 뿐이다.

- 이미 언급된 그리스도를 위해 급증하는 주장들은 동족 유대인과 특별한 갈등을 일으키지 않은 것으로 보인다. 십자가에서 죽임을 당한 메시아라는 발상이 많은 유대인을 불쾌하게 했을지라도, 십자가에서 죽임을 당한 메시아를 믿은 유대인들은 예루살렘에서 번성할 수 있었던 것으로 보인다. 그리고 그 논제는 바울 서신에 단지 작은 흔적만 남겼다. 예수가 메시아였다는 점은 너무나도 분명했기 때문에 "메시아 = 예수"는 호칭으로서의 의미를 빠르게 상실해갔고 (예수에 관해서는 논란이 많았나?) 예수의 고유명이 된 듯하다. 그리고 그리스도와 관련한 더욱 고양된 주장들이 바울과 더 전통적인 그의 유대인 형제들 사이에서 논란거리였다는 증거는 바울 서신에 전혀 없다. 바울 자신의 유일신 신앙은 반복적으로 확인된다. 그 논제는

제3권에서 어느 정도 무게감 있게 등장할 것이나, 첫 세대와 관련해서 끝어낼 수 있는 가장 분명한 추론은, 예수에 대해 제기된 주장들이 대부분의 유대인들에게는 하늘로 올려진 유명한 영웅들 내지 천사 같은 중재자에 관한 제2성전기의 묵시적·신비적 내용과 특징상 거의 다르지 않게 보였을 수도 있다는 점이다.

■ 첫 세대에게 주요 논란거리는 의심의 여지 없이 모세의 율법이었다. 어느 정도까지 이방인 신자들이 토라를 준수하기를 기대했는가? 즉시 언급해야 할 점은, 율법 폐기주의, 즉 율법을 완전히 무시해야 한다고 고무한 기독교 선교사가 있었다는 실제 증거가 전혀 없다는 사실이다. 바울 자신은 십계명(의 대부분)을 긍정했다. 음란과 우상숭배에 대한 그의 반감은 철두철미하게 유대교적이다. 그러나 이방인과 유대인을 분리하는 "막힌 담"(엡 2:14)으로서의 율법에 대해서는 바울이 강하게 대응했다. 문제는 유대인 무리에 그들의 독특한 삶의 양식과 특징을 부여한 것이 할례와 정결법 같은 바로 그런 "율법의 행위"였다는 점이다. 결과적으로 그런 율법을 버리거나 심지어 느슨하게 대하는 것은 바울의 동족 유대인들 중에서도 비교적 소수만이 용인할 수 있는 조치였다. 그 결과 바울의 지도 아래 성장한 교회들을 단순히 유대인 공동체의 일부라고 여기기에는 유대인 대부분이 볼 때 너무나 유대인답지 않았다.[245] 비록 디아스포라 회당이라는 범위에서 무엇이 용납할 만하고 또 용납할 만하지 않다고 확신 있게 주장하기에는 디아스포라 유대교의 다양성에 대한 우

---

245) W. A. Meeks, 'Breaking Away: Three New Testament Pictures of Christianity's Separation from the Jewish Communities', in J. Neusner and E. S. Frerichs, eds., 'To See Our-selves as Others See Us': Christians, Jews, 'Others' in Late Antiquity (Chico: Scholars, 1985), 93-115이 유명하게 주장했듯이, "신학적으로는 성경과 유대교 전통이 바울 기독교 정체성의 중심이며 지울 수 없는 부분이라는 언급은 옳다. 그러나 사회적으로는 바울의 무리들은 결코 유대교의 종파가 아니었다. 그들은 그들이 기반을 둔 도시의 유대 협회와는 독립해서 자신들의 삶을 형성했고, 증거가 드러내는 한에서는, 분명하게 그들은 유대인들과 교류가 거의 혹은 전혀 없었다"(106).

리의 지식이 극히 제한적임을 조건부로 인정해야 할 것이다.

■ 동시에 기독교 가정 모임들의 법적 지위가 시 당국자들의 관심거리였다는 점에서, 그들이 사실상 대개는 유대 회당들에 적용되었던 특별한 조항에 계속적으로 의지하여 피난처를 찾았을 가능성이 있다. 또한 "그리스도인들"이 모든 도시에서 실제로 유대 공동체로부터 분리된 독립체인가 하는 쟁점은 우리가 살피는 시기의 막바지에 제기되기 시작했다.

결과적으로 우리는 1세대 기독교와 작별을 고할 때, 생성기 기독교와 제2성전기 디아스포라 유대교 사이의 분열이 일어나기 시작했음을 인식할 것이다. 신학과 윤리에서 그 연속성은 확고하고 분명하다. 법적으로는 대부분의 작은 교회가 사실상 회당의 법적 지위 아래 계속해서 보호받았을 것이다. 그러나 사회학적으로는, 그 구성원이 대부분 이방인이고, 유대교와 구별되는 삶의 양식을 발전시키기 시작한 교회가 점점 더 많아졌을 것이다. 앞으로 살피겠지만, 당시 상황은 여전히 불투명했을 것이다. 수 세기 동안 그리스도인들이 안식일의 회당 예배 참석과 유대 관습 및 축제를 준수하지 못하도록 그들을 단념시켜야 했기 때문이다.[246]

그러나 여기서도 우리는 70년 참사가 후세대들에게 벗어날 수 없는 논제를 제기했음을 인식해야 한다. 초기 기독교 지도층은 일관적으로 그 운동의 유대다움을 강하게 긍정했기 때문이다. 그리스도인의 희망은 여전히 "이스라엘의 회복"(행 1:6)이라는 관점에서 표현될 수 있었다. 이방인의 들어옴은 "이스라엘"의 확장이나(롬 9-11장) 디아스포라 유대인들의 귀환과 파괴된 다윗의 집의 재건이라는 당연한 귀결(행 15:16-18)로 여전히 여겨질 수 있었다. 그러나 예루살렘 성전의 파괴는 이스라엘의 회복이라는 관점에서 표현된 모든 지속적 희망에 의문을 제기했을 것이다. 그 두 줄기(이스라엘의

---

246) 현재에 대해서는 필자의 *Partings*, 특별히 ²2006, xi-xxx을 보라.

회복, 이방인의 들어옴)가 어떻게 그 재앙에서 살아남았는가? 유대인과 이방인 신자들은 이제 서로를 어떻게 여겼을까? 유대인과 이방인이 함께 조화롭게 예배드리는 혼합 교회라는 바울의 이상이 사회학적으로 실현되기 힘들었다면, 먼저는 유대인이요 또한 이방인이라는, 하나님이 부르신 자들로 구성된 "이스라엘"이라는 바울의 이상은 신학적으로 지속 가능했을까? "이스라엘"과 같은 개념의 변화는 그 단어가 다른 개념을 의미할 수 있기에 한계가 있다. 70년 이후에 이 영역에서 무슨 일이 일어났는가?

d. 첫 세대 마지막에 해당되는 기독교의 특징

마지막으로 60년대 재앙을 통과한 기독교가 매우 혼재된 집합이었음을 재차 언급해야 한다. 초기부터 헬라파는 예루살렘에 초점을 둔 종말론적 메시아 종파를 상당히 재빠르게 넘어서는 영역을 표시한다. 바울의 이방인 선교는 그 영역이 더욱 뻗어 나가게 한 기폭제였다. 앞서 살폈듯이, 이방인 선교로 세워진 교회들과 예루살렘 사이의 단절을 치유하려는 바울의 시도는 실패했을 가능성이 크다. 그러나 관련된 그 영역과 갈등은 바우어가 논쟁하려 했듯이 사실상 베드로 대 바울, 혹은 루터의 계승자들이 선호하는 바울 대 야고보로 축소되어서는 안 된다. 그 영역(혹은 영역들)은 그보다 훨씬 더 복잡하다.

- 보수적인 유대인 신자들("거짓 형제들", "거짓 사도들")은 한 극단을 표시하고
- 고린도와 같은 장소에서 바울에게 도전한 하나 이상의 (주로 이방인이었던) 파벌들은 또 다른 극단을 표시하며
- 야고보와 베드로 및 바울은 그 사이에 오른쪽에서부터 왼쪽에 이르기까지 분포해 있다.

다소 불편한 진실은 1세대 기독교가, 후세들이 "사도 시대"라고 상상하거나 급진적 개혁가들이 돌아가길 열망할 만큼 순전하고 이상적인 교회가 결코 아니었다는 사실이다. 이미 표시했듯이, 보수 유대인 진영이 유대 그리스도인(이단적인) 종파라고 불린 종파에 반영되었을 공산이 있다. 그리고 그 영역의 반대편 진영을 2세기에 점증하는 힘을 지니고 등장한 영지주의와 연결함으로써 그런 전개에 맞추려는 똑같은 유혹이 있다. 이것이 그랬는지 혹은 어느 정도 그랬는지는 제3권에서 다룰 중요한 사안이 될 것이다. 그 영역에서 예루살렘 진영을 사실상 상실한 것이 그 전체의 특징을 변하게 할 정도로 그 영역을 축소했는지는 하나의 특별한 논제가 될 것이다.

새 운동 내부의 자기이해와 정체성을 위한 추가 논제는, 첫 세대의 특징적으로 은사적인 형태에서 2세대와 이어지는 세대로의 전환이 어떤 영향을 끼쳤느냐다. 태동기 기독교의 초기 발전에서 성령으로 영감을 받고 의롭게 된다는 특징이 그런 발전들(구체적으로 예루살렘의 오순절과 이어진 이방인의 오순절들)과 불가분의 관계이기 때문이다. 예언자와 제사장/제의 간의 긴장들로 이스라엘 역사에서 이미 친숙했던 은사와 직분 사이의 긴장은, "히브리파"와 "헬라파" 사이의 긴장 그리고 예루살렘이 내린 할라카 법규들과 성령의 지배를 받으라는 바울의 권고 사이의 긴장으로 이내 새 운동에서 다시 등장했다. 이 긴장들이 70년 이후 세대에서 무엇을 유발했는가? 베버(Weber)가 제시한 대로, 은사의 "관례화" 아니면 "제도화"로 이어졌는가? 그렇지 않으면 그 영역의 추가 확대로 혹은 기독교의 일치를 추가적으로 파괴하는 일로 이어졌는가? 언제나 명심해야 할 것은 2세기에 "기독교"로 등장한 것이 예수와 그의 부활 및 (그의 영인) 성령 체험이 더한 범위와 다양성에 충분히 답해주느냐는 질문이며, 또한 그 다양한 발전들 안에서 2세기 "기독교"가 1세대 기독교와 성격상 다른 것이 되었느냐(아니면 이미 되었느냐)는 질문이다.

이것들이 제2권의 마지막에서 필자에게 대두되고 우리가 제3권으로 향하면서 명심해야 할 중심 논제다. 그러나 그사이에 첫 세대의 주요 지도자 세 명이 첫 세대 기독교의 지속적인 특징과 폭을 함께 대표한다고 타당하게 말할 수 있음을 단순하게 되풀이해야 한다. 그 기독교는 유대인은 물론 이방인을 위한 구원의 복음과 더불어, 메시아/그리스도 예수를 믿는 신앙에 공통 기반을 둔 유대인과 이방인을 포용하고, 예수의 사역과 가르침 및 죽음과 부활에서 영감을 받고, 이 그리스도를 통해 유일한 하나님께 헌신하며, 동일한 성령으로 동기를 부여받고 능력을 받는, 그 특징에 있어 필연적으로 유대적이고 구약적인 기독교다.

AB	Anchor Bible
ABD	*Anchor Bible Dictionary*. Ed. D. N. Freedman. 6 vols. (New York: Doubleday, 1992)
ABR	*Australian Biblical Review*
AGAJU	Arbeiten zur Geschichte des antiken Judentums und des Urchristentums
Aland[26]	K. Aland et al., eds., *Novum Testamentum Graece*. 26th edition (Stuttgart, 1979)
AnBib	Analecta Biblica
ANET	*Ancient Near Eastern Texts Relating to the Old Testament*. 3rd edition. Ed. J. B. Pritchard (Princeton: Princeton University, 1969)
ANF	*Ante-Nicene Fathers*
ANRW	*Aufstieg und Niedergang der römischen Welt*. Ed. H. Temporini and W. Haase (Berlin: de Gruyter, 1972-)
ANTC	Abingdon New Testament Commentaries
Apg.	*Apostelgeschichte*
BAFCS	*The Book of Acts in Its First-Century Setting* (Grand Rapids: Eerdmans). Vol. 1: *The Book of Acts in Its Ancient Literary Setting*. Ed. B. W. Winter and A. D. Clarke (1993). Vol. 2: *The Book of Acts in Its Graeco-Roman Setting*. Ed. D. W. Gill and C. Gempf (1994). Vol. 3: *The Book of Acts and Paul in Roman Custody*. Ed. B. Rapske (1994). Vol. 4: *The Book of Acts in Its Palestinian Setting*. Ed. R. Bauckham (1995). Vol. 5: *The Book of Acts in Its Diaspora Setting*. Ed. I. Levinskaya (1996)
BAGD	W. Bauer, *A Greek-English Lexicon of the New Testament and Other Early Christian Literature*. ET and ed. W. F. Arndt and F. W. Gingrich. 2nd edition revised by F. W. Gingrich and F. W. Danker

	(Chicago: University of Chicago, 1979)
BBB	Bonner biblische Beiträge
BBR	*Bulletin for Biblical Research*
BDAG	W. Bauer, *A Greek-English Lexicon of the New Testament and Other Early Christian Literature.* 3rd edition of BAGD, revised by F. W. Danker (Chicago: University of Chicago, 2000)
BDF	F. Blass, A. Debrunner and R. W. Funk, *A Greek Grammar of the New Testament* (Chicago: University of Chicago/Cambridge: University of Cambridge, 1961)
Beginnings	*The Beginnings of Christianity.* Part 1: *The Acts of the Apostles.* Ed. F. J. Foakes Jackson and K. Lake (London: Macmillan). Vol. 1: *Prolegomena* I (1920). Vol. 2: *Prolegomena* II (1922). Vol. 3: *The Text of Acts,* by J. J. Ropes (1926). Vol. 4: *English Translation and Commentary,* by K. Lake and H. J. Cadbury (1933). Vol. 5: *Additional Notes,* by K. Lake and H. J. Cadbury (1933)
BETL	Bibliotheca ephemeridum theologicarum lovaniensium
BibInt	*Biblical Interpretation*
BJRL	*Bulletin of the John Rylands University Library of Manchester*
BJS	Brown Judaic Studies
BNTC	Black's New Testament Commentaries
BR	*Biblical Research*
BU	Biblische Untersuchungen
BZ	*Biblische Zeitschrift*
BZNW	Beihefte zur Zeitschrift für die neutestamentliche Wissenschaft
CBNTS	Coniectanea biblica: New Testament Series
CBQ	*Catholic Biblical Quarterly*
CBQMS	*CBQ* Monograph Series
ch(s).	chapter(s)
CHJ	*The Cambridge History of Judaism* (Cambridge: Cambridge University). Vol. 2: *The Hellenistic Age.* Ed. W. D. Davies and L. Finkelstein (1989). Vol. 3: *The Early Roman Period.* Ed. W. Horbury et al. (1999)

CIJ	*Corpus inscriptionum judaicarum*
CIL	*Corpus inscriptionum latinarum*
CRINT	Compendia Rerum Iudaicarum ad Novum Testamentum
DLNT	*Dictionary of the Later New Testament and Its Developments.* Ed. R. P. Martin and P. H. Davids (Downers Grove: InterVarsity, 1997)
DNTB	*Dictionary of New Testament Background.* Ed. C. A. Evans and S. E. Porter (Downers Grove: InterVarsity, 2000)
DPL	*Dictionary of Paul and His Letters.* Ed. G. F. Hawthorne and R. P. Martin (Downers Grove: InterVarsity, 1993)
DSS	Dead Sea Scrolls
EB	Études bibliques
ed(s).	edited by, editor(s)
EDNT	*Exegetical Dictionary of the New Testament.* Ed. H. Balz and G. Schneider (ET; Grand Rapids: Eerdmans, 1990-93)
EKK	Evangelisch-katholischer Kommentar zum Neuen Testament
Elliott, *Apocryphal New Testament*	J. K. Elliott, ed., *The Apocryphal New Testament* (Oxford: Clarendon,1993)
Enc. Rel.	*The Encyclopedia of Religion.* Ed. M. Eliade. 16 vols. (New York: Macmillan, 1987)
Ep(p).	*epistola(e),* letter(s)
ET	English translation
et al.	*et alii,* and others
ETL	*Ephemerides theologicae lovanienses*
ExpT	*Expository Times*
FBBS	Facet Books, Biblical Series
FRLANT	Forschungen zur Religion und Literatur des Alten und Neuen Testaments
FS	Festschrift, volume written in honour of
GLAJJ	*Greek and Latin Authors on Jews and Judaism.* Ed. M. Stern. 3 vols. (Jerusalem: Israel Academy of Sciences and Humanities, 1976-84)
GNB	Good News Bible
HDB	J. Hastings, ed., *A Dictionary of the Bible.* 5 vols. (Edinburgh: Clark,

1898-1904)

HNT	Handbuch zum Neuen Testament
HR	E. Hatch and H. A. Redpath, *Concordance to the Septuagint and Other Greek Versions of the Old Testament.* 2 vols. (Oxford: Clarendon Press, 1897-1906)
HTKNT	Herders theologischer Kommentar zum Neuen Testament
HTR	*Harvard Theological Review*
HTS	Harvard Theological Studies
ICC	International Critical Commentary
IDB	*Interpreter's Dictionary of the Bible*
IEJ	*Israel Exploration Journal*
IG	*Inscriptiones graecae*
inscr.	inscription
IvEph	*Die Inschriften von Ephesos.* Ed. H. Wankel. 8 vols. in 11 (Bonn: Habelt, 1979-84)
JAC	*Jahrbuch für Antike und Christentum*
JAGR	*The Jews among the Greeks and Romans: A Diasporan Sourcebook.* Ed. M. H. Williams (London: Duckworth, 1998)
JB	Jerusalem Bible
JBL	*Journal of Biblical Literature*
JCSD	*Jewish and Christian Self-Definition* (London: SCM). Vol. 1: *The Shaping of Christianity in the Second and Third Centuries.* Ed. E. P. Sanders (1980). Vol. 2: *Aspects of Judaism in the Graeco-Roman Period.* Ed. E. P. Sanders et al. (1981). Vol. 3: *Self-Definition in the Graeco-Roman World.* Ed. B. E. Meyer and E. P. Sanders (1982)
JECS	*Journal of Early Christian Studies*
JETS	*Journal of the Evangelical Theological Society*
JIGRE	*Jewish Inscriptions of Graeco-Roman Egypt.* Ed. W. Horbury and D. Noy (Cambridge: Cambridge University, 1992)
JIWE	*Jewish Inscriptions of Western Europe.* Ed. D. Noy (Cambridge: Cambridge University). Vol. 1: *Italy, Spain and Gaul* (1993). Vol. 2: *The City of Rome* (1995)

JJS	*Journal of Jewish Studies*
JPT	*Journal of Pentecostal Theology*
JQR	*Jewish Quarterly Review*
JR	*Journal of Religion*
JRH	*Journal of Religious History*
JRS	*Journal of Roman Studies*
JSHJ	*Journal for the Study of the Historical Jesus*
JSJ	*Journal for the Study of Judaism*
JSNT	*Journal for the Study of the New Testament*
JSNTS	*JSNT* Supplement Series
JSS	*Journal of Semitic Studies*
JTS	*Journal of Theological Studies*
KAV	Kommentar zu den Apostolischen Vätern
KD	*Kerygma und Dogma*
KEK	Kritisch-exegetischer Kommentar über das Neue Testament. H. A. W. Meyer.
KJV	King James Version, or Authorized Version
LAB	*Les antiquités bibliques.* 2 vols. (Paris: Cerf, 1976)
LBT	Library of Biblical Theology
LCL	Loeb Classical Library
LD	Lectio divina
LNTS	Library of New Testament Studies (incorporating JSNTS)
LS	C. T. Lewis, with C. Short, ed., *A Latin Dictionary* (Oxford: Clarendon, 1879)
LSJ	H. G. Liddell and R. Scott, revised by H. S. Jones, *A Greek-English Lexicon* (Oxford: Clarendon, ^{9}1940); with supplement (1968)
LXX	Septuagint
MM	J. H. Moulton and G. Milligan, *The Vocabulary of the Greek Testament* (London: Hodder, 1930)
ms(s)	manuscript(s)
MTZ	*Münchener theologische Zeitschrift*
NCBC	New Century Bible Commentary

NDIEC	*New Documents Illustrating Early Christianity* (Sydney: Macquarie University/Grand Rapids: Eerdmans). Vols. 1-5, ed. G. H. R. Horsley (1981, 1982, 1983, 1987, 1989). Vols. 6-9, ed. S. R. Llewelyn (1992, 1994, 1998, 2002)
NEB	New English Bible (NT 1961; OT and Apocrypha 1970)
NICNT	New International Commentary on the New Testament
NIDB	*The New Interpreter's Dictionary of the Bible*. Ed. K. D. Sakenfeld. 4 vols. (Nashville: Abingdon, 2006-9)
NIDNTT	*New International Dictionary of New Testament Theology*. Ed. C. Brown. 4 vols. (Grand Rapids: Eerdmans, 1975-85)
NIGTC	New International Greek Testament Commentary
NIV	New International Version (1978)
NJB	New Jerusalem Bible (1985)
NovT	*Novum Testamentum*
NovTSupp	Supplement to *NovT*
NRSV	New Revised Standard Version (1989)
NT	New Testament
NTA	*New Testament Apocrypha*
NTG	New Testament Guides
NTS	*New Testament Studies*
NTTS	New Testament Tools and Studies
OCD^2	*The Oxford Classical Dictionary*. 2nd edition. Ed. N. G. L. Hammond and H. H. Scullard (Oxford: Clarendon, 1970)
OCD^3	*The Oxford Classical Dictionary*. 3rd edition. Ed. S. Hornblower and A. Spawforth (Oxford: Clarendon, 2003)
ODCC	*The Oxford Dictionary of the Christian Church*. Ed. F. L. Cross and E. A. Livingstone. 2nd edition (Oxford: Oxford University, 1983; 3rd edition, 1997)
OT	Old Testament
ÖTKNT	Ökumenischer Taschenbuch-Kommentar zum Neuen Testament
OTP	*The Old Testament Pseudepigrapha*. Ed. J. H. Charlesworth. 2 vols. (London: Darton, 1983-85)

PGL	*Patristic Greek Lexicon.* Ed. G. W. H. Lampe (Oxford: Clarendon, 1968)
PKNT	Papyrologische Kommentare zum Neuen Testament
PL	*Patrologia latina.* Ed. J. Migne
QD	Quaestiones disputatae
RAC	*Reallexikon für Antike und Christentum.* Ed. T. Kluser et al. (Stuttgart, 1950-)
RB	*Revue biblique*
REB	Revised English Bible (1989)
RGG	*Religion in Geschichte und Gegenwart.* 3rd edition. Ed. K. Galling. 7 vols. (Tübingen: Mohr Siebeck, 1957-65)
RHPR	*Revue d'histoire et de philosophie religieuses*
RIDA	*Revue internationale des droits de l'antiquité*
RSV	Revised Standard Version (NT 1946, OT 1952, Apocrypha 1957)
RTR	*Reformed Theological Review*
SBL	Society of Biblical Literature
SBLDS	SBL Dissertation Series
SBLMS	SBL Monograph Series
SBLSBS	SBL Sources for Biblical Study
SBS	Stuttgarter Bibelstudien
Schneemelcher, NTA	W. Schneemelcher and R. M. Wilson, *New Testament Apocrypha* (Cambridge: Clarke). Vol. 1: *Gospels and Related Writings* (revised edition, 1991). Vol. 2: *Writings Related to the Apostles; Apocalypses and Related Subjects* (revised edition, 1992)
Schürer, History	E. Schürer, *The History of the Jewish People in the Age of Jesus Christ,* revised and ed. G. Vermes and F. Millar. 4 vols. (Edinburgh: Clark, 1973-87)
SEÅ	*Svensk exegetisk årsbok*
SJT	*Scottish Journal of Theology*
SNTSBull.	*Society for New Testament Studies Bulletin*
SNTSMS	Society for New Testament Studies Monograph Series
ST	*Studia theologica*

STAC	Studien und Texten zu Antike und Christentum
Str-B H.	Strack and P. Billerbeck, *Kommentar zum Neuen Testament.* 4 vols. (Munich: Beck, 1926-28)
SUNT	Studien zur Umwelt des Neuen Testaments
SWJT	*Southwestern Journal of Theology*
TCNT	Twentieth-Century New Testament
TDGR	Translation Documents of Greece and Rome
TDNT	*Theological Dictionary of the New Testament.* Ed. G. Kittel and G. Friedrich (ET; Grand Rapids: Eerdmans, 1964-76)
TDOT	*Theological Dictionary of the Old Testament.* Ed. G. J. Botterweck and H. Ringgren (ET; Grand Rapids: Eerdmans, 1974-)
THNT	Theologischer Handkommentar zum Neuen Testament
TLZ	*Theologische Literaturzeitung*
TRE	*Theologische Realenzyklopädie*
TSAJ	Texte und Studien zum Antiken Judentum
TynB	*Tyndale Bulletin*
TZ	*Theologische Zeitschrift*
UBS	The United Bible Societies, *The Greek New Testament,* 4th edition. Ed. B. Aland et al. (Stuttgart: Deutsche Bibelgesellschaft, 1993)
UTB	Uni-Taschenbücher
v.l.	*vario lectio,* variant reading
vol(s).	volume(s)
WBC	Word Biblical Commentary
WMANT	Wissenschaftliche Monographien zum Alten und Neuen Testament
WUNT	Wissenschaftliche Untersuchungen zum Neuen Testament
ZKG	*Zeitschrift für Kirchengeschichte*
ZNW	*Zeitschrift für die neutestamentliche Wissenschaft*
ZTK	*Zeitschrift für Theologie und Kirche*

주석

사도행전

Barrett, C. K. *The Acts of the Apostles.* 2 vols. ICC. Edinburgh: Clark, 1994-98.

Boismard, M.-E., and L. Lamouille. *Les Actes des deux apôtres.* 3 vols. EB. Paris: Gabalda, 1990.

Bruce, F. F. *The Acts of the Apostles.* NICNT. Grand Rapids: Eerdmans, 1990, 3rd ed.

_____. *The Book of the Acts.* Grand Rapids: Eerdmans, 1988, 2nd ed.

Conzelmann, H. *Die Apostelgeschichte.* HNT 7. Tübingen: Mohr Siebeck, 1963.

Dunn, J. D. G. *The Acts of the Apostles.* Peterborough: Epworth, 1996.

Fitzmyer, J. A. *The Acts of the Apostles.* AB 31. New York: Doubleday, 1998.

Haenchen, E. *The Acts of the Apostles.* ET Oxford: Blackwell, 1971.

Harnack, A. *Die Apostelgeschichte.* Leipzig: Hinrich, 1908.

Jervell, J. *Die Apostelgeschichte.* KEK. Göttingen: Vandenhoeck und Ruprecht, 1998.

Johnson, L. T. *The Acts of the Apostles.* Collegeville: Liturgical, 1992.

Pesch, R. *Die Apostelgeschichte.* 2 vols. EKK 5. Zürich: Benziger, 1986.

Preuschen, E. *Die Apostelgeschichte.* HNT 4/1. Tübingen: Mohr Siebeck, 1912.

Schille, G. *Die Apostelgeschichte des Lukas.* THNT 5. Berlin: Evangelische, 1983.

Schneider, G. *Die Apostelgeschichte.* 2 vols. HTKNT 5. Freiburg: Herder, 1980-82.

Weiser, A. *Die Apostelgeschichte.* 2 vols. ÖTKNT 5/l. Gütersloh: Gütersloher, 1981-85.

Witherington, B. *The Acts of the Apostles: A Socio-Rhetorical Commentary.* Grand Rapids: Eerdmans, 1998.

로마서

Dunn, J. D. G. *Romans*. WBC 38. Dallas: Word, 1988.

Fitzmyer, J. A. *Romans*. AB 33. New York: Doubleday, 1993.

Haacker, K. *Der Brief des Paulus an die Römer*. THNT 6. Leipzig: Evangelische Verlagsanstalt, 1999.

Jewett, R. *Romans*. Hermeneia. Minneapolis: Fortress, 2007.

Keck, L. E. *Romans*. ANTC. Nashville: Abingdon, 2005.

Lohse, E. *Der Brief an die Römer*. KEK. Göttingen: Vandenhoeck und Ruprecht, 2003.

Moo, D. J. *The Epistle to the Romans*. NICNT. Grand Rapids: Eerdmans, 1996.

Witherington, B. *Paul's Letter to the Romans*. Grand Rapids: Eerdmans, 2004.

Wright, N. T. 'The Letter to the Romans'. In *New Interpreter's Bible*. Vol. 10. Nashville: Abingdon, 2002.

고린도전서

Arzt-Grabner, P., et al. *1 Korinther*. PKNT 2. Göttingen: Vandenhoeck und Ruprecht, 2006.

Barrett, C. K. *1 Corinthians*. BNTC. London: Black, 1968.

Conzelmann, H. *1 Corinthians*. Hermeneia. Philadelphia: Fortress, 1976.

Fee, G. D. *The First Epistle to the Corinthians*. NICNT. Grand Rapids: Eerdmans, 1987.

Lietzmann, H. *Korinther I/II*. HNT 9. Tübingen: Mohr Siebeck, 1949.

Lindemann, A. *Der erste Korintherbrief*. HNT 9/1. Tübingen: Mohr Siebeck, 2000.

Schrage, W. *1 Korinther*. EKK 7/4. Düsseldorf: Benziger, 2001.

Thiselton, A. C. *1 Corinthians*. NIGTC. Grand Rapids: Eerdmans, 2000.

Weiss, J. *1 Korinther*. KEK. Göttingen: Vandenhoeck und Ruprecht, 1910.

Wolff, C. *Der erste Brief des Paulus an die Korinther*. Vol. 2. THNT 7/2. Berlin: Evangelische, 1982.

고린도후서

Barrett, C. K. *2 Corinthians*. BNTC. London: Black, 1973.

Betz, H. D. *2 Corinthians 8 and 9*. Hermeneia. Philadelphia: Fortress, 1985.

Furnish, V. P. *2 Corinthians*. AB 32A. New York: Doubleday, 1984.

Harris, M. J. *2 Corinthians*. NIGTC. Grand Rapids: Eerdmans, 2005.

Thrall, M. *2 Corinthians*. 2 vols. ICC. Edinburgh: Clark, 1994-2000.

갈라디아서

Betz, H. D. *Galatians*. Hermeneia. Philadelphia: Fortress, 1979.

Bruce, F. F. *Commentary on Galatians*. NIGTC. Grand Rapids: Eerdmans, 1982.

Burton, E. de W. *Galatians*. ICC. Edinburgh: Clark, 1921.

Dunn, J. D. G. *Galatians*. BNTC. London: Black, 1993.

Esler, P. F. *Galatians*. London: Routledge, 1998.

Lightfoot, J. B. *Saint Paul's Epistle to the Galatians*. London: Macmillan, 1865.

Longenecker, R. N. *Galatians*. WBC 41. Dallas: Word, 1990.

Martyn, J. L. *Galatians*. AB 33A. New York: Doubleday, 1997.

Mussner, F. *Der Galaterbrief*. HTNT 9. Freiburg: Herder, ³1977.

Ramsay, W. M. *A Historical Commentary on St. Paul's Epistle to the Galatians*. London: Hodder and Stoughton, 1900.

Vouga, F. *An die Galater*. HNT 10. Tübingen: Mohr Siebeck, 1998.

에베소서

Barth, M. *Ephesians*. 2 vols. AB 34, 34A. New York: Doubleday, 1974.

Best, E. *Ephesians*. ICC. Edinburgh: Clark, 1987.

Bruce, F. F. *The Epistles to the Colossians, to Philemon and to the Ephesians*. NICNT. Grand Rapids: Eerdmans, 1984.

Lincoln, A. T. *Ephesians*. WBC 42. Dallas: Word, 1990.

Muddiman, J. *The Epistle to the Ephesians.* BNTC. London: Continuum, 2001.

Schnackenburg, R. *Ephesians.* Edinburgh: Clark, 1991.

빌립보서

Bockmuehl, M. *The Epistle to the Philippians.* BNTC. London: Black, 1997.

Fee, G. D. *Philippians.* NICNT. Grand Rapids: Eerdmans, 1995.

Gnilka, J. *Der Philipperbrief.* HTNT 10/3. Freiburg: Herder, 1976, 2nd ed.

Hawthorne, G. F., and R. P. Martin. *Philippians.* WBC 43. Nashville: Nelson, 2004, 2nd ed.

Lightfoot, J. B. *Philippians.* London: Macmillan, 1878, 4th ed.

O'Brien, P. T. *Philippians.* NIGTC. Grand Rapids: Eerdmans, 1991.

골로새서와 빌레몬서

Barth, M., and H. Blanke. *The Letter to Philemon.* Grand Rapids: Eerdmans, 2000.

Dunn, J. D. G. *The Epistles to the Colossians and to Philemon.* NIGTC. Grand Rapids: Eerdmans, 1996.

Fitzmyer, J. A. *The Letter to Philemon.* AB 34C. New York: Doubleday, 2000.

Hübner, H. *An Philemon; An die Kolosser; An die Epheser.* HNT 12. Tübingen: Mohr Siebeck, 1997.

Lightfoot, J. B. *Colossians and Philemon.* London: Macmillan, 1875, 1879, 3rd ed.

Lohse, E. *Colossians and Philemon.* Hermeneia. Philadelphia: Fortress, 1971.

Martin, R. P. *Colossians and Philemon.* NCBC. London: Marshall, Morgan and Scott, 1973.

Schweizer, E. *The Letter to the Colossians.* London: SPCK, 1982.

Wilson, R. M. *Colossians and Philemon.* ICC. London: Clark International, 2005.

Wolter, M. *Der Brief an die Kolosser; Der Brief an Philemon.* ÖTKNT 12. Gütersloh: Mohn, 1993.

데살로니가전후서

Best, E. *The First and Second Epistles to the Thessalonians.* BNTC. London: Black, 1972.

Holtz, T. *Die erste Brief an die Thessalonicher.* EKK 13. Zürich: Benziger, 1986.

Malherbe, A. J. *The Letters to the Thessalonians.* AB 32B. New York: Doubleday, 2000.

Marshall, I. H. *1 and 2 Thessalonians.* NCBC. London: Marshall, Morgan and Scott, 1983.

Trilling, W. *Der zweite Brief an die Thessalonischer.* EKK 14. Zürich: Benziger, 1980.

Wanamaker, C. A. *1 and 2 Thessalonians.* NIGTC. Grand Rapids: Eerdmans, 1990.

야고보서

Davids, P. *James.* NIGTC. Grand Rapids: Eerdmans, 1982.

Dibelius, M., and H. Greeven. *James.* Hermeneia. Philadelphia: Fortress, 1975.

Johnson, L. T. *The Letter of James.* AB 37A. New York: Doubleday, 1995.

Martin, R. P. *James.* WBC 48. Waco: Word, 1988.

Mayor, J. B. *The Epistle of St. James.* London: Macmillan, 1897, 2nd ed.

Mussner, F. *Der Jakobusbrief.* HTKNT 13/1. Freiburg: Herder, 1975, 3rd ed.

베드로전서

Achtemeier, P. J. *1 Peter.* Hermeneia. Minneapolis: Fortress, 1996.

Brox, N. *Der erste Petrusbrief.* EKK 21. Zürich: Benziger, 1979.

Elliott, J. H. *1 Peter.* AB 37B. New York: Doubleday, 2000.

Goppelt, L. *A Commentary on I Peter.* 1978. Grand Rapids: Eerdmans, 1993.

Selwyn, E. G. *The First Epistle of St. Peter.* London: Macmillan, 1947.

기타 문헌들

Achtemeier, P. J. 'Omne verbum sonat: The New Testament and the Oral Environment of Late Western Antiquity'. *JBL* 109 (1990) 3-27.

_____. *The Quest for Unity in the New Testament Church.* Philadelphia: Fortress, 1987.

Adams, E., and D. G. Horrell, eds. *Christianity at Corinth: The Quest for the Pauline Church.* Louisville: Westminster John Knox, 2004.

Ådna, J. 'James' Position at the Summit Meeting of the Apostles and the Elders in Jerusalem (Acts 15)'. In *The Mission of the Early Church to Jews and Gentiles,* edited by J. Ådna and H. Kvalbein, 125-61. Tübingen: Mohr Siebeck, 2000.

Ådna, J., and H. Kvalbein, eds. *The Mission of the Early Church to Jews and Gentiles.* WUNT 127. Tübingen: Mohr Siebeck, 2000.

Akenson, D. H. *Saint Paul: A Skeleton Key to the Historical Jesus.* New York: Oxford University, 2000.

Aland, K. *Synopsis Quattuor Evangeliorum.* Stuttgart: Württembergische Bibelanstalt, 1964.

Albi, M. C. *'And Scripture Cannot Be Broken': The Form and Function of the Early Christian Testimonia Collections.* NovTSupp 96. Leiden: Brill, 1999.

Aletti, J.-N. 'Romains 4 et Genèse 17. Quelle énigme et quelle solution?' *Biblica* 84 (2003) 305-25.

Alexander, L. C. *Acts in Its Ancient Literary Context: A Classicist Looks at the Acts of the Apostles.* LNTS 298. London: Clark, 2005.

_____. 'Paul and the Hellenistic Schools: The Evidence of Galen'. In *Paul in His Hellenistic Context,* edited by T. Engberg-Pedersen, 60-84. Minneapolis: Fortress, 1995.

_____. 'The Pauline Itinerary and the Archive of Theophanes'. In *The New Testament and Early Christian Literature in Greco-Roman Context,* D. E. Aune FS, edited by J. Fotopoulos, 151-65. Leiden: Brill, 2006.

_____. 'The Preface to Acts and the Historians'. In *History, Literature and Society in the Book of Acts,* edited by B. Witherington, 73-103. Cambridge: Cambridge University, 1996.

_____. *The Preface to Luke's Gospel: Literary Convention and Social Convention in Luke 1.1-4 and Acts 1.1*. SNTSMS 78. Cambridge: Cambridge University, 1993.

_____. 'Reading Luke-Acts from Back to Front'. In *The Unity of Luke-Acts*, edited by J. Verheyden, 419-46. Leuven: Leuven University, 1999.

Alexander, P. S. 'Incantations and Books of Magic'. In Schürer, *History*, 3.342-79.

Allison, D. C. 'The Fiction of James and Its Sitz im Leben'. *RB* 108 (2001) 529-70.

_____. *The Jesus Tradition in Q*. Harrisburg: Trinity, 1997.

Amador, J. D. H. 'Revisiting 2 Corinthians: Rhetoric and the Case for Unity'. *NTS* 46 (2000) 92-111.

Anderson, R. D. *Ancient Rhetorical Theory and Paul*. Kampen: Kok Pharos, 1996.

Applebaum, S. 'The Social and Economic Status of the Jews in the Diaspora'. In *The Jewish People in the First Century*, edited by S. Safrai and M. Stern, 2.701-27. Assen: Van Gorcum, 1976.

Arnold, C. E. *The Colossian Syncretism: The Interface between Christianity and Folk Belief at Colossae*. WUNT 2.77. Tübingen: Mohr Siebeck, 1995.

_____. *Ephesians: Power and Magic*. SNTSMS 63. Cambridge: Cambridge University, 1989.

_____. '"I Am Astonished That You Are So Quickly Turning Away" (Gal. 1.6): Paul and Anatolian Folk Belief'. *NTS* 51 (2005) 429-49.

Ascough, R. S. 'Greco-Roman Philosophic, Religious, and Voluntary Associations'. In *Community Formation in the Early Church and in the Church Today*, edited by R. N. Longenecker, 3-19. Peabody: Hendrickson, 2002.

_____. *Paul's Macedonian Associations*. WUNT 2.161. Tübingen: Mohr Siebeck, 2003.

_____. 'The Thessalonian Christian Community as a Professional Voluntary Association'. *JBL* 119 (2000) 311-28.

_____. 'Translocal Relationships among Voluntary Associations and Early Christianity'. *JECS* 5 (1997) 223-41.

_____. *What Are They Saying about the Formation of Pauline Churches?* New York: Paulist, 1998.

Ashton, J. *The Religion of Paul the Apostle*. New Haven: Yale University, 2000.

Attridge, H. W. 'On Becoming an Angel: Rival Baptismal Theologies at Colossae'. In *Religious Propaganda and Missionary Competition in the New Testament World*,

D. Georgi FS, edited by L. Bormann et al., 481-98. Leiden: Brill, 1994.

Aune, D. E. 'Magic in Early Christianity'. *ANRW* 2.23.2 (1980) 1507-57.

_____. *The New Testament in Its Literary Environment.* Philadelphia: Westminster, 1987.

_____. 'Recent Readings of Paul Relating to Justification by Faith'. In *Rereading Paul Together: Protestant and Catholic Perspectives on Justification,* edited by D. E. Aune, 188-245. Grand Rapids: Baker, 2006.

Aus, R. D. 'Paul's Travel Plans to Spain and the "Full Number" of the Gentiles of Rom. 11.25'. *NovT* 21 (1979) 232-62.

Avemarie, F. *Die Tauferzählungen der Apostelgeschichte.* WUNT 139. Tübingen: Mohr Siebeck, 2002.

Avemarie, F., and H. Lichtenberger, eds. *Auferstehung — Resurrection.* WUNT 135. Tübingen: Mohr Siebeck, 2001.

Badenas, R. *Christ the End of the Law: Romans 10:4 in Pauline Perspective.* JSNTS 10. Sheffield: JSOT, 1985.

Bahr, G. J. 'Paul and Letter Writing in the First Century'. *CBQ* 28 (1966) 465-77.

Baker, M. 'Paul and the Salvation of Israel: Paul's Ministry, the Motif of Jealousy, and Israel's Yes'. *CBQ* 67 (2005) 469-84.

Balch, D. L. '*akribōs...grapsai.* (Luke 1:3)'. In *Jesus and the Heritage of Israel,* edited by D. Moessner, 229-50. Harrisburg: Trinity, 1999.

_____. 'The Areopagus Speech: An Appeal to the Stoic Historian Posidonius against Later Stoics and the Epicureans'. In *Greeks, Romans and Christians,* A. J. Malherbe FS, edited by D. L. Balch et al., 52-79. Minneapolis: Fortress, 1990.

_____. *Let Wives Be Submissive: The Domestic Code in 1 Peter.* Missoula: Scholars, 1981.

_____. 'Rich Pompeiian Houses, Shops for Rent, and the Huge Apartment Buildings in Herculaneum as Typical Spaces for Pauline House Churches'. *JSNT* 27 (2004) 27-46.

_____. 'Stoic Debates about Marriage, Anxiety and Distraction'. *JBL* 102 (1983) 429-39.

Ballhorn, G. 'Die Miletrede — ein Literaturbericht'. In *Das Ende des Paulus,* edited by F. W. Horn, 37-47. Berlin: de Gruyter, 2001.

Bammel, E. 'Galater 1.23'. ZNW 59 (1968) 108-12.

Banks, R. J. Paul's Idea of Community. Exeter: Paternoster, 1980.

_____. 'The Role of Charismatic and Noncharismatic Factors in Determining Paul's Movements in Acts'. In The Holy Spirit and Christian Origins, J. D. G. Dunn FS, edited by G. N. Stanton et al., 117-30. Grand Rapids: Eerdmans, 2004.

Barclay, J. M. G. 'Conflict in Thessalonica'. CBQ 55 (1993) 512-30.

_____. 'Deviance and Apostasy'. In Modelling Early Christianity, edited by P. F. Esler, 114-27. London: Routledge, 1995.

_____. Jews in the Mediterranean Diaspora from Alexander to Trajan (323 BCE-117 CE). Edinburgh: Clark, 1996.

_____. 'Mirror Reading a Polemical Letter: Galatians as a Test Case'. JSNT 31 (1987) 73-93.

_____. Obeying the Truth: A Study of Paul's Ethics in Galatians. Edinburgh: Clark, 1988.

_____. 'Ordinary but Different: Colossians and Hidden Moral Identity'. ABR 49 (2001) 34-52.

_____. 'Paul among Diaspora Jews: Anomaly or Apostate?' JSNT 60 (1995) 89-120.

_____. 'Paul, Philemon and the Dilemma of Christian Slave-Ownership'. NTS 37 (1991) 161-86.

_____. 'Pneumatikos in the Social Dialect of Pauline Christianity'. In The Holy Spirit and Christian Origins, J. D. G. Dunn FS, edited by G. N. Stanton et al., 157-67. Grand Rapids: Eerdmans, 2004.

_____. 'Thessalonica and Corinth: Social Contrasts in Pauline Christianity'. JSNT 47 (1992) 49-74.

Barnes, T. D. 'An Apostle on Trial'. JTS 20 (1969) 407-19.

Barnett, P. The Birth of Christianity: The First Twenty Years. Grand Rapids: Eerdmans, 2005.

_____. Jesus and the Rise of Early Christianity: A History of New Testament Times. Downers Grove: InterVarsity, 1999.

Barrett, C. K. 'The Allegory of Abraham, Sarah, and Hagar in the Argument of Galatians' (1976). In Essays on Paul, 154-70. London: SPCK, 1982.

_____. 'Cephas and Corinth'. In Essays on Paul, 28-39. London: SPCK, 1982.

_____. 'Christocentricity at Antioch'. In *On Paul*, 37-54. London: Clark, 2003.

_____. 'The End of Acts'. In *Geschichte—Tradition—Reflexion*, M. Hengel FS. Vol. 3: *Frühes Christentum*, edited by H. Lichtenberger, 545-55. Tübingen: Mohr Siebeck, 1996.

_____. *Essays on Paul*. London: SPCK, 1982.

_____. *Freedom and Obligation: A Study of the Epistle to the Galatians*. London: SPCK, 1985.

_____. 'The Historicity of Acts'. *JTS* 50 (1999) 515-34.

_____. *Jesus and the Word and Other Essays*. Edinburgh: Clark, 1995.

_____. *Luke the Historian in Recent Study*. London: Epworth, 1961.

_____. *On Paul: Essays on His Life, Work and Influence in the Early Church*. London: Clark, 2003.

_____. 'Paul and Jerusalem'. In *On Paul*, 1-26. London: Clark, 2003.

_____. *Paul: An Introduction to His Thought*. London: Chapman, 1994.

_____. 'Paul: Councils and Controversies'. In M. Hengel and C. K. Barrett, *Conflicts and Challenges in Early Christianity*, 42-74. Harrisburg: Trinity, 1999.

_____. 'Pauline Controversies in the Post-Pauline Period'. *NTS* 20 (1974) 229-45.

_____. 'Paul: Missionary and Theologian'. In *On Paul*, 55-72. London: Clark, 2003.

_____. 'Quomodo historia conscribenda sit'. *NTS* 28 (1982) 303-20.

_____. 'Sectarian Diversity at Corinth'. In *Paul and the Corinthians*, M. Thrall FS, edited by T. J. Burke and J. K. Elliott, 287-302. Leiden: Brill, 2003.

_____. 'Things Sacrificed to Idols'. In *Essays on Paul*, 40-59. London: SPCK, 1982.

_____. 'The Third Gospel as a Preface to Acts? Some Reflections'. In *The Four Gospels*, F. Neirynck FS, edited by F. Van Segbroeck, 2.1451-66. Leuven: Leuven University, 1992.

Bartchy, S. S. 'Community of Goods in Acts: Idealization or Social Reality?' In *The Future of Early Christianity*, H. Koester FS, edited by B. A. Pearson et al., 309-18. Minneapolis: Fortress, 1991.

_____. 'Divine Power, Community Formation, and Leadership in the Acts of the Apostles'. In *Community Formation in the Early Church and in the Church Today*, edited by R. N. Longenecker, 89-104. Peabody: Hendrickson, 2002.

_____. *MALLON CHRĒSAI: First-Century Slavery and the Interpretation of 1 Corinthians*

7.21. SBLDS 11. Missoula: Scholars, 1973.

Barth, M., et al. *Paulus — Apostat oder Apostel?* Regensburg: Pustet, 1977.

Barton, S. C. "'All Things to All People": Paul and the Law in the Light of 1 Corinthians 9.19-23'. In *Paul and the Mosaic Law,* edited by J. D. G. Dunn, 271-85. Tübingen: Mohr Siebeck, 1996.

_____. 'Paul's Sense of Place: An Anthropological Approach to Community Formation in Corinth'. *NTS* 32 (1986) 225-46.

Barton, S. C., and G. H. R. Horsley. 'A Hellenistic Cult Group and the New Testament Churches'. *JAC* 24 (1981) 7-41.

Bash, A. *Ambassadors for Christ: An Exploration of Ambassadorial Language in the New Testament.* WUNT 2.92. Tübingen: Mohr Siebeck, 1997.

Bassler, J. M. *Divine Impartiality: Paul and a Theological Axiom.* SBLDS 59. Chico: Scholars, 1982.

_____. '*Skeuos:* A Modest Proposal for Illuminating Paul's Use of Metaphor in 1 Thessalonians 4:4'. In *The Social World of the First Christians,* W. A. Meeks FS, edited by L. M. White and O. L. Yarbrough, 53-66. Minneapolis: Fortress, 1995.

Bauckham, R. J. 'The Eyewitnesses and the Gospel Tradition'. *JSHJ* 1 (2003) 28-60.

_____. 'For What Offence Was James Put to Death?' In *James the Just,* edited by B. Chilton and C. A. Evans, 199-232. Leiden: Brill, 1999.

_____. *God Crucified: Monotheism and Christology in the New Testament.* Carlisle: Paternoster, 1998.

_____. *Gospel Women: Studies of the Named Women in the Gospels.* Grand Rapids: Eerdmans, 2002.

_____. 'James and Jesus'. In *The Brother of Jesus,* edited by B. Chilton and J. Neusner, 100-137. Louisville: Westminster John Knox, 2001.

_____. 'James and the Gentiles (Acts 15.13-21)'. In *History, Literature and Society in the Book of Acts,* edited by B. Witherington, 154-84. Cambridge: Cambridge University, 1996.

_____. 'James and the Jerusalem Church'. *BAFCS* 4.415-80.

_____. 'James, Peter, and the Gentiles'. In *The Missions of James, Peter, and Paul,* edited by B. Chilton and C. Evans, 91-142. Leiden: Brill, 2005.

_____. *James: Wisdom of James, Disciple of Jesus the Sage.* London: Routledge, 1999.

_____. *Jesus and the Eyewitnesses: The Gospels as Eyewitness Testimony.* Grand Rapids: Eerdmans, 2006.

_____. 'Jesus and the Jerusalem Community'. In *Jewish Believers in Jesus: The Early Centuries,* edited by O. Skarsaune and R. Hvalvik, 55-95. Peabody: Hendrickson, 2007.

_____. *Jude and the Relatives of Jesus in the Early Church.* Edinburgh: Clark, 1990.

_____. 'Kerygmatic Summaries in the Speeches of Acts'. In *History, Literature and Society in the Book of Acts,* edited by B. Witherington, 154-84. Cambridge: Cambridge University, 1996.

_____. 'The Martyrdom of Peter in Early Christian Literature'. *ANRW* 2.26.1 (1992) 539-95.

_____. 'The Parting of the Ways: What Happened and Why'. *ST* 47 (1993) 135-51.

_____, ed. *The Book of Acts in Its Palestinian Setting* (= BAFCS 4). Grand Rapids: Eerdmans, 1995.

Bauer, W. *Orthodoxy and Heresy in Earliest Christianity.* 1934, 1964. ET Philadelphia: Fortress, 1971.

Baur, F. C. 'Die Christuspartei in der Korinthischen Gemeinde, der Gegensatz des petrinischen und paulinischen Christentums in der ältesten Kirche, der Apostel Petrus in Rom'. *Tübinger Zeitschrift für Theologie* 4 (1831) 61-206.

_____. *The Church History of the First Three Centuries.* 1853. ET 2 vols. London: Williams and Norgate, 1878, 1879.

_____. *Paul: The Apostle of Jesus Christ.* 1845. ET 2 vols. London: Williams and Norgate, 1873, 1875.

Beale, G. K. 'Peace and Mercy upon the Israel of God: The Old Testament Background of Galatians 6,16b'. *Biblica* 80 (1999) 204-33.

Beasley-Murray, G. R. *Baptism in the New Testament.* London: Macmillan, 1963.

Beatrice, P. F. 'Apollos of Alexandria and the Origins of the Jewish-Christian Baptist Encratism'. *ANRW* 2.26.2 (1995) 1232-75.

Beattie, G. *Women and Marriage in Paul and His Early Interpreters.* LNTS 296. London: Clark International, 2005.

Becker, E.-M. 'Autobiographisches bei Paulus'. In *Biographie und Persönlichkeit des Paulus,* edited by E.-M. Becker and P. Pilhofer, 67-87. Tübingen: Mohr Siebeck, 2005.

Becker, E.-M., and P. Pilhofer, eds. *Biographie und Persönlichkeit des Paulus.* WUNT 187. Tübingen: Mohr Siebeck, 2005.

Becker, J. 'Paul and His Churches'. In *Christian Beginnings,* edited by J. Becker, 132-210. Louisville: Westminster John Knox, 1993.

_____. *Paul: Apostle to the Gentiles.* Louisville: John Knox, 1993.

_____, ed. *Christian Beginnings: Word and Community from Jesus to Post-apostolic Times.* 1987. Louisville: Westminster John Knox, 1993.

Beckheuer, B. *Paulus und Jerusalem. Kollekte und Mission im theologischen Denken des Heidenapostels.* Frankfurt: Lang, 1997.

Bell, R. H. *Provoked to Jealousy: The Origin and Purpose of the Jealousy Motif in Romans 911.* WUNT 2.63. Tübingen: Mohr Siebeck, 1994.

Bellinger, W. H., and W. R. Farmer, eds. *Jesus and the Suffering Servant: Isaiah 53 and Christian Origins.* Harrisburg: Trinity, 1998.

Ben-Chorin, S. *Paulus. Der Völkerapostel in jüdischer Sicht.* Munich: DTV, 1970.

Bendlin, A. 'Gemeinschaft, Öffentlichkeit und Identität'. In *Religiöse Vereine in der römischen Antike,* edited by U. Egelhaaf-Gaiser and A. Schäfer, 9-40. Tübingen: Mohr Siebeck, 2002.

Ben-Dov, M. *Historical Atlas of Jerusalem.* 2000; New York: Continuum, 2002.

Benko, S. 'The Edict of Claudius of A.D. 49'. *TZ* 25 (1969) 406-18.

_____. 'Pagan Criticism of Christianity During the First Two Centuries'. *ANRW* 2.23.2 (1980) 1055-1118.

Berger, K. 'Almosen für Israel. Zum historischen Kontext der paulinischen Kollekte'. *NTS* 23 (1976-77) 180-204.

_____. *Theologiegeschichte des Urchristentums. Theologie des Neuen Testaments.* Tübingen: Francke, 1994.

_____. 'Volksversammlung und Gemeinde Gottes. Zu den Anfängen der christlichen Verwendung von "Ekklesia"'. *ZTK* 73 (1976) 167-207.

Bernheim, P.-A. *James, Brother of Jesus.* London: SCM, 1997.

Bertone, J. A. *The Law of the Spirit: Experience of the Spirit and Displacement of the Law in Romans 8:1-16.* New York: Lang, 2005.

Best, E. *Paul and His Converts*. Edinburgh: Clark, 1988.

Betz, H. D. 'Paul's Ideas about the Origins of Christianity'. In *Paulinische Studien*, 272-88. Tübingen: Mohr Siebeck.

_____. 'Spirit, Freedom, and Law. Paul's Message to the Galatian Churches'. *SEÅ* 39 (1974) 145-60.

Beyschlag, K. *Simon Magus und die christliche Gnosis*. WUNT 16. Tübingen: Mohr Siebeck, 1974.

Bickerman, E. J. *The Jews in the Greek Age*. Cambridge: Harvard University, 1988.

_____. 'The Name of Christians'. *HTR* 42 (1949) 109-24.

Bieringer, R., ed. *The Corinthian Correspondence*. BETL 125. Leuven: Leuven University, 1996.

Blue, B. 'Acts and the House Church'. *BAFCS* 2.119-222.

Blumenfeld, B. *The Political Paul: Justice, Democracy and Kingship in a Hellenistic Framework*. JSNTS 210. Sheffield: Sheffield Academic, 2001.

Bockmuehl, M. 'Antioch and James the Just'. In *James the Just,* edited by B. Chilton and C. A. Evans, 155-98. Leiden: Brill, 1999.

_____. *Jewish Law in Gentile Churches*. Edinburgh: Clark, 2000.

_____. '1 Thessalonians 2:14-16 and the Church in Jerusalem'. *TynB* 52 (2001) 1-31.

Bockmuehl, M., and D. A. Hagner, eds. *The Written Gospel, G. N. Stanton FS*. Cambridge: Cambridge University, 2005.

Bond, H. K. *Caiaphas: Friend of Rome and Judge of Jesus?* Louisville: Westminster John Knox, 2004.

_____. *Pontius Pilate in History and Interpretation*. SNTSMS 100. Cambridge: Cambridge University, 1998.

Bookidis, N. 'Religion in Corinth: 146 BCE to 100 CE'. In *Urban Religion in Roman Corinth,* edited by D. N. Schowalter and J. Friesen, 141-64. Cambridge: Harvard University, 2005.

_____. 'Ritual Dining at Corinth'. In *Greek Sanctuaries: New Approaches,* edited by N. Marinatos and R. Hogg, 45-61. London: Routledge, 1993.

Borgen, P. 'Catalogues of Vices, the Apostolic Decree, and the Jerusalem Meeting'. In *Early Christianity,* 233-51.

_____. *Early Christianity and Hellenistic Judaism*. Edinburgh: Clark, 1996.

_____. 'Militant and Peaceful Proselytism and Christian Mission'. In *Early Christianity*, 45-69.

_____. '"Yes", "No", "How Far?"': The Participation of Jews and Christians in Pagan Cults'. In *Paul in His Hellenistic Context*, edited by T. Engberg-Pedersen, 30-59. Minneapolis: Fortress, 1995.

Bormann, L. 'Autobiographische Fiktionalität bei Paulus'. In *Biographie und Persönlichkeit des Paulus*, edited by E.-M. Becker and P. Pilhofer, 106-24. Tübingen: Mohr Siebeck, 2005.

_____. *Philippi. Stadt und Christengemeinde zur Zeit des Paulus*. NovTSupp 78. Leiden: Brill, 1995.

Bornkamm, G. 'The Letter to the Romans as Paul's Last Will and Testament'. In *Romans Debate*, edited by K. P. Donfried, 16-28. Peabody: Hendrickson, 1991.

_____. *Paul*. London: Hodder and Stoughton, 1969.

_____. 'Die Vorgeschichte des sogenannten Zweiten Korintherbriefes'. In *Gesammelte Aufsätze*. Vol. 4: *Geschichte und Glaube*, 162-94. Munich: Kaiser, 1971.

Borse, U. *Der Standort des Galaterbriefes*. BBB 41. Cologne/Bern, 1972.

Botermann, H. *Das Judenedikt des Kaisers Claudius. Römischer Staat und Christiani im 1. Jahrhundert*. Stuttgart: Steiner, 1996.

Botha, P. J. J. 'The Verbal Art of the Pauline Letters: Rhetoric, Performance and Presence'. In *Rhetoric and the New Testament*, edited by S. E. Porter and T. H. Olbricht, 409-28. Sheffield: Sheffield Academic, 1993.

Böttrich, C. '"Ihr seid der Tempel Gottes". Tempelmetaphorik und Gemeinde bei Paulus'. In *Gemeinde ohne Tempel / Community without Temple*, edited by B. Ego et al., 411-26. Tübingen: Mohr Siebeck, 1999.

Bousset, W. *Kyrios Christos*. 1913, 1921. ET Nashville: Abingdon, 1970.

Bowker, J. '"Merkabah" Visions and the Visions of Paul'. *JSS* 16 (1971) 157-73.

_____. 'Speeches in Acts: A Study in Proem and Yelammadenu Form'. *NTS* 14 (1967-68) 96-111.

Bowman, J. *Samaritan Documents Relating to Their History, Religion and Life*. Pittsburgh: Pickwick, 1976.

Boyarin, D. *A Radical Jew: Paul and the Politics of Identity*. Berkeley: University of

California, 1994.

Bradshaw, P. F. *Daily Prayer in the Early Church.* London: SPCK, 1981.

_____. *The Search for the Origins of Christian Worship: Sources and Methods for the Study of Early Liturgy.* Oxford: Oxford University, 1992.

Brändle, R., and E. Stegemann. 'The Formation of the First "Christian Congregations" in Rome in the Context of the Jewish Congregations'. In *Judaism and Christianity in First-Century Rome,* edited by K. P. Donfried and P. Richardson, 117-27. Grand Rapids: Eerdmans, 1998.

Brandon, S. G. F. *The Fall of Jerusalem and the Christian Church.* London: SPCK, 1951.

Brawley, R. L. *Luke-Acts and the Jews.* SBLMS 33. Atlanta: Scholars, 1987.

Brehm, H. A. 'The Meaning of *Hellēnistēs* in Acts in Light of a Diachronic Analysis of *helēnizein*'. In *Discourse Analysis and Other Topics in Biblical Greek,* edited by S. E. Porter and D. A. Carson, 180-99. Sheffield: Sheffield Academic, 1995.

_____. 'Vindicating the Rejected One: Stephen's Speech as a Critique of the Jewish Leaders'. In *Early Christian Interpretation of the Scriptures of Israel,* edited by C. A. Evans and J. A. Sanders, 266-99. Sheffield: Sheffield Academic, 1997.

Breytenbach, C. *Paulus und Barnabas in der Provinz Galatien.* AGAJU 38. Leiden: Brill, 1996.

_____. 'Probable Reasons for Paul's Unfruitful Missionary Attempts in Asia Minor (a Note on Acts 16:6-7)'. In *Die Apostelgeschichte und die hellenistische Geschichtsschreibung,* E. Plümacher FS, edited by C. Breytenbach and J. Schröter, 157-69. Leiden: Brill, 2004.

Brooten, B. J. 'Iael prostatēs in the Jewish Donative Inscription from Aphrodisias'. In *The Future of Early Christianity,* H. Koester FS, edited by B. A. Pearson et al., 149-62. Minneapolis: Fortress, 1991.

_____. *Women Leaders in the Ancient Synagogue.* BJS 36. Chico: Scholars, 1982.

Brosend, W. F. 'The Means of Absent Ends'. In *History, Literature and Society in the Book of Acts,* edited by B. Witherington, 348-62. Cambridge: Cambridge University, 1996.

Brown, R. E. 'Further Reflections on the Origins of the Church of Rome'. In *Studies in Paul and John,* J. L. Martyn FS, edited by R. T. Fortna and B. R. Gaventa, 98-115. Nashville: Abingdon, 1990.

_____. *An Introduction to the New Testament*. New York: Doubleday, 1997.

_____. *The Semitic Background of the Term "Mystery" in the New Testament*. FBBS 21. Philadelphia: Fortress, 1968.

Brown, R. E., K. P. Donfried, et al., eds. *Peter in the New Testament*. London: Chapman, 1974.

Brown, R. E., and J. P. Meier. *Antioch and Rome: New Testament Cradles of Catholic Christianity*. London: Chapman, 1983.

Brox, N. *Falsche Verfasserangaben. Zur Erklärung der frühchristlichen Pseudepigrapha*. SBS 79. Stuttgart: Katholisches Bibelwerk, 1975.

Bruce, F. F. *New Testament History*. London: Marshall, Morgan and Scott, 1969.

_____. *Paul: Apostle of the Free Spirit*. Exeter: Paternoster, 1977.

_____. 'The Speeches in Acts — Thirty Years After'. In *Reconciliation and Hope*, L. L. Morris FS, edited by R. J. Banks, 53-68. Exeter: Paternoster, 1974.

Buck, C., and G. Taylor. *Saint Paul: A Study in the Development of His Thought*. New York: Scribner, 1969.

Buckland, W. W. *The Roman Law of Slavery*. Cambridge: Cambridge University, 1908; reprinted, 1970.

Bujard, W. *Stilanalystische Untersuchungen zum Kolosserbrief als Beitrag zur Methodik von Sprachvergleichen*. SUNT 11. Göttingen: Vandenhoeck und Ruprecht, 1975.

Bultmann, R. 'Paul' (1930). In *Existence and Faith*, 130-72. London: Collins, 1964.

_____. *The Theology of the New Testament*. 2 vols. ET London: SCM, 1952, 1955.

Bunine, A. 'La date de la première visite de Paul à Jérusalem'. *RB* 113 (2006) 436-56, 601-22.

Burer, M. H., and D. B. Wallace. 'Was Junia Really an Apostle? A Re-examination of Rom 16.7'. *NTS* 47 (2001) 76-91.

Burfeind, C. 'Paulus muss nach Rom. Zur politischen Dimension der Apostelgeschichte'. *NTS* 46 (2000) 75-91.

Burkert, W. *Ancient Mystery Cults*. Cambridge: Harvard University, 1987.

Burkitt, F. C. *Christian Beginnings*. London: University of London, 1924.

Byrskog, S. *Story as History — History as Story*. WUNT 123. Tübingen: Mohr Siebeck, 2000.

Cadbury, H. J. 'Commentary on the Preface of Luke'. *Beginnings* 2.489-510.

_____. 'The Greek and Jewish Traditions of Writing History'. *Beginnings* 2.7-29.

_____. *The Making of Luke-Acts.* New York: Macmillan, 1927.

_____. 'The Speeches in Acts'. *Beginnings* 5.402-27.

_____. 'The Tradition'. *Beginnings* 2.209-64.

Callan, T. 'Pauline Midrash: The Exegetical Background of Gal. 3.19b'. *JBL* 99 (1980) 549-67.

Calvert-Koyzis, N. *Paul, Monotheism and the People of God: The Significance of Abraham Traditions for Early Judaism and Christianity.* JSNTS 273. London: Clark International, 2004.

Cameron, R., and M. P. Miller. *Redescribing Christian Origins.* Atlanta: SBL, 2004.

Campbell, D. A. 'An Anchor for Pauline Chronology: Paul's Flight from "the Ethnarch of King Aretas" (2 Corinthians 11:32-33)'. *JBL* 121 (2002) 279-302.

_____. 'Paul in Pamphylia (Acts 13.13-14a; 14.24b-26): A Critical Note'. *NTS* 46 (2000) 595-602.

Campbell, R. A. *The Elders: Seniority within Earliest Christianity.* Edinburgh: Clark, 1994.

Campbell, W. S. '"All God's Beloved in Rome!" Jewish Roots and Christian Identity'. In *Celebrating Romans: Template for Pauline Theology,* R. Jewett FS, edited by S. E. McGinn, 67-82. Grand Rapids: Eerdmans, 2004.

_____. *Paul and the Creation of Christian Identity.* LNTS 322. London: Clark, 2006.

_____. 'Romans III as a Key to the Structure and Thought of the Letter'. *NovT* 23 (1981) 22-40.

_____. 'The Rule of Faith in Romans 12:115:13'. In *Pauline Theology.* Vol. 3: *Romans,* edited by D. M. Hay and E. E. Johnson, 259-86. Minneapolis: Fortress, 1995.

Cancik, H. 'The History of Culture, Religion, and Institutions in Ancient Historiography: Philological Observations concerning Luke's History'. *JBL* 116 (1997) 673-95.

Capes, D. B. *Old Testament Yahweh Texts in Paul's Christology.* WUNT 2.47. Tübingen: Mohr Siebeck, 1992.

_____. 'YHWH Texts and Monotheism in Paul's Christology'. In *Early Jewish and Christian Monotheism,* edited by L. T. Stuckenbruck and W. E. S. North, 120-

37. London: Clark International, 2004.

Cappelletti, S. *The Jewish Community of Rome from the Second Century BCE to the Third Century CE.* Leiden: Brill, 2006.

Capper, B. 'Community of Goods in the Early Jerusalem Church'. *ANRW* 2.26.2 (1995) 1730-74.

_____. 'The Palestinian Cultural Context of Earliest Christian Community of Goods'. *BAFCS* 4.323-56.

Caragounis, C. C. *The Ephesian Mysterion: Meaning and Content.* Lund: Gleerup, 1977.

Carleton Paget, J. 'Jewish Christianity'. *CHJ* 3.731-75.

_____. 'Jewish Proselytism at the Time of Christian Origins: Chimera or Reality?' *JSNT* 62 (1996) 65-103.

Carrington, P. *The Primitive Christian Catechism.* Cambridge: Cambridge University, 1940.

Carson, D. A., P. T. O'Brien, and M. A. Seifrid, eds. *Justification and Variegated Nomism: A Fresh Appraisal of Paul and Second Temple Judaism.* Vol. 1: *The Complexities of Second Temple Judaism.* WUNT 2.140. Tübingen: Mohr Siebeck, 2001.

_____, eds. *Justification and Variegated Nomism: A Fresh Appraisal of Paul and Second Temple Judaism.* Vol. 2: *The Paradoxes of Paul.* WUNT 2.181. Tübingen: Mohr Siebeck, 2004.

Carter, T. L. 'The Irony of Romans 13'. *NovT* 46 (2004) 209-28.

Case, S. J. *The Evolution of Early Christianity.* Chicago: University of Chicago, 1914.

Casey, P. M. *From Jewish Prophet to Gentile God: The Origin and Development of New Testament Christology.* Cambridge: Clarke, 1991.

Cassidy, R. J. *Paul in Chains: Roman Imprisonment and the Letters of St. Paul.* New York: Crossroad, 2001.

_____. *Society and Politics in the Acts of the Apostles.* Maryknoll: Orbis, 1988.

Casson, L. *Travel in the Ancient World.* London: Allen and Unwin, 1974.

Catchpole, D. R. 'Paul, James and the Apostolic Decree'. *NTS* 23 (1976-77) 428-44.

Chae, D. J.-S. *Paul as Apostle to the Gentiles: His Apostolic Self-Awareness and Its Influence on the Soteriological Argument in Romans.* Carlisle: Paternoster, 1997.

Chantal, R. *Paul de Tarse en Méditerranée. Recherches autour de la navigation dans l'antiquité (Ac 27-28,16)*. LD 206. Paris: Cerf, 2006.

Chester, A. *Messiah and Exaltation: Jewish Messianic and Visionary Traditions and New Testament Christology*. WUNT 207. Tübingen: Mohr Siebeck, 2007.

Chester, S. J. *Conversion at Corinth: Perspectives on Conversion in Paul's Theology and the Corinthian Church*. London: Clark, 2003.

Chibici-Revneanu, N. 'Ein himmlischer Stehplatz. Die Haltung Jesu in der Stephanusvision (Apg 7.55-56) und ihre Bedeutung'. *NTS* 53 (2007) 459-88.

Chilton, B., and C. A. Evans, eds. *James the Just and Christian Origins*. Leiden: Brill, 1999.

_____, eds. *The Missions of James, Peter, and Paul: Tensions in Early Christianity*. NovTSupp 115. Leiden: Brill, 2005.

Chow, J. K. *Patronage and Power: A Study of Social Networks in Corinth*. JSNTS 75. Sheffield: JSOT, 1992.

Clark, A. C. 'The Role of the Apostles'. In *Witness to the Gospel: The Theology of Acts*, edited by I. H. Marshall and D. Peterson, 169-90. Grand Rapids: Eerdmans, 1998.

Clarke, A. D. 'Rome and Italy'. *BAFCS* 2.455-81.

_____. *Secular and Christian Leadership in Corinth: A Socio-Historical and Exegetical Study of 1 Corinthians 16*. Leiden: Brill, 1993.

_____. *Serve the Community of the Church*. Grand Rapids: Eerdmans, 2000.

Clauss, M. *Kaiser und Gott. Herrscherkult im römischen Reich*. Stuttgart: Teubner, 1999.

Claussen, C. 'Meeting, Community, Synagogue—Different Frameworks of Ancient Jewish Congregations'. In *The Ancient Synagogue from Its Origins until 200 C.E.*, edited by B. Olsson and M. Zetterholm, 144-67. Stockholm: Almqvist and Wiksell, 2003.

_____. *Versammlung, Gemeinde, Synagoge. Das hellenistisch-jüdisch Umfeld der frühchristlichen Gemeinden*. Göttingen: Vandenhoeck und Ruprecht, 2002.

Cohen, S. J. D. 'Adolph Harnack's "The Mission and Expansion of Judaism": Christianity Succeeds Where Judaism Fails'. In *The Future of Early Christianity*, H. Koester FS, edited by B. A. Pearson et al., 163-69.

Minneapolis: Fortress, 1991.

_____. *The Beginnings of Jewishness: Boundaries, Varieties, Uncertainties*. Berkeley: University of California, 1999.

_____. 'Crossing the Boundary and Becoming a Jew' (1989). In *Beginnings of Jewishness*, 140-74.

Collins, J. J. *Between Athens and Jerusalem: Jewish Identity in the Hellenistic Diaspora*. New York: Crossroad, 1983.

_____. 'Cult and Culture: The Limits of Hellenization in Judaea'. In *Hellenism in the Land of Israel*, edited by J. J. Collins and G. E. Sterling, 38-61. Notre Dame: University of Notre Dame, 2001.

_____. *Diakonia: Re-interpreting the Ancient Sources*. Oxford: Oxford University, 1990.

_____. 'A Symbol of Otherness: Circumcision and Salvation in the First Century'. In *'To See Ourselves as Others See Us': Christians, Jews, 'Others' in Late Antiquity*, edited by J. Neusner and E. S. Frerichs, 163-86. Chico: Scholars, 1985.

Collins, R. F. '"I Command That This Letter Be Read": Writing as a Manner of Speaking'. In *The Thessalonian Debate*, edited by K. P. Donfried and J. Beutler, 319-39. Grand Rapids: Eerdmans, 2000.

Colpe, C. 'The Oldest Jewish-Christian Community'. In *Christian Beginnings*, edited by J. Becker, 75-102. Louisville: Westminster John Knox, 1993.

_____. *Die religionsgeschichtliche Schule. Darstellung und Kritik ihres Bildes vom gnostischen Erlösermythus*. Göttingen: Vandenhoeck und Ruprecht. 1961.

Conzelmann, H. *History of Primitive Christianity*. Nashville: Abingdon, 1973.

_____. *The Theology of St. Luke*. 1953, 1957. ET London: Faber and Faber, 1961.

Cook, J. G. 'Pagan Philosophers and 1 Thessalonians'. *NTS* 52 (2006) 514-32.

Coppens, J. '"Mystery" in the Theology of Saint Paul and Its Parallels at Qumran'. In *Paul and the Dead Sea Scrolls*, edited by J. Murphy-O'Connor and J. H. Charlesworth, 132-56. London: Chapman, 1968.

Cosgrove, C. H. *The Cross and the Spirit: A Study in the Argument and Theology of Galatians*. Macon: Mercer University, 1988.

_____. 'Did Paul Value Ethnicity?' *CBQ* 68 (2006) 268-90.

_____. 'A Woman's Unbound Hair in the Greco-Roman World'. *JBL* 124 (2005) 675-

92.

Cotter, W. 'The Collegia and Roman Law: State Restrictions on Voluntary Associations'. In *Voluntary Associations in the Graeco-Roman World,* edited by J. S. Kloppenborg and S. G. Wilson, 74-89. London: Routledge, 1996.

_____. 'Our *Politeuma* Is in Heaven: The Meaning of Philippians 3.17-21'. In *Origins and Method: Towards a New Understanding of Judaism and Christianity,* J. C. Hurd FS, edited by B. H. McLean, 92-104. Sheffield: JSOT, 1993.

Cox, R. *By the Same Word: Creation and Salvation in Hellenistic Judaism and Early Christianity.* BZNW 145. Berlin: de Gruyter, 2007.

Cranford, M. 'Abraham in Romans 4: The Father of All Who Believe'. *NTS* 41 (1995) 71-88.

Crossan, J. D., and J. L. Reed. *In Search of Paul: How Jesus' Apostle Opposed Rome's Empire with God's Kingdom.* San Francisco: HarperSanFrancisco, 2004.

Crossley, J. G. *Why Christianity Happened: A Sociohistorical Account of Christian Origins (26-50 CE).* Louisville: Westminster John Knox, 2006.

Cullmann, O. 'Le caractère eschatologique du devoir missionnaire et de la conscience apostolique de S. Paul. Etude sur le *katechon (-on)* de II Thess. 2.6-7'. *RHPR* 16 (1936) 210-45.

_____. *Christ and Time.* London: SCM, 1962.

_____. *The Earliest Christian Confessions.* London: Lutterworth, 1949.

_____. *Peter: Disciple, Apostle, Martyr.* London: SCM, 1962.

_____. 'Samaria and the Origins of the Christian Mission'. In *The Early Church,* 183-92. London: SCM, 1956.

Cummins, S. A. *Paul and the Crucified Christ in Antioch: Maccabean Martyrdom and Galatians 1 and 2.* SNTSMS 114. Cambridge: Cambridge University, 2001.

Dabourne, W. *Purpose and Cause in Pauline Exegesis.* SNTSMS 104. Cambridge: Cambridge University, 1999.

Dahl, N. A. 'The Crucified Messiah'. In *Jesus the Christ: The Historical Origins of Christological Doctrine,* 27-47. Minneapolis: Fortress, 1991.

_____. 'The Doctrine of Justification: Its Social Function and Implications' (1964). In *Studies in Paul,* 95-120.

_____. 'Euodia and Syntyche and Paul's Letter to the Philippians'. In *The Social*

World of the First Christians, W. A. Meeks FS, edited by L. M. White and O. L. Yarbrough, 3-15. Minneapolis: Fortress, 1995.

_____. 'The Messiahship of Jesus in Paul'. In *Jesus the Christ: The Historical Origins of Christological Doctrine,* ed. D. H. Juel, 15-25. Minneapolis, Fortress. 1991.

_____. 'The Missionary Theology in the Epistle to the Romans'. In *Studies in Paul,* 70-94.

_____. 'Paul and the Church at Corinth according to 1 Corinthians 14'. In *Christian History and Interpretation,* J. Knox FS, edited by W. R. Farmer, et al., 313-35. Cambridge: Cambridge University, 1967.

_____. 'Paul's Letter to the Galatians: Epistolary Genre, Content and Structure'. In *The Galatians Debate,* edited by M. Nanos, 117-42. Peabody: Hendrickson, 2002.

_____. *Studies in Paul: Theology for the Early Christian Mission.* Minneapolis: Augsburg, 1977.

Das, A. A. 'Another Look at *ean mē* in Galatians 2:16'. *JBL* 119 (2000) 529-39.

_____. *Paul and the Jews.* Peabody: Hendrickson, 2003.

_____. *Solving the Romans Debate.* Minneapolis: Fortress, 2007.

Davids, P. H. 'James and Peter: The Literary Evidence'. In *The Missions of James, Peter, and Paul,* edited by B. Chilton and C. Evans, 29-52. Leiden: Brill, 2005.

_____. 'The Test of Wealth'. In *The Missions of James, Peter, and Paul,* edited by B. Chilton and C. Evans, 355-84. Leiden: Brill, 2005.

_____. 'Why Do We Suffer? Suffering in James and Paul'. In *The Missions of James, Peter, and Paul,* edited by B. Chilton and C. Evans, 435-66. Leiden: Brill, 2005.

Davies, J. G. *He Ascended into Heaven.* Bampton Lectures 1958. London: Lutterworth, 1958.

Davies, W. D. *Paul and Rabbinic Judaism.* London: SPCK, 1948, 1981, 4th ed.

_____. 'Paul and the People of Israel'. *NTS* 24 (1977-78) 4-39.

_____. 'Paul: From the Jewish Point of View'. *CHJ* 3.678-730.

Davis, J. A. *Wisdom and Spirit: An Investigation of 1 Corinthians 1.18–3.20 against the Background of Jewish Sapiential Traditions in the Greco-Roman Period.* Lanham: University Press of America, 1984.

de Boer, M. *The Defeat of Death: Apocalyptic Eschatology in 1 Corinthians 15 and*

Romans 5. Sheffield: JSOT, 1988.

Deichgräber, R. *Gotteshymnus und Christushymnus in der frühen Christenheit.* Göttingen: Vandenhoeck und Ruprecht, 1967.

Deissmann, A. *Light from the Ancient East.* London: Hodder and Stoughton, 1927.

_____. *Paul: A Study in Social and Religious History.* New York: Harper Torchbook, 1927.

de Jonge, M. *Christology in Context: The Earliest Christian Response to Jesus.* Philadelphia: Westminster, 1988.

Delling, G. *Worship in the New Testament.* 1952. London: Darton, Longman and Todd, 1962.

Deutschmann, A. *Synagoge und Gemeindebildung. Christliche Gemeinde und Israel am Beispiel von Apg 13,42-52.* BU 30. Regensburg: Pustet, 2001.

Dexinger, F. 'Limits of Tolerance in Judaism: The Samaritan Example'. *JCSD* 2.88-114.

Dibelius, M. *Paul.* Edited and completed by W. G. Kümmel. London: Longmans, 1953.

_____. *Studies in the Acts of the Apostles.* London: SCM, 1956.

Dickson, J. P. *Mission-Commitment in Ancient Judaism and in the Pauline Communities.* WUNT 2.159. Tübingen: Mohr Siebeck, 2003.

Dietzfelbinger, C. *Die Berufung des Paulus als Ursprung seiner Theologie.* WMANT 58. Neukirchen-Vluyn: Neukirchener, 1985.

Dill, S. *Roman Society from Nero to Marcus Aurelius.* London: Macmillan, 1904.

Dittmann-Schöne, I. 'Götterverehrung bei den Berufsvereinen im kaiserzeitlichen Kleinasien'. In *Religiöse Vereine in der römischen Antike,* edited by U. Egelhaaf- Gaiser and A. chäfer, 81-96. Tübingen: Mohr Siebeck, 2002.

Dodd, B. *Paul's Paradigmatic "I": Personal Example as Literary Strategy.* JSNTS 177. Sheffield: Sheffield Academic, 1999.

Dodd, C. H. *The Apostolic Preaching and Its Developments.* London: Hodder and Stoughton, 1936, 1944.

_____. *The Bible and the Greeks.* London: Hodder and Stoughton, 1935.

_____. 'The Framework of the Gospel Narrative'. In *New Testament Studies,* 1-11. Manchester: Manchester University, 1953.

_____. 'The Mind of Paul'. In *New Testament Studies,* 67-128. Manchester:

Manchester University, 1953.

Donaldson, T. L. 'Jewish Christianity and the Sonderweg Reading of Paul'. *JSNT* forthcoming.

_____. *Paul and the Gentiles: Remapping the Apostle's Convictional World.* Minneapolis: Fortress, 1997.

_____. 'Zealot and Convert: The Origin of Paul's Christ-Torah Antithesis'. *CBQ* 51 (1989) 655-82.

Donfried, K. P. 'The Cults of Thessalonica and the Thessalonian Correspondence'. *NTS* 31 (1985) 336-56.

_____. 'The Epistolary and Rhetorical Context of 1 Thessalonians 2:1-12'. In *The Thessalonians Debate,* edited by K. P. Donfried and J. Beutler, 31-60. Grand Rapids: Eerdmans, 2000.

_____. *Paul, Thessalonica and Early Christianity.* London: Clark. 2002.

_____. '2 Thessalonians and the Church of Thessalonica'. In *Paul, Thessalonica,* 49-67.

_____. 'Was Timothy in Athens? Some Exegetical Reflections on 1 Thess. 3.1-3'. In *Paul, Thessalonica,* 209-19.

_____, ed. *The Romans Debate.* Peabody: Hendrickson, 1991.

Donfried, K. P., and J. Beutler, eds. *The Thessalonians Debate: Methodological Discord or Methodological Synthesis?* Grand Rapids: Eerdmans, 2000.

Donfried, K. P., and P. Richardson, eds. *Judaism and Christianity in First-Century Rome.* Grand Rapids: Eerdmans, 1998.

Donne, B. *Christ Ascended: A Study in the Significance of the Ascension of Jesus Christ in the New Testament.* Exeter: Paternoster, 1983.

Doty, W. G. *Letters in Primitive Christianity.* Philadelphia: Fortress, 1973.

Downing, F. G. *The Church and Jesus: A Study in History, Philosophy and History.* London: SCM, 1968.

_____. *Cynics, Paul and the Pauline Churches.* London: Routledge, 1998.

Downs, D. J. 'Paul's Collection and the Book of Acts Revisited'. *NTS* 52 (2006) 50-70.

Dschulnigg, P. *Petrus im Neuen Testament.* Stuttgart: Katholisches Bibelwerk, 1996.

Duff, P. B. 'Metaphor, Motif, and Meaning: The Rhetorical Strategy behind the Image "Led in Triumph" in 2 Corinthians 2:14'. *CBQ* 53 (1991) 79-92.

Duncan, G. S. 'Important Hypotheses Reconsidered VI: Were Paul's Imprisonment Epistles Written from Ephesus?' *ExpT* 67 (1955-56) 163-66.

_____. 'Paul's Ministry in Asia — the Last Phase'. *NTS* 3 (1956-57) 211-18.

_____. *St. Paul's Ephesian Ministry.* London: Hodder and Stoughton, 1929.

Dunn, J. D. G. 'Altering the Default Setting: Re-envisaging the Early Transmission of the Jesus Tradition'. *NTS* 49 (2003) 139-75.

_____. 'The Ascension of Jesus: A Test Case for Hermeneutics'. In *Auferstehung— Resurrection,* edited by F. Avemarie and H. Lichtenberger, 301-22. Tübingen: Mohr Siebeck, 2001.

_____. *Baptism in the Holy Spirit.* London: SCM, 1970.

_____. '"The Body of Christ" in Paul'. In *Worship, Theology and Ministry in the Early Church,* R. P. Martin FS, edited by M. J. Wilkins and T. Paige, 146-62. Sheffield: JSOT, 1992.

_____. 'The Book of Acts as Salvation History'. In *Heil und Geschichte. Die Geschichtsbezogenheit des Heils und das Problem der Heilsgeschichte in der biblischen Tradition und in der theologischen Deutung,* edited by J. Frey, H. Lichtenberger and S. Krauter. Tübingen: Mohr Siebeck, 2009.

_____. 'Boundary Markers in Early Christianity'. In *Gruppenreligionen im römischen Reich,* edited by J. Rüpke, 49-68. Tübingen: Mohr Siebeck, 2007.

_____. *Christology in the Making: A New Testament Inquiry into the Origins of the Doctrine of the Incarnation.* London: SCM/Grand Rapids: Eerdmans, 1980, 1989 (1996), 2nd ed.

_____. *1 Corinthians.* Sheffield: Sheffield Academic, 1995.

_____. 'Did Paul Have a Covenant Theology?' In *The New Perspective on Paul,* ch. 20.

_____. 'Echoes of Intra-Jewish Polemic in Paul's Letter to the Galatians'. *JBL* 112 (1993) 459-77.

_____. '4QMMT and Galatians'. *NTS* 43 (1997) 147-53.

_____. 'The Household Rules in the New Testament'. In *The Family in Theological Perspective,* edited by S. C. Barton, 43-63. Edinburgh: Clark, 1996.

_____. '"How Are the Dead Raised? With What Body Do They Come?" Reflections on 1 Corinthians 15'. *Southwestern Journal of Theology* 45 (2002-3) 4-18.

_____. 'How New Was Paul's Gospel? The Problem of Continuity and Discontinuity'.

In *Gospel in Paul,* R. N. Longenecker FS, edited by L. A. Jervis and P. Richardson, 367-88. Sheffield: Sheffield Academic, 1994.

____. 'Jesus and Ritual Purity: A Study of the Tradition History of Mark 7.15'. In *Jesus, Paul and the Law,* 89-107.

____. *Jesus and the Spirit: A Study of the Religious and Charismatic Experience of Jesus and the First Christians.* London: SCM, 1975.

____. *Jesus, Paul and the Law: Studies in Mark and Galatians.* London: SPCK, 1990.

____. *Jesus Remembered.* Grand Rapids: Eerdmans, 2003.

____. 'The Jew Paul and His Meaning for Israel'. In *Paulinische Christologie. Exegetische Beiträge,* H. Hübner FS, edited by U. Schnelle and T. Söding, 32-46. Göttingen: Vandenhoeck und Ruprecht, 2000.

____. 'KYRIOS in Acts'. In *Jesus Christus als die Mitte der Schrift,* O. Hofius FS, edited by C. Landmesser et al., 363-78. Berlin: de Gruyter, 1997.

____. 'Lightfoot in Retrospect'. In *The Lightfoot Centenary Lectures. To Commemorate the Life and Work of Bishop J. B. Lightfoot (1828-89)* (= *Durham University Journal* 94 [1992]), 71-94.

____. '"A Light to the Gentiles": The Significance of the Damascus Road Christophany for Paul'. In *The Glory of Christ in the New Testament: Studies in Christology,* G. B. Caird FS, edited by L. D. Hurst and N. T. Wright, 251-66. Oxford: Clarendon, 1987.

____. 'Mark 2.13.6: A Bridge between Jesus and Paul on the Question of the Law'. *NTS* 30 (1984) 395-415.

____. 'Matthew's Awareness of Markan Redaction'. In *The Four Gospels,* F. Neirynck FS, edited by F. Van Segbroeck, 1349-59. Leuven: Leuven University, 1992.

____. '"Neither Circumcision Nor Uncircumcision, but..."'. In *The New Perspective on Paul,* ch. 13.

____. *The New Perspective on Paul.* WUNT 185. Tübingen: Mohr Siebeck, 2005; revised, Grand Rapids: Eerdmans, 2007.

____. 'Once More — Gal. 1.18: *historēsai Kēphan'. ZNW* 76 (1985) 138-39.

____. 'On History, Memory and Eyewitnesses: In Response to Bengt Holmberg and Samuel Byrskog'. *JSNT* 26 (2004) 473-87.

____. *The Partings of the Way between Christianity and Judaism and Their*

Significance for the Character of Christianity. London: SCM. 1991, 2006, 2nd ed.

_____. 'Paul: Apostate or Apostle of Israel?' *ZNW* 89 (1998) 256-71.

_____. 'Paul's Conversion—a Light to Twentieth-Century Disputes'. In *Evangelium — Schriftauslegung — Kirche,* P. Stuhlmacher FS, edited by J. Ådna et al., 77-93. Göttingen: Vandenhoeck und Ruprecht, 1997.

_____. 'Paul's Letter to Rome: Reason and Rationale'. In *Logos — Logik — Lyrik. Engagierte exegetische Studien zum biblischen Reden Gottes,* K. Haacker FS, edited by V. A. Lehnert and U. Rüsen-Weinhold, 185-200. Leipzig: Evangelische Verlagsanstalt, 2007.

_____. 'Q1 as Oral Tradition'. In *The Written Gospel,* G. N. Stanton FS, edited by M. Bockmuehl and D. A. Hagner, 45-69. Cambridge: Cambridge University, 2005.

_____. 'The Question of Antisemitism in the New Testament'. In *Jews and Christians: The Parting of the Ways AD 70 to 135,* edited by J. D. G. Dunn, 177-212. Tübingen: Mohr Siebeck, 1992.

_____. 'The Relationship between Paul and Jerusalem according to Galatians 1 and 2'. *NTS* 28 (1982) 461-78.

_____. 'Social Memory and the Oral Jesus Tradition'. In *Memory in the Bible and Antiquity,* edited by L. T. Stuckenbruck et al., 179-94. Tübingen: Mohr Siebeck, 2007.

_____. *The Theology of Paul's Letter to the Galatians.* Cambridge: Cambridge University, 1993.

_____. *The Theology of Paul the Apostle.* Grand Rapids: Eerdmans, 1998.

_____. 'Towards the Spirit of Christ: The Emergence of the Distinctive Features of Christian Pneumatology'. In *The Work of the Spirit: Pneumatology and Pentecostalism,* edited by M. Welker, 3-26. Grand Rapids: Eerdmans, 2006.

_____. *Unity and Diversity in the New Testament: An Inquiry into the Character of Earliest Christianity.* London: SCM, 1977, 1990, 2006, 3rd ed.

_____. 'Who Did Paul Think He Was? A Study of Jewish Christian Identity'. *NTS* 45 (1999) 174-93.

_____, ed. *The Cambridge Companion to St. Paul.* Cambridge: Cambridge University,

2003.

_____, ed. *Paul and the Mosaic Law.* WUNT 89. Tübingen: Mohr Siebeck, 1996.

Dupont, J. 'Ascension du Christ et don de l'Esprit d'après Actes 2:33'. In *Christ and Spirit in the New Testament,* C. F. D. Moule FS, edited by B. Lindars and S. S. Smalley, 219-28. Cambridge: Cambridge University, 1973.

_____. 'The First Christian Pentecost'. In *The Salvation of the Gentiles: Studies in the Acts of the Apostles,* 35-59. 1967. ET New York: Paulist, 1979.

_____. 'La nouvelle Pentecôte (Ac 2,1-11). Fête de la Pentecôte'. In *Nouvelles études sur les Actes des Apôtres,* 193-98. Paris: Cerf, 1984.

_____. *The Sources of Acts: The Present Position.* London: Darton, Longman and Todd, 1964.

du Toit, A. 'Encountering Grace: Towards Understanding the Essence of Paul's Conversion Experience'. In *Focusing on Paul,* 57-75.

_____. *Focusing on Paul: Persuasion and Theological Design in Romans and Galatians.* BZNW 151. Berlin: de Gruyter, 2007.

_____. '"God's Beloved in Rome" (Rom 1:7). The Genesis and Socio-Economic Situation of the First Generation Christian Community in Rome'. In *Focusing on Paul,* 179-202.

_____. '"In Christ", "in the Spirit" and Related Prepositional Phrases: Their Relevance for a Discussion on Pauline Mysticism'. In *Focusing on Paul,* 129-45.

_____. 'A Tale of Two Cities: "Tarsus or Jerusalem" Revisited'. *NTS* 46 (2000) 375-402.

Ebel, E. *Die Attraktivität früher christlicher Gemeinden.* WUNT 2.178. Tübingen: Mohr Siebeck, 2004.

Ebner, M. *Leidenslisten und Apostelbrief. Untersuchungen zu Form, Motivik und Funktion der Peristasenkataloge bei Paulus.* Würzburg: Echter, 1991.

Edson, C. 'Cults of Thessalonica'. *HTR* 41 (1948) 153-204.

Egelhaaf-Gaiser, U., and A. Schäfer, eds. *Religiöse Vereine in der römischen Antike.* STAC 13. Tübingen: Mohr Siebeck, 2002.

Ego, B. 'Abraham als Urbild der Toratreue Israels. Traditionsgeschichtliche Überlegungen zu einem Aspekt des biblischen Abrahambildes'. In *Bund und Tora. Zur theologischen Begriffsgeschichte in alttestamentlicher, frühjüdischer und urchristlicher Tradition,* edited by F. Avemarie and H. Lichtenberger, 25-40. Tübingen: Mohr Siebeck, 1996.

Elliott, J. H. *A Home for the Homeless: A Sociological Exegesis of 1 Peter, Its Situation and Strategy.* 1981. Minneapolis: Fortress, 1990.

_____. 'The Jewish Messianic Movement'. In *Modelling Early Christianity,* edited by P. F. Esler, 75-95. London: Routledge, 1995.

Elliott, N. *Liberating Paul: The Justice of God and the Politics of the Apostle.* Maryknoll: Orbis, 1994.

_____. 'Romans 13:1-7 in the Context of Imperial Propaganda'. In *Paul and Empire,* edited by G. H. R. Horsley, 184-204. Harrisburg: Trinity, 1997.

Elliott, S. *Cutting Too Close for Comfort: Paul's Letter to the Galatians in Its Anatolian Cultic Context.* JSNTS 248. London: Clark, 2003.

Elliott-Binns, L. E. *Galilean Christianity.* London: SCM, 1956.

Ellis, E. E. '"The End of the Earth" (Acts 1:8)'. *BBR* 1 (1991) 123-32.

_____. *The Making of the New Testament Documents.* Leiden: Brill, 1999.

_____. *Paul's Use of the Old Testament.* Grand Rapids: Eerdmans, 1957.

Engberg-Pedersen, T., ed. *Paul beyond the Judaism/Hellenism Divide.* Louisville: Westminster John Knox, 2001.

_____, ed. *Paul in His Hellenistic Context.* Minneapolis: Fortress, 1995.

Epp, E. J. *Junia: The First Woman Apostle.* Minneapolis: Fortress, 2005.

_____. 'New Testament Papyrus Manuscripts and Letter Carrying in Greco-Roman Times'. In *The Future of Early Christianity,* H. Koester FS, edited by B. A. Pearson et al., 35-56. Minneapolis: Fortress, 1991.

Esler, P. F. 'Ancient Oleiculture and Ethnic Differentiation: The Meaning of the Olive-Tree Image in Romans 11'. *JSNT* 26 (2003) 103-24.

_____. *Community and Gospel in Luke-Acts: The Social and Political Motivations of Lucan Theology.* SNTSMS 57. Cambridge: Cambridge University, 1987.

_____. *Conflict and Identity in Romans: The Social Setting of Paul's Letter.* Minneapolis: Fortress, 2003.

_____. 'Making and Breaking an Agreement Mediterranean Style: A New Reading of Galatians 2:1-14'. *BibInt* 3 (1995) 285-314.

_____, ed. *Modelling Early Christianity: Social-Scientific Studies of the New Testament in Its Context.* London: Routledge, 1995.

Evans, C. A. 'Comparing Judaisms: Qumranic, Rabbinic, and Jacobean Judaisms Compared'. In *The Brother of Jesus,* edited by B. Chilton and J. Neusner, 161-83. Louisville: Westminster John Knox, 2001.

_____. 'Jesus and James: Martyrs of the Temple'. In *James the Just,* edited by B. Chilton and C. A. Evans, 233-49. Leiden: Brill, 1999.

_____. *Jesus and the Ossuaries.* Waco: Baylor University, 2003.

_____. 'Paul and "Works of Law" Language in Late Antiquity'. In *Paul and His Opponents,* edited by S. E. Porter, 201-26. Leiden: Brill, 2005.

Evans, C. F. 'The Kerygma'. *JTS* 7 (1956) 25-41.

Fairchild, M. R. 'Paul's Pre-Christian Zealot Associations: A Re-examination of Gal. 1.14 and Acts 22.3'. *NTS* 45 (1999) 514-32.

Falk, D. K. 'Jewish Prayer Literature and the Jerusalem Church in Acts'. *BAFCS* 4.267-301.

Farmer, W. R. 'James the Lord's Brother, according to Paul'. In *James the Just,* edited by B. Chilton and C. A. Evans, 133-53. Leiden: Brill, 1999.

Fee, G. D. '1 Corinthians 7:1-7 Revisited'. In *Paul and the Corinthians,* M. Thrall FS, edited by T. J. Burke and J. K. Elliott, 197-213. Leiden: Brill, 2003.

_____. *God's Empowering Presence: The Holy Spirit in the Letters of Paul.* Peabody: Hendrickson, 1994.

_____. *Pauline Christology: An Exegetical-Theological Study.* Peabody: Hendrickson, 2007.

_____. 'Paul's Conversion as Key to His Understanding of the Spirit'. In *The Road from Damascus,* edited by R. N. Longenecker, 166-83. Grand Rapids: Eerdmans, 1997.

Feldman, L. H. *Jew and Gentile in the Ancient World: Attitudes and Interactions from Alexander to Justinian.* Princeton: Princeton University, 1993.

_____. 'Reflections on Rutgers's "Attitudes to Judaism in the Greco-Roman Period"'. *JQR* 86 (1996) 153-70.

Feldman, L. H., and M. Reinhold, eds. *Jewish Life and Thought among the Greeks and Romans: Primary Readings.* Minneapolis: Fortress, 1996.

Feldmeier, R. *Die Christen als Fremde. Die Metapher der Fremde in der antiken Welt, im Urchristentum and im 1. Petrusbrief.* WUNT 64. Tübingen: Mohr Siebeck, 1992.

Fellows, R. G. 'Renaming in Paul's Churches: The Case of Crispus-Sosthenes Revisited'. *TynB* 56 (2005) 111-30.

Ferguson, E. *Backgrounds of Early Christianity.* Grand Rapids: Eerdmans, 1993, 2nd ed.

Fieger, M. *Im Schatten der Artemis. Glaube und Ungehorsam in Ephesus.* Bern: Lang, 1998.

Fiensy, D. A. 'The Composition of the Jerusalem Church'. *BAFCS* 4.213-36.

Filson, F. V. *A New Testament History.* London: SCM, 1965.

Schüssler Fiorenza, E. S. *In Memory of Her: A Feminist Theological Reconstruction of Christian Origins.* London: SCM, 1983.

Fitzmyer, J. A. 'The Authorship of Luke-Acts Reconsidered'. In *Luke the Theologian: Aspects of His Teaching,* 1-26. London: Chapman, 1989.

_____. 'The Designations of Christians in Acts and Their Significance'. In Commission Biblique Pontificale, *Unité et diversité dans l'église,* 223-36. Rome: Libreria Editrice Vaticana, 1989.

Foley, J. M. *Immanent Art: From Structure to Meaning in Traditional Oral Epic.* Bloomington: Indiana University, 1991.

Forbes, C. 'Comparison, Self-Praise and Irony: Paul's Boasting and Conventions of Hellenistic Rhetoric'. *NTS* 32 (1986) 1-30.

Fornara, C. W. *The Nature of History in Ancient Greece and Rome.* Berkeley: University of California, 1983.

Fossum, J. E. *The Name of God and the Angel of the Lord: Samaritan and Jewish Concepts of Intermediation and the Origin of Gnosticism.* WUNT 36. Tübingen: Mohr Siebeck, 1985.

Francis, F. O., and W. A. Meeks. *Conflict at Colossae.* Missoula: Scholars, 1973.

Frankemölle, H. *Frühjudentum und Urchristentum. Vorgeschichte-Verlauf-Auswirkungen (4. Jahrhundert v. Chr. bis 4. Jahrhundert n. Chr.).* Stuttgart: Kohlhammer, 2006.

_____. 'Das semantische Netz des Jakobusbriefes. Zur Einheit eines umstrittenen Briefes'. *BZ* 34 (1990) 161-97.

Fredriksen, P. *From Jesus to Christ: The Origins of the New Testament Images of Jesus.* New Haven: Yale University, 1988.

_____. 'Judaism, the Circumcision of Gentiles, and Apocalyptic Hope: Another Look at Galatians 1 and 2'. *JTS* 42 (1991) 532-64.

French, D. H. 'Acts and the Roman Roads of Asia Minor'. *BAFCS* 2.49-58.

_____. 'The Roman Road-System of Asia Minor'. *ANRW* 2.7.2 (1980) 698-729.

Frenschkowski, M. 'Galiläa oder Jerusalem? Die topographischen und politischen Hintergründe der Logienquelle'. In *The Sayings Source Q and the Historical Jesus,* edited by A. Lindemann, 535-59. Leuven: Leuven University, 2001.

Frey, J. 'Paulus und die Apostel. Zur Entwicklung des paulinischen Apostelbegriffs und zum Verhältnis des Heidenapostels zu seinen "Kollegen"'. In *Biographie und Persönlichkeit des Paulus,* edited by E.-M. Becker and P. Pilhofer, 192-227. Tübingen: Mohr Siebeck, 2005.

Fridrichsen, A. *The Apostle and His Message.* Uppsala, 1947.

_____. 'Der wahre Jude und sein Loeb. Röm. 2.28f.'. *Symbolae Arctoae* 1 (1927) 39-49.

Friedrich, J., W. Pöhlmann, et al. 'Zur historischen Situation und Intention von Römer 13,1-7'. *ZTK* 73 (1976) 131-66.

Friesen, S. J. *Twice Neokoros: Ephesus, Asia and the Cult of the Flavian Imperial Family.* Leiden: Brill, 1993.

Fuller, M. E. *The Restoration of Israel: Israel's Re-gathering and the Fate of the Nations in Early Jewish Literature and Luke-Acts.* BZNW 138. Berlin: de Gruyter, 2006.

Fuller, R. H. *The Foundations of New Testament Christology.* London: Lutterworth, 1965.

Funk, R. W., and R. W. Hoover. *The Five Gospels: The Search for the Authentic Words of Jesus.* New York: Macmillan/Polebridge, 1993.

Furnish, V. P. *The Theology of the First Letter to the Corinthians.* Cambridge: Cambridge University, 1999.

Fusco, V. 'La discussione sul protocattolicesimo nel Nuovo Testamento. Un capitolo di storia dell'esegesi'. *ANRW* 2.26.2 (1995) 1645-91.

Gager, J. G. *Reinventing Paul.* New York: Oxford University, 2000.

_____. 'Some Notes on Paul's Conversion'. *NTS* 27 (1981) 697-704.

Gagnon, R. A. J. 'Why the "Weak" at Rome Cannot Be Non-Christian Jews'. *CBQ* 62

(2000) 64-82.

Gamble, H. Y. *Books and Readers in the Early Church: A History of Early Christian Texts.* New Haven: Yale University, 1995.

_____. *The Textual History of the Letter to the Romans.* Grand Rapids: Eerdmans, 1977.

Garnsey, P. *Social Status and Legal Privilege in the Roman Empire.* Oxford: Clarendon, 1970.

Garnsey, P., and R. Saller. *The Roman Empire: Economy, Society and Culture.* Berkeley: University of California, 1987.

Garrett, S. R. *The Demise of the Devil: Magic and the Demonic in Luke's Writings.* Minneapolis: Fortress, 1989.

Garrison, R. *Redemptive Almsgiving in Early Christianity.* JSNTS 77. Sheffield: JSOT, 1993.

Gärtner, B. *The Areopagus Speech and Natural Revelation.* Uppsala: Almqvist and Wiksell, 1955.

Gasque, W. W. *A History of the Criticism of the Acts of the Apostles.* Tübingen: Mohr Siebeck, 1975.

Gathercole, S. J. 'The Petrine and Pauline Sola Fide in Galatians 2'. In *Lutherische und Neue Paulusperspektive,* edited by M. Bachmann, 309-27. Tübingen: Mohr Siebeck, 2005.

_____. *Where Is Boasting? Early Jewish Soteriology and Paul's Response in Romans 15.* Grand Rapids: Eerdmans, 2002.

Gaventa, B. R. *From Darkness to Light: Aspects of Conversion in the New Testament.* Philadelphia: Fortress, 1986.

_____. 'The Maternity of Paul: An Exegetical Study of Galatians 4.19'. In *Studies in Paul and John, J. L. Martyn FS,* edited by R. T. Fortna and B. R. Gaventa, 189-201. Nashville: Abingdon, 1990.

Gayer, R. *Die Stellung des Sklaven in den paulinischen Gemeinden und bei Paulus.* Bern: Lang, 1976.

Gehring, R. W. *House Church and Mission.* Peabody: Hendrickson, 2004.

Gempf, C. 'Before Paul Arrived in Corinth: The Mission Strategies in 1 Corinthians 2:2 and Acts 17'. In *The New Testament in Its First-Century Setting,* B. W.

Winter FS, edited by P. J. Williams et al., 126-42. Grand Rapids: Eerdmans, 2004.

_____. 'Public Speaking and Published Accounts'. *BAFCS* 1.259-303.

Georgi, D. *The Opponents of Paul in Second Corinthians*. Philadelphia: Fortress, 1986.

_____. *Remembering the Poor: The History of Paul's Collection for Jerusalem*. 1965. ET Nashville: Abingdon, 1992.

_____. *Theocracy in Paul's Praxis and Theology*. Minneapolis: Fortress, 1991.

Gerhardsson, B. 'The Secret of the Transmission of the Unwritten Jesus Tradition'. *NTS* 51 (2005) 1-18.

Gilbert, G. 'The List of Nations in Acts 2: Roman Propaganda and the Lukan Response'. *JBL* 121 (2002) 497-529.

Gilchrist, J. M. 'The Historicity of Paul's Shipwreck'. *JSNT* 61 (1996) 29-51.

Gill, D. W. J. 'Achaia'. *BAFCS* 2.433-53.

_____. 'Acts and Roman Policy in Judaea'. *BAFCS* 4.15-26.

_____. 'Acts and Roman Religion: Religion in a Local Setting'. *BAFCS* 2.80-92.

_____. 'Acts and the Urban Elites'. *BAFCS* 2.105-18.

_____. 'The Meat-Market at Corinth (1 Corinthians 10:25)'. *TynB* 43 (1992) 389-93.

Glancy, J. A. *Slavery in Early Christianity*. Oxford: Oxford University, 2002.

Gnilka, J. *Die frühen Christen. Ursprünge und Anfang der Kirche*. Freiburg: Herder, 1999.

_____. *Paulus von Tarsus. Zeuge und Apostel*. Freiburg: Herder, 1996.

Goguel, M. *The Birth of Christianity*. London: George Allen and Unwin, 1953.

Gooch, P. D. *Dangerous Food: 1 Corinthians 810 in Its Context*. Waterloo: Wilfrid Laurier University, 1993.

Goodenough, S. *Citizens of Rome*. London: Hamlyn, 1979.

Gooder, P. R. *Only the Third Heaven? 2 Corinthians 12.1-10 and Heavenly Ascent*. LNTS 313. London: Clark, 2006.

Goodman, M. *Judaism in the Roman World: Collected Essays*. Leiden: Brill, 2007.

_____. *Mission and Conversion: Proselytizing in the Religious History of the Roman Empire*. Oxford: Clarendon, 1994.

_____. 'The Persecution of Paul by Diaspora Jews'. In *Judaism in the Roman World*, 145-52.

_____. *Rome and Jerusalem: The Clash of Civilizations.* London: Penguin, 2007.

_____. *The Ruling Class of Judaea: The Origins of the Jewish Revolt against Rome AD 66-70.* Cambridge: Cambridge University, 1987.

Goppelt, L. *Apostolic and Post-apostolic Times.* London: Black, 1970.

Gorman, M. J. *Cruciformity: Paul's Narrative Spirituality of the Cross.* Grand Rapids: Eerdmans, 2001.

Goulder, M. D. 'Did Peter Ever Go to Rome?' *SJT* 57 (2004) 377-96.

_____. 'The Jewish-Christian Mission, 30-130'. *ANRW* 2.26.3 (1996) 1979-2037.

_____. *Paul and the Competing Mission in Corinth.* Peabody: Hendrickson, 2001.

_____. *A Tale of Two Missions.* London: SCM, 1994.

_____. *Type and History in Acts.* London: SPCK, 1964.

Grant, M. *Saint Paul: The Man.* Glasgow: Collins Fount, 1978.

Grant, R. M. *Paul in the Roman World: The Conflict at Corinth.* Louisville: Westminster John Knox, 2001.

Grappe, C. 'Qui me délivrera de ce corps de mort? L'Esprit de vie! Romains 7,24 et 8,2 comme éléments de typologie adamique'. *Biblica* 83 (2002) 472-92.

Gray, P. 'Points and Lines: Thematic Parallelism in the Letter of James and the Testament of Job'. *NTS* 50 (2004) 406-24.

Green, J. B. *The Death of Jesus.* WUNT 2.33. Tübingen: Mohr Siebeck, 1988.

_____. 'Internal Repetition in Luke-Acts: Contemporary Narratology and Lucan Historiography'. In *History, Literature and Society in the Book of Acts,* edited by B. Witherington, 283-99. Cambridge: Cambridge University, 1996.

Green, M. *Evangelism in the Early Church.* Grand Rapids: Eerdmans, 1970, 2003.

Gregory, A. *The Reception of Luke and Acts in the Period before Irenaeus.* WUNT 2.169. Tübingen: Mohr Siebeck, 2003.

Gregory, A., and C. Tuckett, eds. *The Reception of the New Testament in the Apostolic Fathers.* Oxford: Oxford University, 2005.

_____, eds. *Trajectories through the New Testament and the Apostolic Fathers.* Oxford: Oxford University, 2005.

Grindheim, S. 'Apostate Turned Prophet: Paul's Prophetic Self-Understanding, with Special Reference to Galatians 3.10-12'. *NTS* 53 (2007) 545-65.

_____. 'The Law Kills but the Gospel Gives Life: The Letter-Spirit Dualism in 2

Corinthians 3.5-18'. *JSNT* 84 (2001) 97-115.

Gruen, E. S. *Diaspora: Jews amidst Greeks and Romans.* Cambridge: Harvard University, 2002.

Gunkel, H. *Die Wirkungen des Heiligen Geistes nach der populären Anschauung der apostolischen Zeit und der Lehre des Apostels.* Göttingen: Vandenhoeck und uprecht, 1888.

_____. *Zum religionsgeschichtlichen Verständnis des Neuen Testaments.* Göttingen: Vandenhoeck und Rupecht, 1903.

Günther, M. *Die Frühgeschichte des Christentum in Ephesus.* Frankfurt: Lang, 1998.

Haacker, K. 'Paul's Life'. In *The Cambridge Companion to St. Paul,* edited by J. D. G. Dunn, 19-33. Cambridge: Cambridge University, 2003.

_____. 'Die Stellung des Stephanus in der Geschichte des Urchristentums'. *ANRW* 2.26.2 (1995) 1515-53.

_____. *The Theology of Paul's Letter to the Romans.* Cambridge: Cambridge University, 2003.

_____. *Der Werdegang eines Apostels.* SBS 171. Stuttgart: KBW, 1997.

Haenchen, E. 'The Book of Acts as Source Material for the History of Early Christianity'. In *Studies in Luke Acts,* edited by L. E. Keck and J. L. Martyn, 258-78. Nashville: Abingdon, 1966.

Hafemann, S. 'The Role of Suffering in the Mission of Paul'. In *The Mission of the Early Church,* edited by J. Ådna and H. Kvalbein, 165-84. Tübingen: Mohr Siebeck, 2000.

_____. *Suffering and the Spirit: An Exegetical Study of 2 Cor. 2:14-3:3.* WUNT 2.19. Tübingen: Mohr Siebeck, 1986.

Hagner, D. A. 'Paul as a Jewish Believer—according to His Letters'. In *Jewish Believers in Jesus: The Early Centuries,* edited by O. Skarsaune and R. Hvalvik, 96-120. Peabody: Hendrickson, 2007.

Hahn, F. *Christologische Hoheitstitel.* Göttingen: Vandenhoeck und Ruprecht, 1963, 1995, 5th ed. ET *The Titles of Jesus in Christology.* London: Lutterworth, 1969.

_____. *Mission in the New Testament.* London: SCM, 1965.

Hainz, J. *Ekklesia. Strukturen paulinischer Gemeinde-Theologie und Gemeinde-Ordnung.* Regensburg: Pustet, 1972.

_____. 'KOINONIA bei Paulus'. In _Religious Propaganda and Missionary Competition in the New Testament World_, D. Georgi FS, edited by L. Bormann et al., 375-91. Leiden: Brill, 1994.

Hansen, G. W. _Abraham in Galatians: Epistolary and Rhetorical Contexts_. JSNTS 29. Sheffield: Sheffield Academic, 1989.

_____. 'The Preaching and Defence of Paul'. In _Witness to the Gospel: The Theology of Acts_, edited by I. H. Marshall and D. Peterson, 295-324. Grand Rapids: Eerdmans, 1998.

Hardin, J. K. 'Decrees and Drachmas at Thessalonica: An Illegal Assembly in Jason's House (Acts 17.1-10a)'. _NTS_ 52 (2006) 29-49.

Harill, J. A. 'Paul and Slavery'. In _Paul in the Greco-Roman World_, edited by J. P. Sampley, 575-607. Harrisburg: Trinity, 2003.

Harland, P. A. _Associations, Synagogues, and Congregations_. Minneapolis: Fortress, 2003.

_____. 'Familial Dimensions of Group Identity II: "Mothers" and "Fathers" in Associations and Synagogues of the Greek World'. _JSJ_ 38 (2007) 57-79.

Harnack, A. _Die Briefsammlung des Apostels Paulus_. Leipzig: Hinrichs, 1926.

_____. _The Constitution and Law of the Church in the First Two Centuries_. London: Williams and Norgate, 1910.

_____. _The Date of the Acts and of the Synoptic Gospels_. London: Williams and Norgate, 1911.

_____. _History of Dogma_. Vol. 1, 1886. ET 1894. New York: Dover, 1961.

_____. _Luke the Physician: The Author of the Third Gospel and the Acts of the Apostles_. London: Williams and Norgate, 1907.

_____. _The Mission and Expansion of Christianity in the First Three Centuries_. London: Williams and Norgate/New York: Harper Torchbook, 1908, 1962.

_____. _What Is Christianity?_ 1900. ET London: Williams and Norgate, 1901, 1904, 3rd ed.

Harris, M. J. _Raised Immortal: Resurrection and Immortality in the New Testament_. Grand Rapids: Eerdmans, 1985.

Harrison, J. R. 'Paul and the Imperial Gospel at Thessaloniki'. _JSNT_ 25 (2002) 71-96.

Hartin, P. J. _James and the Q Sayings of Jesus_. JSNTS 47. Sheffield: Sheffield Academic,

1991.

Hartman, L. 'Into the Name of the Lord Jesus': Baptism in the Early Church. Edinburgh: Clark, 1997.

Harvey, A. E. 'Forty Strokes save One: Social Aspects of Judaizing and Apostasy'. In Alternative Approaches to New Testament Study, edited by A. E. Harvey, 79-96. London: SCM, 1985.

_____. Renewal through Suffering: A Study of 2 Corinthians. Edinburgh: Clark, 1996.

Hatch, E. The Organization of the Early Christian Churches. London: Longmans, 1888.

Hay, D. M. Glory at the Right Hand: Psalm 110 in Early Christianity. SBLMS 18. Nashville: Abingdon, 1973.

_____. 'Paul's Understanding of Faith as Participation'. In Paul and His Theology, edited by S. E. Porter, 45-76. Leiden: Brill, 2006.

Hays, R. B. The Faith of Jesus Christ: The Narrative Substructure of Galatians 3:1–4:11. Grand Rapids: Eerdmans, 2002, 2nd ed.

Hayward, C. T. R. Interpretations of the Name Israel in Ancient Judaism and Some Early Christian Writings. Oxford: Oxford University, 2005.

Head, P. 'Acts and the Problem of Its Texts'. BAFCS 1.415-44.

Heckel, U. Kraft in Schwachheit. Untersuchungen zu 2. Kor 10-13. WUNT 2.56. Tübingen: Mohr Siebeck, 1993.

Heil, J. P. 'Christ, the Termination of the Law (Romans 9:30–10:8)'. CBQ 63 (2001) 484-98.

Heinrici, G. Das Urchristentum. Göttingen: Vandenhoeck und Ruprecht, 1902.

Heitmüller, W. 'Im Namen Jesu'. Eine sprach- und religionsgeschichtliche Untersuchung zum Neuen Testament, speziell zur altchristlichen Taufe. Göttingen: Vandenhoeck und Ruprecht, 1903.

_____. Taufe und Abendmahl bei Paulus. Darstellung und religionsgeschichtliche Beleuchtung. Göttingen: Vandenhoeck und Ruprecht, 1903.

_____. 'Zum Problem Paulus und Jesus'. ZNW 13 (1913) 320-37.

Hellerman, J. H. Reconstructing Honor in Roman Philippi: Carmen Christi as Cursus Pudorum. SNTS 132. Cambridge: Cambridge University, 2005.

Hemelrijk, E. A. 'City Patronesses in the Roman Empire'. Historia 53 (2004) 209-45.

Hemer, C. J. The Book of Acts in the Setting of Hellenistic History. WUNT 49. Tübingen:

Mohr Siebeck, 1989.

_____. 'The Name of Paul'. *TynB* 36 (1985) 179-83.

Hendrix, H. L. 'Archaeology and Eschatology at Thessalonica', In *The Future of Christianity,* H. Koester FS, edited by B. A. Pearson, 107-18. Minneapolis: Fortress, 1991.

Hengel, M. *Acts and the History of Earliest Christianity.* London: SCM, 1979.

_____. *The Atonement: A Study of the Origins of the Doctrine in the New Testament.* London: SCM, 1981.

_____. *Between Jesus and Paul: Studies in the Earliest History of Christianity.* London: SCM, 1983.

_____. *Crucifixion.* London: SCM, 1977.

_____. 'Early Christianity as a Jewish-Messianic, Universalistic Movement'. In M. Hengel and C. K. Barrett, *Conflicts and Challenges in Early Christianity,* 1-41. Harrisburg: Trinity, 1999.

_____. 'Erwägungen zum Sprachgebrauch von Christos bei Paulus und in der "vorpaulinischen" Überlieferung'. In *Paul and Paulinism,* C. K. Barrett FS, edited by M. D. Hooker and S. G. Wilson, 135-59. London: SPCK, 1982.

_____. 'Eye-Witness Memory and the Writing of the Gospels'. In *The Written Gospel,* G. N. Stanton FS, edited by M. Bockmuehl and D. A. Hagner, 70-96. Cambridge: Cambridge University, 2005.

_____. 'The Geography of Palestine in Acts'. *BAFCS* 4.27-78.

_____. *The 'Hellenization' of Judaea in the First Century after Christ.* London: SCM, 1989.

_____. 'Ioudaioi in the Geographical List of Acts 2:9-11 and Syria as "Greater Judea"'. *BBR* 10 (2000) 161-80.

_____. 'Der Jakobusbrief als antipaulinische Polemik'. *Paulus und Jakobus* 511-48.

_____. 'Jakobus der Herrenbruder — der erste Papst?' *Paulus und Jakobus* 549-82.

_____. 'Judaism and Hellenism Revisited'. In *Hellenism in the Land of Israel,* edited by J. J. Collins and G. E. Sterling, 6-37. Notre Dame: University of Notre Dame, 2001.

_____. *Judentum und Hellenismus.* WUNT 10. Tübingen: Mohr Siebeck, 1988, 3rd ed. ET *Judaism and Hellenism.* London: SCM, 1974.

_____. 'Der Lukasprolog und seine Augenzeugen. Die Apostel, Petrus und die Frauen'. In *Memory in the Bible and Antiquity,* edited by L. T. Stuckenbruck et al., 195-242. Tübingen: Mohr Siebeck, 2007.

_____. 'Paul in Arabia'. *BBR* 12 (2002) 47-66.

_____. 'Paulus und die Frage einer vorchristlichen Gnosis'. In *Paulus und Jakobus,* 473-510.

_____. *Paulus und Jakobus.* Vol. 3 of *Kleine Schriften.* WUNT 141. Tübingen: Mohr Siebeck, 2002.

_____. *The Pre-Christian Paul.* London: SCM, 1991.

_____. *Property and Riches in the Early Church: Aspects of a Social History of Early Christianity.* London: SCM, 1974.

_____. '"Sit at My Right Hand!" The Enthronement of Christ at the Right Hand of God and Psalm 110.1'. In *Studies in Early Christology,* 119-225. Edinburgh: Clark, 1995.

_____. *The Son of God.* ET London: SCM, 1976.

_____. *Der unterschätzte Petrus. Zwei Studien.* Tübingen: Mohr Siebeck, 2006.

_____. *The Zealots.* 1961, 1976, 2nd ed. ET Edinburgh: Clark, 1989.

Hengel, M., and A. M. Schwemer. *Paulus zwischen Damaskus und Antiochien.* Tübingen: Mohr Siebeck, 1998. ET (of previously untranslated MS) *Paul between Damascus and Antioch.* London: SCM, 1997.

Herzer, J. *Petrus oder Paulus? Studien über das Verhältnis des Ersten Petrusbriefes zur paulinischen Tradition.* WUNT 103. Tübingen: Mohr Siebeck, 1998.

Hill, C. C. *Hellenists and Hebrews: Reappraising Division within the Earliest Church.* Minneapolis: Fortress, 1992.

Hock, R. F. *The Social Context of Paul's Ministry: Tentmaking and Apostleship.* Philadelphia: Fortress, 1980.

_____. 'A Support for His Old Age: Paul's Plea on Behalf of Onesimus'. In *The Social World of the First Christians,* W. A. Meeks FS, edited by L. M. White and O. L. Yarbrough, 67-81. Minneapolis: Fortress, 1995.

Hodge, C. J. 'Apostle to the Gentiles: Constructions of Paul's Identity'. *BibInt* 13 (2005) 270-88.

Hofius, O. 'The Fourth Servant Song in the New Testament Letters'. In *The Suffering*

Servant: Isaiah 53 in Jewish and Christian Sources, edited by B. Janowski and P. Stuhlmacher, 163-88. Grand Rapids: Eerdmans, 2004.

_____. 'Gal. 1.18: *historēsai Kēphan*'. *ZNW* 75 (1984) 73-85.

_____. 'The Lord's Supper and the Lord's Supper Tradition: Reflections on 1 Corinthians 11.23b-25'. In *One Loaf, One Cup: Ecumenical Studies of 1 Cor. 11 and Other Eucharistic Texts,* edited by B. F. Meyer, 75-115. Macon: Mercer University, 1993.

_____. '"Rechtfertigung des Gottlosen" als Thema biblischer Theologie'. In *Paulusstudien,* 121-47. WUNT 51. Tübingen: Mohr Siebeck, 1994.

Hogeterp, A. L. A. *Paul and God's Temple: A Historical Interpretation of Cultic Imagery in the Corinthian Correspondence.* Leuven: Peeters, 2006.

Holl, K. 'Der Kirchenbegriff des Paulus in seinem Verhältnis zu dem der Urgemeinde'. In *Gesammelte Aufsätze zur Kirchengeschichte,* 2.44-67. Tübingen: Mohr, 1928.

Holland, R. *Nero: The Man behind the Myth.* Phoenix Mill: Sutton Publishing, 2000.

Holmberg, B. 'The Life in the Diaspora Synagogue: An Evaluation'. In *The Ancient Synagogue from Its Origins until 200 C.E.,* edited by B. Olsson and M. Zetterholm, 219-323. Stockholm: Almqvist and Wiksell, 2003.

_____. 'The Methods of Historical Reconstruction in the Scholarly "Recovery" of Corinthian Christianity'. In *Christianity at Corinth,* edited by E. Adams and D. G. Horrell, 255-71. Louisville: Westminster John Knox, 2004.

_____. *Paul and Power: The Structure of Authority in the Primitive Church as Reflected in the Pauline Epistles.* Lund: Gleerup, 1977.

Holtz, T. 'Der antiochenische Zwischenfall (Gal. 2.11-14)'. *NTS* 32 (1986) 344-61.

_____. 'Zum Selbstverständnis des Apostels Paulus'. *TLZ* 91 (1966) 331-40.

Hooker, M. D. 'Authority on Her Head: An Examination of 1 Corinthians 11.10'. In *From Adam to Christ,* 113-20.

_____. *From Adam to Christ: Essays on Paul.* Cambridge: Cambridge University, 1990.

_____. '1 Thessalonians 1.9-10: A Nutshell—but What Kind of Nut?' In *Geschichte — Tradition — Reflexion,* M. Hengel FS. Vol. 3: *Frühes Christentum,* edited by H. Lichtenberger, 435-48. Tübingen: Mohr Siebeck, 1996.

_____. 'Were There False Teachers in Colossae?' In *From Adam to Christ,* 121-36.

Horbury, W. "'Gospel" in Herodian Judaea'. In *The Written Gospel, G. N. Stanton FS*, edited by M. Bockmuehl and D. A. Hagner, 7-30. Cambridge: Cambridge University, 2005.

_____. 'Jewish and Christian Monotheism in the Herodian Age'. In *Early Jewish and Christian Monotheism*, edited by L. T. Stuckenbruck and W. E. S. North, 16-44. London: Clark International, 2004.

_____. 'Women in the Synagogue'. *CHJ* 3.358-401.

Horn, F. W. *Das Angeld des Geistes. Studien zur paulinischen Pneumatologie.* FRLANT 154. Göttingen: Vandenhoeck und Ruprecht, 1992.

_____. 'Die letzte Jerusalemreise des Paulus'. In *Das Ende des Paulus,* 15-35.

_____. 'Paulus und der Herodianische Tempel'. *NTS* 53 (2007) 184-203.

_____. 'Der Verzicht auf die Beschneidung im frühen Christentum'. *NTS* 42 (1996) 479-505.

_____, ed. *Das Ende des Paulus.* BZNW 106. Berlin: de Gruyter, 2001.

Horrell, D. G. 'Domestic Space and Christian Meetings at Corinth: Imagining New Contexts and the Buildings East of the Theatre'. *NTS* 50 (2004) 349-69.

_____. 'The Label *Christianos:* 1 Peter 4:16 and the Formation of Christian Identity'. *JBL* 126 (2007) 383-91.

_____. 'The Product of a Petrine Circle? A Reassessment of the Origin and Character of 1 Peter'. *JSNT* 86 (2002) 29-60.

_____. *The Social Ethos of the Corinthian Correspondence: Interests and Ideology from 1 Corinthians to 1 Clement.* Edinburgh: Clark, 1996.

Horsley, G. H. R. 'The Politarchs'. *BAFCS* 2.419-31.

Horsley, R. A. '1 Corinthians: A Case Study of Paul's Assembly as an Alternative Society'. In *Paul and Empire,* 242-52.

_____. 'Gnosis in Corinth: 1 Corinthians 8.1-6'. *NTS* 27 (1981) 32-52.

_____. 'Pneumatikos vs. Psychikos: Distinctions of Spiritual Status among the Corinthians'. *HTR* 69 (1976) 269-88.

_____, ed. *Christian Origins.* Minneapolis: Fortress, 2005.

_____, ed. *Paul and Empire: Religion and Power in Roman Imperial Society.* Harrisburg: Trinity, 1997.

_____, ed. *Paul and Politics: Ekklesia, Israel, Imperium, Interpretation.* Harrisburg:

Trinity, 2000.

_____, ed. *Paul and the Roman Imperial Order.* Harrisburg: Trinity, 2004.

Hubbard, M. V. 'Urban Uprisings in the Roman World: The Social Setting of the Mobbing of Sosthenes'. *NTS* 51 (2005) 416-28.

Hughes, F. W. 'The Rhetoric of Letters'. In *The Thessalonians Debate,* edited by K. P. Donfried and J. Beutler, 194-240. Grand Rapids: Eerdmans, 2000.

Hultgren, A. J. *Paul's Gospel and Mission: The Outlook from His Letter to the Romans.* Philadelphia: Fortress, 1985.

_____. *The Rise of Normative Christianity.* Minneapolis: Fortress, 1994.

_____. 'The Scriptural Foundations for Paul's Mission to the Gentiles'. In *Paul and His Theology,* edited by S. E. Porter, 21-44. Leiden: Brill, 2006.

Hultgren, S. 'The Origin of Paul's Doctrine of the Two Adams in 1 Corinthians 15.45-49'. *JSNT* 25 (2003) 343-70.

Hunter, A. M. *Paul and His Predecessors.* London: SCM, 1940, 1961, 2nd ed.

Hurd, J. C. *The Origin of 1 Corinthians.* London: SPCK, 1965.

_____. 'Reflections concerning Paul's "Opponents" in Galatia'. In *Paul and His Opponents,* edited by S. E. Porter, 129-48. Leiden: Brill, 2005.

Hurtado, L. W. *How on Earth Did Jesus Become a God? Historical Questions about Earliest Devotion to Jesus.* Grand Rapids: Eerdmans, 2005.

_____. *Lord Jesus Christ: Devotion to Jesus in Earliest Christianity.* Grand Rapids: Eerdmans, 2003.

_____. *One God, One Lord: Early Christian Devotion and Ancient Jewish Monotheism.* Philadelphia: Fortress, 1988.

_____. 'Paul's Christology'. In *The Cambridge Companion to St. Paul,* edited by J. D. G. Dunn, 185-98. Cambridge: Cambridge University, 2003.

_____. 'Pre-70 C.E. Jewish Opposition to Christ-Devotion'. *JTS* 50 (1999) 35-58.

Hvalvik, R. 'Jewish Believers and Jewish Influence in the Roman Church until the Early Second Century'. In *Jewish Believers in Jesus: The Early Centuries,* edited by O. Skarsaune and R. Hvalvik, 179-216. Peabody: Hendrickson, 2007.

_____. 'Named Jewish Believers Connected with the Pauline Mission'. In *Jewish Believers in Jesus: The Early Centuries,* edited by O. Skarsaune and R. Hvalvik, 154-78. Peabody: Hendrickson, 2007.

_____. 'Paul as a Jewish Believer—according to the Book of Acts'. In *Jewish Believers in Jesus: The Early Centuries,* edited by O. Skarsaune and R. Hvalvik, 121-53. Peabody: Hendrickson, 2007.

_____. 'A "Sonderweg" for Israel: A Critical Examination of a Current Interpretation of Romans 11.25-27'. *JSNT* 38 (1990) 87-107.

Hyldahl, N. *Die paulinische Chronologie.* Leiden: Brill, 1986.

Isser, S. 'The Samaritans and Their Sects'. *CHJ* 3.569-95.

Jackson-McCabe, M. A. *Logos and Law in the Letter of James.* NovTSupp 100. Leiden: Brill, 2001.

Jacobs, A. S. 'A Jew's Jew: Paul and the Early Christian Problem of Jewish Origins'. *JR* 86 (2006) 258-86.

Janowitz, N. *Magic in the Roman World.* London: Routledge, 2001.

Janowski, B., and P. Stuhlmacher, eds. *The Suffering Servant: Isaiah 53 in Jewish and Christian Sources.* Grand Rapids: Eerdmans, 2004.

Jaubert, A. *La notion d'alliance dans le judaïsme aux abords de l'ère chrétienne.* Paris: Éditions du Seuil. 1963.

Jeffers, J. S. *Conflict at Rome: Social Order and Hierarchy in Early Christianity.* Minneapolis: Fortress, 1991.

_____. *The Greco-Roman World of the New Testament: Exploring the Background of Early Christianity.* Downers Grove: InterVarsity, 1999.

Jeremias, J. '"Flesh and Blood Cannot Inherit the Kingdom of God" (1 Cor. 15:50)'. *NTS* 2 (1955-56) 151-59.

_____. *Jerusalem at the Time of Jesus: An Investigation into the Economic and Social Conditions during the New Testament Period.* London: SCM, 1969.

Jervell, J. 'The Future of the Past: Luke's Vision of Salvation History and Its Bearing on His Writing of History'. In *History, Literature and Society in the Book of Acts,* edited by B. Witherington, 104-26. Cambridge: Cambridge University, 1996.

_____. 'The Letter to Jerusalem'. In *Romans Debate,* edited by K. P. Donfried, 53-64. Peabody: Hendrickson, 1991.

_____. *Luke and the People of God: A New Look at Luke-Acts.* Minneapolis: Augsburg, 1972.

____. 'The Mighty Minority' (1980). In *The Unknown Paul,* 26-51.

____. *The Theology of the Acts of the Apostles.* Cambridge: Cambridge University, 1996.

____. *The Unknown Paul: Essays on Luke-Acts and Early Christian History.* Minneapolis: Augsburg, 1984.

Jervis, L. A., and P. Richardson, eds. *Gospel in Paul: Studies on Corinthians, Galatians and Romans,* R. N. Longenecker FS. JSNTS 108. Sheffield: Sheffield Academic, 1994.

Jewett, R. 'The Agitators and the Galatian Congregation'. *NTS* 17 (1970-71) 198-212.

____. *Dating Paul's Life.* London: SCM, 1979.

____. 'The Question of the "Apportioned Spirit" in Paul's Letters: Romans as a Case Study'. In *The Holy Spirit and Christian Origins,* J. D. G. Dunn FS, edited by G. N. Stanton et al., 193-206. Grand Rapids: Eerdmans, 2004.

____. 'Tenement Churches and Communal Meals in the Early Church'. *BR* 38 (1993) 23-43.

____. *The Thessalonian Correspondence: Pauline Rhetoric and Millenarian Piety.* Philadelphia: Fortress, 1986.

Johnson, L. T. *Brother of Jesus, Friend of God: Studies in the Letter of James.* Grand Rapids: Eerdmans, 2004.

____. *Religious Experience in Earliest Christianity: A Missing Dimension in New Testament Studies.* Minneapolis: Fortress, 1998.

____. 'Taciturnity and True Religion: James 1:26-27'. In *Greeks, Romans and Christians,* A. J. Malherbe FS, edited by D. L. Balch et al., 329-39. Minneapolis: Fortress, 1990.

Jones, A. H. M. *Cities of the Eastern Roman Provinces.* Oxford: Oxford University, 1971.

Jones, F. S. *An Ancient Jewish Christian Source on the History of Christianity: Pseudo-Clementine Recognitions 1.27-71.* Atlanta: Scholars, 1995.

Jones, J. L. 'Christianity and the Roman Imperial Cult'. *ANRW* 2.23.2 (1980) 1024-32.

Jossa, G. *Jews or Christians? The Followers of Jesus in Search of Their Own Identity.* WUNT 202. Tübingen: Mohr Siebeck, 2006.

Joubert, S. *Paul as Benefactor: Reciprocity, Strategy and Theological Reflection in Paul's*

Collection. Tübingen: Mohr Siebeck, 2000.

Judge, E. A. 'The Decrees of Caesar at Thessalonica'. *RTR* 30 (1971) 1-7.

_____. 'Did the Churches Compete with Cult Groups?' In *Early Christianity and Classical Culture,* A. J. Malherbe FS, edited by J. T. Fitzgerald et al., 501-24. Leiden: Brill, 2003.

_____. 'The Early Christians as a Scholastic Community'. *JRH* 1 (1960-61) 4-15, 125-37.

_____. 'Judaism and the Rise of Christianity: A Roman Perspective'. *TynB* 45 (1994) 355-68.

_____. 'The Social Identity of the First Christians: A Question of Method in Religious History'. *JRH* 11 (1980) 201-17.

_____. *The Social Patterns of Christian Groups in the First Century.* London: Tyndale, 1960. Juel, D. *Messianic Exegesis: Christological Interpretation of the Old Testament in Early Christianity.* Philadelphia: Fortress, 1988.

Jüngel, E. *Paulus und Jesus. Eine Untersuchung zur Präzisierung der Frage nach dem Ursprung der Christologie.* Tübingen: Mohr Siebeck, 1967.

Juster, J. *Les Juifs dans l'empire romain. Leur condition juridique, économique et sociale.* Vol. 1. Paris: Geunther, 1914.

Käsemann, E. 'The Beginnings of Christian Theology' (1960). In *New Testament Questions of Today,* 82-107.

_____. 'The Disciples of John the Baptist in Ephesus' (1952). In *Essays on New Testament Themes,* 136-48. London: SCM, 1964.

_____. *Die Legitimität des Apostels. Eine Untersuchung zu II Korinther 10-13.* Darmstadt: Wissenschaftliche Buchgesellschaft, 1956.

_____. *New Testament Questions of Today.* London: SCM, 1969.

_____. 'New Testament Questions of Today' (1957). In *New Testament Questions of Today,* 1-22. London: SCM, 1969.

_____. 'On the Subject of Primitive Christian Apocalyptic' (1962). In *New Testament Questions of Today,* 108-37.

_____. *Perspectives on Paul.* 1969. ET London: SCM, 1971.

_____. 'Worship in Everyday Life: A Note on Romans 12'. In *New Testament Questions of Today,* 188-95.

Kaye, B. N. 'Lightfoot and Baur on Early Christianity'. *NovT* 26 (1984) 193-224.

Kearsley, R. A. 'The Asiarchs'. *BAFCS* 2.363-76.

_____. 'Women in Public Life in the Roman East: Iunia, Theodora, Claudia Metrodora and Phoebe, Benefactress of Paul'. *TynB* 50 (1999) 189-211.

Keck, L. E. 'The Function of Rom 3:10-18: Observations and Suggestions'. In *God's Christ and His People*, N. A. Dahl FS, edited by J. Jervell and W. A. Meeks, 141-57. Oslo: Universitetsforlaget, 1978.

_____. 'The Jewish Paul among the Gentiles: Two Portrayals'. In *Early Christianity and Classical Culture*, A. J. Malherbe FS, edited by J. T. Fitzgerald et al., 461-81. Leiden: Brill, 2003.

_____. 'The Poor among the Saints in Jewish Christianity and Qumran'. *ZNW* 57 (1966) 54-78.

_____. 'The Poor among the Saints in the New Testament'. *ZNW* 56 (1965) 100-129.

Keck, L. E., and J. L. Martyn, eds. *Studies in Luke Acts.* Nashville: Abingdon, 1966.

Keener, C. S. *Paul, Women and Wives: Marriage and Women's Ministry in the Letters of Paul.* Peabody: Hendrickson, 1992.

Keesmaat, S. C. *Paul and His Story: (Re)Interpreting the Exodus Tradition.* JSNTS 181. Sheffield: Sheffield Academic, 1999.

Kennedy, G. A. *New Testament Interpretation through Rhetorical Criticism.* Chapel Hill: University of North Carolina, 1984.

Kennedy, H. A. A. *St. Paul and the Mystery Religions.* London: Hodder and Stoughton, 1914.

Ker, D. P. 'Paul and Apollos — Colleagues or Rivals?' *JSNT* 77 (2000) 75-97.

Kertelge, K., ed. *Mission im Neuen Testament.* QD 93. Freiburg: Herder, 1982.

_____, ed. *Paulus in den neutestamentlichen Spätschriften.* QD 89. Freiburg: Herder, 1981.

Kim, K.-J. *Stewardship and Almsgiving in Luke's Theology.* JSNTS 155. Sheffield: Sheffield Academic, 1998.

Kim, S. 'The Jesus Tradition in 1 Thess 4.13-5.11'. *NTS* 48 (2002) 225-42.

_____. *The Origin of Paul's Gospel.* WUNT 2.4. Tübingen: Mohr Siebeck, 1981; Grand Rapids: Eerdmans, 1984, 2nd ed.

_____. *Paul and the New Perspective: Second Thoughts on the Origin of Paul's Gospel.*

WUNT 140. Tübingen: Mohr Siebeck, 2002.

Kippenberg, H. G. *Garizim und Synagoge. Traditionsgeschichtliche Untersuchungen zur samaritanischen Religion der aramäische Periode.* Berlin: de Gruyter, 1971.

Kirby, J. C. *Ephesians: Baptism and Pentecost.* London: SPCK, 1968.

Kirchenschläger, W. 'Die Entwicklung von Kirche und Kirchenstruktur zur neutestamentlichen Zeit'. *ANRW* 2.26.2 (1995) 1277-1356.

Klauck, H.-J. *Ancient Letters and the New Testament.* 1998. ET Waco: Baylor University, 2006.

_____. *Hausgemeinde und Hauskirche im frühen Christentum.* SBS 103. Stuttgart: Katholisches Bibelwerk, 1981.

_____. *Magic and Paganism in Early Christianity: The World of the Acts of the Apostles.* London: Clark, 2000.

_____. *The Religious Context of Early Christianity: A Guide to Graeco-Roman Religions.* 1995. ET Edinburgh: Clark, 2000.

Klausner, J. *From Jesus to Paul.* London: Allen and Unwin, 1943.

Kloppenborg, J. S. 'Collegia and Thiasoi'. In *Voluntary Associations in the Graeco-Roman World,* edited by J. S. Kloppenborg and S. G. Wilson, 16-30. London: Routledge, 1996.

_____. 'Diaspora Discourse: The Construction of Ethos in James'. *NTS* 53 (2007) 242-70.

_____. 'Didache 1.1-6.1, James, Matthew, and the Torah'. In *Trajectories through the New Testament and the Apostolic Fathers,* edited by A. Gregory and C. M. Tuckett, 193-221. Oxford: Oxford University, 2005.

_____. 'Edwin Hatch, Churches and Collegia'. In *Origins and Method: Towards a New Understanding of Judaism and Christianity,* J. C. Hurd FS, edited by B. H. McLean, 212-38. Sheffield: JSOT, 1993.

_____. 'The Emulation of the Jesus Tradition in the Letter of James'. In *Reading James with New Eyes: Methodological Reassessments of the Letter of James,* edited by R. L. Webb and J. S. Kloppenborg, 121-50. London: Clark, 2007.

_____. *Excavating Q: The History and Setting of the Sayings Gospel.* Minneapolis: Fortress, 2000.

_____. 'Philadelphia, *theodidaktos* and the Dioscuri: Rhetorical Engagements in 1

Thessalonians 4.9-12'. *NTS* 39 (1993) 265-89.

_____. 'The Theodotus Synagogue Inscription and the Problem of First-Century Synagogue Buildings'. In *Jesus and Archaeology*, edited by J. H. Charlesworth, 236-82. Grand Rapids: Eerdmans, 2006.

Kloppenborg, J. S., and S. G. Wilson, eds. *Voluntary Associations in the Graeco-Roman World*. London: Routledge, 1996.

Klutz, T. *The Exorcism Stories in Luke-Acts*. SNTSMS 129. Cambridge: Cambridge University, 2004.

Knox, J. *Chapters in a Life of Paul*. London: SCM, 1950, 1989, 2nd ed.

Knox, W. L. *St. Paul and the Church of Jerusalem*. Cambridge: Cambridge University, 1925.

_____. *St. Paul and the Church of the Gentiles*. Cambridge: Cambridge University, 1939, 1961.

Koch, D.-A. 'Alles, was *en makello* verkauft wird, esst...'. Die *macella* von Pompeji, Gerasa und Korinth und ihre Bedeutung für die Auslegung von 1 Kor 10,25'. *ZNW* 90 (1999) 194-291.

_____. 'The God-Fearers between Fact and Fiction. Two Theosebeis-Inscriptions from Aphrodisias and Their Bearing for the New Testament'. *ST* 60 (2006) 62-90.

_____. 'Kollektenbericht, "Wir"-Bericht und Itinerar. Neue(?) Überlegungen zu einem alten Problem'. *NTS* 45 (1999) 367-90.

Koester, C. 'The Origin and Significance of the Flight to Pella Tradition'. *CBQ* 51 (1989) 90-106.

Koester, H. 'Epilogue: Current Issues in New Testament Scholarship'. In *The Future of Early Christianity*, H. Koester FS, edited by B. A. Pearson et al., 46-76. Minneapolis: Fortress, 1991.

_____. 'From Paul's Eschatology to the Apocalyptic Scheme of 2 Thessalonians'. In *Paul and His World*, 55-69.

_____. '*Gnōmai Diaphoroi*: The Origin and Nature of Diversification in the History of Early Christianity'. *HTR* 58 (1965) 279-318.

_____. *Introduction to the New Testament*. Vol. 1: *History, Culture and Religion of the Hellenistic Age*; vol. 2: *History and Literature of Early Christianity*. ET

Philadelphia: Fortress, 1982.

_____. 'One Jesus and Four Primitive Gospels'. *HTR* 161 (1968) 203-47.

_____. *Paul and His World: Interpreting the New Testament in Its Context.* Minneapolis: Fortress, 2007.

_____. 'The Purpose of the Polemic of a Pauline Fragment'. *NTS* 8 (1961-62) 317-32.

_____. 'The Silence of the Apostle'. In *Urban Religion in Roman Corinth*, edited by D. N. Schowalter and J. Friesen, 339-49. Cambridge: Harvard University, 2005.

_____, ed. *Ephesos: Metropolis of Asia.* HTS 41. Cambridge: Harvard Divinity School, 1995, 2004.

Konradt, M. *Gericht und Gemeinde. Eine Studie zur Bedeutung und Funktion von Gerichtsaussagen im Rahmen der paulinischen Ekklesiologie und Ethik im 1 Thess und 1 Kor.* BZNW 117. Berlin: de Gruyter, 2003.

Köstenberger, A. J. 'Women in the Pauline Mission'. In *The Gospel to the Nations: Perspectives on Paul's Mission*, P. T. O'Brien FS, edited by P. G. Bolt and M. Thompson, 221-47. Leicester: Inter-Varsity, 2000.

Kraabel, A. T. 'The Disappearance of the "God-Fearers"'. *Numen* 28 (1981) 113-26.

Kraeling, C. H. 'The Jewish Community of Antioch'. *JBL* 51 (1932) 130-60.

Kraft, H. *Die Entstehung des Christentums.* Darmstadt: Wissenschaftliche Buchgesellschaft, 1981.

Kramer, W. *Christ, Lord, Son of God.* London: SCM, 1966.

Kraus, W. *Zwischen Jerusalem und Antiochia. Die "Hellenisten", Paulus und die Aufnahme der Heiden in das endzeitliche Gottesvolk.* SBS 179. Stuttgart: Katholisches Bibelwerk, 1999.

Kremer, J. *Pfingtsbericht und Pfingstgeschehen. Eine exegetische Untersuchung zu Apg 2,1-13.* SBS 63/64. Stuttgart: KBW, 1973.

_____, ed. *Les Actes des Apôtres. Tradition, redaction, théologie.* BETL 48. Gembloux: Duculot, 1979.

Kretschmar, G. 'Himmelfahrt und Pfingsten'. *ZKG* 66 (1954-55) 209-53.

Kruse, C. G. 'The Price Paid for a Ministry among the Gentiles: Paul's Persecution at the Hands of the Jews'. In *Worship, Theology and Ministry in the Early Church*, R. P. Martin FS, edited by M. J. Wilkins and T. Paige, 260-72. Sheffield: JSOT, 1992.

Kuhn, H. W. *Ältere Sammlungen im Markusevangelium*. Göttingen: Vandenhoeck und Ruprecht, 1971.

Kümmel, W. G. *Introduction to the New Testament*. Nashville: Abingdon, 1975.

_____. *The New Testament: The History of the Investigation of Its Problems*. ET Nashville: Abingdon, 1972.

Kunst, C. 'Wohnen in der antiken Gro stadt. Zur sozialen Topographie Roms in der frühen Kaiserzeit'. In *Christians as a Religious Minority in a Multicultural City*, edited by J. Zangenberg and M. Labahn, 2-19. London: Clark, 2004.

Labahn, M. 'Paulus — ein homo honestus et iustus. Das lukanische Paulusportrait von Acts 27-28 im Lichte ausgewählter antiker Parallelen'. In *Das Ende des Paulus*, edited by F. W. Horn, 75-106. Berlin: de Gruyter, 2001.

Lake, K. 'The Apostolic Council of Jerusalem'. *Beginnings* 5.195-212.

_____. 'The Communism of Acts 2 and 46 and the Appointment of the Seven'. *Beginnings* 5.140-51.

_____. 'The Day of Pentecost'. *Beginnings* 5.111-21.

Lambrecht, J. *The Wretched "I" and Its Liberation: Paul in Romans 7 and 8*. Leuven: Peeters, 1992.

Lamp, J. S. 'Is Paul Anti-Jewish? Testament of Levi 6 in the Interpretation of 1 Thessalonians 2:13-16'. *CBQ* 65 (2003) 408-27.

Lampe, P. 'Acts 19 im Spiegel der ephesischen Inschriften'. *BZ* 36 (1992) 59-76.

_____. 'Early Christians in the City of Rome: Topographical and Social-Historical Aspects of the First Three Centuries'. In *Christians as a Religious Minority in a Multicultural City*, edited by J. Zangenberg and M. Labahn, 20-32. London: Clark, 2004.

_____. 'The Eucharist: Identifying with Christ on the Cross'. *Interpretation* 48 (1994) 36-49.

_____. *From Paul to Valentinus: Christians at Rome in the First Two Centuries*. Minneapolis: Fortress, 2003.

_____. 'Keine "Sklavenflucht" des Onesimus'. *ZNW* 76 (1985) 135-37.

_____. 'Paths of Early Christian Mission into Rome: Judaeo-Christians in the Household of Pagan Masters'. In *Celebrating Romans: Template for Pauline Theology*, R. Jewett FS, edited by S. E. McGinn, 143-48. Grand Rapids:

Eerdmans, 2004.

_____. 'Paul, Patrons and Clients'. In *Paul in the Greco-Roman World,* edited by J. P. Sampley, 488-523. Harrisburg: Trinity, 2003.

_____. 'Paulus — Zeltmacher'. *BZ* 31 (1987) 256-61.

_____. 'The Roman Christians of Romans 16'. In *Romans Debate,* edited by K. P. Donfried, 216-30. Peabody: Hendrickson, 1991.

Lanci, J. R. 'The Stones Don't Speak and the Texts Tell Lies: Sacred Sex at Corinth'. In *Urban Religion in Roman Corinth,* edited by D. N. Schowalter and J. Friesen, 205-20. Cambridge: Harvard University, 2005.

Lane, W. L. 'Social Perspectives on Roman Christianity during the Formative Years from Nero to Nerva'. In *Judaism and Christianity in First-Century Rome,* edited by K. P. Donfried and P. Richardson, 196-244. Grand Rapids: Eerdmans, 1998.

Lane Fox, R. *The Classical World: An Epic History of Greece and Rome.* London: Penguin, 2005.

_____. *Pagans and Christians in the Mediterranean World from the Second Century AD to the Conversion of Constantine.* 1986. London: Penguin, 1988.

Lang, F. 'Paulus und seine Gegner in Korinth und in Galatien'. In *Geschichte — Tradition — Reflexion,* M. Hengel FS. Vol. 3: *Frühes Christentum,* edited by H. Lichtenberger, 417-34. Tübingen: Mohr Siebeck, 1996.

La Piana, G. 'Foreign Groups in Rome during the First Centuries of the Empire'. *HTR* 20 (1927) 183-403.

Larsson, E. 'Die Hellenisten und die Urgemeinde'. *NTS* 33 (1987) 205-25.

_____. 'Temple-Criticism and the Jewish Heritage: Some Reflexions on Acts 67'. *NTS* 39 (1993) 379-95.

Legasse, S. 'Paul's Pre-Christian Career according to Acts'. *BAFCS* 4.365-90.

Lehnert, V. A., and U. Rüsen-Weinhold, eds. *Logos — Logik — Lyrik. Engagierte exegetische Studien zum biblischen Reden Gottes,* K. Haacker FS. Leipzig: Evangelische Verlagsanstalt, 2007.

Lentz, J. C. *Luke's Portrait of Paul.* SNTSMS 77. Cambridge: Cambridge University, 1993.

Leon, H. J. *The Jews of Ancient Rome.* Philadelphia: Jewish Publication Society, 1960.

Levinskaya, I. *The Book of Acts in Its Diaspora Setting* (= *BAFCS* 5). Grand Rapids, Eerdmans 1996.

_____. 'The Italian Cohort in Acts 10:1'. In *The New Testament in Its First-Century Setting*, B. W. Winter FS, edited by P. J. Williams et al., 106-25. Grand Rapids: Eerdmans, 2004.

Levison, J. R. 'Adam and Eve in Romans 1.18-25 and the Greek *Life of Adam and Eve*'. *NTS* 50 (2004) 519-34.

Lichtenberger, H. *Das Ich Adams und das Ich der Menschheit. Studien zum Menschenbild in Römer 7.* WUNT 164. Tübingen: Mohr Siebeck, 2004.

_____. 'Jews and Christians in Rome in the Time of Nero: Josephus and Paul in Rome'. *ANRW* 2.26.3 (1996) 2142-76.

_____, ed. *Geschichte — Tradition — Reflexion*, M. Hengel FS. Vol. 3: *Frühes Christentum*. Tübingen: Mohr Siebeck, 1996.

Liechtenham, R. *Die urchristliche Mission. Voraussetzungen, Motive und Methoden.* Zürich: Zwingli, 1946.

Lietzmann, H. *Mass and Lord's Supper.* 1926. ET Leiden: Brill, 1954.

Lieu, J. M. 'Do God-Fearers Make Good Christians?' In *Crossing the Boundaries*, M. D. Goulder FS, edited by S. E. Porter et al., 329-45. Leiden: Brill, 1994.

_____. 'The Race of the God-Fearers'. *JTS* 46 (1995) 483-501.

_____. 'The Synagogue and the Separation of the Christians'. In *The Ancient Synagogue from Its Origins until 200 C.E.*, edited by B. Olsson and M. Zetterholm, 189-207. Stockholm: Almqvist and Wiksell, 2003.

Lightfoot, J. B. *Essays on the Work Entitled "Supernatural Religion".* London: Macmillan, 1889.

_____. 'St. Paul and the Three'. In *Saint Paul's Epistle to the Galatians*, 292-374. London: Macmillan, 1865.

Lincoln, A. T., and A. J. M. Wedderburn. *The Theology of the Later Pauline Letters.* Cambridge: Cambridge University, 1993.

Lindars, B. *New Testament Apologetic: The Doctrinal Significance of the Old Testament Quotations.* London: SCM, 1961.

Lindemann, A. 'Die paulinische Ekklesiologie angesichts der Lebenswirklichkeit der christlichen Gemeinde in Korinth'. In *The Corinthian Correspondence*, edited by R. Bieringer, 63-86. Leuven: Leuven University, 1996.

_____. *Paulus im ältesten Christentum. Das Bild des Apostels und die Rezeption der paulinischen Theologie in der frühchristlichen Literatur bis Marcion.* Tübingen: Mohr Siebeck, 1979.

_____. 'Paulus und Elia. Zur Argumentation in Röm 11,1-12'. In *Logos — Logik — Lyrik. Engagierte exegetische Studien zum biblischen Reden Gottes,* K. Haacker FS, edited by V. A. Lehnert and U. Rüsen-Weinhold, 201-18. Leipzig: Evangelische Verlagsanstalt, 2007.

_____, ed., *The Sayings Source Q and the Historical Jesus.* BETL 158. Leuven: Leuven University 2001.

Linton, O. 'The Third Aspect: A Neglected Point of View'. *ST* 3 (1949) 79-95.

Litfin, D. *St. Paul's Theology of Proclamation: 1 Corinthians 14 and Greco-Roman Rhetoric.* SNTSMS 79. Cambridge: Cambridge University, 1994.

Lohfink, G. *Die Himmelfahrt Jesu. Untersuchungen zu den Himmelfahrts und Erhöhungstexten bei Lukas.* Munich: Kösel, 1971.

_____. *Die Sammlung Israels. Eine Untersuchung zur lukanischen Ekklesiologie.* Munich: Kösel, 1971.

Lohmeyer, E. *Galiläa und Jerusalem.* Göttingen: Vandenhoeck und Ruprecht, 1936.

Löhr, H. 'Zum Paulus-Notiz in 1 Clem 5,5-7'. In *Das Ende des Paulus,* edited by F. W. Horn, 197-213. Berlin: de Gruyter, 2001.

Lohse, E. 'Das Evangelium für Juden und Griechen. Erwägungen zur Theologie des Römerbriefe'. In *Rechenschaft vom Evangelium. Exegetische Studien zum Römerbrief,* 1-19. Berlin: de Gruyter, 2007.

_____. *Paulus. Eine Biographie.* Munich: Beck, 1996.

Long, A. A., and D. N. Sedley. *The Hellenistic Philosophers.* 2 vols. Cambridge: Cambridge University, 1987.

Longenecker, B. W. 'On Israel's God and God's Israel: Assessing Supersessionism in Paul'. *JTS* 58 (2007) 26-44.

_____. *Rhetoric at the Boundaries.* Waco: Baylor University, 2005.

_____. *The Triumph of Abraham's God: The Transformation of Identity in Galatians.* Edinburgh: Clark, 1998.

Longenecker, R. N. 'Ancient Amanuenses and the Pauline Epistles'. In *New*

Dimensions in New Testament Study, edited by R. N. Longenecker and M. C. Tenney, 281-97. Grand Rapids: Zondervan, 1974.

_____. *New Wine into Fresh Wineskins: Contextualizing the Early Christian Confessions.* Peabody: Hendrickson, 1999.

_____, ed. *Community Formation in the Early Church and in the Church Today.* Peabody: Hendrickson, 2002.

_____, ed. *Contours of Christology in the New Testament.* Grand Rapids: Eerdmans, 2005.

_____, ed. *The Road from Damascus: The Impact of Paul's Conversion on His Life, Thought, and Ministry.* Grand Rapids: Eerdmans, 1997.

Löning, K. 'The Circle of Stephen and Its Mission'. In *Christian Beginnings,* edited by J. Becker, 103-31. Louisville: Westminster John Knox, 1993.

_____. 'Paulinismus in der Apg'. In *Paulus in den neutestamentlichen Spätschriften,* edited by K. Kertelge, 202-34. Freiburg: Herder, 1981.

Lüdemann, G. 'The Acts of the Apostles and the Beginnings of Simonian Gnosis'. *NTS* 33 (1987) 420-26.

_____. *Early Christianity according to the Traditions in Acts: A Commentary.* London: SCM, 1989.

_____. *Opposition to Paul in Jewish Christianity.* Minneapolis: Fortress, 1989.

_____. *Paul, Apostle to the Gentiles: Studies in Chronology.* 1980. ET Philadelphia: Fortress, 1984.

_____. *Primitive Christianity: A Survey of Recent Studies and Some New Proposals.* 2002. ET London: Clark, 2003.

_____. 'The Successors of Earliest Christianity: An Analysis of the Pella Tradition'. In *Opposition to Paul in Jewish Christianity,* 200-213.

_____. *Untersuchungen zur simonianischen Gnosis.* Göttingen: Vandenhoeck und Ruprecht, 1975.

Lührmann, D. 'The Beginnings of the Church at Thessalonica'. In *Greeks, Romans and Christians,* A. J. Malherbe FS, edited by D. L. Balch et al., 237-49. Minneapolis: Fortress, 1990.

Lull, D. J. '"The Law Was Our Pedagogue": A Study in Galatians 3:19-25'. *JBL* 105 (1986) 481-98.

_____. *The Spirit in Galatia: Paul's Interpretation of Pneuma as Divine Power.* Chico: Scholars, 1980.

Lütgert, W. *Freiheitspredigt und Schwarmgeister in Korinth.* Göttingen: Bertelsmann, 1908.

_____. *Gesetz und Geist. Eine Untersuchung zur Vorgeschichte des Galaterbriefes.* Gütersloh: Bertelsmann, 1919.

Luz, U. 'Paul as Mystic'. In *The Holy Spirit and Christian Origins,* J. D. G. Dunn FS, edited by G. N. Stanton et al., 131-43. Grand Rapids: Eerdmans, 2004.

Maccoby, H. *The Mythmaker: Paul and the Invention of Christianity.* London: Weidenfeld and Nicolson, 1986.

_____. *Paul and Hellenism.* London: SCM, 1991.

MacDonald, D. R. 'The Shipwrecks of Odysseus and Paul'. *NTS* 45 (1999) 88-107.

Macdonald, J. *The Theology of the Samaritans.* London: SCM, 1964.

MacDonald, M. Y. *The Pauline Churches: A Socio-Historical Study of Institutionalization in the Pauline and Deutero-Pauline Writings.* SNTSMS 60. Cambridge: Cambridge University, 1988.

Mack, B. *The Christian Myth.* New York: Continuum, 2001.

MacMullen, R. *Paganism in the Roman Empire.* New Haven: Yale University, 1981.

_____. *Roman Social Relations 50 BC to AD 284.* New Haven: Yale University, 1974.

_____. 'Women in Public in the Roman Empire'. *Historia* 29 (1980) 208-18.

Maddox, R. *The Purpose of Luke-Acts.* Edinburgh: Clark, 1982.

Magness, J. 'Ossuaries and the Burials of Jesus and James'. *JBL* 124 (2005) 121-54.

Maier, G. 'Jesustradition im 1. Petrusbrief'. In *Gospel Perspectives.* Vol. 5: *The Jesus Tradition outside the Gospels,* edited by D. Wenham, 85-128. Sheffield: JSOT, 1984.

Maile, J. F. 'The Ascension in Luke-Acts'. *TynB* 37 (1986) 29-59.

Malherbe, A. J. *Ancient Epistolary Theorists.* SBLSBS 19. Atlanta: Scholars, 1988.

_____. 'The Beasts at Ephesus'. *JBL* 87 (1968) 71-80.

_____. 'Exhortations in 1 Thessalonians'. *NovT* 25 (1983) 238-56.

_____. '"Gentle as a Nurse": The Cynic Background to 1 Thessalonians 2'. *NovT* 12 (1970) 203-17.

_____. *Paul and the Popular Philosophers.* Minneapolis: Fortress, 1989.

_____. *Paul and the Thessalonians.* Philadelphia: Fortress, 1987.

_____. 'A Physical Description of Paul'. *HTR* 79 (1986) 170-75.

_____. *Social Aspects of Early Christianity.* Baton Rouge: Louisiana State University, 1977.

Malina, B. J. *The New Testament World: Insights from Cultural Anthropology.* London: SCM, 1983.

Malina, B. J., and J. H. Neyrey. *Portraits of Paul: An Archaeology of Ancient Personality.* Louisville: Westminster John Knox, 1996.

Manson, T. W. 'The Corinthian Correspondence'. In *Studies in the Gospels and Epistles,* edited by M. Black, 190-209. Manchester: Manchester University, 1962.

Marguerat, D. 'The Enigma of the Silent Closing of Acts (28:16-31)'. In *Jesus and the Heritage of Israel,* edited by D. Moessner, 284-304. Harrisburg: Trinity, 1999.

_____. *The First Christian Historian: Writing the 'Acts of the Apostles'.* SNTSMS 121. Cambridge: Cambridge University, 2002.

_____. 'Paul et la loi. Le retournement (Philippiens 3,2-4,1)'. In *Paul, une théologie en construction,* edited by A. Dettweiler et al., 251-75. Geneva: Labor et Fides, 2004.

Marshall, I. H. 'Acts and the "Former Treatise"'. *BAFCS* 1.163-82.

_____. *Last Supper and Lord's Supper.* Exeter: Paternoster, 1980.

_____. *Luke: Historian and Theologian.* Exeter: Paternoster, 1970.

_____. 'Salvation, Grace and Works in the Later Writings in the Pauline Corpus'. *NTS* 42 (1996) 339-58.

_____. 'Who Were the Evangelists?' In *The Mission of the Early Church,* edited by J. Ådna and H. Kvalbein, 251-63. Tübingen: Mohr Siebeck, 2000.

Marshall, I. H., and D. Peterson, eds. *Witness to the Gospel: The Theology of Acts.* Grand Rapids: Eerdmans, 1998.

Marshall, P. *Enmity in Corinth: Social Conventions in Paul's Relations with the Corinthians.* WUNT 2.23. Tübingen: Mohr Siebeck, 1987.

Martin, D. B. *The Corinthian Body.* New Haven: Yale University, 1995.

_____. *Slavery as Salvation.* New Haven: Yale University, 1990.

Martin, R. P. *A Hymn of Christ: Philippians 2:5-11 in Recent Interpretation and in the*

Setting of Early Christian Worship. Downers Grove: InterVarsity, 1997, 3rd ed.

Martyn, J. L. 'Apocalyptic Antinomies in Paul's Letter to the Galatians'. *NTS* 31 (1985) 410-24.

_____. 'Nomos plus Genitive Noun in Paul: The History of God's Law'. In *Early Christianity and Classical Culture*, A. J. Malherbe FS, edited by J. T. Fitzgerald et al., 575-87. Leiden: Brill, 2003.

Mason, S. 'Chief Priests, Sadducees, Pharisees and Sanhedrin in Acts'. *BAFCS* 4.115-77.

_____. '*Philosophiai:* Graeco-Roman, Judean and Christian'. In *Voluntary Associations in the Graeco-Roman World,* edited by J. S. Kloppenborg and S. G. Wilson, 31-58. London: Routledge, 1996.

Matthews, C. R. *Philip: Apostle and Evangelist.* NovTSupp 105. Leiden: Brill, 2002.

Mattingly, H. B. 'The Origin of the Name Christiani'. *JTS* 9 (1958) 26-37.

Mazar, B. *The Mountain of the Lord: Excavating in Jerusalem.* New York: Doubleday, 1975.

McCoy, W. C. 'In the Shadow of Thucydides'. In *History, Literature and Society in the Book of Acts,* edited by B. Witherington, 3-23. Cambridge: Cambridge University, 1996.

McCready, W. O. 'Ekklesia and Voluntary Associations'. In *Voluntary Associations in the Graeco-Roman World,* edited by J. S. Kloppenborg and S. G. Wilson, 59-73. London: Routledge, 1996.

McGiffert, A. C. *A History of Christianity in the Apostolic Age.* Edinburgh: Clark, 1897.

McKechnie, P. R. 'Judean Embassies and Cases before Roman Emperors, AD 44-66'. *JTS* 56 (2005) 339-61.

McKnight, S. 'Covenant and Spirit: The Origins of the New Covenant Hermeneutic'. In *The Holy Spirit and Christian Origins,* J. D. G. Dunn FS, edited by G. N. Stanton et al., 41-54. Grand Rapids: Eerdmans, 2004.

_____. *A Light among the Gentiles: Jewish Missionary Activity in the Second Temple Period.* Minneapolis: Fortress, 1991.

_____. 'A Parting within the Way: Jesus and James on Israel and Purity'. In *James the Just,* edited by B. Chilton and C. A. Evans, 102-11. Leiden: Brill, 1999.

McLaren, J. S. 'Ananus, James and Earliest Christianity: Josephus' Account of the

Death of James'. *JTS* 52 (2001) 1-25.

_____. *Power and Politics in Palestine: The Jews and the Governing of Their Land 100 BC-AD 70.* JSNTS 63. Sheffield: Sheffield Academic, 1991.

McLean, B. H. 'The Agrippinilla Inscription: Religious Associations and Early Church Formation'. In *Origins and Method,* 239-70.

_____, ed. *Origins and Method: Towards a New Understanding of Judaism and Christianity,* J. C. Hurd FS. JSNTS 86. Sheffield: JSOT, 1993.

Mealand, D. L. 'The Close of Acts and Its Hellenistic Vocabulary'. *NTS* 36 (1990) 583-97.

Meeks, W. A. 'Breaking Away: Three New Testament Pictures of Christianity's Separation from the Jewish Communities'. In *'To See Ourselves as Others See Us': Christians, Jews, 'Others' in Late Antiquity,* edited by J. Neusner and E. S. Frerichs, 93-115. Chico: Scholars, 1985.

_____. *The First Urban Christians: The Social World of the Apostle Paul.* New Haven: Yale University, 1983.

Meeks, W. A., and R. L. Wilken, eds. *Jews and Christians in Antioch in the First Four Centuries of the Common Era.* Missoula: Scholars, 1978.

Meggitt, J. J. 'Meat Consumption and Social Conflict in Corinth'. *JTS* 45 (1994) 137-41.

_____. *Paul, Poverty and Survival.* Edinburgh: Clark, 1998.

_____. 'Sources: Use, Abuse, Neglect. The Importance of Ancient Popular Culture'. In *Christianity at Corinth,* edited by E. Adams and D. G. Horrell, ch. 19. Louisville: Westminster John Knox, 2004.

Meissner, S. *Die Heimholung des Ketzers. Studien zur jüdischen Auseinandersetzung mit Paulus.* WUNT 2.87. Tübingen: Mohr Siebeck, 1996.

Menoud, P. H. 'The Meaning of the Verb *porthein:* Gal. 1.13, 23; Acts 9.21'. In *Jesus Christ and the Faith,* 47-60. Pittsburgh: Pickwick, 1978.

Merkel, H. 'Der Epheserbrief in der neueren Diskussion'. *ANRW* 2.25.4 (1987) 3176-212.

Merklein, H. 'Die Ekklesia Gottes. Der Kirchenbegriff bei Paulus und in Jerusalem'. In *Studien zu Jesus und Paulus,* 296-318.

_____. '"Nicht aus Werken des Gesetzes...". Eine Auslegung von Gal 2,15-21'. In

Studien zu Jesus und Paulus, 2.303-15. Tübingen: Mohr Siebeck, 1998.

_____. *Studien zu Jesus und Paulus.* WUNT 43. Tübingen: Mohr Siebeck, 1987.

_____. 'Zur Entstehung der urchristlichen Aussage vom präexistenten Sohn Gottes'. In *Studien zu Jesus und Paulus,* 247-76.

Metzger, B. M. 'Ancient Astrological Geography and Acts 2:9-11'. In *Apostolic History and the Gospel,* F. F. Bruce FS, edited by W. W. Gasque and R. P. Martin, 123-33. Exeter: Paternoster, 1970.

_____. 'Considerations of Methodology in the Study of the Mystery Religions and Early Christianity'. *HTR* 48 (1955) 1-20.

_____. *A Textual Commentary on the Greek New Testament.* London: United Bible Societies, 1971, 1975.

Metzger, P. *Katechon. II Thess 2,1-12 im Horizont apokalyptischen Denkens.* BZNW 135. Berlin: de Gruyter, 2005.

Metzner, R. 'In aller Freundschaft. Ein frühchristlicher Fall freundschaftlicher Gemeinschaft (Phil 2.25-30)'. *NTS* 48 (2002) 111-31.

Meyer, E. *Ursprung und Anfänge des Urchristentums.* 3 vols. Stuttgart: J. G. Cotta, 1921-23.

Meyer, M. W., ed. *The Ancient Mysteries: A Sourcebook; Sacred Texts of the Mystery Religions of the Ancient Mediterranean World.* San Francisco: Harper, 1987.

Minear, P. S. *The Obedience of Faith: The Purpose of Paul in the Epistle to the Romans.* London: SCM, 1971.

Mitchell, M. M. 'Concerning *peri de* in 1 Corinthians'. *NovT* 31 (1989) 229-56.

_____. 'The Letter of James as a Document of Paulinism?' In *Reading James with New Eyes: Methodological Reassessments of the Letter of James,* edited by R. L. Webb and J. S. Kloppenborg, 75-98. London: Clark, 2007.

_____. 'New Testament Envoys in the Context of Greco-Roman Diplomatic and Epistolary Conventions: The Example of Timothy and Titus'. *JBL* 111 (1992) 641-62.

_____. *Paul and the Rhetoric of Reconciliation: An Exegetical Investigation of the Language and Composition of 1 Corinthians.* Louisville: Westminster John Knox, 1993.

_____. 'Paul's Letters to Corinth: The Interpretive Intertwining of Literary and

Historical Reconstruction'. In *Urban Religion in Roman Corinth,* edited by D. N. Schowalter and J. Friesen, 307-38. Cambridge: Harvard University, 2005.

Mitchell, M. W. 'Reexamining the "Aborted Apostle": An Exploration of Paul's Self-Description in 1 Corinthians 15.8'. *JSNT* 25 (2003) 469-85.

Mitchell, S. *Anatolia: Land, Men, and Gods in Asia Minor.* 2 vols. Oxford: Clarendon, 1993.

Mitford, T. B. 'Roman Cyprus'. *ANRW* 2.7.2 (1980) 1285-1384.

Moessner, D. P. 'The Appeal and Power of Poetics (Luke 1:1-4)'. In *Jesus and the Heritage of Israel,* 84-123.

_____. 'The Meaning of *kathexēs* in the Lukan Prologue as a Key to the Distinctive Contribution of Luke's Narrative among the "Many"'. In *The Four Gospels,* F. Neirynck FS, edited by F. Van Segbroeck, 2.1513-28. Leuven: Leuven University, 1992.

_____. 'The "Script" of the Scriptures in Acts: Suffering as God's "Plan" *(boulē)* for the World for the "Release of Sins"'. In *History, Literature and Society in the Book of Acts,* edited by B. Witherington, 218-50. Cambridge: Cambridge University, 1996.

_____, ed. *Jesus and the Heritage of Israel.* Harrisburg: Trinity, 1999.

Moffatt, J. *An Introduction to the Literature of the New Testament.* Edinburgh: Clark, 1918.

Moore, G. F. 'Christian Writers on Judaism'. *HTR* 14 (1922) 197-254.

Morgan, R. 'Paul's Enduring Legacy'. In *The Cambridge Companion to St. Paul,* edited by J. D. G. Dunn, 242-55. Cambridge: Cambridge University, 2003.

Moule, C. F. D. *The Birth of the New Testament.* London: Black, 1962, 1981, 3rd ed.

_____. 'The Christology of Acts'. In *Studies in Luke Acts,* edited by L. E. Keck and J. L. Martyn, 59-85. Nashville: Abingdon, 1966.

_____. 'Once More, Who Were the Hellenists?' *ExpT* 70 (1958-59) 100-102.

_____. *The Origin of Christology.* Cambridge: Cambridge University, 1977.

_____. *The Phenomenon of the New Testament.* London: SCM, 1967.

_____. 'The Post-resurrection Appearances in the Light of Festival Pilgrimages'. *NTS* 4 (1957-58) 58-61.

Mount, C. *Pauline Christianity: Luke-Acts and the Legacy of Paul.* NovTSupp 104.

Leiden: Brill, 2002.

Müller, C. G. 'Priska und Aquila. Der Weg eines Ehepaares und die paulinischen Mission'. *MTZ* 54 (2003) 195-210.

Müller, P.-G. 'Der "Paulinismus" in der Apg'. In *Paulus in den neutestamentlichen Spätschriften,* edited by K. Kertelge, 157-201. Freiburg: Herder, 1981.

Munck, J. *Paul and the Salvation of Mankind.* London: SCM, 1959.

Murphy-O'Connor, J. 'The Cenacle — Topographical Setting for Acts 2:44-45'. *BAFCS* 4.303-21.

_____. 'Gal 2:15-16a: Whose Common Ground?' *RB* 108 (2001) 376-85.

_____. *The Holy Land.* Oxford: Oxford University, 1998.

_____. *Paul: A Critical Life.* Oxford: Clarendon, 1996.

_____. *Paul the Letter-Writer: His World, His Options, His Skills.* Collegeville: Liturgical, 1995.

_____. *The Theology of the Second Letter to the Corinthians.* Cambridge: Cambridge University, 1991.

Mussner, F. '"In den letzten Tagen" (Apg. 2,17a)'. *BZ* 5 (1961) 263-65.

Nanos, M. D. 'Intruding "Spies" and "Pseudo-Brethren": The Jewish Intra-group Politics of Paul's Jerusalem Meeting [Gal 2:1-10]'. In *Paul and His Opponents,* edited by S. E. Porter, 59-97. Leiden: Brill, 2005.

_____. *The Irony of Galatians: Paul's Letter in First-Century Context.* Minneapolis: Fortress, 2002.

_____. *The Mystery of Romans: The Jewish Context of Paul's Letter.* Minneapolis: Fortress, 1996.

_____. 'What Was at Stake in Peter's "Eating with Gentiles" at Antioch?' In *The Galatians Debate,* ch. 15.

_____, ed. *The Galatians Debate.* Peabody: Hendrickson, 2002.

Neudorfer, H.-W. 'The Speech of Stephen'. In *Witness to the Gospel: The Theology of Acts,* edited by I. H. Marshall and D. Peterson, 275-94. Grand Rapids: Eerdmans, 1998.

_____. *Der Stephanuskreis in der Forschungsgeschichte seit F. C. Baur.* Giessen: Brunnen, 1983.

Neufeld, V. H. *The Earliest Christian Confessions.* NTTS 5. Grand Rapids: Eerdmans,

1963.

Neyrey, J. H. 'Luke's Social Location of Paul: Cultural Anthropology and the Status of Paul in Acts'. In *History, Literature and Society in the Book of Acts*, edited by B. Witherington, 251-79. Cambridge: Cambridge University, 1996.

_____. *Paul in Other Words: A Cultural Reading of His Letters*. Louisville: Westminster John Knox, 1990.

_____. 'Perceiving the Human Body: Body Language in 1 Corinthians'. In *Paul in Other Words*, 102-46.

Nguyen, V. H. R. 'The Identification of Paul's Spectacle of Death Metaphor in 1 Corinthians 4.9'. *NTS* 53 (2007) 489-501.

Nicholl, C. R. *From Hope to Despair in Thessalonica: Situating 1 and 2 Thessalonians*. SNTSMS 126. Cambridge: Cambridge University, 2004.

Nicklas, T., and M. Tilly, eds. *The Book of Acts as Church History: Text, Textual Traditions and Ancient Interpretations*. BZNW 120. Berlin: de Gruyter, 2003.

Nickle, K. F. *The Collection: A Study in Paul's Strategy*. London: SCM, 1966.

Niebuhr, K.-W. *Heidenapostel aus Israel*. WUNT 62. Tübingen: Mohr Siebeck, 1992.

_____. 'Der Jakobusbrief im Licht frühjüdischer Diasporabriefe'. *NTS* 44 (1998) 420-43.

_____. '"Judentum" und "Christentum" bei Paulus und Ignatius von Antiochien'. *ZNW* 85 (1994) 218-33.

_____. 'Die paulinische Rechtfertigungslehre in der gegenwärtigen exegetischen Diskussion'. In *Worum geht es in der Rechtfertigungslehre?* edited by T. Söding, 105-30. Freiburg: Herder, 1999.

_____. 'Tora ohne Tempel. Paulus und der Jakobusbrief im Zusammenhang frühjüdischer Torarezeption für die Diaspora'. In *Gemeinde ohne Tempel / Community without Temple*, edited by B. Ego et al., 427-60. Tübingen: Mohr Siebeck, 1999.

Nobbs, A. 'Cyprus'. *BAFCS* 2.279-89.

Nock, A. D. *Conversion: The Old and New in Religion from Alexander the Great to Augustine*. London: Oxford University, 1933.

_____. 'Early Gentile Christianity and Its Hellenistic Background' (1928) and 'Hellenistic Mysteries and Christian Sacraments' (1952). In *Essays on Religion*

and the Ancient World, 2 vols., edited by J. Z. Stewart, 1.49-133 and 2.791-820.
Oxford: Clarendon, 1972.

-----. 'Paul and the Magus'. Beginnings 5.164-88.

-----. St. Paul. Oxford: Oxford University, 1938, 1946.

Nolland, J. 'Uncircumcised Proselytes?' JSJ 12 (1981) 173-94.

Norris, F. W. 'Antioch on the Orontes as a Religious Center I: Paganism before
Constantine'. ANRW 2.18.4 (1990) 2322-79.

North, J. L. 'Jesus and Worship, God and Sacrifice'. In Early Jewish and Christian
Monotheism, edited by L. T. Stuckenbruck and W. E. S. North, 186-202.
London: Clark International, 2004.

Novak, D. The Image of the Non-Jew in Judaism: An Historical and Constructive Study of
the Noahide Laws. Lewiston: Mellen, 1983.

Oakes, P. Philippians: From People to Letter. SNTSMS 110. Cambridge: Cambridge
University, 2001.

O'Brien, P. T. Gospel and Mission in the Writings of Paul. Grand Rapids: Baker, 1995.

Oepke, A. Die Missionspredigt des Apostels Paulus. Leipzig: Hinrichs, 1920.

Ogg, G. The Chronology of the Life of Paul. London: Epworth, 1968.

Öhler, M. Barnabas. Die historische Person und ihre Rezeption in der Apostelgeschichte.
WUNT 156. Tübingen: Mohr Siebeck, 2003.

_____. 'Die Jerusalemer Urgemeinde im Spiegel des antiken Vereinswesens'. NTS
51 (2005) 393-415.

Ollrog, W.-H. Paulus und seine Mitarbeiter. WMANT 50. Neukirchen-Vluyn:
Neukirchener, 1979.

Olsson, B., and M. Zetterholm, eds. The Ancient Synagogue from Its Origins until 200
C.E. CBNTS 39. Stockholm: Almqvist and Wiksell, 2003.

Omerzu, H. 'Paulus als Politiker? Das paulinische Evangelium zwischen Ekklesia
und Imperium Romanum'. In Logos — Logik — Lyrik. Engagierte exegetische
Studien zum biblischen Reden Gottes, K. Haacker FS, edited by V. A. Lehnert
and U. Rüsen-Weinhold, 267-87. Leipzig: Evangelische Verlagsanstalt, 2007.

_____. Der Prozess des Paulus. Eine exegetische und rechtshistorische Untersuchung der
Apostelgeschichte. BZNW 115. Berlin: de Gruyter, 2002.

_____. 'Das Schweigen des Lukas'. In Das Ende des Paulus, edited by F. W. Horn, 127-

56. Berlin: de Gruyter, 2001.

Oster, R. E. 'Use, Misuse and Neglect of Archaeological Evidence in Some Modern Works on 1 Corinthians'. *ZNW* 83 (1992) 52-73.

Overman, J. A. '*Kata Nomon Pharisaios:* A Short History of Paul's Pharisaism'. In *Pauline Conversations in Context,* C. J. Roetzel FS, edited by J. C. Anderson et al., 180-93. London: Sheffield Academic, 2002.

Packer, J. E. 'Housing and Population in Imperial Ostia and Rome'. *JRS* 57 (1967) 80-95.

Page, S. H. T. 'Whose Ministry? A Re-appraisal of Ephesians 4:1'. *NovT* 47 (2005) 26-46.

Paige, T. 'Stoicism, *eleutheria* and Community at Corinth'. In *Worship, Theology and Ministry in the Early Church,* R. P. Martin FS, edited by M. J.Wilkins and T. Paige, 180-93. Sheffield: JSOT, 1992.

Painter, J. 'James and Peter: Models of Leadership and Mission'. In *The Missions of James, Peter, and Paul,* edited by B. Chilton and C. Evans, 143-209. Leiden: Brill, 2005.

_____. *Just James: The Brother of Jesus in History and Tradition.* Columbia: University of South Carolina, 1997.

_____. 'Who Was James? Footprints as a Means of Identification'. In *The Brother of Jesus,* edited by B. Chilton and J. Neusner, 10-65. Louisville: Westminster John Knox, 2001.

Palmer, D. W. 'Acts and the Ancient Historical Monograph'. *BAFCS* 1.1-29.

Parker, F. 'The Terms "Angel" and "Spirit" in Acts 23,8'. *Biblica* 84 (2003) 344-65.

Parsons, M. C. *The Departure of Jesus in Luke-Acts: The Ascension Narratives in Context.* JSNTS 21. Sheffield: JSOT, 1987.

_____. 'The Text of Acts 1:2 Reconsidered'. *CBQ* 50 (1988) 58-71.

Patrick, J. E. 'Living Rewards for Dead Apostles: "Baptised for the Dead" in 1 Corinthians 15.29'. *NTS* 52 (2006) 71-85.

Pearson, B. A. *The Pneumatikos-Psychikos Terminology in 1 Corinthians.* SBLDS 12. Atlanta: Scholars, 1973.

_____. 'A Q Community in Galilee?' *NTS* 50 (2004) 476-94.

Pearson, B. A., et al., eds. *The Future of Early Christianity,* H. Koester FS. Minneapolis:

Fortress, 1991.

Peerbolte, L. J. L. *Paul the Missionary.* Leuven: Peeters, 2003.

Penna, R. *Paul the Apostle: A Theological and Exegetical Study.* Vol. 1: *Jew and Greek Alike.* Collegeville: Liturgical, 1996.

Penner, T. C. *The Epistle of James and Eschatology.* JSNTS 121. Sheffield: Sheffield Academic, 1996.

_____. *In Praise of Christian Origins: Stephen and the Hellenists in Lukan Apologetic Historiography.* New York: Clark International, 2004.

Perkins, P. *Gnosticism and the New Testament.* Minneapolis: Fortress, 1993.

_____. *Peter: Apostle for the Whole Church.* 1994. Minneapolis: Fortress, 2000.

Pervo, R. I. *Profit with Delight: The Literary Genre of the Acts of the Apostles.* Philadelphia: Fortress, 1987.

Pesch, R. 'Voraussetzungen und Anfänge der urchristlichen Mission'. In *Mission im Neuen Testament,* edited by K. Kertelge, 11-70. Freiburg: Herder, 1982.

Pesch, R., et al. '"Hellenisten" und "Hebräer"'. *BZ* 23 (1979) 87-92.

Peterman, G. W. *Paul's Gift from Philippi: Conventions of Gift Exchange and Christian Giving.* SNTSMS 92. Cambridge: Cambridge University, 1997.

Peterson, N. R. *Rediscovering Paul: Philemon and the Sociology of Paul's Narrative World.* Philadelphia: Fortress, 1985.

Pfleiderer, O. *Primitive Christianity.* ET London: Williams and Norgate, 1906.

Philip, F. *The Origins of Pauline Pneumatology.* WUNT 2.194. Tübingen: Mohr Siebeck, 2005.

Pilhofer, P. *Philippi.* Vol. 1: *Die erste christliche Gemeinde Europas.* WUNT 87. Tübingen: Mohr Siebeck, 1995.

Piper, R. A. *Wisdom in the Q-tradition: The Aphoristic Teaching of Jesus.* SNTSMS 61. Cambridge: Cambridge University, 1989.

_____, ed. *The Gospel behind the Gospels: Current Studies on Q.* NovTSupp 75. Leiden: Brill, 1995.

Pitta, A. 'The Strong, the Weak and the Mosaic Law in the Christian Communities of Rome (Rom. 14.1-15.13)'. In *Christians as a Religious Minority in a Multicultural City,* edited by J. Zangenberg and M. Labahn, 90-102. London: Clark, 2004.

Plevnik, J. *Paul and the Parousia: An Exegetical and Theological Investigation.* Peabody:

Hendrickson, 1996.

Plümacher, E. 'Die Apostelgeschichte als historische Monographie'. In *Les Actes des Apôtres. Traditions, rédaction, théologie*, edited by J. Kremer, 457-66. Leuven: Leuven University, 1979.

_____. 'The Mission Speeches in Acts and Dionysius of Halicarnassus'. In *Jesus and the Heritage of Israel*, edited by D. Moessner, 251-66. Harrisburg: Trinity, 1999.

Pogoloff, S. *Logos and Sophia: The Rhetorical Situation of 1 Corinthians*. SBLDS 134. Atlanta: Scholars, 1992.

Pokorny, P. *The Genesis of Christology: Foundations for a Theology of the New Testament*. Edinburgh: Clark, 1987.

Poland, F. *Geschichte des griechischen Vereinswesens*. Leipzig: Teubner, 1909.

Popkes, W. 'Leadership: James, Paul, and Their Contemporary Background'. In *The Missions of James, Peter, and Paul*, edited by B. Chilton and C. Evans, 323-54. Leiden: Brill, 2005.

Porter, S. E. 'Did Paul Have Opponents in Rome and What Were They Opposing?' In *Paul and His Opponents*, 149-68.

_____. 'Magic in the Book of Acts'. In *A Kind of Magic: Understanding Magic in the New Testament and Its Religious Environment*, edited by M. Labahn and L. J. L. Peerbolte, 107-21. London: Clark, 2007.

_____. *The Paul of Acts*. WUNT 115. Tübingen: Mohr Siebeck, 1999.

_____. 'Was Paul a Good Jew? Fundamental Issues in a Current Debate'. In *Christian-Jewish Relations through the Centuries*, edited by S. E. Porter and B. W. R. Pearson, 148-74. Sheffield: Sheffield Academic, 2000.

_____. 'The "We" Passages'. *BAFCS* 2.545-74.

_____. 'When and How Was the Pauline Canon Compiled? An Assessment of Theories'. In *The Pauline Canon*, edited by S. E. Porter, 95-127. Leiden: Brill, 2004.

_____, ed. *Paul and His Opponents*. Leiden: Brill, 2005.

_____, ed. *Paul and His Theology*. Leiden: Brill, 2006.

Pratscher, W. *Der Herrenbruder Jakobus und die Jakobustradition*. FRLANT 139. Göttingen: Vandenhoeck und Ruprecht, 1987.

Price, S. R. F. *Rituals and Power: The Roman Imperial Cult in Asia Minor.* Cambridge: Cambridge University, 1984.

Purvis, J. D. 'The Samaritans'. *CHJ* 2.591-613.

_____. 'The Samaritans and Judaism'. In *Early Judaism and Its Modern Interpreters,* edited by R. A. Kraft and G. W. E. Nickelsburg, 81-98. Atlanta: Scholars, 1986.

Rabens, V. 'The Development of Pauline Pneumatology'. *BZ* 43 (1999) 161-79.

Raeder, M. 'Vikariasttaufe in 1 Cor 15:29?' *ZNW* 46 (1955) 258-61.

Räisänen, H. 'Galatians 2.16 and Paul's Break with Judaism'. In *Jesus, Paul and Torah,* 112-26.

_____. 'Die "Hellenisten" der Urgemeinde'. *ANRW* 2.26.2 (1995) 1468-1514.

_____. '"The Hellenists": A Bridge between Jesus and Paul?' In *Jesus, Paul and Torah,* 149-202.

_____. *Jesus, Paul and Torah: Collected Essays.* JSNTS 43. Sheffield: JSOT, 1992.

_____. *Paul and the Law.* WUNT 29. Tübingen: Mohr Siebeck, 1983.

_____. 'Paul's Call Experience and His Later View of the Law'. In *Jesus, Paul and Torah,* 15-47.

Rajak, T. 'The Jewish Community and Its Boundaries'. In *The Jews among the Pagans and Christians in the Roman Empire,* edited by J. M. Lieu et al., 9-28. London: Routledge, 1992.

Ramsay, W. M. *The Bearing of Recent Discovery on the Trustworthiness of the New Testament.* London: Hodder and Stoughton, 1915.

_____. *The Cities and Bishoprics of Phrygia.* 2 vols. Oxford: Oxford University, 1895, 1897.

_____. *The Cities of St. Paul: Their Influence on His Life and Thought.* London: Hodder and Stoughton, 1907.

_____. *St. Paul the Traveller and the Roman Citizen.* London: Hodder and Stoughton, 1896.

Ramsey, A. M. 'What Was the Ascension?' *SNTSBull.* 2 (1951) 43-50.

Rapske, B. M. 'Acts, Travel and Shipwreck'. *BAFCS* 2.1-47.

_____. *The Book of Acts and Paul in Roman Custody* (= BAFCS 3). Grand Rapids: Eerdmans, 1994.

_____. 'The Prisoner Paul in the Eyes of Onesimus'. *NTS* 37 (1991) 187-203.

Rau, E. *Von Jesus zu Paulus. Entwicklung und Rezeption der antiochenischen Theologie im Urchristentum.* Stuttgart: Kohlhammer, 1994.

Read-Heimerdinger, J. *The Bezan Text of Acts.* JSNTS 236. London: Sheffield Academic, 2002.

Reasoner, M. *The Strong and the Weak: Romans 14.1–15.13 in Context.* SNTSMS 103. Cambridge: Cambridge University, 1999.

Reicke, B. *The New Testament Era.* London: Black, 1969.

Reinbold, W. *Propaganda und Mission im ältesten Christentum. Eine Untersuchung zu den Modalitäten der Ausbreitung der frühen Kirche.* Göttingen: Vandenhoeck und Ruprecht, 2000.

Reinhardt,W. 'The Population Size of Jerusalem and the Numerical Growth of the Jerusalem Church'. *BAFCS* 4.237-65.

Reiser, M. 'Von Caesarea nach Malta. Literarischer Charakter und historische Glaubwürdigkeit von Act 27'. In *Das Ende des Paulus,* edited by F. W. Horn, 49-73. Berlin: de Gruyter, 2001.

Reitzenstein, R. *Hellenistic Mystery Religions: Their Basic Ideas and Significance.* 1910. ET Pittsburgh: Pickwick, 1978.

Rengstorf, K. H. 'The Election of Matthias: Acts 1.15ff.'. In *Current Issues in New Testament Interpretation,* O. A. Piper FS, edited by W. Klassen and G. F. Snyder, 178-92. New York: Harper and Row, 1962.

Reumann, J. 'Church Office in Paul, Especially in Philippians'. In *Origins and Method: Towards a New Understanding of Judaism and Christianity,* J. C. Hurd FS, edited by B. H. McLean, 82-91. Sheffield: JSOT, 1993.

_____. 'Contributions of the Philippian Community to Paul and to Earliest Christianity'. *NTS* 39 (1993) 438-57.

_____. 'Justification in Pauline Thought: A Lutheran View'. In *Rereading Paul Together: Protestant and Catholic Perspectives on Justification,* edited by D. E. Aune, 108-30. Grand Rapids: Baker, 2006.

Richards, E. *Acts 6:1–8:4: The Author's Method of Composition.* SBLDS 41. Missoula: Scholars, 1978.

Richards, E. R. *Paul and First-Century Letter Writing.* Downers Grove: InterVarsity, 2004.

_____. *The Secretary in the Letters of Paul.* WUNT 2.42. Tübingen: Mohr Siebeck, 1991.

Richardson, P. 'An Architectural Case for Synagogues as Associations'. In *The Ancient Synagogue from Its Origins until 200 C.E.,* edited by B. Olsson and M. Zetterholm, 90-117. Stockholm: Almqvist and Wiksell, 2003.

_____. 'Augustan-Era Synagogues in Rome'. In *Judaism and Christianity in First-Century Rome,* edited by K. P. Donfried and P. Richardson, 17-29. Grand Rapids: Eerdmans, 1998.

_____. 'Building an Association *(Synodos)...*and a Place of Their Own'. In *Community Formation in the Early Church and in the Church Today,* edited by R. N. Longenecker, 36-56. Peabody: Hendrickson, 2002.

_____. 'Early Synagogues as Collegia in the Diaspora and Palestine'. In *Voluntary Associations in the Graeco-Roman World,* edited by J. S. Kloppenborg and S. G. Wilson, 90-109. London: Routledge, 1996.

_____. *Israel in the Apostolic Church.* SNTSMS 10. Cambridge: Cambridge University, 1969.

Riesner, R. 'Das Jerusalemer Essenerviertel und die Urgemeinde. Josephus, Bellum Judaicum V 145; 11QMiqdasch 46, 13-16; Apostelgeschichte 1-6 und die Archäologie'. *ANRW* 2.26.2 (1995) 1775-1922.

_____. *Paul's Early Period: Chronology, Mission Strategy, Theology.* Grand Rapids: Eerdmans, 1998.

_____. 'Synagogues in Jerusalem'. *BAFCS* 4.179-211.

Ritmeyer, L., and K. Ritmeyer. *Jerusalem in the Year 30 A.D.* Jerusalem: Carta, 2004.

Ritschl, A. *Die Entstehung der altkatholischen Kirche.* Bonn: Marcus, 1850, 1857, 2nd ed.

Robbins, V. K. 'The We-Passages and Ancient Sea Voyages'. In *Perspectives on Luke-Acts,* edited by C. H. Talbert, 215-42. Edinburgh: Clark, 1978.

Robertson, C. K. *Conflict in Corinth: Redefining the System.* New York: Lang, 2001.

Robinson, J. A. T. 'The Most Primitive Christology of All?' In *Twelve New Testament Studies,* 139-53. London: SCM, 1962.

_____. *Redating the New Testament.* London: SCM, 1976.

Robinson, J. M., P. Hoffmann, et al. *The Critical Edition of Q.* The International Q

Project. Leuven: Peeters, 2000.

Robinson, J. M., and H. Koester. *Trajectories through Early Christianity*. Philadelphia: Fortress, 1971.

Roetzel, C. *Paul: The Man and the Myth*. Edinburgh: Clark, 1999.

Roloff, J. *Die Kirche im Neuen Testament*. Göttingen: Vandenhoeck und Ruprecht. 1993.

Rosner, B. S. 'The Progress of the Word'. In *Witness to the Gospel: The Theology of Acts*, edited by I. H. Marshall and D. Peterson, 215-33. Grand Rapids: Eerdmans, 1998.

Rothschild, C. K. *Luke-Acts and the Rhetoric of History*. WUNT 2.175. Tübingen: Mohr Siebeck, 2004.

Rowland, C. *Christian Origins*. London: SPCK, 1985.

_____. *The Open Heaven: A Study of Apocalyptic in Judaism and Early Christianity*. London: SPCK, 1982.

Rüpke, J. 'Collegia sacerdotum. Religiöse Vereine in der Oberschicht'. In *Religiöse Vereine in der römischen Antike*, edited by U. Egelhaaf-Gaiser and A. Schäfer, 41-67. Tübingen: Mohr Siebeck, 2002.

Rutgers, L. V. 'Attitudes to Judaism in the Greco-Roman Period: Reflections on Feldman's Jew and Gentile in the Ancient World'. *JQR* 85 (1995) 361-95.

_____. *The Jews in Late Ancient Rome*. Leiden: Brill, 1995.

_____. 'Roman Policy toward the Jews: Expulsions from the City of Rome during the First Century c.e.'. In *Judaism and Christianity in First-Century Rome*, edited by K. P. Donfried and P. Richardson, 93-116. Grand Rapids: Eerdmans, 1998.

Saddington, D. B. 'Military and Administrative Personnel in the New Testament'. *ANRW* 2.26.3 (1996) 2408-35.

Safrai, S., ed. *The Literature of the Sages*. CRINT 2.3. Assen: Van Gorcum, 1987.

Sampley, J. P. '"Before God, I Do Not Lie" (Gal. 1.20): Paul's Self-Defence in the Light of Roman Legal Praxis'. *NTS* 23 (1977) 477-82.

_____. 'The Weak and the Strong: Paul's Careful and Crafty Rhetorical Strategy in Romans 14:115:13'. In *The Social World of the First Christians*, W. A. Meeks FS, edited by L. M. White and O. L. Yarbrough, 40-52. Minneapolis: Fortress,

1995.

_____, ed. *Paul in the Greco-Roman World: A Handbook.* Harrisburg: Trinity, 2003.

Sanders, E. P. 'Jewish Association with Gentiles and Galatians 2.11-14'. In *Studies in Paul and John,* J. L. Martyn FS, edited by R. T. Fortna and B. R. Gaventa, 170-88. Nashville: Abingdon, 1990.

_____. *Judaism: Practice and Belief, 63 BCE-66 CE.* London: SCM, 1992.

_____. *Paul.* New York: Oxford University, 1991.

_____. *Paul and Palestinian Judaism.* London: SCM, 1977.

_____. *Paul, the Law and the Jewish People.* Philadelphia: Fortress, 1983.

Sanders, J. T. 'The First Decades of Jewish-Christian Relations: The Evidence of the New Testament (Gospels and Acts)'. *ANRW* 2.26.3 (1996) 1937-78.

_____. *The Jews in Luke-Acts.* Philadelphia: Fortress, 1987.

_____. *The New Testament Christological Hymns: Their Historical Religious Background.* SNTSMS 15. Cambridge: Cambridge University, 1971.

_____. *Schismatics, Sectarians, Dissidents, Deviants: The First One Hundred Years of Jewish-Christian Relations.* London: SCM, 1993.

Sandmel, S. *The Genius of Paul: A Study in History.* Philadelphia: Fortress, 1958.

Sandnes, K. O. *Paul — One of the Prophets?* WUNT 2.43. Tübingen: Mohr Siebeck, 1991.

Sappington, T. J. *Revelation and Redemption at Colossae.* JSNTS 53. Sheffield: JSOT, 1991.

Satterthwaite, P. E. 'Acts against the Background of Classical Rhetoric'. *BAFCS* 1.337-79.

Saunders, R. 'Paul and the Imperial Cult'. In *Paul and His Opponents,* edited by S. E. Porter, 227-38. Leiden: Brill, 2005.

Schäfer, P. *Judeophobia: Attitudes toward the Jews in the Ancient World.* Cambridge: Harvard University, 1997.

_____. 'New Testament and Hekhalot Literature: The Journey into Heaven in Paul and Merkavah Mysticism'. *JSS* 35 (1985) 19-35.

Schäfer, R. *Paulus bis zum Apostelkonzil.* WUNT 2.179. Tübingen: Mohr Siebeck, 2004.

Schaller, B. 'Christus, "der Diener der Beschneidung..., auf ihn werden die Völker hoffen". Zu Schriftzitate in Röm 15,7-13'. In *Das Gesetz im frühen Judentum und im Neuen Testament,* C. Burchard FS, edited by D. Sänger and M. Konradt, 261-85. Göttingen: Vandenhoeck und Ruprecht, 2006.

Scharlemann, M. H. *Stephen: A Singular Saint.* AnBib 34. Rome: Pontifical Biblical Institute, 1968.

Schenk, W. 'Die ältesten Selbstverständnis christlicher Gruppen im ersten Jahrhundert'. *ANRW* 2.26.2 (1995) 1355-1467.

_____. 'Der Kolosserbrief in der neueren Forschung (1945-1985)'. *ANRW* 2.25.4 (1987) 3327-64.

Schenke, H.-M. 'Four Problems in the Life of Paul Reconsidered'. In *The Future of Early Christianity,* H. Koester FS, edited by B. A. Pearson et al., 318-28. Minneapolis: Fortress, 1991.

Schenke, L. *Die Urgemeinde. Geschichtliche und theologische Entwicklung.* Stuttgart: Kohlhammer, 1990.

Scherrer, P. 'The City of Ephesos from the Roman Period to Late Antiquity'. In *Ephesos: Metropolis of Asia,* edited by H. Koester, 1-25. Cambridge: Harvard Divinity School, 1995, 2004.

Schiffman, L. H. 'At the Crossroads: Tannaitic Perspectives on the Jewish-Christian Schism'. *JCSD* 2.115-56.

_____. *Who Was a Jew?* Hoboken: Ktav, 1985.

Schille, G. *Anfänge der Kirche. Erwägungen zur apostolischen Frühgeschichte.* Munich: Kaiser, 1966.

Schlueter, C. J. *Filling Up the Measure: Polemical Hyperbole in 1 Thessalonians 2.14-16.* JSNTS 98. Sheffield: Sheffield Academic, 1994.

Schmeller, T. 'Die Cicerobriefe und die Frage nach der Einheitlichkeit des 2. Korintherbriefs'. *ZNW* 95 (2004) 181-208.

_____. 'Gegenwelten. Zum Vergleich zwischen paulinischen Gemeinden und nichtchristlichen Gruppen'. *BZ* 47 (2003) 167-85.

_____. 'Der ursprüngliche Kontext von 2 Kor 6.14-7.1. Zur Frage der Einheitlichkeit des 2. Korintherbriefs'. *NTS* 52 (2006) 219-38.

Schmidt, D. D. 'Rhetorical Influences and Genre: Luke's Preface and the Rhetoric of Hellenistic

Historiography'. In *Jesus and the Heritage of Israel,* edited by D. Moessner, 27-60. Harrisburg: Trinity, 1999.

Schmithals, W. *Gnosticism in Corinth.* 1965. ET Nashville: Abingdon, 1971.

_____. 'Judaisten in Galatien?' In *Paulus,* 39-77.

_____. *Paul and James.* 1963. London: SCM, 1965.

_____. 'Paulus als Heidenmissionar und das Problem seiner theologischen Entwicklung'. In *Jesu Rede von Gott und ihre Nachgeschichte im frühen Christentum,* W. Marxsen FS, edited by D.-A. Koch, 235-51. Gütersloh: Mohn, 1989.

_____. *Paulus, die Evangelien und das Urchristentum.* Leiden: Brill, 2004.

_____. 'Probleme des "Apostelkonzils" (Gal 2,1-10)'. In *Paulus,* 5-38.

_____. *Theologiegeschichte des Urchristentums. Eine problemgeschichtliche Darstellung.* Stuttgart: Kohlhammer, 1994.

Schnabel, E. J. *Early Christian Mission.* Vol. 1: *Jesus and the Twelve;* vol. 2: *Paul and the Early Church.* Downers Grove: InterVarsity, 2004.

Schnackenburg, R. *Baptism in the Thought of St. Paul.* Oxford: Blackwell, 1964.

Schneckenburger, M. *Über den Zweck der Apostelgeschichte.* Bern: Fischer, 1841.

Schneemelcher, W. *Das Urchristentum.* Stuttgart: Kohlhammer, 1981.

Schneider, G. 'Gott und Christus als Kyrios nach der Apostelgeschichte'. In *Begegnung mit dem Wort,* H. Zimmermann FS, edited by J. Zmijewski and E. Nellessen, 161-73. Bonn: Hanstein, 1980.

_____. 'Stephanus, die Hellenisten und Samaria'. In *Les Actes des Apôtres. Traditions, rédaction, théologie,* edited by J. Kremer, 215-40. Gembloux: Duculot, 1979.

Schnelle, U. *The History and Theology of the New Testament Writings.* 1994. London: SCM, 1998.

_____. *Paul: His Life and Theology.* 2003. Grand Rapids: Baker, 2005.

Schowalter, D. N., and J. Friesen, eds. *Urban Religion in Roman Corinth.* HTS 53. Cambridge: Harvard University, 2005.

Schrage, W. *Die Christen und der Staat nach dem Neuen Testament.* Gütersloh: Gütersloher, 1971.

Schreiber, S. 'Arbeit mit der Gemeinde (Röm 16.6, 12). Zur versunken Möglichkeit der Gemeindeleitung durch Frauen'. *NTS* 46 (2000) 204-26.

Schröter, J. 'Heil für die Heiden und Israel. Zum Zusammenhang von Christologie und Volk Gottes bei Lukas'. In *Die Apostelgeschichte und die hellenistische Geschichtsschreibung*, E. Plümacher FS, edited by C. Breytenbach and J. Schröter, 285-308. Leiden: Brill, 2004.

_____. 'Jerusalem und Galiläa. Überlegungen zur Verhältnisbestimmung von Pluralität und Kohärenz für die Konstruktion einer Geschichte des frühen Christentums'. *NovT* 42 (2000) 127-59.

_____. 'Lukas als Historiograph. Das lukanische Doppelwerk und die Entdeckung der christlichen Heilsgeschichte'. In *Die antike Historiographie und die Anfänge der christlichen Geschichtsschreibung*, edited by E.-M. Becker, 237-62. Berlin: de Gruyter, 2005.

Schultz, C. E. *Women's Religious Activity in the Roman Republic*. Chapel Hill: University of North Carolina, 2006.

Schwartz, D. R. *Agrippa I: The Last King of Judaea*. Tübingen: Mohr Siebeck, 1990.

_____. 'The End of the Line: Paul in the Canonical Book of Acts'. In *Paul and the Legacies of Paul*, edited by W. S. Babcock, 3-24. Dallas: Southern Methodist University, 1990.

_____. *Studies in the Jewish Background of Christianity*. Tübingen: Mohr Siebeck, 1992.

Schweizer, E. *Church Order in the New Testament*. ET London: SCM, 1961.

_____. 'Concerning the Speeches in Acts'. In *Studies in Luke Acts*, edited by L. E. Keck and J. L. Martyn, 208-16. Nashville: Abingdon, 1966.

_____. *Erniedrigung und Erhöhung bei Jesus und seinen Nachfolgern*. Zürich: Zwingli, 1962.

_____. *The Lord's Supper according to the New Testament*. Philadelphia: Fortress, 1967.

_____. 'Traditional Ethical Patterns in the Pauline and Post-Pauline Letters and Their Development (Lists of Vices and House-Tables)'. In *Text and Interpretation*, M. Black FS, edited by E. Best and R. M. Wilson, 195-209. Cambridge: Cambridge University, 1979.

Schwemer, A. M. 'Erinnerung und Legende. Die Berufung des Paulus und ihre Darstellung in der Apostelgeschichte'. In *Memory in the Bible and Antiquity*, edited by L. T. Stuckenbruck et al., 277-98. Tübingen: Mohr Siebeck, 2007.

_____. 'Paulus in Antiochien'. *BZ* 42 (1998) 161-80.

_____. 'Verfolger und Verfolgte bei Paulus. Die Auswirkungen der Verfolgung durch Agrippa I. auf die paulinische Mission'. In *Biographie und Persönlichkeit des Paulus*, edited by E.-M. Becker and P. Pilhofer, 169-91. Tübingen: Mohr Siebeck, 2005.

Scott, J. M. *Paul and the Nations*. WUNT 84. Tübingen: Mohr Siebeck, 1995.

Scriba, A. 'Von Korinth nach Rom. Die Chronologie der letzten Jahre des Paulus'. In *Das Ende des Paulus*, edited by F. W. Horn, 157-73. Berlin: de Gruyter, 2001.

Seccombe, D. 'Was There Organized Charity in Jerusalem before the Christians?' *JTS* 29 (1978) 140-43.

Seeberg, A. *Der Katechismus der Urchristenheit*. 1903. Republished Munich: Kaiser, 1966.

Segal, A. F. 'Heavenly Ascent in Hellenistic Judaism, Early Christianity and Their Environment'. *ANRW* 2.23.2 (1980) 1333-94.

_____. *Paul the Convert: The Apostolate and Apostasy of Saul the Pharisee*. New Haven: Yale University, 1990.

_____. *Rebecca's Children: Judaism and Christianity in the Roman World*. Cambridge: Harvard University, 1986.

Seifrid, M. A. *Justification by Faith: The Origin and Development of a Central Pauline Theme*. NovTSupp 68. Leiden: Brill, 1992.

_____. 'Righteousness Language in the Hebrew Scriptures and Early Judaism'. In *Justification and Variegated Nomism*, vol. 1, edited by D. A. Carson et al., 415-42. Tübingen: Mohr Siebeck, 2001.

Seland, T. 'Once More — the Hellenists, Hebrews and Stephen: Conflict and Conflict- Management in Acts 67'. In *Recruitment, Conquest, and Conflict: Strategies in Judaism, Early Christianity, and the Greco-Roman World*, edited by P. Borgen et al., 169-207. Atlanta: Scholars, 1998.

_____. 'Philo and the Clubs and Associations of Alexandria'. In *Voluntary Associations in the Graeco-Roman World*, edited by J. S. Kloppenborg and S. G. Wilson, 110-27. London: Routledge, 1996.

_____. 'Saul of Tarsus and Early Zealotism: Reading Gal 1,13-14 in Light of Philo's

Writings'. *Biblica* 83 (2002) 449-71.

Sellner, H. J. *Das Heil Gottes. Studien zur Soteriologie des lukanischen Doppelwerks.* BZNW 152. Berlin: de Gruyter, 2007.

Shauf, S. *Theology as History, History as Theology: Paul in Ephesus in Acts 19.* BZNW 133. Berlin: de Gruyter, 2005.

Sherk, R. K. *The Roman Empire: Augustus to Hadrian.* TDGR 6. Cambridge: Cambridge University, 1988.

_____. 'Roman Galatia: The Governors from 25 BC to AD 114'. *ANRW* 2.7.2 (1980) 954-1052.

Sherwin-White, A. N. *Roman Society and Roman Law in the New Testament.* Oxford: Clarendon, 1963.

Shiell, W. *Reading Acts: The Lector and the Early Christian Audience.* Leiden: Brill, 2004.

Simon, M. *St. Stephen and the Hellenists in the Primitive Church.* London: Longmans Green, 1958.

Skarsaune, O. *In the Shadow of the Temple: Jewish Influences on Early Christianity.* Downers Grove: InterVarsity, 2002.

Skarsaune, O., and R. Hvalvik, eds. *Jewish Believers in Jesus: The Early Centuries.* Peabody: Hendrickson, 2007.

Skeat, T. C. 'Especially the Parchments: A Note on 2 Timothy IV.13'. *JTS* 30 (1979) 172-77.

Slater,W. J., ed. *Dining in a Classical Context.* Ann Arbor: University of Michigan, 1991.

Slee, M. *The Church in Antioch in the First Century C.E..* JSNTS 244. London: Clark International, 2003.

Slingerland, D. 'Acts 18:1-17 and Luedemann's Pauline Chronology'. *JBL* 109 (1990) 686-90.

_____. 'Acts 18:1-18, the Gallio Inscription, and Absolute Pauline Chronology'. *JBL* 110 (1991) 439-49.

Smallwood, E. M. *The Jews under Roman Rule from Pompey to Diocletian.* Leiden: Brill, 1981.

Smiles, V. M. 'The Concept of "Zeal" in Second-Temple Judaism and Paul's Critique of It in Romans 10:2'. *CBQ* 64 (2002) 282-99.

Smith, D. E. *From Symposium to Eucharist: The Banquet in the Early Christian World.* Minneapolis: Fortress, 2003.

Smith, I. K. *Heavenly Perspective. A Study of the Apostle Paul's Response to a Jewish Mystical Movement at Colossae.* LNTS 326. London: Clark International, 2006.

Smith, J. *The Voyage and Shipwreck of St. Paul.* London: Longmans Green, 1866.

Smith, J. Z. *Drudgery Divine: On the Comparison of Early Christianities and the Religions of Late Antiquity.* Chicago: University of Chicago, 1990.

Soards, M. L. *The Speeches in Acts: Their Content, Context and Concerns.* Louisville: Westminster John Knox, 1994.

Sohm, R. *Kirchenrecht.* 1892. Munich: Duncker und Humblot, 1923.

Sordi, M. *The Christians and the Roman Empire.* ET 1988. London: Routledge, 1994.

Sowers, S. S. 'The Circumstances and Recollection of the Pella Flight'. *TZ* 26 (1970) 315-20.

Spence, S. *The Parting of the Ways: The Roman Church as a Case Study.* Leuven: Peeters, 2004.

Spencer, F. S. 'Neglected Widows in Acts 6:1-7'. *CBQ* 56 (1994) 715-33.

_____. 'Out of Mind, Out of Voice: Slave-Girls and Prophetic Daughters in Luke-Acts'. *BibInt* 7 (1999) 133-55.

_____. *The Portrait of Philip in Acts: A Study of Roles and Relations.* JSNTS 67. Sheffield: JSOT, 1992.

Spicq, C. 'Les dénominations du Chrétien'. In *Vie chrétienne et pérégrination selon le Nouveau Testament,* 13-57. Paris: Cerf, 1972.

Squires, J. T. *The Plan of God in Luke-Acts.* SNTSMS 76. Cambridge: Cambridge University, 1993.

Standhartinger, A. 'Colossians and the Pauline School'. *NTS* 50 (2004): 572-93.

_____. *Studien zur Entstehungsgeschichte und Intention des Kolosserbriefs.* NovTSupp 94. Leiden: Brill, 1999.

Stanley, C. D. '"Neither Jew nor Greek": Ethnic Conflict in Graeco-Roman Society'. *JSNT* 64 (1996) 101-24.

Stanton, G. N. 'Jesus and Gospel'. In *Jesus and Gospel,* 9-62. Cambridge: Cambridge University, 2004.

_____. *Jesus of Nazareth in New Testament Preaching.* SNTSMS 27. Cambridge: Cambridge University, 1974.

_____. 'Paul's Gospel'. In *The Cambridge Companion to St. Paul,* edited by J. D. G. Dunn, 173-84. Cambridge: Cambridge University, 2003.

_____. 'Stephen in Lucan Perspective'. In *Studia Biblica 1978,* 3 vols., edited by E. A. Livingstone, 3.35-60. Sheffield: JSOT, 1980.

Stanton, G. N., B. W. Longenecker, et al., eds. *The Holy Spirit and Christian Origins,* J. D. G. Dunn FS. Grand Rapids: Eerdmans, 2004.

Stegemann, E. W., and Stegemann, W. *The Jesus Movement: A Social History of Its First Century.* Minneapolis: Fortress, 1999.

Stegemann, W. 'War der Apostel Paulus ein römischer Bürger?' *ZNW* 78 (1987) 200-229.

Stendahl, K. *Paul among Jews and Gentiles.* Philadelphia: Fortress, 1977.

Sterling, G. E. *Historiography and Self-Definition: Josephus, Luke-Acts and Apologetic Historiography.* NovTSupp 64. Leiden: Brill, 1992.

_____. '"Opening the Scriptures": The Legitimation of the Jewish Diaspora and the Early Christian Mission'. In *Jesus and the Heritage of Israel,* edited by D. Moessner, 199-225. Harrisburg: Trinity, 1999.

_____. '"Wisdom among the Perfect": Creation Traditions in Alexandrian Judaism and Corinthian Christianity'. *NovT* 37 (1995) 355-84.

Stettler, C. 'The Opponents at Colossae'. In *Paul and His Opponents,* edited by S. E. Porter, 169-200. Leiden: Brill, 2005.

Stettler, H. 'An Interpretation of Colossians 1:24 in the Framework of Paul's Mission Theology'. In *The Mission of the Early Church,* edited by J. Ådna and H. Kvalbein, 185-208. Tübingen: Mohr Siebeck, 2000.

Still, T. D. *Conflict at Thessalonica: A Pauline Church and Its Neighbours.* JSNTS 183. Sheffield: Sheffield Academic, 1999.

_____. 'Did Paul Loathe Manual Labor? Revisiting the Work of Ronald F. Hock on the Apostle's Tentmaking and Social Class'. *JBL* 125 (2006) 781-95.

Stirewalt, M. L. *Paul: The Letter Writer.* Grand Rapids: Eerdmans, 2003.

Stoops, R. F. 'Riot and Assembly: The Social Context of Acts 19:23-41'. *JBL* 108 (1989) 73-91.

Stowasser, M. 'Am 5,25-27; 9,11f. in der Qumranüberlieferung und in der Apostelgeschichte. Text- und traditionsgeschichtliche Überlegungen zu 4Q174 (Florilegium) III 12/CD VII 16/Apg 7,42b-43; 15,16-18'. *ZNW* 92 (2001) 47-63.

Stowers, S. K. 'Does Pauline Christianity Resemble a Hellenistic Philosophy?' In *Paul beyond the Judaism/Hellenism Divide*, edited by T. Engberg-Pedersen, ch. 4. Louisville: Westminster John Knox, 2001.

_____. *Letter Writing in Greco-Roman Antiquity*. Philadelphia: Westminster, 1986.

_____. *A Rereading of Romans*. New Haven: Yale University, 1994.

_____. 'Social Status, Public Speaking and Private Teaching: The Circumstances of Paul's Preaching Activity'. *NovT* 26 (1984) 59-82.

Strange, W. A. 'The Jesus-Tradition in Acts'. *NTS* 46 (2000) 59-74.

Strecker, G. *Theology of the New Testament*. Berlin: de Gruyter, 2000.

Streeter, B. H. *The Primitive Church*. London: Macmillan, 1930.

Strelan, R. *Strange Acts: Studies in the Cultural World of the Acts of the Apostles*. BZNW 126. Berlin: de Gruyter, 2004.

Stuckenbruck, L. T. '"Angels" and "God": Exploring the Limits of Early Jewish Monotheism'. In *Early Jewish and Christian Monotheism*, edited by L. T. Stuckenbruck and W. E. S. North, 45-70. London: Clark International, 2004.

Stuckenbruck, L. T., and W. E. S. North, eds. *Early Jewish and Christian Monotheism*. JSNTS 263. London: Clark International, 2004.

Stuckenbruck, L. T., et al., eds. *Memory in the Bible and Antiquity*. WUNT 212. Tübingen: Mohr Siebeck, 2007.

Stuhlmacher, P. *Biblische Theologie des Neuen Testaments*. 2 vols. Göttingen: Vandenhoeck und Ruprecht, 1992, 1999.

_____. '"The End of the Law": On the Origin and Beginnings of Pauline Theology'. In *Reconciliation, Law, and Righteousness: Essays in Biblical Theology*, 134-54. 1981. ET Philadelphia: Fortress, 1986.

_____. 'Isaiah 53 in the Gospels and Acts'. In *The Suffering Servant: Isaiah 53 in Jewish and Christian Sources*, edited by B. Janowski and P. Stuhlmacher, 147-62. Grand Rapids: Eerdmans, 2004.

_____. 'Matt 28:16-20 and the Course of Mission in the Apostolic and Postapostolic

Age'. In *The Mission of the Early Church,* edited by J. Ådna and H. Kvalbein, 17-43. Tübingen: Mohr Siebeck, 2000.

Suhl, A. 'Paulinische Chronologie im Streit der Meinungen'. *ANRW* 2.26.1 (1995) 939-1188.

_____. *Paulus und seine Briefe.* Gütersloh: Gütersloher, 1975.

Sumney, J. L. "'I Fill Up What Is Lacking in the Afflictions of Christ": Paul's Vicarious Suffering in Colossians'. *CBQ* 68 (2006) 664-80.

_____. *'Servants of Satan', 'False Brothers' and Other Opponents of Paul.* JSNTS 188. Sheffield: Sheffield Academic, 1999.

_____. 'Studying Paul's Opponents: Advances and Challenges'. In *Paul and His Opponents,* edited by S. E. Porter, 7-58. Leiden: Brill, 2005.

Tabor, J. D. *Things Unutterable: Paul's Ascent to Paradise in Its Greco-Roman, Judaic, and Early Christian Contexts.* Lanham: University Press of America, 1986.

Tajra, H. W. *The Trial of St. Paul.* WUNT 2.35. Tübingen: Mohr Siebeck, 1989.

Talbert, C. H. *Theological Themes and the Genre of Luke-Acts.* SBLDS 20. Missoula: Scholars, 1974.

Talbert, C. H., and J. H. Hayes. 'A Theology of Sea Storms in Luke-Acts'. In *Jesus and the Heritage of Israel,* edited by D. Moessner, 267-83. Harrisburg: Trinity, 1999.

Talbert, R. J. A., ed. *Barrington Atlas of the Greek and Roman World.* Princeton: Princeton University, 2000.

Tannehill, R. *The Narrative Unity of Luke-Acts: A Literary Interpretation.* 2 vols.. Philadelphia: Fortress, 1986, 1990.

Tatum, G. *New Chapters in the Life of Paul: The Relative Chronology of His Career.* CBQMS 41. Washington, D.C.: Catholic Biblical Association of America, 2006.

Taylor, J. 'The Jerusalem Decrees (Acts 15.20, 29 and 21.25) and the Incident at Antioch (Gal 2.11-14)'. *NTS* 47 (2001) 372-80.

_____. 'The Roman Empire in the Acts of the Apostles'. *ANRW* 2.26.3 (1996) 2436-2500.

_____. 'St. Paul and the Roman Empire: Acts of the Apostles 1314'. *ANRW* 2.26.2 (1995) 1189-1231.

_____. 'Why Did Paul Persecute the Church?' In *Tolerance and Intolerance in Early Judaism and Christianity*, edited by G. N. Stanton and G. Stroumsa, 99-120. Cambridge: Cambridge University, 1998.

_____. 'Why Were the Disciples First Called "Christians" at Antioch?' *RB* 101 (1994) 75-94.

Taylor, L. R. 'Artemis of Ephesus'. *Beginnings* 5.251-56.

Taylor, N. H. 'Apostolic Identity and the Conflicts in Corinth and Galatia'. In *Paul and His Opponents*, edited by S. E. Porter, 99-127. Leiden: Brill, 2005.

_____. *Paul, Antioch and Jerusalem*. JSNTS 66. Sheffield: Sheffield Academic, 1992.

_____. 'Popular Opposition to Caligula in Jewish Palestine'. *JSJ* 32 (2001) 54-70.

_____. 'Stephen, the Temple, and Early Christian Eschatology'. *RB* 110 (2003) 62-85.

Taylor, V. *The Formation of the Gospel Tradition*. London: Macmillan, 1935.

Tcherikover, V. *Hellenistic Civilization and the Jews*. Philadelphia: Jewish Publication Society of America, 1959.

Tellbe, M. *Paul between Synagogue and State: Christians, Jews, and Civic Authorities in 1 Thessalonians, Romans and Philippians*. CBNTS 34. Stockholm: Almqvist and Wiksell, 2001.

Theissen, G. *The Gospels in Context: Social and Political History in the Synoptic Tradition*. ET Minneapolis: Fortress, 1991.

_____. 'Hellenisten und Hebräer (Apg 6,1-6). Gab eine Spaltung der Urgemeinde?' In *Geschichte — Tradition — Reflexion*, M. Hengel FS. Vol. 3: *Frühes Christentum*, edited by H. Lichtenberger, 323-43. Tübingen: Mohr Siebeck, 1996.

_____. 'Paulus—der Unglückstifter. Paulus und die Verfolgung der Gemeinden in Jerusalem und Rom'. In *Biographie und Persönlichkeit des Paulus*, edited by E.-M. Becker and P. Pilhofer, 228-44. Tübingen: Mohr Siebeck, 2005.

_____. *Psychological Aspects of Pauline Theology*. Edinburgh: Clark, 1987.

_____. 'Social Conflicts in the Corinthian Community: Further Remarks on J. J. Meggitt, *Paul, Poverty and Survival*'. *JSNT* 25 (2003) 371-91.

_____. *Social Reality and the Early Christians*. Minneapolis: Augsburg Fortress, 1992.

_____. *The Social Setting of Pauline Christianity*. Philadelphia: Fortress, 1982.

Theobald, M. 'Der Kanon von der Rechtfertigung (Gal 2,16; Röm 3,28)'. In *Studien zum Römerbrief*, 164-225. Tübingen: Mohr Siebeck, 2001.

Thiede, C. P. *Simon Peter.* Exeter: Paternoster, 1986.

Thielman, F. *Paul and the Law: A Contextual Approach.* Downers Grove: InterVarsity, 1994.

Thiselton, A. C. 'Realized Eschatology at Corinth'. *NTS* 24 (1978) 510-26.

Thomas, C. 'At Home in the City of Artemis: Religion in Ephesos in the Literary Imagination of the Roman Period'. In *Ephesos: Metropolis of Asia,* edited by H. Koester, 66-79. Cambridge: Harvard Divinity School, 1995, 2004.

Thornton, C.-J. *Der Zeuge des Zeugen. Lukas als Historiker der Paulusreisen.* WUNT 56. Tübingen: Mohr Siebeck, 1991.

Thorsteinson, R. M. *Paul's Interlocutor in Romans 2.* CBNTS 40. Stockholm: Almqvist and Wiksell, 2003.

Thure/n, L. 'Risky Rhetoric in James?' *NovT* 37 (1995) 262-84.

Tobin, T. H. 'The World of Thought in the Philippians Hymn (Philippians 2:6-11)'. In *The New Testament and Early Christian Literature in Greco-Roman Context,* D. E. Aune FS, edited by J. Fotopoulos, 91-104. Leiden: Brill, 2006.

Tomson, P. J. 'Gamaliel's Counsel and the Apologetic Strategy of Luke-Acts'. In *The Unity of Luke-Acts,* edited by J. Verheyden, 585-604. Leuven: Leuven University, 1999.

_____. *Paul and the Jewish Law: Halakha in the Letters of the Apostle to the Gentiles.* Assen: Van Gorcum, 1990.

_____. '"Die Täter des Gesetzes werden gerechtfertigt warden" (Röm 2,13). Zu einer adäquaten Perspektive für den Römerbrief'. In *Lutherische und Neue Paulusperspektive,* edited by M. Bachmann, 183-221. Tübingen: Mohr Siebeck, 2005.

Tran, N. *Les membres des associations romaines. Le rang social des collegiati en Italie at en Gaules, sous le haut-empire.* École française de Rome, 2006.

Trebilco, P. 'Asia'. *BAFCS* 2.291-362.

_____. *The Early Christians in Ephesus from Paul to Ignatius.* WUNT 166. Tübingen: Mohr Siebeck, 2004.

_____. *Jewish Communities in Asia Minor.* SNTSMS 69. Cambridge: Cambridge University, 1991.

_____. 'Paul and Silas — "Servants of the Most High God" (Acts 16.16-18)'. *JSNT* 36

(1989) 51-73.

Trilling, W. *Untersuchungen zum zweiten Thessalonicherbrief.* Leipzig: St. Benno, 1972.

Trobisch, D. *Paul's Letter Collection: Tracing the Origins.* Minneapolis: Fortress, 1994.

Troeltsch, E. *The Social Teaching of the Christian Churches.* 1912. ET London: George Allen and Unwin, 1931.

Tuckett, C. M. 'The Corinthians Who Say "There Is No Resurrection of the Dead" [1 Cor 15,12]'. In *The Corinthian Correspondence,* edited by R. Bieringer, 247-75. Leuven: Leuven University, 1996.

Turner, M. *Power from on High: The Spirit in Israel's Restoration and Witness in Luke-Acts.* Sheffield: Sheffield Academic, 1996.

_____. 'The Spirit and Salvation in Luke-Acts'. In *The Holy Spirit and Christian Origins,* J. D. G. Dunn FS, edited by G. N. Stanton et al., 106-13. Grand Rapids: Eerdmans, 2004.

_____. 'The Spirit of Christ and "Divine" Christology'. In *Jesus of Nazareth: Lord and Christ; Essays on the Historical Jesus and New Testament Christology,* I. H. Marshall FS, edited by J. B. Green and M. Turner, 413-36. Grand Rapids: Eerdmans, 1994.

Tyson, J. B., ed. *Luke-Acts and the Jewish People.* London: SCM, 1988.

van Bruggen, J. *Paul: Pioneer for Israel's Messiah.* Phillipsburg: P & R, 2005.

van der Horst, P. W. 'The Altar of the "Unknown God" in Athens (Acts 17:23) and the Cults of "Unknown Gods" in the Graeco-Roman World'. In *Hellenism Judaism Christianity: Essays on Their Interaction,* 165-202. Kampen: Kok Pharos, 1994.

_____. *Ancient Jewish Epitaphs: An Introductory Survey of a Millennium of Jewish Funerary Epigraphy (300 BCE-700 CE).* Kampen: Kok Pharos, 1991.

_____. 'The Jews of Ancient Cyprus'. In *Jews and Christians in the Graeco-Roman Context,* 28-36. Tübingen: Mohr Siebeck, 2006.

_____. 'Peter's Shadow: The Religio-Historical Background of Acts 5.15'. *NTS* 23 (1976-77) 204-12.

_____. *The Sentences of Pseudo-Phocylides.* Leiden: Brill, 1978.

Van Elderen, B. 'Some Archaeological Observations on Paul's First Missionary Journey'. In *Apostolic History and the Gospel,* F. F. Bruce FS, edited by W. W.

Gasque and R. P. Martin, 151-61. Exeter: Paternoster, 1970.

Vanhoye, A. 'Personnalité de Paul et exégèse paulinienne'. In *L'Apôtre Paul: Personnalité, style et conception du ministere,* edited by A. Vanhoye, 3-15. Leuven: Leuven University, 1986.

van Kooten, G. H. *The Pauline Debate on the Cosmos: Graeco-Roman Cosmology and Jewish Eschatology in Paul and in the Pseudo-Pauline Letters to the Colossians and the Ephesians.* Leiden: Brill, 2001.

van Unnik, W. C. 'Luke's Second Book and the Rules of Hellenistic Historiography'. In *Les Actes des Apôtres. Traditions, rédaction, théologie,* edited by J. Kremer, 37-60. Leuven: Leuven University, 1979.

_____. *Tarsus or Jerusalem: The City of Paul's Youth.* London: Epworth, 1962.

Vegge, T. *Paulus und das antike Schulwesen. Schule und Bildung des Paulus.* BZNW 134. Berlin: de Gruyter, 2006.

Verheyden, J. 'The Flight of the Christians to Pella'. *ETL* 66 (1990) 368-84.

_____. 'The Unity of Luke-Acts'. In *The New Testament and Early Christian Literature in Greco-Roman Context,* D. E. Aune FS, edited by J. Fotopoulos, 3-56. Leiden: Brill, 2006.

_____, ed. *The Unity of Luke-Acts.* BETL 142. Leuven: Leuven University, 1999.

Verner, D. C. *The Household of God: The Social World of the Pastoral Epistles.* SBLDS 71. Chico: Scholars, 1983.

Verseput, D. J. 'Paul's Gentile Mission and the Jewish Christian Community: A Study of the Narrative in Galatians 1 and 2'. *NTS* 39 (1993) 36-58.

Vielhauer, P. 'On the "Paulinism" of Acts'. In *Studies in Luke Acts,* edited by L. E. Keck and J. L. Martyn, 33-50. Nashville: Abingdon, 1966.

Vollenweider, S. 'Der "Raub" der Gottgleichheit. Ein religionsgeschichtlicher Vorschlag zu Phil 2.6(-11)'. *NTS* 45 (1999) 413-33.

von Brocke, C. *Thessaloniki — Stadt des Kassander und Gemeinde des Paulus.* WUNT 125. Tübingen: Mohr Siebeck, 2001.

von Campenhausen, H. *Ecclesiastical Authority and Spiritual Power in the Church of the First Three Centuries.* 1953. ET London: Black, 1969.

von Dobbeler, A. *Der Evangelist Philippus in der Geschichte des Urchristentums.* Tübingen: Francke, 2000.

von Dobschütz, E. *Christian Life in the Primitive Church*. London: Williams and Norgate, 1904.

_____. *Ostern und Pfingsten*. Leipzig, 1903.

von Weizsäcker, C. *The Apostolic Age of the Christian Church*. 2 vols. London: Williams and Norgate, 1907.

Vouga, F. *Geschichte des frühen Christentums*. Tübingen: Mohr Siebeck, 1994.

Wachob, W. H., and L. T. Johnson. 'The Sayings of Jesus in the Letter of James'. In *Authenticating the Words of Jesus*, edited by B. Chilton and C. A. Evans, 431-50. Leiden: Brill, 1999.

Wagner, G. *Pauline Baptism and the Pagan Mysteries*. ET Edinburgh: Oliver and Boyd, 1967.

Wahlen, C. 'Peter's Vision and Conflicting Definitions of Purity'. *NTS* 51 (2005) 505-18.

Walasky, P. W. *'And So We Came to Rome': The Political Perspective of St. Luke*. SNTSMS 49. Cambridge: Cambridge University, 1983.

Wallace, R., and W. Williams. *The Three Worlds of Paul of Tarsus*. London: Routledge, 1998.

Wallace-Hadrill, A., ed. *Patronage in Ancient Society*. London: Routledge, 1989.

Walter, N. 'Apostelgeschichte 6.1 und die Anfänge der Urgemeinde in Jerusalem'. *NTS* 29 (1983) 370-93.

_____. 'Paulus und die Gegner des Christusevangeliums in Galatien'. In *Praeparatio evangelica. Studien zur Umwelt, Exegese und Hermeneutik des Neuen Testaments*, edited by W. Kraus and F. Wilk, 273-80. Tübingen: Mohr Siebeck, 1997.

Walters, J. C. *Ethnic Issues in Paul's Letter to the Romans*. Valley Forge: Trinity, 1993.

_____. 'Romans, Jews, and Christians: The Impact of the Romans on Jewish-Christian Relations in First-Century Rome'. In *Judaism and Christianity in First-Century Rome*, edited by K. P. Donfried and P. Richardson, 175-95. Grand Rapids: Eerdmans, 1998.

Walton, S. 'Homothymadon in Acts: Co-location, Common Action or "Of One Heart and Mind"?' In *The New Testament in Its First-Century Setting*, B. W. Winter FS, edited by P. J. Williams et al., 89-105. Grand Rapids: Eerdmans, 2004.

_____. *Leadership and Lifestyle: The Portrait of Paul in the Miletus Speech and 1*

Thessalonians. SNTSMS 108. Cambridge: Cambridge University, 2000.

Waltzing, J.-P. *Études historique sur les corporations professionnelles chez les Romains.* 4 vols. Leuven: Peeters, 1895-1900.

Wander, B. *Gottesfürchtige und Sympathisanten. Studien zum heidnischen Umfeld von Diasporasynagogen.* WUNT 104. Tübingen: Mohr Siebeck, 1998.

_____. 'Die sogenannten "Gegner" im Galaterbrief'. In *Logos — Logik — Lyrik. Engagierte exegetische Studien zum biblischen Reden Gottes,* K. Haacker FS, edited by V. A. Lehnert and U. Rüsen-Weinhold, 53-70. Leipzig: Evangelische Verlagsanstalt, 2007.

_____. *Trennungsprozesse zwischen Frühen Christentum und Judentum im 1. Jh. n. Chr.* Tübingen: Francke, 1994.

_____. 'Warum wollte Paulus nach Spanien?' In *Das Ende des Paulus,* edited by F. W. Horn, 175-95. Berlin: de Gruyter, 2001.

Wansink, C. S. *Chained in Christ: The Experience and Rhetoric of Paul's Imprisonments.* JSNTS 130. Sheffield: Sheffield Academic, 1996.

Ward, R. B. 'James of Jerusalem in the First Two Centuries'. *ANRW* 2.26.1 (1992) 779-812.

Ware, J. P. *The Mission of the Church in Paul's Letter to the Philippians in the Context of Ancient Judaism.* NovTSupp 120. Leiden: Brill, 2005.

Watson, D. *Paul's Collection in Light of Motivations and Mechanisms for Aid to the Poor in the First-Century World.* Durham PhD, 2006.

Watson, F. *Paul, Judaism and the Gentiles.* SNTSMS 56. Cambridge: Cambridge University, 1986, 2007, 2nd ed.

Weatherly, J. A. *Jewish Responsibility for the Death of Jesus in Luke-Acts.* JSNTS 106. Sheffield: Sheffield Academic, 1994.

Weaver, J. B. *Plots of Epiphany: Prison-Escape in Acts of the Apostles.* BZNW 131. Berlin: de Gruyter, 2004.

Wedderburn, A. J. M. 'The "Apostolic Decree": Tradition and Redaction'. *NovT* 35 (1993) 362-89.

_____. *Baptism and Resurrection: Studies in Pauline Theology against Its Graeco-Roman Background.* WUNT 44. Tübingen: Mohr Siebeck, 1987.

_____. '2 Corinthians 5:14 — a Key to Paul's Soteriology?' In *Paul and the*

Corinthians, M. Thrall FS, edited by T. J. Burke and J. K. Elliott, 267-83. Leiden: Brill, 2003.

_____. *A History of the First Christians*. London: Clark, 2004.

_____. 'Pauline Pneumatology and Pauline Theology'. In *The Holy Spirit and Christian Origins*, J. D. G. Dunn FS, edited by G. N. Stanton et al., 144-56. Grand Rapids: Eerdmans, 2004.

_____. 'Paul's Collection: Chronology and History'. *NTS* 48 (2002) 95-110.

_____. *The Reasons for Romans*. Edinburgh: Clark, 1988.

_____. 'Traditions and Redaction in Acts 2.1-13'. *JSNT* 55 (1994) 27-54.

_____. 'The "We"-Passages in Acts: On the Horns of a Dilemma'. *ZNW* 93 (2002) 78-98.

_____. 'Zur Frage der Gattung der Apostelgeschichte'. In *Geschichte — Tradition — Reflexion*, M. Hengel FS. Vol. 3: *Frühes Christentum*, edited by H. Lichtenberger, 302-22. Tübingen: Mohr Siebeck, 1996.

Wehnert, J. 'Die Auswanderung der Jerusalemer Christen nach Pella. Historisches Faktum oder theologische Konstruktion?' *ZKG* 102 (1991) 231-55.

_____. *Die Reinheit des "christlichen Gottesvolkes" aus Juden und Heiden*. FRLANT 173. Göttingen: Vandenhoeck und Ruprecht, 1997.

_____. *Die Wir-Passagen der Apostelgeschichte*. Göttingen: Vandenhoeck und Ruprecht, 1989.

Weima, J. A. D. *Neglected Endings: The Significance of the Pauline Letter Closings*. JSNTS 101. Sheffield: JSOT, 1994.

Weinel, H. *St. Paul: The Man and His Work*. London: Williams and Norgate, 1906.

Weinrich, O. 'Gebet und Wunder. Zwei Abhandlungen zur Religions- und Literaturgeschichte'. In *Religionsgeschichtliche Studien*, 147-79. Darmstadt: Wissenschaftliche Buchgesellschaft, 1968.

Weiss, J. *Earliest Christianity: A History of the Period AD 30-150*. 2 vols. ET 1937. New York: Harper Torchbook, 1959.

Welborn, L. L. 'On the Discord in Corinth: 1 Corinthians 14 and Ancient Politics'. *JBL* 106 (1987) 85-111.

_____. *Politics and Rhetoric in the Corinthian Epistles*. Macon: Mercer University, 1997.

Wells, G. A. *The Jesus Myth*. Chicago: Open Court, 1999.

Wendel, U. *Gemeinde in Kraft. Das Gemeindeverständnis in den Summarien der Apostelgeschichte*. Neukirchen-Vluyn: Neukirchener, 1998.

Wendland, P. *Die hellenistisch-römische Kultur in ihren Beziehungen zu Judentum und Christentum*. Tübingen: Mohr Siebeck, 1907.

Wengst, K. *Christologische Formeln und Lieder des Urchristentums*. Gütersloh: Gütersloher, 1972.

Wenham, D. 'Acts and the Pauline Corpus II: The Evidence of Parallels'. *BAFCS* 1.215-58.

Weren, W. 'The Riot of the Ephesian Silversmiths (Acts 19,23-40): Luke's Advice to His Readers'. In *Luke and His Readers*, A. Denaux FS, edited by R. Bieringer et al., 441-56. Leuven: Leuven University, 2005.

Werner, M. *The Formation of Christian Dogma*. 1941. ET London: Black, 1957.

Westerholm, S. *Perspectives Old and New on Paul: The "Lutheran" Paul and His Critics*. Grand Rapids: Eerdmans, 2004.

Westermann, W. L. *The Slave Systems of Greek and Roman Antiquity*. Philadelphia: American Philosophical Society, 1955.

Whelan, C. F. '*Amica Pauli:* The Role of Phoebe in the Early Church'. *JSNT* 49 (1993) 67-85.

White, J. L. *Light from Ancient Letters*. Philadelphia: Fortress, 1986.

White, L. M. *The Social Origins of Christian Architecture*. 2 vols. HTS 42. Harrisburg: Trinity, 1996, 1997.

_____. 'Synagogue and Society in Imperial Ostia: Archaeological and Epigraphic Evidence'. In *Judaism and Christianity in First-Century Rome,* edited by K. P. Donfried and P. Richardson, 30-68. Grand Rapids: Eerdmans, 1998.

_____. 'Urban Development and Social Change in Imperial Ephesos'. In *Ephesos: Metropolis of Asia,* edited by H. Koester, 27-79. Cambridge: Harvard Divinity School, 1995, 2004.

_____. 'Visualizing the "Real" World of Acts 16: Towards Construction of a Social Index'. In *The Social World of the First Christians,* W. A. Meeks FS, edited by L. M. White and O. L. Yarbrough, 234-61. Minneapolis: Fortress, 1995.

White, L. M., and O. L. Yarbrough, eds. *The Social World of the First Christians,* W. A.

Meeks FS. Minneapolis: Fortress, 1995.

Whittaker, M. *Jews and Christians: Graeco-Roman Views.* Cambridge: Cambridge University, 1984.

Wiedemann, T. *Greek and Roman Slavery.* Baltimore: Johns Hopkins University, 1981.

Wiefel, W. 'The Jewish Community in Ancient Rome and the Origins of Roman Christianity'. *Judaica* 26 (1970) 65-88.

Wilckens, U. *Die Missionsreden der Apostelgeschichte.* WMANT 5. Neukirchen-Vluyn: Neukirchener, 1963.

_____. *Theologie des Neuen Testaments.* Vol. 1: *Geschichte der urchristlichen Theologie.* 4 vols. Neukirchen-Vluyn: Neukirchener, 2003.

_____. *Weisheit und Torheit.* Tübingen: Mohr Siebeck, 1959.

_____. 'Zur Entwicklung des paulinischen Gesetzesverständnis'. *NTS* 28 (1982) 154-90.

Wilcox, M. 'The Promise of "Seed" in the New Testament and the Targumim'. *JSNT* 5 (1979) 2-30.

Wild, R. A. '"Be Imitators of God": Discipleship in the Letter to the Ephesians'. In *Discipleship in the New Testament,* edited by F. Segovia, 127-43. Philadelphia: Fortress, 1985.

Wilken, R. L. *The Christians as the Romans Saw Them.* New Haven: Yale University, 1984.

_____. *The Myth of Christian Beginnings.* London: SCM, 1979.

Williams, M. H. 'The Shaping of the Identity of the Jewish Community in Rome in Antiquity'. In *Christians as a Religious Minority in a Multicultural City,* edited by J. Zangenberg and M. Labahn, 33-46. London: Clark, 2004.

Williams, S. K. 'The Hearing of Faith: *akoē pisteōs* in Galatians iii'. *NTS* 35 (1989) 82-93.

Willis, W. W. *Idol Meat in Corinth.* SBLDS 68. Chico: Scholars, 1985.

Wilson, A. N. *Paul: The Mind of the Apostle.* London: Sinclair-Stevenson, 1997.

Wilson, M. 'Cilicia: The First Christian Churches in Anatolia'. *TynB* 54 (2003) 15-30.

Wilson, R. M. 'Gnosis and Corinth'. In *Paul and Paulinism,* C. K. Barrett FS, edited by M. D. Hooker and S. G. Wilson, 102-19. London: SPCK, 1982.

_____. 'How Gnostic Were the Corinthians?' *NTS* 19 (1972-73) 65-74.

_____. 'Simon and Gnostic Origins'. In *Les Actes des Apôtres. Traditions, rédaction, théologie,* edited by J. Kremer, 485-91. Leuven: Leuven University, 1979.

Wilson, S. G. *The Gentiles and the Gentile Mission in Luke-Acts.* SNTSMS 23. Cambridge: Cambridge University, 1973.

_____. *Luke and the Law.* SNTSMS 50. Cambridge: Cambridge University, 1983.

_____. 'Voluntary Associations: An Overview'. In *Voluntary Associations in the Graeco-Roman World,* edited by J. S. Kloppenborg and S. G. Wilson, 1-15. London: Routledge, 1996.

Winger, M. 'Act One: Paul Arrives in Galatia'. *NTS* 48 (2002) 548-67.

Wink, W. *Naming the Powers.* Philadelphia: Fortress, 1984.

Winter, B. W. 'The Achaean Federal Imperial Cult II: The Corinthian Church'. *TynB* 46 (1995) 169-78.

_____. 'Acts and Food Shortages'. *BAFCS* 2.59-78.

_____. 'Acts and Roman Religion: The Imperial Cult'. *BAFCS* 2.93-103.

_____. *After Paul Left Corinth: The Influence of Secular Ethics and Social Change.* Grand Rapids: Eerdmans, 2001.

_____. 'Official Proceedings and the Forensic Speeches in Acts 2426'. *BAFCS* 1.305-36.

_____. *Philo and Paul among the Sophists.* Grand Rapids: Eerdmans, 2002.

_____. 'Rehabilitating Gallio and His Judgement in Acts 18:14-15'. *TynB* 57 (2006) 291-308.

_____. *Roman Wives, Roman Widows: The Appearance of New Women and the Pauline Communities.* Grand Rapids: Eerdmans, 2003.

_____. *Seek the Welfare of the City: Christians as Benefactors and Citizens.* Grand Rapids: Eerdmans, 1994.

_____. 'The Toppling of Favorinus and Paul by the Corinthians'. In *Early Christianity and Classical Culture,* A. J. Malherbe FS, edited by J. T. Fitzgerald et al., 291-306. Leiden: Brill, 2003.

Wischmeyer, O. 'Paulus als Ich-Erzähler. Ein Beitrag zu seiner Person, seiner Biographie and seiner Theologie'. In *Biographie und Persönlichkeit des Paulus,* edited by E.-M. Becker and P. Pilhofer, 88-105. Tübingen: Mohr Siebeck, 2005.

_____. 'Römer 2.1-24 als Teil der Gerichtsrede des Paulus gegen die Menschenheit'. *NTS* 52 (2006) 356-76.

_____, ed. *Paulus. Leben — Umwelt — Werk — Briefe.* Tübingen: Francke, 2006.

Wisdom, J. R. *Blessing for the Nations and the Curse of the Law: Paul's Citation of Genesis and Deuteronomy in Gal. 3.8-10.* WUNT 2.133. Tübingen: Mohr Siebeck, 2001.

Witherington, B. *The Brother of Jesus.* San Francisco: HarperSanFrancisco, 2003.

_____. *The Paul Quest: The Renewed Search for the Jew of Tarsus.* Downers Grove: InterVarsity, 1998.

_____. *Women in the Earliest Churches.* SNTSMS 59. Cambridge: Cambridge University, 1988.

_____, ed. *History, Literature and Society in the Book of Acts.* Cambridge: Cambridge University, 1996.

Witulski, T. *Die Adressaten des Galaterbriefes. Untersuchungen zur Gemeinde von Antiochia ad Pisidiam.* Göttingen: Vandenhoeck und Ruprecht, 2000.

Wolter, M. 'Apollos und die ephesinischen Johannesjünger (Act 18:24-19:7)'. *ZNW* 78 (1987) 49-73.

Wrede, W. *Die Echtheit des zweiten Thessalonicherbrief untersucht.* Leipzig: Heinrichs, 1903.

_____. *Paul.* London: Philip Green, 1907.

_____. 'The Task and Methods of "New Testament Theology"'. In *The Nature of New Testament Theology,* edited by R. Morgan, 68-116. London: SCM, 1973.

Wright, N. T. *The Climax of the Covenant: Christ and the Law in Pauline Theology.* Edinburgh: Clark, 1991.

_____. 'A Fresh Perspective on Paul'. *BJRL* 83 (2001) 21-39.

_____. *Paul: Fresh Perspectives.* London: SPCK, 2005.

_____. 'Paul's Gospel and Caesar's Empire'. In *Paul and Politics: Ekklesia, Israel, Imperium, Interpretation,* edited by R. A. Horsley, 160-83. Harrisburg: Trinity, 2000.

_____. *The Resurrection of the Son of God.* London: SPCK, 2003.

_____. 'Romans and the Theology of Paul'. In *Pauline Theology.* Vol. 3: *Romans,* edited by D. M. Hay and E. E. Johnson, 30-67. Minneapolis: Fortress, 1995.

Yamauchi, E. M. *New Testament Cities in Western Asia Minor.* Grand Rapids: Baker,

1980.

Yee, T. L. *Jews, Gentiles and Ethnic Reconciliation: Paul's Jewish Identity and Ephesians.* SNTSMS 130. Cambridge: Cambridge University, 2005.

Young, N. H. 'Paidagōgos: The Social Setting of a Pauline Metaphor'. *NovT* 29 (1987) 150-76.

Zangenberg, J. 'Gebeine des Apostelfürsten? Zu den angeblich frühchristlichen Gräbern unter der Peterskirche in Rom'. In *Christians as a Religious Minority in a Multicultural City,* edited by J. Zangenberg and M. Labahn, 108-38. London: Clark, 2004.

Zangenberg, J., and M. Labahn, eds. *Christians as a Religious Minority in a Multicultural City: Modes of Interaction and Identity Formation in Early Imperial Rome.* London: Clark, 2004.

Zanker, P. *The Power of Images in the Age of Augustus.* Ann Arbor: University of Michigan, 1988.

Zeller, D. 'Theologie der Mission bei Paulus'. In *Mission im Neuen Testament,* edited by K. Kertelge, 164-89. Freiburg: Herder, 1982.

_____. 'Der Vorrang der Ehelosigkeit in 1 Kor 7'. *ZNW* 96 (2005) 61-77.

_____. *Die weisheitlichen Mahnsprüche bei den Synoptikern.* Würzburg: Echter, 1977.

Zetterholm, M. *The Formation of Christianity in Antioch: A Social-Scientific Approach to the Separation between Judaism and Christianity.* London: Routledge, 2003.

Zmijewski, J. 'Die Aufnahme der ersten Heiden in die Kirche nach Apg 10,1–11,18'. *ANRW* 2.26.2 (1995) 1554-1601.

Zwiep, A. W. *The Ascension of the Messiah in Lukan Christology.* NovTSupp 87. Leiden: Brill, 1997.

_____. 'Assumptus est in caelum: Rapture and Heavenly Exaltation in Early Judaism and Luke-Acts'. In *Auferstehung — Resurrection,* edited by F. Avemarie and H. Lichtenberger, 323-49. Tübingen: Mohr Siebeck, 2001.

_____. *Judas and the Choice of Matthias.* WUNT 2.187. Tübingen: Mohr Siebeck, 2004.

_____. 'The Text of the Ascension Narratives (Luke 24.50-3; Acts 1.1-2, 9-11)'. *NTS* 42 (1996) 219-44.

| 성구 및 고대 문헌 색인 |

구약

창세기

출애굽기

레위기

8:9-24 576
8:10 395-96
8:12-13 533
8:14-17 418, 1025, 1043
8:14-24 391
8:14-25 205
8:14-26 404
8:15 435
8:15-17 1039
8:16-17 268
8:17-19 435
8:20-24 1057
8:21 397
8:25 522
8:26-39 387, 398, 526, 571
8:26-40 341, 524
8:29 435, 1292
8:30-35 1367
8:32 333
8:32-33 273, 330
8:32-35 432
8:36 400
8:37 546
8:39 435, 1292
8:40 387, 405, 476, 523
9 444
9:1-11:18 341, 423
9:1-2 463-64, 474
9:1-6 393
9:1-19 401
9:1-22 125
9:1-31 405, 524
9:3-8 475
9:4-6 1349
9:8-19 480, 502
9:10-12 525
9:12 465
9:15 1293
9:15-16 571, 1292, 1349
9:17 493, 501, 1039
9:17-18 392, 1248

9:19-25 498
9:20 305, 491, 500
9:22 490
9:23-25 125, 502
9:23-30 133
9:25 682
9:26-27 417, 503, 1101
9:26-29 125
9:26-30 514, 517, 612, 615, 637
9:27-28 1038
9:29 361
9:30 125
9:32-11:18 405
9:32-43 405
9:33-41 277
9:39-41 109
9:40 522
9:40-41 1176
9:42 393
9:43 523
10-11 569, 622, 637, 869, 1244, 1576
10:1-2 525, 578
10:1-8 525
10:1-23 525
10:1-48 401, 529
10:2 625, 762
10:3 398
10:3-6 535
10:4 625
10:5-9 405
10:9-16 1515
10:11-12 536
10:11-13 536
10:11-16 573
10:14 527-28, 536-37, 541, 639, 1262
10:14-15 525, 532, 1247
10:15-16 537
10:17-23 538
10:19-20 573, 1292
10:22 534, 539, 1102
10:23-24 399

16:20　80, 128, 926
16:20-21　926, 963
16:21　1339
16:22　926
16:23　815
16:25　768
16:25-40　558
16:25-17:13　296
16:25-26　291
16:25-40　558
16:26　382
16:27　1356
16:29　768
16:30　788
16:31　927, 1293
16:31-33　927
16:33　873, 927
16:34　927, 1293
16:35　926
16:35-36　926
16:37　447
16:38　926
16:39-40　928
17:1　126, 574, 601, 1024, 1206
17:1-3　777
17:1-9　126
17:1-10　1647
17:1-15　133
17:1-16　931
17:2　875, 1421
17:2-3　931, 960
17:3　300, 1040
17:4　768, 855, 912, 973, 974, 1027, 1293, 1367
17:4-5　1367
17:5　99, 582, 595, 687, 759, 912, 963, 965, 973, 1049, 1293, 1313, 1368
17:5-6　932
17:5-7　1319
17:5-8　1333
17:5-9　967

17:6-7　963
17:7　971, 1339
17:7-8　587
17:7-9　752
17:8-9　231
17:9　936
17:10　37, 574, 768
17:10-13　1367
17:10-14　126
17:11　960
17:11-12　1027, 1293
17:11-17　235
17:12　855, 912
17:13　759, 912, 963, 965, 1049
17:14-15　768
17:15　937
17:15-34　126
17:16　941
17:16-34　912
17:17　574, 938, 1293
17:18　300, 938, 948, 949
17:18-19　207
17:21　938
17:22　324, 944
17:22-31　777, 913, 944, 1293, 1361
17:23　944
17:24　944
17:25　945
17:26　38
17:26-27　945
17:27　950
17:27-28　946
17:29　946
17:30　788, 947, 1293
17:31　141, 947, 949
17:31-32　300
17:32　942, 948, 1347
17:32-34　781, 943, 949, 950
17:34　912, 943
18　686, 909
18:1　943, 950

28:7-10 1361
28:8-9 1361
28:11-22 1362
28:14 1362
28:15-15 37, 570, 1270
28:15 1363, 1364, 1389
28:16 1364
28:16-31 1370, 1371, 1667
28:17-20 1365
28:19 1365
28:20 212, 1328, 1364-66
28:21-22 1365
28:22 42
28:22-31 1361
28:24 1351, 1367
28:25-27 132
28:25-28 583, 960, 1316, 1367
28:26 1368
28:26-27 960
28:27 1368
28:28 1369
28:30 682, 1403
28:30-31 111, 115, 1304, 1367, 1432, 1453
28:31 131, 210, 360, 1037, 1367

로마서
1-11 1219
1-2 433
1 951
1:1-4 1195
1:1-5 1194
1:2-3 302
1:3 780, 1237
1:3-4 161, 273, 751, 1181, 1194
1:4 301, 306, 586
1:5 481, 483, 724, 788-89, 793, 1001,
    1285, 1317, 1517, 1580
1:5-6 839
1:6 39, 1184
1:8-3:20 104
1:8 786, 880, 1386

1:8-15 1511
1:9 779, 786
1:9-10 796
1:10 786, 1027, 1071, 1174
1:10-13 1071, 1174, 1327
1:10-15 1179
1:11 592, 741
1:15 741
1:16-11:36 1193
1:16 412, 413, 574, 583, 597, 713, 742,
    788, 795, 886, 950, 1197, 1293
1:16-17 1194, 1210, 1238
1:17 586, 1335
1:18-5:21 1219
1:18-5:11 1219-20
1:18-3:20 1201, 1212
1:18 157, 789, 1512
1:18-20 1201
1:18-32 1201, 1203, 1209, 1222, 1512
1:19-25 945
1:19-32 949
1:20 157, 511
1:20-23 590, 597
1:20-28 511
1:21 589, 786, 878, 1520
1:21-22 1201
1:21-27 878
1:21-31 1520
1:22-27 629
1:23 157, 878, 1202
1:24 376
1:24-25 376
1:25 157, 1202
1:28-31 1202
1:29-31 165
1:29-32 1270
2:1-6 1203-1204
2:1-29 1203
2:1-3:20 1181
2:3 1204
2:4 788, 1293

고린도전서

1-10 1105
1-7 1110
1-4 1039-40, 1079, 1083-84, 1149
1:1 771, 811, 846, 965, 992, 994
1:1-2 959
1:2 269
1:3 785, 799
1:4 786, 796
1:4-5 1042
1:4-9 1079, 1151
1:5 959
1:5-7 875, 1153
1:7 959
1:7-8 959
1:8 1509
1:9 164, 279, 305, 789, 1285
1:10 1380
1:10-25 782
1:11 772, 802, 846, 850, 1072, 1078, 1167
1:11-13 875
1:11-16 962
1:12 66, 294, 520, 569, 769, 956, 1036, 1039, 1069, 1078, 1145, 1450
1:12-13 768
1:12-15 269
1:13-15 266
1:13-17 1082
1:14 772, 845, 959, 961
1:14-17 873
1:15 845
1:16 845
1:17-2:16 1087
1:17-2:5 1084
1:17-2:4 1294
1:17 1082, 1084
1:18-4:21 1080
1:18-4:20 840
1:18-25 1085, 1211
1:18-31 1082, 1086, 1166
1:21 788

1:22 412-13
1:22-23 956
1:22-24 713
1:22-25 782
1:23 146, 490, 786, 949, 959,
1:24 412-13
1:26 164, 819, 838, 843, 949, 959, 1087, 1164, 1281
1:26-27 1086
1:26-31 1085
1:27-28 844
1:28 1163
1:29 1513
1:30 878
1:31 1513
2:1 959, 1424
2:1-5 776
2:2 490, 781
2:3 961
2:3-5 1085
2:4 1038
2:4-5 864
2:5 788
2:6 985
2:6-16 1086
2:7 1424
2:8 985
2:10 481
2:10-16 1218
2:12 313, 790
2:13-15 1119
2:14-15 1522
3:1-4:7 768
3:1-2 855
3:1-3 1082
3:3 1164, 1167
3:4 1069, 1080
3:4-6 1036
3:4-7 1039
3:5 788
3:5-8 741

8:21 1285
8:22 1279, 1283
8:23 1279
8:24 1283
9:1 1284
9:2 469, 882, 1172, 1173, 1280, 1283
9:2-4 882, 1020, 1021
9:3-5 1279
9:4 1162, 1284
9:5 1282
9:6 1282, 1286
9:7a 1286
9:7b 1286
9:8 1282, 1283, 1285, 1296, 1557
9:9 1285, 1286
9:10 1289
9:10a 1286
9:10b 1286
9:11 1282
9:12 1280, 1282, 1283, 1284
9:13 281, 1280, 1284, 1285
9:13-14 786
9:14 1282
9:15 1165, 1282
10-13 1142, 1143, 1379, 1391, 1415, 1431, 1447, 1480
10-12 1212
10:1-2 1162
10:2-4 1164
10:4 1149
10:4-5 1069
10:5 1001, 1164
10:6 159, 1164
10:7 1164
10:8 1162, 1167
10:9-11 798
10:10 379, 1039, 1263, 1294
10:11 1164, 1557
10:12 1163
10:12-16 155
10:12-18 1021

10:13 1162
10:13-16 624, 739, 740, 741, 910, 1163, 1165
10:13-18 1509
10:14 878
10:15 1162
10:16 1162
10:17 1162
10:17-18 1165
11-12 1218
11:1 1165
11:2 451, 469, 470, 780, 1523
11:2-3 780
11:3 1165
11:4 988, 1144, 1147, 1163
11:4-5 345
11:5 1146, 1378, 1448
11:6 1165, 1294
11:7 779
11:7-9 1163
11:7-11 1145, 1294, 1296, 1298
11:7-21 764, 1165
11:8-9 958
11:10 881, 1162
11:11-12 1163
11:12 1162
11:12-15 1165
11:13 167, 619, 1136, 1144, 1163
11:13-15 166
11:14-15 1144
11:15 1144, 1163
11:16 1162
11:16-17 1165
11:17 1162
11:18 1162
11:19 1163
11:20 1163
11:22 125, 1144, 1163, 1313, 1480
11:23-12:10 1148
11:23 1144
11:23-29 1164

5:20 1540, 1543

베드로전서

1:2 1580
1:3 1578
1:4 1584
1:5 1009
1:6 1570, 1571
1:6-7 1581
1:7 1580
1:10-11 1397, 1579, 141
1:10-12 1570
1:11 1581
1:12 1449
1:14 1580, 1585, 1577
1:17 1570, 1584, 1585
1:17-18 1584
1:18 1577
1:18-19 1579
1:18-21 1571
1:20 163
1:20-21 1578
1:22 1580
2:1 1520
2:4 1516
2:4-8 274
2:5 1484, 1576
2:6 1579
2:6-8 1516
2:8 1579
2:9-10 1577
2:11-12 1584
2:11-17 1584
2:12 1585
2:12b 1570, 1577
2:18-3:7 1523
2:18-20 1581, 1585
2:18-21 850
2:19-20 1570
2:21-24 1581
2:21-25 1571

2:22-24 1579
2:24-25 1564
2:25 1577
3:1-6 1585
3:7 1585
3:9 1582, 1585, 1570
3:10-11 1585
3:11 1585
3:13 1585
3:13-14 1582
3:13-17 1582
3:14 1570
3:14-17 1585
3:15 1583
3:16 1580, 1570
3:16-17 1585
3:17 1582
3:18 163, 1579, 1581
3:18-20 1579
3:18-22 1571
3:21 266, 1586
3:22 163, 1579, 1525
4:1 1579, 1580, 1581, 1571
4:2-3 1585
4:2-4 1577
4:3 1577, 1584
4:3-4 1577
4:5-6 1585
4:6 1579
4:7 1580, 1570
4:10 1586, 1114
4:10-11 1586
4:12 1582
4:12-16 1580
4:12-19 1582
4:13 1580, 1582, 1570
4:14 239, 272, 1582, 1584, 1570
4:15 1584
4:15-16 1582
4:17-18 1585
4:19-5:1 1580

9.3 1521
13.10 376
13.10-19 946
14.8 377
14.12 629
14.12-27 376
15.1-4 1203

Sirach
3.30 534, 652
7.29-30 1543
7.34 1255
17.8-9 231
17.11-17 235
18.4 231
18.30 1336
21.15a 1543
24.13-21 1549
24.23 235, 1245
26.5 810
29.12 534, 652
33.13 1241
36.10 231
39.8 235
40.24 652
42.2 235
42.21 231
44.17 1397
44.19-20 235
44.20 1244
44.23 1293
45.5 235
45.7 235
45.15 235
45.17 235
45.23 1244
45.23-24 471, 1306
45.24-25 235
46.1 39
47.22 39
48.2-3 371, 471

48.21 565
49.14 216

Baruch
3.29-30 1245
3.36-4.4 1206
3.37-4.1 1245

1 Maccabees
1.14-15 600
1.34 473
1.43 1263
1.47 536
1.60-61 600
1.62 536
2.15 1307
2.23-26 471
2.26 471
2.27 1244
2.44 473
2.46 600
2.48 473
2.51-60 472
2.52 648
2.54 471
2.58 216, 471
13.1 521

2 Maccabees
1.3 1315
1.27 982, 1263
3.6 253
3.10-12 253
4.46 994
6.2 700
6.10 600
7 368
7.23 944
9.9 565
14.35 945

미슈나, 탈무드 및 관련 문서

나그하마디 필사본

De praescriptione
haereticorum
7 940

초기 그리스 및 로마 저자들

Apuleius
Metamorphoses
2.18 701
8.15 701
8.17 701
11.21 874

Aristides
Orations
14.4 1420
45.21 1418

Aristotle
Ethica Nicomachea
2.7.13 1521

Politica
1.1254a.14 849

Catullus
Poems
74 1088
88-90 1088

Cicero
Atticus
3.15 1412
11.2 1412
11.5 1412
11.7 1412

Pro Caelio
20.48 1075

Pro Flacco
28.68 1409
28.66-69 756

De legibus
2.8.19 926

De natura deorum
1.39 940

On Offices
1.150-51 766

In Pisonem
36.89 935

In Verrem
5.66 928

Dio Chrysostom
Orations
12.28 945
31.54-55 464
33.5 447
37 801
38.38 1059
46.14 1059
48.1-3 1059
55.4 779
60.24.4 928

Diodorus Siculus
34.1.2 539
17.116.4 615

Diogenes Laertius
1.110 944
7.166 994
8.10 445

초기 교회의 기원(하)

Copyright ⓒ 새물결플러스 2019

1쇄 발행 2019년 6월 28일

지은이 제임스 D. G. 던
옮긴이 문현인
펴낸이 김요한
펴낸곳 새물결플러스

편 집 왕희광 정인철 박규준 노재현 한바울 정혜인
        이형일 서종원 나유영 노동래
디자인 윤민주 이새봄 황진주
마케팅 박성민 이윤범
총 무 김명화 이성순
영 상 최정호 조용석 곽상원
아카데미 차상희

홈페이지 www.holywaveplus.com
이메일 hwpbooks@hwpbooks.com
출판등록 2008년 8월 21일 제2008-24호
주 소 (우) 04118 서울특별시 마포구 마포대로19길 33
전 화 02) 2652-3161
팩 스 02) 2652-3191

ISBN 979-11-6129-114-7 94230 (하권)
ISBN 979-11-6129-112-3 94230 (세트)

책값은 뒤표지에 있습니다.

이 도서의 국립중앙도서관 출판예정도서목록(CIP)은 서지정보유통지원시스템 홈
페이지(seoji.nl.go.kr)와 국가자료공동목록시스템(nl.go.kr/kolisnet)에서 이용
하실 수 있습니다. CIP2019022903